Droit civil

Les sûretés
La publicité foncière

Droit civil

Les sûretés
La publicité foncière

6e édition

2012

Philippe Simler
Professeur émérite de l'Université de Strasbourg
Doyen honoraire de la Faculté de droit,
de sciences politiques et de gestion de Strasbourg

Philippe Delebecque
Professeur à l'École de droit de la Sorbonne, Université Paris I
(Panthéon-Sorbonne)

DALLOZ

DALLOZ

31-35 rue Froidevaux, 75685 Paris cedex 14

ISBN : 978-2-247-11554-9

SOMMAIRE

(Une table des matières détaillée figure à la fin de l'ouvrage)

ABRÉVIATIONS

AJ fam.	Actualité juridique famille
AJPI	Actualité juridique de la propriété immobilière
ALD	Actualité législative Dalloz
BOCC	Bulletin officiel de la concurrence et de la consommation
BTL	Bulletin des transports et de la logistique
Bull. as. plén.	Bulletin de l'assemblée plénière de la Cour de cassation
Bull. ch. mixte	Bulletin de la Cour de cassation (chambre mixte)
Bull. civ.	Bulletin de la Cour de cassation (chambres civiles)
Bull. inf. C. cass.	Bulletin information de la Cour de cassation
Bull. Joly	Bulletin Joly
C. assur.	Code des assurances
C. av. civ.	Code de l'aviation civile
C. civ.	Code civil
C. com.	Code de commerce
C. consom.	Code de la consommation
C. for.	Code forestier
C. marchés	Code des marchés publics
C. mon. fin.	Code monétaire et financier
C. pén.	Code pénal
C. pr. civ.	Code de procédure civile
C. rur.	Code rural
C. trav.	Code du travail
C. urb.	Code del'urbanisme
CASF	Code de l'action sociale et des familles
CCC	Contrats, concurrence, consommation
CCH	Code de la construction et de l'habitation
CE	Conseil d'État
CGCT	Code général des collectivités territoriales
CGI	Code général des impôts
CGPPP	Code général de la propriété des personnes publiques
Civ.	Chambre civile de la Cour de cassation
COJ	Code l'organisation judiciaire
Com.	Chambre commerciale de la Cour de cassation
Contrats Marchés publ.	Contrats et marchés publics
CPI	Code de la propriété intellectuelle
Crim.	Chambre criminelle de la Cour de cassation
CSS	Code de la sécurité sociale

D. aff.	Dalloz affaires
D.	Recueil Dalloz-Sirey
DC	Dalloz critique
Décr.	Décret
Defrénois	Répertoire du notariat Defrénois
DH	Dalloz hebdomadaire
DMF	Droit maritime français
DP	Dalloz périodique
DPCI	Droit et pratiques du commerce international
Dr. et patrimoine	Droit et patrimoine
Dr. fam.	Droit de la famille
Gaz. Pal.	Gazette du Palais
J.-Cl.	Juris-Classeur
JCP	Juris-Classeur Périodique
JDI	Journal du droit international (Clunet)
Journ. not.	Journal des notaires et des avocats
JurisData	Juris-Data (banques de données juridiques)
LPA	Les Petites Affiches
LPF	Livre des procédures fiscales
RD aff. int.	Revue de droit des affaires internationales
RD banc. et bourse	Revue de droit bancaire et de la bourse
RD banc. et fin.	Revue de droit bancaire et financier (anciennement *RD banc. et bourse*)
RD imm.	Revue de droit immobilier
RD transp.	Revue de droit des transports
RDC	Revue des contrats
RDU	Revue de droit uniforme
REDI	Revue d'économie et de droit immobilier
Req.	Arrêt de la Cour de cassation, chambre des requêtes
Rev. crit. DIP	Revue critique de droit international privé
Rev. proc. coll.	Revue des procédures collectives
Rev. sociétés	Revue des sociétés
RFDA	Revue française de droit administratif
RGDA	Revue générale des assurances terrestres
RHDFE	Revue historique de droit français et étranger
RID comp.	Revue internationale de droit comparé
RJAL	Revue juridique Alsace-Lorraine
RJ com.	Revue de jurisprudence commerciale
RJDA	Revue de jurisprudence et de droit des affaires
RJPF	Revue juridique personnes et famille
RLDC	Revue Lamy droit civil
RTD civ.	Revue trimestrielle de droit civil
RTD com.	Revue trimestrielle de droit commercial
RUGD	Règles uniformes relatives aux garanties sur demande
Soc.	Chambre sociale de la Cour de cassation

PRÉLIMINAIRES

1 ***Présentation de la matière*** ◊ Le présent volume traite de deux chapitres du droit civil dont la juxtaposition peut paraître arbitraire.

Les **sûretés** désignent les garanties que la convention des parties, la loi ou le juge peuvent accorder au créancier pour le prémunir contre le risque d'insolvabilité de son débiteur.

La **publicité foncière** est la technique qui permet de connaître la situation juridique des immeubles grâce à l'inscription sur un registre public des opérations juridiques dont ils ont pu faire l'objet et des droits qui les grèvent.

Entre les deux matières existe, certes, une relation. Parmi les droits soumis à l'exigence de la publicité foncière sous peine d'inopposabilité aux tiers figurent précisément les sûretés réelles immobilières. Cette seule constatation ne justifie cependant que de manière imparfaite le regroupement. Car si la publicité foncière a eu d'abord pour objet les hypothèques, elle s'applique aujourd'hui à l'ensemble des droits réels immobiliers. C'est donc dans le prolongement du droit des biens qu'elle trouverait sa place naturelle.

Quant aux sûretés, si elles remplissent des fonctions diverses, elles constituent au premier chef les auxiliaires indispensables du crédit, moteur de l'activité économique. Leur étude s'articulerait donc plus logiquement sur celle des obligations en général, auxquelles elles confèrent une efficacité accrue, ou encore sur celle des contrats civils et commerciaux, qui sont les instruments juridiques de l'activité économique et à l'occasion desquels le besoin de crédit se manifeste à tout instant.

En définitive, seule la tradition, suivie dans de nombreuses Universités, du regroupement en un enseignement unique de ces deux matières explique leur inclusion dans un même volume. Les **sûretés** et la **publicité foncière** formeront les deux parties de ce précis.

BIBLIOGRAPHIE

1. Ouvrages généraux [1]

L. Aynès, P. Crocq et Ph. Delebecque (dir.), Lamy Droit des sûretés.

A.-S. Barthez et D. Houtcieff, *Traité de droit civil*, dir. J. Ghestin, *Les sûretés personnelles*, LGDJ, 2010.

M. Cabrillac, Ch. Mouly, S. Cabrillac et Ph. Pétel *Droit des sûretés*, Litec, 9e éd., 2010.

1. Les ouvrages mentionnés seront cités par le seul nom de leurs auteurs.

J. Devèze, A. Couret et G Hirigoyen, Lamy *Droit du financement*, 2011, n° 3705 s.

M. Farge, *Les sûretés*, coll. « Droit en + », PUG, 2007.

J. François, *Les sûretés personnelles*, Economica, 2004.

M.-N. Jobard-Bachellier, M. Bourassin et V. Brémond, *Droit des sûretés*, Sirey Universitaire, 2007.

D. Legeais, *Sûretés et garanties du crédit*, LGDJ, 8e éd. 2011.

Ph. Malaurie et L. Aynès, *Les sûretés, La publicité foncière*, par L. Aynès et P. Crocq, Defrénois, 5e éd., 2011.

G. Marty, P. Raynaud et Ph. Jestaz, *Les sûretés, La publicité foncière*, Sirey, 2e éd., 1987.

H., L. et J. Mazeaud et F. Chabas, *Leçons de droit civil*, t. III, 1er vol., *Sûretés - Publicité foncière*, Montchrestien, 7e éd. 1999, par Y. Picod.

J. Mestre, E. Putman et M. Billiau, *Traité de droit civil*, sous la direction de J. Ghestin, t. 1, *Droit commun des sûretés réelles* ; t. 2, *Droit spécial des sûretés réelles*, LGDJ, 1996.

M. Mignot, *Droit des sûretés*, Cours Montchrestien, 2010.

Y. Picod, *Droit des sûretés*, PUF, coll. « Thémis droit », 2e éd., 2011.

S. Piedelièvre, *Les sûretés*, A. Colin, 4e éd. 2004 ; *Traité de droit civil*, dir. J. Ghestin, *La publicité foncière*, LGDJ, 2000.

M. Planiol et G. Ripert, *Traité pratique de droit civil français*, t. XI (Cautionnement), 2e éd., par R. Savatier ; t. XII et XIII (Sûretés réelles), 2e éd. par E. Becque.

B. Saint-Alary et M. Boccara, *Les garanties du crédit*, éd. JNA, 1995.

J.-B. Seube, *Droit des sûretés*, Cours Dalloz, 5e éd., 2010.

Ph. Simler, *Cautionnement, garanties autonomes, garanties indemnitaires*, 4e éd., Litec, 2008.

Ph. Théry, *Sûretés et publicité foncière*, coll. « Droit fondamental », PUF, 2e éd., 1998.

F. Terré et Y. Lequette, *Les grands arrêts de la jurisprudence civile*, Dalloz, 12e éd., 2008 (cité *Grands arrêts*).

2. Monographies

P. Ancel, *Les sûretés personnelles non accessoires*, thèse Dijon 1981 ; *Le cautionnement des dettes de l'entreprise*, Dalloz, 1989.

M. Bourassin, *L'efficacité des garanties personnelles*, LGDJ, 2006, préf. Jobard-Bachellier et Brémond.

A. Cerles, *Le cautionnement et la banque*, éd. Revue Banque, 2e éd., 2008.

Ph. Dupichot, *Le pouvoir des volontés individuelles en droit des sûretés*, éd. Panthéon-Assas, 2005, préf. Grimaldi.

D. Grimaud, *Le caractère accessoire du cautionnement*, PUAM, 2001.

V. Mazeaud, *L'obligation de couverture*, IRJS Éditeur, 2010, préf. Jourdain.

Ch. Mouly, *Les causes d'extinction du cautionnement*, Librairies techniques 1979, préf. Cabrillac.

Travaux de l'Association H. Capitant, *Les garanties du financement*, LGDJ, 1996.

J.-D. Pellier, *Essai d'une théorie des sûretés personnelles à la lumière de la notion d'obligation*, thèse Aix-Marseille III, 2010.

PREMIÈRE PARTIE

LES SÛRETÉS

INTRODUCTION
THÉORIE GÉNÉRALE ET CLASSIFICATION DES SÛRETÉS

2 ***Sécurité et sûreté*** ◊ Étymologiquement le terme sûreté est synonyme de **sécurité**. Dans le langage courant, les deux termes s'emploient indifféremment. Ainsi parle-t-on de serrure de sûreté, de sûreté nationale... La terminologie juridique elle-même se réfère, à l'occasion, au sens le plus générique du terme sûreté, notamment en droit pénal (mesures de sûreté...).

Par convention, le droit civil a réservé au terme sûreté une signification plus étroite : celle de **garantie conférée au créancier contre le risque d'insolvabilité de son débiteur.** Cette acception ne méconnaît nullement l'étymologie, mais n'en retient qu'un aspect particulier. La sécurité du créancier est tout d'abord assurée par le droit de recourir à l'exécution forcée sur l'ensemble du patrimoine de son débiteur. Cette prérogative, appelée **droit de gage général** (C. civ., 2285), appartient cependant de plein droit à tous les créanciers, dénommés, en l'absence de sûreté particulière, **chirographaires** [1]. En raison même de sa généralité, et en dépit de l'emploi du terme gage, le droit de gage général ne constitue pas une sûreté au sens technique du terme. Il ne procure au créancier qu'une sécurité très relative, d'une part, parce que le patrimoine constituant ce « gage » peut s'avérer inconsistant [2], d'autre part et surtout, parce que le concours avec tous les autres créanciers du même débiteur peut compromettre ses chances de paiement, spécialement si ces autres créanciers bénéficient de quelque privilège.

Les sûretés ont précisément pour but d'éliminer ou, du moins, de réduire ce risque par l'octroi au créancier d'une garantie supplémentaire, procurant à son bénéficiaire un avantage par rapport aux autres créanciers.

Cet objectif peut être atteint de deux manières : soit en conférant au créancier un droit de poursuite contre une ou plusieurs personnes autres que le principal obligé, au moyen de sûretés dites **personnelles**, soit en lui accordant un droit préférentiel sur certains biens de son débiteur ou d'un tiers, ou même sur tous les biens du débiteur, affectés prioritairement au paiement de la dette, les sûretés répondant à ce critère étant appelées **réelles.** Le droit de préférence qui caractérise les secondes est en principe

---

1. V. Précis *Les obligations*, 10e éd., 2009, n° 1094 s.
2. Il n'est pas interdit aux parties de limiter conventionnellement l'assiette du droit de gage général. Cette dérogation au jeu des articles 2284 et 2285 du Code civil n'a rien de contraire à l'ordre public (v. Civ. 1re, 15 févr. 1972, *Bull. civ.* I, n° 50, *Rev. crit. DIP* 1973. 77, note Batiffol).

exclusif du concours avec d'autres créanciers. Il constitue aussi le signe distinctif des droits réels, ce qui explique que les sûretés réelles figurent à la fois dans la classification des sûretés et dans celle des droits réels, où elles forment la catégorie des droits réels accessoires. Leur fonction, en effet, est de servir de garantie au droit de créance dont ils sont l'accessoire, ce qui les oppose aux droits réels principaux - la propriété et ses démembrements - qui sont constitutifs de prérogatives directes et autonomes du sujet de droit sur les biens [1].

§ 1. Fonctions

3 ***Dualité*** ◊ Les développements qui précèdent ont mis en évidence le rôle essentiel des sûretés comme **auxiliaires du crédit**. Aujourd'hui plus que jamais, la formule lapidaire « pas de crédit sans sûretés » exprime une réalité. Le crédit repose sur la confiance. Telle est même la signification étymologique du terme (*credere* = croire, avoir confiance). Cette confiance ne peut être aveugle : seules des garanties sérieuses peuvent la susciter [2].

Est-il besoin de souligner l'importance du crédit dans la vie économique ? Certes, les besoins élémentaires des personnes sont largement satisfaits au moyen d'opérations juridiques simples, instantanément exécutées au moyen d'un paiement comptant, forme évoluée du troc. Mais l'accession à la propriété du logement requiert, pour le plus grand nombre, un recours au crédit. Il en est largement de même pour l'équipement des ménages. Le crédit est omniprésent dans le commerce et dans l'industrie. Il constitue l'un des moteurs essentiels de l'économie. Les sûretés en sont les irremplaçables auxiliaires. Dans cette première fonction, la plus importante et la plus dynamique, les sûretés ont pour fait générateur un accord des volontés du créancier et du débiteur ou, le cas échéant, du créancier et d'un tiers garant, raison pour laquelle on les qualifie de conventionnelles.

Une seconde fonction procède de la loi, qui, d'autorité ou, plus rarement, en délégant au juge le pouvoir d'en décider, confère un privilège à telle catégorie de personnes ou à toute personne placée dans telle situation. Ces sûretés, dites légales ou judiciaires, expriment le choix politique d'une **hiérarchie des intérêts**. Il peut s'agir d'intérêts privés jugés dignes par le législateur d'une sollicitude particulière. Tel est le cas des très nombreux privilèges légaux, des hypothèques légales ou judiciaires ou encore des cautionnements légaux ou judiciaires, lorsque leurs bénéficiaires sont des personnes privées. Ainsi, les salariés bénéficient-ils de privilèges pour

---

1. V. Précis *Les biens*, 8e éd., 2010, n° 50 s. La distinction entre droits réels principaux et accessoires s'estompe, cependant, lorsque la propriété elle-même tient lieu d'instrument de sûreté (v. *infra* n°s 353 et 665 s.).

2. V. L. Aynès, *Les garanties du financement*, Rapport de synthèse au 82e Congrès des Notaires, *Defrénois* 1986. 909, n° 2, qui observe que « l'histoire des obligations est accompagnée de celle des sûretés », tout en précisant que, d'une certaine manière, « la sûreté est (aussi) une injure à la force obligatoire des conventions ».

le paiement de leur salaire. Dans d'autres circonstances, spécialement lorsque les bénéficiaires en sont l'État ou des personnes morales publiques, l'octroi de sûretés du même type souligne la primauté de l'intérêt général sur les intérêts privés. Tel est le cas des privilèges reconnus au Trésor public pour le recouvrement des impôts et taxes ou aux organismes sociaux pour le recouvrement des cotisations sociales.

La seconde fonction se distingue de la première par son caractère plus statique. Elle tend principalement, dans une situation donnée, à la détermination de l'ordre dans lequel les créanciers d'un débiteur seront payés. La multiplication des sûretés et privilèges de toutes sortes rend particulièrement complexe, suivant les circonstances, cette opération de classement (v. *infra* n°s 773 s. et 822 s.).

§ 2. Évolution

4 ***Sûretés personnelles contre sûretés réelles*** ◊ Le concept juridique de sûreté paraît être aussi ancien que celui d'obligation. Le rôle respectif des deux familles de sûretés est contrasté. Trois grandes époques peuvent être esquissées.

Genèse : primauté naturelle des garanties personnelles. Que l'idée de sûreté personnelle soit apparue et se soit développée la première [1] s'explique aisément Dès lors que la notion d'obligation était reconnue, il n'y avait qu'un pas de plus à franchir pour admettre la possibilité d'une juxtaposition de plusieurs obligations, pesant sur des personnes différentes. Une sorte de sûreté personnelle découle, du reste, d'une caractéristique habituelle des sociétés primitives : la responsabilité collective des membres du groupe - tribu, clan, famille - reposant sur des considérations de solidarité et d'honneur plus que sur des fondements juridiques. On peut y voir l'origine des cautionnements, encore nombreux aujourd'hui, consentis au sein du cercle familial, ainsi que de certaines variétés de cautionnement mutuel.

La primauté historique des sûretés personnelles s'explique aussi par des considérations propres au concept de sûreté réelle. Une telle sûreté, par définition, suppose - ou du moins supposait, primitivement - l'existence d'une assiette matérielle. La pauvreté du patrimoine mobilier dans les sociétés primitives ne s'y prêtait guère. L'adage *res mobilis, res vilis*, qui a pu produire tardivement quelques effets funestes, a longtemps exprimé une réalité. Quant à la terre, elle a été, au fil des époques et au gré des coutumes, l'objet de formes diverses de propriété collective. Au surplus, elle était très fréquemment chargée d'une dimension sacrée. Ces deux traits la rendaient indisponible, de sorte que l'idée même qu'elle puisse servir d'instrument de garantie était inconcevable. La technique des sûretés réelles n'a pu prospérer que dans le cadre d'un système juridique évolué, tel que le droit romain.

Sous ces réserves, l'idée d'un droit conféré à une personne sur une chose à titre de garantie est assez simple. Mais encore faut-il que l'efficacité de ce droit soit assurée, spécialement dans les rapports entre son titulaire et les tiers. L'indispensable opposabilité aux tiers n'a pu être obtenue, primitivement, que par le procédé

1. V. *Les sûretés personnelles*, Recueils de la Société Jean Bodin, 3 vol., Bruxelles 1969 à 1974, dir. Prof. Gilissen. V. égal. A. Bruyneel, *L'évolution du droit des sûretés*, FEDUCI, 1984, p. 5 s. ; A.-S. Barthez et D. Houtcieff, *Traité de droit civil*, dir. J. Ghestin, *Les sûretés personnelles*, LGDJ, 2010, n° 11 s. Pour une remise en cause partielle de cette idée reçue, v. Rouland, *Anthropologie juridique*, coll. « Droit fondamental », PUF, 1988, n° 169.

rudimentaire de la remise du bien, objet de la sûreté, entre les mains du créancier : telle est la définition du gage en matière mobilière et de l'antichrèse - aujourd'hui appelée gage immobilier [1] - en matière immobilière. Le concept d'hypothèque, sûreté immobilière sans dépossession, est certes ancien, mais l'efficacité du procédé était initialement tributaire du seul respect de l'engagement contractuel. Restant occulte, l'hypothèque ne procurait qu'une sécurité relative [2]. Son véritable essor est lié à l'apparition de procédés fiables de publicité, indispensables à la sécurité des tiers pouvant acquérir sur le bien hypothéqué des droits concurrents. Telle est la fonction, pour les hypothèques et privilèges immobiliers, de la publicité foncière, et, aujourd'hui, pour les sûretés mobilières sans dépossession, de registres spécialement créés à cet effet.

Prédominance des sûretés réelles. L'individualisation de la propriété privée, le développement économique, multiplicateur de richesses, la diversification des patrimoines [3] ont conduit, grâce au perfectionnement des techniques de publicité, à une prépondérance des sûretés réelles sur les sûretés personnelles. Plusieurs raisons expliquent ce renversement. Si le débiteur est à la tête d'un patrimoine substantiel et disponible, il est à la fois logique et plus simple pour lui de mettre à profit les ressources de son propre patrimoine comme instrument de crédit, plutôt que de faire appel à la garantie de tiers. L'individualisme croissant et le rétrécissement du cercle familial ont rendu plus difficile la recherche de tiers garants. Au surplus, la sécurité procurée par les sûretés réelles a été longtemps réputée meilleure que celle résultant de l'engagement d'un coobligé. Si l'engagement de deux ou plusieurs débiteurs réduit le risque d'insolvabilité, il ne le supprime jamais totalement, en particulier si ces coobligés sont proches parents, héritiers présomptifs les uns des autres. Au contraire, les sûretés réelles - et plus spécialement l'hypothèque - étaient réputées procurer une sécurité quasi parfaite. Ces avantages ont été amplifiés par le phénomène de la dépréciation monétaire, qui augmentait la valeur de l'assiette de ces sûretés pendant que le montant nominal de la dette garantie restait invariable. Ils ont cependant été remis en cause par le droit des procédures collectives.

Retour en force des sûretés personnelles. Une nouvelle inversion de tendance ou, du moins, un retour à un certain équilibre caractérise le denier tiers du XXe siècle. Les sûretés personnelles, particulièrement le cautionnement, ont connu un remarquable regain d'intérêt, qui peut être attribué à la conjonction de plusieurs facteurs. Le premier tient au développement de nouvelles variétés de cautionnements, à côté de celui, traditionnel, mais toujours pratiqué, du parent ou de l'ami acceptant de s'obliger comme garant à titre de service gratuit. Le cautionnement bancaire et le cautionnement mutuel, qui procurent au créancier une sécurité à peu près parfaite, ont pris une indéniable importance [4]. Le cautionnement des sociétés par

---

1. La loi n° 2009-526 du 12 mai 2009 a substitué l'expression « gage immobilier » au terme antichrèse. Cette prétendue simplification terminologique peut être jugée regrettable alors que l'ordonnance du 23 mars 2006 portant réforme des sûretés avait entendu réserver le terme « gage » aux sûretés conventionnelles sur biens meubles corporels (C. civ., art. 2229 et 2333).

2. On peut cependant noter que, les opérations juridiques s'effectuant dans un cercle relativement restreint, une circulation spontanée de l'information tenait lieu, dans une certaine mesure, de publicité. De plus, l'intervention du notaire contribuait à la sécurité du créancier hypothécaire.

3. V. P. Catala, « La transformation du patrimoine dans le droit civil moderne », *RTD civ.* 1966. 185.

4. Sur la controverse relative aux avantages et aux inconvénients respectifs du cautionnement mutuel et de la garantie hypothécaire en matière de crédit immobilier, notamment du point de vue de leur coût, v. Dagot, « Sûretés réelles contre sûretés personnelles », *JCP* N 1986.

leurs dirigeants est presque systématiquement exigé par les bailleurs de fonds, comme antidote de la responsabilité limitée des associés. On peut encore citer le développement considérable des garanties financières professionnelles et des garanties accordées par l'État et les collectivités publiques.

Cette mutation est aussi due pour une large part, de l'avis unanime de la doctrine, au sort réservé par la loi aux titulaires de sûretés réelles en cas de procédure collective dirigée contre le débiteur. Largement sacrifiés par la loi du 13 juillet 1967 à l'objectif de sauvetage des entreprises et de sauvegarde des emplois, les titulaires de sûretés réelles l'ont été davantage encore par celle du 25 janvier 1985 sur le redressement et la liquidation judiciaires [1]. Si une loi du 10 juin 1994 a pu être saluée comme annonçant le « printemps des sûretés réelles » [2] et si la loi de sauvegarde du 26 juillet 2005 a, pour l'essentiel, maintenu le *statu quo* à cet égard [3], il ne semble pas que le sens des évolutions ait été sensiblement infléchi. De plus, l'exécution forcée, particulièrement en matière immobilière, est longue, toujours désagréable pour le créancier poursuivant, quelque peu infamante pour le débiteur, enfin, plus aléatoire aujourd'hui, en raison du recul de l'inflation et des difficultés du marché immobilier.

Une nouvelle inversion de ce mouvement de balancier est peu plausible. L'évolution est tributaire des progrès de la technique juridique, de la situation économique, ainsi que, très fortement, des réformes législatives pouvant affecter l'une ou l'autre variété de sûretés. Il est significatif que la France soit, semble-t-il, le seul pays européen ayant connu un tel engouement pour le cautionnement.

5 ***Réforme (partielle) des sûretés : ordonnance du 23 mars 2006*** ◊

La célébration du bicentenaire du Code civil a été l'occasion d'une réflexion sur la réforme et la recodification du droit des sûretés [4]. De fait, un groupe de travail mandaté par le Garde des Sceaux a élaboré un avant-projet, destiné à former un Livre IV nouveau du Code civil [5]. Le souhait gouvernemental de réaliser cette réforme par voie d'ordonnance a cependant été partiellement contrarié par une loi d'habilitation restrictive, excluant en particulier le droit du cautionnement (L. n° 2005-842, 26 juill. 2005). Si

I. 93 ; Lancereau, « Les prêts immobiliers cautionnés », *Gaz. Pal.* 1987. 2. Doctr. 687 ; M. Mouillart, « Hypothèque et caution (de la garantie à la réassurance) », *Banque* 1989. 906 ; G. Daublon, « Les prêts à l'acquisition immobilière. Remarques sur les hypothèques, les privilèges et quelques autres sûretés », *Defrénois* 1994. 35887, spéc. n°s 8 s. ; Y. Delecraz et M. Chetaille, « Caution mutuelle ou hypothèque : faire le bon choix », *RJDA* 2011. 355 ; M. Cabrillac, Ch. Mouly, S. Cabrillac et Ph. Pétel, n°s 7 et 15 s. Diverses mesures consécutives à la réforme des sûretés par l'ordonnance du 23 mars 2006 vont dans le sens d'une réduction du coût de l'hypothèque : réduction du tarif des actes notariés correspondants, simplification de la mainlevée, création de l'hypothèque rechargeable.

1. V. M. Vasseur, « Le crédit menacé », *JCP* 1985. I. 3201 ; Ch. Mouly, « La situation des créanciers antérieurs », *RJ com.* févr. 1987. n° spéc. p. 139, spéc. p. 146 s. ; Ph. Delebecque, « Les sûretés dans les procédures collectives », *JCP* N 1986. I. 185 ; M. Cabrillac, Ch. Mouly, S. Cabrillac et Ph. Pétel, n° 8. V. aussi *infra* n°s 357 et 758.

2. V., sous ce titre, M. Cabrillac et Ph. Pétel, *D.* 1994. Chron. 243.

3. V. P. Crocq, « La réforme des procédures collectives et le droit des sûretés », *D.* 2006. 1326.

4. V., dans le *Livre du bicentenaire*, Dalloz-Litec 2004, Ph. Simler, « Codifier ou recodifier le droit des sûretés personnelles », p. 373.

5. Sur l'avant projet, v. Rapport « Grimaldi » pour une réforme du droit des sûretés, *Dr. et patr.* sept. 2005. 49.

l'ordonnance n° 2006-346 du 23 mars 2006 [1], ratifiée, moyennant quelques retouches et dispositions complémentaires, par la loi n° 2007-212 du 20 février 2007 [2], a retenu la proposition de création d'un Livre IV du Code civil dédié spécialement au droit des sûretés, elle n'a pas été en mesure d'en faire le siège unique. Le droit des sûretés reste dispersé dans quatre codes, sans compter diverses lois particulières : outre le Code civil, le Code de la consommation (dont certaines dispositions s'appliquent au-delà du périmètre des contrats de consommation), le Code de commerce (notamment pour le gage sur stock) et le Code monétaire et financier (pour le gage sur compte d'instruments financiers). Les aspects majeurs de la réforme portent sur les sûretés réelles mobilières, réorganisées et modernisées, et sur certains aspects du droit hypothécaire, dont la très médiatisée hypothèque rechargeable (ainsi que le prêt viager hypothécaire, mais qui est davantage une opération de crédit qu'une hypothèque particulière).

Au titre des sûretés personnelles, si l'ordonnance du 23 mars 2006 a fait place dans le Code civil aux concepts de garantie autonome et de lettre d'intention, elle a, faute d'habilitation, laissé inchangé le droit du cautionnement, numérotation des articles mise à part. Les turbulences législatives et jurisprudentielles que connaît cette garantie depuis le dernier quart du XXe siècle auraient pourtant amplement justifié une réécriture du dispositif.

Le droit de l'Union européenne est muet sur le droit des sûretés [3]. Des modèles ont été proposés pour les garanties autonomes, par la Conférence des Nations Unies pour le commerce international (CNUDCI) et par la Chambre de commerce internationale (v. *infra* n° 272). Rien de tel n'a vu le jour pour le cautionnement. Toutefois, dans le sillage des « Principes européens du droit des contrats », le Groupe d'études pour un Code civil européen du Professeur Von Bar, animé par le Professeur Drobnig, a élaboré des « Principes applicables aux sûretés personnelles », révélateurs de larges convergences entre les droits nationaux [4].

§ 3. **Classification**

6 ***Liste limitative ou catégorie ouverte ?*** ◇ La catégorie des sûretés est restée, pendant le siècle et demi qui a suivi la promulgation du Code civil, contenue dans un ensemble de procédés limitativement énumérés par la

1. Commentaires, par divers auteurs, « La réforme du droit des sûretés », *D.* 2006. Dossier 1289 ; *JCP* 2006. suppl. au n° 20.
2. *JO* 21 févr. 2007, p. 3058.
3. Une proposition de directive sur le crédit aux consommateurs et les sûretés, qui a vu le jour en 2002, mais qui n'a pas eu de suites, renvoyait au surplus aux droits nationaux pour les sûretés (v. A.-S. Barthez et D. Houtcieff, n° 4).
4. V. U. Drobnig, « Traits fondamentaux d'un régime européen des sûretés personnelles », *Mélanges Simler*, Litec-Dalloz, 2006, p. 315.

loi. Si, parmi eux, certains ont connu de remarquables développements – par exemple, les gages sans dépossession – pendant que d'autres semblaient se fossiliser, on n'imaginait guère que l'on pût en inventer de nouveaux. Sans doute, cette perception de la matière ne correspondait-elle pas pleinement à la réalité. De-ci, de-là, des mécanismes conventionnels classiques ou des combinaisons nouvelles ont pu être mis en œuvre dans un but de garantie. Mais ces arrangements occasionnels n'étaient pas perçus comme des variétés nouvelles de sûretés.

Le paysage juridique s'est progressivement modifié. Des sûretés réellement nouvelles – en nombre restreint, il est vrai – sont apparues. Des combinaisons contractuelles ont été plus ouvertement présentées comme constitutives de garanties. Du même coup, les contours de la notion de sûreté sont devenus plus incertains (v. *infra* n° 37).

Une approche pragmatique incite à y comprendre tous les moyens d'accroître, directement ou indirectement, les chances de paiement du créancier, y compris ceux qui n'ont pas été spécialement conçus par le législateur comme des sûretés. Leur nombre est cependant tel qu'il est présomptueux de vouloir en proposer une énumération exhaustive. La difficulté est encore accrue par le fait que la fonction de garantie a pu ne pas être le principal objectif poursuivi par les parties. Bien plus, la garantie a pu n'être qu'un effet induit de la technique contractuelle choisie, dont les parties ont pu ne pas être conscientes au moment de leur engagement ou à celui de son exécution.

Pour toutes ces raisons, l'inventaire proposé n'a d'autre prétention que celle d'un essai. Les sûretés classiques et les procédés nouveaux les plus importants, qui font l'objet de développements dans le corps de l'ouvrage, seront seulement brièvement mentionnés. Les autres procédés de garantie seront succinctement présentés.

Les deux critères de classification usuels, déjà esquissés, tiennent, d'une part, à la source des sûretés, d'autre part, à leur nature personnelle ou réelle [1]. Du point de vue de l'analyse des concepts, c'est le second critère qui doit, à ce stade, retenir davantage l'attention.

A. Sûretés conventionnelles, légales ou judiciaires

7 ***Signification variable des termes*** ◊ Les sûretés conventionnelles sont celles qui ont été librement constituées par les parties à un contrat. Les sûretés légales sont conférées par la loi à certains bénéficiaires. Les sûretés judiciaires sont octroyées par décision de justice.

La différence tenant à leurs fonctions respectives a déjà été soulignée (v. *supra* n° 3) : les premières remplissent une fonction économique essentielle

1. D'autres classifications sont parfois proposées : v. M. Dagot, « Sûretés monovalentes et sûretés polyvalentes », *JCP* N 1999. 381 ; v. égal. C. Ginestet, « La qualification des sûretés », *Defrénois* 1999. 36927 et 36940.

en tant qu'auxiliaires des opérations de crédit ; les secondes, par la hiérarchie des intérêts qu'elles expriment, apparaissent comme les instruments d'une politique législative ; les dernières, plus proches des secondes que des premières, sont des mesures de sauvegarde que le juge peut prescrire dans des circonstances que la loi détermine [1].

La distinction des sûretés conventionnelles, légales et judiciaires s'applique aux sûretés personnelles comme aux sûretés réelles, mais elle a, pour les unes et les autres, une signification différente. Si l'on conçoit, en effet, que la loi puisse concéder directement et immédiatement une sûreté réelle ou un privilège à telle catégorie de créanciers sur tout ou partie du patrimoine de leurs débiteurs, ou que le juge puisse faire bénéficier l'une des parties à l'instance d'une telle sûreté, on imagine plus difficilement que la loi ou le juge puisse imposer à un tiers l'obligation de garantir un débiteur. De fait, le cautionnement légal ou judiciaire correspond à des hypothèses dans lesquelles l'obtention d'un avantage est subordonnée par la loi ou par le juge à la fourniture par le requérant d'une caution. Mais l'engagement de cette dernière est toujours contractuel. S'il existe, certes, des hypothèses dans lesquelles des personnes sont légalement tenues pour d'autres – tel étant le cas de la responsabilité du fait d'autrui ou encore de l'obligation personnelle des associés dans les sociétés de personnes – leur obligation ne répond pas à la qualification de sûreté [2]. Ainsi, s'agissant des sûretés réelles, c'est bien la sûreté elle-même qui est, suivant les circonstances, conventionnelle, légale ou judiciaire. Au contraire, les sûretés personnelles trouvent toujours leur source immédiate dans un contrat : seul le fait générateur qui a déterminé le débiteur à solliciter l'engagement de la caution aura été, soit une convention principale, soit une prescription légale, soit une décision de justice.

B. Sûretés personnelles et sûretés réelles

8 ***Summa divisio ?*** ◊ La distinction entre les sûretés personnelles et les sûretés réelles, qui fournit le plan de la partie du présent l'ouvrage traitant des sûretés, constitue le cadre habituel de l'inventaire des procédés constitutifs de sûretés. À première vue, la ligne de partage paraît claire et précise, tant est nette la différence entre les deux techniques de garantie. Quelques situations hybrides méritent pourtant attention, en particulier celle du « cautionnement réel », dont la Cour de cassation a cru devoir nier, par un arrêt du 2 décembre 2005, la nature hybride qui lui était traditionnellement reconnue (v. *infra* n°s 34 et 71 s.).

---

1. L'intérêt principal des sûretés réelles judiciaires réside dans la possibilité d'une constitution à titre conservatoire. Ne peuvent en être l'objet que les immeubles, fonds de commerce, actions, parts sociales et valeurs mobilières (L. n° 91-650, 9 juill. 1991, art. 77). Cette liste est limitative (v. *infra* n°s 465 et 721 s.).

2. Sur certaines obligations légales, analysées quelquefois, mais de manière contestable, comme des obligations de caution, v. *infra* n° 62. V., à propos de l'action directe, *infra* n° 18.

9 ***1) Sûretés personnelles*** ◊ Selon le Code civil de 1804, ce genre ne comprenait qu'une seule espèce : le **cautionnement**. Tel est resté l'état du droit positif pendant près de deux siècles. De nouvelles variétés de sûretés personnelles ne sont apparues dans la pratique qu'au cours du dernier tiers du XXe siècle : la **garantie autonome** et la **lettre d'intention**. L'ordonnance du 23 mars 2006 en a pris acte. L'article 2287-1 du Code civil dispose à présent que « *Les sûretés personnelles régies par le présent titre sont : le cautionnement, la garantie autonome et la lettre d'intention* ». On remarquera que le texte n'exclut nullement l'existence d'autres sûretés personnelles. De fait, l'éventail des procédés de garantie personnelle est plus riche. Ainsi, diverses techniques du droit des obligations peuvent être mises en œuvre comme procédés de garantie personnelle ou en tenir lieu incidemment. Si le débat reste ouvert sur leur appartenance ou non à la catégorie des sûretés (v. *infra* n° 37), une présentation du droit des sûretés personnelles serait incomplète s'il était fait silence sur ces techniques, très prisées de la pratique [1].

Cette approche pragmatique et fonctionnelle rend cependant malaisé le tracé des limites de la catégorie des sûretés. Dans une conception plus dogmatique, il n'y aurait sûreté personnelle que par la réunion de deux critères : l'adjonction d'un débiteur supplémentaire et l'absence de contribution de celui-ci à la dette [2]. Mais certains procédés en usage dans la pratique, tels que la solidarité, la délégation ou le porte-fort d'exécution, se trouvent alors exclus de la catégorie, faute de répondre à ces caractères. Ils n'en sont pas moins perçus, à titre principal, subsidiaire ou incident, suivant les circonstances, comme contribuant à la sécurité du créancier.

Les incertitudes portant sur le genre se retrouvent dans la délimitation des espèces. Deux espèces typées sont aujourd'hui clairement identifiées : les sûretés personnelles **accessoires**, dont le prototype est le cautionnement, et les sûretés personnelles **autonomes**, apparues plus récemment, qui comprennent la garantie à première demande, mais aussi la délégation, lorsqu'elle est utilisée comme instrument de garantie (*infra* nos 348 s.). La lettre d'intention, sûreté personnelle « nommée » par l'article 2287-1 précité du Code civil, ne peut être rattachée à aucune de ces deux espèces. C'est donc qu'il faut admettre qu'il en existe une troisième : celle des garanties **indemnitaires**, caractérisées par le fait que l'obligation du tiers garant a pour objet la réparation du préjudice éprouvé par le créancier du fait de l'inexécution de ses obligations par le débiteur garanti. Doit être

---

1. V. P. Ancel, *Les sûretés personnelles non accessoires en droit français et en droit comparé*, thèse dactyl. Dijon, 1981 ; Ph. Simler, « Les solutions de substitution au cautionnement », *JCP* 1990. I. 3427, et *JCP* E 1990. II. 15659 ; *Cautionnement, garanties autonomes, garanties indemnitaires*, 4e éd., Litec, 2008, *nos* 23 s. et 841 s.

2. V. Ch. Mouly, *in* FEDUCI, *Les sûretés*, p. 142 s. ; M. Cabrillac, Ch. Mouly, S. Cabrillac et Ph. Pétel,nos 24 s.

considérée comme appartenant à cette troisième espèce, outre la lettre d'intention, la promesse de porte-fort de l'exécution d'une obligation (*infra* n°s 17 et 334 s.) [1].

10 ***a) Sûretés personnelles régies par le Code civil. Cautionnement*** ◊ Seule sûreté personnelle définie et organisée comme telle par le Code civil avant 2006, le cautionnement reste celle qui est le plus abondamment pratiquée. Le trait distinctif de l'engagement de la caution réside dans son caractère accessoire : la caution se soumet envers le créancier à satisfaire à l'obligation du débiteur si celui-ci n'y satisfait pas (art. 2288). C'est la dette même du débiteur que la caution s'oblige à payer, le cas échéant. Ce caractère détermine largement son régime, spécialement en ce qu'il permet à la caution - ou devrait lui permettre [2] - d'opposer au créancier toutes les exceptions qu'eût pu lui opposer le débiteur principal. Il constitue de ce fait le critère distinctif du cautionnement par rapport aux autres sortes de sûretés personnelles (*infra* n°s 39 s.).

11 ***Garantie autonome*** ◊ La garantie autonome est définie par le nouvel article 2321 du Code civil comme *« l'engagement par lequel le garant s'oblige, en considération d'une obligation souscrite par un tiers, à payer une somme soit à première demande, soit suivant des modalités convenues »*. Cette garantie, dont il existe plusieurs variantes, se distingue fondamentalement du cautionnement par son caractère non accessoire, qui se traduit concrètement par l'inopposabilité des exceptions tirées du contrat de base. Le garant s'oblige à exécuter non l'obligation du débiteur garanti, mais une obligation nouvelle et indépendante, non tributaire du sort de l'obligation du débiteur principal, mais dont la seule finalité, cependant, est la sûreté du créancier (*infra* n°s 269 s.).

12 ***Lettre d'intention*** ◊ Une lettre d'intention, appelée aussi quelquefois lettre de confort ou de patronage, est, aux termes du nouvel article 2322 du Code civil, *« l'engagement de faire ou de ne pas faire ayant pour objet le soutien apporté à un débiteur dans l'exécution de son obligation envers le créancier »*. Elle exprime, par conséquent, la volonté d'un tiers, non de payer la dette du débiteur, ni de payer telle somme prédéterminée, mais de faire en sorte que le débiteur soit en mesure de remplir lui-même ses engagements. Dans une telle formulation, dont il existe cependant de multiples variantes, plus

---

1. S. Lafont, « Pour une nouvelle classification des sûretés personnelles », *RLDC* févr. 2009. 25. L'auteur propose de distinguer les garanties de dettes de somme d'argent de celles d'obligations en nature. Mais, au sein des premières, demeureraient les distinctions usuelles, de sorte que le progrès paraît limité, même s'il est vrai que les secondes présentent d'indéniables originalités. V. égal. J.D. Pellier, *Essai d'une théorie des sûretés personnelles à la lumière de la notion d'obligation, contribution à l'étude du concept de coobligation*, thèse Aix-Marseille 2010. L'auteur remet en cause le modèle du droit du cautionnement et ainsi l'idée d'accessoire, dans un domaine où la référence devrait être celle de l'engagement personnel et donc, en l'occurrence, celle de la solidarité.

2. Une jurisprudence récente, qui restreint significativement l'opposabilité des exceptions, paraît difficilement conciliable avec le caractère accessoire, v. *infra* n° 48.

ou moins contraignantes, la lettre d'intention est constitutive d'une obligation de faire ou de ne pas faire, dont l'inexécution se traduit par l'octroi de dommages et intérêts au créancier lésé par la défaillance de son débiteur (*infra* n°s 310 s.).

13 ***b) Autres engagements ou conventions pouvant faire fonction de sûreté personnelle*** ◊ Un procédé au moins répondrait aux critères stricts d'une véritable sûreté personnelle : le constitut. D'assez nombreux autres, empruntés à l'arsenal des techniques du droit commun des obligations, peuvent remplir, à titre principal ou incident, une fonction de garantie pour le créancier.

14 ***Constitut*** ◊ Le constitut, ou engagement autonome de payer la dette d'autrui [1], que l'on hésite, en raison de ses origines romaines, à qualifier de garantie nouvelle et dont la spécificité est difficile à cerner, occupe cependant entre le cautionnement et les garanties autonomes *stricto sensu* un espace que ne peut revendiquer aucun de ces deux concepts, comme le démontrent quelques (rares) décisions de jurisprudence [2]. L'engagement du constituant n'a pour objet ni une somme forfaitaire comme dans l'hypothèse de la garantie autonome, ni l'obligation même du débiteur principal, comme dans le cas du cautionnement, mais une obligation nouvelle dont la mesure est empruntée à celle du débiteur garanti. Cet engagement est pris à titre principal et non à titre accessoire. Il est ainsi, d'une certaine manière, autonome. Son étendue et les conditions de son exécution ne sont pas, comme dans le cas du cautionnement, strictement tributaires des caractéristiques de l'obligation garantie. Le constituant doit pouvoir invoquer les exceptions inhérentes à l'obligation principale, mais non celles personnelles au débiteur.

15 ***Solidarité et indivisibilité*** ◊ La solidarité et l'indivisibilité sont, au premier chef, des modalités affectant les obligations [3]. La loi ou le contrat peut mettre une même dette à la charge de plusieurs codébiteurs solidaires,

---

1. V. F. Jacob, *Le constitut, ou l'engagement autonome de payer la dette d'autrui à titre de garantie*, LGDJ, 1998, préf. Ph. Simler ; Ph. Simler, n° 31 ; A.-S. Barthez et D. Houtcieff, n°s 1241 s.

2. Quelques décisions anciennes paraissent se rapporter à ce procédé (Civ., 17 janv. 1849, *DP* 1849. 1. 49, *S.* 1849. 1. 228 ; Req., 5 mai 1868, *DP* 1869. 1. 285, *S.* 1868. 1. 251). A plus récemment été soumis aux juges l'engagement d'un gérant d'une société d'apurer progressivement le compte-courant débiteur (non clôturé) de sa société, au moyen de versements mensuels (Paris, 19 mars 1987 : *RD banc. et bourse* 1987. 96, obs. Contamine-Raynaud). Un tel engagement, assurément valable, ce qu'ont reconnu les juges, mais sans le qualifier, ne pouvait être ni un cautionnement, faute d'exigibilité de la dette aux échéances promises, ni une garantie autonome puisque son objet avait pour mesure la dette de la société. V. aussi Reims 16 oct. 1991, *RD banc. et bourse* 1992. 253, obs. Contamine-Raynaud ; T. com. Paris, 23 mai 1992, *D.* 1993. somm. 95, obs. Vasseur ; Com., 10 mars 2009, n° 08-14064, inédit, rapporté par A.-S. Barthez et D. Houtcieff, n° 1245 (l'engagement, constitutif d'une garantie de garantie de passif, de payer à première demande la somme maximum de..., correspondant au montant de la garantie de passif, répondait en réalité aux critères d'une garantie autonome, v. *infra* n° 288).

3. V. Précis *Les obligations*, préc., n°s 1244 s. et 1265 s.

chacun étant alors tenu pour l'intégralité de la dette. La volonté des parties peut, en outre, rendre indivisible une dette qui ne l'est pas par nature. L'idée de sûreté n'apparaît qu'à l'arrière-plan lorsque les codébiteurs sont pareillement intéressés à l'opération. Chacun est cependant garant de l'insolvabilité des autres, ce qui contribue assurément à la sécurité du créancier. Mais les effets de la solidarité et de l'indivisibilité peuvent aussi être recherchés exclusivement ou principalement à titre de sûreté. Il en est spécialement ainsi lorsqu'un tiers s'oblige comme codébiteur solidaire sans être intéressé à la dette, hypothèse visée à l'article 1216 du Code civil (*infra* n°s 340 s.) [1].

16 ***Délégation*** ◊ Parmi d'autres acceptions du même terme, la délégation, telle qu'elle apparaît à l'article 1275 du Code civil, constitue d'abord un procédé simplificateur de règlement des dettes [2]. Elle permet à un débiteur, le délégant, lui-même créancier d'un tiers, d'obtenir l'extinction de sa dette envers son propre créancier, le délégataire, grâce à un engagement pris par le tiers délégué envers ce dernier. Si celui-ci accepte cet engagement du délégué sans décharger simultanément son débiteur primitif [3], il se trouve dans la situation où il a, pour une créance unique, deux débiteurs. Cette particularité du mécanisme de la simple délégation, non doublée d'une novation et improprement appelée imparfaite, accroît indéniablement la sécurité du délégataire. Tel a pu être le but principal recherché par les parties à l'opération triangulaire, qui remplit alors directement et exclusivement la fonction de sûreté (*infra* n°s 348 s.).

17 ***Porte-fort d'exécution*** ◊ La promesse de porte-fort n'est pas traditionnellement perçue, en droit positif français, comme une technique de garantie. Son rôle est habituellement cantonné à la formation du contrat, en ce qu'elle permet de passer un acte juridique malgré l'absence ou l'incapacité d'une personne qui aurait dû y figurer comme partie, moyennant l'engagement du porte-fort de rapporter ultérieurement l'accord de cette personne [4]. Telle est l'hypothèse classique du porte-fort dit « de ratification ». Tout au plus est-il admis de longue date que la promesse de porte-fort peut aussi conforter un engagement de caution voué, en son absence, à une inefficacité totale ou partielle [5].

---

1. V. D.R. Martin, « L'engagement de codébiteur solidaire adjoint », *RTD civ.* 1994. 49. Selon le double critère de l'adjonction d'un second débiteur et de l'absence de contribution du garant (*supra* n° 9), cette dernière hypothèse serait constitutive d'une sûreté personnelle *stricto sensu*.
2. V. Précis *Les obligations*, préc., n°s 1439 s.
3. En cas de décharge simultanée du délégant par le délégataire, la délégation est dite parfaite ou novatoire. Elle constitue une hypothèse particulière de novation par changement de débiteur, qui ne peut en aucune façon faire fonction de sûreté.
4. V. Précis *Les obligations*, préc., n° 509. V. aussi Véricel, « Désuétude ou actualité de la promesse de porte-fort ? », *D.* 1988. *Chron.* 123.
5. Pour le cautionnement d'un incapable, v. *infra* n° 111. V. aussi, à propos d'une hypothétique consolidation de la garantie au cas de décès de la caution, *infra* n° 251.

Rien ne s'oppose, pourtant, à ce qu'une personne se porte fort, non de la ratification d'un acte imparfait par une personne incapable ou absente qui y figure en qualité de partie, mais de l'exécution par son débiteur d'une obligation d'ores et déjà parfaite. L'article 1120 du Code civil, qui se réfère à la promesse du « *fait* » d'un tiers, autorise sans nul doute un tel emploi du procédé. « *Si le tiers refuse de tenir l'engagement* », celui qui s'est porté fort doit indemniser le créancier. Le porte-fort d'exécution n'est pas, comme la caution, tenu de la dette du débiteur. Il n'est pas davantage tenu de payer, comme le garant autonome, une somme déterminée. Son obligation est d'indemniser le bénéficiaire de la promesse si l'exécution promise fait défaut. La garantie qu'il procure appartient dès lors, avec la lettre d'intention (*supra* n° 12), à la catégorie des sûretés indemnitaires (*infra* n°s 334 s.).

18 ***Action directe*** ◊ L'action directe que la loi confère à certains créanciers contre un débiteur de leur propre débiteur (par exemple à la victime contre l'assureur du responsable du dommage ou au sous-traitant contre le maître de l'ouvrage) tient lieu de sûreté en ce que son bénéficiaire peut agir indifféremment contre l'un ou l'autre de ses débiteurs [1]. Par ses effets, elle s'apparente à une délégation simple. Elle s'en distingue par son caractère légal. Elle constitue ainsi une hypothèse de sûreté personnelle légale au sens littéral du terme (*comp. supra* n° 7). En effet, contrairement à l'action oblique [2], remède contre l'inaction du débiteur, et à l'action paulienne [3], sanction de la fraude, l'action directe est véritablement conçue par la loi comme une garantie de paiement. Elle constitue un privilège légal de nature personnelle ou, mieux, une voie d'exécution simplifiée.

19 ***Assurance*** ◊ L'assurance est le contrat par lequel un assuré se garantit ou garantit un tiers bénéficiaire contre un risque : décès, invalidité, dommage accidentel, calamité ou encore insolvabilité d'un débiteur. En règle générale, ce type de garantie est étranger au concept de sûreté. Les fonctions d'assurance d'un risque et de garantie de l'exécution d'une obligation sont à l'évidence différentes. Plusieurs sortes de rapprochements méritent cependant d'être opérés [4].

En premier lieu, il convient de relever que les classiques assurances de dommages ou de personnes étayent fréquemment et très utilement

---

1. V. Marty, Raynaud et Jestaz, n° 4 ; M. Cabrillac, Ch. Mouly, S. Cabrillac et Ph. Pétel, n°s 635 s. (qui classent l'action directe parmi les sûretés réelles en raison de l'affectation à son titulaire de la dette du tiers défendeur envers le débiteur. Cette affectation n'existe, cependant, que dans certaines actions directes, dites parfaites, par opposition à celles, plus nombreuses, qui ne possèdent pas cette caractéristique et qui sont appelées imparfaites. Le trait commun étant l'octroi d'un second débiteur, la parenté avec la technique des sûretés personnelles paraît devoir l'emporter). Sur l'action directe, v. M. Cozian, *L'action directe*, LGDJ, 1969 ; Ch. Jamin, *La notion d'action directe*, LGDJ, 1991 ; Précis *Les obligations*, n°s 1187 s.

2. V. Précis *Les obligations*, préc., n°s 1141 s., et, sur le rôle de sûreté de l'action oblique, J. Mestre, *RTD civ.* 1986. 599.

3. V. Précis *Les obligations*, préc., n°s 1154 s.

4. V. N. Leblond, *Assurances et sûretés*, thèse Paris II-Panthéon-Assas, 2007.

d'autres sûretés, réelles ou personnelles. Ainsi, les banques subordonnent-elles très généralement la fourniture d'un crédit hypothécaire à l'existence, d'une part, de l'assurance de l'immeuble, d'autre part, d'une assurance-décès et invalidité du débiteur [1].

Une parenté plus marquée existe, en second lieu, entre le cautionnement et une variété particulière d'assurance : l'**assurance-crédit**. Dans les deux hypothèses, le créancier entend se prémunir contre la défaillance de son débiteur. Mais alors que l'assurance-crédit résulte d'un contrat synallagmatique entre le créancier et l'assureur, auquel le débiteur reste étranger, le cautionnement est très généralement procuré au créancier par le débiteur et procède d'un contrat unilatéral entre la caution et le créancier. Dans le premier cas, le créancier doit à l'assureur une prime, alors que, dans le second, s'il donne lieu à rémunération du garant, celle-ci est à la charge du débiteur.

Il faut enfin éviter de confondre l'assurance-crédit avec ce qui est parfois appelé **l'assurance-cautionnement**. Les organismes d'assurance peuvent en effet obtenir un agrément pour la délivrance de cautionnements [2]. Le risque de confusion est particulièrement grand entre ces deux types d'intervention des assureurs, d'autant que, dans les deux cas, l'assureur dispose d'un recours contre le débiteur défaillant, soit en vertu des textes relatifs au cautionnement, soit sur le fondement d'une disposition législative particulière dans le cas de l'assurance-crédit [3]. Le critère de la distinction ne paraît pouvoir être trouvé que dans la personne du souscripteur du contrat, quelle que soit la qualification que lui ont donnée les parties : si le contrat d'assurance a été souscrit par le créancier, moyennant le paiement d'une prime d'assurance, il ne peut s'agir que d'une assurance-crédit ; si le tiers garant, fût-il un assureur, s'est obligé unilatéralement envers le créancier, à l'initiative du débiteur, qui en assume le coût, c'est la qualification de cautionnement qui s'impose [4].

---

1. V. Ancel, *op. cit.*, n°s 15 s. ; Vasseur, « Les garanties indirectes », *RJ com.* févr. 1982, n° spéc. *L'évolution du droit des sûretés*, p. 111 s. ; Durry, « Hypothèque et assurance », *ibid.*, p. 27 ; Gourio, Bertout et Potiez, « L'utilisation du contrat d'assurance-vie comme instrument de garantie des prêts », *RD banc. et bourse, Cahiers Gestion de patrimoine*, suppl. nov.-déc. 1994, p. 4 ; Marty, Raynaud et Jestaz, n° 5. V. égal. *infra* n° 655.

2. Un arbitrage célèbre, rendu en 1952 par le Conseiller d'État Renaudin, avait réservé aux banques les opérations constitutives de cautionnements et aux organismes d'assurance celles relevant de cette dernière qualification. Ce partage, d'abord accepté, a été remis en cause par les directives européennes sur la liberté d'établissement (Dir. n° 73-239, 24 juill. 1973 et n° 92-49, 18 juin 1992 en matière d'assurance.– V. Ch. Gavalda, « L'assurance-crédit en droit interne, un aspect de la concurrence et/ou de la complémentarité du secteur des banques et des assurances », *Mélanges Jauffret*, 1974, p. 343 ; Ancel, *op. cit.*, n°s 18 s. ; D. Wattine, *Assurance et opérations de cautionnement*, PU Aix-Marseille 1991 ; J. Bigot, « L'assurance-crédit en France », in *Les garanties du financement, Travaux Assoc. Capitant*, 1996, p. 612).

3. Sur les recours de la caution, v. *infra* n°s 199 s. S'agissant de l'assurance-crédit, le recours de l'assureur contre le débiteur a d'abord été admis par la Cour de cassation, après un temps d'hésitation, (Civ., 14 déc. 1943, *DC* 1944. 81, note Besson, *S.* 1945. 1. 41, note Houin), avant d'être consacré par le législateur (L. 11 juill. 1972, art. 22).

4. V. Gavalda, art. préc. ; Ancel, *loc. cit.* ; Denis-Linton, *L'assurance-crédit en droit interne*, thèse dactyl. Paris I, 1978, n°s 108 s. ; Wattine, *op. cit.*, p. 65 s.

20 ***Autres garanties personnelles*** ◊ L'énumération ci-dessus n'est pas exhaustive. D'autres engagements divers peuvent tenir lieu de sûreté personnelle.

On peut citer notamment la convention de **ducroire**, par laquelle un intermédiaire, mandataire, commissionnaire ou autre, garantit à son cocontractant l'exécution du contrat [1], ou la **confirmation de crédit documentaire**, qui rend le banquier confirmateur garant de l'exécution, dans des conditions très proches de celles qui caractérisent la garantie autonome documentaire (*infra* n° 281).

Certaines opérations peuvent comporter accessoirement un aspect de garantie personnelle, par exemple l'**affacturage**, lorsque le factor assume le risque d'insolvabilité du débiteur.

On pourrait encore citer les **engagements de reprise** de matériels souscrits par des fournisseurs ou les **garanties de revenus** souscrites parfois par des vendeurs, des promoteurs [2]...

Si la **subrogation personnelle** tend à la transmission des droits du créancier désintéressé, avec ses accessoires, elle peut aussi, le cas échéant, être mise en œuvre dans le but de constituer une sûreté [3].

21 ***2) Sûretés réelles*** ◊ L'arsenal des sûretés réelles est, en droit positif, plus fourni que celui des sûretés personnelles. Il n'a cessé de s'enrichir [4].

La classification, en l'occurrence, peut se faire d'après plusieurs critères :

- selon que leur assiette est **mobilière** ou **immobilière** ;
- selon que cette assiette est **générale** ou **spéciale** ;
- selon qu'elles impliquent ou non un **dessaisissement**.

La distinction majeure est sans nul doute la première citée, sous la réserve, cependant, que certaines variétés de sûretés réelles peuvent avoir pour objet à la fois ou indifféremment des meubles et des immeubles.

---

1. V. M. Cabrillac, Ch. Mouly, S. Cabrillac et Ph. Pétel, n°s 450-451, qui rapportent les éléments de la controverse sur sa nature juridique : variété de cautionnement ou sûreté *sui generis ?* C'est peut-être avec le porte-fort d'exécution que la parenté est la plus forte : v. en ce sens, Ancel, n° 75 ; *Lamy Dr. des sûretés*, n° 150.27 ; Simler, n° 40 ; Riassetto, « Du caractère indemnitaire du ducroire de banque et de bourse », *Mélanges AEDBF France-III*, éd. Banque 2001, p. 247. *Contra*, D. Hennebelle, « La spécificité de la nature juridique du ducroire d'intermédiaire », *JCP* E 2000. 1366. V., pour un avocat qualifié de ducroire par rapport à un professeur de droit dont il a sollicité une consultation, TGI Versailles, 28 mars 2006, *D.* 2006. IR 1631, *RTD civ.* 2006. 576, obs. Gautier ; pour un courtier ducroire, Com. 27 oct. 2009, *JCP* 2010. Chron. 708, n° 11, obs. Simler, *JCP* 2010. 90 et *JCP* E 2010. 1111, note Dissaux, qui identifie la cause de l'engagement du ducroire, en l'espèce contre-garanti par une banque caution, comme étant son intérêt à soutenir le courant d'affaires entre les parties au contrat principal.

2. Un auteur (J. Bastin, *Le paiement de la dette d'autrui*, LGDJ, 1999) dénombre 24 variétés de garanties de paiement de la dette d'autrui (p. 115 s.). Révélateur de la richesse de l'arsenal juridique, ce chiffre paraît cependant excessif. Sous des appellations diverses, certaines des garanties citées relèvent de la même qualification.

3. V. Civ. 1re, 13 janv. 1981, *Bull. civ.* I, n° 12, *JCP* 1981. IV. 111.

4. V. *L'évolution des sûretés réelles. Regards croisés Université/Notariat*, Litec, 2007.

Tel est le cas également des **garanties** dites **négatives**, ainsi appelées parce que la plupart d'entre elles consistent en une obligation de ne pas faire, dont l'importance pratique et le rôle de garantie sont indéniables, mais qui, en raison de leur nature, se situent à la périphérie du concept de sûreté.

22 ***a) Sûretés mobilières et/ou immobilières*** ◊ Plusieurs types de garanties peuvent être placés sous cette rubrique. À cet égard, l'ordonnance du 23 mars 2006, sans remettre en cause les grandes catégories de sûretés réelles, a cependant donné un sens nouveau aux concepts de gage et de nantissement. Dans l'ancienne rédaction de l'article 2071 du Code civil, le nantissement était le « *contrat par lequel un débiteur remet une chose à son créancier pour sûreté de la dette* ». Et le texte suivant précisait que « *le nantissement d'une chose mobilière s'appelle gage. Celui d'une chose immobilière s'appelle antichrèse* ». En pratique, cependant, les espèces du nantissement avaient occulté le genre. Le terme nantissement était, de fait réservé aux sûretés mobilières. L'ordonnance du 23 mars 2006 a modifié le sens des termes : celui de nantissement désigne désormais les seules sûretés mobilières incorporelles, alors que celui de gage désigne les sûretés mobilières corporelles. On peut regretter que la loi n° 2009-526 du 12 mai 2009, dite de simplification, ait perturbé cette géographie nouvelle en dénommant l'antichrèse « gage immobilier ».

Peuvent porter indifféremment sur des meubles ou des immeubles certains privilèges généraux, le droit de rétention et la réserve de propriété.

23 ***Privilèges généraux*** ◊ Comme leur dénomination l'indique, les privilèges généraux, qui sont en nombre limité, portent sur l'intégralité du patrimoine saisissable du débiteur. Leur assiette est le plus souvent exclusivement mobilière, plus rarement à la fois mobilière et immobilière (*infra* n°s 749 s.). Les autres garanties réelles mentionnées ci-après, parce qu'elles sont nécessairement spéciales, ne peuvent être mobilières ou immobilières que de manière alternative.

24 ***Droit de rétention*** ◊ Le droit de rétention, auquel l'ordonnance du 23 mars 2006 a consacré une disposition générale (art. 2286, compl. par L. n° 2208-776, 4 août 2008, art. 79) qui en définit les critères, est unanimement reconnu comme une technique de garantie irremplaçable et particulièrement efficace. Sa qualification juridique de sûreté reste pourtant discutée en doctrine, parce qu'il est dépourvu des attributs caractéristiques des sûretés réelles que sont les droits de préférence et de suite. Toujours spécial puisqu'il suppose, en principe, la détention matérielle de la chose, le droit de rétention peut être exercé, suivant les circonstances, sur un meuble ou sur un immeuble. La loi précitée du 4 août 2008 y a toutefois ajouté un droit de rétention en matière de gage sans dépossession, donc sans détention, ce qui est étrange (*infra* n°s 580 s.).

25 ***Propriété-sûreté*** ◊ Sont encore mobilières ou immobilières, suivant la nature de leur assiette, les garanties réelles reposant sur la propriété [1]. Bien que le droit romain ait connu la technique de la fiducie (*fiducia cum creditore*), le Code civil était muet à ce sujet. L'ordonnance du 23 mars 2006 a intégré au Code civil (art. 2367 à 2372 : *infra* n°s 729 s.) les dispositions relatives à la réserve de propriété en matière mobilière, issues des lois du 12 mai 1960 et du 25 janvier 1985, jusque-là inscrites au Code de commerce, au sein des dispositions relatives aux procédures collectives (art. L. 624-16 s.), et a consacré le principe d'une possibilité de réserve de propriété en matière immobilière (art. 2373 : *infra* n°s 368 s.).

Parallèlement a vu le jour - enfin - une loi sur la **fiducie** (L. n° 2007-211, 19 févr. 2007 : C. civ., art. 2011 à 2031 ; mod. par L. n° 2008-776, 4 août 2008 et par Ord. n° 2009-112, 30 janv. 2009), qui autorise, quoique dans un domaine limité, des transferts fiduciaires de propriété aux fins de garantie. L'ordonnance précitée du 30 janvier 2009 a en outre complété le Livre IV du Code civil par deux chapitres nouveaux traitant respectivement « *De la propriété retenue ou cédée à titre de garantie* » en matière mobilière (art. 2367 à 2372-6) et « *De la propriété cédée à titre de garantie* » en matière immobilière (art. 2488-1 à 2488-6) (v. *infra* n°s 677 s.).

26 ***b) Sûretés immobilières*** ◊ Les trois variétés classiques de sûretés immobilières sont :

- les **privilèges immobiliers**, qui, hormis ceux mentionnés sous la rubrique précédente, sont toujours spéciaux et soumis, aujourd'hui, à l'exigence de la publicité foncière, ce qui en fait, en réalité, une variété d'hypothèques légales (*infra* n°s 415 s.) ;
- l'**antichrèse** ou **gage immobilier**, sûreté immobilière caractérisée par la dépossession du débiteur (*infra* n°s 363 s.) ;
- l'**hypothèque**, enfin, qui est la plus importante des trois et qui consiste dans l'affectation d'un ou plusieurs immeubles à la garantie d'une dette sans dessaisissement du constituant (*infra* n°s 373 s.) ; mais il convient d'ajouter que, si le concept d'hypothèque évoque la matière immobilière, il existe aussi des hypothèques mobilières (*infra* n° 31).

27 ***c) Sûretés mobilières*** ◊ Le genre des sûretés réelles mobilières comporte aujourd'hui trois espèces principales : les privilèges mobiliers, le gage et le nantissement. D'autres techniques, comme celle des hypothèques mobilières reconnues en droit positif, sont plus ponctuelles. Certaines ne présentent qu'une parenté plus lointaine avec la notion de sûreté.

28 ***Privilèges mobiliers*** ◊ Les privilèges mobiliers, par définition d'origine légale, sont, suivant les cas, généraux, en ce sens qu'ils portent sur l'intégralité du patrimoine mobilier du débiteur, ou spéciaux (*infra* n°s 738 s.).

---

1. V. P. Crocq, *Propriété et garantie*, LGDJ, 1995, préf. M. Gobert.

29 ***Gage*** ◊ Naguère seule sûreté mobilière conventionnelle reconnue par le Code civil (*supra* n° 22), le gage désigne aujourd'hui la sûreté conventionnelle ayant pour objet un **bien meuble corporel** (C. civ., art. 2333 à 2354) [1]. Débarrassé de son caractère de contrat réel par l'ordonnance du 23 mars 2006, il peut être constitué avec ou sans dépossession du débiteur. Dans ce dernier cas, il doit être publié pour être opposable aux tiers (*infra* n°s 608 s. et 685 s.).

30 ***Nantissement*** ◊ Le terme gage ayant été réservé aux sûretés mobilières corporelles, celui de nantissement désigne aujourd'hui la sûreté réelle ayant pour objet un **bien meuble incorporel** (C. civ., art. 2355 à 2366). Il peut être conventionnel ou, à la différence du gage, judiciaire, dans les cas prévus par la loi (*L. 9 juill. 1991, art. 77* : v. *infra* n°s 715 s.).

31 ***Hypothèques mobilières*** ◊ Le droit positif reconnaît expressément l'existence d'hypothèques mobilières pour les **navires, bateaux et aéronefs.** Leur port d'attache et leur immatriculation leur confèrent une localisation fictive et permettent une publicité ayant sensiblement les mêmes caractères et les mêmes effets que la publicité foncière (*infra* n°s 725 s.). En réalité, le droit des sûretés mobilières, hormis le cas du gage avec dépossession assorti d'un droit de rétention, s'est très nettement rapproché de la technique hypothécaire, par l'organisation d'une publicité et par l'uniformisation des modes d'exécution. L'ordonnance du 23 mars 2006 a cependant préféré conserver une terminologie distincte pour ces sûretés, qu'une partie de la doctrine qualifie d'hypothèques mobilières.

32 ***Garanties diverses de nature réelle*** ◊ Des procédés divers présentent une certaine parenté avec la technique des sûretés réelles.

Tel est le cas en particulier de la **compensation**, mode d'extinction des créances et des dettes, mais qui procure aussi au créancier l'équivalent d'un très efficace privilège. Elle permet en effet à son bénéficiaire de se soustraire à tout concours avec les autres créanciers de son débiteur. Elle s'apparente à une réserve de propriété en ce qu'elle équivaut, pour le créancier à une appropriation, en guise de paiement, de ce qu'il doit lui-même à son débiteur, à concurrence de sa propre créance [2].

La **technique du compte** (compte-courant, compte des récompenses entre époux...) produit les mêmes effets, dans la mesure où seul le solde, créditeur ou débiteur, constitue, en définitive, la créance ou la dette exigible [3].

---

1. C'est pourquoi peut paraître inopportune la substitution par la loi du 12 mai 2009 de la dénomination de « gage immobilier » à celle d'antichrèse.

2. V. Précis *Les obligations, n^os^* 1390 s. ; M. Cabrillac, Ch. Mouly, S. Cabrillac et Ph. Pétel, n° 642 (qui réfutent, cependant, la qualification de sûreté au motif que le privilège n'est que la conséquence secondaire de l'effet extinctif). V. par ex. Com., 29 nov. 1982, *D.* 1983. 466, note A. Honorat.

3. Sur l'effet de garantie du compte, v. A. Bac, *JCP* E 1999. 308.

On peut encore mentionner, en raison de son utilisation fréquente en pratique, la **domiciliation de paiement** de loyers, salaires ou autres créances. Elle est constitutive pour le banquier créancier d'une quasi-sûreté réelle, sans cependant lui conférer aucune action contre le tiers débiteur, ni aucun droit de préférence sur les créances ainsi domiciliées [1]. Elle n'est, juridiquement, qu'une simple indication de paiement, au sens de l'article 1277 du Code civil, et non une délégation, faute d'engagement du débiteur indiqué envers le bénéficiaire.

33 ***d) « Garanties négatives »*** ◊ Cette appellation paradoxale [2] désigne diverses sortes d'engagements pris par un débiteur envers son créancier de ne pas prendre certaines initiatives de nature à compromettre sa solvabilité et à réduire les chances d'un paiement de la dette à l'échéance : engagements de ne pas aliéner certains biens, de ne pas constituer d'autres sûretés, réelles ou personnelles, ou, plus généralement, de ne pas accomplir d'actes pouvant diminuer la consistance de son patrimoine. Il peut s'agir aussi, en matière de société, de l'engagement d'une société mère de ne pas céder ou diminuer sa participation au capital d'une filiale.

Ces engagements sont assurément de nature à accroître la sécurité du créancier et s'apparentent, ainsi, à une forme de sûreté réelle, puisqu'ils portent sur le patrimoine du débiteur. Ils ne constituent cependant pas de véritables sûretés de cette nature, non seulement parce qu'ils ne confèrent à leur bénéficiaire aucun droit de préférence, mais encore parce qu'ils sont précisément, le cas échéant, exclusifs de la constitution de sûretés. Ils tendent seulement à conserver son efficacité au droit de gage général, qui n'est pas lui-même une sûreté (*supra* n° 2). On ne peut cependant ignorer leur existence, dans la mesure où la pratique bancaire y a volontiers recours et leur reconnaît valeur de garantie.

La mesure de cette valeur est difficile à prendre, en raison de la diversité des stipulations qualifiées de sûretés négatives. Si elles se traduisent par une inaliénabilité, il convient de les soumettre au droit commun des clauses

1. Analysée comme un mandat d'encaissement, la domiciliation ne confère au créancier qu'une sécurité relative et fragile, qui peut cependant être renforcée par une stipulation d'irrévocabilité du mandat (v. J. Stoufflet, « Le mandat irrévocable, instrument de garantie », *Mélanges Colomer*, Litec, 1993, p. 477 s.). De la domiciliation de paiement, on peut rapprocher, sous l'angle du rôle de garantie, l'affectation d'un crédit à une fin déterminée, spécialement si le bénéficiaire de cette affectation est un tiers, par exemple, un sous-traitant (v. F. Grua et A. Viratelle, « L'affectation d'un crédit ou d'un dépôt en banque », *JCP* 1995. I. 3826).

2. V. Y. Chaput, Les sûretés négatives, *Ann. Fac. de droit Clermont-Ferrand*, fasc. 11, 1976, p. 166 s. ; Malaurie, Aynès et Crocq, n° 320 ; M. Cabrillac, Ch. Mouly, S. Cabrillac et Ph. Pétel, n°s 643 s. V. aussi Me Vérignon, *Les garanties du crédit à l'entreprise : évolution et perspectives*, Rapport 82e Congrès des notaires, Nice, 1986, p. 473 s. ; Vasseur, « Les garanties indirectes du banquier », préc., p. 104 s. ; Meinertzagen-Limpens, « Les engagements de ne pas faire en matière de crédit », in *Les sûretés issues de la pratique*, PU Bruxelles 1983, vol. 3, p. 1 s. ; M. de Laender, *Les garanties négatives*, thèse Paris I, 1998 ; F.-X. Licari, « Une sûreté négative : la renonciation du débiteur cédé à ses exceptions », *RLDC* mai 2004. 57 ; E. Cevaër et P.-E. Perrot, « L'EIRL et les sûretés négatives. Un vin nouveau pour de vieilles outres », *JCP* E 2011. 1443 et *JCP* N 2011. 1182.

d'inaliénabilité et de les considérer comme efficaces si elles sont limitées dans le temps et justifiées par un intérêt sérieux et légitime [1]. Les autres engagements de ne pas faire (ne pas hypothéquer, ne pas consentir de bail ou souscrire de crédit-bail, ne pas contracter d'emprunt ou souscrire de cautionnement, ne pas réduire sa participation dans le capital d'une société) sont sans nul doute valables, sauf, le cas échéant, vice de perpétuité. La sanction de leur inexécution est variable suivant la nature du contrat sur lequel ils s'articulent : résolution pour inexécution, déchéance du terme ou, plus communément, condamnation à des dommages et intérêts (*art. 1142*). Sous réserve de l'hypothèse d'une clause d'inaliénabilité immobilière régulièrement publiée, le principe de l'effet relatif des contrats s'oppose à la remise en cause des contrats passés avec des tiers de bonne foi en contravention des engagements pris.

Les mêmes solutions s'appliquent à une autre variété de sûretés négatives, consistant en un droit de regard du créancier sur la situation patrimoniale du débiteur, au moyen d'une obligation de renseignement mise à la charge de ce dernier relativement à l'état de son patrimoine et aux opérations qu'il entend accomplir pendant la durée du contrat ainsi garanti [2].

34 ***3° Le « cautionnement réel », sûreté hybride ?*** ◊ La différence de nature fondamentale entre les sûretés personnelles et réelles semble exclure toute possibilité de combinaison. La pratique, la doctrine et la jurisprudence connaissent cependant de longue date le « cautionnement réel », sûreté réelle constituée par un tiers pour un débiteur [3]. Cette sûreté très prisée a donné lieu, au cours de la dernière décennie, à une jurisprudence quelque peu chaotique, qui a abouti à une surprenante négation par la Cour de cassation du concept même de « cautionnement réel », qui ne serait, en définitive, qu'une pure sûreté réelle.

Le tiers constituant de cette sûreté réelle se trouve pourtant, à bien des égards, dans une situation semblable à celle d'une caution. Aussi était-il communément admis qu'il y avait lieu d'appliquer distributivement à cette sûreté hybride les règles du cautionnement et celles relatives à la sûreté réelle constituée. Cette application distributive a certes suscité quelques difficultés, notamment au sujet de l'application de l'article 1415 du Code civil relatif au pouvoir des époux communs en biens de consentir seuls un tel « cautionnement ». À la suite de diverses péripéties jurisprudentielles, qui ont suscité un vif débat, la haute juridiction, statuant en Chambre mixte, a jugé, le 2 décembre 2005, que « une sûreté réelle consentie pour garantir la dette d'un tiers n'impliquant aucun

1. V. Précis *Les biens*, n°s 129 s. ; Chaput, art. préc., p. 170 s.
2. V. Y. Guyon, « Le droit de regard sur le patrimoine et l'activité du débiteur considéré comme sûreté », *RJ com.* févr. 1982. n° spéc. préc., p. 121 s. Cet auteur porte un jugement très réservé, non seulement sur l'efficacité, mais même sur la validité des conventions prévoyant un tel droit de regard. *Contra*, Chaput, art. préc., p. 186 s.
3. V. F. Grua, « Le cautionnement réel », *JCP* 1984. I. 3167. Il faut éviter de confondre l'hypothèse du « cautionnement réel » *stricto sensu* avec deux autres figures, voisines, caractérisées par une adjonction d'une sûreté réelle à un cautionnement : v. *infra* n° 72.

engagement personnel à satisfaire à l'obligation d'autrui et **n'étant pas dès lors un cautionnement**, lequel ne se présume pas, la cour d'appel a exactement retenu que l'article 1415 du Code civil n'était pas applicable » [1].

Les raisons d'être, l'appréciation et les conséquences de ce revirement spectaculaire seront exposées dans des développements ultérieurs (v. en particulier *infra* n°s 71 s.).

35 ***Inflation et abus de sûretés ?*** ◊ L'inventaire des procédés de garantie en usage dans la pratique, quoique sommaire et incomplet, laisse une impression de foisonnement [2]. Les sûretés consenties aux uns, par le débiteur ou par la loi, incitent d'autres à en exiger également, et autant que faire se peut, de meilleures. Les créanciers échaudés multiplient les précautions et cumulent sûretés réelles et personnelles, complétées, pour faire bonne mesure, par un éventail de sûretés négatives. Le législateur n'a-t-il pas lui-même éprouvé le besoin de doubler le privilège des salariés d'un superprivilège ? Il en va des sûretés comme de la monnaie : l'inflation emporte dévaluation : « Trop de sûretés, pas de sûretés » [3].

Cette surenchère est, à n'en pas douter, à l'origine des mesures drastiques de neutralisation prises, à l'occasion des réformes successives du droit des procédures collectives. Elle explique aussi l'essor considérable des sûretés échappant, dans une mesure variable, à ces mesures : sûretés personnelles et garanties fondées sur la rétention ou le transfert de propriété. Elle est génératrice d'un nouveau type de contentieux : celui de l'abus de sûretés [4].

L'application au cautionnement, par la jurisprudence d'abord et par le législateur ensuite, du principe de proportionnalité est une autre manifestation du combat contre les méfaits d'un excès de sûreté [5]. Dans le même esprit, la jurisprudence en vient à imposer aux créanciers - et aux intermédiaires : notaires, conseils, agents immobiliers... - une paradoxale obligation de prudence dans la prise et dans la mise en œuvre de sûretés [6],

---

1. Ch. mixte, 2 déc. 2005, *JCP* 2005. II. 10183, note Simler, *D.* 2006. 729, avis J. Sainte-Rose et note Aynès, *RDC* 2006. 454, obs. Grimaldi, et 458, obs. Houtcieff. V. aussi B. Beignier, « Bicentenaire d'Austerlitz : le Trafalgar du cautionnement réel », *Dr. fam.* janv. 2006. 10.

2. V. Ph. Simler, « Rapport de synthèse », in *Les garanties du financement*, Travaux Assoc. Capitant, 1996, p. 23 ; R. Houin, *L'évolution du droit des sûretés*, Exposé introductif colloque Deauville, *RJ com.* févr. 1982. n° spéc. préc., p. 7 s. Comp. P. Crocq, « L'évolution des garanties de paiement, de la diversité à l'unité », *Mélanges Mouly*, t. 2, Litec, 1998, p. 317.

3. Rappr. Malaurie, Aynès et Crocq, n° 17 ; *L'actualité des sûretés*, colloque *LPA* 17 juin 1998.

4. V. J. Mestre, « Réflexions sur l'abus du droit de recouvrer sa créance », *Mélanges Raynaud*, p. 439, n°s 45 s. ; Ch. Mouly, « Abus de caution ? », *RJ com.* 1982. n° spéc. préc., p. 13 ; Frank, note sous Civ. 3e, 15 févr. 1972, *D.* 1972. 463 ; O. Salati, *Le juge face aux sûretés réelles non judiciaires*, PU Aix-Marseille, 2000, préf. E. Putman. V. égal. C. Witz, « Le droit des sûretés réelles mobilières en République Fédérale d'Allemagne », *RID comp.* 1985. 27, n° 29 ; *RTD civ.* 1997. 276.

5. V. D. Legeais, in Colloque : *Existe-t-il un principe de proportionnalité ?*, *LPA* 30 sept. 1998. spéc. p. 38. V. aussi *infra* n° 180.

6. V. Aix-en-Provence, 5 nov. 1987, *Bull. arrêts Aix*, n° 104. *Comp.* Versailles, 1er oct. 1986, *D.* 1988. 298 ; Paris, 7 mai 1987, *Banque* 1987. 853 ; Com., 4 oct. 1988, *Bull. Joly* 1988. 861. Sur la responsabilité des intermédiaires, v. Versailles, 20 nov. 1987, *RDI* 1988. 226, obs. Tomasin ; Versailles, 23 sept. 1988, *D.* 1988. IR 275.

tandis que la Commission des clauses abusives n'hésite pas à dénoncer certaines stipulations de garanties en tant qu'elles confèrent un avantage excessif aux créanciers institutionnels ou pouvant être considérés comme des professionnels [1]. Une autre illustration de la même tendance peut être trouvée dans l'article L. 650-1 du Code de commerce, qui, en cas de procédure de sauvegarde, de redressement ou de liquidation judiciaire, sanctionne par la déchéance de l'exonération de la responsabilité du créancier au titre « *des préjudices subis du fait des concours consentis* », « *si les garanties prises en contrepartie de ces concours sont disproportionnés à ceux-ci* » [2]. Le phénomène est encore diffus, mais il a le mérite de faire prendre conscience de ce que l'on pourrait appeler un droit commun des sûretés.

36 ***Un droit commun des sûretés ?*** ◊ Bien que nombreuses et disparates, les sûretés obéissent à quelques règles communes, parce qu'elles remplissent la même fonction et posent, de ce fait, des problèmes identiques.

Sous réserve des privilèges que lui réserve d'office la loi, un créancier n'est jamais tenu de prendre une sûreté [3], mais reste libre, sous réserve de ne pas abuser de ses prérogatives, d'en choisir une ou plusieurs. Il est exceptionnel que la constitution de garanties soit prohibée [4] ou que le cumul en soit interdit [5]. La quête de sécurité conduit d'ailleurs les garants, professionnels surtout, à se protéger à leur tour par des contre-garanties (*infra* n°s 78 et 281).

En toute hypothèse, l'information fournie par le créancier doit être sérieuse, exempte de vice [6] et complète [7], sous peine d'annulation de la sûreté pour dol, de déchéance des accessoires de la créance ou d'engagement de sa responsabilité (v. *infra* n°s 88 et 150). Un devoir de mise en garde a été plus récemment imposé aux créanciers envers les débiteurs « non avertis », qu'ils soient débiteurs principaux ou cautions (v. *infra* n° 179).

Une autre difficulté a trait à la qualité ou au pouvoir dont le garant doit justifier pour pouvoir constituer une sûreté. La question se pose notamment

---

1. Recomm. CCA 1982-02 (clause de contrat de déménagement imposant la souscription d'assurance), 1985-02 (clause de contrat d'hébergement de personnes âgées relative au dépôt de garantie), 1987-01 (clause de contrat de coffre-fort accordant un « privilège » au loueur).

2. V. aussi, sur l'obligation imposée aux établissements de crédit accordant un concours financier à un entrepreneur individuel de l'informer de la possibilité d'affecter prioritairement en garantie les biens nécessaires à l'exploitation de l'entreprise, sous peine de déchéance des garanties prises, *infra* n° 161.

3. V. Civ. 2e, 21 févr. 1979, *RTD civ.* 1979. 612, obs. Durry : qu'un prêteur ne peut agir contre le responsable du décès de l'emprunteur, car il lui appartenait de prendre une garantie.

4. Elle peut cependant tomber sous le coup de la nullité des actes accomplis pendant la période suspecte (C. com., art. L. 632-1).

5. V. cependant, sur l'interdiction par une disposition particulière du cumul de la garantie d'un prêt participatif par la SOFARIS avec une autre garantie, *infra* n° 110 ; sur l'interdiction du cumul du cautionnement et d'une assurance du risque locatif, sauf si le locataire est un étudiant ou un apprenti, et sur la limitation de la licéité du cautionnement si le bailleur est une personne morale autre qu'une SCI familiale, L. 6 juill. 1989, art. 1er, al. 1 et 2.

6. V. Paris 6 avr. 1986, *RTD civ.* 1986. 742, obs. Mestre.

7. V., sur les diverses obligations d'information pesant sur les créanciers, *infra n^os^* 151 s.

pour les époux communs en biens [1], pour les dirigeants de sociétés [2] ou encore pour les propriétaires apparents [3], et commande le sort même de la sûreté : validité, nullité ou inopposabilité ? Les solutions sont très diverses.

Si, en raison de la différence profonde de nature entre les sûretés personnelles et réelles, un droit commun à toutes les sûretés ne peut sans doute avoir qu'une consistance limitée et se situer à un niveau élevé d'abstraction, on peut identifier plus aisément un corps de règles communes, respectivement, à chacune de ces catégories. L'analyse systématique ne paraît pas avoir été conduite. L'idée d'un « régime primaire » des sûretés réelles est cependant avancée [4] et diverses règles communes peuvent être soulignées, notamment dans le droit des procédures collectives (régime de la période suspecte, arrêt des poursuites et des inscriptions, régime des créances de l'article L. 622-17), voire dans le droit pénal [5]. L'harmonisation des modes de réalisation des sûretés réelles a constitué l'un des objectifs de l'ordonnance du 23 mars 2006 : outre l'exécution forcée classique, toutes les sûretés réelles conventionnelles peuvent donner lieu à attribution judiciaire et peuvent être assorties d'un pacte commissoire. De même, s'il faut assurément se garder de transposer intempestivement aux autres sûretés personnelles les solutions admises en matière de cautionnement, il convient cependant de faire le départ entre celles qui sont tributaires du caractère accessoire du cautionnement et celles tenant à sa nature de sûreté personnelle [6]. Ces dernières peuvent pareillement constituer un « régime primaire » des garanties personnelles, dont on peut déceler des indices, en législation [7] comme en jurisprudence [8].

---

1. V. J.C. Amiot, « Étendue des droits du banquier sur le patrimoine des époux au regard de la loi du 23 décembre 1985 », *RD banc. et bourse* 1987. 36. V. aussi *infra* n°s 91, 293 et 331.

2. V. J.P. Langlade, « Le pouvoir de constituer des sûretés dans les sociétés », *RTD com.* 1979. 355. V. aussi *infra* n°s 92 s., 293 et 332

3. V. Com., 7 mars 1972, *JCP* 1973. II. 17400, note Sayag. V. aussi *infra* n° 400.

4. V. M. Cabrillac, Ch. Mouly, S. Cabrillac et Ph. Pétel, n°s 565 s. ; J. Mestre, E. Putman et M. Billiau, *Droit commun des sûretés réelles*, LGDJ, 1996, n°s 8 s.

5. La jurisprudence non publiée est, sur la question, très abondante et intéressante, v. par ex. Paris, 2 juin 1999, *JurisData* n° 023919 ; V. plus gén. Ph. Salvage, « Droit pénal et sûretés », *Mélanges Larguier*, p. 281 ; égal. X. Pin et Ph. Delebecque, « Droit pénal et sûretés », in XXe Congrès Assoc. française de droit pénal, Bordeaux, 2011.

6. Peut paraître quelque peu excessive, sous cet éclairage, la formule contenue dans l'un des arrêts fondateurs relatifs à la garantie autonome, rendu le 20 décembre 1982 (*D.* 1983. 365, 2e esp., note Vasseur), selon laquelle l'engagement n'était pas un cautionnement, mais une garantie autonome, et qu'il était dès lors régi « par les seules dispositions de la lettre de garantie ».

7. L'article L. 225-35 du Code de commerce, soumet à un régime particulier d'autorisation les « cautionnements, avals et garanties » souscrits par les dirigeants au nom de leur société (*infra* n° 96).

8. La Cour de cassation a ainsi étendu à la garantie autonome la règle de l'article 1415 du Code civil (v. *infra* n°s 91 et 293), qui ne vise que le cautionnement (Civ. 1re, 20 juin 2006, *Bull. civ.* I, n° 313, *D.* 2006. Act. 1815, obs. Avena-Robardet, *JCP* 2006. II. 10141, note Piedelièvre). Il y a lieu d'admettre aussi que les recours après paiement, tant personnel que subrogatoire, sont ouverts à tous tiers garants (v. *infra* n°s 200 s., 308 s., 333).

L'inventaire des procédés très divers de garantie et l'évocation de corps de solutions communes à toutes les variétés de sûretés ou seulement à certaines catégories, conduisent à poser une question plus essentielle : où s'arrête la notion de sûreté ? Peut-on en cerner les traits caractéristiques ?

37 ***Notion de sûreté*** ◊ La question de l'existence d'une notion homogène de sûreté n'est pas purement théorique ; elle détermine le sens de nombreux textes (C. civ., art. 1188, 1692, 1752, 2314 ; C. com. art., L. 622-8, 632-1).

La jurisprudence apporte quelques éléments ponctuels de réponse. Ainsi, les tribunaux considèrent-ils que les sûretés visées à l'article 1188 sont les sûretés particulières et non le gage général accordé à tout créancier chirographaire sur l'ensemble du patrimoine par l'article 2285 du Code civil (anc. art. 2093) [1]. De la même façon, décident-ils que l'article 2314 (anc. art. 2037), qui décharge la caution en cas de perte par le créancier de « *droits, hypothèques et privilèges* », ne vise que les droits préférentiels, comprenant toutes les variétés de sûretés et tous autres droits de nature à procurer par voie de subrogation un avantage particulier, ce qui exclut pareillement le droit de gage général (*infra* n° 265). Enfin, la Cour de cassation admet depuis longtemps que la fourniture, pendant la période suspecte, de la provision d'une lettre de change émise antérieurement équivaut à une sûreté tombant sous le coup des nullités édictées aujourd'hui par l'article L. 632-1 du Code de commerce [2]. La jurisprudence, reflet des réalités vivantes et concrètes, comprend donc largement la notion de sûreté [3].

Tous les auteurs ne partagent pas cette analyse extensive. Deux points de vue s'opposent.

Selon une thèse que l'on peut appeler classique (ou conceptuelle), les sûretés sont des procédés spécifiques de garantie du paiement des dettes. Elles constituent une catégorie finie, répondant à des critères techniques précis. Ainsi, dans l'ordre des sûretés personnelles, cette qualification ne pourrait être appliquée que si une double condition est vérifiée : adjonction d'un débiteur supplémentaire et absence de contribution de ce débiteur à la

---

1. V. Civ., 10 mai 1881, *DP* 1882. 201. Comp. Req., 21 janv. 1861, *DP* 1861. 1. 170 (privilège du vendeur) ; Req., 2 mai 1900, *S.* 1901. 1. 14 (promesse de subrogation dans le privilège du vendeur d'immeuble) ; Aix-en-Provence, 29 nov. 1905, *DP* 1908. 2. 118 (nantissement de fonds de commerce) ; Civ. 1re, 9 mai 1994 : *Bull. civ.* I, n° 171, *RTD civ.* 1995. 110, obs. Mestre, *Defrénois* 1995. 36024, obs. Delebecque (domiciliation de paiement, solution qui révèle une acception particulièrement large de la notion de sûreté).

2. Civ., 1er févr. 1888, *DP* 1888. 1. 213. V. Ripert et Roblot, *Traité de droit commercial*, t. 2, 17e éd. par Ph. Delebecque et M. Germain, nos 1975 et 3130.

3. Civ. 1re, 9 mai 1994, préc. V. cependant Com., 20 mai 1997, *Bull. civ.* IV, n° 141, *D.* 1998. Somm. 102, obs. Piedelièvre, *JCP* 1998. I. 103, n° 23, obs. Delebecque, qui refuse la qualification de sûreté au droit de rétention, alors que la Première chambre civile, quelques années plus tôt, l'avait élevé au rang de droit réel : Civ. 1re, 7 janv. 1992, *Bull. civ.* I, n° 4, *JCP* 1992. II. 21971, note Ramarolanto-Ratiary.

dette (*supra* n° 9). Ainsi, ne pourraient être qualifiés de sûretés les procédés, tels que la solidarité, la délégation ou le porte-fort d'exécution, qui ne sont pas par nature des garanties. Du moins cette qualification ne peut-elle plus être refusée aux garanties autonomes et aux lettres d'intention, puisque l'article 2287-1 nouveau du Code civil les reconnaît comme telles. De la même manière, ne seraient sûretés réelles que les droits réels accessoires, assortis du droit de préférence et du droit de suite. Conjuguée avec la thèse du *numerus clausus* des droits réels, cette définition fait dire qu'« il n'existe pas d'autres sûretés réelles que celles qui sont énumérées par la loi » [1]. Selon cette analyse, il y aurait donc, d'une part, des sûretés *stricto sensu* et, d'autre part, des mécanismes remplissant la même fonction de garantie, sans répondre aux critères du concept de sûreté [2].

Dans une conception plus pragmatique (ou fonctionnelle), sont des sûretés tous les procédés tendant directement à la garantie de l'exécution des obligations, y compris ceux pouvant avoir, dans des circonstances différentes, d'autres fonctions. En cette matière, intimement liée à celle du crédit, où le droit et l'économie se trouvent étroitement imbriqués, il peut paraître préférable de donner de la notion de sûreté une définition fonctionnelle, conforme à la réalité [3]. Cette définition extensive paraît bien être aussi celle du droit positif.

Est ainsi **sûreté personnelle** tout engagement souscrit par un tiers, à titre accessoire, à titre principal ou encore à titre indemnitaire, dans le but de garantir l'obligation d'un débiteur.

Est **sûreté réelle** tout droit préférentiel conféré dans le même but au créancier sur le patrimoine ou sur tels biens déterminés du débiteur ou d'un tiers, qu'il s'agisse d'un droit réel principal ou accessoire ou que ce droit ne relève pas de la catégorie des droits réels.

---

1. Mazeaud, Chabas et Picod, n° 5. Comp. Marty, Raynaud et Jestaz, n° 8.

2. V. notamment, Mazeaud, Chabas et Picod, n° 5-1 ; M. Cabrillac, Ch. Mouly, S. Cabrillac et Ph. Pétel, n° 4 ; Malaurie, Aynès et Crocq, n° 2 ; Crocq, *op. cit.*, n°s 264 s. ; Mestre, Putman et Billiau, *op. cit.*, *n^os^* 2 s. et 9 s. Ces auteurs proposent de distinguer l'espèce « sûretés » du genre « garanties », les premières étant des sûretés par essence, les secondes pouvant seulement avoir pour effet une protection accrue du créancier. Mais les mêmes ne s'accordent pas sur les limites du genre et de l'espèce. V. aussi, sur la notion plus générale de garantie, P. Jourdain, « Quelques réflexions sur la notion de garantie en droit privé », *Mélanges Malinvaud*, Litec, 2007, p. 303. L'auteur distingue les garanties de paiement, genre dont les sûretés seraient une espèce, des garanties des risques (assurances) et des garanties d'exécution ou d'indemnisation, et conclut à leur « irréductible hétérogénéité ». V. aussi Ph. Dupichot, *Le pouvoir des volontés individuelles en droit des sûretés*, éd. Panthéon-Assas, 2005, n°s 5 s. ; F. Rouvière, « L'obligation comme garantie », *RTD civ.* 2011. 1.

3. Comp. M. Cabrillac, Ch. Mouly, S. Cabrillac et Ph. Pétel, n° 2, qui pensent que toute définition de la notion de sûreté « est nécessairement vague » et soulignent deux idées : l'augmentation des chances de paiement et l'affectation de la valeur de certains biens au paiement.

TITRE 1

SÛRETÉS PERSONNELLES

38 ***Plan*** ◊ Alors que le Code civil ne connaissait, depuis 1804, que la seule sûreté personnelle constituée par le cautionnement, l'ordonnance du 23 mars 2006 relative aux sûretés a en outre consacré comme telles la garantie autonome et la lettre d'intention. Le nouvel article 2287-1 du Code civil dispose, en effet, que « *les sûretés personnelles régies par le présent titre sont le cautionnement, la garantie autonome et la lettre d'intention* » [1]. Les deux dernières nommées, déjà reconnues par la pratique, par la doctrine et par la jurisprudence depuis quelques décennies, bénéficient ainsi d'une réception législative en droit français.

Le **cautionnement** reste cependant la sûreté personnelle par excellence, ainsi que la référence permettant d'en différencier les autres espèces du genre. Son étude mérite donc une attention particulière (Chapitre 1). Lui sont consacrés les articles 2288 à 2320 du Code civil, qui ne sont qu'une nouvelle numérotation par l'ordonnance précitée des anciens articles 2011 à 2043, afin de les inscrire, sans modification, dans le nouveau Livre IV du Code civil.

Des développements plus brefs seront consacrés aux deux autres sûretés personnelles mentionnées par l'article 2287-1 précité : les **garanties autonomes** (art. 2321), dont le domaine de prédilection reste constitué par les contrats internationaux (Chapitre 2) et la **lettre d'intention** (art. 2322), que l'on rencontre principalement en droit des sociétés (Chapitre 3).

Le même chapitre 3 accueillera aussi, en raison de son appartenance au même genre des garanties que l'on peut appeler « indemnitaires », parce que leur objet est la réparation du préjudice subi par le créancier, un

1. Commentaires des dispositions de l'ordonnance du 23 mars 2006 relatives aux sûretés personnelles : N. Rontchevsky, *D.* 2006. 1303 ; D. Hourieff, *JCP* 2006. suppl. au n° 20. Étude 3.

développement relatif au **porte-fort d'exécution**, dont les tribunaux commencent à connaître des applications.

Un ultime chapitre fera état des techniques du droit commun des obligations pouvant faire office de sûreté personnelle (*supra*, n° 11) : la **solidarité**, l'**indivisibilité** et la **délégation simple** (Chapitre 4).

CHAPITRE 1
CAUTIONNEMENT

39 ***Définition. Contrat bilatéral ou opération triangulaire ?*** ◊ Le cautionnement est le contrat par lequel une personne, la **caution**, s'engage à l'égard d'un **créancier** à payer la dette d'un débiteur, appelé **débiteur principal**, au cas où celui-ci serait défaillant. C'est ce qu'exprime en des termes différents l'article 2288 du Code civil : « *Celui qui se rend caution d'une obligation se soumet envers le créancier à satisfaire à cette obligation, si le débiteur n'y satisfait pas lui-même* » [1].

Cette définition met en scène trois personnes, entre lesquelles existent au moins deux et plus généralement trois liens d'obligation. Toute sûreté suppose une dette à garantir. Il existe donc nécessairement une obligation d'un débiteur envers un créancier : c'est l'obligation principale, contractuelle, légale ou judiciaire, qu'on peut aussi appeler obligation de base. Le cautionnement *stricto sensu* désigne la relation entre le créancier et la caution. Très généralement, la caution s'oblige envers le créancier à la demande du débiteur. L'accord entre ce dernier et la caution forme le troisième élément de la relation triangulaire, qui n'est cependant pas de l'essence du cautionnement. Il se peut, en effet, qu'une caution s'oblige à l'insu du débiteur, hypothèse qu'envisage l'article 2291, voire contre son gré.

Le contrat de cautionnement entre la caution et le créancier ne constitue que l'un des côtés de cette relation triangulaire. Si le débiteur n'est pas partie à ce contrat, il n'y est à l'évidence pas étranger. Ainsi, les relations entre la caution et le débiteur, plus spécialement les recours que la première peut exercer contre le second, ont toujours été traitées comme partie intégrante du mécanisme du cautionnement (art. 2305 à 2309). Il en est de même, en cas de pluralité de cautions, des rapports entre elles (art. 2310). Cette dualité de sens – contrat de cautionnement au sens

---

1. Le cautionnement ainsi défini doit être soigneusement distingué d'une autre acception du même terme, désignant un dépôt d'espèces ou de valeurs en garantie de la bonne exécution d'une obligation. La « caution », dans ce second sens, désigne l'objet du dépôt. S'il s'agit toujours d'une sûreté, elle est à l'évidence de nature réelle : elle n'est autre chose qu'un gage (*infra* n°s 651 s.). il est regrettable que le législateur lui-même emploie de manière impropre le terme cautionnement dans ce sens (par ex., C. civ., art 2102-7°, relatif au cautionnement que doivent fournir certains fonctionnaires ; C. pén., art. 142, relatif à la liberté sous contrôle judiciaire). En matière de bail d'habitation, où le même terme désigne dans le langage usuel la somme, aujourd'hui limitée à un mois de loyer, que le locataire doit remettre au bailleur en garantie, la loi du 6 juillet 1989 (art. 3 et 22) a retenu l'appellation de dépôt de garantie, moins ambiguë, quoique celle de gage eût été plus juste.

étroit et opération de cautionnement au sens large - ne laisse pas de susciter quelques confusions et incohérences [1].

40 ***Pratique du cautionnement*** ◊ Pour les rédacteurs du Code civil, qui n'ont guère innové en la matière, le cautionnement était essentiellement un service rendu à titre gracieux entre proches parents ou amis. Cette sorte de cautionnement n'a pas cessé d'avoir cours, comme l'atteste une abondante jurisprudence. De nouvelles applications, très diverses, sont cependant apparues, dont l'importance pratique a largement dépassé la première, pour des raisons qui ont déjà été esquissées (*supra*, n° 4). Quatre types de cautionnements jouent un rôle particulièrement significatif du point de vue économique :

1) Le cautionnement bancaire, qualifié de crédit par signature (L. bancaire 24 janv. 1984, art. 3, devenu art. L. 313-1 C. mon. fin.), constitue aujourd'hui une branche très importante de l'activité des établissements de crédit [2]. Les entreprises y ont abondamment recours. Ainsi, certaines facilités en matière fiscale ou douanière sont subordonnées à la fourniture d'une telle caution. La traditionnelle retenue de garantie en matière de marchés de travaux peut être remplacée, à l'initiative des entreprises créancières, par un cautionnement bancaire. De même, la garantie financière qui doit être fournie comme condition d'exercice de nombreuses professions (agents d'affaires, syndics et administrateurs de biens, avocats et conseils juridiques, agents de voyage, courtiers d'assurance, entreprises de travail temporaire...) peut consister en un cautionnement bancaire [3]. En l'absence de toute incitation législative, l'attrait pour cette forme de cautionnement s'explique par la sécurité quasi parfaite qu'elle procure.

2) Le cautionnement mutuel joue également, quoique discrètement, un rôle important. Il s'inspire du principe coopératif [4] et a pour objet, en l'occurrence, la mutualisation du risque garanti. Il existe de nombreuses sociétés de caution mutuelle, qui sont des établissements de crédit au sens de la loi bancaire précitée du 24 janvier 1984, puisqu'elles pratiquent à

1. V., à propos de la détermination des caractères du cautionnement, *infra* n°s 60 s. ; à propos de la notion de cause du cautionnement, *infra* n°s 97 s. Comp. la définition étroite retenue par la jurisprudence à propos du dol, qui qualifie le débiteur de tiers au contrat de cautionnement (*infra* n° 88) et la formule d'un arrêt suivant laquelle le cautionnement « implique des engagements entre trois personnes : un créancier, un débiteur et une caution » (Civ. 1re, 2 févr. 1972, *Bull. civ.* I, n° 37).

2. V. Wattiez, *Le cautionnement bancaire*, LGDJ, 1964 ; A. Cerles, *Le cautionnement et la banque*, éd. Revue Banque, 2e éd., 2008. Seuls les établissements de crédit peuvent souscrire à titre habituel des cautionnements. Les organismes d'assurance peuvent cependant également obtenir un agrément à cet effet.

3. La qualification de ce type de garantie - cautionnement, action directe, garantie autonome, voire assurance - est très controversée : v. *infra n^{os}* 314 s.

4. V. M.-H. Monsérié-Bon, *Rép. Sociétés Dalloz*, V° Coopératives de crédits ; R. Saint-Alary, *Regards sur le cautionnement mutuel*, Études de Juglart, 1986, p. 171 s. ; M. Cabrillac, Ch. Mouly, S. Cabrillac et Ph. Petel, n°s 413 s. V. aussi Vieugne, *Les sociétés de caution mutuelle*, thèse Paris, 1950 ; Klukker, « Quel avenir pour le cautionnement mutuel ? », *Banque* 1984. 805.

titre habituel une opération de crédit. De telles sociétés ont été créées notamment au sein des professions dont l'exercice est subordonné à la fourniture de la garantie financière évoquée ci-dessus. D'autres ont pour vocation la garantie d'un type particulier d'opérations, tels que les crédits en matière immobilière, comme substitut à l'hypothèque [1].

3) Le cautionnement des sociétés par leurs dirigeants et associés à l'égard des banques s'explique par d'autres considérations. Il tend à tenir en échec, dans les innombrables petites sociétés à responsabilité limitée ou anonymes et dans les EURL, dont la surface financière est souvent insuffisante au regard des crédits sollicités, le principe de la limitation de responsabilité. Il rétablit ainsi, par le détour de la technique de la garantie, la responsabilité personnelle des véritables maîtres de l'affaire. On peut le regretter ou, au contraire, y voir la manifestation de la primauté de l'incontournable réalité économique sur la fiction de la personnalité morale [2].

4) Leur importance justifie une mention particulière des **cautionnements souscrits par l'État ou les collectivités publiques** [3]. Les lois de décentralisation du 2 mars 1982 et du 5 janvier 1988, depuis codifiées (CGCT, art. L. 2252-1 pour les communes, art. L. 3231-4 pour les départements, et art. L. 4253-1 pour les régions), ont assez largement ouvert aux collectivités locales la possibilité de se porter caution d'entreprises privées ou de sociétés d'économie mixte réalisant des opérations d'intérêt général. Cette liberté est cependant inscrite dans certaines limites, notamment au moyen de ratios destinés à limiter les risques pris par ces collectivités [4]. Les garanties ainsi souscrites sont considérées comme des contrats de droit privé, à moins que leur objet ne concoure à l'exécution d'une mission de service public ou qu'elles comportent des clauses exorbitantes du droit commun [5].

---

1. Sur l'option entre ces deux solutions, v. *supra* n° 4, et les réf. citées.

2. V. S. Piedelièvre, « Remarques sur l'infléchissement de la notion de personnalité morale par le cautionnement », *Gaz. Pal.* 1982. 1. Doctr. 85 ; Ph. Simler, « Patrimoine professionnel, patrimoine privé et cautionnement », *JCP* N 1987. I. 199. L'EIRL (L. 15 juin. 2010 : C. com., art. L. 526-6 s.) n'étant pas constitutive d'une personne juridique, l'entrepreneur ne peut se porter caution de lui-même sur son patrimoine privé au profit du patrimoine professionnel ou réciproquement.

3. V. P. Lignières, *Les cautionnements et garanties d'emprunt donnés par les collectivités locales*, préf. Mouly, Litec, 1994 ; « Le droit nouveau des garanties et cautionnements octroyés par les collectivités locales », *Banque et droit* 1997, n° 53, p. 9 ; A. Cerles, « Les cautionnements donnés par les collectivités locales », *Dr. et patr.* mai 2001. 48 ; G. Eckert, « La garantie des collectivités publiques », *Mélanges Simler*, Litec-Dalloz 2006, p. 325.

4. Les engagements en qualité de garant ne doivent pas dépasser 50 % des recettes. Un même emprunt ne peut être garanti qu'à concurrence de 50 % de son montant et un même débiteur ne peut être garanti pour plus de 10 % du total possible des engagements. Sur l'application de ces ratios, v. CE 16 janv. 1995, *JCP* 1995. I. 3889, n° 1, obs. Simler, *RTD com.* 1995. 595, obs. Orsoni ; Civ. 1re, 7 oct. 1997, *JCP* 1998. I. 103, n° 4, obs. Simler. Le non-respect des ratios n'est toutefois pas sanctionné par la nullité de la garantie, le juge judiciaire n'étant pas compétent pour en apprécier la régularité de la délibération : Civ. 1re, 8 oct. 2009, *JurisData* n° 049818, *RD banc. fin.* 2010, n° 5, obs. Cerles.

5. V. Civ. 1re, 28 mai 2002, *Bull. civ.* I, n° 151, *RJDA* 2002. 1008. V. aussi D. Houtcieff, *LPA* 8 oct. 2002, chron. p. 8.

Un autre aspect marquant de la pratique du cautionnement est la quasi désuétude du cautionnement simple, à l'exception des cas où la loi ou le juge prescrivent la fourniture d'une telle caution, au profit du cautionnement solidaire, exigé par le créancier chaque fois qu'il est en mesure de le faire. Ce constat pose la question du conflit, inhérent à la nature du cautionnement, entre les intérêts du créancier et la nécessaire protection de ceux de la caution.

41 ***Enjeux du droit du cautionnement : intérêts du créancier ou protection de la caution*** ◊ Dans l'aménagement du régime du cautionnement, les rédacteurs du Code civil ont fait preuve d'une grande sollicitude pour la caution, censée rendre un service gratuit au débiteur, parent ou ami. De nombreuses dispositions en témoignent : l'obligation de la caution est subordonnée à celle du principal débiteur, du point de vue de son efficacité (art. 2289, al. 1er : *infra* nos 108 s.) comme de celui de son montant (art. 2290, al. 1er : *infra nos* 119 s.) ; la caution peut opposer au créancier les exceptions relatives à l'obligation principale (art. 2313 : *infra* no 48) ; elle peut se prévaloir des bénéfices de discussion (art. 2298 s. : *infra* nos 184 s.) et, s'il y a pluralité de cautions, de division (art. 2303 : *infra* nos 188 s.) ; elle peut enfin, pour échapper à son obligation, opposer au créancier négligent le bénéfice dit de cession d'actions (art. 2314 : *infra* nos 259 s.).

Certaines de ces règles – les trois premières citées – participent de la nature même du cautionnement et expriment son caractère accessoire. Elles ne peuvent donc être éludées par la volonté des parties, sauf à s'évader du cadre du cautionnement et à donner à l'engagement une autre qualification, telle que celle de garantie autonome (*infra* nos 269 s.). Les autres sont ou ont été considérées comme supplétives. Aussi les créanciers, qui sont habituellement en position dominante, n'ont-ils pas manqué d'inclure dans les actes des clauses de renonciation au statut protecteur. La renonciation aux bénéfices de discussion et de division est ainsi devenue systématique, sous la forme de la clause de solidarité, que le Code civil n'avait envisagée que comme une possible modalité du cautionnement (art. 2298). Plus tardivement, le bénéfice de cession d'actions de l'article 2314 a connu le même sort, avant que la renonciation à ce bénéfice ne fût prohibée (L. 1er mars 1984). Le cautionnement pratiqué est donc sensiblement différent du modèle proposé par le code. Cette primauté de l'intérêt des créanciers s'est manifestée d'autres façons encore, notamment dans la détermination de l'étendue de la garantie consentie. Favorable au crédit, cette évolution a fini par apparaître comme une cause de déséquilibre des intérêts en présence, au détriment de la caution. Le législateur et la jurisprudence n'ont pas manqué de réagir.

42 ***Dispositions législatives protectrices*** ◊ Les interventions protectrices du législateur, généralement non contestables dans leur principe, ont cependant une fâcheuse tendance à se multiplier et à donner naissance à

une regrettable diversité de régimes, ponctuellement applicables à tel type d'opérations ou à telle catégorie de personnes. On peut citer par ordre chronologique :

- les lois du 10 janvier 1978 et du 13 juillet 1979, relatives au crédit à la consommation et au crédit immobilier, qui ont amélioré l'information des cautions de tels crédits, en imposant de notifier également aux cautions les offres de prêt (C. consom., art. L. 311-8 et L. 312-7 : *infra* n° 116) ;

- la loi du 1er mars 1984, qui a, d'une part, prohibé toute renonciation au bénéfice de cession d'actions (art. 49, complétant l'art. 2314 C. civ. : *infra* n° 262) et a fait obligation, d'autre part, aux établissements de crédit ayant accordé un concours financier à une entreprise de faire connaître annuellement aux cautions le montant des encours, en principal et accessoires (art. 48, devenu C. mon. fin., art. L. 313-22 : *infra* nos 153 s.) ;

- la loi du 23 juin 1989, modifiant celle, précitée, du 10 janvier 1978 et étendant au cautionnement des opérations visées l'ensemble des dispositions protectrices des consommateurs contenues dans la loi modifiée (C. consom., art. L. 311-2 : *infra* n° 116), notamment le délai de forclusion prévu à son article 27 (*ibid.*, art. L. 311-37 : *infra* nos 200 et 223) ;

- la loi du 31 décembre 1989, dite « loi Neiertz », dont les dispositions ont été, depuis, intégrées au Code de la consommation (L. 26 juill. 1993), mettant en place un lourd formalisme pour les cautionnements des opérations de crédit à la consommation, sous la forme d'une double mention manuscrite requise *ad validitatem* (C. consom., art. L. 313-7 et 313-8 : *infra* n° 117), ainsi qu'une nouvelle obligation d'information à la charge des établissements de crédit portant sur le premier incident de paiement (*ibid.*, art. L. 313-9 : *infra* n° 159) et une condition nouvelle de solvabilité de la caution (art. L. 313-10 : *infra* n° 118) ;

- la loi du 11 février 1994, qui étend à tous les créanciers d'un entrepreneur individuel l'obligation instituée par la loi précitée du 1er mars 1984 d'informer annuellement les personnes physiques ayant souscrit un cautionnement à durée indéterminée couvrant leurs créances du montant des encours, en capital et en accessoires (art. 47-II : *infra* n° 162) ;

- la loi du 21 juillet 1994 relative à l'habitat, qui comporte diverses dispositions relatives au cautionnement en matière de bail d'habitation, parmi lesquelles une lourde mention manuscrite prescrite *« à peine de nullité du cautionnement »* (art. 23 et 32, ajoutant un art. 22-1 à la loi du 6 juill. 1989 et complétant l'art. 24 de la même loi : *infra* n° 117) ;

- la loi du 29 juillet 1998 relative à la lutte contre l'exclusion, qui a institué au profit de toutes les cautions personnes physiques ayant souscrit un cautionnement indéfini une obligation d'information annuelle à la charge des créanciers (C. civ., art. 2293, al. 2 : *infra* n° 165) et qui a reconnu à la caution le bénéfice d'un « reste à vivre » institué par ailleurs au profit des consommateurs surendettés (*ibid.*, art. 2301 : *infra* n° 182) ;

- la loi du 1er août 2003, enfin, étendant à tout cautionnement souscrit par une personne physique envers un créancier professionnel l'exigence, à peine de nullité, des mentions manuscrites prévues aux articles L. 313-7 et L. 313-8 précités du Code de la consommation, la condition de solvabilité instituée par l'article L. 313-10 du même code et l'obligation d'information annuelle de l'article L. 313-22 du Code monétaire et financier (C. consom., art. L. 341-2 à L. 341-6 : *infra* n°s 57, 118 et 167).

D'autres mesures de faveur envers les cautions (suspension des poursuites, bénéfice des remises et délais...) résultent du droit des procédures collectives, notamment de la loi de sauvegarde du 26 juillet 2005, modifiée par l'ordonnance du 18 décembre 2008 (*infra* n°s 174 s.).

43 ***Œuvre protectrice de la jurisprudence*** ◊ Avec un bonheur inégal, la jurisprudence a contribué de diverses manières à l'évolution, dans le sens d'une meilleure protection des cautions, du régime du cautionnement, en réaction à l'utilisation massive de cette forme de sûreté :

- importance accrue, pendant un temps excessive, avant un retour à plus de rigueur juridique, donnée à la mention manuscrite prescrite par l'article 1326 du Code civil (*infra n^os^* 135 s.) ;
- consécration de la faculté de résiliation unilatérale du cautionnement à durée indéterminée et détermination des effets de cette résiliation (*infra n^os^* 255 s.) ;
- limitation de l'obligation des héritiers de la caution au passif existant au jour du décès (*infra* n° 258).
- application du principe de proportionnalité, avant que le législateur prenne le relais (*infra* n° 180).

Peuvent cependant être signalées aussi des tendances inverses, telles que celles constituées par l'exclusion récente de la responsabilité des créanciers envers les cautions dites « averties » (*infra* n° 179) et, en dernier lieu, l'inopposabilité au créancier des exceptions personnelles au débiteur (*infra* n° 48).

44 ***Perspectives d'évolution*** ◊ Inchangé jusqu'au dernier quart du XXe siècle, le droit du cautionnement subit, depuis, d'incessantes retouches, adjonctions et revirements de jurisprudence. Dans une sorte d'alternance, c'est tantôt la jurisprudence qui inspire le législateur, tantôt l'inverse. Les évolutions jurisprudentielles, nombreuses et quelque peu chaotiques en la matière, sont parfois entérinées, parfois combattues par la loi. La kyrielle des textes en matière de cautionnement ci-dessus énumérés atteste un renforcement constant de l'interventionnisme protecteur. Les dispositions particulières, et singulièrement la loi du 1er août 2003 [1], tendent à confiner le droit commun résultant du Code civil dans un rôle résiduel de plus en plus réduit.

---

1. V. Avena-Robardet, « Réforme inopinée du cautionnement », *D.* 2003. 2083 ; D. Houtcieff, « Les dispositions applicables au cautionnement issues de la loi pour l'initiative économique », *JCP* 2003. I. 161, n° 14 s. ; Ph. Delebecque, « Le cautionnement et le Code civil : existe-t-il encore un droit du cautionnement ? », *RJ com.* 2004. 226 ; D. Legeais, « Le Code de la consommation, siège d'un nouveau droit commun du cautionnement », *JCP* E 2003. 1433, et *RD banc. et fin.* sept.-oct. 2003, n° 178.

Un réel danger doit être signalé. L'activité économique, sauf à remettre en cause les bases mêmes du système, a besoin de crédit et le crédit exige des sûretés fiables. Selon une formule choc, « sûretés traquées = crédit détraqué » [1]. Le succès du cautionnement, au cours des dernières décennies, est dû, parmi d'autres causes, à la relative inefficacité des sûretés réelles. Si l'équilibre fragile entre les intérêts du créancier et ceux de la caution venait à être rompu au détriment du premier, après l'avoir été, peut-être, à son avantage, on assisterait inévitablement à une désaffection à l'égard de cette technique de garantie. Les solutions de rechange existent, y compris dans l'ordre des sûretés personnelles (*supra* n°s 14 s.). L'engouement récent, dans le cadre des relations de droit interne, pour les redoutables garanties autonomes en témoigne [2]. Le remède serait pire que le mal. La plus grande prudence s'impose.

Certaines pistes de réflexion ont été suggérées. La difficulté tient à l'extrême diversité des situations. Le cautionnement institutionnel ou professionnel consenti par les banques et sociétés de caution mutuelle pourrait être soumis à un régime de plus grande liberté que celui souscrit par les simples particuliers, pour lesquels le besoin de protection est réel [3]. Par diverses voies, la jurisprudence et la législation vont dans ce sens. L'importante catégorie des dirigeants, cautions de leur société, est cependant difficile à situer par rapport à ce clivage : leur intérêt dans l'opération principale inciterait à les assimiler aux professionnels, mais leur qualité de personnes physiques et les risques auxquels ils s'exposent militent en sens contraire. Les deux tendances coexistent, au détriment de la cohérence. Plus diverse encore est la catégorie des associés, souvent sollicités.

La mise en place de régimes dérogatoires au droit commun, au gré de réformes diverses, n'est pas heureuse. Les solutions choisies, en particulier celle d'un formalisme tatillon, ne le sont pas davantage.

L'avant-projet de réforme des sûretés concrétisé par l'ordonnance du 23 mars 2006 comprenait une réécriture du droit du cautionnement [4] qui n'a pu aboutir. L'objectif était de simplifier le dispositif, tout en conservant la plupart des acquis législatifs et jurisprudentiels, et de ramener dans le Code civil ce qui était censé constituer le droit commun du cautionnement. La loi d'habilitation du 26 juillet 2005 n'a pas autorisé le Gouvernement à légiférer par voie d'ordonnance dans cette matière (v. *supra*, n° 5), aujourd'hui dispersée dans quatre codes : Code civil, Code de la consommation, Code monétaire et financier, auxquels s'ajoutent les importantes dispositions dérogatoires en cas de procédure collective du débiteur, contenues dans le Code de commerce. On ne peut que le déplorer.

---

1. M. Martin, *Banque* 1975. 1133.

2. V. J. Terray, « Le cautionnement : une institution en danger », *JCP* N 1988. I. 221. Sur la prolifération en droit interne de formes bâtardes d'engagements, souvent requalifiés en cautionnements, v. *infra n^os^* 282 s.

3. V. Ch. Mouly, *op. cit.*, n°s 484 s. ; Ph. Théry, « La différenciation du particulier et du professionnel : un aspect de l'évolution du droit des sûretés », *Dr. et patr.* avr. 2001. 53.

4. V. Simler, « Les sûretés personnelles », in Rapport « Grimaldi » pour une réforme du droit des sûretés, *Dr. et patr.* sept. 2005. 55.

45 ***Plan*** ◊ Trois moments doivent être distingués dans l'étude du cautionnement : sa **formation** (Section 2), ses **effets** (Section 3) et son **extinction** (Section 4). La spécificité du mécanisme et la diversité des types de cautionnements, soumis à certains égards à des règles particulières, conduisent à examiner préalablement les **caractères généraux et variétés** du cautionnement (Section 1).

SECTION 1. CARACTÈRES GÉNÉRAUX ET VARIÉTÉS

46 ***Présentation*** ◊ Le régime du cautionnement exposé dans les sections suivantes est dans une large mesure tributaire de certains caractères généraux de l'obligation de la caution et du contrat dans lequel elle s'inscrit (§ 1). Le **caractère accessoire** joue ainsi un rôle fondamental et permanent : il constitue le critère même du cautionnement. L'impact du caractère **consensuel** et du caractère **unilatéral** est sans doute moindre, mais doit néanmoins être précisé. Le caractère **gratuit ou onéreux** continue d'être débattu [1].

Au-delà de l'extrême diversité des applications pratiques du cautionnement, il importe d'identifier certains types de cautionnements, obéissant à des règles à certains égards différentes (§ 2). On examinera ainsi successivement les distinctions entre **cautionnement conventionnel, légal et judiciaire**, entre cautionnement **simple et solidaire**, entre cautionnement **civil et commercial**. La multiplication récente du contentieux relatif à ce qu'il était convenu d'appeler « **cautionnement réel** », avant la surprenante négation de ce concept par la Cour de cassation, justifie que l'on s'interroge sur la nature et sur le régime de cette sûreté. Il convient enfin de présenter les cas de figure dérivés que sont la **certification de caution** et le **sous-cautionnement**.

§ 1. Caractères du cautionnement

A. Caractère accessoire

47 **1°** ***Signification*** ◊ D'une certaine manière, toute sûreté paraît devoir être accessoire, puisqu'elle suppose par définition l'existence d'une obligation à garantir. Les sûretés réelles classiques ne sont autres que les droits

---

1. On aurait pu penser, s'agissant d'une opération étroitement liée au crédit, que l'*intuitus personae* jouerait un rôle majeur en la matière. Il n'en est rien. L'obligation de la caution est cessible et transmissible avec la créance garantie. Un rôle modeste de l'*intuitus personae* n'est perceptible que lors de la formation de l'engagement, le créancier pouvant refuser la caution que lui présente le débiteur si elle n'a pas les qualités à ses yeux requises (v. Simler, n° 65. V. cependant D. Houtcieff, « Contribution à l'étude de l'*intuitus personae*. Remarques sur la considération de la personne du créancier par la caution », *RTD civ.* 2003. 3 ; A.-S. Barthez et D. Houtcieff, n° 97 s.).

réels dits « accessoires ». S'agissant du cautionnement, le même qualificatif est cependant chargé d'un sens plus fort [1]. Preuve en est l'existence de garanties personnelles qui, précisément, ne sont pas accessoires, telles que les garanties autonomes (*infra* n°s 269 s.), la délégation (*infra* n°s 348 s.) ou les garanties qu'on peut appeler « indemnitaires » (*infra* n°s 318 s.). Au-delà de la simple référence à une obligation principale, le caractère accessoire du cautionnement exprime une interconnexion étroite et de tous les instants entre l'obligation du débiteur et celle de la caution. Cette interdépendance comporte elle-même deux dimensions.

Elle tient d'abord au fait, qui oppose cautionnement et garanties non accessoires, que la caution et le débiteur principal sont tenus d'une seule et même dette : il y a **unicité de la dette**, mais **dualité de liens d'obligation**. L'article 2288 le confirme : c'est l'obligation même du débiteur que la caution s'engage à satisfaire. Une certaine ambiguïté vient de ce que le terme obligation désigne tantôt le lien obligatoire, tantôt la prestation due. Dans le second sens, il n'existe, en cas de cautionnement, qu'une seule obligation. Dans le premier, il n'est pas inexact de distinguer l'obligation de la caution de celle du débiteur, au demeurant issues de sources distinctes. Il convient d'ajouter que ce premier trait - unicité de la dette et dualité des liens d'obligation - n'est pas propre au cautionnement. Il caractérise aussi l'obligation plurale, conjointe ou solidaire. Mais sa présentation était un préalable nécessaire à la compréhension de la seconde composante, véritable spécificité du cautionnement.

La caution, contrairement au coobligé, ne s'engage à payer l'unique dette qu'en second rang : *« si le débiteur n'y satisfait pas lui-même »* (art. 2288). Alors que les coobligés sont tenus à titre principal, sur un pied de stricte égalité, la caution ne l'est qu'à titre **subsidiaire** [2]. Il en est ainsi même si elle s'est obligée solidairement : les avantages que procure au créancier la stipulation de solidarité atténuent certes sensiblement les effets de la subsidiarité, mais sans les supprimer. Il est unanimement admis que la solidarité n'enlève pas à la caution sa qualité de débiteur accessoire. Des différences significatives subsistent entre les situations respectives du codébiteur solidaire et de la caution solidaire (*infra* n°s 191 et 331 s.), en partie gommées, il est vrai, par la jurisprudence consécutive à l'arrêt rendu en Chambre mixte de la Cour de cassation le 8 juin 2007, dont il sera question ci-après.

---

1. V. D. Legeais, « La règle de l'accessoire dans les sûretés personnelles », *Dr. et patr.* avr. 2001. 68 ; D. Grimaud, *Le caractère accessoire du cautionnement*, PUAM, 2001 ; A.-S. Barthez et D. Houtcieff, n° 44 s.

2. *Contra*, M. Cabrillac, Ch. Mouly, S. Cabrillac et Ph. Pétel, n° 77, qui considèrent que le cautionnement est dépourvu de ce caractère, puisque la caution, même simple (*infra*, n° 183), peut être d'emblée poursuivie par le créancier. Pourtant, la caution, même solidaire, n'a vocation à devoir payer que « *si le débiteur n'y satisfait pas lui-même* » (art. 2011), la solidarité ayant pour seule fonction de procurer au créancier une sécurité supplémentaire. En toute hypothèse, un recours intégral est ouvert à la caution qui a payé contre le débiteur. La subsidiarité n'est absente ni dans la réalité, ni dans l'esprit des parties.

48 ***2° Conséquences*** ◊ La relative abstraction de la définition du caractère accessoire débouche sur des conséquences pratiques précises et de la plus haute importance, formulées par plusieurs articles du code :

a) ***« Le cautionnement ne peut exister que sur une obligation valable »*** (art. 2289, al. 1er). S'il n'y a pas de dette principale ou si celle-ci est nulle, la caution ne peut être tenue (*infra* n° 109). Cette règle est le corollaire évident de l'idée d'unicité de la dette.

b) ***« Le cautionnement ne peut excéder ce qui est dû par le débiteur, ni être contracté sous des conditions plus onéreuses »*** (art. 2290, al. 1er). Un coobligé à titre principal peut devoir plus ou moins qu'un autre coobligé. N'étant débiteur qu'en seconde ligne, la caution ne peut en aucun cas devoir plus que le principal obligé. Rien ne s'oppose, en revanche, à ce qu'elle doive moins (*infra* nos 125 s.).

c) ***« La caution peut opposer au créancier les exceptions qui appartiennent au débiteur principal »*** (art. 2313, al. 1er). Corollaire de l'unicité de la dette, cette règle est formulée dans les mêmes termes pour la solidarité (art. 1208, al. 1er). Dans les deux cas, l'opposabilité des exceptions est certes assortie d'une restriction : la caution comme le codébiteur solidaire, si l'on s'en tient à la lettre des textes, peuvent opposer les exceptions « *inhérentes à la dette* », mais non celles « *qui sont purement personnelles* » au débiteur garanti (art. 2313, al. 2) ou aux codébiteurs solidaires (art. 1208, al. 2). Pourtant, les deux textes n'ont pas été interprétés de la même manière. Selon une doctrine à peu près unanime depuis l'époque du Code civil et une jurisprudence majoritaire, quoique plus confuse, la caution se voyait traditionnellement reconnaître le droit d'opposer au créancier **toutes les exceptions** affectant l'obligation principale, y compris celles qui, en réalité, sont personnelles au débiteur (par exemple, pour les vices du consentement : *infra* n° 109, pour la compensation : *infra* n° 236, ou encore pour le défaut de déclaration de la créance : *infra* n° 244), sauf, pour des raisons très particulières, celle tenant à son incapacité : *infra* n° 111). Ce principe apparaissait comme le corollaire nécessaire du caractère essentiellement accessoire du cautionnement [1].

Cette position, conforme à la règle que le cautionnement « *ne peut exister que sur une obligation valable* » (art. 2289, al. 1er) et, peut-on ajouter, non dépourvue d'efficacité pour une cause quelconque, était contredite par la lettre de l'article 2313, alinéa 2, aux termes duquel la caution « *ne peut opposer les exceptions qui sont personnelles au débiteur* ». Embarrassée par ces dispositions peu cohérentes, la jurisprudence a, tantôt, appliqué littéralement ce dernier texte, en contradiction avec le caractère accessoire reconnu au cautionnement, tantôt, respecté ce caractère en qualifiant d'inhérentes à la dette, pour en justifier l'opposabilité par la caution, des exceptions qui étaient manifestement personnelles au débiteur et qu'elle

1. V. Lamy *Droit des sûretés*, n° 120.42 s. ; A. Schneider, « Des exceptions que la caution peut opposer au débiteur. Pour un retour aux sources », *JCP* 2002. I. 121.

qualifiait comme telles dans d'autres contextes, notamment pour en refuser l'opposabilité par les codébiteurs. Cet artifice de raisonnement a ainsi été mis en œuvre pour permettre à des cautions d'opposer au créancier un vice du consentement dont a été victime le débiteur principal [1], la suspension du cours des intérêts par le jugement de redressement judiciaire [2], l'extinction de la créance garantie pour défaut de déclaration (*infra* n° 244) ou encore la compensation d'une créance du débiteur avec la dette cautionnée (*infra* n° 236). L'opposabilité de ces mêmes exceptions a au contraire toujours été refusée au codébiteur solidaire, même non intéressé à la dette, comme étant, précisément, personnelles à un codébiteur. Il paraît évident que les mêmes exceptions ne peuvent sans artifice être qualifiées de personnelles au débiteur ou d'inhérentes à la dette selon que la question se pose pour une caution ou pour un codébiteur [3]. Mais il est vrai que la logique du caractère accessoire impliquait que la caution pût opposer au créancier poursuivant toutes les causes d'inefficacité ou d'extinction de l'obligation garantie : nullité, résolution ou résiliation, remise de dette, prescription, novation, confusion, compensation... [4].

Un arrêt rendu en Chambre mixte par la Cour de cassation le 8 juin 2007 a au contraire jugé, appliquant littéralement l'article 2313, alinéa 2, « que **la caution ne peut opposer les exceptions qui sont purement personnelles au débiteur principal** » et qu'elle n'était donc pas recevable, en l'espèce, « à invoquer la nullité relative tirée du dol affectant le consentement du débiteur principal et qui, destinée à protéger ce dernier, constituait une exception purement personnelle » [5].

---

1. V. Civ. 3e, 11 mai 2005 : *Bull. civ.* III, n° 101, *JCP* 2005. IV. 2422, *RTD civ.* 2005. 590, obs. Mestre et Fages, *RD banc. et fin.* 2005, n° 126, obs. Legeais.

2. Com., 13 nov. 1990, *Bull. civ.* IV, n° 277, *D.* 1991. Somm. 11, obs. Derrida, *JCP* E 1991. II. 114, note Pétel. V. aussi *infra*, n° 121.

3. *Contra*, A.-S. Barthez et D. Houtcieff, n° 72 s., qui admettent une dualité de la notion d'exception personnelle, considérant que l'incapacité du débiteur est la seule exception personnelle au regard du droit du cautionnement.

4. V., par ex., pour la caducité du contrat principal de prêt, faute de réalisation d'une condition, Civ. 1re, 12 juin 1990, *Bull. civ.* I, n° 158, *Defrénois* 1990. 34917, obs. Aynès, *RTD civ.* 1990. 692, obs. Bandrac ; pour une convention translative de la créance garantie, opposable par la caution au créancier initial, Com., 22 oct. 1991, *Bull. civ.* IV, n° 302, *D.* 1993. 181, note Ghestin, *JCP* 1992. I. 3570, obs. Billiau, *RTD civ.* 1992. 90, obs. Mestre.

5. Ch. mixte, 8 juin 2007, *D.* 2007. Act. 1782, obs. Avena-Robardet, *D.* 2007. 2201, note Houtcieff, *JCP* 2007. II. 10138, note Simler, et *JCP* N 2007. 1286, note Piedelièvre, *RD banc. et fin.* juill.-août 2007, n° 145, obs. Cerles, *RTD civ.* 2008. 331, obs. Crocq, *CCC* 2007, n° 269, obs. Leveneur. V. dans le même sens, antérieurement, mais à contre-courant, Civ. 1re, 20 janv. 1998 : *JurisData* n° 000330, qui refuse à une caution le droit de se prévaloir de la nullité d'une cession de droits sociaux par un époux commun en biens en violation de l'article 1424 du Code civil ; Civ. 1re, 15 déc. 1999, *JurisData* n° 004579, qui fonde le refus opposé à la caution non sur le caractère personnel de l'exception tenant au vice du consentement du débiteur, mais sur la considération, qui n'est pas davantage pertinente en l'occurrence, que seul ce dernier pouvait s'en prévaloir. V. dans le même sens que l'arrêt de la Chambre mixte, pour l'exception de dol, antérieurement, Montpellier, 21 sept. 1993, *JurisData* n° 034828, Paris, 19 févr. 1999, *JurisData* n° 020314 ; et postérieurement, Paris, 15 oct. 2009, *JurisData* n° 014741 ; Bordeaux, 20 oct. 2010, *JurisData* n° 024345, *RD banc. fin.* 2011, n° 92, obs. Legeais.

Sans se référer à l'article 2313, mais dans le même esprit, la Chambre commerciale de la haute juridiction avait jugé, quelques jours plus tôt, que « la renonciation par le créancier au droit d'agir en paiement contre le débiteur principal n'emporte pas extinction de l'obligation principale ni du recours de la caution contre ce débiteur, de sorte que la clause précitée ne fait pas obstacle aux poursuites du créancier contre la caution solidaire » [1], solution qui entre ouvertement en contradiction avec l'idée que la caution ne peut être tenue si le débiteur principal ne l'est pas et avec la règle selon laquelle « *le cautionnement ne peut... être contracté sous des conditions plus onéreuses* » que l'obligation principale (art. 2290 préc.).

Progressivement, cette solution se trouve étendue à d'autres exceptions personnelles au débiteur, qu'antérieurement une jurisprudence constante permettait à la caution d'opposer au créancier : la rupture abusive du crédit [2] et, inversement, l'octroi excessif de crédit [3], l'absence de cause, constitutive d'une nullité relative, donc d'une exception personnelle [4], le défaut de déclaration de la créance [5], l'octroi de délais de paiement [6].

Cette orientation, si elle perdure, remet gravement en cause le caractère accessoire du cautionnement, la caution pouvant être tenue pour une obligation nulle, ou non exigible ou déjà éteinte, dès lors que ces circonstances procèdent d'une exception personnelle au débiteur [7]. Sa situation se trouve *de facto* alignée sur celle du codébiteur principal qui, précisément, ne peut opposer les mêmes exceptions, alors que l'opposabilité des exceptions constituait la principale différence entre eux. Il est du

---

1. Com., 22 mai 2007, *Bull. civ.* I, n° 136, *D.* 2007. 1999, note Deshayes ; *JCP* 2007. I. 212, n° 8, obs. Simler, *Banque et droit* sept.-oct. 2007, p. 67, obs. Rontchevsky, *RTD com.* 2007. 333, obs. Crocq. Dans le même sens, Com., 22 nov. 2007, *JurisData* n° 041657.

2. Com., 22 sept. 2009, *JurisData* n° 049597, *JCP* 2009. Chron. 492, n° 8, obs. Simler, *RD banc. fin.* 2009, n° 192, obs. Legeais ; Montpellier, 4 janv. 2011, *JurisData* n° 002986, *JCP* 2011. Chron. 770, n° 5, obs. Simler. *Contra*, Com., 30 mars 2010, *JurisData* n° 002987, *RD banc. fin.* 2010, n° 183, obs. Legeais, qui admet l'opposabilité de ladite exception, constitutive de la perte d'une chance pour la caution, sans référence au caractère personnel ou inhérent à la dette de l'exception. Cette dernière solution est conforme à l'affirmation solennelle, hors cautionnement, qu'un tiers peut invoquer sur le fondement de la responsabilité délictuelle un manquement contractuel qui lui cause un préjudice (Ass. plén., 6 oct. 2006, *D.* 2006. 2825, note Viney, *D.* 2007. Pan. 2900, obs. Jourdain, et 2976, obs. Fauvarque-Cosson, *RTD civ.* 2007. 115, obs. Mestre et Fages, et 123, obs. Jourdain ; Com. 6 sept. 2011, à paraître au *Bull. civ.*, *D.* 2011. Act. 2196, obs. Delpech). Ouverte à un véritable tiers, cette possibilité doit être laissée *a fortiori* à la caution.

3. Metz, 24 mai 2007, *JurisData* n° 344383 ; Douai, 13 nov. 2008, *JurisData* n° 007383.

4. Douai 18 nov. 2010, *JurisData* n° 025388, *JCP* 2011. Chron. 770, n° 5, obs. Simler, *RD banc. fin.* 2011, n° 52, obs. Legeais.

5. Toulouse, 23 juin 2009, *JurisData* n° 006960, *JCP* 2009. *ibid.* ; Com., 12 juill. 2011, à paraître au *Bull. civ.*, *JurisData* n° 014300, *D.* 2011. Act. 1894, obs. Lienhard, *JCP* 2011. 901, note Dissaux, *JCP* E 2011. 384, *RD banc. et fin.* sept.-oct. 2011, n° 162, obs. Cerles, qui juge que le défaut de déclaration, qui n'a pas pour effet d'éteindre la créance, mais d'exclure son titulaire des répartitions et dividendes, n'est pas une exception inhérente à la dette susceptible d'être opposée par la caution (qui est toutefois en droit d'opposer le bénéfice de cession d'actions si elle subit un préjudice, ce qui n'était pas le cas en l'espèce : v. sur ce point *infra* n° 265).

6. Paris, 12 févr. 2009, *JurisData* n° 001796, *JCP* 2009. *ibid.*

7. V. Ph. Simler, « Le cautionnement est-il encore une sûreté accessoire ? », *Mélanges Goubeaux*, Dalloz-LGDJ 2009, p. 497.

moins une exception personnelle qui ne peut être refusée à la caution parce que la loi lui reconnaît expressément cette faveur : c'est l'exception de compensation (art. 1294). Exception qui confirme la règle ou illustration d'un principe ?

49 ***3° Limites*** ◊ Du caractère accessoire il n'y a pas lieu de conclure à une nécessaire et totale identité de régime des obligations du débiteur principal et de la caution. Seul l'objet de l'obligation de la caution est tributaire de la dette garantie, puisque cette dette est aussi la sienne. Mais le lien obligatoire est distinct et procède d'un contrat doté, comme tel, d'une existence propre. Aussi les modalités de mise en œuvre de l'obligation de la caution peuvent-elles être différentes de celles de l'obligation principale. La question s'est posée à propos de la détermination de la compétence juridictionnelle et de la loi applicable. Les solutions n'ont pas été acquises sans hésitation.

50 ***a) Compétence juridictionnelle*** ◊ Rien ne s'oppose à ce qu'une juridiction différente soit compétente pour la dette principale et pour le cautionnement, qu'il s'agisse de la compétence *ratione loci* (caution résidant dans un autre ressort que le débiteur) [1] ou de la compétence *ratione materiae* (cautionnement civil d'une dette commerciale) [2]. Ainsi encore, la clause compromissoire contenue dans le contrat principal ne peut-elle être invoquée par (ou contre) la caution, qui n'a pas été partie à ce contrat [3]. Quant à la clause d'attribution de compétence territoriale, elle n'est valable dans le contrat de cautionnement que si les parties ont la qualité de commerçants [4].

Toutefois, aux termes de l'article L. 213-6 du Code de l'organisation judiciaire (réd. Ord. n° 2006-673, 8 juin 2006), « *Le juge de l'exécution*

---

1. V. Paris, 10 nov. 1993, *JCP* 1994. II. 22314, note Audit, reconnaissant compétence à la juridiction belge en considération du domicile de la caution. V. aussi Com., 22 oct. 1996, *Bull. civ.* IV, n° 254, *JCP* 1997. II. 22821, note Chazal et Vicente.

2. V. par ex. Paris, 2 déc. 1986, *D.* 1987. IR 13, qui a jugé que le cautionnement d'une dette de salaire relevait du tribunal de grande instance et non du conseil des prud'hommes. Sur la portée de la clause attributive de compétence territoriale et sur l'application de la Convention de Bruxelles du 27 septembre 1990, v. Civ. 1re, 4 déc. 1990, *Bull. civ.* I, n° 273, *Rev. crit. DIP* 1991. 613, note Gaudemet-Tallon, *D.* 1992. Somm. 244, obs. Vasseur.

3. En ce sens, Com., 22 nov. 1977, *Bull. civ.* IV, n° 273. La solution contraire précédemment retenue par la Chambre sociale (14 janv. 1976, *Bull. civ.* V, n° 25, *D.* 1976. IR 55) était incompatible avec la prohibition de la clause pour les non commerçants. Or, même lorsque le cautionnement est commercial, la caution n'a pas, habituellement, cette qualité, ce qui interdisait, non seulement d'appliquer la clause compromissoire contenue dans le contrat principal, mais aussi de la stipuler dans le contrat de cautionnement (v. Com., 10 févr. 1981, *Bull. civ.* IV, n° 75, *Gaz. Pal.* 1981. 2. 475, note Dupichot ; Com., 1er avr. 1981, *Bull. civ.* IV, n° 172, *JCP* 1981. IV. 217). La nouvelle rédaction donnée à l'article 2061 du Code civil par la loi du 15 mai 2001 autorise désormais l'inscription d'une clause compromissoire dans les cautionnements souscrits « *à raison d'une activité professionnelle* », ce qui est le cas de ceux souscrits par les dirigeants, mais non, sans doute, de ceux consentis par de simples associés (sur les critères de la commercialité du cautionnement, v. *infra* nos 66 s.).

4. V. Com., 28 juin 1983, *Bull. civ.* IV, n° 189, *D.* 1983. IR 474 ; Com., 25 mars 1997, *Bull. civ.* IV, n° 79, *CCC* 1997, n° 94, obs. Leveneur ; Com., 28 oct. 2008, *JurisData* n° 045615.

connaît, de manière exclusive, des difficultés relatives aux titres exécutoires et des contestations qui s'élèvent à l'occasion de l'exécution forcée, même si elles portent sur le fond du droit » [1].

Le Règlement n° 44/2001/CE du 22 décembre 2000 (dit Bruxelles I) donne compétence aux juridictions de l'État membre dans lequel la personne poursuivie est domiciliée, quelle que soit sa nationalité (art. 2). Mais, s'il y a plusieurs défendeurs et si les demandes sont liées par un « rapport si étroit qu'il y a intérêt à les instruire et à les juger en même temps », le demandeur peut les assigner devant le tribunal compétent pour l'un d'eux (art. 6.1). L'application de cette dernière disposition en cas de cautionnement reste incertaine [2].

51 ***b) Loi applicable*** ◊ Le cautionnement peut, de même, être soumis à une loi nationale différente de celle régissant le contrat principal [3]. Dans le silence de la convention, la jurisprudence admettait habituellement que les parties étaient censées avoir voulu soumettre celle-ci à la même loi que l'obligation garantie [4]. À première vue, cette solution paraît remise en cause par la Convention de Rome du 19 juin 1980, applicable en France depuis 1991 (Décr. 28 févr. 1991), qui prévoit qu'à défaut de choix d'une autre loi par les parties, tout contrat est régi par la loi du pays avec lequel il présente les liens les plus étroits (art. 4-1). L'entrée en vigueur, le 17 décembre 2009, du Règlement CE n° 593/2008 du 17 juin 2008 sur la loi applicable aux obligations contractuelle (Rome I) ne semble pas devoir remettre en cause ce critère : à défaut de choix de la loi applicable par les parties et sous réserve que l'on ne qualifie pas le cautionnement de prestation de service [5], il renvoie pareillement à la loi du pays avec lequel le contrat présente les liens les plus étroits. Il se peut que la recherche de tels liens ramène précisément, caractère accessoire à l'appui, à la loi du contrat

---

1. V., pour une demande de mainlevée d'une saisie-attribution pour cause de nullité du cautionnement pour dol, Civ. 2e, 18 juin 2009, *Bull. civ.* II, n° 165, *JCP* 2009. Chron. 492, n° 3, *RD banc. fin.* 2009, n° 155, obs. Legeais, *Banque et droit* juill.-août 2009. 41, obs. Rontchevsky ; pour la déchéance des intérêts pour défaut d'information annuelle de la caution, Civ. 2e, 19 mars 2009, *JurisData* n° 047575, *JCP* 2009. *ibid.*, *RD banc. fin.* 2009, n° 88, obs. Legeais.
2. V. A.-S. Barthez et D. Houtcieff, n° 95.
3. V. Civ. 1re, 2 mars 1970, *Bull. civ.* I, n° 75, *Rev. crit. DIP* 1971. 251, note Batiffol ; Civ. 1re, 10 janv. 1990, *Bull. civ.* I, n° 5, *JCP* 1990. IV. 92 ; Com., 8 juin 2010, *JurisData* n° 008941, *RD banc. fin.* 2010, n° 217, obs. Legeais, qui déduit de diverses circonstances que les parties ont implicitement choisi la loi française.
4. V. Soc., 14 janv. 1976, préc. ; Civ. 1re, 1er juill. 1981, *Bull. civ.* I, n° 241, *Rev. crit. DIP* 1982. 336, note Lagarde, *JDI* 1982. 148, note Bourel ; Civ. 1re, 13 avr. 1992, *Bull. civ.* I, n° 121, *JCP* 1992. IV. 1783 ; Civ. 1re, 3 déc. 1996, *Bull. civ.* IV, n° 428, *JCP* 1997. II. 22827, note Muir-Watt. V. aussi Loussouarn, « Les sûretés personnelles traditionnelles en droit international privé », in *Les sûretés*, Colloque Bruxelles, FEDUCI 1984, p. 429 s. ; J. Mestre, « Les conflits de lois relatifs aux sûretés personnelles », *Trav. Comité fr. de DIP* 1986/87, p. 57.
5. En ce sens, Com., 22 oct. 1996, *Bull. civ.* IV, n° 245, *JCP* 1997. II. 22821, note Chazal et Vicente : « le paiement des sommes dues en vertu d'un engagement de caution ne constitue ni la livraison d'une chose, ni l'exécution d'une prestation de service ».

principal [1]. L'incidence de ce critère nouveau en matière de cautionnement reste controversée [2].

Il convient cependant d'ajouter que les lois de police sont d'application territoriale et qu'il y a lieu de considérer comme telles les règles impératives de protection de la caution, telles que les importantes règles de forme édictées *ad validitatem* par le Code de la consommation (et par la loi du 6 juillet 1989 en matière de bail) (*infra* n° 55 s.) ou encore les obligations d'information imposées au créancier envers la caution (*infra* n° 151 s.).

52 ***4° Critère distinctif du cautionnement*** ◊ Au-delà de ses conséquences techniques relatives au régime du cautionnement, son caractère accessoire constitue le critère même de la qualification des engagements constitutifs de garanties personnelles : tout engagement d'un tiers souscrit à titre de garantie constitue un cautionnement, même si ce terme n'y figure pas, dès lors que le garant s'est obligé à payer la dette même du débiteur [3] ; inversement tout engagement dont le contenu clairement exprimé est incompatible avec le caractère accessoire, fût-il qualifié par les parties de cautionnement, est d'une autre nature [4].

Lorsqu'une clause du contrat de cautionnement est en contradiction avec le caractère accessoire, deux issues sont donc ouvertes. Si les parties ont souscrit un engagement clairement dépourvu de caractère accessoire, l'auraient-elles intitulé cautionnement, la requalification s'impose. S'il apparaît, au contraire, qu'elles ont mis en place une garantie accessoire, mais que, par ignorance ou inadvertance, elles ont méconnu ce caractère, par une dénomination inadéquate ou par une clause incompatible avec lui, cette clause est nulle, sans cependant que le principe de la garantie soit

---

1. En ce sens, Versailles, 6 févr. 1991, *D.* 1992. 174, note Mondolini, *JCP* 1992. II. 21972, note Osman, *Rev. crit. DIP* 1991. 745, note Lagarde, *JDI* 1992. 125, note Foyer, *RTD civ.* 1992. 387, obs. Mestre. V. aussi Com., 8 mars 2011, *JurisData* n° 003318, *RD banc. fin.* 2011, n° 94, obs. Legeais, censurant l'arrêt qui avait retenu le critère des « liens les plus étroits » sans examiner le défaut de pertinence de l'élément de rattachement ordinaire avec la loi du pays où la caution avait sa résidence habituelle au moment de la formation du cautionnement, désignée par l'article 4, paragraphe 2, de la Convention de Rome du 19 juin 1980. V. aussi Colmar, 15 juin 2011, *JurisData* n° 014740, qui, en application du critère des liens les plus étraoits, retient la compétence de la loi française, lieu de résidence de la caution, débitrice de la prestation caractéristique, bien que le contrat ait été rédigé en langue allemande, que le créancier ait été suisse et le débiteur allemand.

2. V. les avis divergents des annotateurs cités à la note précédente. V. aussi Lamy *Droit des sûretés*, n° 178 ; G. Légier, « Les conflits de lois en matière de cautionnement », *Mélanges Simler*, Litec-Dalloz, 2006, p. 375.

3. V., à propos des lettres d'intention, *infra* n° 322. Ce principe, qu'impose la définition du cautionnement, est cependant malmené par la jurisprudence récente relative aux garanties financière (v. *infra*, n°s 314 s.).

4. V., pour les « cautionnements » stipulés payables « à première demande » et « sans pouvoir opposer aucune exception », constitutifs de garanties autonomes si les autres conditions en sont remplies, *infra* n° 287. Sur l'hypothèse d'un cautionnement à première demande, non reconnue en droit français, v. Rohmert, « Le cautionnement à première demande en droit allemand, une sûreté hybride », *RD banc. et bourse* 1994. 113 ; D. Legeais, « Le cautionnement à première demande », *Mélanges Vasseur*, éd. Banque 2001.

remis en cause. « *Le cautionnement qui excède la dette, ou qui est contracté sous des conditions plus onéreuses, n'est point nul : il est seulement réductible à la mesure de l'obligation principale* » (art. 2290, al. 3). S'il y a doute sur la qualification, la volonté de s'obliger étant cependant certaine, c'est la qualification la moins rigoureuse pour le garant, donc celle de cautionnement, qui doit l'emporter (arg. art. 1162. V. aussi *infra* n° 287).

B. Caractère consensuel

53 ***1° Principe*** ◊ Le contrat de cautionnement est en principe parfait par le seul échange des consentements. L'article 2292 dispose, certes, que « *le cautionnement ne se présume point ; **il doit être exprès**...* », mais cette exigence n'implique aucun formalisme particulier. Elle signifie seulement que la volonté de s'obliger doit être établie avec certitude et que l'on ne peut pas déduire une volonté tacite de s'engager comme caution d'un simple comportement ou des seules circonstances de la cause [1].

La règle de l'article 2292 se rapporte, par conséquent, à l'interprétation de l'acte et invite le juge à une vigilance particulière, ce que justifient la gravité et le caractère dangereux inhérent à tout engagement en qualité de caution. Un cautionnement verbal, sous réserve de la difficulté de sa preuve, est donc valable [2]. Les raisons de l'exigence d'un engagement exprès expliquent également qu'elle ne soit appliquée qu'à la caution, et non au créancier, dont l'acceptation peut être tacite [3].

Le cautionnement est par ailleurs soumis, en tant que contrat, au droit commun de la preuve, qui ne peut être faite, en matière civile, que par écrit lorsque l'engagement excède une somme fixée par décret (C. civ., art. 1341) [4]. En outre, s'agissant d'un contrat unilatéral (*infra* n° 58), le formalisme probatoire de la mention manuscrite de l'article 1326 doit être respecté lorsque les parties au contrat ne sont pas commerçantes (*infra* n°s 135 s.). La rédaction d'un écrit est en toute hypothèse souhaitable. Exceptionnellement, mais dans un nombre croissant d'hypothèses, la validité même du cautionnement peut y être subordonnée.

---

1. V. Civ., 10 mai 1909, *DP* 1911. 1. 439, *S.* 1912. 1. 169 ; Civ. 1re, 24 avr. 1968, *D.* 1968. 358, note Voulet, *RTD civ.* 1968. 561, obs. Cornu ; Com., 16 déc. 1981, *Bull. civ.* IV, n° 447, *D.* 1982. IR 176 (le silence gardé par la prétendue caution après réception d'une lettre du créancier mentionnant cette qualité ne pouvait valoir engagement) ; Paris, 17 avr. 1991, *JCP* E 1991. Pan. 221, et *JCP* 1992. I. 3583, n° 1 (l'accord pour « avaliser » une dette, avec demande d'envoi des « documents nécessaires à l'accomplissement de l'acte », ne valait pas engagement exprès de caution).

2. V. Req., 23 oct. 1894, *DP* 1895. 1. 226, *S.* 1895. 1. 174 ; Civ., 10 mai 1909, préc. ; Req., 8 juin 1931, *Gaz. Pal.* 1931. 2. 245 ; Req., 7 mars 1932, *S.* 1932. 1. 128.

3. Req., 28 avr. 1872, *DP* 1872. 1. 396 ; Com., 13 nov. 1972, *Bull. civ.* IV, n° 285, *Gaz. Pal.* 1973. 1. 143, note D. Martin. Une acceptation tacite résulte nécessairement de la mise en demeure ou de l'action en paiement dirigée par le créancier contre la caution : Com., 6 juin 2000, *RJDA* 2000. 1045 ; Com., 17 sept. 2002, *Bull. civ.* IV, n° 123, *D.* 2002. Somm. 3336, obs. Aynès, *JCP* 2002. IV. 2677.

4. Actuellement, 1 500 € (D. n° 2004-836, 20 août 2004). Ce montant a été successivement porté de 50 à 5 000 F en 1980, puis à 800 € en 2002.

54 ***2° Exceptions*** ◊ Parmi les finalités qui peuvent être assignées au formalisme figure en bonne place l'idée de protection. Il n'est pas étonnant que la « tentation du formalisme » se soit manifestée en matière de cautionnement.

La jurisprudence y a, pendant quelques années, succombé. De la combinaison de l'article 1326 relatif à la mention manuscrite avec l'article 2015 (aujourd'hui 2292) qui exige que l'engagement de la caution fût exprès, la Première Chambre civile de la Cour de cassation a cru pouvoir déduire, en 1984, que le cautionnement dépourvu de ladite mention ou revêtu d'une mention jugée insuffisante était nul. Ces dispositions, a-t-elle décidé, « ne sont pas de simples règles de preuve, mais ont pour finalité la protection de la caution ». À partir de 1989, la même formation de la haute juridiction, rejoignant la position de sa Chambre commerciale, a progressivement rétabli la fonction purement probatoire de la mention manuscrite prescrite par l'article 1326, dont l'absence ou l'insuffisance ne remet pas en cause la validité de l'acte, qui conserve au moins valeur de commencement de preuve par écrit [1]. L'exigence de la mention manuscrite n'est donc pas incompatible, en définitive, avec le caractère consensuel.

Les seules véritables exceptions résultent d'interventions législatives. Elles sont cependant importantes, singulièrement la dernière en date, qui réduit considérablement la portée du droit commun constitué par l'article 1326.

55 ***a) Crédit à la consommation et crédit immobilier*** ◊ Une première exception est en quelque sorte incidente. Une loi du 23 juin 1989 a étendu à la caution l'obligation faite au créancier de notifier l'offre préalable de prêt, notification qui fait courir un délai de réflexion de 10 jours (C. consom., art. L. 312-7 s.). La sanction n'est cependant pas la nullité, mais la déchéance des intérêts (*ibid.*, art. L. 312-33. V. aussi *infra* n° 116). La seconde exception, plus lourde, résulte de la loi « Neiertz » du 31 décembre 1989 (C. consom., art. L. 313-7 et L. 313-8). Elle impose à peine de nullité [2], s'agissant du cautionnement par acte sous seing privé des mêmes opérations de crédit souscrit par des personnes physiques, la reproduction dans l'acte de mentions manuscrites précises dont elle prescrit impérativement la formulation (*infra* n° 117). L'adoption de ce dispositif a sans nul doute été inspirée par la jurisprudence précitée, qui avait fait de la mention manuscrite une condition de validité du cautionnement, mais elle est intervenue au moment, précisément, où la Cour de cassation abandonnait cette position.

56 ***b) Baux d'habitation*** ◊ La loi du 21 juillet 1994 relative à l'habitat, procédant par adjonction à la loi du 6 juillet 1989 *« tendant à améliorer les rapports locatifs »*

---

1. Cette évolution sera exposée dans le cadre de l'étude du rôle de l'article 1326, *infra* n°s 135 s.

2. Le caractère relatif ou absolu de cette nullité, se traduisant par la possibilité ou non d'une confirmation, divise la jurisprudence. V. *infra* n° 117.

(art. 22-1, al. 3) [1], impose pareillement à la caution, « *à peine de nullité* [2] *du cautionnement* », de faire précéder sa signature de « *la reproduction manuscrite du montant du loyer et des conditions de sa révision tels qu'ils figurent au contrat de location, de la mention manuscrite exprimant de façon explicite et non équivoque la connaissance qu'elle a de la nature et de l'étendue de l'obligation qu'elle contracte et de la reproduction manuscrite de l'alinéa précédent* » [3]. Sous la même sanction, un exemplaire du contrat de location doit être remis à la caution [4].

La disposition devant être reproduite de la main de la caution est la suivante : « *Lorsque le cautionnement d'obligations résultant d'un contrat de location conclu en application du présent titre ne comporte aucune indication de durée* [5] *ou lorsque la durée est stipulée indéterminée, la caution peut le résilier unilatéralement. La résiliation prend effet au terme du contrat de location, qu'il s'agisse du contrat initial ou d'un contrat reconduit ou renouvelé, au cours duquel le bailleur reçoit notification de la résiliation* ».

La raison aurait voulu que la reproduction manuscrite de la formule ne fût imposée que si le cautionnement est souscrit sans limitation de sa durée, puisqu'elle est dépourvue de sens si le cautionnement a été inscrit dans une durée déterminée (cautionnement pour la durée du bail ou pour un nombre limité de périodes de renouvellement) [6]. C'est pourtant la solution contraire qu'a retenue la Cour de cassation [7].

---

1. Les alinéas 1 et 2 de l'article 22-1 interdisent le cumul du cautionnement et d'une assurance du risque locatif, sauf si le locataire est un étudiant ou un apprenti (al. 1er) et en limitent la licéité si le bailleur est une personne morale autre qu'une SCI familiale (al. 2).

2. La même incertitude a cours au sujet du caractère absolu ou relatif de cette nullité . Dans le sens de la nullité relative, Paris, 19 mars 1999, *JurisData* n° 022776, *Loyers et copr.* juill.-août 2000, n° 160, obs. Vial-Pedroletti. En sens contraire, Poitiers, 17 oct. 2000, *JurisData* n° 161135, *Loyers et copr.* mai 2002, n° 111 ; Grenoble, 15 janv. 2003 : *JurisData* n° 234885, Paris, 29 janv. 2008, *JurisData* n° 367478, qui exclut toute ratification. Le fait que le juge puisse la soulever d'office (C. consom., art. L. 141-4) ne paraît pas en soi exclusif de la qualification de nullité relative.

3. V. F. Magnin, « Une page d'écriture pour la caution », *LPA* 5 oct. 1994, p. 28 ; B. Wertenschlag, « Le cautionnement des dettes du locataire d'habitation après la loi n° 94-624 du 21 juillet 1994 », *JCP* N 1994. Prat. 3101. Sous réserve de la reproduction manuscrite du texte légal, la formulation de la mention manuscrite n'est pas, cette fois, imposée. Il faut seulement que la mention écrite de la main de la caution indique le montant du loyer (sans qu'il soit précisé, curieusement, que ce montant doit être porté en chiffres et/ou en lettres), ainsi que les conditions de sa révision.

4. V. Poitiers, 19 mai 2010, *JurisData* n° 021368 ; Paris, 20 mai 2010, *JurisData* n° 011288. Ces arrêts décident que l'affirmation par la caution de sa connaissance des clauses du bail ne peut suppléer la remise d'un exemplaire du bail.

5. La possibilité de résilier le cautionnement qui ne porte « *aucune indication de durée* » est étonnante. Le bail régi par la loi du 6 juillet 1989 étant toujours à durée déterminée (3 ou 6 ans), le cautionnement pur et simple de ce bail (sans indication de durée) a nécessairement le même caractère. Mais il ne devrait couvrir que le bail initial, puisque, selon la jurisprudence, le bail renouvelé ou tacitement reconduit est un nouveau bail (très clairement en ce sens, Civ. 1re, 4 oct. 2000, *Bull. civ.* I, n° 234, *D.* 2000. IR 265, *RD banc. fin.* 2000, n° 219, obs. Legeais. V. aussi *infra* n° 88). Le texte n'a de sens que si l'on admet que le cautionnement sans indication de durée est implicitement traité, en la matière, comme couvrant pour une durée indéterminée les renouvellements ou reconductions (v. Civ. 3e, 13 juill. 2005, *Bull. civ.* III, n° 157, *JCP* 2005. I. 185, n° 4, obs. Simler, *D.* 2005. IR 2103, *Defrénois* 2005. 38301, obs. Libchaber).

6. En ce sens, Paris, 19 janv. 2001, *JurisData* n° 139822, *Loyers et copr.* déc. 2001, n° 280 ; Douai, 24 janv. 2002, *JurisData* n° 191992. Constitue un cautionnement à durée indéterminée celui consenti pour la durée du bail et ses renouvellements, sans que le nombre de ceux-ci soit précisé : Orléans, 7 janv. 2002, *JurisData* n° 186746.

7. Civ. 3e, 27 sept. 2006, *Bull. civ.* III, n° 187, *JCP* 2006. I. 195, n° 2, obs. Simler, et II. 10197, note Bazin, *D.* 2006. IR 2415 ; Civ. 3e, 14 sept. 2010, *JCP* 2011. Chron. 226, n° 4, obs. Simler,

Contrairement à d'autres textes prescrivant à peine de nullité des mentions manuscrites (*supra* n° 55 et *infra* n° 57), l'article 22-1 de la loi du 6 juillet 1989 ne limite pas expressément cette exigence aux actes sous seing privé. Ce silence a été une source supplémentaire d'embarras pour les tribunaux, dont les positions ont été partagées [1], avant que la Cour de cassation ne se prononce, en définitive, dans le sens de la dispense de mention manuscrite lorsque le cautionnement du bail figure dans un acte authentique [2]. Le débat a été clos par voie législative, la loi n° 2011-331 du 28 mars 2011 ayant dispensé de mention manuscrite tant l'acte d'avocat (L. 31 déc. 1971, art. 66-3-3 nouv.) que l'acte notarié (C. civ., art. 1317-1 nouv.).

S'est enfin posée la question de savoir si la nullité était encourue pour quelque imperfection que ce soit de la mention manuscrite ou si, pour éviter des contestations de mauvaise foi de la validité des engagements, il n'y avait pas lieu d'exiger que l'irrégularité fasse grief au demandeur. Diverses juridictions du fond se sont prononcées dans ce dernier sens [3]. La Cour de cassation a au contraire formellement condamné la subordination de la nullité à la justification d'un grief [4].

57 ***c) Tout cautionnement souscrit par une personne physique envers un créancier professionnel*** ◊ La loi n° 2003-721 du 1er août 2003, *« pour l'initiative économique »*, a inscrit diverses dispositions nouvelles relatives au cautionnement dans le Code de la consommation, dont les articles L. 341-2 et L. 341-3, qui étendent à *« toute personne physique qui s'engage par acte sous seing privé en qualité de caution envers un créancier professionnel »* l'obligation d'assortir son engagement, à peine de nullité, des mêmes mentions manuscrites que les articles L. 313-7 et L. 313-8 précités imposent en matière de crédit à la consommation (*supra, a*). L'application littérale de ces textes, notamment aux dirigeants et associés, cautions de leur société, ne laisse au droit commun de l'article 1326 qu'un rôle marginal en matière de cautionnement, étant précisé que les cautionnements

---

Loyers et copr. nov. 2010, n° 279, obs. Vial-Pedroletti, *RD banc. fin.* 2010, n° 211, obs. Legeais. Sont censurés pour violation de l'article 22-1 des arrêts ayant jugé que la reproduction de l'aliné 2 n'était requise qu'en cas de cautionnement à durée indéterminée. Ont au contraire statué dans le même sens que la Cour de cassation, Paris, 20 sept. 2001, *JurisData* n° 155972, *Loyers et copr.* févr. 2002, n° 28 ; Paris, 31 janv. 2006, *JurisData* n° 292148 ; Chambéry, 29 mai 2007, *JurisData* n° 337216. V., sur la critique de l'article 22-1 de la loi du 6 juillet 1989, Ph. Simler, « Un peu de formalisme protège, trop de formalisme opprime et spolie », *Mélanges Wiederkehr*, Dalloz 2009, p. 753.

1. V. dans le sens de l'exigence de la mention manuscrite, Aix-en-Provence, 7 févr. 2001, *Bull. arrêts Aix* 2001. 199 ; TGI Grenoble, 8 janv. 2002, rapporté par Dagot, Mention manuscrite dans un acte notarié, *JCP* N 2003. 1213. En sens contraire, Grenoble, 23 oct. 2006, *JurisData* n° 322596, *Loyers et copr.* 2007, n° 50, obs. Vial-Pedroletti. V. aussi S. Raby, « La mention manuscrite et le cautionnement notarié », *JCP* N 2004. 1940, spéc. n° 17 s.

2. Civ. 3e, 9 juill. 2008, *Bull. civ.* III, n° 124, *D.* 2008. Act. 2079, obs. Rouquet, *JCP* 2008. II. 10174, note Perruchot-Triboulet, *RTD civ.* 2008. 698, obs. Crocq.

3. Versailles, 22 déc. 2000, *D.* 2002. Somm. 1724 ; Montpellier, 7 déc. 2004, *JurisData* n° 267874, qui refuse de prononcer la nullité du cautionnement formellement irrégulier, souscrit par le père du locataire, qui avait paraphé toutes les pages du bail et s'était ensuite engagé à payer des loyers échus ; Lyon, 14 juin 2005, *JurisData* n° 278363 ; *Loyers et copr.* nov. 2005, n° 197 ; Grenoble, 15 avr. 2006, *JurisData* n° 309657, *JCP* 2006. IV. 3320.

4. Civ. 3e, 8 mars 2006, *Bull. civ.* III, n° 59 ; *JCP* 2006. I. 195, n° 3, obs. Simler, et II. 10131, note Bazin, *D.* 2006. IR 808, obs. Rouquet, *CCC* juill. 2006, obs. Leveneur, *RDC* 2006. 749, obs. Lardeux, *RTD civ.* 2006. 797, obs. Crocq. La cour de renvoi s'est inclinée : Montpellier, 17 avr. 2007, *JurisData* n° 336194. V. dans le même sens, Paris, 29 janv. 2008, *JurisData* n° 367478 ; Lyon, 10 mars 2009 : *JurisData* n° 002982.

souscrits par des commerçants y échappent également, par application de l'article L. 110-3 du Code de commerce (*infra* n° 147).

C. Caractère unilatéral

58 ***Principe*** ◊ Le contrat de cautionnement *stricto sensu* ne comporte généralement d'engagement que de la part de la caution. Son cocontractant, le créancier, se contente d'accepter la garantie consentie. Cette acceptation est cependant nécessaire : le cautionnement est bien un contrat et non un acte juridique unilatéral [1].

D'autres engagements existent, à l'évidence, dans le cadre de l'opération triangulaire dans laquelle s'inscrit le cautionnement. Mais il faut ici s'en tenir au lien contractuel entre le créancier et la caution. Ainsi, le fait que la caution perçoive, le cas échéant, une rémunération du débiteur n'enlève pas à son engagement envers le créancier son caractère unilatéral. Ce caractère n'est pas davantage remis en cause par les obligations que la loi impose au créancier envers la caution, en particulier les obligations d'information (*infra* n° 59).

Deux conséquences importantes en découlent : le contrat de cautionnement n'est pas astreint à la formalité probatoire dite « du double » prescrite par l'article 1325 pour les contrats synallagmatiques [2] ; il doit comporter, en revanche, la mention manuscrite du montant de l'engagement en chiffres et en lettres prévue à l'article 1326 pour les actes par lesquels *« une seule partie s'engage envers une autre à lui payer une somme d'argent »* (*infra* n°s 135 s.), à moins qu'il soit soumis à l'une des mentions manuscrites imposées à peine de nullité évoquées ci-dessus.

59 ***Exceptions*** ◊ Contrairement au caractère accessoire, le caractère unilatéral n'est pas de l'essence du cautionnement. Les exceptions sont cependant rares.

Diverses dispositions législatives, tantôt anciennes, tantôt plus récentes, ont pu faire douter du caractère unilatéral [3]. L'article 2314 (anc. art. 2037) prescrit au créancier, sous peine de perdre le bénéfice de la garantie, de ne pas compromettre les autres droits ou sûretés qui peuvent profiter à la caution par voie de subrogation. Mais cette obligation purement négative,

---

1. V. Paris, 8 févr. 1994, *JurisData* n° 020742. V. aussi *infra* n° 83, et, sur l'acceptation tacite du créancier, *supra* n° 53.

2. Cette solution n'est pas sans inconvénients en la matière. L'unique original étant détenu par le créancier, la caution ne conserve aucune trace de son engagement. Or, on a pu constater chez les cautions une singulière faculté d'oubli. De plus, leurs héritiers n'ont souvent aucun moyen de connaître l'existence de tels engagements lors de l'ouverture de la succession (sur ce point, v. *infra* n° 258). Les obligations d'information mises à la charge des créanciers par divers textes (*infra* n°s 153 s.) portent partiellement remède à cette situation. Une recommandation de l'Association française des banques en date du 21 avril 1982 (*Banque* 1982. 703) préconise de remettre aux cautions une copie de leur engagement. V. aussi, sur la remise obligatoire à la caution d'un exemplaire du contrat de bail cautionné, *supra* n° 56.

3. V. M. Séjean, *La bilatéralisation du cautionnement*, thèse Evry 2009.

qui n'est pas inhérente au contrat de cautionnement (elle suppose qu'il existe d'autres sûretés) et qui ne confère aucun droit à la caution (aucune mesure d'exécution forcée n'est concevable) est sans incidence sur la nature unilatérale du cautionnement [1]. Elle n'exprime aucun engagement de la part du créancier et ne forme d'aucune manière une contrepartie de l'engagement de la caution. Elle constitue simplement une cause légale spécifique d'extinction du cautionnement (*infra* n°s 259 s.).

Les diverses obligations d'information que la loi impose aux créanciers (C. mon. fin., art. L. 313-22 ; C. civ., art. 2293, al. 2 ; C. consom., art. L. 341-6 : *infra* n°s 153 s.), ne sont pas davantage de nature à conférer un caractère synallagmatique au contrat [2]. Elles ne constituent pas une contrepartie de la garantie accordée. Elles ne sont pas, suivant une formule employée par la Cour de cassation dans un autre domaine, « régulièrement symétriques » à l'engagement de la caution [3].

Il peut exister, cependant, de véritables cautionnements synallagmatiques. Tel est le cas si le créancier prend envers la caution des engagements qui sont réellement la contrepartie de la garantie : réduction du montant de la dette ou du taux des intérêts, report de l'échéance, mainlevée d'une autre sûreté, engagement de veiller à l'affectation des fonds prêtés... [4]. Le caractère synallagmatique emporte alors les conséquences découlant de cette qualification : exigence de la formalité du double et dispense corrélative de la mention manuscrite de l'article 1326 (mais non de celles imposées à peine de nullité).

D. Caractère gratuit ou à titre onéreux ?

60 ***Incidence du rapport caution-débiteur ?*** ◊ Le débat relatif au caractère gratuit ou onéreux du cautionnement reste ouvert. Les rédacteurs du Code civil et la doctrine classique présentent le cautionnement comme un contrat à titre gratuit, puisqu'il est conçu comme un service gracieusement

1. En ce sens, Delebecque, *Rép. civ. Dalloz*, V° Cautionnement, n° 27 ; D. Martin, note préc., *Gaz. Pal.* 1973. 1. 143 ; A.-S. Barthez et D. Houtcieff, n° 39 s.

2. V. en ce sens, à propos d'une obligation conventionnelle d'information, Colmar, 20 févr. 2002, *JurisData* n° 188261, *JCP* 2002. IV0. 2974

3. Com., 24 avr. 1972, *JCP* 1972. II. 17144, note P.L. ; Com., 8 nov. 1972, *JCP* 1973. II. 17565, note Boccara. Ces arrêts se rapportent à la qualification de la promesse de vente avec clause de dédit.

4. Pour d'autres exemples, v. Req., 27 nov. 1906, *S.* 1908. 1. 171, *DP* 1909. 1. 48 ; Com., 22 févr. 1971, *Bull. civ.* IV, n° 51, *D.* 1971. Somm. 194 ; Civ. 1re, 15 févr. 1972, *Bull. civ.* I, n° 50, *RTD com.* 1973. 417, obs. Loussouarn ; Com., 13 févr. 1996, *Bull. civ.* IV, n° 53. Le cautionnement ne devient pas synallagmatique, à l'évidence, du seul fait qu'il est matériellement inclus dans le même acte instrumentaire que le contrat principal, fût-ce dans le corps même de l'acte (v. l'erreur commise par Paris, 25 mai 1990, *RD banc. et bourse* 1990. 243, obs. Contamine-Raynaud, qui écarte l'exigence de la mention manuscrite au motif que l'engagement de la caution figure dans une convention de transaction comportant des engagements réciproques).

rendu entre parents ou amis [1]. Seraient donc à titre onéreux, *a contrario*, les cautionnements consentis par des établissements financiers moyennant une rémunération ou ceux souscrits dans le cadre de relations d'affaires, par exemple par des fournisseurs en faveur de leurs clients [2].

Cette approche procède cependant d'une confusion entre le contrat de cautionnement et l'opération triangulaire dont il constitue un élément. S'il y a rémunération ou service gratuit, c'est dans les rapports entre la caution et le débiteur. Cette circonstance, indifférente au créancier, ne peut déterminer la qualification du contrat passé entre lui et la caution.

61 ***Contrat de cautionnement stricto sensu*** ◊ L'élimination du rapport caution – débiteur ne suffit pas pour clore le débat. Même au regard des seuls rapports entre la caution et le créancier, constitutifs du contrat de cautionnement proprement dit, les deux qualifications conservent des partisans.

Pour les uns, l'absence de contrepartie de l'engagement de la caution emporterait qualification d'acte à titre gratuit [3]. Peut être invoquée à l'appui de cette thèse une jurisprudence qui, sous l'empire de la loi du 13 juillet 1967, déclarait inopposable à la masse, sous la qualification d'acte à titre gratuit, le cautionnement consenti pendant la période suspecte [4].

D'autres soulignent que l'absence de contrepartie est le signe du caractère unilatéral du contrat, non de son caractère gratuit, qui implique, sinon l'existence d'une véritable libéralité, du moins celle d'un esprit de bienfaisance. Or, tel n'est pas le cas dans les rapports entre la caution et le créancier. N'étant pas à titre gratuit, l'acte ne peut être qu'à titre onéreux [5]. Ainsi, le cautionnement ne tombe-t-il pas sous le coup des dispositions de l'article 1422 du Code civil qui interdit à chacun des époux de disposer sans l'autre à titre gratuit des biens de la communauté [6].

---

1. V. par ex., Planiol, Ripert et Savatier, n° 1512 ; Marty, Raynaud et Jestaz, n° 570 ; Lamy *Droit des sûretés*, n°s 115.5 s. ; A.-S. Barthez et D. Houtcieff, n° 108 s.

2. Les « contrats de bière » constituent une illustration classique de cette hypothèse, le brasseur cautionnant un crédit fait au débitant en contrepartie d'un engagement de fourniture exclusive (v. par ex. Com., 23 mars 1993, *Bull. civ.* IV, n° 114).

3. V. Marty, Raynaud et Jeztaz, n° 570 ; Théry, n° 26 ; A.-S. Barthez et D. Houtcieff, n° 40.

4. V. Com., 12 juin 1963, *Bull. civ.* III, n° 298, *RTD com.* 1964. 159, obs. Houin ; Com., 21 déc. 1966, *Bull. civ.* III, n° 497, *RTD com.* 1967. 581, obs. Houin (pour un « cautionnement réel ») ; Com., 25 févr. 1986, *D.* 1986. IR 241, obs. Honorat, *Rev. sociétés* 1986. 286, note Honorat ; Com., 14 févr. 1989, motifs, *Bull. civ.* IV, n° 62, *D.* 1989. Somm. 295, obs. Aynès, *Rev. proc. coll.* 1989. 533, note Delebecque (qui retient, en l'espèce, la solution contraire en attribuant un caractère onéreux au cautionnement par le dirigeant de sa société). Depuis la loi du 25 janvier 1985, la sanction est la nullité (C. com., art. L. 632-1), mais la question demeure.

5. V. Mazeaud, Chabas et Picod, n° 14, qui se réfèrent à Pothier ; Steinmetz, note sous Civ. 1re, 21 nov. 1973, *D.* 1975. 549 ; M. Cabrillac, Ch. Mouly, S. Cabrillac et Ph. Pétel, n°s 79 ; Simler, n° 59. Certains échappent au dilemme en proposant de classer le cautionnement dans une improbable catégorie d'actes neutres (M. Rèmond-Gouilloud, « L'influence du rapport caution-débiteur sur le contrat de cautionnement », *JCP* 1977. I. 2850, n° 12 ; Malaurie, Aynès et Crocq, n° 227.

6. Civ. 1re, 21 nov. 1973, préc., *Bull. civ.* I, n° 318 ; Civ. 1re, 11 juill. 1978, *Bull. civ.* I, n° 264, *D.* 1979. IR 73, obs. D. Martin ; Civ. 1re, 27 janv. 1982, *Bull. civ.* I, n° 46, *D.* 1983. IR 189, obs. Vasseur ; Civ. 3e, 16 nov. 1988, *JCP* 1989. IV. 20 ; Paris, 27 juin 1989, *D.* 1989. IR 222. L'avènement de l'article 1415 du Code civil (réd. L. 23 déc. 1985) a emporté extinction de ce débat (*infra* n° 91).

Exceptionnellement, le cautionnement peut cependant être l'instrument d'une libéralité, soit à l'endroit du créancier, si la caution entend lui assurer, dans un esprit de bienfaisance, le recouvrement d'une créance irrécouvrable contre le principal débiteur [1], soit, plus plausiblement, à l'endroit du débiteur, par le biais d'une renonciation expresse ou tacite à tout recours contre lui [2].

§ 2. Variétés du cautionnement

A. Cautionnement conventionnel, légal ou judiciaire

62 ***Définitions*** ◊ Le cautionnement a été précédemment défini comme un **contrat entre la caution et le créancier**. Il peut donc paraître curieux de voir apparaître des variétés légale et judiciaire du cautionnement. Une précision terminologique permet de dissiper l'ambiguïté. Dans la trilogie présentée, les qualificatifs se rapportent non à l'obligation de la caution, mais au fait générateur du processus qui conduit à cet engagement et qui réside dans l'obligation garantie, donc dans la relation créancier-débiteur [3].

Le plus souvent, c'est dans un contexte contractuel et à la demande de son créancier que le débiteur doit fournir une caution. Ce cautionnement est dit **conventionnel**.

Parfois, c'est la loi qui impose la fourniture d'une caution, comme condition de l'obtention d'un droit ou d'un avantage, ou c'est le juge qui a le pouvoir de subordonner la satisfaction d'une demande à la fourniture d'une telle garantie. Le cautionnement est alors dit **légal** ou **judiciaire**.

---

1. V. Civ., 12 août 1872, *DP* 1873. 1. 15, *S.* 1872. 1. 325, et sur renvoi, Grenoble, 26 mars 1873, *DP* 1873. 5,. 356. Le cautionnement d'une donation a été qualifié de libéralité éventuelle envers le donataire, réductible pour atteinte à la réserve.

2. V. Civ. 1re, 12 mai 1982, *Bull. civ.* I, n° 173, *D.* 1983. 320, note Mestre, *JCP* 1983. II. 20060, note Aubertin, *Defrénois* 1983. 33027, note Aubert ; Civ. 1re, 17 nov. 1987, *Bull. civ.* I, n° 297, *D.* 1988. IR 275, obs. Aynès, *Defrénois* 1988. 34275 ; Paris, 15 févr. 1985, *D.* 1987. Somm. 120, obs. D. Martin, *Journ. not.* 1985. 58197, obs. A.R. ; Bordeaux, 26 févr. 2002, *JurisData* n° 172993, *JCP* 2002. I. 162, n° 1, obs. Simler, *Dr. fam.* févr. 2003, n° 17, obs. B.B., *RTD civ.* 2003. 64, obs. Hauser. V. aussi F.-X. Testu, “Le cautionnement-libéralité », *JCP* N 1988. I. 307, et G 1989. I. 3377. Une telle renonciation aux recours ne saurait cependant être présumée (en ce sens, très explicitement, en cas de communauté de vie entre caution et débiteur, Toulouse, 13 janv. 2000, *JurisData* n° 108285 ; Agen, 14 mai 2011, *JurisData* n° 008467, qui met à la charge du débiteur principal la preuve de l'intention libérale. *Contra*, sûrement à tort, pour le cautionnement entre successibles, Paris, 14 févr. 1997, *JurisData* n° 020283, *JCP* 1998. I. 103, n° 13, obs. Simler. Dans le même sens, Testu, art. préc., n° 19-20).

3. Sur la différence de signification de la trilogie pour les sûretés réelles et pour le cautionnement, v. *supra* n° 7.

Fait générateur mis à part, le processus suit, dans les trois hypothèses, le même cours : le débiteur doit trouver la caution et celle-ci doit s'engager envers le créancier. Le cautionnement proprement dit résulte donc toujours d'un contrat [1].

63 ***Applications*** ◊ **1° Le cautionnement conventionnel** est de très loin le plus important en pratique. Son rôle et ses principaux champs d'intervention ont été précédemment indiqués (*supra* n° 40). La diversité de ses applications est infinie, toute espèce d'obligation conventionnelle pouvant être garantie par une caution.

2° Le cautionnement légal suppose, par définition, une prescription de la loi et concerne, par conséquent, des cas limitativement déterminés. Ceux-ci sont, il est vrai, assez nombreux. On en trouve des illustrations dans le Code civil (art. 601, 626, 807, 1518, 1613, 1653, 1799-1, 2480-5°) et dans le Code de commerce (art. L. 511-33 et 511-34). Divers textes en matière fiscale ou douanière, de marchés publics, de sous-traitance prévoient la fourniture d'un cautionnement. On rappellera aussi que l'exercice de nombreuses professions impliquant la détention de fonds pour le compte des clients est subordonné à la fourniture d'une garantie financière, dont la qualification de cautionnement est cependant remise en cause (*supra* n° 40, *et infra* n°s 314 s.).

---

1. Dans diverses circonstances, la tentation a existé ou existe, en doctrine comme en jurisprudence, de qualifier cautionnements des obligations directement imposées par la loi à des débiteurs, qui constitueraient ainsi des cautionnements légaux au sens littéral du terme. Certains ont voulu expliquer naguère de cette manière la responsabilité du commettant du fait de ses préposés ou celle des associés indéfiniment responsables des dettes de leur société, analyses aujourd'hui obsolètes (V., condamnant cette qualification, à propos de l'application de l'article 1415 du Code civil, Civ. 1re, 17 janv. 2006, 2 arrêts, *Bull. civ.* I, n° 14 et 15, *JCP* 2006. I. 131, n° 2, obs. Simler). Cette qualification a également été appliquée à l'obligation de garantie pesant sur le locataire ayant cédé son bail (Soc., 17 mai 1957, *Bull. civ.* IV, n° 573 ; Civ. 3e, 14 nov. 1973, *Bull. civ.* III, n° 579, *Gaz. Pal.* 1974. 1. 275, *RTD civ.* 1974. 633, obs. Cornu ; Civ. 3e, 12 nov. 1974, *Bull. civ.* III, n° 408, *JCP* 1975. II. 18182, note Simler). D'autres arrêts retiennent la seule qualification orthodoxe, fondée sur la survie de l'obligation initiale à titre de coobligation principale sans intéressement à la dette (Paris, 1er mars 1990, *JCP* 1990. II. 21559, note Petit, *RTD civ.* 1990. 677, obs. Rémy ; Paris, 7 mai 1991, *D.* 1991. Somm. 362, obs. Rozès ; Paris, 14 sept. 1993, *JurisData* n° 022486 ; Paris, 13 juin 2001, *JurisData* n° 168863, *JCP* N 2002. 1196, note Djoudi). La qualification de cautionnement, contestable et inutile (à moins que le contrat de bail ne l'ait par avance retenue ou que le cédant ait expressément réitéré son obligation sous cette qualification : v. Com., 11 déc. 1990, *Bull. civ.* IV, n° 315, *D.* 1991. 584, note Bandrac, et somm. 382, obs. Aynès, *RTD com.* 1991. 568, obs. Pédamon), emporte des effets indésirables, tels que l'application des articles 1415 ou 2314. Une jurisprudence récente exonère totalement le cédant du bail à compter de la cession, solution qui supprime la difficulté (Civ. 3e, 12 juill. 1988, *Bull. civ.* III, n° 125, *RTD com.* 1988. 217, obs. Pédamon ; Civ. 3e, 15 janv. 1992, *Gaz. Pal.* 1992. 2. 654, note Barbier, *JCP* E 1993. I. 234, n° 18, obs. Izorche, *Gaz. Pal.* 1992. 2. 654, note Barbier. *Contra*, Com., 11 mai 1995, *Bull. civ.* III, n° 117, *JCP* 1995. IV. 1592, qui maintient que le preneur initial reste, en cas de cession du bail, débiteur solidaire des loyers). Le problème demeure, cependant, si le bail stipule expressément – clause qui tend à se généraliser – la survie des obligations du cédant (v. Ch. Gaudry, « La clause de solidarité entre preneur et cessionnaires successifs », *JCP* N 1999. 280.– V. par ex. Civ. 3e, 7 févr. 2007 : *D.* 2007. Act. 664, obs. Rouquet).

3° **Le cautionnement judiciaire** est, d'une certaine manière, une variante du cautionnement légal, puisque le juge n'a le pouvoir d'exiger la fourniture d'une caution que dans les cas où une disposition législative le lui octroie. Lorsque tel est le cas, la loi prescrit généralement la fourniture, non d'une caution, mais d'une sûreté, qui peut être réelle ou personnelle selon les possibilités du débiteur et l'appréciation du juge. À titre d'exemples, on citera la garantie pouvant être exigée du débiteur d'une prestation compensatoire sous forme de rente (C. civ., art. 277), des héritiers ayant demandé la conversion de l'usufruit du conjoint en rente viagère (C. civ., art. 760, al. 2) ou du bénéficiaire de l'exécution provisoire d'un jugement (C. pr. civ., art. 517 s.)...

64 ***Régime*** ◊ Les articles 2288 et suivants du Code civil constituent le droit commun du cautionnement, applicable aux trois variétés décrites. Cependant, le cautionnement conventionnel est quasiment toujours assorti de la clause de solidarité. Au contraire, celui que prévoit la loi ou que le juge peut exiger n'est, en règle générale, qu'un cautionnement simple, dont le bénéficiaire doit se contenter [1].

La caution offerte doit remplir des conditions particulières de solvabilité (art. 2317 : *infra* n°s 112 s.). L'article 2318 permet au débiteur qui n'est pas en mesure de fournir une caution remplissant ces conditions de « *donner à sa place un gage en nantissement suffisant* ». Ce texte fait l'objet d'une interprétation large : la caution bénéficie en fait d'une véritable option et peut fournir toute espèce de sûreté réelle.

L'article 2319, enfin, prive spécialement la caution judiciaire du bénéfice de discussion, ce qui la place dans une situation intermédiaire entre celles de la caution simple et de la caution solidaire.

B. Cautionnement simple et solidaire

65 ***Définitions. Renvoi*** ◊ L'importance pratique de la combinaison du cautionnement avec la solidarité qu'autorise de manière incidente l'article 2298 a déjà été soulignée. Les effets de l'engagement de la caution, du moins dans ses rapports avec le créancier, s'en trouvent sensiblement modifiés. C'est sous cette rubrique que le régime des deux sortes de cautionnements sera principalement exposé (*infra* n°s 139 s).

On indiquera seulement succinctement, à ce stade, que la caution simple peut opposer au créancier poursuivant, si certaines conditions sont réunies, les bénéfices de discussion et de division, de sorte qu'elle ne sera tenue de payer que si le principal débiteur ne le peut, et que, s'il y a plusieurs cautions, elle n'aura à payer que sa part dans la dette. Au contraire, la caution solidaire peut être poursuivie d'emblée par le créancier et pour l'intégralité de la dette.

---

1. Certains des textes récents prévoyant un tel cautionnement exigent cependant que l'engagement soit pris solidairement avec le débiteur (par ex., en matière de sous-traitance, L. 31 déc. 1975, art. 14).

Le cautionnement solidaire, dit l'article 2298, « *se règle par les principes qui ont été établis pour les dettes solidaires* ». Cette formule pourrait laisser croire que le cautionnement solidaire est soumis à tous égards au régime de la solidarité. Il n'en est rien. Un tel engagement reste, fondamentalement, un cautionnement [1]. L'article 2298 traite des seuls rapports entre la caution et le créancier, et même, plus précisément, du seul bénéfice de discussion. S'agissant des rapports entre la caution et le débiteur ou encore des rapports entre cofidéjusseurs, le régime est identique pour les deux variétés de cautionnements. Même dans les relations de la caution avec le créancier, les règles du cautionnement ne doivent être écartées que dans la stricte mesure où elles sont inconciliables avec le concept de solidarité. Ainsi, si les bénéfices de discussion et de division sont évincés, il n'en va pas de même pour le bénéfice de cession d'actions de l'article 2314. Alors que l'obligation du codébiteur solidaire est une obligation principale, celle de la caution solidaire conserve son caractère accessoire. Ainsi peut-elle opposer au créancier les mêmes exceptions que la caution simple. Mais il est vrai que les évolutions récentes relativement à l'opposabilité des exceptions tendent à un rapprochement contestable entre les deux positions (*supra* n°s 47 s.). Divers autres points ont donné lieu à discussion (v. *infra* n°s 172, 236, 250).

L'emprise de la solidarité peut, par ailleurs, être, en la matière, à géométrie variable. L'hypothèse type est celle où une ou plusieurs cautions s'obligent solidairement avec le débiteur principal et entre elles. Mais il se peut aussi que plusieurs cautions soient tenues solidairement avec le débiteur, mais non entre elles, ou, au contraire, soient obligées solidairement entre elles, mais sans solidarité avec le débiteur (v. *infra* n° 195 s.).

Comme le cautionnement lui-même, la solidarité ne se présume pas (art. 1202 : *infra* n° 133). Souscrite par une personne physique envers un créancier professionnel, la clause de solidarité doit même faire l'objet, si elle figure dans un acte sous seing privé, d'une mention manuscrite précise, sous peine de nullité (*infra* n° 117). Elle doit en outre, même si elle est souscrite par acte notarié, être limitée « *à un montant global, expressément et contractuellement déterminé, incluant le principal, les intérêts, les frais et les accessoires* » (L. 11 févr. 1994, art. 47-II, al. 1er ; C. consom., art. L. 341-5. V. *infra* n° 123). Seul le cautionnement consenti par une personne morale pourrait donc, aujourd'hui, être à la fois solidaire et illimité, ce qui n'est quasiment jamais le cas.

C. Cautionnement civil et commercial

66 ***1° Intérêts de la distinction*** ◇ Il n'existe pas, à proprement parler, un cautionnement commercial qui soit différent du cautionnement civil.

---

1. V. Req., 19 févr. 1908, *S.* 1911. 1. 529, note Wahl. L'arrêt décide que la stipulation de solidarité « ne change pas la nature du cautionnement, mais modifie seulement certains de ses effets ». V. égal. Civ. 1re, 1er juin 1983, *Bull. civ.* I, n° 165, *D.* 1984. 152, note Aubert, *Rev. sociétés* 1983. 587, note Jeantin, *RTD civ.* 1984. 330, obs. Rémy.

Aucun texte ne formule des prescriptions qui seraient propres au cautionnement commercial. Mais, comme d'autres contrats, le cautionnement prend, lorsqu'il s'inscrit dans le cadre des relations d'affaires, la nature d'opération commerciale. De cette qualification découle l'application d'un ensemble de règles qui donnent à un tel cautionnement une physionomie particulière :

- il relève de la **compétence** du tribunal de commerce et non plus du tribunal civil [1] ;
- il était soumis, naguère, au **délai de prescription** propre au droit commercial (C. com., art. L. 110-4 : *infra* n° 249), mais qui est, depuis la loi du 17 juin 2008, le même en matière civile et en matière commerciale ;
- il devrait être de plein droit **solidaire**, en vertu de la présomption coutumière de solidarité en matière commerciale (*infra* n° 133) ; mais les dispositions protectrices citées ci-dessus (*supra* n° 65) privent de portée concrète cette présomption en matière de cautionnement ;
- il peut être assorti d'une **clause compromissoire**, qui, il est vrai, est à présent valable, aux termes de l'article 2061 du Code civil dans sa rédaction issue de la loi du 15 mai 2001, non plus seulement, comme auparavant, dans les actes de commerce, entre toutes personnes, mais dans tous les *« contrats conclu à raison d'une activité professionnelle »* ;
- il peut faire l'objet d'une **clause attributive de compétence *ratione materiae***, valable dans les actes de commerce, mais aussi dans les actes mixtes.

Il faut cependant préciser que l'application de certaines règles du droit commercial requiert, outre la qualification d'acte de commerce, que les parties à l'acte aient la qualité de commerçant. Ainsi :

- le traditionnel principe de la **liberté de la preuve** en droit commercial ne s'applique qu'*« à l'égard des commerçants »* (C. com., art. L. 110-3 : *infra* n° 147) ; mais l'exigence par les articles du Code de la consommation de mentions manuscrites précises pour tout cautionnement sous seing privé souscrit par une personne physique, même commerçante, envers un créancier professionnel évince très largement le principe de liberté de la preuve en la matière ;
- la **clause attributive de compétence territoriale**, contrairement à celle relative à compétence matérielle, n'est valable, en droit interne, qu'entre parties *« ayant toutes contracté en qualité de commerçant »* (C. pr. civ., art. 48) [2].

Le critère de la « commercialité » du cautionnement est tel que l'engagement peut répondre à cette qualification sans que la caution soit

1. COJ, art. L. 411-4, 3° (L. 15 mai 2001, art. 127-1), donnant compétence aux tribunaux de commerce pour les *« actes de commerce entre toutes personnes »*.

2. V. par ex., Com., 25 mars 1997, *Bull. civ.* IV, n° 79, CCC 1997, n° 94, obs. Leveneur ; Paris, 14 févr. 2001, *JurisData* n° 142772, *RJDA* 2001. 812. Il en va différemment si le contrat de cautionnement est international (v. par ex. Civ. 1re, 4 déc. 1990, *Bull. civ.* I, n° 273, *D.* 1992. Somm. 244, obs. Vasseur, *Rev. crit. DIP.* 1991. 613, note Gaudemet-Tallon).

commerçante. Il y a donc deux degrés dans la « commercialité », un cautionnement pouvant être un acte de commerce sans être soumis aux règles du droit applicables aux seuls commerçants. Inversement, d'ailleurs, un cautionnement souscrit par une caution commerçante envers un créancier commerçant peut ne pas être un acte de commerce si l'acte est étranger à leur activité commerciale respective [1]. L'importance de ces différences de régime oblige à préciser les critères de la distinction.

67 ***2° Critères de la « commercialité » du cautionnement*** ◊ La jurisprudence se fonde traditionnellement sur un critère subjectif pour conférer au cautionnement, le cas échéant, un caractère commercial. Il existe cependant aussi des hypothèses où le cautionnement est de plein droit commercial. La notion d'acte mixte trouve également application en la matière.

68 ***Critère subjectif*** ◊ Fidèle à la perception du cautionnement qui était celle des rédacteurs du Code civil - service gratuitement rendu entre parents ou amis - la jurisprudence affirme que le cautionnement est par nature un acte civil. Il en est ainsi même si l'opération principale est commerciale et si les parties à l'acte ont toutes deux la qualité de commerçant [2]. La stipulation d'une rémunération de la caution ou son absence sont pareillement indifférentes.

Cependant, si l'opération principale est commerciale et si la caution y trouve un **intérêt patrimonial**, le cautionnement est lui-même considéré comme commercial, indépendamment de la qualité de la personne qui l'a souscrit. Le critère est donc bien de nature subjective, puisqu'il réside dans le but intéressé ou désintéressé poursuivi par la caution.

Est ainsi certainement commercial le cautionnement consenti par un commerçant au bénéfice d'un autre commerçant dans l'intérêt de ses propres affaires, par exemple par un fabricant ou grossiste pour un commerçant détaillant [3].

A également été jugé commercial le cautionnement souscrit par un salarié pour son employeur menacé de faillite, afin de préserver son emploi [4] ou par un futur directeur technique pour l'entreprise qui allait l'embaucher [5].

C'est cependant l'hypothèse des dirigeants et associés, cautions de leur société, qui a donné lieu au contentieux le plus abondant. Le cautionnement

---

1. V. Paris, 22 janv. 1991, *D.* 1991. IR 64.
2. V. Req., 21 mai 1906, *DP* 1907. 1. 90, rapp. Marignan, *S.* 1906. 1. 433, note Lyon-Caen ; Civ., 25 oct. 1921, *DP* 1925. 1. 95, *S.* 1922. 1. 278 ; Paris, 19 nov. 1979, *Gaz. Pal.* 1981. 1. Somm. 83. V. aussi Com., 23 févr. 1988, *Bull. civ.* IV, n° 78, *JCP* 1988. IV. 162 ; Com., 19 janv. 1993, *Bull. civ.* IV, n° 21, *D.* 1993. IR 36.
3. Com., 5 déc. 1967, *Bull. civ.* III, n° 403 ; Com., 11 oct. 1978, *Bull. civ.* IV, n° 223, *JCP* 1979.II. 19034, 1re esp. *A contrario*, Com., 12 mai 1998, *Bull. civ.* IV, n° 150, *JCP E* 1998. 1970, note Leveneur.
4. Lyon, 27 juin 1931, *DH* 1931. 531.
5. Com., 19 avr. 1983, *Bull. civ.* IV, n° 119, *JCP* 1983. IV. 197.

souscrit par les **dirigeants** est très généralement considéré comme commercial, au motif qu'ils trouvent un intérêt patrimonial personnel dans la bonne marche de leur société [1]. Les dirigeants de fait sont traités de la même manière que les dirigeants de droit [2]. La jurisprudence est plus hésitante lorsque la caution n'occupe que des fonctions subordonnées de direction technique [3] ou lorsqu'elle est simple **associée** dans la société débitrice [4].

Au contraire, le cautionnement par un **époux** de son conjoint commerçant à l'occasion d'une opération commerciale est habituellement considéré comme civil, son intérêt étant réputé plus moral que patrimonial [5].

---

1. V., par ex. Com., 4 oct. 1982, *Bull. civ.* IV, n° 289, *D.* 1982. IR 536 ; Com., 2 oct. 1985, *Bull. civ.* IV, n° 227 ; Com., 29 janv. 1991, *Bull. civ.* IV, n° 42, *D.* 1991. Somm. 383, obs. Aynès, *RTD civ.* 1991. 568, obs. Bandrac ; Com., 21 févr. 2006 : *JCP* 2006. I. 131, n° 3, obs. Simler ; *RJDA* 2006. 701 ; Paris, 3 mars 1995, *D.* 1995. IR 142 ; Paris, 11 févr. 1998, *JurisData* n° 020440, *JCP* 1998. I. 149, n° 3. Le doute est légitime pour le président ou les membres du conseil de surveillance, qui ne sont pas réellement dirigeants (en faveur du caractère civil, Rennes, 15 mai 1991, *RD banc. et bourse* 1992. 80, obs. Contamine-Raynaud), ou encore pour des dirigeants en titre qui n'exercent pas réellement le pouvoir (v. pour un simple administrateur, Grenoble, 12 févr. 2009, *JurisData* n° 003722, *JCP* 2009. Chron. 492, n° 1, obs. Simler). Certaines décisions ont exigé que l'intérêt personnel ait été déterminant ou direct, sans que l'on puisse mesurer l'incidence réelle de cette condition supplémentaire (Com., 24 nov. 1966, *D.* 1967. 65, *Banque* 1967. 271, obs. X. Marin ; Paris, 8 juin 1988, *D.* 1988. IR 225). D'autres, franchement dissidentes, refusent la qualification d'acte de commerce de tels cautionnements au motif que les dirigeants ne sont pas commerçants (Versailles, 15 déc. 1989, *RTD civ.*1990. 123, obs. Bandrac ; Versailles, 28 juin 1990, *D.* 1991. Somm. 386, obs. Aynès ; Versailles, 12 juill. 1991, *D.* 1991. IR 217 ; Paris, 25 sept. 1991, *RD banc. et bourse* 1992. 81, obs. Contamine-raynaud). Cette solution est clairement condamnée par la Cour de cassation, qui a cassé l'arrêt de Versailles 28 juin 1990, préc. : Com., 16 mars 1993, *Bull. civ.* IV, n° 110, *D.* 1993. IR 143, *RTD com.* 1993. 485, obs. Derruppé.
2. V. Com., 4 juin 1973, *Bull. civ.* IV, n° 191, *D.* 1973. Somm. 129 ; Paris, 28 avr. 1987, *D.* 1987. IR 128 ; Riom, 21 juin 1989, *JCP* 1989. IV. 425, *RTD civ.* 1990, p. 124, obs. Bandrac, *RDI* 1990. 110, obs. Delebecque ; Paris, 22 avr. 1992, *JCP E* 1992. Pan. 1017. *Contra*, Paris, 10 févr. 1993, *JCP* 1995. II. 22438, note Guez, qui juge que la qualité de dirigeant de fait ne suffit pas à établir l'intérêt personnel déterminant de la caution.
3. Dans le sens du caractère commercial, Com., 8 déc. 1981, *Bull. civ.* IV, n° 428, *JCP* 1982. IV. 83. En sens contraire, Civ. 1re, 17 mai 1982, *Bull. civ.* I, n° 182, *JCP* 1982. IV. 264.
4. Le plus souvent, la jurisprudence estimait la seule qualité d'associé insuffisante pour conférer un caractère commercial au cautionnement (Com., 10 févr. 1971, *Bull. civ.* IV, n° 41, *D.* 1971. 605, note Contin et Hovasse ; Civ. 1re, 15 juill. 1981, *Bull. civ.* I, n° 255, *D.* 1981. IR 469 ; Paris, 10 déc. 1971, *Gaz. Pal.* 1972. 1. 218, *RTD com.* 1972. 328, obs. Jauffret ; Toulouse, 29 avr. 1992, *JCP* 1992. IV. 3111 ; Paris, 25 janv. 1995, *D.* 1995. IR 80 ; Aix-en-Provence, 17 sept. 1999, *JurisData* n° 101533 ; Paris, 25 oct. 2002, *JurisData* n° 194936.). Une solution différente est parfois retenue en cas de cumul de la qualité d'associé avec une fonction de direction commerciale ou technique (Com., 8 déc. 1981 : *Bull. civ.* IV, n° 428 ; *JCP* 1982. IV. 83 ; Lyon, 27 mai 1994, *JurisData* n° 046124), avec la qualité de fondateur (Bourges, 19 mars 2009, *JurisData* n° 377834, *JCP* 2009. Chron. 492, n° 1. *Contra*, Douai, 20 mai 2010, *JurisData* n° 015062) ou avec celle de conjoint, partenaire ou concubin du dirigeant (Com., 11 juin 1976 : *Bull. civ.* IV, n° 193 ; *D.* 1976. IR 257 ; Montpellier, 28 avr. 2009, *JurisData* n° 010321, *JCP* 2009, *ibid.- Contra*, Civ. 1re, 9 déc. 1992 : *Bull. civ.* I, n° 306 ; *D.* 1993. Somm. 311, obs. Aynès), ou encore en raison de l'importance de la participation au capital (Dijon, 14 févr. 1997 : *JurisData* n° 043272).
5. Com., 23 févr. 1988, *Bull. civ.* IV, n° 78, *JCP* 1988. IV. 162 ; Com., 2 mars 2010, *JurisData* n° 001151 ; Amiens, 13 juin 1961, *D.* 1962. Somm. 57 ; Paris, 13 juin 1991, *D.* 1991. Somm. 386, obs. Aynès. *Contra*, cependant, Nancy, 27 nov. 1997, *JurisData* n° 048704, *JCP* 1998. I. 143, n° 3, obs. Simler ; pour le concubine d'un dirigeant ; Paris, 12 déc. 2001 : *JurisData* n° 174015 ; pour une épouse séparée de biens, Montpellier, 23 mars 2004 : *JurisData* n° 244689.

Plusieurs arrêts précisent opportunément que le caractère commercial du cautionnement n'emporte pas qualité de commerçant pour la caution. Ne sont donc pas applicables à un tel engagement les règles du droit commercial subordonnées à l'existence de cette qualité, en particulier celle de la liberté de la preuve (*supra* n° 66 *et infra* n° 147).

Hormis pour les dirigeants, de droit ou de fait, le critère subjectif de l'intérêt patrimonial paraît insaisissable, au vu des hésitations et divergences observées en jurisprudence. Les intérêts poursuivis, à supposer qu'ils puissent toujours être décelés, sont souvent divers. L'appréciation par le juge est donc aléatoire, sinon arbitraire, notamment dans le cas du cautionnement par un associé ou par un conjoint. Le créancier, auquel l'intérêt de la caution est étranger, se voit fréquemment opposer de manière dilatoire l'exception d'incompétence, quel que soit le tribunal saisi. Le cas échéant, il doit poursuivre devant des juridictions différentes le débiteur et la caution, voire les cautions s'il y en a plusieurs [1]. Une solution uniforme, selon laquelle la qualification serait empruntée à l'obligation principale et qui pourrait être rattachée au caractère accessoire du cautionnement, supprimerait d'inutiles sources de contentieux.

69 ***Critères objectifs*** ◊ Dans diverses hypothèses, le cautionnement est de plein droit commercial.

Tel est le cas, d'abord, du cautionnement souscrit par les établissements financiers. Opération de crédit clairement identifiée comme telle par la loi bancaire du 24 janvier 1984 (C. mon. fin., art. L. 313-1), le cautionnement constitue une opération de banque, commerciale **par son objet** dès lors qu'elle est pratiquée à titre habituel.

Lorsque la caution est une société commerciale **par sa forme** - société en nom collectif, en commandite simple, à responsabilité limitée ou par actions (C. com., art. L. 210-1) - son engagement est nécessairement commercial.

Est également commercial par sa forme, enfin, l'**aval** des effets de commerce, forme cambiaire du cautionnement [2].

---

1. V. Paris, 13 juin 1991, préc. ; Paris, 1er déc. 1999, *JurisData* n° 105117, *Bull. Joly* 2000. 392, note Le Cannu, qui juge indifférent que les deux engagements de caution du gérant et de son conjoint aient figuré dans le même acte et écarte l'argument tiré de l'intérêt d'une bonne administration de la justice.

2. La qualification de cautionnement de l'aval a été quelquefois contestée en doctrine et en jurisprudence (Paris, 31 oct. 1950, *Gaz. Pal.* 1951. 1. 14, *RTD com.* 1951. 96, obs. Becque et Cabrillac ; Montpellier, 1er févr. 1954, *JCP* 1955. II. 8469, note Roblot. V. encore Douai, 7 juill. 1994, *JCP* 1994. I. 3807, n° 3, qui nie la qualification de cautionnement pour justifier le refus d'appliquer l'article 1415 du Code civil). La Cour de cassation a au contraire réaffirmé cette qualification (Com., 28 oct. 1952, *Bull. civ.* III, n° 324 ; Com., 11 mai 1981, *Bull. civ.* IV, n° 215. V. aussi Besançon, 13 févr. 1974, *D.* 1975. 230, note Crionnet, *RTD com.* 1975. 331, obs. Cabrillac et Rives-Lange ; Paris, 11 juin 1999, *RJDA* 1999. 1100 ; Sigalas, *Le cautionnement solidaire en matière civile, commerciale et cambiaire*, thèse Aix-en-Provence 1959, nos 135 s. ; Montout-Roussy, « La situation juridique ambiguë du donneur d'aval », *D.* 1974. Chron. 197). Ainsi a-t-elle reconnu au donneur d'aval, qualifié de caution solidaire, le bénéfice de l'extinction de la

70 ***Application de la théorie des actes mixtes*** ◊ Lorsque le cautionnement n'est pas commercial en vertu de l'un des critères ci-dessus exposés, il se peut néanmoins que le créancier ou la caution ait la qualité de commerçant. Le cautionnement répond alors à la qualification d'acte mixte, auquel sont appliquées distributivement les règles du droit civil et du droit commercial [1]. Ainsi, la compétence matérielle du tribunal et le régime de la preuve seront fonction de la qualité du défendeur. En revanche, si l'acte est mixte, toute clause relative à la compétence territoriale (C. pr. civ., art. 48) ou toute clause compromissoire, si elle n'est pas afférente à un contrat conclu « *à raison d'une activité professionnelle* » (C. civ., art. 2061), est nulle et la prescription était celle, abrégée, du droit commercial (C. com., art. L. 110-4), avant l'alignement des délais par la loi du 17 juin 2008.

D. Existe-t-il un concept de « cautionnement réel » ?

71 ***Arrêt du 2 décembre 2005*** ◊ Avant le surprenant arrêt rendu par une Chambre mixte de la Cour de cassation le 2 décembre 2005 [2], il était unanimement admis, en doctrine comme en jurisprudence qu'il existait, à côté du cautionnement régi par le Code civil, une notion de « cautionnement réel », désignant l'hypothèse d'une sûreté réelle constituée par un tiers pour le débiteur [3]. Pour les besoins de la distinction, le premier, constitutif du droit commun, était appelé « cautionnement personnel ». À l'engagement (personnel) de payer la dette du débiteur, obligeant à titre chirographaire l'intégralité du patrimoine de la caution, s'opposait, dans l'hypothèse du « cautionnement réel », l'affectation d'un bien déterminé au paiement de la dette du débiteur. L'hypothèse est clairement prévue par le Code civil pour le gage (art. 2334) et de manière incidente pour l'hypothèque (art. 1020). Une sûreté réelle peut en effet être fournie au créancier aussi bien par un tiers que par le débiteur lui-même. Le créancier peut même y trouver avantage, dans certaines circonstances. La qualification de « cautionnement réel » (ou « hypothécaire », si la sûreté réelle était de

---

créance pour défaut de déclaration, bénéfice refusé aussi bien au garant autonome qu'au codébiteur principal (Com., 25 oct. 1994, *Bull. civ.* IV, n° 312, *D.* 1994. IR 257, *JCP* 1995. I. 3851, n° 2). Elle a de même jugé que l'article 1415 du Code civil était applicable à l'aval souscrit par un époux sans l'accord de l'autre (Com., 4 févr. 1997, *Bull. civ.* IV, n° 39, *D.* 1997. 478, note Piedelièvre, *JCP* 1997. II. 22922, note Beignier, censurant Douai, 7 juill. 1994, préc. ; Civ. 1re, 4 juin 2009, *JurisData* n° 048684, *JCP* 2009. Chron. 492, n° 2, obs. Simler). La technique cambiaire imprime seulement à l'aval un certain particularisme par rapport au cautionnement solidaire commercial (v. Simler, nos 107 s. ; M. Cabrillac, Ch. Mouly, S. Cabrillac et Ph. Pétel, n° 402 s. ; A.-S. Barthez et D. Houtcieff, n° 189 s.).

1. V. Civ., 25 oct. 1921, préc. ; Paris, 1er déc. 1972, *RJ com.* 1973. 125, *RTD com.* 1973. 500, obs. Jauffret.
2. Ch. mixte, 2 déc. 2005, *JCP* 2005. II. 10183, note Simler, *D.* 2006. 729, avis J. Sainte-Rose et note Aynès, *RDC* 2006/2. 454, obs. Grimaldi, et 458, obs. Houtcieff, *Defrénois* 2006. 38469, obs. Champenois. V. aussi B. Beignier, « Bicentenaire d'Austerlitz : le Trafalgar du cautionnement réel », *Dr. famille* janv. 2006. 10.
3. V. F. Grua, « Le cautionnement réel », *JCP* 1984. I. 3167.

cette nature) soulignait la parenté des situations du tiers garant, assumant, dans l'un et l'autre cas, le risque de la dette du débiteur.

Avant d'exposer les raisons du revirement opéré par l'arrêt du 2 décembre 2005 (3°), il est nécessaire de distinguer l'hypothèse du « cautionnement réel » de deux figures voisines (1°), d'exposer les solutions appliquées au « cautionnement réel » avant le revirement (2°), afin de pouvoir utilement s'attacher aux conséquences de la négation du concept (4°).

72 **1° « Cautionnement réel » *stricto sensu* et figures voisines** ◊ Le « cautionnement réel » *stricto sensu* n'est autre chose qu'une sûreté réelle fournie par un autre que le débiteur. Dans cette hypothèse, ce tiers ne s'oblige pas personnellement à payer la dette, mais permet seulement au créancier de se payer sur le bien affecté si le débiteur principal est défaillant [1]. Pour éviter toute contestation, certains actes précisent que cette affectation est exclusive de tout engagement personnel de payer la dette [2]. Deux autres cas de figure se rencontrent cependant dans la pratique.

Il se peut, en premier lieu, qu'un tiers s'engage, d'une part, à payer la dette du débiteur et constitue, d'autre part, une sûreté réelle garantissant la même dette. On est alors en présence d'une simple juxtaposition et addition d'un cautionnement ordinaire et d'un « cautionnement réel », obéissant chacun à son régime propre et que le créancier, bénéficiaire de deux sûretés distinctes, peut mettre en œuvre séparément ou cumulativement [3].

Il arrive aussi, en second lieu, que la caution, ayant pris l'engagement de payer la dette du débiteur, contre-garantisse cet engagement personnel par une sûreté réelle, celle-ci garantissant non, cette fois, la dette du débiteur, mais sa propre obligation accessoire, qui peut ne pas être identique, en montant ou dans ses modalités. La sûreté réelle est cette fois l'accessoire de l'engagement personnel de la caution, lui-même accessoire de la dette principale. Elle ne produit effet que si et dans les limites dans lesquelles le cautionnement personnel est efficace [4].

---

1. V. Civ. 1re, 28 avr. 1998, *JurisData* n° 001990, *JCP* 1999. I. 116, n° 1, obs. Simler : « la garantie hypothécaire consentie (par la caution) ne pouvait autoriser que la saisie de l'immeuble qui lui était affecté » ; Civ. 1re, 24 nov. 1998, *JurisData* n° 004515, *RJDA* 1999. 227 ; Civ. 1re, 4 mai 1999, *Bull. civ.* I, n° 144, *JCP* 1999. I. 156, n° 5, obs. Simler, *RTD civ.* 1999. 880, obs. Crocq, *D.* 2000. 303, note Bonnet ; Civ. 1re, 29 févr. 2000, *Bull. civ.* I, n° 69, *JCP* 2000. I. 257, n° 1, obs. Simler, *D.* 2000. 829, note Bonnet. Somm. 394, obs. Piedelièvre, et 2001. Somm. 694, obs. Aynès, *RTD civ.* 2000. 366, obs. Crocq.

2. V. Rennes, 6 déc. 2002, *JurisData* n° 204174, *JCP* 2003. IV. 2756.

3. V. Civ. 1re, 18 mars 1997, *JurisData* n° 001266, *JCP* 1998. I. 103, n° 1, obs. Simler ; Civ. 1re, 13 nov. 2002, *Bull. civ.* I, n° 262, *JCP* 2003. IV. 1002, *RJDA* 2003. 444 ; Civ. 1re, 9 nov. 2004, *Bull. civ.* I, n° 253, *D.* 2004. Act. 3135, *Defrénois* 200. 38317, obs. Théry ; Com., 13 sept. 2011, *JurisData* n° 018715, *JCP* 2011. Chron. 1259, n° 5, obs. Simler. V. aussi, pour un sous-cautionnement à la fois réel et personnel, Civ. 1re, 7 févr. 2006, *Bull. civ.* I, n° 54, *JCP* 2006. IV. 1458, *RD banc. fin.* 2006, n° 61, obs. Legeais.

4. V. Com., 29 nov. 1988, *Bull. civ* IV, n° 331 ; Civ. 1re, 15 nov. 2005, *RD banc. fin.* 2006, n° 64, obs. Legeais ; Rennes, 31 mai 2001, *JurisData* n° 170001 (qui a décidé très justement, sous l'empire de l'ancien art. L. 641-6 C. com., que l'extinction du cautionnement personnel pour défaut de déclaration de la créance garantie emportait extinction de l'hypothèque).

Une rédaction approximative des actes rend parfois difficile la différenciation de ces trois hypothèses.

73 ***2° Régime du « cautionnement réel » avant l'arrêt du 2 décembre 2005*** ◊ Cette question a donné lieu, au cours de la décennie qui a précédé le revirement, un vif débat doctrinal, alimenté par une jurisprudence fluctuante : le « cautionnement réel » était-il seulement une sûreté réelle ou participait-il d'une double nature ? Doctrine et jurisprudence s'accordaient pour reconnaître une nature hybride au « cautionnement réel » et pour lui appliquer distributivement les règles afférentes à l'une et à l'autre sorte de sûretés. Il y avait lieu, à titre principal, de distinguer les rapports de la « caution réelle » avec le créancier, d'une part, et avec le débiteur (ou d'autres cautions), d'autre part.

Dans les **rapports entre la « caution réelle » et le créancier**, il n'était pas douteux que la dimension de sûreté réelle fût prépondérante [1]. C'est donc le régime correspondant qu'il convenait d'appliquer [2]. Mais la qualité de caution du tiers constituant n'était pas dépourvue d'incidence [3]. Ainsi, la jurisprudence lui appliquait-elle les dispositions de l'article 2037 (aujourd'hui 2314 : *infra* n° 261) ou, depuis leur avènement, celles de l'article 1415 (*infra* n° 91). Le « cautionnement réel » avait donc bien une nature hybride, ce que confirmaient les solutions relatives aux rapports entre la caution réelle et le débiteur.

Dans les **rapports entre la caution réelle et le débiteur ou d'autres cautions**, la qualification de cautionnement l'emportait, au contraire. Le simple bon sens impose, en effet, que la « caution réelle » puisse, après avoir acquitté la dette, soit en l'ayant payée afin de conserver le bien affecté en garantie, soit en ayant subi l'exécution forcée, se retourner vers le débiteur ou, le cas échéant, vers des cofidéjusseurs, cautions personnelles ou

---

1. Ainsi, certains arrêts décidaient-ils clairement que le « cautionnement réel... est une sûreté réelle » (Civ. 1re, 4 mai 1999 et 29 févr. 2000, préc.) Corrélativement, la haute juridiction a jugé que la mention manuscrite de l'article 1326 du Code civil n'était pas requise, faute d'une engagement de payer une somme d'argent : Civ. 1re, 4 févr. 1997, *Bull. civ.* I, n° 42, *JCP* 1997. IV. 680 ; Civ. 1re, 13 mai 1998, *Bull. civ.* I, n° 172, *JCP* N 1998. 1667, note Piedelièvre, et G 1999. I. 116, n° 1, obs. Simler, *RTD civ.* 1999. 152, obs. Crocq. Elle a même décidé que la seule présence de l'expression « cautionnement hypothécaire et solidaire » ne remettait pas en cause le caractère exclusivement réel de la sûreté, faute d'engagement personnel exprès : Civ. 1re, 4 mai 1999 et 29 févr. 2000, préc.

2. Ainsi, la « caution réelle » ne pouvait-elle invoquer les bénéfices de discussion ou de division (*infra* n° 185 et 189), ni se prévaloir du terme initial en cas de déchéance du terme encourue par le débiteur principal (*infra* n° 178).

3. V. Simler, « Le cautionnement réel est aussi – réellement – un cautionnement », *RJDA* 2001. Doctr. 235, et *JCP* 2001. I. 367. V. aussi G.A. Likillimba, « Le cautionnement réel : l'application distributive du droit des sûretés réelles et du droit du cautionnement n'est-elle pas un "gage" de protection des intérêts des contractants ? », *JCP* E 2001. 406 ; Ch. Lesbats, « Le cautionnement réel sous un jour nouveau », *Dr. et patr.* juill.-août 2001. 28 ; J. François, « L'obligation de la caution réelle », *Defrénois* 2002. 37604.

autres cautions réelles [1]. Et si la jurisprudence ne paraît pas avoir eu à se prononcer sur l'ouverture à la « caution réelle » du recours avant paiement prévu à l'article 2309, nul, en doctrine, ne nourrissait de doute à cet égard.

La nature hybride de la sûreté suscitait certes des hésitations au sujet de l'application de telle ou telle règle du cautionnement ou de la sûreté réelle constituée. Ainsi, après avoir d'abord fait bénéficier les « cautions réelles » de l'obligation annuelle d'information mise à la charge de certains créanciers par la loi du 1er mars 1984 (C. mon. fin., art. 313-22) [2], la Cour de cassation a-t-elle ensuite statué en sens contraire [3], sans justification convaincante du revirement, l'information en question n'étant pas moins utile au tiers qui a constitué une sûreté réelle qu'à la caution personnelle. Mais c'est l'application de l'article 1415 du Code civil, issu de la loi du 23 décembre 1985 qui sera à l'origine de la principale perturbation et conduira au revirement opéré le 2 décembre 2005.

74 ***3° Enjeu du revirement : l'application de l'article 1415 du Code civil*** ◊ Aux termes de cette disposition, *« chacun des époux ne peut engager que ses biens propres et ses revenus par un cautionnement (ou un emprunt), à moins que ceux-ci n'aient été contractés avec le consentement exprès de l'autre conjoint »*. L'objectif clair du législateur était, sans priver chaque époux du pouvoir de souscrire seul un cautionnement, de limiter le gage du créancier, afin d'éviter que cet époux puisse compromettre le patrimoine commun dans l'intérêt d'un tiers. Dans un premier temps, la Cour de cassation n'a pas hésité à appliquer cette disposition au « cautionnement réel » [4]. Le doute est né du constat que cette solution privait cette sûreté de tout effet, le bien commun affecté en garantie étant insaisissable en vertu de l'article 1415. Manifestement, les rédacteurs de l'article 1415 n'avaient à l'esprit que la seule hypothèse du cautionnement personnel. La *ratio legis* aurait ainsi pu justifier que l'article 1415 fût déclaré inapplicable au « cautionnement réel ».

La Cour de cassation a choisi une autre voie, qui s'est avérée être une impasse. Sa première Chambre civile a solennellement jugé, le 15 mai

---

1. La Cour de cassation a d'ailleurs précisé qu'il n'existait aucune hiérarchie entre les deux variétés de cautionnements et que le créancier n'était nullement tenu de mettre en œuvre prioritairement l'une plutôt que l'autre : Civ. 1re, 25 oct. 1977, *Bull. civ.* I, n° 388 ; Com., 10 nov. 1981, *Bull. civ.* I, n° 388, *JCP* 1988. IV. 38, *D.* 1982. 417, note Agostini.

2. Com., 27 oct. 1998, *Bull. civ.* IV, n° 225, *JCP* 1998. IV. 3394, *RJDA* 1998. 1417. Dans le même sens, Paris, 9 avr. 1999, *JurisData* n° 022758.

3. Civ. 1re, 1er févr. 2000, *Bull. civ.* I, n° 33, *D.* 2000. Act. 143, obs. Faddoul, et 2001. Somm. 694, obs. Aynès, *JCP* 2000. I. 257, n° 9, obs. Simler, *RTD civ.* 2000. 316, obs. Crocq, *RTD com.* 2000. 426, obs. Cabrillac. Dans le même sens, Civ. 1re, 7 févr. 2006, *Bull. civ.* I, n° 53, *D.* 2006. Act. 574, *JCP* 2006. I. 195, n° 1, obs. Simler ; Paris, 26 nov. 1999, *JurisData* n° 108805 ; Paris, 17 janv. 2003, *JurisData* n° 202613.

4. V. notamment Civ. 1re, 11 avr. 1995, *Bull. civ.* I, n° 165, *D.* 1995. Somm. 325, obs. Grimaldi, et 1996. Somm. 204, obs. Piedelièvre, *JCP* 1995. I. 3869, n° 9, obs. Simler, *Defrénois* 1995. 36214, obs. Champenois, *RTD civ.* 1997. 726, obs. Vareille ; Com., 20 juin 1995, *JCP* 1995. I. 3889, n° 3, obs. Simler.

2002, que le « cautionnement réel » avait une double nature, cette caution étant, en dépit de l'inefficacité de la sûreté réelle par application de l'article 1415, personnellement tenue « du paiement de la dette sur ses biens propres et ses revenus dans la double limite du montant de la somme garantie et de la valeur des biens engagés » [1]. Le cautionnement réel, en d'autres termes, était considéré non plus comme une sûreté hybride, mais comme une double sûreté, à la fois personnelle et réelle.

Cette solution d'opportunité fut vivement critiquée, comme étant tout à la fois contraire à l'intention la plus probable du constituant, qui n'aura précisément entendu engager que le seul bien affecté en garantie, et comme méconnaissant une disposition majeure du droit du cautionnement, selon laquelle il *« ne se présume point ; il doit être exprès... »* (art. 2292) [2].

La Chambre commerciale de la Cour de cassation s'étant rendue à ces objections [3], l'affaire ayant donné lieu à l'arrêt précité du 15 mai 2002 fut soumise, sur second pourvoi, à une Chambre mixte, qui rendit l'arrêt précité du 2 décembre 2005, aux termes duquel « une sûreté réelle consentie pour garantir la dette d'un tiers n'impliquant aucun engagement personnel à satisfaire à l'obligation d'autrui et **n'étant pas dès lors un cautionnement**, lequel ne se présume pas, la cour d'appel a exactement retenu que l'article 1415 du Code civil n'était pas applicable » [4].

L'éviction justifiée de l'article 1415 nécessitait-elle la négation pure et simple du concept séculaire de « cautionnement réel » ? En résolvant une difficulté, elle en suscite plusieurs autres. Elle est d'autant plus regrettable qu'elle s'est avérée, peu après, privée d'utilité, la question relative à l'article 1415 ayant fait l'objet d'un traitement législatif à l'occasion de l'ordonnance du 23 mars 2006 portant réforme des sûretés, qui a inséré un nouvel alinéa second à l'article 1422 du Code civil, dont il résulte que tout cautionnement réel requiert dorénavant l'accord des deux époux communs en biens à peine de nullité [5]. Cette négation paraît au surplus fondamentalement contestable. En consentant une sûreté réelle en garantie

---

1. Civ. 1re, 15 mai 2002, *BNP Paribas c. Abihssira, Bull. civ.* I, n° 127, *D.* 2002. 1780, note Barberot, et Somm. 333, obs. Aynès, *JCP* 2002. I. 162, n° 3, obs. Simler, et II. 10109, concl. Petit et note Piedelièvre. Dans le même sens, Civ. 1re, 18 sept. 2002, *RJPF* 1/2003, note Vareille, *RTD civ.* 2003. 128, obs. Crocq ; Civ. 1re, 7 déc. 2004, *JurisData* n° 026102.

2. V. Ph. Simler, Chron. préc., J. François, art. préc. ; F. Sauvage, « Le cautionnement (ir)réel, ou de quelques difficultés pratiques liées à l'émergence d'un engagement personnel de la caution réelle », *RD banc. fin.* 2003. 253.

3. Com., 24 sept. 2003, *JCP* 2004. I. 141, n° 5, obs. Simler. Elle s'était, dans un premier temps, ralliée à la position de la première Chambre civile : Com., 13 nov. 2002, *Bull. civ.* IV, n° 161, *D.* 2003. 684, note Roman, *RTD civ.* 2003. 322, obs. Crocq, *RDC* 2003. 170, obs. Grimaldi.

4. La même formule se retrouve dans plusieurs arrêts postérieurs, notamment Civ. 3e, 15 févr. 2006, *Bull. civ.* III, n° 35 ; Com., 21 févr. 2006, *Bull. civ.* IV, n° 42 ; Civ. 1re, 20 févr. 2007, *Bull. civ.*, n° 65, *D.* 2007. Act. 937, obs. Avena-Robardet.

5. V. J. Revel, « La garantie de la dette d'autrui et les régimes matrimoniaux », *D.* 2006. Dossier 1309.

de la dette d'un tiers, le constituant ne s'est certes pas obligé personnellement au paiement de cette dette, mais il est indéniablement tenu « réellement » à ce paiement. À ce titre, il mérite non seulement d'être traité comme une caution, mais il est véritablement une caution... réelle [1].

75 ***4° Conséquences du revirement. Renvoi*** ◊ Si la constitution d'une sûreté réelle par un tiers n'est plus un cautionnement, comme a cru devoir le décider la Cour de cassation, aucune règle du droit du cautionnement ne devrait plus pouvoir, dorénavant, être appliquée à cette situation [2]. L'éviction de toutes les dispositions régissant le cautionnement est de nature à soulever de sérieuses difficultés, puisque le tiers constituant, si la sûreté est exécutée (ou s'il a payé la dette pour éviter de perdre le bien affecté en garantie), se trouve très exactement dans la même situation qu'une caution. Ces difficultés seront examinées au fur et à mesure de l'étude du régime du cautionnement. Certaines, en particulier celle, essentielle, des recours de ce tiers, s'il a dû assumer la dette du débiteur, contre ce dernier peuvent être résolues grâce aux ressources du droit commun des obligations (*infra* n^os^ *203* et 207). Il n'en est pas de même pour d'autres, telles que celles des recours avant paiement (*infra* n° 211) et des recours entre cofidéjusseurs (*infra* n° 222).

E. Figures complexes : certification de caution et sous-cautionnement

76 ***Pluralité de cautions et combinaisons complexes*** ◊ Les combinaisons particulières de plusieurs cautionnements que sont la certification de caution et le sous-cautionnement doivent être clairement distinguées, d'une part, de la simple pluralité de cautions, d'autre part, l'une de l'autre [3].

Dans l'hypothèse déjà évoquée d'une pluralité de cautions, il y a simple juxtaposition de plusieurs engagements, conjoints ou solidaires suivant les cas, mais situés sur le même plan et garantissant la même dette. Certification de caution et sous-cautionnement sont plutôt des superpositions de cautionnements, mais suivant des configurations différentes.

77 ***Certification de caution*** ◊ Expressément mentionnée par le Code civil (art. 2291, al. 2), la certification de caution n'est autre chose qu'un

---

1. V. Ph. Simler, « Et pourtant une sûreté réelle constituée en garantie de la dette d'un tiers est un cautionnement... réel », *JCP* 2006. I. 172. *Contra*, A.-S. Barthez et D. Houtcieff, n° 276 s.

2. *Contra*, L. Aynès, « Quelques aspects du régime juridique des sûretés réelles pour autrui », *Liber amicorum Larroumet*, Economica, 2010, p. 1 ; J. Lelieur, « L'application analogique du régime du cautionnement à la sûreté réelle pour autrui », *RRJ* 2007. 1235.

3. Sur la diversité des configurations, v. M. Mignot, « La distinction entre le cocontrat de cautionnement et la pluralité de cautionnements », *RLDC* 2006, n° 31, p. 25, et n° 32, p. 27 ; J. Mestre, « Les cofidéjusseurs », *Dr. et patr.* janv. 1998. 66 ; B. Saintourens, « Certificateurs de caution et sous-cautions : les oubliés des réformes du droit du cautionnement », *Mélanges Cabrillac*, Dalloz-Litec 1999, p. 397.

cautionnement de la caution, en faveur du même créancier. Ce dernier, qui entend pallier le risque d'insolvabilité du débiteur principal au moyen d'un cautionnement, peut aussi nourrir des craintes quant à la solvabilité de la caution et vouloir se garantir contre ce risque subsidiaire par un cautionnement au second degré. C'est donc bien l'obligation accessoire de la caution qui est garantie par un autre engagement accessoire, et non la dette du débiteur principal [1]. Diverses conséquences en découlent [2].

Cette figure juridique peut aussi apparaître de manière incidente, lorsqu'une caution, ayant garanti de manière générale les dettes d'un débiteur « pour quelque cause que ce soit », selon une formule usuelle, se trouve tenue au titre des engagements de caution pris par ce débiteur envers le créancier garanti [3].

Sous réserve de cette hypothèse, le créancier a un intérêt évident à exiger un engagement solidaire des garants plutôt qu'une certification de caution. C'est ce qui explique sa rareté.

78 ***Sous-cautionnement*** ◊ Cette seconde figure, non identifiée par le Code civil et dont la spécificité n'a été mise en lumière qu'à une époque plus récente, n'a rien de commun avec la certification de caution, avec laquelle elle a été et continue parfois d'être confondue [4].

C'est la caution, cette fois, qui, en sa qualité de créancière virtuelle du débiteur principal, obtient de ce dernier qu'il lui fournisse à son tour une caution lui garantissant le remboursement de ce qu'elle aura, le cas échéant, dû payer pour son compte. La dette garantie par la sous-caution, appelée parfois aussi contre-caution [5], est donc celle qui constitue l'objet du recours de la caution contre le débiteur principal. La caution de premier rang qui, dans l'hypothèse de la certification, jouait le rôle de débiteur garanti, tient dans le sous-cautionnement celui de créancier garanti. Quant au créancier au titre du contrat principal, il est à tous égards étranger au sous-cautionnement.

C'est le cautionnement « institutionnel » consenti par les banques ou autres établissements financiers qui a entraîné dans son sillage le

---

1. La réglementation relative aux adjudications de coupes de bois par l'Administration des eaux et forêts prévoit ainsi la fourniture par les adjudicataires d'une caution et d'un certificateur de caution : Com., 19 janv. 1980, *Bull. civ.* IV, n° 30, *D.* 1981. IR 503, obs. Vasseur ; Paris, 12 juill. 1952, *Banque* 1952. 713, *RTD com.* 1953. 155, obs. Schlogel. Pour une application en matière cambiaire, v. Paris, 11 oct. 1967, *D.* 1968. Somm. 65, *Banque* 1968. 297, obs. X. Marin.

2. V. Com., 10 mars 1981, *Bull. civ.* IV, n° 127, *JCP* 1981. IV. 192 (absence de lien de droit entre le certificateur et le débiteur principal) ; Civ. 1re, 28 janv. 1992, *Bull. civ.* I, n° 30 (recours contre les cofidéjusseurs de la caution certifiée sur le fondement de la subrogation).

3. V. Civ. 1re, 15 nov. 1978, *Gaz. Pal.* 1979. 1. Somm. 96 ; Com., 25 nov. 1980, *Bull. civ.* IV, n° 394, *Rev. sociétés* 1981. 579, note Mouly ; Com. 18 avr. 1989, *Bull. civ.* IV, n° 113, *D.* 1989. IR 137, *RTD civ.* 1990. 77, obs. Mestre.

4. V. par ex. Civ. 1re, 2 févr. 1972, *Bull. civ.* I, n° 37, *JCP* 1972. IV. 64 ; Com., 6 févr. 1985, *Bull. civ.* IV, n° 50, *JCP* 1985. IV. 144 ; Paris, 17 mai 2002, *JurisData* n° 191278 (qui refuse à tort d'ouvrir le recours entre cofidéjusseurs à une sous-caution, qualifiée de certificateur).

5. V. C. Houin-Bressand, « Les contre-garanties », préf. Synvet, Dalloz 2006. La même combinaison est quasi systématique en matière de garanties autonomes internationales : v. *infra* n° 281.

développement du sous-cautionnement. Ces établissements, dont la garantie est très prisée par les créanciers, en raison de la sécurité quasi parfaite qu'elle confère, subordonnent très souvent leur engagement en faveur du débiteur à la fourniture par ce dernier de contre-garanties, réelles ou personnelles, notamment de sous-cautionnements [1].

Cette configuration peut elle aussi apparaître de manière incidente, lorsqu'une caution a accordé une garantie générale à un créancier – tel est le cas fréquemment pour les dirigeants, garants envers la banque des dettes de leur société – et que ce créancier s'est lui-même obligé comme caution du débiteur [2].

Le régime juridique du sous-cautionnement, qu'aucun texte ne définit, peut être déterminé sans difficulté majeure, pourvu que la véritable qualité soit restituée à chacun des intervenants. Le débiteur garanti est toujours, dans le cautionnement de premier rang comme dans le sous-cautionnement, le débiteur de l'opération de base. C'est la qualité de créancier garanti de la caution de premier rang qui est, dans l'hypothèse du sous-cautionnement, déterminante [3].

---

1. V. Com., 24 oct. 1977, *Bull. civ.* IV, n° 239 ; Civ. 1re, 16 déc. 1981, *Bull. civ.* I, n° 388, *D.* 1982. IR 95 ; Com., 2 oct. 1985, *Bull. civ.* IV, n° 226, *D.* 1986. IR 102, obs. Honorat, *JCP* 1986. II. 20619, note Simler ; Civ. 2e, 30 avr. 2003 : *Bull. civ.* II, n° 117, *RD banc. fin.* 2003. 134, obs. Legeais.

2. V. Com., 12 juin 2001, *Bull. civ.* IV, n° 114, *D.* 2002. Act. 2299, *JCP* 2001. IV. 2498 ; Com., 11 déc. 2001, *Bull. civ.* IV, n° 197, *JCP* 2002. I. 120, n° 1, obs. Simler, *D.* 2003. Somm. 342, obs. D. Martin ; Com., 28 janv. 2004 : *JCP* 2004. I. 188, n° 9, obs. Simler ; *RTD com.* 2005. 412, obs. Martin-Serf. Il est intéressant de relever qu'un résultat semblable peut être atteint, dans l'hypothèse d'une pluralité de cautions solidaires, lorsque certaines d'entre elles renoncent au recours que leur ouvre contre les autres l'article 2310 (*infra* n° 228). La pluralité de cautions solidaires procure alors au créancier tous les avantages escomptés, mais, dans les rapports entre cautions, celle(s) qui a (ont) renoncé au recours entre cofidéjusseurs joue(nt) le rôle de sous-caution(s) au profit des autres.

3. V., pour l'exercice par la caution contre la sous-caution du recours avant paiement prévu à l'article 2309, *infra* n° 211 ; pour l'application de l'article 2310, *infra* n° 222 ; pour la mise en œuvre du bénéfice de cession d'actions de l'article 2314, *infra* n° 261. La caution ne peut pas se prévaloir à l'encontre de la sous-caution de la subrogation dans les droits du créancier, ce dernier étant dépourvu de droits contre la sous-caution (Com., 3 déc. 1985, *Bull. civ.* IV, n° 288). Il ne peut pas davantage y avoir représentation mutuelle entre le débiteur principal et la sous-caution, qui ne sont pas des coobligés (Com., 2 oct. 1985, préc.). La sous-caution ne peut, pour la même raison, opposer à la caution garantie les exceptions relatives à la dette principale (Civ. 1re, 26 févr. 2002, *Bull. civ.* I, n° 67, *D.* 2002. 2863, note Djoudi, *JCP* 2002. I. 162, n° 11, obs. Simler, *Banque et droit* mai-juin 2002. 42, obs. Jacob ; Com., 27 mai 2008, *Bull. civ.* IV, n° 106, *D.* 2008. 2399, note Gout, *RTD civ.* 2008. 517, obs. Crocq, *RTD com.* 2008. 611, obs. Legeais, *RDC* 2008. 1282, obs. Houtcieff. V. aussi Cl. Farge, « Le recours personnel de la caution : la voie possible d'un renouveau du cautionnement », *D.* 2003. Chron. 892). Elle peut en revanche opposer à la caution celles relatives à sa propre créance, notamment l'absence de déclaration à la procédure collective du débiteur principal : Civ. 1re, 7 mai 2002, *Bull. civ.* I, n° 123, *D.* 2002. Act. 1902, obs. Lienhard, *JCP* 2002. I. 162, n° 12, obs. Simler, *RTD com.* 2003. 165, obs. Martin-Serf, *LPA* 9 oct. 2002, p. 11, obs. Houtcieff ; Montpellier, 13 mars 2000, *JCP* 2001. IV. 1552.

SECTION 2. FORMATION DU CAUTIONNEMENT

79 ***Divisions*** ◊ Le cautionnement est un contrat, même, on l'a vu, lorsqu'il est dit légal ou judiciaire (*supra* n° 62). Il doit répondre à certaines conditions de validité (§ 1), dont les unes sont celles du droit commun des contrats, pendant que d'autres lui sont propres.

Le contrat de cautionnement détermine l'étendue de l'engagement du garant (§ 2), qui dépend, en raison du caractère accessoire inhérent au cautionnement, de l'étendue de l'obligation ou des obligations garantie(s), mais aussi de la volonté de la caution.

L'efficacité de l'engagement suppose, non seulement qu'il soit valablement pris et que son étendue soit déterminée avec une suffisante précision, mais encore qu'il puisse être prouvé. L'étude de la preuve (§ 3) mérite d'autant plus d'être rattachée à celle de la formation que la jurisprudence a, pendant un temps, fait produire en la matière à certaines règles de preuve des effets qui en faisaient des conditions de validité de l'engagement.

§ 1. Conditions de validité

80 ***Droit commun et droit spécial*** ◊ Le cautionnement obéit naturellement au droit commun de la validité des contrats. Le particularisme de certains raisonnements et les hésitations qu'inspirent certaines solutions justifient que l'application de ce droit commun au cautionnement soit analysée (A). Le Code civil soumet, en outre, le cautionnement à certaines conditions propres, tenant à la validité de l'obligation garantie et à la personne de la caution (B). Une rubrique supplémentaire doit être consacrée aux dispositions récentes prises, en matière de cautionnement, par la législation protectrice des consommateurs et, même au-delà de la catégorie des consommateurs, de toute caution personne physique (C).

A. Conditions de validité du droit commun des contrats

81 ***Inventaire*** ◊ Les quatre conditions de fond auxquelles est subordonnée la validité de tout contrat - consentement, capacité, cause et objet - soulèvent, dans leur application au cautionnement, des difficultés d'inégale importance.

Le caractère consensuel qui a toujours été reconnu au cautionnement (*supra* n° 53) exclut en principe tout formalisme *ad validitatem*. Des formes particulières sont cependant requises dans certaines hypothèses (législation protectrice des consommateurs, notamment : v. *supra*, n° 42 et *infra* n°s 115 s.). S'y ajoute un formalisme *ad probationem*, qui revêt en la matière une importance particulière (*infra* n°s 141 s.).

82 ***1° Consentement*** ◊ Le contrat de cautionnement requiert la rencontre de deux consentements. L'insertion de la garantie dans une relation triangulaire ne remet pas en cause ce principe, mais emporte néanmoins certaines conséquences.

Le consentement, à l'évidence, ne doit pas avoir été vicié. La question ne concerne en fait que la caution, qui seule s'oblige, mais elle revêt une acuité particulière, en raison de la nature de l'engagement et des circonstances dans lesquelles il est souscrit.

83 ***a) Rencontre des consentements*** ◊ Le schéma élémentaire de la conjonction d'une offre et d'une acceptation doit être replacé dans son contexte.

Le caractère accessoire du cautionnement et sa fonction de garantie postulent l'existence d'une obligation principale. Si le cautionnement est conventionnel, un premier accord sera intervenu **entre le créancier et le débiteur**, subordonnant la conclusion ou l'efficacité du contrat principal à la fourniture d'une caution. Dans l'hypothèse d'un cautionnement légal ou judiciaire, c'est de la loi ou du juge que procédera cette exigence.

Le débiteur doit ensuite trouver la caution qui accepte de le garantir, gratuitement ou moyennant une rémunération ou une forme quelconque de contrepartie. Un second accord **entre le débiteur et la caution** intervient alors [1]. Mais il y a lieu de rappeler que ce maillon de l'enchaînement n'est pas essentiel : la caution peut s'obliger à l'insu du débiteur (art. 2291), hypothèse plausible, mais rarissime, voire contre son gré.

Peut intervenir, enfin, l'accord **entre la caution et le créancier**, constitutif du contrat de cautionnement *stricto sensu* [2]. C'est dans ce cadre qu'il faut replacer l'exigence particulière, formulée à l'article 2292, du caractère exprès du cautionnement, qui ne concerne cependant que le seul engagement de la caution, l'acceptation par le créancier pouvant être tacite (*supra* n° 53).

C'est exclusivement à ce dernier accord que se rapportent les développements relatifs à la validité du cautionnement. Il faut pourtant envisager

1. Sur la nature juridique de ce contrat, v. J. François, « Le problème de la nature juridique du contrat caution-débiteur », *D.* 2001. Chron. 2580. V. aussi *infra* n°s 198 et 202.

2. Est à l'évidence dépourvu d'effets le prétendu cautionnement constitutif d'un faux, le débiteur (ou, plus rarement, le créancier) ayant cédé à la tentation de se passer de l'accord de la caution. La jurisprudence révèle que les faux sont nombreux en la matière, notamment dans le contexte familial (Com., 25 nov. 1997, *Bull. civ.* IV, n° 302, *RTD civ.* 1998. 361, obs. Mestre, qui exclut la prise en compte de l'apparence en pareille occurrence ; Civ. 1re, 20 janv. 1998, *Bull. civ.* I, n° 21, *JCP N* 1998. 699, note Dagot, qui retient la responsabilité du notaire pour n'avoir pas vérifié la signature figurant sur une procuration ; Civ. 1re, 13 nov. 2002, *D.* 2003. Act. 271). Si la caution conteste la signature qui lui est imputée, la procédure de vérification d'écriture s'impose : Civ. 1re, 10 janv. 1995, *Bull. civ.* I, n° 27 ; Civ. 1re, 7 avr. 1999, *Bull. civ.* I, n° 124, *D.* 1999. IR 124, *CCC* 1999. 123, obs. Leveneur ; Civ. 1re, 6 mars 2001, *Bull. civ.* I, n° 51, *D.* 2001. Act. 1316, obs. Avena-Robardet, *JCP* 2001. IV. 1778. Le fait pour l'épouse de ne pas avoir contesté sa signature en première instance, est-il jugé dans cette dernière espèce, ne pouvait être considéré comme un aveu judiciaire irrévocable).

l'hypothèse où le tiers, garant pressenti, aura promis au débiteur de le garantir et où l'accord avec le créancier fait défaut. Il est possible de donner effet à la convention entre la caution et le débiteur sous la qualification de **stipulation pour autrui**, le créancier étant le tiers bénéficiaire, en droit de se prévaloir de l'engagement pris par la caution en sa faveur envers le débiteur [1].

84 ***b) Erreur*** ◊ L'erreur a donné lieu à un très abondant contentieux, qui s'explique par les circonstances dans lesquelles de nombreux cautionnements sont souscrits par des personnes physiques. Certaines ont prétendu n'avoir pas eu réellement conscience, en souscrivant leur engagement, de ce qu'elles pouvaient être tenues, un jour, de payer. D'autres, sciemment ou non, auront sans doute sous-estimé la réalité du risque ou en auront exclu d'emblée l'éventualité. D'autres encore n'ont pas été en position, *de facto*, de pouvoir refuser de s'engager, par exemple au profit d'un enfant ou d'un conjoint, ou encore de la société dont elles sont dirigeantes ou associées. Lorsqu'elles sont assignées, les unes et les autres, prises au piège, font flèche de tout bois pour tenter d'y échapper. Parmi les moyens invoqués, plus souvent à tort qu'à raison, figure une prétendue erreur (ou un dol, ou l'absence de cause, ou la perte par le créancier de droits ou sûretés : v. *infra* n°s 88, 97 s., 259 s.). Soumis à de fortes sollicitations, les juges manient tantôt l'indulgence, tantôt la rigueur [2]. Plusieurs variétés d'erreurs peuvent être distinguées

85 ***Erreur sur la nature de l'engagement*** ◊ Les cautions prétendent parfois s'être trompées sur la nature même de l'engagement souscrit, croyant ne s'être prêtées qu'à une simple formalité, sans valeur juridique, ou n'avoir pris qu'un engagement purement moral. Si l'on ne peut exclure que cette argumentation soit parfois proche de la vérité, elle est cependant le plus souvent vouée à l'échec, faute de preuve de la réalité d'une telle erreur. La sévérité, ici, s'impose, sous peine de priver de crédibilité la garantie constituée par le cautionnement. Seules des circonstances

---

1. V. Req., 9 nov. 1875, *DP* 1876. 1. 117, note Reverchon, *S.* 1876. 1. 153 ; Req., 30 avr. 1888, *DP* 1888. 1. 291, *S.* 1890. 1. 407 ; Com., 25 mai 1965, *Bull. civ.* III, n° 332, sur pourvoi c. Paris, 14 mars 1962, *D.* 1962. 710 ; Com., 23 mai 1989, *Bull. civ.* IV, n° 164, *Defrénois* 1989. 34633, obs. Aubert, *RTD civ.* 1990. 72, obs. Mestre ; Com., 23 févr. 1993, *Bull. civ.* IV, n° 69, *D.* 1993. Somm. 313, obs. Aynes, *JCP* 1993. I. 3717, n° 4, obs. Simler ; Com., 23 nov. 1999, *RJDA* 2000. 209. C'est cette analyse qui permet, en particulier, de donner effet aux garanties financières dont doivent justifier certains professionnels (*supra* n°s 40 et 63 et *infra* n°s 314 s.). Les tiers bénéficiaires en sont leurs futurs clients, par hypothèse inconnus au moment de la constitution de la garantie. V. aussi J. François, art. préc., n° 7 s., qui récuse, en définitive, cette qualification ; A.-S. Barthez et D. Houtcieff, n° 37-38, qui proposent la qualification de stipulation de contrat pour autrui.

2. V. Ph. Simler, « Le juge et la caution : excès de rigueur ou excès d'indulgence », *JCP* N 1986. I. 169.

exceptionnelles peuvent justifier une annulation sur le fondement d'une telle erreur, variété d'erreur obstacle [1].

86 ***Erreur sur la solvabilité du débiteur*** ◊ La jurisprudence refuse très généralement l'annulation du cautionnement en cas d'erreur sur la solvabilité du débiteur. À première vue, cette attitude paraît justifiée : si le créancier a exigé la garantie d'une caution, c'est précisément pour se mettre à l'abri du risque d'insolvabilité du débiteur. Deux moments doivent cependant être distingués.

À l'évidence, la caution ne saurait invoquer la survenance de l'insolvabilité du débiteur postérieurement à son engagement. La couverture de ce risque constitue l'objet même du cautionnement [2]. D'ailleurs, il n'y a pas, dans ce cas, vice du consentement, qui ne peut s'apprécier qu'au moment de l'engagement.

Tout autre est l'hypothèse de l'insolvabilité du débiteur au jour du cautionnement, supposée ignorée de la caution. S'il n'est pas inconcevable de garantir en connaissance de cause un débiteur en difficulté, voire déjà insolvable [3], il reste que ce cas est inhabituel. En règle générale, la caution n'entend assumer que le risque d'une défaillance future du débiteur. Sauf cas particulier ou changement de qualification, le cautionnement, en connaissance de cause, d'un débiteur déjà insolvable est un acte déraisonnable. La solvabilité supposée du débiteur à l'époque du cautionnement constitue donc un motif normalement déterminant pour la caution, de sorte qu'il n'y aurait pas lieu, conformément au droit commun de l'erreur, d'exiger la preuve de la connaissance de ce motif par le créancier.

Si la Cour de cassation a admis, dans un premier temps, la nullité du cautionnement sur un tel fondement [4], elle a ensuite systématiquement

---

1. V., pour le cautionnement souscrit par deux cultivateurs « positivement illettrés », Civ. 1re, 25 mai 1964, *Bull. civ.* I, n° 269, *D.* 1964. 626 ; pour un cautionnement d'un montant très important, souscrit par une personne de condition modeste, âgée et inexpérimentée, Paris, 18 janv. 1978, *JCP* 1980. II. 19318, 2e esp., note Simler, et sur pourvoi, Civ. 1re, 4 juill. 1979, *D.* 1979. IR 336, *Gaz. Pal.* 1979. 2. Somm. 484. V. aussi Paris, 27 mars 1987, *D.* 1987. Somm. 446, obs. Aynès. Un arrêt relève pertinemment que, « la simplicité du jeu du cautionnement étant à la portée de toute intelligence moyenne et la notion même de caution se retrouvant dans la pratique de nombreuses sociétés humaines, fussent-elles éloignées de la nôtre dans le temps ou dans l'espace, la caution est mal fondée à exciper de son ignorance » (Paris, 9 avr. 1992, *JurisData* n° 021195, *JCP* 1992. I. 3623, n° 1. Rappr. Aix-en-Provence, 24 sept. 1992, *JCP* 1993. IV. 281, qui estime que l'analphabétisme de la caution n'est pas de nature à justifier l'annulation de son engagement pour incapacité, mais que l'acte dactylographié signé par elle, qu'elle ne pouvait comprendre, ne peut valoir commencement de preuve par écrit).

2. V. Civ. 1re, 13 nov. 1990, *Bull. civ.* I, n° 242, *D.* 1991. Somm. 385, obs. Aynès : l'appréciation erronée des risques encourus ne constitue pas une erreur sur la substance de nature à vicier le consentement de la caution ; Colmar, 13 nov. 1975, *JCP* 1978. II. 18938, note Simler, *RTD civ.* 1979. 129, obs. Loussouarn.

3. V. Civ. 1re, 12 déc. 1972, *D.* 1973. IR 29, *Gaz. Pal.* 1973. 1. Somm. 50 ; Com., 10 oct. 1995, *Bull. civ.* IV, n° 223, *D.* 1996. Somm. 265, obs. Aynès ; Paris, 27 juin 1989, *D.* 1989. IR 222.

4. V. Civ. 1re, 1er mars 1972, *Bull. civ.* I, n° 70, *D.* 1973. 733, note Malaurie ; Com., 7 mai 1975, *Bull. civ.* IV, n° 125, *Banque* 1976. 328 (en l'espèce, l'erreur n'était pas prouvée). V. aussi Rennes, 14 juin 1951, *D.* 1952. 712 ; Bordeaux, 6 déc. 1977, *JCP* 1980. II. 19318, note Simler, et sur pourvoi, Civ. 1re, 17 juill. 1979, *Gaz. Pal.* 1979. 2. Somm. 484.

exclu toute possibilité d'annulation pour ce motif, affirmant que l'erreur sur la solvabilité du débiteur est indifférente, à moins que la caution ait fait de cette solvabilité une condition de son engagement [1].

Cette rigueur peut paraître excessive. La condition expresse de la solvabilité du débiteur, dont la Cour de cassation réserve l'hypothèse, est difficilement concevable : en la formulant, la caution éveillerait la suspicion sur cette solvabilité dans l'esprit du créancier [2]. Au surplus, quant au fond, la preuve que la solvabilité du débiteur a été la condition de l'engagement de la caution n'est pas autre chose que la preuve du caractère déterminant de son erreur. Ce raisonnement a-t-il été entendu ? Un arrêt du 1er octobre 2002 de la Chambre commerciale de la haute juridiction rejette le pourvoi contre un arrêt ayant admis la nullité d'un cautionnement pour erreur et retenu, dans l'exercice de son pouvoir souverain d'appréciation, que la caution avait fait de la solvabilité du débiteur la condition tacite de son engagement [3].

87 ***Autres erreurs*** ◊ Diverses autres erreurs sur des éléments substantiels de l'engagement de la caution sont concevables.

S'il y a lieu d'écarter celle portant **sur l'étendue** de l'engagement, qui s'apparenterait à une erreur sur la valeur, en principe indifférente [4], pourraient être admises, en revanche, si les conditions du droit commun sont réunies, celles portant **sur l'affectation du crédit** garanti ou **sur l'existence d'autres sûretés** [5].

---

1. V. Civ. 1re, 25 oct. 1977, *Bull. civ.* I, n° 388, *D.* 1978. IR 74 ; Com., 2 mars 1982, *Bull. civ.* IV, n° 79, *D.* 1983. IR 190, obs. Vasseur ; Civ. 1re, 19 mars 1985, *Bull. civ.* I, n° 98, *JCP* 1986. II. 20659, note Bouteiller ; Civ. 1re, 11 févr. 1986, *Bull. civ.* I, n° 22, *D.* 1987. Somm. 446, obs. Aynès ; Civ. 1re, 11 déc. 1990, *Bull. civ.* I, n° 286, *JCP* 1991. IV. 52 ; Com., 11 janv. 1994, *Bull. civ.* IV, n° 15 ; Civ. 1re, 16 mai 1995, *RJDA* 1995. 1076, *JCP* 1996. II. 22736, note F.-X. Lucas. V. aussi Paris, 31 janv. 1995, *D.* 1995. IR 109. Un nombre non négligeable de cours d'appel résistent à cette jurisprudence : V. par ex., Paris, 31 janv. 1995, *D.* 1995. IR 109 ; Montpellier, 22 févr. 2006, *JurisData* n° 316205.

2. V. Aynès, obs. préc., qui souligne l'irréalisme de l'exigence d'une telle condition expresse. V. aussi Théry, n° 38.

3. Com., 1er oct. 2002 : *Bull. civ.* IV, n° 131, *D.* 2003. 1617, note Picod, *JCP* 2003. I. 124, n° 3, obs. Simler, et II. 10072, note Buy, *Defrénois* 2003. 37691, obs. Théry. V. aussi Com., 21 juin 2005, 2 arrêts : *JurisData* n° 029121 et 029128, qui refusent de prononcer la nullité faute de preuve de l'insolvabilité à l'époque de l'engagement ; Nîmes, 9 janv. 2003, *JurisData* n° 210687, qui admet l'erreur d'une société holding sur la solvabilité d'une filiale, mais la juge en l'espèce inexcusable.

4. Com., 16 févr. 1982, *Bull. civ.* IV, n° 61, *D.* 1982. IR 496, obs. Vasseur, *Banque* 1983. 499, obs. M. Martin ; Civ. 1re, 13 nov. 1990, préc. ; Besançon, 16 nov. 1993, *JCP* 1994. IV. 564. V. cependant Bordeaux, 6 déc. 1977, préc., qui, sous couvert de défaut de cause et d'erreur substantielle, sanctionne en réalité une erreur sur l'étendue du passif garanti.

5. V. Com., 12 mars 1969, *Bull. civ.* IV, n° 91, *RTD com.* 1969. 773, obs. Cabrillac et Rives-Lange ; Civ. 1re, 2 mai 1989, *Bull. civ.* I, n° 175, *D.* 1990. Somm. 384, obs. Aynès ; Civ. 1re, 1er juill. 1997, *Bull. civ.* I, n° 219, *D.* 1999. 181, note Brémond, *JCP* 1998. I. 103, n° 2, obs. Simler (à propos d'une erreur sur le rang d'une hypothèque) ; Civ. 1re, 10 avr. 2008, *JurisData* n° 043535, *RD banc. fin.* 2008, n° 68 ; Paris, 25 sept. 1991, *RD banc. et bourse* 1992. 81, obs. Contamine-Raynaud ; Paris, 18 sept. 2001, *JurisData* n° 161240. *Contra*, Civ. 1re, 27 oct. 1969, *Bull. civ.* I, n° 313 ; 15 juill. 1981, *D.* 1982. IR 35, *Gaz. Pal.* 1982. 1. Pan. 66, obs. A.P. ; Civ. 1re, 15 oct. 1991,

L'erreur **sur la cause** de l'engagement – mais il s'agit sans doute plutôt d'absence de cause (*infra* n° 100) – a été admise dans des circonstances dans lesquelles il est apparu que le créancier recherchait, non un garant, mais un répondant solvable qu'il pourrait immédiatement poursuivre, ces intentions étant révélées par la rupture du crédit dans un bref délai après la souscription du cautionnement [1]. Cette hypothèse, relativement fréquente, est plus souvent traitée en termes de dol (*infra* n° 88) ou d'absence de cause (*infra* n° 100).

En définitive, la nullité pour erreur n'est que très parcimonieusement admise.

88 ***c) Dol*** ◊ Surprises par les poursuites du créancier, les cautions se plaignent fréquemment d'avoir été victimes d'un dol, alors que leur situation n'est imputable qu'à leur imprudence. Il se peut qu'elles aient réellement été trompées. L'auteur de la tromperie est alors habituellement le débiteur. C'est lui, en effet, qui doit obtenir de la caution qu'elle accepte de le garantir et qui peut être tenté de lui dissimuler sa véritable situation. Or, d'après la jurisprudence, la nullité ne peut être prononcée dans ce cas, l'article 1116 du Code civil exigeant que « *les manœuvres pratiquées par l'une des parties* » soient telles que, sans elles, « *l'autre partie n'aurait pas contracté* ». Le dol, dit-on, doit être émané du cocontractant. Or, dans le contrat de cautionnement *stricto sensu*, le cocontractant est le créancier, non le débiteur. Le dol dont ce dernier s'est rendu coupable est donc jugé indifférent [2], à moins que l'erreur provoquée par ce dol « porte sur la substance de l'engagement » [3].

Cette solution, sévère pour la caution, a été critiquée en doctrine [4]. La fonction du contrat de cautionnement au sein de l'opération triangulaire

---

Bull. civ. I, n° 271, *JCP* 1991. IV. 436. Ces arrêts refusent l'annulation pour absence de preuve du caractère déterminant de l'erreur. V. aussi, censurant des arrêts pour ne pas avoir vérifié si des cautionnements nuls n'avaient pas constitué une condition déterminante du cautionnement litigieux, Civ. 1re, 5 févr. 2009, *JurisData* n° 047021, *JCP* 2009. I. 150, n° 2, obs. Simler ; Com., 30 nov. 2010, *JurisData* n° 022670, *RD banc. fin.* 2011, n° 7, obs. Legeais.

1. V. Com., 11 févr. 1986, *Banque* 1986. 402, obs. Rives-Lange, *Gaz. Pal.* 1986. 2. Somm. 504, obs. Piedelièvre, *D.* 1987. Somm. 446, obs. Aynès ; Paris, 6 juin 1989, *Defrénois* 1989. 34633, obs. Aynès ; Rennes, 24 sept. 1992, *JCP* 1993. IV. 46.

2. V. notamment, Civ. 1re, 27 juin 1973, *Bull. civ.* I, n° 219, *D.* 1973. 733, 2e esp., note Malaurie ; Civ. 1re, 26 janv. 1977, *Bull. civ.* I, n° 52, *D.* 1977. IR 209 ; Civ. 1re, 28 juin 1978, *Bull. civ.* I, n° 246, *D.* 1978. IR 149, obs. Landraud ; Civ. 1re, 20 mars 1989, *Bull. civ.* I, n° 127 ; Com., 13 nov. 2002, *Bull. civ.* IV, n° 161, *D.* 2003. 684, note Roman, *JCP* 2003. I. 122, n° 1, obs. Loiseau, *RTD civ.* 2003. 322, obs. Crocq ; *RD banc. fin.* 2003, n° 11, obs. Legeais. V. aussi, pour un dol émané d'un tiers autre que le débiteur, Com., 22 juill. 1986, *Bull. civ.* IV, n° 163, *D.* 1987. Somm. 445, obs. Aynès.

3. Civ. 1re, 3 juill. 1996, *Bull. civ.* I, n° 288, *D.* 1996. Somm. 323, obs. Delebecque, *JCP* 1997. I. 4033, n° 1, obs. Simler. L'arrêt ne concerne pas le cautionnement, mais la solution est d'un intérêt évident en la matière. Pour une application au cautionnement, v. Paris, 28 oct. 2005 : *JurisData* n° 289266.

4. V. Malaurie, note préc. ; Rèmond-Gouilloud, *Chron.* préc., *JCP* 1977. I. 2850, n° 27. Dans le même sens, en droit commun des contrats, P. Chauvel, *Rép. civ. Dalloz*, V° Dol, nos 107 s. ; Marty et Raynaud, *Les obligations*, 2e éd., t. 1, *Les sources*, n° 158.

dont le débiteur est le pivot aurait pu justifier une solution différente. Il peut paraître étrange, en effet, que ce débiteur soit qualifié de tiers [1]. D'un point de vue pratique, la solution opposée laisserait certes le créancier, par hypothèse innocent, sans garantie. Mais il en est également ainsi lorsque le cautionnement est annulé pour erreur ou violence (dont l'auteur est jugé indifférent). Le choix est entre deux victimes d'un tel dol : le créancier ou la caution. La protection de cette dernière devrait primer.

L'annulation est bien sûr encourue, à supposer que les autres conditions soient réunies, si le créancier s'est rendu coupable du dol, en fournissant à la caution des renseignements inexacts [2] ou en taisant des informations qu'il possédait et qui eussent pu dissuader la caution de s'engager [3]. Il en est encore ainsi si le créancier s'est rendu complice du dol émané du débiteur. Ce raisonnement est notamment appliqué, avec une relative rigueur, au **banquier**, auquel est imputé un **dol par réticence** s'il a omis de révéler à la caution la situation irrémédiablement compromise ou lourdement obérée du débiteur, voire son insolvabilité avérée, qu'il connaissait [4]. Une véritable obligation d'information - de loyauté - est, par ce biais, mise à la charge de l'établissement de crédit, qui ne peut s'en affranchir au moyen d'une clause par laquelle la caution déclarerait connaître parfaitement la situation du débiteur et ne pas en faire une condition de son engagement [5]. Il en est encore ainsi s'il apparaît qu'il n'a

---

1. L'arrêt précité de Com., 13 nov. 2002 écarte expressément cette objection.

2. V. Com., 7 févr. 1983, *Bull. civ.* IV, n° 50, *D.* 1984. IR 84, obs. Vasseur. V. aussi, pour un dol entre cofidéjusseurs, Com., 29 mai 2001, *Bull. civ.* I, n° 100, *D.* 2002. 1741, note Luciani, *JCP* 2002. II. 10084, note Mortier, *RTD civ.* 2001. 920, obs. Crocq (en l'espèce, la preuve n'en était pas rapportée).

3. V. Civ. 1re, 21 janv. 1981, *Bull. civ.* I, n° 25, *D.* 1981. IR 503, obs. Vasseur ; Com., 8 nov. 1983, *Bull. civ.* IV, n° 298, *Banque* 1984. 732, note M. Martin ; Civ. 1re, 26 nov. 1991, *Bull. civ.* I, n° 331, *RTD civ.* 1992. 606, obs. Bandrac ; Civ. 1re, 16 mai 1995, *RJDA* 1995. 1076, *JCP* 1996. II. 22736, note F.-X. Lucas ; Com., 23 juin 1998, *Bull. civ.* IV, n° 204, *D. aff.* 1998. 1590, *RTD civ.* 1999. 151, obs. Crocq.

4. V., outre les réf. de la note précédente, Civ. 1re, 10 mai 1989, *Bull. civ.* I, n° 187, *JCP* 1989. II. 21363, note D. Legeais, *Defrénois* 1989. 34633, obs. Aynès ; Civ. 1re, 26 nov. 1991, *Bull. civ.* I, n° 331, *D.* 1992. IR 6 ; Com., 26 mai 1992, *Bull. civ.* IV, n° 204, *JCP* 1992. I. 3623, n° 2 (réticence relative à l'affectation du crédit) ; Com., 18 janv. 2000, *Bull. civ.* IV, n° 11, *JCP* 2000. I. 257, n° 2, obs. Simler, *D.* 2001. Somm. 693, obs. Aynès (nullité prononcée après paiement ; absence d'autorité de chose jugée du commandement de payer) ; Com., 5 déc. 2000, *RJDA* 2001. 358, *RD banc. et bourse* 2001. 11, obs. Legeais (dissimulation de renseignements alarmants) ; Com., 16 mars 2010, *JurisData* n° 002226, *JCP* 2010. Chron. 708, n° 1 ; Paris, 13 janv. 1993, *D.* 1993. IR 106, *RD banc. et bourse* 1993. 174, obs. Contamine-Raynaud. Pour un refus d'annulation, en raison de la qualité de dirigeant de la caution, Com., 16 nov. 1993, *Bull. civ.* IV, n° 404, *JCP* 1994. IV. 136. V. aussi C. Vuillemin-Gonzalez, « La réticence dolosive des établissements bancaires à l'égard des cautions, un manquement à l'obligation de contracter de bonne foi » *D.* 2001.Chron. 3338.

5. Civ. 1re, 2 avr. 2009, *JurisData* n° 047837, *JCP* 2009. I. 150, n° 3, obs. Simler, *RD banc. fin.* 2009, n° 121, obs. Cerles, *RDC* 2009. 1514, obs. Houtcieff ; Civ. 1re, 14 mai 2009, *RLDC* 2009/7, p. 29, note Marraud des Grottes, *JCP* E 2009. 2020, n° 29, obs. Mortier.

exigé une caution que pour avoir un coobligé solvable, le dol étant révélé par la rupture à brève échéance de son concours et par les poursuites consécutives contre la caution [1].

Un lien peut être établi entre la sanction, sur le terrain du dol, de tels comportements déloyaux d'un créancier professionnel et celle, sur le terrain de la responsabilité, cette fois, d'un devoir de mise en garde des mêmes créanciers envers les débiteurs et cautions « non averties » (v. *infra* n° 179). Ce devoir positif de mise en garde mis par la jurisprudence à la charge du créancier occulte aujourd'hui, dans une certaine mesure, l'hypothèse traditionnelle du dol par réticence, qui peut toutefois être invoqué tant par les « cautions averties » que par les autres alors que le devoir de mise en garde est limité à ces dernières.

89 ***d) Violence*** ◊ Il ne peut être exclu qu'une caution puisse être physiquement ou moralement contrainte de contracter. Il importe peu que l'auteur de la violence soit le cocontractant ou un tiers, en l'occurrence le débiteur.

Seule l'hypothèse de la violence morale a donné lieu à quelques décisions d'annulation [2]. Les tribunaux constatent cependant plus souvent que les conditions du vice de violence n'étaient pas réunies [3].

90 ***2° Capacité et pouvoir*** ◊ L'engagement en qualité de caution n'emporte aucun dessaisissement d'un élément du patrimoine, mais seulement obligation personnelle de payer. Il requiert, selon les termes de l'article 2295, la **capacité de contracter**. La nature précise de cette capacité fait cependant difficulté, en corrélation avec le débat sur le caractère gratuit ou onéreux du cautionnement (*supra* n°s 60 s.).

---

1. V. Civ. 1re, 9 juill. 1996, *JurisData* n° 003153, *RD banc. et bourse* 1996. 205, *D aff.* 1996. 1164 ; Com., 18 mars 2008, *RJDA* 2008. 752 (à propos d'un aval) ; Paris, 12 oct. 2001, *RJDA* 2002. 345, 2e esp. ; Nîmes, 14 mars 2002, *JurisData* n° 180812 (préavis de clôture du compte le jour même de l'acte de cautionnement) ; Poitiers, 25 juill. 2002, *JurisData* n° 187270 (dénonciation des concours un mois après le cautionnement) ; Reims, 26 mai 2005, *JurisData* n° 002823, *RD banc. fin.* 2009, n° 53, obs. Legeais. La même solution peut être fondée sur l'absence de cause (*infra* n° 100).

2. V. Com., 4 juin 1973, *Bull. civ.* IV, n° 193, *D.* 1973. IR 180 ; Com., 28 mai 1991, *Bull. civ.* IV, n° 180, *D.* 1991. Somm. 385, obs. Aynes, *RTD civ.* 1991. 773, obs. Bandrac, et 1992. 85, obs. Mestre ; Limoges, 30 mai 1994, *JurisData* n° 041732 (à propos d'un cautionnement de l'employeur par un salarié, par crainte de perdre son emploi) ; Paris, 6 juill. 2001, *JurisData* n° 171449. La Cour de cassation a jugé qu'une épouse, définitivement condamnée à payer la dette de son mari dont elle s'était portée caution, pouvait néanmoins, sans atteinte à l'autorité de la chose jugée, alléguer ultérieurement la violence dont elle aurait été victime : Civ. 1re, 18 févr. 2003 : *Bull. civ.* I, n° 49, *JCP* 2003. I. 176, n° 7, obs. Simler.

3. V., à propos de menaces du créancier de ne pas voter le concordat, alors que celui-ci était déjà acquis, Com., 15 mai 1968, *Bull. civ.* IV, n° 155 ; à propos de salariés prétendant que le cautionnement souscrit au bénéfice de leur employeur a été obtenu par des pressions constitutives de violences, alors qu'aucune preuve n'en était apportée, Rouen, 20 juin 1979, *Gaz. Pal.* 1980. 1. Somm. 269 ; Orléans, 31 mars 2011, *JurisData* n° 006957, qui, s'agissant du dirigeant d'une société, écarte l'argument tenant à l'exploitation abusive d'une situation de dépendance.

Même si la première qualification devait être retenue, le cautionnement ne serait cependant pas constitutif, sauf circonstances exceptionnelles, d'une donation. Mais la gravité de l'acte et sa nature d'opération de crédit justifient, en toute hypothèse, que soit exigée la capacité de disposer. Un tel acte est évidemment interdit à l'incapable agissant seul [1]. Il est même communément admis que son représentant, tuteur ou administrateur légal ne peut pas davantage l'accomplir, fût-ce avec l'autorisation du conseil de famille ou du juge des tutelles [2]. Cette prohibition absolue pouvait paraître excessive [3]. Telle est pourtant la solution qu'a retenue le législateur à l'occasion de la loi n° 2007-308 du 5 mars 2007 portant réforme de la protection juridique des majeurs : le nouvel article 509 du Code civil dispose, en effet, que *« Le tuteur ne peut, même avec une autorisation...* (constituer) *une sûreté pour garantir la dette d'un tiers »*.

Quant au majeur en curatelle, *il « ne peut, sans l'assistance de son curateur, faire aucun acte qui, en cas de tutelle, requerrait une autorisation du juge ou du conseil de famille »* (C. civ., art. 467, réd. L. 5 mars 2007 préc.) [4].

En l'absence de régime protecteur, le droit commun s'applique : la caution ne doit pas avoir été atteinte d'un trouble mental au moment de l'acte (C. civ., art. 414-1) [5].

1. V., pour l'aval d'un effet de commerce, Poitiers 10 oct. 1967, *RTD com.* 1968. 734, obs. Cabrillac, *Banque* 1968. 61, note X. Marin, et sur pourvoi, Com. 28 oct. 1969, *Bull. civ.* IV, n° 318, *Banque* 1970. 706, note X. Marin.

2. V. Précis *Les personnes, La famille, Les incapacités*, 7e éd., 2005, n° 1186 ; Planiol, Ripert et Savatier, n° 1519 ; Marty, Raynaud et Jestaz, *Les personnes*, nos 530 et 583 ; H., L. et J. Mazeaud et F. Chabas, *Les personnes*, 8e éd., 1997, par F. Laroche-Gisserot, n° 651. Dans le même sens, Paris, 23 déc. 1939, *DC* 1941. 45, note Ripert, *S.* 1940. 2. 1, note Rousseau ; TGI Vannes, 26 févr. 1991, *JCP* N 1992. II. 169, note Fossier (à propos d'un cautionnement hypothécaire).

3. Un arrêt de la Cour de cassation du 2 décembre 1997 a paru vouloir la remettre en cause, en jugeant valable un « cautionnement réel » souscrit avec l'autorisation du juge des tutelles : Civ. 1re, 2 déc. 1997 : *D.* 1998. 469, note Delmas-Saint-Hilaire et Hauser, *RTD civ.* 1998. 343, obs. Hauser, *JCP* 1998. I. 149, n° 1, obs. Simler ; *LPA* 7 sept. 1998, 14, note Massip. Dans le même sens, Rennes, 24 oct. 1997 : *JurisData* n° 048705. V. aussi Sainte-Rose, *Le cautionnement donné au nom d'un mineur par son représentant légal est-il licite ?*, Rapport C. cass. 1997, p. 125. Mais un arrêt postérieur, également relatif à un « cautionnement réel », revient à la solution traditionnelle : Civ. 1re, 21 mars 2000, *RTD civ.* 2000. 544, obs. Hauser, *RJPF* mai 2000. 22, obs. Pansier. L'aval d'un effet de commerce reste en toute hypothèse interdit au mineur, même émancipé (C. com., art. L. 511-5).

4. V. Civ. 1re, 13 mars 2007, *RJDA* 2007. 805 ; Civ. 1re, 24 mai 2007, *Bull. civ.* I, n° 208, *JCP* 2007. I. 212, n° 2, obs. Simler ; *D.* 2007. 1666, obs. Delaporte-Carré.

5. V. Aix-en-Provence, 7 févr. 1980, *Bull. arrêts Aix* 1980/1, p. 15 ; Toulouse, 17 févr. 2010, *JurisData* n° 001925. Une altération sérieuse des facultés intellectuelles, suite à une opération chirurgicale « de nature endocrinienne » (Pau, 31 mars 1993, *JurisData* n° 041734), de même qu'une affectation grave et « ultime », quoique non mentale (Bordeaux, 23 mars 1994, *JurisData* n° 041025), ou une « atteinte dégénérative de type Alzheimer » (Montpellier, 28 janv. 2002, *JurisData* n° 181114) ont été jugées suffisantes pour justifier l'annulation de cautionnements pour absence de consentement, mais non un traitement antidépresseur « susceptible » d'altérer lesdites facultés, en raison du caractère « hypothétique » de son effet délétère (Orléans, 13 avr. 1993, *JurisData* n° 042153), ni le fait pour la caution d'être aveugle (Montpellier, 27 mars 1991, *Banque* 1991. 1203, obs. Rives-lange. *Contra*, Grenoble, 31 janv. 1995, *JurisData* n° 042368). V. aussi, pour l'application de l'article 503 du Code civil (art. 464, réd. L. 5 mars 2007, préc.), relatif à l'existence notoire à l'époque de l'acte de la cause ayant déterminé l'ouverture ultérieure d'une tutelle, Civ. 1re, 19 juill. 1977, *Bull. civ.* I, n° 346, *JCP* 1977. IV. 248 ; Toulouse, 15 oct. 1992, *JurisData* n° 046897.

De la question de la capacité on peut rapprocher celle relative au **pouvoir**. Le droit commun du mandat est applicable au cautionnement. Serait nul un cautionnement souscrit par un prétendu mandataire, dépourvu de tout pouvoir ou dont le mandat serait expiré [1]. En dehors du mandat conventionnel, deux situations soulèvent des problèmes particuliers relatifs au pouvoir : celle des époux communs en biens et celle des dirigeants de personnes morales.

91 ***a) Époux communs en biens : C. civ., art. 1415*** ◊ Sous l'empire de la loi du 13 juillet 1965, chacun des époux communs en biens pouvait s'engager seul comme caution et obliger les biens communs par lui administrés [2], sous réserve de la fraude [3]. Un tel engagement ne constitue ni un acte de disposition à titre gratuit d'un effet de la communauté (*supra* n° 61), ni un acte de disposition à titre onéreux du logement de la famille ou de l'un des biens communs visés à l'article 1424 [4].

Sans remettre en cause ces solutions, la loi du 23 décembre 1985, qui a investi les deux époux des mêmes pouvoirs sur l'ensemble des biens communs (gestion concurrente), a cru devoir instituer une restriction nouvelle, non du pouvoir des époux, mais du gage des créanciers : « *Chacun des époux ne peut engager que ses biens propres et ses revenus, par un cautionnement*

1. V., pour un clerc de notaire mandaté pour un cautionnement hypothécaire et qui avait souscrit un cautionnement réel et un cautionnement personnel solidaire, Civ. 1re, 26 janv. 1999, *Bull. civ.* I, n° 30, *JCP* 1999. IV. 1509. Rappr., pour un aval d'effets de commerce souscrit par un agent du Trésor, dépourvu de tout pouvoir pour prendre pareil engagement, Paris, 10 févr. 1995, *JCP* 1995.IV. 1025, et, sur pourvoi, Com., 25 févr. 1998, *D.* 1999. 39, note Matsopoulou. Sur l'exigence de la mention manuscrite de l'article 1326 du Code civil en cas de mandat sous seing privé de se porter caution, v. *infra* n° 136.

2. Il n'en était autrement que pour le « cautionnement réel », avant que la Cour de cassation ne bannisse ce concept (v. *supra* nos 71 s.). Les articles 215, alinéa 3, et 1424 interdisent la constitution de droits réels par un époux seul, sous peine de nullité, d'une part, sur le logement de la famille, d'autre part, sur les immeubles, fonds de commerce, exploitations et droits sociaux non négociables dépendant de la communauté (v. Civ. 1re, 17 nov. 1981, *Bull. civ.* I, n° 337, *D.* 1982. IR 475, obs. D. Martin ; Civ. 1re, 17 déc. 1991, *Defrénois* 1992. 35220, obs. Champenois, *JCP* 1992. I. 3614, et N 1992. II. 273, n° 1, obs. Wiederkehr). L'alinéa 2 de l'article 1422, ajouté par l'ordonnance du 23 mars 2006, dispose plus généralement que les époux ne peuvent, l'un sans l'autre, affecter un bien commun à la garantie de la dette d'un tiers.

3. V. Civ. 1re, 21 juin 1978, *Bull. civ.* I, n° 237, *D.* 1979. 479, note Chartier. L'arrêt admet par substitution de motifs la nullité pour fraude aux droits du conjoint, en considération de la protection du logement de la famille, d'un cautionnement ayant conduit à la saisie de ce logement. La solution n'est pas pleinement convaincante, faute de vérification de la complicité dans la fraude du créancier garanti.

4. V. Civ. 1re, 16 déc. 1980, *Bull. civ.* I, n° 331 ; Civ. 1re, 17 nov. 1981, préc. ; Civ. 1re, 4 oct. 1983, *Bull. civ.* I, n° 216, *JCP* 1984. II. 20188, note Chartier, *Defrénois* 1983. 33180, note Champenois ; Civ. 1re, 1er juill. 1986, *Bull. civ.* I, n° 191 ; Versailles, 12 janv. 1990, *JCP* 1990. IV. 261, et N 1991. II. 194. De ce raisonnement un arrêt a justement déduit que la clause d'administration conjoint inscrite par les époux dans leur contrat de mariage n'emportait pas nullité du cautionnement souscrit par un époux seul : Paris, 26 nov. 1991, *D.* 1992. IR 23, *JCP* N 1992. II. 379, n° 13, obs. Simler.

(ou un emprunt), à moins que ceux-ci n'aient été contractés avec le consentement exprès de l'autre conjoint qui, dans ce cas, n'engage pas ses biens propres » (art. 1415) [1].

La jurisprudence a donné à ce texte la portée la plus large. Elle l'applique à tout régime de communauté, y compris à la communauté universelle [2]. Au-delà du cautionnement *stricto sensu*, seul expressément visé, elle soumet à la même règle non seulement l'aval, qui n'est que la variante cambiaire du cautionnement [3], mais aussi, par un argument *a fortiori*, la garantie autonome [4]. Elle a retenu la même solution, dans un premier temps, pour le « cautionnement réel », avant de décider, précisément pour justifier l'exclusion de l'article 1415, que la constitution d'une sûreté réelle pour un tiers n'était pas un cautionnement (v. *supra* n° 74). Elle ouvre aux deux époux [5], mais non à d'autres personnes [6], le droit de se prévaloir de la règle. Au-delà de l'emprunt, elle applique la règle à toute forme de crédit ou d'avance de fonds [7].

La conséquence immédiate réside évidemment dans l'insaisissabilité des biens communs, hormis les revenus de l'époux qui s'est porté caution. Ces mêmes biens ne peuvent donc pas davantage être grevés de sûretés judiciaires,

---

1. V. Précis *Les régimes matrimoniaux*, 6e éd. 2011, nos 420 s. ; J.-M. Olivier, « La caution et sa famille », *LPA* 25 avr. 1986, n° 50, p. 23 ; Ch. Mouly, « Le cautionnement donné par une personne mariée », *Defrénois* 1988. 34163 ; M. Wacongne, « L'article 1415 du Code civil et la protection du patrimoine de l'entrepreneur individuel », *JCP* N 1998. 930 ; Y. Flour, « Le cautionnement et le patrimoine des couples », *Dr. et patr.* avr. 2001. 80.

2. Civ. 1re, 3 mai 2000 : *Bull. civ.* I, n° 125, *JCP* 2000. I. 245, n° 16, obs. Simler, *D.* 2000. 546, note Thierry, et 2001. Somm. 693, obs. Aynès, *Defrénois* 2000. 37242, obs. Champenois ; Rouen, 1er oct. 1997, *JurisData* n° 057129, *Dr. fam.* 1999, n° 69, obs. Beignier ; Colmar, 2 oct. 1998, *JurisData* n° 055995, *JCP* 2000. IV. 1139. Cette extension pouvait inspirer un doute, la règle pouvant se traduire, faute de patrimoine propre et, le cas échéant, de revenus, par une inefficacité totale de la sûreté. Mais ce doute a été dissipé. Même lorsque le conjoint de la caution décédée a recueilli l'intégralité de la communauté, en vertu d'une clause d'attribution, le créancier est sans droit contre ce conjoint et sur les biens ainsi recueillis (Civ. 1re, 28 janv. 2003, *JurisData* n° 017707, *RJPF* 2003, n° 5, p. 17, obs. Vauville, *RJDA* 2003. 880).

3. Com., 4 févr. 1997, *Bull. civ.* IV, n° 39, *D.* 1997. 478, note Piedelièvre.

4. Civ. 1re, 20 juin 2006 : *Bull. civ.* I, n° 313 ; *D.* 2006. Act. 1915, obs. Avena-Robardet ; *JCP* 2006. II. 10141, note Piedelièvre ; *RTD civ.* 2006. 592, obs. Crocq. V. aussi *infra*, n° 293.

5. La règle tendant à protéger les intérêts du conjoint dans la communauté, on aurait pu penser que lui seul serait habilité à s'en prévaloir (en ce sens, dans un premier temps, Civ. 1re, 26 mai 1999, *JCP* 1999. I. 156, n° 5, *D.* 2000. 703, note Brémond, *RTD civ.* 2000. 366, obs. Crocq, et 391, obs. Vareille). Ce raisonnement aurait contraint ce conjoint à intervenir dans toute procédure dirigée contre l'époux caution lui-même. Pour éviter cette complication inutile, la haute juridiction, modifiant sa position, a autorisé l'époux caution à opposer lui-même le dispositif de l'article 1415 au créancier poursuivant (Civ. 1re, 15 mai 2002, 2 arrêts : *Bull. civ.* I, n° 127 et 129, *D.* 2002. Somm. 3337, obs. Aynès, *JCP* 2002. II. 10109, 1er et 3e arrêt, concl. Petit, note Piedelièvre, et 2003. I. 124, n° 5, obs. Simler, *Defrénois* 2003. 37691, obs. Théry ; Civ. 1re, 14 janv. 2003 : *Bull. civ.* I, n° 3, *JCP* 2003. *ibid.*, *Dr. fam.* 2003, n° 48, obs. Beignier).

6. Civ. 1re, 14 janv. 2003, préc. En l'espèce, l'article 1415 était invoqué par l'acquéreur d'un immeuble commun sur lequel la banque cautionnée par l'un des époux avait obtenu – à tort – l'inscription d'une hypothèque judiciaire provisoire.

7. V., pour un découvert en compte courant, Civ. 1re, 6 juill. 1999, *Bull. civ.* I, n° 224, *Defrénois* 1999. 37082, obs. Champenois, *JCP* 2000. I. 245, n° 16, obs. Simler, *D.* 2000. 421, note Le Guidec.

même conservatoires [1]. Ne peuvent non plus être saisis les comptes en banque de l'époux caution, même personnels, sauf preuve par le créancier qu'ils ont été alimentés exclusivement par des fonds propres ou des revenus de l'époux caution [2].

Le consentement du conjoint doit être exprès, sans être pour autant soumis à un formalisme particulier. N'étant pas constitutif d'un engagement personnel, aucune mention manuscrite n'est requise [3]. Il y a cependant quelques raisons de craindre que cette règle incite les créanciers à exiger plus systématiquement qu'auparavant le cautionnement solidaire des deux époux.

---

1. V. Civ. 1re, 2 juill. 1991, *Bull. civ.* I, n° 225, *Defrénois* 1991. 35151, obs. Champenois, *JCP* 1992.II. 21830, note Le Guidec ; Civ. 1re, 18 nov. 1992, *Bull. civ.* I, n° 280, *LPA* 14 juill. 1993, p. 22, note Vidal, *D.* 1992. IR 279 ; Civ. 1re, 17 févr. 1998, *Bull. civ.* I, n° 63, *RTD civ.* 1998. 659, obs. Hauser, et 967, obs. Vareille ; Civ. 1re, 15 mai 2002, *JCP* 2002. II. 10109, 3e arrêt, concl. Petit, note Piedelièvre ; Civ. 1re, 11 mars 2003, *Bull. civ.* I, n° 66, *D.* 2003. Act. 1361, *JCP* 2003. IV. 1816, et I. 158, n° 9, obs. Simler ; Civ. 1re, 28 mars 2008, *JCP* 2008. I. 152, n° 2, obs. Simler. Sont pareillement insaisissables et non susceptibles de sûretés judiciaires des biens indivis, par exemple entre époux séparés de biens. Le créancier peut cependant, dans ce denier cas – mais non dans l'hypothèse de la communauté – demander le partage de l'indivision (C. civ., art. 815-17).

2. V., pour un compte joint, Civ. 1re, 3 avr. 2001, *Bull. civ.* I, n° 92, *D.* 2001. Somm. 2933, obs. Nicod, *Defrénois* 200. 37390, obs. Théry, et 37406, obs. Champenois, *RTD civ.* 2001. 943, obs. Vareille, *JCP* 2002. I. 103, n° 13, obs. Simler, et II, 10080, note Bourdaire ; pour un compte personnel, Civ. 1re, 14 janv. 2003, *Bull. civ.* I, n° 2, *JCP* 2003. I. 124, n° 4, obs. Simler et II. 10019, concl. Sainte-Rose, *RD banc. fin.* 2003, n° 64, obs. Legeais, *Defrénois* 2003. 37712, obs. Champenois, *RTD civ.* 2003. 534, obs. Vareille (l'arrêt admet la saisissabilité dudit compte personnel, mais non celle d'un plan d'épargne logement et d'un compte de titres, même exclusivement alimenté par des revenus de l'époux caution, ces deux comptes étant des acquêts ordinaires que le mari ne pouvait engager seul par son cautionnement) ; Civ. 1re, 17 janv. 2006, *Bull. civ.* I, n° 13, *D.* 2006. 1277, note Bonnet. La haute juridiction précise que les présomptions de pouvoir des articles 221 et 222 sont à cet égard sans incidence (Civ. 1re, 25 janv. 2000, préc. ; Civ. 1re, 18 févr. 2003, *Bull. civ.* I, n° 48, *JCP* 2003. I. 158, n° 9, obs. Simler, *D.* 2003. Somm. 1864, obs. Brémond, *RTD civ.* 2003. 536, obs. Vareille, *Dr. fam.* 2003, n° 49, obs. B.B., *Bull. Joly* 2003. 569, obs. Daigre, *RJDA* 2003. 776).

3. V. Civ. 1re, 4 juin 1996, *Bull. civ.* I, n° 325, *D.* 1997. Somm. 163, obs. Aynès ; Civ. 1re, 13 nov. 1996, *Bull. civ.* I, n° 392, *D.* 1997, *ibid.*, *JCP* N 1997. II. 1081, note Leveneur, et 1998. 813, note Le Guidec. V. aussi Ch. Mouly, « La mention manuscrite du conjoint », *JCP* 1995. I. 3836. Mais il faut un consentement exprès à l'engagement du conjoint, que n'exprime pas une simple signature portée sur l'acte de cautionnement (Civ. 1re, 14 mars 2006, *RJDA* 2006. 831) ou sur une fiche de renseignement sur le patrimoine des époux (Civ. 1re, 28 nov. 2006 : *Bull. civ.* I, n° 516, *JCP* 2007. IV. 1005, *Dr. fam.* 2007, n° 16, 3e esp., obs. Beignier). Dans l'hypothèse d'engagements séparés des deux époux, faute de consentement exprès de chacun à l'engagement de l'autre, chacun n'engage que ses biens propres et ses revenus : Civ. 1re, 9 mars 1999, *JCP* 1999. I. 156, n° 4, obs. Simler ; Civ. 1re, 15 mai 2002, *Bull. civ.* I, n° 128, *D.* 2002. Somm. 3337, obs. Aynès, *JCP* 2002. II. 10109, 1er arrêt, concl. Petit, note Piedelièvre ; Civ. 1re, 8 mars 2005, *D.* 2005. IR 1048 ; *JCP* 2005. IV. 1869. Il en est ainsi même si les deux époux se sont obligés par le même acte : Civ. 1re, 1er déc. 2010, *JurisData* n° 022864, *RD banc. fin.* 2011, n° 53, obs. Legeais. *Contra*, antérieurement : Civ. 1re, 13 oct. 1999, *Bull. civ.* I, n° 273, *JCP* 1999. IV. 2957, *RJDA* 1999. 1249, qui avait jugé que, dans ce cas, « l'article 1415 n'a plus à s'appliquer ».

92 ***b) Représentants de personnes morales*** ◊ Dans des circonstances diverses, une personne morale - société [1] ou association [2] - peut vouloir souscrire un engagement de caution au profit de sociétés du même groupe ou de personnes physiques ou morales en relations d'affaires avec elle. Elle peut aussi être tentée - ou sollicitée - de se porter caution de ses propres dirigeants ou associés. S'agissant des collectivités publiques se portant cautions (v., sur le principe, *supra* n° 40, 4), la jurisprudence décide, après avoir connu des hésitations, que la garantie est valablement constituée par la seule délibération de l'organe habilité, tel, par exemple, que le conseil municipal [3].

S'agissant des personnes morales de droit privé, il faut distinguer celles qui sont soumises au seul principe de spécialité et celles qui font l'objet de dispositions particulières.

93 ***Droit commun : principe de la spécialité*** ◊ Contrairement aux personnes physiques, les personnes morales n'ont qu'une capacité limitée à la réalisation de leur objet social [4]. À première vue, le cautionnement des dettes de tiers n'entre pas dans l'objet social d'une société ou d'un groupement quelconque. Bien plus, une société autre qu'un établissement financier ne pourrait, sans autre précaution ou précision, inscrire dans son objet social le cautionnement, qui constitue une opération de crédit dont la pratique habituelle relève du monopole des établissements de crédit (C. mon. fin., art. L. 313-1, qui qualifie d'opération de crédit *« un engagement par signature, tel qu'un aval, un cautionnement, ou une garantie »*). Aussi, les dirigeants de personnes morales ne peuvent-ils, en principe, engager valablement celles-ci par des cautionnements [5].

1. V. J. Honorat, « Sociétés et cautionnement », *Defrénois* 1982. 32970 ; P. Bouteiller, « Les conditions de validité d'un cautionnement souscrit par une personne morale », *LPA* 1988, n° 142, et, sur le même sujet, *JCP* N 2001. 258 ; J.-F. Barbiéri, « Cautionnement et sociétés : dix ans de jurisprudence », *LPA* 26 févr. 1992, p. 6, et 28 févr. 1992, p. 4.

2. V., à propos d'une organisation syndicale, Paris, 25 oct. 1994, *D.* 1995. IR 8, *JCP* 1995. I. 3851, n° 1. V. aussi G. Sousi, « Les conventions conclues entre une association et ses administrateurs », *JCP* 1991. I. 3485, et N 1991. I. 407. Le principe, pour les associations, est la liberté contractuelle. Les statuts peuvent cependant comporter des restrictions ou interdictions (Sousi, art. préc., n°s 10 s.). Le législateur a par ailleurs pris, pour certaines catégories d'associations, des dispositions particulières, notamment pour les cautionnements et avals (*ibid.*, n°s 16 s.).

3. V. Civ. 1re, 25 mars 1997, *Bull. civ.* I, n° 106, *JCP* 1998. I. 103, n° 4, obs. Simler ; Civ. 1re, 7 déc. 1999, *Bull. civ.* I, n° 336, *JCP* 2000. I. 257, obs. Simler ; Civ. 1re, 9 janv. 2007, 2 arrêts, *JCP* 2007. IV. 1306 et 1314. Cette jurisprudence rend vains les débats antérieurs sur la régularité de l'acte de cautionnement et sur la validité des délégations de signature.

4. V. H. Hovasse, « Les cautionnements donnés par les sociétés et l'objet social », *Dr. et patr.* avr. 2001. 76.

5. V. Civ. 1re, 10 mai 1978, *Bull. civ.* I, n° 188, *JCP* 1978. IV. 212 ; Civ. 1re, 6 mars 1979, *Bull. civ.* I, n° 81, *D.* 1979. IR 396, *RTD com.* 1979. 753, obs. Alfandari et Jeantin ; Com., 26 janv. 1993, *Bull. civ.* IV, n° 34, *D.* 1993. IR 47, *JCP* 1993. IV. 801, *Banque* 1993. 92, obs. Guillot ; Paris, 7 mars 1986, *RTD com.* 1986. 523, obs. Alfandari et Jeantin ; Colmar, 18 nov. 1987, *Defrénois* 1988. 34384, et *D.* 1989. Somm. 293, obs. Aynès ; Rouen, 6 nov. 1991, *JCP* 1992. IV. 888 (qui refuse - à tort - à la SCI le droit d'invoquer la nullité qui lui est pour partie imputable, par

Il n'en est autrement que s'il existe, entre la société engagée en qualité de caution et la personne morale débitrice, une **communauté d'intérêts** permettant de rattacher indirectement la garantie souscrite à l'objet social. Tel peut être le cas, notamment, lorsqu'une société civile immobilière, propriétaire des bâtiments d'une entreprise, garantit la société d'exploitation de ladite entreprise [1].

Par ailleurs, dans les sociétés civiles, les décisions qui excèdent les pouvoirs reconnus aux gérants peuvent être prises, en assemblée générale ou par un acte spécial, par une décision unanime des associés (C. civ., art. 1852 à 1854) [2]. Rien ne paraît interdire, enfin, d'ajouter spécialement à l'objet social le cautionnement d'opérations déterminées par leur genre ou leur espèce [3]. Reste débattue la question de savoir si, aux conditions de validité ainsi énoncées se superpose ou non une condition de conformité à l'**intérêt social** [4]. Pour certains arrêts, la conformité à l'intérêt social

---

application de la règle *Nemo auditur...*). V. aussi, pour une organisation syndicale, Paris, 25 oct. 1994, préc., qui rappelle de manière particulièrement claire le principe de spécialité. Rappr. Civ. 3e, 25 mars 1998, *Bull. civ.* III, n° 74, *JCP* N 1998. 1511, note Randoux, et E 1998. 1971, note Garçon, *Bull. Joly* 1998. 635, note Couret, qui annule pour abus de majorité un cautionnement voté en assemblée générale d'une SCI pour garantir un emprunt souscrit par l'un des associés. Un cautionnement non conforme à l'objet social pourrait, par ailleurs, tomber sous le coup d'une qualification pénale (v. Dagot et Mouly, « L'usage personnel du crédit social et son abus », *Rev. sociétés* 1988. 1 ; Civ. 1re, 29 févr. 2000 : *Bull. civ.* I, n° 72, *JCP* 2000. IV. 1678, qui évoque incidemment cette qualification pénale).

1. V. Civ. 1re, 15 mars 1988, *Bull. civ.* I, n° 75, *D.* 1988. Somm. 273, obs. Aynès, *Defrénois* 1988. 34275, *RTD com.* 1988. 459, obs. Alfandari et Jeantin, *Rev. sociétés* 1988. 415, obs. Guyon ; Civ. 1re, 1er févr. 2000, *Bull. civ.* I, n° 34, *D.* 2000. Act. 147, obs. Faddoul, *JCP* 2000. IV. 1494, et E 2000. 490, obs. Bouteiller ; Civ. 1re, 8 nov. 2007, *Bull. civ.* I, n° 345, *JCP* 2008. I. 152, n° 3, obs. Simler, *D.* 2007. 2881, *RTD com.* 2008. 141, obs. Monsérié-Bon ; Paris, 3 janv. 1991, *Dr. sociétés* avr. 1991, n° 7, *RTD com.* 1991. 405, obs. Alfandari et Jeantin ; Paris, 19 mars 1993, *JCP* E 1993. Pan. 810 ; Pau, 12 nov. 2002, *RD banc. fin.* 2992, n° 111, obs. Cerles. V. aussi, A. Delfosse, « Une SCI peut-elle se porter caution ? », *Dr. et patr.* déc. 1994. 28 ; J.-P. Garçon, « La validation atypique du cautionnement hypothécaire non directement conforme à l'objet social », *JCP* N 2000. 1404 ; A. Cerles, « Conditions de validité du cautionnement délivré par une société civile (à propos de Civ. 1re, 8 nov. 2007) », *RD banc. fin.* 2008. Étude 1 ; J. Théron, « De la communauté d'intérêts », *RTD civ.* 2009. 19.

2. V., pour l'application de ces dispositions à des cautionnements hypothécaires consentis par des SCI, Civ. 1re, 20 oct. 1992, *Bull. Joly* 1992. 1311, *RTD com.* 1993. 333, obs. Alfandari et Jeantin ; Com., 28 mars 2000 : *Bull. civ.* IV, n° 69, *D.* 2000. Act. 253, obs. Boizard, et Somm. 479, obs. Hallouin, *JCP* 2000. IV. 1889 ; Civ. 1re, 8 nov. 2007, préc. V. cependant, pour un cautionnement unanimement approuvé par les associés, mais néanmoins annulé pour fraude aux droits des créanciers de la SCI, Com., 14 déc. 1999, *JurisData* n° 004503, *JCP* 2000. I. 257, n° 6, *Defrénois* 2000. 37153, obs. Hovasse.

3. V. Civ. 1re, 19 mai 1987, *Bull. civ.* I, n° 158, *D.* 1987. Somm. 445, obs. Aynès, *Rev. sociétés* 1988. 78, note Guyon ; sur renvoi, Rouen, 8 nov. 1988, *RTD com.* 1990. 422, obs. Alfandari et Jeantin, *RD banc. et bourse* 1990. 240, obs. Jeantin et Viandier.

4. V. G. Piette, « Cautionnement et intérêt social, Les implications réciproques », *JCP* 2004. I. 142 ; Ph. Schultz, « L'associé cautionné par sa société et l'intérêt social », *Mélanges Simler*, Litec-Dalloz 2006, p. 429. Certains arrêts se réfèrent à cette exigence, mais sans l'ériger clairement en condition distincte ou supplémentaire (Com., 28 mars 2000, préc. ; Com., 18 mars 2003, *Bull. civ.* IV, n° 46, *D.* 2004. Act. 975, obs. Lienhard, *JCP* E 2003. Pan. 688, note Boureiller, *RD banc. fin.* 2003, n° 108, obs. Legeais ; Com., 12 oct. 2004 : *RJDA* 2005.

serait une condition nécessaire et suffisante [1]. Mais cette condition rejoint, semble-t-il, celle de la communauté d'intérêts avec le débiteur.

94 ***Dispositions particulières à certains types de sociétés*** ◊ Abstraction faite de la législation propre aux établissements de crédit, qui peuvent naturellement souscrire des cautionnements, le législateur a spécialement réglementé, pour certains types de sociétés, le droit de se porter garant de tiers [2]. Tel est le cas, en particulier, des sociétés à responsabilité limitée et des sociétés par actions [3]. D'une certaine manière, ces dispositions tiennent lieu de mesures de substitution au critère de la conformité à l'objet social, puisque, dans ce type de sociétés, le dépassement de l'objet social est inopposable aux tiers, à moins que ceux-ci en aient eu connaissance ou qu'ils n'aient pu l'ignorer (C. com., art. L. 223-18, L. 225-35 et L. 225-56) [4].

95 ***Société à responsabilité limitée*** ◊ La loi interdit spécialement à la SARL de cautionner ou avaliser ses gérants ou associés « *autres que les personnes morales* », ainsi que leurs conjoints, ascendants et descendants et toute personne interposée, à moins qu'elle n'exploite un établissement financier et que l'opération ne soit conclue à des conditions normales (C. com., art. L. 223-21) [5]. Aucun texte n'interdit en revanche à la SARL de garantir les dettes de tiers quelconques [6].

---

456 ; Com., 3 juin 2008, *JurisData* n° 044245, *JCP* 2008. I. 211, n° 9, obs. Simler, *JCP* E 2008. 2545, n° 4, obs. Deboissy et Wicker, *RD banc. fin.*, 2008, n° 110, obs. Cerles). V. cependant Com., 8 nov. 2011, n° 10-24.438, inédit, qui érige l'intérêt social en condition distincte, annulant une hypothèque consentie par décision unanime des assocéis d'une SCI au profit d'une autre société.

1. V. Com., 26 juin 2007, *RD banc. fin.* 2007, n° 178, obs. Legeais, *RJDA* 2007. 1124 ; Com., 13 nov. 2007, *JCP* 2008. I. 152, n° 3, obs. Simler, *JCP* E 2008. 1280, n° 3, obs. Caussain, Deboissy et Wicker, *LPA* 3 avr. 2008, p. 8, note Schultz ; *RTD com.* 2008. 366, obs. Le Cannu et Dondéro ; *RD banc. fin.* 2008, n° 12, obs. Cerles.

2. V. P. Schultz, *Les dispositions spécifiques relatives aux garanties consenties par les sociétés au profit de tiers*, thèse Strasbourg 1999, éd. Septentrion 2001.

3. On peut citer aussi le cas des SCI d'attribution, spécialement autorisées à se porter caution hypothécaire de leurs membres, ceux-ci, titulaires seulement de parts sociales, ne pouvant accéder que par cette voie à l'indispensable crédit hypothécaire (CCH, art. L. 212-7 et L. 213-9). V. égal. pour les GFA, L. 31 déc. 1970, art. 12, mod. par L. 4 juill. 1980, art. 39-V.

4. Sur la charge de la preuve de la connaissance par le tiers du dépassement, v. Com., 18 juin 1980, *Bull. civ.* IV, n° 264, *Rev. sociétés* 1981. 83, 2e esp., note Guyon. V. aussi Saint-Denis (Réunion), 30 juill. 2010, *JurisData* n° 016874, qui déduit la connaissance de la contrariété à l'objet social du fait que les statuts avaient été communiqués à la banque créancière.

5. V. Com., 8 mars 1994, *Bull. civ.* IV, n° 99, *JCP* 1994. IV. 1251 ; Com., 25 avr. 2006 : *RD banc. fin.* 2006, n° 100, obs. Legeais, *RJDA* 2007. 858 ; Montpellier, 7 janv. 1980, *Gaz. Pal.* 1980. 1. 362, note de Fontbressin, *Rev. sociétés* 1980. 737, note Mouly ; Paris, 5 mai 1987, *D.* 1987. IR 144.

6. V. Com., 25 mai 1993, *Bull. civ.* IV, n° 208, *JCP* 1993. IV. 1867 ; Com., 15 janv. 2002, *JurisData* n° 012711, *RJDA* 2002. 503 ; Aix-en-Provence, 11 janv. 1980, *Bull. arrêts Aix* 1980/1, n° 14, p. 25.

96 ***Société par actions*** ◊ Le dispositif est, pour les sociétés de ce type, plus complexe [1]. Les cautionnements ou avals souscrits au nom de la société sont :

– tantôt purement et simplement **interdits** : il en est ainsi, comme dans la SARL, pour le cautionnement ou l'aval des dettes de ses administrateurs, membres du directoire ou du conseil de surveillance « *autres que les personnes morales* », des directeurs généraux et représentants permanents desdites personnes morales administrateurs ou membres du conseil de surveillance, ainsi que des conjoints, ascendants ou descendants des mêmes personnes ou de toute personne interposée, sous la même réserve (C. com., art. L. 225-43 et L. 225-91) ;

– tantôt **permis** sans restriction : il s'agit des garanties consenties par les établissements de crédit à des tiers ou même aux personnes énumérées ci-dessus, pourvu, dans ce cas, qu'il s'agisse d'opérations courantes conclues à des conditions normales (C. com., art. L. 225-35, al. 4, et 225-68, al. 2) [2] ;

– tantôt soumis à une procédure d'**autorisation préalable** donnée à l'organe exécutif [3] par le conseil d'administration ou le conseil de surveillance [4] : tel est le cas pour les « *cautions, avals et garanties* » [5] souscrits

1. V. Langlade, « Le pouvoir de fournir des sûretés dans les sociétés anonymes », *RTD com.* 1979. 355 ; J. Honorat, art. préc., *Defrénois* 1982. 32970. Un dispositif semblable est prévu pour les sociétés coopératives agricoles (C. rur., art. 524-31, al. 3. V. Schultz, thèse préc., n°s 46 s. et 346 s.) et pour les sociétés de caution mutuelle (C. mon. fin. art. 515-7 ; Com., 18 oct. 1994, *Bull. civ.* IV, n° 307, *D.* 1994. IR 248). Il va de soi, en revanche, que l'exigence d'une autorisation du conseil d'administration ne saurait être appliquée au cautionnement souscrit par une société étrangère si la loi nationale applicable ne comporte pas pareille disposition (Com., 9 avr. 1991, *Bull. civ.* IV, n° 123, *Rev. sociétés* 1991. 746, note Libchaber ; Civ. 1re, 8 déc. 1998, *Bull. civ.* I, n° 345, *JCP* E 1999. 576, note Bonneau). Y échappent également les sociétés par actions simplifiées (SAS) : aux termes de l'art. L. 227-1 C. com., les art. L. 225-17 à L. 225-126 du même code ne sont pas applicables aux SAS.

2. Cette dispense, a jugé la Cour de cassation, ne vaut pas pour les organismes d'assurance alors même qu'ils ont obtenu l'agrément pour délivrer des cautionnements : Com., 24 mars 2004 : *RD banc. fin.* 2004, n° 162, obs. Cerles, *RJDA* 2004. 846.

3. Il s'agit du président du conseil d'administration ou du directoire (ou du directeur général unique). La loi dite « NRE » du 15 mai 2001, qui permet la dissociation entre la présidence et la direction générale, a suscité un doute quant au destinataire de l'autorisation, dissipé par le décret d'application (n° 2002-803) du 3 mai 2002, qui a précisé que le pouvoir de consentir des cautions, avals ou garanties autorisés par le conseil d'administration était dévolu au directeur général (Décr. 23 mars 1967, art. 89).

4. Il appartient au créancier, selon la Cour de cassation, de vérifier l'existence de l'autorisation (Com., 6 mai 1986, *Bull. civ.* IV, n° 86, *JCP* 1986. IV. 197, *Rev. sociétés* 1987. 257, note Didier ; Com., 5 mars 1996, *Bull. civ.* IV, n° 77, *RD banc. et bourse* 1996. 122, obs. Contamine-Raynaud). *Contra*, Paris, 21 juin 2000 : *RTD com.* 2000. 959, obs. Chazal et Reinhard, *JCP* 2001. I. 315, n° 2, obs. Simler, qui a jugé que la preuve de l'absence d'autorisation (en l'espèce, pour une lettre d'intention) incombait à la société.

5. V., pour un aval, Com., 9 mai 2001, *Dr. sociétés* juill. 2001, p. 19, obs. F.X. Lucas, *Banque et droit.* juill.-août 2001. 36, obs. Stork, *RTD com.* 2001. 934, obs. Chazal et Reinhard. Le terme générique « garanties » conduit à soumettre au même régime toutes les sûretés, souscrites au bénéfice de tiers, tant personnelles (*infra* n°s 293 et 332) que réelles (Com., 11 févr. 1986, *Bull. civ.* IV, n° 14, *Rev. sociétés* 1986. 243, note Daigre, *D.* 1987. Somm. 32, obs. Bousquet ; Com.,

par les sociétés par actions au bénéfice de tiers débiteurs quelconques [1], y compris ses propres associés ; cette autorisation, qui doit en principe être spéciale, peut cependant être donnée à hauteur d'un certain plafond d'engagement pour un exercice annuel, les tiers de bonne foi étant, dans ce cas, protégés contre les dépassements qu'ils ne peuvent détecter au vu de l'autorisation présentée (Décr. 23 mars 1987, art. 89) [2].

La sanction, dans tous les cas où le cautionnement a été irrégulièrement souscrit, est controversée. La sanction habituelle de l'illicéité est la nullité, solution retenue par certains arrêts [3], mais sans qu'un accord ait pu être trouvé sur le caractère relatif [4] ou absolu [5] de cette nullité. La Cour de cassation s'est en définitive prononcée dans le sens d'une inopposabilité de

---

4 mai 1999, *JurisData* n° 002014, *RJDA* 1999. 794, *JCP* E 2000. 31, obs. Viandier et Caussain). L'abolition du concept de « cautionnement réel » (v. *supra*, n° 74) est donc ici sans incidence. En revanche, les sûretés, qui ne peuvent être que réelles, constituées par la société pour garantir ses propres dettes ne requièrent aucune autorisation particulière. V. aussi, pour une garantie de passif, mais qui relève de la garantie due par le vendeur et non du concept de sûreté, Com., 12 juill. 2011, n° 10-16.118, à paraître au *Bull. civ.*, *RJDA* 2011. 821, *RTD com.* 2011. 584, obs. Le Cannu et Dondero.

1. Doivent ainsi être considérées comme tiers, pour l'application de ces dispositions, les filiales ou autres sociétés du même groupe (Com., 29 nov. 1982, *Bull. civ.* IV, n° 377, *Rev. sociétés* 1983. 615, note Sibon ; Com., 28 avr. 1987, *Bull. civ.* IV, n° 102, *RTD com.* 1987. 207 et 395, obs. Reinhard, *D.* 1988. 341, note Grillet-Ponton ; Com., 23 oct. 1990, *Bull. civ.* IV, n° 256, *Rev. sociétés* 1991. 86, note Delebecque, *JCP* 1991. II. 21684, note Larroumet, *D.* 1992. Somm. 34, obs. Vasseur, à propos d'une lettre d'intention souscrite par une société-mère pour une filiale ; Com., 17 nov. 1992, *Bull. civ.* IV, n° 364, *JCP* 1993. IV. 273 ; Paris, 24 avr. 1990, *D.* 1990. IR 130 ; Lyon, 13 nov. 1996, *D.* 1998. 250, note Michat-Goudet et Reinhard, *RTD com.* 1998. 176, obs. Petit et Reynard).

2. On a pu songer aussi à l'application de l'article L. 225-38 C. com., qui soumet à autorisation du conseil d'administration et rapport spécial des commissaires aux comptes toute convention entre la SA et l'un de ses dirigeants ou une personne morale dans laquelle un dirigeant a des intérêts. Si le dirigeant est le débiteur garanti, le cautionnement est interdit, à moins que la société soit un établissement de crédit. Si le débiteur garanti est une personne morale dans laquelle un dirigeant a des intérêts, le cautionnement est licite (C. com., art. L. 223-21, L. 225-43 et L. 225-91). En toute hypothèse, l'application ou non de la procédure prévue à l'article L. 225-38 est sans incidence, la nullité éventuelle de cet accord étant sans effet sur le contrat - distinct - de cautionnement souscrit avec le créancier (en sens, Com., 9 avr. 1996, *Bull. civ.* IV, n° 116, *D.* 1996 299, note Larroumet. *Contra*, H. Hovasse, *La validité des sûretés consenties entre sociétés groupées et le principe de l'autonomie patrimoniale*, thèse Rennes 1974, n°s 214 s.). Reste l'hypothèse où le dirigeant (ou une société dans laquelle il est intéressé) est le créancier garanti, la société garantissant la dette d'un tiers envers ce dirigeant (ou ladite société). Dans ce cas, l'article L. 225-38 paraît applicable (en ce sens, Paris, 4 mai 1993, *JurisData* n° 021752).

3. Com., 25 nov. 1980, *Bull. civ.* IV, n° 394 ; Montpellier, 7 janv. 1980 et Paris, 5 mai 1987, préc.

4. En ce sens, Paris, 16 déc. 1986, *D.* 1987. IR 10, *JCP* E 1987. I. 16342, n° 11, obs. Viandier et Caussain, *Rev. sociétés* 1987. 257, 2e esp., note Didier. V. aussi, dans le cas de non conformité à l'objet social, Bordeaux, 27 nov. 1995, *JurisData* n° 051865.

5. En ce sens, Ch. mixte, 10 juill. 1981, *Bull. ch. mixte* n° 7, *D.* 1981. 637, concl. Cabannes, *Rev. sociétés* 1982. 84, note Mouly ; Com., 11 juill. 1988, *D.* 1988. IR 236, *JCP* 1988. IV. 342, cassant Paris, 16 déc. 1986, préc. V. aussi Paris, 5 déc. 1983, préc.

l'engagement irrégulier à la société [1]. Cette qualification étonnante, s'agissant de l'efficacité de l'acte entre les parties mêmes qui l'ont souscrit, est au surplus difficilement conciliable avec l'interdiction par les mêmes arrêts de toute ratification ou confirmation [2]. La sanction naturelle d'une irrégularité, notamment du défaut de pouvoir d'un représentant, est la nullité. L'ordre public n'étant pas en cause, la règle ayant principalement pour objectif la protection de la société, cette nullité devrait n'être que relative, avec toutes les conséquences habituellement attachées à ce caractère, en particulier quant à la possibilité de confirmation et, naguère, au délai de prescription [3].

De la qualification d'inopposabilité, certains ont cru pouvoir déduire que le dirigeant signataire de l'acte devait être personnellement considéré comme caution, l'acte, inefficace envers la société, devant produire ses effets à son encontre [4]. Cette solution ne pouvait être retenue, le dirigeant en question n'ayant d'aucune manière entendu s'obliger personnellement comme caution. Or, le cautionnement doit être exprès et ne se présume point (art. 2292) [5]. On aurait pu, plus plausiblement, retenir à la charge de ce dirigeant une responsabilité pour faute à l'égard du tiers frustré de la garantie de la société [6]. Mais la Cour de cassation a jugé que « cette faute n'était pas séparable de ses fonctions » [7], de sorte que sa responsabilité

1. V. Com., 29 janv. 1980, *Bull. civ.* IV, n° 47, *D.* 1980. IR 372, *Rev. sociétés* 1981. 83, 1re esp., note Guyon ; Com., 28 avr. 1987, *Bull. civ.* IV, n° 102, *D.* 1988. 341, note Grillet-Ponton, *RD banc. et bourse* 1987. 128, note Jeantin et Viandier ; Com., 8 nov. 1988, *Bull. civ.* IV, n° 302, *D.* 1988. IR 282, *JCP* 1989. II. 21230, note Barbiéri ; Com., 8 et 15 oct. 1991, *Bull. civ.* IV, n° 298, 2e arrêt, *JCP* 1992. II. 21877, note Barbiéri, *RD banc. et bourse* 1992. 77, obs. Viandier ; Com., 5 oct. 1993, *Bull. civ.* IV, n° 310, *JCP* 1993. IV. 2523 ; Com., 8 déc. 1998, *JCP* E 1999. 668, note Viandier et Caussain, *RTD com.* 1999. 445, obs. Cabrillac.

2. Com., 11 juill. 1988, préc., cassant Paris, 16 déc. 1986, préc., qui avait prononcé une nullité relative, susceptible de confirmation ; Com., 15 oct. 1991 et 17 nov. 1992, préc. V. aussi Michat-Goudet, « Inopposabilité des cautions, avals et garanties irrégulièrement donnés par le président du conseil d'administration : une sanction critiquable », *JCP* E 1998. 840.

3. V. en ce sens, notamment, Langlade, art. préc., n° 45 ; Honorat, art. préc., n° 23 ; Barbiéri, notes préc. ; Mestre, obs. sur Com., 11 juill. et 8 nov. 1988, préc, *RTD civ.* 1989. 303 ; Ph. Simler, « Histoire d'une impasse : la sanction du défaut d'autorisation des cautions, avals et garanties consentis pour le compte de sociétés par actions », *Mélanges Schmidt*, Éd. Joly, 2005, p. 449.

4. V. notamment P. Didier, note sous Com., 6 mai 1986, *Rev. sociétés* 1987. 257 ; Le Cannu, note sous Paris, 16 déc. 1986, *Bull. Joly* 1987. 99, et sous Com., 11 juill. 1988, *Bull. Joly* 1988. 666, mais, en sens contraire, obs. sous Com. 8 nov. 1994, *Defrénois* 1995. 36017.

5. La solution paraissait devoir être différente en matière d'aval, en vertu de la disposition expresse de l'article L. 511-5, al. 3, du Code de commerce, aux termes duquel *« quiconque appose sa signature sur une lettre de change comme représentant d'une personne pour laquelle il n'avait pas le pouvoir d'agir, est obligé lui-même en vertu de la lettre... Il en est de même du représentant qui a dépassé ses pouvoirs »*. V. cependant Com., 9 mai 2001, *JCP* E 2001. 1071, *Banque et droit* juill.-août 2001. 36, obs. Storck, *RTD com.* 2001. 934, obs. Chazal et Reinhard, *Dr. sociétés* juill. 2001. 19, obs. F.-X. Lucas.

6. En ce sens, Grillet-Ponton et Barbiéri, notes préc. ; Michat-Goudet, art. préc. ; Paris, 9 mai 1990, *D.* 1990. IR 150, *Rev. sociétés* 1990. 475, obs. Guyon ; Lyon, 13 nov. 1996, préc. ; Paris, 3 avr. 1998, *JCP* E 1998. 875, *Banque et droit* nov.-déc. 1998. 34, obs. Rontchevsky.

7. Com., 20 oct. 1998 : *Bull. civ.* IV, n° 254, *JCP* E 1998. 2025, note Couret, *D.* 1999. 639, note de Laender, *RTD com.* 1999. 142, obs. Petit ; Com., 9 mai 2001, préc. ; Com., 18 déc. 2001,

personnelle ne pouvait être recherchée. Nul ne semble donc avoir à répondre, même partiellement, des conséquences dommageables de l'acte irrégulier [1].

97 ***3° Cause*** ◊ On a pu naguère douter de ce que le cautionnement fût un acte « causé » et le classer dans l'étroite (sinon hypothétique) catégorie des actes abstraits. À supposer que cette catégorie existe, le cautionnement, selon l'opinion générale, n'en fait pas partie [2]. Il reste que la définition de la cause du cautionnement et la détermination de son rôle soulèvent des difficultés particulières, accrues par l'existence d'une jurisprudence touffue. Le caractère multiforme du concept se prête, en effet, à toutes sortes d'argumentations pouvant donner l'apparence de la rectitude juridique à des solutions d'équité.

98 ***a) Notion*** ◊ Dans une première approche, recherchant la cause dans son acception la plus classique, celle de **cause objective** de l'obligation, on a pu penser que la cause du cautionnement était le service gratuit rendu au débiteur ou, le cas échéant, la contrepartie stipulée. C'est, en effet, *pour* rendre service au débiteur que la caution s'oblige ou, si tel est l'objet de son commerce, *pour* percevoir une rémunération [3]. Pourtant, si telle est indéniablement la cause du lien d'obligation unissant la caution au débiteur, le même raisonnement ne peut être appliqué au contrat de cautionnement proprement dit. L'existence ou non d'une rémunération est indifférente au créancier. Ce motif personnel à la caution ne peut donc constituer la cause finale de son engagement envers le créancier.

Si l'on recherche cette cause dans la relation caution-créancier, la réponse au fameux « *cur debetur* » - pourquoi la caution s'engage-t-elle ? - paraît consister dans la sûreté fournie. Le but immédiat de l'engagement

---

JCP 2002. I. 151, n° 1, obs. Viandier et Caussain, *RJDA* 2002. 510 ; Lyon, 21 mai 1999, *JurisData* n° 144808, *RD banc. fin.* 2001, n° 187, obs. Cerles (à propos d'une lettre d'intention) ; Paris, 3 avr. 2008, *JurisData* n° 365688, *RD banc. fin.* 2208, n° 131, obs. Legeais. La faute séparable des fonctions est une « faute intentionnelle d'une particulière gravité, incompatible avec l'exercice normal des fonctions » (Com., 20 mai 2003, *Bull. civ.* IV, n° 84, *D.* 2003. 1502, obs. Lienhard, et 2623, note Dondero, *JCP* E 2003. 1203, obs. Caussain, Deboissy et Wicker, et 1399, note Hadji-Artinian).

1. Certains estiment que la responsabilité de la société pourrait néanmoins être mise en jeu (v. Cozian, Viandier et Deboissy, *Droit des sociétés*, Litec, 24e éd. 2011, n° 600 ; G. Ripert, R. Roblot et M. Germain, avec le concours de V. Magnier, *Les sociétés commerciales*, LGDJ, 19e éd. 2009, n° 1670. *Contra*, Lyon, 21 mai 1999, préc. ; Paris, 3 mars 2000, *RJDA* 2000. 879, *Bull. Joly* 2000. 698, note Barbiéri). Outre le fait que cette solution réduirait à néant le dispositif protecteur voulu par la loi, il serait difficilement justifiable qu'un acte inopposable à la société pût néanmoins engager sa responsabilité.

2. V. J. Ghestin, *Cause de l'engagement et validité du contrat*, LGDJ 2006, n° 648 s. *Contra*, Douai, 18 mai 1977, *JCP* 1979. II. 19169, note Parléani. *Rappr.* M. Cabrillac, Ch. Mouly, S. Cabrillac et Ph. Pétel, nos 109 s., qui qualifient le cautionnement d'acte abstrait pour dénier toute fonction à la cause objective - cause de l'obligation -, mais admettent le contrôle de la moralité et de la licéité de la cause subjective, au sens de motif déterminant.

3. En ce sens, Malaurie, Aynes et Crocq, nos 221 s. ; Théry, n° 46.

de la caution n'est-il pas de procurer une sûreté au créancier ? Mais la cause se confond alors avec l'objet : la garantie constitue l'objet du contrat de cautionnement (*infra* n° 105).

En réalité, le but de la caution n'est pas la sûreté elle-même, qui constitue en soi une abstraction, mais ce que cette sûreté permet d'obtenir, à savoir le crédit ou l'avantage escompté par le débiteur et subordonné à l'obtention de la garantie. La caution s'oblige, en effet, envers le créancier *pour* permettre au débiteur d'obtenir cet avantage.

Si cette analyse, qui se situe toujours dans la sphère de la théorie classique de la cause, est plus satisfaisante, son utilité est cependant limitée. Cette cause existe si l'avantage a effectivement été octroyé et elle est licite si l'obligation garantie l'est elle-même. Or, le caractère accessoire du cautionnement conduit aux mêmes solutions. Le constat de cette coïncidence, qui, au demeurant, n'est pas totale (*infra* n° 100), est cependant sans incidence sur la définition [1] de la cause du cautionnement.

Il reste alors à vérifier l'existence, au-delà de la classique cause objective, d'une **cause subjective**, dite moderne, non exclusive de la première et définie comme le motif impulsif et déterminant du contrat. La caution peut, en effet, avoir toutes sortes de raisons de s'engager : familiales, amicales, professionnelles... On ne peut exclure que ces raisons puissent être parfois illicites. Rien ne justifierait que la licéité de la cause ainsi entendue ne soit pas soumise au contrôle du juge en matière de cautionnement.

Il convient à présent de mesurer l'importance du rôle pratique que la cause, dans ses deux acceptions ainsi définies, peut effectivement avoir à jouer.

99 ***b) Rôle*** ◊ L'analyse du contentieux relatif à la cause du cautionnement conduit à distinguer plusieurs types d'hypothèses : absence de cause, fausse cause, disparition de la cause en cours de contrat, illicéité ou immoralité de la cause.

100 ***Absence de cause*** ◊ L'idée d'absence de cause ne peut s'appliquer qu'au concept de **cause objective**. Un engagement sans motif est inconcevable. Il y aurait donc absence de cause si l'avantage que la garantie devait permettre au débiteur d'obtenir fait défaut, c'est-à-dire en l'absence d'obligation principale. Or, dans cette hypothèse, le recours à la notion de cause est généralement inutile, l'article 2289 et le caractère accessoire du cautionnement fournissant instantanément la solution : *« Le cautionnement ne peut exister que sur une obligation valable »*.

---

1. Cette analyse de la cause du cautionnement est présente dans d'assez nombreuses décisions : v. notamment Com., 8 nov. 1972, *Bull. civ.* IV, n° 278, *D.* 1973. 753, note Malaurie, *Gaz. Pal.* 1973. 1. 143, note D. Martin ; Civ. 1re, 30 mai 1978, *Bull. civ.* I, n° 207, *JCP* 1978. IV. 234 ; Com., 19 janv. 1981, *Bull. civ.* IV, n° 30, *D.* 1981. IR 503, obs. Vasseur ; Com., 10 juill. 2001, *JurisData* n° 010991, *RD banc. fin.* 2001, n° 220, obs. Legeais ; Com., 3 mai 2006 : *RD banc. fin.* 2006, n° 129, obs. Legeais ; Versailles, 31 oct. 1997, *D.* 1998. IR 10, *RTD civ.* 1998. 421, obs. Crocq ; Versailles, 14 févr. 2008, *JurisData* n° 361205 (qui annule pour absence de cause le cautionnement d'un prêt non accordé). V. aussi, pour un cautionnement synallagmatique, contrepartie de la renonciation par le créancier à des dividendes, Com., 13 févr. 1996, *Bull. civ.* IV, n° 53.

Faut-il pour autant bannir le concept de cause objective en la matière [1] ? Que la cause soit largement occultée par le caractère accessoire ne l'empêche pas d'exister, de manière sous-jacente. Le cas échéant, une solution peut être fondée soit sur l'article 2289, soit sur l'absence de cause. Au surplus, le caractère accessoire ne fournit pas toujours la réponse appropriée. Ainsi, l'absence de cause, mais non le caractère accessoire, donne un fondement pertinent à la jurisprudence qui annule le cautionnement consenti dans le but de procurer au débiteur une prolongation ou un surcroît de crédit, alors qu'une rupture de ce crédit dans un bref délai aura démontré que le créancier n'a pas réellement eu un tel objectif et a voulu seulement disposer d'un nouveau débiteur solvable. Dans cette hypothèse, l'avantage que la caution a entendu faire obtenir au débiteur au moyen de son engagement fait défaut, alors qu'une obligation principale existe et que le caractère accessoire n'est, de ce fait, d'aucun secours. L'absence de cause fournit en revanche un fondement pertinent à la solution [2].

101 ***Fausse cause*** ◊ La fausse cause est parfois invoquée dans les mêmes circonstances que l'erreur (*supra* n°s 84 s.). L'erreur sur le motif déterminant est, en effet, une variété d'erreur. Ainsi a-t-il été soutenu que l'erreur sur la solvabilité du débiteur [3] ou sur l'existence d'autres sûretés [4] privait le cautionnement de cause. Si l'une ou l'autre de ces circonstances a pu plausiblement constituer un élément déterminant de l'engagement de la caution, elles n'ont pas pu en constituer la cause, c'est-à-dire le but, la réponse au « *cur debetur* ». Tout raisonnement en termes de cause est donc erroné.

---

1. En ce sens, M. Cabrillac, Ch. Mouly, S. Cabrillac et Ph. Pétel, *loc. cit. Contra*, A.-S. Barthez et D. Houtcieff, n° 448 s.

2. V. Com., 15 déc. 1992, *D.* 1993. IR 23, *LPA* 12 mai 1993, p. 20, note Vidal, *RTD com.* 1993. 346, obs. Cabrillac et Teyssié (en l'espèce, l'argumentation, non expressément fondée sur la cause, est écartée, la résiliation de la convention de compte courant n'étant intervenue que plusieurs mois après l'engagement de la caution) ; Paris, 19 juin 1984, *Banque* 1984. 969, obs. Rives-Lange (qui annule le cautionnement pour non conformité à la volonté de la caution, dont le but était l'ouverture ou le maintien du crédit. Le pourvoi contre cet arrêt a été rejeté, mais sur le fondement d'une erreur, par Com., 11 févr. 1986, *D.* 1987. Somm. 446, obs. Aynès, *Banque* 1986. 402, *Gaz. Pal.* 1986. 2. Somm. 504, obs. Piedelièvre) ; Paris, 6 juin 1989, *D.* 1990. Somm. 384, et *Defrénois* 1989. 34633, obs. Aynès (qui annule également sur le fondement d'une erreur) ; Paris, 20 oct. 1998, *JurisData* n° 022971, *JCP* 1999. I. 116, n° 2, obs. Simler (« une banque ne peut recueillir un engagement de caution, sauf à ce que celui-ci soit nul pour défaut de cause, qu'en contrepartie d'un crédit accordé ou maintenu au débiteur principal ») ; Rennes, 21 janv. 2000, *JurisData* n° 121616 (motifs) ; Paris, 20 mars 2001, *JurisData* n° 146908 (qui juge « dépourvu de toute contrepartie » le cautionnement obtenu peu avant la rupture du crédit) ; Paris, 6 juin 2003 : *Banque et droit* mars-avr. 2004. 51, obs. Jacob, *RTD com.* 2004. 143, obs. Legeais.

3. V. Rennes, 14 juin 1951, *D.* 1952. 712, qui a annulé un cautionnement sur ce fondement ; Civ. 1re, 30 mai 1978, *Bull. civ.* I, n° 207, *JCP* 1978. IV. 234, qui a statué en sens contraire.

4. Sur le rejet de l'argumentation selon laquelle l'engagement d'autres cautions a été la cause d'un cautionnement, v. Com., 10 juill. 1978, *Bull. civ.* IV, n° 192, *D.* 1979. IR 150, obs. Landraud ; Com., 24 nov. 1981, *Gaz. Pal.* 1982. 1. Pan. jur. 180 ; Paris, 13 oct. 1980, *D.* 1981. IR 350, obs. Vasseur.

102 ***Disparition de la cause*** ◊ La disparition de la cause a été abondamment invoquée dans l'hypothèse où la caution, dirigeant ou associé de la société débitrice, a ensuite quitté ses fonctions pour une raison quelconque ou cédé ses intérêts dans la société. Elle l'a été également après divorce, alors que l'un des époux s'était porté caution de l'autre. Faute de résiliation de leur engagement, de telles cautions ont pu être poursuivies de nombreuses années après la cessation de la situation qui avait motivé leur engagement. Elles ont soutenu qu'elles n'étaient plus tenues en raison de la disparition de sa cause.

L'argumentation présentée était vouée à l'échec. Même si l'on adhère à la thèse selon laquelle la cause peut jouer un rôle postérieurement à la conclusion du contrat [1], ce rôle ne peut être dévolu qu'à la cause objective. Il ne saurait être question d'admettre que la disparition de la cause subjective, c'est-à-dire du motif déterminant, puisse avoir une incidence sur l'efficacité de l'obligation, sous peine de ruiner la sécurité du commerce juridique. La force obligatoire du contrat (art. 1134) serait bafouée s'il suffisait de démontrer, pour échapper aux obligations nées d'un contrat, que les raisons subjectives qui en avaient déterminé la conclusion ont disparu.

Au surplus, si, s'agissant du cautionnement, les circonstances évoquées auraient sans doute pu constituer un facteur déterminant de l'engagement et si, pour cette raison, l'argument pourrait, sous une autre qualification, être soutenu avec davantage de pertinence (*infra* n° 257), ces circonstances n'ont pu constituer la cause finale, même subjective, du cautionnement. Le raisonnement repose sur la confusion entre la cause efficiente et la cause finale. La qualité de dirigeant, d'associé ou d'époux, a pu constituer le fait générateur (cause efficiente) de l'engagement de la caution, mais en aucun cas son but (cause finale) [2].

103 ***Illicéité ou immoralité de la cause*** ◊ Le vice d'illicéité ou d'immoralité de la cause est rarement invoqué en matière de cautionnement, d'une part, parce qu'un tel vice se glisse très exceptionnellement dans les opérations de crédit, d'autre part, parce que, s'il y a cause immorale ou illicite, elle affecte plutôt le contrat principal. Le cautionnement est alors privé

1. V. Précis *Les obligations*, n° 353.

2. Si la jurisprudence a, de fait, rejeté les prétentions des cautions fondées, dans de telles circonstances, sur la disparition de la cause, les motifs des décisions rendues sont souvent embarrassés et peu convaincants. V., pour des dirigeants ou associés, Com., 8 nov. 1972, *D.* 1973. 753, note Malaurie, *Gaz. Pal.* 1973. 1. 143, note D. Martin ; Com., 16 févr. 1977, *JCP* 1979. II. 19154, note Simler ; Com., 17 juill. 1978, *Bull. civ.* IV, n° 200, *D.* 1979. IR 30 ; Com., 14 oct. 2008, *JurisData* n° 045437, *JCP* 2008. I. 211, n° 5 ; Paris, 15 juin 1993, *D.* 1993. IR 247 ; Amiens, 14 sept. 2010, *JurisData* n° 018233 ; pour des époux divorcés, Com., 24 juin 1969, *JCP* 1970. II. 16221, note Prieur ; Com., 28 févr. 1977, *D.* 1977. IR 235, *JCP* 1977. IV. 110 ; Com., 19 janv. 1981, *Bull. civ.* IV, n° 32, *JCP* 1981. IV. 114 ; Paris, 12 nov. 1986, *D.* 1987. Somm. 452, obs. Aynès ; Paris, 15 juin 1993, *D.* 1993. IR 247.

d'effet faute d'obligation principale valable (art. 2289) [1]. Il en est ainsi que la caution ait été ou non complice de l'opération illicite ou immorale. L'appel à la notion de cause est donc inutile.

Il se pourrait cependant que l'illicéité ou l'immoralité affecte le seul contrat de cautionnement, l'obligation principale étant irréprochable. Le cautionnement par un amant de sa maîtresse, afin qu'elle lui conserve ses faveurs, a pu ainsi être annulé, dès lors qu'il était établi que le créancier avait eu connaissance de ce motif immoral [2].

On constate en définitive que, si la notion de cause est présente en la matière, son rôle pratique, largement masqué par les conséquences du caractère accessoire, est limité, sans cependant être inexistant [3].

104 ***4° Objet*** ◊ La définition de l'objet du cautionnement, dans ses deux approches traditionnelles, est très simple : l'objet du contrat n'est autre que la garantie fournie ; l'objet de l'obligation est la prestation promise au créancier, qui est elle-même l'objet de l'obligation garantie (sur l'unicité de dette, v. *supra* n° 47).

105 ***Objet du contrat*** ◊ L'objet du contrat ne peut soulever d'autre problème que celui de la qualification de l'acte. S'il apparaît que, même en l'absence d'emploi des termes caution ou cautionnement, le garant s'est obligé à payer la dette du débiteur et a, par conséquent, souscrit un engagement accessoire, l'acte doit être qualifié de cautionnement. Si les parties ont, au contraire, clairement écarté le caractère accessoire, même si les termes de caution ou cautionnement se retrouvent dans l'acte, celui-ci ne peut constituer qu'une garantie d'une autre nature (v., à propos des garanties autonomes et des lettres d'intention, *infra* n°s 286 s. et 311 s.).

106 ***Objet de l'obligation*** ◊ En tant que condition de validité de l'engagement, l'objet de l'obligation doit remplir les conditions habituelles :

Il doit **exister**, ce qui ramène une nouvelle fois au caractère accessoire, la dette de la caution étant celle-là même du débiteur principal. Il appartient au créancier de prouver qu'une obligation principale existe [4].

---

1. V., pour le cautionnement de dettes de jeu, Bordeaux, 13 mars 1906, *DP* 1910. 2. 153, note Dupuich, et sur pourvoi, Req., 31 juill. 1907, *DP* 1910. 1. 254, *S.* 1911. 1. 522 ; pour l'aval de billets à ordre nuls, parce que émis en paiement d'une soulte illicite de cession de clientèle civile, et alors que le porteur était de mauvaise foi, Civ. 1re, 24 mars 1998 : *JCP* 1998. II. 10144, note Jacob.

2. Nancy, 12 nov. 1904, *DP* 1905. 2. 158.

3. Ce rôle est indirectement affecté par deux revirements de jurisprudence, dont l'un pourrait avoir un effet extensif, l'autre un effet restrictif. La Cour de cassation a en effet jugé, d'une part, « qu'un contrat peut être annulé pour cause illicite ou immorale, lors même que l'une des parties n'a pas eu connaissance du caractère illicite ou immoral du motif déterminant de la conclusion du contrat » (Civ. 1re, 7 oct. 1998 : *Bull. civ.* I, n° 285, *D.* 1998. 563, rapp. Sainte-Rose, et 1999. Somm. 111, obs. Delebecque, *JCP* 1998. II. 10202, note Maleville ; *Defrénois* 1998. 36895, obs. D. Mazeaud), d'autre part, que l'existence de relations adultères n'était pas de nature à justifier l'annulation d'une libéralité (donc, *a fortiori*, d'un cautionnement) pour contrariété aux bonnes mœurs (Civ. 1re, 3 févr. 1999, *D.* 1999. 267, rapp. X. Savatier, note Langlade, *JCP* 1999. II. 10083, note Billiau et Loiseau).

4. V. Com., 17 mars 1992, *Bull. civ.* IV, n° 113, *JCP* 1994. II. 22317, note Mouly.

Il doit **être licite**. Mais l'illicéité de l'objet ne peut atteindre le cautionnement, en règle générale, qu'à travers l'obligation principale. Si elle n'est pas totalement inconcevable, l'hypothèse du cautionnement illicite d'une obligation principale licite ne peut se réaliser que dans des circonstances très particulières [1].

Il doit, enfin, **être déterminé ou déterminable**, condition qui soulève davantage de difficultés et comporte deux dimensions. Il ne suffit pas, en effet, que la prestation promise par la caution soit déterminée ou déterminable. Il faut en outre - et même d'abord - que le débiteur garanti soit identifié, puisque l'objet du cautionnement est la dette même de ce débiteur [2].

Le cautionnement est en effet nul si la personne du débiteur n'est pas déterminée ou au moins déterminable [3]. Ne peut ainsi être cautionnée, faute de personnalité juridique, une association non déclarée [4] ou une société en participation [5]. Peut en revanche être valablement cautionnée une société en formation, pourvu qu'elle soit ensuite régulièrement immatriculée et que les engagements souscrits pour son compte par ses fondateurs soient repris dans les conditions prévues par la loi [6].

---

1. Le contrôle des changes aurait pu être propice à la réalisation d'une telle hypothèse, le transfert des fonds étant dissimulé sous les apparences d'un cautionnement au profit d'un créancier étranger.

2. V. Civ. 1re, 20 oct. 1993, *Bull. civ.* I, n° 292, *JCP* 1994. II. 22351, et E 1994. II. 616, note Simler. Il suffit cependant que le débiteur, non nommé dans l'acte, soit déterminable : Com., 4 janv. 2000, *RJDA* 2000. 337 (en l'espèce, le signataire était dirigeant d'une société et le montant garanti était celui d'un prêt consenti à la société).

3. V. Com., 22 janv. 1985, *Bull. civ.* IV, n° 29, *Gaz. Pal.* 1985. 1. Pan. jur. 117, obs. Piedelièvre ; Civ. 1re, 20 oct. 1987, *Bull. civ.* I, n° 270, *D.* 1987. IR 217 ; Civ. 1re, 22 avr. 1992, *Bull. civ.* I, n° 128, *JCP* 1992. I. 3623, n° 3. Ces arrêts manifestent une extrême rigueur, en ce qu'ils exigent, en dépit du caractère consensuel du cautionnement, la mention formelle du nom du débiteur dans l'acte. Ainsi, celui du 22 avril 1992 censure-t-il l'arrêt attaqué, qui avait jugé, compte tenu du contexte, que le débiteur était la propre fille de la caution, à laquelle un prêt avait été consenti le même jour. Est plus satisfaisante la position adoptée par la Cour de cassation dans son arrêt précité du 20 octobre 1993, qui admet que l'acte incomplet faute de l'indication du nom du débiteur garanti a valeur de commencement de preuve par écrit, susceptible d'être complété par d'autres éléments extrinsèques, permettant d'identifier ce débiteur. V. aussi, à propos de la désignation comme débiteur d'une enseigne, Com., 16 janv. 1978, *Bull. civ. IV.* n° 21 ; Com., 21 nov. 2006 : *JurisData* n° 036111 ; à propos du cautionnement par une épouse de son conjoint, alors que la dette garantie était celle de la société dirigée par ce dernier, Com., 24 nov. 1970, *Bull. civ.* IV, n° 314. Est censuré un arrêt ayant jugé que l'absence de date rendait l'étendue du cautionnement indéterminable : Com., 1er févr. 2011, *JurisData* n° 001128, *RD banc. fin.* 2011, n° 47, obs. Cerles.

4. Com., 5 mai 1998 : *Bull. civ.* I, n° 156 ; *JCP* 1999. I. 156, n° 2, obs. Simler

5. Civ. 1re, 20 déc. 1977, *Bull. civ.* I, n° 484, *JCP* 1979. II. 19155, note Simler ; Com., 6 juill. 2010, *D.* 2010. Act. 1860, obs. Avena-Robardet, *JCP* E 2010. 1926, note Dondéro, *RD banc. fin.* 2010, n° 171, obs. Legeais, *JCP* 2011. Chron. 226, n° 2, obs. Simler ; Versailles, 28 oct. 1999, *RJDA* 2000. 42, *JCP* 2000. I. 257, n° 4, obs. Simler.

6. V. J. Bonnard, « Le cautionnement des engagements souscrits pour le compte d'une société en formation », *RTD com.* 1992. 255. V., pour une société n'ayant jamais été immatriculée, Com., 29 avr. 1997, *D.* 1998. Somm. 178, obs. Hallouin ; Civ. 1re, 5 mai 1998, *Bull. civ.* I, n° 159, *JCP* 1999. I. 156, n° 2, obs. Simler, ou n'ayant pas repris régulièrement les engagements des fondateurs, Civ. 1re, 26 avr. 2000, *Bull. civ.* I, n° 123, *D.* 2000. Act. 331, note Boizard, *JCP* 2000. I. 257, n° 4, obs. Simler, *Defrénois* 2001. 37351, obs. Crone ; Civ. 1re, 2 oct. 2002, *D.* 2002. 2907, obs. Lienhard, *JCP* 2003. I. 134, n° 1, obs. Caussain, Deboissy et Wicker ; Com.,

Le cautionnement est également nul si la dette garantie ne peut être identifiée et suffisamment délimitée ou si l'étendue de la garantie est trop imprécise [1]. Cette exigence n'interdit pas de cautionner toutes les dettes présentes et/ou futures d'un débiteur (*infra* n°s 119 s.), pourvu que les intentions soient exprimées avec suffisamment de clarté, d'autant que l'article 2292 exige que le cautionnement soit exprès [2].

B. Conditions de validité propres au cautionnement

107 ***Énoncé*** ◊ La nature particulière du contrat de cautionnement, tenant à son caractère accessoire et à son rôle de garantie, a conduit le législateur à formuler certaines conditions propres à la matière. Elles concernent tantôt l'obligation garantie, tantôt la personne de la caution.

108 ***1° Condition tenant à l'obligation principale*** ◊ La seule exigence particulière résulte de l'article 2289 : « *Le cautionnement ne peut exister que sur une obligation valable* ». Elle est le corollaire évident du caractère accessoire du cautionnement. Sa mise en œuvre soulève certaines difficultés dans l'hypothèse de la nullité relative. Elle fournit aussi l'occasion d'apporter d'utiles précisions sur ce que peut être, concrètement, l'obligation garantie. Elle est enfin assortie (art. 2289, al. 2) d'une exception à première vue surprenante, dont la portée est controversée.

109 ***a) Principe : seule une obligation valable peut être cautionnée*** ◊ De la nature essentiellement accessoire du cautionnement et de la lettre du texte précité il résulte que le cautionnement d'une obligation nulle est sans effet. Un tel engagement n'est pas intrinsèquement nul, puisqu'aucun vice ne l'affecte. Mais, privé du support d'une obligation principale valable, il ne peut produire aucun effet. La qualification appropriée de cette situation est sans doute celle de **caducité** [3].

1er avr. 2003, *JurisData* n° 018728, *JCP* 2003. I. 176, n° 2, obs. Simler, *RJDA* 2003. 721, qui écarte toute possibilité de ratification implicite. Le cautionnement est, dans ces hypothèses, privé d'efficacité et ne saurait être considéré comme garantissant les obligations pesant personnellement sur les fondateurs, sauf clause contraire (Civ. 1re, 5 mai 1998, préc. Dans le même sens, pour un GIE non immatriculé, Colmar, 18 mars 2008, *JCP* 2008. IV. 2604).

1. Ainsi jugé pour le cautionnement d'une convention d'affacturage « et de ses avenants éventuels » : Com., 7 juill. 1992, *Bull. civ.* IV, n° 260, *D.* 1992. IR 231, *JCP* 1992. IV. 2611. V. aussi Com., 3 nov. 2010, *JurisData* n° 020235 ; Montpellier, 15 juin 2010, *JurisData* n° 015173.

2. V. Civ. 1re, 15 juill. 1981, *Bull. civ.* I, n° 255 ; Civ. 1re, 19 avr. 1983, *Bull. civ.* I, n° 122, *D.* 1984. IR 83, obs. Vasseur, *JCP* 1983. II. 20122, note Mouly et Delebecque ; Civ. 1re, 4 mars 1986, *Bull. civ.* I, n° 49, *D.* 1986. IR 230 ; Civ. 1re, 20 oct. 1987, *Bull. civ.* I, n° 270, *D.* 1987. IR 217 ; Com., 22 nov. 1988, *Bull. civ.* IV, n° 313, *JCP* 1989. IV. 28 ; Civ. 1re, 22 avr. 1992, *Bull. civ.* I, n° 129, *D.* 1992. IR 182, *JCP* 1992. IV. 1861 (arrêt excessivement restrictif, qui approuve la décision ayant jugé que n'était pas conforme aux exigences de l'article 2015 (aujourd'hui 2292) le cautionnement par une épouse de « toutes les sommes que le (mari) débiteur peut ou pourra devoir à la banque... pour quelque cause que ce soit »).

3. V. M. Cabrillac, Ch. Mouly, S. Cabrillac et Ph. Pétel, n° 350.

Tel est indéniablement le cas lorsque la nullité de l'obligation principale a été prononcée à la demande du débiteur, qu'il se soit agi d'une nullité relative ou d'une nullité absolue. Toute nullité produit effet *erga omnes*. La caution peut donc en toute hypothèse l'opposer au créancier qui s'aviserait de la poursuivre néanmoins.

Il ne fait pas de doute non plus que la caution puisse elle-même se prévaloir d'une cause de **nullité absolue** de l'obligation garantie et l'opposer au créancier poursuivant, puisqu'une telle nullité peut être invoquée par toute personne intéressée [1].

En est-il de même pour la **nullité relative** ? Aux termes de l'article 2289, alinéa 2, « *on peut néanmoins cautionner une obligation, encore qu'elle pût être annulée par une exception purement personnelle à l'obligé ; par exemple, dans le cas de minorité* ». Or, la nullité relative - nullité de protection, qui ne peut être mise en œuvre que par celui que la loi protège - répond indéniablement au concept d'exception purement personnelle, ce que confirme l'« *exemple* » de l'incapacité. Il était généralement admis, pourtant, que cette disposition ne devait être appliquée qu'à ce seul cas, en dépit de la lettre du texte, dont les termes semblent avoir dépassé la pensée de ses auteurs. Il résulte en effet des travaux préparatoires du Code civil que, aux yeux de ses rédacteurs, la nullité de l'obligation principale pour vice du consentement devait emporter anéantissement du cautionnement [2]. Cette solution paraissait en outre commandée par le caractère accessoire et par la règle que « *le cautionnement ne peut excéder ce qui est dû par le débiteur* » (art. 2290).

L'alinéa second de l'article 2289 et la disposition, plus explicite encore, de l'alinéa second de l'article 2313, selon lequel la caution « *ne peut opposer les exceptions qui sont purement personnelles au débiteur* », ont mis la jurisprudence dans l'embarras. Si quelques décisions ont appliqué littéralement ces dispositions [3], d'autres, suivant une doctrine très majoritaire, ont fait prévaloir le caractère accessoire du cautionnement, qui implique que la caution puisse opposer au créancier toutes les exceptions appartenant au débiteur principal, sans distinction entre celles qui sont inhérentes à la dette et celles qui sont

---

1. V., pour une indexation illicite, Com., 27 mars 1990, *Bull. civ.* IV, n° 93, *D.* 1991. 289, note Testu ; pour la nullité absolue d'une clause d'intérêts pour indétermination du taux, Com., 9 juin 1992, *Bull. civ.* IV, n° 228, *JCP* 1992. II. 21892, concl. Curti, et E 1992. II. 351, note Stoufflet, *RTD com.* 1992. 652, obs. Cabrillac et Teyssié. Sur la perpétuité de l'exception de nullité, v. Com. 26 mai 2010, *JCP* E 2010. 1857, note Richard, *JCP* 2011. Chron. 226, n° 8, obs. Simler, *RD banc. fin.* 2010, n° 136, obs. Legeais.

2. Dans son rapport au Tribunat, Chabot déclarait, en effet : « Quant aux obligations contractées par erreur, par violence ou par dol, quoiqu'elles ne soient pas nulles de plein droit, néanmoins, comme elles donnent lieu à l'action en nullité ou en rescision, l'effet de cette action est le même pour le cautionnement que pour l'obligation principale » (Fenet, t. XV, p. 48). Dans son exposé des motifs, Treilhard n'était pas moins explicite : « Une obligation contractée contre la défense de la loi, surprise par le dol, arrachée par la violence, entachée de quelque vice de cette nature, est absolument nulle ; l'acte qui la cautionne tombe par conséquent avec elle » (Fenet, t. XV, p. 38).

3. V. notamment, sur l'exception de dol, Montpellier, 21 sept. 1993, *JurisData* n° 034828, et Paris, 19 févr. 1999, *JurisData* n° 020314.

personnelles (v., à propos de l'opposabilité des exceptions en général, *supra* n° 48). La Cour de cassation a pourtant solennellement adopté la solution inverse par un arrêt rendu en Chambre mixte le 8 juin 2007, jugeant que « la caution ne peut opposer les exceptions qui sont purement personnelles au débiteur principal » et qu'elle n'était donc pas recevable, en l'espèce, « à invoquer la nullité relative tirée du dol affectant le consentement du débiteur principal et qui, destinée à protéger ce dernier, constituait une exception purement personnelle » [1]. La caution, si cette solution perdure, ne pourra donc plus se prévaloir des causes de nullité relative du contrat principal (ni de toute autre exception personnelle, tenant notamment à l'extinction de la dette garantie), ce qui remet gravement en cause son caractère accessoire.

De cette solution il découle corrélativement que la confirmation de l'acte vicié par le débiteur principal est sans incidence sur l'obligation de la caution, qui se trouve elle-même consolidée. L'article 1338, alinéa 3, du Code civil dispose, pourtant, que la confirmation est inopposable aux tiers. Certains en déduisaient que la renonciation du débiteur à la nullité ne peut nuire à la caution, de sorte qu'elle pourrait néanmoins se prévaloir de la nullité [2]. La jurisprudence ne paraît pas avoir été saisie de cette question, qui, dorénavant, ne se posera plus si, comme l'a jugé la Cour de cassation, l'exception de nullité relative, personnelle au débiteur, n'est plus opposable par la caution (v. *supra* n° 48).

Si l'obligation principale est nulle, le cautionnement ne produit en principe aucun effet. Si d'aventure la caution a déjà exécuté son obligation, elle peut agir en répétition des sommes payées [3]. La Cour de cassation décide pourtant, en matière de prêt, « que, tant que les parties n'ont pas été remises en l'état antérieur à la conclusion de leur convention annulée, l'obligation de restituer inhérente au contrat de prêt demeure valable, que dès lors le cautionnement, en considération duquel le prêt a été consenti, subsiste tant que cette obligation valable n'est pas éteinte » [4]. Cette jurisprudence a suscité une certaine perplexité et a été diversement analysée : elle déroge aux principes soit en droit des nullités, soit en droit du cautionnement [5].

---

1. Ch. mixte, 8 juin 2007, *D.* 2007. Act. 1782, obs. Avena-Robardet, *JCP* 2007. II. 10138, note Simler, et *JCP* N 2007. 1286, note Piedelièvre, *RD banc. fin.* 2007, n° 145, obs. Cerles.

2. V. en ce sens, Aubry et Rau, t. VI, par Ponsard, n° 228 et note 9 ; Mouly, *op. cit.*, n° 210 ; Couturier, *La confirmation des actes nuls*, LGDJ 1972, n° 51. *Contra*, avec des hésitations, Mazeaud, Chabas et Picod, n° 21 ; Malaurie, Aynès et Crocq, n° 129 ; J. François, n° 184.

3. V. Caen 16 mars 1989, *RJ com.* 1990. 29, note Gallet.

4. V. Com., 17 nov. 1982, *D.* 1983. 527, note Contamine-Raynaud, *JCP* 1984. II. 20216, note Delebecque et Mouly, *Defrénois* 1984. 33251, obs. Aubert ; Com., 4 févr. 1986, *Bull. civ.* IV, n° 1, *D.* 1987. Somm. 451, obs. Aynès, *Gaz. Pal.* 1986. 2. Somm. 504, note Piedelièvre ; Civ. 1re, 25 mai 1992, *Bull. civ.* I, n° 154, *D.* 1992. IR 211, *JCP* 1992. I. 3608, obs. Fabre-Magnan ; Civ. 1re, 18 mars 1997, *Bull. civ.* I, n° 96, *D.* 1997. IR 96 ; Civ. 1re, 28 juin 2007, *JCP* 2007. I. 212, n° 10, obs. Simler (à propos d'un « cautionnement hypothécaire »). Dans le même sens, pour une hypothèque consentie par le débiteur, Civ. 3e, 5 nov. 2008, *Bull. civ.* III, n° 167, *JCP* 2008. IV. 2941, *RTD civ.* 2009. 148, obs. Crocq.

5. Pour une analyse civiliste critique, V. Fabre-Magnan, obs. préc., qui considère que la perte du crédit par le débiteur prive le cautionnement de sa cause : v. *supra* nos 98 et 100 ; *contra*,

110 ***b) Corollaire : toute obligation valable peut être cautionnée*** ◊ Le cautionnement peut garantir toute espèce d'obligation, quelle que soit sa source ou sa nature [1].

S'agissant des obligations contractuelles, le cautionnement garantit le plus souvent des dettes de sommes d'argent. Mais rien n'empêche de cautionner une obligation de faire (autre que de payer), une obligation de ne pas faire ou une obligation de donner. Certes, dans ces dernières hypothèses, l'exécution en nature n'est exigible que du débiteur principal, à supposer qu'elle puisse être obtenue par voie judiciaire (art. 1142). La caution, admet-on habituellement, n'est garante que de l'indemnité pouvant être due par le débiteur principal défaillant [2]. La garantie de bonne fin des travaux que doivent fournir les entrepreneurs et promoteurs en matière immobilière constituait, avant que la jurisprudence retienne d'autres qualifications (v. *infra nos* 314 s.), l'illustration type d'un tel cautionnement.

La source de l'obligation est pareillement indifférente. Si le cautionnement porte le plus souvent sur des obligations contractuelles, il peut aussi s'appliquer à des obligations légales ou judiciaires, pour lesquelles, d'ailleurs, la fourniture d'une caution est parfois obligatoire (*supra* n° 63). Rien ne s'oppose, en principe, au cautionnement d'obligations naturelles [3], quasi contractuelles ou délictuelles [4].

M. Cabrillac, Ch. Mouly, S. Cabrillac et Ph. Pétel, n° 262. On peut admettre que, lorsque l'inefficacité du prêt n'est que la conséquence de la nullité du contrat principal dont il a assuré le financement, cette inefficacité est une caducité plutôt qu'une nullité, le contrat de prêt n'étant atteint d'aucun vice (v. en ce sens, Civ. 1re, 1er juill. 1997, *Bull. civ.* I, n° 224, *D.* 1998. 32, note Aynès, et Somm. 110, obs. D. Mazeaud). Mais cette caducité, qui emporte déchéance du terme pour l'obligation de l'emprunteur, ne devrait pas avoir le même effet sur l'obligation de la caution (v. *infra* n° 177). La jurisprudence ne fait cependant aucune différence entre cette hypothèse et celle où le prêt lui-même est nul (v. notamment Com., 2 nov. 1994, *Bull. civ.* IV, n° 321, *D.* 1995. 182, note Bonneau, *JCP* 1995. I. 3851, n° 13, obs. Delebecque. V. aussi Laroche de Roussane, « Sort des sûretés en cas de nullité absolue d'un prêt », *Dr. et patr.* oct. 1996. 30).

1. Sous la réserve de rares dispositions prohibitives : v., à propos des crédits participatifs garantis par la Sofaris, Civ. 1re, 19 avr. 1988, *Bull. civ.* I, n° 109, *Banque* 1988. 822, obs. Rives-Lange, *JCP* 1989. II. 21176, note Delebecque ; Com., 9 juin 1992, *Bull. civ.* IV, n° 233, *D.* 1992. IR 198, *Rev. sociétés* 1993. 93, note Delebecque, *RTD com.* 1992. 844, obs. Cabrillac et Teyssié, à propos de l'interdiction du cumul d'une assurance et d'un cautionnement en matière de garantie du paiement des loyers, L. 6 juill. 1989, art. 22-1, al. 1er (L. n° 2009-1437, 24 nov. 2009).

2. V., à propos du cautionnement d'une obligation de formation, Paris, 19 janv. 2001, *JurisData* n° 111684.

3. La question, d'un intérêt pratique limité, de l'efficacité du cautionnement d'une obligation naturelle a divisé la doctrine. Pour les uns, la caution, dès lors qu'elle a pris l'engagement de payer, doit exécuter son engagement, même si le débiteur de l'obligation naturelle ne peut être poursuivi (Planiol, Ripert et Savatier, n° 1517, qui estiment cependant qu'un tel engagement est « moins un cautionnement qu'une obligation principale »). Pour d'autres, un tel cautionnement, en raison de son caractère accessoire, a le même effet limité que l'obligation naturelle garantie et ne peut donner lieu à une exécution forcée (Mazeaud, Chabas et Picod, n° 21-1 ; A.-S. Barthez et D. Houtcieff, n° 472), sauf à le disqualifier en une promesse de porte-fort, s'il apparaît que le garant a réellement voulu prendre un engagement exécutoire.

4. Il était généralement admis, naguère, que le cautionnement d'obligations délictuelles futures était entaché d'illicéité (v., pour le cautionnement de la dette résultant de l'émission de chèques sans provision, Com., 13 mai 1980, *Bull. civ.* IV, n° 199, *D.* 1981. IR 182, obs. Vasseur ; pour le

Si, en tant qu'auxiliaire du crédit, le cautionnement garantit le plus souvent des dettes nées à une époque voisine de sa souscription ou des dettes futures (cautionnement d'une ouverture de crédit ou cautionnement *omnibus : v. infra* n° 123), la fourniture de la sûreté étant le préalable de l'octroi du crédit, rien n'interdit de garantir des dettes préexistantes, même déjà exigibles [1]. S'il s'agit de dettes futures, celles-ci peuvent être indéterminées, pourvu qu'elles soient déterminables (*supra* n° 106). Le cautionnement de telle catégorie de dettes ou même de toutes les dettes d'un débiteur envers un créancier est en principe valable (*infra* n°s 119 s.). Mais d'importantes restrictions à ce principe résultent de dispositions inscrites dans le Code de la consommation (*infra* n°s 115 s.).

Dans l'hypothèse du cautionnement d'un ensemble de dettes futures, l'obligation de la caution comporte deux dimensions [2]. Le contrat de cautionnement définit le cadre de la garantie consentie : telle catégorie de dettes, envers tel créancier, le cas échéant pour telle durée. Même si, au moment de l'engagement, aucune dette entrant dans ce cadre n'existe encore, la caution est liée par l'**obligation de couverture** ainsi souscrite. Dans le cadre ainsi tracé vont s'inscrire, à mesure de la naissance de dettes particulières, autant d'**obligations de règlement**, immédiatement exigibles ou non. Cette dualité permet de mettre en relief la distinction entre la garantie elle-même et l'obligation de payer qui en est l'effet. Dans le cautionnement d'une ou plusieurs dettes déterminées, ces deux dimensions se confondent habituellement, du moins lorsque ces dettes sont déjà nées au moment de l'engagement. Dans le cautionnement *omnibus*, elles sont nettement distinctes. Cette dualité fournit l'explication cohérente de divers effets du cautionnement d'un ensemble de dettes, spécialement de sa résiliation, du terme dont il est assorti ou de l'incidence du décès de la caution (*infra* n°s 255 s.).

---

cautionnement d'obligations résultant de délits futurs, Toulouse, 25 mai 1992, *JCP* 1992.IV. 3110, et, sur pourvoi, Com., 17 janv. 1995, *JCP* 1995. I. 3889, n° 5, obs. Simler, qui approuve, sur ce point, l'arrêt attaqué, mais le censure pour avoir intégralement annulé le cautionnement, alors qu'il couvrait aussi des dettes contractuelles valables). La Cour de cassation a pourtant jugé, dans une espèce où une épouse avait expressément garanti, parmi d'autres obligations, les éventuels détournements futurs que pourrait commettre son époux, « que le cautionnement garantissant le paiement à la victime de créances nées d'un délit ou d'un quasi délit est licite » (Civ. 1re, 8 oct. 1996, *Bull. civ.* I, n° 342, *JCP* 1997. I. 4033, n° 2, obs. Simler, *RTD civ.* 1997. 180, obs. Bandrac. Dans le même sens, Civ. 1re, 13 mai 1998, *Bull. civ.* I, n° 173, *D.* 1998. 1127, obs. Avena-Robardet, *JCP* 1998. I. 116, n° 5, obs. Simler, *Banque et droit* nov.-déc. 1998. 35, obs. Jacob). Il faut continuer d'admettre, en revanche, que le cautionnement d'obligations contractuelles ne s'étend pas, en principe, aux obligations délictuelles nées à l'occasion de l'exécution du contrat garanti (*infra* n° 121).

1. Par exemple, pour le cautionnement de tout ce que le débiteur peut devoir actuellement, Civ. 1re, 16 déc. 1964, *Bull. civ.* I, n° 573 ; pour le cautionnement en connaissance de cause d'un débiteur en liquidation judiciaire, Com., 10 oct. 1995, *Bull. civ.* IV, n° 223, *D.* 1996. Somm. 265, obs. Aynès. De nombreux cautionnements généraux visent les obligations présentes et futures : « ... tout ce que le débiteur *doit* ou *pourra devoir*... ».

2. Ce caractère dualiste a été magistralement mis en lumière par Ch. Mouly, *op. cit.*, n°s 255 s. V. aussi M. Cabrillac, Ch. Mouly, S. Cabrillac et Ph. Pétel, n°s 102 et 201. Pour une autre analyse, v. P. Ancel, « Force obligatoire et contenu obligationnel du contrat », *RTD civ.* 1999. 772 s, spéc. n°s 40 s.

111 ***c) Exception : la dette d'un incapable peut être valablement cautionnée*** ◊ Abstraction faite des évolutions récentes relatives à l'inopposabilité des exceptions personnelles au débiteur, il a toujours été admis, par application de l'article 2289, alinéa 2, que l'on pouvait cautionner la dette d'un incapable. Cette hypothèse, que le texte ne mentionne qu'à titre d'exemple, a majoritairement été considérée comme constituant, en réalité, la seule exception personnelle que la caution ne peut pas opposer au créancier. De l'arrêt précité (*supra* n° 109) du 8 juin 2007 il résulte, à présent, que l'incapacité n'est plus qu'une exception personnelle parmi d'autres dont la caution ne peut se prévaloir.

Toujours est-il que les raisons d'être de cette solution sont très particulières. Les rédacteurs du code ont voulu que l'engagement d'un mineur puisse être efficacement cautionné, solution qui, pour un mineur proche de sa majorité (fixée à 21 ans jusqu'en 1974), était d'un intérêt pratique évident : la combinaison de son engagement avec un cautionnement efficace permettait d'anticiper, en quelque sorte, sa capacité future [1]. Par extension, la même solution vaut pour les autres incapables. Elle heurte de front, pourtant, le caractère accessoire du cautionnement. Non seulement la caution peut être poursuivie alors que l'obligation est nulle dans les rapports entre le créancier et le débiteur principal, mais elle est en principe privée des recours qui lui sont normalement ouverts contre ce dernier. La dérogation aux principes régissant la matière est telle que, de l'avis unanime, la qualification même d'un tel engagement doit être remise en cause. Le procédé qui permet de consolider l'engagement d'un incapable est la **promesse de porte-fort**. Aussi reconnaît-on au cautionnement de l'incapable une double nature : promesse de porte-fort tant que l'incapable n'a pas ratifié valablement son propre engagement, cautionnement garantissant ensuite l'exécution de l'engagement ratifié [2].

La parenté entre incapacité et défaut de pouvoir (*supra* n° 90) a conduit à poser la question de l'extension de la règle de l'article 2289, alinéa 2, à cette hypothèse. Une réponse affirmative a d'abord été donnée par la Cour de cassation, qui a jugé que la nullité de l'obligation principale tenant au défaut de pouvoir du gérant de la société débitrice ne pouvait être invoquée par la caution [3]. Mais cette solution a ensuite été condamnée [4].

---

1. Sur les origines de la règle, v. A. Schneider, « Des exceptions que la caution peut opposer au débiteur. Pour un retour aux sources », *JCP* 2002. I. 121.

2. Cette explication doctrinale implique cependant que la « caution » ait eu conscience de l'incapacité du débiteur principal au moment de son propre engagement (v. Mouly, *op. cit.* n° 220 ; Mazeaud, Chabas et Picod, n° 21 ; Malaurie, Aynès et Crocq, n° 139 ; Théry, n° 52). Si elle l'a ignorée, l'exception n'est plus justifiable. La question ne paraît pas avoir été tranchée en jurisprudence (v. Paris, 16 nov. 1892, *DP* 1893. 2. 227, *Gaz. Pal.* 1893. 2. 10, qui relève, mais sans l'ériger en condition, la connaissance par la caution de l'incapacité du débiteur ; Paris, 20 mars 1956, *JCP* 1956. II. 9401 ; *Banque* 1956. 592, *RTD civ.* 1956. 709, qui retient l'efficacité d'un tel cautionnement sans préciser si la caution connaissait ou non l'incapacité). *Contra*, A.-S. Barthez et D. Houtcieff, n° 80-81

3. Civ. 1re, 27 avr. 1976, *D.* 1976. IR 198, *Gaz. Pal.* 1976. 2. Somm. 187.

4. Ch. mixte, 10 juill. 1981, *Bull. ch. mixte* n° 1, *D.* 1981. 637, concl. Cabannes, qui a jugé que le cautionnement par une société de ses dirigeants était frappé de nullité absolue, solution

112 ***2° Conditions tenant à la personne de la caution*** ◊ L'article 2295 formulait, jusqu'à sa récente modification, une triple exigence : « *Le débiteur obligé à fournir une caution doit en présenter une qui ait la **capacité** de contracter, qui ait un **bien suffisant** pour répondre de l'objet de l'obligation, et dont le **domicile** soit dans le ressort de la cour d'appel où elle doit être donnée* ». La dernière proposition, depuis longtemps anachronique, a été supprimée par une loi n° 2009-594 du 27 mai 2009 (art. 55) et remplacée par un second alinéa, aux termes duquel « *Le créancier ne peut refuser la caution présentée par le débiteur au motif qu'elle ne réside pas dans le ressort de la cour d'appel dans lequel elle est demandée* ».

La condition tenant à la capacité, qui n'est que le rappel de celle du droit commun des contrats (*supra* n° 90), n'appelle aucun autre développement.

113 ***Solvabilité*** ◊ S'agissant de la condition de solvabilité (comme aussi, naguère, de celle tenant au domicile), il convient de délimiter d'abord son champ d'application. Le texte vise le débiteur « *obligé à fournir une caution* ». Il en est ainsi lorsque la loi ou le juge exige la fourniture d'une caution : celle-ci peut être refusée si elle ne remplit pas les conditions requises. Mais on peut observer que le débiteur n'est, dans ces hypothèses, « *obligé* » de fournir une caution (ou une garantie équivalente) que s'il entend bénéficier de l'avantage subordonné à cette condition. Or, dans le cas du cautionnement conventionnel, il en est généralement de même : le débiteur n'obtiendra le crédit sollicité qu'à la condition de procurer au créancier les garanties demandées. Cependant, dans ce dernier cas, le créancier apprécie souverainement le caractère suffisant ou non des garanties offertes (sous réserve de la condition de proportionnalité de l'engagement de la caution, aujourd'hui largement requise : v. *infra* n° 118), alors que, dans les hypothèses de cautionnement légal ou judiciaire, l'article 2296 définit de manière précise et restrictive, la solvabilité exigée [1].

La condition de solvabilité n'est pas laissée, en cas de litige, à la libre appréciation du juge. Aux termes de l'article 2296, la solvabilité de la caution « *ne s'estime qu'eu égard à ses propriétés foncières, excepté en matière de commerce, ou lorsque la dette est modique* ». De plus, « *on n'a point égard aux immeubles litigieux, ou dont la discussion deviendrait trop difficile par l'éloignement de leur situation* ». Ce luxe de précautions démontre que la solvabilité n'est pas, au sens de ce texte, le contraire de l'insolvabilité. Elle doit réponde à des critères définis. Le refus de prendre en compte la fortune mobilière, sauf pour les dettes commerciales ou modiques, est un avatar obsolète de l'adage « *res mobilis, res vilis* ». La rigueur des exigences est quelque peu atténuée

---

inconciliable avec l'application de l'article 2012, al. 2 ; Civ. 1re, 20 oct. 1987, *Bull. civ.* I, n° 269, *D.* 1988. Somm. 276, obs. Aynès, *Defrénois* 1988. 34275 : « le défaut de pouvoir du directeur... ne constituait pas une exception purement personnelle à la société » au sens de l'article 2012. Cette position n'est pas à l'abri de la critique.

1. Ainsi, la jurisprudence décidait-elle que la caution ne pouvait pas invoquer sa propre insolvabilité pour prétendre faire annuler son engagement sur le fondement de l'article 2018 (aujourd'hui 2295) : Com., 3 mars 1987, *Bull. civ.* IV, n° 58, *D.* 1987. Somm. 449, obs. Aynès ; Com., 6 mars 2001, *RJDA* 2001. 815 (l'absence de biens de la caution, dit cet arrêt, n'affecte pas la validité de son engagement. Dans le même sens, à propos de la condition tenant au domicile, Civ. 1re, 7 juin 1988, *Bull. civ.* I, n° 173, *D.* 1988. IR 177. S'agissant de la solvabilité, la mise en œuvre du principe de proportionnalité, d'abord en jurisprudence, puis en législation, a profondément modifié la situation (v. *infra* n° 180).

par le fait que le débiteur peut toujours, s'il ne trouve pas de caution remplissant les conditions, proposer une sûreté réelle équivalente (art. 2318 : *supra* n° 64).

L'article 2297 ajoute que, « *Lorsque la caution reçue par le créancier, volontairement ou en justice, est ensuite devenue insolvable, il doit en être donné une autre* », à moins que le créancier ait lui-même, initialement, choisi la caution. Du terme « volontairement », la jurisprudence déduit que cette règle s'appliquait pareillement au cautionnement conventionnel [1]

114 ***Domicile (condition abrogée)*** ◊ L'anachronisme de la condition tenant au domicile dans le ressort de la cour d'appel est depuis longtemps dénoncé. Son abolition est donc pleinement justifiée [2].

La formule nouvelle de l'alinéa 2 de l'article 2295 laisse subsister la question des cautions domiciliées à l'étranger [3]. Une application littérale ne permettrait pas de les refuser, alors que les difficultés de poursuite et de recouvrement le justifieraient. Une simple suppression de la dernière proposition du texte initial précité aurait laissé ouverte cette possibilité.

C. Dispositions particulières du Code de la consommation

115 ***Inventaire*** ◊ S'agissant de l'efficacité du cautionnement, trois sortes de mesures particulières ont été prises dans le cadre de la législation protectrice des consommateurs [4]. Elles se rapportent à la notification à la caution de l'offre de prêt, au formalisme de la mention manuscrite, requis dans ce domaine *ad validitatem*, enfin, à la solvabilité de la caution.

Ces mesures, pour l'essentiel issues de la *loi « Neiertz »* du 31 décembre 1989 [5], puis inscrites dans le Code de la consommation (L. n° 93-949, 26 juill. 1993), ont toutes le même double champ d'application, qui était initialement celui des lois du 10 janvier 1978 et du 13 juillet 1979 et qui est aujourd'hui déterminé, respectivement, par les articles L. 311-1 s. et L. 312-1 s. dudit code :

- cautionnement des opérations de **crédit à la consommation** passées par acte sous seing privé pour un montant supérieur à 200 € et inférieur à 75 000 € (C. consom., art. L. 311-3, 2e) ;
- cautionnement des **crédits immobiliers** pour la construction, l'amélioration ou l'entretien des immeubles à usage d'habitation ou mixte ou pour l'acquisition de parts ou actions de sociétés donnant vocation à leur attribution en propriété ou en jouissance.

---

1. V., comme première application du texte dans une telle hypothèse, Civ. 3e, 4 janv. 1983, *Bull. civ.* III, n° 1, *D.* 1983. IR 170, *Defrénois* 1983. 33144, obs. Aubert. V. aussi Toulouse, 26 févr. 1986, *Gaz. Pal.* 1987. 1. Somm. 112.
2. Quelques décisions de jurisprudence et une partie de la doctrine avaient du moins admis qu'un domicile élu suffisait. V. Civ., 15 mai 1822, *S.* 1822. 1. 70. *Contra*, Civ., 22 févr. 1853, *DP* 1853. 1. 52 ; Planiol, Ripert et Savatier, n° 1522. Appliquant strictement les textes, un arrêt a déclaré nulle une surenchère au motif que l'une des deux cautions fournies par le requérant n'était pas domiciliée dans le ressort de la cour d'appel et que la garantie de substitution a été fournie hors délai (Civ. 3e, 12 oct. 1994, *Bull. civ.* III, n° 169, *D.* 1994. IR 242).
3. V. pour le refus d'une banque belge, Paris, 31 oct. 2002, *JurisData* n° 193993.
4. Il faut y ajouter diverses obligations d'information : v. *infra* n° 159.
5. V. Ph. Delebecque, « Les incidences de la loi du 31 décembre 1989 sur le cautionnement », *D.* 1990. Chron. 256 ; A. Piedelièvre, « Les modifications apportées à certains cautionnements par la loi du 31 décembre 1989 », *Gaz. Pal.* 1990. 1. *Doctr.* 157. V. égal. J.-P. Marguénaud, « La protection de la caution par le droit de la consommation », *Ann. Fac. Clermont-Ferrand*, 1994, p. 17.

Les dispositions relatives à la mention manuscrite et à la condition de solvabilité ont cependant été étendues par la loi n° 2003-721 du 1er août 2003, pour l'initiative économique, à tout cautionnement par acte sous seing privé souscrit par une personne physique envers un créancier professionnel (C. consom., art. L. 341-2 à 341-4).

116 ***1° Notification de l'offre de crédit à la caution*** ◊ Aux termes des articles L. 311-11 et L. 312-7 du Code de la consommation, l'offre préalable de crédit doit être remise non seulement à l'emprunteur, mais aussi aux éventuelles cautions [1]. Celles-ci bénéficient, comme l'emprunteur lui-même, d'un délai de rétractation de sept jours en matière de crédit à la consommation (art. L. 311-15) et se voient interdire d'accepter l'offre de prêt, en matière de crédit immobilier, avant l'expiration d'un délai de dix jours après réception (art. L. 312-10) [2].

117 ***2° Mentions manuscrites requises ad validitatem*** ◊ Le cautionnement est en principe soumis à l'exigence de la mention manuscrite prévue à l'article 1326 du Code civil, qui ne formule cependant qu'une règle de preuve (*infra nos* 135 s.). En deux étapes, des mentions manuscrites « préformatées » par la loi ont cependant été imposées, à peine de nullité, à un nombre croissant de cautions.

Il en a été ainsi d'abord, aux termes de la **loi** précitée **du 31 décembre 1989** (C. consom., art. L. 313-7 et L. 313-8), pour les opérations de crédit réglementées par le Code de la consommation, c'est-à-dire les crédits à la consommation *stricto sensu* et les crédits immobiliers aux particuliers. L'article L. 313-7 du Code de la consommation dispose : « *La personne physique qui s'engage par un acte sous seing privé en qualité de caution pour l'une des opérations relevant des chapitres Ier et II du présent titre doit, à peine de nullité de son engagement, faire précéder sa signature de la mention manuscrite suivante, et uniquement de celle-ci : En me portant caution de X..., dans la limite de la somme de... couvrant le paiement du principal, des intérêts et, le cas échéant, des pénalités ou intérêts de retard et pour la durée de..., je m'engage à rembourser au prêteur les sommes dues sur mes revenus et mes biens si X... n'y satisfait pas lui-même* ». Si le créancier exige un cautionnement solidaire, la caution doit en outre, toujours à peine de nullité de son engagement, porter la mention suivante : « *En renonçant au bénéfice de discussion défini à l'article 2021 (2298) du code civil et en m'obligeant solidairement avec X..., je m'engage à rembourser le créancier sans pouvoir exiger qu'il poursuive préalablement X...* » (*ibid.*, art. L. 313-8) [3].

---

1. V. J.-P. Marguénaud, art. préc. ; M.-C. Barret-Barnay, « Le sort du cautionnement en cas de non-conformité de l'offre de crédit à la consommation : nullité, déchéance des intérêts ou absence de preuve ? », *Gaz. Pal.* 1999. 2. Doctr. 1813.

2. La méconnaissance du délai d'acceptation de dix jours est sanctionné par la nullité de l'engagement : Civ. 1re, 25 nov. 2010, *JurisData* n° 022156, *RD banc. fin.* 2011, n° 15, obs. Legeais, *CCC* 2011, n° 47, obs. Raymond.

3. De même qu'elle a naguère étendu au mandat sous seing privé l'exigence de la mention probatoire de l'article 1326 du Code civil (v. *infra* n° 136), de même la Cour de cassation a jugé que les mentions des articles L. 313-7 et L. 313-8 (donc aussi celles des articles L. 341-2 et

La **loi du 1er août 2003**, dite « loi Dutreil », a doublé le dispositif ci-dessus exposé par deux nouveaux articles du Code de la consommation (art. L. 341-2 et L. 341-3), qui imposent les mêmes mentions manuscrites, assorties de la même sanction radicale, mais à une catégorie plus large de cautions, puisqu'ils s'appliquent à *« toute personne physique qui s'engage par acte sous seing privé* [1] *en qualité de caution envers un créancier professionnel ».*

Le « créancier professionnel » visé par ces dispositions (et par quelques autres) n'est pas seulement celui qui fait profession d'être créancier – c'est-à-dire un établissement de crédit [2] –, mais celui dont la créance est née dans l'exercice de sa profession ou qui se trouve en rapport direct avec l'une de ses activités professionnelles, même non principale [3].

La jurisprudence exige un respect strict de ce formalisme. La nullité est encourue, a jugé la Cour de cassation, « du seul fait que la mention portée sur l'engagement de caution n'est pas identique aux mentions prescrites (...), à l'exception de l'hypothèse dans laquelle ce défaut d'identité résulterait d'une erreur matérielle » [4]. En dépit de la formule malencontreuse

---

L. 341-3) du Code de la consommation doivent figurer à peine de nullité dans le mandat de souscrire au nom d'une personne physique un cautionnement au profit d'un créancier professionnel : Civ. 1re, 8 déc. 2009, *JCP* 2010. Chron. 708, n° 3, obs. Simler, *JCP* N 2010. 1119, note Garçon, *RD banc. fin.* 2009, n° 55, obs. Cerles.

1. Ces dispositions, qui doublent les précédentes et les abrogent, en quelque sorte, « par absorption », réduisent considérablement le champ d'application de l'article 1326 C. civ., qui ne concernerait plus que les personnes morales non commerçantes et les cautionnements de dettes quelconques souscrits au profit de créanciers profanes. Elles ne sont pas applicables, par ailleurs, aux actes d'avocat, aux termes de l'article 66-3-3 nouveau de la loi du 31 décembre 1971, ajouté par la loi n° 2011-331 du 28 mars 2011 relative à l'acte d'avocat : *« L'acte sous seing privé contresigné par avocat est, sauf disposition dérogeant expressément au présent article, dispensé de toute mention manuscrite exigée par la loi ».* Une dispense générale semblable, inutile pour les articles L. 313-7 et L. 341-2 C. consomm., qui visent expressément les seuls actes sous seing privé, mais non pour les articles L. 313-8 et L. 341-3 et pour d'autres mentions manuscrites, a été inscrite par la même loi, pour les actes authentiques, dans un nouvel article 1317-1 C. civ. (v. en ce sens déjà, pour l'article L. 313-8, Civ. 1re, 24 févr. 2004, *Bull. civ.* I, n° 60, *D.* 2004. Act. 805, obs. Avena-Robardet, *JCP* 2004. I. 141, n° 3, obs. Simler ; et pour l'article L. 341-3, Com., 6 juill. 2010, *Bull. civ.* IV, n° 118, *D.* 2010. 2129, note Piedelièvre, *JCP* 2011. Chron. 226, n° 5, obs. Simler, *JCP* E 2010. 1764, note Legeais, *RTD civ.* 2010. 593, obs. Crocq, *RDC* 2010. 1349, obs. Houtcieff).

2. *Contra*, à tort, Paris, 28 avr. 2011, *JurisData* n° 007447, *JCP* 2011. Chron. 1259, n° 2, qui au surplus, dénie à une société de caution mutuelle la qualité d'établissement de crédit.

3. Civ. 1re, 9 juill. 2009, *Bull. civ.* I, n° 173, *D.* 2009. 2198, note Piedelièvre, *JCP* 2009. Chron. 492, n° 5, obs. Simler, *JCP* E 2009. 1840, note Legeais, *RTD civ.* 2009. 758, obs. Crocq, *RTD com.* 2009. 601 et 796, obs. Legeais ; Bordeaux, 11 janv. 2011, *JurisData* n° 004749. V. *a contrario* Lyon, 24 févr. 2009, *JurisData* n° 001824, et Bordeaux, 20 oct. 2010, *JurisData* n° 024315, qui ont jugé qu'une SCI familiale créancière de loyers n'était pas un créancier professionnel. La caution elle-même, si elle est un établissement de crédit ou un organisme de cautionnement mutuel, doit être considérée comme un créancier professionnel lorsqu'elle est contre-garantie par une sous-caution personne physique (v. en ce sens, Paris, 12 oct. 2010, *JurisData* n° 020078).

4. Civ. 1re, 15 nov. 2010, *JurisData* n° 029526 ; Com., 5 avr. 2011, à paraître au Bull. civ., *D.* 2011. Act. 1132, obs. Avena-Robardet, *JCP* 2011. Chron. 770, n° 2, obs. Simler. V. par ex., pour l'omission de la conjonction « et » entre l'indication du montant et celle de la durée, Civ. 1re, 9 nov. 2004, *Bull. civ.* I, n° 254, *JCP* 2005. I. 135, n° 4, obs. Simler, *RDC* 2005. 403, obs.

« et uniquement celle-ci » figurant aux articles L. 313-7 et L. 341-2, la mention relative à la solidarité prévue aux articles L. 313-8 et 341-3 doit évidemment s'ajouter à la première [1], et son irrégularité ne doit pas emporter nullité de l'engagement, contrairement à ce que dit le texte, mais seulement éviction de la solidarité [2]. La nullité encourue devrait, s'agissant d'un dispositif relevant de l'ordre public de protection des cautions, n'être que relative, donc susceptible de confirmation *a posteriori* [3]. Tel ne paraît pas être l'avis de la Cour de cassation [4].

Procèdent de la même inspiration, bien qu'elles ne concernent ni le crédit, ni à proprement parler les consommateurs, les dispositions relatives au cautionnement des locataires de baux d'habitation issues de la loi n° 94-624 du 21 juillet 1994 et inscrites dans la loi du 6 juillet 1989 (art. 22-1 : *supra* n° 56).

118 ***3° Condition légale particulière tenant à la proportionnalité du cautionnement*** ◊ Comme les mentions manuscrites dont il a été question ci-dessus, la condition de proportionnalité fait l'objet d'un double dispositif, issu respectivement des lois du 31 décembre 1989 et du 1er août 2003 et inscrit dans le Code de la consommation.

Houtcieff ; pour une virgule à la place du point séparant les deux mentions des articles L. 341-2 et L. 341-3, ce qui privait pourtant de sens le texte reproduit, Com., 5 avr. 2011, à paraître au *Bull. civ., D.* 2011. Act. 1132, obs. Avena-Robardet, *JCP* 2011. *ibid., JCP* E 2011. 1395, note Bouteiller, *CCC* 2011, n° 204, obs. Raymond, *RD banc. fin.* 2011, n° 89, obs. Legeais, censurant Rennes, 22 mars 2010, *JCP* 2010. Chron. 708, n° 2, obs. Simler. Les juridictions du fond retiennent des solutions plus contrastées. Comp., dans le sens de la validité de mentions non strictement conformes, Douai, 12 avr. 2011, *JurisData* n° 006100 ; Paris, 3 juin 2010, *JurisData* n° 014250, *RD banc. fin.* 2011, n° 16, obs. Cerles ; dans le sens de la nullité, Paris, 25, juin 2009, *JurisData* n° 007165 (oubli du mot caution dans la formule « en me portant caution solidaire » ; Bordeaux, 16 déc. 2010, *JurisData* n° 030148 (mention ne corresponsant pas « exactement » à la formule du texte).

1. *Contra* Bourges, 1er juill. 2010, *JCP* E 2010. 2042, note Bouteiller, *JCP* 2011. Chron. 226, n° 4, obs. Simler.

2. Com., 8 mars 2011, à paraître au *Bull. civ., D.* 2011. 1193, note Picod, *JCP* 2011. *ibid., RD banc. fin.* 2011, n° 95, obs. Cerles, *RTD civ.* 2011. 375, obs. Crocq, *RTD com.* 2011. 402, obs. Legeais, rejetant le pourvoi contre Bourges, 19 nov. 2009, *JCP* 2010. Chron. 226, n° 4, obs. Simler. Dans le même sens, Chambéry, 1er févr. 2011, *JurisData* n° 004497. *Contra* Paris 5 mars 2009, *JurisData* n° 001119, qui a annulé le cautionnement en raison de l'irrégularité de la seconde mention.

3. V. en ce sens, A.-S. Barthez et D. Houtcieff, n° 528 et 550.

4. V. Com., 28 avr. 2009, *Bull. civ.* IV, n° 56, *D.* 2009. Act. 1351, obs. Avena-Roberdet, *JCP* 2009. Chron. 492, n° 6, *JCP* E 2009. 1701, note Piedelièvre, *RTD com.* 2009. 796, obs. Legeais. Un aveu, exprimé dans des conclusions est jugé inopérant. Dans le même sens, Limoges, 20 mai 1997, *CCC* 1998, n° 12, obs. Raymond ; Toulouse, 27 avr. 1999, *JurisData* n° 042184 ; Chambéry, 4 janv. 2011, *JurisData* n° 004486 ; Chambéry, 12 avr. 2011, *JurisData* n° 015026. Dans le sens de la nullité relative : Paris, 17 mai 1996, *JurisData* n° 021735, *JCP* 1997. I. 3991, n° 6, obs. Simler, *RJDA* 1997. 537 ; Montpellier 7 mars 2000, *JurisData* n° 119031 ; Aix-en-Provence, 15 janv. 2008, *JurisData* n° 359399, *JCP* 2008. I. 152, n° 1. Rappr. Bordeaux, 6 janv. 2011, *JurisData* n° 008458, qui, tout en constatant que le cautionnement non conforme n'était pas valable, admet audacieusement qu'il constituait néanmoins un commencement de preuve par écrit, complété par des échanges de correspondance, et condamne la caution au paiement.

Aux termes de l'article L. 313-10 de ce code, « *Un établissement de crédit, un établissement de paiement ou un organisme mentionné au 5 de l'article L. 511-6 du Code monétaire et financier* [1] *ne peut se prévaloir d'un contrat de cautionnement d'une opération de crédit relevant des chapitres Ier et II du présent titre, conclu par une personne physique dont l'engagement était, lors de sa conclusion, manifestement disproportionné à ses biens et revenus, à moins que le patrimoine de cette caution, au moment où celle-ci est appelée, ne lui permette de faire face à son obligation* ».

L'article L. 341-4 issu de la loi du 1er août 2003 étend la même règle à tout « *créancier professionnel* » bénéficiaire d'un « *cautionnement conclu par une personne physique* » [2]. L'expression « créancier professionnel » doit sans nul doute être comprise comme visant, au-delà des établissements de crédit mentionnés à l'article L. 313-10 précité, tout créancier bénéficiaire d'un cautionnement dans le cadre ou à l'occasion de son activité professionnelle [3]. L'article L. 341-4 ayant, contrairement à l'article L. 313-10, une portée générale [4], il a vocation à s'appliquer notamment aux nombreux cautionnements souscrits par les dirigeants de sociétés, personnes physiques, logiquement exclus du bénéfice de l'article L. 313-10 [5] et auxquels la jurisprudence avait pareillement refusé le droit de se prévaloir, sur le terrain de la responsabilité du créancier, de la disproportion de leur engagement par rapport à leur patrimoine (v. *infra* n° 180).

---

1. Il s'agit d'associations ou fondations « accordant sur ressources propres et sur ressources empruntées des prêts pour la création, le développement ou la reprise d'entreprises dont l'effectif salarié ne dépasse pas un seuil fixé par décret ou pour la réalisation de projets d'insertion par des personnes physiques.

2. Ni l'article L. 313-10, ni l'article L. 341-4 ne font de différence entre acte sous seing privé et acte authentique. Il faut donc en conclure que la condition de proportionnalité s'applique quelle que soit la forme de l'acte de cautionnement, ce qui n'est pas illogique, s'agissant non d'une condition de forme, mais d'une règle de fond (v. en ce sens, Rennes, 18 févr. 2005, *JurisData* n° 270028, *CCC* 2005, n° 155, obs. Raymond, *RD banc. fin.* 2005, n° 129, obs. Legeais.

3. V. en ce sens, pour un fournisseur de matériaux, Chambéry, 31 oct. 2006, *JurisData* n° 317020. *Contra*, certainement à tort, Paris, 28 avr. 2011, préc. Rappr., dans le même sens, à propos de l'article L. 341-5, la jurisprudence citée *infra* n° 123.

4. L'article L. 341-4 absorbe pareillement le champ d'application de l'article L. 313-10, sous la même réserve de son application dans le temps. La Cour de cassation, mettant fin à des solutions divergentes des juridictions du fond, a en effet dénié tout caractère interprétatif à l'article L. 341-4, de sorte qu'il ne pouvait recevoir application que pour les cautionnements, autres que ceux soumis à l'article L. 313-10, souscrits postérieurement à son entrée en vigueur : Ch. mixte, 22 sept. 2006, *Bull. ch. mixte* n° 7, *D.* 2006. Act. 2391, obs. Avena-Robardet, *JCP* 2006. II. 10180, note Houtcieff, *RTD civ.* 2006. 799, obs. Crocq, *RTD com.* 2006. 900, obs. Legeais. V. aussi Com., 13 févr. 2007, *Bull. civ.* n° 31 et 32, *D.* 2007. Act. 652, obs. Avena-Robardet, *RTD com.* 2007. 370, obs. Legeais ; Com., 20 déc 2007, *Bull. civ.* IV, n° 393, *JCP* 2008. IV. 1141, *RD banc. fin.* 2008, n° 10, obs. Legeais, *CCC* 2008, n° 115, obs. Raymond.

5. V., sur cette exclusion, Paris, 4 juin 1993, *D.* 1993. IR 243. Dans le même sens, pour le dirigeant d'une association dispensant à titre onéreux des enseignements, Civ. 1re, 23 mars 1999, *Bull. civ.* I, n° 106, *D.* 1999. IR 114, *JCP* 1999. IV. 1936. Et, dans le sens de l'application de l'article L. 341-4 à des dirigeants, Com., 13 avr. 2010, *D.* 2010. Pan. 407, obs. Crocq, *RLDC* 2010/6, p. 30, obs. Ansault ; Com., 22 juin 2010, *D.* 2010. 1620, obs. Avena-Robardet, et 1985, note Houtcieff, *JCP* E 2010. 1678, note Legeais, *JCP* 2011. Chron. 770, n° 3, *RTD civ.* 2010. 593, obs. Crocq ; Paris, 24 sept. 2010, *JurisData* n° 019339.

Il y a disproportion, selon la jurisprudence, dès lors que l'engagement souscrit par la caution, au regard de l'ensemble de ses biens et revenus et compte tenu de ses charges familiales ou d'autres engagements antérieurs, est de nature à priver la caution d'un « reste à vivre » décent. Il n'est pas tenu compte de l'existence d'autres sûretés, réelles ou personnelles, la caution pouvant être tenue pour le tout [1]. Mais la caution ne peut se prévaloir de cette cause de décharge si elle a fourni au créancier des renseignements inexacts sur son patrimoine ou sur ses autres dettes [2].

La nature et à la portée de ce dispositif sont à tous égards différentes de la condition de solvabilité formulée à l'article 2295 du Code civil (*supra* n° 113). La différence majeure est que les articles L. 313-10 et L. 341-4 du Code de la consommation sont protecteurs de la caution et non pas du créancier. La proportionnalité requise n'est pas, à proprement parler, une condition de validité du cautionnement [3], qui devrait se vérifier au moment de sa formation, puisque la sanction, inédite, n'est encourue que si la disproportion initiale de son engagement perdure au moment de l'échéance. C'est alors seulement que l'on saura si le créancier peut ou non « *se prévaloir* » de sa garantie. Ainsi, la caution ne peut-elle prendre l'initiative de faire constater avant terme sa libération : elle peut seulement, si les conditions sont réunies, s'opposer aux poursuites du créancier.

De la formule « *ne peut se prévaloir* », il résulte que la sanction, lorsqu'elle est encourue, ne peut être qu'une inefficacité totale [4]. Elle apparaît comme un cas inédit de déchéance infligée au créancier imprudent qui aura accepté une caution insuffisamment solvable et si elle l'est toujours au moment de l'échéance. Ces caractéristiques rapprochent l'exigence de

---

1. Civ. 1re 22 oct. 1996, *Bull. civ.* I, n° 362, *JCP* 1997. I. 3991, n° 5, obs. Simler, et II. 22826, note Piedelièvre, *D.* 1997. 515, note Wacongne, et Somm. 166, obs. Aynès, *RTD civ.* 1997. 189, obs. Crocq ; Com., 5 avr. 2011, *JurisData* n° 005726, *JCP* 2011. Chron. 770, n° 3, obs. Simler ; Com., 13 sept. 2011, *JurisData* n° 018736 ; Orléans, 24 mars 2011, *JurisData* n° 006951. Les juridictions du fond ont parfois tenu un raisonnement différent (v. les réf. citées in *JCP* 2001. I. 315, n° 1, obs. Simler). La Cour de cassation a pourtant jugé, s'agissant d'époux, que leur solvabilité devait s'apprécier au regard des biens et revenus de la communauté (Civ. 1re, 27 mai 2003, *Bull. civ.* I, n° 132, *RJDA* 2003. 1000. V. aussi O. Cuperlier et A. Gorny, « L'engagement disproportionné de la caution après la loi n° 2003-721 du 1er août 2003 pour l'initiative économique », *JCP* N 2004. 1540.

2. Com., 14 déc. 2010, *Bull. civ.* IV, n° 198, *D.* 2011. Act. 156, obs. Avena-Robardet, *JCP* 2011. Chron. 770, n° 3, obs. Simler, *JCP* E 2011. 1117, note Legais, *RLDC* 2011, n° 79, p. 33, obs. Ansault.

3. V. Civ. 1re, 22 oct. 1996, préc., qui condamne expressément la qualification de nullité. *Contra*, de manière erronée, Paris, 17 sept. 1993, *JurisData* n° 024188 ; Lyon, 13 janv. 1994, *JurisData* n° 040487 ; Poitiers, 20 févr. 2001, *JurisData* n° 162549.

4. V. Com., 22 juin 2010, préc., qui indique que cette sanction n'a pas pour objet la réparation d'un préjudice et ne s'apprécie pas à la mesure de la disproportion. Une réduction de l'engagement disproportionné aurait été une sanction plus appropriée (comp. les solutions admises par la jurisprudence sur le fondement du principe de proportionnalité, *infra* n° 180). On peut craindre aussi que la condition tenant à l'absence d'une solvabilité suffisante à l'échéance soit une incitation à la dissimulation patrimoniale.

proportionnalité du bénéfice de cession d'actions de l'article 2314 du Code civil, également sanctionné par une déchéance du droit du créancier contre la caution [1].

§ 2. Étendue du cautionnement

119 ***Principes directeurs*** ◊ S'il est acquis que la caution est tenue et que son engagement est valable, il importe de déterminer avec précision l'étendue de son obligation. Deux principes président à cette recherche.

1° La caution ne peut s'obliger pour un montant supérieur à celui de l'obligation garantie, mais elle peut limiter son engagement à un montant moindre. La première proposition, corollaire immédiat du caractère accessoire du cautionnement, est explicitée par l'article 2290, alinéa 1er : « *Le cautionnement ne peut excéder ce qui est dû par le débiteur principal, ni être contracté sous des conditions plus onéreuses* ». Mais le caractère accessoire ne pouvait signifier que les deux obligations fussent nécessairement identiques. C'est pourquoi le second alinéa du même texte dispose : « *Il peut être contracté pour une partie de la dette seulement, et sous des conditions moins onéreuses* ». Cette limitation peut elle-même revêtir diverses modalités (*infra* nos 125 s.).

2° Le cautionnement est d'interprétation stricte. Cette règle, qui révèle toute son importance sur le terrain de la preuve (*infra* n° 131), résulte de l'article 2292, omniprésent dans l'étude du cautionnement : celui-ci « *ne se présume point ; il doit être exprès, et on ne peut pas l'étendre au-delà des limites dans lesquelles il a été contracté* ». Par conséquent, s'il y a doute sur l'étendue de l'obligation de la caution, la recherche de la commune intention des parties ayant été infructueuse, c'est toujours la solution la plus favorable à la caution qui doit l'emporter. Cette règle propre au cautionnement rejoint la directive plus générale formulée à l'article 1162, mais particulièrement appropriée en cette matière, selon laquelle : « *Dans le doute, la convention s'interprète contre celui qui a stipulé et en faveur de celui qui a contracté l'obligation* » [2].

La détermination de l'étendue du cautionnement suscite un abondant contentieux en raison d'un regrettable laconisme de nombreux actes. Faute de pouvoir utilement contester l'efficacité de leur engagement, les

---

1. V. en ce sens, A.-S. Barthez et D. Houtcieff, n° 1180 s., qui en traitent sous l'appellation de « bénéfice de disproportion » à la suite du bénéfice de cession d'actions. Ces auteurs proposent même (n° 1208) que la décharge soit, à l'instar de celle prévue à l'article 2314, à la mesure de la disproportion, ce que ne paraît pas autoriser la formule « *ne peut se prévaloir* ».

2. V. Civ. 1re, 9 mai 1962, *Bull. civ.* I, n° 238, *JCP* 1962. IV. 85, *Banque* 1962. 549 ; Com., 19 nov. 1962, *Bull. civ.* III, n° 462, *D.* 1963. Somm. 63. Dans des circonstances semblables, le premier arrêt fonde sa solution sur l'article 2015 (aujourd'hui 2292), le second sur l'article 1162. V. égal., pour des arrêts de censure fondés sur la violation de l'article 2015, Com., 20 oct. 1992, *LPA* 18 juin 1992, p. 26, note Courtier ; Com, 8 juin 1993, *Bull. civ.* IV, n° 227, *Banque* 1993. 99, obs. Guillot ; sur les deux arrêts, *JCP* 1993. I. 3717, n° 3, obs. Simler ; Com., 9 juin 1998, *Bull. civ.* IV, n° 189, *JCP* 1998. IV. 2724, *Banque et droit* nov.-déc. 1998. 37, obs. Jacob.

cautions soutiennent fréquemment n'avoir pas entendu garantir telle dette, ou tel type de dettes ou celles contractées à telle époque.

Il faut distinguer plusieurs hypothèses : la caution a pu garantir une dette déterminée, un ensemble de dettes ou même toutes les dettes d'un débiteur envers un créancier ; elle peut, au contraire, avoir inscrit son engagement dans certaines limites, en montant et/ou en durée, ou l'avoir assorti de conditions. Il y a lieu d'évoquer, enfin, le sort d'un engagement qui excéderait ce qui est dû par le débiteur.

120 ***1° Cautionnement d'une ou plusieurs dettes déterminées*** ◊ L'hypothèse la plus simple, qui doit constituer la base de tout raisonnement relatif à l'étendue de l'obligation de la caution, est celle du cautionnement pur et simple d'une dette déterminée : tel prêt ou telle ouverture de crédit, tel bail ou crédit-bail... L'étendue de l'obligation principale est déterminée ou du moins, notamment si cette obligation est successive, déterminable. La garantie en épouse exactement les contours.

C'est ce cautionnement que vise l'article 2293, sous l'appellation de *« cautionnement indéfini d'une obligation principale »*, en précisant qu'il *« s'étend à tous les accessoires de la dette »* [1]. La portée de cette importante disposition doit être explicitée. Un développement particulier mérite d'être réservé au cautionnement du bail, en raison de dispositions législatives particulières.

121 ***Accessoires de la dette*** [2]. ◊ Par application de la disposition on ne peut plus claire de l'article 2293 précité, qui n'est elle-même que la confirmation du principe que l'accessoire suit le principal, la caution doit au créancier, outre le principal de la dette, tous ses accessoires, à savoir :

---

1. Selon une opinion naguère émise et un moment entérinée par la Cour de cassation, l'expression « cautionnement indéfini » désignerait le cautionnement général (ou *omnibus*), sans limitation de somme (Sargos, « L'opération "Glasnost" de la Cour de cassation en matière de cautionnement », *Gaz. Pal.* 1988. 1. Doctr. 299, n° 4 ; Civ. 1re, 12 nov. 1987, *D.* 1988. Somm. 271, *Banque* 1987. 1207, obs. Rives-Lange). Il s'agit d'un contresens à la fois historique et grammatical : le cautionnement illimité ou *« omnibus »* (sur lequel, v. *infra* n° 123) était inconnu à l'époque du Code civil (qui s'est inspiré d'un texte de Pothier, dénué de toute ambiguïté : *Traité des obligations*, n° 404) ; par ailleurs, le texte vise le cautionnement *« d'****une*** *obligation principale »*, qui s'étend aux accessoires *« de la dette »*. La discussion se rapporte à la portée de la mention manuscrite (*infra* n° 142). Après avoir épousé cette thèse erronée pendant quelques années, la Cour de cassation a rétabli l'analyse traditionnelle (v. *infra* n° 139), jugeant que le cautionnement pur et simple d'un prêt est un cautionnement indéfini et que la caution est par conséquent tenue des accessoires, par application de l'article 2016 (v. Simler, « Le cautionnement indéfini d'une dette s'étend de plein droit aux accessoires de celle-ci », *RJDA* 1999. Chron. 831, et *JCP* 2001. I. 367 ; P. Grosser, « La Cour de cassation et l'article 2293 du Code civil », *Mélanges Goubeaux*, Dalloz-LGDJ 2009, p. 203 ; A.-S. Barthez et D. Houtcieff, n° 437 s.). Sur l'énigmatique obligation d'information propre à *« ce cautionnement »* (art. 2293, al. 2), v. *infra* n° 165.

2. V. M. Cabrillac, « Les accessoires de la créance », *Mélanges Weill*, Dalloz-Litec 1983, p. 107 s.

– les **intérêts** stipulés au contrat de base [1] ; il faut cependant préciser que les dispositions du Code de la consommation relatives à l'exigence d'une mention manuscrite (v. *supra* n° 117) requièrent l'indication du montant de l'engagement « *couvrant le paiement du principal, des intérêts et, le cas, échéant, des pénalités ou intérêts de retard* » (C. consom., art. L. 313-7) et qu'il en est ainsi, depuis la loi du 1er août 2003, pour tout cautionnement souscrit par une personne physique envers un créancier professionnel (*ibid.*, art. L. 341-2) ;

– les **frais de justice** exposés par le créancier à l'occasion des poursuites contre le débiteur, étant précisé que, hormis ceux « *de la première demande* », la caution n'en est tenue que si le créancier lui a « *dénoncé* » ces poursuites ; la restriction est justifiée par le fait que, avertie des poursuites, la caution peut, en payant la dette, éviter que des frais supplémentaires soient engagés ;

– les **dommages et intérêts** dus par le débiteur, en particulier, s'agissant de dettes de sommes d'argent, les intérêts moratoires ; la règle vaut aussi pour l'indemnisation forfaitaire prévue par une **clause pénale** [2], sous la même réserve des dispositions du Code de la consommation ;

---

1. L'arrêt du cours des intérêts à l'égard du débiteur principal, suite à l'ouverture d'une procédure collective, a donné lieu à des solutions fluctuantes. Sous l'empire de la loi du 13 juillet 1967, le cours des intérêts n'était arrêté qu'à l'égard de la masse des créanciers. La solution, en apparence contraire au caractère accessoire du cautionnement, était cependant pertinente : l'arrêt du cours des intérêts n'est d'aucune manière une réduction de la dette, mais seulement une mesure d'ordre dans la procédure de redressement judiciaire, qui participe de la constatation de la défaillance du débiteur. À la suite de la loi du 25 janvier 1985, la Cour de cassation avait, contre toute attente, décidé le contraire, en prenant appui, précisément, sur le caractère accessoire (Com., 13 nov. 1990, *Bull. civ.* IV, n° 277, *D.* 1991. Somm. 112, obs. Derrida, et 387, obs. Aynès, *JCP* E 1991. II. 114, note Pétel, *Banque* 1991. 208, obs. Rives-Lange ; Com., 14 déc. 1993, *Bull. civ.* IV, n° 467, *RD banc. et bourse* 1994. 131 ; Com., 22 mars 1994, *Bull. civ.* IV, n° 122, *JCP* 1994. IV. 1394). La solution ancienne a été rétablie par une loi du 10 juin 1994 (C. com., art. L. 621-48 : « *Les cautions et coobligés ne peuvent se prévaloir...* ». La loi de sauvegarde du 26 juillet 2005 l'a une nouvelle fois inversée, mais seulement pour les personnes physiques et seulement en cas de plan de sauvegarde (C. com., art. L. 622-28 : « *Les personnes physiques cautions, coobligés ou ayant donné une garantie autonome peuvent se prévaloir...* » de l'arrêt du cours des intérêts). Enfin, l'ordonnance n° 2008-1345 du 18 décembre 2008 a étendu le champ d'application de la règle à tout souscripteur d'une sûreté personnelle, mais aussi au tiers constituant d'une sûreté réelle, naguère appelé « caution réelle », et au fiduciant : « *Les personnes physiques coobligées ou ayant consenti une sûreté personnelle ou ayant affecté ou cédé un bien en garantie peuvent se prévaloir...* ». Cette faveur disparaît si le redressement judiciaire est prononcé (*ibid.*, art. L. 631-14).

2. La jurisprudence a quelquefois cherché à exonérer la caution de la charge de la clause pénale, moyennant des motivations embarrassées, que l'article 2293 n'autorise pas (Com., 22 janv. 1963, *Bull. civ.* III, n° 53 ; Civ. 1re, 21 juill. 1970, *Bull. civ.* I, n° 245, *D.* 1970. 671). Ces tentatives n'ont pas perduré (v. notamment, Civ. 1re, 20 janv. 1970, *Bull. civ.* I, n° 26 ; Civ. 1re, 18 févr. 1976, *Bull. civ.* I, n° 76, *D.* 1976. Somm. 42, *JCP* 1976. II. 18465 ; Com., 15 juill. 1986, *Bull. civ.* IV, n° 155, *D.* 1987. Somm. 449, obs. Aynès ; Com., 3 janv. 1991, *Bull. civ.* IV, n° 1 ; Com., 6 févr. 2001, *Bull. civ.* IV, n° 29, *D.* 2001. Act. 1024, *JCP* 2001. IV. 1573, *Bull. Joly* 2001. 849, obs. Delebecque). Etant tenue au titre de la clause pénale, la caution est en droit d'en demander la réduction si elle l'estime manifestement excessive (C. civ., art. 1152. V. en ce sens, Civ. 1re, 14 juill. 1978, *Bull. civ.* I, n° 280, *JCP* 1978. IV. 301 ; Com., 3 févr. 1982, *Bull. civ.* IV, n° 44, *Gaz. Pal.* 1982. 2. Pan. jur. 231).

- tous **autres frais** prévus au contrat principal ou qui en sont la suite prévisible : frais d'acte, d'enregistrement, de transport, d'assurance, TVA [1]...

En revanche, la caution ne peut être tenue pour des prolongements sans lien - ou sans lien nécessaire - avec l'obligation garantie : obligations nées d'autres contrats, connexes ou consécutifs [2], obligations extracontractuelles, en particulier si elles sont nées d'infractions pénales commises à l'occasion du contrat garanti [3].

L'ensemble de ce dispositif a été fortement perturbé par la portée donnée par la Cour de cassation, à partir de 1983, à la mention manuscrite prescrite par l'article 1326 (*infra* n°s 137 s.). Méconnaissant sa fonction purement probatoire, ainsi que les dispositions explicites de l'article 2293 précité, la Cour de cassation décidait que la caution ne pouvait devoir plus que le montant - par hypothèse, le principal de la dette - indiqué dans la mention manuscrite, à moins que celle-ci n'ait rappelé expressément l'obligation aux accessoires. Cette position a été abandonnée quelques années plus tard (v. *infra* n° 142), mais les dispositions précitées du Code de la consommation ont en quelque sorte pris le relais. La question des accessoires ne se pose plus dans les termes ci-dessus exposés que pour les cautionnements non soumis aux dispositions des articles L. 341-2 et 3 du Code de la consommation.

122 ***Cas particulier du bail (C. civ., art. 1740 ; L. 21 juill. 1994, art. 23)*** ◊ La question de l'étendue du cautionnement des obligations d'un locataire, partiellement résolue, pour le bail d'habitation, par l'article 22-1 inscrit par la loi du 21 juillet 1994 dans celle du 6 juillet 1989 (v. *supra* n° 56), a soulevé de nombreuses difficultés. Les hypothèses sont diverses.

---

1. V. Com., 19 déc. 1989, *Bull. civ.* IV, n° 325, *JCP* 1990. IV. 73. V. aussi Com., 11 mai 1993, *D.* 1993. IR 150, *JCP* 1993. IV. 1724.

2. En règle générale, la tacite reconduction ou le contrat renouvelé sont traités comme de nouveaux contrats, pour lesquels la caution n'est pas tenue, si elle n'a garanti que le premier. Sur le cas particulier du bail d'habitation, v. *infra* n° 122. La même solution est appliquée à la tacite reconduction d'une ouverture de crédit (Com., 11 févr. 1997, *Bull. civ.* IV, n° 46, *D.* 1998. 552, note Boccarra, *JCP* 1997. I. 4033, n° 3, obs. Simler ; Com., 6 févr. 2001, *JCP* 2001. I. 370, n° 3, obs. Constantin, *RJDA* 2001. 725, *RD banc. fin* 2001, n° 109, obs. Legeais ; Com., 19 nov. 2003, *JurisData* n° 021151).

3. V., pour des faux, escroqueries ou abus de confiance commis par le débiteur, même à l'occasion des obligations garanties, Com., 19 janv. 1981, *Bull. civ.* IV, n° 31, *D.* 1981. IR 503, obs. Vasseur ; Com., 12 nov. 1985, *Banque* 1985. 188, obs. Rives-Lange ; Civ. 2e, 13 déc. 1993, *Bull. civ.* II, n° 364, *JCP* 1994. IV. 455 ; Douai, 23 mai 1966, *D.* 1966. 606, *Gaz. Pal.* 1966. 2. 102 ; Bordeaux, 2 déc. 1968, *Gaz. Pal.* 1971. 1. Somm. 39 ; Lyon, 3 déc. 1982, *Gaz. Pal.* 1983. 1. Somm. 113, *RTD com.* 1983. 263, obs. Cabrillac et Teyssié. *Contra*, pour une dette quasi contractuelle, Civ. 1re, 20 janv. 1987, *Banque* 1987. 412, obs. Rives-lange. L'admission de la validité du cautionnement de dettes délictuelles futures, mêmes nées d'infractions pénales (v. *supra* n° 110), est de nature, suivant la formulation plus ou moins large de l'étendue de l'engagement, à remettre en cause certaines des solutions des arrêts cités. V. cependant Com., 26 juin 2001, *Bull. civ.* IV, n° 125, *D.* 2001. 2512, obs. Avena-Robardet, *JCP* 2001. IV. 2571, *Banque et droit* 2001. 80, obs. Jacob, qui a jugé qu'un cautionnement général envers une banque ne couvrait pas les fausses traites et effets de complaisance.

Si le bail cautionné (ou tout autre contrat) est à durée indéterminée, le cautionnement pur et simple emprunte nécessairement ce même caractère au contrat principal, ce dont il résulte qu'il est unilatéralement résiliable (*infra* n° 255). L'hypothèse, compte tenu des différents statuts législatifs applicables aux baux les plus courants, est rare [1].

Le cautionnement d'un bail à durée déterminée doit être traité comme celui d'une dette déterminée, même si son exécution est successive. Un tel cautionnement n'est donc pas résiliable et, en cas de décès de la caution, ses héritiers restent tenus, même pour les loyers échus postérieurement au décès [2]. Sauf clause ou disposition législative contraire, la garantie ne s'étend pas, en revanche, au bail renouvelé ou tacitement reconduit, qui est considéré comme un nouveau bail [3]. C'est d'ailleurs ce que déclare expressément l'article 1740 du Code civil : « *Dans le cas des deux articles précédents* [4], *la caution donnée pour le bail ne s'étend pas aux obligations résultant de la prolongation* ».

S'agissant des baux régis par la loi du 6 juillet 1989 (baux à usage d'habitation et baux mixtes), son article 22-1 déroge à ce dispositif et le complète : « *Lorsque le cautionnement d'obligations résultant d'un contrat de location conclu en application du présent titre ne comporte aucune indication de durée ou lorsque la durée du cautionnement est stipulée indéterminée, la caution peut le résilier unilatéralement. La résiliation prend effet au terme du contrat de location, qu'il s'agisse du contrat initial ou d'un contrat reconduit ou renouvelé, au cours duquel le bailleur reçoit notification de la résiliation* ».

---

1. V. cependant Civ. 3e, 25 avr. 1990, *Bull. civ.* III, n° 101, *D.* 1990. IR 118, *JCP* 1990. IV. 232.

2. Civ. 1re, 4 oct. 1989, *Bull. civ.* I, n° 303, *D.* 1990. Somm. 385, obs. Aynès, *JCP* 1989. IV. 383. Sur les conséquences, en règle générale, du décès de la caution, v. *infra* n° 258.

3. V. Civ. 3e, 4 nov. 1980, *Bull. civ.* III, n° 167, *Defrénois* 1981. 32797, obs. Aubert ; Civ. 1re, 4 oct. 2000, *Bull. civ.* I, n° 234, *D.* 2000. IR 265, *RD banc. et fin.* 2000, n° 219, obs. Legeais ; Com., 16 janv. 2007, *JurisData* n° 037004 ; Civ. 1re, 5 nov. 2009, *Gaz. Pal.* 2010. 1582, obs. Dumont-Lefrand, *RDC* 2010/4. 1325, obs. C. Grimaldi ; Paris, 17 févr. 1988, *D.* 1988. Somm. 277, obs. Aynès ; Paris, 19 févr. 1997, *JurisData* n° 020533, *Loyers et copr.* 1997, n° 255 ; Metz, 30 mars 2000, *JurisData* n° 133476, *JCP* N 2001. 1135 (qui juge que le cautionnement du bail « et de ses suites » ne peut être analysé comme s'étendant au-delà de la date d'expiration du bail initial). V. aussi, M.-E. André, « Le sort des cautions en cas de poursuite de la relation cautionnée », *Mélanges Mouly*, Litec 1998, p. 265.

4. Les articles 1738 et 1739 se rapportent, respectivement, à la tacite reconduction et au congé signifié. Il faut sans doute, par application de l'article 2292, étendre la solution à toutes les causes de prolongation d'un bail, qu'elles soient conventionnelles ou légales (en ce sens, Paris, 16 juin 1993, *D.* 1993. IR 202, *JCP* N 1994. II. 49, note Wertenschlag). S'agissant du maintien irrégulier dans les lieux, l'article 1739 déroge à l'article 2293, si l'on admet que l'indemnité d'occupation est la sanction de la violation des obligations contractuelles du locataire. Pour justifier que la caution n'en soit pas tenue, certains arrêts qualifient l'indemnité d'occupation d'obligation délictuelle (Civ. 3e, 14 nov. 1973, *Bull. civ.* III, n° 579, *JCP* 1974. IV. 433, obs. Boccara, *RTD civ.* 1974. 633, obs. Cornu ; Civ. 3e, 26 nov. 1974, *Bull. civ.* III, n° 440 ; Com., 3 avr. 1990, *Bull. civ.* IV, n° 106, *D.* 1990. IR 106, *RTD civ.* 1990. 528, obs. Bandrac ; Paris, 28 nov. 1991, *D.* 1992. Somm. 361, obs. Rozes ; Versailles, 19 juin 1992, *JCP* 1992. IV. 2254 ; Paris, 17 janv. 2007, *JurisData* n° 336753). D'autres, voyant dans ladite indemnité une suite contractuelle du contrat, la mettent à la charge de la caution (Civ. 3e, 17 juill. 1968, *Bull. civ.* III, n° 350, *Gaz. Pal.* 1968. 2. 322 ; Paris, 8 nov. 1975, *JCP* 1978. II. 18908, note Simler ; Paris, 11 oct. 1989, *D.* 1990. Somm. 310, obs. Bihr). Il en est ainsi *a fortiori* si le bail cautionné ou le contrat de cautionnement lui-même prévoyaient l'éventualité d'une telle indemnité (Civ. 1re, 1er oct. 1986, *Gaz. Pal.* 1986. 2. Pan. jur. 246 ; Com., 17 juill. 2001, *Bull. civ.* IV, n° 138, *D.* 2001. Act. 2514, *JCP* 2001. I. 356, n° 3, obs. Simler ; Paris, 4 déc. 1981, *Gaz. Pal.* 1982. 1. Somm. 81). Dans l'espèce soumise à la Cour de cassation le 17 juillet 2001, l'engagement de la caution couvrait « toute la période au cours de laquelle le preneur demeurera dans les lieux ».

Il allait de soi que toute résiliation était impossible au cours du bail initial. Ces dispositions sont en revanche dérogatoires au droit commun et à l'article 1740 du Code civil, en ce que le cautionnement sans indication de durée est traité comme un cautionnement à durée indéterminée et qu'il couvre, sauf résiliation, les périodes ultérieures (*cf. supra loc. cit.*). Il convient d'ajouter que, si la prohibition des engagements perpétuels s'oppose à la validité du cautionnement qui couvrirait expressément toutes les périodes successives du bail, rien n'interdit de garantir un bail pour un nombre déterminé de prolongations éventuelles, hypothèse que ne vise pas le texte nouveau [1].

123 ***2° Cautionnement de toutes les dettes du débiteur envers un créancier*** ◊ Dans les relations d'affaires entre banques et entreprises, les premières ont souvent exigé que les cautions, spécialement les dirigeants ou associés de la société débitrice, se portent garants de toutes les dettes du débiteur à leur égard. De tels cautionnements généraux, appelés « *omnibus* », étaient en principe valables [2], pourvu que leur objet ait été déterminable par une identification suffisante des parties et de la nature des dettes garanties (*supra* n° 106) et qu'ils aient été revêtus d'une mention manuscrite suffisamment explicite (*infra* n° 140). Les contrats comportaient souvent des formules redondantes : toutes dettes, présentes ou futures, directes ou indirectes, pour quelque cause que ce soit... [3]. Ce type de cautionnement, souvent souscrit à l'occasion d'une opération initiale déterminée, a soulevé de délicats problèmes d'interprétation, notamment si le débiteur a changé d'activité ou si ses affaires ont pris une ampleur sans commune mesure avec sa situation au jour de l'acte. Le principe d'interprétation stricte, combiné avec la règle de l'article 1163 du Code civil, aux termes duquel, *« quelque généraux que soient les termes dans lesquels une convention est conclue, elle ne comprend que les choses sur lesquelles il paraît que les parties se sont proposé de contracter »*, a conduit certaines décisions à contenir l'obligation de la caution dans les limites du raisonnable et du prévisible [4].

---

1. Pour divers aménagements conventionnels possibles, v. Mallet, « Bail d'habitation et caution - Précautions », *JCP* N 2002. 1647.

2. V. par ex., Com., 22 févr. 1994, *Bull. civ.* IV, n° 68, *JCP* 1994. IV. 1102, *Defrénois* 1994. 35897, obs. Aynès : n'est pas nul pour indétermination de son objet, quand bien même le montant des obligations en cause n'aurait pas été chiffré à la date de sa souscription, le cautionnement de l'ensemble des sommes dues ou qui pourraient être dues dans le futur par un débiteur à un créancier ; Com., 29 oct. 2002, *Bull. civ.* IV, n° 153, *JCP* 2002. IV. 3003, *RTD com.* 2003. 152, obs. Legeais : est jugée claire et dénuée d'équivoque la mention « Bon pour caution personnelle et solidaire sans limitation de durée et à hauteur de tous engagements de la société, y compris les intérêts au taux conventionnel, frais et accessoires ».

3. Sur l'hypothèse d'un engagement encore plus large, couvrant les dettes d'un débiteur envers tout créancier, qui se rencontre principalement dans le cadre de la garantie financière exigée de certains professionnels, v. *supra* n° 83.

4. V. en ce sens, Civ. 1re, 9 mai 1962, *Bull. civ.* I, n° 238, *JCP* 1962. IV. 85, *Banque* 1962. 549 ; Com., 17 juin 1986, *Bull. civ.* IV, n° 125, *D.* 1987. Somm. 290, obs. Vasseur, *Banque* 1987. 521, obs. Rives-lange ; Com., 20 oct. 1992, *LPA* 18 juin 1992, p. 26, *JCP* 1993. I. 3717, n° 3, obs. Simler (s'agissant de cautionnements « toutes sommes », cet arrêt reproche aux juges du fond de n'avoir pas recherché si, en raison de la concomitance des engagements successifs avec des prêts

Si de tels cautionnements sont souscrits par acte sous seing privé par une personne physique envers un créancier professionnel, ils sont aujourd'hui soumis à l'exigence des mentions manuscrites des articles L. 341-2 et L. 341-3 du Code de la consommation (L. 1er août 2003) et relèvent, par conséquent de la rubrique suivante, puisqu'ils doivent obligatoirement être limités en montant et en durée (*infra* nos 125 et 126).

La prohibition du cautionnement illimité en montant est même plus générale lorsqu'il est assorti de la clause de solidarité. La loi du 1er août 2003 a en effet inscrit dans le Code de la consommation un article L. 341-5 qui dispose que « *les stipulations de solidarité et de renonciation au bénéfice de discussion figurant dans un contrat de cautionnement consenti par une personne physique au profit d'un créancier professionnel sont réputées non écrites si l'engagement de la caution n'est pas limité à un montant global, expressément et contractuellement déterminé, incluant le principal, les intérêts, les frais et accessoires* ». Contrairement aux articles L. 341-2 et L. 341-3 du même Code, l'article L. 341-5, qui formule une règle de fond et non de forme, s'applique même au cautionnement passé par acte authentique [1].

En définitive, seul le cautionnement souscrit par une personne morale peut aujourd'hui être illimité. Mais tel est rarement le cas.

124 ***Cautionnement d'un compte-courant*** ◊ Au cautionnement de toutes les dettes du débiteur envers le créancier garanti peut être assimilé le cautionnement du compte-courant. La caution n'est tenue, dans ce cas, que du solde débiteur au jour de la clôture du compte. À cet égard, l'engagement s'apparenterait plutôt à la garantie d'une dette déterminée dont le montant seulement serait indéterminé. La régression, sinon l'éviction, de l'idée d'indivisibilité du compte-courant rapproche davantage un tel cautionnement, dans la réalité des choses et dans ses effets, du cautionnement « *omnibus* », spécialement du point de vue des effets de la survenance de certaines causes d'extinction du cautionnement (*infra* nos 126 et 255 s.).

---

déterminés, la caution n'avait pas eu la volonté de garantir seulement chacun des prêts) ; Orléans, 18 juin 2009 : *JurisData* n° 023520). D'autres arrêts s'en tiennent à la lettre de l'engagement : Com., 8 mars 1971, *D.* 1972. 262, note Clairouin-Touchard, *Banque* 1972. 622, obs. M. Martin, *RTD com.* 1972. 432, obs. Cabrillac et Rives-Lange (à propos d'un changement total d'activité du débiteur) ; Com., 9 déc. 2008, *JurisData* n° 046221 (qui a jugé que la concomitance des opérations et la corrélation entre le montant du concours et la garantie générale consentie à l'occasion d'une ouverture de crédit ne permettait pas de soutenir que la garantie avait pris fin avec l'acquittement de cette dette) ; Com., 20 mars 2001, *JurisData* n° 008947, *RD banc. fin.* 2001, n° 107, obs. Legeais ; Civ. 1re, 9 mai 2001, *Bull. civ.* I, n° 124, *JCP* 2001. IV. 2181, *RD banc. fin.* 2001, n° 146, obs. Legeais ; Com., 29 mai 2001 : *JurisData* n° 010016, *RD banc. fin.* 2002, n° 7.

1. Com., 6 juill. 2010, *Bull. civ.* IV, n° 168, *D.* 2010. 2129, note Piedelièvre, *JCP* 2011. Chron. 226, n° 5, obs. Simler, *JCP* E 2010. 1764, note Legeais, *RTD civ.* 2010. 593, obs. Crocq, *RDC* 2010. 1349, obs. Houtcieff. Une disposition semblable, propre au cautionnement consenti au bénéfice d'un entrepreneur individuel, mais absorbée, en quelque sorte, par celle plus générale de l'article L. 341-5 précité, figure à l'article 47 II de la loi du 11 février 1994 relative à l'entreprise individuelle.

125 ***3° Cautionnement de montant limité*** ◊ Dans l'une quelconque des hypothèses ci-dessus envisagées, la caution peut vouloir, par prudence, limiter son engagement à un certain montant. Elle peut ainsi ne garantir une dette déterminée que pour telle fraction ou, ce qui est plus fréquent, à concurrence de tel montant. Pareille limitation est particulièrement opportune, en raison de l'indétermination du risque assumé, dans l'hypothèse d'un cautionnement « *omnibus* ». La mention manuscrite imposée à peine de nullité par l'article L. 341-2 du Code de la consommation, pour tout cautionnement sous seing privé souscrit par une personne physique envers un créancier professionnel, comporte d'ailleurs obligatoirement l'indication du montant de la garantie (*v. supra* n°s 57 et 117).

De tels cautionnements de montant limité soulèvent des questions diverses. Ainsi, lorsque plusieurs cautions se sont obligées pour un montant limité, les garanties s'additionnent-elles ou s'appliquent-elles à la même fraction de la dette ? Seule une recherche des intentions peut fournir la réponse, dont un élément peut être trouvé dans la circonstance que les engagements figurent ou non dans un même acte [1].

La même question se pose lorsqu'une même personne a pris successivement des engagements de cette sorte : se substituent-ils les uns aux autres ou s'additionnent-ils ? Faute de mention expresse révélant l'existence d'une novation ou d'incompatibilité entre les deux engagements successifs, le cumul doit être considéré comme la règle [2].

Les accessoires s'ajoutent-ils, au prorata, au montant limité de la garantie ? Dans le silence du contrat, l'article 2293 précité fournit un argument dans le sens d'une réponse affirmative, les accessoires étant la suite normale du principal. Le principe d'interprétation stricte et la disposition de

---

1. V. M. Mignot, « La distinction entre le cocontrat de cautionnement et la pluralité de cautionnements », *RLDC* oct. 2006, p. 25, et nov. 2006, p. 27. Dans le sens du cumul, en cas de pluralité d'actes, Com., 22 févr. 1977, *Bull. civ.* IV, n° 59, *Gaz. Pal.* 1977. 1. Somm. 190 ; Com., 2 févr. 1981, *Bull. civ.* IV, n° 55, *JCP* 1981. IV. 132 ; Civ. 1re, 23 juin 1992, *Bull. civ.* I, n° 194, *JCP* 1992. I. 3623, n° 6 ; Civ. 1re, 1er juin 1999, *Bull. civ.* I, n° 181, *JCP* 2000. I. 209, n° 1, obs. Simler, *RJDA* 1999. 1128. Le cumul s'impose s'il est expressément stipulé : Com., 30 oct. 2000, *Bull. civ.* IV, n° 167, *JCP* 2000. IV. 2873, *RD banc. fin.* 2000, n° 220, obs. Legeais. Lorsque, sans autre précision, deux personnes, en particulier des époux, se sont obligés par un même acte à payer telle somme, ils sont réputés s'être obligés ensemble à payer ladite somme, la dualité de mentions manuscrites étant sans incidence : Civ. 1re, 15 févr. 2005, *JurisData* n° 027001, *JCP* 2005. I. 135, n° 6, obs. Simler ; Com., 3 juill. 2008, *JCP* 2008. I. 211, n° 4, obs. Simler, *RD banc. fin.* 2008, n° 135, obs. Legeais ; Com., 20 oct. 2009, *JurisData* n° 050038 ; Colmar, 23 mai 2002, *JurisData* n° 106821.

2. Dans le sens du cumul, Civ. 1re, 9 févr. 1988, *Bull. civ.* I, n° 32, *RD banc. et bourse* 1988. 176, obs. Contamine-Raynaud ; Com., 22 avr. 1997, *Bull. civ.* IV, n° 96, *JCP* 1997. IV. 1187 (en l'espèce, où il était stipulé dans un troisième cautionnement qu'il remplaçait et annulait le précédent, le cumul avec le premier a été retenu) ; Com., 14 janv. 2004, *JurisData* n° 021817, *JCP* 2004. I. 141, n° 6, obs. Simler ; Paris, 19 juill. 1985, *Gaz. Pal.* 1986. 1. Somm. 23 ; Versailles, 21 mai 1986, *D.* 1986. IR 307 ; Paris, 7 janv. 1992, *JCP* 1992. IV. 1371 (à propos d'un cautionnement réel et d'un cautionnement personnel). En sens contraire, Com., 7 nov. 1977, *Bull. civ.* IV, n° 249 (qui admet avec une indulgence certaine que le second engagement avait implicitement résilié le premier) ; Com., 12 mai 1992, *Bull. civ.* IV, n° 184, *D.* 1992. Somm. 409, obs. Aynès (qui déduit justement de la radiation de la formule « s'y ajoutent » la volonté de nover).

l'article 2292 incitent à retenir la solution contraire. Parfois, l'acte précise que la caution s'oblige à concurrence de tel montant, « y compris tous accessoires » ou, au contraire, « plus tous frais et accessoires » [1]. Quant aux cautionnements régis par l'article L. 341-2 précité du Code de la consommation, la somme portée dans la mention manuscrite obligatoire couvre *« le paiement du principal, des intérêts et, le cas échéant, des pénalités et intérêts de retard »*.

Une autre difficulté, relative à l'imputation du paiement partiel sur la partie cautionnée ou sur la partie non cautionnée de la dette, relève de l'étude de l'extinction du cautionnement (*infra* n° 233).

126 ***4° Cautionnement de durée limitée*** ◊ Il faut, à cet égard, nettement distinguer le cautionnement garantissant une dette déterminée de celui couvrant toutes les dettes du débiteur ou une catégorie de dettes.

a) Il est rare, mais non inconcevable, que le **cautionnement d'une dette déterminée** soit souscrit pour une durée limitée. Serait cependant absurde, parce que dépourvu de toute utilité, un cautionnement qui serait assorti d'une durée plus courte que celle de l'obligation principale, puisque la sûreté serait éteinte avant même que la dette fût devenue exigible. Le caractère accessoire du cautionnement postule en effet que l'obligation de la caution ne peut jamais être exigible alors que la dette principale ne le serait pas (*infra* n° 170). Une limitation de la durée du cautionnement n'a de sens que si l'échéance de l'obligation principale est elle-même indéterminée, la caution ne voulant pas être liée indéfiniment, ou si cette obligation est payable par échéances successives (bail, prêt...), la caution n'étant alors tenue que pour les termes échus avant l'expiration de son engagement [2]. Hormis le cas d'une dette payable par échéances successives, le terme assigné au cautionnement d'une dette déterminée ne peut avoir d'autre signification que l'extinction pure et simple de la garantie, toute poursuite de la caution après l'échéance fixée étant impossible [3]. L'hypothèse de la durée limitée de l'engagement doit être distinguée, par ailleurs, de celle où un délai est conventionnellement imparti au créancier pour poursuivre la caution, après échéance de la dette, ce qui équivaut à une prescription conventionnelle [4].

---

1. V. par ex., Com., 13 févr. 1957, *Bull. civ.* III, n° 53, *RTD com.* 1958. 130, obs. Becqué et Cabrillac ; Com., 4 déc. 1973, *JCP* 1976. II. 18312, note Simler ; Civ. 1re, 19 déc. 1979, *JCP* 1980. IV. 88.

2. V. Com., 24 nov. 1998, *RJDA* 1999. 96 ; Civ. 1re, 19 juin 2001, *Bull. civ.* I, n° 179, *D.* 2001. Act. 2298, *JCP* 2001. I. 356, n° 4, obs. Simler.

3. V. Civ., 13 mai 1936, *Gaz. Pal.* 1936. 2. 278 ; Civ. 3e, 22 juin 1976, *Bull. civ.* III, n° 276, *D.* 1976. IR 266 ; Com., 26 avr. 1977, *D.* 1977. IR 345, *Gaz. Pal.* 1977. 2. Somm. 258. Rappr. TGI Lille, 15 sept. 1992, *JCP* N 1993. II. 295.

4. V. Civ. 1re, 8 juill. 1997, *JCP* 1998. I. 103, n° 6, obs. Simler ; Versailles, 1er juill. 1993, *RJDA* 1993. 823 (en l'espèce, il était stipulé que la caution ne pourrait être mise en œuvre que dans un délai de huit jours suivant l'échéance des traites garanties revenues impayées) ; Poitiers, 22 juill. 1999, *JurisData* n° 126142 (stipulation d'une « date butoir ») ; Montpellier, 11 avr. 2006, *JurisData* n° 314979 (clause précisant qu'au terme indiqué la caution serait libérée et ne

b) La limitation dans le temps est plus fréquente en cas de **cautionnement général ou « *omnibus* »**, couvrant un ensemble de dettes, voire toutes les dettes du débiteur. Elle est parfois stipulée aussi dans le **cautionnement de compte-courant**. Elle devient pareillement obligatoire dans tout cautionnement sous seing privé souscrit par une personne physique envers un créancier professionnel, en vertu de l'article L. 341-2 précité du Code de la consommation, qui impose l'inscription d'une durée dans la mention manuscrite.

La stipulation d'un terme est cependant moins utile pour la caution, dans l'hypothèse d'un cautionnement général, que celle d'un montant maximum, puisque, en son absence, l'engagement à durée indéterminée est unilatéralement résiliable [1]. La signification même du terme est particulière en la matière. Elle met en jeu la distinction de deux composantes du cautionnement général (*supra* n° 110). L'arrivée du terme met fin à l'**obligation de couverture** de la caution : la garantie ne « couvre » plus les dettes nouvelles du débiteur ; elle laisse subsister, en revanche, l'**obligation de règlement** pour les dettes déjà nées (*infra* n°s 255 s.).

127 **5° *Cautionnement conditionnel*** ◊ Pouvant être contracté *« sous des conditions moins onéreuses »* que l'obligation principale (art. 2290, al. 2), le cautionnement peut être subordonné à des conditions diverses que ne comporte pas l'obligation garantie.

Ainsi, la garantie d'un prêt peut-elle être assortie de conditions, même tacites, pourvu que la preuve puisse en être rapportée, tenant à l'affectation des fonds à une fin déterminée [2], à la fourniture d'autres sûretés, réelles ou personnelles [3] ou à leur mainlevée, à l'octroi de délais ou de

pourrait plus être recherchée en paiement) ; Versaille, 25 oct. 2011, *JurisData* n° 023323 (clause de péremption). *Contra*, cependant, Com., 22 nov. 2011, n° 10-20.874, *JurisData* n° 025971, qui a jugé, alors qu'il était stipulé que le cautionnement était valable jusqu'à une date déterminée et qu'il ne pourrait plus y être fait appel postérieurement, que cette clause emportait limitation de la garantie au temps convenu, sans imposer au créancier d'engager ses poursuites.

1. N'est pas résiliable, au contraire, le cautionnement général souscrit pour une durée déterminée : Com., 23 févr. 1993, *Bull. civ.* IV, n° 69, *D.* 1993. Somm. 313, obs. Aynès.

2. V. Req., 27 nov. 1906, *DP* 1909. 1. 48, *S.* 1908. 1. 171 ; Com., 30 nov. 1982, *Bull. civ.* IV, n° 384, *Gaz. Pal.* 1983. 1. Pan. jur. 87, note A.P., *RTD com.* 1983. 449, obs. Cabrillac et Teyssié ; Civ. 1re, 19 mai 1987, *Bull. civ.* I, n° 154, *D.* 1987. Somm. 446, obs. Aynès, *RD banc. et bourse* 1987. 130, obs. Contamine-Raynaud ; TGI Strasbourg, 6 févr. 1978, *D.* 1979. IR 360, obs. Vasseur. V. égal. Com., 2 nov. 1993, *RD banc. et bourse* 1994. 127, note Credot et Gérard. Plusieurs des arrêts précités admettent que la condition d'affectation résulte tacitement de la stipulation de cette affectation dans le contrat principal. V. cependant Civ. 1re, 1er juin 1999, *JurisData* n° 002275, *RJDA* 1999. 1115, qui refuse de libérer la caution, dans une telle hypothèse, au motif que le créancier ne serait pas tenu de contrôler l'affectation des fonds en l'absence de clause lui imposant expressément cette obligation.

3. V. Civ., 3 juill. 1939, *DH* 1939. 452 ; Com., 28 oct. 1980, *Gaz. Pal.* 1981. 1. Pan. jur. 83 ; Paris, 22 mai 1998, *JurisData* n° 021501, et, sur pourvoi, Com., 8 janv. 2002, *RJDA* 2002. 554. Une telle condition tacite est plus souvent invoquée à tort qu'à raison, faute de tout élément de preuve pouvant corroborer l'allégation.

remises au débiteur principal, à l'exigence d'un accord de la caution pour toute dette nouvelle [1], à la solvabilité actuelle du débiteur (*supra* n° 86).

La réalisation de la condition résolutoire ou la non-réalisation de la condition suspensive libère la caution de son obligation [2].

128 ***6° Cautionnement excédant l'obligation principale*** ◊ Aux termes de l'article 2290, alinéa 1er, « *le cautionnement ne peut excéder ce qui est dû par le débiteur, ni être contracté sous des conditions plus onéreuses* ». Cette restriction est le corollaire nécessaire du caractère accessoire. La caution ne peut ainsi s'obliger pour un montant supérieur à la dette principale, à payer des intérêts si la dette principale n'en génère pas [3], pour une échéance plus rapprochée que celle de la dette garantie (*supra* n° 126), sans conditions alors que la dette principale est conditionnelle...

En présence d'un tel engagement, une option est ouverte. S'il répond véritablement à la volonté des parties, pleinement conscientes de sa portée, il doit être considéré comme valable, aucune des stipulations citées n'étant contraire à une règle impérative. Mais l'acte doit être requalifié : n'étant pas un cautionnement, il peut constituer, suivant son contenu, une garantie autonome ou toute autre espèce de sûreté personnelle non accessoire (*infra* nos 286 s.). S'il apparaît, au contraire, que les parties ont réellement voulu mettre en place un cautionnement, qu'elles ont assorti, par ignorance ou inadvertance, d'une clause contraire à la règle formulée par le texte précité, la sanction prévue à son alinéa 3 doit être appliquée : « *Le cautionnement qui excède la dette, ou qui est contracté sous des conditions plus onéreuses, n'est point nul : il est seulement réductible à la mesure de l'obligation principale* ». Cette disposition n'a connu que peu d'applications [4].

§ 3. Preuve du cautionnement

129 ***Plan*** ◊ Les questions relatives à la preuve ont pris, en matière de cautionnement, une importance considérable, à la fois en raison de la diversité des preuves que le créancier peut avoir à rapporter (A) et de l'importance fluctuante et, pendant un temps du moins, excessive, attribuée en la matière à la mention manuscrite requise, en raison du caractère unilatéral de

1. Civ. 1re, 28 oct. 1980, *Bull. civ.* I, n° 276, *JCP* 1981. IV. 20.
2. V. Req., 23 juill. 1903, *S.* 1904. 1. 83 ; Req., 16 juill. 1906, *S.* 1907. 1. 214 ; Req., 27 nov. 1906, préc. ; Civ., 3 juill. 1939, préc. ; Com., 14 févr. 1967, *Bull. civ.* III, n° 72 ; Com., 22 févr. 1971, *Bull. civ.* IV, n° 51, *D.* 1971. Somm. 194. Sur une hypothèse de renonciation par la caution à la condition, v. Com., 4 juin 2003, *JurisData* n° 014795.
3. V., pour une clause de capitalisation des intérêts, Civ., 2 févr. 1886, *DP* 1886. 1. 233, *S.* 1887. 1. 5, note Labbé ; pour l'application du taux conventionnel après clôture du compte courant, alors que le contrat ne le prévoyait pas, Civ. 1re, 9 févr. 1988, *Bull. civ.* I, n° 34, *D.* 1988. IR 57. V. aussi Com., 18 févr. 1997, *Bull. civ.* IV, n° 53, *JCP* 1997. IV. 798 ; Com., 1er juill. 1997, *Bull. civ.* IV, n° 208, *CCC* 1997, n° 173, obs. Leveneur.
4. V. Req., 8 mars 1887, *S.* 1887. 1. 383 ; Civ. 1re, 2 mai 1989, *Bull. civ.* I, n° 175, *JCP* 1989.IV. 246 ; Com., 1er juill. 1997, préc.

l'engagement de la caution, par l'article 1326 du Code civil (B). La multiplication des mentions manuscrites érigées en condition de validité, et tout spécialement celles instituées par la loi du 1er août 2003 pour tout cautionnement par acte sous seing privé souscrit par une personne physique envers un créancier professionnel (C. consom., art. L. 341-2 et L. 341-3 : *supra* n° 117), réduit, au contraire, le contentieux relatif à la preuve.

A. Objet de la preuve

130 ***Diversité des preuves à rapporter*** ◊ Le créancier poursuivant, sur lequel pèse naturellement la charge de la preuve [1], peut avoir à rapporter, suivant les circonstances, une triple preuve : de l'**existence** de l'engagement de la caution poursuivie, de la **couverture** de sa créance par cet engagement, enfin et le cas échéant, de la **solidarité**.

131 ***1° Preuve de l'existence du cautionnement. Caractère exprès*** ◊ Si le cautionnement reste, en principe, un contrat consensuel, « *il ne se présume point ; il doit être exprès* » (art. 2292). Cette règle a une incidence directe sur l'administration de la preuve de l'existence du cautionnement.

Le créancier doit démontrer que la caution a positivement et clairement exprimé son intention de s'engager en cette qualité. Un tel engagement ne peut être fondé sur de simples présomptions [2], encore moins sur le silence gardé par celui qui a été sollicité de se porter caution [3]. La simple intervention d'un tiers à un acte auquel il n'a pas été partie principale, même concrétisée par une signature, ne peut être considérée, en l'absence d'autres éléments de preuve, comme valant cautionnement [4]. S'il y a un

---

1. V. Com., 14 févr. 1989, *JCP* E 1989. I. 18402.

2. V. Civ., 10 mai 1909, *DP* 1911. 1. 439, *S.* 1912. 1. 169 ; Civ. 1re, 24 avr. 1968, *Bull. civ.* I, n° 116, *D.* 1968. 358, note Voulet, *RTD civ.* 1968. 561, obs. Cornu ; Civ. 3e, 27 avr. 1982, *JCP* 1982. IV. 236, *Gaz. Pal.* 1982. 2. Pan. jur. 292, obs. A.P., *Banque* 1982. 1388 (qui censure une cour d'appel qui avait déduit l'existence d'un engagement personnel de caution de l'existence d'une promesse de cautionnement réel) ; Paris, 20 mars 1986, *D.* 1987. Somm. 441, obs. Aynès ; Paris, aud. sol., 17 avr. 1991, *JCP* 1992. I. 3583, n° 1.

3. V. Civ. 1re, 21 janv. 1976, *Bull. civ.* I, n° 27, *D.* 1976. IR 125 ; Com., 16 déc. 1981, *Bull. civ.* IV, n° 447, *D.* 1982. IR 176.

4. V. Civ. 1re, 24 avr. 1968, préc. ; Com., 23 oct. 1990, *Bull. civ.* IV, n° 257, *JCP* E 1991. II. 212, note Heidsieck. C'est pour cette raison qu'un cautionnement souscrit au nom d'une société par actions, inefficace faute d'autorisation préalable du conseil d'administration, ne saurait valoir engagement personnel de caution dudit dirigeant (*supra* n° 96). Pour la même raison, la signature unique d'un dirigeant de société figurant sur un acte portant engagement de celle-ci et prévoyant son cautionnement ne répond pas à l'exigence d'un engagement exprès en cette dernière qualité (v. Com., 11 juill. 1995, *JCP* 1997. I. 3991, n° 1, obs. Simler. *Contra*, cependant, Com. 18 mai 1999, *Bull. civ.* IV, n° 103, *JCP* 1999. I. 156, n° 3, obs. Simler ; Com., 23 mai 2000, *Bull. civ.* IV, n° 107, *D.* 2001. Somm. 690, obs. Aynès, *JCP* 2000. IV. 2229. Ces arrêts qualifient la signature unique de commencement de preuve par écrit, complété par la qualité de dirigeant et, s'agissant du second, par le paraphe de toutes les pages de l'acte). La solution est cependant différente en matière cambiaire, en raison des dispositions de l'article L. 511-5, al. 3 du Code de commerce, aux termes duquel celui qui a signé une lettre de change en qualité de représentant,

doute sur la réalité de l'engagement, la qualification de cautionnement doit être écartée.

Cela ne signifie pas pour autant que les termes caution ou cautionnement doivent nécessairement figurer dans l'acte. La volonté de s'engager comme garant peut s'exprimer de diverses manières, pourvu que l'intention de se substituer au débiteur principal défaillant soit certaine [1]. Mais un simple conseil donné par un tiers, une recommandation adressée au créancier ou même l'expression d'une « garantie morale » ne valent pas cautionnement [2].

132 ***2° Preuve de l'étendue. Renvoi*** ◊ Le créancier doit démontrer non seulement que la caution s'est obligée en cette qualité, mais que la créance dont il fait état entre bien dans le périmètre de l'obligation de couverture assumée par la caution. Le même principe d'interprétation stricte doit être appliqué [3] : « *Le cautionnement ne se présume point ; il doit être exprès, et on ne peut pas l'étendre au-delà des limites dans lesquelles il a été contracté* » (art. 2292, préc.). Le doute, à nouveau, doit profiter à la caution.

Concrètement, la question se pose de deux façons différentes selon que l'on est en présence d'un cautionnement d'une dette déterminée ou de la garantie d'un ensemble de dettes. Dans le premier cas, la question est celle de l'extension de la garantie aux accessoires de la dette, dans le second, elle est de savoir si la créance réclamée entre dans le périmètre de la garantie. Quant au fond, ces deux hypothèses relèvent de la détermination de l'étendue du cautionnement et ont été exposées sous cette rubrique (*supra* n°s 119 s.).

Du point de vue de la preuve, les solutions sont, en ce qui concerne la première hypothèse, tributaires du rôle reconnu par la jurisprudence à la mention manuscrite exigée à l'article 1326 (*infra* n°s 141 s.). S'agissant de la seconde, il est certain qu'il appartient au créancier d'apporter la preuve que la créance impayée est couverte par la garantie consentie et que toutes les conditions auxquelles celle-ci est subordonnée sont remplies [4].

---

mais sans pouvoir, est personnellement obligé. Elle est différente aussi s'il s'agit d'un acte authentique : c'est alors la signature du notaire qui confère l'authenticité aux engagements figurant dans l'acte (Com., 8 oct. 2003, *Bull. civ.* IV, n° 153, *D.* 2003. 2764, obs. Avena-Robardet, *Defrénois* 2004. 37894, obs. Aubert).

1. V. Req., 16 mars 1852, *DP* 1852. 1. 102, *S.* 1852. 1. 636 (engagement d'un tiers de « faire du tout sa propre affaire comme s'il était seul débiteur et principal obligé ») ; Com., 11 déc. 1978, *Bull. civ.* IV, n° 302 (engagement de « rembourser le créancier ») ; Com., 21 déc. 1987, *Bull. civ.* IV, n° 281, *D.* 1989. 112, note Brill, *JCP* 1988. II. 21113, concl. Montanier, (lettre d'intention d'une société-mère portant engagement « de se substituer, le cas échéant, à sa filiale ». V. égal., *infra*, n° 322) ; Lyon, 10 févr. 1976, *D.* 1976. IR 290, *Gaz. Pal.* 1977. 1. Somm. 49 (emploi du terme aval hors du contexte cambiaire).

2. V. Civ., 10 mai 1909, préc. ; Soc., 18 févr. 1970, *Bull. civ.* V, n° 125. V. aussi, à propos des lettres d'intention, *infra*, n° 321.

3. V., par ex., Civ. 1re, 6 oct. 1993, *Bull. civ.* I, n° 272, *JCP* 1993. IV. 2513 ; Civ. 1re, 15 déc. 1993, *Bull. civ.* I, n° 366, *JCP* 1994. IV. 465.

4. V. Civ. 1re, 28 oct. 1980, *Bull. civ.* I, n° 276, *JCP* 1981. IV. 20, *Gaz. Pal.* 1981. 1. Pan. jur. 83 ; Com., 14 févr. 1989, *JCP* E 1989. I. 18402.

133 ***3° Preuve de la solidarité*** ◊ La solidarité, comme le cautionnement lui-même, « *ne se présume point ; il faut qu'elle soit expressément stipulée* » (art. 1202). Le créancier doit donc prouver que la caution s'est obligée solidairement avec le débiteur. Il est vrai que la clause de solidarité figure quasi systématiquement dans les engagements des cautions.

En l'absence des termes « solidarité » ou « solidairement », des locutions équivalentes peuvent être chargées de la même signification [1]. Ainsi, selon certains, l'emploi du terme aval en dehors du contexte cambiaire signifierait que la caution a voulu prendre un engagement plus sévère que le simple cautionnement, compte tenu du caractère nécessairement solidaire de l'aval cambiaire [2]. À juste titre, la Cour de cassation a, au contraire, jugé que cette seule circonstance ne répondait pas à l'exigence de la stipulation expresse formulée par l'article 1202 [3]. Dans le langage courant, les termes « aval » ou « avaliser » n'ont pas, en effet, le sens fort et spécifique qui leur est reconnu en droit cambiaire.

L'exigence d'une stipulation expresse est traditionnellement écartée en matière commerciale en vertu d'une présomption coutumière de solidarité. « La solidarité est de règle dans les contrats commerciaux et se justifie par l'intérêt commun des parties en cause » [4]. Non sans certaines hésitations, cette solution a été étendue au cautionnement commercial [5].

On a pu se demander si, en matière civile, la stipulation de solidarité ne devait pas figurer parmi les précisions à inscrire dans la mention manuscrite

---

1. Avec une certaine indulgence, la Chambre des requêtes a jugé le 16 mars 1952 (arrêt préc.) que l'engagement d'une personne de « faire du tout sa propre affaire comme si elle était seule et principale obligée » valait cautionnement solidaire. Dans le même sens, pour des formules telles que « chacun pour le tout », v. Req., 4 août 1896, *DP* 1896. 1. 456 ; Req., 17 juin 1913, *DP* 1914. 1. 280. Mais l'emploi du seul terme de « garant » ne peut valoir engagement solidaire : Civ. 1re, 8 nov. 1978, *Bull. civ.* I, n° 341, *D.* 1979. IR 56. Paraît contestable, parce que fondé sur des présomptions, l'arrêt qui déduit la solidarité du seul fait que les cautions se sont obligées pour le même débiteur, dans le même document et pour la même somme : Com., 21 févr. 1984, *Gaz. Pal.* 1984.2. Pan. jur. 227.

2. V. Sigalas, *Le cautionnement solidaire en matière civile, commerciale et cambiaire*, thèse Aix-en-Provence 1959, n° 44 s. ; du même auteur, Aval de la lettre de change et cautionnement du rapport fondamental, *RTD com.* 1964. 489, n° 9. En jurisprudence, T. com. Le Havre, 6 avr. 1962, *Banque* 1963. 331 ; TGI Dieppe, 15 mars 1973, *JCP* 1973. IV. 35.

3. Civ. 1re, 17 juill. 1962, *Bull. civ.* I, n° 380, *JCP* 1962. IV. 126 ; Com., 7 janv. 1970, *Bull. civ.* IV, n° 8. Dans le même sens, Rouen, 20 juin 1979, *Gaz. Pal.* 1980. 1. Somm. 269 ; Paris, 5 déc. 1979, *D.* 1980. IR 435, obs. Cabrillac. V. cependant Com., 24 avr. 1990, *Bull. civ.* IV, n° 119, *JCP* 1990. IV. 234, qui rejette le pourvoi contre un arrêt ayant donné à l'engagement la qualification de cautionnement solidaire.

4. Req., 20 oct. 1920, *DP* 1920. 1. 161, *S.* 1922. 1. 201, note Hamel. Dans le même sens, Civ., 7 janv. 1946, *DH* 1946. 132, *S.* 1947. 1. 32 ; Com., 28 avr. 1987, *Bull. civ.* IV, n° 103, *D.* 1987. Somm. 391, obs. Bousquet ; Com., 16 janv. 1990, *JCP* 1991. II. 21748, note Hannoun. V. aussi Derrida, « De la solidarité commerciale », *RTD com.* 1953. 329 ; Sigalas, *op. cit.*, n° 132.

5. V. Com., 28 avr. 1966, *Bull. civ.* III, n° 209 ; Com., 29 janv. 1991, *Bull. civ.* IV, n° 42, *D.* 1991. Somm. 383, obs. Aynès ; Paris, 3 oct. 1991, *D.* 1991. IR 259 (à propos d'une lettre d'intention requalifiée en cautionnement) ; Rennes, 17 mai 2002, *JurisData* n° 184517 (pour un gérant de société). Dans le même sens, en cas d'emploi du terme aval, Com., 7 janv. 1970, préc. Il eût été justifiable que la solidarité n'eût lieu qu'à l'égard des commerçants, alors que de nombreux cautionnements sont commerciaux sans que ses souscripteurs soient commerçants (*supra* n° 68).

prescrite par l'article 1326 (*infra* n°s 135 s.). Mettant fin aux hésitations des juges du fond [1], la Cour de cassation a tranché dans le sens de la négative [2]. La solidarité ne modifie en effet ni la nature, ni l'étendue de l'obligation.

Il en est autrement, cependant, pour les cautionnements soumis aux dispositions du Code de la consommation, c'est-à-dire non seulement ceux garantissant des crédits à la consommation (art. L. 313-8), mais aussi ceux souscrits par toute personne physique envers un créancier professionnel (art. L. 341-3). La clause de solidarité requiert alors, même si elle figure dans un acte authentique, une mention manuscrite spéciale, « *à peine de nullité* » de l'engagement (*supra* n° 117).

B. Modes de preuve

134 ***Principe de la preuve écrite*** ◊ Comme tout contrat, le cautionnement doit en principe être prouvé par écrit, conformément au droit commun de la preuve des actes juridiques (C. civ., art. 1341) [3]. Il en est ainsi, du moins, si le montant de l'engagement est supérieur à 1 500 € (v. *supra* n° 53) et si le créancier ne se trouve pas dans l'une des hypothèses où l'exigence de la preuve écrite est traditionnellement assouplie ou écartée : existence d'un commencement de preuve par écrit (art. 1347), impossibilité matérielle ou morale de prouver par écrit (art. 1348) [4], preuve à l'encontre d'un commerçant (C. com., L. 110-3 : *infra* n° 147).

Quoique rarement invoqués, les autres modes de preuve parfaits - aveu et serment décisoire - sont pareillement admis [5].

---

1. *Pro*, notamment, Paris, 21 nov. 1980, *D.* 1981. IR 227. *Contra*, TGI Paris, 22 oct. 1981, *JCP* 1982. IV. 361.

2. Civ. 1re, 31 janv. 1989, *Bull. civ.* I, n° 45, *D.* 1989. Somm. 292, obs. Aynès ; Com., 27 nov. 1991, *D.* 1992. IR 23, *JCP* 1992. IV. 367 ; Com., 7 janv. 1992, *Bull. civ.* IV, n° 1, *JCP* 1992. IV. 683, *RTD civ.* 1993. 624 ; Com., 5 juin 2007, *JurisData* n° 039588, *RD banc. fin.* 2007, n° 151, obs. Legeais. Les formules de cautionnement prévoient cependant souvent la précision de la solidarité dans la mention manuscrite. Tel était le cas dans une espèce soumise à la Cour de cassation le 26 novembre 1991 (*Bull. civ.* I, n° 330, *D.* 1992. IR 15, *JCP* 1993.I. 3583, n° 4). Du fait que la caution avait, en définitive, omis de faire figurer cette précision dans sa mention manuscrite, les juges du fond, approuvés par la Cour de cassation, ont déduit, non sans indulgence, que les parties étaient convenues de ne pas soumettre l'engagement à la solidarité, par ailleurs stipulée par une clause imprimée du corps de l'acte.

3. Com., 20 janv. 2009, *JurisData* n° 046692, *RD banc. fin.* 2009, n° 57, obs. Legeais.

4. Par ex., pour la preuve par photocopie, admise dans un cas où le titre original avait été perdu, Amiens, 24 janv. 1977, *JCP* N 1980. II. 40. Sur l'absence de valeur probante d'une télécopie, dès lors qu'elle est contestée, V. Aix-en-Provence, 26 mai 1997, *JurisData* n° 047784, et, sur pourvoi, Civ. 1re, 28 mars 2000, *Bull. civ.* I, n° 106, *D.* 2000. 276, obs. Faddal, *JCP* E 2000. 1569, note Leveneur, *RTD civ.* 2000. 874, obs. Crocq. V. aussi Civ. 1re, 3 mai 2006, *Bull. civ.* I, n° 211, *D.* 2006. Act. 1525, obs. Avena-Robardet; Civ. 1re, 24 oct. 2006, *D.* 2006. Act. 2908 ; J.-M. Moulin, « Preuve du cautionnement par télécopie », *RD banc. fin.* janv.-févr. 2001, p. 32.

5. V., pour l'aveu, Com., 19 juin 1973, *Bull. civ.* IV, n° 214 ; Com., 26 mai 1982, *Bull. civ.* IV, n° 202, *JCP* 1982. IV. n° 278 ; Com., 18 févr. 2003, *JurisData* n° 017875. Pour le serment déféré à un donneur d'aval, Com., 30 avr. 1974, *Bull. civ.* IV, n° 139, *RTD com.* 1975. 140, obs. Cabrillac et Rives-Lange.

Un contentieux particulièrement abondant s'est développé au sujet de la mention manuscrite, anciennement appelée formalité du « *bon pour* », que l'article 1326 exige lorsqu'« *une seule partie s'engage envers une autre à lui payer une somme d'argent* ». Le cautionnement, contrat unilatéral, est le type même d'un tel engagement, qui est dispensé, corrélativement, de la formalité dite « du double » prescrite par l'article 1325 (sauf si, par exception, il comporte des engagements réciproques : v. *supra* n° 59).

135 ***Mention manuscrite (art. 1326)*** ◊ À moins qu'il soit passé par acte authentique [1] ou par acte sous seing privé, contresigné par avocat [2], l'écrit constatant le cautionnement ne fait preuve de l'engagement que s'il est revêtu de la mention manuscrite prévue à l'article 1326. Dans son ancienne rédaction, ce texte exigeait, soit que l'acte fût entièrement écrit de la main du souscripteur, soit qu'il fût revêtu d'« *un bon ou un approuvé* » manuscrit, « *portant en toutes lettres la somme ou la quantité de la chose* ». La loi du 12 janvier 1980 a atténué le caractère rituel de la formule du « bon pour », en lui substituant la mention « *écrite de sa main de la somme ou de la quantité en toutes lettres et en chiffres* ». Le but inchangé a été de permettre la vérification que la partie qui s'est engagée « a eu connaissance certaine de la nature et de l'étendue de son obligation » [3]. La loi du 13 mars 2000 relative à la preuve et à la signature électroniques a substitué à l'expression « *de sa main* » la formule « *par elle-même* ». Le caractère nécessairement manuscrit tant de la mention elle-même que de la signature se trouve donc écarté, mais il ne semble pas que cette possibilité ait connu des applications en matière de cautionnement [4].

La disposition de l'article 1326 a pris en matière de cautionnement, comme en témoigne un contentieux innombrable, une importance

---

1. V. Com., 20 mars 1990, *Bull. civ.* IV, n° 83, *D.* 1990. Somm. 383, obs. Aynes ; Com., 29 janv. 1991, *Bull. civ.* IV, n° 41, *D.* 1991. IR 58. A valeur d'acte authentique le cautionnement constaté par un jugement, tel que celui arrêtant le plan de continuation d'une société en redressement judiciaire : Com., 11 févr. 2004, *Bull. civ.* IV, n° 26, *D.* 2004. Act. 805, *Defrénois* 2004. 37946, obs. Théry.

2. L. 31 déc. 1971, art. 66-3-3, ajouté par L. n° 2011-331, 28 mars 2011.

3. Civ. 1re, 3 mars 1970, *D.* 1970. 403, note Etesse, *Banque* 1970. 602, obs. X. Marin. Il va de soi - ce que précise au demeurant l'article 1326 dans sa rédaction actuelle - que la mention manuscrite doit être complétée par la signature de la caution (v., pour une espèce où la signature était d'une autre main, Civ. 1re, 2 juill. 1996, *Bull. civ.* I, n° 281, *RTD civ.* 1996. 663, obs. Bandrac, *D.* 1997. Somm. 164, obs. Aynès).

4. Cette modification est corrélative à la reconnaissance par la même loi de l'écrit électronique (C. civ., art. 1316-1 s.), qui est assimilé à un écrit classique « *sous réserve que puisse être dûment identifiée la personne dont il émane et qu'il soit établi et conservé dans des conditions de nature à en garantir l'intégrité* ». La Cour de cassation a pourtant jugé conforme à l'article 1326 un simple acte dactylographié, mentionnant en chiffres et en lettres le montant de la dette et signé, censurant la cour d'appel qui ne lui avait reconnu que la valeur d'un commencement de preuve par écrit (Civ. 1re, 13 mars 2008, *D.* 2008. 911, obs. Gallmeister, et 1956, note Maria, *JCP* 2008.II. 10081, note Putman, et E 2008. 2089, note Stoffel-Munck). Cet arrêt paraît faire preuve d'un grand - et nouveau - libéralisme en la matière (V. Maria, note préc. : « La fin de l'article 1326 du Code civil ? » ; Stoffel-Munck, note préc. : « dangereux miroir aux allouettes »).

pratique considérable au cours du dernier quart du siècle passé. La jurisprudence a fait de ce texte, avant les interventions législatives récentes, l'instrument privilégié de protection des cautions contre les puissants créanciers que sont les établissements de crédit, en lui conférant, pendant un temps, une portée dépassant très largement sa signification littérale et le rôle probatoire que lui assigne sa place dans le Code civil, avant d'opérer un mouvement de repli vers les solutions traditionnelles.

On examinera successivement le **champ d'application** de l'exigence de la mention manuscrite (1°), le **contenu** que doit avoir cette mention (2°), la **sanction** de son absence ou de son insuffisance (3°), enfin la portée de **l'exception** admise **en matière commerciale** (4°).

136 ***1° Champ d'application de la mention manuscrite*** ◊ Il faut rappeler d'abord que le droit commun que constitue l'application de l'article 1326 en la matière a vu son domaine se rétrécir progressivement, et singulièrement avec la loi du 1er août 2003. Jusque-là n'y échappait, outre le cautionnement par acte authentique, que celui consenti en matière de bail d'habitation et de crédit à la consommation (v. *supra* n° 117). L'article L. 341-2 du Code de la consommation issu de ladite loi y a ajouté tout cautionnement sous seing privé souscrit par une personne physique envers un créancier professionnel, quelle que soit la qualité du débiteur garanti. L'addition de ces régimes dérogatoires, dont le dernier est particulièrement étendu, réduit le domaine résiduel soumis à l'article 1326 aux cautionnements sous seing privé souscrits par des personnes physiques envers des créanciers non professionnels (autres que les bailleurs de locaux d'habitation), ainsi qu'à ceux consentis par des personnes morales n'ayant pas la qualité de commerçant.

Sous ces réserves, l'article 1326 est évidemment applicable à l'engagement pris par une caution de « *payer une somme d'argent* », donc au **cautionnement de montant déterminé** : la caution doit alors mentionner « *par elle-même* » le montant de son engagement, « *en toutes lettres et en chiffres* ».

Son application au **cautionnement indéterminé** a au contraire donné lieu naguère à un vif débat. Une application littérale était impossible, faute d'obligation chiffrée, en cas de garantie d'une obligation de faire (par exemple, garantie de bonne fin d'un marché) ou, plus généralement, lorsque l'engagement porte sur un ensemble d'obligations sans limitation de montant (cautionnement « *omnibus* »). Doctrine et jurisprudence ont été longtemps divisées. Certains arrêts ont jugé la formalité du « bon pour » sans application dans cette hypothèse [1]. Mais l'opinion selon laquelle la mention manuscrite est d'autant plus nécessaire qu'un tel engagement de montant indéterminé est plus dangereux pour la caution l'a emporté. C'est dans ce sens que s'est prononcée invariablement la Cour

1. V. Civ., 10 janv. 1870, 2e esp., *DP* 1870. 1. 60 ; Req., 22 juill. 1891, *DP* 1893. 1. 259 ; Douai, 27 janv. 1903, *DP* 1903. 2. 234, *S*. 1904, 2, p. 125. *Contra*, Req., 16 févr. 1892, *DP* 1892. 1. 248, *S*. 1893. 1. 409 ; Civ., 7 déc. 1926, *S*. 1927. 1. 85.

de cassation depuis 1970 [1] : à défaut de montant chiffré, la mention manuscrite doit exprimer « sous une forme quelconque, mais de façon explicite et non équivoque, la connaissance par celui qui s'engage de la nature et de l'étendue de l'obligation qu'il contracte ».

De manière plus surprenante au plan du raisonnement juridique, mais justifiable en équité, la Cour de cassation a étendu le formalisme protecteur de l'article 1326 au **mandat de se porter caution** [2]. La même solution a été étendue aux mentions requises par le Code de la consommation [3].

L'application stricte de l'article 1326 à *« l'acte par lequel une seule partie s'engage envers une autre à lui payer »* conduit du moins à écarter l'exigence de la mention manuscrite lorsque, exceptionnellement, le cautionnement s'inscrit dans un contrat synallagmatique [4]. Il en est de même pour la constitution d'une sûreté réelle par un tiers ou « cautionnement réel » [5].

137 ***2° Contenu de la mention manuscrite*** ◊ Les solutions de principe ci-dessus dégagées laissent subsister, dans l'une et dans l'autre hypothèses, des difficultés pratiques. L'article 1326 exige une mention manuscrite *« de la somme ou de la quantité de la chose »*. À l'évidence, le contenu concret de la mention est nécessairement différent selon qu'il s'agit du cautionnement d'un montant déterminé ou de celui d'un ensemble de dettes sans limitation de montant.

Du moins faut-il retenir que l'exigence se rapporte uniquement à l'étendue de l'engagement, qui est déterminée tantôt par son montant

---

1. Civ. 1re, 3 mars 1970, préc. ; Civ. 1re, 20 juin 1978, *Bull. civ.* I, n° 234, *D.* 1978. IR 149, obs. Landraud ; Civ. 1re, 6 févr. 1980, *D.* 1980. IR 418, *JCP* 1981. II. 19535, note Rèmond-Gouilloud ; Com., 15 nov. 1982, *Bull. civ.* IV, n° 349, *Gaz. Pal.* 1983. 1. Pan. jur. 87, obs. A.P. ; Com., 22 nov. 1982, *Bull. civ.* IV, n° 358 ; *Gaz. Pal.* 1983. 1. Pan. jur. 104 ; Civ. 1re, 4 févr. 1986, *Bull. civ.* I, n° 5, *Banque* 1986. 401, obs. Rives-Lange ; Civ. 1re, 31 oct. 1989, *Bull. civ.* I, n° 335, *Defrénois* 1990,. 34761, obs. Aynès ; Civ. 1re, 17 juill. 1996, *JurisData* n° 003292, *RD banc. et bourse* 1996. 206.

2. Arrêt de revirement : Civ. 1re, 31 mai 1988, *Bull. civ.* I, n° 163, *Defrénois* 1988. 34325 ; *D.* 1989. Somm. 289, obs. Aynès, *JCP* 1988. II. 21181, note Simler. Dans le même sens, parmi d'autres arrêts, Civ. 1re, 22 nov. 1988, *Bull. civ.* I, n° 329, *D.* 1989. Somm. 289 ; Civ. 1re, 19 juin 1990, *Bull. civ.* I, n° 171, *Defrénois* 1990,. 34917, obs. Aynès ; Com., 27 nov. 1991, *Bull. civ.* IV, n° 364, *Banque* 1992. 208, obs. Rives-Lange ; Com., 26 mai 1993, *Bull. civ.* IV, n° 190, *D.* 1993. Somm. 312, obs. Aynès (qui écarte même la preuve par aveu) ; Com., 1er oct. 2002, *Bull. civ.* IV, n° 132, *D.* 2002. Somm. 3333, obs. Aynès, *JCP* 2002. IV. 2836, *RJDA* 2003. 73, *RTD civ.* 2003. 122, obs. Crocq ; Civ. 1re, 29 oct. 2002, *Bull. civ.* I, n° 251, *D.* 2003. Act. 3203, *RJDA* 2003. 317, 2e esp. (qui admet, au contraire, la preuve complémentaire par un aveu) ; Civ. 1re, 5 juin 2008, *JurisData* n° 044262, *RD banc. fin.* 2008, n° 108, obs. Legeais. V. aussi Albiges, Le mandat de se porter caution, *D.* 2002. Chron. 706).

3. Civ. 1re, 8 déc. 2009, *JCP* 2010.Chron. 708, n° 3, obs. Simler, *RD banc. fin.* 2010, n° 55, obs. Legeais. La sanction est toutefois la nullité du cautionnement.

4. En ce sens, Com., 13 nov. 1997, *JurisData* n° 004503 ; Com., 12 avr. 2005, *RJDA* 2005. 1042 ; Orléans, 8 nov. 1973, *JCP* 1974. IV. 180 ; Paris, 25 mai 1990, *RD banc. et bourse* 1990. 243, obs. Contamine-Raynaud. Ce dernier arrêt attribue sans doute à tort un caractère synallagmatique à un cautionnement figurant dans le même *instrumentum* que le contrat principal synallagmatique.

5. Civ. 1re, 13 mai 1998, *Bull. civ.* I, n° 172, *JCP* N 1998. 1667, note Piedelièvre, *RTD civ.* 1999. 152, obs. Crocq ; Paris, 26 nov. 1999, *JurisData* n° 108805. Il en est autrement, cependant, si le « cautionnement réel » est doublé d'un engagement personnel de payer la dette garantie. Sur les différents cas de figure, v. *supra* n° 72.

chiffré, tantôt par la nature des dettes garanties. S'il est loisible aux parties de compléter la mention manuscrite par d'autres éléments ou caractères de l'engagement, leur absence est sans incidence. La Cour de cassation en a ainsi jugé pour la clause de solidarité (*supra* n° 133), pour la date de l'engagement [1], pour la prorogation de la garantie [2], pour le cumul de garanties [3], pour la renonciation au recours contre les cofidéjusseurs [4].

138 ***a) Cautionnement de montant déterminé : double mention en lettres et en chiffres*** ◊ Deux hypothèses répondent à cet intitulé : celle du cautionnement d'une dette déterminée dont le montant est connu et celle du cautionnement général (*omnibus*) limité à un certain montant. La caution doit, dans l'une et l'autre hypothèses, écrire de sa main (ou « *par elle-même* ») la somme « *en toutes lettres et en chiffres* » [5].

L'article 1326 précise que, « *en cas de différence, l'acte sous seing privé vaut pour la somme écrite en toutes lettres* » [6]. De cette précision, d'assez nombreuses décisions ont raisonnablement déduit que la seule mention en lettres - en l'absence, par conséquent, de toute contradiction dans l'acte - pouvait être jugée suffisante [7]. La Cour de cassation a pourtant clairement condamné ce raisonnement dans le cas du cautionnement [8], alors qu'elle l'a admis pour d'autres types d'engagements de payer une somme d'argent, tels que les reconnaissances de dettes [9]. Ce traitement différencié

1. Com., 6 déc. 1994, *Bull. civ.* IV, n° 363, *JCP* 1995. IV. 342, *CCC* 1995, n° 50, obs. Leveneur.
2. Com., 9 juill. 1991, *Bull. civ.* IV, n° 251, *JCP* 1991. IV. 352, *Banque* 1991. 1202, obs. Rives-Lange.
3. Com., 3 janv. 1989, *Bull. civ.* IV, n° 2, *D.* 1989. Somm. 292, obs. Aynès.
4. Civ. 1re, 9 mai 1990, *Bull. civ.* I, n° 98, *D.* 1990. Somm. 382, obs. Aynès.
5. Cette double précision manuscrite, a-t-il été jugé, peut trouver place dans une formule préimprimée ayant réservé un blanc à cet effet, l'article 1326 exigeant seulement « que la mention manuscrite porte sur l'indication de la somme » : Civ. 1re, 26 janv. 1999, *JurisData* n° 000404 (non publié au *Bull. civ.*). Elle figure plus généralement dans une formule entièrement manuscrite. V. cependant, sur l'hypothèse d'une mention entièrement dactylographiée, Civ. 1re, 13 mars 2008, préc.
6. La primauté de la mention en lettres, en cas de contradiction, ne saurait cependant être considérée comme une règle s'imposant au juge, en particulier si le résultat est invraisemblable (v. Com., 22 juin 1993, *Bull. civ.* IV, n° 258, *D.* 1993. Somm. 311, obs. Aynès, *JCP* 1993. IV. 2165. La mention en chiffres, concordante avec le corps de l'acte, était 790 000 F., alors que, en lettres, la caution avait écrit : *sept cent quatre vingt dix francs. V.* dans le même sens, Civ. 1re, 14 juin 2005, *JurisData* n° 028959).
7. V. notamment Rouen, 14 nov. 1984, *JCP* 1985. IV. 216 ; . Versailles, 29 sept. 1988, *Banque* 1988. 1274, obs. Rives-Lange ; Dijon, 18 déc. 1997, *JurisData* n° 048800, qui estime que cette solution est imposée par le bon sens ; Amiens, 20 nov. 2003, *JurisData* n° 233724, *JCP* 2004. IV. 2063.
8. Civ. 1re, 13 nov. 1996, *Bull. civ.* I, n° 393, *D.* 1997. 368, note Pasqualini, *JCP* 1997. II. 22810, note Dagorne-Labbé ; Civ. 2e, 27 juin 2002, *D.* 2002. Somm. 3333, obs. Aynès, *JCP* 2003. I. 124, n° 2, obs. Simler ; Civ. 1re, 25 mai 2005, *Bull. civ.* I, n° 228, *D.* 2005. Act. 1548, *JCP* 2005. II. 10169, note Piedelièvre.
9. Civ. 1re, 19 déc. 1995, *Bull. civ.* I, n° 467, *RTD civ.* 1996. 620, obs. Mestre ; Civ. 1re, 18 sept. 2002, *Bull. civ.* I, n° 207, *JCP* 2002. IV. 2667, *RJDA* 2003. 98 ; Civ. 1re, 19 nov. 2002, *JCP* 2003. IV. 1056, *CCC.* 2003, n° 54, obs. Leveneur. *Contra*, cependant, retenant la même solution qu'en matière de cautionnement, Civ. 1re, 21 mars 2006, *Bull. civ.* I, n° 167, *JCP* 2006. IV. 1879.

paraît difficilement compréhensible. En l'absence de la mention en lettres, l'acte ne peut en toute hypothèse valoir que comme commencement de preuve par écrit [1].

L'exigence de cette double précision manuscrite s'applique à « toute obligation déterminable au jour de l'engagement », même si la garantie couvre aussi d'autres obligations, dont le montant ne peut être chiffré [2].

139 ***Question des accessoires*** ◊ Parmi les autres obligations « déterminables au jour de l'engagement » figurent en particulier les **accessoires de la dette** : intérêts, frais, dommages et intérêts, clause pénale... La caution est-elle tenue de ces accessoires lorsque la mention manuscrite n'indique que le montant du principal ? Une réponse claire paraît se trouver dans l'article 2293 : *« Le cautionnement indéfini d'une obligation principale s'étend à tous les accessoires de la dette »* (*supra* n° 121). Telle était la solution traditionnelle, la Cour de cassation jugeant que la formalité du « bon pour » n'avait pour objet que de confirmer l'engagement de caution et qu'il y avait lieu de se reporter au corps de l'acte pour la détermination de son étendue [3].

À partir de 1983, on a pourtant assisté à un spectaculaire retournement. Dans une espèce où la caution garantissait un prêt d'un certain montant, inscrit dans la mention manuscrite, et où le corps de l'acte stipulait clairement que la garantie s'étendait aux « intérêts, commissions, frais et accessoires à raison du prêt susvisé », la Cour de cassation a néanmoins jugé « qu'il résulte de la combinaison des articles 1326 et 2015 du Code civil que lorsque l'engagement d'une caution est exprimé dans un acte comportant la mention, écrite de sa main, de la somme qu'elle s'est engagée à payer, le cautionnement ne peut excéder cette somme » et que la cour d'appel n'avait pas à rechercher si les clauses imprimées de l'acte avaient pour effet d'étendre cette obligation aux accessoires [4]. Il n'en était

1. Com., 11 janv. 1994, 2 arrêts, *Bull. civ.* IV, n° 15 et 16, *Defrénois* 1994. 35897, obs. Aynès. Dans la première espèce, l'engagement est jugé efficace, faute de contestation de son montant en cours d'instance ; dans la seconde, la solution contraire est retenue, l'existence de compléments de preuve n'ayant pas été alléguée devant la cour d'appel. Dans le même sens, Civ. 1re, 10 mai 2000, *Bull. civ.* I, n° 138, *D.* 2001. Somm. 691, obs. Aynès.

2. Ainsi jugé, à propos du cautionnement de locations de matériel : Civ. 1re, 21 juill. 1987, *Bull. civ.* I, n° 238, *JCP* 1987. IV. 349 ; Civ. 1re, 25 mars 1991, *CCC* 1991, n° 163, et *JCP* N 1992. II. 99, obs. Leveneur. Antérieurement, la jurisprudence considérait habituellement le cautionnement d'un bail comme étant globalement indéterminé et n'exigeait pas de mention manuscrite chiffrée : Civ. 1re, 16 déc. 1981, *Gaz. Pal.* 1982. 1. Pan. jur. 179, obs. A.P. ; Civ. 1re, 22 févr. 1984, *Bull. civ.* I, n° 71, *JCP* 1985. II. 20442, note M. Storck.

3. V. Civ. 1re, 28 mars 1979, *Bull. civ.* I, n° 104, *D.* 1979. IR 428, *Gaz. Pal.* 1980. 2. 309. V. égal. Req., 28 févr. 1939, *DH* 1939p. 243, S. 1939, 1, p. 161, rapp. Dumas, note Roubier, *RTD civ.* 1939. 783, obs. Marty ; Com., 22 janv. 1963, *Bull. civ.* III, n° 53 ; Civ. 1re, 8 févr. 1977, *Bull. civ.* I, n° 71, *D.* 1977. IR 468, *JCP* 1979. II. 19095, note Jacquemont.

4. Civ. 1re, 22 juin 1983, *Bull. civ.* I, n° 182, *Defrénois* 1984. 33251, obs. Aubert. Dans le même sens, parmi d'autres arrêts, Civ. 1re, 3 mai 1984, *Bull. civ.* I, n° 147, *D.* 1984. IR 481, *Banque* 1984. 1093, obs. Rives-Lange ; Civ. 1re, 20 nov. 1984, *Bull. civ.* I, n° 311, *Defrénois* 1985. 33636, obs. Aubert ; Civ. 1re, 9 déc. 1986, *Bull. civ.* I, n° 287, *JCP* 1988. II. 20921, note M. Storck ; Civ. 1re, 16 juin 1987, *Bull. civ.* I, n° 195, *D.* 1987. Somm. 444, 2e esp., obs. Aynès ;

autrement que si l'extension de la garantie aux accessoires était précisée dans la mention manuscrite [1].

La Première chambre civile de la Cour de cassation a même exigé que le taux des intérêts fût porté dans la mention manuscrite, faute de quoi la caution ne pouvait être tenue qu'à concurrence du taux légal, à compter de sa mise en demeure [2], avant d'assouplir, ensuite, cette exigence, en reconnaissant à la mention des accessoires sans indication du taux valeur de commencement de preuve par écrit de la couverture des intérêts conventionnels [3].

La Chambre commerciale de la haute juridiction, qui n'avait pas suivi la formation civile quant à l'indication manuscrite du taux des intérêts [4], a fini par renouer purement et simplement, en 1999, avec la solution admise avant 1983, jugeant que « l'article 1326 du Code civil limite l'exigence de la mention manuscrite à la somme ou à la quantité due, sans l'étendre à la nature de la dette, à ses accessoires ou à ses composantes », et qu'il « importe peu que la mention manuscrite ne fasse pas état des intérêts » [5].

Achevant cette évolution la Première Chambre civile s'est finalement ralliée à cette position, dans les mêmes termes [6]. Il suffit donc que figure

---

Com., 28 mai 1991, *Bull. civ.* IV, n° 181, *D.* 1991. Somm. 382, obs. Aynès ; Civ. 1re, 2 avr. 1997, *Bull. civ. I*, n° 114, *JCP* 1997. II. 22927, note Casey ; Civ. 1re, 17 juill. 2001, *Bull. civ.* I, n° 208, *D.* 2001. Act. 2408, *JCP* 2001. I. 356, n° 1, obs. Simler.

1. V. par ex. Civ. 1re, 19 déc. 1979, *JCP* 1980. IV. 88 ; Aix-en-Provence, 17 déc. 1986, *JCP* 1987. II. 20795, note Stoufflet.

2. V. Civ. 1re, 10 mai 1988, *Bull. civ.* I, n° 133, *D.* 1989. 442, note Urbain-Parléani, *RTD com.* 1989. 103, obs. Cabrillac et Teyssié ; Civ. 1re, 17 juill. 1990, *Bull. civ.* I, n° 200, *D.* 1990. IR 196 ; Civ. 1re, 10 mars 1992, *Bull. civ.* I, n° 77, *Defrénois* 1992. 35303, obs. Aynès, *Banque* 1993. 86, obs. Rives-Lange ; Civ. 1re, 15 déc. 1993, *Bull. civ.* I, n° 367, *JCP* 1994. IV. 464 ; Civ. 1re, 30 mars 1994, *Bull. civ.* I, n° 122, *Defrénois* 1994. 35897, obs. Aynès ; Civ. 1re, 29 févr. 2000, *Bull. civ.* I, n° 68, *JCP* 2000. II. 10382, note Casey, et E 2000. 801, note Legeais ; Civ. 1re, 17 juill. 2001, préc.

3. Civ. 1re, 23 juin 1992, *Bull. civ.* I, n° 194, *D.* 1992. IR 206 ; Civ. 1re, 21 févr. 1995, *JCP* 1995. IV. 980, et N 1996. II. 1433, note Piedelièvre ; Civ. 1re, 29 févr. 2000, *Bull. civ.* I, n° 68, *D.* 2000. Somm. 342, obs. Brémond, et 2001. Somm. 691, obs. Aynès, *JCP* 2000. II. 10382, note Casey, et E 2000. 801, note Legeais. V. aussi Civ. 1re, 13 oct. 1999, *Bull. civ.* I, n° 273, *JCP* 1999. IV. 2957, *RJDA* 1999. 1249.

4. Com., 26 juin 1990, *Bull. civ.* IV, n° 189, *D.* 1990. Somm. 383, obs. Aubert ; Com., 7 juill. 1992, *Bull. civ.* IV, n° 261, *JCP* 1993. I. 3680, n° 4, obs. Simler ; Com., 31 mai 1994, 2 arrêts, *Bull. civ.* IV, n° 190 et 191, *D.* 1994. IR 176, *JCP* 1994. I. 3807, n° 5, obs. Simler ; Com., 24 oct. 1995, *Bull. civ.* IV, n° 249, *D.* 1996. Somm. 266, obs. Aynès.

5. Com., 16 mars 1999, *Bull. civ.* IV, n° 59, *JCP* 1999. I. 156, n° 1, obs. Simler, et E 1999. 1055, note Legeais, *Banque et droit* juill.-août 1999. 35, obs. Jacob, *RJDA* 1999. 604. Dans le même sens, Com., 17 juill. 2001, *Bull. civ.* IV, n° 141, *D.* 2001. Act. 2514, *JCP* 2001. I. 356, n° 1, obs. Simler ; Com., 3 avr. 2002, *Bull. civ.* IV, n° 64, *D.* 2002. Act. 1547, obs. Avena-Robardet, *JCP* 2002. IV. 1880 ; Com., 4 févr. 2003, *Bull. civ.* IV, n° 13, *D.* 2003. 1357, note Roman. *JCP* 2003. IV. 1578, *RD banc. fin.* 2003, n° 136, obs. Legeais. V. aussi Simler, « Le cautionnement d'une dette s'étend de plein droit aux accessoires de celle-ci », *RJDA* 1999. Chron. 831, et *JCP* 2001. I. 367.

6. Civ. 1re, 29 oct. 2002, 3 arrêts, *Bull. civ.* I, n° 247, 248 et 250, *D.* 2002. 3072, note Djoudi, et Somm. 3334, obs. Aynès, *JCP* 2002. II. 10187, note Legeais, *RTD civ.* 2003. 122, obs. Crocq.

dans la mention le montant en principal de la dette garantie. L'article 2293 a ainsi retrouvé sa pleine signification.

Plus simple est l'hypothèse du cautionnement général limité à un certain montant. Si la caution s'est obligée à concurrence de telle somme pour toutes les dettes du débiteur et si elle n'a porté dans la mention manuscrite que ce montant, elle ne peut être recherchée, principal et accessoires confondus, que dans cette limite, à moins que l'acte précise que la garantie s'étend, au-delà de cette somme, aux accessoires correspondants [1].

140 ***b) Cautionnement de montant indéterminé*** ◇ À défaut de pouvoir mentionner une somme, la caution doit, selon une jurisprudence constante depuis 1970, exprimer dans la mention manuscrite, « *sous une forme quelconque, mais de façon explicite et non équivoque, la connaissance de la nature et de l'étendue de l'obligation qu'elle contracte* » (*supra* n° 136). Cette formule laisse entière la question du contenu qu'il convient de donner concrètement à la mention manuscrite portée sur un tel engagement de caution.

Ne répond certainement pas à l'exigence ainsi définie la simple formule « bon pour caution solidaire » [2] ou « lu et approuvé » [3], suivie de la signature, même si elle est complétée par la précision « comme ci-dessus » ou « dans les termes ci-dessus », renvoyant au corps de l'acte [4]. Mais, à une époque, des formules telles que « bon pour cautionnement solidaire et indivisible à concurrence de la somme de tous engagements en principal, plus intérêts, commissions et accessoires » ont été pareillement jugées insuffisantes [5]. On pouvait se demander quelles précisions supplémentaires la caution pourrait indiquer, sauf à inscrire son engagement dans la limite d'un montant déterminé. La Cour de cassation a pourtant réaffirmé que les dispositions de l'article 1326 n'interdisaient pas le cautionnement illimité [6].

1. V. Com., 29 oct. 1991, *Bull. civ.* IV, n° 315, *JCP* 1992. II. 21874, note Legeais.

2. V. Civ. 1re, 22 févr. 1984, *Bull. civ.* I, n° 71, *JCP* 1985. II. 20442, note M. Storck, *Banque* 1984. 1307, obs. Rives-Lange ; Civ. 1re, 15 avr. 1986, *D.* 1987. 341, note Aynès, *Defrénois* 1987. 33918 ; Civ. 1re, 30 juin 1987, *Bull. civ.* I, n° 210, *D.* 1987. Somm. 442, obs. Aynès ; Civ. 1re, 8 déc. 1987, *D.* 1988. Somm. 271, 2e esp., obs. Aynès. V. aussi, pour la formule incohérente, « bon pour caution *conjointe et solidaire* », Com., 5 juill. 1994, *Bull. civ.* IV, n° 253, *D.* 1994. IR 214, *JCP* 1994. IV. 2229.

3. Civ. 1re, 31 oct. 1989, *Bull. civ.* I, n° 335, *D.* 1990. Somm. 382, obs. Aynès ; Civ. 1re, 28 oct. 1991, *Bull. civ.* I, n° 286, *JCP* 1992. II. 21874, note Legeais.

4. V. Civ. 1re, 16 déc. 1981, *Bull. civ.* I, n° 388 ; Civ. 1re, 16 juin 1987, *D.* 1987. Somm. 442, obs. Aynès, *Gaz. Pal.* 1987. 2. Pan. jur. 214 ; Civ. 1re, 30 juin 1987, *Bull. civ.* I, n° 210, *D.* 1987. Somm. 442, obs. Aynès ; Civ. 1re, 2 avr. 1997, *JurisData* n° 001623.

5. V. Civ. 1re, 6 févr. 1980, préc. V. aussi Civ. 1re, 19 avr. 1983, *Bull. civ.* I, n° 122, *JCP* 1983. II. 20122, note Mouly et Delebecque ; Civ. 1re, 4 mars 1986, *Bull. civ.* I, n° 49, *D.* 1987. 342, 2e esp., note Aynès, *Defrénois* 1987. 33918.

6. V. Civ. 1re, 12 nov. 1987, *D.* 1988. Somm. 271, obs. Aynès, *Banque* 1987. 1207, obs. Rives-Lange ; Com., 22 nov. 1988, *Bull. civ.* IV, n° 313, *JCP* 1989. IV. 28 ; Civ. 1re, 18 avr. 1989, *Bull. civ.* IV, n° 152 ; Com., 18 avril 1989, *Bull. civ.* IV, n° 114 ; Com., 6 juill. 1993, *Bull. civ.* IV, n° 279, *JCP* 1993. IV. 2304, *Rev. sociétés* 1994. 52, note Delebecque. V. aussi, à propos de ce dernier arrêt, Mouly, « La grand-mère et le cautionnement omnibus », *RJDA* 1993. 679.

Elle a dans le même temps précisé, à propos de mentions manuscrites du même type, que, « pour l'appréciation de ce caractère explicite et non équivoque, il doit être tenu compte non seulement des termes employés, mais également de la qualité, des fonctions et des connaissances de la caution, de ses relations avec le créancier et le débiteur de l'obligation cautionnée, ainsi que de la nature et des caractéristiques de cette dernière » [1]. La même mention manuscrite pouvait donc être jugée suffisamment explicite dans telle espèce et non dans telle autre [2]. Pouvaient ainsi être appréciés différemment les engagements des cautions « intégrées » à l'opération garantie, notamment les dirigeants de sociétés, et les cautions « non intégrées », parents ou amis. Mais ce critère subjectif a lui-même, par la suite, été abandonné [3]. La question ne se pose plus dans les vastes limites du champ d'application des mentions imposées à peine de nullité par les dispositions du Code de la consommation.

Ces évolutions, hésitations et revirements n'expriment pas seulement un infléchissement de l'interprétation de la règle de l'article 1326, appliquée au cautionnement. Ils sont révélateurs d'une profonde modification de sa signification et de sa finalité, qui s'est traduite, pendant un temps, par une remise en cause de la nature même de la sanction de son inobservation.

141 ***3° Signification et sanction de l'exigence de la mention manuscrite*** ◊ Une nouvelle distinction doit être faite, suivant que la difficulté porte seulement sur l'étendue de l'engagement, l'acte étant revêtu d'une mention manuscrite chiffrée conforme aux exigences de l'article 1326, ou que l'efficacité même de l'acte est en cause, en raison de l'absence ou de l'insuffisance de la mention manuscrite.

---

1. Civ. 1re, 4 mars 1986, préc. ; Civ. 1re, 16 déc. 1986, *D.* 1987. IR 13 ; Civ. 1re, 3 mars 1987, *D.* 1987. Somm. 442, 2e esp., obs. Aynès, *RJ com.* 1987. 243, note Delebecque ; Civ. 1re, 24 mars 1987, *D.* 1987. IR 82 ; Civ. 1re, 13 oct. 1987, *D.* 1988. Somm. 273, obs. Aynès ; Com., 15 nov. 1988, *Bull. civ.* IV, n° 310, *D.* 1990. 3, note Ancel.

2. Comp., d'une part, Com., 19 nov. 1985, *Banque* 1986. 401, obs. Rives-Lange ; Civ. 1re, 4 févr. 1986, *Bull. civ.* I, n° 5, *D.* 1987, p. 342, 1re esp., note Aynès, *Defrénois* 1987. 33918, *Banque* 1986. 401, obs. Rives-Lange ; Civ. 1re, 1er oct. 1986, préc. ; Civ. 1re, 12 nov. 1987, préc. ; Civ. 1re, 10 mai 1988, *Bull. civ.* I, n° 134 ; d'autre part, Civ. 1re, 4 mars et 15 avr. 1986, 8 déc. 1987, préc. V. en particulier Civ. 1re, 13 oct. 1987, 2 arrêts, *D.* 1988. Somm. 272, obs. Aynès, qui ont statué en sens opposé à propos de deux mentions manuscrites identiques.

3. V. formellement, en ce sens, Civ. 1re, 7 mars 1989, *Bull. civ.* I, n° 109, *JCP* 1989. II. 21317, 1re esp., note Legeais, *D.* 1989. Somm. 290, obs. Aynès, *Banque* 1989. 758, obs. Rives-Lange. À la caution, épouse du débiteur, qui reprochait à l'arrêt attaqué de n'avoir pas tenu compte de ses qualités, connaissances, fonctions, relations..., il est répondu que, dès lors que la mention manuscrite exprimait avec précision que le cautionnement s'appliquait à toutes les dettes à venir, y compris les intérêts et autres accessoires, et faisait référence au corps de l'acte, la cour d'appel avait « *par ces seuls motifs* » légalement justifié sa décision. La formule exprimant le critère subjectif est cependant sporadiquement réapparue : Civ. 1re, 9 avr. 1991, *Bull. civ.* I, n° 134, *D.* 1991. Somm. 383, obs. Aynès ; Civ. 1re, 28 oct. 1991, *Bull. civ.* I, n° 286, *JCP* 1992. II. 21874, note Legeais ; Com., 18 févr. 1992, *Bull. civ.* IV, n° 76, *Defrénois* 1992. 35303, obs. Aynes ; Civ. 1re, 9 mai 1994, *JCP* 1994. I. 3807, n° 6 ; Civ. 1re, 31 mars 1998, *JurisData* n° 001692, *RJDA* 1998. 910.

142 ***a) Mention manuscrite et étendue de la garantie*** ◊ Même si ce premier aspect a cessé, pour l'essentiel, de faire difficulté, les péripéties jurisprudentielles, pour leur exemplarité, méritent d'être rappelées. À partie de 1983 et pendant une décennie, la Cour de cassation a en effet considéré que la caution n'était tenue que dans la stricte limite du montant indiqué dans la mention manuscrite. Au-delà de son traditionnel rôle probatoire, celle-ci était ainsi érigée en instrument exclusif de mesure de l'étendue de l'engagement de la caution. Se trouvaient privées de toute efficacité les clauses imprimées ou dactylographiées de l'acte, aussi claires et explicites qu'elles aient pu être, stipulant que la garantie s'étendait aux accessoires. Le cautionnement, disait la haute juridiction, « *ne peut excéder cette somme* » (*supra* n° 139).

Le but protecteur louable de ce changement de fonction de la mention manuscrite était au prix de la mise à l'écart des principes les plus classiques. L'article 2293, aux termes duquel « *le cautionnement indéfini* (c'est-à-dire pur et simple) *d'une obligation principale s'étend à tous les accessoires de la dette* », était tenu pour lettre morte. La force obligatoire du contrat, exprimée avec une particulière vigueur par l'article 1134 et dont nul ne peut douter qu'elle s'applique au corps de l'acte, fût-il dactylographié ou imprimé, était méconnue. Quant au fondement que donnait la haute juridiction à sa jurisprudence, à savoir la combinaison des articles 1326 et 2015 (aujourd'hui 2292), il s'apparentait à un tour de passe-passe. L'article 2292 édicte une règle d'interprétation. Il est sans rapport avec l'exigence d'une mention manuscrite. Quant à l'article 1326, il a toujours été une règle de preuve, ce qu'atteste sa place dans le code. On aperçoit mal comment la combinaison d'une règle d'interprétation avec une règle de preuve pouvait donner naissance à une exigence de forme relative à l'étendue de l'engagement.

Ces critiques ont été entendues par la Cour de cassation [1]. Rectifiant la formule précitée, elle a jugé que « l'article 1326 du Code civil limite l'exigence de la mention manuscrite à la somme ou à la quantité due, sans l'étendre à la nature de la dette, à ses accessoires ou à ses composantes » et « qu'il importe peu que la mention manuscrite ne fasse pas état des intérêts ». Telle était la seule solution orthodoxe, du moins en l'absence de dispositions législatives particulières, telles que celles inscrites dans le Code de la consommation (v. *supra* n° 117).

143 ***b) Mention manuscrite et efficacité de la garantie*** ◊ En cas de défaut pur et simple de mention manuscrite ou, s'agissant du cautionnement « *omnibus* », d'insuffisance de la mention au regard des critères proposés, il était traditionnellement admis, en considération du rôle probatoire de la formalité de l'article 1326, que l'acte, par hypothèse signé par la

1. Com., 16 mars 1999, Civ. 1re, 29 oct. 2002, 3 arrêts, et les autres arrêts postérieurs cités *supra* n° 139.

caution, valait au moins comme **commencement de preuve par écrit** [1]. Cet acte dépourvu de force probante émane, à l'évidence, de celui contre lequel il s'agit de prouver et rend pour le moins vraisemblable le fait allégué. L'insuffisance probatoire pouvait être comblée par tous moyens, même par témoignages et présomptions, pourvu que ces moyens fussent extrinsèques à l'acte imparfait [2].

144 ***La tentation du formalisme*** ◊ À partir de 1984, la Première Chambre civile de la Cour de cassation a au contraire sanctionné par la **nullité** les cautionnements dépourvus de mention manuscrite suffisamment explicite, au motif « qu'il résulte de la combinaison des articles 1326 et 2015 du Code civil que les exigences relatives à la mention manuscrite ne constituent pas de simples règles de preuve, mais ont pour finalité la protection de la caution » [3]. La formalité de l'article 1326 était ainsi ouvertement érigée en condition de validité du cautionnement [4]. Cette conséquence tirée de la combinaison de deux textes dont aucun ne se rapporte à la question de la validité appelait les mêmes observations critiques que celles faites à propos de la limitation du montant de la garantie. La Chambre commerciale, quant à elle, n'a pas succombé à la « tentation du formalisme » [5] et a toujours considéré le cautionnement dépourvu de mention manuscrite suffisante comme un commencement de preuve par écrit [6].

145 ***Réaffirmation du rôle probatoire*** ◊ L'opposition de jurisprudence entre les deux chambres s'est progressivement résorbée, la Première

---

1. V. Civ. 1re, 3 mars 1970, 6 févr. 1980 et 16 déc. 1981, préc. Même après le revirement opéré par la Cour de cassation en 1984, certains arrêts réaffirmaient cette solution : Civ. 1re, 16 janv. 1985, *Bull. civ.* I, n° 24, *Journ. not.* 1985. 146, note Poulnais, *RTD civ.* 1986. 758, obs. Mestre ; Paris, 6 oct., 12 mars et 22 sept. 1986, *D.* 1987. Somm. 442, obs. Aynès. La Chambre commerciale de la Cour de cassation, en particulier, est toujours restée attachée à ce raisonnement.

2. V. Com., 9 mars 1976, *Bull. civ.* IV, n° 84 (correspondance échangée) ; Civ. 1re, 8 nov. 1978, *D.* 1979. IR 56, *Gaz. Pal.* 1979. 1. Somm. 2 (actes d'exécution) ; Com., 17 juin 1974, *Bull. civ.* IV, n° 192 (sommation de comparaître) ; Civ. 1re, 16 janv. 1985, préc. (invocation très tardive de la règle de l'article 1326).

3. V. Civ. 1re, 22 févr. 1984, *Bull. civ.* I, n° 71, *JCP* 1985. II. 20442, note M. Storck ; Civ. 1re, 30 juin 1987, *Bull. civ.* I, n° 210, *D.* 1987. Somm. 442, obs. Aynès ; Civ. 1re, 31 mai 1988, *Bull. civ.* I, n° 163, *D.* 1989. Somm. 289, obs. Aynès, *RD banc. et bourse* 1988. 203, obs. Contamine-Raynaud, *JCP* 1989. II. 21181, note Simler. De très nombreuses juridictions du fond ont emboîté le pas à la Cour de cassation, trouvant là un moyen imparable de décharger les cautions.

4. Ainsi, même l'aveu de la caution ne pouvait restituer son efficacité à l'acte (en ce sens, Civ. 1re, 26 mai 1993, *Bull. civ.* IV, n° 190, *D.* 1993. Somm. 312, obs. Aynès. *Contra*, après les revirements exposés, Civ. 1re, 29 oct. 2002, *Bull. civ.* I, n° 251, *D.* 2003. Act. 3203, *RJDA* 2003. 317, 2e esp. ; Com., 18 févr. 2003, *JurisData* n° 017875 (qui réaffirme que, l'aveu judiciaire faisant pleine foi, l'existence d'un commencement de preuve par écrit est indifférente).

5. V. M. Cabrillac, Ch. Mouly, S. Cabrillac et Ph. Pétel nos 132 s.

6. V. Com., 6 juin 1985, *Bull. civ.* IV, n° 182, *Defrénois* 1985. 33636, obs. Aubert ; Com., 21 juin 1988, *Bull. civ.* IV, n° 212, *JCP* 1989. II. 21170, note Delebecque, *D.* 1989. Somm. 289, obs. Aynès ; Com., 20 oct. 1992, *CCC* 1993, n° 5, obs. Leveneur ; Com., 8 févr. 1994, *CCC* mai 1994, p. 95, obs. Leveneur, *JCP* 1995. I. 3851, n° 3 ; Com., 6 déc. 1994, *Bull. civ.* IV, n° 363, *D.* 1995. IR 15, *Defrénois* 1995. 36040, obs. Aynès, *JCP* 1995. I. 3851, n° 3.

chambre civile ayant, par étapes, opéré un complet revirement. Elle a d'abord rectifié la formule précitée, relative à la finalité des articles 1326 et 2015, affirmant à partir de 1989 que « ces règles de preuve ont pour finalité la protection de la caution », mais sans modifier la sanction [1]. Ultérieurement, elle a tiré de cette formulation nouvelle les conséquences qui s'imposaient : l'acte de cautionnement sans mention manuscrite ou revêtu d'une mention insuffisante n'est pas nul ; il est seulement dépourvu de force probante et peut constituer un **commencement de preuve par écrit**, susceptible d'être complété par tout élément complémentaire de preuve extrinsèque à l'acte irrégulier [2]. Comme pour sceller l'unité retrouvée, la Chambre commerciale a adopté la même formulation : les articles 1326 et 2015 constituent des « règles de preuve qui ont pour finalité la protection de la caution » [3].

Finalement, toute référence à une combinaison de ces deux textes a disparu et les arrêts ont été fondés exclusivement - et très justement - sur le seul article 1326 [4]. Par ailleurs, l'extériorité du complément de preuve a été appréciée très largement. Naguère, le complément de preuve devait être extrinsèque au titre constatant l'engagement de la caution [5]. Il peut aujourd'hui résulter du même *instrumentum*, pourvu qu'il fût extrinsèque au *negotium* constitutif de l'engagement de la caution. Lorsque, comme c'est fréquemment le cas, cet engagement est porté sur le même acte que l'obligation principale, le complément de preuve peut résulter de cet acte instrumentaire, notamment si la caution en a paraphé toutes les pages [6] ou l'a signé en une autre qualité [7]. Il suffit même, selon un arrêt, que

1. V. Civ. 1re, 15 nov. 1989, *Bull. civ.* I, n° 348, *D.* 1990. 177, note Mouly, *JCP* 1990. II. 21422, note Legeais ; Civ. 1re, 24 janv. 1990, *Bull. civ.* I, n° 19, *D.* 1990. Somm. 382, obs. Aynès ; Civ. 1re, 15 janv. 1991, *D.* 1991. Somm. 382, *Defrénois* 1991. 35119, obs. Aynès.

2. V. Civ. 1re, 15 oct. 1991 (non publié au *Bull. civ.*), *CCC* 1992, n° 6, *JCP* 1992. II. 21923, note Simler; Civ. 1re, 20 oct. 1992, *Bull. civ.* I, n° 259, *D.* 1993. Somm. 311, obs. Aynès; Civ. 1re, 12 mai 1993, *Bull. civ.* I, n° 164, *D.* 1994. Somm. 10, obs. Aynès ; Civ. 1re, 5 déc. 1995, *Bull. civ.* I, n° 445 ; Civ. 1re, 6 juill. 2004, *Bull. civ.* I, n° 199, *D.* 2004. Act. 2373, *JCP* 2004. IV. 2865. De nombreuses juridictions se sont peu à peu ralliées à cette position, d'autres non, du moins dans un premier temps (Aix-en-Provence, 17 févr. 1992, *JCP* 1992. IV. 1583 ; Lyon, 10 sept. 1992, *D.* 1992. IR 236; Paris, 5 nov. 1992, *JCP* E 1993. Pan. 5; Nancy, 14 févr. 1996, *JurisData* n° 056176 ; Paris, 4 juin 1999, *JurisData* n° 023366).

3. Com., 26 juin 1990, *Bull. civ.* IV, n° 188, *Defrénois* 1990. 34917, obs. Aynès ; Com., 26 nov. 1990, *Bull. civ.* IV, n° 301, *JCP* 1991. II. 21706, note Legeais, *D.* 1991. Somm. 342, obs. Aynès; Com., 9 juill. 1991, *Bull. civ.* IV, n° 251, *RD banc. et bourse* 1992. 34, obs. Contamine-Raynaud ; Com., 6 déc. 1994, 2 arrêts, *Bull. civ.* IV, n° 363 et 364, *Defrénois* 1995. 36040, obs. Aynès.

4. Com., 16 mars 1999, préc. ; Civ. 1re, 15 janv. 2002, 2 arrêts, *Bull. civ.* I, n° 13, *D.* 2002. 720, *JCP* 2002. I. 162, n° 5, obs. Simler, et E 2002. 592, note Legeais, *RTD civ.* 2003. 122, obs. Crocq ; Civ. 1re, 29 oct. 2002, 3 arrêts, *Bull. civ.* I, nos 247, 248 et 250, *JCP* 2002. II. 10187, note Legeais, et 2003. I. 124, n° 1, obs. Simler, *D.* 2002. Somm. 3072, obs. Aynès.

5. Civ. 1re, 22 juill. 1975, *Bull. civ.* I, n° 247 ; Civ. 1re, 16 janv. 1985, *Bull. civ.* I, n° 24 ; Com., 31 mai 1994, *Bull. civ.* IV, n° 191, *JCP* 1994. IV. 1933.

6. Civ. 1re, 15 janv. 2002, 2e arrêt, préc.

7. Civ. 1re, 15 janv. 2002, 1er arrêt, préc. : signature de l'acte de vente d'un fonds de commerce par le cédant, caution du prêt consenti à l'acquéreur.

l'indication du montant de l'engagement qui fait défaut dans la mention manuscrite figure dans l'acte au pied duquel a été inscrit le cautionnement [1].

146 ***Cautionnements souscrits par les dirigeants de sociétés*** ◊ À suite de ces péripéties, la Chambre commerciale de la Cour de cassation, s'appuyant sur la fonction purement protectrice réaffirmée de la mention manuscrite, a jugé, pendant un temps, que certaines cautions, parfaitement bien informées - concrètement, les dirigeants de société - ne nécessitaient aucune protection particulière et ne pouvaient donc se plaindre d'une omission qui ne pouvait leur porter préjudice [2]. Elle a jugé ensuite que les fonctions mêmes de la caution - à nouveau, celles de dirigeant de la société garantie - pouvaient constituer l'élément extrinsèque de preuve venant compléter le commencement de preuve résultant de l'acte irrégulier au regard de l'article 1326 [3]. L'un et l'autre raisonnement se traduisaient *de facto* par l'éviction de l'exigence de la mention manuscrite dans ces cautionnements [4].

Mais il faut à nouveau rappeler que ces solutions n'ont plus cours depuis l'entrée en vigueur des articles L. 341-2 et L. 341-3 du Code de la consommation, qui subordonnent la validité du cautionnement de toute personne

---

1. Civ. 1re, 26 nov. 2002, *Bull. civ.* I, n° 285, *JCP* 2003. IV. 1120. S'agissant d'un mandat de se porter caution, auquel la jurisprudence applique l'article 1326 (*supra* n° 136), un arrêt a même admis que le complément de preuve pouvait être trouvé dans la procuration elle-même (Com., 1er oct. 2002, *Bull. civ.* IV, n° 132, *D.* 2002. Somm. 3333, obs. Aynès, *JCP* 2002. IV. 2836, *RJDA* 2003. 73, *RTD civ.* 2003. 122, obs. Crocq. V. cependant Com., 29 avr. 2003, *JurisData* n° 019114, qui réaffirme l'exigence du caractère extrinsèque et écarte le complément de preuve résultant des mentions préimprimées de l'acte). « Que reste-t-il de l'exigence de la mention manuscrite ? », s'interroge un commentateur (Crocq, *loc. cit.*). Mais la Première chambre civile a réaffirmé le 29 octobre 2002 que le complément de preuve ne pouvait résulter des énonciations de l'acte de cautionnement lui-même (*JurisData* n° 016157).

2. V. Com., 19 juin 1990, *Bull. civ.* IV, n° 180, *D.* 1990. IR 182, *JCP* 1990. II. 21578, note Legeais ; Com., 26 juin 1990, *Bull. civ.* IV, n° 188, *Defrénois* 1990. 34917, obs. Aynès ; Com., 15 janv. 1991, *Bull. civ.* IV, n° 24, *D.* 1991. Somm. 383, obs. Aynès ; Com., 15 oct. 1991, *Bull. civ.* IV, n° 285, *RD banc. et bourse* 1992. 34, obs. Contamine-Raynaud ; Com., 25 mai 1993, 2 arrêts, *Bull. civ.* IV, nos 204 et 205, *D.* 1993. Somm. 311, obs. Aynès, *JCP* 1993. IV. 1853. Dans le même sens, Paris, 3 mars 1995, *D.* 1995. IR 142.

3. V. Com., 1er juin 1993, *Bull. civ.* IV, n° 213, *D.* 1993. Somm. 311, obs. Aynès, *JCP* E 1993. II. 488, note Legeais, *Rev. sociétés* 1993. 783, note Gavalda ; Com., 14 déc. 1993, *Bull. civ.* IV, n° 468, *JCP* 1994. IV. 485 ; Com., 31 mai 1994, 2 arrêts, *Bull. civ.* IV, nos 192 et 193, *JCP* 1994. IV. 1948 et 1949, *Defrénois* 1994. 35897, obs. Aynès ; Com., 6 déc. 1994, *Bull. civ.* IV, n° 363, *D.* 1965. IR 15, *JCP* 1995. IV. 341, *CCC* 1995, n° 50, obs. Leveneur ; Com., 24 juin 1997, *Bull. civ.* IV, n° 198 ; Com., 18 mai 1999, *Bull. civ.* IV, n° 103, *JCP* 1999. I. 156, n° 3, obs. Simler ; Com., 18 janv. 2002, *JurisData* n° 012628. V. aussi, pour la qualité de fondateurs, à propos du cautionnement d'une société en formation, Com., 6 févr. 2001, *RJDA* 2001. 726.

4. L'argument ne devrait raisonnablement être admis que pour les seuls dirigeants effectifs (en ce sens, pour un vice-président âgé et malade, Com., 6 déc. 1994, *Bull. civ.* IV, n° 364, *D.* 1995. IR 21, *JCP* 1995. I. 3851, n° 3, obs. Simler ; pour une épouse dirigeant de droit, mais non effectif, ayant donné mandat à son conjoint, dirigeant de fait et cofidéjusseur, Com., 3 juill. 2007, *JurisData* n° 040010), et non pour de simples associés (en ce sens, Com., 31 mai 1994, 2e arrêt préc. ; Com., 2 avr. 1996, *JurisData* n° 001573, *Bull. Joly* 1996. 665, note Delebecque ; Com., 29 avr. 2003, *JurisData* n° 019114, *JCP* 2003. I. 176, n° 3, obs. Simler.

physique envers un créancier professionnel à des mentions manuscrites prédéterminées (v. *supra* n° 57 et 117).

147 ***4° Exception en matière commerciale*** ◊ L'exigence de la mention manuscrite de l'article 1326, comme le principe même de la preuve écrite, sont traditionnellement écartés en matière commerciale. Mais la portée de cette exception a été incidemment réduite par la loi du 12 juillet 1980, qui a modifié les articles 1326 du Code civil et 109 du Code de commerce (aujourd'hui, art. L. 110-3).

Antérieurement, l'article 109 du Code de commerce, qui ne contenait, dans son ancienne rédaction, qu'une liste d'actes pouvant être librement prouvés, était interprété comme exprimant un principe général de liberté de la preuve des **actes de commerce** [1]. Dans sa nouvelle rédaction, l'article L. 110-3 du Code de commerce dispose que, « ***À l'égard des commerçants***, *les actes de commerce peuvent se prouver par tous moyens* ». Il ne suffit donc plus, pour échapper à l'exigence de la preuve écrite et au formalisme de l'article 1326, que le cautionnement soit commercial. Il faut en outre que la caution ait la qualité de commerçant [2]. Ainsi, si les très nombreux cautionnements souscrits par les dirigeants de sociétés sont commerciaux (*supra* n° 68), ils devaient néanmoins, depuis 1980, comporter la mention manuscrite exigée par l'article 1326, leurs souscripteurs n'ayant pas la qualité de commerçants [3]. Il est vrai que le libéralisme dont a fait preuve en dernier lieu la jurisprudence dans l'appréciation du complément de preuve a rendu pratiquement indifférente la présence d'une mention manuscrite dans ce type de cautionnement. Mais les dispositions contraignantes précitées du Code de la consommation ont une nouvelle fois bouleversé les solutions.

Sous ces réserves, le cautionnement commercial souscrit par un commerçant - aujourd'hui par une personne morale commerçante - peut

---

1. La Cour de cassation avait ainsi jugé que tout acte de commerce, même isolé, donc tout cautionnement commercial, pouvait être prouvé par tous moyens. V. notamment Com., 4 juin et 16 juill. 1973, *Bull. civ.* IV, n° 191 et 244, *Banque* 1974. 309 et 426, obs. M. Martin, *RTD com.* 1973. 268, obs. Jauffret, et 578, obs. Hémard ; Com., 10 déc. 1985, *Bull. civ.* IV, n° 291, *JCP* 1986. IV. 68 ; Com., 5 oct. 1993, *Bull. civ.* IV, n° 310, *JCP* 1993. IV. 2523. Les derniers arrêts cités, postérieurs à 1980, ont statué « en l'état de la législation antérieure à la loi du 12 juillet 1980 ».

2. En ce sens, M. Rèmond-Gouilloud, note sous Civ. 1re, 6 févr. 1980, *JCP* 1981. II. 19535 ; Gavalda et Stoufflet, *JCP* 1981. I. 3048, n° 109 ; Derruppé, *RTD com.* 1980. 757 ; Mestre, note sous Com., 20 juill. 1981, *RJ com.* 1982. 59 ; Chartier, « La preuve commerciale après la loi du 12 juillet 1980 », *Mélanges de Juglart*, 1985, p. 95.

3. V. en ce sens, Com., 21 juin 1988, préc. ; Com., 14 nov. 1989, *Bull. Joly* 1990. 67, note Le Cannu, *JCP* E 1990. I. 15784, n° 12 ; Com., 11 déc. 1990, *Bull. civ.* IV, n° 315, *D.* 1991. 584, note Bandrac, *RTD com.* 1991. 568, obs. Pédamon ; Com., 11 janv. 1994, *Bull. civ.* IV, n° 16, *Defrénois* 1994. 35897, obs. Aynès ; Civ. 1re, 18 mai 2004, *Bull. civ.* I. n° 140, *D.* 2004. Act. 1665, *JCP* 2004. I. 135, n° 5, obs Simler. De nombreuses juridictions du fond ont continué à raisonner en termes de liberté de la preuve dès lors que le cautionnement était commercial (v. par ex., Paris, 19 mars 1987, *RD banc. et bourse* 1987. 96 ; Bordeaux, 1er juin 1988 et 4 avr. 1990, *JurisData* n° 042513 et 042516 ; Angers, 26 mars 1996, *JurisData* n° 044847, *JCP* 1997. IV. 1292 ; Paris, 3 déc. 2003, *JurisData* n° 229977 ; Metz, 20, mai 2008 : *JurisData* n° 375882, qui, en outre, déduit le caractère commerciale de la seule qualité d'associé de la caution).

être prouvé par tous moyens. Mais il n'échappe pas pour autant à l'exigence du caractère exprès de l'engagement, formulée à l'article 2293. Ce texte n'exclut pas que des présomptions puissent servir de compléments de preuve, dans le cas où il existe un commencement de preuve par écrit, ni qu'elles viennent conforter d'autres éléments de preuve, lorsque celle-ci est libre. Il paraît interdire, en revanche, que l'admission d'un cautionnement soit exclusivement fondée, dans ce dernier cas, sur des présomptions.

SECTION 3. EFFETS DU CAUTIONNEMENT

148 ***Présentation*** ◇ La relation triangulaire dans laquelle s'inscrit le cautionnement conduit à examiner les effets qu'elle engendre dans les rapports, d'abord, entre la caution et le créancier (§ 1), ensuite, entre la caution et le débiteur (§ 2). C'est dire que le terme cautionnement est pris ici dans le sens large, embrassant l'ensemble des suites de l'engagement de la caution et non point seulement les effets du contrat de cautionnement *stricto sensu* entre la caution et le créancier. Ainsi s'explique aussi que les rapports entre les cautions, lorsqu'elles sont plusieurs, soient étudiés sous cette même rubrique (§ 3). Cette division est celle retenue par les rédacteurs du Code civil qui, dans le chapitre intitulé *« De l'effet du cautionnement »*, consacrent successivement trois sections aux trois sortes d'effets.

Cette énumération n'épuise pas la diversité des conséquences du cautionnement. Il se peut que la caution, indépendamment de ses recours contre le débiteur principal ou ses cofidéjusseurs, soit en mesure de rechercher, sur le terrain du droit commun, la responsabilité d'un tiers ayant commis quelque négligence lui ayant porté préjudice [1]. Il faut signaler

1. V. par ex., pour un notaire, Civ. 1re, 27 avr. 1976, *Bull. civ.* I, n° 141, *D.* 1976. IR 198 ; Civ. 1re, 1 déc. 1990, *Bull. civ.* I, n° 287, *RDI* 1991. 369, obs. Delebecque ; Civ. 1re, 22 avr. 1992, *JCP* 1992. I. 3623, n° 10 ; Civ. 1re, 16 févr. 1994, *Bull. civ.* I, n° 69 ; Civ. 1re, 25 nov. 1997, *Bull. civ.* I, n° 328, *D.* 1998. IR 7 (qui juge cependant, à propos du mandat de se porter caution, évoqué *supra* n° 136, que le notaire ne saurait être responsable de l'inefficacité d'un acte en raison d'un revirement de jurisprudence intervenu postérieurement à sa réception) ; Civ. 1re, 12 janv. 1999, *Bull. civ.* I, n° 15 ; Civ. 1re, 7 nov. 2000, *Bull. civ.* I, n° 282, *JCP* 2001. I. 135, n° 6, obs. Simler, et E 2001. 372, note Legeais, *RTD civ.* 2001. 627, obs. Crocq (qui estime que le notaire a manqué à son devoir de conseil quant aux risques des engagements, tout en les jugeant non disproportionnés aux facultés des cautions) ; Com., 19 déc. 2006, *JurisData* n° 036607, *Bull. civ.* I, n° 556, *JCP* 2007. I. 158, n° 8, obs. Simler, *RD banc. fin.* 2007, n° 64, obs. Legeais. Pour un avocat, Civ. 1re, 12 janv. 1999, préc. Pour un banquier tiers, Paris, 11 févr. 1977, *D.* 1977. IR 427, obs. Honorat (sur la responsabilité du banquier créancier garanti, v. *infra* n° 179). Pour des commissaires aux comptes ou experts-comptables, Com., 24 sept. 2003, *Bull. civ.* IV, n° 136, *D.* 2003, Act. 2568, *JCP* E 2004. 203, note Lamorel, *RDC* 2004. 413, obs. Houtcieff ; Bordeaux, 9 févr. 1976, *RTD com.* 1976. 566, obs. Houin ; Orléans, 16 juin 2008, *RD banc. fin.*. 2009, n° 58, obs. Legeais. Pour un liquidateur judiciaire, Com., 7 janv. 2003, *Bull. civ.* IV, n° 1, *JCP* 2003. IV. 1351. Pour la responsabilité in solidum d'un commissaire à l'exécution d'un plan de cession, du repreneur et d'un avocat, Civ. 1re, 18 févr. 2009, *JurisData* n° 047137.

aussi que les sommes payées en qualité de caution par les dirigeants de sociétés sont, dans certaines conditions, déductibles de leur revenu imposable [1].

§ 1. Rapports entre la caution et le créancier

149 ***Mise en œuvre de la garantie*** ◊ L'objet même de l'engagement de la caution est de procurer au créancier une garantie. Deux hypothèses peuvent dès lors se présenter, selon que le débiteur principal exécute, finalement, son obligation ou qu'il ne l'exécute pas.

Dans le premier cas, la caution est libérée (*infra* n° 231). Il serait erroné d'en conclure que le cautionnement n'aura, dans cette hypothèse, produit aucun effet. Il aura, au contraire, rempli pleinement sa fonction de sûreté. Il aura permis, d'abord, au débiteur d'obtenir le crédit (ou toute autre espèce d'avantage) sollicité. Il ne peut être exclu, ensuite, que l'existence même du cautionnement ait joué un rôle déterminant dans la bonne fin de l'obligation principale : le débiteur, proche parent de la caution ou société garantie par son dirigeant, aura fait tout son possible pour éviter la mise en jeu de la garantie. Il aura, enfin, procuré au créancier la sécurité escomptée. Mais cet ensemble de conséquences de l'engagement de la caution, qui peut être synthétisé dans la formule « effet de garantie » [2], n'appelle pas d'autres développements.

Tout autre est la situation en cas d'inexécution de l'obligation principale. Les poursuites auxquelles la caution est alors exposée suivront un cheminement différent selon qu'elle se sera engagée solidairement ou non. Quoique le **cautionnement simple** soit aujourd'hui rare, il y a lieu d'étudier ses caractéristiques avant celles du **cautionnement solidaire**,

1. Le fisc admet, dans certaines limites, que les sommes payées en qualité de caution par les dirigeants l'ont été *« en vue de l'acquisition et de la conservation du revenu »* (CGI, art. 13) et peuvent, de ce fait, être qualifiées de frais professionnels, pourvu que l'engagement ait été souscrit dans le cadre d'une gestion normale de l'entreprise et ne soit pas disproportionné par rapport aux rémunérations perçues (CE, 22 juin 1983, *D.* 1984. 244, note J. Schmidt et F. Bénac-Schmidt ; CE, 4 déc. 1989, *JCP* 1990. II. 15927, concl. Hagelstein, note D.F. ; CE, 6 janv. 1993, *JCP* 993. I. 3717, n° 8 ; CE, 18 oct. 1993, *JCP* E 1994. II. 552, note D.F. ; CE, 19 janv. 1998, *JCP E* 1998, p. 1609, note D.F., *RTD com.* 1998, p. 708, obs. Deboissy). La déduction est refusée aux dirigeants non rémunérés, aux simples associés, aux salariés... (v. cependant, pour la présidente bénévole, mais salariée, d'une association, CE, 9 févr. 2001, *JCP* E 2001. 1102, note D.F.). Mais elle est admise aussi, à certaines conditions, en cas de cautionnement entre sociétés d'un même groupe (CE, 26 sept. 2001, *JCP* E 2002. 1122, note D.F.). V. aussi M. Cabrillac, Ch. Mouly, S. Cabrillac et Ph. Pétel, n° 270 ; P. Ancel, *Le cautionnement des dettes de l'entreprise*, Dalloz, 1989, n° 694 s. ; Granjon, « Une "compensation" souvent ignorée : la déductibilité fiscale... », *JCP* E 1989. II. 15463 ; Nonorgue, « La situation fiscale du dirigeant, caution de sa société », *JCP* E 1997. I. 649 ; Cozian, Cautionnement, groupes et fiscalité, *JCP* E 2002. 1115. La dette purement éventuelle de la caution, tant qu'elle n'est pas poursuivie, n'est pas déductible pour le calcul de l'ISF (Com., 24 mai 1994, *Bull. civ.* IV, n° 186, *JCP* 1994. IV. 1881 ; Com., 23 févr. 1999, *JCP* N 1999. 1752, et 2000. I. 209, n° 3, obs. Simler).

2. A.-S. Barthez et D. Houtcieff, n° 608 s. V. aussi M. Bourassin, *L'efficacité des garanties personnelles*, LGDJ 2006, préf. Jobard-Bachellier et Brémond, n° 240 s.

d'abord parce que le premier reste, si l'on s'en tient aux textes, le droit commun, ensuite et surtout parce que les avantages du second ne peuvent être mis en relief que par référence au régime du premier.

Un ensemble de plus en plus étoffé de **règles communes** aux deux variétés du cautionnement doit cependant faire l'objet de développements préalables.

A. Règles communes aux cautionnements simple et solidaire

150 ***Inventaire*** ◊ Plusieurs questions importantes méritent d'être examinées. Pendant la durée même de la garantie, avant toute défaillance du débiteur principal, diverses **obligations d'information** pèsent sur certaines catégories de créanciers envers leurs cautions (1°). À supposer que la défaillance du débiteur principal soit avérée, la poursuite de la caution n'est possible que si la dette est à son égard **exigible** (2°). La caution poursuivie peut mettre en jeu, dans certaines circonstances, la **responsabilité du créancier**, afin d'échapper par ce biais, en tout ou partie, à l'exécution de son engagement, en lui opposant, notamment, le principe de **proportionnalité** (3°). Si, en définitive, toutes les conditions permettant de recourir à l'exécution forcée à son encontre sont réunies, le créancier peut se trouver face à une caution partiellement ou totalement insolvable ou du moins en situation de surendettement, se prévalant d'une procédure de **règlement collectif** de son passif (4°).

D'autres conséquences du cautionnement dans les rapports entre la caution et le créancier relèvent du droit commun. Ainsi le créancier peut-il prendre des **mesures conservatoires** à l'encontre de la caution : inscription de sûretés judiciaires [1] ou saisie conservatoire [2], tierce opposition à un jugement la concernant [3], action paulienne contre certains actes accomplis en fraude de ses droits [4].

---

1. Com., 14 déc. 1966, *Bull. civ.* III, n° 482 ; Civ. 2e, 22 mai 1996, *RD banc. et bourse* 1997. 23, obs. Crédot et Gérard ; Versailles, 4 déc. 1992, *D.* 1993. 286, note Prévault.

2. V. Civ. 2e, 18 mars 1966, *Bull. civ.* II, n° 376 ; Com., 1er mars 1971, *Bull. civ.* IV, n° 65 ; Com., 1er févr. 1977, *Bull. civ.* IV, n° 33.

3. V., pour un jugement d'homologation d'un changement de régime matrimonial, Civ. 1re, 2 mars 1982, *Bull. civ.* I, n° 92, *D.* 1984. 184, note Leroy ; Versailles, 17 mars 1994, *D.* 1994. IR 168. Dans sa rédaction issue de la loi 23 juin 2006, l'article 1397 du Code civil ouvre aux créanciers des époux ayant procédé à un changement de régime matrimonial un droit d'opposition, qui contraint les époux à se soumettre à la procédure d'homologation judiciaire.

4. V. Civ. 3e, 4 avr. 1973, *Bull. civ.* III, n° 258, *D.* 1973. IR 125 ; Civ. 1re, 17 oct. 1979, *Bull. civ.* I, n° 249, *JCP* 1981. II. 19627, note Ghestin ; Civ. 1re, 17 janv. 1984, *Bull. civ.* I, n° 16, *D.* 1984. 437, note Malaurie ; Civ. 1re, 27 janv. 1987, *Bull. civ.* I, n° 26 ; Civ. 1re, 21 juill. 1987, *Bull. civ.* I, n° 231, *Banque* 1987. 1096, obs. Rives-Lange ; Civ. 1re, 13 janv. 1993, *Bull. civ.* I, n° 5, *JCP* 1993. II. 22027, note Ghestin ; Com., 14 nov. 2000, *Bull. civ.* IV, n° 173, *D.* 2000. Act. 441, obs. Avena-Robardet, *JCP* 2001. I. 135, n° 3, obs. Simler, et N 2001. 803, note Grimomprez (l'action paulienne contre une donation-partage est rejetée, en l'espèce, au motif qu'à la date de la demande la caution « disposait encore de biens suffisants pour désintéresser le créancier »). Dans le cadre d'une action paulienne, la caution ne peut invoquer par voie d'exception la faute du créancier dans l'octroi du crédit (Ch. mixte, 21 févr. 2003, 2 arrêts, *Bull. civ. ch. mixte* n° 2, *JCP* 2003. II. 10103, note Boucard, et E 2003, n° 1073, note Legeais. Comp., arrêt du même jour statuant dans un sens différent à propos de la défense à l'action en paiement du créancier, cité *infra* n° 179).

151 **1° *Obligations d'information*** ◊ De longue date est posée la question de savoir si le créancier est tenu, par application du droit commun des obligations, d'une obligation d'information à l'égard des cautions. Ce débat a été quelque peu occulté par l'apparition d'une succession de dispositions législatives particulières imposant une telle obligation, avec un contenu variable, à des catégories de plus en plus étendues de créanciers [1].

152 ***a) Droit commun*** ◊ À la question de l'existence, à la charge du créancier, d'une obligation générale d'information, de renseignement ou de conseil vis-à-vis de la caution, tant au moment de la souscription de son engagement que pendant la durée de la garantie, une réponse négative a été donnée [2]. Dans bien des cas, la caution est à même, autant, sinon mieux que le créancier, de connaître la situation du débiteur, notamment lorsqu'elle est un proche de ce dernier ou qu'elle est investie de fonctions dirigeantes dans la société débitrice.

Cependant, la loyauté et la bonne foi doivent, comme dans tout contrat, présider aux relations entre le créancier et la caution. Si un manquement caractérisé à cette obligation peut être relevé au moment de la formation du contrat, celui-ci peut être argué de nullité pour dol. Ainsi, un dol par réticence est souvent imputé et parfois retenu à l'encontre du banquier, bénéficiaire du cautionnement (*supra* n° 88) [3]. Si le manquement a lieu en cours de contrat, le créancier engage sa responsabilité [4].

---

1. V. P. Crocq, « Les développements récents de l'obligation d'information de la caution », *Mélanges Cabrillac*, Dalloz-Litec, 1999, p. 349 ; Y. Picod, « L'évolution de l'obligation d'information de la caution pendant l'exécution du contrat », *Mélanges Simler*, Litec-Dalloz 2006, p. 395. Sur l'applications des diverses obligations d'information aux certificateurs de cautions et aux sous-cautions, v. B. Saintourens, « Certificateurs de caution et sous-cautions : les oubliés des réformes du droit du cautionnement », *Mélanges Cabrillac* préc., p. 397.

2. V. Mouly, n°s 373 s. ; M. Martin, « L'information de la caution », *Mélanges de Juglart*, p. 155 s. ; M. Cabrillac, Ch. Mouly, S. Cabrillac et Ph. Pétel, n°s 325. V. dans le même sens, Civ. 1re, 19 mars 1985, *Bull. civ.* I, n° 98, *RTD civ.* 1986. 341, obs. Mestre ; Com., 7 avr. 1992, *Bull. civ.* IV, n° 148, *Banque* 1992. 1168, obs. Rives-Lange, *JCP* 1993. II. 22009, note Picod ; Com., 1er juin 1999, *Bull. civ.* IV, n° 115, *D.* 1999. IR 182, *Banque et droit* sept.-oct. 1999. 47, obs. Jacob, *RTD civ.* 1999. 882, obs. Crocq ; Com., 6 mars 2001, *RJDA* 2001. 815 ; Civ. 1re, 4 déc. 2001, *Bull. civ.* I, n° 299, *JCP* 2002. IV. 1099, *RD banc. fin.* 2002, n° 12 (le notaire et le banquier n'ont pas l'obligation de conseiller aux cautions la souscription d'une assurance facultative) ; Com., 29 janv. 2002, cité ci-après ; Dijon, 3 oct. 1985, préc. et la note ; Toulouse, 22 juin 1994, *JCP* 1995. IV. 224. *Contra*, Com., 10 mars 2009, *JurisData* n° 047441, *RTD com.* 2009. 423, obs. Legeais, qui retient un devoir de conseil d'un établissement de crédit-bail envers la caution ; Rennes, 25 mai 1993, *JurisData* n° 048476, qui affirme péremptoirement que, abstraction faite de dispositions législatives particulières, la banque a un devoir général de renseignement et d'information envers la caution, notamment dans l'hypothèse de la défaillance du débiteur.

3. V. cependant, pour la sanction sur le seul terrain de la responsabilité du manquement au devoir de bonne foi d'un crédit-bailleur envers la caution lors de l'engagement de celle-ci, Civ. 1re, 20 sept 2005, *Bull. civ.* I, n° 176.

4. Une telle responsabilité a notamment été retenue, avant le revirement de jurisprudence relatif aux obligations des héritiers de la caution (*infra* n° 258), à l'encontre de banques créancières n'ayant pas révélé aux héritiers l'existence d'engagements de caution de leur auteur : Civ. 1re, 17 oct. 1979, *D.* 1980. IR 198, *Gaz. Pal.* 1980. 1. Somm. 14, obs. J.D. ; Paris, 28 avr. 1980, *Gaz. Pal.* 1980. 2. 604, note Piedelièvre, *D.* 1981. IR 15, obs. Vasseur. Certains

Il est certainement loisible aux parties d'ériger une obligation d'information en clause contractuelle, conférant ainsi au cautionnement un caractère synallagmatique, et d'en prévoir la sanction, sous la forme soit d'une condition résolutoire, soit d'une caducité [1].

La problématique tenant au devoir de conseil ou de loyauté se trouve aujourd'hui absorbée, en quelque sorte, par l'obligation de mise en garde que la jurisprudence a mis plus récemment à la charge du créancier envers la caution « non avertie » (v. *infra* n° 179).

153 ***b) C. mon. fin., art. L. 313-22*** ◊ Une première obligation légale d'information a été instituée par la loi du 1er mars 1984 (art. 48) relative à la prévention et au règlement des difficultés des entreprises : « *Les établissements de crédit ayant accordé un concours financier à une entreprise, sous la condition du cautionnement par une personne physique ou une personne morale, sont tenus au plus tard avant le 31 mars de chaque année de faire connaître à la caution le montant du principal et des intérêts, commissions, frais et accessoires restant à courir au 31 décembre de l'année précédente au titre de l'obligation bénéficiant de la caution ainsi que le terme de cet engagement. Si l'engagement est à durée indéterminée, ils rappellent la faculté de révocation à tout moment et les conditions dans lesquelles celle-ci est exercée* » (al. 1er). « *Le défaut d'accomplissement de la formalité prévue à l'alinéa précédent emporte, dans les rapports entre la caution et l'établissement tenu à cette formalité, déchéance des intérêts échus depuis la précédente information jusqu'à la date de communication de la nouvelle information* » (al. 2) [2].

---

arrêts avaient, de même, retenu la responsabilité de banques n'ayant pas rendu attentives des cautions, dirigeants ou associés ayant quitté leurs fonctions ou cédé leurs parts sociales, à la survie de leur obligation en qualité de caution, faute de résiliation ou de novation (Versailles, 11 déc. 1997, *Bull. Joly* 1998. 218, obs. Delebecque ; Paris, 23 janv. 1998, *JCP* 1999. IV. 1089). Cette solution est nettement condamnée par un arrêt de la Cour de cassation : « la banque n'est tenue ni d'une obligation d'information, ni d'une obligation de conseil sur la persistance, faute de novation, des engagements de caution (des cédants) à la suite de la cession de leurs actions » (Com., 29 janv. 2002, *Bull. civ.* IV, n° 21, *D.* 2002. Act. 716, obs. Lienhard, et Somm. 3335, obs. Aynès, *JCP* 2002. I. 162, n° 7, obs. Simler, *RTD civ.* 2003. 124, obs. Crocq). V. cependant, pour l'admission d'un véritable devoir de conseil, Com., 23 juin 1998, *Bull. civ.* IV, n° 208, *JCP* E 1998. 1831, note Legeais, *RTD civ.* 1999. 87, obs. Mestre ; pour le défaut d'information sur la faculté de résiliation du cautionnement, Civ. 1re, 14 mars 2000, *RD banc. fin.* 2000, n° 115, obs. Legeais, *Banque et droit* nov.-déc. 2000. 54, obs. Guillot. Sur le « champ d'application du devoir de conseil du banquier », v., sous ce titre, J. Attard, *RTD civ.* 2011. 11.

1. V. par ex. Lyon, 30 nov. 1994, *JurisData* n° 048640 ; Paris, 14 janv. et 23 janv. 1997, *JurisData* n° 020142 et 020220 ; Paris 12 juin et 18 déc. 1998, *JurisData* n° 022338 et 023735 ; Paris, 7 mai 1999, *JurisData* n° 023074 ; Paris, 2 nov. 2000, *JurisData* n° 131828. Si les parties ont omis de préciser la sanction, les juges se réservent le droit d'apprécier l'étendue du préjudice subi par la caution et la sanction appropriée : Paris, 20 nov. 1991, *JurisData* n° 024444 ; Reims, 29 mars 1995, *JurisData* n° 041969 ; Paris, 25 juin 1999, *JurisData* n° 023674.

2. V. J. Crédot et J. Hemmelé, « L'obligation d'information annuelle des cautions par les établissements de crédit (L. 1er mars 1984, art. 48) », *Banque* 1984. 1023 ; P. Bouteiller, « Incidences de la loi du 1er mars 1984... sur le contrat de cautionnement », *JCP E* 1984. I. 13512.

La loi n° 99-532 du 25 juin 1999 relative à l'épargne et à la sécurité financière a ajouté au second alinéa du texte la proposition suivante : « *Les paiements effectués par le débiteur principal sont réputés, dans les rapports entre la caution et l'établissement, affectés prioritairement au règlement du principal de la dette* ».

Pareille mesure était de nature à porter remède, d'une part, aux inconvénients du caractère unilatéral du cautionnement et à l'absence de moyens pour les héritiers de savoir si leur auteur s'était obligé en qualité de caution [1], d'autre part, à la faculté d'oubli de l'existence de leur propre engagement qu'on a fréquemment observé chez les cautions. Avant son extension par la loi du 25 juin 1999 (*infra* n° 160 s.), sa portée en était cependant limitée : elle ne bénéficiait qu'aux cautions des établissements de crédit et seulement si la garantie concernait un concours financier apporté à une entreprise.

La mise en œuvre de cette mesure a donné lieu à un abondant contentieux, portant sur son application aux contrats en cours [2], mais aussi et surtout sur son **objet**, son **champ d'application**, sa **durée**, sa **forme** et la **preuve** de son contenu, enfin sa **sanction**.

154 ***Objet de l'information*** ◊ L'information prescrite par l'article L. 313-22 du Code monétaire et financier doit porter non seulement sur le montant du principal et des intérêts et autres accessoires, qui doivent être ventilés [3], mais aussi sur la faculté de résiliation ou sur le terme de l'engagement, selon que le cautionnement est à durée indéterminée ou déterminée, l'omission de l'une quelconque de ces précisions donnant lieu à l'application de la sanction.

155 ***Champ d'application*** ◊ La jurisprudence a donné à la mesure une large portée. Ainsi, toutes les cautions [4] ayant garanti un concours financier à

---

1. La sanction du défaut d'information étant, sauf dol ou faute lourde, la seule déchéance des intérêts (v. ci-après), les héritiers acceptants ne peuvent demander au banquier réparation du préjudice que leur a causé l'acceptation de la succession dans l'ignorance des dettes contractées par leur auteur : Civ. 1re, 6 nov. 2001, *Bull. civ.* I, n° 264, *D.* 2001. Act. 3616, et 2003. Somm. 342, obs. D. Martin, *JCP* E 2002. 679, note Legeais, *Defrénois* 2002. 37527, obs. Brémont

2. L'obligation d'information a été jugée applicable aux contrats en cours à compter de l'entrée en vigueur de la loi du 1er mars 1984, soit le 2 mars 1985 : Com., 18 févr. 1992, *CCC* 1992, n° 114, obs. Leveneur, *JCP* 1992. I. 3623, n° 5 ; Com., 10 juin 1992, *Bull. civ.* IV, n° 175, *JCP* 1992. IV. 2290, *RD banc. et bourse* 1992. 253 ; Civ. 1re, 27 juin 1995, *Bull. civ.* I, n° 282, *CCC* 1996, n° 22, obs. Leveneur.

3. Com., 22 juin 1993, *Bull. civ.* IV, n° 257, *D.* 1993. IR 210 ; Com., 30 nov. 1993, *Bull. civ.* IV, n° 434, *JCP* 1994. IV. 338 ; Civ. 1re, 13 nov. 1995, *JurisData* n° 004359 ; Paris, 2 oct. 1990, *D.* 1990. IR 240 ; Paris, 18 oct. 1990, *RD banc. et bourse* 1991. 107, obs. Contamine-Raynaud. Cette ventilation s'impose, a-t-il été jugé, après certaines hésitations, même dans l'hypothèse où la dette garantie est le solde d'un compte courant : Com., 10 janv. 2006, *JurisData* n° 031633 ; Paris, 22 mai 1998, *Banque* 1998. 75, obs. Guillot.

4. La généralité de la règle avait d'abord conduit la jurisprudence à en faire bénéficier aussi la « caution réelle », dont nul ne doutait, naguère, qu'elle fût une caution (v. par ex. Com., 27 oct. 1998, *Bull. civ.* IV, n° 225, *JCP* 1998. IV. 3394 ; Paris, 9 avr. 1999, *JurisData* n° 022758). Puis la Cour de cassation, suivie par diverses cours d'appel, a retenu la solution contraire, sans réelle explication (Civ. 1re, 1er févr. 2000, *Bull. civ.* IV, n° 33, *D.* 2001. Somm. 694, obs. Aynès,

une entreprise doivent bénéficier de l'information annuelle, y compris celles qui n'en avaient sans doute pas un réel besoin, tels que les dirigeants de la société débitrice [1]. En outre, toute renonciation a été jugée nulle [2].

Bien que le texte évoque « *un concours financier... sous la condition du cautionnement* », l'obligation d'information a été jugée applicable à tout cautionnement d'un tel concours à une entreprise, qu'il ait été souscrit avant ou après son octroi [3]. La notion de concours a elle aussi été interprétée très largement, comme embrassant toute forme de crédit [4].

S'agissant des établissements de crédit visés, sont astreints à cette obligation, outre les établissements de crédit classiques, les sociétés d'affacturage [5], mais non les établissements de crédit-bail, en raison du cadre locatif dans lequel s'inscrit la forme de crédit qu'ils pratiquent [6], ni les sociétés de caution mutuelle, le crédit par signature qu'elles octroient ne permettant

---

JCP 2000. I. 257, n° 9, obs. Simler, *RTD civ.* 2000. 366, obs. Crocq). L'affirmation selon laquelle la constitution d'une sûreté réelle par un tiers n'est pas un cautionnement (Ch. mixte, 15 déc. 2005 : *supra* n° 72) a mis fin à la discussion (v. Civ. 1re, 7 févr. 2006, *Bull. civ.* I, n° 53, *D.* 2006. Act. 574 ; Com., 7 mars 2006, *Bull. civ.* IV, n° 59, *JCP* 2006. I. 195, n° 1, obs. Simler ; Civ. 1re, 1er juill. 2009, *JurisData* n° 049150, *JCP* E 2009. 2020, obs. Routier) Il est permis de nourrir des doutes sur la pertinence et l'opportunité de cette solution (v. Simler, art. préc., *JCP* 2006. I. 172). Celle-ci est nécessairement différente si le tiers a tout à la fois pris un engagement personnel et constitué une sûreté réelle, (Com., 21 mars 2006, *Bull. civ.* IV, n° 72, *JCP* 2006. IV. 1906, *RD banc. fin.* 2006, n° 102, obs. Legeais ; Com., 8 juin 2010, *JurisData* n° 008945, *JCP* E 2010. Pan. 1859, *RD banc. fin.* 2010, n° 175, obs. Cerles ; Com., 13 sept. 2011, *JurisData* n° 018715, *JCP* 2011. Chron. 1259, n° 5, obs. Simler). Sur les diverses combinaisons possibles, v. *supra* n° 72.

1. Com., 25 mai 1993, *Bull. civ.* IV, n° 203, *JCP* 1993. II. 22147, note Croze, *D.* 1994. 177, note Ngafaounain, *RTD com.* 1994. 698, obs. Cabrillac et Teyssié ; Com., 5 oct. 1993, *D.* 1993. IR 230, *JCP* 1993. IV. 2524 ; Civ. 1re, 27 févr. 1996, *Bull. civ.* I, n° 109, *RTD com.* 1997. 278, obs. Champaud et Danet ; Com., 13 oct. 1998, *RTD com.* 1999. 173, obs. Cabrillac ; Com. 25 nov. 2008, *D.* 2009. Act. 15, obs. Avena-Robardet, *JCP* 2009. I. 150, n° 5, obs. Simler.

2. Com., 14 déc. 1993, *Bull. civ.* IV, n° 467, *JCP* 1994. IV. 467 ; Paris, 25 avr. 2003, *JurisData* n° 214466, *RD banc. fin.* 2003, n° 188, obs. Cerles.

3. Com., 11 avr. 1995, *Bull. civ.* IV, n° 119, *CCC* 1995, n° 126, obs. Leveneur, sur pourvoi c. Paris, 19 nov. 1992, *JCP* E 1993. Pan. 145 ; Paris, 12 juin 1992, *JCP* 1993. II. 21988, note Croze, qui précise en outre qu'il importe peu qu'il s'agisse du cautionnement d'un crédit déterminé ou d'un cautionnement général. V. cependant Civ. 1re, 1er déc. 1998, *Bull. civ.* I, n° 227, *RTD com.* 1999. 172, obs. Cabrillac, qui écarte l'application de l'article 48 pour un cautionnement souscrit trois mois avant la mise en place du crédit.

4. La Cour de cassation a pourant jugé que l'aval de billets à ordre souscrits par l'emprunteur « ne constitue pas le cautionnement d'un concours financier à une entreprise » : Com., 16 juin 2009, *Bull. civ.* I, n° 79, *D.* 2009. Act. 1755, obs. Delpech, *JCP* 2009. Chron. 492, n° 2, obs. Simler, *JCP* E 2010. 1035, note Dumont-Lefranc, *RTD civ.* 2009. 759, obs. Crocq, *RTD com.* 2009. 798, obs. Legeais. On comprend mal pourquoi l'obligation d'information s'imposerait en cas de cautionnement de l'emprunt et non en cas d'aval des billets à ordre correspondants.

5. Com., 30 nov. et 14 déc. 1993, *Bull. civ.* IV, nos 434 et 467, *RD banc. et bourse* 1994. 131, obs. Contamine-Raynaud ; Paris, 14 sept. 2006, *JurisData* n° 314731 ; Paris, 7 févr. 2008: *JurisData* n° 361180.

6. Com., 30 nov. 1993, *Bull. civ.* IV, n° 435, *Defrénois* 1994. 35897, obs. Aynès ; Civ. 1re, 12 déc. 1995, *Bull. civ.* I, n° 457, *JCP* 1996. IV. 295 ; Civ. 3e, 23 juin 2004, *JurisData* n° 024296, *JCP* E 2004. Pan. 1259, *RJDA* 2004. 1382 ; Com. 8 nov. 2011, n° 10-24.171, inédit.

pas de donner les informations prévues [1]. Pour la même raison, les établissements de crédit cautions ne sont pas astreints à l'information prescrite envers leurs sous-cautions [2].

L'application de l'article L. 313-22 du Code monétaire et financier a contraint la jurisprudence à préciser la notion d'entreprise [3]. Doit être considérée comme une entreprise, est-il jugé, toute activité économique, industrielle, commerciale, artisanale, agricole ou libérale exercée par une personne, physique ou morale. La Cour de cassation a ainsi censuré des décisions ayant jugé qu'un fonds de commerce [4] ou l'exercice d'une profession libérale [5] n'étaient pas des entreprises. Même une association doit être considérée comme telle dès lors qu'elle déploie une activité économique, même en l'absence de recherche de bénéfices [6]. Sont pareillement traitées comme des entreprises, mais avec davantage d'hésitations, les innombrables sociétés civiles immobilières [7].

156 ***Durée*** ◊ L'information doit être délivrée annuellement à la caution non seulement pendant la durée prévue du concours financier, mais jusqu'à l'extinction de la dette, y compris, par conséquent, après mise en demeure, poursuites ou même condamnation, et jusqu'à complet paiement [8]. Si la déchéance

---

1. Paris, 4 mars 1992, *JCP* E 1992. Pan. 463, *RTD civ.* 1992. 607, obs. Bandrac ; Toulouse, 6 oct. 1997, *JCP* E 1998. Pan. 246, *RD banc. et bourse* 1998. 66.

2. Com., 3 déc. 2003, *D.* 2004. Act. 206, obs. Avena-Roberdet, *JCP* 2004. IV. 1216, *RD banc. fin.* 2004, n° 61, obs. Legeais ; Com., 13 févr. 2007, *D.* 2007. Act. 651, *JCP* 2007. IV. 1590, *RTD civ.* 2007. 370, obs. Crocq ; Paris, 29 avr. 1997, *D. aff.* 1997. 761, *RTD civ.* 1997. 704, obs. Crocq ; Paris, 10 mars 2000, *JurisData* n° 113519.

3. V. Th. Lamarche, « La notion d'entreprise », *RTD com.* 2006. 709.

4. Com., 18 févr. 1997, *Bull. civ.* IV, n° 53, *JCP* 1997. IV. 798. Même le prêt à une personne physique en vue de l'acquisition d'un fonds de commerce ou de parts sociales est considéré comme un concours financier à une entreprise : Com., 20 févr. 2001, *JurisData* n° 008425, *RJDA* 2001. 724.

5. Civ. 1re, 12 mars 2002, *D.* 2002. Act. 1199, 2e esp., obs. Lienhard, *JCP* 2002. I. 162, n° 2, obs. Simler ; pour un huissier, Civ. 1re, 13 nov. 2002, *JurisData* n° 016461 ; pour un notaire, Civ. 1re, 23 mars 2004, *Bull. civ.* I, n° 94, *JCP* 2004. I. 188, n° 5, obs. Simler.

6. Civ. 1re, 16 janv. 2001, *Bull. civ.* I, n° 3, *JCP* 2001. IV. 1410, *Dr. sociétés* 2001. 12, obs. Bonneau ; Civ. 1re, 12 mars 2002, *D.* 2002. Act. 1199, 3e esp., *JCP* 2002. I. 162, n° 2, *RJDA* 2002. 940 ; Paris, 11 févr. 1997, *JCP* 1997. I. 4033, n° 6 ; Bordeaux, 3 mars 1998, *Gaz. Pal.* 1998. 2. Somm. 634 ; Paris, 13 mars 2001, *D.* 2001. Act. 1796.

7. Civ. 1re, 12 mars 2002, *D.* 2002. Act. 1199, 1re esp., *JCP* 2002. I. 162, n° 2, *RJDA* 2002. 940 ; Civ. 1re, 15 mars 2005, *Bull. civ.* I, n° 130, *D.* 2005. Act. 1080, obs. Chevrier, *JCP* 2005. I. 135, n° 2, obs. Simler. Sur les trois arrêts du 12 mars 2002, v. aussi S. Schiller, « La définition de l'entreprise au secours de la caution », *RD banc. fin.* mai-juin 2002, p. 154. Plusieurs cours d'appel ont jugé qu'il devait en être autrement pour celles ayant seulement pour objet la gestion d'un patrimoine immobilier privé (Orléans, 22 mai 1997, *JurisData* n° 042327 ; Paris, 23 juin 1998, *JurisData* n° 022354 ; Paris, 7 juin 2002, *JurisData* n° 191277, *RJDA* 2003. 319). L'arrêt précité de la Cour de cassation du 15 mars 2005 écarte, semble-t-il, cette distinction. En toute hypothèse, l'article L. 341-6 C. consomm., issu de la loi du 1er août 2003, couvre, aujourd'hui, ces hypothèses (*infra* n° 167).

8. Com., 2 nov. 1993, *Bull. civ.* IV, n° 370, *JCP* 1994. IV. 11 ; Com., 30 nov. 1993, *Bull. civ.* IV, n° 434, préc. ; Civ. 1re, 30 mars 1994, *Bull. civ.* I, n° 123, *Defrénois* 1994. 35897, obs. Aynès ; Com., 25 avr. 2001, *Bull. civ.* IV, n° 76, *D.* 2001. Act. 1793, 2e esp. ; Civ. 1re, 6 nov. 2001, *Bull. civ.* I, n° 265, *D.* 2001. Act. 3615, obs. Avena-Robardet ; Civ. 1re, 7 mai 2002, *Bull. civ.* I, n° 123,

des intérêts s'applique pendant toute cette durée, la caution est cependant tenue de payer les intérêts au taux légal à compter de sa mise en demeure, ce qui réduit quelque peu la portée de la sanction à compter de ce jour [1].

157 ***Forme et preuve de l'information*** ◊ En l'absence de prescriptions particulières, l'information due à la caution n'est soumise à aucun formalisme. L'envoi d'une lettre simple satisfait, par conséquent, à l'exigence légale [2], mais soulève un difficile problème de preuve. Seule la lettre recommandée avec accusé de réception offre toute sécurité.

Tout en excluant tout formalisme, la jurisprudence a fait preuve, dans un premier temps, d'une grande sévérité envers les établissements de crédit, jugeant, en particulier, que ne pouvaient faire preuve de l'information donnée ni un simple « listing » informatique, même accompagné d'une attestation du commissaire aux comptes [3], ni un relevé de compte [4], encore moins un avis de mise à disposition des informations [5]. Même un constat d'huissier de la mise sous pli et de l'affranchissement des courriers a été jugé non probant [6].

La Cour de cassation a cependant assoupli, ensuite, sa position, en jugeant « qu'il n'incombe pas à l'établissement de crédit de prouver que la caution a effectivement reçu l'information envoyée », formule qui implique, du moins, que la preuve de l'envoi soit rapportée [7]. Franchissant

---

D. 2002. Act. 1902, obs. Lienhard, *JCP* 2002. I. 162, n° 12, obs. Simler, *RTD com.* 2003. 165, obs. Martin-Serf, *LPA* 9 oct. 2002, p. 11, obs. Houtcieff. Il avait d'abord été décidé que l'obligation d'information cessait avec l'assignation de la caution (Com., 18 avr. 1989, *Bull. civ.* IV, n° 114, *JCP* 1989. IV. 227, *RD banc. et bourse* 1989. 217 ; Civ. 1re, 17 nov. 1993, *Bull. civ.* I, n° 328, *JCP* 1994. IV. 137). Plus récemment, un arrêt a paru vouloir revenir à cette solution, jugeant que le jugement de condamnation modifiait la nature de la dette, ce qui mettrait fin à l'obligation d'information (Civ. 1re, 13 déc. 2005, *Bull. civ.* I, n° 488, *JCP* 2006. I. 131, n° 6, obs. Simler). Mais un arrêt rendu en Chambre mixte a réaffirmé que l'information était due jusqu'à l'extinction de la dette (Ch. mixte, 17 nov. 2006, *D.* 2007. 842, note Libchaber, *JCP* 2006. IV. 3410, *RD banc. fin.* 2007, obs. Legeais, *Banque et droit* janv.-févr. 2007, p. 46, obs. Rontchevsky. Dans le même sens, Civ. 2e, 4 juill. 2007, *Bull. civ.* II, n° 188, *D.* 2007. Act. 2098, obs. Avena-Robardet, qui précise qu'il en est ainsi même si la caution a été antérieurement condamnée au paiement des intérêts, le JEX pouvant et devant prendre en compte les faits postérieurs au jugement).

1. Com., 25 juin 1991, *Bull. civ.* IV, n° 233, *Banque* 1991. 1202 ; Com., 2 nov. 1993, préc. ; Civ. 1re, 9 déc. 1997, *Bull. civ.* I, n° 359, *JCP* 1998. IV. 1198 ; Civ. 1re, 18 mars 2003, *Bull. civ.* I, n° 84, *D.* 2003. 1036, note Rondey.

2. Com., 27 nov. 1991, *JCP* 1992. IV. 367 ; Com., 17 juin 1997, *Bull. civ.* IV, n° 188, *JCP* E 1997. II. 1007, note Legeais, *D.* 1998. 208, note Casey ; Com., 17 oct. 2000, *Bull. civ.* IV, n° 154, *D.* 2001. Somm. 698, obs. Aynès, *RD banc. fin.* 2000, n° 221, obs. Legeais.

3. Nîmes, 13 févr. 1992, *JurisData* n° 030019 ; Paris, 19 nov. 1992, préc. ; Lyon, 30 oct. 1998, *JurisData* n° 044204. V. en sens contraire, Rouen, 9 nov. 1994, *JCP* 1995. IV. 300, qui se contente d'un état informatique détaillé – relevé de compte – rappelant les informations données ; Besançon, 9 sept. 1998, *JCP* E 1998. 1569, note Bouteiller.

4. Com., 5 oct. 1993, *D.* 1993. IR 230, *JCP* 1993. IV. 2524.

5. Paris, 10 mai 1990, *D.* 1990. IR 158.

6. Com., 11 avr. 1995, *Bull. civ.* IV, n° 119, *D.* 1995. 588, note Picod.

7. Civ. 1re, 25 nov. 1997, *Bull. civ.* I, n° 326, *JCP* 1998. I. 149, n° 4, obs. Simler, *RTD civ.* 1998. 155, obs. Crocq, *RTD com.* 1998. 185, obs. Cabrillac. Dans le même sens, Com. 17 oct. 2000, préc. ; Com., 2 oct. 2002, *Bull. civ* I, n° 225, *D.* 2002. Act. 304, *JCP* 2002. IV. 2794, *CCC* 2003, n° 21, obs. Leveneur ; Civ. 1re, 2 oct. 2002, *Bull. civ.. I.* n° 225, *D.* 2002. Act. 3011.

un pas supplémentaire, elle a même admis que le débiteur de l'obligation n'avait pas à prouver l'envoi si aucun élément ne permettait d'en douter, instituant ainsi une curieuse présomption d'accomplissement de l'obligation [1].

Au-delà de la question de la preuve de l'envoi de l'information, se pose aussi celle de la preuve de son contenu. L'établissement de crédit doit être en mesure de prouver, par exemple par la production de copies des courriers, que ceux-ci contenaient bien les informations requises [2].

158 ***Sanction*** ◊ Le texte de l'article L. 313-22 du Code monétaire et financier est explicite à cet égard : le défaut d'information est sanctionné par la déchéance des intérêts depuis la dernière information donnée jusqu'à la suivante (ou jusqu'au paiement). Le cautionnement n'est pas pour autant nul et le créancier n'est pas déchu de son droit de poursuivre la caution en paiement [3].

La mesure de cette sanction a soulevé de nouvelles difficultés. S'agissant des crédits quelconques, la déchéance ne pouvait, en raison des principes d'imputation des paiements, s'appliquer qu'aux intérêts échus et restés impayés par le débiteur principal [4]. Si ce dernier était à jour de ses paiements, aucune sanction n'était donc encourue. En outre, l'application littérale du texte à l'hypothèse du cautionnement d'un compte-courant aurait conduit à la même ineffectivité de la sanction, les agios étant réputés acquittés par leur seule inscription au débit du compte, dont le solde ne devient exigible qu'à sa clôture. Aussi, la jurisprudence a-t-elle décidé que la déchéance devait, dans ce dernier cas, emporter « extourne » de tous les intérêts portés en compte pendant la période où l'information a fait défaut, ce qui alourdissait très sensiblement la portée de la sanction [5].

---

1. Com., 26 oct. 1999, *JCP* 2000. I. 157, n° 8, obs. Simler, *RJDA* 2000. 93 ; Civ. 1re, 26 avr. 2000, *JCP* 2000, *ibid.*, *RD banc. fin.* 2000, p. 227, obs. Legeais ; Com., 26 juin 2001, *JCP* 2002. I. 120, n° 4, et II, 10043, note Licari ; Civ. 1re, 5 juill. 2006, *JurisData* n° 034646. *Contra*, Com., 28 oct. 2008, *D.* 2008. Act. 2931, obs. Avena-Robardet, *RTD civ.* 2009. 146, obs. Crocq, *RDC* 2009/1. 2008, obs. Houtcieff.

2. Com., 22 juin 1993, *Bull. civ.* IV, n° 257, *D.* 1993. IR 210, *JCP* 1993. IV. 2166 ; Civ. 1re, 17 nov. 1998, *Bull. civ.* I, n° 321, *JCP* 1999. I. 116, n° 4, obs. Simler.

3. V. Com., 25 mai 1993, *Bull. civ.* IV, n° 205 ; *JCP* 1993. IV. 1853 ; Civ. 1re, 17 nov. 1998, préc. ; Civ. 1re, 26 oct. 1999, *Bull. civ.* IV, n° 189, *JCP* 1999. IV. 3040, *D. aff.* 2000. Act. 5, obs. V. A.R. La déchéance ne tient pas en échec le droit à l'intérêt légal à compter de la mise en demeure (*supra* n° 156). La sanction, en outre, ne profite qu'à la caution qui l'invoque et non à des cofidéjusseurs, même solidaires (Civ. 1re, 9 nov. 2004, *Bull. civ.* I, n° 252, *D.* 2004. Act. 3135, *JCP* 2005. I. 135, n° 3, obs. Simler).

4. Com., 11 juin 1996, *Bull. civ.* IV, n° 164, *D.* 1996. IR 170 ; Civ. 1re, 17 nov. 1998, préc. ; Com., 30 mars 1999, *Bull. civ.* IV, n° 75, *JCP* 1999. IV. 1969.

5. Com., 25 mai 1993, *Bull. civ.* IV, n° 203, *D.* 1994. 177, note Ngafaounain, *JCP* 1993. II. 22147, note Croze, *RTD com.* 1994. 698, obs. Cabrillac ; Civ. 1re, 27 févr. 1996, *Bull. civ.* I, n° 109, *JCP* 1996. IV. 919 ; Com., 31 mars 1998, *JCP* 1999. I. 116, n° 4, obs. Simler, *RD banc. et bourse* 1999. 102, obs. Crédot et Gérard ; Com., 16 oct. 2001, *JurisData* n° 911440 (qui rejette expressément l'argument fondé sur la fusion des articles du compte) ; Com., 28 janv. 2004, *JurisData* n° 022197, *RJDA* 2004. 756 (qui applique cette sanction même pour le temps où le compte était créditeur).

C'est aussi cette dernière solution, avec le même effet, que la loi du 25 juin 1999 a généralisée, en complétant le texte par une disposition dérogeant - mais dans les seuls rapports entre la caution et le créancier - aux principes d'imputation : « *Les paiements effectués par le débiteur principal sont réputés, dans les rapports entre la caution et l'établissement, affectés prioritairement au règlement du principal de la dette* ». Cette précision a pour effet d'étendre la déchéance des intérêts, vis-à-vis de la caution, même à ceux que le débiteur a acquittés entre les mains du créancier [1].

La jurisprudence avait par ailleurs admis, dans un premier temps, que la sanction prévue par la loi n'était pas exclusive de l'application du droit commun, qui ne pouvait consister que dans l'octroi de dommages et intérêts si la caution était en mesure de justifier d'un préjudice distinct. Tel pouvait être le cas spécialement si le créancier avait omis de rappeler à la caution la faculté de résiliation [2]. Cette solution a cependant été ensuite condamnée, pour des motifs que ni le texte, ni la raison ne révèlent, la Cour de cassation affirmant simplement que, sauf dol ou faute lourde, la sanction prévue est exclusive de toute autre [3].

159 ***c) C. consom., art. L. 313-9*** ◊ La loi « *Neiertz* » du 31 décembre 1989 relative au **crédit à la consommation** et au **crédit immobilier**, a inscrit dans les deux lois du 10 janvier 1978 et du 13 juillet 1979 une nouvelle obligation d'information, qui figure aujourd'hui à l'article L. 313-9 du Code de la consommation [4] : « *Toute personne physique qui s'est portée caution à l'occasion d'une opération de crédit relevant des chapitres Ier ou II du présent titre doit être informée par l'établissement prêteur de la* ***défaillance du débiteur principal*** *dès le premier incident de paiement caractérisé susceptible d'inscription au fichier institué à l'article L. 333-4. Si l'établissement prêteur ne*

1. V. J.-L. Coudert, « Information des cautions et incidence de la loi du 25 juin 1999 : Comment s'applique l'imputation au principal ? », *LPA* 21 mars 2000, p. 12. La mesure nouvelle s'est appliquée aux contrats en cours, mais seulement aux paiements postérieurs à son entrée en vigueur (Civ. 1re, 18 mars 2003, 2 arrêts, *Bull. civ.* I, n° 80 et 81, *D.* 2003. Act. 1035, obs. Lienhard, *JCP* 2003. I. 176, n° 5, obs. Simler ; Com., 29 avr. 2003, 2 arrêts, *Bull. civ.* IV, n° 62, *D.* 2003. Act. 1562, obs. Lienhard, *JCP* 2003, *ibid.* ; Civ. 1re, 14 juin 2005 et 21 févr. 2006, *JCP* 2006. I. 131, n° 4, obs. Simler ; Com., 27 févr. 2007, *Bull. civ.* IV, n° 64, *JCP* 2007. IV. 1721, *D.* 2007. Act. 1022).

2. V. Com., 20 oct. 1992, *Bull. civ.* IV, n° 311, *JCP* E 1993. II. 390, note Legeais, *D.* 1994. 177, note Ngafaounain, *RTD civ.*1993. 117, obs. Mestre ; Com., 17 oct. 2000, préc. ; Paris, 10 mai 1990, *RD banc. et bourse* 1990. 243, et 1991. 22, obs. Crédot et Gérard ; Paris, 28 févr. 1991, *Banque* 1991. 867, obs. Rives-Lange ; Lyon, 17 mars 1999, *JurisData* n° 108213.

3. Com., 25 avr. 2001, *Bull. civ.* IV, n° 75, *D.* 2001. Act. 1793, obs. Avena-Robardet, *JCP* E 2001. 1276, note Legeais, et *G* 2002. I. 120, n° 4, obs. Simler, *RTD civ.* 2001. 922, obs. Crocq, *RTD com.* 2001. 751, obs. Cabrillac. V. dans le même sens, notamment Civ. 1re, 6 nov. 2001, préc. ; Civ. 1re, 4 févr. 2003, *Bull. civ.* I, n° 35, *D.* 2003. Somm. 1284, obs. Brémont, *JCP* 2003. II. 10152, note Gentili-Picard, *CCC* 2003, n° 83, obs. Leveneur. Pour un exemple de faute lourde, ayant justifié l'octroi de dommages et intérêts, Orléans, 13 févr. 2003, *JurisData* n° 218964, *JCP* 2004. IV. 1828 (défaut de réponse à des courriers pendant six ans et poursuite tardive d'anciens dirigeants).

4. *Rappr.* les dispositions, ayant le même champ d'application, en matière de notification de l'offre de prêt, de mention manuscrite et de solvabilité de la caution, *supra* nos 115 s.

se conforme pas à cette obligation, la caution ne saurait être tenue au paiement des pénalités ou intérêts de retard échus entre la date de ce premier incident et celle à laquelle elle a été informée » [1].

Le champ d'application de la mesure est celui des deux lois précitées, dont les dispositions forment les deux chapitres visés au texte (*supra* n° 115). Seules les **cautions personnes physiques** sont destinataires de cette information (comp. *supra* n° 155). L'obligation pèse exclusivement, comme dans le cas précédent, sur les établissements de crédit. Aucune forme n'est imposée, mais, s'agissant d'une information ponctuelle, la lettre recommandée avec accusé de réception paraît nécessaire pour les besoins de la preuve de l'exécution à bref délai de l'obligation.

L'objet de l'information est, au contraire, très différent, puisqu'il ne porte pas sur l'obligation de la caution, mais sur le simple fait de la défaillance du débiteur principal, ou, plus précisément, du **premier incident de paiement caractérisé**. La sanction est en revanche semblable, puisqu'elle consiste dans la déchéance des pénalités et intérêts de retard depuis l'incident de paiement jusqu'à la notification de l'information prescrite, c'est-à-dire, le cas échéant, jusqu'à l'assignation de la caution. Il ne peut s'agir, cependant, que des pénalités et intérêts échus et non acquittés, en l'absence de dérogation aux règles d'imputation (comp. *supra* n° 158).

160 ***d) Loi du 11 février 1994, art. 47-II*** ◊ Une double obligation d'information est venue s'ajouter aux précédentes à l'occasion de la loi du 11 février 1994 *« relative à l'initiative et à l'entreprise individuelle »*. Ce dispositif a été complété par une troisième obligation d'information à l'occasion de la loi du 28 juillet 1998 relative à la lutte contre les exclusions. La première vise, comme les précédentes, les seuls établissements de crédit, alors que la seconde et la troisième sont imposées à une catégorie plus large de créanciers.

161 ***1) Information sur l'affectation prioritaire des biens professionnels (C. mon. fin., art. L. 313-21)*** ◊ Aux termes de ce texte, tout établissement de crédit envisageant d'accorder un concours financier à un entrepreneur individuel moyennant une garantie réelle ou personnelle consentie par une personne physique doit informer par écrit ledit entrepreneur de la possibilité de proposer en priorité *« une garantie sur les biens nécessaires à l'exploitation de l'entreprise »*. À défaut de réponse à cette offre ou si les garanties proposées paraissent insuffisantes au créancier, d'autres garanties peuvent utilement être prises sur les biens non professionnels ou sur des tiers, personnes physiques. Faute d'avoir respecté cette obligation d'information le créancier *« ne peut dans ses relations avec l'entrepreneur individuel se prévaloir des garanties prises »*.

Selon cette formule, seul l'entrepreneur peut se prévaloir de l'inobservation de la règle, et non la caution [2]. Cette interprétation réduit sensiblement la portée de

1. V. O. Lutun, « L'information de la caution de la défaillance du débiteur principal », *RD banc. fin.* juill.-août 2003, p. 262.
2. En ce sens, Com., 3 juin 2009, *Bull. civ.* IV, n° 72, *D.* 2009. Act. 1601, obs. Avena-Robardet, *JCP* 2009. Chron. 492, n° 4, obs. Simler, *RD banc. fin.* 2009, n° 156, obs. Cerles, *Banque et droit* sept.-oct. 2009. 24, obs. Bonneau ; Com., 16 nov. 2010, *JurisData* n° 021603, *JCP* 2011. Chron.

la sanction. Elle signifie que, si le créancier se contente de prendre des sûretés personnelles, le non-respect de l'obligation reste dépourvu de toute sanction. On peut douter que telle ait été l'intention du législateur [1].

Sous cette réserve, ce formalisme consacre ponctuellement, en l'absence de toute structure sociétaire, la distinction, admise de longue date en droit fiscal, entre un patrimoine professionnel et un patrimoine personnel de l'entrepreneur. Cette même distinction apparaît également au stade de l'exécution : lorsque la créance se rattache à l'activité professionnelle de l'entrepreneur individuel débiteur, celui-ci peut obliger son créancier à poursuivre l'exécution d'abord sur les biens nécessaires à l'exploitation de l'entreprise (art. 22-1, L. 9 juill. 1991 portant réforme des procédures d'exécution). Cette disposition institue ainsi une sorte de bénéfice de discussion au sein même du patrimoine du débiteur (comp. *infra* n°s 184 s.).

Ce dispositif a été complété par la possibilité offerte à l'entrepreneur individuel par la loi du 1er août 2003, complétée par la loi LME n° 2008-776 du 4 août 2008, de déclarer **insaisissables** par ses créanciers futurs « *ses droits sur l'immeuble où est fixée sa* ***résidence principale*** *ainsi que sur* ***tout bien foncier bâti ou non bâti*** **(qu'il)** ***n'a pas affecté à son usage professionnel*** » (C. com., art. L. 526-1 à L. 526-4) [2]. Si cette mesure n'affecte pas directement la situation de la caution, elle obligera cependant le créancier à la poursuivre, faute d'autre gage saisissable du débiteur principal. C'est, en somme, la caution qui risque de faire les frais de cette insaisissabilité, dans la mesure où, exerçant ses recours contre le débiteur, elle se la verra pareillement opposer par ce dernier [3].

Ces mesures préfigurent en quelque sorte, quoique très timidement, l'avènement de l'EIRL (L. n° 2010-658, 15 juin 2010).

162 ***2) Information annuelle sur les encours*** ◊ L'article 47-II de la loi du 11 février 1994 dispose, en son second alinéa, que, « *en cas de cautionnement à durée*

226, n° 3, obs. Simler, *RD banc. fin.* 2011, n° 14, obs. Legeais. Les juridictions du fond ont été divisées sur ce point. V., dans le même sens, Amiens, 15 nov. 2007, *JCP* 2008. I. 152, n° 6, obs. Simler, *RD banc. fin.* 2008, n° 43, obs. Legeais ; Crédot et Gérard, *RD banc. et bourse* 1994. 77. *Contra* Metz, 31 janv. 2007, *JurisData* n° 328862.

1. En ce sens, Cabrillac et Teyssié, *RTD com.* 1994. 329, pour qui l'absence de sanction dans ce cas « serait contraire à l'esprit de la loi ». V. aussi P. Rubellin, « L'étrange protection des biens non nécessaires à l'exploitation d'un entrepreneur individuel. Remarques sur l'article 47 de la loi "Madelin" du 11 février 1994 », *JCP* 1995. I. 3856). Cette insaisissabilité, précise logiquement la haute juridiction, est opposable aux organes de la procédure collective du débiteur : Civ. 1re, 28 juin 2011, à paraître au *Bull. civ.*, *JCP* E 2011. Act. 375, obs. Lebel, et 1551, note Perrochon.

2. La loi de 2003 limitait le dispositif à la résidence principale de l'entrepreneur individuel.

3. V. S. Piedelièvre, « L'insaisissabilité de la résidence principale de l'entrepreneur individuel. Loi n° 2003-721 du 1er août 2003 pour l'initiative économique », *JCP* 2003. I. 165 ; C. Malecki, « La loi pour l'initiative économique et l'insaisissabilité de la résidence principale de l'entrepreneur individuel », *D.* 2003. Chron. 2220. La déclaration unilatérale d'insaisissabilité fait l'objet, sous peine de nullité, d'un acte notarié. Elle est soumise aux formalités de publicité foncière et doit être mentionnée dans les registres de publicité légale (registre du commerce et des sociétés, registre des métiers...). Elle peut à tout moment faire l'objet d'une renonciation, pour tout ou partie des biens déclarés insaisissables et au profit d'un ou plusieurs créanciers, pour des dettes professionnelles nées postérieurement à ladite déclaration. Cette renonciation est soumise aux mêmes conditions de validité et d'opposabilité que la déclaration initiale. En cas de cession du bien, l'insaisissabilité est reportée sur le prix obtenu, pourvu que celui-ci soit remployé dans le délai d'un an à l'acquisition d'une nouvelle résidence principale. En cas de cession de la créance par le bénéficiaire de la renonciation, celle-ci bénéficie au cessionnaire. Le bénéfice de la renonciation est ainsi érigé en quasi-sûreté réelle accessoire (art. L. 526-3).

indéterminée consenti par une personne physique pour garantir une dette professionnelle d'un entrepreneur individuel, le créancier doit respecter les dispositions prévues à l'article 48 de la loi n° 84-148 du 1er mars 1984 (C. mon. fin., art. L. 313-22) relative à la prévention et au règlement amiable des difficultés des entreprises » [1], c'est-à-dire celles, examinées précédemment (*supra* n° 155), s'appliquant aux établissements de crédit ayant accordé un concours financier à une entreprise.

On remarquera que l'obligation d'information ne pèse plus seulement, comme celle du texte auquel il est renvoyé, sur les établissements de crédit, mais sur **tout créancier** - même simple particulier - d'un entrepreneur individuel, garanti par une caution, pourvu qu'il s'agisse d'une dette professionnelle. Mais elle ne concerne, curieusement, que les seuls **cautionnements à durée indéterminée**. Pour l'essentiel, cette obligation d'information se trouve aujourd'hui absorbée par celle, plus large, résultant de la loi du 1er août 2003 (C. consom., art. L. 341-6 : *infra* n° 167), sous réserve que celle-ci ne vise que les créanciers professionnels et ne reproduit pas la dernière proposition de l'article 48. Cette même loi (C. com., art. L. 341-2 ; *supra* n° 117) ayant imposé à peine de nullité une mention manuscrite portant indication de la durée dans tout cautionnement par une personne physique d'un créancier professionnel, l'hypothèse du cautionnement à durée indéterminée est devenue exceptionnelle.

163 ***3) Information sur le premier incident de paiement*** ◊ La loi du 29 juillet 1998 relative à la lutte contre les exclusions a complété l'article 47-II précité de celle du 11 février 1994 par un troisième alinéa disposant : *« Lorsque le cautionnement est consenti par une personne physique pour garantir une dette professionnelle d'un entrepreneur individuel ou d'une entreprise constituée sous forme de société, le créancier informe la caution de la défaillance du débiteur dès le premier incident de paiement non régularisé dans le mois de l'exigibilité de ce paiement. À défaut, la caution ne saurait être tenue au paiement des pénalités ou intérêts de retard échus entre la date de ce premier incident et celle à laquelle elle a été informée »* [2]. Cette disposition n'est que la transposition de celle que la même loi a inscrite dans le Code de la consommation (art. L. 341-1 : *infra* n° 166), mais elle s'applique en dehors de la sphère du droit de la consommation et concerne tout créancier d'un entrepreneur individuel ou d'une société, et non pas seulement les créanciers professionnels.

164 ***e) C. civ., art. 2293, al. 2, et C. consom., art. L 341-1*** ◊ La loi précitée du 29 juillet 1998 relative à la lutte contre les exclusions a procédé à deux autres extensions des obligations d'information imposées aux créanciers à l'égard des cautions.

165 ***1) Information annuelle sur l'évolution de la créance*** ◊ Une règle de portée générale a été ajoutée, en premier lieu, à l'article 2016 - aujourd'hui, article 2293 - du Code civil, qui dispose en son alinéa second que *« Lorsque ce cautionnement est contracté par une personne physique, celle-ci est informée par le créancier de l'évolution du montant de la créance garantie*

1. V. Ph. Hegner, « L'article 48 de la loi du 1er mars 1984 a-t-il jamais existé pour l'entrepreneur individuel ? (ou de l'apport contestable de la loi du 11 février 1994) », *JCP* N 1994. Prat. 3041.

2. Pour l'application à un dirigeant-caution, même parfaitement informé de la situation de la société, Com., 27 nov. 2007, *Bull. civ.* IV, n° 253, *D.* 2008. Act. 7, obs. Avena-Robardet, et Pan. 2108, obs. Crocq, *RTD civ.* 2008. 330, obs. Crocq, *RTD com.* 2008. 169, obs. Legeais, *RDC* 2008/2. 421, obs. Houtcieff.

et de ces accessoires au moins annuellement à la date convenue entre les parties ou, à défaut, à la date anniversaire du contrat, sous peine de déchéance de tous les accessoires de la dette, frais et pénalités ». Le dispositif est proche de celui de l'article L. 313-22 du Code monétaire et financier (*supra* n° 153), mais s'en distingue par son champ d'application :

- elle ne s'applique qu'au « ***cautionnement indéfini d'une obligation principale*** », visé au 1er alinéa de l'article 2293, c'est-à-dire au cautionnement pur et simple d'une ou plusieurs dettes déterminées [1] ;
- elle est imposée à **tout créancier garanti par une caution personne physique** [2] et quelle que soit la qualité du débiteur garanti [3] ;
- si aucune **forme** n'est prescrite (comp. *supra* n° 157), la nécessité de procéder par lettre recommandée avec accusé de réception s'impose davantage que dans le cas où l'obligation pèse sur un établissement de crédit, qui peut plus aisément se ménager d'autres preuves de son accomplissement ;
- l'information doit être donnée **annuellement**, comme dans l'hypothèse de l'article L. 313-22 du Code monétaire et financier, mais sans qu'une période uniforme soit imposée ;
- elle doit sans aucun doute être pareillement **ventilée** et distinguer principal et accessoires, visés séparément par le texte ;
- elle porte sur « ***tous les accessoires** de la dette, frais et pénalités* », formule qui suscite inévitablement des difficultés d'interprétation [4], mais

---

1. Cette restriction résulte de la formule liminaire « *ce cautionnement* », qui ne peut être que celui visé à l'alinéa 1er. Ce renvoi est lui-même source de difficultés, l'expression « *cautionnement indéfini* » ayant été diversement interprétée (v. *supra* n° 120). L'arrêt de revirement de la Chambre commerciale de la Cour de cassation du 16 mars 1999 (*supra, ibid.*) restitue à la formule son sens historiquement et sémantiquement correct, à savoir celui de cautionnement pur et simple d'une obligation déterminée. La Cour de cassation a ainsi jugé que le cautionnement d'un contrat de location à concurrence d'une certaine somme n'était pas un cautionnement indéfini au sens de l'article 2293 : Com., 12 janv. 2010, *JurisData* n° 051098, *JCP* 2010. Chron. 708, n° 7, obs. Simler, *RD banc. fin.* 2010, n° 56, obs. Legeais. *Contra* A.-S. Barthez et D. Houtcieff, n° 715 et la jurisprudence inédite citée.

2. On peut craindre que peu de créanciers « non professionnels » aient conscience de cette obligation et qu'elle ne leur soit révélée que lors des poursuites contre la caution. Une telle pénalisation *a posteriori* ne procède pas d'une saine politique législative. Curieusement, ce texte n'a suscité que peu de contentieux (v. Biardeaud et Flores, « Information annuelle de la caution et article 2293 du Code civil : mais où reste donc le contentieux ? », *D.* 2007. Chron. 174). V. cependant Civ. 1re, 5 juill. 2005, *Bull. civ.* I, n° 293, *RJDA* 2006. 193, qui censure un arrêt pour défaut de réponse à conclusions fondées sur ce texte.

3. Com., 12 janv. 2010, *JurisData* n° 051102, *JCP* 2010, *ibid.*, *RD banc. fin.* 2010, *ibid.* Il s'agissait, en l'espèce d'une SCI exclusivement familiale.

4. L'expression « *tous les accessoires* » peut accréditer l'idée que le créancier est déchu, le cas échéant, non seulement des accessoires échus et non acquittés, mais même de ceux que le créancier a perçus pendant la période où l'information a fait défaut, à l'instar de la solution résultant de la proposition finale de l'article L. 313-22 précité (*supra* n° 158). Mais ce dernier texte déroge expressément aux règles légales d'imputation des paiements, ce que ne fait pas l'alinéa second de l'article 2293. La déchéance ne paraît donc pas devoir s'appliquer aux intérêts acquittés, ce dont il résulterait que le défaut d'information ne donnerait prise à aucune sanction tant que le débiteur exécute ses engagements (*contra*, dans le sens d'une application littérale de la formule « *tous les intérêts* », J.-F. Crédot, « La prévention du surendettement et la

seulement sur ces éléments ; s'agissant de dettes déterminées, aucune faculté de résiliation n'existe ; quant au terme, l'intérêt de le rappeler à la caution eût été limité ;

- quant à l'**étendue de la sanction** - « *déchéance de tous les accessoires* » - se posera la question des intérêts déjà acquittés par le débiteur, résolue, s'agissant de l'hypothèse visée à l'article L. 313-22 du Code monétaire et financier, par la loi du 25 juin 1999 (*supra* n° 158) [1].

166 ***2) Information portant sur le premier incident de paiement*** ◊ La même loi du 29 juillet 1998 a inscrit dans le Code de la consommation un nouvel article L. 341-1, aux termes duquel « *Sans préjudice des dispositions particulières, toute personne physique qui s'est portée caution est informée par le* ***créancier professionnel*** de la défaillance du débiteur principal dès le ***premier incident de paiement non régularisé*** *dans le mois de l'exigibilité de ce paiement. Si le créancier ne se conforme pas à cette obligation, la caution ne saurait être tenue au paiement des pénalités ou intérêts de retard échus entre la date de ce premier incident et celle à laquelle elle en a été informée* » [2].

Le dispositif est la reproduction pure et simple de celui inscrit par la même loi dans celle du 11 février 1994, applicable au crédit aux entreprises (*supra* n° 163), sous réserve que l'article L. 341-1 vise toute caution personne physique ayant garanti un créancier professionnel [3].

167 ***f) C. consom., art. L. 341-6*** ◊ À une liste déjà trop longue et peu cohérente, la loi du 1er août 2003 « *pour l'initiative économique* » a ajouté une obligation d'information supplémentaire qui, par son champ d'application et son contenu, fait largement double emploi avec plusieurs des précédentes : « *Le créancier professionnel est tenu de faire connaître à la caution personne physique, au plus tard avant le 31 mars de chaque année le montant du principal et des intérêts, commissions, frais et accessoires restant à courir au 31 décembre de l'année précédente au titre de l'obligation garantie, ainsi que le terme de cet engagement. Si l'engagement est à durée indéterminée, il rappelle la faculté de révocation à tout moment et les conditions dans lesquelles celle-ci est exercée. À défaut, la caution ne saurait être tenue au paiement*

---

réforme du cautionnement », *Banque et droit* 1998, n° 62, p. 8 ; P. Crocq, *RTD civ.* 1998. 957 ; Lamy *Droit des sûretés*, n° 175.45). Il eût été plus judicieux, dans ces conditions, d'imposer au créancier une obligation ponctuelle d'information portant sur le « premier incident de paiement non régularisé » (comp. *supra* n° 163).

1. Sur les difficultés d'interprétation de l'article 2293, al. 2, et d'harmonisation des solutions, v. P. Crocq, « Les développements récents de l'obligation d'information de la caution », *Mélanges Cabrillac* préc., p. 349. Un arrêt décide audacieusement que la déchéance prévue par l'article 2293 est « absorbée » par celle visée à l'article L. 313-22 du Code monétaire et financier (Paris, 19 nov. 2004 : *JurisData* n° 258062, *JCP* 2005. I. 135, n° 3, obs. Simler).

2. V. O. Lutun, art. préc.

3. Sur l'application aux seuls incidents de paiement postérieurs à l'entrée en vigueur du texte, le 2 août 1998, v. Com., 13 févr. 2007, *Bull. civ.* IV, n° 32, *D.* 2007. Act. 651, *JCP* 2007. I. 158, n° 4, obs. Simler, *RTD civ.* 2007. 371, obs. Crocq. Sur l'application à un dirigeant de société, Paris, 10 déc. 2004, *JurisData* n° 264820.

des pénalités ou intérêts de retard échus depuis la précédente information jusqu'à la date de communication de la nouvelle information ».

Contrairement à l'article 2293, alinéa 2, du Code civil, l'article L. 341-6 du Code de la consommation n'impose l'obligation d'information qu'au créancier professionnel, mais au profit de toute caution personne physique (et non point seulement des consommateurs, en dépit de la place du texte dans le code qui leur est dédié). À l'évidence, c'est dans le Code civil qu'il aurait dû être inscrit. Pour le reste, c'est le dispositif de l'article L. 313-22 du Code monétaire et financier, qui est repris, à l'exception de la très importante disposition finale, ajoutée en 1999, relative à l'imputation des paiements sur le capital [1].

168 ***Appréciation globale*** ◊ Un tel foisonnement d'obligations d'information – trois relatives au premier incident de paiement et quatre portant sur l'évolution des encours – ayant approximativement le même objet et partiellement le même champ d'application, sans qu'aucune hiérarchie entre elles soit décelable, constitue l'illustration paroxystique d'une méthode législative détestable, placée sous le signe de l'improvisation la plus incohérente.

169 ***2° Exigibilité de la créance à l'encontre de la caution*** ◊ Conformément au droit commun, la caution ne peut être poursuivie par le créancier que si sa créance est exigible. En raison de son caractère accessoire, l'obligation de la caution est en principe exigible dès l'instant où la créance garantie l'est elle-même. Mais elle n'est exigible qu'à cet instant [2]. Ce synchronisme n'est cependant pas systématique.

La caution peut tout d'abord, comme tout débiteur, solliciter du juge un délai de grâce [3], sur le fondement des articles 1244-1 et suivants du Code civil, ou un sursis à statuer [4].

---

1. C'est cette différence qui justifie que l'article L. 341-6 ait été jugé dépourvu de caractère interprétatif, donc inapplicable aux situations consommées avant son entrée en vigueur : v. Com., 13 févr. 2007, préc.

2. Cette dernière observation est particulièrement importante en cas de garantie d'un compte courant, lorsque le cautionnement est résilié ou que son terme est échu sans que le compte soit clôturé : v. Com., 25 nov. 1974, *Bull. civ.* IV, n° 298, *RTD com.* 1975. 572, obs. Cabrillac et Rives-Lange ; Civ. 1re, 24 janv. 1990, *Bull. civ.* I, n° 20, *D.* 1990. Somm. 386, *JCP* 1990. IV. 110 ; Com., 3 janv. 1995, *Bull. civ.* IV, n° 1, *D.* 1995. IR 51, *JCP* 1995. I. 385, n° 8, obs. Simler, *RTD com.* 1995. 631, obs. Cabrillac, et 849, obs. Martin-Serf. Sur la mesure de ce qui peut être dû, dans ce cas, par la caution, v. *infra* n° 256.

3. V. Com., 13 juill. 1955, *Bull. civ.* III, n° 261 ; Civ. 1re, 28 nov. 1973, *Bull. civ.* I, n° 330, *JCP* 1974. IV. 12 ; Rouen, 21 sept. 1973, *D.* 1974. 246, note Roblot, *RTD com.* 1974. 128, obs. Cabrillac et Rives-Lange.

4. V. Com., 29 mai 1979, *Bull. civ.* IV, n° 181, *Banque* 1981. 105, obs. M. Martin ; Paris, 2 déc. 1981, *D.* 1983. IR 85, obs. Honorat. Un tel sursis est souvent sollicité – et généralement refusé, pour des motifs qui ne sont pas toujours pertinents – jusqu'à l'admission de la créance garantie au passif du débiteur en redressement judiciaire : v. Com., 28 juin 1983, *Bull. civ.* IV, n° 189, *JCP* 1983. IV. 286 ; Com., 30 juin 1987, *Bull. civ.* IV, n° 162, *D.* 1987. Somm. 450, obs. Aynès, *Banque* 1987. 1207, obs. Rives-Lange ; Com., 28 mai 1991, *Bull. civ.* IV, n° 178, *JCP* 1991. IV. 265. *Contra* Paris, 16 juin 2000, *JCP* E 2000. 1311, *RJDA* 2001. 505, accordant le sursis sollicité, s'agissant d'une déclaration de créance contestée.

Il est spécialement dérogé au synchronisme lorsque le débiteur obtient une prorogation du terme ou est, au contraire, déchu du terme prévu [1]. On se demandera d'abord si les parties au contrat de cautionnement peuvent dissocier conventionnellement l'exigibilité du cautionnement de celle de l'obligation principale.

170 ***a) Aménagements conventionnels*** ◊ Rien ne s'oppose à ce que les parties conviennent d'un terme plus éloigné pour l'obligation de la caution que celui prévu pour l'obligation principale. On n'en connaît cependant que peu d'exemples [2].

Serait à l'inverse nulle la clause prévoyant une échéance plus rapprochée, qui contreviendrait à la règle formulée à l'article 2290, selon laquelle « *le cautionnement ne peut excéder ce qui est dû par le débiteur, ni être contracté sous des conditions plus onéreuses* ». De plus, l'article 2313 permet à la caution d'opposer au débiteur « *toutes les exceptions qui appartiennent au débiteur principal, et qui sont inhérentes à la dette* » [3]. Ainsi, dans l'hypothèse du compte-courant, la clause stipulant que le solde provisoire du compte sera exigible à l'égard de la caution lors de l'arrivée du terme ou en cas de résiliation du cautionnement, doit être privée d'efficacité [4]. C'est pour la

1. La continuation forcée des contrats en cours en cas de redressement judiciaire (C. com., art. L. 622-13) a soulevé une difficulté particulière, s'agissant du compte courant. Le contrat doit se poursuivre, si l'administrateur judiciaire le requiert, mais le banquier peut déclarer le solde débiteur provisoire dans la procédure ouverte (Com., 8 déc. 1987, *Bull. civ.* IV, n° 266, *D.* 1988. 52, 2e esp., note Derrida, *JCP* 1988. II. 20927, note Jeantin). Il a d'abord été jugé que la caution pouvait être poursuivie pour ce solde et que, pour la suite des opérations, un compte « *bis* » devait être ouvert (Com., 9 juin 1992, *D.* 1994. Somm. 323, obs. Vasseur, *JCP* 1993. I. 3686, n° 22, obs. Gavalda et Stoufflet, *Banque* 1992. 950, obs. Rives-Lange). Cette solution était difficilement conciliable avec l'idée de continuation des relations contractuelles (v. D. Martin, « Incidences du maintien forcé de la convention de compte courant bancaire sur les sûretés affectées à la garantie du solde », *Banque* 1988. suppl. *Banque et droit* sept. 1988, p. 54). Modifiant sa position, la Cour de cassation a finalement décidé que l'ouverture de la procédure collective ne rendait pas le solde du compte exigible envers la caution, donc que le même compte, non clôturé, continuait de fonctionner (Com., 3 janv. 1995, préc. ; Com., 16 avr. 1996, *Bull. civ.* IV, n° 119, *Bull. Joly* 1996, n° 279). Par ailleurs, la continuation des contrats en cours peut s'appliquer au cautionnement lui-même, « *aucune résiliation ou résolution ne* (pouvant) *résulter du seul fait de l'ouverture d'une procédure de redressement judiciaire* » (art. L. 622-13 préc., al. 6 : v., pour des garanties souscrites par des sociétés de caution mutuelle, Com., 26 mai 1992, *Bull. civ.* IV, n° 205 ; T. com. Nice, 23 août 1991, *D.* 1992. Somm. 260, obs. Derrida). Sur la continuation d'un bail garanti par une caution, qui ne soulève pas les mêmes difficultés, v. Com., 6 juin 1989, *Bull. civ.* IV, n° 177, *D.* 1990. Somm. 385, obs. Aynès.

2. V. Civ. 1re, 21 juill. 1965, *Bull. civ.* I, n° 496. V. aussi Mouly, *op. cit.*, n° 232.

3. S'il est certes permis à un garant de s'engager irrévocablement à payer une certaine somme à une date déterminée, abstraction faite de l'échéance de l'obligation garantie, cet engagement, quels que soient les termes employés par les parties, n'est pas un cautionnement, mais une garantie indépendante (*infra* n° 287).

4. V. en ce sens, Paris, 18 mars 1994, *D.* 1994. IR 112, *JCP* 1994. I. 3807, n° 12, obs. Simler. Sont critiquables, pour cette raison, les arrêts de la Cour de cassation ayant reproché aux juges du fond de ne pas avoir recherché l'existence d'un engagement de la caution de régler le solde provisoire : Com., 25 nov. 1974, *Bull. civ.* IV, n° 298, *D.* 1975. IR 29, *RTD com.* 1975. 572, obs. Cabrillac et Rives-Lange ; Com., 24 févr. 1975, *Bull. civ.* IV, n° 55, *D.* 1975. IR 99, *RTD com.* 1975. 883, obs. Cabrillac et Rives-Lange. V. aussi sur ce point, *infra* n° 256.

même raison que la caution, se prévalant de sa qualité de créancier éventuel du débiteur, ne peut, tant qu'elle n'a pas elle-même payé, se retourner contre sa sous-caution [1].

171 ***b) Prorogation du terme de l'obligation principale*** ◊ Dans diverses circonstances, la loi, le juge ou le créancier lui-même octroient au débiteur des délais, moratoires ou prorogations du terme. La caution, à l'évidence, n'est pas pour autant déchargée (art. 2317). *A fortiori* ne l'est-elle pas si le créancier s'est seulement abstenu de poursuivre le débiteur à l'échéance [2].

La seule question est de savoir si elle peut ou non bénéficier de ces délais et si, dans l'affirmative, elle doit subir l'allongement de la durée de sa garantie qui en découle. La réponse est fonction du caractère volontaire ou non de la prorogation de la part du créancier.

172 ***Prorogation volontaire*** ◊ Si le report de l'échéance est consenti par le créancier lui-même, il va de soi qu'il ne peut, dans le même temps, poursuivre la caution. La solution repose sur le caractère accessoire du cautionnement et sur le principe que la caution ne peut être tenue plus sévèrement que le débiteur (art. 2290).

Si la solution est généralement jugée évidente pour la caution simple [3], il n'en a pas été de même, dans le passé, pour la caution solidaire. Un assez fort courant, tant en doctrine qu'en jurisprudence, se prononçait en sens contraire [4]. Le caractère accessoire du cautionnement, même solidaire, et son corollaire, l'opposabilité des exceptions, postulent, pourtant, que la caution solidaire ne soit pas, à cet égard, traitée autrement que la caution simple.

Que la caution **puisse** se prévaloir de la prorogation du terme si bon lui semble ne signifie cependant pas qu'elle **doive** la subir. Elle peut avoir des raisons légitimes de craindre que les difficultés éprouvées par le débiteur, qui ont motivé la prorogation, aillent en s'aggravant. C'est pourquoi

1. V. Com., 24 mars 1980, *Bull. civ.* IV, n° 141, *D.* 1980. IR 325. Le motif négatif donné par l'arrêt est que la caution, prise en sa qualité de créancière, ne peut exercer contre la sous-caution le recours avant paiement prévu à l'article 2032. Le fondement positif de la solution tient à l'absence de créance exigible. *Contra*, précédemment, Com., 16 nov. 1976, *Bull. civ.* IV, n° 289, *D.* 1977. IR 46. V. aussi, *infra* n° 211.

2. V. Civ. 1re, 31 juill. 1900, *DP* 1901. 1. 275, *S.* 1902. 1. 119 ; Req., 7 juin 1932, *Gaz. Pal.* 1932. 2. 450, *S.* 1932. 1. 32 ; Civ., 13 juin 1939, *DH* 1939. 417, *Gaz. Pal.* 1939. 2. 290. V. cependant Civ. 3e, 12 nov. 1974 et Pau, 31 oct. 1974, *JCP* 1975. II. 18182, note Simler. Sur la solution différente en cas de reconduction ou renouvellement du contrat, v. *supra* n° 122.

3. *Contra*, cependant, Mouly, n° 236 ; Rouen, 8 sept. 1993, *JCP* 1994. IV. 375.

4. V. Planiol, Ripert et Savatier, n° 1539 ; Sigalas, *op. cit.*, n° 71 ; M. Cabrillac, Ch. Mouly, S. Cabrillac et Ph. Pétel, n° 248. Sont cités en ce sens Req., 28 févr. 1939, *DH* 1939. 243, *S.* 1939. 1. 161, note Roubier, rapp. Dumas, *Gaz. Pal.* 1939. 1. 828, *RTD civ.* 1939. 783, obs. Marty ; Bastia, 15 juin 1915, *DP* 1916. 2. 20, *S.* 1916. 2. 75. Ces arrêts se rapportent cependant à des prorogations légales ou judiciaires. Lorsque l'occasion fut donnée à la Cour de cassation de se prononcer, dans une espèce où la nature des délais – volontaires ou concordataires – était discutée, elle a préféré, retenant la seconde qualification, éviter de se prononcer clairement (Com., 14 févr. 1972, *Bull. civ.*, n° 55, *Gaz. Pal.* 1972. 2. 639, *RTD com.* 1972. 967, obs. Cabrillac et Rives-Lange).

l'article 2316 l'autorise à « *poursuivre le débiteur pour le forcer au paiement* » (v. aussi art. 2309, 4°) [1]. Elle peut aussi payer à l'échéance prévue le créancier, qui ne peut refuser ce paiement, et se retourner ensuite contre le débiteur [2].

Si elle est en mesure de le faire, la caution peut d'ailleurs valablement stipuler qu'aucune prorogation du terme ne pourra être consentie au débiteur sans son accord, sous peine de perte de la garantie [3]. Particulièrement délicate est, dans cette hypothèse, la question de savoir si l'absence de poursuites contre le débiteur après l'échéance fait encourir au créancier la sanction prévue par la clause. Une réponse catégoriquement positive serait d'une excessive sévérité pour le créancier indulgent. Cependant, rien ne ressemble davantage à une prorogation tacite ou à une prorogation convenue secrètement entre le créancier et le débiteur, en violation de la clause, qu'une simple abstention de poursuivre. La seule solution paraît résider dans la difficile appréciation par les juges du fond de l'existence ou non d'une volonté d'accorder au débiteur un sursis [4].

173 ***Prorogation légale ou judiciaire*** ◊ Lorsque les moratoires ou délais sont accordés par la loi ou le juge, les solutions ne sont pas les mêmes. Le cautionnement a précisément pour fonction de garantir au créancier le paiement à l'échéance. Le sursis obtenu par le débiteur, par hypothèse contre le gré du créancier, réalise le risque contre lequel ce dernier a entendu se couvrir et que la caution a assumé. Pour le créancier, il y a défaillance du débiteur, le caractère légitime de cette défaillance étant sans incidence. La caution peut donc, dans ce cas, être poursuivie [5].

---

1. V. Civ., 10 janv. 1922, *DP* 1922. 1. 145 ; Civ., 13 juin 1939, préc. Les arrêts rendus par la Chambre commerciale de la Cour de cassation le 22 mai 2007 et le 22 nov. 2007, rapportés *supra* n° 48, selon lesquels la renonciation par le créancier aux poursuites contre le débiteur ne fait pas obstacle à son action contre la caution paraissent incompatible avec les articles 2290 et 2316 du Code civil.

2. Com., 5 nov. 1971, *Bull. civ.* IV, n° 264.

3. V. Dagot, « De la clause aux termes de laquelle le créancier ne peut consentir aucune prorogation de délai au débiteur à peine de perdre tous ses recours contre la caution », *JCP* 1973. I. 2577. V. Req., 20 fév. 1911, *Gaz. Pal.* 1911. 1. 475 ; Req., 30 nov. 1932, *Gaz. Pal.* 1933. 1. 314 ; Civ. 1re, 30 nov. 1966, en annexe de la chron. préc. ; Civ. 1re, 22 mai 1973, *JCP* 1973. II. 17572, note Dagot, *D.* 1973. IR 179 ; Civ. 1re, 14 mars 1979, *Bull. civ.* I, n° 92, *D.* 1979. IR 29, *Gaz. Pal.* 1979. 2. 369 ; Caen, 19 sept. 2006, *JurisData* n° 336925. Sur l'hypothèse où la prorogation a été agréée par l'une des cautions et non par l'autre, v. Civ. 1re, 29 janv. 1975, *Bull. civ.* I, n° 37, *JCP* 1975. II. 18081, note Patarin ; Civ. 1re, 7 oct. 1975, *Bull. civ.* I, n° 256, *D.* 1975. IR 243.

4. V., dans le sens de l'application de la sanction, Req., 30 nov. 1932, préc. ; Civ. 1re, 9 mai 1979, *Gaz. Pal.* 1979. 2. Somm. 396 ; Civ. 1re, 1er déc. 1993, *Bull. civ.* I, n° 353, *JCP* 1994. IV. 335, *Gaz. Pal.* 1994. 1. Pan. jur. 69 ; Grenoble, 28 juin 1972, *Journ. not.* 1974. 51612, note J.V. ; Dijon, 17 mai 1974, *D.* 1975. Somm. 81, *JCP* 1976. II. 18222, note Dagot, *Defrénois* 1976. 31077, obs. Aubert. Dans le sens contraire, sauf preuve d'une faute ou d'une fraude ou, du moins, de la volonté d'accorder un délai, Req., 20 févr. 1911 et Civ., 30 nov. 1966, préc. ; Civ. 1re, 7 juin 1978, *Bull. civ.* I, n° 220, *JCP* 1978. IV. 242 ; Civ. 1re, 11 juill. 1978, *Bull. civ.* I, n° 264, *D.* 1979. IR 73, obs. D. Martin ; Civ. 1re, 5 juin 1984, *Bull. civ.* I, n° 185, *Defrénois* 1985. 33560, obs. Vermelle ; Besançon, 15 mars 1935, *S.* 1936. 2. 5 ; Amiens, 2 févr. 1965, en annexe de la chron. Dagot préc.

5. V. Marty, Raynaud et Jestaz, n° 592. Dans le même sens, en jurisprudence, Req., 28 févr. 1939, et Bastia, 15 juin 1915, préc. ; Paris, 12 juin 1942, *Gaz. Pal.* 1942. 2. 43 ; Aix-en-Provence,

Cependant, si les délais ou moratoires légaux ou judiciaires ne doivent pas, en principe, profiter aux cautions, il ne peut être exclu que le législateur leur octroie expressément le bénéfice de la mesure prise ou qu'elles appartiennent elles-mêmes à la catégorie de débiteurs auxquels la faveur a été accordée [1].

Les solutions, en définitive, sont diverses. Celles relatives aux procédures collectives [2], tant commerciales que civiles, méritent une attention particulière.

174 ***Suspension des poursuites individuelles en cas d'ouverture d'une procédure collective*** ◊ L'ouverture d'une procédure collective de sauvegarde, de redressement ou de liquidation judiciaire arrête le cours des poursuites individuelles contre le débiteur (C. com., art. L. 622-21). Cette mesure d'ordre, traditionnellement, ne bénéficiait pas à la caution, l'ouverture d'une telle procédure valant constat de la défaillance du débiteur. Pour les dettes déjà exigibles - l'ouverture de la procédure n'emportant plus déchéance du terme (*infra* n° 178) - la caution pouvait donc être poursuivie et, si elle l'était déjà, les poursuites engagées contre elle pouvaient suivre leur cours.

Ce principe demeure, mais est assorti par l'article L. 622-28, alinéa 2, du Code de commerce d'une très importante exception : « *Le jugement d'ouverture suspend jusqu'au jugement arrêtant le plan ou prononçant la liquidation toute action contre les* ***personnes physiques coobligées ou ayant consenti une sûreté personnelle ou ayant affecté ou cédé un bien en garantie****. Le tribunal*

---

8 juin 1965, *Gaz. Pal.* 1966. 1. 24. Ces arrêts se rapportent tous à des cautions solidaires. Certains auteurs estiment que cette solution ne vaut que pour elles et non pour les cautions simples (Roubier, note préc. ; Holleaux, note sous Req., 23 juill. 1929, *DP* 1931. 1. 73). Comme pour la prorogation volontaire, et pour les mêmes raisons, la différence de traitement ne se justifie pas.

1. V., par ex., lois du 6 nov. 1969, art. 8, et du 15 juill. 1970, art. 49, relatives aux « rapatriés », bénéficiaires de moratoires étendus aux personnes tenues « *avec ou pour* » eux (Civ. 1re, 14 janv. 1975, *Bull. civ.* I, n° 16 et 17 ; Civ. 1re, 13 mars 1996, *Bull. civ.* I, n° 133, *D.* 1996. Somm. 267, obs. Aynès). À propos de la suspension des poursuites avec dispense de paiement des intérêts prévue en cas de licenciement (C. consom., art. L. 313-12), un tribunal a jugé à tort que, « conformément à la loi », les cautions en bénéficiaient aussi, alors que celle-ci est muette à ce sujet (TGI Marmande, 7 avr. 1981, *JCP* 1982. II. 19782, note E.-M. Bey).

2. Sur l'incidence d'une procédure collective contre le débiteur sur la situation des cautions, v., sous l'empire de la loi du 25 janvier 1985, M.-J. Campana, Le cautionnement et l'entreprise en difficulté, *Gaz. Pal.* 1986. 2. Doctr. 717 ; A. Lienhard, « Le cautionnement dans le cadre des procédures de redressement et de liquidation judiciaires », *Rev. proc. coll.* 1988. 121. Sur la loi de sauvegarde du 26 juillet 2005, V. N. Rontchevsky, « Les sûretés personnelles à l'épreuve de la loi de sauvegarde des entreprises », *Banque et droit* janv.-févr. 2006. 17 ; M. Le Corre, « Les incidences de la réforme du droit des sûretés sur les créanciers confrontés aux procédures collectives », *JCP* E 2007. 1185 ; R. Dammann, « La situation des banques, titulaires de sûretés, après la loi de sauvegarde des entreprises », *Banque et droit* sept.-oct. 2005. 16. Sur les innovations de l'ordonnance du 18 décembre 2008, v. Ph. Pétel, « Les sûretés personnelles dans le nouveau droit des entreprises en difficulté », *Cah. dr. entr.* juill.-août 2009. 20 ; N. Borga, « Regards sur les sûretés dans l'ordonnance du 18 décembre 2008 », *RD banc. fin.* 2009. Étude 20, p. 9 ; P. Crocq, « L'ordonnance du 18 décembre 2008 et le droit des sûretés » *JCP* E 2009. 1313.

peut ensuite leur accorder des délais ou un différé de paiement dans la limite de deux ans ». Un 3e alinéa précise que « *Les créanciers bénéficiaires de ces garanties peuvent prendre des mesures conservatoires* » [1]. L'explication de cette faveur, réservée aux seuls coobligés et garants personnes physiques [2], est étrangère au droit des sûretés, ce qu'atteste la discrimination entre personnes physiques et morales. Elle procède d'une politique législative de prévention. Les personnes visées sont principalement les dirigeants de sociétés, qui étaient dissuadés de provoquer l'ouverture d'une procédure de sauvegarde ou de redressement, sachant qu'ils s'exposaient à des poursuites fondées sur leur qualité de garants. La faveur qui leur est consentie est censée les inciter à prendre très tôt une telle initiative, sachant que, si un plan de redressement s'avère possible, ils peuvent en outre bénéficier d'un délai de grâce supplémentaire de deux ans.

175 ***Plan de sauvegarde ou plan de redressement*** ◊ La principale innovation de la loi du 26 juillet 2005 réside dans la création d'une **procédure de sauvegarde**. L'article L. 626-1 du Code de commerce dispose : « *Lorsqu'il existe une possibilité sérieuse pour l'entreprise d'être sauvegardée, le tribunal arrête dans ce but un plan qui met fin à la période d'observation* ». Ce plan, qui peut comporter des délais (et des remises : v. *infra* n° 238), est rendu opposable à tous par le jugement qui l'arrête (art. L. 626-11). Et ce dernier texte précise que, « *À l'exception des personnes morales, les coobligées et les personnes ayant consenti une sûreté personnelle ou ayant affecté ou cédé un bien en garantie peuvent s'en prévaloir* ».

La justification de cette solution, qui ne bénéficie qu'aux cautions personnes physiques, est pareillement étrangère au droit des sûretés. Elle répond au même objectif de politique législative d'incitation des dirigeants à mettre en œuvre la procédure de sauvegarde sans s'exposer au risque de poursuites immédiates en leur qualité de garants.

---

1. La prise d'une telle mesure a soulevé une difficulté. Le créancier doit, dans ce cas, assigner le débiteur dans le mois, à peine de caducité de la mesure (Décr. 31 juill. 1992, art. 215). La question était de savoir si ce délai était lui-même suspendu (en ce sens, Rép. min. n° 572, *JO Sénat* 11 déc. 1997. 3477, *JCP* N 1998. 532 ; TGI Saintes, 18 sept. 1998, *D. aff.* 1999. 176, obs. A.L., *JCP* 1999. IV. 2179, *Banque et droit* mai-juin 1999. 42, note Rontchevsky ; Paris, 9 févr. 1999, *JurisData* n° 020538) ou si, après assignation, c'est l'instance consécutive qui était suspendue (en ce sens, Paris, 10 juin 1999, *JurisData* n° 023396, *D. aff.* 1999. 1218, *RJDA* 1999. 1101 ; Paris, 3 mars 2000, *Banque et droit* sept.-oct. 2000. 51, obs. Guillot). C'est cette dernière solution qu'a retenue la Cour de cassation (Com., 24 mai 2005, 2 arrêts, *Bull. civ.* IV, n° 116 et 117, *D.* 2005. Act. 1632, obs. Lienhard, et 2094, obs. Crocq, *JCP* 2005. I. 185, n° 3, obs. Simler, *RD banc. fin.* 2005, n° 130, obs. Legeais, *Banque et droit* juill.-août 2005. 60, obs. Rontchevsky).

2. La rédaction de 1994 réservait la mesure aux « *cautions personnelles personnes physiques* », ce qui excluait la « caution réelle ». La loi de sauvegarde du 26 juillet 2005 visait « *les personnes physiques coobligées ou ayant consenti un cautionnement ou une garantie autonome* ». La « caution réelle » se trouvait à nouveau exclue en raison de la négation de ce concept par la Cour de cassation (Ch. mixte, 5 déc. 2005, *supra* n° 74). La dernière formulation lui restitue cette faveur, en même temps qu'elle la donne au fiduciant. L'extension de la mesure, en 2005, aux garanties autonomes méconnaît à l'évidence la spécificité de ces garanties (v. Rontchevsky, art. préc, n° 36 s. ; Ph. Pétel, art. préc.).

La solution est différente lorsque la période d'observation débouche sur un **plan de redressement**, qui comporte aussi, habituellement, des délais (et des remises : v. *infra* n° 238). Ces délais, même s'ils sont acceptés par les créanciers, participent de la procédure judiciaire de constatation de la défaillance du débiteur. La caution ne doit donc pas en bénéficier, ayant précisément garanti le créancier contre ce risque. Telle était la solution retenue, avant la loi du 25 janvier 1985, à propos des délais concordataires [1]. Elle n'a été remise en cause ni par cette dernière loi, qui a substitué à la notion de concordat celle de plan de redressement, ni par celle du 26 juillet 2005 [2] complétée par l'ordonnance précitée du 18 décembre 2008. Le nouvel article L. 631-14 du Code de commerce, qui renvoie, à propos du plan de redressement, à diverses dispositions relatives au plan de sauvegarde, précise en son dernier alinéa que, « *Les personnes coobligées ou ayant consenti une sûreté personnelle ou ayant affecté ou cédé un bien en garantie... ne peuvent se prévaloir des dispositions prévues au premier alinéa de l'article L. 622-28* ». La règle s'applique cette fois tant aux personnes physiques qu'aux personnes morales.

Il en était de même, avant la loi du 26 juillet 2005, dans l'hypothèse de ce qui était naguère appelé **plan de cession** et qui était considéré comme une variante de plan de redressement (C. com., anc. art. L. 621-62 s.). La cession de l'entreprise est à présent une modalité de la réalisation de l'actif après mise en liquidation judiciaire (C. com., art. L. 642-1 s.). Le plan de cession emporte cession des contrats que le tribunal aura jugés « *nécessaires au maintien de l'activité* » (art. L. 642-7). Les incidences sur le cautionnement sont celles précédemment admises : la caution reste tenue pour les dettes nées avant la cession du chef du débiteur cautionné [3], mais

---

1. V. Req., 6 févr. 1903, *S.* 1906. 1. 481, note Lyon-Caen, *DP* 1908. 1. 225, note Valéry ; Com., 13 juill. 1955, *Bull. civ.* III, n° 261 ; Com., 14 févr. 1972, *Bull. civ.* IV, n° 55, *Gaz. Pal.* 1972. 2. 639, *RTD com.* 1972. 967, obs. Cabrillac et Rives-Lange ; Com., 22 déc. 1981, *Bull. civ.* IV, n° 454, *D.* 1982. IR 219, obs. Honorat ; Com., 19 mai 1982, *Bull. civ.* IV, n° 189 ; *Gaz. Pal.* 1982, 2. Pan. jur. 281, obs. A.P.

2. V. Com., 27 févr. 2007, *Bull. civ.* IV, n° 68, *D.* 2007. Act. 947, obs. Lienhard, *JCP* 2007. IV. 1722, *RD banc. fin.* 2007, n° 105, obs. Legeais. La loi du 25 janvier 1985 comportait une malfaçon (art. 64, devenu C. com., art. L. 621-65), en ce qu'elle ne visait que « *les cautions solidaires et coobligés* ». *A contrario*, les cautions simples pouvaient en bénéficier (en ce sens, Com., 28 mai 1991, *Bull. civ.* IV, n° 179, *D.* 1991. IR 176, *RTD com.* 1992. 690, obs. Martin-Serf, *Rev. proc. coll.* 1992-1, p. 76, note Delebecque, *RD banc. et bourse* 1992. 82, obs. Campana et Calendini ; Com., 23 nov. 2004, *Bull. civ.* IV, n° 203, *D.* 2004. Act. 3220, obs. Lienhard, *JCP* 2005. I. 135, n° 9, obs. Simler, *RTD civ.* 2005. 429, obs. Crocq). Or, rien ne justifiait une telle différence de traitement (v. M.-J. Campana, art. préc., I. B ; A. Lienhard, art. préc.. I. B). Cette malfaçon a été corrigée par la loi du 26 juillet 2005.

3. V. Com., 12 oct. 1993, *Bull. civ.* IV, n° 333, *D.* 1994. 353, note Playoust, *JCP* 1994. I. 3744, n° 17 s., obs. Billiau, et 3759, n° 2, *Banque* 1994. 135, obs. Campana et Calendini ; Com., 13 avr. 1999, *Bull. civ.* IV, n° 87, *JCP* E 1999. 1533, n° 11, obs. Cabrillac, *Defrénois* 1999. 870, obs. Sénéchal ; Com., 21 janv. 2003, *JurisData* n° 017402. S'agissant des contrats à exécution successive, tels que le crédit-bail ou un simple bail, la jurisprudence considère que la caution n'est plus tenue au titre des échéances postérieures à la cession (Com., 21 nov. 1995, *Bull. civ.* IV, n° 267, *JCP* 1996. II. 22635, note Jamin et Billiau, *D.* 1996. Somm. 336, obs. Aynès, *RTD com.* 1996. 347, obs. Martin-Serf ; Com., 26 oct. 1999, *RJDA* 2000. 92. V. C. Berger, « Le sort de la caution en

cesse de l'être pour celles contractées postérieurement par le cessionnaire [1] (v. aussi, sur les effets de la cession, *infra* n° 241).

176 ***Plan de redressement du débiteur surendetté*** ◊ Les dispositions du Code de la consommation relatives au surendettement des particuliers et des familles (art. L. 332-1 s.), issues de la loi « *Neiertz* » du 31 décembre 1989, prévoient des procédures amiable et judiciaire de redressement de la situation des débiteurs surendettés, mais sont muettes au sujet de leur incidence sur le cautionnement du débiteur surendetté. Que le juge donne simplement force exécutoire aux propositions de la commission du surendettement ou qu'il les impose, le plan de redressement participe de la constatation judiciaire de la défaillance du débiteur surendetté. La caution qui s'est obligée à pallier cette défaillance ne peut donc bénéficier des délais (ou remises : *infra* n° 239) consentis à celui-ci [2].

177 ***Règlement collectif amiable*** ◊ L'hypothèse du règlement amiable des difficultés des entreprises (L. 1er mars 1984, codifiée aux art. L. 611-1 s., C. com.), comme celle, autrefois, du « concordat amiable », étaient traditionnellement traitées comme une variété d'arrangement conventionnel. Les cautions pouvaient, par conséquent, se prévaloir des délais (et remises : *infra* n° 239) consentis [3]. Cette même solution avait vocation à s'appliquer au règlement amiable de la situation d'un débiteur surendetté prévu par le Code de la consommation (art. L. 331-1 s.).

La Cour de cassation a cependant jugé le 13 novembre 1996, à propos d'un tel règlement amiable d'une situation de surendettement, que les remises consenties dans le cadre d'un plan conventionnel de redressement ne constituaient pas, malgré leur caractère volontaire, des remises de dettes

---

cas de cession de contrat dans le cadre d'une procédure collective », *D.* 2003. Chron. 1682). La solution n'emporte pas la conviction, dès lors que seule l'exigibilité est différée. En matière d'emprunt, c'est d'ailleurs la solution opposée qui est retenue : en cas de cession de biens financés par un crédit, dont le cessionnaire doit assumer les échéances postérieures à la cession, la caution reste tenue de la totalité des échéances (Com., 13 avr. 1999, *Bull. civ.* IV, n° 87, *D.* 2000. 257, note Lipinski, *JCP* 1999. I. 177, n° 11, obs. Cabrillac ; Com., 3 avr. 2002, *JurisData* n° 014046 ; Com., 19 oct. 2010, *Bull. civ.* IV, n° 155, *D.* 2010. Act. 2510, obs. Lienhard, *JCP* E 2010. Pan. 2023).

1. Com., 10 juill. 2001, *Bull. civ.* IV, n° 136, *D.* 2001. Act. 2595, obs. Lienhard.

2. V. Civ. 1re, 3 mars 1998, *Bull. civ.* I, n° 82, *D.* 1998. 421, concl. Sainte-Rose, et 1999. Somm. 202, obs. Chatain et Ferrière, *JCP* 1998. II. 10117, note Piedelièvre, *RTD civ.* 1998. 423, obs. Crocq ; Civ. 1re, 18 janv. 2000, *CCC* 2000, n° 103, obs. Raymond, *RDI* 2000. 226, obs. Théry ; Angers, 23 janv. 1991, *D.* 1992. Somm. 107, obs. Bouloc et Chatain, *RTD com.* 1992. 238, obs. Paisant. Si elle en remplit les conditions, la caution peut cependant elle-même bénéficier d'une procédure de redressement, notamment si son état de surendettement procède de sa dette de caution : v. *infra* n° 181.

3. V., pour un concordat amiable, Lyon, 6 janv. 1903, *DP* 1910. 5. 1. Pour la loi du 1er mars 1984, Gavalda et Menez, « Le règlement amiable, » *JCP* 1985. I. 3196, n° 26 ; Chaput, même titre, *JCP* E 1985. II. 14455, n° 60. La solution n'était pas sans inconvénients, les créanciers pouvant, pour cette raison, hésiter à adhérer à un tel règlement. Aussi, certains auteurs avaient-ils préconisé la solution contraire (Marty, Raynaud et Jestaz, n° 592).

au sens de l'article 1287 du Code civil [1]. La fermeté du motif autorisait un pronostic d'extension de la même solution au règlement amiable des difficultés des entreprises. C'est pourtant la solution contraire, conforme à la position traditionnelle de la jurisprudence, qu'a retenue la même formation de la haute juridiction le 5 mai 2004, rejetant le pourvoi contre un arrêt qui avait jugé « que les remises et délais accordés par un créancier dans le cadre d'un règlement amiable bénéficiaient à la caution » [2].

C'est aussi cette solution qu'a entérinée la loi du 26 juillet 2005, qui a substitué au règlement amiable de la loi du 1er mars 1984 une **procédure de conciliation** (C. com., art. L. 611-1 s.). Dans sa rédaction de 2005, l'article L. 611-10 disposait, en son 4e alinéa, que « *les coobligés ou les personnes ayant consenti un cautionnement ou une garantie autonome peuvent se prévaloir des dispositions de l'accord homologué* » [3]. L'ordonnance n° 2008-1345 du 18 décembre 2008 a conféré à la règle un champ d'application élargi, dans un nouvel article L. 611-10-2 : « *Les personnes coobligées ou ayant consenti une sûreté personnelle ou ayant affecté ou cédé un bien en garantie peuvent se prévaloir de l'accord constaté ou homologué* ».

178 ***c) Déchéance du terme de l'obligation principale*** ◇ Dans diverses circonstances, le débiteur principal peut être déchu du terme convenu, soit en vertu des stipulations du contrat, soit par décision de la loi (C. civ., art. 1188). L'exigibilité de l'obligation principale emporte-t-elle, dans ce cas, celle du cautionnement ? Ni le caractère accessoire, ni l'article 2290 ne fournissent la réponse : une exigibilité anticipée, corrélative à celle de la dette garantie, ne contreviendrait pas au caractère accessoire et ne rendrait pas l'obligation de la caution plus onéreuse que celle du débiteur principal.

C'est dans le droit commun des contrats que la solution peut être trouvée. Le cautionnement est un contrat dont les stipulations doivent être respectées, conformément à l'article 1134 du Code civil. La caution doit rester tenue de la manière initialement prévue. Rien ne justifierait qu'elle

---

1. Com., 13 nov. 1996, *Bull. civ.* IV, n° 401, *D.* 1997. 141, concl. (en sens opposé) Sainte-Rose, note Moussa, *JCP* 1997. II. 22780, note Mury, et E 1997. II. 903, note Legeais, *RTD civ.* 1997. 190, obs. Crocq, *RTD com.* 1997. 142, obs. Paisant. L'arrêt est approuvé par les uns, critiqué par d'autres, notamment en ce que la solution risque de fragiliser les plans de redressement par l'effet du recours de la caution, après paiement, contre le débiteur bénéficiaire du plan, inopposable à la caution (v. Civ. 1re, 15 juill. 1999, *Bull. civ.* I, n° 248, *JCP* 1999. II. 10196, note Piedelièvre, et E 1999. 1925, note Legeais, *RTD civ.* 1999. 877, obs. Crocq, *RTD com.* 1999. 993, obs. Paisant ; Civ. 3e, 28 mars 2000, *Bull. civ.* I, n° 107, *JCP* 2000. IV. 1867, *D.* 2001. Somm. 699, obs. Aynès).

2. Com., 5 mai 2004, *Bull. civ.* IV, n° 84, *D.* 2004. Act. 1594, obs. Lienhard, *JCP* 2004. I. 188, n° 8, obs. Simler, *RD banc. fin.* 2004, n° 161, obs. Legeais.

3. Justifiable pour les cautions (sans distinction entre personnes physiques et morales), la solution l'est moins pour les coobligés, les délais et remises constituant indéniablement des exceptions personnelles. Quant aux garants autonome, la règle est en contradiction radicale avec le principe d'autonomie. Si, s'agissant du cautionnement, cette solution n'est pas en parfaite harmonie avec sa finalité, qui est de remédier à la défaillance du débiteur, elle a le mérite d'écarter le risque de remise en cause d'accords passés entre les créanciers et le débiteur par les recours après paiement exercés par les cautions.

pâtisse d'une déchéance encourue personnellement par le débiteur garanti. Doctrine [1] et jurisprudence [2] se prononcent en ce sens.

Le fondement reconnu à cette solution autorise cependant la clause contraire. Il peut donc être stipulé dans le contrat de cautionnement que la caution pourra être poursuivie dès lors que la créance sera devenue exigible à l'encontre du débiteur principal pour une cause quelconque, notamment en cas de déchéance du terme [3].

C'est une fois de plus l'hypothèse de l'ouverture d'une procédure collective à l'encontre du débiteur principal qui fait difficulté. Sous l'empire du droit antérieur à la loi du 25 janvier 1985, la faillite du débiteur emportait déchéance du terme (C. civ., art. 1188 anc. ; L. 13 juill. 1967, art. 37 : *« le jugement... rend exigible à l'égard du débiteur les dettes non échues »*). La formule *« à l'égard du débiteur »* confortait la solution admise en droit commun : la déchéance était sans incidence sur l'exigibilité de l'obligation de la caution, sauf clause contraire de l'acte de cautionnement [4].

Depuis la loi du 25 janvier 1985, la règle est différente : *« Le jugement d'ouverture du redressement judiciaire ne rend pas exigible les créances non échues à la date de son prononcé. Toute clause contraire est réputée non écrite »* (C. com., art. 622-29, réd. L. 26 juill. 2005). Toute référence à la faillite a corrélativement été supprimée dans l'article 1188 du Code civil. Les dettes non échues ne deviennent exigibles qu'en cas de liquidation judiciaire (C. com., art. L. 643-1). Mais, conformément à la solution traditionnelle, elles ne le sont alors qu'à l'égard du débiteur. La caution conserve donc le

---

1. V. Planiol, Ripert et Savatier, n° 1534 ; Marty, Raynaud et Jestaz, n° 591 ; Sigalas, *op. cit.*, n° 76 ; M. Cabrillac, Ch. Mouly, S. Cabrillac et Ph. Pétel, n° 245.

2. V. notamment Civ. 1re, 20 déc. 1976, *Bull. civ.* I, n° 415, *D.* 1977. IR 148, *JCP* 1977. II. 18611, concl. Gulphe (ce dernier exprimant un avis contraire), *Defrénois* 1977. 31462, obs. Aubert. L'arrêt se fonde principalement sur l'article 2015 (aujourd'hui 2292), qui interdit d'étendre le cautionnement *« au-delà des limites dans lesquelles il a été contracté »*. V. égal. Req., 3 juill. 1890, *DP* 1891. 1. 5, note Planiol, *S.* 1890. 1. 445 ; Com., 14 nov. 1989, *Bull. civ.* IV, n° 285, *JCP* E 1990. II. 15832, n° 21, obs. Cabrillac, *RD banc. et bourse* 1990. 88, obs. Campana et Calendini, *RTD com.* 1990. 494, obs. Martin-Serf ; Com., 2 mars 1993, *Bull. civ.* IV, n° 79, *D.* 1993. Somm. 309, obs. Aynès ; Com., 8 mars 1994, *Bull. civ.* IV, n° 96, *D.* 1994. 557, note Bazin, *RD banc. et bourse* 1994. 186, obs. Campana et Calendini ; Com., 26 oct. 1999, *Bull. civ.* IV, n° 183, *JCP* 1999. IV. 3036, *RJDA* 2000. 91. La solution opposée a été retenue pour le « cautionnement réel », ce qui pouvait se justifier par le fait que l'affectation du bien à la sûreté de la dette est étrangère à l'idée de terme : Civ. 1re, 4 mai 1999, *Bull. civ.* I, n° 144, *JCP* 1999. I. 156, n° 5, obs. Simler, *D.* 2000. 303, note Bonnet, *RTD civ.* 1999. 880, obs. Crocq. La question ne se pose plus dès lors qu'une telle affectation n'est plus, selon la Cour de cassation, un cautionnement (v. *supra* n° 74).

3. V. Civ. 1re, 30 oct. 1984, motifs, *Bull. civ.* I, n° 290, *D.* 1985. IR 145 ; Com., 11 juill. 1988, *Bull. civ.* IV, n° 236, *Gaz. Pal.* 1989. 1. 375, note E.M. Bey, *JCP* 1988. IV. 336 ; Lyon, 6 janv. 1982, *JCP* 1982. IV. 362, et N 1982. II. 224. Certains arrêts, antérieurs à ceux précités du 20 décembre 1976 et du 30 octobre 1984 avaient admis avec un certain laxisme une renonciation implicite à l'inopposabilité de la déchéance du terme (Com., 10 juill. 1962, *Bull. civ.* III, n° 350 ; Civ. 1re, 8 févr. 1977, *Bull. civ.* I, n° 71, *D.* 1977. IR 468, *JCP* 1979. II. 19095, note Jacquemont).

4. V. Com., 5 oct. 1983, *Bull. civ.* IV, n° 254, *Defrénois* 1984. 33379, obs. Aubert, *Gaz. Pal.* 1984. 1. Pan. jur. 19, obs. Piedelièvre ; Com., 20 mai 1986, *Rev. proc. coll.* 1986. 62, note Mestre et Delebecque.

bénéfice du terme initialement convenu [1], à moins qu'elle n'ait renoncé à cet avantage lors de son engagement [2].

Au lendemain de la loi du 25 janvier 1985, il a été soutenu qu'une telle clause de renonciation au bénéfice du terme en cas de déchéance encourue par le débiteur devait produire effet, en cas de redressement judiciaire de celui-ci, en dépit de la règle impérative nouvelle de non déchéance contre le débiteur, et corrélativement, qu'une clause expresse devrait pouvoir ainsi dissocier l'exigibilité contre la caution et contre le débiteur [3]. La réponse ne pouvait être que négative : en vertu de l'article 2290 et du caractère accessoire du cautionnement, une dette ne peut être exigible contre la caution alors qu'elle ne l'est pas contre le débiteur [4]. Telle est la solution qu'a retenue la Cour de cassation [5].

179 ***3° Responsabilité du créancier*** ◇ Afin de réduire ou même de supprimer le poids de son obligation, la caution poursuivie peut, dans certaines circonstances, avoir des raisons de mettre en jeu la responsabilité du créancier, spécialement si la défaillance du débiteur principal lui est imputable [6]. Tel est – ou a été – le cas notamment si la banque créancière, abusant de la sécurité procurée par la caution, a inconsidérément accordé son crédit au débiteur et prolongé de manière artificielle sa solvabilité

---

1. Certaines juridictions du fond ayant méconnu ce principe ont vu leurs arrêts censurés : Com., 14 nov. 1989, *Bull. civ.* IV, n° 285, *RD banc. et bourse* 1990. 88, obs. Campana et Calendini ; Com., 2 mars 1993, *Bull. civ.* IV, n° 79, *D.* 1993. Somm. 309, obs. Aynès ; Com., 4 mars 1994, *Bull. civ.* IV, n° 96, *D.* 1994. 557, note Bazin, *RTD com.* 1995. 204, obs. Martin-Serf ; Com., 16 déc. 1996, *RD banc. et bourse* 1997. 73 ; Com., 13 mai 2003, *JurisData* n° 019290. Dans l'hypothèse du cautionnement d'un compte courant, la liquidation des biens du débiteur emporte clôture du compte et exigibilité du solde, y compris à l'égard de la caution (Com., 14 mai 2002, *Bull. civ.* IV, n° 83, *JCP* 2002. IV. 2104, *RJDA* 2002. 1069. L'arrêt précise que la caution doit aussi les intérêts du solde dû, mais au taux légal et seulement à compter de sa mise en demeure).

2. V. Civ. 1re, 30 oct. 1984, préc. ; Com., 11 juill. 1988, *Bull. civ.* IV, n° 236, *JCP* 1988. IV. 336 ; Civ. 1re, 13 mai 1998, *Bull. civ.* I, n° 172, *JCP* 1998. IV. 2468. La caution peut aussi, *a fortiori*, renoncer *a posteriori* à l'inopposabilité de la déchéance du terme : Com., 13 mai 2003, *RJDA* 2003. 1247.

3. V. en ce sens, T. com. Bordeaux, 7 mai 1987, *D.* 1987. Somm. 450, obs. Aynès, *Banque* 1987. 723, obs. Rives-Lange, *Gaz. Pal.* 1987. 2. 739, note Campana, confirmé par Bordeaux, 5 avr. 1990, *JurisData* n° 042519 ; Paris, 7 juin 1990, *JurisData* n° 023604.

4. V. en ce sens Soinne, « Le cautionnement et la loi du 25 janvier 1985 sur le redressement et la liquidation judiciaires », *ALD* 1985. 99 ; Liénard, art. préc.. I. A ; Mestre et Delebecque, note préc. ; Cabrillac, Aynès, Martin-Serf, obs. préc.

5. V. Civ. 1re, 24 janv. 1995, *Bull. civ.* I, n° 51, *D.* 1995. IR 46, *JCP* 1995. I. 3851, n° 6, obs. Simler, et E 1996. II. 807, note Piedelièvre, *Defrénois* 1995. 36040, obs. Aynès ; Com., 20 juin 1995, *Bull. civ.* IV, n° 184, *D.* 1996. 426, note Bazin. Depuis 1994, la solution s'imposait pour les cautions personnes physiques, puisque, l'ouverture d'une procédure de redressement judiciaire emporte suspension de toute action contre elles (C. com., art. L. 622-21 ; *supra* n° 174).

6. V. D. Legeais, « La faute du créancier, moyen de défense de la caution poursuivie », *LPA* 5 mars 1997. 4 ; La responsabilité des banques mise en cause par les cautions, *Banque et droit* janv.-févr. 2000. 38 ; Jobard-Bachellier et Brémont, « De l'utilité du droit de la responsabilité pour assurer l'équilibre des intérêts des contractants », *RTD com.* 1999. 327 (cette étude traite essentiellement de la responsabilité du créancier envers la caution).

apparente [1], si elle n'a maintenu son crédit que parce qu'elle savait avoir en la personne de la caution un répondant solvable [2], ou si elle a, au contraire, retiré brutalement et sans raisons suffisantes son soutien au débiteur [3]. Mais une jurisprudence plus récente lui refuse ces moyens de défense, qualifiés d'exceptions personnelles au débiteur (v. *supra* n° 48). La caution peut plus certainement se prévaloir de la dissimulation par le créancier d'informations sur la situation du débiteur, constitutives d'une faute à son égard (v. *supra* n° 152). Par ce biais, la caution peut espérer obtenir un allégement ou même une exonération de sa dette.

L'admission de la responsabilité a été traversée de tendances divergentes, sinon peu cohérentes, en jurisprudence comme en législation. Afin d'enrayer l'inflation de ce contentieux, la Cour de cassation a décidé que les très nombreux dirigeants, cautions de leur société, ne pouvaient, sauf circonstances exceptionnelles, mettre en jeu la responsabilité des établissements de crédit [4]. Une distinction est ainsi faite entre les cautions dites « averties », que sont les dirigeants et, suivant les circonstances, les associés importants, jouant un rôle actif dans la société, et les cautions « profanes » ou « non averties » que sont les autres cautions, telles que les associés minoritaires, non intégrées à la direction de l'entreprise, et les parents ou conjoints des premiers.

La même distinction a été faite pour l'application jurisprudentielle du **principe de proportionnalité**, sur le fondement de la responsabilité du créancier, avant que la loi du 1er août 2003 en fasse une cause objective d'inefficacité du cautionnement (v. *supra* n° 118, et *infra* n° 180). Mais, dans le même temps, le législateur a décrété, à l'occasion de la loi de sauvegarde du 26 juillet 2005, qu'en cas d'ouverture d'une procédure collective, *« les créanciers ne peuvent être tenus pour responsables des préjudices subis du fait des concours consentis, sauf cas de fraude, d'immixtion caractérisée*

1. V. Com., 26 juin 1978, *Bull. civ.* IV, n° 178, *D.* 1979. IR 142, obs. Vasseur ; Com., 2 mai 1983, *Bull. civ.* IV, n° 127, *D.* 1984. IR 11, obs. Derrida, et 89, obs. Vasseur ; Com., 24 janv. 1989, *RTD com.* 1990. 275, obs. Haehl ; Com., 1er févr. 1994, *Bull. civ.* IV, n° 39, *JCP* 1994. IV. 890 ; Com., 23 juin 1998, *Bull. civ.* IV, n° 208, *JCP* E 1998. 1831, note Legeais, *CCC* 1998, n° 126, obs. Leveneur.

2. Civ. 1re, 16 mai 1995, *JurisData* n° 004493, *JCP* 1996. II. 22736, note F.-X. Lucas, *RJDA* 1995. 1076 ; Civ. 1re, 1er déc. 1998, *JurisData* n° 004598, *JCP* 1999. IV. 1119.

3. V. Com., 22 avr. 1980, *Bull. civ.* IV, n° 163, *D.* 1981. IR 1 ; Com., 12 avr. 1983, *Gaz. Pal.* 1983. 2. 518, note Piedelièvre, *JCP* 1984. II. 20237, note Duclos ; Com., 31 mars 1992, *Bull. civ.* IV, n° 145, *JCP* 1992. IV. 1615 ; Civ. 1re, 17 nov. 1998, *JurisData* n° 004553 ; Paris, 27 janv. 1995, *JCP* 1995. IV. p. 1420 ; Paris, 27 janv. 1995, *JurisData* n° 021030, *JCP* 1995. IV. 1420.

4. V. Com., 15 févr. 1994, *Bull. civ.* IV, n° 60 ; Com., 12 nov. 1997, *Bull. civ* IV, n° 284, *JCP* E 1998. 182, note Legeais ; Com., 11 mai 1999, 3 arrêts, *RJDA* 1999. 710 ; Com., 26 nov. 2002, *JurisData* n° 016896 ; Com., 22 mai 2007, *JurisData* n° 039299. Pour des exemples de circonstances exceptionnelles, v. Com., 20 sept. 2005, *Bull. civ.* IV, n° 176, *D.* 2005. Act. 2588, *JCP* 2006. I. 131, n° 8, obs. Simler, et *JCP* E 2006. 1145, note Legeais (le dossier de financement émanait du franchiseur et non du franchisé, débiteur) ; Reims, 30 mai 2001, *JurisData* n° 154786 (nouveau dirigeant, après cession de la société) ; Paris, 27 sept. 2002, *JurisData* n° 192225 (gérant âgé et malade, venant de prendre ses fonctions, après suicide de son prédécesseur). Ce traitement différencié ne peut valoir en cas de retrait fautif du concours financier (Com., 26 sept. 2006, *JCP* 2006. I. 195, n° 5, obs. Simler, *RD banc. fin.* 2007, n° 12, obs. Legeais).

dans la gestion du débiteur ou si les garanties prises en contrepartie de ces concours sont disproportionnées à ceux-ci », ajoutant que, *« pour le cas où la responsabilité d'un créancier est reconnue, les garanties prises en contrepartie de ses concours peuvent être annulées ou réduites par le juge »* (C. com., art. L. 650-1, modif ord. 18 déc. 2008) [1]. Il est en soi étonnant que les conditions de la responsabilité puissent être différentes selon que le débiteur est ou non soumis à une procédure collective.

Enfin, la reconnaissance par la jurisprudence d'un véritable **devoir de mise en garde** mis à la charge du créancier a donné lieu à la même distinction. D'abord mis en œuvre dans les rapports créancier-débiteur, spécialement en matière de crédit à la consommation, l'obligation de mise en garde a ensuite été étendue à la caution [2], mais seulement s'ils sont, l'un ou l'autre, « non avertis », ce qui se traduit par des solutions empreintes d'un certain subjectivisme [3]. Sont très généralement considérés comme cautions averties les dirigeants, de droit ou de fait, à moins que leur âge ou leur inexpérience ne justifie une solution différente [4]. Le devoir de mise en garde ne s'impose, en outre, que si, au vu des informations données au créancier sur la situation patrimoniale de la caution, celle-ci est exposée à un risque excessif [5]. Le défaut de mise en garde est constitutif pour la caution

1. Cette disposition est diversement appréciée, certains y voyant un « cadeau empoisonné » fait aux banques, par le biais des exceptions que le texte prévoit (R. Dammam, « La situation des banques, titulaires de sûretés, après la loi de sauvegarde des entreprises », *Banque et droit* 2005. 16 ; D. Robine, « L'article L. 650-1 du Code de commerce : un cadeau empoisonné ? », *D.* 2006. Chron. 69 ; J. Moury, « La responsabilité du fournisseur de crédit dans le marc de l'article L. 650-1 du Code de commerce », *D.* 2006. Chron. 1743.

2. Civ. 1re, 12 juill. 2005, *Bull. civ.* I, n° 124 à 127, *D.* 2005. 3094, note Parance, et 2006. 167, note Martin et Synvet, *JCP* 2005. II. 10140, note Gourio, *JCP E* 2005. 1359, note Legeais ; Com., 3 mai 2006, *Bull. civ.* IV, n° 102 et 103, *JCP* 2006. II. 10122, 2e esp., note Gourio, *RD banc. fin.* 2006, n° 99, 2e esp., obs. Legeais ; Com., 20 juin 2006, *Bull. civ.* IV, n° 145, *JCP* 2006, *ibid.*, 4e esp., *Banque et droit* sept.-oct. 2006. 49, obs. Bonneau. V. aussi, sur le devoir de mise en garde, *RD banc. fin.* 2007. Dossier 73.

3. V. Civ. 1re, 16 sept. 2010, *JCP* 2011. Chron. 770, n° 4, obs. Simler, *RD banc. fin.* 2010, n° 263, obs. Legeais, *Banque et droit* nov.-déc. 2010. 50, obs. Rontchevsky ; Com. 17 mai 2011, *JurisData* n° 008989, *RD banc. fin.* 2011, n° 133, obs. Legeais..

4. Com. 8 mars 2011, *JurisData* n° 003316, *RD banc. fin.* 2011, p. 90, obs. Legeais, *JCP* 2011. Chron. 770, n° 4, qui censure un arrêt qui mettait à la charge de la banque la preuve que les époux cautions, respectivement gérant et associé majoritaire et directeur commercial, pouvaient être considérés comme des professionnels avertis. V. aussi Civ. 1re, 21 sept. 2010, *JurisData* n° 016804, *RD banc. fin.* et *Banque et droit* préc. ; Versailles, 16 juin 2011, *JurisData* n° 015350 ; Aix-en Provence, 12 mai 2011, *RD banc. fin.* 2011, n° 165, obs ; Legeais. Pour diverses illustrations, v. *JCP* 2009. I. 150, n° 5, obs. Simler. La banque ne peut reprocher, dans le même cas, au dirigeant caution de n'avoir pas diligenté une étude prévisionnelle : Com., 31 mai 2011, *RJDA* 2011. 836.

5. Civ. 1re, 18 févr. 2009, *Bull. civ.* I, n° 36, *D.* 2009. Act. 625, obs. Avena-Robardet ; Com., 30 nov. 2010, *JurisData* n° 022682, *RD banc. fin.* 2011, n° 12, obs. Legeais ; Com., 14 déc. 2010, *JurisData* n° 023889, *D.* 2011. Act. 156, obs. Avena-Robardet, *JCP* E 2011. 1117, note Legeais. Ce dernier arrêt précise que le créancier n'a pas, en l'absence d'anomies apparentes, à vérifier l'exactitude des informations fournies et signées par la caution. La subordination du devoir de mise en garde à l'existence d'un risque excessif rapproche cette hypothèse de celle de l'engagement disproportionné. Or, la disproportion, si elle perdure au moment où la caution est appelée, emporte inefficacité pure et simple de l'engagement même pour la caution avertie (C. consom., art. 341-4 : *supra* n° 118. V. Com., 8 mars 2011, préc.). De ce qui précède la Cour de

de la perte d'une chance de ne pas s'obliger, de sorte que le préjudice qu'elle en éprouve ne peut être égal au montant total de sa créance [1].

Du point de vue procédural, la Cour de cassation avait d'abord jugé que la caution ne pouvait ainsi engager la responsabilité du créancier qu'au moyen d'une action principale ou d'une demande reconventionnelle, et non par voie d'exception aux poursuites dirigées contre elle [2]. Cette position restrictive, vivement critiquée [3], était difficilement justifiable au regard de l'article 64 du Code de procédure civile, qui n'exige une demande reconventionnelle que pour l'obtention d'un « *avantage autre que le simple rejet de la prétention de son adversaire* ». Aussi la Cour de cassation y a-t-elle renoncé [4], avant que la solution soit consolidée par un arrêt rendu en Chambre mixte, plus libéral encore, qui a jugé que, les demandes reconventionnelles et les moyens de défense étant formés de la même manière, le juge doit répondre à la demande de la caution « quelle qu'en fût la qualification procédurale » [5].

Si la responsabilité du créancier est retenue, les effets ne sont pas tout à fait les mêmes selon la voie choisie. Si la caution emprunte la voie de l'exception, son obligation sera directement réduite ou supprimée : la responsabilité emporte déchéance totale ou partielle du créancier. La voie de l'action ou de la demande reconventionnelle donne lieu à l'octroi de dommages et intérêts qui se compensent avec la dette de la caution [6] : celle-ci est alors réputée avoir, dans cette mesure, payé sa dette (sur les conséquences, v. *infra* n° 236).

180 ***Proportionnalité*** ◊ Le défaut de proportionnalité de l'engagement de la caution par rapport à ses possibilités contributives a fait l'objet d'un traitement

cassation a déduit que, dans l'hypothèse du « cautionnement réel » (ou sûreté réelle constituée par un tiers), ce risque est inexistant, puisque seul le bien affecté en garantie répondant de la dette, de sorte qu'aucune mise en garde n'est requise (Com., 24 mars 2009, *Bull. civ.* IV, n° 43, *D.* 2009. 1661, note Borga, *JCP* 2009. I. 150, n° 7, obs. Simler, *RTD com.* 2009. 425, obs. Legeais ; Com., 9 févr. 2010, *JurisData* n° 051542, *RD banc. fin.* 2010, n° 88, obs. Legeais).

1. En ce sens - arrêt fondateur - Com., 20 oct. 2009, *Bull. civ.* IV, n° 127, *D.* 2009. 2971, note Houtcieff, *JCP* E 2009. 2053, note Piedelièvre, *RD banc. fin.* 2009, n° 7, obs. Legeais, *Banque et droit* nov.-déc. 2009. 62, obs. Rontchevsky. Dans le même sens, au sujet de la rupture abusive du crédit, Com., 30 mars 2010, *JurisData* n° 002987, *RD banc. fin.* 2010, n° 183, obs. Legeais.

2. Com., 16 mars 1993, *Bull. civ.* IV, n° 102, *D.* 1993. Somm. 314, *Defrénois* 1993. 35617 ; Com., 22 avr. 1997, *Bull. civ.* IV, n° 96, *RTD com.* 1999. 143, obs. Martin-Serf ; Civ. 1re, 24 juin 1997, *Bull. civ.* I, n° 211, *RTD com.* 1999. *ibid.*

3. V. S. Guinchard, « Le droit a-t-il encore un avenir à la Cour de cassation ? », in *L'avenir du droit, Mélanges Terré*, Dalloz-PUF-Litec 1999, p. 761.

4. Com. 26 oct. 1999, *Bull. civ.* IV, n° 182, *JCP* 2000. I. 209, n° 4, obs. Simler, et II, 10262, note Legeais, *D.* 2000. Somm. 340, obs. Jobard-Bachellier ; Civ. 1re, 4 oct. 2000, *Bull. civ.* I, n° 233, *D.* 2001. Somm. 698, obs. Aynès, *RTD civ.* 2001. 627, obs. Crocq. Ces arrêts laissent à la caution le choix entre les deux voies. V. aussi D. Legeais, « L'option procédurale offerte à la caution invoquant la responsabilité du banquier », *RD banc. fin.* nov.-déc. 1999, p. 196.

5. Ch. mixte, 21 févr. 2003, *D.* 2003. Act. 829, obs. A.R., *JCP* 2003. II. 10103, note Boucard, *RD banc. fin.* 2003, n° 69, obs. Legeais, *RTD com.* 2003. 353, obs. Legeais, *LPA* 30 juin 2003, p. 9, obs. Houtcieff.

6. V. Com., 13 déc. 2005, *Bull. civ.* IV, n° 248, *D.* 2006. 988, note François, *JCP* 2006. IV. 1130, *RD banc. fin.* 2006, n° 59, obs. Legeais.

législatif, d'abord dans le seul domaine des crédits à la consommation (L. 31 déc. 1989 : C. consom., art. L. 313-10), puis, plus largement, à l'occasion de la loi du 1er août 2003, pour tout cautionnement souscrit par une personne physique envers un créancier professionnel (C. consom., art. L. 341-4). Ces dispositions ne sont pas fondées sur la responsabilité, la sanction étant constituée par une déchéance des droits contre la caution (v. *supra* n° 118). Dans l'intervalle entre ces deux interventions législatives, la jurisprudence, influencée, sans doute, par le dispositif mis en œuvre par le Code de la consommation, avait entrepris de traiter le défaut de proportionnalité comme un fait générateur de responsabilité. Ce cas particulier de responsabilité conserve un champ d'application résiduel, là où les articles L. 313-10 et L. 341-4 du Code de la consommation ne sont pas applicables.

L'arrêt fondateur – **arrêt *Macron***, rendu le 17 juin 1997 – a jugé que le fait de faire souscrire à une caution un engagement démesuré par rapport à ses revenus et à son patrimoine était constitutif d'une faute justifiant l'octroi de dommages et intérêts venant en compensation avec son obligation [1]. Cette brèche fut largement mise à profit par les cautions et par les juges du fond, qui ont parfois purement et simplement déchargé des cautions de condition modeste [2].

Afin d'enrayer un contentieux massif, la Cour de cassation a décidé le 8 octobre 2002 – **arrêt *Nahoun*** – que les dirigeants cautions, « qui n'ont jamais prétendu ni démontré que la banque aurait eu sur leurs revenus, leur patrimoine et leurs facultés de remboursement raisonnablement prévisibles... des informations qu'eux-mêmes auraient ignorées, ne sont pas fondés à rechercher la responsabilité de cette banque » [3]. Cette solution s'inspire de la même idée que celle selon laquelle, sauf circonstances exceptionnelles, les dirigeants ne peuvent mettre en jeu la responsabilité des établissements de crédit (v. n° précédent).

---

1. Com., 17 juin 1997, *Bull. civ.* IV, n° 188, *JCP* E 1997. II. 1007, note Legeais, *D.* 1998. 208, note Casey, *RTD com.* 1997. 662, obs. Cabrillac, *RTD civ.* 1998. 157, obs. Crocq. Le dirigeant, caution de sa société, qui avait souscrit des avals pour 20 millions de francs, alors que ses revenus étaient de l'ordre de 37 500 F et son patrimoine, de 5 millions, a obtenu 15 millions de francs de dommages et intérêts. V. aussi S. Piedelièvre, « Le cautionnement excessif », *Defrénois* 1998. 36836 ; Molfessis, « Le principe de proportionnalité en matière de garanties », *Banque et droit* mai-juin 2000. 4.

2. V., par ex., Lyon, 16 janv. 1998, et Paris, 27 nov. 1998, *JurisData* n° 043327 et 022964, *JCP* 1999. I. 116, obs. Simler, et II. 10092, note Casey ; Paris, 1er juin 2001, *RJDA* 2002. 101. Sur l'appréciation de la proportionnalité en cas de pluralité de cautions, v. la jurisprudence citée *supra* n° 118.

3. Com., 8 oct. 2002, *Bull. civ.* IV, n° 136, *D.* 2003. 414, note Koering, *JCP* E 2002. 1730, note Legeais, et G 2003. II. 10017, note Picod, *RTD civ.* 2003. 125, obs. Crocq, *Defrénois* 2003. 37691, obs. Théry. Dans le même sens, Com., 25 févr. 2004, *JurisData* n° 022687, *RJDA* 2004. 1021 ; Com., 13 févr. 2007, *Bull. civ.* IV, n° 31, *D.* 2007. Act. 652, obs. Avena-Robardet, *JCP* 2007. I. 158, n° 4, obs. Simler, *RD banc. fin.* 2007, n° 96, obs. Legeais. Plusieurs arrêt ont étendu cette solution à des associés considérés comme « avertis » ou « impliqués » : Com., 13 févr. 2007, *JurisData* n° 037432 et 037433, *JCP 2007, ibid.* ; Com., 27 févr. 2007, *JurisData* n° 037699. Inversement, des dirigeants ont pu être qualifiés de non avertis, en raison de leur âge ou de leur inexpérience (v., à propos du devoir de mise en garde, *supra* n° 179).

Toutes autres cautions ont conservé le bénéfice de la jurisprudence « Macron »[1]. La sanction, s'agissant d'une responsabilité pour faute du créancier, ne peut résider que dans l'octroi à la caution de dommages et intérêts ou dans sa décharge en réparation du préjudice subi, et non la nullité de son engagement[2]. Mais il faut redire que, pour les cautionnements souscrits depuis l'entrée en vigueur de la loi du 1er août 2003, c'est le nouvel article L. 341-4 du Code de la consommation qui permet à toute caution personne physique envers un créancier professionnel d'invoquer le défaut de proportionnalité, sanctionné par une inefficacité totale du cautionnement si les conditions sont jugées remplies. Ainsi, les dirigeants ou associés ont-ils retrouvé une protection dont l'arrêt Nahoun les avait privés (*supra* n° 118).

181 **4° *Règlement collectif du passif de la caution*** ◊ Comme tout autre débiteur, la caution peut relever, suivant ses qualités, de l'une des formes de procédure collective de règlement du passif actuellement prévues.

Il se peut, d'abord, que lui soient applicables les dispositions des articles L. 620-1 et suivants du Code de commerce relatives à la **sauvegarde**, au **redressement** ou à la **liquidation judiciaire** des entreprises. Il en est ainsi si elle est une personne morale, si elle a la qualité de commerçant, d'artisan ou d'agriculteur, ou si elle exerce une profession indépendante ou libérale, mais aussi si une procédure de redressement ou de liquidation judiciaire lui est étendue, en tant que dirigeant de la société débitrice ou de conjoint du débiteur personne physique. Une telle extension est particulièrement néfaste au créancier cautionné, dans la mesure où il va subir le concours, à l'égard de sa caution, de tous les autres créanciers du débiteur garanti. Au contraire, en cas de pluralité de procédures contre ses coobligés, ce créancier pourra *« déclarer sa créance pour la valeur nominale de son titre dans chaque procédure »* (C. com., art. L. 622-31 s.) et participer aux distributions éventuelles jusqu'à complet paiement de sa créance.

La caution peut aussi, si les conditions en sont réunies, bénéficier des mesures prévues en cas de **surendettement**[3]. Ce bénéfice, institué au profit

1. V. en ce sens, Com., 25 mars 2003, *JurisData* n° 018688, *JCP* 2003. I. 176, n° 4, obs. Simler, *RD banc. et fin.* 2003, n° 135, obs. Legeais, qui censure un arrêt ayant condamné une caution qui avait pris un engagement « manifestement disproportionné », sans préciser si ses fonctions « l'auraient privée de la possibilité de mettre en cause la responsabilité » de la banque. V. aussi Civ. 1re, 9 juill. 2003, *Bull. civ.* I, n° 167, *JCP* 2003. I. 176, n° 4, obs. Simler, *D.* 2003. Act. 2434, *RTD civ.* 2004. 124, obs. Crocq ; Com., 18 mai 2005, *JCP* 2005. I. 185, n° 5, obs. Simler, *RD banc. fin.* 2005, n° 205, obs. Legeais ; Com., 3 mai 2006, *Bull. civ.* IV, n° 103, *JCP* 2006. II. 10122, 3e esp., note Gourio ; Com., 6 févr. 2007, *Bull. civ.* IV, n° 18, *D.* 2007. Act. 575, obs. Avena-Robardet, *JCP* 2007. IV. 1525, *RTD civ.* 2007. 372, obs. Crocq, *RLDC* avr. 2007. 33, obs. Marraud des Grottes ; Colmar, 2 juill. 2008, *JurisData* n° 269552, *JCP* 2009. IV. 1374, qui décharge dans des proportions inégales deux cautions solidaires..

2. Civ. 1re, 6 avr. 2004, *Bull. civ.* I, n° 110, *D.* 2004. Act. 1232, *JCP* 2004. I. 188, obs. Simler, *Defrénois* 2005. 38111, obs. Théry.

3. V. par ex., TI Tarbes, 4 oct. 1990, *D.* 1991. Somm. 50, obs. Bouloc et Chatain ; Pau, 11 juill. 1991, *CCC* 1991, n° 227, obs. Raymond. V. aussi C. Marie, « Cautionnement et surendettement, ou les cautions oubliées des procédures de traitement des situations de surendettement des particuliers », *Rev. proc. coll.* 1996/2, p. 149.

des consommateurs ou non professionnels, était cependant refusé aux cautions qui, quoique non commerçants, ont souscrit un cautionnement à titre professionnel, c'est-à-dire, principalement aux dirigeants ou associés, cautions de leur société [1]. Cet obstacle a été levé par deux modifications successives de l'article L. 330-1 du Code de la consommation, d'abord par la loi n° 2003-710 du 1er août 2003, qui a rendu éligibles à la procédure de surendettement les engagements de caution de la « *dette d'un entrepreneur individuel ou d'une société dès lors que* (la caution) *n'a pas été, en droit ou en fait, dirigeant de celle-ci* », ensuite par la loi LME n° 2008-776 du 4 août 2008, qui a supprimé la restriction relative aux dirigeants.

Les cautions peuvent enfin prétendre bénéficier de la **procédure de rétablissement personnel**, instituée par la même loi du 1er août 2003 au profit de tout débiteur qui « *se trouve dans une situation irrémédiablement compromise caractérisée par l'impossibilité manifeste de mettre en œuvre des mesures de traitement visées au deuxième alinéa* (procédure de surendettement) » (*C. consom., art. L. 330-1, al. 3*) [2]. Le jugement d'ouverture de cette procédure emporte suspension des procédures d'exécution pour les dettes autres qu'alimentaires. Elle se traduit, le cas échéant, par une liquidation du patrimoine du débiteur (sous réserve d'un « reste à vitre » : *infra* n° 182). Sa clôture pour insuffisance d'actif emporte effacement de ses dettes non professionnelles, « *à l'exception de celles dont le prix a été payé au lieu et place du débiteur par la caution (ou le coobligé)* » (C. consom., art. L. 332-9, al. 2). Une disposition complémentaire ajoutée à ce dernier texte par la loi précitée du 4 août 2008 précise que « *la clôture entraîne aussi l'effacement de la dette résultant de l'engagement que le débiteur a donné de cautionner ou d'acquitter solidairement la dette d'un entrepreneur individuel ou d'une société* ». Par conséquent, ces derniers engagements, y compris ceux souscrits par les dirigeants, sont assimilés à des engagements non professionnels.

182 ***« Reste à vivre » (C. civ., art. 2301)*** ◊ L'article 2301 du Code civil (anc. art. 2024), a été assorti par la loi du 29 juillet 1998 relative à la lutte contre les exclusions d'une proposition nouvelle ainsi libellée : « *En toute hypothèse, le montant des dettes résultant du cautionnement ne peut avoir pour effet de priver la personne physique qui s'est portée caution d'un minimum de*

1. Civ. 1re, 31 mars 1992, *Bull. civ.* I, n° 107, 2 arrêts, *D.* 1992. Somm. 406, obs. Fortis, *RTD com.* 1992. 457, obs. Paisant ; Civ. 1re, 27 oct. 1992, 4 arrêts, *CCC* 1993, n° 15, obs. Raymond ; Civ. 1re, 20 déc. 1993, *JCP* 1994. IV. 532 ; Civ. 1re, 7 nov. 2001, *JCP* 2001. I. 321, obs. Cabrillac et Pétel. En revanche, les conjoints cofidéjusseurs de tels dirigeants ont pu bénéficier de la procédure (mêmes réf.).

2. Cette procédure a été inspirée par celle de la « faillite civile », qui reste en vigueur dans des trois départements d'Alsace et de Moselle et qui est également susceptible de bénéficier aux cautions. V. C. Rondey, « La réforme du surendettement par la loi "Borloo" du 1er août 2003 », *D.* 2003. Chron. 2162.

ressources fixé à l'article L. 331-2 du Code de la consommation » [1]. Aux termes de ce dernier texte, qui renvoie lui-même à l'article L. 262-2 du Code de l'action sociale et des familles, le minimum en question est égal *« au revenu de solidarité active »* (RSA).

B. Effets du cautionnement simple

183 ***Bénéfices*** ◊ Deux particularités singularisent la situation de la caution simple et l'opposent à celle de la caution solidaire : elle peut, sous certaines conditions, obliger le créancier poursuivant, en lui opposant le **bénéfice de discussion**, à agir d'abord contre le débiteur principal ; elle peut en outre, en cas de pluralité de cautions, contraindre le créancier, en faisant valoir le **bénéfice de division**, à diviser ses poursuites entre elles.

Outre ces deux particularités majeures, quelques autres effets prévus par la loi méritent d'être relevés. Ainsi, **l'interruption de la prescription** à l'encontre du débiteur principal emporte effet à l'encontre de la caution simple (C. civ., art. 2246, réd. L. 2008-561, 1er juin 2008) [2], mais non inversement. Le caractère accessoire du cautionnement conduit à admettre aussi que la **chose jugée** en faveur du débiteur principal profite à la caution simple. Est discutée, en revanche, l'opposabilité de la chose jugée contre le débiteur. La solution communément admise va dans le sens de cette opposabilité, sauf à la caution à opposer toute exception qui lui serait personnelle ou la fraude [3]. Étant tiers intéressé à la procédure dirigée contre le débiteur principal, elle peut assurément y **intervenir** (C. pr. civ., art. 328 s. et 554). Hormis ce cas, elle n'est cependant pas partie au procès et ne peut exercer les **voies de recours**. Elle devrait corrélativement, en qualité de tiers, pouvoir faire **tierce opposition**, mais la question reste discutée [4]. Certaines de ces solutions rejoignent celles s'appliquant au cautionnement solidaire, d'autres s'en écartent (v. *infra* n° 194).

184 ***1° Bénéfice de discussion*** ◊ Cette faveur faite à la caution simple exprime de la façon la plus nette le caractère subsidiaire de son obligation : elle n'est qu'un débiteur de second rang, qui ne doit payer que si le créancier ne peut obtenir satisfaction du débiteur principal, par la « *discussion* » de ses biens, c'est-à-dire par l'exécution forcée de sa créance sur ces biens.

---

1. La place de cette disposition dans l'article 2301, dont elle ne forme même pas un alinéa distinct, paraît incongrue. Ce texte est relatif au bénéfice de discussion, qui n'a lui-même cours qu'en matière de cautionnement simple, alors que le « reste à vivre » a, de toute évidence, vocation à bénéficier à toute caution personne physique. V., sur la complémentarité avec l'idée de proportionnalité, le commentaire de P. Crocq, *RTD civ.* 1998. 953.
2. V. Com., 13 avr. 1999, *JurisData* n° 001748, *RJDA* 1999. 725.
3. En ce sens, Req., 3 janv. 1938, *Gaz. Pal.* 1938. 1. 396, *S.* 1938. 1. 50. V. aussi Loquin, « Arbitrage et cautionnement », *Rev. arb.* 1994. 235.
4. V., en faveur de cette possibilité, et contrairement à une jurisprudence plus ancienne, Civ., 1er juill. 1924, *S.* 1924. 1. 382 ; Com., 16 oct. 1956, *Bull. civ.* III, n° 240. V. aussi, pour un tiers constituant d'une sûreté réelle ou « caution réelle », Com., 7 mars 2006, *Bull. civ.* IV, n° 59, *JCP* 2006. IV. 1761, *RD banc. fin.* 2006, n° 101, obs. Legeais.

La lecture de l'article 2298, qui dispose que « *la caution n'est obligée envers le créancier à le payer qu'à défaut du débiteur, qui doit être préalablement discuté dans ses biens* », pourrait laisser croire que le créancier n'est en droit de poursuivre la caution qu'après avoir épuisé tous moyens d'action contre le débiteur principal. Il n'en est rien. Ainsi que le précise l'article suivant, « *le créancier n'est obligé de discuter le débiteur principal que lorsque la caution le requiert* ». Dès lors que la dette est exigible et n'a pas été payée, le créancier est en droit d'agir contre la caution. Aucun texte n'exige même une mise en demeure préalable du débiteur. Si ce dernier est notoirement insolvable, il serait absurde d'obliger néanmoins le créancier à agir d'abord contre lui. Il appartient à la caution, si elle a des raisons de penser que le débiteur est en mesure de s'acquitter de sa dette, d'invoquer le bénéfice de discussion. Elle doit alors le faire sans tarder et elle ne peut le faire utilement que si certaines conditions précises et passablement contraignantes sont remplies.

La portée de ces conditions et celle des effets du bénéfice de discussion ne peut être mesurée qu'en considération de son champ d'application quant aux personnes, qu'il convient de délimiter d'abord.

185 ***a) Bénéficiaires*** ◇ À première vue, l'article 2298 ouvre le bénéfice de discussion à toute caution, qu'elle soit garante de premier rang, certificateur de caution ou sous-caution. Si tel est le principe, il est cependant assorti d'exceptions si nombreuses que son champ d'application se réduit comme peau de chagrin. Sont en effet privées du bénéfice de discussion :

- les **cautions solidaires**, qui sont de très loin les plus nombreuses, la solidarité faisant, par définition, de la caution un débiteur de premier rang ;
- celles dont l'engagement a une nature **commerciale**, en raison de la présomption coutumière de solidarité attachée aux actes de cette nature (*supra* n° 133) [1] ;
- les donneurs d'**aval**, variété cambiaire du cautionnement [2] ;
- les cautions ayant expressément **renoncé** à ce bénéfice ; lorsque le cautionnement est souscrit par une personne physique envers un créancier professionnel, la renonciation au bénéfice de discussion nécessite une mention manuscrite précise (C. consom., art. L. 341-3 : *supra* n° 117) ;
- la **caution judiciaire** et son **certificateur**, en vertu de dispositions expresses formulées aux articles 2319 et 2320, qui sont traditionnellement justifiées par l'autorité attachée au jugement, dont l'exécution ne doit être retardée par aucun moyen dilatoire [3].

La même solution a été appliquée à la « **caution réelle** », avant que la Cour de cassation ne nie l'existence de ce concept, remplacé par celui de

---

1. V. Com., 28 avr. 1966, *Bull. civ.* III, n° 209).
2. V. Paris, 11 oct. 1967, *D.* 1968. Somm. 65, *Banque* 1968. 297, obs. X. Marin.
3. Le bénéfice de discussion peut également se trouver écarté par des dispositions législatives particulières à telle ou telle hypothèse de cautionnement légal. Tel est le cas pour la garantie financière que doivent fournir les agents immobiliers, administrateurs de biens et syndics (Décr. 20 juill. 1972, art. 39). Si cette garantie est autonome, comme l'a jugé la Cour de cassation (*supra* n° 40, et *infra* n°s 315 s.), la solution s'impose.

sûreté réelle constituée par un tiers (v. *supra* n° 74) [1]. Il en est de même *a fortiori* depuis ce revirement. S'agissant de l'hypothèque, l'article 2466 (anc. art. 2171) dispose que *« l'exception de discussion ne peut être opposée au créancier privilégié ou ayant hypothèque spéciale sur l'immeuble »*. La solution, qui doit valoir pour toute sûreté réelle se justifie plus pragmatiquement par la considération que le créancier ne doit pas se trouver dans une situation plus défavorable pour avoir accepté une sûreté réelle fournie par un tiers plutôt que par le débiteur lui-même.

186 ***b) Conditions*** ◊ Les conditions d'exercice du bénéfice de discussion sont au nombre de trois.

1° La caution doit **requérir le bénéfice de discussion**, et elle doit le faire ***« sur les premières poursuites dirigées contre elle »*** (*art. 2299*). Si l'on ne peut exiger qu'elle oppose le bénéfice de discussion dès le premier acte de procédure, il faut du moins qu'elle le fasse au début de la procédure et, en tout cas, avant toute défense au fond, sans quoi elle est censée y avoir renoncé [2].

2° Elle doit être en mesure – c'est la condition la plus importante – d'***« indiquer au créancier les biens du débiteur principal »*** susceptibles d'être discutés (art. 2300). Ces biens, meubles ou immeubles, doivent être situés dans le ressort de la cour d'appel et ne pas être litigieux [3]. Si des immeubles du débiteur ont été hypothéqués à la dette, ils doivent encore se trouver entre ses mains. C'est dire que le bénéfice de discussion ne peut être opposé si le débiteur principal est d'ores et déjà insolvable [4] ou si sa solvabilité est sérieusement compromise.

3° La caution doit, enfin, ***« avancer les deniers suffisants pour faire la discussion »*** (art. 2300), de telle sorte que l'exercice du bénéfice de discussion ne se traduise par aucune charge supplémentaire pour le créancier. Pour le remboursement de ces frais, la caution dispose d'un recours contre le débiteur (art. 2305 : *infra n*[os] 202 s.).

---

1. V. Civ. 1re, 21 juin 1978, *Bull. civ.* I, n° 236, *D.* 1978. IR 423 ; Civ. 1re, 6 mars 1979, *Bull. civ.* I, n° 78, *JCP* 1979. II. 19140, concl. Gulphe, *Defrénois* 1980. 32267, obs. Aubert ; Civ. 1re, 18 févr. 2003, *JurisData* n° 917967, *RJDA* 2003. 1253.

2. V. Soc., 29 mars 1960, *Bull. civ.* IV, n° 341 ; Civ. 1re, 15 juill. 1999, *Bull. civ.* I, n° 236, *D.* 1999. IR 224, *RJDA* 1999. 1250 ; Civ. 2e, 23 oct. 2008, *Bull. civ.* II, n° 224, *D.* 2008. Act. 2826, obs. Gallmeister, *JCP* 2009. I. 150, n° 1, obs. Simler (en l'espèce, la caution opposait le bénéfice de discussion après condamnation définitive). Cette solution traditionnelle est conforme aux dispositions du Code de procédure civile, dont l'article 108 fait expressément du bénéfice de discussion une *« exception dilatoire »*, qui est de celles qui, aux termes de l'article 74 du même code, *« doivent, à peine d'irrecevabilité, être soulevées simultanément et avant toute défense au fond ou fin de non recevoir »*.

3. La notion de biens litigieux au sens de l'article 2300 est entendue très largement, et non pas dans le sens technique indiqué à l'article 1700. Sont ainsi écartés les biens grevés de sûretés au bénéfice d'autres créanciers (Paris, 5 févr. 1892, *DP* 1892. 2. 497), ceux dont l'acquisition est exposée à un risque d'annulation ou de résolution ou même les biens indivis ou dont la réalisation se solderait par une procédure de distribution par contribution avec d'autres créanciers (Civ. 1re, 25 mai 1966, *Bull. civ.* I, n° 326, *RTD civ.* 1967. 386, obs. Chevallier).

4. V. Com., 19 mars 1969, *Bull. civ.* IV, n° 96 ; Paris, 12 mars 1981, *D.* 1981. IR 437.

Ces conditions et l'étroitesse de son champ d'application sont telles que le bénéfice de discussion n'est utile que très rarement. Sa mise en œuvre effective suppose, en effet, que le débiteur principal soit notoirement solvable. Or, si tel est le cas, c'est à lui que le créancier, tout naturellement, réclamera son dû, avant toute action contre la caution.

187 ***c) Effets*** ◊ Si les conditions en sont remplies, le bénéfice de discussion a pour effet, non de libérer la caution, mais de **suspendre les poursuites** dirigées contre elle. Si, en définitive, le créancier ne peut se faire payer par le débiteur ou s'il n'obtient qu'une satisfaction partielle, l'action contre la caution peut reprendre.

Le créancier auquel le bénéfice de discussion est efficacement opposé reste libre d'agir contre le débiteur. Mais s'il ne fait pas diligence, il en assume les risques : l'article 2301 le déclare, *« jusqu'à concurrence des biens indiqués, responsable, à l'égard de la caution, de l'insolvabilité du débiteur principal survenue par le défaut de poursuites »*.

188 ***2° Pluralité de cautions. Bénéfice de division*** ◊ *« Lorsque plusieurs personnes se sont rendues cautions d'un même débiteur pour une même dette, elles sont obligées chacune à toute la dette »* (art. 2302). Le principe clairement posé est donc, même en l'absence de solidarité, celui de l'**obligation au tout**.

La situation des cofidéjusseurs est à cet égard différente de celle des codébiteurs conjoints, entre lesquels la dette se divise de plein droit [1]. L'obligation au tout est conforme à la volonté la plus probable des parties : chacune des cautions s'est engagée à satisfaire à l'obligation du débiteur si celui-ci n'y satisfait pas lui-même (art. 2288), c'est-à-dire à se substituer au débiteur.

Dans plusieurs circonstances, la division des poursuites s'impose cependant au créancier. Il en est ainsi :

– si le contrat de cautionnement le prévoit, ce qui ramène le cautionnement plural à une addition de cautionnements partiels [2] ;

– en cas de poursuites, non contre la caution ou contre l'une d'elles, mais contre les héritiers d'une caution décédée ; la division de plein droit prévue à l'article 1220 s'applique dans cette hypothèse, sauf clause contraire stipulant l'indivisibilité de l'obligation (*infra* n° 347) [3] ;

– si le créancier a lui-même commencé par diviser ses poursuites contre les cautions, puisque, aux termes de l'article 2304, *« il ne peut revenir contre cette division, quoiqu'il y eût, même antérieurement au temps où il l'a ainsi consentie, des cautions insolvables »* [4].

---

1. V. Précis *Les obligations*, 10e éd., nos 1242 s.
2. Com., 2 juill. 1959, *Bull. civ.* III, n° 299 ; Com., 22 févr. 1977, *Bull. civ.* IV, n° 59, *Gaz. Pal.* 1977. 1. Somm. 190.
3. Cette division doit cependant être demandée et elle ne peut plus l'être devant la Cour de cassation : Civ. 1re, 10 juin 1997, *Bull. civ.* I, n° 194, *RD banc. et bourse* 1997. 222, obs. Contamine-Raynaud.
4. V. TGI Limoges, 1er déc. 1982, *Gaz. Pal.* 1983. 1. Somm. 188.

Même en l'absence de l'une de ces circonstances, le principe de l'obligation au tout n'a qu'une portée platonique, en raison, précisément, du **bénéfice de division** que l'article 2303 réserve à la caution simple et qui lui est ouvert plus largement que le bénéfice de discussion. Comme pour ce dernier, on examinera successivement quels en sont les bénéficiaires, les conditions de mise en œuvre et les effets.

189 ***a) Bénéficiaires*** ◊ Le bénéfice de division est en principe ouvert chaque fois que plusieurs cautions ont garanti la même dette, que ce soit par un même acte ou par des actes distincts. Mais les exceptions, à nouveau, sont très importantes : en sont ainsi privées les **cautions solidaires** et celles qui ont spécialement **renoncé** à cette faveur, cette renonciation étant, le cas échéant, soumise au même formalisme que celle afférente au bénéfice de discussion (*supra* n° 185).

Il faut noter que la caution judiciaire et son certificateur, qui sont expressément privés du bénéfice de discussion, ne sont pas exclus, au contraire, du bénéfice de division. Ils se trouvent donc dans une situation intermédiaire entre celle de la caution simple et celle de la caution solidaire. Mais on ne connaît guère d'exemple d'une pluralité de cautions judiciaires, encore moins de certificateurs d'une telle caution.

La Cour de cassation a également refusé, quoique tardivement, le bénéfice de division à la « **caution réelle** » [1]. La doctrine était restée longtemps en désaccord sur ce point. Si le tiers constituant d'une sûreté réelle n'est pas une caution (v. *supra* n° 185, et le renvoi), la question ne se pose plus.

190 ***b) Conditions*** ◊ Elles sont moins rigoureuses que celles requises pour l'exercice du bénéfice de discussion. On peut en énoncer deux.

1) Le bénéfice de division **doit être demandé avant toute défense au fond**. Chacune des cautions est en principe obligée à la totalité de la dette (art. 2302 préc.), mais « *chacune d'elles peut... exiger que le créancier divise... son action* » (art. 2303, al. 1er). Faute de précision dans le Code civil, il était naguère admis que cette demande pouvait être formulée en tout état de la cause, même en instance d'appel, tant qu'il n'y avait pas de condamnation définitive. Cette solution s'est trouvée remise en cause par les dispositions précitées (*supra* n° 186) du Code de procédure civile, aux termes desquelles toute exception dilatoire, notamment le bénéfice de division (art. 108), doit, sous peine d'irrecevabilité, être soulevée avant toute défense au fond (art. 74).

2) La division **ne peut être demandée qu'entre cautions solvables** (art. 2303, al. 2) [2]. De cette seconde condition il résulte que, jusqu'au

---

1. Civ. 1re, 6 mars 1979, préc.

2. La solvabilité doit être entendue ici dans son sens habituel, prenant en compte tous les biens formant le patrimoine de la caution. La solvabilité de l'article 2303 est donc différente tant de celle visée à l'article 2296, concernant la caution que le débiteur était « *obligé à fournir* » (*supra* n° 113), que de celle, enfermée dans des limites très strictes, que doit présenter le débiteur lorsque la caution entend faire jouer le bénéfice de discussion (*supra* n° 186).

moment des poursuites, le risque d'insolvabilité de l'une des cautions pèse sur les autres. Cette règle, qui différencie nettement la situation des cautions simples de celle de débiteurs conjoints, est justifiée par la finalité du cautionnement. L'exigence de deux ou plusieurs cautions s'explique précisément par le fait que le créancier a voulu être garanti contre l'insolvabilité, non seulement du débiteur principal, mais aussi de l'une des cautions.

Cette garantie ne couvre cependant que l'insolvabilité *« dans le temps où une des cautions a fait prononcer la division »*. Au contraire, cette caution *« ne peut plus être recherchée à raison des insolvabilités survenues depuis la division »* (*ibid.*). En effet, si le créancier tarde, après que l'une des cautions lui a opposé le bénéfice de division, à poursuivre les autres, il doit en supporter les risques, comme il doit supporter ceux d'une discussion différée (*supra* n° 187).

191 ***c) Effets*** ◊ Les effets du bénéfice de division découlent de sa définition et du développement qui précède, relatif à l'incidence de l'insolvabilité de l'une des cautions.

À celle qui lui a opposé le bénéfice de division, le créancier ne peut réclamer que sa part dans la dette, compte tenu, le cas échéant, de l'insolvabilité d'un ou plusieurs cofidéjusseurs. Cette part est en principe la part virile. Mais il en est autrement si les cautions se sont obligées dans des limites différentes : la part est alors proportionnelle au montant de l'engagement de chacune [1].

Il importe de souligner que la faveur que représente le bénéfice de division est individuelle. Le créancier conserve donc le droit de réclamer aux autres cautions l'entière créance, déduction faite seulement de ce qu'il aura perçu de la première, étant entendu qu'il est loisible aux autres cautions d'opposer à leur tour le même bénéfice. Pouvant ainsi être opposé par plusieurs cautions à des moments différents, le bénéfice invoqué peut produire aussi des effets différents si, dans l'intervalle, une caution est devenue insolvable. Cette précision met en relief le risque que prend le créancier s'il divise d'emblée et volontairement ses poursuites, puisqu'il assume alors seul l'insolvabilité, même antérieure à son action, d'une ou plusieurs de ses cautions (art. 2304 préc.).

C. Effets du cautionnement solidaire

192 ***Effets principaux et effets secondaires*** ◊ La solidarité, en toute matière, accroît la sécurité du créancier. Adjointe au cautionnement, elle renforce de manière significative la sûreté procurée. Ainsi s'explique que le cautionnement conventionnel soit quasiment toujours assorti de la stipulation de solidarité.

---

1. Sur la détermination de cette part proportionnelle, v. *infra* n° 226. C'est en effet dans le cadre du recours entre cofidéjusseurs, qui soulève la même difficulté technique, que celle-ci a été soumise aux tribunaux.

Les effets du cautionnement solidaire se règlent « *par les principes qui ont été établis pour les dettes solidaires* » (art. 2298). On a déjà relevé que ce renvoi n'avait pas valeur absolue (*supra* n° 65). Il ne concerne que les seuls rapports entre la caution et le créancier et ne vaut, dans ce cadre limité, que dans la stricte mesure où les effets de la solidarité sont conciliables avec les caractères essentiels du cautionnement. Même solidaire, celui-ci reste un engagement accessoire de garantie : la clause de solidarité « ne change pas la nature du cautionnement, mais modifie seulement certains de ses effets » [1]. Ainsi la caution solidaire peut-elle, comme la caution simple, opposer au créancier les mêmes exceptions qui appartiennent au débiteur principal et qu'un codébiteur solidaire ne peut invoquer [2].

S'agissant de la mise en œuvre de la garantie par le créancier, la clause de solidarité produit deux sortes d'effets : un effet principal négatif, qui consiste dans l'absence des bénéfices de discussion et de division, et des effets secondaires positifs, traditionnellement rattachés à l'idée, aujourd'hui remise en cause, de représentation mutuelle entre coobligés solidaires. Il y a lieu de préciser enfin que, s'il y a plusieurs cautions, la solidarité est susceptible de degrés.

193 ***1° Absence des bénéfices de discussion et de division*** ◊ L'éviction de ces deux faveurs faites à la caution simple découle de la définition même de l'engagement solidaire. Aux yeux du créancier, la caution solidaire apparaît comme un coobligé de premier rang. Il peut donc poursuivre indifféremment le débiteur principal ou la caution solidaire – ou l'une des cautions solidaires, s'il y en a plusieurs – sans que l'exception dilatoire de discussion puisse lui être opposée, le débiteur principal fût-il notoirement solvable [3].

De plus, chacun des coobligés solidaires est tenu, dans la limite de son engagement, de s'acquitter de l'intégralité de la dette, sans pouvoir exiger du créancier qu'il divise ses poursuites [4]. Ce dernier avantage subsiste

---

1. Req., 19 févr. 1908, *S.* 1911. 1. 529, note Wahl.

2. Il était communément admis, en dépit de la rédaction des article 2289 et 2313, que la caution pouvait opposer au créancier même les exceptions personnelles au débiteur, alors qu'un débiteur principal ne peut opposer de telles exception appartenant à un codébiteur. Cette différence paraît vouée à la disparition, puisque la Cour de cassation a décidé, le 8 juin 2007 en Chambre mixte, à propos d'une exception de dol, « que la caution en peut opposer les exceptions qui sont purement personnelles au débiteur principal (v. *supra* n° 48 et, à propos de l'extinction de la garantie, *infra* n° 236)

3. V. Civ., 6 janv. 1919, *DP* 1923. 1. 112 ; Req., 28 févr. 1939, *DH* 1939. 243, *S.* 1939. 1. 161, rapp. Dumas, note Roubier, *RTD civ.* 1939. 783, obs. Marty ; Com., 28 avr. 1966, *Bull. civ.* IV, n° 209 ; Amiens, 31 oct. 1974, *D.* 1975. Somm. 17, *Gaz. Pal.* 1975. 1. 321. Il en encore ainsi si le créancier bénéficiait par ailleurs d'une sûreté réelle : Com., 14 juin 1994, *Bull. civ.* IV, n° 209, *Defrénois* 1995. 35978, obs. Piedelièvre ; Civ. 1re, 13 mai 1998, *JurisData* n° 002227. Mais le contrat de cautionnement peut subordonner l'action contre la caution à la mise en œuvre préalable des autres sûretés : Com., 28 mai 1996, *Bull. civ.* IV, n° 144, *D.* 1996. Somm. 385, obs. Piedelièvre, *RTD civ.* 1997. 185.

4. V. Com., 7 janv. 1992, *Bull. civ.* IV, n° 1, *JCP* 1992. IV. 683 ; Amiens, 31 oct. 1974, préc. ; Paris, 3 mars 1976, *D.* 1976. Somm. 72, 2e esp.

même si le créancier a, dans un premier temps, divisé ses poursuites contre les cautions (art. 1211 et 1215. Comp. *supra* n° 188) [1].

C'est surtout l'exclusion du bénéfice de division qui est profitable au créancier, en ce qu'elle fait reposer la charge intégrale de l'insolvabilité de tel ou tel des coobligés sur ceux qui restent solvables. S'il n'en reste qu'un seul, le paiement intégral est assuré.

Les effets ainsi décrits sont les mêmes si, au lieu de s'obliger solidairement, la ou les cautions ont simplement renoncé aux deux bénéfices de discussion et de division. La stipulation de solidarité ne peut cependant être réduite à une telle renonciation. L'article 2298 distingue d'ailleurs nettement les deux éventualités. Si tels sont les effets les plus significatifs de la solidarité, celle-ci en comporte d'autres, plus discrets, appelés pour cette raison « secondaires », qui ne se retrouvent pas en cas de simple renonciation aux deux bénéfices [2].

194 ***2° Effets secondaires*** ◊ Ces effets de la solidarité entre coobligés, donc entre cautions solidaires et débiteur principal, sont, pour les uns, expressément formulés par des textes et ont été, pour d'autres, déduits, par extrapolation, par la jurisprudence. Ainsi :

– la **mise en demeure** de l'un des coobligés solidaires produit son effet à l'égard des autres (arg. art. 1205) ;

– l'**interruption de la prescription** à l'égard de la caution solidaire vaut également à l'encontre du débiteur principal (art. 1206) [3], et réciproquement, *« l'interpellation faite au débiteur principal… interrompt la prescription contre la caution »* (art. 2246, réd. L. 2008-561, 17 juin 2008) [4] ;

– la **demande d'intérêts** formée contre l'un fait courir les intérêts à l'égard de tous (art. 1207) ;

– l'**autorité de la chose jugée** entre le créancier et le débiteur principal est opposable à la caution solidaire [5] ou par elle [6] ; l'application particulière

---

1. V. Req., 7 juin 1882, *DP* 1882. 1. 441, note Aubry, *S.* 1882. 1. p. 321 ; Req., 16 mars 1898, *DP* 1898. 1. 301, *S.* 1902. 1. 331 ; Besançon, 27 janv. 1999, *JurisData* n° 041881. Il n'en est autrement, aux termes de l'article 1211, al. 2 et 3, que si le créancier a donné quittance à une caution pour sa part ou si un jugement est intervenu sur les poursuites du créancier n'ayant réclamé à la caution condamnée que sa part, le créancier étant alors censé avoir renoncé à la solidarité.

2. De ce développement il résulte du moins qu'il n'est pas utile, comme le font de nombreux actes, de stipuler, d'une part, la solidarité, d'autre part, la renonciation aux bénéfices de discussion et de division. Cette répétition peut au mieux être créditée d'une vertu didactique.

3. V. Req., 23 juill. 1929, *DP* 1931. 1. 73, note Holleaux, *Gaz. Pal.* 1929. 2. 784 ; Com., 10 janv. 1951, *DH* 1951. 310, *S.* 1951. 1. 171, *RTD civ.* 1951. 552, obs. Becqué et Cabrillac ; Civ. 1re, 21 mai 1990, *Bull. civ.* I, n° 120, *JCP* 1990. IV. 277.

4. V. en particulier, pour l'effet interruptif de la décision d'admission de la créance dans la procédure collective du débiteur, Com., 19 nov. 1996, *Bull. civ.* IV, n° 276, *D.* 1997. Somm. 165, obs. Aynès, *RTD com.* 1997. 327, obs. Martin-Serf ; Com., 13 avr. 1999, *JurisData* n° 001748, *RJDA* 1999. 725.

5. V. Civ., 1er mai 1901, *S.* 1902. 1. 433, note Lescot ; Civ., 6 janv. 1919, préc. ; Com., 6 juin 1961, *Bull. civ.* III, n° 258 ; Com., 16 mars 1970, *Bull. civ.* IV, n° 100 ; Paris, 4 mai 1982, *D.* 1982. IR 280. La même solution est assez largement admise en matière de cautionnement simple (Req., 3 janv. 1938, *Gaz. Pal.* 1938. 1. 396, *S.* 1938. 1. 50. V. aussi note Holleaux, préc.), mais sur un fondement qui est nécessairement différent et qu'on peut trouver dans le caractère accessoire de la dette et dans son unicité : si la caution s'est obligée à payer la dette du débiteur, il paraît assez logique que la chose jugée relativement à cette dette lui soit opposable.

6. V. Com., 15 juill. 1987, *Bull. civ.* IV, n° 182, *JCP* 1987. IV. 331.

de cette règle à la décision d'admission des créances dans le cadre des procédures collectives a donné lieu à une abondante jurisprudence [1] ; réciproquement, ce qui est jugé à l'égard de l'une des cautions solidaires est opposable aux autres cautions solidaires et au débiteur principal [2] ; cependant, chacun des coobligés peut toujours faire valoir les exceptions qui lui sont personnelles ou la fraude [3] ; de plus, ces solutions n'ont lieu qu'à l'égard des coobligés non parties à l'instance ou à des instances séparées [4].

195 ***Représentation mutuelle ?*** ◊ Les solutions relatives aux effets secondaires de la solidarité étaient traditionnellement fondées sur une idée de représentation mutuelle : les coobligés solidaires seraient censés s'être donné mutuellement mandat de se représenter dans leurs rapports avec le créancier [5].

Pourtant, la jurisprudence elle-même, qui s'est parfois référée à ce fondement, n'en a pas tiré toutes les conséquences. Ainsi, s'agissant de l'**exercice des voies de recours**, l'idée de représentation mutuelle eût postulé

---

1. V. notamment Com., 26 févr. 1980, *Bull. civ.* IV, n° 96, *D.* 1980. IR 509, obs. Honorat, et 1981. IR 25, obs. Vasseur ; Com., 31 mai 1988, *Bull. civ.* IV, n° 176, *JCP* 1988. IV. 274 ; Com., 19 janv. 1993, *Bull. civ.* IV, n° 23, *D.* 1993. IR 82 ; Com., 16 mars 1999, *Bull. civ.* IV, n° 62, *D.* 1999. IR 103, *RTD com.* 1999. 971, obs. Martin-Serf ; Com., 25 févr. 2004, *Bull. civ.* IV, n° 40, *RD banc. fin.* 2004, n° 117, obs. Legeais.

2. V. Civ., 1er déc. 1885, *DP* 1886. 1. 251, *S.* 1886. 1. 55, *Grands arrêts*, 12e éd., t. 2, n° 257, obs. Terré et Lequette ; Soc., 7 oct. 1981, *Bull. civ.* V, n° 764, *JCP* 1981. IV. 401 ; Civ. 1re, 20 juill. 1993, *Bull. civ.* I, n° 24, *JCP* 1993. IV. 701 ; Com., 1er juin 1999, *Bull. civ.* IV, n° 115, *D.* 1999. IR 182, *RTD civ.* 1999. 882, obs. Crocq, *RJDA* 1999. 994, *Banque et droit* sept.-oct. 1999. 47, obs. Jacob. Ce dernier arrêt concerne des co-avalistes. Cette solution ne peut être admise en matière de cautionnement simple (v. note Holleaux, préc.).

3. V. Com., 12 nov. 1985, *Banque* 1986. 188, obs. Rives-Lange ; Civ. 1re, 14 févr. 1990, *Bull. civ.* I, n° 42, *D.* 1990. IR 64 ; Civ. 1re, 10 déc. 1991, *Bull. civ.* I, n° 348. Jugé, en particulier, que l'admission définitive de la créance dans la procédure collective du débiteur n'empêchait pas la caution d'invoquer l'exception personnelle tirée de la déchéance des intérêts et accessoires en raison du défaut d'information annuelle imposée par l'article L. 313-22 du Code monétaire et financier : Com., 25 juin 2002, *RJDA* 2002. 1319, *Bull. Joly* 2002. 1169, note Constantin. Dans le même sens, pour l'exception de dol, Com., 8 juill. 2008, *JurisData* n° 044839, *JCP* 2008. I. 211, n° 3, *JCP* E 2008. 2294, 1re esp., note Burgard.

4. V. Civ. 1re, 5 juin 1985, *Bull. civ.* I, n° 180, *D.* 1986. 361, note Aubert, *Gaz. Pal.* 1985. 2. 296, note Guinchard et Moussa (pourvoi élevé séparément par l'un des coobligés solidaires) ; Civ. 1re, 24 nov. 1998, *Bull. civ.* I, n° 326, *JCP* 1999. I. 114, n° 11, obs. Loiseau (appel formé par un seul des deux époux coobligés solidaires, condamnés en première instance) ; Civ. 2e, 6 nov. 2008, *Bull. civ.* II, n° 231, *RD banc. fin.* 2009, n° 12, obs. Cerles (la caution s'étant abstenue de faire appel ne peut bénéficier de l'infirmation obtenue par une autre caution) ; Paris, 3 mars 1976, *D.* 1976. Somm. 72, 2e esp. (poursuites contre le débiteur et la caution solidaire devant des juridictions différentes).

5. V. Duchon, *De l'idée de représentation mutuelle dans la solidarité*, thèse Paris 1907 ; Sigalas, *op. cit.*, nos 73 s. ; H., L. et J. Mazeaud et F. Chabas, *Obligations : théorie générale*, 9e éd. 1998, nos 1061 s. V. aussi, pour l'exposé de la théorie, Précis *Les obligations*, préc., n° 1256. V. par ex. Civ., 1er déc. 1885, préc. ; Paris, 15 avr. 1992, *JCP* 1992. IV. 2172, *RTD civ* 1992. 608 (qui a jugé très audacieusement, sur le fondement de la représentation mutuelle, que la résiliation du cautionnement par l'une des cautions emportait résiliation pour une autre), cassé par Civ. 1re, 13 juin 1995, *Bull. civ.* I, n° 258, *JCP* 1996. II. 22593, note Leveneur, *Bull. Joly* 1995. 844, note Delebecque. Dans cet arrêt, la haute juridiction affirme que « la solidarité entre cautions n'a pas pour effet leur représentation mutuelle dans l'exercice de la faculté de révocation ».

que les coobligés solidaires, censés représentés à l'instance, pussent exercer les voies de recours normalement ouvertes aux parties et non celles ouvertes aux tiers. Or, si la jurisprudence refuse, en effet, à la caution solidaire le droit de former tierce opposition [1], à moins qu'elle puisse faire valoir une exception qui lui est personnelle [2] ou que la décision soit intervenue en fraude de ses droits [3], elle paraît vouloir lui refuser aussi les voies de l'appel et du pourvoi en cassation [4].

Cette idée de représentation mutuelle est aujourd'hui vivement contestée en doctrine [5]. Elle ne peut valoir, au mieux, que dans les cas de solidarité conventionnelle, la solidarité légale ayant des fondements divers. Elle repose sur une fiction. Elle est, au surplus, à sens unique, puisqu'elle est écartée chaque fois qu'elle est de nature à nuire au prétendu représenté [6]. Restent seulement un certain nombre de solutions techniques, que l'on tente d'expliquer par « un pragmatisme de bon aloi » [7] ou par la communauté d'intérêts qui lie les coobligés solidaires. Une explication nouvelle, précise et cohérente, fait cependant défaut.

196 ***3° Degrés dans la solidarité*** ◊ Lorsqu'une caution unique s'oblige solidairement avec le débiteur principal, la portée de la solidarité est sans équivoque. De même, si plusieurs cautions souscrivent un engagement

1. V. T. com. Angers, 4 déc. 1957, *D.* 1958p. 378, note Vincent, *RTD civ.* 1958. 458, obs. Raynaud ; en appel, Angers, 15 oct. 1958, *JCP* 1959. II. 11315, note Boyer, *Gaz. Pal.* 1959. 1. 116, *RTD civ.* 1959. 363, obs. Hébraud ; sur pourvoi, Com., 6 juin 1961, *Bull. civ.* III, n° 258. V. aussi Req., 3 janv. 1938, préc. ; Paris, 15 janv. 1973, *RTD com.* 1973. 517. V. cependant, Com., 3 mai 1994, *Bull. civ.* IV, n° 161, *D.* 1994. IR 156, *JCP* E 1994. I. 397, n° 11, obs. M. Cabrillac, et II. 627, note Wagner, qui admet la « réclamation » d'une caution contre la décision d'admission d'une créance au passif de la procédure collective du débiteur principal ; Com., 26 mai 1999, *Bull. civ.* IV, n° 111, *JCP* 1999. IV. 2334, *RJDA 1999.* 715, et Com., 11 juill. 2006, *D.* 2006. Act. 2100, obs. Lienhard, *JCP* 2006. IV. 2813, qui déclarent tardive, et non irrecevable, la tierce opposition d'une caution contre la décision de relevé de forclusion du créancier. Amorce d'un revirement ?

2. V. Com., 4 oct. 1983, *Bull. civ.* IV, n° 245, *JCP* 1985. II. 20374, note D. Veaux ; Paris, 15 janv. 1973, préc. ; Paris, 3 juill. 1978, *Gaz. Pal.* 1978. 2. 607, note R.D.

3. V. Civ., 1er déc. 1895, et Civ. 1re, 14 févr. 1990, préc. ; Civ. 1re, 10 déc. 1991, *Bull. civ.* I, n° 348, 1er arrêt ; Aix-en-Provence, 29 nov. 1989, *RTD civ.* 1990. 283, obs. Mestre.

4. V. Sigalas, *op. cit*, n° 77 ; Raynaud, obs. préc. ; D. Veaux et P. Veaux-Fournerie, « La représentation mutuelle des coobligés », *Mélanges Weill*, 1983, p. 547 s. V. cependant C. pr. civ., art. 546 et 609.

5. V. Roland, *Chose jugée et tierce opposition*, préf. Starck, LGDJ 1958, spéc. nos 96 s. et 318 s. ; D. Veaux et P. Veaux-Fournerie, art. préc. (qui qualifient la représentation mutuelle de « folklore juridique que les auteurs se transmettent de génération en génération ») ; Vincent, Boyer et Hébraud, notes préc. ; M. Cabrillac, Ch. Mouly, S. Cabrillac et Ph. Pétel, nos 391 et 462 (qui évoquent la « fable de la représentation »).

6. La représentation, traditionnellement, n'est prise en compte que si elle a pour effet de conserver ou de diminuer les obligations du représenté (*ad conservandam vel minuendam obligationem*), et non quand elle est de nature à les augmenter (*non ad augendam*) : v. Civ., 16 déc. 1891, *DP* 1892. 1. 177, note Cohendy, *S.* 1893. 1. 81, note Tissier ; Civ. 1re, 27 oct. 1969, *Bull. civ.* I, n° 314 ; Com., 17 mai 1994, *Bull. civ.* IV, n° 176, *JCP* 1994. IV. 1804 (qui écarte toute représentation mutuelle à propos de l'obligation annuelle d'information des cautions).

7. M. Cabrillac, Ch. Mouly, S. Cabrillac et Ph. Pétel, nos 462.

solidaire dans l'acte même qui constate l'obligation principale, il faut admettre qu'elles entendent être tenues solidairement avec le débiteur principal, mais aussi entre elles. Il en est encore ainsi en matière commerciale, en raison de la présomption de solidarité entre les coobligés.

La solidarité peut cependant avoir, le cas échéant, une portée plus limitée, soit qu'elle ne s'applique qu'entre les cautions, et non dans leur relation avec le débiteur, soit, au contraire, qu'elle produise effet entre chacune des cautions et le débiteur, mais non entre elles.

197 ***Solidarité entre les seules cautions*** ◊ Cette hypothèse a été imaginée de longue date, mais se rencontre rarement. Les articles 2298 et suivants ne peuvent être purement et simplement appliqués à cette situation, le premier de ces textes visant expressément le cas de la caution qui s'est obligée solidairement avec le débiteur.

La raison conduit à reconnaître à ces cautions le bénéfice de discussion, puisqu'il n'y a pas solidarité avec le débiteur, mais à leur refuser le bénéfice de division, puisqu'il y a solidarité entre elles [1]. Une application distributive des effets secondaires de la solidarité paraît également possible.

Si la clause de solidarité ne limite pas clairement sa portée, il y a lieu de penser, en dépit de la règle selon laquelle « *la solidarité ne se présume point* » (art. 1202), que les cautions ont entendu s'obliger solidairement avec le débiteur.

198 ***Solidarité entre chacune des cautions et le débiteur, mais non entre elles*** ◊ Cette seconde hypothèse, qui a fait plus récemment son apparition, est susceptible de se réaliser plus fréquemment. Ainsi, lorsque plusieurs cautions s'obligent par des actes distincts, éventuellement à des moments différents, sans que l'une ait connaissance des engagements des autres, il ne paraît pas possible d'admettre qu'il y ait solidarité entre elles, la solidarité conventionnelle ayant pour fondement la volonté des intéressés (art. 1202) [2]. Il se peut aussi que plusieurs cautions aient garanti solidairement des fractions distinctes de la même dette, ce qui exclut d'emblée toute solidarité entre elles [3].

---

1. En ce sens, Marty, Raynaud et Jestaz, n° 598 ; Malaurie, Aynès et Crocq, n° 146 ; A.-S. Barthez et D. Houtcieff, n° 824 ; Req., 16 mars 1898, *DP* 1898. 1. 301, *S.* 1902. 1. 331 ; Civ. 1re, 27 juin 1984, *Bull. civ.* I, n° 213, *Gaz. Pal.* 1984. 2. Pan. jur. 307, obs. A.P., *JCP* 1986. II. 20689, note Dumortier.

2. V. Com., 18 oct. 1983, *Bull. civ.* IV, n° 266, *JCP* 1983. IV. 355, *Defrénois* 1984. 33379, obs. Aubert (cautionnements solidaires successifs, l'un illimité, l'autre limité en montant, souscrits par deux administrateurs de la société débitrice).

3. V. Civ. 1re, 24 juin 1975, *JCP* 1977. II. 18527 (cautionnements solidaires distincts du capital de la dette et des intérêts) ; Com., 22 févr. 1977, *Bull. civ.* IV, n° 59, *Gaz. Pal.* 1977. 1. Somm. 190 ; Com., 2 févr. 1981, *Bull. civ.* IV, n° 55, *JCP* 1981. IV. 132 ; Civ. 1re, 18 juill. 1984, *Bull. civ.* I, n° 238, *JCP* 1984. IV. 309 (cautionnements solidaires cumulatifs de montant limité) ; Com., 28 janv. 1997, *RJDA* 1997. 842 (cautionnement par deux associés d'un crédit consenti à leur société, à concurrence respectivement de 70 et de 30 %) ; Com., 11 déc. 2001, *Bull. civ.* IV, n° 195, *D.* 2002. Act. 483, obs. Avena-Robardet, *JCP* 2002. IV. 1167, et E 2002. 1502, note Farge ; Civ. 1re, 2 juill. 2002, *JurisData* n° 015214 (« caution divise et solidaire » par des associés, pour des montants distincts, à l'occasion d'un crédit consenti à la société).

La solidarité avec le débiteur évince indéniablement le bénéfice de discussion. La logique voudrait, en revanche, que le bénéfice de division, qui ne concerne que les seuls rapports entre cautions, leur fût reconnu [1], la question ne se posant, toutefois, que si elles ont garanti la même dette ou partie de dette.

§ 2. Rapports entre la caution et le débiteur

199 ***Généralités*** ◊ Bien qu'il soit admis que la caution puisse s'obliger à l'insu du débiteur, voire contre son gré, la garantie consentie procède pratiquement toujours, dans la réalité, d'un accord entre la caution et le débiteur. Le lien contractuel qui en résulte est qualifié par la doctrine classique de **mandat**. La seule constatation que la caution s'oblige personnellement et non point au nom et pour le compte du débiteur conduit à écarter cette qualification [2]. La convention entre la caution et le débiteur ne correspond à aucun contrat nommé. Elle est originale et propre à la matière des sûretés personnelles [3]. Elle appartient cependant au genre des **contrats de crédit**, puisque telle est la nature profonde de l'engagement de la caution (*supra* n° 40).

Ses effets sont divers. Il a déjà été souligné que l'accord caution-débiteur pouvait produire effet à l'égard du créancier, en tant que stipulation pour autrui, en l'absence même de contrat de cautionnement proprement dit (*supra* n° 83). S'agissant du débiteur, le contrat peut prévoir une **rémunération** de la caution, généralement sous la forme d'un pourcentage de la dette garantie, perçu *prorata temporis* [4]. Tel est spécialement le cas lorsque la caution est consentie par un établissement financier.

L'essentiel des effets du cautionnement dans les rapports entre la caution et le débiteur se rapporte cependant à l'hypothèse de l'exécution de la sûreté et aux **recours** que la caution peut exercer contre le débiteur après avoir payé le créancier (A) et même, dans certaines circonstances, avant d'avoir payé (B).

---

1. En ce sens, Malaurie, Aynès et Crocq, n° 146 ; Lamy *Droit des sûretés*, n° 115.55 ; A.-S. Barthez et D. Houtcieff, n° 825 ; Simler, n° 548. *Contra*, Com., 18 oct. 1983, préc., qui a audacieusement prononcé une condamnation *in solidum ;* Civ. 1re, 27 juin 1984, *Bull. civ.* I, n° 213, *JCP* 1986. II. 20689, note Dumortier ; Com., 11 déc. 2001, préc. (mais en l'espèce, s'agissant d'engagements solidaires cumulatifs, le bénéfice de division était par hypothèse exclu). V. cependant Civ. 1re, 23 juin 1992, *Bull. civ.* I, n° 192, *Defrénois* 1992. 35408, obs. Aynès, *JCP* 1993. II. 22134, note Dumortier (de l'absence de solidarité entre les cautions, qui se sont engagées successivement, l'arrêt déduit que la décharge de l'une est sans effets sur l'engagement d'une autre, solution qui n'est acceptable que si ces cautions ont le bénéfice de division).

2. V. J. François, Le problème de la nature juridique du contrat caution-débiteur, *D.* 2001. Chron. 2580.

3. Ainsi la retrouve-t-on dans le cadre des garanties autonomes et, le cas échéant, des lettres d'intention ou de la délégation (*infra* nos 309, 333 et 350).

4. Le débiteur peut, pour cette raison, avoir intérêt à faire constater en justice l'extinction de la dette principale : v. Civ. 1re, 13 déc. 1972, *Bull. civ.* I, n° 287, *JCP* 1973. IV. 34. Sur le remboursement de commissions indûment perçues (à propos d'une garantie autonome), V. T. com. Versailles 17 sept. 1981, *D.* 1982. IR 496, obs. Vasseur, *Banque* 1982. 685, obs. M. Martin.

Il y a lieu de relever aussi que la qualité de créancier virtuel de la caution l'autorise, le cas échéant, à prendre contre le débiteur des **mesures conservatoires.** Elle peut ainsi contester par la voie de l'action paulienne des actes frauduleux diminuant sa solvabilité [1]. C'est la même raison qui justifie la mise en place de contre-garanties, réelles [2] ou personnelles (v., sur le sous-cautionnement, *supra* n° 78).

À tous ces égards, rien ne distingue la situation des cautions solidaires de celle des cautions simples [3].

A. Recours après paiement

200 ***Dualité. Avantages respectifs*** ◊ Que la caution puisse, si elle a dû exécuter son obligation, se retourner contre le débiteur découle de la définition même du cautionnement. N'ayant payé qu'en qualité de garant, la dette ne doit pas rester à sa charge. Les articles 2305 et 2306 lui ouvrent à cet effet deux recours contre le débiteur : l'un, qualifié de **personnel**, est propre à la matière des garanties personnelles et trouve son fondement dans le lien de droit existant entre le débiteur et le garant (1°), l'autre, emprunté au droit commun des obligations, est fondé sur la **subrogation** de la caution *solvens* dans les droits du créancier (2°).

Chacun de ces recours présente certains avantages. Les différences les plus significatives sont les suivantes :

- le recours personnel permet une indemnisation plus complète de la caution, qui peut exiger non seulement le remboursement des sommes payées au créancier à la place du débiteur, mais aussi les intérêts moratoires de ces sommes et même, le cas échéant, des dommages et intérêts (*infra* n° 205) ;
- ce même recours personnel bénéficie d'un délai de prescription propre, qui est celui du droit commun, réduit à cinq ans par la loi du 17 juin 2008 (art. 2224), et qui ne court que du jour du paiement ; si le débiteur principal est actuellement insolvable, la caution peut espérer pendant ce délai un retour à meilleure fortune ;
- le recours subrogatoire n'est autre que l'exercice par la caution de l'action du créancier contre le débiteur ; s'il ne permet pas à la caution subrogée

1. V., à propos de donations faites par le débiteur peu avant l'exigibilité de la dette, Civ. 1re, 25 févr. 1981, *Bull. civ.* I, n° 69, *JCP* 1981. II. 19628, *Defrénois* 1981. 32787, obs. Aubert ; Com., 2 févr. 1999, *D.* 1999. Somm. 351, obs. Honorat, qui a pu déclarer irrecevable l'action paulienne, la créance garantie étant éteinte faute de déclaration dans la procédure collective du débiteur. V. aussi, pour une action oblique, Com., 8 nov. 1983, *Bull. civ.* IV, n° 301.

2. Pour une contre-garantie hypothécaire, Com., 7 févr. 1978, *Bull. civ.* IV, n° 54. V. aussi Nancy, 19 mai 1980, *D.* 1981. IR 65, obs. Honorat, *JCP* CI 1982. I. 10474, n° 4, obs. Cabrillac et Argenson, qui déclare inopposable à la masse des créanciers une hypothèque consentie par le débiteur à sa caution en période suspecte.

3. Un arrêt a dû donner la précision évidente que le débiteur principal poursuivi ne pouvait appeler en garantie sa caution solidaire, comme il eût pu le faire pour un codébiteur solidaire : Com., 9 déc. 1974, *Bull. civ.* IV, 316, *D.* 1975. IR 42, *RTD civ.* 1975. 706, obs. Loussouarn.

de réclamer plus que ce qu'elle a payé et s'il est soumis à la prescription de cette action, il a pour avantage substantiel et souvent décisif de l'investir des privilèges et sûretés qu'avait le créancier (*infra* n° 209).

Si les conditions en sont réunies, la caution a le libre choix entre les deux recours, que rien, au surplus, n'interdit d'exercer simultanément ou successivement [1].

L'étude du régime des deux recours après paiement doit être précédée de celle d'une règle qui leur est commune : dans certaines circonstances la caution peut perdre le bénéfice de ces recours.

201 ***Perte des recours*** ◊ Aux termes de l'article 2308, la caution est privée de l'exercice de tout recours contre le débiteur, à titre de sanction de sa négligence, dans deux hypothèses :

- si, ayant payé le créancier, elle n'en a pas averti le débiteur, qui a payé une seconde fois (al. 1er) ;
- si elle a payé sans être poursuivie et sans en avoir averti le débiteur, alors que celui-ci avait des moyens pour faire déclarer la dette éteinte (al. 2) [2].

Dans l'une et l'autre hypothèse, le même texte l'autorise seulement à agir en répétition contre le créancier [3].

Comme toute disposition édictant une déchéance, l'article 2308 doit être interprété strictement [4]. On peut pourtant imaginer d'autres hypothèses, voisines. Ainsi, la caution peut-elle avoir payé une seconde fois,

1. V. Com., 30 nov. 1948, *Bull. civ.* II, n° 264, *Gaz. Pal.* 1949. 1. Tables, V° *Cautionnement*, n° 1. L'exercice successif présente un intérêt si le recours subrogatoire n'a, dans un premier temps, conduit qu'à un remboursement partiel et si la solvabilité du débiteur s'est ultérieurement améliorée.

2. Pour une application en matière d'aval, v. Req., 10 mai 1927, *S.* 1928. 1. 145, note Lescot, *Rev. crit. lég. jurisp.* 1930. 19, note Chéron. L'article 2308 ne paraît pouvoir faire échec qu'au recours personnel. Le recours subrogatoire se trouve en toute hypothèse exclu dans les deux hypothèses visées : dans la première, parce que le débiteur a lui-même payé sa dette, dans la seconde, parce que le débiteur dispose, par hypothèse, de moyens de faire déclarer la dette éteinte.

3. Dans la seconde hypothèse, il s'agit de l'action en répétition de l'indu du droit commun. Dans la première, c'est le débiteur, auteur du second paiement, qui aura payé l'indu. La faute commise par la caution explique que l'action en répétition soit mise à sa charge, plutôt qu'à celle du débiteur principal. La solution réalise en outre une économie de moyens : pour toute somme que le débiteur aurait recouvrée par l'action *de in rem verso*, il eût fallu rouvrir le recours de la caution contre lui. L'action en répétition de la caution peut elle-même être perdue, en cas de destruction par le créancier de son titre après paiement, sur le fondement de l'article 1377, al. 2, du Code civil, disposition qui a connu peu d'applications (v. Civ. 1re, 22 juin 1994, *Bull. civ.* I, n° 221, *D.* 1994. IR 189, *JCP* 1994. IV. 2112).

4. V., pour un refus d'application dans les rapports entre caution et sous-caution, Civ. 1re, 26 févr. 2002, *Bull. civ.* I, n° 67, *D.* 2002. 2863, note Djoudi, *JCP* 2002. I. 162, n° 11, obs. Simler, *RTD civ.* 2003. 324, obs. Crocq. Si le motif doit être approuvé, puisque la caution agissant contre sa sous-caution le fait en qualité de créancier garanti par cette dernière, alors que l'article 2308 protège le débiteur, la solution ne peut l'être, la sous-caution devant pouvoir opposer à la caution toutes les exceptions tenant à la dette garantie, qui est, en l'occurrence celle du débiteur envers la caution (*contra*, mais sans emporter la conviction, Cl. Farge, Le recours personnel de la caution : la voie possible d'un renouveau du cautionnement, *D.* 2003. Chron. 892).

faute d'avoir été avertie par le débiteur de son propre paiement. Elle peut aussi avoir payé sur les poursuites du créancier, pendant que le débiteur avait un moyen de faire déclarer la dette éteinte. Les recours lui sont, dans de telles hypothèses, ouverts, sauf à se voir opposer par le débiteur, si elle invoque la voie de la subrogation, les exceptions que celui-ci aurait pu opposer au créancier ou à se voir reprocher une faute de nature à éteindre sa créance par voie de compensation avec des dommages et intérêts [1].

202 ***1° Recours personnel*** ◊ *« La caution qui a payé a* ***son recours*** *contre le débiteur principal, soit que le cautionnement ait été donné au su ou à l'insu du débiteur »* (art. 2305, al. 1er). Le caractère personnel de ce recours est souligné par le possessif *« son »*. Il y a lieu de préciser quels sont les bénéficiaires de ce recours, contre qui il peut être exercé et sous quelles conditions, et quel peut en être l'objet.

La détermination du **fondement** juridique que l'on peut assigner au recours personnel visé à l'article 2305 mérite quelques précisions liminaires. Au-delà de la simple définition de la sûreté personnelle et des exigences du bon sens, ce fondement ne peut qu'être différent suivant les circonstances.

Le cautionnement souscrit **au su du débiteur** constitue la règle. Très généralement, un accord est intervenu entre le débiteur et sa caution, écrit, verbal ou même seulement tacite. C'est ce contrat, traditionnellement qualifié de mandat, qui constitue le fondement du recours de la caution contre le débiteur. La critique de cette qualification (*supra* n° 199) est ici sans incidence. L'analogie est suffisante pour que l'on puisse, au besoin, s'inspirer des effets du mandat : la nature même du service rendu au débiteur, gratuitement ou non, implique que la caution soit indemnisée de ses débours comme l'est un mandataire. Le caractère non décisif de la qualification est confirmé par le fait que les solutions sont les mêmes en l'absence d'accord, seconde hypothèse mentionnée par le même texte.

Si la caution s'est engagée **à l'insu du débiteur**, le fondement du recours ne peut être contractuel. Il peut seulement être quasi-contractuel, le paiement par la caution de la dette du débiteur étant assurément un acte utile à ce dernier, constitutif d'une gestion d'affaires. Or, le gérant d'affaires est en droit de réclamer au maître de l'affaire l'indemnisation *« de tous les engagements personnels qu'il a pris »* et le remboursement de *« toutes les dépenses utiles ou nécessaires qu'il a faites »* (art. 1375).

De ces développements il résulte que, dans l'hypothèse, restée d'école, d'un cautionnement consenti **contre le gré du débiteur**, il y aurait de bonnes raisons de refuser le recours personnel. En revanche, les conditions du recours subrogatoire seraient néanmoins réunies (*infra* nos 207 s.).

Le fondement du recours personnel explique aussi que le droit propre de la caution au remboursement, qui naît à l'instant du paiement, ne se prescrive qu'à compter

1. V., dans des cas où la caution poursuivie a payé alors qu'elle avait connaissance d'une exception qui aurait pu être opposée au créancier ou du moins d'une contestation sérieuse de la dette, Com., 19 oct. 1970, *Bull. civ.* IV, n° 269, *D.* 1971. Somm. 81 ; Civ. 1re, 16 nov. 1971, *Bull. civ.* I, n° 288 ; Civ. 1re, 9 déc. 1997, *Bull. civ.* I, n° 366, *RTD civ.* 1998. 156, obs. Crocq. Aucune responsabilité n'est en revanche encourue par la caution si la contestation élevée par le débiteur n'est pas suspensive, comme en matière fiscale (v. Com., 14 janv. 1963, *Banque* 1963. 199, obs. X. Marin ; Civ. 1re, 11 févr. 1976, *Bull. civ.* I, n° 63), ou si elle a payé, sur les poursuites du créancier et après en avoir averti le débiteur, dans l'ignorance qu'une transaction avait éteint la dette (Com., 11 déc. 1985, *Bull. civ.* IV, n° 293, *Gaz. Pal.* 1986. 1. Pan. jur. 69).

de ce même jour. En l'absence de dispositions particulières, le délai de cette prescription est celui du droit commun, aujourd'hui quinquennal (art. 2224, réd. L. 17 juin 2008).

203 ***a) Parties à l'instance*** ◊ Le recours de l'article 2305 est intenté par la caution contre le débiteur. L'évidence de cette proposition ne dispense pas de certaines précisions complémentaires.

Toute caution, simple ou solidaire, civile ou commerciale, peut en principe exercer ce recours. Il n'était pas douteux, naguère que la « caution réelle » fût également bénéficiaire de ce recours. Celui-ci doit pareillement être reconnu au tiers constituant d'une sûreté réelle, nouvelle dénomination de la « caution réelle », comme à tout tiers garant, puisqu'il est un effet, non du contrat de cautionnement *stricto sensu*, mais du rapport garant-débiteur, qui est à tous égards identique dans les deux hypothèses.

Deux exceptions doivent pourtant être relevées. La première, théorique, concerne l'hypothèse évoquée plus haut d'un cautionnement donné contre le gré du débiteur. La seconde est celle d'une **renonciation** expresse ou tacite de la caution au recours contre le débiteur, par intention libérale à son égard. Si l'hypothèse est rare, elle n'est cependant pas d'école. L'engagement de la caution est alors constitutif d'une libéralité indirecte. Son irrévocabilité interdit l'exercice d'un recours en remboursement (*supra* n° 61).

S'agissant des sujets passifs du recours personnel, seule l'hypothèse de la pluralité de débiteurs principaux requiert certaines précisions. Il faut distinguer selon que la caution les a tous garantis ou non.

Dans le premier cas, l'article 2307 fournit la solution : « *Lorsqu'il y avait plusieurs débiteurs principaux solidaires d'une même dette, la caution qui les a tous cautionnés a, contre chacun d'eux, le recours pour la répétition du total de ce qu'elle a payé* » [1]. Sa qualité de débiteur accessoire, par hypothèse non intéressé à la dette, justifie pleinement cette solution [2].

Il était traditionnellement admis que le recours personnel ne pouvait pas être exercé contre des codébiteurs solidaires non cautionnés, faute de lien de droit entre eux et la caution, celle-ci pouvant seulement agir contre eux sur le fondement de la subrogation [3]. Cette restriction s'est trouvée incidemment remise en cause par un arrêt de la Cour de cassation, qui a jugé que la caution pouvait, après avoir payé, agir contre un codébiteur solidaire non cautionné « par la voie des actions de subrogation ou de

1. *A contrario*, si la caution a garanti des codébiteurs non solidaires, elle ne peut agir contre chacun que pour sa part dans la dette (v. Civ. 3e, 8 févr. 1989, *Bull. civ.* III, n° 34, *JCP* 1989. IV. 131 ; Com., 29 nov. 2005, *JurisData* n° 031073, *RJDA* 2006. 585). Une situation semblable résulte, en outre, du décès d'un codébiteur solidaire, en l'absence de clause d'indivisibilité (art. 1220).

2. V. Civ. 1re, 12 déc. 1960, *Bull. civ.* I, n° 537, *JCP* 1961. IV. 9. Les parents d'une épouse ayant payé la dette solidaire des deux conjoints par eux garantie, leur fille, après son divorce et le décès de ses parents, a pu, en sa qualité d'héritière, agir contre son ex-mari en remboursement intégral de la dette.

3. V. en particulier J. Mestre, *La subrogation personnelle*, LGDJ, 1979, n° 467.

gestion d'affaires »[1]. À la réflexion, cette solution se justifie : si la caution peut agir sur le fondement de la gestion d'affaires contre le débiteur qu'elle a garanti à son insu, il paraît logique de lui accorder le même recours contre les codébiteurs solidaires non cautionnés, dont elle aura pareillement géré les affaires en payant une dette qui leur incombait à titre principal[2].

204 ***b) Conditions*** ◊ Le recours personnel prévu à l'article 2305 est ouvert à la caution *« qui a payé »*. Il faut que ce paiement ait été valable et libératoire pour le débiteur, le mode étant indifférent. Ainsi peut-elle avoir acquitté la dette par dation en paiement ou par compensation[3]. Il n'est pas exigé qu'elle ait été poursuivie (v. cependant, sur la perte du recours, dans certaines circonstances, *supra* n° 201). Son paiement fait à l'échéance est valable et opposable au débiteur même si ce dernier a bénéficié d'une prorogation du terme (*supra* n° 172).

Le corollaire de la proposition liminaire est que le recours n'est possible qu'à concurrence de ce que la caution a payé, soit qu'elle n'ait fait qu'un **paiement partiel** de ce qu'elle devait[4], soit qu'elle n'ait été tenue que pour un montant limité, inférieur à celui dû par le débiteur.

Dans ces deux hypothèses, la caution peut se trouver en **concours avec le créancier**, poursuivant le débiteur pour le solde de la dette. En l'absence de privilèges ou sûretés réelles profitant au créancier, aucune priorité n'est reconnue à ce dernier[5]. Doctrine et jurisprudence s'accordent pour reconnaître que la règle contraire instituée au profit du créancier en cas de subrogation par l'article 1252 du Code civil, qui dispose que *« la subrogation... ne peut nuire au créancier lorsqu'il n'a été payé qu'en partie »*, est sans

---

1. Com., 27 nov. 1978, *Bull. civ.* IV, n° 277, *D.* 1979. IR 171, *Banque* 1979. 807, obs. M. Martin, *Defrénois* 1979. 32093, obs. Aubert.

2. Le même raisonnement conduit à s'interroger sur le recours personnel du certificateur de caution. Celui-ci peut certainement agir sur le fondement de l'article 2305 contre la caution certifiée, débiteur par lui garanti. Un arrêt ne l'autorise à agir contre les cofidéjusseurs de la caution certifiée que par voie de subrogation et exclut, par conséquent, tout recours personnel (Civ. 1re, 28 janv. 1992, *Bull. civ.* I, n° 30. V. aussi M. Cabrillac, Ch. Mouly, S. Cabrillac et Ph. Pétel, n° 61). Compte tenu des arrêts précités du 15 mai 1990 et du 2 juin 1992, le recours personnel contre le débiteur principal pourrait pareillement lui être ouvert.

3. V. Civ. 1re, 14 févr. 1973, *Bull. civ.* I, n° 59 ; Com., 6 févr. 1996, *Bull. civ.* IV, n° 34, 2e arrêt, *D.* 1997. 353, note D. Boccarra, *RTD com.* 1996. 529, obs. Martin-Serf (qui retient au profit de la caution la « super-compensation » de dettes connexes). Pour un refus de compensation avec une dette d'aliments, Civ. 2e, 2 oct. 1997, *Bull. civ.* II, n° 293.

4. V. Civ. 25 nov. 1891, *DP* 1892. 1. 261, *S.* 1892. 1. 298.

5. Cette hypothèse peut se réaliser notamment dans le cadre d'une procédure collective, si la caution a fait un paiement partiel avant la déclaration des créances. Chacun peut et doit alors déclarer sa propre créance, partie de l'obligation garantie (T. com. Seine, 21 janv. 1952, *Banque* 1952. 583, obs. X. Marin, *RTD com.* 1952. 407, obs. Houin ; Paris, 2 mars 1971, *Gaz. Pal.* 1971. 2. 824). Si la caution a payé le créancier après déclaration de la créance, elle est subrogée dans ses droits. Cette position lui est généralement plus profitable que la voie de l'action personnelle, à supposer qu'elle soit encore dans les délais pour déclarer sa propre créance contre le débiteur. Sur la question de la double déclaration, v. *infra* n° 214.

application dans le cas du recours personnel [1] (v. *infra* n° 208). Le contrat de cautionnement prévoit cependant fréquemment une renonciation, jugée licite, à tout concours avec le créancier [2].

Si le paiement, partiel ou total, fait par la caution est intervenu avant l'ouverture d'une procédure collective, l'exercice du recours personnel dans le cadre de la procédure est subordonné à la déclaration par la caution de sa créance, faute de quoi celle-ci est inopposable à la procédure [3]. Il en est de même si elle a payé après l'ouverture de la procédure, pourvu qu'elle soit encore dans les délais ou qu'elle obtienne un relevé de forclusion.

Le recours personnel est soumis au délai de prescription de droit commun, aujourd'hui quinquennal (art. 2224 réd. L. 17 juin 2008) [4].

205 ***c) Objet*** ◊ L'article 2305 indique ce que la caution, exerçant l'action personnelle définie à l'alinéa 1er, peut réclamer au créancier : « *Ce recours a lieu tant pour le principal que pour les intérêts et les frais* » (al. 2) ; « *Elle a aussi recours pour les dommages et intérêts, s'il y a lieu* » (al. 3).

1° Le **principal**, au sens de ce texte, désigne, non le principal ou le capital de la dette payée, mais l'intégralité de ce que la caution a versé au créancier en exécution de son obligation, comprenant le capital de la dette, si elle avait garanti celle-ci purement et simplement et si elle l'a acquittée dans sa totalité, mais aussi les intérêts, frais et autres accessoires auxquels le créancier avait droit, suivant les règles définissant l'étendue de l'obligation de la caution (*supra* nos 120 s.).

2° Les **intérêts**, par voie de conséquence, ne sont pas ceux auxquels le créancier a pu prétendre, mais ceux que le débiteur doit à la caution pour

---

1. V. Planiol, Ripert et Savatier, nos 1540 s. ; Mazeaud, Chabas et Picod, n° 51-2 ; Req., 1er août 1860, *DP* 1860. 1. 502, *S.* 1861. 1. 366 ; Req., 25 nov. 1891, préc.

2. V. par ex., Com., 19 déc. 1972, *Bull. civ.* IV, n° 338, *D.* 1973. IR 47 ; Civ. 2e, 8 déc. 1982, *Bull. civ.* II, n° 162. V. aussi M. Cabrillac, Ch. Mouly, S. Cabrillac et Ph. Pétel, n° 279.

3. Com. 1er déc. 2009, *Bull. civ.* IV, n° 154, *D.* 2009. Act. 2928, obs. Lienhard, et 2010. Pan. 1830, obs. Le Corre, *JCP* 2010. Chron. 708, n° 5, obs. Simler. L'arrêt précise que la caution a seule qualité, dans ce cas, pour déclarer la créance. La solution est différente si elle agit sur le fondement de la subrogation et si le créancier avait déclaré sa créance : Com., 22 sept. 2009, *JurisData* n° 049593, *RD banc. fin.* 2009, n° 194, obs. Cerles.

4. L'extension par la loi du 23 juin 1989 de l'ensemble du dispositif protecteur des consommateurs au cautionnement des opérations visées (*supra* n° 116 ; C. consom., art. L. 311-2) avait eu la conséquence fâcheuse que le délai de forclusion de deux ans, initialement dirigé contre les seuls créanciers, c'est-à-dire contre les banques (*ibid.*., art. L. 311-37) devenait applicable au recours de la caution contre le débiteur (v. en ce sens, Civ. 1re, 17 nov. 1993, 2 arrêts, *Bull. civ.* I, nos 333 et 334, *JCP* 1994. IV. 170 et 171, *CCC* 1994, n° 86, obs. Raymond ; Civ. 1re, 9 déc. 1997, *Bull. civ.* I, n° 366, *RTD civ.* 1998. 156, obs. Crocq. V. aussi A. Gourio, « Le délai de forclusion en matière de crédit à la consommation », *RD banc. fin.* 2000. 202 ; M. Farge, « L'application au cautionnement du bref délai prévu en matière de crédit mobilier à la consommation », *JCP* 2001. I. 310). La loi MURCEFF du 11 décembre 2001 a opportunément modifié l'article 311-37 du Code de la consommation, en limitant la forclusion aux « *actions en paiement engagées... à l'occasion de la défaillance de l'emprunteur* ». Cette modification permet désormais à l'emprunteur ou à la caution de contester la régularité de l'offre de crédit, par voie d'action ou d'exception, dans le délai de droit commun. Elle libère également les recours de la cautions contre le débiteur (ou contre des cofidéjusseurs) du carcan du délai de forclusion biennal (v. Florès et Biardeaud, « Réforme du délai de forclusion : vers une restauration du régime de protection de l'emprunteur », *D.* 2002. Chron. 876).

l'avance de fonds qu'elle a été contrainte de faire pour lui [1]. Le contrat passé entre la caution et le débiteur, prévoyant rarement le taux de ces intérêts, c'est le taux légal des intérêts moratoires qui doit être appliqué [2]. Il est unanimement admis, par référence aux règles du mandat (art. 2001) ou, du moins, en raison d'une analogie suffisante avec ces règles, que ces intérêts, par exception au droit commun, courent **de plein droit** du jour du paiement fait par la caution, indépendamment de toute mise en demeure du débiteur [3].

3° Les **frais** appellent la même observation que les intérêts : il ne s'agit pas de ceux exposés par le créancier et que la caution a dû lui payer, qui sont compris dans le principal au sens ci-dessus indiqué, mais de ceux qu'elle a elle-même dû assumer, soit dans le cadre de l'action dirigée contre elle par le créancier, soit à l'occasion de son recours contre le débiteur. L'article 2305, alinéa 2, comporte cependant, à cet égard, une restriction : *« la caution n'a de recours que pour les frais par elle faits depuis qu'elle a dénoncé au débiteur principal les poursuites dirigées contre elle »* [4]. La règle tend à éviter au débiteur d'avoir à supporter des frais dont il aurait pu éviter le débours en acquittant lui-même la dette (comp. art. 2293, *supra* n° 121).

4° Les **dommages et intérêts** que la caution peut réclamer au débiteur correspondent au préjudice qu'a pu lui causer l'exécution de son obligation indépendamment du seul retard du remboursement, réparé forfaitairement par les intérêts moratoires (art. 1153, al. 4). Ce préjudice peut être constitué par la perte de biens saisis par le créancier, par l'impossibilité d'exécuter d'autres engagements, par sa soumission à une procédure collective en raison de la cessation des paiements à laquelle elle a été acculée, par la perte de temps, les tracas et soucis par elle éprouvés en raison de la mauvaise volonté ou des mesures dilatoires opposées par le débiteur à sa demande de remboursement [5].

L'ensemble de ces développements démontre que le législateur a entendu assurer une indemnisation complète à la caution. Tel est le principal avantage du recours personnel prévu à l'article 2305 par rapport à celui que lui ouvre le texte suivant.

206 ***2° Recours subrogatoire*** ◊ *« La caution qui a payé la dette est subrogée à tous les droits qu'avait le créancier contre le débiteur »* (art. 2306). Ce texte

1. V. en ce sens, Civ. 1re, 18 déc. 1978, *Bull. civ.* I, n° 391, *D.* 1979. IR 198, *Defrénois* 1979. 32093, obs. Aubert. L'arrêt décide en outre que les intérêts moratoires dus à la caution, constitutifs de la réparation d'un préjudice, ne tombaient pas, n'étant pas payables à des termes périodiques, sous le coup de la prescription quinquennale de l'article 2277 (abrogé par L. 17 juin 2008).
2. V. Civ. 1re, 12 déc. 1960, préc. ; Civ. 1re, 22 mai 2002, *Bull. civ.* I, n° 138, *D.* 2002. Act. 1899, *JCP* 2003. I. 124, n° 9, obs. Simler (est censuré l'arrêt qui avait appliqué le taux conventionnel de la dette principale) ; Paris, 3 juill. 1956, *D.* 1957. Somm. 105, *Gaz. Pal.* 1957. 1. 92.
3. V. Civ. 1re, 26 avr. 1977, *Bull. civ.* I, n° 187, *D.* 1977. IR 323, *Gaz. Pal.* 1977. 2. Somm. 224 ; Civ. 1re, 22 mai 2002, préc. La solution est la même lorsque le recours est fondé sur la gestion d'affaires : Civ., 20 mars 1900, *DP* 1901. 1. 477, *S.* 1902, 1. 321 ; Civ. 1re, 12 juin 1979, *Bull. civ.* I, n° 173, *D.* 1979. IR 539.
4. Pour une application, v. Paris, 23 mai 2000, *JurisData* n° 117532.
5. V. Civ. 1re, 18 déc. 1978 et Paris, 3 juill. 1956, préc.

n'est que l'application particulière à l'hypothèse du cautionnement de la règle plus générale formulée à l'article 1251 : « *La subrogation a lieu de plein droit :... 3° Au profit de celui qui, étant tenu avec d'autres ou pour d'autres au paiement de la dette, avait intérêt de l'acquitter* » [1]. Tel est le fondement de ce second recours : c'est l'action du créancier lui-même que la caution subrogée est autorisée à exercer. Il faut en préciser, comme précédemment, les sujets actifs et passifs, les conditions et les effets.

207 ***a) Parties à l'instance*** ◊ Comme le recours personnel, celui fondé sur la subrogation est ouvert à toute caution ayant payé la dette du débiteur principal [2]. En est cependant privée la caution qui a souscrit son engagement dans une intention libérale envers le débiteur, afin de le décharger d'une dette. Tout recours en remboursement, quel que soit son fondement, serait une manière de remettre en cause la libéralité consentie.

Le recours fondé sur la subrogation peut être exercé contre toutes les personnes que le créancier aurait pu poursuivre au titre de l'obligation garantie. Ainsi, s'il y a plusieurs codébiteurs solidaires cautionnés, le recours peut être intenté contre chacun pour l'intégralité de la créance : l'article 2307 précité vaut, en effet, pour les deux recours [3]. Il peut l'être également contre les codébiteurs solidaires non cautionnés, puisque le créancier avait contre chacun une action en paiement de l'intégralité de la dette [4]. La subrogation permet encore d'agir, mais dans des limites différentes, contre les autres cautions (*infra* n° 227), mais non contre un certificateur de caution [5] ou contre une sous-caution, le créancier n'ayant aucune action contre celle-ci [6]. Enfin, la caution subrogée dans les droits du créancier, donc dans les sûretés réelles qui garantissaient la créance,

---

1. V. J. Mestre, *op. cit.*, n°s 150 s. Sur le caractère automatique de la subrogation et sur ses conséquences en matière de déclaration des créances dans une procédure collective, v. Com., 9 oct. 1979, *Bull. civ.* IV, n° 249, *JCP* 1979. IV. 369.

2. V., pour un certificateur « hypothécaire » de caution, Civ. 1re, 28 janv. 1992, *Bull. civ.* I, n° 30. Comme le recours personnel, celui fondé sur la subrogation était naturellement reconnu aussi à la « caution réelle (v. Req., 27 avr. 1942, *S.* 1942. 1. 114, *JCP* N 1943. II. 2154 ; Soc., 4 juill. 1973, *Bull. civ.* V, n° 441). La négation de la qualification de cautionnement sera sans incidence à cet égard, le tiers constituant d'une sûreté réelle devant être considéré comme tenu « avec ou pour » le débiteur au sens de l'article 1251 du Code civil précité.

3. V. Civ. 3e, 25 mai 1977, *D.* 1977. IR 453, *Gaz. Pal.* 1977. 2. Somm. 306.

4. V. Civ., 6 juill. 1896, *DP* 1896. 1. 455, *S.* 1897. 1. p. 5, note Lyon-Caen ; Civ., 21 janv. 1935, *DH* 1935. 116, *S.* 1935. 1. 110 ; Civ., 3e, 25 mai 1977, Com., 27 nov. 1978 et Civ. 1re, 28 janv. 1992, préc. Dans le même sens, en matière d'aval, Com., 26 mai 1961, *Bull. civ.* III, n° 235, *Gaz. Pal.* 1961. 2. 235, *RTD civ.* 1961. 892, obs. Becqué et Cabrillac ; Com., 19 mars 1962, *Bull. civ.* III, n° 178, *D.* 1962. 505, *Banque* 1962. 630, obs. X. Marin. La jurisprudence du XIXe siècle était très hésitante et n'avait admis un tel recours que pour la part dans la dette des codébiteurs solidaires non cautionnés. La solution actuelle permet à la caution d'être assurée d'un remboursement intégral dès lors qu'il reste un codébiteur solvable.

5. V. Com., 18 avr. 1989, *Bull. civ.* IV, n° 113, *D.* 1989. IR 137

6. V. Civ. 1re, 23 mars 2004, *Bull. civ.* I, n° 94, *JCP* 2004. I. 188, n° 5, obs. Simler, *RD banc. fin.* 2004, n° 119, obs. Legeais ; Com., 16 janv. 2007, *Bull. civ.* IV, n° 1, *D.* 2007. Act. 499, obs. Avena-Robardet, *JCP* 2007. IV. 1379, *Banque et droit* mars-avr. 2007. 60, obs. Rontchevsky. La caution contre-garantie ne dispose que d'une action personnelle contre sa sous-caution.

peut se retourner, en vertu du droit de suite, contre le tiers détenteur d'un immeuble hypothéqué en garantie de la même dette [1].

208 ***b) Conditions*** ◊ Comme le recours personnel, mais à plus forte raison, le recours fondé sur la subrogation suppose un paiement. Il ne peut y avoir de subrogation sans paiement ou avant paiement [2].

En cas de **paiement partiel**, si la caution fonde son recours sur la subrogation, l'article 1252 précité (*supra* n° 204) interdit, conformément à l'adage « *Nemo contra se subrogasse videtur* », le concours entre elle-même et le créancier : ce dernier « *peut exercer ses droits, pour ce qui lui reste dû, par préférence à celui dont il n'a reçu qu'un paiement partiel* ». La caution, en d'autres termes, n'est payée qu'après complet désintéressement du créancier [3].

L'action dirigée par la caution subrogée contre le débiteur étant celle du créancier, il faut que les poursuites soient engagées avant expiration du délai de prescription de cette action [4].

209 ***c) Effets*** ◊ Il faut préciser, comme pour le recours personnel, le montant du remboursement auquel la caution peut prétendre, mais aussi, préalablement, les droits dans lesquels la caution peut être subrogée.

L'article 2316 est clair dans sa généralité : « *la caution qui a payé la dette est subrogée à tous les droits qu'avait le créancier contre le débiteur* ». Sont ainsi visés, non seulement le droit de créance lui-même et les actions qui s'y rattachent [5], mais aussi tous privilèges, sûretés réelles [6] et personnelles ou

---

1. V. Civ., 16 mars 1938, *DP* 1939. 1. 41, note Voirin. V. aussi, J. Mestre, *op. cit.*, n°s 153 s., et La pluralité d'obligés accessoires, *RTD civ.* 1981. 1, n°s 32 s. ; M. Cabrillac, Ch. Mouly, S. Cabrillac et Ph. Pétel, n° 292.

2. V. Civ., 19 nov. 1872, *DP* 1873. 1. 38, *S.* 1873. 1. 193, note Labbé ; Civ. 1re, 30 mars 1994, *Bull. civ.* I, n° 1232, *Defrénois* 1994. 35897, obs. Aynès. V. aussi Com., 27 nov. 1978, préc.

3. V. Civ., 23 juill. 1883, *DP* 1884. 1. 180, *S.* 1885. 1. 171 ; Civ., 25 nov. 1891, préc. Il y a désaccord en doctrine sur la portée de cette préférence accordée au créancier. Pour les uns, elle s'applique chaque fois que créancier et caution, agissant sur le fondement de la subrogation, sont en concours (Planiol, Ripert et Savatier, n° 1541) ; pour les autres, plus nombreux, il n'y a préférence que si la caution invoque un privilège ou une sûreté réelle appartenant au créancier (Mazeaud, Chabas et Picod, n° 51-3 ; Guillot, note sous Civ. 1re, 28 juin 1977, *JCP* 1979. II. 19045. En ce sens, Req., 13 févr. 1899, *DP* 1899. 1. 246, *S.* 1902. 1. 277 ; Lyon, 2 mars 1943, *DC* 1944. 133, note Besson, *RTD civ.* 1944. 38, obs. H. et L. Mazeaud).

4. Le délai de forclusion de l'article 311-37 du Code de la consommation s'applique au recours subrogatoire de la caution, puisqu'il s'agit de l'exercice par elle de l'action en paiement du créancier lui-même. La modification de ce texte par la loi MURCEFF du 11 décembre 2001 est donc ici sans incidence (comp., pour le recours personnel, *supra* n° 204).

5. V., pour la subrogation dans le droit de percevoir les dividendes dans le cadre d'une procédure collective, Com., 7 févr. 1978, *Bull. civ.* IV, n° 54 ; dans l'action en dommages et intérêts contre un tiers, Civ. 1re, 7 déc. 1983, *Bull. civ.* I, n° 291, *D.* 1984. IR 247, *RTD civ.* 1984. 717, obs. J. Mestre ; mais, en sens contraire, Com., 25 avr. 1983, *Bull. civ.* IV, n° 124, *D.* 1984. 417, note Delebecque.

6. La jurisprudence avait d'abord jugé que la subrogation dans une sûreté réelle n'était opposable aux tiers que si elle était régulièrement publiée (Civ. 3e, 2 févr. 1982, *Bull. civ.* III, n° 32, *D.* 1982. 306, note Frank). Elle a décidé ensuite que la simple modification du titulaire de la autres droits préférentiels qui appartenaient au créancier, quel qu'ait été le moment de leur constitution [1].

Cet avantage substantiel du recours fondé sur la subrogation comporte un revers. Exerçant les droits du créancier, la caution ne peut, par la voie de la subrogation, réclamer au débiteur plus que ce que ce dernier devait au créancier, en capital, intérêts et autres accessoires. Le montant du recours est limité, en d'autres termes, à ce qui forme le principal dans le cadre du recours personnel, à l'exclusion de tous intérêts, frais ou dommages et intérêts [2]. Ainsi, si la dette garantie portait intérêt à un taux conventionnel, celui-ci cesse de s'appliquer à l'instant du paiement et la caution ne peut en bénéficier ; elle peut seulement, conformément au droit commun, prétendre à des intérêts moratoires au taux légal, qui courent cependant du jour du paiement [3].

B. Recours avant paiement

210 ***Spécificité*** ◇ Si la raison impose que la caution puisse se retourner contre le débiteur après avoir payé sa dette, il est plus singulier qu'elle puisse agir contre lui avant même d'avoir payé ou d'avoir été poursuivie. Un tel

---

sûreté, sans aggravation de la situation du débiteur, produisait effet de plein droit envers les tiers, même en l'absence de publicité, celle-ci n'étant requise qu'à titre d'information (Civ. 3e, 16 juill. 1987, *Bull. civ.* III, n° 145, *RDI* 1988. 331, obs. Simler ; Civ. 3e, 20 déc. 1989, *Bull. civ.* III, n° 246, *D.* 1990. Somm. 389, obs. Aynès, *RDI* 1990. 234, obs. Delebecque). La subrogation dans la réserve de propriété a suscité des hésitations, mais la Cour de cassation l'a admise (Com., 15 mars 1988, 2 arrêts, *Bull. civ.* IV, nos 105 et 106, *D.* 1988. 330, note Perrochon, *Banque* 1988. 699, obs. Rives-Lange, *RD banc. et bourse* 1988. 103, obs. Dekeuwer-Defossez, *Defrénois* 1988. 34325, obs. Aynès. V. aussi *infra* n° 265). La réforme des sûretés par l'ordonnance du 23 mars 2006 a clairement reconnu à la réserve de propriété la qualification de sûreté (C. civ., art. 2329 et 2367 s.).

1. Sur la diversité des droits pouvant profiter à la caution par subrogation, v. aussi, à propos du bénéfice dit « de subrogation », *infra* n° 265. Le principe comporte quelques exceptions. Ainsi, si la règle vaut même pour les privilèges reconnus au Trésor public (Req., 14 nov. 1893, *DP* 1894. 1. 370 ; Com., 23 nov. 1982, *Bull. civ.* IV, n° 365, *JCP* 1983. IV. 49), il n'en est plus ainsi lorsqu'à ces privilèges sont attachées des prérogatives de la puissance publique (Com., 9 févr. 1971, *Bull. civ.* IV, n° 39, *Banque* 1971. 519, cassant Paris, 5 juill. 1969, *Banque* 1969. 827, obs. X. Marin). Le superprivilège des salariés a donné lieu à des décisions divergentes. Si la Cour de cassation a tranché dans le sens favorable à la subrogation d'un tiers dans ce superprivilège (Com., 3 juin 1982, *Bull. civ.* IV, n° 217, *D.* 1982. 483, note Honorat, *Banque* 1983. 97, obs. M. Martin ; Soc., 25 avr. 1984, *Bull. civ.* IV, n° 141, *D.* 1984. IR 397, obs. Honorat), la loi du 25 janvier 1985 relative au redressement et à la liquidation judiciaires a au contraire exclu les créanciers subrogés du bénéfice des versements effectués par l'AGS (C. trav., art. L. 3253-21).

2. V. Com., 23 nov. 1982, préc.

3. V. Civ. 1re, 29 oct. 2002, *Bull. civ.* I, n° 257, *JCP* 2003. I. 124, n° 9, obs. Simler. L'arrêt, qui statue pour la première fois sur ce point, concerne le recours entre cofidéjusseurs fondé sur la subrogation. Celle-ci est à la mesure du paiement. Pour le reste, la caution ne peut prétendre qu'à l'intérêt légal courant, comme dans l'hypothèse du recours personnel, du jour du paiement. Dans le même sens, à propos du recours subrogatoire contre le débiteur, cette fois, Com., 18 mars 2003, 2 arrêts, *D.* 2003. Act. 1092, obs. Avena-Robardet, *JCP* 2003. II. 10105, note Billiau, et E.1160, note Marly, *RD banc. fin.* 2003, n° 139 ; Civ. 1re, 15 févr. 2005, *Bull. civ.* I, n° 87, *D.* 2005. Act. 771, obs. Avena-Robardet, *Defrénois* 2005. 38207, obs. Libchaber.

recours ne peut avoir qu'un caractère exceptionnel. L'article 2309 énumère limitativement cinq circonstances dans lesquelles la caution peut ainsi agir contre le débiteur avant paiement. L'article 2316 en ajoute une sixième, proche, cependant, de l'une des précédentes

Ce recours est une faveur faite par le législateur à la caution, pour des raisons variables suivant les cas, mais répondant toutes à une finalité de prévention. Quant au fondement, il ne peut s'agir, faute de paiement, que d'un recours personnel, spécialement accordé à la caution.

On présentera successivement, comme pour les recours après paiement, les parties à l'instance, les conditions d'exercice, c'est-à-dire, en l'occurrence, les cas dans lesquels un recours avant paiement est possible, enfin l'objet controversé de ce recours.

211 ***1° Parties à l'instance*** ◊ Les textes ne distinguant pas, toute caution, simple ou solidaire, peut exercer le recours avant paiement si elle se trouve dans l'un des cas prévus [1]. La même faveur a été reconnue à l'avaliste [2]. On peut douter, cependant, que la théorie de la gestion d'affaires puisse autoriser la caution qui se serait engagée à l'insu du débiteur à agir contre lui avant paiement.

La faveur exceptionnelle ainsi faite à la caution ne peut être mise en œuvre qu'à l'encontre du débiteur qui a fourni la caution [3]. Le recours avant paiement ne peut, par conséquent, être dirigé ni contre un codébiteur solidaire non cautionné [4], ni contre des cofidéjusseurs [5]. Il ne peut pas l'être davantage par une caution contre sa sous-caution, puisque, dans la relation caution/sous-caution, la première agit non en qualité de caution, mais en celle de créancier garanti par le sous-cautionnement [6].

---

1. V., pour la caution solidaire, Civ., 19 nov. 1872, *DP* 1873. 1. p. 38, *S.* 1873. 1. p. 193, note Labbé. Un doute a été exprimé sur le bien fondé de la solution en doctrine (V. Sigalas, *op. cit.*, n° 81), mais non en jurisprudence. L'hypothèse de la « caution réelle » ne paraît pas avoir donné lieu à une jurisprudence significative. Si, comme le juge la Cour de cassation, la « caution réelle » n'est pas une caution (*supra* n° 74), le recours avant paiement de l'article 2309 ne peut que lui être refusé, ce que rien ne permet de justifier.

2. V. Req., 6 févr. 1906, *S.* 1906. 1. 481, *DP* 1908. 1. 225 ; Civ., 25 mai 1938, *DH* 1938, p. 385, *Gaz. Pal.* 1938. 2. 183 ; Com., 12 juill. 1971, *Bull. civ.* IV, n° 202, *D.* 1971. Somm. 221.

3. La Cour de cassation a admis que, pouvant agir contre le débiteur avant paiement, la caution pouvait aussi, par la voie de l'action oblique, agir contre les débiteurs de son débiteur : Civ. 1re, 25 mai 2005, *Bull. civ.* I, n° 225, *D.* 2005. Act. 1629, obs. Delpech, *RD banc. fin.* 2005, n° 122, obs. Legeais, *Banque et droit* août-sept. 2005. 62, obs. Jacob.

4. Très nettement en ce sens, Com., 27 nov. 1978, *Bull. civ.* IV, n° 277, *D.* 1979. IR 171, *Banque* 1979. 807, obs. M. Martin, *Defrénois* 1979. 32093, obs. Aubert. V. aussi Com., 27 févr. 2007, *Bull. civ.* IV, n° 64, *D.* 2007. 1022, *JCP* 2007. I. 158, n° 4 ; en matière cambiaire, Toulouse, 2 juin 1982, *D.* 1983. IR 469, obs. Vasseur.

5. V. Com., 3 mars 1981, *Bull. civ.* IV, n° 117, *JCP* 1981. IV. 176 ; Grenoble, 30 mai 1994, *JurisData* n° 041722.

6. V. Com., 24 mars 1980, *Bull. civ.* IV, n° 141, *D.* 1980. IR 325, *JCP* 1980. IV. 292 ; *Gaz. Pal.* 1980. 2. Somm. 322 ; Com., 12 juin 2001, *Bull. civ.* IV, n° 114, *D.* 2001. Act. 2299, *JCP* 2001. IV. 2498, *Banque et droit* juill.-août 2001. 42, obs. Jacob ; Com., 11 déc. 2001, *Bull. civ.* IV, n° 197, *JCP* 2002. I. 120, n° 1, obs. Simler, *D.* 2003. Somm. 342, obs. D. Martin. *Contra*, Mouly, Les recours anticipés de la caution contre sa sous-caution, *JCP* 1980. I. 2985. Un arrêt antérieur de

212 ***2° Conditions*** ◊ L'étude des conditions du recours avant paiement se ramène pour l'essentiel à celle des six cas dans lesquels l'action est ouverte, qui sont d'importance inégale.

Les six hypothèses visées répondent, à la réflexion, à deux idées : tantôt la caution est poursuivie ou est exposée à des poursuites imminentes, de sorte qu'il y a urgence à mettre en cause le débiteur (art. 2309, 1°, 2° et 4°), tantôt elle voit son obligation prolongée au-delà de ce qui était prévu ou au-delà d'une durée raisonnable (art. 2309, 3°, 4° et 5°, et 2316).

213 ***a) La caution est poursuivie par le créancier (art. 2309, 1°)*** ◊ Le recours avant paiement prend habituellement la forme, dans ce cas, du classique appel en garantie du débiteur [1]. Cette manière de procéder cumule plusieurs intérêts : elle vaut dénonciation au débiteur des poursuites dont la caution est l'objet (*supra* n° 201) ; elle permet de solliciter immédiatement la prise de mesures conservatoires ; elle évite à la caution les frais et délais supplémentaires qu'impliquerait un recours distinct intenté après paiement.

L'appel en garantie ou le recours avant paiement sont cependant impossibles si le débiteur principal bénéficie d'une procédure de sauvegarde ou de redressement judiciaire, en raison de l'arrêt des poursuites individuelle (C. com., art. L. 622-21 : v. *supra* n° 174). Mais la caution peut, dans ce cas, déclarer elle-même sa créance si elle est encore dans les délais. Cette déclaration était naguère subordonnée au fait que le créancier n'ait pas lui-même déclaré sa créance, la même créance ne pouvant figurer deux fois au passif du débiteur [2]. Il est aujourd'hui admis, au contraire que le recours avant paiement confère à la caution un droit personnel à indemnisation, distinct du droit du créancier et qui peut être déclaré cumulativement [3]. Cette déclaration de son droit propre présente d'autant plus d'intérêt aujourd'hui que le défaut de déclaration par le créancier garanti n'emporte plus extinction de sa créance depuis l'entrée en vigueur de la loi de sauvegarde du 26 juillet 2005 (v. *infra* n° 244).

---

la même formation de la Cour de cassation était également en sens contraire : Com., 16 nov. 1976, *Bull. civ.* IV, n° 289, *D.* 1977. IR 46. La caution n'est cependant pas dépourvue de moyens d'action préventifs contre la sous-caution. Elle peut, comme tout créancier garanti (*supra* n° 150), solliciter des mesures conservatoires (v. Mouly, art. préc., n°s 10 s.), qui rejoignent celles qu'autorise l'action avant paiement (*infra* n° 219).

1. V. Com., 1er févr. 1977, *Bull. civ.* IV, n° 33 ; Com., 21 janv. 2003, *Bull. civ.* IV, n° 8, *D.* 2003. Act. 620, *JCP* 2003. IV. 1443, *RD banc. fin.* 2003, n° 71, obs. Legeais, *RDC* 2003. 177, obs. Houtcieff.

2. V. Req., 11 juill. 1894, *DP* 1896. 1. 113, *S.* 1899. 1. 353 ; Req., 15 janv. 1901, *DP* 1901. 1. 325, *S.* 1902. 1. 41 ; Besançon, 1er juin 1932, *DP* 1933. 2. 87, note Lehuérou-Kérisel ; Planiol, Ripert et Savatier, n° 1543.

3. Com., 17 juill. 1990, *Bull. civ.* IV, n° 215, *Banque* 1990. 1211, obs. Rives-Lange, *RD banc. et bourse* 1990. 246, obs. Campana et Calendini, *JCP* E 1991. II. 101, note Amlon ; Com., 29 oct. 1991, *Bull. civ.* IV, n° 316, *Banque* 1992. 211, obs. Rives-Lange, *RTD com.* 1993. 178, obs. Martin-Serf ; Com., 2 mars 1993, *Bull. civ.* IV, n° 80, *D.* 1993. Somm. 310, obs. Aynès, *RTD com.* 1994. 120, obs. Martin-Serf.

214 ***b) Le débiteur « a fait faillite ou est en déconfiture » (art. 2309, 2°)*** ◊ Par faillite il faut aujourd'hui entendre sauvegarde et redressement ou liquidation judiciaire. Ce second cas était, avant la loi du 25 janvier 1985 relative au redressement et à la liquidation judiciaires, le plus important en pratique. Il le redeviendra sans doute, pour la raison qui vient d'être indiquée ci-dessus. Un rappel des solutions s'impose.

Sous l'empire de la loi du 13 juillet 1967, la caution avait un intérêt capital à produire sa créance au titre du recours avant paiement, si le créancier avait omis de produire sa propre créance, sous peine de se trouver exclue de la procédure et donc de perdre tout espoir de remboursement au moins partiel de ce qu'elle devait au créancier. La jurisprudence considérait, en effet, que, si la caution était ensuite poursuivie par le créancier, elle ne pouvait lui opposer le fait qu'il n'avait pas produit sa créance, puisque précisément l'article 2309 lui permettait de produire elle-même, retournant ainsi contre elle une disposition censée constituer une faveur [1].

Cette anomalie, tardivement corrigée par la Cour de cassation [2], a disparu avec la loi du 25 janvier 1985, dont l'article 53, repris par l'article L. 621-46 du Code de commerce, disposait que « *les créances qui n'ont pas été déclarées et n'ont pas donné lieu à relevé de forclusion sont éteintes* ». La répercussion de cet effet extinctif sur le cautionnement, d'abord contesté, mais solennellement reconnu par la Cour de cassation [3], privait d'intérêt la déclaration par la caution au titre de son recours avant paiement [4], sauf, cependant, si elle pouvait espérer percevoir un dividende dans la répartition de l'actif au titre de son droit propre contre le débiteur [5] ou si le

1. V. par ex. Com., 4 oct. 1972, *Bull. civ.* IV, n° 231, *Gaz. Pal.* 1973. 1. 143, 1re esp., note D. Martin ; Civ. 1re, 4 juill. 1979, *Bull. civ.* I, n° 200, *D.* 1980. IR 67, obs. Honorat ; Com., 11 oct. 1983, *Bull. civ.* IV, n° 256, *D.* 1984. IR 130, obs. Honorat.

2. Com., 19 juin 1984, *Bull. civ.* IV, n° 198, *D.* 1985. 140, note Honorat, *JCP* 1986. II. 20569, note Storck. Cet arrêt, qui a appliqué pour la première fois l'article 41 de la loi du 13 juillet 1967, qui prévoyait déjà l'extinction des créances pour défaut de déclaration, mais uniquement en cas de règlement judiciaire, a surtout décidé que le créancier « ne saurait invoquer les dispositions de l'article 2032 (aujourd'hui 2309) du Code civil qui, pour accroître les garanties de la caution, l'autorise à agir contre le débiteur principal avant même d'avoir payé, et retourner ainsi contre la caution, en le détournant de sa finalité, un texte destiné à faciliter l'exercice de son action récursoire ».

3. Com., 17 juill. 1990, *Bull. civ.* IV, n° 215, *Banque* 1990. 1211, obs. Rives-Lange, *RD banc. et bourse* 1990. 246, obs. Campana et Calendini, *JCP* E 1991. II. 101, note Amlon. Cet arrêt a été suivi d'innombrables autres, dans le même sens.

4. On s'est même demandé si, en déclarant sa créance dans ces conditions, elle ne sauvegardait pas les droits du créancier lui-même, s'exposant à devoir payer une dette qui, sans sa déclaration, eût été éteinte. La jurisprudence a écarté l'argument, considérant qu'elle préservait seulement, le cas échéant, son propre droit à indemnisation, sans assurer la survie de la créance principale (Com., 17 juill. 1990, préc. ; Com, 12 juill. 1994, *Bull. civ.* IV, n° 260, *D.* 1994. IR 207 ; Com., 14 févr. 1995, *JCP* 1995. I. 3851, n° 7, obs. Simler ; Orléans, 8 oct. 1991, *JCP* 1992. II. 21921, note Fombeurre).

5. V. Com., 17 juill. 1990, préc. ; Com., 29 oct. 1991, *Bull. civ.* IV, n° 316, *Banque* 1992. 211, obs. Rives-Lange, *RTD com.* 1993. 178, obs. Martin-Serf ; Com., 2 mars 1993, *Bull. civ.* IV, n° 80, *D.* 1993. Somm. 310, obs. Aynès, *RTD com.* 1994. 120, obs. Martin-Serf ; Civ. 1re, 25 oct. 1994, *Bull. civ.* I, n° 305, *D.* 1994. IR 255.

débiteur lui avait fourni des contre-garanties, réelles ou personnelles. Ces contre-garanties ne peuvent en effet être mises en œuvre que sur le fondement du droit personnel de la caution contre le débiteur, et non par la voie de la subrogation dans les droits du créancier, ce dernier n'en étant pas bénéficiaire [1].

La loi de sauvegarde du 26 juillet 2005 a modifié les données du problème, en supprimant l'extinction pour défaut de déclaration (C. com., art. 622-26 : v. *infra* n° 244). La caution reste donc tenue. Demeurent aussi les intérêts de déclarer elle-même sa créance, même avant d'avoir payé, en particulier pour conserver le bénéfice de ses contre-garanties. Toutefois, l'ordonnance du 18 décembre 2008 a complété l'article L. 622-26 du Code de commerce par un alinéa 2 nouveau qui dispose que les créances non déclarées, qui sont inopposables au débiteur pendant l'exécution du plan de sauvegarde et même après, si le plan est exécuté, sont également inopposables « *pendant l'exécution du plan... aux personnes physiques coobligées ou ayant consenti une sûreté personnelle ou ayant affecté ou cédé un bien en garantie* ». Mais cette inopposabilité à ces mêmes personnes cesse en cas de redressement judiciaire (C. com., art. L. 631-14 nouveau, dernier al.).

Rien n'avait été changé, depuis l'époque du Code civil, pour le cas de déconfiture civile, situation d'un débiteur dans l'incapacité de payer ses dettes [2]. Déjà largement obsolète, ce concept l'est davantage encore depuis l'avènement des procédures de surendettement et, plus récemment, de celle de **rétablissement personnel** instituée par la loi du 1er août 2003 (C. consom., art. L. 330-1, al. 4 : v. *supra* n° 181), qui vise une « *situation irrémédiablement compromise caractérisée par l'impossibilité manifeste de mettre en œuvre des mesures de traitement* » du surendettement. Curieusement, l'extinction pour défaut de déclaration a survécu dans cette hypothèse.

215 ***c) Le débiteur s'est obligé à rapporter à la caution sa décharge dans un certain délai (art. 2309, 3°)*** ◊ Cette hypothèse, parfaitement légitime, puisqu'elle est fondée sur le simple respect d'un engagement, paraît être rarissime [3].

216 ***d) La dette est devenue exigible par l'échéance du terme sous lequel elle avait été contractée (art. 2309, 4°)*** ◊ Si le créancier n'engage pas de poursuites contre le débiteur à l'échéance, la caution peut avoir de bonnes raisons de ne pas vouloir assumer plus longtemps le risque d'insolvabilité de ce dernier. Ce cas rejoint celui prévu à l'article 2316 (*infra* n° 218).

---

1. V. Civ. 1re, 7 mai 2002, *Bull. civ.* I, n° 123, *D.* 2002. Act. 1902, obs. Lienhard, *JCP* 2002. I. 162, n° 12, obs. Simler, *RTD com.* 2003. 165, obs. Martin-Serf, *LPA* 9 oct. 2002, p. 11, obs. Houtcieff ; Orléans, 31 mai 2001, *JurisData* n° 158474, *JCP* 2002. I. 120, n° 1, obs. Simler.
2. V. Com., 12 juill. 1971, préc.
3. V. cependant Paris, 10 mars 2000, *JurisData* n° 114360, qui en admet le principe, mais constate qu'en l'espèce le cautionnement était déjà éteint par l'effet d'une novation.

217 ***e) Après dix ans, lorsque l'obligation principale était à durée indéterminée (art. 2309, 5°)*** ◊ Il faut supposer que la garantie avait pour objet une dette déterminée (par exemple, un prêt remboursable quand le débiteur le pourrait), ce cautionnement n'étant pas résiliable, contrairement au cautionnement d'un ensemble de dettes. La caution peut légitimement, dans ce cas, ne pas vouloir laisser perdurer sa garantie indéfiniment. L'article 2309, 5°, lui offre une issue.

218 ***f) En cas de prorogation du terme consentie par le créancier*** ◊ Ce dernier cas figure à l'article 2316 : la caution peut, si elle n'entend pas bénéficier elle-même du nouveau délai, *« poursuivre le débiteur pour le forcer au paiement »* (*supra* n° 172) [1]. Si l'on admet que l'absence de poursuites à l'échéance constitue une prorogation tacite, ce cas fait double emploi avec celui de l'article 2309, 4°.

219 ***3° Objet du recours avant paiement*** ◊ Au-delà de sa finalité préventive, l'objet du recours avant paiement est malaisé à définir et a donné lieu à des avis divergents. Aux termes de l'article 2309, l'action tendrait à l'**indemnisation** de la caution. D'après l'article 2316, plus précis, il s'agirait de **forcer le débiteur au paiement**. Deux thèses s'opposent, en doctrine comme en jurisprudence.

Selon une première thèse, l'action avant paiement ne pourrait tendre ni à une indemnisation d'un préjudice hypothétique, ni à un remboursement anticipé de ce que la caution n'a pas payé, ni à un paiement qui serait imposé au créancier qui ne le réclame pas. La finalité préventive du recours avant paiement autoriserait seulement la mise en œuvre de **mesures de sauvegarde :** saisies conservatoires, constitution de garanties, au mieux consignation du montant de la dette [2]. Le recours avant paiement apparaîtrait alors avant tout comme un moyen de pression sur le débiteur, afin de l'obliger indirectement à exécuter son obligation [3]. Il ne permettrait pas à la caution de participer à une procédure de distribution [4] ou d'invoquer la compensation avec une dette qu'elle aurait envers le débiteur garanti [5], ni même de solliciter l'inscription d'une sûreté judiciaire provisoire, faute de remplir les conditions permettant d'obtenir un jugement au fond [6].

1. V. Caen, 19 avr. 1965, *JCP* 1967. IV. 149.
2. V. Planiol, Ripert et Savatier, n° 1543 ; Marty, Raynaud et Jestaz, n° 600 ; Sigalas, *op. cit.*, n° 80. Sur la consignation, v. Toulouse, 21 janv. 1999, *JurisData* n° 041163, *JCP* 1999. IV. 2808, qui retient cette solution, mais sans exclure que l'action puisse tendre à un paiement.
3. En ce sens, Civ., 25 mai 1938 et Caen, 19 avr. 1965, préc. Pour la constitution de sûretés, Req., 22 janv. 1868, *DP* 1868. 1. 168, *S.* 1868. 1. 256 ; Toulouse, 21 déc. 1904, *DP* 1905. 2. 359. Pour la saisie-arrêt, Com., 1er févr. 1977, préc.
4. V. Civ., 17 avr. 1905, sol. implicite, *S.* 1909. 1. 383.
5. V. Toulouse, 21 déc. 1904, préc.
6. V. Civ. 1re, 9 déc. 1965, *Bull. civ.* I, n° 693, *RTD civ.* 1966. 384, obs. Raynaud.

Selon une thèse plus libérale, aujourd'hui dominante [1], sans avoir cependant été clairement consacrée, rien ne s'oppose à ce que la caution obtienne par le recours avant paiement un véritable **remboursement anticipé** de sa créance [2] ou une indemnisation d'un préjudice considéré comme actuel [3], qu'elle puisse participer à une procédure de distribution et percevoir les dividendes [4] ou encore invoquer contre le débiteur la compensation [5].

§ 3. Rapports entre cofidéjusseurs

220 ***Principe de contribution*** ◊ « *Lorsque plusieurs personnes ont cautionné un même débiteur pour une même dette, la caution qui a acquitté la dette a recours contre les autres cautions, chacune pour sa part et portion* » (art. 2310, al. 1er) [6].

Il est évident, en effet, que si l'une des cautions a été contrainte de payer, notamment parce que le créancier aura discrétionnairement choisi d'exercer ses poursuites contre elle plutôt que contre les autres, elle ne doit pas, dès lors qu'il y a d'autres cautions de la même dette, supporter seule le poids de celle-ci [7].

Ce recours contre les cofidéjusseurs n'a aucun caractère subsidiaire par rapport à ceux que la caution *solvens* peut exercer contre le débiteur principal [8]. Cependant, si ce dernier est solvable, elle agira de préférence contre

---

1. V. Mazeaud, Chabas et Picod, n° 51-6 ; M. Cabrillac, Ch. Mouly, S. Cabrillac et Ph. Pétel, n° 284 ; Frugier, Le recours anticipé de la caution lui permet-il de recevoir du débiteur principal le montant de la créance cautionnée à titre d'indemnité ? *Gaz. Pal.* 1971. 2. Doctr. 602.

2. V. Civ. 1re, 5 juill. 2006, *Bull. civ.* I, n° 355, *D.* 2006. Act. 2310, obs. Avena-Robardet, *RD banc. fin.* 2006, n° 156, obs. Legeais, *RDC* 2004/4, p. 1195, obs. Houtcieff. En l'espèce, il est vrai, la caution a obtenu ce remboursement anticipé après avoir elle-même été condamnée à payer la dette au créancier.

3. En jurisprudence, Civ., 10 janv. 1922, *DP* 1922. 1. 145, note Percerou ; Civ. 1re, 25 mai 2005, *Bull. civ.* I, n° 225, *D.* 2005. Act. 1629, obs. Delpech, *RD banc. fin.* 2005, n° 122, obs. Legeais, *Banque et droit* août-sept. 2005. 62, obs. Jacob. V. aussi, incidemment, Civ. 1re, 2 févr. 1982, *Bull. civ.* I, n° 55, *JCP* 1982. II. 19825, note Simler, *Defrénois* 1982. 32972, obs. Aubert ; Reims, 25 janv. 1989, *JurisData* n° 044326 ; Toulouse, 21 janv. 1999, préc. L'admission pure et simple de la créance virtuelle de la caution agissant avant paiement dans la procédure collective du débiteur se traduit par des conséquences pour le moins étonnantes : v. Simler, obs. sous Com., 29 mai 2001, *JCP* 2002. I. 120, n° 1.

4. V. Paris, 2 mars 1971, *Gaz. Pal.* 1971. 2. 824 ; Paris, 26 mars 1999 et 25 juin 1999, *JurisData* n° 022834 et 023686. Cette solution est également sous-jacente dans la jurisprudence précitée qui permet la déclaration de la créance de la caution avant paiement.

5. V. Com., 5 nov. 1971, *Bull. civ.* IV, n° 264.

6. Le néologisme « cofidéjusseur », forgé par emprunt de l'une des appellations latines de la caution : *fidejussor*, n'a d'autre justification que l'inélégance du mot « cocaution », qu'aurait suggéré l'analogie avec codébiteur ou coobligé.

7. V. J. Mestre, « La pluralité d'obligés accessoires » *RTD civ.* 1981. 1, nos 2 s. ; Les cofidéjusseurs, *Dr. et patr.* 1998. 66 s. Le même principe s'applique en cas de pluralité de sous-cautions, alors que l'une a acquitté son obligation (Civ. 1re, 4 déc. 2001, *Bull. civ.* I, n° 302, *D.* 2002. Act. 565, obs. Avena-Robardet, *JCP* 2002. I. 120, n° 1, obs. Simler).

8. Ainsi a-t-il été jugé que la renonciation à agir contre le débiteur ne privait pas la caution du recours contre les cofidéjusseurs : Civ. 1re, 21 nov. 1973, *D.* 1974. IR 28, *Gaz. Pal.* 1974. 1. Somm. 2.

lui, tant dans son propre intérêt, puisqu'elle peut prétendre à un remboursement intégral, que dans celui des autres cautions, auxquelles elle épargnera les frais et aléas de leur propre recours contre le débiteur.

Bien que l'article 2310 soit le seul texte relatif aux rapports entre cofidéjusseurs, on doit admettre que la caution *solvens* bénéficie, comme dans ses rapports avec le débiteur principal, d'une option entre un recours personnel et un autre, fondé sur la subrogation [1]. L'intérêt du second est cependant moindre dans cette hypothèse.

La présentation des deux recours mérite d'être complétée par un bref développement consacré à la renonciation possible à ces recours, qui se traduit par une originale fonction de contre-garantie.

221 ***Renonciation au recours entre cofidéjusseurs*** ◊ Le recours entre cofidéjusseurs n'est assurément pas d'ordre public. Une caution peut donc valablement renoncer à un tel recours, soit au profit de tous les cofidéjusseurs, soit au bénéfice de tel d'entre eux [2]. L'hypothèse apparaît notamment en jurisprudence dans des espèces où certains cofidéjusseurs sont des établissements de crédit qui entendent être contre-garantis par les autres, dirigeants de la société débitrice ou proches du débiteur personne physique, tous s'engageant identiquement envers le créancier [3].

L'effet premier d'une telle renonciation est évidemment de priver la caution renonçante, à supposer qu'elle ait été appelée à payer, de son recours en contribution contre ses cofidéjusseurs ou contre ceux au bénéfice desquels elle a renoncé au recours. Il faut admettre, dans ce dernier cas, qu'elle ne puisse réclamer aux autres que leur part contributive normale, abstraction faite de la renonciation, dont ils ne sauraient avoir à pâtir.

La singularité de cette renonciation réside cependant dans un effet second : elle implique que la caution renonçante a accepté de supporter seule le poids de la totalité de la dette ou, en cas de renonciation au recours contre certains seulement des cofidéjusseurs, la part contributive de ceux-ci. À supposer que l'un des bénéficiaires de la renonciation ait payé la dette garantie, il peut donc réclamer à la renonçante l'intégralité de celle-ci, si elle a renoncé à son recours contre tous, ou le total des parts contributives

1. Quelques auteurs estiment que l'article 2310 est le siège du second (notamment Planiol, Ripert et Savatier, n° 1544 ; J. Mestre, *op. cit.*, n° 144). Il paraît plus satisfaisant de voir dans ce texte, qui n'évoque d'aucune façon l'idée de subrogation, la consécration d'un droit propre, ce qui n'empêche nullement de reconnaître aussi à la caution le droit d'agir sur le fondement de la subrogation, position qui est celle de la doctrine dominante (notamment Marty, Raynaud et Jestaz, n° 605 ; Mazeaud, Chabas et Picod, n° 52-1 ; Malaurie, Aynès et Crocq, n° 167 ; Mouly, *op. cit*, n° 25 ; A.-S. Barthez et D. Houtcieff, n° 904).

2. V. Lyon, 13 oct. 1981, *JCP* 1982. IV. 209. Cette renonciation, précise la Cour de cassation, si elle doit être expresse, ne doit pas nécessairement être écrite de la main de la caution : Civ. 1re, 9 mai 1990, *Bull. civ.* I, n° 98, *D.* 1990. Somm. 382, obs. Aynès.

3. V. notamment Com., 13 mars 1996, *JurisData* n° 000965 ; Com., 7 janv. 1997, *JurisData* n° 000048 ; Paris, 15 mai 2008, *JurisData* n° 367193.

des bénéficiaires de la renonciation, si celle-ci n'a bénéficié qu'à certains des cofidéjusseurs [1].

Une telle renonciation établit, ainsi, une hiérarchie entre les différents engagements : toutes les cautions sont coobligées envers le créancier, mais l'une d'elles fait en outre fonction à l'égard des autres – ou de certaines d'entre elles – de sous-caution. Implicitement, mais nécessairement, cette renonciation emporte, en effet, engagement d'assumer la part contributive de la (ou des) caution(s) bénéficiaire(s) [2].

A. Recours personnel

222 ***Fondement*** ◊ Si nul ne conteste le principe du recours ouvert à la caution *solvens* contre ses cofidéjusseurs, la recherche de son fondement a donné lieu à un florilège d'analyses diverses : subrogation, évoquée ci-dessus, mais aussi gestion d'affaires, société tacite, solidarité légale, enrichissement sans cause. Aucune n'est pleinement satisfaisante [3]. Dès lors qu'un texte est en parfaite harmonie avec la raison et l'équité, il ne paraît pas nécessaire de lui trouver d'autre fondement. L'article 2310 ouvre à la caution *solvens* un recours personnel propre à la matière.

Comme pour les recours précédemment étudiés, il y a lieu de déterminer les parties à l'instance, les conditions de l'action et son objet.

223 ***1° Parties à l'instance*** ◊ Le recours prévu à l'article 2310 est ouvert à la caution *« qui a acquitté la dette »*. L'hypothèse à laquelle le législateur a pensé est celle d'un paiement intégral. Elle vise au premier chef la caution solidaire, obligée à concurrence de l'intégralité de la dette, sauf limitation conventionnelle du montant de son engagement. On ne peut exclure, cependant, qu'une caution simple soit dans la même situation. En effet, le bénéfice de division n'opère pas de plein droit (*supra* n° 190) et le fait qu'il n'ait pas été invoqué, volontairement ou par ignorance, ou qu'il ne l'ait pas été en temps utile, ne prive pas cette caution du recours contre les autres.

À moins qu'elle y ait renoncé (v. *infra* n° 228), ce recours est ouvert à toute caution dès lors que d'autres cautions garantissent la même dette dans la même qualité. Ce peut être le cas d'un donneur d'aval [4], d'un

---

1. V. Civ. 1re, 9 mai 1990, préc. Pour un engagement exprès pris par certaines des cautions d'indemniser intégralement une autre, v. Com., 11 juin 1991, *Bull. civ.* IV, n° 215, *D.* 1991. Somm. 386, et *Defrénois* 1991. 35119, obs. Aynès. V. aussi, pour une épouse qui s'est portée tout à la fois caution de son mari et sous-caution de l'autre caution, établissement financier, Com., 16 janv. 2007, *Bull. civ.* IV, n° 1, *D.* 2007. Act. 499, obs. Avena-Robardet, *JCP* 2007. IV. 1379, *Banque et droit* mars-avr. 2005. 60, obs. Rontchevsky.

2. De cette hiérarchisation il résulte que cette renonciation perd tout sens si elle est réciproque. V. pour une telle hypothèse, Riom, 2 oct. 1996, *JCP* 1997. I. 4033, n° 9, obs. Simler.

3. Pour l'analyse critique de ces explications, v. Simler, n° 632.

4. V. Req., 27 juin 1888, *DP* 1889. 1. 115, *S.* 1888. 1. 432 ; Besançon, 13 févr. 1974, *D.* 1975. 230, note Crionnet, *RTD com.* 1975. 331, obs. Cabrillac et Rives-Lange ; Sigalas, *op. cit.*, n° 182.

certificateur de caution ou d'une sous-caution [1]. En revanche, le certificateur d'une caution ne peut exercer ce recours contre les cofidéjusseurs de celle-ci : il n'a garanti ni la « même dette », ni le même débiteur. Réciproquement, la caution ne peut exercer aucun recours, sur quelque fondement que ce soit, contre son certificateur [2]. De même, l'action de la caution contre sa sous-caution, qui n'est pas un cofidéjusseur, n'est pas le recours en contribution prévu à l'article 2310 [3].

Il faut, en effet, que demandeur et défendeurs à cette action aient garanti la *« même dette »* [4]. Mais il importe peu que leurs engagements respectifs aient été souscrits dans un même acte ou non [5], simultanément ou successivement [6]. En revanche, un coobligé tenu à un autre titre ne peut être poursuivi sur le fondement de l'article 2310 [7].

Doit être évoquée ici, une fois de plus, la situation du tiers constituant d'une sûreté réelle, naguère appelé « caution réelle ». Nul ne doutait, avant que la Cour de cassation ait nié la qualification de cautionnement (v. *supra* n° 74), que la caution réelle fût une caution et bénéficiât, le cas échéant, du recours contre d'autres cautions, personnelles ou réelles [8]. Si le tiers constituant n'est pas une caution, le recours de l'article 2310 ne peut que lui être refusé [9], ce qui peut être jugé regrettable. Seul subsisterait le recours fondé sur la subrogation (*infra* n° 227).

224 ***2° Conditions*** ◇ Le caractère personnel du recours se traduit par la soumission à une prescription propre, qui était, avant la loi du 17 juin 2008, celle, trentenaire, du droit commun, réduite à cinq ans par cette loi [10].

---

1. V., pour une sous-caution, Toulouse, 19 janv. 2000, *JurisData* n° 108325.

2. V. Com., 18 avr. 1989, *Bull. civ.* IV, n° 113, *D.* 1989. IR 137, *RTD civ.* 1990. 77, obs. Mestre.

3. V. Paris, 18 mars 1982, *JurisData*, n° 028848.

4. V. Civ. 1re, 25 avr. 1990, *Bull. civ.* I, n° 83, *D.* 1990. IR 117, *JCP* 1990. IV. 232. Est censuré l'arrêt qui avait mis en œuvre le principe de contribution proportionnelle, alors que les deux cautions n'avaient pas garanti les mêmes dettes. V. aussi, dans une hypothèse complexe, Civ. 1re, 12 juill. 2007, *Bull. civ.* I, n° 264, *D.* 2007. Act. 2157, obs. Delpech, *JCP* 2007. I. 212, n° 9, obs. Simler, et II. 10195, note Gallois-Cochet.

5. V. Req., 27 juin 1888, préc.

6. V. Civ. 1re, 3 oct. 1995, *Bull. civ.* I, n° 338, *JCP* N 1996. II. 1631, note Piedelièvre ; Toulouse, 17 déc. 1911, *DP* 1913. 2. 65, note Donnedieu de Vabres, *Gaz. Pal.* 1912. 1. 417, *RTD civ.* 1912. 509, obs. Demogue. La doctrine se prononce dans le même sens. *Contra*, cependant, Agostini, note sous Com., 10 nov. 1981, *D.* 1982. 417.

7. V., pour une caution, associée de la société débitrice, agissant contre un autre associé, non caution, Civ. 1re, 25 oct. 1977, *Bull. civ.* I, n° 388, *JCP* 1977. IV. 306.

8. V. Civ. 1re, 5 mars 1975, *Bull. civ.* I, n° 96, *JCP* 1975. IV. 136 ; Paris, 13 janv. 1995, *D.* 1995. IR 61. V. aussi Voirin, note sous Req., 16 mars 1938, *DP* 1939. 1. 41 ; F. Grua, « Le cautionnement réel », *JCP* 1984. I. 3167, n° 35. Est apparu comme erroné le refus par un arrêt du recours par des cautions personnelles contre un cofidéjusseur réel, au motif que ce dernier n'aurait pris aucun engagement personnel : Rennes, 6 déc. 2002, *JurisData* n° 204174, *JCP* 2003. IV. 2756, et E 2003. Pan. 1482.

9. En ce sens, A.-S. Barthez et D. Houtcieff, n° 908.

10. V. Com., 16 juin 1981, *Bull. civ.* IV, n° 274, *Gaz. Pal.* 1981. 1. Pan. jur. 27, obs. A.P., qui casse un arrêt ayant appliqué la prescription entre associés au recours fondé sur l'article 2033 (aujourd'hui 2310) exercé par une caution associée de la société débitrice contre ses cofidéjusseurs coassociés ; Com., 16 avr. 1996, *CCC* juill. 1996. 120, obs. Leveneur.

Quand au fond, les conditions du recours peuvent se résumer en quatre propositions : la caution doit avoir payé, en qualité de caution, avec des fonds prélevés sur son patrimoine, *« dans l'un des cas énoncés en l'article précédent »* (art. 2310, al. 2).

a) La caution doit **avoir payé** et son paiement doit être valable et libératoire [1]. Il n'existe pas de recours entre cofidéjusseurs avant paiement [2], ce qui n'empêche cependant ni la prise de mesures conservatoires, ni l'appel en garantie des cofidéjusseurs [3]. Aucun texte n'exige que la caution *solvens* ait payé l'intégralité de la dette : elle peut se retourner vers ses cofidéjusseurs dès lors qu'elle a payé plus que sa part contributive [4].

b) Le paiement doit avoir été fait **en qualité de caution**. Si la caution était tenue de la dette à un autre titre, l'action contre les cofidéjusseurs fondée sur l'article 2310 doit être rejetée. Il en est ainsi notamment si la caution *solvens*, dirigeant de sa société, a été condamnée à supporter tout ou partie de la dette au titre du comblement du passif (C. com., art. L. 651-2), en raison de fautes dans la gestion [5].

c) La caution doit avoir payé **avec des fonds provenant de son propre patrimoine**. Ainsi, le dirigeant, caution de sa société, ne peut intenter le recours contre ses cofidéjusseurs que s'il prouve qu'il a payé la dette avec ses fonds personnels et non avec ceux de la société [6]. De manière non moins évidente, la caution qui a perçu des fonds du débiteur principal à la suite d'un recours avant paiement, à titre de remboursement anticipé ou d'indemnisation (*supra* n° 219), et qui a ensuite payé le créancier, ne doit - ou ne devrait - pas être admise à recourir, à concurrence de la somme provenant du débiteur, contre ses cofidéjusseurs, sauf à lui procurer un enrichissement injustifié ou du moins à fausser le principe de la contribution [7].

---

1. Un arrêt a pourtant jugé que le paiement par une caution d'une dette éteinte, faute d'avoir été déclarée à la procédure collective du débiteur principal, ne faisait pas obstacle au recours contre d'autres cautions : Com., 5 févr. 2002, *D.* 2002. 2863, note Djoudi, *JCP* 2002. I. 162, n° 10. V. aussi, pour une approbation de la solution qui n'emporte pas la conviction, Cl. Farge, Le recours personnel de la caution : la voie possible d'un renouveau du cautionnement, *D.* 2003.Chron. 892.

2. V. Com., 3 mars 1981, *Bull. civ.* IV, n° 117, *JCP* 1981. IV. 176 ; Grenoble, 30 mai 1994, *JurisData* n° 041722. *Rappr.* Com., 24 mars 1980, relatif à la sous-caution, cité *supra* n° 152. Un arrêt antérieur paraissait en sens contraire, mais « l'autre caution » était en réalité une sous-caution : Com., 16 nov. 1976, *Bull. civ.* IV, n° 289, *D.* 1977. IR 46.

3. V. Com., 3 nov. 1972, *Bull. civ.* IV, n° 272 ; Civ. 1re, 15 juin 2004, *Bull. civ.* I, n° 169, *D.* 2004. Somm. 2707, obs. Aynès, *JCP* 2004. I. 188, n° 7, obs. Simler.

4. V. Civ. 1re, 3 oct. 1995, préc. ; Civ. 1re, 9 mars 2004, *JurisData* n° 022890, *RJDA* 2004. 1033 ; Paris, 13 janv. 1995, préc. *Contra*, certainement à tort, Paris, 9 mars 2003, *JurisData* n° 212530, *JCP* 2003. I. 176, n° 9, obs. Simler, *Banque et droit* mars-avr. 2004. 53, obs. Jacob.

5. V. Com., 8 nov. 1976, *Bull. civ.* IV, n° 282. V. aussi, pour un dirigeant caution qui avait alimenté les comptes de la société en qualité de bailleur de fonds, Com., 30 avr. 1974, *Bull. civ.* IV, n° 137.

6. V. Poitiers, 11 juin 1981, *D.* 1982. 79, note J. Mestre, *JCP* 1982. IV. 209.

7. La Cour de cassation a pourtant curieusement admis la solution contraire : Civ. 1re, 2 févr. 1982, *Bull. civ.* I, n° 55, *JCP* 1982. II. 19825, note Simler, sur pourvoi c. Riom, 29 janv. 1979, *JCP* 1980. II. 19302, note Simler.

d) Le paiement, enfin, doit être intervenu « ***dans l'un des cas énoncés en l'article précédent*** ». Ce renvoi, à première vue restrictif, aux cas dans lesquels un recours avant paiement contre le débiteur est ouvert (*supra nos* 212 s.) peut surprendre. À la réflexion, loin de restreindre les droits de la caution *solvens*, il a pour effet d'étendre le domaine du recours contre les cofidéjusseurs à des hypothèses où, en son absence, il aurait été voué à l'échec. Le droit commun aurait exigé, en effet, que l'obligation des cofidéjusseurs fût exigible, ce qu'elle n'aurait été, en vertu du caractère accessoire du cautionnement, qu'à la condition que l'obligation principale le fût elle-même (*supra nos* 169 s.). Or, dans certaines des hypothèses visées à l'article 2309 (2°, 3°, 5°), le recours avant paiement est ouvert alors même que l'obligation principale n'est pas exigible. Le renvoi fait par l'article 2310 permet ainsi à la caution *solvens* de se retourner contre ses cofidéjusseurs sans que ceux-ci puissent lui reprocher d'avoir payé une dette qui n'était pas exigible [1]. Ce recours serait *a contrario* irrecevable après un paiement anticipé de la dette fait sans raison particulière.

225 ***3° Objet*** ◊ Le simple bon sens et les termes clairs de l'article 2310 indiquent que le recours entre cofidéjusseurs est un recours en contribution : il tend à faire supporter à chacune des cautions « *sa part et portion* » de la dette [2].

Cette part est en principe la part virile, abstraction faite des intérêts, éventuellement inégaux, que les cautions peuvent avoir par rapport à l'obligation principale, par exemple en qualité d'associés de la société débitrice [3]. Rien n'interdit, cependant, qu'une clause particulière détermine une contribution différente entre elles [4], pouvant aller jusqu'à la dispense de toute contribution (*infra* n° 228).

Deux difficultés peuvent se présenter : certaines des cautions peuvent être insolvables ; elles ont pu, par ailleurs, s'obliger dans des limites différentes, ce qui fait obstacle au partage égal de la charge de la dette.

226 ***a) Insolvabilité de certaines des cautions*** ◊ L'insolvabilité de certaines des cautions est supportée par les cautions solvables, y compris celle qui a payé. Cette solution de bon sens s'inspire de celle formulée par

1. V. Planiol, Ripert et Savatier, n° 1544.

2. V. Civ. 1re, 10 janv. 1995, *Bull. civ.* I, n° 25, *D.* 1995. 573, 1re esp., note Fournier, *JCP* 1995. IV. 596, et N 1996. II. 1631, note Piedelièvre. Est cassé l'arrêt qui avait fait droit au recours du *solvens* contre un cofidéjusseur pour l'intégralité de la dette, sous déduction seulement de la part du demandeur.

3. Selon une opinion, les parts contributives des cautions, même en présence d'engagements de même étendue, devraient être proportionnelles à leur intérêt dans l'opération principale (J. Mestre, art. préc., n° 41, et note sous Poitiers, 11 juin 1981, préc. En ce sens, Versailles, 21 mai 1986, *D.* 1986. IR 307). Cette solution critiquée (Simler, n° 645) a été condamnée par la Cour de cassation (Com., 28 juin 1994, *Bull. civ.* IV, n° 236, *JCP* 1994. I. 3807, n° 9, obs. Simler, *Defrénois* 1994. 35897, obs. Aynès).

4. V. Com., 11 juin 1991, *Bull. civ.* IV, n° 215, *D.* 1991. Somm. 386, et *Defrénois* 1991. 35119, obs. Aynès.

l'article 2303, alinéa 2, relatif au bénéfice de division (*supra* n° 190) et par l'article 1214, relatif au recours entre codébiteurs solidaires [1].

227 ***b) Détermination des parts contributives en cas d'engagements inégaux*** ◊ La détermination de la part contributive des cautions tenues dans des limites différentes soulève une difficulté purement technique, mais réelle. Une répartition par parts égales serait à l'évidence arbitraire [2], voire même impossible, si cette part excédait la limite de l'engagement de l'une des cautions.

Seule une répartition proportionnelle au montant des engagements respectifs répond à l'esprit de l'article 2310 et à l'intention présumée des parties. Si le principe en est admis en doctrine [3] comme en jurisprudence [4], les essais de mise en œuvre ont été parfois malencontreux [5]. La méthode suivante paraît la plus conforme à l'idée de contribution proportionnelle :

- addition des différents engagements des cautions, les cautionnements illimités étant pris en compte pour le montant de ce qui est dû ;
- établissement du rapport entre ce total et le montant de chaque cautionnement, rapport exprimé par une fraction ou un pourcentage ;
- application de cette fraction ou de ce pourcentage au montant de l'engagement de chacune des cautions, tel qu'il a été retenu pour la totalisation [6].

La méthode peut aussi être exprimée par la formule suivante :

$$\text{Contribution de la caution} = \frac{\text{dette garantie x montant de son engagement}}{\text{montant total des cautionnements}}$$

1. V. Civ., 6 août 1873, *DP* 1873. 1. 402 ; Besançon, 13 févr. 1974, préc., relatif au recours entre co-avalistes ; TGI Avesne-sur-Helpe, 20 mars 1975, *JCP* 1975. IV. 386.
2. V. Com., 17 oct. 1977, *Bull. civ.* IV, n° 226, *D.* 1978. IR 187. *Contra*, Toulouse, 27 déc. 1911, préc. ; Nîmes, 5 nov. 2002, *JurisData* n° 204281 (qui répartit en 3 parts viriles la charge d'un cautionnement souscrit initialement par 5 cautions, alors que l'une des trois avait acquis les parts sociales de deux autres et s'était substituée à leur engagement de caution).
3. V. Planiol, Ripert et Savatier, n° 1546 ; Donnedieu de Vabres, note sous Toulouse, 27 déc. 1911, préc. ; Voirin, note sous Civ., 16 mars 1938, *DP* 1939. 1. 41 ; J. Mestre, *op. cit.*, n° 545, et art. préc., *RTD civ.* 1981. 1, n°s 42 s.
4. Com., 17 oct. 1977 et Civ. 1re, 2 févr. 1982, préc.
5. V. Paris, 8 juill. 1971, cassé par Com., 3 nov. 1972, préc. ; sur renvoi, Orléans, 22 janv. 1976, *JCP* 1977. IV. 42, *Banque* 1977. 348, obs. M. Martin ; Chambéry, 26 mars 1980, cassé par Civ. 1re, 14 oct. 1981, *Bull. civ.* I, n° 290, *JCP* 1982. IV. 3 ; Riom, 29 janv. 1979, préc., cassé par Civ. 1re, 2 févr. 1982, préc. Pour l'analyse critique des méthodes de calcul appliquées, v. Simler, notes préc. sous les deux derniers arrêts cités.
6. Exemple : soient quatre cautions, A tenue à hauteur de 100, B, de 200, C, de 300 et D, sans limitation de montant ; la dette – par exemple, le solde du compte courant – est, en définitive, de 400 ; le total des garanties, compte tenu du plafonnement de la dernière à hauteur de la dette, est de 100 + 200 + 300 + 400 = 1 000 ; le rapport est, respectivement, de 1/10e ou 10 %, 2/10e ou 20 %, 3/10e ou 30 %, 4/10e ou 40 % ; la part contributive proportionnelle des cautions sera, respectivement, de 40, 80, 120 et 160. L'application de la formule, pour déterminer, par exemple, la part contributive de la caution C donnera le résultat suivant : 400 × 300 : 1 000 = 120.

Le principe de contribution proportionnelle vaut non seulement pour le capital de la dette, mais aussi pour les accessoires dus au créancier. Tel est du moins le cas si les cautions étaient toutes tenues à contribuer au paiement des accessoires. Il peut ne pas en être ainsi. Un calcul distinct de la contribution aux accessoires des seules cautions qui en sont tenues doit alors être fait.

B. Recours fondé sur la subrogation

228 ***Fondement et intérêt*** ◊ Malgré l'absence de texte spécial, il ne fait pas de doute que la caution *solvens* puisse agir aussi contre ses cofidéjusseurs en se prévalant de la subrogation dans les droits du créancier payé.

Le fondement de cette action peut être trouvé tant dans le droit commun de la subrogation (*art. 1251-3° : « au profit de celui qui, étant tenu avec d'autres »*) que dans l'article 2306, qui subroge la caution *« à tous les droits qu'avait le créancier contre le débiteur »* (*supra* n°s 206 s.), droits parmi lesquels figurent les garanties fournies, réelles, mais aussi personnelles, donc les droits contre les cofidéjusseurs [1].

Cette subrogation ne peut cependant avoir, dans les rapports entre cautions, que des effets limités. Il ne peut être question, sous prétexte que le créancier aurait pu poursuivre chacune des cautions pour la totalité de la dette, de permettre à la caution *solvens* de réclamer aux autres un remboursement intégral. À l'instar de la solution formulée par l'article 1214 pour les codébiteurs solidaires, et *a fortiori*, le recours entre cofidéjusseurs, même fondé sur la subrogation, se divise de la même manière que le recours personnel [2]. La caution, en d'autres termes, ne peut obtenir par cette voie ni autre chose, ni plus, que par celle ouverte par l'article 2310. Au contraire, le recours fondé sur la subrogation est limité au strict recouvrement des sommes payées [3]. De plus, ce recours est inscrit dans le délai de prescription de l'action du créancier contre le débiteur (v. *supra* n° 208).

Le seul intérêt du recours entre cofidéjusseurs fondé sur la subrogation consiste dans le bénéfice d'autres sûretés que le créancier pouvait avoir contre tel ou tel cofidéjusseur, si la caution *solvens* se trouve en concours avec d'autres créanciers. Ainsi, si le débiteur s'est fait consentir une sûreté réelle par un tiers constituant (ou « caution réelle ») ou si l'un des cofidéjusseurs avait contre-garanti son engagement personnel par une sûreté réelle, la caution *solvens* peut se prévaloir de la subrogation dans la sûreté réelle contre ce tiers constituant ou contre ce cofidéjusseur [4], alors que le

---

1. V. Montpellier 20 juin 2000, *JurisData* n° 133573, qui retient clairement le fondement indiqué.
2. V. Toulouse, 27 déc. 1911, et Poitiers, 11 juin 1981, préc. ; J. Mestre, *op. cit.* n°s 541 s. ; Malaurie, Aynès et Crocq, n°s 171 s. ; Simler, n° 653.
3. V. Montpellier, 20 juin 2000, préc.
4. V. Civ. 1re, 5 mars 1975, *Bull. civ.* I, n° 96, *JCP* 1975. IV. 136.

recours personnel ne lui confère que la qualité de créancier chirographaire. De même encore, si l'un des cofidéjusseurs a un certificateur de caution, la caution *solvens* peut, par la voie de la subrogation, et non par la voie du recours personnel, atteindre ce certificateur. Réciproquement, ce certificateur peut, en se prévalant de la subrogation, agir après paiement contre les cofidéjusseurs de celui qu'elle a certifié [1].

Ce recours doit également être reconnu au tiers constituant - ou « caution réelle ». Qu'elle ait payé volontairement, pour éviter l'exécution de la sûreté réelle fournie ou qu'elle ait laissé cette exécution suivre son cours, elle aura acquitté la dette du débiteur et sera subrogée dans les droits du créancier.

SECTION 4. EXTINCTION DU CAUTIONNEMENT

229 ***Dualité des causes d'extinction*** ◊ Les causes d'extinction du cautionnement sont nombreuses, variées et à certains égards originales [2].

La spécificité la plus marquante tient au caractère accessoire de l'engagement de la caution et au principe, qui en est le corollaire, de l'opposabilité des exceptions relatives à l'obligation principale. Il en découle que le cautionnement s'éteint chaque fois que l'obligation principale est éteinte.

Mais l'obligation de la caution est néanmoins distincte de celle du débiteur principal et peut s'éteindre aussi par ses causes propres.

On oppose ainsi l'extinction par voie accessoire (§ 1) à l'extinction par voie principale (§ 2), les mêmes causes se retrouvant, avec des conséquences différentes, sous les deux rubriques. Dans la seconde, apparaît en outre une cause d'extinction particulière dont l'importance pratique, attestée par une abondante jurisprudence, justifie une étude distincte : le bénéfice dit « de cession d'actions » ou « de subrogation » (art. 2314) (§ 3).

§ 1. Extinction par voie accessoire

230 ***Principes*** ◊ Parmi les conséquences les plus significatives du caractère accessoire du cautionnement figure celle que l'extinction de l'obligation garantie emporte de plein droit extinction du cautionnement, qui *« ne peut exister que sur une obligation valable »* (art. 2289). Ce texte se rapporte, certes, à la nullité de l'obligation principale, plutôt qu'à son extinction. Il exprime cependant l'idée, de portée générale, qu'il ne peut y avoir de cautionnement sans obligation efficace. La caution, de plus, peut opposer au créancier *« les exceptions qui appartiennent au débiteur principal, et qui sont*

---

1. V. en ce sens, Civ. 1re, 28 janv. 1992, *Bull. civ.* I, n° 30. En l'espèce, ce recours a cependant été refusé, le certificateur ayant renoncé à tout recours contre la caution certifiée.
2. V. Ch. Mouly, *Les causes d'extinction du cautionnement*, Litec, 1979.

inhérentes à la dette » (art. 2313), définition à laquelle répondent, à première vue, les causes d'extinction de la dette. L'alinéa 2 du même article dispose cependant, que la caution ne peut « *opposer les exceptions qui sont purement personnelles au débiteur* ». Il conviendra donc de se demander si certaines causes d'extinction relèvent de cette dernière catégorie et si la caution peut ou non s'en prévaloir, puisque la Cour de cassation a solennellement affirmé le 8 juin 2007 que « la caution ne peut opposer les exceptions qui sont personnelles au débiteur » (v. *supra* n°s 48 et 109 s.).

Le principe ainsi exposé vaut pour toutes les variétés de cautionnement, simple et solidaire [1]. Il s'applique aussi à l'aval, à quelques particularités propres au droit cambiaire près. Quant au certificateur de caution et à la sous-caution, ils en bénéficient par ricochet, le premier parce que l'extinction de l'obligation principale éteint le cautionnement de premier rang, qui constitue l'obligation garantie par le certificateur, la seconde parce que l'extinction de la dette principale empêche la naissance d'une dette du débiteur envers la caution de premier rang, objet de son propre engagement accessoire.

L'application du principe de l'extinction par voie accessoire aux diverses causes d'extinction de l'obligation principale soulève des difficultés d'importance variable. On peut distinguer, parmi les causes d'extinction, celles qui emportent satisfaction du créancier de celles qui n'ont pas cette vertu.

A. Extinction par satisfaction du créancier

231 ***1° Paiement*** ◊ Le paiement de la dette garantie constitue le mode normal d'extinction de celle-ci et, conséquemment, du cautionnement. La réalité de ce paiement doit être prouvée par la caution [2] et il doit être valable et libératoire pour le débiteur, conformément au droit commun [3].

Trois situations appellent quelques précisions : l'hypothèse du paiement fait par un tiers, celle du paiement partiel, enfin, celle de la pluralité de dettes du même débiteur envers le même créancier.

232 ***a) Paiement par un tiers*** ◊ Si le paiement fait par un tiers éteint pareillement les droits du créancier garanti, il laisse subsister la dette du débiteur, en raison de la subrogation, légale ou conventionnelle, du tiers *solvens* dans les droits du créancier. La caution, par conséquent, n'est pas

---

1. Le même principe était appliqué aussi à la « caution réelle ». Le bannissement de ce concept est cependant sans incidence, cette fois, dans la mesure où la sûreté réelle constituée par le tiers est dotée du même caractère accessoire que le cautionnement.

2. V. Com., 25 janv. 1984, *Bull. civ.* IV, n° 39, *JCP* 1984. IV. 102.

3. V. Civ., 23 oct. 1888, *DP* 1889. 1. 167, *S.* 1889. 1. 409 ; Com., 9 juin 1980, *Gaz. Pal.* 1980. 2. Somm. 519 (remise d'un chèque n'ayant pu être encaissé) ; Com., 18 avr. 1989, *Bull. civ.* IV, n° 116, *RTD civ.* 1990. 285, obs. Mestre, *RD banc. et bourse* 1990. 209, obs. P. Bloch (paiement en une monnaie autre que celle stipulée, au surplus non transférable, jugé non libératoire) ; Com., 22 oct. 1996, *D.* 1997. IR 2, *RD banc. et bourse* 1997. 243, obs. Contamine-Raynaud (paiement fait pendant la période suspecte).

libérée [1] : « *la subrogation a lieu... tant contre les cautions que contre les débiteurs* » (art. 1252).

233 ***b) Paiement partiel d'une dette partiellement cautionnée*** ◊ Le paiement partiel de la dette cautionnée libère la caution à due concurrence [2]. Un problème d'**imputation** se pose dans le cas où le cautionnement ne garantissait pas l'intégralité de la dette : faut-il, dans cette hypothèse, considérer que le paiement partiel aura éteint plutôt la partie cautionnée de la dette ou plutôt la partie non garantie ? C'est cette dernière solution qui est retenue : dans la limite de son engagement, la caution reste tenue tant que le créancier n'est pas intégralement satisfait [3]. Cette règle d'imputation est cependant considérée comme supplétive : elle peut être écartée par le contrat de cautionnement ou même par un accord entre le créancier et le débiteur, puisque cet accord ne peut être que plus favorable à la caution que l'application de la règle [4].

234 ***c) Pluralité de dettes du même débiteur*** ◊ L'hypothèse de la pluralité de dettes du même débiteur envers le même créancier pose, en cas de paiement partiel, un autre problème d'**imputation** si la caution n'a garanti qu'une ou plusieurs de ces dettes. La jurisprudence déduit la solution de la règle formulée à l'article 1256 : « *Lorsque la quittance ne porte aucune imputation, le paiement doit être imputé sur la dette que le débiteur avait, pour lors, le plus d'intérêt d'acquitter entre celles qui sont pareillement échues* ». Elle estime que, parmi les dettes échues, c'est la dette cautionnée que le créancier a le plus d'intérêt d'acquitter, puisque son paiement éteint à la fois sa propre obligation et celle de la caution [5]. La règle est cependant

---

1. V. Com., 17 déc. 1985, *Bull. civ.* IV, n° 296, *RTD civ.* 1987. 319, obs. Mestre ; Com., 23 janv. 2001, *Bull. civ.* IV, n° 21, *JCP* 2001. IV. 1499. V. cependant, à propos d'une subrogation jugée frauduleuse, Civ. 1re, 9 févr. 1972, *Bull. civ.* I, n° 40.

2. V. Com., 29 mai 1979, *Bull. civ.* IV, n° 176.

3. V. Civ., 12 nov. 1890, *S.* 1891. 1. 55, *DP* 1892. 1. 19, note de Loynes ; Civ., 31 oct. 1910, *DP* 1912. 1. 390, *S.* 1913. 1. 366 ; Civ. 1re, 12 juill. 1961, *Bull. civ.* I, n° 397 ; Com., 5 nov. 1968, *Bull. civ.* IV, n° 306, *D.* 1969. 314 ; Com., 28 janv. 1997, *Bull. civ.* IV, n° 28, *D.* 1997. Somm. 166, obs. Aynès ; Com., 12 janv. 2010, *JCP* 2010. Chron. 708, n° 8, obs. Simler (qui censure un arrêt qui avait imputé le paiement partiel pour moitié sur la partie cautionnée et pour moitié sur l'autre partie de la dette) ; Versailles, 4 déc. 1985, *D.* 1987. Somm. 71, obs. Cabrillac. *Contra*, TGI Strasbourg, 11 févr. 1972, *D.* 1972. 680, note Puech. Si la doctrine approuve la solution, elle éprouve quelques difficultés à en proposer un fondement (V. Planiol, Ripert et Savatier, n° 1548 ; Mouly, n° 32 ; Vallansan, « L'application des règles d'imputation des paiements », *Defrénois* 1989. 34466).

4. V. Req., 13 nov. 1861, *DP* 1862. 1. 133 ; Com., 4 déc. 1973, *JCP* 1976. II. 18312, note Simler. V. aussi Com., 18 juin 1973, *Bull. civ.* IV, n° 209, *D.* 1973. Somm. 149, *JCP* 1975. II. 18145, note Simler.

5. V. Civ. 1re, 29 oct. 1963, *Bull. civ.* I, n° 462, *D.* 1964. 39 ; Com., 4 nov. 1986, *Bull. civ.* IV, n° 201, *JCP* 1987. IV. 17 ; Civ. 1re, 19 janv. 1994, *Bull. civ.* I, n° 28, *D.* 1994. Somm. 213, obs. Delebecque, *RTD civ.* 1994. 608, obs. Mestre ; Com., 16 mars 2010, *JurisData* n° 002226, *JCP* 2010. Chron. 708, n° 8, obs. Simler, *RD banc. fin.* mai-juin 2010. 92, obs. Legeais (qui met sur le même plan, du point de vue de l'ordre de l'imputation, le taux de l'intérêt et l'existence d'un cautionnement). V. aussi Mouly, n° 31.

doublement supplétive, puisqu'elle peut être écartée non seulement par une clause contraire figurant aux actes, mais encore, au moment du paiement, par une déclaration du débiteur portée sur la quittance. La formule liminaire de l'article 1256 n'est que la répétition de la disposition plus explicite figurant à l'article 1253 : « *Le débiteur de plusieurs dettes a le droit de déclarer, lorsqu'il paye, quelle dette il entend acquitter* » [1]. Subsidiairement, l'article 1255 permet au créancier de porter sur la quittance qu'il délivre une imputation à sa convenance, et que le débiteur qui l'a acceptée ne peut plus demander une imputation différente, sauf « *dol ou surprise de la part du créancier* » [2].

Il y a lieu, en toute hypothèse, de réserver l'hypothèse d'une imputation faite en fraude des droits de la caution [3]. Mais le seul fait d'une imputation s'écartant de la règle légale, nécessairement préjudiciable à la caution, ne peut être considéré comme une fraude à ses droits [4]. Du moins, une imputation postérieure au paiement ne saurait faire revivre un cautionnement éteint par l'effet de l'imputation légale [5].

En matière de compte-courant et dans l'hypothèse de la résiliation du cautionnement, la Cour de cassation ne paraît pas vouloir reconnaître la liberté de l'imputation, que ce soit sous la forme de l'ouverture d'un second compte-courant [6] ou sous celle d'une affectation spéciale des remises [7].

235 ***2° Dation en paiement*** ◊ Le mode particulier de paiement que constitue la dation en paiement, par remise de biens autres que des espèces, éteint pareillement le cautionnement [8]. L'article 2315 édicte cependant une disposition protectrice des intérêts de la caution qui déroge au droit commun du paiement.

En acceptant une dation en paiement, le créancier prend un risque que ne comporte pas, en raison du caractère fongible de la monnaie, le paiement en espèces : celui de l'éviction des biens remis par le débiteur s'il s'avère que ce dernier n'en était pas propriétaire ou n'en avait pas la libre disposition. Dans cette hypothèse, le débiteur n'est pas libéré, le paiement

---

1. V. Com., 19 déc. 1977, *Bull. civ.* IV, n° 306.
2. Civ., 24 juin 1997, *Bull. civ.* I, n° 211, *JCP* 1998. I. 149, n° 5, obs. Simler. V. aussi A.-S. Barthez et D. Houtcieff, n° 943.
3. V. Civ. 1re, 22 mai 1973, *D.* 1973. IR 179, *JCP* 1973. II. 17572, note Dagot.
4. Civ. 1re, 14 oct. 1975, *Bull. civ.* I, n° 268, *JCP* 1975. IV. 352, cassant Dijon, 22 mars 1974, *D.* 1974. 385, note Vigneron.
5. Civ. 1re, 29 oct. 1968, *D.* 1969. 96.
6. Com., 3 avr. 1978, *Bull. civ.* IV, n° 106, *JCP* 1980. II. 19325, note Simler, *RTD com.* 1979. 135, obs. Cabrillac et Rives-Lange. En sens contraire, mais dans une espèce où l'ouverture du second compte était antérieure à la résiliation du cautionnement, Com., 28 juin 1994, *Bull. civ.* IV, n° 237, *RTD com.* 1994. 760, obs. Cabrillac.
7. Com., 6 juill. 1983, *Bull. civ.* IV, n° 204, *D.* 1984. IR 84, obs. Vasseur, *Banque* 1984. 970, obs. Rives-Lange. V. aussi M. Cabrillac, « Obligation de couverture, obligation de règlement et cautionnement du solde du compte courant », *Mélanges Mouly*, 1998, p. 293, spéc. nos 25 s. V. aussi, sur cette question, *infra* n° 256.
8. V. Civ. 1re, 13 juin 1979, *Bull. civ.* I, n° 178, *Banque* 1979. 1374, obs. M. Martin (reprise volontaire par un vendeur du matériel vendu en règlement du solde du prix).

étant nul. Le cautionnement, en conséquence, devrait lui-même retrouver son efficacité. C'est cette conséquence que l'article 2315 écarte : « *L'acceptation volontaire que le créancier a faite d'un immeuble ou d'un effet quelconque en payement de la dette principale, décharge la caution,* ***encore que le créancier vienne à en être évincé*** » [1].

Le caractère dérogatoire de cette disposition conduit à en faire une application stricte, quant aux personnes et quant aux opérations : toute caution, mais seules les cautions, peuvent s'en prévaloir, et dans le cas seulement d'une véritable dation en paiement [2].

236 ***3° Compensation*** ◊ Mode particulier de paiement, au même titre que la dation en paiement, la compensation libère la caution : elle « *peut opposer la compensation de ce que le créancier doit au débiteur principal* » (art. 1294, al. 1er). Opérant de plein droit, la compensation constitue une exception dont la caution peut se prévaloir [3], même si le débiteur ne le fait pas ou y renonce [4]. Or, cette exception est assurément personnelle au débiteur, créancier de son créancier. Preuve en est que le codébiteur « *ne peut opposer la compensation de ce que le créancier doit à son codébiteur* » (*ibid.*, al. 3). On pouvait voir dans cette disposition la confirmation de ce que la formulation de l'article 2313 relatif aux exceptions opposables par la caution ne peut et ne doit être prise au pied de la lettre. L'affirmation récente d'un principe d'inopposabilité des exceptions personnelles au débiteur par la jurisprudence (*supra* n° 48) ne saurait remettre en cause la solution relative à la compensation, qui résulte d'une disposition expresse de la loi. Mais il est peu cohérent que la caution puisse opposer au créancier certaines exceptions personnelles au débiteur et non d'autres.

---

1. V., pour une dation en paiement d'une partie de la dette, la caution étant déchargée dans la même mesure, malgré l'éviction, Civ. 1re, 27 févr. 1973, *Bull. civ.* I, n° 73, *D.* 1973. IR 92.

2. V. Civ., 19 janv. 1863, *DP* 1863. 1. 86, *S.* 1863. 1. 187 ; Com., 20 oct. 1965, *Bull. civ.* III, n° 510, *D.* 1966. 353, note Cabrillac (l'acquisition de biens du débiteur par adjudication ou attribution de gage n'est pas une dation en paiement) ; Com., 5 nov. 1971, *Bull. civ.* IV, n° 264 (l'acceptation d'effets de commerce par le créancier n'est pas une dation en paiement) ; Com., 28 janv. 1997, *Bull. civ.* IV, n° 28, *D.* 1997. Somm. 166, obs. Aynès, *RD banc. et bourse* 1997. 74, obs. Contamine-Raynaud (l'arrêt refuse à une caution la libération du fait d'une cession de créances professionnelles – cession « Dailly » – faute de preuve du paiement desdites créances. La solution se justifie en ce qu'une cession fiduciaire à titre de garantie n'est pas une véritable dation en paiement).

3. V. Com., 12 juin 1979, *Bull. civ.* IV, n° 197, *JCP* 1979. IV. 294 ; Com., 6 févr. 1996, *D.* 1997. 353.

4. V. Com., 26 oct. 1999, *Bull. civ.* IV, n° 181, *JCP* 2000. I. 209, n° 6, obs. Simler, *D.* 2001. Somm. 696, obs. Aynès, *RJDA* 2000. 96 (« la caution, même solidaire, peut opposer au créancier la compensation de ce que le créancier doit au débiteur principal, même si ce dernier renonce à l'invoquer ») ; Mendegris, *La nature juridique de la compensation*, 1969, n° 18 ; Mouly, nos 104 s. Un arrêt qui a refusé à une caution l'exception de compensation dans l'hypothèse où le débiteur ne l'avait pas invoquée s'explique par l'autorité de la chose jugée attachée à la décision d'admission de la créance au passif de la liquidation des biens du débiteur (Com., 29 févr. 1984, *Bull. civ.* IV, n° 82, *JCP* 1984. IV. 143). Rappr., à propos de l'hypothèque, *infra* n° 553.

L'application de la même solution à la caution solidaire a été controversée [1], puisque le Code civil renvoie, pour ce cautionnement, « *aux principes qui ont été établis pour les dettes solidaires* » (art. 2298 ; *supra* n° 192) et que le droit d'opposer au créancier la compensation avec ce qu'il doit à un autre codébiteur est refusé au codébiteur (art. 1294, al. 3, préc.). La Cour de cassation a tranché dans le sens de l'application de la solution propre au cautionnement [2], confirmant ainsi que la caution solidaire est avant tout une caution et que, même dans les rapports avec le créancier, les règles de la solidarité ne doivent pas systématiquement l'emporter.

B. Extinction sans satisfaction du créancier

237 ***1° Remise de dette. Transaction*** ◊ « *La remise ou décharge conventionnelle accordée au débiteur principal libère les cautions* » (art. 1287) [3]. Cette règle, application pure et simple du caractère accessoire et qui bénéficie, par conséquent, à la caution solidaire [4] comme à la caution simple [5], emporte libération totale ou partielle selon que la remise elle-même est pure et simple ou partielle [6]. La caution peut pareillement se prévaloir de l'effet libératoire que l'article 1282 attache à la remise volontaire du titre par le créancier au débiteur [7].

---

1. V. Mendegris, Mouly, *loc. cit.* ; Simler, n° 687.

2. V. Civ. 1re, 1er juin 1983, *Bull. civ.* I, n° 165, *D.* 1984. 152, note Aubert, *Rev. sociétés* 1983. 587, note Jeantin, *RTD civ.* 1984. 330, obs. Rémy ; Com., 6 juin 1989, *Bull. civ.* IV, n° 177, *D.* 1989. IR 189 ; Com., 19 janv. 1993, *Bull. civ.* IV, n° 15, *D.* 1993. Somm. 309, obs. Aynès, *RTD civ.* 1993. 624, obs. Bandrac ; Com., 26 oct. 1999, préc. ; Com., 17 juill. 2001, *Bull. civ.* IV, n° 138, *D.* 2001. Act. 2514, *JCP* 2001. IV. 2739. Ces arrêts fondent cependant la solution, pour se conformer à la lettre de l'article 2313, sur l'artifice de la qualification d'exception inhérente à la dette.

3. Sur la différence entre remise de dette et remise des poursuites, dont la caution ne peut se prévaloir, selon la Cour de cassation, V. Com., 22 mai 2007, *Bull. civ.* IV, n° 136, *D.* 2007. 1999, note Deshayes, et Pan. 2111, obs. Crocq, *JCP* 2007. I. 212, n° 8, obs. Simler, *RTD civ.* 2008. 333, obs. Crocq, *Banque et droit* sept.-oct. 2007. 67, obs. Rontchevsky. Cette solution, qui fait de la caution le principal débiteur et du débiteur le garant de sa caution, paraît difficilement compatible, d'une part, avec le caractère accessoire du cautionnement, d'autre part, avec la règle de l'article 2316 du Code civil qui permet à la caution d'opposer au créancier la prorogation du terme consentie au débiteur (v. *supra* nos 171 s.).

4. V. Paris, 18 mars 1975, *Gaz. Pal.* 1975. 2. 667, note Giscard.

5. La « caution réelle » était traitée de la même manière. Si le tiers constituant d'une sûreté réelle n'est plus, aujourd'hui, une caution, sa situation, à cet égard, n'est pas modifiée, puisque la sûreté réelle est pareillement accessoire.

6. V. Civ. 1re, 28 oct. 1991, *Bull. civ.* I, n° 285, *D.* 1991. IR 270 ; Lyon, 6 janv. 1903, *DP* 1910. Somm. 1 ; Amiens, 25 avr. 1973, *JCP* 1973. IV. 433 ; Paris, 30 nov. 1983, *Gaz. Pal.* 1984. 1. Pan. jur. 25.

7. Civ. 1re, 14 févr. 2008, *Bull. civ.* I, n° 51, *RJDA* 2008. 608 (en l'espèce, l'avoué qui avait remis le titre a été rendu responsable du préjudice éprouvé par le créancier) ; Bourges, 20 janv. 1993, *JurisData* n° 040203 ; Paris, 5 oct. 2004, *Banque et droit* mars-avr. 2006. 72, obs. Guillot. Mais il lui appartient de prouver que le créancier a volontairement remis le titre au débiteur : Com., 7 janv. 2003, *JurisData* n° 017266. Il serait plus juste d'admettre, en cas de détention du titre par le débiteur principal, une présomption de remise volontaire, en laissant la charge de la preuve contraire au créancier.

La transaction, qui a pour objet de mettre fin conventionnellement à un litige, est d'une autre nature. Cependant, les concessions réciproques que se consentent les parties comportent fréquemment une réduction ou même l'extinction de certaines obligations. Dans cette mesure [1], la transaction produit les mêmes effets que la remise de dette : elle profite à la caution, même solidaire, dont l'obligation *« ne peut excéder ce qui est dû par le débiteur »* (art. 2290) [2].

La clause contraire, par laquelle le créancier réserverait ses droits contre la caution, a donné lieu à discussion, du moins pour la caution solidaire, en raison de la règle de l'article 1285, qui autorise précisément une telle réserve en matière de solidarité. Une jurisprudence ancienne en avait admis la validité dans le cas du cautionnement solidaire [3]. Le caractère accessoire du cautionnement, même solidaire, le principe d'opposabilité des exceptions et, finalement, l'article 1285 lui-même condamnent cette solution. Ce texte n'admet la réserve que *« déduction faite de la part de celui auquel il a fait la remise » :* le débiteur principal devant seul supporter la dette, c'est donc la totalité qu'il faudrait déduire [4].

238 ***Remises obtenues dans le cadre d'une procédure collective*** ◊ Il était traditionnellement admis, sous l'empire des dispositions initiales du Code de commerce (art. 524) comme de celles de la loi du 13 juillet 1967 (art. 49), que les cautions, simples ou solidaires, ne pouvaient se prévaloir des **remises concordataires** obtenues par le débiteur principal en règlement judiciaire [5] (v. pour les délais *supra*, nos 173 s.).

La loi du 25 janvier 1985 sur le redressement et la liquidation judiciaires a retenu la même solution à propos du **plan de redressement**, mais avec une malencontreuse restriction. Son article 64, devenu ensuite article L. 621-65 du Code de commerce, disposait que *« les cautions solidaires et coobligés ne peuvent s'en prévaloir »*. Il en résultait *a contrario* que les cautions simples pouvaient bénéficier des délais et remises, ce que rien ne justifiait [6]. Le maintien des obligations de la caution est fondé sur le juste

1. V., pour une transaction sans réduction de la créance garantie, Civ. 1re, 28 mars 1995, *Bull. civ.* I, n° 139, *JCP* 1995. IV. 1318.
2. V. Com., 9 nov. 1970, *Bull. civ.* I, n° 259, *D.* 1971. Somm. 46 ; Amiens, 25 avr. 1973 et Paris, 18 mars 1975, préc. ; Chambéry, 26 mars 1996, *JurisData* n° 040745, *JCP* 1996. IV. 2582 (qui précise qu'il importe peu que la transaction ait été exécutée ou non) ; Mouly, nos 128 s.
3. V. Req., 30 mars 1869, *DP* 1869. 1. 512, *S.* 1869. 1. 343 ; Req., 7 janv. 1889, motifs, *DP* 1890. 1. 42, *S.* 1892. 1. 372.
4. V., très nettement en ce sens, Paris, 18 mars 1975, préc. V. aussi Paris, 30 oct. 1963, *D.* 1964. Somm. 13, *JCP* 1964. IV. 31 ; Mouly, nos 140 s.
5. V. Req., 15 janv. 1901, *DP* 1901. 1. 325, *S.* 1902. 1. p. 41 ; Com., 29 févr. 1956, *Bull. civ.* III, n° 160 ; Com., 16 juill. 1985, *Bull. civ.* IV, n° 212, *Gaz. Pal.* 1985, 2. Pan. jur. 325.
6. V. Soinne, Chron. préc., *ALD* 1985. 99 ; Campana, Chron. préc., *Gaz. Pal.* 1986. 2. Doctr. 717. I. B ; Liénard, art. préc., *Rev. proc. coll.* 1988. 121. I. B. La justification avancée lors des débats, tenant au bénéfice de discussion, était dépourvue de pertinence, ce bénéfice étant par hypothèse exclu en cas de procédure collective. La jurisprudence a néanmoins respecté la lettre du texte (Com., 23 nov. 2004, *Bull. civ.* IV, n° 203, *D.* 2005. 2083, note Crocq, *JCP* 2005. I. 135, n° 9, obs. Simler ; Paris, 7 mars 1997 et 4 avr. 1997, *JurisData* n° 020458 et 020936. Dans le même sens, pour une « caution réelle », Com. 27 oct. 1998, *JurisData* n° 004167, *RJDA* 1999. 336, *Banque et droit* mai-juin 1999. 43, obs. Jacob).

constat que ces remises participent de la nature judiciaire du plan de continuation, consécutif à la défaillance du débiteur, et qu'elles ne constituent pas des remises de dettes au sens de l'article 1287 du Code civil [1].

La **loi de sauvegarde du 26 juillet 2005** [2] a opportunément supprimé cette anomalie, mais en a créé d'autres. Son innovation majeure réside dans l'adjonction d'une nouvelle procédure de sauvegarde, en retenant, s'agissant du sort des garants, des solutions opposées pour le plan de sauvegarde et pour le plan de redressement. Dans le cas où un **plan de sauvegarde** peut être mis en œuvre, l'article L. 626-11 du Code de commerce dispose que *« le jugement qui arrête le plan en rend les dispositions opposables à tous »*, mais ajoute que, *« à l'exception des personnes morales, les coobligés et les personnes ayant consenti une sûreté personnelle ou ayant affecté ou cédé un bien en garantie peuvent s'en prévaloir »*. Au contraire, à propos du **plan de redressement**, l'article L. 631-20 prévoit que *« les coobligés et les personnes ayant consenti une sûreté personnelle ou ayant affecté ou cédé un bien en garantie ne peuvent se prévaloir des dispositions du plan »* [3].

La discrimination par le premier de ces textes entre personnes physiques et morales ne peut s'expliquer par le droit du cautionnement. Il s'agit d'une mesure de politique législative d'incitation des dirigeants à engager la procédure de sauvegarde en leur évitant de s'exposer à des poursuites en leur qualité de cautions. L'identité de traitement des cautions et des garants autonomes constitue en revanche une anomalie, puisqu'elle méconnaît ouvertement l'autonomie de ces dernières garanties.

Le plein effet reconnu au cautionnement en cas de plan de redressement est perçu par certains comme une exception légale à son caractère accessoire. Il paraît plus juste de considérer que la cessation des paiements et l'ouverture de la procédure collective emportent constatation de la défaillance du débiteur, contre laquelle le créancier entendait précisément être garanti par la caution, et que les remises obtenues par le débiteur ne sont qu'un aménagement de sa défaillance et non une décharge partielle assimilable à une remise volontaire.

Pour les mêmes raisons, une solution identique s'impose en cas de **plan de redressement du débiteur surendetté**, même si son caractère judiciaire est moins marqué, puisque le plan, élaboré par la commission du surendettement, est simplement entériné par le juge, faute d'accord des

1. V. Com. 17 nov. 1992, *Bull. civ.* IV, n° 355, *D.* 1993. 41, note *D.* Vidal, *Defrénois* 1993. 35531, obs. Sénéchal ; Com., 17 mai 1994, *Bull. civ.* IV, n° 177, *D.* 1994. IR 157.

2. Sur les incidences de la réforme des procédures collectives sur la situation des cautions, V. les références de doctrine citées *supra* n° 173, à propos des délais.

3. L'Ord. n° 2008-1345, 18 déc. 2008 (art. 166) a remplacé, dans l'article L. 626-11 comme dans l'article L. 631-20 C. com., la formule *« les coobligés et les personnes ayant consenti un cautionnement ou une garantie autonome »* par *« les coobligés et les personnes ayant consenti une sûreté personnelle ou ayant affecté ou cédé un bien en garantie »*. Ainsi le tiers constituant, qui se trouvait exclu du dispositif du fait de la négation du concept de « cautionnement réel » par la Cour de cassation (v. *supra* n° 74), s'y trouve réintégré, en même temps que la règle est étendue au fiduciant.

créanciers (C. consom., art. L. 332-1 s.). La Cour de cassation décide en effet que « la caution ne peut se prévaloir des mesures arrêtées par le juge en faveur du débiteur surendetté » [1]. Toutefois, si elle a exécuté son obligation, elle ne peut, dans le cadre de son recours contre le débiteur principal, se voir opposer par lui l'effacement de sa dette [2], du moins si elle est une personne physique [3].

Les mêmes solutions, y compris la dernière citée, reçoivent application dans le cadre de la **procédure de rétablissement personnel** issue de la loi n° 2003-710 du 1er août 2003 (C. consom., art. L. 330-1, al. 3), dans le cas prévu à l'article L. 332-10 du même code, où un plan de redressement peut être mis en œuvre, plutôt qu'une liquidation judiciaire.

239 ***Règlement amiable*** ◊ En l'absence d'intervention judiciaire, doctrine et jurisprudence considéraient habituellement que les remises consenties dans le cadre d'un règlement collectif amiable relevaient du droit commun et devaient, par conséquent, profiter aux cautions. Telle a été la solution appliquée naguère en cas de *« concordat amiable »* [4], puis au règlement amiable prévu par la loi du 1er mars 1984 relative à la prévention et au règlement amiable des difficultés des entreprises [5]. Quoique régi par un texte de loi, un tel règlement restait en effet fondamentalement conventionnel et non judiciaire. Le même raisonnement valait pour le règlement amiable prévu en matière de surendettement (C. consom., art. L. 331-2 s.).

La Cour de cassation a pourtant jugé, par un arrêt du 13 novembre 1996 (cité *supra* n° 177), que, « malgré leur caractère volontaire, les mesures consenties par les créanciers dans le plan conventionnel de règlement prévu par l'article L. 331-6 ancien du Code de la consommation ne constituent pas, eu égard à la finalité d'un tel plan, une remise de dette au sens de l'article 1287 du Code civil ». Ce raisonnement n'était pas dépourvu de pertinence. Les remises (ou délais) consentis dans de telles circonstances ne sont en rien différentes, hormis l'intervention judiciaire, de celles inscrites dans un plan judiciaire de

---

1. Civ. 1re, 26 avr. 2000, *Bull. civ.* I, n° 122, *JCP* 2000. IV. 1957, *RJDA* 2000. 915. V. dans le même sens, pour les délais, les réf. citées *supra* n° 176.

2. Civ. 1re, 15 juill. 1999, *Bull. civ.* I, n° 248, *JCP* 1999. II. 10196, note Piedelièvre, et E 1999. 1925, note Legeais, *D.* 2000. 589, note C. Philippe, *RTD civ.* 1999. 877, obs. Crocq, *RTD com.* 1999. 993, obs. Paisant..

3. La loi n° 2010-737 du 1er juillet 2010 relative au crédit à la consommation a privé de ce recours les cautions personnes morales pour les cautionnements souscrits après son entrée en vigueur, le 1er nov. 2010. V. P. Crocq, « Droit des sûretés », *D.* 2011. Pan. 409. Cette nouvelle discrimination entre personnes physiques et morales paraît difficilement justifiable.

4. V. Civ., 17 juin 1867, *DP* 1867. 1. 219, *S.* 1867. 1. 356 ; Req., 7 janv. 1889, *DP* 1890. 1. 422, *S.* 1892. 1. 372. V. aussi Mouly, nos 149 et 156.

5. En ce sens, Ripert et Roblot, *Traité élémentaire de droit commercial*, t. 2, 17e éd. par Ph. Delebecque et M. Germain, n° 2843 ; Gavalda et Menez, « Le règlement amiable des difficultés des entreprises », *JCP* 1985. I. 3196, n° 26 ; Mathieu, « La participation du banquier au règlement amiable des difficultés des entreprises » *JCP* E 1986. II. 14805, nos 41 s.

redressement. Elles s'inscrivent pareillement dans un contexte de défaillance du débiteur et ne sont consenties conventionnellement par le créancier que parce que, sinon, les mêmes - ou d'autres, peut-être plus drastiques - leur seraient imposées par le juge [1]. On pouvait donc penser que la même solution serait appliquée en cas de règlement amiable d'une entreprise. Or, c'est la solution contraire que la même formation de la Cour de cassation a retenue par un arrêt du 5 mai 2004 : « les remises ou délais accordés par un créancier dans le cadre d'un règlement amiable bénéficient à la caution » [2]. Cette solution a été entérinée par la loi de sauvegarde du 26 juillet 2005, qui a substitué une procédure de conciliation au règlement amiable (C. com., art. L. 611-10, al. 3, cité, à propos des délais, *supra* n° 177, disposition à laquelle l'ordonnance précitée du 18 décembre 2008 a substitué un nouvel article L. 611-10-2, aux termes duquel *« les personnes coobligées ou ayant consenti une sûreté personnelle ou ayant affecté ou cédé un bien en garantie peuvent se prévaloir de l'accord constaté ou homologué »*).

240 ***2° Prescription*** ◊ Exception par excellence inhérente à la dette, la prescription de l'obligation principale emporte extinction du cautionnement, qu'il soit simple ou solidaire [3]. Même la renonciation du débiteur principal à la prescription ne saurait faire renaître l'obligation de la caution [4].

Ainsi, la caution a-t-elle pu se prévaloir de la prescription quinquennale prévue à l'ancien article 2277 du Code civil pour les actions en paiement *« des intérêts des sommes prêtées, et généralement de tout ce qui est payable par annuités ou à des termes périodiques plus courts »* [5]. Ce délai quinquennal est devenu celui de droit commun (C. civ., art. 2224, réd. L. 17 juin 2008).

Elle peut s'abriter aussi derrière le délai de forclusion de l'article L. 311-37 du Code de la consommation applicable à toutes les *« actions en paiement »* relatives aux crédits régis par ce code.

---

1. Les critiques émises contre l'arrêt du 13 novembre 1996 ont porté davantage sur ses conséquences que sur le fondement de la solution. En effet, si la caution est tenue pour l'intégralité de la dette et sans délais, elle peut aussi se retourner contre le débiteur après paiement (v. Civ. 1re, 15 juill. 1999, préc.) et ainsi tenir en échec le plan de redressement, celui-ci ne lui étant pas opposable. Une telle opposabilité ne pourrait résulter que d'une disposition législative, qui fait défaut.

2. Com., 5 mai 2004, *Bull. civ.* IV, n° 84, *D.* 2004. Act. 1594, obs. Lienhard, *JCP* 2004. I. 188, n° 8, obs. Simler, *RTD com.* 2004. 584, obs. Legeais.

3. V. Req., 2 févr. 1886, *DP* 1886. 1. 233, *S.* 1887. 1. 5, 2e esp., note Labbé ; Civ., 18 mars 1895, *DP* 1895. 1. 367, *S.* 1896. 1. 28 ; Req., 2 août 1904, *S.* 1905. 1. 185, note Bernard ; Ch. mixte, 26 mai 2006, *Bull. ch. mixte* n° 3. V. aussi, en matière d'aval, Com., 10 janv. 1951, *DH* 1951. 310, *RTD civ.* 1951. 552, obs. Becqué et Cabrillac, et 594, obs. Houin.

4. V. Req., 2 févr. 1886 et Civ., 18 mars 1895, préc.

5. Civ. 1re, 14 mars 2000, *Bull. civ.* I, n° 93, *JCP* 2000. I. 257, n° 10, obs. Simler. C'est la première fois, semble-t-il, que cette question a été soumise à la Cour de cassation. V. aussi Civ. 1re, 12 mars 2002, *JurisData* n° 013560 (en l'espèce, la prescription quinquennale avait été interrompue par l'ordonnance d'admission de la créance).

241 ***3° Novation*** ◊ *« La novation opérée à l'égard du débiteur principal libère la caution »* (art. 1281, al. 2) [1]. Cette règle découle de la définition même de la novation : substitution à une obligation ancienne, qui est éteinte, d'une obligation nouvelle. Il importe peu que la novation opère changement de débiteur ou de créancier ou changement de l'obligation entre les mêmes parties. Son effet extinctif interdit de reporter la garantie sur l'obligation nouvelle. Il n'en est autrement que si la caution *« accède »* à cette obligation (art. 1281, al. 3), c'est-à-dire accepte de maintenir sa garantie. Mais elle prend alors un engagement nouveau, qui ne déroge en rien à l'effet extinctif de la novation [2].

En cela, la novation, comme aussi la délégation novatoire, dite parfaite, se distinguent nettement de la **cession de créance** ou de la **délégation simple**, dite imparfaite, qui laissent subsister l'obligation avec ses accessoires [3]. L'effet extinctif de la novation explique aussi que cette qualification soit souvent invoquée par les cautions pour tenter de se soustraire à l'exécution de leur engagement. Mais la novation ne se présume pas ; elle doit résulter clairement de l'acte (art. 1273). La caution qui l'invoque doit en apporter la preuve. Une jurisprudence abondante décide que ne constitue

---

1. V. Req., 5 avr. 1892, *DP* 1892. 1. 246, *S.* 1892. 1. 365 ; Civ. 1re, 16 févr. 1959, *Bull. civ.* I, n° 92 (en l'espèce, il s'agissait cependant plutôt d'une transaction que d'une novation) ; Com., 30 oct. 1968, *Bull. civ.* IV, n° 302 (motifs) ; Com., 19 oct. 1993, *Bull. civ.* IV, n° 340, *JCP* 1993. IV. 2656 (réaménagement en une dette unique du prêt cautionné et d'un autre) ; Pau, 6 juin 1990, *JurisData* n° 043856, *RD banc. et bourse* 1991. 64, obs. Crédot et Gérard (transformation d'une entreprise individuelle en société). Pour un aval, Civ., 15 juill. 1912, *S.* 1913. 1. 36.

2. V., pour une délégation novatoire subordonnée à l'« accession » de la caution au nouvel engagement, Civ. 1re, 17 févr. 1998, *Bull. civ.* I, n° 64, *JCP* 1998. IV. 1795.

3. V., pour la cession de créance, Req., 21 déc. 1925, *S.* 1926. 1. 99 ; Civ. 1re, 27 oct. 1976, *Bull. civ.* I, n° 311, *D.* 1977. IR 5 ; Com., 9 juin 1992, *Banque* 1992. 950, obs. Rives-Lange ; Civ. 1re, 4 mars 2003, *Bull. civ.* I, n° 61, *D.* 2003. Act. 1562, *JCP* 2003. IV. 1766, *RD banc. fin.* 2003, n° 109 ; Com., 27 mars 2007, *Bull. civ.* IV, n° 99, *D.* 2007. Act. 1076, obs. Avena-Robardet, *JCP* 2007. I. 158, n° 10, obs. Simler, *RD banc. fin.* 2007, n° 101, obs. Legeais, *RDC* 2007/3. 848, obs. Houtcieff (cet arrêt, comme les deux précédents, précise que le défaut de signification de la cession au débiteur, qui n'affecte pas l'existence de la créance, ne libère pas la caution, qui reste tenue dès lors qu'elle en a eu connaissance ou que la cession lui a été signifiée). Pour le plan de cession en cas de procédure de redressement judiciaire, V. *supra* n° 175. Pour la délégation simple, Civ., 31 juill. 1900, *DP* 1901. 1. 275, *S.* 1902. 1. 119 ; Civ. 1re, 6 janv. 1959, *Bull. civ.* I, n° 9. Dans l'hypothèse de la cession de l'immeuble loué, emportant transmission du bail, la Cour de cassation a pourtant jugé que la caution n'était pas tenue pour les loyers dus au nouveau propriétaire (Com., 26 oct. 1999, *Bull. civ.* IV, n° 184, *D.* 2000. 224, note Aynès, *JCP* 2000. II. 10320, note Casey, et E 2000. 416, note Gout). Cette solution a été vivement critiquée (v., outre les commentateurs préc., Larroumet, « L'acquéreur d'un immeuble loué et la caution du locataire », *D.* 2000. Chron. 155, et la réponse du Conseiller Doyen Grimaldi, *D.* 2000, n° 16, p. VI). Les objections ont convaincu la cour de renvoi, qui a retenu la solution contraire (Rouen, 10 déc. 2002, *D.* 2003. Act. 419, obs. Avena-Robardet, et 688, note Larroumet, *JCP* 2003. I. 124, n° 8, obs. Simler. Dans le même sens, Paris, 23 févr. 2001, *D.* 2001. 1789, note Larroumet). Saisie d'un nouveau pourvoi, l'Assemblée plénière de la Cour de cassation a, de fait, fait prévaloir la solution contraire, reconnaissant plein effet à la transmission du bail (Ass. plén., 6 déc. 2004, *D.* 2005. 70, obs. Avena-Robardet, et 277, note Aynès, *JCP* 2005. I. 135, n° 7, obs. Simler, II, 10010, note Piedelièvre. V. aussi Ph. Simler, « L'acquéreur de l'immeuble loué bénéficie du cautionnement du locataire souscrit au profit du vendeur », *RJDA* 2005. Chron. 295).

une novation, ni l'émission ou le renouvellement d'effets de commerce pour le règlement de la dette, ni la conversion de celle-ci en monnaie étrangère, ni la prorogation du terme (*supra* n° 172), ni le réaménagement de la dette dans le cadre d'un plan conventionnel de surendettement [1], ni le changement de forme de la société débitrice [2], ni la fusion ou l'absorption de celle-ci (*infra* n° 242).

La doctrine et la jurisprudence classiques fondent habituellement sur la novation l'extinction des sûretés en cas d'inscription de la créance garantie en **compte-courant** [3]. Il paraît plus juste d'y voir un effet spécial du principe selon lequel fonctionne le compte-courant, à savoir la fusion des articles du compte en un solde unique [4].

242 ***4° Confusion. Fusion des sociétés créancière et/ou débitrice*** ◊ La confusion sur une même tête des qualités de créancier et de débiteur « *profite à ses cautions* » (art. 1301, al. 1er) [5]. Tel peut être le cas si les parties à l'opération principale sont héritières l'une de l'autre.

Il en est de même si la société créancière fusionne avec la société débitrice ou l'absorbe, ou réciproquement.

En revanche si la société créancière ou débitrice fusionne avec une société tierce ou fait l'objet d'une scission, les effets vis-à-vis de la caution sont ceux d'une dissolution de la société sans liquidation, avec transmission universelle du patrimoine à la (aux) société(s) nouvelle(s) (C. com., art. L. 236-3), effets qui sont eux-mêmes semblables à ceux du décès du créancier ou du débiteur. La caution, dans ce dernier cas, n'est pas tenue des dettes nouvelles contractées par les successeurs du débiteur décédé ou à l'égard des successeurs du créancier décédé, mais reste tenue de celles qui

1. Civ. 1re, 20 mai 2003, *Bull. civ.* I, n° 122, *JurisData* n° 019024, *RDC* 2003. 174, obs. Grimaldi, *RD banc. fin.* 2003, n° 184, obs. Legeais..

2. Com., 20 févr. 2001, *Bull. civ.* IV, n° 38, *D.* 2001. Act. 1023, *Banque et droit* mai-juin 2001. 47, obs. Rontchevsky, *Defrénois* 2001. 37348, obs. Hovasse.

3. V. par ex., Civ., 25 avr. 1910, *DP* 1912. 1. 364, *S.* 1913. 1. 265, note Bourcart ; Civ., 12 juin 1936, *DH* 1936. 411, *Gaz. Pal.* 1936. 2. 442.

4. V. G. Ripert et R. Roblot, par Ph. Delebecque et M. Germain, nos 2332 s. ; Mouly, nos 48 s. ; M. Cabrillac, Ch. Mouly, S. Cabrillac et Ph. Pétel, n° 227. Certains arrêts plus récents évitent de se référer au concept de novation : Com., 19 mars 1980, *Bull. civ.* IV, n° 135, *D.* 1981. IR 17, obs. Vasseur, *Banque* 1981. 509, obs. M. Martin. V. cependant, Com., 1er juill. 2003, *Bull. civ.* IV, n° 113, et Com., 4 juill. 2006, *Bull. civ.* IV, n° 158, qui se réfèrent à nouveau au concept de novation. La caution n'est pas déchargée lorsque l'inscription en compte courant est simplement le procédé de mise à la disposition du débiteur d'un prêt garanti. Dans ce cas (qui était celui de l'arrêt précité du 19 mars 1980, dont la solution est, pour cette raison, contestable), la dette de l'emprunteur conserve son existence distincte et c'est seulement sa créance contre la banque qui est portée en compte courant, comme modalité de mise à disposition du prêt (en ce sens, Com., 12 mai 1987, *Bull. civ.* IV, n° 112, *Banque* 1987. 852, obs. Rives-Lange, *Gaz. Pal.* 1987. 2. 698, note Briand, *RD banc. et bourse* 1988. 61, obs. Crédot et Gérard ; Com., 12 janv. 1988, *Bull. civ.* IV, n° 32, *RTD com.* 1988. 263, obs. Cabrillac et Teyssié ; Com., 13 mai 2003, *JurisData* n° 019294, *JCP* 2003. I. 176, n° 8, obs. Simler).

5. V. Vialatte, « L'effet extinctif de la réunion sur une même tête de qualités contraires et ses limites », *RTD civ.* 1978. 567, spéc. n° 20 ; Mouly, nos 306 s.

étaient nées, quoique non encore exigibles [1], avant le décès [2]. De même, la caution reste-t-elle tenue, en cas de fusion de la société débitrice ou créancière avec une tierce société ou en cas de scission de l'une d'elles, pour les dettes transmises à la (aux) société(s) nouvelle(s), mais non pour celles nées postérieurement à l'opération [3]. L'absorption par la société créancière ou débitrice d'une tierce société est en revanche sans incidence sur l'obligation de couverture de la caution, cette opération n'affectant pas la personnalité juridique de la société absorbante [4].

243 ***5° Nullité, résolution ou résiliation de l'obligation principale*** ◊ La nullité n'est pas, comme la résolution, une cause d'extinction

1. Tel est le cas en particulier pour les échéances d'un prêt souscrit avant le décès (ou la fusion ou scission), mais exigibles seulement après (v., pour la censure, à propos d'une fusion, d'un arrêt ayant méconnu cette règle, Com., 17 juill. 2001, *Bull. civ.* IV, n° 139, *D.* 2001. Act. 2414, obs. Lienhard, *JCP* 2001. I. 356, n° 7, obs. Simler, *RTD com.* 2001. 959, obs. Cabrillac).

2. V. Civ. 1re, 4 oct. 1989, *Bull. civ.* I, n° 303, *JCP* 1989. IV. 383, *Defrénois* 1989. 34633, obs. Aynès.

3. V. Mouly, n° 334 ; J. Honorat, « Sociétés et cautionnement », *Defrénois* 1982. 32970, n° 7 ; R. Legouet, « L'incidence des fusions de banques sur les garanties », *Banque et droit* mai-juin 2000. 19. V. en jurisprudence, pour la fusion ou scission de la société créancière, Com., 6 mars 1978, *Bull. civ.* IV, n° 79, *D.* 1979. IR 138, obs. Vasseur ; Com., 22 janv. 1985, *Bull. civ.* IV, n° 30, *D.* 1985. IR 200, *JCP* 1986. II. 20591, note Simler ; Com., 20 janv. 1987, *Bull. civ.* IV, n° 20, *D.* 1987. Somm. 453, obs. Aynès, *JCP* 1987. II. 20844, note Germain, *Rev. sociétés* 1987. 397, note Barret ; Com., 17 juill. 1990, *Bull. civ.* IV, n° 216, *JCP* E 1991. II. 143, et N 1992. II. 149, note Grellière, *Rev. sociétés* 1991. 67, note Randoux ; Com., 25 mars 1997, *D.* 1998. Somm. 183, obs. Hallouin ; Com., 23 mars 1999, *Bull. civ.* IV, n° 69, *D.* 1999. 699, note Grataloup, *JCP* E 1999. 1012, note Couret (qui précise la date à laquelle la fusion, donc la transmission, prend effet) ; Com., 17 juill. 2001, préc. Pour la fusion ou scission de la société débitrice, Com., 17 oct. 1978, *Bull. civ.* IV, n° 231, *D.* 1981. IR 36, obs. Bousquet, *Rev. sociétés* 1979. 846, note Hémard ; Com., 25 oct. 1983, *Bull. civ.* IV, n° 274, *Rev. sociétés* 1984. 297, note Mabilat ; Civ. 3e, 16 févr. 2000, *JCP* E 2000. 1386, note Bonneau, *Dr. sociétés* 2000. 78, obs. Vidal, et, sur renvoi, Versailles, 28 mai 2002, *JurisData* n° 187746, *JCP* 2002. II. 10191 (qui considèrent de manière contestable que les loyers d'un bail en cours échus postérieurement à la fusion sont des dettes nées après l'opération) ; Com., 21 janv. 2003, *Bull. civ.* IV, n° 9, *D.* 2003. Act. 496, *JCP* 2003. IV. 1444, *Defrénois* 2003. 37739, note Honorat ; Com., 8 oct. 2005, 2 arrêts, *Bull. civ.* IV, n° 218 et 219, *D.* 2005. Act. 2875, obs. Lienhard, *JCP* 2005. II. 10170, note Houtcieff, et 2006. I. 131, n° 9, obs. Simler, *RTD civ.* 2006. 145, obs. Le Cannu, et 179, obs. Legeais. Pour l'apport partiel d'actif placé sous le régime de la fusion, Paris, 24 sept. 1992, *JCP* E 1992. Pan. 57, *Bull. Joly* 1992. 1238, obs. Delebecque ; Versailles, 17 sept. 1998, *Bull. Joly* 1998. 1259, *JCP* E 1999. 624, note Varin. V. cependant, pour des fusions et absorptions successives, jugées faites en fraude des droits du créancier, Com., 10 oct. 1995, *Bull. civ.* IV, n° 224, *LPA* 13 déc. 1995, obs. Couret et Le Cannu, *Defrénois* 1996. 36333, obs. Piedelièvre ; Aix-en-Provence, 10 janv. 2001, *Bull. Joly* 2002, n° 5, p. 594, note Morelli. Un courant doctrinal préconise un renversement de la solution dans le cas où la société créancière fusionne ou est absorbée, au motif que la personne du créancier serait relativement indifférente à la caution. Certains de ses commentateurs ont perçu un début de revirement dans ce sens dans le premier des deux arrêts du 8 novembre 2005 précités. Il n'en est rien : v. Com ., 14 mai 2008, *JCP* 2008. I. 211, n° 7, obs. Simler, *RD banc. fin.* 2008, n° 105, obs. Cerles ; Com., 30 juin 2009, *D.* 2009. Act. 2163, obs. Lienhardt, *RD banc. fin.* 2009, n° 188, obs. Cerles, *Banque et droit* nov.-déc. 2009. 63, obs. Rontchevsky ; Com., 8 mars 2011, *JurisData* n° 003317, *RD banc. fin.* 2011, n° 88, obs. Legeais.

4. Com., 27 oct. 1980, *Bull. civ.* IV, n° 346, *JCP* 1981. IV. 25 ; Com., 17 juill. 2001, *Bull. civ.* IV, n° 140, *D.* 2001. Act. 2414, obs. Lienhard, *JCP* 2001. I. 356, n° 7, obs. Simler ; Com., 21 janv. 2003, *RJDA* 2003. 388.

des obligations. Mais, dans l'un et l'autre cas, l'obligation principale qui en est frappée est anéantie rétroactivement, et avec elle la garantie qui en était l'accessoire. Le cautionnement n'est pas pour autant lui-même nul ou résolu : il n'est pas, sauf circonstances particulières frappé du même vice que l'obligation principale et, en tant que contrat unilatéral, il n'est pas susceptible de résolution. Il est caduc [1]. L'important est que la caution peut elle-même se prévaloir de la nullité [2] ou de la résolution du contrat principal, constitutives d'exceptions opposables au créancier [3].

Elle peut aussi, corrélativement, opposer au créancier l'exception d'inexécution de ses obligations [4].

La résiliation n'ayant pas d'effet rétroactif, contrairement à la résolution, la caution reste tenue avec le débiteur garanti des obligations nées à la charge de ce dernier avant cet événement, les conséquences pouvant être différentes suivant que la résiliation procède de l'exercice d'un droit, le contrat étant à durée indéterminée [5], ou intervient à titre de sanction de l'inexécution par le débiteur de ses obligations [6].

---

1. En ce sens, Com., 26 juin 2001, *JurisData* n° 010525, *RJDA* 2001. 1261 (qui refuse à cette caducité un effet rétroactif et justifie, sur ce fondement, la non restitution par la caution de la rémunération perçue par elle) ; T. com. Paris, 4 avr. 1995, *JurisData* n° 041861, *Gaz. Pal.* 1996. 1. Somm. 32.

2. Conformément à un principe bien connu, l'exception de nullité est imprescriptible. Ce principe était cependant fâcheusement tenu en échec, spécialement en cas de nullité relative, par l'article 311-37 du Code de la consommation, qui soumettait à un délai de forclusion biennal toutes les actions en matière de crédit à la consommation (Civ. 1re, 26 févr. 2002, *Bull. civ.* I, n° 72, *D.* 2002. 1277, *JCP* 2002. IV. 1626). La loi MURCEFF du 11 décembre 2001 a corrigé cette anomalie, en restreignant le champ d'application du texte aux actions en paiement. Par ailleurs, selon la Cour de cassation, l'exception de nullité ne peut être soulevée par la caution que si le contrat n'a pas été exécuté, même partiellement (Civ. 1re, 9 nov. 1999, *Bull. civ.* I, n° 298, *JCP* 2000. I. 209, n° 2, et II. 10335, note Seraglini, *RTD civ.* 2000. 568, obs. Mestre et Fages ; Civ. 1re, 3 juill. 2001, *Bull. civ.* I, n° 201, *JCP* 2001. I. 370, n° 14, obs. Serinet. Dans le même sens, dans des hypothèses ne concernant pas des cautions, Civ. 3e, 10 mai 2001, *D.* 2001. 3156, note Lipinsky ; Com., 6 juin 2001, *Bull. civ.* IV, n° 113, *Defrénois* 2001. 37441, obs. Libchaber). La solution apparaît sévère pour la caution, restée étrangère à l'exécution partielle du contrat principal. Elle ne peut concerner, en outre, que les hypothèses de nullité relative.

3. V. Civ. 1re, 20 déc. 1988, *Bull. civ.* I, n° 368, *D.* 1989. 166, note Aynès, *RTD civ.* 1989. 538, obs. Mestre. V. aussi, pour une caducité du contrat principal, par application d'une clause de celui-ci, Civ. 1re, 12 juin 1990, *Bull. civ.* I, n° 158, *Defrénois* 1990. 34917, obs. Aynès.

4. V. Com., 23 mars 1981, *Bull. civ.* IV, n° 152, *JCP* 1981. IV. 207 ; Com., 30 nov. 1982, *Bull. civ.* IV, n° 384, *Gaz. Pal.* 1983. 1. Pan. jur. 87, obs. A.P., *RTD com.* 1983. 449, obs. Cabrillac et Teyssié. L'affirmation solennelle par la Cour de cassation (Ch. mixte, 8 juin 2007, cité *supra* n° 48) de l'inopposabilité par la caution, traitée comme un tiers au contrat principal, des exceptions personnelles au débiteur oblige toutefois à se demander si cette solution ne remet pas en cause celles relatives à l'action en résolution et à l'exception d'inexécution.

5. V. Civ. 1re, 1er avr. 2003, *D.* 2003. Act. 1292, *JCP* 2003. IV. 1963, *RD banc. fin.* 2003, n° 137, obs. Legeais. La banque, créancière garantie, ayant résilié son ouverture de crédit, la caution a été jugée tenue pour l'encours existant au jour de l'expiration du préavis, mais non pour une nouvelle ouverture de crédit consentie dans le cadre d'un plan de redressement.

6. V. Com., 7 déc. 1983, *Gaz. Pal.* 1984. 1. Pan. jur. 132. La caution est condamnée, après résiliation d'un bail pour inexécution, à payer l'intégralité des loyers jusqu'au terme prévu du bail. Rappr., pour la rupture unilatérale d'un contrat de concession par le concédant, étendue au cautionnement du concessionnaire, Paris, 2 mars 1990, *D.* 1990. IR 104.

244 ***6° Incidences d'une procédure collective. Défaut de déclaration de la créance*** ◊ L'ouverture d'une procédure collective ne libère évidemment pas la caution : elle vaut au contraire constatation de la défaillance du débiteur, contre laquelle le créancier a entendu se prémunir en exigeant une caution. Même l'inaction du créancier, fort de la garantie constituée par le cautionnement, était autrefois dépourvue de sanction, la jurisprudence considérant que, étant elle-même en droit d'agir contre le débiteur avant d'avoir payé, la caution ne pouvait pas faire grief au créancier de ne pas avoir produit sa créance [1].

À cette solution, sévère pour la caution, la Cour de cassation a apporté un premier correctif, de portée limitée, après la « découverte » tardive d'une disposition de la loi du 13 juillet 1967 selon laquelle, *« en cas de règlement judiciaire et à défaut de production avant la dernière échéance concordataire et sauf clause de retour à meilleure fortune, les créances sont éteintes »*, en jugeant, le 19 juin 1984, que la caution pouvait se prévaloir de cette extinction et que le créancier « ne saurait invoquer les dispositions de l'article 2032 (aujourd'hui 2309) du Code civil qui, pour accroître les garanties de la caution, l'autorise à agir contre le débiteur principal avant même d'avoir payé, et retourner ainsi contre la caution, en le détournant de sa finalité, un texte destiné à faciliter l'exercice de son action récursoire » [2].

Ce revirement, limité aux rares règlements judiciaires, n'aurait pas sensiblement amélioré la situation des cautions si la loi du 25 janvier 1985 n'avait disposé de manière générale, dans son article 53, alinéa 4, ensuite devenu l'article L. 621-46, alinéa 4, du Code de commerce, que *« les créances qui n'ont pas été déclarées et n'ont pas donné lieu à relevé de forclusion sont éteintes »*. Écartant les doutes sur l'effet extinctif du cautionnement, la Cour de cassation, approuvée par la doctrine dominante [3], a solennellement affirmé, par plusieurs arrêts en date du 17 juillet 1990, suivis de nombreux autres [4], que l'extinction des créances pour défaut de

1. V. notamment Com., 4 oct. 1972, *Bull. civ.* IV, n° 231, *Gaz. Pal.* 1973. 1. 143, 1re esp., note D. Martin, *Banque* 1973. 506 ; Civ. 1re, 4 juill. 1979, *Bull. civ.* I, n° 200, *D.* 1980. IR 67, obs. Honorat ; Com., 11 oct. 1983, *Bull. civ.* IV, n° 256, *D.* 1984. IR 130, obs. Honorat. V. aussi, à propos du recours avant paiement, *supra* n° 214..

2. Com., 19 juin 1984, *Bull. civ.* IV, n° 198, *D.* 1985. 140, note Honorat, et 1986. IR 7, obs. Derrida, *Banque* 1985. 307, obs. Rives-Lange, *JCP* 1986. II. 20569, note M. Storck.

3. V. Soinne, Chron. préc., *ALD* 1985. 99 ; Lienhard, art. préc., *Rev. proc. coll.* 1988. 121. I. B ; Delebecque, « Les sûretés dans les procédures collectives », *JCP* N 1986. I. 185, n° 29 ; Marty, Raynaud et Jestaz, n° 609. *Contra*, cependant, Derrida, obs. préc. et obs. sous Lyon, 18 nov. 1988, *D.* 1989. 72, et sous Bordeaux, 16 mars 1989, *D.* 1989. 473, qui avaient refusé à une caution et à un donneur d'aval le bénéfice de l'extinction.

4. Com., 17 juill. 1990, *Bull. civ.* IV, n° 214 (2 arrêts) et 215, *D.* 1990. 494, note Honorat, et 1991. Somm. 12, obs. Derrida, *JCP* E 1991. II. 101, et N 1991. II. 280, note Amlon, *Banque* 1990. 1211, obs. Rives-Lange, *RD banc. et bourse* 1990. 246, obs. Campana et Calendini. Dans le même sens, Com., 23 oct. 1990, *Bull. civ.* IV, n° 244, *D.* 1990. IR 256 et 267, *RTD com.* 1991. 108, obs. Martin-Serf ; Com., 30 mars 1993, *Bull. civ.* IV, n° 124, *D.* 1993. IR 131 ; Com., 28 févr. 1995, *JCP* 1995. IV. 1059 ; pour un donneur d'aval, Com., 25 oct. 1994, *Bull. civ.* IV, n° 312, *D.* 1995. 590, note Crionnet, *RTD com.*1995. 450, obs. Cabrillac, et 1996. 124, obs.

déclaration emportait libération des cautions. Corrélativement, la caution pouvait se prévaloir aussi de l'irrégularité de la déclaration, notamment si elle avait été le fait d'une personne non régulièrement habilitée, tant du moins que n'était pas intervenue une décision définitive d'admission, dotée de l'autorité de la chose jugée [1].

La loi de sauvegarde du 26 juillet 2005 a opéré un retour en arrière. Le nouvel article L. 622-26 du Code de commerce, qui reprend en substance les dispositions de l'ancien article L. 621-46 précité, ne sanctionne plus le défaut de déclaration par l'extinction. La caution s'est donc retrouvée dans la situation antérieure à la loi du 25 janvier 1985, tout en pouvant, le cas échéant, obtenir par d'autres voies une sanction de l'inaction du créancier (v. *infra* n° 265). Sa situation se trouve une nouvelle fois partiellement modifiée par l'ordonnance n° 2008-1345 du 18 décembre 2008. L'article L. 622-26 précité est complété par un alinéa 2 nouveau, qui précise la sanction du défaut de déclaration pour le créancier : « *Les créances non régulièrement déclarées... sont inopposables au débiteur pendant l'exécution du plan* (de sauvegarde) *et après cette exécution lorsque les engagements énoncés dans le plan ou décidées par le tribunal ont été tenus* ». Le même alinéa ajoute : « *Pendant l'exécution du plan, elles sont également inopposables aux personnes physiques coobligées ou ayant consenti une sûreté personnelle ou ayant affecté ou cédé un bien en garantie* ». Au contraire, en cas de plan de redressement - et donc aussi, *a fortiori*, en cas de liquidation judiciaire - ces mêmes garants « *ne bénéficient pas de l'inopposabilité prévue au deuxième alinéa de l'article L. 622-26* » (C. com., art. L. 631-14, 6e al., réd. Ord. 18 déc. 2008) [2].

Martin-Serf ; Com., 23 juin 1998, *RJDA* 1998. 969, *RTD com.* 1999. 502, obs. Martin-Serf ; pour une « caution hypothécaire », Com., 27 oct. 1998, *Bull. civ.* IV, n° 260, *D.* 1999. Somm. 87, obs. Honorat, *RTD civ.* 1999. 153, obs. Crocq. Cette cause d'extinction du cautionnement, fondée sur son caractère accessoire, ne peut être invoquée par un codébiteur solidaire, même non intéressé à la dette (Com., 19 janv. 1993, *Bull. civ.* IV, n° 25, *D.* 1993p. 331, note Honorat et Derrida, *JCP* 1993. II. 22056, note Pételр. V. aussi *infra* n° 345). Elle est également écartée, de manière plus contestable, dans la matière des garanties financières, auxquelles la Cour de cassation a reconnu un caractère autonome, à seule fin d'éviter cette cause fâcheuse d'extinction, mais en contradiction avec le critère de l'autonomie qu'elle avait antérieurement forgé *infra* nos 314 s.).

1. Com., 1er févr. 2000, *RJDA* 2000. 597, *JCP* 2000. I. 257, n° 11, obs. Simler ; Com., 16 oct. 2001, *Bull. civ.* IV, n° 168, *D.* 2001. Act. 3275, obs. Lienhard ; Com., 18 mars 2003, *JurisData* n° 018574 (qui reconnaît au juge du cautionnement compétence pour constater l'irrégularité) ; Com., 1er avr. 2003, préc. (à propos d'une déclaration signée « pour ordre ») ; Com., 8 juill. 2003, *JurisData* n° 020047. La décision d'admission n'est cependant pas une condition de l'action contre la caution (Com., 18 janv. 2000, *Bull. civ.* IV, n° 11 et 12, *D.* 2000. 98, obs. Lienhard, et 2001. Somm. 695, obs. Aynès, *JCP* 2000. I. 257, n° 11, obs. Simler, *RD banc. fin.* 2000, n° 11, obs. Legeais, *RTD com.* 2001. 514, obs. Martin-Serf ; Com., 16 sept. 2008, *RTD com.* 2009. 209, obs. Martin-Serf, *Rev. proc. coll.* 2008/4, p. 57, note Le Corre).

2. Ces dispositions ne manqueront pas de susciter des difficultés d'interprétation. La lettre du texte, dans son dernier état, semble indiquer que, après exécution du plan de sauvegarde, les créances non déclarées sont définitivement inopposables au débiteur, mais redeviennent opposables aux cautions. Dans ce cas, le caractère accessoire du cautionnement se trouverait gravement méconnu. Se posera aussi, pour tous les garants, la question des recours contre le débiteur.

Le défaut de déclaration reste une cause d'extinction des créances dans les procédures ouvertes avant le 1er janvier 2006, date d'entrée en vigueur de la loi du 26 juillet 2005. Cette sanction est maintenue aussi – oubli du législateur ? – dans la procédure de rétablissement personnel (C. consom., art. L. 332-7) [1]. En outre, à l'occasion de la réforme des successions, un nouveau cas, plus inattendu, d'extinction pour défaut de déclaration est apparu, dans le cadre de l'acceptation de succession à concurrence de l'actif net. L'article 792 du Code civil dispose, en effet, dans son alinéa 2, que, « *Faute de déclaration dans un délai de quinze mois à compter de la publicité prévue à l'article 788, les créances non assorties de sûretés sur les biens de la succession sont éteintes à l'égard de celle-ci. Cette disposition bénéficie également aux cautions et coobligés, ainsi qu'aux personnes ayant consenti une garantie autonome portant sur la créance ainsi éteinte* » [2].

L'ensemble de ces solutions est une nouvelle fois bouleversé par la qualification d'exception personnelle au débiteur du défaut de déclaration de la créance, raison pour laquelle la jurisprudence considérait qu'il était sans incidence sur l'obligation du codébiteur. Or un arrêt rendu en Chambre mixte par la haute juridiction le 8 juin 2007 a jugé « que la caution ne peut opposer les exceptions qui sont purement personnelles au débiteur principal » (v. *supra* n° 48), ce dont il résulte que la caution ne peut plus se prévaloir de l'extinction ou, pour les procédures ouvertes après le 1er janvier 2006, de l'inopposabilité de la créance non déclarée [3].

245 ***Incidences d'une procédure collective. Clôture pour insuffisance d'actif*** ◊ On a pu penser, au lendemain de la loi du 25 janvier 1985, que la clôture de la procédure de liquidation judiciaire pour insuffisance d'actif emporterait également extinction du passif, puisque son article 169 (C. com., anc. art. 622-32) disposait que « *le jugement de clôture de liquidation judiciaire pour insuffisance d'actif ne fait pas recouvrer aux créanciers l'exercice individuel de leurs actions contre le débiteur* ». Tel n'a pas été le sens reconnu à ce texte, qui figure aujourd'hui à l'article L. 643-11 du Code de commerce. Son effet est seulement de paralyser l'exercice des droits sans les éteindre. La caution reste donc tenue, solution qui répond à la finalité même de la garantie [4].

---

1. V. Paris, 8 nov. 2006, *JurisData* n° 333890.

2. Si cette mesure est salutaire pour les cautions, on comprend plus difficilement pourquoi les coobligés à titre principal sont pareillement (intégralement ?) libérés. Quant au garant autonome, la règle méconnaît purement et simplement la nature de cette variété de garantie (v. aussi *supra* n° 238).

3. En ce sens, Toulouse, 23 juin 2009, *JurisData* n° 006960, *JCP* 2009. Chron. 492, n° 8, obs. Simler. V. Cependant Com., 26 mai 2010, *JurisData* n° 007397, qui décide que la chose jugée contre la caution ne lui interdit pas d'opposer l'extinction postérieure de la dette pour défaut de déclaration.

4. En ce sens, en doctrine, Delebecque, art. préc., n° 34 ; Lienhard, art. préc.. II. B, 3° ; Honorat, obs. préc. et note sous Com., 19 févr. 1985, *D.* 1986. 11 ; Dureuil et Mestre, « La "purge" des dettes par l'article 169 de la loi du 25 janvier 1985 », *Rev. proc. coll.* 1989. 389. En jurisprudence, Com., 8 juin 1993, *Bull. civ.* IV, n° 230, *JCP* 1993. II. 22174, note Ginestet, et E 1993. II. 525, note Lecène-Marénaud, *RTD civ.* 1994. 360, obs. Mestre ; Com., 9 nov. 2004, *JurisData* n° 025597, *RJDA* 2005. 327.

De la rédaction donnée au texte en 1985 il résultait cependant que la caution, contrainte au paiement, ne pouvait elle-même se retourner contre le débiteur, même revenu à meilleure fortune, ce qui a pu paraître choquant. Aussi la loi du 10 juin 1994 relative à la prévention et au traitement des difficultés des entreprises a-t-elle spécialement rétabli ce recours (art. 75), en ajoutant au texte la proposition suivante : « *Toutefois, la caution (ou le coobligé) qui a payé au lieu et place du débiteur peut poursuivre celui-ci* ». Ce recours ne devrait pouvoir être que celui, personnel, prévu à l'article 2305 (*supra* n°s 202 s.) et non le recours fondé sur la subrogation dans les droits, définitivement paralysés, du créancier [1]. Il ne peut en outre s'agir, selon la lettre même du texte, que du recours après paiement et non de celui qu'ouvre à la caution l'article 2309 avant même d'avoir payé [2]. Sa portée est, par ailleurs, réduite, dans la mesure où il ne peut être utile que pour les débiteurs personnes physiques, puisque, si le débiteur garanti était une personne morale, la liquidation des biens aura emporté sa dissolution.

Un dispositif semblable a été retenu par la loi n° 2003-710 du 1er août 2003, dans le cadre de la **procédure de rétablissement personnel** du débiteur surendetté. L'article L. 332-9 du Code de la consommation dispose que « *la clôture* (de la procédure pour insuffisance d'actif) *entraîne l'effacement de toutes les dettes non professionnelles du débiteur, à l'exception de celles dont le prix a été payé au lieu et place du débiteur par la caution ou le coobligé* ». Il en est de même si, « *à titre exceptionnel* », le juge établit un plan de redressement, qui est déclaré opposable à tous (art. L. 332-10), donc aussi, semble-t-il, aux cautions. On observera que l'article L. 332-9 précité ne sauvegarde les droits de la caution que pour les dettes qu'elle a déjà payées au jour de la clôture de la procédure, mais reste muet pour les autres dettes cautionnées, qui ne le seraient pas encore. La question est alors de savoir si effacement signifie extinction ou simple obstacle au recouvrement. La sémantique imposerait la première interprétation [3].

§ 2. **Extinction par voie principale**

246 ***Principes : incidences de la distinction entre obligation de couverture et obligation de règlement*** ◊ Accessoire par essence, l'obligation

1. C'est la raison pour laquelle la caution ne pouvait agir contre le débiteur après clôture de la procédure pour insuffisance d'actif que si elle avait, avant la loi de sauvegarde du 26 juillet 2005, déclaré sa propre créance, qui était, sinon, éteinte : v. Com., 1er avr. 2008, *JurisData* n° 043462, *JCP* 2008. I. 152, n° 7, obs. Simler. *Contra*, admettant l'exercice du recours subrogatoire, Com., 12 mai 2009, *Bull. civ.* IV, n° 67, *D.* 2009. Act. 1472, obs. Lienhard, et 2459, note Brocard, *JCP* 2009. 135, note Simler, *RTD civ.* 2009. 554, obs. Crocq, *RTD com.* 2009. 613, obs. Martin-Serf ; Rennes, 7 févr. 2002, *JurisData* n° 168202.
2. Com., 3 févr. 2009, *Bull. civ.* IV, n° 11, *D.* 2009. Act. 428, obs. Lienhardt, *JCP* 2009. I. 150, n° 11, obs. Simler, *RTD com.* 2009. 612, obs. Martin-Serf.
3. En ce sens, en l'absence de cautionnement, Douai, 15 déc. 2005, *JurisData* n° 297815, qui déclare la dette litigieuse « effacée de plein droit par la clôture de la procédure » et confirme le jugement entrepris qui avait déclaré éteintes les créances non déclarées. V. aussi Angers, 5 déc. 2006, *JurisData* n° 335276.

de la caution résulte cependant d'un engagement contractuel distinct de la dette garantie, fût-il porté sur le même acte instrumentaire. Si le cautionnement n'est pas autonome quant à son régime et à ses effets (comp., pour les garanties autonomes, *infra* n°s 269 s.), il l'est du moins quant à son existence en tant que contrat. Ainsi doit-il répondre aux conditions de validité du droit commun des contrats (v. *supra* n°s 81 s.). Symétriquement, « *l'obligation qui résulte du cautionnement s'éteint par les mêmes causes que les autres obligations* » (art. 2311). Appliquées au cautionnement, les causes d'extinction passées en revue dans la rubrique précédente à propos de l'obligation principale se traduisent, à bien des égards, par des effets originaux. Dans la liste, certaines causes ne méritent pas d'être évoquées, alors que d'autres doivent être ajoutées.

Par ailleurs, ces causes s'appliquent tantôt à l'obligation de règlement, libérant totalement et définitivement la caution, tantôt à l'obligation de couverture seulement, laissant subsister la garantie pour les dettes nées antérieurement à l'événement ayant provoqué cette extinction.

A. Extinction de l'obligation de règlement

247 ***1° Paiement*** ◊ Le paiement fait par la caution n'éteint que sa propre dette, contrairement à celui fait par le débiteur principal. Celui-ci reste doublement tenu, sur le fondement des deux recours ouverts à la caution par les articles 2305 et 2306 (*supra* n°s 200 s.).

Le **paiement partiel** doit être imputé d'abord sur les intérêts, si la caution y est tenue, puis sur le capital, conformément à l'article 1254 du Code civil [1]. En cas de pluralité de dettes garanties envers un même créancier, la caution peut indiquer quelle dette elle entend acquitter (art. 1253) ; à défaut d'une telle précision, il y a lieu d'imputer son paiement sur la ou les dette(s) échue(s) et, parmi celles-ci, sur celle qu'elle avait « *le plus d'intérêt d'acquitter* », en particulier en fonction du taux des intérêts, ou, en dernière analyse, sur toutes, proportionnellement (art. 1256).

La **dation en paiement** ne présente, lorsqu'elle est le fait de la caution, aucune particularité [2].

---

1. Le paiement partiel fait par la caution laisse évidemment subsister, pour le surplus, l'obligation du débiteur envers le créancier. Jugé, dans le cas où le débiteur avait obtenu un concordat, qu'un paiement partiel fait par la caution ne le dispensait nullement de l'exécution des engagements concordataires jusqu'à complet désintéressement du créancier (Com., 21 nov. 1984, *Bull. civ.* IV, n° 316, *D.* 1985. IR 196, obs. Honorat). Par ailleurs, un paiement partiel fait par la caution en une autre qualité, par exemple celle de dirigeant, responsable du passif de la société débitrice, ou d'adjudicataire d'un bien du débiteur, s'impute d'abord sur la partie non cautionnée de la dette et non sur sa propre obligation de caution (Civ. 1re, 24 juin 1975, *JCP* 1977. II. 18527. En l'espèce, deux cautions avaient garanti respectivement le capital et les intérêts d'une dette. La première s'était portée adjudicataire d'un immeuble du débiteur et, ayant versé le prix, se prétendait déchargée. Or, son paiement, fait en qualité d'adjudicataire, s'imputait d'abord sur les intérêts, conformément à l'article 1254, et libérait ainsi l'autre caution avant de la libérer elle-même).

2. V. Com., 20 mai 1980, *Bull. civ.* IV, n° 207, *JCP* 1980. IV. 288. En l'espèce, les conditions de la dation en paiement ont été jugées non remplies.

248 ***2° Remise de dette*** ◊ La caution, comme tout débiteur, peut bénéficier d'une remise de dette consentie par le créancier. Ce faisant, ce dernier ne renonce pas à sa créance, mais seulement à la sûreté que constituait l'obligation de la caution. Il est donc logique que cette remise *« ne libère pas le débiteur principal » (art. 1287, al. 2)* [1] et que, en cas de pluralité de cautions, *« celle accordée à l'une des cautions ne libère pas les autres »* (*ibid.*, al. 3).

Cette dernière règle appelle cependant des précisions. En cas de cautionnement simple, la remise faite à l'une des cautions est sans incidence réelle sur l'obligation des autres : si elles n'omettent pas d'invoquer le bénéfice de division, elles restent tenues pour leur part. Dans le cas du cautionnement solidaire, un maintien pur et simple de l'obligation des cofidéjusseurs eût été inique, en raison de l'incidence de la remise obtenue par l'une sur la contribution à la dette des autres. L'article 1287, alinéa 3, doit être combiné avec l'article 1285, alinéa 2, qui dispose qu'en cas de remise faite à l'un des codébiteurs solidaires, le créancier ne peut poursuivre les autres *« que déduction faite de la part de celui auquel il a fait remise »*. Les cofidéjusseurs de la caution solidaire bénéficiaire de la remise ne pouvaient être moins bien traités que les codébiteurs solidaires : ils ne restent donc tenus que dans la même mesure [2].

Envisageant l'hypothèse où la remise faite à la caution ou à l'une d'elles n'a pas été sans contrepartie, l'article 1288 dispose que *« ce que le créancier a reçu d'une caution pour la décharger de son cautionnement, doit être imputé sur la dette, et tourner à la décharge du débiteur principal et des autres cautions »*. Il ne pouvait être question, en effet, de permettre au créancier de monnayer sa renonciation à telle garantie tout en conservant l'intégralité de ses droits contre le débiteur principal et contre d'autres cautions. Celles-ci sont pareillement libérées à concurrence de la part contributive de la caution déchargée ou, le cas échéant, à concurrence de la somme payée par celle-ci si cette somme est supérieure à sa part [3].

Les remises obtenues par une caution dans le cadre d'une procédure de redressement judiciaire dirigée contre elle dérogent, comme pour le débiteur principal (*supra* n° 238), à ces règles. Ces fausses remises ne sont, en effet, que la constatation de l'insolvabilité partielle de la caution [4]. Non

---

1. V. Civ. 1re, 20 mai 2009, *Bull. civ.* I, n° 102. En l'espèce la remise a consisté en une réduction du taux des intérêts.

2. V. Civ. 1re, 18 mai 1978, *Bull. civ.* I, n° 195, *JCP* 1978. IV. 218 (qui décide que la clause d'indivisibilité de la dette est sans incidence à cet égard) ; Civ. 1re, 26 mai 1994, *Bull. civ.* I, n° 187, *D.* 1994. IR 160, *CCC* 1994. 220, obs. Leveneur ; Com., 24 janv. 2006, *JCP* 2006. I. 195, n° 8, obs. Simler, *RD banc. fin.* 2006, n° 67, obs. Legeais.

3. Pour la mise en œuvre de ce double minimum, v. Civ. 1re, 11 juill. 1984, *Bull. civ.* I, n° 229, *D.* 1984. IR 481, *Defrénois* 1984. 33481, obs. Aubert, *JCP* 1986. II. 20576, note Dumortier, *RTD civ.* 1985. 408, obs. Rémy ; Civ. 1re, 26 mai 1994, préc. ; Civ. 1re, 29 juin 2004, *JurisData* n° 024475, et, sur renvoi, Paris, 22 mars 2007, *JurisData* n° 338105 ; Civ. 1re, 25 juin 2009, *JurisData* n° 048978, *RD banc. fin.* 2009, n° 152, obs. Legeais..

4. Ainsi s'explique l'article L. 622-31 du Code de commerce dont il résulte qu'en cas de pluralité de procédures de redressement judiciaire dirigées contre des coobligés, débiteurs principaux ou cautions, le créancier est en droit de participer aux distributions jusqu'à complet paiement, sans que dans l'une des procédures on puisse lui opposer les remises concédées dans une autre.

seulement elles ne libèrent pas les autres cautions, mais celles-ci doivent assumer cette insolvabilité (v. *supra* n° 193).

249 ***3° Prescription ou forclusion*** ◊ On ne peut exclure que l'obligation de la caution puisse être éteinte par prescription ou forclusion indépendamment de la dette garantie.

S'agissant de la **prescription**, il faut supposer, pour que l'hypothèse se réalise, que l'obligation de la caution soit soumise à une prescription plus courte que la dette garantie. Si, en effet, la prescription de l'obligation de la caution est plus longue (par exemple, avant la réforme opérée par la loi du 17 juin 2008, en cas de cautionnement civil garantissant une dette commerciale), c'est la prescription la plus courte qui est déterminante et emporte extinction du cautionnement par voie accessoire (v. *supra* n° 240). L'hypothèse envisagée pouvait se réaliser, avant ladite réforme, si un cautionnement commercial ou mixte, soumis à la prescription décennale (C. com., art. L. 110-4), garantissait une dette civile prescrite par trente ans. La réduction du délai de droit commun de la prescription extinctive à cinq années rend dorénavant improbable la réalisation d'une telle l'hypothèse.

Le point de départ de la prescription est déterminé par l'exigibilité de la garantie, qui est elle-même liée, en principe, à l'exigibilité de la dette principale (v. *supra* n°s 169 s.). Il est donc identique pour l'obligation principale et pour la garantie [1].

Comme exemple de **forclusion** qui ne frappait que la dette accessoire de la caution, on pouvait citer le défaut de déclaration dans la procédure collective de la caution : si le créancier omettait de déclarer sa créance, la garantie était perdue [2]. Les éventuels cofidéjusseurs pouvaient, dans ce cas, invoquer, à concurrence de la part de la caution libérée, le bénéfice de cession d'actions prévu à l'article 2314 (*infra* n°s 259 s.). Mais la loi de sauvegarde du 26 juillet 2005 a aboli cette cause d'extinction, qui demeure cependant dans la procédure de rétablissement personnel (v. *supra* n° 244). S'applique également à l'action dirigée contre la caution, dans le domaine des opérations de crédit à la consommation, le délai de forclusion prévu à l'article L. 311-37 du Code de la consommation [3].

---

1. V. Com. 22 janv. 1979, *Bull. civ.* IV, n° 24, *D.* 1980. IR 54, obs. Vasseur, *Defrénois* 1980. 32267 ; Civ. 1re, 20 juill. 1981, *Bull. civ.* I, n° 266, *D.* 1981. IR 469 ; Civ. 3e, 22 sept. 2010, *Bull. civ.* III, n° 170, *JCP* E 2010. 1900. *Contra*, pour le cautionnement à durée déterminée d'un compte courant, clôturé 13 ans plus tard, Com. 5 oct. 1982, *Bull. civ.* IV, n° 294, *Gaz. Pal.* 1983. 1. Pan. jur. 111, obs. A.P. La constatation que le créancier ne pouvait poursuivre la caution ni avant la clôture du compte, faute de créance exigible, ni après, pour cause de prescription décennale, condamne la solution.

2. V. Com. 19 janv. 1993, *Bull. civ.* I, n° 17, *JCP* 1993. IV. 727, *RTD com.* 1994. 119, obs. Martin-Serf.

3. V. Civ. 1re, 23 mars 1999, *Bull. civ.* I, n° 107, *JCP* 1999. IV. 1937. Sur la réduction du champ d'application de l'article L. 311-37 par la loi du 11 décembre 2001, v. *supra* n°s 200 et 223.

Il se peut aussi que les parties au contrat aient stipulé un **délai conventionnel** de forclusion, en prévoyant, par exemple, que la caution ne pourrait être poursuivie que dans tel délai déterminé à compter de l'échéance de la dette [1].

250 ***4° Novation*** ◊ Comme toute obligation, celle de la caution peut faire l'objet d'une novation, qui, conformément au droit commun, *« ne se présume point ; il faut que la volonté de l'opérer résulte clairement de l'acte »* (art. 1273). Le cautionnement peut ainsi être nové en une obligation de nature différente [2] ou être remplacé par un nouveau cautionnement, souscrit par une personne différente [3] ou par la même personne.

Une clause claire est particulièrement nécessaire dans cette dernière hypothèse. Il est en effet relativement fréquent qu'une même personne souscrive des cautionnements successifs. Faute de volonté certaine du créancier de la décharger de son engagement précédent ou d'incompatibilité entre ses engagements successifs [4], force est d'admettre qu'ils s'additionnent, la novation ne se présumant point [5].

1. V., à propos du cautionnement d'un compte courant, Civ. 2e, 14 oct. 1987, *Bull. civ.* II, n° 195, *D.* 1987. IR 208, *RTD civ.* 1988. 753, obs. Mestre, *RD banc. et bourse* 1988. 89, obs. Crédot et Gérard. V. aussi Civ. 1re, 8 juill. 1997, *JCP* 1998. I. 103, n° 6, obs. Simler ; Versailles, 1er juill. 1993, *RJDA* 1993. 823 ; Poitiers, 22 juill. 1999, *JurisData* n° 126142. Aux termes de l'article 2254 du Code civil (L. 17 juin 2008), le délai ne peut être réduit à moins d'un an.

2. V. Civ. 1re, 14 févr. 1973, *Bull. civ.* I, n° 59 ; Com., 23 avr. 1974, *Bull. civ.* IV, n° 124 ; Civ. 1re, 7 nov. 1995, *Bull. civ.* I, n° 387, *Defrénois* 1996. 36272, obs. Delebecque. Ce dernier arrêt censure la décision attaquée pour avoir écarté l'objection de la nullité de l'obligation éteinte, alors que la novation n'est valable que si les deux obligations – l'ancienne et la nouvelle – sont valables.

3. V. Civ. 1re, 11 janv. 1984, *Bull. civ.* I, n° 11, *D.* 1984. IR 245, *JCP* 1986. II. 20646, note Dumortier. La jurisprudence est souvent contrainte de rappeler que l'engagement d'une nouvelle caution, fût-elle le successeur de l'ancienne dans une fonction (par exemple, de dirigeant) ou une qualité (par exemple, d'associé), n'emporte pas novation en l'absence de décharge expresse de la première : Civ. 1re, 24 oct. 1979, *Bull. civ.* I, n° 257, *D.* 1981. IR 35, obs. Bousquet, et 91, obs. Vasseur, *JCP* 1980. II. 19344, note Parléani ; Com., 29 janv. 2002, *Bull. civ.* IV, n° 21, *D.* 2002. Act. 716, obs. Lienhard, et Somm. 3335, obs. Aynès, *JCP* 2002. I. 162, n° 7, obs. Simler, *RTD civ.* 2003. 124, obs. Crocq. Il n'y a pas davantage novation, *a fortiori*, si ledit successeur n'a pris un engagement de substitution qu'envers la caution, sans s'obliger envers le créancier : Com., 16 nov. 1993, *Bull. civ.* IV, n° 406, *RTD civ.* 1994. 607, obs. Mestre ; Com., 31 mai 1994, *Bull. civ.* IV, n° 193, *JCP* E 1995. II. 675.

4. Ainsi, un nouveau cautionnement par le même garant de la même dette, fût-il assorti de modalités différentes, ne peut s'ajouter au premier, une clause de style stipulerait-elle cette addition. Était plus fréquente l'hypothèse de cautionnements généraux successifs, sans limitation de montant, souscrits par la même personne : le second ne pouvait que se substituer et non s'ajouter au premier.

5. V. Com., 23 févr. 1967, *Bull. civ.* III, n° 89 ; Civ. 1re, 24 oct. 1979, *Bull. civ.* I, n° 257, *D.* 1981. IR 35, obs. Bousquet, *JCP* 1980. II. 19344, note Parléani ; Civ. 1re, 9 févr. 1988, *Bull. civ.* I, n° 32, *RD banc. et bourse* 1988. 176, obs. Contamine-Raynaud. Il en est autrement si le nouvel acte stipule qu'il « annule et remplace » le précédent ou exprime d'une autre manière une telle volonté : Com., 22 avr. 1997, *Bull. civ.* IV, n° 96, *JCP* 1997. IV. 1187. En l'espèce, la formule citée figurait dans un troisième cautionnement, de sorte que l'arrêt retient que celui-ci se cumulait avec le premier. V. aussi, pour une clause de cumul rayée, avec approbation de la radiation, Com., 12 mai 1992, *Bull. civ.* IV, n° 184, *D.* 1992. Somm. 409, obs. Aynès ; pour une caution qui, ayant résilié le premier cautionnement, restait tenue, cumulativement avec le second, pour les dettes nées avant la résiliation, Civ. 1re, 2 juin 2004, *Bull. civ.* I, n° 157, *JCP* 2005. I. 135, n° 8, obs. Simler, et II. 10004, note Rivoal.

À l'évidence, la novation du cautionnement ne libère pas le débiteur principal (comp., pour la remise de dette, *supra* n° 248). De même, en cas de pluralité de cautions, la novation à l'égard de l'une reste sans incidence sur l'obligation des autres, sous réserve de la déduction de la part dans la dette de celle des cautions dont l'obligation a été éteinte par novation. La règle formulée à l'article 1281 pour les obligations solidaires, selon laquelle, « *par la novation faite entre le créancier et l'un des débiteurs solidaires, les codébiteurs sont libérés* », qui s'explique par la disparition de l'obligation principale, ne doit pas être appliquée au cautionnement : si l'un des cautionnements solidaires est nové, les autres conservent leur raison d'être [1].

251 ***5° Compensation*** ◊ Si la caution peut opposer au créancier la compensation de ce qu'il doit au débiteur principal (*supra* n° 236), elle peut à plus forte raison se prévaloir d'une dette du créancier à son propre égard. Étant alors censée, par le jeu de la compensation, avoir exécuté son obligation, elle est en droit d'exercer ses recours contre le débiteur et contre d'éventuels cofidéjusseurs.

L'hypothèse était, semble-t-il, restée d'école jusqu'au développement de la jurisprudence admettant que le créancier, spécialement le banquier dispensateur de crédit, pouvait engager sa responsabilité vis-à-vis de la caution, notamment en cas de soutien abusif du débiteur, de rupture injustifiée de son concours, ou encore de manquement à son devoir de mise en garde ou de défaut de proportionnalité de l'engagement de la caution (*supra* n°s 150 s.). Les dommages et intérêts accordés éteignent alors par compensation, à concurrence de leur montant, la dette de la caution [2].

Le débiteur principal, quant à lui, « *ne peut opposer la compensation de ce que le créancier doit à la caution* » (art. 1294, al. 2). Il y a toutes raisons d'admettre aussi qu'une caution solidaire ne puisse, comme le codébiteur solidaire (art. 1294, al. 3), opposer au créancier ce qu'il doit à une autre caution solidaire. Il n'en est ainsi, cependant, que pour la compensation qu'un coobligé pourrait opposer au créancier poursuivant. Si une caution

1. V. Civ., 18 juill. 1866, *DP* 1866. 1. 326, *S.* 1866. 1. 429 ; Mouly, n° 120 ; M. Cabrillac, Ch. Mouly, S. Cabrillac et Ph. Pétel, n°s 340 et 3567. Un arrêt de la Cour de cassation a paru vouloir renverser la solution : Civ. 1re, 11 janv. 1984, *Bull. civ.* I, n° 11, *D.* 1984. IR 245, *JCP* 1986. II. 20646, note Dumortier. Rien ne justifierait que la caution solidaire fût mieux traitée que la caution simple. L'extinction de l'obligation des codébiteurs solidaires s'explique par le fait que, dans l'hypothèse de l'article 1281, c'est la dette elle-même qui est éteinte par novation. La novation du seul cautionnement ne peut avoir le même effet, ni sur la dette principale, ce dont personne ne doute, ni sur d'autres cautionnements. En ce sens, en dernier lieu, Com., 7 déc. 1999, *Bull. civ.* IV, n° 219, *D.* 2000. Somm. 697, obs. Aynès, *JCP* 2000. I. 257, n° 12, obs. Simler. II. 10377, note Piedelièvre, et N 2001. 105, note Dumortier, *RD banc. fin.* 2000, n° 13, obs. Legeais. L'arrêt refuse clairement la libération des autres cautions, sous la réserve, cependant, qu'elles n'aient pas fait de l'engagement collectif une condition de leur propre engagement.

2. V. Com. 24 mai 1976, *Bull. civ.* IV, n° 171, *D.* 1976. IR 224 ; Com., 26 juin 1978, *Bull. civ.* IV, n° 178, *D.* 1979. IR 142, obs. Vasseur, *RTD civ.* 1979. 300, obs. Cabrillac et Rives-Lange ; Com., 12 avr. 1983, *Gaz. Pal.* 1983. 2. 518, note Piedelièvre, *JCP* 1984. II. 20237, note Duclos ; Com., 17 nov. 2009, *Bull. civ.* IV, n° 144, *D.* 2009. Act. 2926, *RD banc. fin.* 2010, n° 8, obs. Legeais.

solidaire poursuivie a effectivement obtenu sa libération par compensation, le créancier, censé payé, ne peut se faire payer une seconde fois par le débiteur principal ou par un cofidéjusseur : le paiement par compensation lui est donc opposable [1].

Lorsque la caution a ainsi obtenu sa libération, partielle ou totale, par compensation avec les dommages et intérêts auxquels a été condamné le créancier, elle est censée avoir payé sa dette et peut donc, théoriquement, se retourner contre le débiteur ou contre ses cofidéjusseurs, alors que son patrimoine n'a subi aucun appauvrissement. Cette conséquence de la compensation se heurte à de graves objections [2].

252 ***6° Confusion. Fusion de la société caution*** ◊ Il faut distinguer suivant que la confusion de la qualité de caution a lieu avec celle de créancier ou de débiteur.

La **confusion des qualités de créancier et de caution**, par voie d'héritage ou de fusion de personnes morales, « *n'entraîne point l'extinction de l'obligation principale* » (art. 1301, al. 2). Elle ne libère pas davantage d'autres cautions éventuelles, sauf à déduire la part de celle dont l'obligation a été éteinte [3].

L'hypothèse de la **confusion des qualités de débiteur et de caution** est davantage plausible que la précédente, spécialement parce que le cautionnement est fréquemment donné entre proches parents ou entre sociétés d'un même groupe. Les deux qualités ne peuvent coexister : « celui qui est débiteur d'une obligation à titre principal ne peut être tenu de la même obligation comme caution » [4]. Mais on admet que la confusion n'opère pas extinction pure et simple de la seconde. Il se peut que celle qui est dominante, en l'occurrence celle de débiteur principal, masque seulement l'autre, qui peut, dans certaines circonstances, resurgir. Ainsi, en cas de dévolution successorale entre débiteur et caution, le créancier peut assurer la conservation de ses droits en demandant la séparation des patrimoines. De même, en présence d'un « cautionnement réel » ou d'un cautionnement personnel contre-garanti par une sûreté réelle, le bénéfice de la

---

1. V. par ex. Com., 3 nov. 2010, *JurisData* n° 020240, *JCP* 2011. Chron. 226, n° 6, obs. Simler, *RD banc. fin.* 2011, n° 9, obs. Legeais. Est censuré l'arrêt ayant refusé de décharger le gérant caution condamné, alors que d'autres cautions avaient été antérieurement libérées par compensation avec les dommages et intérêts obtenus contre le créancier. Dans le même sens, Aix-en-Provence, 12 mai 2011, *JurisData* n° 011258. *Contra*, antérieurement, Com., 8 déc. 1998, *JurisData* n° 004874, *JCP* 1999. I. 116, n° 7, obs. Simler, qui a refusé à une caution le bénéfice de la compensation obtenue par un cofidéjusseur, suite à l'octroi de dommages et intérêts.
2. V. Mouly, n° 114 ; Simler, n° 530. Cet effet fâcheux de la responsabilité du créancier envers la caution est évité si la caution demande directement sa décharge, comme l'y autorise la Cour de cassation : v. *supra* n° 179.
3. En ce sens, Sigalas, *op. cit.*, n° 121. *Contra*, Mouly, n° 308.
4. Com., 28 avr. 1964, *Bull. civ.* III, n° 215, *RTD civ.* 1965. 116, obs. Chevallier. Rappr. Paris, 2 juin 2000, *JurisData* n° 124113 (en l'espèce, une banque avait accepté comme cautions... les emprunteurs !).

sûreté réelle subsiste au profit du créancier malgré la confusion [1]. Dans le même esprit, l'article 2312 dispose que la confusion entre la caution et le débiteur, « *lorsqu'ils deviennent héritiers l'un de l'autre, n'éteint point l'action du créancier contre celui qui s'est rendu caution de la caution* », c'est-à-dire contre le certificateur de caution [2].

S'il y a **fusion de la société caution avec la société débitrice**, l'article L. 236-14 du Code de commerce ouvre au créancier un droit d'opposition, dont la finalité est semblable à celle de la séparation des patrimoines.

On peut encore imaginer une **confusion entre deux cofidéjusseurs** ou une fusion entre deux sociétés cautions de la même dette. La survie de l'obligation à concurrence des deux parts cumulées ne peut alors faire de doute [3].

Il se peut enfin qu'il y ait **fusion de la société caution avec une tierce société**. L'analogie existe alors, non plus avec la notion de confusion, mais avec le décès de la caution (*infra* n° 258), la fusion – ou la scission – de la société caution opérant dissolution et transmission universelle du patrimoine à une ou plusieurs sociétés, nouvelles ou existantes (C. com., art. L. 236-3, préc.). Celles-ci restent tenues des dettes nées avant l'opération, mais ne le sont plus pour celles nées postérieurement [4].

253 ***7° Résolution. Condition résolutoire*** ◊ Lorsque le cautionnement est, par exception, constitutif d'un contrat synallagmatique (*supra* n° 59), le mécanisme de la résolution pour inexécution lui est applicable.

Plus fréquemment, un cautionnement peut être assorti d'une condition, suspensive ou résolutoire, expresse ou même tacite (*supra* n° 127), dont la défaillance ou l'accomplissement, respectivement, emportent anéantissement rétroactif de l'engagement [5].

Les obligations d'éventuels cofidéjusseurs, si leur engagement n'était pas subordonné à la même condition, demeurent, à moins qu'ils puissent démontrer que leur engagement était précisément subordonné à celui du cofidéjusseur libéré ou encore que la réalisation ou la défaillance de la

---

1. V. Planiol, Ripert et Savatier, n° 1556 ; Mouly, n° 321 ; Rouen, 19 nov. 1874, *DP* 1875. 2. 188, *S.* 1876. 2. 326 ; Aix-en-Provence, 27 juill. 1911, *DP* 1914. 2. 113, note de Loynes.

2. V. cependant Com., 17 févr. 2009, *Bull. civ.* IV, n° 23, *D.* 2009. 2207, note Dagorne-Labbé, *JCP* 2009. I. 151, n° 13, obs. Simler, *Banque et droit* mars-avr. 2009. 51, obs. Rontchevsky, *RTD com.* 2009. 615, obs. Martin-Serf, qui a jugé que l'extension de la procédure collective du débiteur à la caution emportait extinction par confusion du cautionnement et interdisait d'agir en responsabilité en qualité de la caution contre un expert-comptable.

3. V. Simler, n° 769.

4. V. Com., 7 nov. 1966, *Bull. civ.* IV, n° 421. Rappr. *supra* n° 242. La même solution s'applique en cas de dissolution de la société caution avec transmission universelle à l'associé unique : Com., 19 nov. 2002, *Bull. civ.* IV, n° 175, *D.* 2002. Act. 3344, *JCP* 2003. I. 134, n° 2, obs. Caussain, Deboissy et Wicker, *Banque et Droir* 2002, n° 87, p. 45, obs. M. Storck.

5. V. Req., 23 juill. 1903, *S.* 1904. 1. 83 ; Civ., 3 juill. 1939, *DH* 1939. 452 ; Com., 22 févr. 1971, *Bull. civ.* IV, n° 51, *D.* 1971. Somm. 194 ; Orléans, aud. sol., 24 juin 1993, *JurisData* n° 041987 (à propos d'une condition expresse d'affectation du crédit cautionné).

condition fût imputable au créancier, circonstance qui leur permettrait d'invoquer, à concurrence du préjudice éprouvé, le bénéfice de cession d'actions de l'article 2314 (*infra* n°s 259 s.).

254 ***8° Défaut de déclaration de la créance à la procédure collective de la caution ou clôture pour insuffisance d'actif*** ◊ De la même manière que l'obligation principale était, sous l'empire des textes issus de la loi du 25 janvier 1985, éteinte et, à sa suite, le cautionnement, si le créancier omettait de déclarer sa créance à la procédure collective du débiteur principal (*supra* n° 244), l'obligation de la caution - mais non celle du débiteur - était éteinte en cas d'omission de la déclaration dans la procédure collective de la caution. Corrélativement, si le débiteur principal et la caution étaient tous deux soumis à une telle procédure, le créancier devait procéder à une double déclaration [1].

Ces solutions restent de droit positif pour les procédures ouvertes avant le 1er janvier 2006. La loi de sauvegarde du 26 juillet 2005, applicable à compter de cette date, a aboli l'extinction pour défaut de déclaration (v. *supra* n° 244). Mais on rappellera qu'elle subsiste dans la procédure de rétablissement personnel et qu'un nouveau cas d'extinction pour défaut de déclaration a été inscrit dans le nouvel article 792, alinéa 2, du Code civil par la loi du 23 juin 2006 relative aux successions.

La clôture de la procédure pour insuffisance d'actif produit, lorsqu'elle s'applique à la caution, les mêmes effets que dans le cas où elle concerne le débiteur principal (*supra* n° 245). Même si elle n'est pas, à proprement parler, une cause d'extinction, elle fait obstacle à toute reprise des poursuites, ce qui équivaut, pour la caution elle-même, à une extinction. La différence ne resurgirait que si cette caution était garantie par un certificateur de caution, dont l'obligation survivrait, comme survit celle de la caution lorsque la clôture de la procédure concerne le débiteur principal.

B. Extinction de l'obligation de couverture

255 ***1° Résiliation du cautionnement à durée indéterminée*** ◊ La durée joue un rôle essentiel lorsque l'engagement de la caution garantit un ensemble de dettes ou un contrat à exécution successive à durée indéterminée. Entre alors en jeu la distinction entre l'**obligation de couverture**

---

1. V. Com., 19 janv. 1993, *Bull. civ.* IV, n° 17, *JCP* 1993. I. 3680, n° 8, obs. Simler, *RTD com.* 1994. 119, obs. Martin-Serf ; Com., 20 juin 1995, *Bull. civ.* IV, n° 190, *JCP* 1995. IV. 2038 (qui précise que la double déclaration est requise même en cas d'extension de la procédure collective de la société débitrice aux personnes physiques cautions) ; Com., 28 janv. 1997, *Bull. civ.* IV, n° 27, *D.* 1997. Somm. 167, obs. Aynès, et 213, obs. Honorat, *JCP* 1997. II. 22946, note Dagorne-Labbé, *RTD com.* 1998. 207, obs. Martin-Serf ; Com., 23 juin 1998, *Bull. civ.* IV, n° 204, *RTD civ.* 1999. 151, obs. Crocq ; Civ. 1re, 22 janv. 2002, *JCP* 2002. IV. 1365, *RJDA* 2002. 521 (qui précise que la réalité de la déclaration de la créance à la procédure collective de la caution doit être vérifiée d'office, peu important que la créance ait été admise au passif du redressement judiciaire du débiteur principal) ; Com., 3 mai 2006, *Bull. civ.* IV, n° 113, *D.* 2006. Act. 1451, obs. Lienhard.

et l'**obligation de règlement** de la caution (*supra* n° 110). La résiliation, lorsque le cautionnement a été consenti pour une durée indéterminée, comme le terme, dans le cas contraire (*infra* n° 257), ne mettent en principe fin qu'à la première.

Il convient de réaffirmer d'abord que le cautionnement d'un ensemble de dettes sans limitation de durée, comme aussi celui d'un contrat principal à échéances successives à durée indéterminée [1], sont unilatéralement résiliables [2]. S'il a pu y avoir naguère quelques hésitations, notamment dans l'hypothèse du cautionnement du compte-courant [3], celles-ci sont définitivement levées. Le législateur a lui-même incidemment confirmé la faculté de résiliation en faisant obligation à certaines catégories de créanciers de notifier annuellement à leurs cautions le montant de la dette restant due, en capital et accessoires (*supra* n°s 153 s.) et de leur rappeler, *« si l'engagement est à durée indéterminée,... la faculté de révocation* [4] *à tout moment et les conditions dans lesquelles celle-ci est exercée »* (C. mon. fin., art. L. 313-22 ; C. consom., art. L. 341-6, réd. L. 1er août 2003).

Si la faculté de résiliation, qui est d'ordre public, ne peut être éludée, ni directement, ni indirectement [5], ses modalités peuvent en revanche être conventionnellement aménagées, par l'indication, particulièrement utile [6], des formes dans lesquelles elle doit intervenir et/ou par la stipulation

1. V., pour un bail à durée indéterminée, Civ. 3e, 25 avr. 1990, *Bull. civ.* III, n° 101, *D.* 1990. IR 118.

2. Il va de soi qu'inversement aucune résiliation n'est possible si le cautionnement a été donné pour une dette déterminée, même exécutoire à échéances successives, telle qu'un prêt (Com., 7 juill. 1992, *Bull. civ.* IV, n° 262, *D.* 1992. IR 217) ou un bail à durée déterminée (*supra* n° 122), ou encore lorsque la garantie *omnibus* a été assortie d'un terme déterminé (Com., 23 févr. 1993, *Bull. civ.* IV, n° 69, *D.* 1993. Somm. 313, obs. Aynès). Rien n'interdit cependant aux parties de combiner terme et faculté de résiliation, en stipulant, par exemple, que la garantie serait résiliable après une période d'obligation ferme ou, au contraire, prendrait fin après une durée maximum tout en demeurant résiliable à tout moment (pour une illustration, v. Com., 28 févr. 1995, *JCP* 1995. I. 3851, n° 5). Sur les dispositions particulières prises par la loi du 21 juillet 1994 relative à l'habitat en matière de cautionnement à durée indéterminée des baux d'habitation ou mixtes régis par la loi du 6 juillet 1989, v. *supra* n° 122.

3. V. Com., 18 juin 1973, *Bull. civ.* IV, n° 209, *D.* 1973. Somm. 149, *JCP* 1975. II. 18145, note Simler. Rappr. Com., 5 mai 1982, *Bull. civ.* IV, n° 154, *D.* 1982. IR 387, *Banque* 1983. 366, obs. M. Martin.

4. Le législateur comme la jurisprudence emploient couramment le terme *« révocation »*, dont l'impropriété est certaine. La révocation anéantit rétroactivement l'acte qui en est frappé. Tel n'est pas le cas en l'occurrence. Le terme *« dénonciation »* qui est parfois employé prête moins le flanc à la critique. Mais seul le terme *« résiliation »* est juste.

5. V., pour la nullité de la clause d'un sous-cautionnement subordonnant sa résiliation à l'accord de la caution contre-garantie, Civ. 1re, 7 mars 2006, *Bull. civ.* I, n° 132, *D.* 2006. IR 981, *JCP* 2006. IV. 1730, *RD banc. fin.* 2006, n° 97, obs. Legeais, *Banque et droit* mai-juin 2006, obs. Rontchevsky, *CCC* 2006, n° 125, obs. Leveneur.

6. La caution doit être en mesure de prouver la résiliation, plus précisément la réception de celle-ci (v., pour une hypothèse extrême, Com. 22 juin 1999, *RJDA* 1999. 1136, *JCP* 2000. I. 209, n° 7, obs. Simler ; *Banque et droit* janv.-févr. 2000. 56, obs. Jacob. Alors que la caution avait eu recours à l'envoi en recommandé avec accusé de réception et était en mesure de présenter, outre la copie du courrier, le récépissé d'expédition, la preuve de la résiliation a été jugée non établie faute de justification de l'accusé de réception).

d'un délai de préavis. À défaut d'une telle précision, la résiliation prend normalement effet au moment de sa réception par le créancier [1].

Cet effet est seulement de limiter l'obligation de la caution aux dettes nées avant la résiliation. Par conséquent, **seule l'obligation de couverture est éteinte**, l'obligation de règlement subsistant pour les dettes garanties nées avant la résiliation, quelle que soit l'époque de leur exigibilité ou des poursuites [2], sous réserve du jeu de la prescription extinctive ou de l'existence d'un délai conventionnel de forclusion (*supra* n° 126 et *infra* n° 257).

En cas de pluralité de cautions solidaires, la résiliation de son engagement par l'une des cautions laisse en principe subsister celui des autres, à moins que chacune ait érigé l'engagement collectif en condition du sien propre [3] (comp., pour la novation, *supra* n° 250).

256 ***Application au compte-courant*** ◊ Le cautionnement général a fréquemment pour objet, avec d'autres dettes ou non, un compte-courant. La conciliation des effets de la résiliation avec le principe même du compte-courant - fusion des articles en un solde unique exigible lors de la clôture du compte - a soulevé une difficulté particulièrement ardue.

En raison de la règle traditionnelle de l'indivisibilité du compte-courant, la jurisprudence a d'abord admis que, après résiliation de son engagement, la caution restait tenue, lors de la clôture du compte, à hauteur du solde débiteur provisoire au jour de la résiliation [4]. Une double objection pouvait, au plan des principes, être formulée à l'encontre de cette solution. Elle réduisait la résiliation à une simple limitation du montant de l'engagement, la caution demeurant tenue, dans la limite du solde provisoire, même pour les opérations nouvelles portées en compte postérieurement. Elle emportait maintien indéfini, dans cette mesure, de l'obligation de la caution, sans possibilité d'y mettre fin, la faculté de résiliation ayant par hypothèse déjà été exercée, et entrait en contradiction, par conséquent, avec la prohibition des engagements perpétuels.

Sacrifiant l'idée d'indivisibilité du compte, la Cour de cassation a jugé en 1972 qu'il fallait, dans cette hypothèse, rechercher « si, le compte-courant

---

1. V. M. Cabrillac, Ch. Mouly, S. Cabrillac et Ph. Pétel, n° 361.

2. V. par ex., Com., 16 oct. 1990, *Bull. civ.* IV, n° 237, *JCP* 1990. IV. 400 ; Com., 11 mai 1993, *D.* 1993. Somm. 314, obs. Aynès, *JCP* 1993. II. 22188, note Delebecque (pour les loyers d'une location mobilière échus postérieurement à la résiliation d'un cautionnement général) ; Com., 8 janv. 2008, *Bull. civ.* IV, n° 1, *D.* 2008. Act. 474, obs. Avena-Robardet, *RTD civ.* 2008. 329, obs. Crocq, *RTD com.* 2008. 405, obs. Legeais, *RDC* 2008. 421, obs. Houtcieff (pour un prêt consenti à la société peu avant la résiliation de son cautionnement général par un ancien dirigeant) ; Paris, 24 févr. 1982, *D.* 1982. 467, note Stoufflet, *Banque* 1982. 526, obs. M. Martin.

3. V. en ce sens Civ. 1re, 7 déc. 1999, *Bull. civ.* I, n° 335, *JCP* 2000. II. 10268, concl. Sainte-Rose, *RD banc. fin.* 2000, n° 12, obs. Legeais, *JCP* 2000. I. 257, n° 12, obs. Simler. L'arrêt n'applique cependant pas le mécanisme de la condition résolutoire aux autres cautionnements. Il déclare au contraire inopposable aux autres la résiliation intervenue, faute par l'intéressée de les en avoir informées. Cette sanction inédite paraît très contestable.

4. V. Orléans, 10 oct. 1966, *Banque* 1967. 48, obs. X. Marin ; Lyon, 21 janv. 1971, *Banque* 1973. 503, obs. M. Martin.

ayant continué à fonctionner, le débit du solde provisoire existant au jour de la révocation du cautionnement n'a pas été effacé par les remises subséquentes et si le solde débiteur réclamé, après clôture définitive du compte, ne résulte point d'avances effectuées par la banque postérieurement à la révocation de l'engagement » [1]. Respectueuse du droit de résiliation, la solution issue de ce revirement est assurément gênante pour les établissements financiers. Si le compte continue de fonctionner, la garantie est rapidement réduite à néant, toute inscription en crédit s'imputant sur le solde débiteur provisoire au jour de la résiliation, sous la seule réserve des opérations en cours à ce même jour [2]. Il appartient au créancier garanti de subordonner la continuation de son soutien financier à la fourniture par le débiteur d'une nouvelle garantie.

Le rétablissement par une clause du contrat de cautionnement de la solution ancienne doit être condamné, pour les mêmes raisons que celles ayant justifié l'abandon de cette solution. Une telle clause, qui réduirait à nouveau la résiliation à un simple plafonnement de l'obligation et rendrait la caution prisonnière de son engagement, serait pareillement incompatible avec le caractère d'ordre public de la faculté de résiliation des engagements à durée indéterminée. Telle n'est pourtant pas la position de la Cour de cassation, qui déclare cette clause valable [3].

---

1. Com., 22 nov. 1972, *Bull. civ.* IV, n° 298, *Gaz. Pal.* 1973. 1. 213, note D. Martin, *Banque* 1973. 504, obs. M. Martin, *RTD com.* 1973. 309, obs. Cabrillac et Rives-Lange. Dans le même sens, par ex., Com., 30 mai 1978, *Bull. civ.* IV, n° 155, *D.* 1978. IR 415, obs. Vasseur, *JCP* 1980. II. 19325, note Simler ; Civ. 1re, 17 mai 1983, *Bull. civ.* I, n° 146, *D.* 1984. IR 84, obs. Vasseur ; Com., 20 févr. 1985, *Bull. civ.* IV, n° 75, *RTD com.* 1986. 128, obs. Cabrillac et Teyssié ; Com., 23 mai 1989, *Bull. civ.* IV, n° 158, *RTD com.* 1990. 70, obs. Cabrillac et Teyssié ; Com., 14 déc. 1993, *Bull. Joly* 1994. 159, obs. Delebecque. V. aussi, M. Cabrillac, « Obligation de couverture, obligation de règlement et cautionnement du compte courant », *Mélanges Mouly*, 1998, p. 293.

2. Sur la liquidation des opérations en cours, v. Com., 6 nov. 1990, *Bull. civ.* IV, n° 260, *D.* 1991. Somm. 387, obs. Aynès ; Com., 14 avr. 1992, *Bull. civ.* IV, n° 155, *JCP* 1992. IV. 1780, *RTD com.* 1993. 141, obs. Cabrillac et Teyssié. De ce dernier arrêt il résulte que la caution peut rester tenue même si, au moment de la résiliation, le solde du compte était positif.

3. V. Com., 6 juill. 1983, *Bull. civ.* IV, n° 203, *D.* 1984. IR 84, obs. Vasseur, *Banque* 1984. 970, obs. Rives-Lange, *RTD com.* 1984. 317, obs. Cabrillac et Teyssié ; Com., 12 févr. 1991, *Bull. civ.* IV, n° 62, *D.* 1991. Somm. 387, obs. Aynès, *JCP* 1991. II. 21740, note Amlon, *RD banc. et bourse* 1991. 154, obs. Campana et Calendini ; Com., 9 juin 1992, *Bull. civ.* IV, n° 227, *D.* 1992. IR 198, *RTD com.* 1993. 141, obs. Cabrillac et Teyssié ; Com., 10 déc. 2002, *Bull. civ.* IV, n° 190, *JCP* 2003. I. 124, n° 7, *RD banc. fin.* 2003, n° 66, obs. Legeais, *RJDA* 2003. 541 (cet arrêt, relatif à un cautionnement à terme déterminé, écarte expressément l'objection tenant à la perpétuité) ; Com., 18 févr. 2003, *JurisData* n° 017872, *RJDA* 2003. 1013. Dans le même sens, Versailles, 5 avr. 1990, *D.* 1991. 199, note D. Martin ; Rennes, 30 mai 2002, *JurisData* n° 177751. Sur la critique de cette solution, V. not. Cabrillac et Teyssié, obs. préc., D. Martin, note préc. ; M. Cabrillac, art. préc., Simler, n° 783 ; A.-S. Barthez et D. Houtcieff, n° 1078. Dans le sens d'une condamnation très ferme de cette clause, V. Paris, 18 mars 1994, *D.* 1994. IR 112, *JCP* 1994. I. 3807, n° 12, obs. Simler. La portée de la solution contestable retenue par la Cour de casstion se trouve aujourd'hui limitée, pour tout cautionnement par acte sous seing privé souscrit par une personne physique au profit d'un créancier professionnel, par les dispositions de l'article L. 341-2 C. consomm., qui impose la stipulation d'une durée déterminée (*supra* n° 117).

Doit être également prohibée la clause d'exigibilité du solde provisoire au jour de la résiliation, en l'absence de clôture du compte, une telle clause méconnaissant le caractère accessoire du cautionnement et la règle de l'article 2290, alinéa 1er [1].

En revanche, les règles d'imputation, qui sont purement supplétives (*supra* nos 233 s.), devraient autoriser certains autres remèdes, tels que l'ouverture d'un autre compte pour les opérations nouvelles ou même une clause d'imputation des remises postérieures à la résiliation par priorité sur les inscriptions en débit nouvelles, clauses que la jurisprudence, au contraire, condamne [2].

257 ***2° Terme du cautionnement à durée déterminée*** ◊ Le cautionnement d'un ensemble de dettes peut être consenti pour une durée limitée, moyennant un terme qui peut lui-même être déterminé (jusqu'à telle date ou pour telle durée) ou indéterminé (par exemple, pour la durée des fonctions de la caution dans la société garantie) [3].

Dans l'hypothèse, particulièrement fréquente, du cautionnement de sociétés par leurs dirigeants, on peut raisonnablement soutenir que, dans l'esprit de la caution comme dans celui du créancier, un lien aura existé entre la fonction exercée et la garantie consentie et que la cessation de la fonction devrait, dès lors, constituer le terme implicite de la garantie [4]. S'il est vrai que le problème a été très souvent posé sur un autre terrain - celui d'une impossible disparition de la cause (*supra* n° 102) - il reste que la jurisprudence se montre hostile à l'idée d'un terme implicite dans cette hypothèse [5].

1. En ce sens, Paris, 18 mars 1994, préc. V. cependant Com., 25 nov. 1974, *Bull. civ.* IV, n° 298, *D.* 1975. IR 29, *RTD com.* 1975. 572, obs. Cabrillac et Rives-Lange ; Com., 24 févr. 1975, *Bull. civ.* IV, n° 55, *D.* 1975. IR 99, *RTD com.* 1975. 883.

2. V. Com., 3 avr. 1978, *Bull. civ.* IV, n° 106, *JCP* 1980. II. 19325, note Simler, *Banque* 1980. 258, obs. M. Martin ; Com., 6 juill. 1983, *Bull. civ.* IV, n° 204, *D.* 1984. IR 84, obs. Vasseur, *Banque* 1984. 970, obs. Rives-Lange, *Gaz. Pal.* 1984. 1. Pan. jur. 19, note Piedelièvre ; Com., 1er juill. 2003, *Bull. civ.* IV, n° 113, *D.* 2004. 48, note Djoudi, *JCP* 2003. I. 176, n° 8, obs. Simler, *LPA* 2003, n° 234, p. 3, obs. Houtcieff (qui réserve l'hypothèse d'une telle clause, absente en l'espèce). Sur la critique de cette jurisprudence, V. M. Cabrillac, art. préc., spéc. nos 25 s. ; A.-S. Barthez et D. Houtcieff, nos 1079 et 1081. Un arrêt du 29 mai 2001, relatif à un cautionnement à durée déterminée, a pu être interprété comme une amorce de revirement sur ce point (Com., 29 mai 2001, *JurisData* n° 010017, *JCP* 2001. I. 256, n° 6, obs. Simler, *RJDA* 2001. 1149).

3. V. TA Lille, 28 oct. 1980, *JCP* 1981. II. 19682, obs. J.D. ; Bordeaux, 24 mars 1993, *JCP* 1993. IV. 1771. Un cautionnement dont le terme, même incertain, est déterminé n'est pas résiliable. Sur la combinaison des deux modes d'extinction, le cautionnement étant souscrit avec faculté de résiliation, mais néanmoins limité à la période d'exercice des fonctions, v. Com., 28 févr. 1995, préc.

4. En ce sens, Mouly, nos 270 s. et 345 s. ; M. Cabrillac, Ch. Mouly, S. Cabrillac et Ph. Pétel, nos 217 ; Marty, Raynaud et Jestaz, n° 614 ; Théry, nos 45 et 82 ; Rèmond-Gouilloud, art. préc., *JCP* 1977. I. 2850, n° 24 ; Lienhard, art. préc., *Rev. proc. coll.* 1988. 121. II. C ; Simler, Chron. préc., *JCP* N 1986. I. 169, nos 33 s.

5. V. Com., 17 déc. 1974, *Bull. civ.* IV, n° 330 ; Com., 16 oct. 1978, *Bull. civ.* IV, n° 227, *Rev. sociétés* 1979. 813, obs. Hémard ; Civ. 1re, 4 juill. 1979, *Bull. civ.* I, n° 200, *Gaz. Pal.* 1979. 2. 483 ; Com., 3 nov. et 6 déc. 1988, *Bull. civ.* IV, nos 283 et 334, *D.* 1989. 185, note Aynès ; Com., 24 avr.

À moins que le contrat ne précise clairement que le terme met fin à toute obligation de la caution, de sorte qu'elle ne puisse plus être poursuivie après son échéance [1], celle-ci, comme la résiliation (*supra* n° 255), ne met fin qu'à l'obligation de couverture et laisse subsister la garantie pour toute dette déjà née [2].

Dans l'hypothèse du cautionnement à durée déterminée d'un compte-courant, l'arrivée du terme produit les mêmes effets que la résiliation [3].

258 ***3° Décès de la caution*** ◇ Aux termes de l'article 2294, « *les engagements des cautions passent à leurs héritiers,... si l'engagement était tel que la caution y fût obligée* ». Ainsi, si une caution a garanti une ou plusieurs dettes déterminées, ses héritiers sont tenus de la même manière que leur auteur [4], sauf

---

1990, *Bull. civ.* IV, n° 117, *D.* 1991. 177, note Morvan, *Rev. sociétés* 1990. 602, note Guyon ; Com., 15 oct. 1991, *Bull. civ.* IV, n° 285 ; Com., 28 mai 2002, *Dr. sociétés* 2002, n° 207, obs. Bonneau, *Bull. Joly* 2002. 1043, obs. Baranger ; Paris, 23 janv. 2002, *JurisData* n° 165872, *JCP* 2002. I. 162, n° 7, obs. Simler ; Bordeaux, 12 mars 2008 : *JurisData* n° 360862. La Cour de cassation ne retient pas davantage, dans cette hypothèse, une responsabilité bancaire (Com., 29 janv. 2002, *Bull. civ.* IV, n° 21, *D.* 2002. Act. 716, obs. Lienhard, et Somm. 3335, obs. Aynès, *JCP* 2002. I. 162, n° 7, obs. Simler : « la banque n'était tenue ni d'une obligation d'information, ni d'une obligation de conseil sur la persistance, faute de novation, des engagements de caution des consorts R. à la suite de la cession de leurs actions ». Dans les rapports entre la caution et le créancier, le cautionnement par le successeur des mêmes dettes ou l'engagement de ce dernier ou du débiteur de libérer la caution de ses obligations sont sans incidence, faute de novation (Grenoble, 12 sept. 2002, *JCP* 2002. IV. 3089. V. aussi *supra* n° 250).

1. V. Civ., 13 mai 1936, *Gaz. Pal.* 1936. 2. 278 ; Com., 26 avr. 1977, *D.* 1977. IR 345 ; Civ. 1re, 9 déc. 1981, *Bull. civ.* I, n° 373, *D.* 1982. IR 129 ; Com., 28 janv. 1992 (motifs), *Bull. civ.* IV, n° 35, *Defrénois* 1992. 35303, obs. Aynès ; Com., 11 déc. 2001, *RJDA* 2002. 433. V. aussi Civ. 2e, 14 oct. 1987, *Bull. civ.* II, n° 195, *D.* 1987. IR 208, *RD banc. et bourse* 1988. 89, obs. Crédot et Gérard. En l'espèce, le contrat stipulait que « le présent engagement est valable jusqu'au... et la banque aura un délai de... à compter de cette date pour y faire appel ». Si le premier terme ne mettait fin qu'à l'obligation de couverture, le second ne pouvait avoir d'autre signification que l'extinction de l'obligation de règlement.

2. V. Com., 16 juill. 1973, *Bull. civ.* IV, n° 244, *Banque* 1974. 426, obs. M. Martin ; Civ. 1re, 4 juill. 1979, *Bull. civ.* I, n° 201, *D.* 1979. IR 520, *Gaz. Pal.* 1979. 2. 483, *Defrénois* 1980. 32448, obs. Aubert ; Com., 10 janv. 1984, *Bull. civ.* IV, n° 9, *JCP* 1984. IV. 85 ; Civ. 1re, 6 nov. 1985, *Bull. civ.* I, n° 288, *Defrénois* 1986. 33795, obs. Aubert ; Com., 28 janv. 1992, préc. ; Civ. 1re, 19 juin 2001, *Bull. civ.* I, n° 179, *D.* 2001. Act. 2298, *JCP* 2001. I. 356, n° 4, obs. Simler, *Banque et droit* juill.-août 2001. 43, obs Rontchevsky ; Paris, 28 nov. 1974, *JCP* 1976. II. 18263, note Simler ; Versailles, 29 oct. 1998, *JurisData* n° 056107, *Gaz. Pal.* 1999. 2. Somm. 542.

3. V. Com., 30 mars 1993, *Bull. civ.* IV, n° 125, *JCP* 1993. IV. 1412 ; Civ. 1re, 28 oct. 1997, *Bull. civ.* I, n° 296, *D.* 1998. 552, *RTD com.* 1998. 184, obs. Cabrillac ; Com., 1er juill. 2003, préc.. V. en particulier, sur les aménagements conventionnels de la solution, Com., 10 déc. 2002 et 18 févr. 2003, préc.

4. Il en est ainsi même si la dette est à échéances successives, telle un prêt ou un bail. Les héritiers restent tenus jusqu'à extinction du contrat (v., pour un prêt, Civ. 1re, 20 juill. 1994, *Bull. civ.* I, n° 258, *D.* 1994. IR 212 ; *JCP* 1994. I. 3807, n° 10, et N 1995. II. 652, note Leveneur. Sur le sort du cautionnement du bail après son terme, v. *supra* n° 122). Cette survie du cautionnement ne permet pas pour autant de traiter l'obligation, qui n'est qu'éventuelle, comme un passif successoral déductible pour le calcul des droits de mutation, à moins que la défaillance du débiteur principal soit établie, notamment par l'existence d'une poursuite du créancier contre la caution (v. Com., 4 mai 1993, *JCP* N 1994. Prat. 2963 et 2968, *RD banc. et bourse, Cah. gest. patr.* mars-avril 1994. 12. V. aussi, A. Chappert, « Le passif successoral et le fisc », *Defrénois* 1992. 35218, nos 47 s.).

renonciation à la succession ou acceptation à concurrence de l'actif net, nouvelle appellation de l'acceptation sous bénéfice d'inventaire.

Seul le cautionnement général a fait difficulté : une telle garantie peut-elle obliger les héritiers pour les dettes nées postérieurement au décès de la caution ? Corrélativement, ces héritiers peuvent-ils être tenus de payer le solde débiteur d'un compte-courant garanti par leur auteur au titre des opérations postérieures au décès ?

À ces questions, la jurisprudence a d'abord répondu affirmativement, puisque *« les engagements des cautions passent à leurs héritiers »* [1]. À la réflexion, la lettre du texte n'imposait pas une solution aussi sévère. La caution ne pouvait être *« obligée »* au jour de son décès au titre de dettes nées postérieurement. Corrélativement, l'abandon de l'idée d'indivisibilité du compte-courant, dans le cas de la résiliation ou de l'arrivée du terme du cautionnement (*supra* n° 256), ne permettait plus de justifier que les héritiers fussent tenus du solde débiteur du compte clôturé postérieurement au décès. La mise en évidence de la distinction entre obligation de couverture et de règlement a fourni le fondement théorique du renversement d'une solution pratiquement inique : le décès de la caution emporte extinction de l'obligation de couverture, seule l'obligation de règlement des dettes nées avant le décès étant transmise aux héritiers.

La Cour de cassation a appliqué ce raisonnement pour la première fois par un arrêt remarqué du 29 juin 1982 [2]. Elle a jugé par la suite que la solution ancienne ne pouvait être rétablie par une clause du contrat de cautionnement mettant expressément à la charge des héritiers les dettes nées postérieurement au décès, une telle clause étant constitutive d'un pacte sur succession future [3].

Il y a lieu de rappeler la très forte analogie entre l'hypothèse du décès de la caution et celle de la fusion ou de la scission affectant une société tenue en qualité de caution, ce qui explique la similitude des solutions (*supra* n° 252).

---

1. V. Com., 14 nov. 1966, *Bull. civ.* III, n° 427, *D.* 1967. 198, *RTD civ.* 1967. 627, obs. Chevallier ; Civ. 1re, 16 déc. 1969, *Bull. civ.* I, n° 396, *D.* 1970. Somm. 146, *RTD com.* 1970. 400, obs. Cabrillac et Rives-Lange ; Com., 14 nov. 1980, *Bull. civ.* IV, n° 371, *D.* 1981. IR 350, obs. Vasseur, *JCP* 1981. II. 19577, note Rèmond-Gouilloud.

2. Com., 29 juin 1982, *Bull. civ.* IV, n° 258, *D.* 1983. 360, note Mouly, *Defrénois* 1983. 33027, obs. Aubert, *Rev. sociétés* 1983. 86, note Cabrillac, *JCP* 1984. II. 20148, note Bouteiller, *RTD civ.* 1983. 354, obs. Rémy. Dans le même sens Civ. 1re, 3 juin 1986, *Bull. civ.* I, n° 147, *D.* 1987. Somm. 296, obs. Vasseur, *JCP* 1986. II. 20666, concl. Gulphe, *Defrénois* 1987. 33845, note Piedelièvre ; Com., 16 janv. 1990, *JCP* E 1990. I. 20300 ; Civ. 1re, 10 juin 1997, *Bull. civ.* I, n° 194, *RD banc. et bourse* 1997. 222. V. égal., à propos du cautionnement d'un compte courant, Com., 6 déc. 1988, *Bull. civ.* IV, n° 336, *D.* 1988. IR 298, *JCP* 1989. IV. 48 : Cass. com., 15 avr. 2008, *JurisData* n° 043719, *JCP* 2008. I. 152, n° 152, obs. Simler, qui censure l'arrêt ayant condamné les héritiers à hauteur du solde au jour du décès, alors que le compte n'était pas clôturé.

3. Com., 13 janv. 1987, *Bull. civ.* IV, n° 9, *D.* 1987. Somm. 453, obs. Aynès, *JCP* E 1987. II. 15054, note Béhar-Touchais, 1988. II. 20954, note de la Marnierre, et N 1988. II. 87, note Raffray. On a fait observer cependant qu'un engagement de porte-fort pris par la caution pourrait permettre de contourner l'obstacle, les héritiers n'ayant d'autre choix que d'exécuter cet engagement ou de renoncer à la succession (Béhar-Touchais, note préc.).

Ce dispositif jurisprudentiel est aujourd'hui complété, pour les dettes de la caution défunte normalement transmises à ses héritiers, par l'obligation nouvelle imposée aux créanciers successoraux, en cas d'acceptation à concurrence de l'actif net, de déclarer leurs créances, sous peine d'extinction (C. civ., art. 792, al. 2. V. *supra* n° 244).

§ 3. Bénéfice de cession d'actions ou de subrogation

259 ***Originalité de la cause d'extinction. Terminologie*** ◇ Aux termes de l'article 2314 (anc. art. 2037), « *La caution est déchargée lorsque la subrogation aux droits, hypothèques et privilèges du créancier, ne peut plus, par le fait de ce créancier, s'opérer en faveur de la caution* ». Ce texte a été complété, à l'occasion de la loi du 1er mars 1984 relative à la prévention et au règlement amiable des difficultés des entreprises, par une proposition nouvelle lui conférant un caractère impératif : « *Toute clause contraire est réputée non écrite* ».

Cette cause d'extinction du cautionnement, propre à la matière [1], est sans incidence sur l'obligation garantie. Il s'agit donc bien d'une cause d'extinction à titre principal de l'obligation de la caution, mais d'une cause originale.

L'hypothèse est celle d'un créancier bénéficiant, outre le cautionnement, d'autres sûretés, conventionnelles ou légales, réelles ou personnelles, ou de droits préférentiels divers. Ces sûretés ou droits préférentiels sont de nature à profiter à la caution si, ayant exécuté son obligation, elle entend se retourner contre le débiteur principal ou contre des tiers sur le fondement de la subrogation dans les droits du créancier (*supra* nos 206 s.). Lorsque leur perte est imputable au créancier, l'article 2314 prive celui-ci, à titre de sanction, de son action contre la caution.

Ainsi s'explique la seconde appellation [2] de ce mécanisme : bénéfice de subrogation, qui devrait, à dire vrai, s'appeler bénéfice de non subrogation, puisque c'est la privation des avantages de la subrogation qui décharge la caution.

260 ***Fondement*** ◇ Diverses explications de la règle de l'article 2314 ont été proposées en doctrine et en jurisprudence [3]. Les uns y ont vu une simple application de l'article 1383 du Code civil [4], donc d'une **responsabilité délictuelle**, explication

---

1. L'article 121-12 du Code des assurances formule cependant une règle très semblable. V. Civ. 1re, 17 févr. 1987, *Bull. civ.* I, n° 57, *JCP* 1987. IV. 137.

2. La première appellation : bénéfice de cession d'actions, qui est la plus usitée, s'explique par l'origine romaine de la règle (v. Mouly, n° 385). Le droit romain ne connaissait pas le principe de subrogation de plein droit. Une « *exceptio cedendarum actionum* » était ouverte au « *fidejussor* » ou caution. La subrogation de plein droit rend inutile le recours à l'idée de cession. Mais la dénomination est restée.

3. V. Betant-Robet, « La décharge de la caution par application de l'article 2037 », *RTD civ.* 1974. 309 ; Simler, « La renonciation par la caution au bénéfice de l'article 2037 du Code civil », *JCP* 1975. I. 2711 ; Mouly, n° 418 s. ; M. Cabrillac, Ch., Mouly, S. Cabrillac et Ph. Pétel, n° 301 ; A.-S. Barthez et D. Houtcieff, n° 1119 s.

4. V. Req., 4 nov. 1896, *DP* 1897. 1. 569, note Guenée, *S.* 1900. 1. 509 ; Labbé, note sous Civ., 2 févr. 1886, *S.* 1887. 1. 5.

incompatible avec le principe dit du « non-cumul » des responsabilités délictuelle et contractuelle. S'agit-il alors d'une **responsabilité contractuelle ?** Cette thèse [1] contredisait le caractère unilatéral unanimement reconnu au cautionnement et qui détermine largement son régime. Si le créancier ne peut impunément renoncer à des sûretés ou droits préférentiels utiles à la caution, il n'est pas pour autant tenu d'une obligation contractuelle de les conserver. La même critique peut être formulée à l'encontre de l'explication de la règle par l'idée de **résolution pour inexécution** ou encore d'**exception d'inexécution**, mécanismes propres aux contrats synallagmatiques. On n'a pas manqué d'en appeler au concept de **cause** et de voir dans « la contemplation des sûretés promises... la cause impulsive et déterminante de l'engagement de la caution » [2]. La subrogation éventuelle dans les droits du créancier ne peut pourtant avoir été la cause de l'engagement de la caution, qu'il s'agisse de sa cause efficiente ou de sa cause finale : la caution ne s'oblige ni parce qu'il existe d'autres sûretés, ni dans le but d'en bénéficier par voie de subrogation.

Tant que la règle de l'article 2314 était supplétive, le concept de **condition** fournissait une réponse plus satisfaisante [3] : la caution était réputée s'être obligée sous la condition implicite, mais très plausible, que le créancier préserve ses chances d'être subrogée dans ses droits. Cette explication, contrairement aux précédentes, était en harmonie avec le fait que la décharge de la caution n'est accordée que si les sûretés ou droits perdus existaient au jour de l'engagement de la caution ou étaient du moins entrés dans ses prévisions (*infra* n° 266). Mais le caractère impératif conféré à l'article 2314 (L. 1er mars 1984, préc.) anéantit cette explication.

Ce même caractère conforte, en revanche, l'idée que l'article 2314 ne serait autre chose qu'une **déchéance légale** [4], justifiée par des impératifs de bonne foi et d'équité, et dont il suffit de prendre acte. Mais on comprend moins bien que la déchéance soit limitée, comme il vient d'être dit, aux sûretés existantes, alors que le texte n'exprime aucune restriction de cette sorte [5].

On constate que la recherche d'un fondement n'est pas un exercice purement gratuit, certaines particularités du domaine et des conditions d'application de la règle pouvant en dépendre.

A. Bénéficiaires de la règle de l'article 2314

261 ***Toutes les cautions, seules les cautions*** ◊ Le bénéfice de cession d'actions peut être invoqué par toutes les cautions, mais seulement par les cautions. Il n'y a donc pas de lien nécessaire entre le mécanisme de la subrogation personnelle et le bénéfice dit de subrogation. Diverses catégories de personnes peuvent être subrogées dans les droits du créancier payé,

---

1. V. Planiol, Ripert et Savatier, n° 1560 ; Wahl, notes sous Req., 18 mars 1901, *S.* 1903. 1. 137, et 19 févr. 1908, *S.* 1911. 1. 529 ; Chevallier, obs. *RTD civ.* 1939. 565 ; J. Mestre, *La subrogation personnelle*, nos 630 s.

2. Req., 5 déc. 1843, *DP* 1844. 1. 58, *S.* 1844. 1. 71 ; Req., 4 nov. 1896, préc. ; Rennes, 14 juin 1951, *D.* 1952. 712 ; Sigalas, *op. cit.*, nos 97 s.

3. V. Civ. 1re, 24 févr. 1982, *Bull. civ.* I, n° 89, *Defrénois* 1982. 32972, obs. Aubert ; Simler, art. préc. *Contra*, Mouly, *loc. cit.*

4. V. Mouly, nos 442 s. ; M. Cabrillac, Ch., Mouly, S. Cabrillac et Ph. Pétel, *loc. cit.* ; A.-S. Barthez et D. Houtcieff, n° 1137.

5. Ce qui conduit les tenants de cette thèse à condamner la restriction, voire à la nier : M. Cabrillac, Ch., Mouly, S. Cabrillac et Ph. Pétel, n° 307.

soit légalement, soit conventionnellement, alors que l'article 2314 ne concerne que les seules cautions.

Ainsi, la **caution solidaire** peut-elle se voir déchargée en application de cette règle aussi bien que la caution simple. Une différence importante est ainsi faite entre le codébiteur solidaire et la caution solidaire, alors pourtant qu'il s'agit des rapports entre le créancier et la caution. Cette précision démontre que la caution solidaire reste une caution et que le renvoi aux règles de la solidarité (art. 2298) n'a aucun caractère systématique (*supra*, n° 65) [1]. Même le codébiteur solidaire non intéressé à la dette, traité par rapport à son codébiteur intéressé à l'affaire « *comme* (sa) *caution* » (*art. 1216*), se voit refuser le bénéfice de cession d'actions [2].

Avec davantage d'hésitations, le bénéfice de cession d'actions a été reconnu au **donneur d'aval**, solution qui peut être considérée comme le test de la nature profonde de cautionnement d'un tel engagement cambiaire [3].

De même, le **certificateur de caution** peut sans aucun doute opposer le bénéfice de cession d'actions au créancier [4]. En revanche, la caution de premier rang ne peut opposer le même bénéfice à son certificateur, à supposer que des droits aient été perdus de son chef, car c'est sa qualité de débiteur garanti, et non celle de caution, qui est le fondement du recours exercé contre elle par le certificateur [5].

La **sous-caution**, enfin, peut elle aussi invoquer le bénéfice de cession d'actions si des droits susceptibles de lui profiter par voie de subrogation ont été perdus par la faute de la caution de premier rang, qui est le créancier par elle garanti [6].

---

1. La jurisprudence avait d'abord accordé le bénéfice de cession d'actions au codébiteur solidaire. Mais, depuis 1835, la solution contraire est constante (Req., 12 mai 1835, *DP* 1835. 1. 259 ; Req., 5 déc. 1843, préc. ; Req., 7 juin 1882, *DP* 1882. 1. 441, note Aubry ; Com., 8 mai 1968, *Bull. civ.* IV, n° 148). Des critiques continuent d'être formulées en doctrine à l'encontre de cette solution (V. Sigalas, *op. cit.*, n°s 103 s. ; J. Mestre, *op. cit.*, n°s 625 s.). Inversement, ce même bénéfice avait quelquefois été refusé à la caution solidaire. Mais dès 1836, la Cour de cassation a tranché en sens contraire (Civ., 17 août 1836, *DP* 1836. 1. 424, *S.* 1836. 1. 632), suivie, depuis, par une jurisprudence unanime (par ex., Civ., 12 déc. 1898, *S.* 1902. 1. 86 ; Req., 19 déc. 1927, *DH* 1928. 86, *S.* 1928. 1. 145, note Lescot ; Com., 5 déc. 1967, *Bull. civ.* IV, n° 403 ; Civ. 1re, 29 oct. 2002, *Bull. civ.* I, n° 249, *JCP* 2002. IV. 2992). La question a cessé de faire débat.

2. V. Paris, 27 sept. 1979, *D.* 1980. IR 339 ; Versailles, 20 févr. 1991, *JurisData* n° 040761, *JCP* 1992. I. 3583, n° 9. *Contra*, Mouly, n° 390 ; M. Cabrillac, Ch., Mouly, S. Cabrillac et Ph. Pétel, n° 303. V. aussi *infra* n° 344.

3. V. Com., 5 janv. 1957, *Bull. civ.* III, n° 7, *D.* 1957. Somm. 69, *RTD com.* 1958. 125, obs. Becqué et Cabrillac ; Com., 14 janv. 1970, *Bull. civ.* IV, n° 19, *D.* 1970. Somm. 99 ; Com., 20 juill. 1973, *Bull. civ.* IV, n° 259. *Contra*, précédemment, Com., 28 oct. 1952, *JCP* 1953. II. 7588, note Lescot, *Gaz. Pal.* 1952. 2. 412, *RTD com.* 1953. 146, obs. Becqué et Cabrillac ; Montpellier, 1er févr. 1954, *JCP* 1955. II. 8469, note Roblot.

4. V. Req., 16 nov. 1938, *DH* 1939. 37, *Gaz. Pal.* 1939. 1. 40.

5. *Contra*, Paris, 12 juill. 1952, *Banque* 1952. 713, obs. X. Marin, *RTD com.* 1953. 155, obs. Schlogel (qui ne refuse à la caution le bénéfice de l'article 2037 que parce qu'elle y avait renoncé) ; Besançon, 29 janv. 1954, *Banque* 1954. 735, obs. X. Marin.

6. En ce sens, quant au principe, Com., 9 juin 1980, *Bull. civ.* IV, n° 243 ; Mouly, n° 397. Pour une application concrète, Paris, 26 févr. 1997, *JurisData* n° 020296. En l'espèce, la caution était

Ce bénéfice ne peut en principe être invoqué entre **cofidéjusseurs** : il ne s'applique, a jugé la Cour de cassation, « qu'en faveur de la caution qui est poursuivie par le créancier » [1]. Mais il en va différemment, selon le même arrêt, si la caution *solvens* se place sur le terrain de la subrogation, exerçant alors, précisément, l'action du créancier [2].

La situation du **tiers constituant d'une sûreté réelle**, naguère appelé **« caution réelle »**, avant que la Cour de cassation ne lui dénie la qualité de caution (v. *supra* n° 74) mérite une mention particulière. Nul ne doutait que la « caution réelle » fût, elle aussi, bénéficiaire de cette cause d'extinction de son engagement [3]. N'étant plus une caution, ce tiers constituant paraît devoir dorénavant être privé de ce bénéfice [4], ce que rien ne peut justifier.

262 ***Renonciation*** ◊ Comme les bénéfices de discussion et de division, le bénéfice de cession d'actions était initialement considéré comme supplétif. Si la renonciation aux deux premiers était depuis longtemps la règle, spécialement par le biais de la clause de solidarité, le dernier n'avait guère attiré l'attention des créanciers avant les années 1960. Puis, la renonciation au bénéfice de cession d'actions s'est rapidement généralisée et a donné lieu, au cours de deux décennies suivantes, à un contentieux abondant. Sa validité ne pouvant pas être mise en doute, la jurisprudence avait seulement tenté, dans des hypothèses où l'équité était trop gravement contrariée, d'en réduire la portée, en mettant en jeu la responsabilité du créancier, coupable de fraude aux droits de la caution [5] ou d'une faute lourde [6], ou en annulant le cautionnement pour erreur sur l'existence d'autres sûretés en dépit de la renonciation [7].

---

contre-garantie, outre le sous-cautionnement, par des sûretés réelles, mais avait, après paiement, déclaré sa créance dans la procédure collective du débiteur principal à titre chirographaire.

1. Com., 11 déc. 2007, *Bull. civ.* IV, n° 261, *JCP* 2008. I. 152, n° 10, obs. Simler, *RD banc. fin.* 2008, n° 5, obs. Legeais. V. aussi Com., 27 nov. 2001, *JurisData* n° 012025, *JCP* 2002. I. 120, n° 2, obs. Simler.

2. En ce sens, Com., 5 avr. 2011, *JurisData* n° 005723, *JCP* 2011. Chron. 1259, n° 8, obs. Simler ; Paris, 26 févr. 1997, *JurisData* n° 020296 ; Metz, 20 sept. 2007, *JurisData* n° 353023, *JCP* 2008. I. 152, n° 10, obs. Simler.

3. V. Req., 27 avr. 1942, *S.* 1942. 1. 114 ; Civ. 1re, 23 nov. 1954, *Bull. civ.* I, n° 331 ; Civ. 2e, 5 mai 1976, *Bull. civ.* II, n° 143, *JCP* 1976. IV. 211 ; Com., 17 mars 1992, *Bull. civ.* IV, n° 115, *D.* 1992. IR 130. V. aussi, F. Grua, « Le cautionnement réel », *JCP* 1984. I. 3167, n° 21.

4. En ce sens, A.-S. Barthez et D. Houtcieff, n° 1139.

5. V. Civ. 1re, 27 oct. 1969, *Bull. civ.* I, n° 313 ; Civ. 1re, 15 janv. 1991, *JCP* 1992. I. 3583, n° 7 ; Rouen, 15 déc. 1972, *Banque* 1973. 406.

6. V. Civ. 1re, 16 oct. 1979, *JCP* 1980. II. 19279, concl. Gulphe, *D.* 1980. IR 212, obs. Vasseur, *RTD com.* 1980. 128, obs. Cabrillac et Rives-Lange ; Com., 21 janv. 1992, *Bull. civ.* IV, n° 22, *JCP* 1992. I. 3583, n° 7.

7. V. Com., 12 mars 1969, *Bull. civ.* IV, n° 91, *RTD com.* 1969. 773, obs. Cabrillac et Rives-Lange. Rappr. Civ. 1re, 27 mars 1974, *JCP* 1975. II. 18070, note Simler. *Contra*, Civ. 1re, 27 oct. 1969, *Bull. civ.* I, n° 313, *JCP* 1969. IV. 288 ; Com., 9 juin 1980, *Bull. civ.* IV, n° 243, *Gaz. Pal.* 1980. 2. Somm. 519, obs. A.P.

Si, depuis 1984, « *toute clause contraire est réputée non écrite* » [1], il faut admettre qu'est seule prohibée la renonciation anticipée, inscrite dans le contrat de cautionnement, et non celle intervenue postérieurement [2].

B. Conditions de mise en œuvre

263 ***Énoncé*** ◊ Trois conditions doivent être réunies pour que la caution puisse utilement invoquer la décharge prévue à l'article 2314 : il faut que des « *droits, hypothèques et privilèges* » appartenant au créancier aient été perdus (1°), qu'ils l'aient été par la faute de celui-ci (2°), enfin, qu'un préjudice en soit résulté pour la caution (3°).

264 ***1° Perte de « droits, hypothèques et privilèges »*** ◊ Sollicitée avec insistance par des cautions prétendant être déchargées sur le fondement de l'article 2314, la jurisprudence a inscrit la formule « *droits, hypothèques et privilèges* » dans une double limite tenant à la nature des droits visés et au moment de leur constitution [3].

265 ***a) Nature des droits*** ◊ La règle formulée à l'article 2314 repose sur l'idée que la caution doit être déchargée si elle ne peut pas être subrogée dans un droit qui appartenait au créancier. Il faut donc que le droit perdu soit de ceux qui peuvent être transmis par voie de subrogation. La subrogation n'a elle-même de sens que si elle procure à son bénéficiaire un avantage ou, pour le moins, une facilité de recouvrement que la simple qualité de créancier ne confère pas.

1° Les **sûretés** de toutes sortes répondent à l'évidence à ce critère, qu'elles soient conventionnelles ou légales, immobilières ou mobilières, réelles ou personnelles. Il faut entendre le concept de sûreté dans son sens le plus large (*supra* n° 37). La caution est ainsi déchargée si le créancier a perdu ou a laissé perdre une hypothèque [4], un nantissement de fonds de commerce [5]

---

1. Civ. 1re, 10 déc. 2002, *JurisData* n° 016876. Si l'on peut comprendre la prohibition pour les cautions personnes physiques, elle est plus difficilement justifiable pour les cautions « professionnelles » (en ce sens, M. Cabrillac, Ch. Mouly, S. Cabrillac et Ph. Pétel, n° 312 ; Simler, n° 818).

2. V. Simler, n° 821. V. en ce sens, Civ. 1re, 27 févr. 2001, *JurisData* n° 008458, qui a jugé que l'acceptation d'un plan de redressement par une caution surendettée emportait renonciation à invoquer ultérieurement l'article 2037 en raison de l'absence de formalisation d'un autre cautionnement initialement prévu.

3. Conformément au droit commun, c'est à la caution qui prétend qu'un droit susceptible de subrogation a été perdu qu'il appartient de le prouver : Civ. 1re, 13 nov. 1996, *Bull. civ.* I, n° 394, *D.* 1997. Somm. 166, obs. Aynès, *JCP* 1997. IV. 19 ; Paris, 7 oct. 1992, *D.* 1993. IR 8.

4. V. Req., 4 nov. 1896, *DP* 1897. 1. 569, note Guenée ; Com., 19 févr. 1985, *D.* 1986. 11, note Honorat, *Rev. sociétés* 1985. 866.

5. V. Com., 3 nov. 1975, *Bull. civ.* IV, n° 247, *JCP* 1978. II. 18891, note Simler.

ou d'autres biens ou valeurs, un privilège [1], un droit de rétention [2], une clause de réserve de propriété [3], un autre cautionnement [4].

La sanction est encourue par le créancier en cas de perte non seulement du droit constitutif de la sûreté, mais aussi de son assiette matérielle, qui a disparu, dépéri ou perdu toute valeur par sa faute [5].

2° Au-delà de la catégorie des sûretés, même largement définie, la perte de **tout autre droit préférentiel**, c'est-à-dire de « tout droit susceptible de conférer à son titulaire une facilité plus grande dans la perception de sa créance que le droit de gage général » [6], justifie également l'application de l'article 2314. Il en est ainsi de la perte par le créancier d'une action en revendication [7], en résolution [8], en révocation ou en nullité, d'un recours contre un coobligé [9], du droit de reprise d'un matériel [10] ou des droits résultant d'une saisie [11]. Les limites de cette catégorie sont cependant difficiles à cerner [12]. Ainsi, l'abolition par la loi de sauvegarde du 26 juillet 2005 de l'extinction des créances pour défaut de déclaration conduit à se demander si la caution peut se prévaloir, dans ce cas, du bénéfice de cession d'actions. La jurisprudence y avait autrefois répondu négativement, au motif contestable que la caution avait

1. V. Req., 18 mars 1901, *DP* 1903. 1. 345, *S.* 1903. 1. 137, note Wahl ; Civ., 6 févr. 1911, *DP* 1911. 1. 213, *S.* 1911. 1. 501.

2. V. Civ., 6 févr. 1911, préc. ; Req., 16 nov. 1938, *DH* 1939. 37 ; Civ. 1re, 27 nov. 1973, *Bull. civ.* I, n° 322, *D.* 1974. IR 37 ; Com., 25 nov. 1997, *Bull. civ.* IV, n° 301, *D.* 1998. 232, note François, *JCP* 1998. I. 149, n° 6, obs. Simler, *Banque et droit* 1998. 49, obs. Jacob.

3. V. Com., 11 juill. 1988, *Bull. civ.* IV, n° 237, *D.* 1988. IR 240, *Banque* 1988. 932, obs. Rives-Lange ; Com., 24 avr. 2007, *RJDA* 2007. 889, *RD banc. fin.* 2007, n° 144, obs. Cerles.

4. V. Civ., 13 juin 1939, *DH* 1939. 417.

5. V. Civ. 1re, 9 févr. 1970, *D.* 1970. Somm. 101, *Gaz. Pal.* 1970. 1. 201, *RTD com.* 1970. 401, obs. Cabrillac et Rives-Lange ; Com., 3 nov. 1975, préc. ; Civ. 1re, 26 janv. 1999, *JurisData* n° 000398, *RD banc. et bourse* 1999. 77, obs. Contamine-Raynaud (à propos de l'exécution par trop tardive d'un nantissement de fonds de commerce, alors que celui-ci avait perdu toute valeur).

6. Mouly, n° 411 ; Civ. 1re, 21 mars 1984, *Bull. civ.* I, n° 111, *Gaz. Pal.* 1984. 2. Pan. jur. 259, obs. A.P. ; Versailles, 27 mai 1988, *D.* 1988. IR 210.

7. V. Com., 11 juill. 1988, préc., à propos de la réserve de propriété ; Com., 14 févr. 1995, *D.* 1995. IR 80, *JCP* 1995. IV. 919, à propos du défaut de revendication du matériel par un crédit-bailleur. Rappr. Metz, 8 avr. 1987, *D.* 1988. Somm. 184, obs. Vasseur, *Banque* 1987. 1097, obs. Rives-lange. V. aussi, pour une cession conditionnelle de loyers non mise à profit par le créancier, Com., 3 mai 2006, *Bull. civ.* IV, n° 104, *D.* 2006. 1693, note Houtcieff, *JCP* E 2006. 2061, note Legeais, *JCP* 2006. I. 195, n° 7, obs. Simler.

8. V. Civ. 3e, 12 nov. 1974, *Bull. civ.* III, n° 408, *JCP* 1975. II. 18182, 1re esp., note Simler ; Com., 7 déc. 1981, *Bull. civ.* IV, n° 427, *D.* 1983. IR 2, obs. Derrida ; Civ. 1re, 17 févr. 1993, *Bull. civ.* I, n° 75, *D.* 1993. IR 65.

9. V. Com., 19 mars 1962, *Bull. civ.* III, n° 178, *D.* 1962. 505. V. aussi, pour un cautionnement, Civ., 13 juin 1939, préc. ; pour un recours cambiaire, Com., 3 nov. 1988, *D.* 1988. IR 270 ; pour une action contre les membres indéfiniment et solidairement responsables du passif d'un GIE, à la procédure collective duquel le créancier avait omis de déclarer sa créance, Com., 20 févr. 2001, *Bull. civ.* IV, n° 40, *JCP* 2001. IV. 1696, *RD banc. fin.* 2001, n° 108, obs. Legeais, et n° 120, obs. F.X. Lucas, *RTD com.* 2002. 722, obs. Martin-Serf.

10. V. Com., 26 févr. 1979, *Bull. civ.* IV, n° 80, *D.* 1980. IR 52, obs. Vasseur.

11. V. Com., 4 déc. 1950, *Bull. civ.* II, n° 363, *S.* 1951. 1. 176 ; Civ. 1re, 27 nov. 1973, préc.

12. V. B. Rajot, « La difficile qualification du droit préférentiel », *RJ com.* 2003. 4 (1re partie) et 54 (2e partie).

elle-même la faculté de produire sa créance sur le fondement de son recours avant paiement [1]. Cette objection a très justement été jugée non pertinente par un arrêt du 19 juin 1984 (v. *supra* n° 214). Dans la mesure où le créancier négligent aurait pu percevoir un dividende dans la procédure, il aura bien laissé perdre un droit dans lequel la caution avait vocation à être subrogée [2].

En l'absence d'un droit préférentiel quelconque, la caution ne peut être déchargée sur le fondement du bénéfice de cession d'actions, même si un comportement fautif peut être imputé au créancier et si un préjudice en est résulté pour elle. Une jurisprudence abondante a ainsi jugé que l'article 2314 était sans application en cas de perte du droit de gage général, c'est-à-dire d'insolvabilité du débiteur [3], ou en cas de prorogation du terme ou de défaut de poursuites contre le débiteur principal après l'échéance [4]. Dans toutes ces hypothèses, la caution peut cependant mettre en jeu la responsabilité du créancier sur le fondement du droit commun, si les conditions en sont remplies, et obtenir une extinction totale ou partielle de son obligation (*supra* n° 251).

266 ***b) Époque de la constitution des droits*** ◇ La jurisprudence a toujours limité le jeu de la décharge au cas de perte de droits préférentiels ou sûretés ayant existé au moment de l'engagement de la caution [5]. Cette décharge est au contraire refusée si le créancier a perdu des droits ou sûretés constitués postérieurement [6].

---

1. Com., 16 nov. 1982, *Bull. civ.* IV, n° 353, *Gaz. Pal.* 1983. 1. Pan. jur. 86, obs. A.P. ; Com., 16 févr. 1983, *Bull. civ.* IV, n° 68, *D.* 1984. IR 85, obs. Vasseur.

2. En ce sens, Com., 12 juill. 2011, à paraître au *Bull. civ.*, *D.* 2011. Act. 1894, obs. Lienhard, *JCP* 2011. 901, note Dissaux, *JCP* E 2011. 384, *RD banc. et fin.* 2011, n° 162, obs. Cerles (qui admet le principe de la décharge sur le fondement de l'article 2314, mais l'exclut en l'espèce faute de préjudice, les créanciers chirographaires n'ayant obtenu aucun dividende dans la procédure) ; Paris, 22 mai 2008, *JurisData* n° 366769, qui décharge pour moitié une caution alors que le créancier avait omis de déclarer sa créance à la procédure collective contre un cofidéjusseur ; Nîmes, 16 déc. 2010, *JurisData* n° 028893, qui ne refuse pareillement la décharge de la caution que parce qu'aucun dividende n'a pu être versé aux créanciers ; Angers, 24 mai 2011, *JurisData* n° 015100, qui retient la même solution dans l'hypothèse d'une déclaration irrégulière.

3. V. Civ. 1re, 16 févr. 1970, *Bull. civ.* I, n° 58, *D.* 1970. 428, *Banque* 1970. 923, obs. X. Marin ; Civ. 3e, 3 déc. 1974, *Bull. civ.* III, n° 451, *D.* 1975. IR 42 ; Civ. 1re, 21 mars 1984, et Versailles, 27 mai 1988, préc.

4. V. Req., 31 juill. 1900, *DP* 1901. 1. 275, *S.* 1902. 1. 119 ; Req., 16 mars 1938, *DH* 1938. 292 ; Civ. 1re, 16 févr. 1970 et Civ. 3e, 3 déc. 1974, préc. V. cependant, à titre d'illustration d'une jurisprudence plus laxiste, Civ. 1re, 6 oct. 1971, *Bull. civ.* I, n° 253, *D.* 1973. 316, note critique Ivainer ; Civ. 3e, 12 nov. 1974 et Pau, 31 oct. 1974, *JCP* 1975. II. 18182, note Simler ; Civ. 1re, 25 juin 1980, *Bull. civ.* I, n° 197.

5. V. Civ. 1re, 5 oct. 1964, *Bull. civ.* I, n° 419, *D.* 1965. 42, *JCP* 1965. II. 13979 ; Com., 10 avr. 1967, *Bull. civ.* III, n° 134, *Gaz. Pal.* 1967. 1. 310 ; Civ. 1re, 8 oct. 1980, *Bull. civ.* I, n° 249, *Gaz. Pal.* 1981. 1. Somm. 35 ; Civ. 1re, 13 mai 1998, *JurisData* n° 002214, *Dr. et patr.* sept. 1998. 84, obs. B. Saint-Alary ; Com., 29 nov. 2005, *JurisData* n° 031069, *CCC* 2006, n° 13, obs. Legeais, *RD banc. fin.* 2006, n° 56, obs. Cerles. Cette restriction est critiquée par certains : v. M. Cabrillac, Ch. Mouly, S. Cabrillac et Ph. Pétel, n° 307.

6. V. Com., 21 févr. 1977, *Bull. civ.* IV, n° 54, *D.* 1977. IR 468, *Banque* 1977. 1247, obs. M. Martin ; Civ. 1re, 16 nov. 1977, *Bull. civ.* I, n° 425, *D.* 1978. IR 440 ; Civ. 1re, 17 oct. 1995, *Bull.*

Cette restriction est cependant elle-même assortie d'un double correctif. La caution peut invoquer la décharge même si le droit préférentiel n'existait pas au jour du cautionnement :

- si le créancier s'était obligé, même seulement tacitement, à constituer un tel droit [1] ;
- si, en l'absence même d'un tel engagement, sa constitution était entrée dans les prévisions des parties, le créancier devant normalement y pourvoir, quoiqu'il n'y fût pas obligé, et la caution pouvant légitimement croire qu'il en serait ainsi [2].

Peut être rattaché à cette idée de croyance légitime le débat relatif à la question de savoir si le **non-exercice par le créancier d'une simple faculté,** telle que l'inscription du gage automobile ou la demande d'attribution judiciaire du bien gagé, peut justifier la décharge de la caution. La jurisprudence s'est divisée, jugeant tantôt que le défaut d'exercice d'une faculté ne peut être considéré comme fautif [3], tantôt, et dans les mêmes circonstances, que ce qui n'est qu'une faculté pour le créancier devient pour lui une obligation dès lors qu'en ne l'exerçant pas il prive la caution d'un droit

---

civ. I, n° 366, *D.* 1996. Somm. 268, obs. Aynès, *RTD com.* 1997. 147, obs. Martin-Serf ; Colmar, 12 juin 2002, *JurisData* n° 189298, *JCP* 2002. IV. 2973 (qui retient cependant que la banque créancière a manqué à son devoir de loyauté en ne faisant pas valoir la clause de réserve de propriété figurant sur toutes les factures et diminue le montant dû par la caution de celui du préjudice subi, ce qui revient exactement au même que si elle avait appliqué le texte écarté).

1. V. Com., 5 janv. 1957, *Bull. civ.* III, n° 7 ; Com., 31 janv. 1967, *Bull. civ.* III, n° 54 ; Com., 7 oct. 1968, *Bull. civ.* IV, n° 252 ; Civ. 1re, 24 févr. 1982, *Bull. civ.* I, n° 89, *Defrénois* 1982. 32972, obs. Aubert ; Civ. 1re, 26 avr. 1983, *Bull. civ.* I, n° 130, *D.* 1983. IR 293, *Defrénois* 1984. 33251, obs. Aubert ; Civ. 1re, 9 mai 1994, *Bull. civ.* I, n° 169, *D.* 1994. IR 136. La Cour de cassation juge cependant que l'existence d'une promesse d'hypothèque non suivie d'effet ne permet pas de décharger la caution au motif, non totalement convaincant, que la constitution de l'hypothèque est au seul pouvoir du constituant : Civ. 1re, 12 mars 2002, *Bull. civ.* I, n° 87, *D.* 2002. Act. 1344, *JCP* 2002. IV. 1704, *RJDA* 2002. 810 ; Civ. 1re, 10 juill. 2002, *JurisData* n° 015240 ; Civ. 1re, 21 mars 2006, *RD banc. fin.* 2006, n° 98, obs. Legeais ; Com., 19 nov. 2009, *Bull. civ.* IV, n° 228, *D.* 2009. Act. 2860, obs. Avena-Robardet, *JCP* 2010. 14, obs. Simler, *JCP* E 2010. 1251, note Marty, *RD banc. fin.* 2010, n° 4, obs. Legeais.

2. V. Civ. 1re, 9 févr. 1970, *D.* 1970. Somm. 101, *Gaz. Pal.* 1970. 1. 201 ; Com., 20 juill. 1973, *Bull. civ.* IV, n° 259 ; Civ. 1re, 24 févr. 1982, préc. ; Com., 11 avril 1995, *Fenot c. Foncia Crédit*, inédit, qui considère que la caution « pouvait légitimement croire que le créancier constituerait un nantissement sur l'outillage et le matériel d'équipement que le prêt avait pour objet de financer » ; Com., 13 avr. 1999, *RJDA* 1999. 727 ; Com., 15 févr. 2000, *Bull. civ.* IV, n° 28, *D.* 2000. Act. 149, obs. Avena-Robardet, *RD banc. fin.* 2000, n° 61, obs. Legeais (qui écarte, en l'espèce, la croyance légitime).

3. En ce sens, pour le gage automobile, Com., 8 oct. 1979, *Bull. civ.* IV, n° 245, *D.* 1980. IR 212, obs. Vasseur ; Civ. 1re, 13 mai 1997, *Bull. civ.* I, n° 155, *RTD civ.* 1997. 971, obs. Bandrac ; Civ. 1re, 6 janv. 1998, *JCP* 1999. I. 116, n° 8, obs. Simler ; Com., 19 déc. 2006, *Bull. civ.* IV, n° 267, *D.* 2007. Act. 369, obs. Avena-Robardet, *JCP* 2007. IV. 1231, *RD banc. fin.* 2007, n° 56, obs. Legeais. Pour l'inscription d'un nantissement, Com., 15 févr. 2000, *Bull. civ.* IV, n° 28, *D.* 2000. Act. 149, *RD banc. fin.* 2000, n° 61, obs. Legeais. Pour l'inscription du privilège du vendeur, Civ. 1re, 29 févr. 2000, *Bull. civ.* I, n° 70, *D.* 2000. Somm. 699, obs. Aynès, *RD banc. fin.* 2000, préc. Pour l'attribution judiciaire du gage, Civ. 1re, 8 juill. 2003, *D.* 2004. Somm. 52, 1re esp., obs. Le Corre, *RD banc. fin.* 2003, n° 224, obs. Legeais. Pour une cession conditionnelle de loyers, Com., 3 mai 2006, préc.

qui pouvait lui profiter par voie de subrogation [1]. Saisie de cette contrariété de jurisprudence, la Cour de cassation a rendu en Chambre mixte, le 10 juin 2005, un arrêt qui a omis de la trancher. [2]. Sans se référer au concept de faculté, un nouvel arrêt d'une Chambre mixte en date du 17 novembre 2006 a jugé « que le créancier qui, dans le même temps se garantit par un cautionnement et constitue une sûreté provisoire s'oblige envers la caution à rendre cette sûreté définitive » [3]. Depuis cet arrêt la solution paraît acquise [4].

La condition d'antériorité, avec ses aménagements, s'accordait bien avec l'idée que la règle de l'article 2314 exprimait une condition présumée de l'engagement de la caution. Si l'on admet que la décharge accordée n'est qu'une déchéance légale, fondée sur la bonne foi et l'équité (*supra* n° 260), on comprend moins bien pourquoi les sûretés constituées postérieurement à l'engagement de la caution, qui avaient pareillement vocation à lui profiter par voie de subrogation et dont la perte lui cause le même préjudice, sont écartées du champ d'application de ce texte.

267 ***2° Faute exclusive du créancier*** ◊ Bien que l'article 2314 mentionne le *« fait »* du créancier, il est unanimement admis que ce dernier n'est déchu de son action contre la caution que si la perte (ou la non-constitution) de sûretés ou droits préférentiels lui est imputable. Mais toute faute peut être retenue contre lui, qu'elle soit intentionnelle ou, plus plausiblement, de simple négligence [5], qu'elle procède d'un acte positif ou d'une

1. En ce sens, pour le gage automobile, Com., 5 janv. 1957, *Bull. civ.* III, n° 7 ; Com., 20 juill. 1973, *Bull. civ.* IV, n° 259. Pour l'attribution judiciaire du gage, Com., 13 mai 2003, *Bull. civ.* IV, n° 71 et 73, *D.* 2003. Act. 1629, 2e arrêt, obs. Avena-Robardet, *JCP* 2003. I. 174, n° 15, obs. Cabrillac, *RD banc. fin.* 2003, n° 181, obs. Legeais.

2. Ch. mixte, 10 juin 2005, *D.* 2005. 2020, note Piedelièvre, *JCP* 2005. II. 10130, note Simler, et E 2005. 1088, note Legeais, *RTD com.* 2005. 582, obs. Legeais et 844, obs. Martin-Serf, *Banque et droit* août-sept. 2005. 63, obs. Jacob. Dans le même sens, pour l'inscription du privilège du vendeur, Civ. 1re, 3 avr. 2007, *Bull. civ.* I, n° 137, *D.* 2007. Act. 1136, obs. Avena-Robardet, et 1572, note Houtcieff, *JCP* 2007. I. 158, n° 13, *RTD civ.* 2008. 595, obs. Crocq, *RTD com.* 2007. 584, obs. Legeais.

3. Ch. mixte, 17 nov. 2006, *D.* 2006. Act. 2907, obs. Avena-Robardet, *JCP* 2006. IV. 3409, E 2006. 2775, note Houtcieff, et N 2006. 1045, note Le Magueresse, *RD banc. fin.* 2007, n° 5, obs. Cerles, *Banque et droit* janv.-févr. 2007. 47, obs. Jacob. V. cependant, en sens contraire, postérieurement, Com., 19 déc. 2006, préc.

4. V. en ce sens, Com., 25 nov. 2008, *JurisData* n° 046019, *JCP* 2009. I. 150, n° 14, obs. Simler, *RD banc. fin.* 2009, n° 7, obs. Legeais (qui censure l'arrêt attaqué pour ne pas avoir vérifié le caractère exclusif de la faute du créancier) ; Com. 17 févr. 2009, *Bull. civ.* IV, n° 22, *D.* 2009. Act. 625, *JCP* 2009, *ibid.*, *RTD civ.* 2009. 555, obs. Crocq, *RTD com.* 2009. 425, obs. Legeais ; Com., 30 juin 2009, *D.* 2009. 2325, note Picod (non exercice de la faculté de demander l'attribution judiciaire) ; Paris, 18 déc. 2008, *JurisData* n° 375139 ; Orléans, 24 juin 2010, *JurisData* n° 027444.

5. V. Civ. 3e, 12 nov. 1974 et Pau, 31 oct. 1974, préc. ; Civ. 1re, 24 janv. 1979, *Bull. civ.* I, n° 33, *D.* 1979. IR 238 ; Com., 17 mars 1992, *Bull. civ.* IV, n° 115, *D.* 1992. IR 130. V. aussi toutes les décisions précitées relatives au défaut de prise d'une garantie, de renouvellement de son inscription ou de revendication dans le délai utile.

omission [1], qu'elle soit de son propre fait ou de celui d'une personne, mandataire ou préposé, dont il doit répondre [2].

Il en est ainsi si le créancier a prématurément donné mainlevée d'une sûreté inscrite [3], s'il s'est dessaisi de son gage [4] ou s'il l'a réalisé dans des conditions désastreuses [5], s'il a déchargé une autre caution ou un codébiteur [6]. Commet une faute d'abstention le créancier qui omet d'inscrire une sûreté [7] ou d'en renouveler l'inscription [8], de faire valoir son droit de préférence lors de la vente du bien, objet de la garantie [9], d'opposer la compensation [10], de veiller à l'efficacité de la sûreté [11], de se prévaloir en temps utile de la réserve de propriété dont il bénéficie [12].

Le créancier n'encourt pas la sanction prévue à l'article 2314 s'il n'a commis aucune faute [13] ou si la perte de la sûreté ou du droit préférentiel est imputable à la caution elle-même, au débiteur principal ou encore à un tiers [14]. Après avoir admis la possibilité d'une décharge partielle de la caution

1. V. Com., 16 mars 1991, *Bull. civ.* IV, n° 142, *RD banc. et bourse* 1992. 82, obs. Campana et Calendini, *RTD com.* 1992. 224, obs. Martin-Serf (non exercice d'une voie de recours) ; Com., 17 mars 1992, préc. (absence d'opposition à la vente d'un matériel gagé) ; Civ. 1re, 17 févr. 1993, préc. (non exercice en temps utile d'une action résolutoire) ; Com., 13 mai 2003, préc. (défaut de demande d'attribution judiciaire du gage après liquidation des biens).

2. V. Com., 7 oct. 1968, *Bull. civ.* I, n° 252 ; Civ. 1re, 14 févr. 1978, *Bull. civ.* I, n° 55 ; Com., 3 mars 1980, *Bull. civ.* IV, n° 105, *Defrénois* 1980. 32503, obs. Aubert.

3. Req., 4 nov. 1896, préc. ; Com., 24 avr. 1974, *Bull. civ.* IV, n° 116.

4. Civ. 3 déc. 1941, *DA* 1942. 49.

5. Paris, 5 oct. 1966, *D.* 1967. 115, *JCP* 1967. II. 15301, note Lescot ; TGI Pontarlier, 24 févr. 1984, *Gaz. Pal.* 1984. 2. Pan. jur. 279.

6. Civ., 13 juin 1939, préc. ; Com., 19 mars 1962, *D.* 1962. 505 ; Com., 13 mars 1968, *Bull. civ.* IV, n° 105.

7. Civ., 5 juin 1945, *D.* 1946. 4 ; Com., 20 juill. 1973, préc. ; Civ. 1re, 24 févr. 1982, préc.

8. Req., 18 mars 1901, Com., 3 mars 1980 et 19 févr. 1985, préc.

9. Civ. 1re, 6 oct. 1971, préc. ; Civ. 1re, 24 janv. 1979, *Bull. civ.* I, n° 33, *D.* 1979. IR 238.

10. Riom, 7 oct. 1960, *D.* 1962. 479, note Honorat.

11. Civ. 1re, 9 févr. 1970 et 26 avr. 1983, préc. Le créancier n'est cependant pas tenu de payer le loyer d'un bail commercial pour éviter la dépréciation du fonds (Com., 2 avr. 1996, *Bull. civ.* IV, n° 100, *D.* 1996. Somm. 268, obs. Aynès, *JCP* 1997. I. 3991, n° 8, obs. Simler, *RTD com.* 1997. 150, obs. Martin-Serf ; Civ. 1re, 17 févr. 1998, *JurisData* n° 000770. *Contra*, antérieurement, Com., 3 nov. 1975, *Bull. civ.* IV, n° 247, *JCP* 1978. II. 18891, note Simler) ou de se porter acquéreur du bien affecté en garantie pour en sauvegarder la valeur (Civ. 1re, 19 déc. 2000, *Bull. civ.* IV, n° 327, *D.* 2001. Act. 375, *JCP* 2001. IV. 1308, *Defrénois* 2001. 37390, obs. Théry).

12. Com., 11 juill. 1988 et Paris, 1er juill. 1986, préc.

13. V. Com., 15 nov. 1965, *Bull. civ.* III, n° 573 (mainlevée d'hypothèque sous la menace du syndic de la faillite du débiteur de la faire annuler). V. aussi Com., 14 janv., 10 févr. et 2 mars 1970, *Bull. civ.* IV, nos 19, 48, et 77 ; Com., 10 oct. 1978, *Gaz. Pal.* 1979. 1. Somm. 37 ; Bourges, 30 mai 1989, *Banque* 1989. 976, obs. Rives-Lange (clôture pour insuffisance d'actif) ; Nancy, 3 févr. 1993, *JCP* 1993. IV. 2443 (vaine revendication de biens meubles par le crédit-bailleur).

14. V. Civ., 8 juill. 1913, *DP* 1914. 1. 241 ; Com., 3 mai 1960, *Bull. civ.* III, n° 160 (fautes de la caution) ; Req., 16 mars 1936, *DH* 1936. 217 ; Com., 6 janv. 1969, *Bull. civ.* IV, n° 1 (fautes du débiteur) ; Com., 10 févr. 1970, préc., *D.* 1970. 693 ; TGI Tarbes, 24 sept 1979, *Banque* 1980. 500, obs. M. Martin (fait d'un tiers).

en cas de faute partagée du créancier et de la caution (ou du débiteur, ou d'un tiers) [1], la Cour de cassation a fermement subordonné l'application de la décharge de la caution à la preuve d'une **faute exclusive** du créancier [2].

268 ***3° Préjudice*** ◊ Bien que l'article 2314 ne formule pas cette condition supplémentaire, il est unanimement admis que la caution n'est déchargée en vertu de ce texte que si la perte de « *droits, hypothèques et privilèges* » lui cause un préjudice. Il s'agit, quel que soit le fondement reconnu au bénéfice de cession d'actions, d'une exigence de la raison.

La décharge est ainsi refusée à la caution si le droit préférentiel perdu était en toute hypothèse voué à l'inefficacité, en raison de son rang ou de l'absence de valeur réelle de son assiette [3], si la sûreté a été réalisée aux meilleures conditions possibles [4] ou a été remplacée par d'autres [5].

En outre, la caution ne doit être déchargée que dans la mesure du préjudice subi : si la subrogation n'a pas été rendue impossible, mais si les avantages que la caution pouvait en escompter ont seulement été amoindris, elle n'est déchargée que partiellement [6].

---

1. Com., 20 janv. 1975, *Bull. civ.* IV, n° 16 ; Com., 15 nov. 1988, *Bull. civ.* IV, n° 303, *D.* 1989. Somm. 296, obs. Aynès, *JCP* 1989. IV. 20 ; Com., 11 janv. 1994, *Bull. civ.* IV, n° 15, *Defrénois* 1994. 35897, obs. Aynès.

2. Com., 15 nov. 1988, *Bull. civ.* IV, n° 303, *D.* 1989. Somm. 296, obs. Aynès ; Com., 12 nov. 1991, *Bull. civ.* IV, n° 340, *JCP* 1992. IV. 159 ; Com., 11 janv. 1994, *Bull. civ.* IV, n° 15, *Defrénois* 1994. 35897, obs. Aynès ; Civ. 1re, 9 mai 2001, *Bull. civ.* I, n° 125, *JCP* 2001. IV. 2182, *RD banc. fin.* 2001, n° 147, obs. Legeais ; Civ. 1re, 14 nov. 2001, *Bull. civ.* I, n° 275, *D.* 2002. 85, obs. Avena-Robardet, *JCP* 2002. I. 120, n° 3, obs. Simler ; Com., 29 janv. 2002, *Bull. civ.* IV, n° 22, *JCP* 2002. I. 162, n° 8, obs. Simler, *RD banc. fin.* févr.-mars 2002, p. 72, obs. Legeais ; Com., 13 mai 2003, *Bull. civ.* IV, n° 71, *D.* 2003. Act. 1629, 1er arrêt, obs. Avena-Robardet, *JCP* 2003. IV. 2206 ; Com., 7 déc. 2004, *Bull. civ.* I, n° 300, *D.* 2005. Act. 708 ; Com., 6 juill. 2010, *JurisData* n° 011337, *JCP* E 2010. 1787, *RD banc. fin.* 2010, n° 215, obs. Legeais.

3. V. Civ. 3e, 3 déc. 1974, *Bull. civ.* III, n° 451, *D.* 1975. IR 42 ; Civ. 1re, 25 juin 1980, *Bull. civ.* I, n° 197, *Defrénois* 1981. 32686, obs. Aubert ; Civ. 1re, 29 janv. 2002, *JurisData* n° 013081, *JCP* 2002. I. 162, n° 9, obs. Simler ; Civ. 1re, 12 févr. 2002, *Bull. civ.* I, n° 51, *D.* 2002. Somm. 3336, obs. Aynès. Sur la date à laquelle l'efficacité du droit perdu doit être appréciée, v. Civ. 1re, 24 févr. 1987, *Bull. civ.* I, n° 64, *D.* 1987. Somm. 451, obs. Aynès, *JCP* 1987. IV. 149 ; Com., 5 juill. 2005, *Bull. civ.* IV, n° 150, *D.* 2005. Act. 2070, obs. Delpech, *JCP* 2005. IV. 3014. Cette date est celle de la défaillance du débiteur et non celle des poursuites contre la caution. V. aussi Nîmes, 16 déc. 2010, préc.

4. V. Civ., 2 déc. 1903, *DP* 1905. 1. 9, note Guenée, *S.* 1908. 1. 138 ; Com., 21 juill. 1964, *Bull. civ.* III, n° 390, *RTD civ.* 1965. 344, obs. Chevallier ; Com., 14 nov. 1972, *Bull. civ.* IV, n° 290, *Gaz. Pal.* 1973. 1. Somm. 26.

5. V. Chambéry, 15 juill. 1901, *DP* 1903. 2. 341.

6. V. Civ., 13 juin 1939, préc. ; Civ. 1re, 24 févr. 1987, *Bull. civ.* I, n° 64, *D.* 1987. Somm. 451, obs. Aynès, *RD banc. et bourse* 1988. 27, obs. Contamine-Raynaud (qui précise que la mesure du préjudice doit être prise non à la date de la faute reprochée au créancier, mais à celle de l'exigibilité du cautionnement) ; Civ. 1re, 9 mai 1994, *Bull. civ.* I, n° 169, *D.* 1994. IR 136 (qui casse l'arrêt ayant déchargé totalement la caution tout en constatant que le prix de vente du fonds de commerce, sur lequel le créancier avait omis d'inscrire son nantissement, était inférieur à la créance garantie) ; Civ. 1re, 15 déc. 1998, *Bull. civ.* I, n° 361, *JCP* 1999. I. 116, n° 8, obs. Simler, *Banque et droit* sept.-oct. 1999. 49, obs. Jacob ; Com., 19 oct. 2010, 2 arrêts, *JurisData* n° 019113 et 019117, *JCP* 2011. Chron. 226, n° 7, obs. Simler.

La question de la charge de la preuve fait difficulté : appartient-il à la caution d'établir son préjudice ou, la perte d'un droit préférentiel étant établie, au créancier de prouver que la caution n'a pas subi de préjudice ou un préjudice moindre que le montant de son obligation ? La doctrine classique et certains arrêts, notamment de la Première chambre civile de la Cour de cassation, raisonnant comme en matière de responsabilité civile, ont estimé que la caution devait prouver non seulement la perte fautive du droit alléguée, mais aussi son préjudice [1]. D'autres, plus nombreux, en particulier de la Chambre commerciale de la Cour de cassation, ont jugé que, si les conditions prévues par le texte étaient remplies, le créancier ne pouvait échapper à la perte de la sûreté qu'en prouvant l'absence de préjudice ou le caractère limité de celui-ci [2]. La première chambre civile s'étant finalement ralliée à cette dernière solution, le débat paraît devoir être considéré comme clos [3].

---

1. V. Civ. 1re, 15 déc. 1998, *Bull. civ.* I, n° 361, *D.* 2000. 215, note Boujeka ; Civ. 1re, 12 févr. 2002, *Bull. civ.* I, n° 51, *D.* 2002. Somm. 3336, obs. Aynès, *JCP* 2002. I. 162, n° 9, obs. Simler ; Civ. 1re, 22 mai 2002, *Bull. civ.* I, n° 139, *D.* 2002. Act. 2403, obs. Avena-Robardet, *JCP* 2002, *ibid.*, et E 2002. 1381, note Legeais, *Banque et droit* nov.-déc. 2002. 47, obs. Jacob.

2. V. Planiol et Ripert, par Savatier, n° 1561 ; Malaurie, Aynès et Crocq, n° 286 ; Mouly, n° 492 s. ; Com., 3 nov. 1975, *Bull. civ.* IV, n° 247, *D.* 1976. IR 31, *JCP* 1978. II. 18891, note Simler ; Com., 27 févr. 1996, *Bull. civ.* IV, n° 68, *D.* 1996. Somm. 269, obs. Aynès, *JCP* 1997. I. 3991, n° 8, obs. Simler ; Com., 13 mai 2003, *Bull. civ.* IV, n° 73, *D.* 2003. Act. 1629, 2e arrêt, obs. Avena-Robardet, *JCP* 2003. IV. 2207 ; Com., 21 mars 2006, *JCP* 2006. I. 195, n° 6, obs. Simler, *RJDA* 2006. 833.

3. Civ. 1re, 18 mai 2004, *JurisData* n° 023761, *JCP* 2004. I. 188, n° 10, obs. Simler ; Civ. 1re, 21 mai 2004, *RD banc. fin.* 2005, n° 41, obs. Legeais ; ; Civ. 1re, 22 mai 2008, *JurisData* n° 044026, *RD banc. fin.* 2008, n° 106, obs. Cerles ; Com., 30 juin 2009, *D.* 2009. 2325, note Picod. V. aussi Civ. 3e, 4 déc. 2002, *Bull. civ.* III, n° 245, *JCP* 2003. IV. 1169, *RJDA* 2003. 443, *RD banc. fin.* 2003, n° 67, obs. Legeais ; Paris, 22 mars 2007, *JurisData* n° 337048.

CHAPITRE 2
GARANTIES AUTONOMES

269 ***Notion*** [1] ◊ Aux termes de l'article 2321, alinéa 1er, du Code civil, issu de l'ordonnance du 23 mars 2006 relative aux sûretés, qui a accueilli le concept de garantie autonome dans le Code civil, « *La garantie autonome est l'engagement par lequel le garant s'oblige, en considération d'une obligation souscrite par un tiers, à verser une somme, soit à première demande, soit suivant des modalités convenues* ». L'alinéa 3 du même texte ajoute : « *Le garant ne peut opposer aucune exception tenant à l'obligation garantie* ».

Cette définition, conforme aux analyses doctrinales antérieures et à la pratique de ce type de garantie, révèle à la fois la parenté et la différence de nature par rapport au cautionnement : parenté, puisqu'il s'agit, dans les deux cas, d'un engagement personnel pris par un tiers à titre de sûreté de la dette d'un débiteur principal ; différence de nature, en ce que le souscripteur d'une telle garantie ne s'oblige pas à payer la dette du débiteur, mais prend un engagement détaché du contrat de base, dont les vicissitudes n'affectent pas l'efficacité. Le **caractère autonome** constitue le trait distinctif de cette variété de garantie personnelle et s'oppose en tout point au caractère essentiellement accessoire du cautionnement (*supra* nos 47 s.).

L'**inopposabilité des exceptions**, caractéristique majeure de cette espèce de garantie, n'est que la traduction concrète de son autonomie. Si la fonction de sûreté implique nécessairement la référence initiale à un contrat principal entre le débiteur garanti et le bénéficiaire, tout lien avec le contrat de base est au contraire occulté dès l'instant où la garantie a été

---

1. **Bibliographie particulière :** L. Aynès, P. Crocq et Ph. Delebecque (dir. de), *Lamy Droit des sûretés, V° Garanties autonomes*, n° 135 ; Ph. Delebecque, « Les garanties autonomes en droit interne », *Bull. Joly* 1992. 374 ; J. Devèze, A. Couret et G. Hirigoyen, *Lamy Droit du financement* 2011, *V° Garanties autonomes*, nos 4038 s. ; FEDUCI, *Les garanties bancaires dans les contrats internationaux*, colloque Tours, éd. Moniteur 1981 ; C. Houin-Bressand, *Les contre-garanties*, Dalloz, coll. « Nouvelle bibl. de thèses », 2006, préf. Synvet ; F. Jacob, « L'avenir des garanties autonomes en droit français, 15 ans après », *Mélanges Simler*, Litec-Dalloz, 2006, p. 341 ; Ch. Mouly, « L'avenir de la garantie indépendante en droit interne », *Mélanges Breton-Derrida*, Dalloz, 1991, p. 267 ; S. Piedelièvre, *Les garanties personnelles dans les opérations bancaires internationales*, thèse dactyl. Paris XII, 1989 ; *V° Garanties à première demande, Rép. com. Dalloz* ; A. Prüm, *Les garanties à première demande*, Litec, 1994 ; « La consécration légale des garanties autonomes », *Mélanges Simler*, Litec-Dalloz, 2006, p. 409 ; Ph. Simler, *Cautionnement, garanties autonomes, garanties indemnitaires*, 4e éd., Litec, 2008, nos 841 s. ; *Garanties autonomes, J.-Cl. Civ.*, art. 2321, fasc. 10 et 15 ; J. Stoufflet, « Le contentieux de la garantie internationale », *RJ com.* 1982. 245 ; « La garantie bancaire à première demande », *JDI* 1987. 265. V. aussi M. Cabrillac, Ch. Mouly, S. Cabrillac et Ph. Pétel, Litec, 9e éd. 2010, nos 464 s. ; Ph. Malaurie, L. Aynès et P. Crocq, Defrénois, 5e éd. 2011, nos 330 s. ; H., L. et J. Mazeaud, F. Chabas et Y. Picod, nos 53-1 s. ; Théry, nos 98 s. ; Legeais, n° 333 s. ; A.-S. Barthez et D. Houtcieff, nos 1218 s.

mise en place. L'efficacité, l'étendue, les modalités d'exécution, l'extinction de la garantie sont exclusivement déterminées par les termes du contrat de garantie ou, à défaut, par la nature de celle-ci. Le garant ne peut opposer au bénéficiaire aucune espèce d'exception (d'exécution, d'inexécution, de résolution, de nullité même) tirée du contrat de base ou de toute autre convention.

270 ***Genèse*** ◊ Le concept de garantie autonome était resté inconnu en France [1], en doctrine comme en jurisprudence, jusqu'au dernier tiers du XXe siècle [2]. La Cour de cassation en a consacré la spécificité par deux arrêts du 20 décembre 1982 [3]. Le premier affirme que l'engagement de payer à première demande toute somme que le bénéficiaire de la garantie réclamerait en vertu du contrat de base, dans la limite d'un certain montant, « ne constituait pas un cautionnement, mais une garantie autonome, ce qui interdisait à la banque de se prévaloir, en l'état, des exceptions que la société S. pouvait opposer à la société C., tenant à l'inexécution du contrat les unissant ». Le second ajoute qu'un tel engagement, « autonome à l'égard du contrat de base,... était régi par les seules dispositions de la lettre de garantie ».

Le développement de cette forme de garantie s'est alimenté à deux sources, l'une principalement pour les contrats internationaux, l'autre surtout pour les contrats internes.

Dans le cadre des **contrats internationaux**, qui ont donné lieu aux premiers contentieux français en la matière, la garantie autonome a été initialement le substitut d'un **dépôt de garantie**, variété de sûreté réelle. Lorsque, à la suite de la crise du pétrole, les économies occidentales sont entrées en récession et que les fournisseurs ont trouvé en face d'eux, notamment au Moyen-Orient, des acheteurs

---

1. D'autres pays, voisins, connaissent depuis plus longtemps la garantie autonome, notamment la Suisse, où elle est largement en usage, à la suite de modifications législatives lourdement protectrices des cautions intervenues en 1941, l'Allemagne, qui connaît la garantie à première demande depuis le XIXe siècle, sous l'appellation de « *Bankgarantie* », d'ailleurs réservée, précisément, aux établissements bancaires, mais aussi un improbable cautionnement à première demande (A. Rohmert, « Le cautionnement à première demande en droit allemand, une sûreté hybride », *RD banc. et bourse* 1994. 113 ; D. Legeais, « Le cautionnement à première demande », *Mélanges Vasseur*, éd. Banque, 2000), les pays de *Common law* (M. Cabrillac, Ch. Mouly, S. Cabrillac et Ph. Pétel, n° 484). Aux États-Unis, en raison de l'interdiction faite aux banques de se porter garantes, c'est la technique des lettres de crédit *« stand by »* qui est pratiquée, mais dont les caractéristiques sont très proches de celles de la garantie autonome, sous réserve qu'elle est toujours « documentaire » (*ibid*, n° 468. A.-S. Barthez et D. Houtcieff, n° 1253 s. V. par ex., Com., 5 déc. 2000, *JCP E* 2001. 1530, note Djoudi, *RJDA* 2001. 363 ; Com., 3 mars 2004, *Bull. civ.* IV, n° 43, *JCP E* 2004. Act. 658 ; Paris, 23 oct. 1992, *RD banc. et bourse* 1993. 137, obs. Contamine-Raynaud).

2. Le Code des marchés publics prévoyait certes la fourniture d'une « *caution* » s'obligeant à payer la somme convenue *« sur l'ordre de l'administration contractante et sans pouvoir différer le paiement ou soulever de contestation pour quelque motif que ce soit »* (art. 144 anc. V. Paris, 8 déc. 1977 et 22 juin 1978, *D.* 1979. 259, note Vasseur ; Aix-en-Provence, 13 mars 1980, *D.* 1981. IR 505, obs. Vasseur ; Poitiers, 13 mars 1985, *D.* 1988. Somm. 241, obs. Vasseur). L'engagement prévu, considéré longtemps comme une forme atypique de cautionnement, a pu être, *a posteriori*, apparenté à une garantie autonome, sans en avoir cependant tous les caractères. Le nouvel article 102 (Décr. 2006-975, 1er août 2006) dispose que *« la retenue de garantie peut être remplacée au gré du titulaire par une garantie à première demande ou, si le pouvoir adjudicateur ne s'y oppose pas, par une caution personnelle et solidaire »*

3. Com., 20 déc. 1982, *Bull. civ.* IV, n° 417, *D.* 1983. 365, note Vasseur, *JDI* 1983. 811, note Jacquemont, *RTD com.* 1983. 446, obs. Cabrillac et Teyssié.

particulièrement solvables, en position dominante sur le marché, ceux-ci ont été en mesure d'imposer la fourniture de dépôts de garantie (ou *deposit*), forme très fruste, mais efficace de garantie. Les garanties classiques, spécialement les sûretés réelles, franchissent en effet mal les frontières [1]. Confrontés à cette exigence très onéreuse de remise en gage d'espèces ou de valeurs liquides, les opérateurs occidentaux ont proposé d'y substituer un engagement bancaire de payer la même somme. Un crédit par signature, constitutif d'une sûreté personnelle, a ainsi remplacé l'immobilisation de fonds. Mais un simple cautionnement, même bancaire, ne pouvait procurer une sécurité comparable, en raison de son caractère accessoire et du principe d'opposabilité des exceptions. Seul un engagement indépendant, exécutoire sur simple injonction – à première demande – pouvait conférer à la garantie une « liquidité » comparable à celle résultant d'un dépôt de garantie [2]. Cette forme de garantie a rapidement connu un très vif succès.

En **droit interne**, les garanties autonomes apparaissent au contraire, et sauf exceptions, comme un **substitut du cautionnement**, à l'initiative de créanciers refusant, en raison des protections anciennes ou nouvelles dont ont bénéficié les cautions ou de certaines incertitudes de la jurisprudence en la matière, de se satisfaire de simples cautionnements [3]. Ce facteur paraît avoir été pareillement déterminant dans d'autres pays, qui connaissent la technique des garanties autonomes depuis plus longtemps [4]. Le passage de l'une à l'autre technique de garantie s'accompagne, au demeurant, de bien des confusions et approximations (*infra* n°s 286 s.).

271 ***Terminologie*** ◊ Pour désigner cette espèce nouvelle de sûreté personnelle, diverses appellations ont eu cours dans un premier temps. Faute de dénomination spécifique, comparable au concept de cautionnement, le recours au terme générique de « garantie » s'est avéré inévitable, mais insuffisant, puisqu'il existe de multiples variétés de garanties. Il fallait donc adjoindre un qualificatif de nature à dissiper toute équivoque. L'expression « garantie contractuelle » [5], trop générique, ne répondait pas à cette exigence. Celles de « garantie bancaire » [6] ou de « garantie internationale » [7] étaient pareillement inadéquates, puisque la souscription de telles garanties n'est pas une exclusivité des banques, en droit interne aussi bien

---

1. V. Reymond, « Comment les sûretés passent-elles les frontières ? », in *Les sûretés...*, FEDUCI, préc., p. 503.
2. Certaines formules contenues dans des lettres de garantie sont révélatrices de cette origine : engagement de « tenir à la disposition » du bénéficiaire une certaine somme ou « à titre de dépôt de garantie » : V. Paris, 29 janv. 1981, et T. com. Paris, 11 juill. 1980, *D.* 1981. 336, note Vasseur ; Paris, 12 juin 1985, *D.* 1986. IR 161, obs. Vasseur. Sur ce trait majeur de la garantie autonome, V. M. Cabrillac, Ch. Mouly, S. Cabrillac et Ph. Pétel, n°s 497 s.
3. V. Terray, « Le cautionnement, une institution en danger », *JCP* 1987. I. 3295 ; P. Ancel, « Nouvelles sûretés pour créanciers échaudés », *Cah. dr. entrepr.* mai 1989. 3 ; Ph. Simler, « Les solutions de substitution au cautionnement », *JCP* 1990. I. 3427, et *E* 1990. II. 15659.
4. V. en particulier l'exemple précité de la Suisse.
5. V. Eisemann, « Arbitrage et garanties contractuelles », *Rev. arb.* 1972. 379 ; Poullet, « Les garanties contractuelles dans le commerce international », *DPCI* 1979. 387.
6. V. Bontoux, « Les garanties bancaires dans le commerce international », *Banque* 1982. 171 ; Dubisson, « Le droit de saisir les garanties bancaires émises sur les marchés internationaux », *JCP CI* 1982. II. 13813 ; Döhm, *Les garanties bancaires dans le commerce international*, éd. Stämpfli, Berne 1985.
7. V. Stoufflet, art. préc.

que dans les contrats internationaux, et que d'autres types de garanties, notamment de simples cautionnements, sont abondamment consentis par les banques, y compris, parfois, au plan international. Les garanties étudiées ne sont pas davantage « abstraites » [1], tout rôle de la cause ne pouvant être d'emblée exclu (*infra* n° 294). En définitive, les appellations qui exprimaient le plus clairement le particularisme de cette variété de garanties ont été celles de « **garanties indépendantes** » [2] ou « **autonomes** ». C'est la dernière, retenue par la Cour de cassation [3] et consacrée par l'article 2321 du Code civil, qui souligne de la manière la plus claire la différence de nature par rapport au cautionnement, par essence accessoire.

272 ***Sources*** ◊ Les garanties autonomes apparaissent comme le pur produit de la liberté contractuelle, mise à profit par la pratique, d'abord internationale, puis nationale. Elles sont - ou du moins étaient, avant l'ordonnance du 23 mars 2006 - régies, comme l'a souligné la Cour de cassation, « par les seules dispositions de la lettre de garantie » [4]. Dans les limites de ce qu'autorise l'ordre public, c'est dans le droit commun des contrats qu'il convenait de trouver des points d'appui (v. *infra* n°s 291 s.). Il est significatif que la plupart des décisions rendues en la matière par la haute juridiction avant la consécration législative l'aient été sous le visa de l'article 1134 du Code civil.

Il faut admettre aussi que certaines règles empruntées au droit du cautionnement forment un embryon de droit commun des sûretés personnelles, dans la mesure où elles répondent à la nature de garantie personnelle de cette sûreté et non à son caractère spécifiquement accessoire (*supra* n° 36 et *infra* n°s 291 s. et 308 s.). Pour le reste, la jurisprudence a déduit de l'autonomie de l'engagement et spécialement du principe d'inopposabilité des exceptions les conséquences qui s'imposaient quant au régime de cette variété de garantie personnelle.

Des modèles plus élaborés ont cependant été proposés par certaines organisations internationales [5]. Ainsi, la Chambre de commerce internationale a-t-elle élaboré dès 1978 un texte de référence, intitulé « Règles et usances uniformes pour les garanties contractuelles » (*RUGC*), auquel les parties étaient invitées à soumettre par voie conventionnelle les garanties souscrites. Ce fut un échec [6], car le modèle proposé - celui d'une garantie

1. V. *Les engagements abstraits pris par le banquier*, Trav. Ass. H. Capitant, t. XXXV, p. 215 s. ; Théry, n°s 98 s. ; M. Cabrillac, Ch. Mouly, S. Cabrillac et Ph. Pétel, n°s 493. V. aussi Rives-Lange, « Existe-t-il en droit français des engagements abstraits pris par le banquier ? », *Banque* 1985. 902 ; Y. Poullet, *L'abstraction de la garantie bancaire automatique*, thèse Louvain-la-Neuve, 2 vol., 1981.

2. V. Rives-Lange, « Les garanties indépendantes et le rôle des banques », *Banque* 1987. 11 ; Marty, Raynaud et Jestaz, n°s 628 s.

3. V. Com., 20 déc. 1982, préc., ainsi que la jurisprudence citée dans la suite des développements.

4. Com., 20 déc. 1982, 2e arrêt, préc.

5. V. B.-G. Sabeh Affaki, *L'unification internationale du droit des garanties indépendantes*, thèse Paris-Assas 1995.

6. On en trouve de rares traces dans quelques décisions : Paris, 10 avr. 1986, *D.* 1988. Somm. 244 ; Com., 10 mars 1987, *D.* 1987. Somm. 172 ; Sentence arb. CCI n° 5639-1987, *D.* 1988. Somm. 242, obs. Vasseur, *JDI* 1987. 1054.

non véritablement autonome, tout en n'étant pas un cautionnement – ne répondait pas aux besoins de la pratique internationale, qui avait recours très majoritairement à la garantie à première demande pure et simple. Aussi la CCI a-t-elle proposé en 1992 un nouveau modèle, appelé « Règles uniformes de la CCI relatives aux garanties sur demande » (RUGD, Doc. n° 458, mai 1992) [1], plus conforme aux attentes du marché international, lui-même remplacé en décembre 2010 (RUGD, Doc. n° 758) par une nouvelle version, plus précise et plus complète, accompagnée d'un formulaire [2]. Sans exclure la forme la plus dure, le modèle préconisé reste celui d'une garantie à la fois documentaire et « justifiée » (*infra* n°s 279 et 280).

La Conférence des Nations Unies pour le droit commercial international (CNUDCI) a approuvé en 1995 un projet de convention sur les garanties indépendantes et les lettres de crédit *stand by* [3], entrée en vigueur, pour les premiers pays signataires, le 1er janvier 2000 [4]. Les pays européens n'ont cependant manifesté aucun intérêt pour ce texte.

Le vide législatif [5] a perduré, en droit interne, jusqu'à l'ordonnance du 23 mars 2006 [6], qui a inscrit dans le Code civil, à la suite de la réglementation du cautionnement, l'unique article 2321, qui dispose :

« La garantie autonome est l'engagement par lequel le garant s'oblige, en considération d'une obligation souscrite par un tiers, à verser une somme, soit à première demande, soit suivant des modalités convenues.

---

1. V. Ph. Simler, « Règles uniformes de la CCI relatives aux garanties sur demande », *LPA* 13 mai 1992, p. 25 ; J.-P. Mattout et A. Prüm, même titre, *Banque et droit* juill.-août 1993. 3 ; S. Piedelièvre, « Remarques sur les règles uniformes... », *RTD com.* 1993. 615. Pour des applications, v. Com., 22 mars 2011, *JurisData* n° 009082, *JCP* 2011. Chron. 770, n° 6, obs. Simler, *RD banc. fin.* 2011, n° 135, obs. Cerles (faute d'avoir respecté strictement le formalisme prescrit par lesdites règles uniformes, le garant de premier rang s'est vu refuser l'exécution de la contre-garantie. V. aussi *infra* n° 300) ; Com., 31 mai 2011, *JurisData* n° 011176, *JCP E* 2011. 1583, note Legeais, *RD banc. et fin.* 2011, n° 167.

2. V. J.-P. Mattout, « La révision des Règles uniformes de la Chambre de commerce internationale relatives aux garanties sur demande (n° 758) », *D.* 2010. 1296 ; G. Affaki et J. Stoufflet, « Les nouvelles Règles Uniformes relatives aux Garanties sur Demande (RUGD 758) », *Banque et droit* mars-avr. 2010. 37 ; A. Cerles, « Règles et usances en matière de garantie sur demande », *RD banc. fin.* 2010, n° 218.

3. V. J. Stoufflet, « La convention des Nations Unies sur les garanties indépendantes et les lettres de crédit stand by », *RD banc. et bourse* 1995. 132. V. aussi, sous le même titre, S. Piedelièvre, *RTD com.* 1996. 633 ; J.-P. Mattout, *RD banc. et fin.* 2000, n° 16.

4. La convention n'a été ratifiée que par neuf pays (États-Unis, Équateur, Salvador, Koweit. Panama, Tunisie, Belarus, Gabon, Liberia). Les pays européens y seraient hostiles.

5. Quelques pays, notamment moyen-orientaux, connaissent une législation nationale en la matière. Mérite aussi d'être cité, comme exemple rare d'un corps législatif élaboré relatif à la garantie autonome, l'Acte uniforme de l'OHADA sur les sûretés adopté en 1997 (v. M. Grimaldi, *LPA* 2004, n° 205, p. 30), qui, sous le titre « Lettre de garantie », propose, en une dizaine d'articles, un dispositif en substance proche du droit positif français, sous deux réserves importantes : les personnes physiques en sont exclues et l'appel de la garantie doit toujours être « justifié » (sur le sens de ce terme en la matière, v. *infra* n° 280). Une nouvelle version est en gestation : v. *Dr. et patr.* nov. 2010. 45. Dossier « Bientôt un nouveau droit des sûretés dans l'OHADA ».

6. Le Gouvernement a suivi la proposition du groupe de travail présidé par le professeur Grimaldi, de ne pas ignorer la pratique de cette garantie, mais de se limiter à des dispositions de principe, afin de ne pas la priver de la souplesse qui la caractérise. Le texte proposé ne comprenait pas le second alinéa, dont la rédaction n'est pas très heureuse (v. *infra* n° 306).

Le garant n'est pas tenu en cas d'abus ou de fraude manifestes du bénéficiaire ou de collusion de celui-ci avec le donneur d'ordre.

Le garant ne peut opposer aucune exception tenant à l'obligation garantie.

Sauf convention contraire, cette sûreté ne suit pas l'obligation garantie ».

273 ***Plan*** ◊ On examinera successivement la typologie et les caractères des garanties autonomes, qui permettront de les différencier plus précisément du cautionnement (Section 1), puis leur régime, tel que la jurisprudence l'a progressivement élaboré, non sans hésitations sur certains points, et tel que l'a consacré, dans ses traits essentiels, l'article 2321 du Code civil (Section 2).

SECTION 1. TYPOLOGIE ET CARACTÈRES

274 ***Panorama général*** ◊ L'autonomie n'est pas exclusive d'une grande variété dans les applications de la technique de la garantie autonome. La typologie des garanties de cette nature (§ 1) reste cependant largement déterminée par leur principal champ d'application initial, constitué par les contrats internationaux de fourniture de biens et de services (A). Mais rien ne pouvait s'opposer à une transposition dans des relations de pur droit interne (B).

Deux caractères fondamentaux (§ 2), mais dont le second n'est qu'un corollaire du premier, opposent trait pour trait les garanties autonomes au cautionnement : l'autonomie de l'engagement pris par le garant (A) et l'inopposabilité des exceptions (B).

§ 1. Typologie

A. Garanties internationales

275 ***Spécificités*** ◊ L'apparition de la technique des garanties autonomes est liée à une profonde mutation du marché mondial (*supra* n° 270). Sa mise en œuvre massive dans les contrats internationaux de fournitures explique que, du point de vue de l'**objet de la prestation** ainsi garantie, certaines applications soient particulièrement fréquentes (1°). Du point de vue des **modalités** de la garantie, plusieurs variétés sont en usage, même si l'archétype – la garantie à première demande – est prépondérant (2°). C'est encore le contexte international qui explique le recours quasi systématique, dans ce cas, à la combinaison d'une garantie de premier rang et d'une **contre-garantie** (3°).

276 ***1° Classification selon les obligations garanties*** ◊ Toute espèce d'obligation est susceptible d'être assortie d'une garantie autonome, dans les

contrats internationaux comme dans les contrats de droit interne. On observe, cependant, que, dans les premiers, l'obligation principale est très fréquemment une obligation de faire, alors que le domaine de prédilection des garanties en droit interne est celui des obligations de sommes d'argent. L'explication est liée au contexte économique international dans lequel le procédé s'est développé (*supra* n° 270). Ce sont, en effet, les acheteurs ou maîtres d'ouvrage étrangers qui stipulent de telles garanties dans le cadre des marchés de fourniture de biens ou de services, alors qu'en droit interne ce sont principalement les bailleurs de fonds qui sont demandeurs de garanties.

Dans ce contexte, trois sortes de garanties sont souvent mises en place à l'occasion d'un même marché, correspondant à trois étapes des relations entre les parties :

– la **garantie de soumission**, dans la phase précontractuelle, a pour fonction d'assurer le sérieux de la soumission et de couvrir le risque de rupture intempestive des pourparlers ; son montant représente un pourcentage du montant estimatif du marché (1 à 10 %) ; elle prend en principe fin avec la signature du contrat [1] ;

– la **garantie de restitution d'acompte** a pour objet, comme son appellation l'indique, le remboursement, en cas d'inexécution du contrat, de l'acompte qui est généralement versé au fournisseur lors de sa conclusion ; son extinction, qui peut être progressive [2], résulte de l'exécution partielle du contrat, à concurrence d'un montant au moins égal à l'acompte versé ;

– la **garantie de bonne fin**, la plus importante, a la même fonction que les garanties de bonne fin ou de parfait achèvement connues en droit interne, spécialement dans les marchés de construction et de travaux ; elle couvre tous risques nés de l'inexécution, de la mauvaise exécution, du non-respect des délais ; son montant représente également une fraction de celui du marché (5 à 20 %) [3].

La jurisprudence révèle bien d'autres applications, très diverses, de la technique des garanties autonomes : garantie substituée à la retenue de garantie, comme dans de nombreux marchés internes ; garantie de paiement des droits de douane, en cas d'admission de matériels en franchise de ces droits [4] ; garantie de découvert bancaire local ; garantie bancaire

1. V. cependant Paris, 13 déc. 1984, *D.* 1985. IR 239, obs. Vasseur, et sur pourvoi Com., 10 mars 1987, *D.* 1987. Somm. 172. Il était stipulé que la garantie de soumission conserverait son effet jusqu'à la mise en place des garanties afférentes au marché lui-même. De la définition il résulte qu'il peut y avoir, pour une même opération, autant de garanties de soumission que de soumissionnaires.

2. La garantie est alors dite glissante ou réductible : V. par ex. Com., 5 déc. 1989, 2 arrêts, *D.* 1990. Somm. 207, obs. Vasseur, *RD banc. et bourse* 1990. 139 ; Com., 16 juin 1992, *D.* 1993. Somm. 97, obs. Vasseur ; Paris, 16 mars 1988, *D.* 1989. Somm. 147 ; Paris, 13 mars 1990, *RD banc. et bourse* 1990. 169 ; Paris, 2 févr. 2001, *JurisData* n° 144168.

3. Sur la nature très controversée de ces garanties dans les contrats de droit interne, v. *infra* n°s 314 s.

4. V., pour une garantie dite de « transit communautaire », T. com. Paris, réf., 7 oct. 1988, *D.* 1989. Somm. 145, obs. Vasseur, confirmé par Paris, 28 avr. 1989, *D.* 1990. Somm. 198 ; pour une garantie de franchise douanière, T. com. Paris, 10 janv. 1989, *D.* 1990. Somm. 201, obs. Vasseur.

pour absence de connaissement [1]. Dans ces diverses hypothèses, dont certaines sont classiques, la garantie autonome a remplacé le simple cautionnement bancaire, précédemment usuel.

277 ***2° Classification selon les modalités de l'exécution de la garantie*** ◊ Les parties déterminent librement les modalités de la garantie mise en place. Il en est ainsi de son montant ou de sa durée, mais aussi des conditions de son exécution. L'article 2321 du Code civil reconnaît expressément toute liberté aux parties à cet égard. La pratique connaît deux espèces principales de garanties autonomes : la garantie à première demande, qui comporte elle-même deux variantes, et la garantie documentaire.

278 ***a) Garantie à première demande*** ◊ La garantie à première demande pure et simple est l'espèce la plus rigoureuse, mais aussi la plus fréquemment choisie. Comme sa dénomination l'indique, une telle garantie peut être appelée discrétionnairement et à tout moment par le bénéficiaire, sans avoir à fournir de justifications et sans que le garant puisse en exiger. La garantie appelée doit alors être payée sans délai. Le garant et, par son truchement, le donneur d'ordre, ont accepté, dans ce cas, à s'en remettre entièrement à la bonne foi du bénéficiaire.

La fréquence d'un engagement aussi draconien s'explique par le fait qu'il est le seul qui puisse offrir au bénéficiaire une sécurité comparable à celle procurée par le dépôt de garantie dont il est dérivé (*supra* n° 270).

279 ***b) Garantie documentaire*** ◊ La formule signifie simplement que l'appel de la garantie est subordonné à la présentation de certains documents, spécifiés dans la lettre de garantie : décision arbitrale ou judiciaire, rapport d'expertise, attestation de tiers, factures non acquittées... [2]. Ces documents sont de nature à établir ou, du moins, à rendre vraisemblable aux yeux du garant la défaillance du débiteur. La garantie reste un engagement autonome : aucune autre justification ne peut être demandée, aucune exception tirée du contrat de base ne peut être opposée [3].

---

1. V. Rèmond-Gouilloud, « La lettre de garantie pour absence de connaissement », *Bull. transp.* 1986. 69 ; P.-Y. Lucas, même titre, *DMF* 1986. 347 ; Vasseur, obs. sous Com., 24 nov. 1982, *Bull. civ.* IV, n° 368, *D.* 1984. IR 269 ; Com., 17 juin 1997, *JurisData* n° 002869, *D.* 1997. IR 176 ; Com., 19 juin 2007, *Bull. civ.* IV, n° 171, *JCP* 2007. II. 10165, note Kenfack, *Banque et droit* nov.-déc. 2007. 48, obs. Affaki et Stoufflet (qui précise que la remise de la lettre de garantie bancaire en peut remplacer celle du connaissement) ; Aix-en-Provence, 6 janv. 1983, *DMF* 1984. 626.

2. V. Com., 3 juin 1986, *D.* 1987. Somm. 174, obs. Vasseur ; Com., 16 mai 1995, *JCP* E 1995. II. 734, note Leveneur, *RTD com.* 1996. 101, obs. Cabrillac ; Aix-en-Provence, 13 mars 1980, *D.* 1981. IR 505 ; Aix-en-Provence, 12 déc. 1985, *D.* 1988. Somm. 241 ; Paris, 12 avr. 1988, *D.* 1990. Somm. 201 ; Paris, 27 mai et 17 sept. 1991, *D.* 1992. Somm. 239 et 240, obs. Vasseur. V. aussi, pour une lettre de crédit *stand by* « documentaire », Com., 28 mars 2006, *Bull. civ.* IV, n° 78, *D.* 2006. Act. 1284, obs. Delpech, *JCP* 2006. IV. 1970.

3. V., pour une garantie de garantie de passif dont l'appel devait être justifié par certains documents, Com., 12 juill. 2005, *Bull. civ.* IV, n° 160, *JCP* 2006. I. 131, n° 11, obs. Simler, *RTD com.* 2005. 823, obs. Legeais, qui a jugé que « l'exigence formelle de la production de certaines

Cependant, la subordination de son appel à la fourniture des documents requis édulcore sensiblement, suivant la nature et la teneur de ces documents, l'autonomie de la garantie et réduit, du même coup, le risque d'un appel injustifié.

Une certaine parenté existe entre cette variété de garantie autonome et le **crédit documentaire**. Ainsi, diverses solutions relatives à l'exécution de l'obligation et aux incidents auxquels elle peut donner lieu sont identiques pour les deux procédés (*infra* n°s 301 s.) [1]. Deux différences méritent cependant d'être soulignées [2]. Alors que, dans l'hypothèse du crédit documentaire, les documents visés sont ceux qui doivent nécessairement être établis pour l'exécution du contrat de base (titres représentatifs des marchandises, titres de transport ou de douane) et à la détention desquels cette exécution est subordonnée, de sorte que leur détenteur a la certitude quasi absolue de la réalité de l'opération, il n'existe aucun document ayant vocation à remplir la même fonction dans le cas de la garantie documentaire. Les documents, librement définis dans le contrat de garantie, procurent seulement au garant une information plus ou moins fiable, mais ne lui confèrent d'aucune façon le contrôle de l'exécution du contrat de base. Par ailleurs, et contrairement à la garantie documentaire, le crédit documentaire reste avant tout une technique de paiement et ne comporte qu'accessoirement une fonction de garantie, lorsqu'il est stipulé irrévocable. Cependant, la **confirmation de crédit documentaire**, dont la fonction est exclusivement celle de garantie, peut être considérée comme une hypothèse particulière de garantie autonome [3].

280 ***c) Garantie à première demande justifiée*** ◊ Cette variante de la garantie à première demande, dont la dénomination n'est pas dénuée d'ambiguïté, est plus proche de la garantie à première demande pure et simple que de la garantie documentaire. Dans cette hypothèse, conformément à la pratique anglo-saxonne à laquelle la formule est empruntée (« *justified request* »), le bénéficiaire doit seulement donner un motif de l'appel de la garantie, mais sans avoir à démontrer ni l'exactitude du motif invoqué, ni le bien-fondé de l'appel. Aucune espèce de preuve de la réalité de son droit n'est requise [4]. La différence par rapport à la garantie à première demande

---

pièces justificatives ne conférait pas au garant une quelconque faculté d'en discuter le bien-fondé » ; pour une contre-garantie devant être exécutée sur simple lettre attestant l'appel de la garantie de premier rang, Paris, 28 juin 1989, *D.* 1990. Somm. 212, *RD banc. et bourse* 1990. 48. Cette modalité, est-il jugé, ne remet pas en cause le caractère autonome de la contre-garantie.

1. L'un des apports des nouvelles RUGD de la CCI (Doc. n° 758, déc. 2009 : *supra* n° 272) relevés par les commentateurs précités réside dans le rapprochement entre le régime de la garantie autonome et du crédit documentaire.

2. D'autres différences découlent de ce que le crédit documentaire reste un crédit, qui accompagne l'exécution d'un contrat, alors que la garantie autonome a vocation à pallier l'inexécution. Pour une comparaison approfondie, V. Th. de Galard, « Comparaison du crédit documentaire et de la garantie payable à première demande », *LPA* 27 juill. 1994, p. 17.

3. Avant l'émergence du concept de garantie autonome, la confirmation de crédit documentaire a été quelquefois imparfaitement qualifiée de cautionnement (Req., 26 janv. 1926, *DP* 1926. 1. 201, note Hamel, *S.* 1926. 1. 353, note Rousseau). Son caractère autonome est aujourd'hui clairement reconnu (v. Com., 22 oct. 1985, *Bull. civ.* IV, n° 244, *Banque* 1986. 191, obs. Rives-Lange).

4. V. Civ. 3e, 20 juin 1989, *D.* 1990. Somm. 195, obs. Vasseur ; Com., 19 févr. 1991, *JCP* 1991. II. 21670, note Vasseur, *RTD com.* 1991. 627, obs. Cabrillac et Teyssié ; Com., 19 mai 1992, *Bull. civ.* IV, n° 187, *D.* 1993. Somm. 104, obs. Vasseur ; Com., 3 nov. 1992, *Bull. civ.* IV, n° 335, *JCP*

réside dans le fait que l'obligation formelle de motiver l'appel de la garantie peut constituer un frein pour le bénéficiaire tenté de procéder à un appel non fondé et permet de mettre en jeu plus aisément sa responsabilité si l'inexactitude des motifs invoqués peut être, *a posteriori*, établie [1].

281 ***3° Garantie de premier rang et contre-garantie*** ◊ Les garanties autonomes s'inscrivent normalement, comme le cautionnement, dans une relation triangulaire entre un débiteur, un garant et un créancier. Cependant, dans les opérations internationales, des raisons précises conduisent à combiner quasi systématiquement une garantie de premier rang avec une contre-garantie, selon un schéma semblable à celui du sous-cautionnement (*supra* n° 78) [2]. Le cocontractant étranger du fournisseur français entend disposer d'une garantie à ses yeux fiable, aisément accessible (à l'instar d'un dépôt de garantie : v. *supra* n° 270) et relevant de la juridiction de son pays, garantie que seule une banque de son propre pays peut, du moins à ses yeux, lui procurer. Mais cette banque se refusera, en raison des aléas de son éventuel recours, à garantir sans autre précaution un débiteur d'un pays étranger et dont elle ignore tout. Elle n'y consentira que moyennant la contre-garantie d'une banque connue du pays de ce débiteur.

Concrètement, le fournisseur, appelé pour la circonstance **donneur d'ordre**, demandera à son banquier de mettre en place la garantie exigée par son cocontractant étranger, le **bénéficiaire**. Muni de ces instructions, ce banquier se mettra en rapport avec la banque étrangère du bénéficiaire, lui demandant d'accorder au bénéficiaire la **garantie de premier rang**, moyennant sa propre **contre-garantie** [3].

1993. II. 22082, note Delebecque, *D.* 1993. Somm. 96, obs. Vasseur ; Com., 12 juill. 2005, *Bull. civ.* IV, 161, *D.* 2005. Act. 2214, obs. Delpech, *JCP* 2005. I. 185, n° 10, obs. Simler, *RTD com.* 2005. 823, obs. Legeais, *RD banc. fin.* 2005, n° 172, obs. Cerles (qui précise que l'obligation d'indiquer le montant de la créance et de motiver la réclamation est sans incidence sur la qualification de la garantie). V. aussi Com., 20 nov. 1985, préc. ; Paris, 24 nov. 1981, *D.* 1982. 296, note Vasseur, *JCP* 1982. II. 19876, note Stoufflet.

1. Sur la différence entre la garantie « justifiée » et le cautionnement, v. Com., 5 oct. 2010, *D.* 2011. Pan. 409, obs. Crocq, et 655, note Gout, *JCP* 2011. Chron. 226, n° 9, obs. Simler, *JCP E* 2011, 2124, note Juillet, *Banque et droit* mars-avr. 2011. 62, obs. Jacob. Les époux garants s'étaient obligés à payer au bénéficiaire « à première demande, tout montant jusqu'à concurrence de la somme de 50 000 euros », la demande de paiement devant être formulée « par lettre recommandée avec accusé de réception attestant que la somme demandée était due par le débiteur ». La cour d'appel en avait conclu que les garants étaient tenus au paiement de la « propre dette » du débiteur, donc en qualité de cautions. Son arrêt est censuré pour violation de l'article 1134 du Code civil, « alors qu'il résultait de ses propres constatations que la demande… s'analysait en un appel motivé par l'inexécution par le débiteur de ses obligations ».

2. Une solution à première vue voisine peut consister en une « confirmation » par une autre banque de la garantie consentie par la première : v. Paris, 27 janv. 1989, *D.* 1990. Somm. 213, obs. Vasseur ; convention CNUDCI, art. 6, e. Cette confirmation paraît devoir être analysée comme une certification de la garantie de premier rang (comp. *supra* n° 77), l'engagement étant pris envers le bénéficiaire et le débiteur garanti étant le garant de premier rang. Cette confirmation est, en définitive, très différente de la contre-garantie : dans ce dernier cas, le garant de premier rang apparaît comme le créancier garanti, alors qu'il est débiteur garanti dans l'hypothèse de la confirmation.

3. V. C. Houin-Bressand, *Les contre-garanties*, Dalloz, 2006, préf. Synvet.

Pour des raisons diverses, les montages peuvent être plus complexes : garanties ou contre-garanties mises en place par des pools ou syndicats bancaires [1], enchaînements de contre-garanties successives, faisant intervenir, le cas échéant, des banques de pays tiers [2]...

Habituellement, garanties et contre-garanties sont des engagements autonomes, à la fois par rapport au contrat de base et par rapport à chaque garantie en amont ou en aval [3]. De cette autonomie de chaque maillon de la chaîne découlent d'importantes conséquences, relatives notamment à une éventuelle saisie de la contre-garantie et au correctif de l'appel manifestement abusif (*infra* n°s 304 s.). Rien n'interdit cependant de contre-garantir une garantie autonome de premier rang par un simple cautionnement accessoire [4] ou réciproquement [5].

---

1. V. Zein, *Les pools bancaires*, Economica, 1998 ; Prüm, *op. cit.*, n°s 302 s.
2. V., par ex., Com., 20 nov. 1985, *Bull. civ.* IV, n° 277, *D.* 1986. 213, 3e esp., note Vasseur ; Com., 8 nov. 1994, *Bull. civ.* IV, n° 322, *RTD com.* 1995. 459, obs. Cabrillac ; Paris, 24 janv. 1984, *D.* 1984. IR 203, *RTD com.* 1984. 503, obs. Cabrillac et Teyssié ; Paris, 13 févr. 1987, *D.* 1987. Somm. 172, obs. Vasseur ; Paris, 22 sept. 1987, *D.* 1988. Somm. 248 ; Paris, 7 juill. 1988, *D.* 1991. Somm. 196, obs. Vasseur ; Montpellier, 12 juill. 1995, *Banque* 1995. 90, obs. Guillot.
3. V. Com., 27 nov. 1984, 12 déc. 1984 et 5 févr. 1985, *D.* 1985. 269, note Vasseur ; Com., 20 nov. 1985, préc. ; Com., 29 avr. 1986, *Bull. civ.* IV, n° 73, *D.* 1987. 17, note Vasseur ; Com., 27 févr. 1990, *D.* 1990. Somm. 213 (qui juge indifférente la circonstance que la garantie de premier rang soit « glissante ») ; Com., 8 nov. 1994, *Bull. civ.* IV, n° 322, *D.* 1995. IR 5 (qui condamne le refus de payer la contre-garantie au motif que la garantie de premier rang « n'est plus valable ») ; Com., 9 oct. 2001, *Bull. civ.* IV, n° 158, *D.* 2001. Act. 3193, *RJDA* 2002. 203, *Banque et droit* janv.-févr. 2002. 40, obs. Jacob, *RTD com.* 2002. 144, obs. Cabrillac. Plusieurs arrêts ont ainsi jugé que l'appel de la contre-garantie n'était pas, en raison de son autonomie, subordonné à la justification de l'appel ou du paiement de la garantie de premier rang (Com., 15 juin 1999, *Bull. civ.* IV, n° 126, *D.* 2000. 113, note Picod, *Banque et droit* nov.-déc. 1999. 52, note Prüm, *RTD com.* 1999. 941, obs. Cabrillac ; Com., 13 sept. 2011, à paraître au *Bull. civ.*, *D.* 2011. Act. 2268, obs. Delpech, *JCP* E 2011. Pan. 1705 ; Paris, 1er oct. 1986, *D.* 1987. Somm. 171 ; Paris, 21 janv. 1987, *D.* 1987. Somm. 176 ; Paris, 2 mars 1990, *D.* 1990. Somm. 209 ; Paris, 23 nov. 1990, *D.* 1991. Somm. 199). D'autres ont justement admis qu'il n'existait aucun lien de droit entre le contre-garant et le bénéficiaire de la garantie de premier rang (Paris, 14 mars 1988, *D.* 1989. Somm. 152 ; Paris, 7 juill. 1988, préc. ; Paris, 26 sept. 1991, *D.* 1992. Somm. 239, obs. Vasseur). V. aussi Prüm, « De l'autonomie des contre-garanties à première demande », *Mélanges AEDBF France*, éd. Banque, 1997, p. 261 s. Cet auteur reconnaît une portée plus limitée à l'autonomie de la contre-garantie. L'un des principaux apports des nouvelles RUGD de la CCI (*supra* n° 272) consiste dans l'affirmation claire de l'identité de nature et de régime de la garantie de premier rang et de la contre-garantie.
4. V. par ex., Com., 2 juin 2004, *JurisData* n° 024060 ; Paris, 21 sept. 1987, *JurisData* n° 025140 ; Paris, 25 avr. 1989, *D.* 1990. Somm. 198 ; Paris, 13 mars 1990, *RD banc. et bourse* 1990. 169. Si le contre-garant s'oblige à « rembourser » le garant de premier rang, fût-ce à première demande, la qualification de garantie autonome est douteuse (v. Com., 26 janv. 1993, *Bull. Joly* 1993. 569, note Delebecque, *D.* 1995. Somm. 17, obs. Vasseur, qui ne se prononce pas sur la qualification ; Paris, 15 janv. 1986, *D.* 1986. IR 160, qui décide seulement que, dans ce cas, la justification du paiement ou, du moins, de l'appel de la garantie de premier rang est requise ; Paris, 14 déc. 1994, *JurisData* n° 024541, dans le même sens). V. aussi, pour une contre-garantie constituée par un gage-espèces, ensuite converti en valeurs mobilières, Orléans, 4 oct. 2001, *JurisData* n° 165949 ; pour une contre-garantie constituée par un dépôt de garantie, Com., 26 sept. 2006, *JurisData* n° 035173 ; pour un gage-espèces contre-garantissant le contre-garant, Paris, 22 oct. 2009, *Banque et droit* nov.-déc. 2009. 41, obs. Stoufflet.
5. V. Com., 29 avr. 1986, *Bull. civ.* IV, n° 73, *D.* 1987. 17, 1re esp., note Vasseur ; Com., 15 juin 1999, *Bull. civ.* IV, n° 126, *D.* 2000. 113, note Picod, *RTD com.* 1999. 941, obs. Cabrillac, *Banque et droit* nov.-déc. 1999. 52, obs. Prüm ; Com., 17 mars 2004, *JurisData* n° 092942, *JCP* 2004. I. 188, n° 12, obs. Simler ; Bordeaux, 1er mars 1990, *D.* 1990. Somm. 210.

B. Garanties internes

282 ***Diversité des applications*** ◊ La sécurité que procurent les garanties autonomes, singulièrement la garantie à première demande, est très supérieure à celle que peut offrir toute autre forme de sûreté : simplicité de la mise en place ; solvabilité du garant s'il est, comme dans les relations internationales, une banque ; liquidité et disponibilité de la garantie ; indépendance du contrat principal ; quasi-automaticité de son exécution... Ces avantages, révélés par la jurisprudence relative aux garanties internationales et par une littérature importante, ont incité certains créanciers à mettre en œuvre le même type de garantie dans les contrats purement internes. Ce mouvement a été fortement amplifié par la crise que traversait, dans le même temps, le cautionnement (v., à propos de la mention manuscrite de l'article 1326 du Code civil, *supra* n°s 141 s.). S'agissant d'un pur produit de la liberté contractuelle, rien ne pouvait s'y opposer. Cette transposition s'est cependant faite dans une assez grande confusion, de très nombreuses prétendues garanties autonomes, mal rédigées, s'étant avérées n'être que des cautionnements déguisés. Au reste, une généralisation de la technique de la garantie autonome, au détriment du traditionnel cautionnement, qui constitue la sûreté personnelle en quelque sorte naturelle, n'était pas souhaitable [1].

Une garantie à première demande peut opportunément tenir lieu, en conformité avec ses origines internationales (*supra* n° 270), de substitut à un dépôt de garantie ou au gage-espèces. Ainsi a-t-on imaginé qu'une garantie de cette nature pourrait remplacer le « dépôt de garantie » habituellement exigé en matière de bail, alors que, dans cette hypothèse, un simple cautionnement peut paraître insuffisant. Cette suggestion a été retenue par l'ordonnance du 23 mars 2006 [2]. L'indemnité d'immobilisation parfois stipulée dans les promesses unilatérales de vente ou encore la retenue de garantie prévue en matière de marchés de travaux peuvent ou pourraient, pareillement, prendre cette forme [3]. Plus généralement, toute

---

1. Selon un auteur, l'engouement pour cette garantie nouvelle, dans laquelle certains ont cru voir la panacée, aurait tendance à s'essouffler. Il rapporte qu'en 2005, la Cour de cassation n'a rendu que 12 arrêts relativement à de telles garanties, dont 6 en matière internationale, pour 278 en matière de cautionnement (F. Jacob, « L'avenir des garanties autonomes en droit français, 15 ans après », *Mélanges Simler*, Litec-Dalloz, 2006, p. 341).

2. Un article 22-1-1 a été ajouté à la loi du 6 juillet 1989, disposant, dans une formulation restrictive, il est vrai, que *« la garantie autonome prévue à l'article 2321 du Code civil ne peut être souscrite qu'en lieu et place du dépôt de garantie prévu à l'article 22 et que dans la limite du montant résultant des dispositions du premier alinéa de cet article »* (c'est-à-dire un mois de loyer).

3. V. Me Bastard de Crisnay, « Brèves remarques sur l'application de la garantie à première demande en matière de promesse unilatérale de vente », *Defrénois* 1992. 35389. En matière de marchés privés, la loi prévoit, comme possible substitut de la retenue de garantie, *« une caution personnelle et solidare émanant d'un établissement financier »* (L. 16 juill. 1971, art. 1er, al. 4). Au motif qu'elle prohibe *« les clauses, stipulations ou arrangements qui auraient pour effet de faire échec »* aux dispositions précédentes (art. 3), il a été jugé que le recours à la garantie autonome était interdit (Com., 11 déc. 1985, *Bull. civ.* IV, n° 293, *Gaz. Pal.* 1986. 1. Pan. jur. 68 ; Rouen,

consignation de sommes pourrait être remplacée par une telle garantie, pourvu que la loi l'autorise [1]. Mais rien n'interdit de recourir à ce procédé pour garantir toute autre obligation, de payer ou de faire [2].

L'octroi de garanties de cette nature en droit interne ne peut soulever aucune objection lorsqu'il est le fait d'établissements financiers [3] ou encore de personnes, physiques ou morales, rompues aux affaires [4]. En raison de l'extrême rigueur de l'engagement, on pouvait hésiter davantage à ouvrir à de simples particuliers la possibilité de s'obliger comme garants à payer certaines sommes à première demande et en se privant du droit d'opposer quelque exception que ce soit. La question du principe de la validité de la garantie autonome était ainsi posée.

283 ***Validité : principe et exceptions*** ◊ On a pu craindre à une époque une généralisation et une banalisation des garanties autonomes, conséquence perverse de la sollicitude louable, mais à certains égards excessive, des

---

2 févr. 1984, *D.* 1985. IR 243, obs. Vasseur, *RJ com.* 1984. 289, note Deleau-Deshayes, *RTD com.* 1985. 135, obs. Cabrillac et Teyssié). Cette rigueur apparaît *a posteriori* d'autant plus incongrue que la Cour de cassation attribue aujourd'hui au cautionnement solidaire substitué à la retenue de garantie la qualification de garantie autonome (v. *infra* n° 316). Pour les marchés publics, c'est précisément la garantie à première demande qui est prévue comme substitut à la retenue de garantie, et seulement subsidiairement le cautionnement, *« si le pouvoir adjudicateur ne s'y oppose pas »* (C. marchés, art. 102). Pour un exemple de confusion des genres, V. TA Nantes, 29 déc. 1995, *RFDA* 1996. 1136, note Simler. Le CE a toutefois clairement reconnu la légalité de la garantie autonome substituée à la retenue de garantie : CE 11 juill. 2008, *JurisData n° 074016, RJDA* 2009. 95.

1. Faute d'une telle autorisation, est sans doute mal fondé un arrêt qui a admis cette solution en matière de mainlevée de saisie conservatoire (C pr. civ. anc., art. 50 abrogé) : Toulouse, 26 oct. 1988, *D.* 1989. Somm. 145, obs. Vasseur, *RTD com.* 1989. 510, obs. Cabrillac et Teyssié. La loi du 9 juillet 1991 prévoit dans le même cas une *« caution bancaire irrévocable »* (art. 72, al. 3). La formule est curieuse, le cautionnement d'une obligation déterminée étant par nature irrévocable.

2. V., pour des garanties de garantie de passif souscrites par des cessionnaires de droits sociaux, Com., 30 oct. 2007, *JCP* 2008. I. 152, n° 11, obs. Simler, *RD banc. fin.* nov.-déc. 2007, n° 223, obs. Legeais ; Com., 28 sept. 2010, n° 09-16.261, *Bull. Joly soc.* 2011, n° 2, p. 94, obs. Barbier ; Nancy, 10 oct. 2007, *JurisData* n° 360540 ; Paris, 10 juin 2010, *JurisData* n° 019611. Comp., pour un cautionnement solidaire irrévocable et inconditionnel ayant le même objet, auquel la qualification de garantie autonome est refusée, Com., 12 mars 2009, *JurisData* n° 048264, *JCP* 2009. Chron. 492, n° 9, obs. Simler, *RD banc. fin.* 2009, n° 154, obs. Legeais.

3. V., à propos de la construction de la liaison « Orlyval », T. com. Paris, 20 sept. 1991, *D.* 1992. Somm. 243, obs. Vasseur, *JCP* 1992. I. 3583, n° 13 ; Paris, 14 janv. 1993, *JCP* 1993. II. 22069, note Dumesnil-Rossi, *RD banc. et bourse* 1993. 173, *RTD com.* 1993. 556, obs. Cabrillac et Teyssié ; Com., 7 juin 1994, *Bull. civ.* IV, n° 202, *D.* 1995. Somm. 19, obs. Vasseur, *JCP* E 1994. II. 637, note Leveneur. Sur les dispositions du Code des marchés de l'État, V. *supra* n° 270. Pour d'autres illustrations de garanties autonomes bancaires en droit interne, v. Com., 13 déc. 1983, *D.* 1984. 420, note Vasseur ; Com., 8 déc. 1987, *Bull. civ.* IV, n° 261, *D.* 1988. Somm. 240, obs. Vasseur, et 274, obs. Aynès, *RD banc. et bourse* 1988. 102, obs. Contamine-Raynaud ; Com., 2 févr. 1988, *Bull. civ.* IV, n° 55, *D.* 1988. Somm. 274, obs. Aynès, *RTD com.* 1988. 479, obs. Cabrillac et Rives-Lange.

4. V., pour une garantie à première demande souscrite par une société, mais dans le cadre de conventions internationales, Com., 20 févr. 1985, *Bull. civ.* IV, n° 74, *D.* 1986. IR 153, obs. Vasseur ; pour une telle garantie souscrite en termes clairs et non équivoques par le gérant de la société débitrice, Paris, 1er avr. 2010, *JurisData* n° 013800.

tribunaux et du législateur pour les cautions [1]. Pourtant, l'unique fondement reconnu aux garanties de cette nature a été, avant l'avènement de l'article 2321 du Code civil, le principe de la liberté contractuelle (v. *supra* n° 272). On ne pouvait, dès lors, douter de la validité de tels engagements, quels qu'en aient été les souscripteurs [2]. Telle a été, en effet, la position de la jurisprudence dominante, qui a cependant à juste titre fait preuve d'une vigilance particulière dans l'appréciation des conditions de validité habituelles (*infra* n° 292).

Le principe de validité n'est cependant pas exclusif d'exceptions. Ainsi a-t-il été jugé que, lorsque la loi prescrit la fourniture d'une caution, le bénéficiaire ne peut exiger une garantie autonome [3]. *A fortiori* convenait-il d'exclure le recours à la technique de la garantie autonome pour contourner le formalisme protecteur dont le Code de la consommation a assorti le cautionnement en la matière [4]. Telle est la solution sagement retenue par l'ordonnance du 23 mars 2006, qui, tout en faisant à la garantie autonome les honneurs d'une réception par le Code civil, la bannit, en revanche, en matière de crédit à la consommation (C. consom., art. L. 313-10-1 : *« La garantie autonome définie à l'article 2321 du Code civil ne peut être souscrite à l'occasion d'un crédit relevant des chapitres Ier et II du présent titre) »*. De la formulation restrictive de l'article 22-1-1 inscrit dans la loi du 6 juillet 1989 par la même ordonnance, il résulte pareillement que la garantie autonome est proscrite dans la matière des baux régis par cette loi, hormis comme substitut au dépôt de garantie.

---

1. V. Terray, « Le cautionnement, une institution en danger », préc. ; Delebecque, art. préc., *Bull. Joly* 1992. 374, spécialement n° 7 ; Ph. Simler, « À propos des garanties autonomes de droit interne... », *JCP E* 1991. I. 343 ; Vasseur, note préc., *D.* 1985. 276. Ce sentiment a été ouvertement exprimé par certaines juridictions : T. com. Versailles, 11 déc. 1991, *RTD com.* 1992. 434, obs. Cabrillac et Teyssié ; Paris, 5 févr. 1992, *D.* 1993. Somm. 107, obs. Vasseur, *JCP* 1993. I. 3623, n° 14. Un arrêt a cru pouvoir juger que la garantie souscrite par une personne physique non commerçante ne pouvait être qu'un cautionnement (Paris, 26 janv. 1993, *D.* 1993. IR 93). Un autre a écarté la qualification de garantie à première demande au motif que sa généralisation en droit interne serait inéquitable (Paris, 5 févr. 1992, préc.). D'autres ont forcé la notion de vice du consentement pour justifier une annulation (Paris, 27 juin 1990, *Defrénois* 1990. 34917, obs. Aynès, *D.* 1991. Somm. 193, obs. Vasseur, *JCP* E 1991. II. 119, note Hassler, *RD banc. et bourse* 1991. 27, obs. Contamine-Raynaud. En l'espèce, un prétendu dol est principalement déduit du caractère inusité du procédé ; dans le même sens, Paris, 16 avr. 1996, *D.* 1996. IR 165, *JCP* 1997. I. 3991, n° 10, obs. Simler).

2. V., pour une garantie à première demande justifiée souscrite par deux époux, Com., 5 oct. 2010, préc. V. aussi D. Houtcieff, « La garantie autonome souscrite par une personne physique : une sûreté en quête d'identité », *RLDC* 2006/29, p. 31.

3. V. Rouen, 2 févr. 1984, préc. V. aussi, à propos de la substitution d'une garantie autonome à la retenue de garantie en matière de marchés privée, *supra* n° 282.

4. En ce sens, J. Devèze, « Aux frontières du cautionnement : lettres d'intention et garanties indépendantes », *LPA* 3 juill. 1991, p. 32 ; Delebecque, art. préc., *loc. cit. Contra*, Leveneur, *CCC* 1991, n° 51 ; Paisant, « La loi du 31 décembre 1989... », *JCP* 1990. I. 3457, n° 117 ; Bandrac, obs. sur Paris, 27 juin 1990, *RTD civ.* 1991. 374 ; E. Rawach, « La licéité des garanties à première demande à la lumière du droit de la consommation », *RD banc. fin.* 2000. 57. V. aussi, indécis, N. Monachon-Duchène, « La garantie autonome en matière de crédit à la consommation », *Gaz. Pal.* 1994. 2. Doctr. 1410.

§ 2. Caractères

284 ***1° Autonomie*** ◊ Le qualificatif « autonome », loin d'être une simple commodité de langage permettant d'identifier cette forme de garantie, en exprime la profonde spécificité. Il est aussi lourd de sens que ne l'est le caractère « accessoire » en matière de cautionnement (*supra* n°s 47 s.). Il constitue le fil conducteur de toute réflexion et de toute recherche de solution [1].

L'autonomie de la garantie renferme un paradoxe qui n'est pas étranger aux difficultés de qualification en la matière et qu'il faut d'emblée dissiper. Une garantie implique nécessairement un lien avec une obligation à garantir. C'est cette évidence qu'exprime le nouvel article 2321 en disposant que le garant s'oblige *« en considération d'une obligation souscrite par un tiers »*. Comment, dès lors, la garantie peut-elle être néanmoins autonome ? L'explication est d'ordre chronologique, en quelque sorte. La mise en place de la garantie intervient nécessairement en contemplation d'une obligation principale, appelée, en l'occurrence, contrat de base. Nul ne garantit le néant ou l'inconnu. Mais ce lien n'existe qu'à l'heure de la mise en place de la garantie. Dès l'instant de sa souscription, l'autonomie qui lui est conférée rompt ce lien : son existence, son exigibilité, les conditions de son exécution, son extinction cessent à cet instant d'être tributaires du sort du contrat de base.

L'autonomie signifie d'abord que le garant contracte un **engagement nouveau**, dont l'objet est distinct de celui de l'obligation garantie. Il ne s'oblige pas, comme la caution, à payer la dette du débiteur principal. Il s'engage à titre de garant à payer « *une somme soit à première demande, soit suivant des modalités convenues* » (art. 2321). Cette somme est certes déterminée, initialement, en considération de l'enjeu du contrat de base, de la même manière que le montant d'un crédit est défini en fonction de l'opération qu'il est destiné à financer. Elle peut représenter une fraction seulement du montant prévisible de l'opération garantie. Tel est habituellement le cas pour les garanties internationales de soumission ou de bonne fin (*supra* n° 276). Elle peut aussi correspondre au montant total du marché passé. Si la garantie s'applique à une dette de somme d'argent – garantie de restitution d'acompte en matière internationale, garantie d'un prêt ou du paiement d'un prix – le montant de la garantie peut être celui de la dette (ou même un montant supérieur, afin de couvrir les intérêts, frais ou pénalités), mais il faut alors impérativement que la somme due ne soit pas celle-là même que devra le débiteur. C'est dans cette hypothèse, particulièrement fréquente dans les garanties de droit interne, que le risque de confusion est grand avec le cautionnement (*infra* n° 288). Il faut en toute hypothèse que **l'objet de la garantie soit déterminé de manière**

1. Aussi est-il particulièrement regrettable que la jurisprudence applique ce qualificatif, pour justifier des solutions d'opportunité, à des garanties qui, de toute évidence, ne répondent pas au critère de l'autonomie (*infra* n°s 314 s).

autonome, ce qui n'interdit pas que la somme que le garant s'est ainsi obligé à payer soit, à l'instant de sa détermination, nominalement identique à celle constituant l'obligation principale. Mais elle peut aussi être inférieure ou supérieure. L'obligation du garant autonome peut ainsi, contrairement à celle de la caution, « *excéder ce qui est dû par le débiteur ou être contractée sous des conditions plus onéreuses* » (comp. art. 2290, *supra* n° 119).

De l'autonomie de l'obligation du garant il résulte logiquement que son sort n'est pas lié à celui de la dette du débiteur. Qu'il s'agisse de leur **validité** respective, de leur **étendue**, de leur **durée**, de leur **exécution ou inexécution**, de leur **extinction**, les deux obligations sont à tous égards indépendantes. Il en va de même en ce qui concerne la **compétence juridictionnelle** ou la **loi applicable** [1]. La fonction de sûreté s'en trouve très notablement renforcée. Il suffit pour s'en convaincre d'évoquer les nombreuses exceptions que la caution, en raison du caractère accessoire de son obligation, peut (ou devrait pouvoir : v. *supra* n° 48) opposer au créancier. L'inopposabilité des exceptions n'est autre chose que la traduction en conséquences concrètes de l'idée abstraite d'autonomie.

285 ***2° Inopposabilité des exceptions*** ◊ Si son engagement répond à la qualification de garantie autonome, le garant ne peut opposer au bénéficiaire qui en demande l'exécution d'autres exceptions que celles tirées du contrat de garantie et ne peut exiger de lui d'autres justifications que celles éventuellement prévues dans ce contrat. Or, le plus souvent, la garantie est stipulée payable « à première demande ».

Concrètement, le garant ne peut opposer au bénéficiaire ni la **nullité** du contrat de base [2], ni sa **résolution** ou **résiliation** [3], ni son **exécution** [4], ni le fait que son **inexécution** serait due à la force majeure, au fait du prince ou au fait du créancier lui-même [5], ni aucun mode quelconque d'extinction

1. V. A. Prüm, *op. cit.*, n°s 70 s. ; H. Synvet, *Lettres de crédit et lettres de garantie en droit international privé*, Trav. Com. fr. DIP 1991-1992, p. 55. La loi applicable est celle librement choisie par les parties. À défaut, celle qui est habituellement retenue, comme présentant avec la convention les liens les plus étroits (au sens de l'article 4 de la Convention de Rome du 19 juin 1980), est celle de la banque garante. Dans le même sens, RUGD, Doc. n° 758, art. 35, et convention CNUDCI, art. 21 et 22.

2. V. Paris, 29 janv. 1981, *D.* 1981. 336, 1re esp., note Vasseur, et sur pourvoi Com., 20 déc. 1982, préc. ; Com., 13 déc. 1983, *D.* 1984. 420, note Vasseur ; Paris, 22 sept. 1987, *D.* 1988. Somm. 248, obs. Vasseur ; Poitiers, 30 avr. 1996, *JurisData* n° 056631. *Contra*, sans aucun doute à tort, Paris, 14 janv. 1993, préc.

3. V. TGI Montluçon, 9 janv. 1981, *D.* 1981. 390, note Vasseur, *RTD com.* 1981. 580, obs. Cabrillac et Teyssié ; Paris, 13 févr. 1987, *D.* 1987. Somm. 172, obs. Vasseur ; Paris, 15 déc. 1991, *JurisData* n° 025149, *RD banc. et bourse* 1992. 174.

4. V. Com., 21 mai 1985, *Bull. civ.* IV, n° 160, *D.* 1986. 213, note Vasseur, *Gaz. Pal.* 1985. 2. 770, note Piedelièvre ; Com., 18 mai 1999, *Bull. civ.* IV, n° 102, *RJDA* 1999. 847, *RD banc. et bourse* 1999. 127, obs. Contamine-Raynaud ; Com., 25 mars 2003, *JurisData* n° 018684, *RJDA* 2003. 1021, *JCP* 2003. I. 176, n° 10.

5. V. Paris, 17 janv. 1983, *D.* 1983. IR 303, obs. Vasseur, *JCP* 1983. II. 19966, note Stoufflet, et sur pourvoi, Com., 17 oct. 1984, *Bull. civ.* IV, n° 265, *D.* 1985. 269, note Vasseur, *JCP* 1985. II.

de la dette garantie, tel que la **compensation**, la **confusion**, la **novation** [1] ou le **défaut de déclaration** de la créance dans la procédure collective du débiteur [2].

La rigueur d'un tel engagement, connue dans d'autres domaines, tels que le droit cambiaire ou encore la délégation (*infra* n° 337), ne peut manquer de surprendre dans son application en matière de garantie. Elle est pourtant inhérente à l'autonomie librement et valablement conférée à la garantie souscrite. Le garant assume, par conséquent, le risque d'un appel injustifié de la garantie. Le seul tempérament, toujours admis par la jurisprudence et aujourd'hui inscrit dans le second alinéa de l'article 2321, est celui *« d'abus ou de fraude manifeste »*, qui ne remet cependant en cause ni l'autonomie de l'engagement, ni le principe d'inopposabilité des exceptions (*infra* n°s 305 s.).

286 ***3° Critère de distinction entre garantie autonome et cautionnement*** ◊ Si, au plan des concepts, les deux garanties se différencient nettement, il n'en est pas toujours de même dans la pratique. La qualification est source de nombreux litiges, notamment parce que la spécificité de la garantie autonome a souvent été mal perçue par ceux qui y ont eu recours comme substitut au cautionnement.

287 ***Caractères inopérants*** ◊ Les premières confusions ont été d'origine linguistique, faute de dénomination reconnue de cette variété nouvelle de garantie et alors que le droit français ne connaissait, comme garantie personnelle, que le seul cautionnement. Ainsi, dans les contrats internationaux, qui ont donné lieu aux premiers contentieux en la matière, les termes anglais *« bond »* ou *« guarantee »* ont été souvent approximativement traduits par cautionnement. Cette première source de difficultés est aujourd'hui maîtrisée.

Comme en toute matière, la qualification donnée à l'acte par les parties ne saurait être déterminante, dès lors qu'elle est démentie par le contenu même des engagements. Ainsi, un acte dénommé cautionnement peut

---

20436, note Stoufflet ; Paris, 17 févr. 1993, *RD banc. et bourse* 1994. 88, obs. Contamine-Raynaud ; Poitiers, 19 janv. 2006, *JurisData* n° 312310, qui juge que le seul fait de la rupture du contrat par le bénéficiaire ne rendait pas son appel de la garantie manifestement abusif. V. aussi, sur le principe, Com., 10 juin 1986, *Bull. civ.* IV, n° 117, *D.* 1987. 17, 2e esp., note Vasseur. *Rappr.* Paris, 27 juin 1988, *JCP* E 1988. I. 17891, qui, sous couvert d'appel abusif de la garantie, paraît avoir admis une exception d'inexécution.

1. V., pour la compensation, Paris, 7 nov. 1983, *D.* 1984. IR 205, obs. Vasseur ; T. com. Paris, réf., 12 avr. 1991, *D.* 1992. Somm. 239, obs. Vasseur ; pour une transaction, Paris, 23 oct. 1992, *RD banc. et* bourse 1993. 137, obs. Contamine-Raynaud ; pour la novation, Com., 15 nov. 1994, *JurisData* n° 002200.

2. V. Com., 30 janv. 2001, *Bull. civ.* IV, n° 25, *D.* 2001. Act. 1024, et Somm. 3426, obs. Honorat, *JCP* E 2001. 568, note Legeais, *RTD com.* 2001. 753, obs. Cabrillac et 763, obs. Martin-Serf ; Com., 9 juin 2004, *Bull. civ.* IV, n° 118, *JCP* 2004. IV. 2633, *Banque et droit* sept.-oct. 2004. 77, obs. Rontchevsky, *RD banc. fin.* 2004, n° 203, obs. Cerles ; Douai, 18 avr. 1991, *JurisData* n° 050990 ; Rennes, 6 nov. 1991, *JurisData* n° 048834 ; Douai, 18 mars 1993, *JurisData* n° 043223 ; Colmar, 10 mai 2002, *JurisData* n° 189429.

valoir garantie autonome s'il exprime clairement l'intention de payer une somme déterminée à première demande [1] ou s'il précise que le garant ne pourra différer le paiement de cette somme pour quelque cause que ce soit ou opposer au bénéficiaire aucune exception tirée du contrat de base [2]. Dans ces hypothèses, la véritable qualification doit, le cas échéant, être restituée à l'engagement. La seule référence au contrat de base, en réalité nécessaire (*supra* n° 284), n'est nullement exclusive de l'autonomie de la garantie, dès lors que son objet et son étendue sont indépendants des conditions de l'exécution dudit contrat [3].

Mais, inversement, il ne suffit pas de substituer dans un acte les termes garantie autonome ou garant à ceux de cautionnement ou caution, ni d'y inclure la formule incantatoire « à première demande » pour que l'engagement mérite la qualification de garantie autonome, si, par ailleurs, cet engagement ne répond pas aux exigences de l'autonomie ci-dessus énoncées. Il en va de même de l'adjonction des qualificatifs « irrévocable » ou « inconditionnel », qui ont été quelquefois jugés révélateurs de l'autonomie de l'engagement [4]. En effet, le simple engagement de la caution n'est

---

1. V. Com., 19 nov. 1985, *Bull. civ.* IV, n° 274, *D.* 1986. IR 153, obs. Vasseur ; Com., 8 déc. 1987, *Bull. civ.* IV, n° 261, *D.* 1988. Somm. 240, obs. Vasseur et 274, obs. Aynès, *RD banc. et bourse* 1988. 102, obs. Contamine-Raynaud ; Amiens, 6 janv. 1993, *JCP* 1993. IV. 1318.

2. V. Com., 20 déc. 1982, préc. ; Com., 2 févr. 1988, *Bull. civ.* IV, n° 55, *D.* 1988. Somm. 239, obs. Vasseur, et 274, obs. Aynès ; TGI Paris, 11 juill. 1980, *D.* 1981. 336, note Vasseur ; Paris, 1er juill. 1986, *D.* 1987. Somm. 447, obs. Aynès ; Aix-en-Provence, 26 févr. 1987, *D.* 1988. Somm. 242, obs. Vasseur.

3. Com., 18 mai 1999, *Bull. civ.* IV, n° 102, *JCP* 1999. II. 10199, note Stoufflet, *RTD com.* 1999. 734, obs. Cabrillac, *D.* 2000. 113, note Picod. Dans le même sens, Com., 30 janv. 2001, préc. ; Paris, 12 mars 1999, *JurisData* n° 020579, *JCP* 1999. I. 156, n° 6, obs. Simler ; Rouen, 6 mai 1999, *JurisData* n° 045244 (qui précise fort justement que la référence au contrat garanti « est de l'essence de toute garantie, accessoire ou autonome ») ; Paris, 12 avr. 2002, *JurisData* n° 180857 ; Paris, 2 avr. 2004, *JurisData* n° 246472, *RD banc. fin.* 2004, n° 232, obs. Cerles. *Contra*, Aix-en-Provence, 16 mars 2006, *JurisData* n° 321389. Une formule contenue dans arrêt de la haute juridiction (Civ. 1re, 23 févr. 1999, *Bull. civ.* I, n° 64, *JCP* 1999. I. 156, n° 6, obs. Simler, et II. 10189, note Ginestet, *RTD com.* 1999. 480, obs. Cabrillac, *Banque et droit* mai-juin 1999. 40, obs. Jacob), selon laquelle « l'engagement se référait à la dette du débiteur principal et n'était donc pas autonome », pouvait inspirer un doute. En réalité, la référence en question avait pour objet la détermination de l'objet de la garantie, à savoir « toutes sommes dues par le preneur en vertu de la convention de crédit-bail », formule qui était, en effet, exclusive de l'autonomie. Il convient de distinguer soigneusement la nécessaire référence au contrat de base pour l'identification de la convention garantie et la référence au même contrat pour la détermination de l'objet de la garantie, qui est exclusive de l'autonomie prétendue. L'article 5 des RUGD (Doc. n° 758 : v. *supra* n° 272) prend le soin de préciser que « toute référence à la relation sous-jacente qui est faite dans la garantie en vue de l'identifier n'affecte pas la nature indépendante de la garantie ».

4. Com., 7 juin 2006, *JurisData* n° 034085, *RD banc. fin.* 2006, n° 134, obs. Legeais ; Amiens, 11 déc. 1992, *JCP* 1993. I. 3717, n° 10, obs. Simler ; Rennes, 16 sept. 1994, *JurisData* n° 053755 ; Paris, 17 janv. 2007, *JCP* 2007. I. 212, n° 11, obs. Simler. *Contra*, Paris, 1er et 9 juill. 1986, *D.* 1988. Somm. 243, obs. Vasseur. On peut au mieux voir un indice d'autonomie dans le fait que l'irrévocabilité et l'inconditionnalité s'appliquent au paiement plutôt qu'à l'engagement : s'engager à payer inconditionnellement et irrévocablement n'est pas tout à fait la même chose que s'engager inconditionnellement et irrévocablement à payer. C'est cependant cette dernière formule qui figure plus souvent dans les actes.

pas, sauf clause contraire, moins irrévocable ou moins inconditionnel que celui du garant autonome, qui peut lui aussi faire l'objet de toutes sortes d'aménagements conventionnels et assorti, en particulier, de conditions.

Les difficultés de qualification sont apparues principalement à propos des garanties de droit interne. Certains opérateurs, établissements de crédit ou non, ont cru pouvoir échapper aux aléas du cautionnement par simple transposition dans les contrats existants de la terminologie propre aux garanties autonomes : intitulé du contrat, désignation du garant, stipulation de paiement à première demande, caractère inconditionnel et irrévocable de l'engagement..., sans percevoir pour autant, donc sans respecter, la spécificité de ce type de garantie. Les tribunaux eux-mêmes ont éprouvé des difficultés à définir des critères satisfaisants permettant de faire le départ entre les vraies et les fausses garanties autonomes.

Aucun des traits qui viennent d'être énoncés n'est déterminant si l'objet de la garantie ne répond pas au critère de l'autonomie. L'engagement de payer (*a fortiori* de rembourser) à première demande « ce que doit ou devra » ou « ce que pourra devoir » le débiteur garanti, ou « les sommes dues aux termes du contrat », ou encore « si le débiteur manque à son obligation », ne peut être un engagement réellement autonome, quelles que soient les autres clauses de l'acte. Les formules de ce type sont même fondamentalement incohérentes, puisqu'elles impliquent que le débiteur doive quelque chose. Or, il n'en est ainsi que si son obligation est valable, si elle est exigible, si elle n'est pas éteinte... Par hypothèse, une telle garantie ne peut être payable « à première demande ». Les vérifications nécessaires ne sont autre chose que la recherche des exceptions opposables, caractéristique de l'engagement accessoire de la caution.

Faute de critère clair et de directive législative, antérieurement à l'ordonnance du 23 mars 2006, de très nombreuses décisions ont tantôt admis, tantôt rejeté la qualification de garantie autonome alors que les termes des actes étaient identiques ou semblables. C'est seulement en 1994, approuvant la position plus rigoureuse de certaines juridictions du fond [1], que la Cour de cassation a formulé un critère clair et précis [2].

288 ***Clarification : double critère de l'autonomie de l'objet et de l'inopposabilité des exceptions*** ◊ Par son arrêt précité du 13 décembre 1994, qui a valeur d'arrêt de principe, la Cour de cassation a jugé qu'un acte intitulé « engagement autonome de garantie exécutable à première demande », assorti d'une mention manuscrite rédigée dans les mêmes termes, avec une limitation en montant, mais portant garantie de

1. Paris, 3 avr. 1990, *D.* 1991. Somm. 191, obs. Vasseur, *RD banc. et bourse* 1990. 206, obs. Contamine-Raynaud ; Paris, 7 janv. 1992, *D.* 1993. Somm. 96, obs. Vasseur ; Paris, 21 févr. 1992, *D.* 1993. Somm. 108, *Defrénois* 1992. 35303, obs. Aynès ; Paris, 12 févr. 1993, *D.* 1993. IR 121, *RTD com.* 1993. 555, obs. Cabrillac et Teyssié.

2. Com., 13 déc. 1994, *Bull. civ.* IV, n° 375, *D.* 1995. 209, rapp. Le Dauphin, note Aynès, *JCP* 1995. I. 3851, n° 11, obs. Simler.

« rembourser... les sommes dues par le débiteur comme décrit ci-dessus », n'était pas une garantie autonome, puisque, « en dépit de l'intitulé de l'acte et de la mention, même manuscrite, de paiement à première demande, l'engagement litigieux (avait) **pour objet la propre dette du débiteur principal** ». Constamment réaffirmé depuis [1], ce critère a été mis en œuvre par un nombre croissant de juridictions du fond [2].

Concrètement, deux **caractères majeurs** doivent être réunis pour que la qualification de garantie autonome puisse être retenue :

– l'**autonomie de l'objet** de l'engagement, qui doit être déterminé ou au moins déterminable, fût-ce par référence au contrat principal, mais sans qu'il soit nécessaire de vérifier ce que le débiteur garanti doit [3] ;

– l'**inopposabilité des exceptions**, caractère non moins essentiel, qui peut être considéré comme inhérent à la formule du paiement à première demande si celle-ci s'applique à une somme déterminée, mais qui requiert une clause plus explicite si tel n'est pas le cas [4].

---

1. V. notamment Com., 13 mars 1996, *JCP* 1997. I. 3991, n° 11, obs. Simler ; Com., 11 mars 1997, *Bull. civ.* IV, n° 67, *RTD com.* 1997. 302, obs. Cabrillac ; Com., 9 déc. 1997, *D. aff.* 1998. 199, *JCP* E 1999. 764, obs. Gavalda et Stoufflet ; Civ. 1re, 23 févr. 1999, préc. ; Com., 14 juin 2000, *RD banc. fin.* 2000, n° 226, *Dr. et patr.* janv. 2001. 92, obs. B. Saint-Alary, *JCP* 2001. I. 315, n° 8, obs. Simler ; Com., 5 nov. 2002, *RJDA* 2003. 217, *Bull. Joly* 2003. 32, note Couret ; Com., 16 juin 2004, *JurisData* n° 024431, *RD banc. fin.* 2004, n° 232, obs. Cerles, *RJDA* 2004. 1378 ; Civ. 1re, 6 juill. 2004, *Bull. civ.* I, n° 199, *JCP* 2004. IV. 2865 ; Com., 19 sept. 2006, *RD banc. fin.* 2006, n° 200, obs. Cerles, *Dr. et patr.* 2008, n° 166, p. 86, obs. Aynès et Dupichot ; Com., 16 juin 2009, *JCP* 2009. Chron. 492, n° 9, obs. Simler, *RD banc. fin.* 2009, n° 9, obs. Legeais. V. cependant, Com., 7 juin 2006, préc., à propos d'un engagement irrévocable et inconditionnel de rembourser à première demande une somme représentant un acompte, qualifié de « véritable garantie autonome » ; Com., 28 avr. 2009, *JurisData* n° 048018, *JCP* 2009. Chron. 492, n° 9, obs. Simler, pour une garantie de « toutes sommes qui pourraient être dues ». Dans le même sens, CE 6 juin 2007, *JCP* 2007. I. 212, n° 11, obs. Simler, *RD banc. fin.* 2007, n° 224, obs. Cerles.

2. Aix-en-Provence, 23 mars 1995, *JCP* 1995. IV. 1981 ; Paris, 15 sept. 1995, *D. aff.* 1995. 87, *Gaz. Pal.* 1996. 2. 435, note Piedelièvre ; Rennes, 30 avr. 1998, *JurisData* n° 044748 ; Versailles, 4 mars 1999, *RJDA* 1999. 721 (arrêt exemplaire par la clarté de sa démonstration) ; Poitiers, 21 oct. 1999, *JurisData* n° 045136 ; Paris, 10 déc. 1999, *JurisData* n° 108410 ; Paris, 22 mars 2001, *JurisData* n° 143898 ; Paris, 6 juill. 2001, *JurisData* n° 164639, *D.* 2001. 2820, obs. Avena-Robardet ; Orléans, 16 déc. 2004, *JurisData* n° 265677 ; Paris, 21 janv. 2010, *RD banc. fin.* 2010, n° 91, obs. Cerles ; Lyon, 2 mars 2010, *JurisData* n° 007362 ; Douai, 18 nov. 2010, *JurisData* n° 026151.

3. Peut ainsi être considéré comme autonome l'engagement de payer à première demande toute somme dans la limite du montant prêté ou figurant sur tel échéancier (Com., 30 janv. 2001, préc. ; Com., 30 oct. 2007, *JCP* 2008. I. 152, n° 11, obs. Simler, *RD banc. fin.* 2007, n° 223, obs. Legeais ; Com., 10 mars 2009, cité *supra* n° 14 ; Com., 5 oct. 2010, *D.* 2011. Pan. 409, obs. Crocq, et 655, note Gout, *JCP* 2011. Chron. 226, n° 9, obs. Simler, *JCP* E 2011. 2124, note Juillet, *Banque et droit* mars-avr. 2011. 62, obs. Jacob ; Com., 31 mai 2011, *JurisData* n° 011176, *JCP* 2011. Chron. 1259, n° 9, obs. Simler, *JCP* E 2011. 1583, note Legeais, *RD banc. et fin.* 2011, n° 167, *Banque et droit* oct.-nov. 2011, p. 43, obs. Rontchevsky), mais non toute somme due par le débiteur dans la même limite. Dans le second cas, on ne peut en effet éviter de vérifier si une somme est due. Ainsi, la fixation d'un montant maximum plutôt que d'un forfait n'enlève pas à la garantie son autonomie : Com., 12 juill. 2005, cité *supra* n° 280.

4. Par ex., engagement de payer telle somme sans élever aucune objection ou contestation pour quelque cause que ce soit ; Paris, 1er mars 1989, *D.* 1990. Somm. 196, obs. Vasseur ; Paris, 18 déc. 1991, *D.* 1993. Somm. 106, obs. Vasseur.

Ces deux traits doivent être **simultanément** vérifiés. Le seul fait de s'obliger à payer une somme déterminée à titre de garantie n'exprime pas, par elle-même, l'autonomie de l'engagement. Un simple cautionnement peut fort bien, en effet, être limité à un certain montant (*supra* n° 125). Inversement, la renonciation formelle à opposer les exceptions à l'occasion d'un engagement de payer ce que peut devoir le débiteur garanti est en soi incohérente et ne peut justifier la qualification de garantie autonome.

S'il subsiste un doute, non sur la réalité de l'engagement du garant, mais sur son caractère autonome ou accessoire, c'est la qualification de cautionnement, la moins sévère, qui doit prévaloir [1].

289 ***Dérogations légales : garanties autonomes et procédure collective*** ◊ Plusieurs dispositions du Code de commerce issues de la loi de sauvegarde du 26 juillet 2005 soumettent à un même régime cautionnement, coobligation et garantie autonome. Cet alignement est justifié lorsque la règle édictée a vocation à s'appliquer à toute sûreté personnelle. Ainsi est-il logique que ni les coobligés, ni les cautions, ni les garants autonomes ne puissent se prévaloir des dispositions d'un plan de redressement (C. com., art. L. 631-20).

En revanche, lorsque le législateur permet à tous les garants personnes physiques, pour des raisons de politique juridique, de se prévaloir de l'arrêt du cours des intérêts et de la suspension des poursuites par l'effet du jugement d'ouverture de la procédure de sauvegarde (*ibid.*, art. L. 622-28), des remises et délais consentis dans le cadre d'une procédure de conciliation (*ibid.*, art. 611-10) ou d'un plan de sauvegarde (*ibid.*, art. L. 626-11), il méconnaît l'autonomie de la garantie éponyme, qui, par nature, devrait être insensible aux vicissitudes atteignant le débiteur principal [2].

---

1. Il doit en être ainsi notamment lorsque l'exécution de l'obligation du garant est subordonnée à la justification de la défaillance du débiteur garanti, la garantie fût-elle par ailleurs stipulée irrévocable ou même payable à première demande (v. Paris, 1er et 9 juill. 1986, préc. ; T. com. Bordeaux, 9 oct. 1987, *RD banc. et bourse* 1988. 68, obs. Contamine-Raynaud ; Grenoble, 18 janv. 2000, *JurisData* n° 135586 ; Paris, 21 janv. 2010, *JurisData* n° 001238, *RD banc. fin.* 2010, n° 91, obs. Cerles). Dans le même sens, pour des engagements de payer la dette du débiteur assortis d'une renonciation à opposer toute exception, Bordeaux, 7 mars 1991, *D.* 1992. Somm. 235 ; Paris, 7 janv. 1992, *D.* 1993. Somm. 96. En revanche, la seule adjonction – par routine ou par ignorance de sa signification ? – d'une clause de solidarité, qui est dépourvue de sens, s'agissant d'un engagement distinct et autonome, a été jugée non exclusive de la qualification de garantie autonome (Com., 8 déc. 1987, préc. ; Com., 22 mai 1991, *D.* 1992. Somm. 233, obs. Vasseur ; Bordeaux, 9 mars 1983, *D.* 1983. IR 300, obs. Vasseur ; Bruxelles, 3 avr. 1987, *D.* 1988. Somm. 241, obs. Vasseur ; Paris, 13 mai 1997, *JurisData* n° 021115 ; Versailles, 4 mars 1999, *RJDA* 1999. 721. *Contra*, TGI Paris, 26 janv. 1983, *D.* 1983. IR 297).

2. V. en ce sens, N. Rontchevsky, « Les sûretés personnelles à l'épreuve de la loi de sauvegarde des entreprises », *Banque et droit* janv.-févr. 2006. 17 ; M. Le Corre, « Les incidences de la réforme du droit des sûretés sur les créanciers confrontés aux procédures collectives », *JCP* E 2007. 1185 ; R. Dammann, « La situation des banques, titulaires de sûretés, après la loi de sauvegarde des entreprises », *Banque et droit* sept.-oct. 2005. 16.

SECTION 2. RÉGIME

290 ***Généralités*** ◊ Comme le cautionnement, la garantie autonome procède nécessairement d'un contrat. Ce contrat, de nature unilatérale, puisque seul le garant s'oblige envers le bénéficiaire [1], obéit aux règles sommaires qu'énonce l'article 2321 du Code civil. Celles-ci laissent une grande latitude à la liberté contractuelle, dans les limites, bien évidemment, du respect du droit commun des contrats [2]. L'exercice de cette liberté permet notamment de soumettre volontairement la garantie souscrite, en tout ou partie, à l'un des modèles de référence proposés par la Chambre de Commerce Internationale ou aux dispositions de la convention élaborée par la CNUDCI (*supra* n° 272). Mais il reste que les lettres de garantie sont le plus souvent fort laconiques.

Toute référence aux règles du cautionnement doit en principe être bannie, en raison de la différence de nature fondamentale entre un engagement accessoire et une garantie autonome [3]. Cependant, dans la mesure où ces caractères essentiels sont hors de cause, la fonction commune de sûreté personnelle explique la convergence de certaines solutions (*supra* n° 36).

La **compétence juridictionnelle et législative** appelle quelques observations préalables. S'agissant de la compétence *ratione materiae*, elle ne peut être déterminée que par la qualité de la personne du garant. Le caractère autonome interdit d'appliquer le critère de l'intérêt du garant dans l'opération garantie, dont la recherche implique la référence au contrat de base (*supra* n° 68). Ainsi, une telle garantie souscrite à titre personnel par un dirigeant de société relève-t-elle, contrairement au cautionnement consenti dans le même contexte, du tribunal civil [4]. La compétence territoriale ne peut être, en l'absence de clause contraire, que celle du domicile du garant [5]. Cette compétence est en principe celle du juge judiciaire,

1. La qualification de contrat unilatéral est unanimement admise par la doctrine et par la jurisprudence françaises (v. Com., 2 févr. 1988, *Bull. civ.* IV, n° 55, *D.* 1988. Somm. 239, obs. Vasseur, et 274, obs. Aynès ; Paris, 1er avr. 1997, *D.* 1997. IR 116). Dans d'autres pays, notamment la Belgique, c'est la qualification d'acte unilatéral qui semble prévaloir (V. Velu, Rapport belge *in* FEDUCI, « Les garanties bancaires... », préc., p. 227 s. ; Y. Poullet, « La garantie bancaire à première demande, un acte unilatéral abstrait », *Mélanges Pardon*, Bruxelles, 1996, p. 411 ; Bruxelles, 15 oct. 1987, *D.* 1988. Somm. 244, obs. Vasseur).

2. La formule de l'un des arrêts fondateurs (Com., 20 déc. 1982, 2e arrêt, préc.) selon laquelle la garantie est régie « par les seules dispositions de la lettre de garantie » n'a jamais été totalement exacte et ne l'est évidemment plus depuis l'avènement de l'art. 2321 C. civ.

3. V. Com., 3 juin 1986, *D.* 1987. Somm. 174, obs. Vasseur, *JCP* 1986. I. 3265, n° 117, obs. Gavalda et Stoufflet.

4. V. en ce sens, Versailles, 11 févr. 1993, *D.* 1993. IR 97, *RTD com.* 1993. 556, obs. Cabrillac et Teyssié ; Aix-en-Provence, 15 avr. 1993, *JCP* 1993. IV. 2570, *LPA* 20 déc. 1993, p. 13, note Putman ; Dijon, 6 mai 1994, *JCP* E 1995. Pan. 65. *Contra*, appliquant le critère de l'intérêt personnel en vigueur en matière de cautionnement, Poitiers, 26 juin 2001, *JurisData* n° 165354.

5. V. Poitiers, 11 mars 1992, *Bull. Joly* 1993. 779, note Delebecque. L'arrêt retient cette solution comme correspondant au lieu de remise des fonds, au sens de l'article 51 de la Convention

même si le contrat principal est un marché public, en l'absence de clauses exorbitantes du droit privé [1].

À l'évidence, une **clause compromissoire** contenue dans le contrat de base est sans effet quant au contrat de garantie [2]. De même, la **loi applicable** ne peut être déterminée, sauf clause contraire de la lettre de garantie [3], en considération du contrat de base. La loi du pays avec lequel la convention présente les liens les plus étroits (Conv. Rome, 19 juin 1980, art. 4-1) sera, selon toute vraisemblance, la loi du garant [4]. Le Règlement CE n° 59/2008 du 17 février 2008 relatif à la loi applicable aux relations contractuelles (v., à propos du cautionnement, *supra* n° 50) ne devrait pas avoir d'incidences significatives sur les solutions [5].

Moyennant ces précisions, on examinera successivement les conditions de formation des garanties autonomes, leurs effets et leur extinction.

§ 1. Conditions de formation

291 ***Droit commun*** ◊ Le contrat constitutif d'une garantie autonome est soumis au droit commun de la validité et de la preuve des contrats. L'application de chacune des conditions : consentement, capacité et pouvoir, cause, objet, appelle quelques observations. Il en est de même pour le régime de la preuve.

Si aucune condition particulière de forme n'est prescrite, on ne conçoit guère, cependant, qu'une garantie autonome, compte tenu de la spécificité de ses éléments constitutifs, ne soit pas concrétisée par un écrit. Mais les mentions manuscrites prescrites pour tout cautionnement souscrit par une personne physique envers un créancier professionnel (C. consom., art. L. 341-2 et L. 341-3 : *supra* n° 117) ne sont pas applicables aux garanties autonomes.

---

de Bruxelles du 27 septembre 1968. V. aussi Paris, 25 févr. 1988, préc. ; Paris, 17 janv. 2001, *JurisData* n° 151243. A méconnu l'autonomie la cour d'appel qui s'est reconnue compétente pour une action dirigée à la fois contre le contre-garant français et le garant de premier rang étranger au motif qu'il existerait un lien de connexité entre les deux garanties, la première étant sans cause sans la seconde : Paris, 26 avr. 2007, *JCP* 2007. I. 212, n° 12, obs. Simler, *Banque et droit* 2007, n° 116, p. 48, obs. Affaki et Stoufflet.

1. V. CE, 3 nov. 2004, *JurisData* n° 067547, *Contrats Marchés publ.* 2005. 12, obs. Eckert ; Paris, 31 mai 2006, *JurisData* n° 311731 ; CAA Paris, 6 févr. 2007, *Contrats Marchés publ.* 2007. 103, obs. Eckert.

2. V. Paris, 14 déc. 1987, *D.* 1988. Somm. 248, obs. Vasseur, *Banque* 1988. 236, obs. Rives-Lange ; Paris, 25 févr. 1988, *D.* 1989. Somm. 150 ; Nîmes, 23 janv. 1991, *D.* 1992. Somm. 238, obs. Vasseur. Il ne pouvait en être autrement, dès lors que la même solution prévaut en matière de cautionnement, en dépit de son caractère accessoire (*supra* n° 50).

3. V. Civ. 1re, 25 janv. 2000, *Bull. civ.* I, n° 21, *RD banc. et bourse* mai-juin 2000. 118, obs. Mattout, *Rev. crit DIP* 2000. 739, note Jacquet.

4. En ce sens, avant l'entrée en vigueur de ladite convention, au motif qu'une telle garantie émise par une banque est une convention de crédit, Paris, 28 juin 1989, *D.* 1990. Somm. 212, obs. Vasseur, *RD banc. et bourse* 1990. 48.

5. V. A.-S. Barthez et D. Houtcieff, nos 1225.

292 **1° *Consentement*** ◊ Dans la mesure où les garanties autonomes sont souscrites, que ce soit dans les contrats internes ou dans les contrats internationaux, par des banques, voire par des sociétés commerciales ou d'autres professionnels avisés, l'existence et la qualité du consentement donné ne peuvent guère susciter de difficultés [1]. Dès lors, au contraire, que les mêmes garanties sont consenties par des non initiés, simples particuliers ou même dirigeants de sociétés, on ne saurait faire grief aux juges de faire preuve d'une vigilance accrue. Le caractère particulièrement rigoureux de l'engagement justifie que la réalité et le caractère éclairé du consentement soient vérifiés avec soin [2]. Si le cautionnement doit être exprès et s'il est interdit de le présumer (art. 2292), combien plus doit-il en être ainsi pour la garantie autonome [3].

Encore faut-il, pour justifier une annulation, qu'une erreur, un dol ou une violence puisse être effectivement détecté. En l'absence de véritable contrainte injuste ou illicite, la nullité pour violence ne peut être prononcée [4]. Comme en matière de cautionnement (*supra* n° 88), le dol par réticence peut-être admis dans le même type de circonstances [5]. Mais le seul emploi de ce type de garantie ne saurait, sous prétexte de son caractère inusité pour le type d'opération considéré, être qualifié de dolosif [6].

293 **2° *Capacité et pouvoir*** ◊ Le souscripteur d'une garantie autonome doit, comme la caution, être capable de contracter. Le niveau d'exigence maximum étant atteint en matière de cautionnement (*supra* n° 60), aucune exigence supplémentaire n'est concevable.

Plus que la capacité *stricto sensu*, c'est l'étendue des pouvoirs du souscripteur de la garantie qui requiert quelques précisions.

Nul doute que, si la garantie est fournie par une société autre qu'un établissement financier, les règles relatives aux pouvoirs des dirigeants,

1. Une garantie autonome souscrite par une collectivité publique résulte de la seule délibération du conseil (Civ. 1re, 9 janv. 2007 : *Bull. civ.* I, n° 3, *JCP* 2007. I. 158, n° 1, obs. Simler ; *RJDA* 2007. 553. V. aussi, à propos du cautionnement, *supra* n° 92, spécialement un arrêt du même jour de la première Chambre civile).

2. V. Dijon, 6 mai 2004, *JurisData* n° 242902, qui rejette une action en nullité pour violence ou dol par abus de position dominante engagée par les dirigeants d'une société franchisée ayant souscrit une garantie à première demande.

3. V. en ce sens, Com., 18 avr. 2000, *RD banc. fin.* 2000. 231, obs. Mattout, *Banque et droit* nov.-déc. 2000. 46, obs. Jacob, *RJDA* 2000. 803. L'acceptation du bénéficiaire peut en revanche être tacite, comme en matière de cautionnement.

4. V. en ce sens, Versailles, 28 févr. 1992, *D.* 1993. Somm. 109, qui refuse de qualifier d'acte de violence l'usage de la « force économique » ; Rennes, 26 juin 1992, *JurisData* n° 048868, qui écarte pareillement l'argument pour une telle garantie entre concubins.

5. V. Com., 18 déc. 1990, *D.* 1991. Somm. 193, obs. Vasseur, *RTD com.* 1991. 627, obs. Cabrillac et Teyssié (à propos d'une garantie autonome souscrite par une société au bénéfice d'une banque) ; Com., 14 mai 2008, *JCP* 2008. I. 211, n° 11, obs. Simler, *RD banc. fin.* 2008, n° 111, obs. Legeais, *Banque et droit* sept.-oct. 2008. 81, obs. Rontchevsky (pour une tromperie sur l'objet de la garantie).

6. V. Paris, 27 juin 1990, cité *supra* n° 283. V. aussi, pour un refus d'annulation d'une garantie autonome interbancaire, faute de preuve du dol allégué, Versailles, 1er oct. 1992, *D.* 1992. IR 261, *RD banc. et bourse* 1993. 95, obs. Contamine-Raynaud.

générales ou particulières à tel type de société, doivent être respectées comme en matière de cautionnement (*supra* n°s 92 s.) [1].

S'agissant des **sociétés par actions**, la formule « *cautions, avals et garanties* » qui figure dans plusieurs dispositions, en particulier dans les articles L. 225-35 et L. 225-68 du Code de commerce relatifs à l'exigence d'une autorisation préalable du conseil d'administration ou du conseil de surveillance, s'applique sans aucun doute possible aux garanties autonomes [2].

Si, à propos des **SARL**, l'article L. 223-21 du même code interdit seulement de « *cautionner ou avaliser* » les dirigeants ou associés autres que les personnes morales, il faut sans nul doute étendre la prohibition aux autres formes de garantie personnelle, telles que les garanties autonomes.

Une question semblable devait inéluctablement se poser à propos de l'application de l'**article 1415 du Code civil**, qui dispose que, en régime de communauté, « *chacun des époux ne peut engager que ses biens propres et ses revenus, par un cautionnement ou un emprunt* » (*supra* n° 91). Quoiqu'il s'agisse d'un texte d'exception, dérogeant à l'article 1413 du même code, la raison impose d'appliquer la même restriction de gage au créancier bénéficiaire d'une garantie autonome souscrite par un époux commun en biens sans l'accord de son conjoint [3].

---

1. V., pour des garanties autonomes souscrites par une société mutuelle de prévoyance, Civ. 1re, 1er oct. 1996, *JurisData* n° 003624, *RD banc. et bourse* 1996. 239, obs. Contamine-Raynaud (qui juge que, si les statuts autorisent la souscription de cautionnements, cette autorisation ne vaut pas pour une garantie autonome) ; Paris, 27 oct. 2006, *JurisData* n° 315623, *JCP* E 2006, 2844, *Banque et droit* mai-juin 2007. 62, obs. Rontchevsky (qui estime, s'agissant d'une société anonyme, que la prorogation d'une garantie autonome ne requiert pas une nouvelle autorisation du conseil d'administration. L'arrêt relève que l'autorisation initiale n'était pas limitée dans sa durée. Dans le cas contraire, et à l'inverse du cautionnement, il eût sans doute fallu voir dans la prorogation une nouvelle garantie).

2. V. en ce sens, Com., 11 juill. 1988, *Bull. civ.* IV, n° 246, *Bull. Joly* 1988. 666, obs. Le Cannu, *Rev. sociétés* 1989. 53, obs. Didier (qui censure un arrêt ayant admis que la nullité était relative, donc susceptible de confirmation tacite par approbation des comptes) ; Com., 26 janv. 1993, *D.* 1995. Somm. 17, obs. Vasseur, *Bull. Joly* 1993. 569, note Delebecque (en l'espèce, l'engagement de « rembourser à première demande » les sommes payées par le garant de premier rang était sans doute un cautionnement) ; T. com. Paris, 29 nov. 1988, *D.* 1990. Somm. 205, obs. Vasseur ; Rennes, 15 janv. 1992, *JurisData* n° 042030 ; Paris, 5 avr. 1996, *JurisData* n° 020768, *JCP* 1997. I. 4033, n° 11 ; Paris, 27 oct. 2006, préc.

3. V. en ce sens, Civ. 1re, 20 juin 2006, *Bull. civ.* I, n° 313, *D.* 2006. Act. 1815, obs. Avena-Robardet, *JCP* 2006. II. 10141, note Piedelièvre, et N 2006. 1310, 3e esp., note Brémond, *RTD civ.* 2006. 592, obs. Crocq, *RD banc. fin.* 2006, n° 133, obs. Legeais, *RDC* 2006. 1193, obs. Houtcieff. Les juges du fond s'étaient majoritairement prononcés dans le même sens : Douai, 27 févr. 1992, *JCP* 1993. I. 3656, n° 9, obs. Simler, *RTD civ.* 1993. 869, obs. Lucet et Vareille ; Versailles, 17 févr. 1994, *JurisData* n° 042659, *JCP* 1995. I. 3821, n° 17 ; Versailles, 19 mai 1994, *Bull. Joly* 1994. 964, note Le Cannu ; Paris, 3 nov. 1994, *D.* 1995. 532, note Lecène-Marénaud, *JCP* 1995. I. 3851, n° 11. *Contra*, Douai 30 juin 1994, *JurisData* n° 051502, *JCP* 1996. I. 3908, n° 14, obs. Simler. V. aussi Piedelièvre, « De quelques difficultés posées par la souscription d'une garantie à première demande par un époux commun en biens », *JCP* N 1996. I. 1319 ; Jacob et Rontchevsky, « L'application de l'article 1415 du Code civil aux garanties », *Mélanges AEDBF* III, éd. Banque, 2001, p. 197.

294 **3° *Cause*** ◊ Le caractère autonome des garanties étudiées et le principe d'inopposabilité des exceptions ont suscité un débat sur l'appartenance de ces opérations à l'hypothétique catégorie des actes abstraits [1]. Si l'incidence pratique de la notion de cause est sans doute très limitée en la matière, il n'y a pas lieu pour autant de la nier purement et simplement.

Il importe d'identifier d'abord la cause dans la garantie autonome. **Pourquoi** le garant s'oblige-t-il ? On peut être tenté de chercher la réponse à cette question simple, comme pour le cautionnement (*supra* n° 98), dans la rémunération qu'il perçoit habituellement ou, le cas échéant, dans son intention de rendre un service gratuit [2]. Mais si cette donnée, étrangère au créancier, a pu constituer un motif personnel de l'engagement du garant, elle ne peut être érigée, faute d'être entrée dans le champ contractuel, en cause du contrat de garantie.

Comme en matière de cautionnement, la cause procède du contrat de base. La fonction même de garantie l'indique : le garant s'engage, à la demande du donneur d'ordre, **pour** permettre à celui-ci d'obtenir l'avantage subordonné à la garantie ; de même, le contre-garant s'oblige, le cas échéant, **pour** déterminer le garant de premier rang à s'engager lui-même envers le bénéficiaire [3]. L'autonomie de la garantie ne saurait occulter cette réalité : il existe nécessairement, au moment de sa constitution, un lien avec le contrat de base (*supra* n° 284). Telle est la **cause objective** de l'engagement du garant, cause immédiate et invariable. Si l'autonomie de la garantie et son corollaire, l'inopposabilité des exceptions, interdisent ensuite au garant d'opposer l'absence de cette cause, elles n'empêchent pas de l'identifier.

---

1. V. Contamine-Raynaud, « Les rapports entre la garantie à première demande et le contrat de base en droit français », *Mélanges Roblot*, LGDJ, 1984, p. 413 s. ; M. Cabrillac, Ch. Mouly, S. Cabrillac et Ph. Pétel, n° 493 ; Poullet, art. préc. Sur l'appellation de « garantie abstraite » retenue par certains auteurs, v. *supra* n° 271.

2. En ce sens, Marty, Raynaud et Jestaz, n° 639 ; Malaurie, Aynès et Crocq, n° 337 ; Mazeaud, Chabas et Picod, n° 53-9 ; Théry, n° 111 ; Bruxelles, 18 déc. 1981, *Banque* 1982. 99, *JCP* CI 1983. II. 14001, n° 111. Pour un inventaire des analyses, très diverses, proposées en doctrine, v. M. Cabrillac, Ch. Mouly, S. Cabrillac et Ph. Pétel, n° 492.

3. En ce sens, très clairement, Com., 19 avr. 2005, *Bull. civ.* IV, n° 91, *D.* 2005. Pan. 2086, obs. Crocq, *JCP* 2005. I. 185, n° 9, obs. Simler, et II. 10075, note Piedelièvre, *JCP* E 2005. 916, note Stoufflet, *Banque et droit* mai-juin 2005. 63, obs. Jacob, *RTD com.* 2005. 582, obs. Legeais. En l'espèce, un importateur ayant contre-garanti une garantie à première demande afférente, non au contrat de fourniture qui était projeté, mais à une facilité de caisse consentie par une banque étrangère au fournisseur, il est jugé que la non conclusion du contrat de fourniture ne privait pas la contre-garantie de cause, dès lors que la cause de la garantie était constituée par la facilité de caisse accordée. Dans le même sens en doctrine, Gavalda et Stoufflet, art. préc., *RTD com.* 1980. 1, n° 12 ; Stoufflet, art. préc., *RJ com.* 1982. 78 s. V. aussi, Paris, 17 déc. 1992, *D.* 1993. Somm. 98, obs. Vasseur, *JCP E* 1993. I. 243, n° 39, qui, dans une espèce où la garantie précisait qu'elle était souscrite en considération d'avances consenties au donneur d'ordre, a jugé qu'elle ne pouvait être invoquée au titre d'une autre obligation. *Contra*, Paris, 27 nov. 1990, *D.* 1991. Somm. 200, qui considère que la cause de l'engagement du contre-garant n'est pas la garantie de premier rang, mais l'instruction reçue du donneur d'ordre. C'est confondre cause efficiente et cause finale : les instructions reçues ne peuvent constituer le but du garant.

La cause objective ainsi définie n'exclut pas la prise en considération de la seconde dimension du concept : celle de la **cause subjective**, plus médiate, constituée par le motif impulsif et déterminant de l'opération. Lorsque le garant est une banque, il n'a très généralement d'autre motif déterminant que l'exercice normal de son commerce. Quant au bénéficiaire, il a le souci de sa sécurité. On ne peut exclure, pourtant, que des motifs illicites ou immoraux divers prennent le pas sur les précédents : contravention au contrôle des changes, couverture d'un trafic illicite... Il faut alors se demander si la cause peut jouer son rôle habituel de condition de validité de la convention.

L'adhésion à la thèse de l'acte abstrait postulerait une réponse négative : un tel acte serait valable abstraction faite de toute considération tenant à sa cause. Rien, cependant, ne justifierait qu'il en soit ainsi. L'autonomie de la garantie et l'inopposabilité des exceptions qui en est le corollaire occultent certes le rôle habituel de la cause : les exceptions de nullité ou d'extinction du contrat de base ne peuvent être opposées [1]. Quant à la cause subjective, seule une hypothétique illicéité permettrait de vérifier concrètement son rôle. Si l'une des hypothèses évoquées se réalisait, la garantie contraire à l'ordre public ou aux bonnes mœurs ne saurait, sous prétexte qu'elle est abstraite, échapper à la nullité. Il n'y aurait là, au demeurant, aucune dérogation à l'inopposabilité des exceptions ou au caractère autonome de la garantie : c'est bien la garantie elle-même qui serait viciée, peu important que le même vice infecte ou non le rapport de base [2]. Si ces hypothèses paraissent être restées d'école, elles n'en démontrent pas moins que la garantie autonome n'est pas purement abstraite [3].

295 ***4° Objet*** ◊ L'objet de la garantie autonome n'est autre que la prestation promise en guise de sûreté, c'est-à-dire, en pratique, la somme que le garant s'est obligé à payer, le plus souvent à première demande.

La différence par rapport au cautionnement est fondamentale. L'objet du cautionnement s'identifie à l'objet de l'obligation principale : il n'y a qu'une seule obligation – celle du débiteur principal – que la caution s'est engagée à exécuter en cas de défaillance de ce dernier (*supra* n° 104). L'objet de la garantie autonome est nécessairement différent de celui du

---

1. L'arrêt précité du 19 avril 2005 laisse entendre, *a contrario*, que la non conclusion du contrat de base garanti aurait justifié la nullité de la garantie. Pourtant cette exception tenant au contrat principal ne doit pas davantage pouvoir être opposée par le garant que toutes les autres. C'est seulement sur le terrain de l'appel manifestement abusif qu'une issue pourrait être trouvée

2. Il fallait du moins, selon une jurisprudence classique, que le motif illicite ou immoral fût commun aux deux parties au contrat de garantie ou au moins connu du cocontractant. Dans un autre domaine, un arrêt de revirement a abandonné cette exigence, depuis longtemps critiquée en doctrine : Civ. 1re, 7 oct. 1998, *D.* 1998. 563, concl. Sainte-Rose, et Somm. 110, obs. Delebecque, *JCP* 1998. II. 10202, note Malville, *Defrénois* 1998. 36895, obs. D. Mazeaud.

3. En ce sens, Gavalda et Stoufflet, art. préc. V. aussi Bruxelles, 18 déc. 1981, préc., qui réserve l'hypothèse de la contrariété à l'ordre public.

contrat de base, faute de quoi la garantie n'est pas autonome. C'est pourquoi l'engagement de payer à première demande « ce que doit » ou « ce que pourra devoir » le débiteur ne peut être qualifié de garantie autonome (*supra* n° 288).

Cet objet doit, comme il est de règle, être déterminé ou au moins déterminable, étant précisé que cette déterminabilité doit être fonction d'éléments objectifs intrinsèques au contrat de garantie, et non, comme il vient d'être précisé, par référence au contrat principal [1].

296 5° ***Preuve*** ◊ Le contrat unilatéral que constitue la garantie autonome doit en principe, comme tout contrat, être prouvé par écrit, conformément aux prescriptions de l'article 1341 du Code civil, si du moins ce contrat est soumis à la loi française [2].

Il n'en est autrement que s'il est souscrit par un commerçant et constitue un acte de commerce : « *À l'égard des commerçants, les actes de commerce peuvent se prouver par tous moyens* » (C. com., art. L. 110-3) [3]. Tel est naturellement le cas pour les nombreuses garanties autonomes bancaires, mais qui sont néanmoins toujours consignées dans un écrit.

Il ne peut faire de doute, en revanche, que, si un tel engagement est souscrit par un non commerçant, il doive comporter la **mention manuscrite** (ou « *de sa main* ») de son montant, en toutes lettres et en chiffres, prescrite par l'article 1326 du Code civil. Il s'agit bien, en effet, d'un « *acte juridique par lequel une seule partie s'engage envers une autre à lui payer une somme d'argent* » [4].

En cas d'absence ou d'insuffisance de la mention manuscrite, l'acte peut valoir au moins commencement de preuve par écrit, susceptible d'être complété par tous éléments de preuve extrinsèques [5].

---

1. Jugé, cependant, que l'identification du débiteur et de la dette garantie pouvait résulter des circonstances, notamment de ce que le souscripteur de la garantie a signé le même jour, en qualité de dirigeant, le contrat de crédit : Com., 19 oct. 1999, *RJDA* 1999. 1384, *RD banc. fin.* 2000, n° 64, obs. J.P.M.
2. V. A.-S. Barthez et D. Houtcieff, n° 1258 s.
3. V. en ce sens Nîmes, 27 sept. 1989, *D.* 1990. Somm. 200, obs. Vasseur (ordre verbal).
4. V. en ce sens, Com., 10 janv. 1995, *Bull. civ.* IV, n° 13, *D.* 1995. 201, note Aynès, *JCP* 1995. II. 22397, note Billiau ; Com., 22 nov. 1996, *JCP* 1997. I. 4033, n° 10, *RTD civ.* 1997. 183, obs. Bandrac ; Com., 10 déc. 2002, *JurisData* n° 017126, *JCP* 2003. I. 176, n° 10, obs. Simler ; Dijon, 26 févr. 1992, *D.* 1992. Somm. 399, obs. Fortis (qui prononce cependant à tort la nullité de l'acte) ; Paris, 1er avr. 1997, *D.* 1997. IR 116. V. aussi les décisions citées à la note suivante. Quelques juridictions ont cru pouvoir, sous prétexte d'autonomie, qui est, à cet égard, sans incidence (*contra*, cependant, Billiau, note préc.), écarter le jeu de l'article 1326 : Metz, 3 oct. 1991, *JurisData* n° 051134 ; Rennes, 6 nov. 1991, *JurisData* n° 008834 ; Rennes, 6 juill. 1993, *JurisData* n° 043760 ; Grenoble, 9 sept. 1996, *JurisData* n° 046248, *JCP* 1997. I. 4033, n° 10.
5. V. en ce sens, Rouen, 19 févr. 1992, *D.* 1993. Somm. 108, obs. Vasseur, *RJDA* 1992. 947. Les arrêts précités de la Cour de cassation du 10 janvier 1995 et du 10 décembre 2002 admettent, comme en matière de cautionnement (*supra* n° 147), que la qualité de dirigeant de la société débitrice qui était celle du garant constituait l'élément extrinsèque complémentaire suffisant.

§ 2. Effets

297 ***Inventaire*** ◊ L'effet naturel de toute sûreté est d'assurer au bénéficiaire l'exécution parfaite de l'obligation garantie. S'il tel est le cas, la garantie n'aura eu d'autre effet que l'obligation pour le débiteur garanti de payer au garant la rémunération due [1].

C'est l'hypothèse de l'appel de la garantie qui doit principalement retenir l'attention. Il s'agit alors de savoir dans quelles conditions le garant doit s'exécuter et si lui-même et/ou le donneur d'ordre peuvent avoir, en dépit de l'inopposabilité des exceptions, des moyens de s'opposer à l'exécution si l'appel de la garantie leur paraît infondé (A). Si la garantie a été effectivement exécutée, divers recours peuvent, le cas échéant, s'ensuivre (B).

Deux autres questions, relatives à la période antérieure à l'appel de la garantie, méritent d'être liminairement évoquées.

298 ***Obligation d'information*** ◊ La question est double. Le droit commun postule-t-il que le créancier soit tenu, comme en matière de cautionnement (*supra* n° 152), d'une obligation d'information ou de mise en garde envers le souscripteur d'une garantie autonome ? Par ailleurs, dans les diverses hypothèses dans lesquelles la loi impose au créancier une obligation d'information particulière à l'égard de sa caution, doit-il en être de même si une garantie autonome est mise en place ?

La réponse à la première question doit sans nul doute être affirmative dans son principe. Mais il va de soi qu'il n'en est ainsi que si le garant est un « profane » ou une personne « non avertie » [2]. On peut même affirmer que, en raison de la nature particulière de l'engagement autonome du garant, une information loyale et précise est particulièrement nécessaire. Les tribunaux ne paraissent cependant guère avoir été saisis de cette question [3]. C'est plutôt sur le terrain des vices du consentement, spécialement de la réticence dolosive, que la question est quelquefois abordée [4].

S'agissant des nombreux textes instituant des obligations particulières d'information (*supra* n°s 153 s.), ils ne mentionnent comme destinataire que la caution. À première vue, l'extension paraîtrait souhaitable (comp., à propos de l'article 1415, *supra* n° 293). Pourtant, s'agissant d'un

---

1. Sur les incertitudes tenant au moment de leur extinction que suscitent, à cet égard, certaines formules de garanties autonomes, v. *infra* n° 312.

2. Un arrêt a ainsi jugé que la banque garante n'était pas tenue d'une telle obligation, relativement aux conséquences de la garantie, envers une société importante, habituée au négoce international : Com., 3 mai 2000, *Bull. civ.* IV, n° 90, *D.* 2000. Act. 286, obs. Faddoul, *RD banc. fin.* 2000, n° 155, obs. Mattout, *RTD com.* 2000. 996, obs. Cabrillac.

3. V. cependant Aix-en-Provence, 2 sept. 1999, *RD banc. fin.* 2000, n° 65, obs. Mattout, qui, abstraction faite de la question de la qualification de la garantie en l'espèce, observe qu'« il n'apparaît pas que les signataires aient été avertis de la différence de portée entre la garantie autonome et l'engagement de caution ».

4. V. Com., 18 déc. 1990, *D.* 1991. Somm. 193, obs. Vasseur, *CCC* 1991. 51, obs. Leveneur, *RTD com.* 1991. 627, obs. Cabrillac et Teyssié.

engagement autonome, dont l'étendue n'est pas tributaire de ce que doit le débiteur et qui est normalement inscrit dans une durée déterminée, la notification des encours en principal et en intérêts est sans grande signification. En outre, la sanction prévue – la déchéance du droit aux intérêts – est sans objet. Quant à la sanction du droit commun de la responsabilité, la jurisprudence l'a précisément exclue en la matière, après avoir, un temps, admis la solution contraire (*supra* n° 158). Le dispositif s'avère à tous égards mal approprié à l'hypothèse de la garantie autonome. On ne peut donc désapprouver les décisions ayant écarté l'obligation d'information en la matière [1]. S'agissant des crédits à la consommation, principal domaine des obligations spécifiques d'information, la question ne se pose plus depuis l'ordonnance du 23 mars 2006, puisque le recours à la garantie autonome est prohibé dans ce domaine (C. consom., art. L. 313-10-1).

299 ***Cessibilité et transmissibilité de la garantie*** ◊ S'agissant de la cession entre vifs, la question comporte deux facettes : cessibilité avec la créance ou le contrat garanti ou cessibilité de la seule garantie.

On a pu se demander si la garantie autonome était, comme le cautionnement, transmissible avec la créance. L'autonomie impose une réponse négative. La garantie est, dès l'instant de sa souscription, détachée de la créance (*supra* n° 284). L'engagement autonome de payer telle somme à première demande à tel bénéficiaire ne peut être invoqué par nul autre, serait-il le cessionnaire de la créance initialement garantie, sauf accord du garant, accord qui serait, en réalité, une nouvelle garantie. Telle est la solution consacrée par le nouvel article 2321 du Code civil : *« Sauf convention contraire, cette sûreté ne suit pas l'obligation garantie »* [2].

Ces mêmes caractères conduisent à se demander si la garantie est cessible en tant que créance autonome, détachée du contrat de base, comme n'importe quelle créance. Une réponse négative s'impose pareillement [3]. Quoiqu'autonome, la garantie est au service d'un contrat de base. Sa fonction de sûreté est incompatible avec la possibilité d'une cession séparée. Pour un cessionnaire, elle changerait nécessairement de nature. L'explication technique peut être trouvée dans le caractère *intuitu personae*

1. V. Douai, 18 avr. 1991, *JurisData* n° 050990 ; Rennes, 6 juill. 1993, *JurisData* n° 048104 ; Nancy, 22 sept. 1997, *JurisData* n° 048646, *JCP* 1998. IV. 2360, *RTD com.* 1998. 655, obs. Cabrillac.

2. Les nouvelles RUGD de la CCI (Doc. n° 758) n'admettent pareillement la cession de la garantie que si elle a été stipulée transférable (art. 13). La Cour de cassation a pourtant admis la solution contraire (avant l'avènement de l'article 2321) : Civ. 2e, 21 oct. 2004, *Bull. civ.* II, n° 464, *D.* 2005. 692, obs. S. Cabrillac, *D.* 2005. Pan. 2085, obs. Crocq, *JCP* E 2004. 1900, note Béhar-Touchais, *Defrénois* 2005. 38206, note Barthez, *RTD civ.* 2005. 398, obs. Mestre et Fages ; Com., 19 déc. 2006, *JurisData* n° 036835, *JCP* 2007. I. 158, n° 14, obs. Simler. V. aussi, approuvant cette solution, au motif que la garantie est tout de même « au service » de la créance, A.-S. Barthez et D. Houtcieff, n° 1400.

3. V. Malaurie, Aynès et Crocq, n° 347 ; Prüm, n° 199 et 213 ; A.-S. Barthez et D. Houtcieff, n° 1398. Pour une garantie expressément stipulée non cessible et non transférable, Com., 6 nov. 1990, *Bull. civ.* IV, n° 258 ; *JCP* 1991. II. 21630, concl. Jéol, *D.* 1991. 109.

dans les rapports entre le garant et le débiteur, inhérent à toute garantie personnelle. Il en va différemment cependant après appel de la garantie : la garantie devient alors une obligation exigible, que son bénéficiaire doit pouvoir céder à un tiers. On peut encore admettre la cession de la créance avant appel de la garantie, pourvu que le bénéficiaire initial ait seul pouvoir de procéder à cet appel [1].

La transmission universelle de la garantie, en cas de décès du garant, du bénéficiaire ou du donneur d'ordre, s'il s'agit d'une personne physique, ou de fusion, scission ou absorption, s'il s'agit d'une personne morale, ne se heurte, au contraire, à aucune objection, sous la réserve que la distinction entre obligation de couverture et de règlement (v. *supra* n°s 252 et 258) est sans application à une garantie autonome [2].

A. Appel de la garantie

300 ***Position du problème*** ◊ La demande d'exécution doit respecter strictement les formes et modalités prévues dans la lettre de garantie [3]. Sous ces réserves, si la garantie a été stipulée payable à première demande, le garant doit en principe obtempérer sans délai. Il engage sa responsabilité s'il diffère l'exécution de la garantie, fût-ce à la demande expresse du donneur d'ordre [4]. Il n'est d'ailleurs pas tenu, avant de payer, d'en avertir le donneur d'ordre (ou, si l'appel est adressé au garant de premier rang, le contre-garant), encore moins de solliciter son accord [5]. Cependant, suivant un usage largement répandu, les banques garantes ou contre-garantes avertissent leurs donneurs d'ordre de l'existence d'un appel de garantie [6].

---

1. En ce sens, J.-P. Mattout, art. préc., *D.* 2010. 1296, n° 7.
2. V. A.-S. Barthez et D. Houtcieff, n° 1102 s.
3. V., pour des appels jugés non fondés parce que faits en une autre monnaie que celle prévue et par une personne n'ayant pas qualité, Com., 21 juin 1988, *Bull. civ.* IV, n° 213, *D.* 1989. Somm. 148, obs. Vasseur, *JCP* 1990. II. 21446, note Vallens ; Paris, 24 oct. 1989, *D.* 1990. Somm. 203, *JCP* 1990, *ibid.* V. cependant en sens contraire, pour des raisons propres à l'espèce, Com. 5 juill. 1995, *Bull. civ.* IV, n° 200, *D.* 1996. 249, note Piedelièvre, *RTD com.* 1996. 102, obs. Cabrillac. Pour des appels ne répondant pas aux exigences de forme convenues, Com., 24 mars 1992, *Bull. civ.* IV, n° 123, *D.* 1993. Somm. 99, obs. Vasseur ; Com., 21 févr. 1995, *Banque* 1995. 91, obs. Guillot, *RJDA* 1995. 883 ; Com., 22 mars 2011, *JurisData* n° 004380, *JCP* 2011. Chron. 770, n° 6, obs. Simler, *RD banc. fin.* 2011, n° 135, obs. Cerles ; Paris, 12 déc. 2000, *JurisData* n° 138584, *RD banc. fin.* 2001, n° 151, obs. Cerles.
4. V. Com., 20 déc. 1982, 1er arrêt, préc. ; Paris, 29 janv. 1981, *D.* 1981. 336, 1re esp., note Vasseur ; T. com. Nantes, 22 sept 1983, *D.* 1984. IR 202, obs. Vasseur. Il en va différemment s'il existe un obstacle juridique au paiement, tel qu'une saisie-arrêt : Paris, 26 juill. 1985, *D.* 1986. IR 157, *Banque* 1985. 857, obs. Rives-Lange ; Paris, 7 juill. 1988, *D.* 1991. Somm. 196.
5. En ce sens, Paris, 22 juin 1978, *D.* 1978. 259, note Vasseur ; Sentence CCI n° 3316, 1979, *JDI* 1980. 970, note Derains, *D.* 1981. IR 190, obs. Vasseur ; Grenoble, 12 nov. 1987, *D.* 1988. Somm. 247, *Banque* 1988. 234, obs. Rives-lange.
6. Les nouvelles RUGD précitées de la CCI codifient cette pratique : le garant ou contre-garant appelé doit informer sans retard, selon le cas, le contre-garant ou le donneur d'ordre, sans que cette information ait une incidence sur l'obligation de répondre à l'appel (art. 20 s.).

S'agissant des contrats internationaux, c'est en effet le donneur d'ordre, et non le garant lui-même, sauf circonstances particulières [1], qui prétendra, le cas échéant, s'opposer à l'exécution de la garantie, pour la simple raison que la charge de ce paiement sera immédiatement répercutée sur lui (*infra* n° 309). On observe, à cet égard, une différence significative par rapport au cautionnement. Le banquier garant assume le risque qu'il a pris. Il tient même à honorer sa signature, afin de ne pas ternir sa réputation, spécialement au plan international. Ainsi s'explique qu'il sollicite parfois l'autorisation judiciaire de payer ou la mainlevée de mesures tendant à l'en empêcher [2]. Rien de tel ne peut se produire dans le contexte des garanties internes, du moins lorsqu'elles ne sont pas le fait des établissements bancaires.

Il reste alors à se demander si le donneur d'ordre peut avoir des raisons légitimes de s'opposer à l'exécution de la garantie (1°) et s'il existe des hypothèses où le garant peut ou doit refuser cette exécution (2°).

301 ***1° Moyens mis en œuvre par le donneur d'ordre pour empêcher l'exécution de la garantie*** ◊ La rigueur de la garantie autonome, singulièrement si elle est payable à première demande, expose le garant et le donneur d'ordre à des risques importants : celui d'un abus pur et simple de la part du bénéficiaire, mais aussi, plus fréquemment, celui d'un appel de la garantie en cas de difficultés dans l'exécution du contrat de base, chacune des parties faisant valoir des griefs contre l'autre. Ces risques sont particulièrement importants dans le contexte des garanties internationales et ils pèsent alors principalement sur le donneur d'ordre, contre lequel la banque contre-garante se retournera instantanément, en débitant simplement son compte des sommes payées (*infra* n° 309). Sachant qu'un recours contre le bénéficiaire étranger, en cas de paiement indu, sera souvent très difficile, sinon parfois illusoire, ce donneur d'ordre a un intérêt évident à empêcher l'exécution de la garantie. Les développements qui suivent concernent, pour ces raisons, essentiellement les garanties internationales.

Divers moyens ont été mis en œuvre par les donneurs d'ordre : défense de payer notifiée au garant, mise sous séquestre de la garantie, saisie-arrêt de celle-ci. Après certaines hésitations, la jurisprudence et la doctrine ont conclu au nécessaire rejet de telles demandes, inconciliables avec la nature même des garanties autonomes [3].

---

1. V. Paris, 1er juill. 1986, *D.* 1987. Somm. 171, obs. Vasseur et 448, obs. Aynès.
2. V. TGI Paris, 13 mai 1980, *D.* 1980. 488, note Gavalda et Stoufflet, *JCP* 1981. II. 19550, note Vasseur ; Riom, 14 mai 1980, *D.* 1981. 336, 2e esp., note Vasseur ; Paris, 26 avr. 1983, *D.* 1983. IR 485, obs. Vasseur ; Paris, 6 mai 1986, *D.* 1986. IR 1986.
3. C'est pourquoi l'exécution de la garantie ne peut pas davantage être subordonnée par le juge à la fourniture d'une garantie de remboursement pour le cas où l'appel s'avérerait injustifié (Com., 6 nov. 1990, *Bull. civ.* IV, n° 258, *D.* 1991. 109, concl. Jéol, et Somm. 201, obs. Vasseur, *JCP* 1991. II. 21630, concl. Jéol ; cassation de Paris, 23 sept. 1988, réf., *D.* 1989. Somm. 156). Pouvait véritablement constituer un obstacle à l'exécution de la garantie une plainte avec constitution de partie civile pour fraude, en raison du principe selon lequel « *le pénal tient le civil en l'état* » (v. Paris, 13 janv. 1989, *D.* 1990. Somm. 211, obs. Vasseur, *RD banc. et bourse* 1990. 208, obs. Contamine-Raynaud, *RTD com.* 1990. 444, obs. Cabrillac et Teyssié ; Paris, 20 mai 2005, *JurisData*

Il n'en est autrement qu'en cas d'appel manifestement abusif de la garantie (*infra* n°s 305 s.). Mais dans ce cas, précisément, aucune procédure particulière n'est nécessaire : l'abus étant, par hypothèse, manifeste, le garant doit d'office refuser l'exécution, sauf à engager sa responsabilité à l'égard du donneur d'ordre.

302 ***a) Défense de payer*** ◊ Le premier réflexe du donneur d'ordre qui estime injustifié l'appel de la garantie est de donner instruction au banquier garant de ne pas payer ou d'obtenir du juge, par une procédure d'urgence, une décision en ce sens. Certaines juridictions ont donné suite à de telles requêtes, notamment si le donneur d'ordre pouvait faire état d'importantes créances contre le bénéficiaire de la garantie, de l'exécution régulière de ses propres engagements ou de la mauvaise foi de son cocontractant [1].

Pareille démarche du donneur d'ordre est pourtant en contradiction avec ses propres engagements : ayant donné ordre à son banquier de s'obliger de manière autonome à payer, le cas échéant, à première demande, il ne peut unilatéralement revenir sur ces instructions et faire obstruction au moyen d'une défense de payer à l'exécution de l'engagement pris par le garant. Corrélativement, les décisions faisant droit à de telles demandes encourent le reproche de violer l'article 1134 et le principe de la force obligatoire du contrat. La nature particulière de la garantie autonome interdit de faire obstacle à son exécution en invoquant des motifs tirés du contrat de base, au mépris de l'inopposabilité des exceptions qui la caractérise. Aussi, les tribunaux se sont-ils assez vite rendus à ces arguments [2], position qui est aussi celle de la Cour de cassation [3].

---

n° 276239, *Banque et droit* sept.-oct. 2005. 80, obs. Affaki et Stoufflet, et, sur pourvoi, Com., 7 juin 2007, *JurisData* n° 039387, *JCP* 2007. I. 212, n° 12, obs. Simler). Cette possibilité a disparu du fait de la modification de l'article 4 du Code de procédure pénale (L. 5 mars 2007) : la mise en mouvement de l'action publique n'emporte plus supension des actions exercées devant les juridictions civiles autres que celles ayant pour objet la réparation du domage causé par l'infraction.

1. V. T. com. Paris, 24 mars et 5 mai 1981, réf., *D.* 1981. 482, note Vasseur, *RTD com.* 1981. 813, obs. Cabrillac et Teyssié ; T. com. Bruxelles, 6 avr. 1982, et T. com. Paris, 12 févr. 1982, réf., *D.* 1982. 504, note Vasseur ; Versailles, 29 mars 1985, *D.* 1986. IR 156 ; T. com. Paris, 4 mai 1994, *Gaz. Pal.* 1994. 2. Somm. 463. Pour une telle demande faite par le banquier contre-garant, T. com. La Roche-sur-Yon, 14 sept. 1981, *D.* 1982. IR 199, obs. Vasseur.

2. V. Riom, 14 mai 1980, et T. com. La Roche-sur-Yon, 14 sept. 1981, préc. ; Paris, 7 janv. 1983, *D.* 1983. IR 304 ; Paris, 25 mai 1983, *D.* 1983. IR 484, obs. Vasseur ; Paris, 6 mai 1986, *D.* 1987. IR 175, obs. Vasseur ; TGI Paris, 10 nov. 1987, *D.* 1988. Somm. 246 ; Paris, 14 déc. 1987, *D.* 1988. Somm. 248, obs. Vasseur, *Banque* 1988. 236, obs. Rives-Lange ; Paris, 15 févr. 1989, *D.* 1989. Somm. 158 ; Paris, 9 janv. 1991, *D.* 1991. Somm. 196 ; Paris, 6 mars 1991, *D.* 1992. Somm. 241 ; Paris, 24 avr. 1992, *D.* 1993. Somm. 102 ; Paris, 21 oct. 1998, *JurisData* n° 023513 ; Paris, 30 janv. 2002, *JurisData* n° 189546 ; Nîmes, 17 janv. 2008, *JurisData* n° 000778 ; Versailles, 6 juill. 2011, *JurisData* n° 022035. V. aussi le jugement particulièrement explicite de T. com. Bruxelles, réf., 30 janv. 1990, *D.* 1990. Somm. 209, obs. Vasseur. Dans le même sens, A. Prüm, *op. cit.*, n°s 52 s.

3. Com., 21 mai 1985, *Bull. civ.* IV, n° 160, *Gaz. Pal.* 1985. 2. 770, note Piedelièvre, *D.* 1986. 213, 1re esp., note Vasseur, *Banque* 1986. 87, obs. Rives-Lange ; Com., 3 mai 1988, *Bull. civ.* IV, n° 149, *D.* 1988. 430, note Vasseur ; Com., 23 oct. 1990, *D.* 1991. Somm. 197 ; Com., 5 févr. 1991, *Bull. civ.* IV, n° 49, *D.* 1991. *Somm.* 199 ; Com., 19 mai 1992, *Bull. civ.* IV, n° 187,

Une défense de payer, judiciaire ou non, n'est justifiée que si l'appel de la garantie intervient avant qu'elle soit entrée en vigueur ou après son expiration [1], si les formes et modalités prévues n'ont pas été respectées (*supra* n° 300) ou encore en cas d'appel manifestement abusif (*infra* n°s 305 s.). Elle l'est également s'il y a un doute sérieux sur la qualification même de l'engagement : simple cautionnement ou garantie autonome [2].

303 ***b) Mise sous séquestre*** ◊ Cette mesure, plus énergique que la simple défense de payer, appelle les mêmes observations. Elle a donné lieu aux mêmes hésitations. Admise par certains tribunaux, notamment « pour prévenir un dommage imminent » ou le risque d'une situation irréversible (C. pr. civ., art. 873) [3], elle a été condamnée pour les mêmes raisons fondamentales : autonomie de la garantie, inopposabilité des exceptions et, en dernière analyse, violation de l'article 1134 [4], et sous les mêmes réserves : appel manifestement abusif, doute sur la véritable nature de la garantie [5].

304 ***c) Saisie*** ◊ Si le donneur d'ordre est lui-même créancier du bénéficiaire de la garantie, il peut songer, à titre de moyen de défense, à pratiquer entre les mains du garant, débiteur de son débiteur, une saisie conservatoire, afin de rendre le montant de la garantie indisponible (L. 9 juill. 1991, art. 74), voire même une saisie-attribution. Le procédé paraît moins

---

D. 1993. Somm. 105 ; Com., 7 juin 1994, *Bull. civ.* IV, n° 203, *D.* 1995. Somm. 21, obs. Vasseur ; Com., 26 nov. 2003, *Bull. civ.* IV, n° 175, *D.* 2004. Act. 133, *JCP* 2004. I. 141, n° 9, obs. Simler, *RTD com.* 2004. 146, obs. Legeais (sur renvoi, dans cette espèce, l'appel de la garantie a été jugé manifestement abusif, au motif que l'appel de la contre-garantie était subordonné au paiement de la garantie de premier rang : Amiens, 16 oct. 2006, *JurisData* n° 327164. La solution eût pu être fondée plus simplement et plus pertinemment sur la non réalisation d'une condition de mise en œuvre de la contre-garantie).

1. V. Com., 5 févr. 1985, *Bull. civ.* IV, n° 45, *D.* 1985. 269, 4e esp., note Vasseur. Sur la signification du terme extinctif, v. *infra* n° 312. V. aussi, pour une défense de payer justifiée, à concurrence de la partie caduque d'une garantie réductible, T. com. Paris, 7 févr. 1989, *D.* 1990. Somm. 207, obs. Vasseur.

2. V. par ex. Paris, 10 janv. 1986, *D.* 1986. IR 154, obs. Vasseur ; Paris, 12 nov. 1993, *JurisData* n° 024233.

3. V. Paris, 2 juin 1982, *D.* 1983. 437, note Vasseur ; T. com. Paris, 29 oct. 1982, réf., *D.* 1983. IR 301, obs. Vasseur, *Gaz. Pal.* 1983. 1. 29, note Marchi ; Paris, 29 nov. 1982, *D.* 1983. IR 302. V. encore Bordeaux, 14 janv. 1987, *RD banc. et bourse* 1988. 67, obs. Contamine-Raynaud, cassé par Com., 3 mai 1988, préc.

4. V. Com., 5 févr. 1985, motifs, préc., cassant Paris, 2 juin 1982, préc. ; Com., 3 mai 1988, *Bull. civ.* IV, n° 149, *D.* 1988. 430, note Vasseur, cassant Bordeaux, 14 janv. 1987, préc. ; Paris, 25 févr. 1982, *D.* 1984. IR 204, obs. Vasseur ; Paris, 7 nov. 1983, *D.* 1984. IR 205 ; Paris, 3 déc. 1984, *D.* 1985. IR 240, obs. Vasseur, *Banque* 1985. 92, obs. Rives-lange. Dans le même sens, en matière de crédit documentaire, Com., 14 oct. 1981, *Bull. civ.*, n° 357, *D.* 1982. 301, note Vasseur, *JCP* 1982. II. 19815, note Gavalda et Stoufflet.

5. V. Paris, 10 avr. 1986, et 17 juin 1987, *D.* 1988. Somm. 244 et 245, obs. Vasseur. Encourt la critique l'arrêt qui a admis la mise sous séquestre des sommes réclamées au motif que l'appel de la garantie apparaissait sérieusement contestable et susceptible de revêtir un caractère abusif : Aix-en-Provence, 14 janv. 2010, *JurisData* n° 009860.

directement contraire à la nature de la garantie et à la force obligatoire du contrat, la qualité de créancier étant distincte de celle de donneur d'ordre. Un courant favorable à cette mesure s'est d'abord dessiné, en jurisprudence et en doctrine [1]. Mais la solution contraire s'est imposée, pour les mêmes raisons que pour les deux procédés précédemment examinés, auxquelles s'ajoutent des raisons propres à la technique de la saisie.

Dans le cadre des garanties internationales, c'est le plus souvent la contre-garantie fournie par la banque française que le donneur d'ordre voudrait saisir. Le bénéficiaire de cette contre-garantie étant, non le débiteur, cocontractant du donneur d'ordre, mais le garant de premier rang, contre lequel le donneur d'ordre ne peut faire valoir aucun droit de créance, les conditions de la saisie ne sont pas remplies [2].

Plus fondamentalement, c'est la nature particulière des garanties autonomes qui fait obstacle à la saisie, aussi bien qu'à la défense de payer ou au séquestre : en requérant une telle mesure, le donneur d'ordre revient sur son propre engagement de fournir une garantie autonome, détachée du contrat de base, et sur les instructions non révocables données en ce sens à la banque ; par sa renonciation à opposer toute exception tirée du contrat de base, le donneur d'ordre a implicitement, mais nécessairement, renoncé aussi à pratiquer une saisie sur la garantie, qui n'est en définitive qu'une manière d'opposer au bénéficiaire une exception de compensation [3] : « Admettre la possibilité d'une telle saisie(-arrêt) serait permettre à l'un des contractants de paralyser, fût-ce provisoirement et temporairement, l'exécution des engagements clairs et valables qu'il a pris en connaissance de cause, compte tenu des risques auxquels il s'exposait » [4]. La Cour de cassation a très clairement approuvé cette position [5].

Selon certains, la saisie devrait du moins être possible, les autres conditions étant remplies, si le donneur d'ordre était créancier du bénéficiaire

1. Cette mesure était alors la saisie-arrêt (C. pr. civ. anc., art. 557 s. abrogés). V. TGI Paris, 13 mai 1980, préc. ; T. com. Paris, 2 févr. 1983, réf., *D.* 1986. IR 243, obs. Vasseur ; Paris, 7 juill. 1988, *D.* 1991. Somm. 196, obs. Vasseur ; Gavalda et Stoufflet, art. préc., *RTD com.* 1980. 1, n° 18 ; Stoufflet, art. préc., *RJ com.* 1982. 245 ; Dubisson, art. préc., *JCP* CI 1982. II. 13813, n°s 29 s.

2. V. en ce sens TGI Montluçon, 9 janv. 1981, *D.* 1981. 390, note Vasseur ; T. com. Paris, 2 févr. 1983, préc., qui n'autorise pour cette raison que la saisie-arrêt de la garantie de premier rang.

3. V. Prüm, *op. cit.*, n°s 52 s. et 534 s.

4. Paris, 27 oct. 1981, *JCP* 1981. II. 19702, obs. Bouloy, *RTD com.* 1982. 281, obs. Cabrillac et Teyssié. Dans le même sens, Paris, 25 mars 1982, *D.* 1982. IR 497, obs. Vasseur, *JCP* 1982. II. 19876, obs. Stoufflet ; Paris, 26 juill. 1985, *D.* 1986. IR 157, obs. Vasseur, *Banque* 1985. 857, obs. Rives-Lange, *RTD com.* 1985. 802, obs. Cabrillac et Teyssié ; Dijon, 11 mai 2004, *JurisData* n° 269759, *Banque et droit* nov.-déc. 2005. 86, obs. Guillot.

5. Com., 27 nov. et 12 déc. 1984, *D.* 1985. 269, 2e et 3e esp., note Vasseur, et sur le 2e arrêt, *JCP* 1985. II. 20436, note Stoufflet ; Com., 15 juin 1999, *Bull. civ.* IV, n° 126, *JCP* E 1999. Pan. 1462, obs. Bouteiller, *RTD com.* 1999. 941, obs. Cabrillac, *D.* 2000. 113, note Picod. Dans le même sens, en matière de crédit documentaire, Com., 14 oct. 1981, préc. ; Com., 24 juin 1986, *Bull. civ.* IV, n° 131 ; Com., 7 oct. 1987, *Bull. civ.* IV, n° 213, *D.* 1988. 265, 1re esp., note Vasseur, *JCP* 1988. II. 20928, note Stoufflet.

de la garantie à un autre titre que le contrat de base [1]. La Cour de cassation a cependant décidé, en matière de crédit documentaire, que la saisie devait être refusée même dans ce cas [2].

305 ***2° Appel manifestement abusif de la garantie*** ◊ Si les moyens procéduraux ci-dessus évoqués, tendant à empêcher l'exécution de la garantie, sont en principe voués à l'échec, il n'en résulte pas pour autant que le bénéficiaire puisse impunément appeler la garantie s'il est de toute évidence sans droits vis-à-vis du donneur d'ordre. La rigueur de la garantie autonome ne saurait l'autoriser à s'en servir délibérément comme instrument de spoliation. Rien n'aurait justifié que la maxime *fraus omnia corrumpit*, qui a valeur de principe général du droit, ne fût pas appliquée en la matière [3]. L'appel de la garantie doit donc être rejeté s'il est manifestement frauduleux ou abusif. Le nouvel article 2321 du Code civil consacre opportunément cette ultime concession imposée à l'autonomie : *« Le garant n'est pas tenu en cas d'abus ou de fraude manifeste du bénéficiaire ou de collusion de celui-ci avec le donneur d'ordre »*.

L'exigence d'un abus ou d'une fraude **manifeste** réduit très fortement la portée de la restriction. Il faut en effet que l'absence de droit du bénéficiaire soit évidente, qu'elle saute aux yeux, sans qu'il soit besoin de preuves [4]. En effet, toute recherche d'un abus ou d'une fraude qui serait seulement allégué supposerait que des preuves en soient apportées, ce qui conduirait inévitablement à en rechercher les causes dans le rapport de base, en contrariété avec le principe d'inopposabilité de telles exceptions.

Ainsi s'explique que, si de nombreuses décisions mentionnent cette réserve [5], plus rares sont celles ayant pu effectivement, par ce motif, justifier

---

1. En ce sens, en matière de garantie autonome, Paris, 5 mai 1982, *D.* 1982. IR 497, 2e esp., obs. Vasseur, *RTD com.* 1983. 102, obs. Cabrillac et Teyssié ; en matière de crédit documentaire, T. com. Paris, 10 mars 1986, réf., *Banque* 1986. 402, obs. Rives-Lange ; Paris, 26 mars 1986, *D.* 1986. 374, 2e esp., note Vasseur.

2. Com., 18 mars 1986, *D.* 1986. 374, 1re esp., note Vasseur, *JCP* 1986. II. 20624, note Stoufflet, *RTD com.* 1986. 421, obs. Cabrillac et Teyssié ; Com., 18 oct. 1988, *D.* 1988. IR 249. Il doit très certainement en être de même en matière de garantie autonome : en ce sens, T. arr. Luxembourg, 17 juin 1982, *D.* 1983. IR 301, obs. Vasseur.

3. V. A. Prüm, « Application de l'adage « *fraus omnia corrumpit* » à propos des garanties à première demande », *DPCI* 1987. 121. Cet auteur, après d'autres (v. Stoufflet, note sous Com., 11 déc. 1985, *JCP* 1986. II. 20593, qui voit dans l'hypothèse de la fraude un « échec au principe de l'autonomie »), estime que l'exception de fraude rompt l'autonomie de la garantie et en réduit la portée. On peut considérer, pourtant, que le vice de l'appel de la garantie, dans cette hypothèse, se situe bien dans le contrat de garantie, et non dans le contrat de base : c'est la mauvaise foi ou la fraude de l'appel de la garantie qui justifie son rejet, et non une exception tirée du contrat de base (v. Simler, n° 972).

4. V. par ex. Com., 21 mai 1985, *Bull. civ.* IV, n° 160, *D.* 1986. 213, note Vasseur, *JCP* 1986. I. 3265, n° 118, qui a jugé que le fait que le contrat principal ait été « apparemment » exécuté ne rendait pas l'appel de la garantie « manifestement abusif » ; Paris, 27 mai 2005, *JurisData* n° 272313, qui juge que, dès lors qu'il y a doute, l'abus n'est pas manifeste. Des juges du fond ont parfois eu tendance à réintroduire une certaine opposabilité des exceptions sous couvert d'appel manifestement abusif (v. notamment Aix-en-Provence, 14 janv. 2010, préc.).

5. V., parmi d'autres, Com., 12 déc. 1984, 21 mai 1985, 3 mai 1988, et 25 mars 2003, préc. ; Com., 19 févr. 1991, *Bull. civ.* IV, n° 76, *D.* 1991. Somm. 199, obs. Vasseur ; Com., 7 juin 1994,

un refus de payer ou faire droit à une mesure tendant à empêcher le paiement. L'hypothèse, pour autant, n'est pas d'école. A ainsi pu être considéré comme manifestement frauduleux ou abusif l'appel de la garantie :

- fondé, non sur l'inexécution du contrat de base, mais sur des raisons purement politiques opposant deux États [1] ;
- consécutif à une spoliation des biens du donneur d'ordre par les autorités publiques étrangères bénéficiaires de la garantie [2] ;
- intervenu alors que la bonne exécution des obligations garanties, attestée par le bénéficiaire lui-même, par un mandataire ou un préposé, ou encore par une expertise judiciaire, n'était pas douteuse [3] ;
- intervenu alors que le bénéficiaire connaissait l'annulation imminente du spectacle en vue duquel la garantie avait été constituée [4] ;
- justifié, du propre aveu du bénéficiaire, par les difficultés afférentes à un autre contrat que celui visé dans la lettre de garantie [5] ou à des droits étrangers à l'objet de la garantie [6] ;

Bull. civ. IV, n° 203, *JCP* 1994. II. 22312, note Stoufflet ; Com., 28 nov. 1995, *Bull. civ.* IV, n° 270, *JCP* 1997. I. 3991, obs. Simler ; Com., 31 mai 2011, *JCP* E 2011. 1583, note Legeais, *RD banc. et fin.* 2011, n° 167 ; Paris, 13 déc. 1984, *D.* 1985. IR 329, obs. Vasseur, *Banque* 1985. 93, obs. Rives-Lange ; Paris, 6 mai 1986, préc. ; Paris, 21 janv. 1987, 2 arrêts, *D.* 1987. Somm. 176, obs. Vasseur.

1. V., à propos des affaires iraniennes, suite au changement de régime intervenu en 1979, T. com. Paris, 12 févr. 1982, et T. com. Bruxelles, 6 avr. 1982, réf., *D.* 1982. 504, note Vasseur. Jugé, cependant, que le seul fait qu'il existe des tensions entre deux États et que plusieurs garanties soient appelées simultanément ne suffit pas à établir la fraude manifeste : Paris, 31 mai 1988, 2 arrêts, *D.* 1989. Somm. 153, obs. Vasseur. Afin de prévenir les abus et les difficultés consécutives, des dispositions autoritaires d'*embargo* ont été prises, tant au niveau national que communautaire et international, à l'encontre de certains États (L. n° 91-716, 26 juill. 1991, *JO* 27 déc. 1991, p. 9945, art. 45 : interdiction d'exécuter les garanties indépendantes de l'Irak ; Grelon et Dal Fabra, Le sort des garanties financières en cas d'embargo : l'apport de la réglementation de l'embargo contre l'Irak, *RD banc. et bourse* 1994, p. 98 ; M. Vasseur, Les conséquences du règlement communautaire du 7 décembre 1992 sur les garanties indépendantes consenties à l'Irak avant la crise du Golfe, *D.* 1995. Chron. 43). Il semblerait que ces mesures doivent se traduire, non par une simple suspension des garanties pendant la durée de l'embargo, mais par une véritable caducité (v. Paris, 23 juin 1995, *JCP* E 1995. II. 735, note Affaki, et sur pourvoi, Civ. 1re, 24 févr. 1998, *JurisData* n° 000823, *JCP* 1998. I. 149, n° 10, obs. Simler). Les RUGD de la CCI attachent au contraire un effet suspensif aux événements de force majeure empêchant d'appeler ou d'exécuter la garantie.

2. Paris, 25 mai 1983, *D.* 1983. IR 484, et sur pourvoi, Com., 11 déc. 1985, *Bull. civ.* IV, n° 292, *D.* 1986. 213, 2e esp., note Vasseur, *JCP* 1986. II. 20593, note Stoufflet. *Contra*, Paris, 25 janv. 2002, *JurisData* n° 187939.

3. Paris, 20 juin 1984, *D.* 1985. IR 241, et sur pourvoi, Com., 10 juin 1986, *Bull. civ.* IV, n° 117, *D.* 1987. 17, 2e esp., note Vasseur, *RD banc. et bourse* 1987. 18, obs. Contamine-Raynaud ; T. com. Melun, 29 avr. 1985, *D.* 1986. IR 159 ; Paris, 18 nov. 1986, *D.* 1988. Somm. 247, obs. Vasseur ; Paris, 17 juin 1987, préc. ; Paris, 27 juin 1988, *JCP* 1988. IV. 397, *D.* 1989. Somm. 151, obs. Vasseur.

4. Com., 12 janv. 1993, *Bull. civ.* IV, n° 1, *D.* 1995. 24, note Vasseur.

5. Com., 18 avr. 2000, *RJDA* 2000. 803, *RD banc. fin.* 2000, n° 156, obs. Mattout, *Banque et droit* nov.-déc. 2000. 46, obs. Jacob, *Dr. et patr.* 2001, n° 94, p. 91, obs. B. Saint-Alary.

6. T. com. Paris, 1er août 1984, réf., *D.* 1986. IR 159, obs. Vasseur, *JCP* 1986. II. 20526, note Azencot ; Paris, 18 mars 1986, *D.* 1987. Somm. 173, obs. Vasseur, *RTD civ.* 1987. 557, obs. Cabrillac et Teyssié. V. aussi Lyon, 17 mai 1991, *D.* 1993. Somm. 99, obs. Vasseur.

– consécutif à une tentative d'imposer unilatéralement au donneur d'ordre des conditions nouvelles et inacceptables pour lui [1].

306 ***Notions d'abus ou de fraude manifeste ou de collusion*** ◊ Les tribunaux se réfèrent tantôt à l'abus, tantôt à la fraude, tantôt à la mauvaise foi. Il convient de se demander si ces termes sont ou non synonymes et quelle est la portée de la mention supplémentaire de la collusion dans l'article 2321 du Code civil.

Selon les uns, les concepts d'abus et de fraude sont distincts [2]. La Cour de Paris a ainsi jugé que « le caractère même manifestement abusif, comme en l'espèce, de l'appel des garanties ne peut être assimilé à une fraude de nature à paralyser le jeu des garanties ; qu'en effet la fraude suppose un comportement, des manœuvres destinées à tromper le cocontractant » [3]. Son arrêt a été cassé pour n'avoir pas tiré les conséquences légales de ses propres constatations [4]. Cette censure a été interprétée comme exprimant une volonté d'assouplissement de la notion d'appel manifestement abusif [5].

On peut, de manière non moins plausible, y voir une simple transposition en la matière de la notion de fraude telle qu'elle est comprise en droit commun des contrats, spécialement dans le cadre de l'action paulienne, qui en constitue le berceau. En raison de l'extrême difficulté de la preuve positive de l'intention de nuire qui entre dans la définition stricte de la fraude, il est admis de longue date que la simple conscience chez le débiteur du préjudice causé au créancier suffit à constituer la fraude paulienne [6]. En matière de garantie autonome, la conscience du préjudice causé se confond avec la conscience de l'absence de droit, c'est-à-dire avec l'abus ou la mauvaise foi [7]. Est donc abusif *ou* frauduleux, l'appel de la garantie fait de mauvaise foi. Ici plus que dans d'autres domaines, la preuve positive de l'intention de nuire est quasiment impossible. Seule une définition

1. Com., 2 déc. 1997, *JCP* 1998. II. 10165, note Hanna, *CCC* 1998. 41, obs. Leveneur.
2. V. Ch. Hannoun, « Réflexions sur la distinction de la fraude et de l'abus dans les garanties à première demande », *RD banc. et bourse* 1988. 187.
3. Paris, 12 juin 1985, *D.* 1986. IR 161, obs. Vasseur.
4. Com., 20 janv. 1987, *Bull. civ.* IV, n° 19, *D.* 1987. Somm. 177, obs. Vasseur, *JCP* 1987. II. 20764, note Stoufflet, *RTD com.* 1987. 234, obs. Cabrillac et Teyssié ; sur renvoi, Versailles, 1er déc. 1988, *D.* 1989. Somm. 155, obs. Vasseur ; sur nouveau pourvoi, Com., 18 déc. 1990, *Bull. civ.* IV, n° 325, *D.* 1991. IR 13, qui censure, en définitive, l'arrêt attaqué pour n'avoir pas caractérisé l'abus manifeste, dès lors qu'il relève l'existence d'un différend entre les parties au contrat de base.
5. V. Stoufflet, note préc. et art. préc., *JDI* 1987. 265, n° 24 s. ; Malaurie, Aynès et Crocq, n° 344.
6. V. par ex., Civ. 1re, 17 oct. 1979, *Bull. civ.* I, n° 249, *JCP* 1981. II. 19627, note Ghestin, *RTD civ.* 1980. 766, obs. Chabas ; Civ. 1re, 29 mai 1985, *Bull. civ.* I, n° 163, *Defrénois* 1986. 33694, obs. Aubert, *RTD civ.* 1986. 601, obs. J. Mestre.
7. V. Com., 11 déc. 1985, préc., qui se fonde sur le fait que la banque garante de premier rang, appelant la contre-garantie, « était au courant » de la situation ; Lyon, 23 mars 1992, *RTD com.* 1992, p. 658, obs. Cabrillac et Teyssié ; Versaille, 6 juill. 2011, *JurisData* n° 022035 (qui considère que fraude et abus sont « deux expressions distinctes de la mauvaise foi »).

élargie de la fraude, conforme au droit commun, est de nature à donner au correctif de l'appel manifestement abusif un contenu concret.

Il ne suffit pas, cependant, que l'appel de la garantie soit frauduleux ou abusif, il faut qu'il le soit **manifestement**. En cela, le correctif ici étudié s'écarte du droit commun de la fraude. Si des preuves sont nécessaires, celles-ci ne peuvent être recherchées que dans les circonstances relatives à l'exécution ou à l'inexécution du contrat de base. Or, toute exception tirée de ce contrat est inopposable (*supra* n° 285). De plus, admettre des contestations de cet ordre serait contraire à l'engagement de payer à première demande et priverait la garantie de la liquidité qui doit en être un trait essentiel. Il faut donc que la mauvaise foi de celui qui appelle la garantie soit évidente, qu'elle « crève les yeux » [1]. Ce qui est manifeste n'a pas à être prouvé.

Ainsi s'explique que la Cour de cassation ait pu juger « que le fait, même apparemment établi, » que le donneur d'ordre avait rempli toutes ses obligations ne dispensait pas la banque garante d'exécuter son obligation de payer à première demande [2]. Un fait apparemment établi ne l'est pas avec une certitude absolue : l'appel de la garantie n'était donc pas manifestement abusif. N'est pas davantage manifestement abusif celui qui est seulement susceptible de revêtir un caractère frauduleux [3].

La dernière proposition de l'article 2321, alinéa 2 (« *ou de collusion de celui-ci avec le donneur d'ordre* ») appelle trois observations critiques. Elle est superfétatoire en ce que la collusion n'est autre chose que la fraude, déjà mentionnée. Elle est inappropriée en raison de ce que, si une collusion du bénéficiaire est à craindre, ce n'est pas avec le donneur d'ordre, qui subira immédiatement les conséquences de l'appel de la garantie, mais avec le garant [4]. Sa lettre, enfin, laisse à penser que la collusion, contrairement à l'abus ou à la fraude, ne requiert pas un caractère manifeste, ce que rien ne justifierait.

307 ***Incidence de la combinaison d'une garantie et d'une contre-garantie*** ◊ L'abus manifeste doit être le fait de celui qui appelle la garantie. Dans le contexte des contrats internationaux, la question peut se poser à deux moments.

S'il y a lieu de craindre un abus, c'est d'abord du fait du bénéficiaire final de la garantie, cocontractant du donneur d'ordre. Si le caractère abusif de son appel est manifeste, la banque garante, par hypothèse, n'aura pas pu

---

1. Vasseur, obs. préc. V. cependant M. Cabrillac, Ch. Mouly, S. Cabrillac et Ph. Pétel, n° 517, qui jugent cette exigence fallacieuse.

2. Com., 21 mai 1985, préc. ; Com., 5 févr. 1991, *Bull. civ.* IV, n° 49, *D.* 1991. Somm. 199 ; Com., 7 oct. 1997, *JCP* E 1998. 226, note Legeais, *RTD com.* 1998. 189, obs. Cabrillac ; Com., 5 déc. 2000, *JurisData* n° 007344, *JCP* 2001. I. 315, n° 9, obs. Simler. V. cependant Paris, 27 juin 1988, préc., qui paraît avoir perdu de vue l'exigence du caractère manifeste de l'abus.

3. Aix-en-Provence, 14 janv. 2010, préc.

4. V. en ce sens, Prüm, art. préc., *Mélanges Simler*, Litec-Dalloz, 2006, p. 409, spécialement I, B. Pour une illustration, v. Com., 26 nov. 2003, préc. V. aussi *infra* n° 307.

ne pas en avoir conscience. Elle doit alors refuser d'y donner suite, sauf à engager sa propre responsabilité et à prendre le risque de se voir refuser le bénéfice de la contre-garantie.

Pour des raisons tenant à la compétence juridictionnelle [1], le problème n'est posé aux tribunaux français qu'à l'occasion de l'appel de la contre-garantie. Il faut alors que ce dernier appel soit manifestement abusif, donc que l'abus ou la fraude soit le fait de la banque garante de premier rang. Garantie de premier rang et contre-garantie sont en effet autonomes l'une par rapport à l'autre, comme elles le sont par rapport au contrat de base (*supra* n° 281). Il ne suffit pas que le bénéficiaire final de la garantie ait commis un abus flagrant ; il faut que le garant de premier rang se soit lui aussi rendu coupable d'un tel abus en appelant la contre-garantie. Tel peut être le cas, concrètement, soit lorsque le garant se rend personnellement coupable d'un comportement frauduleux [2], soit lorsqu'il est complice de la fraude commise par le bénéficiaire. C'est seulement lorsque cette fraude personnelle ou la collusion frauduleuse est elle-même manifeste que l'exécution de la contre-garantie peut et doit être refusée [3]. On comprend que ces conditions ne soient que rarement réunies [4].

De ces développements il résulte que, si la garantie autonome s'inscrit, à l'occasion de contrats de droit interne, dans la relation triangulaire classique créancier – débiteur – garant, le correctif de l'appel manifestement abusif peut plus facilement être mis en œuvre, ce qui peut expliquer la rareté du contentieux sur ce point [5]. Par ailleurs, les recours en cas

1. Si le donneur d'ordre, averti de l'appel de la garantie de premier rang, estime que cet appel est manifestement abusif et entend s'y opposer, ou si la banque s'y refuse spontanément, le litige ne peut être utilement porté que devant la juridiction compétente de l'État du siège de la banque.

2. V. Paris, 22 janv. 1991, *D.* 1991. Somm. 200, obs. Vasseur.

3. En ce sens, Com., 12 déc. 1984, TGI Montluçon, 9 janv. 1981, Paris, 25 mai 1983, T. com. Melun, 29 avr. 1985, Paris, 21 janv. 1987, préc. ; Com., 10 janv. 1989, *Bull. civ.* IV, n° 9, *D.* 1989. Somm. 153, obs. Vasseur ; Com., 12 déc. 1995, *Bull. civ.* IV, n° 289, *JDI* 1996. 674, note Prüm, *JCP* 1997. I. 3991, n° 12 ; Com., 9 oct. 2001, *Bull. civ.* IV, n° 158, *D.* 2001. Act. 3193, *Banque et droit* janv.-févr. 2002. 40, obs. Jacob, *RTD com.* 2002. 144, obs. Cabrillac ; Paris, 17 juin 1992, *D.* 1995. Somm. 19, obs. Vasseur ; Paris, 26 avr. 2007, *JCP* 2007. I. 212, n° 12, obs. Simler, *Banque et droit* 2007, n° 116, p. 48, obs. Affaki et Stoufflet ; Paris, 3 déc. 2008, *JurisData* n° 375094. La collusion doit avoir existé, selon un arrêt, au moment où la banque garante de premier rang a appelé la contre-garantie (Paris, 14 déc. 1987, *D.* 1988. Somm. 248, obs. Vasseur, *Banque* 1988. 236, obs. Rives-Lange). Il paraît plus juste d'exiger qu'elle ait existé dès le moment où le garant de premier rang a exécuté sa propre obligation. Pour retenir le caractère manifestement abusif de l'appel de la contre-garantie, un arrêt se contente de la connaissance par la banque garante de premier rang de l'appel sans droit de la garantie : Com., 4 juin 2002, *RJDA* 2002. 1196. Ce raisonnement mérite approbation si l'on admet que connaissance = mauvaise foi = abus ou fraude.

4. V. Com., 19 févr. 1991, *Bull. civ.* IV, n° 76, *D.* 1991. Somm. 199 ; Com., 25 mars 1991, *D.* 1991. Somm. 202, *RTD com.* 1991. 426, obs. Cabrillac et Teyssié ; Com., 19 mai 1992, *D.* 1993. Somm. 103, cassant Bordeaux, 1er mars 1990, *D.* 1990. Somm. 210 ; Com., 29 mars 1994, *D.* 1995. Somm. 20, *RD banc. et bourse* 1994. 239 ; Com., 28 nov. 1995, *Bull. civ.* IV, n° 270, *JCP* 1996. IV. 136. V. cependant Paris, 25 mai 1983 et, sur pourvoi Com., 11 déc. 1985, préc. ; T. com. Paris, 15 mars 1985, *D.* 1985. IR 244, obs. Vasseur. Sur une hypothèse où la banque française contre-garante s'est associée à la collusion frauduleuse entre le bénéficiaire et la banque étrangère garante de premier rang, v. Paris, 18 nov. 1986, *D.* 1988. Somm. 247, obs. Vasseur.

5. V. par ex. Com., 31 mai 2011, préc. ; Paris, 17 juin 1987, préc.

d'abus ne rencontreront pas les mêmes obstacles. Partant, le risque d'appel abusif, dont on ne connaît guère d'exemples, se trouve considérablement atténué.

B. Recours

308 ***Droit commun des garanties personnelles et droit commun des obligations*** ◇ L'existence d'un recours du tiers garant contre le débiteur garanti est inhérent au concept même de sûreté personnelle, qu'elle soit accessoire ou autonome. Dans ce dernier cas, le fait que le donneur d'ordre ne puisse faire obstacle à l'exécution de la garantie implique qu'il puisse se retourner contre le bénéficiaire s'il estime que l'appel de la garantie, quoique non manifestement abusif, était néanmoins injustifié, en tout ou partie. Le caractère autonome et en quelque sorte « automatique » de la garantie implique que le donneur d'ordre puisse se retourner contre le garant ou le contre-garant qui auraient indûment donné suite à un appel de la garantie. On ne peut exclure d'autres recours, notamment du garant ou contre-garant contre le bénéficiaire qui aurait indûment perçu, en tout ou partie, le montant de la garantie [1]. Le silence de l'article 2321 du Code civil à tous ces égards est sans incidence, ces recours trouvant leur fondement, après comme avant l'avènement de ce texte, dans le droit commun des contrats.

309 ***1° Recours du garant ou du contre-garant contre le donneur d'ordre*** ◇ Comme tout tiers garant, le garant autonome qui a exécuté son obligation peut se faire indemniser par le donneur d'ordre [2]. En cas de combinaison d'une garantie et d'une contre-garantie, ce recours doit pouvoir être exercé directement par le garant de premier rang [3]. Pour des

1. V. Com., 9 déc. 2008, *JurisData* n° 046219, *RJDA* 2009. 270; Paris, 14 mars 1988, *D.* 1989. Somm. 152. Faute de lien de droit entre le contre-garant et le bénéficiaire, ce dernier arrêt a donné un fondement quasi-délictuel au recours

2. Aucun recours avant paiement ne paraît pouvoir être admis, l'article 2309 du Code civil étant une disposition propre au cautionnement. L'affirmation par un arrêt « que la créance de recours du garant contre le donneur d'ordre prenait naissance à la date à laquelle l'engagement à première demande autonome avait été souscrit » paraît contestable (Com., 19 déc. 2006, *Bull. civ.* IV, n° 249, *D.* 2007. Act. 158, obs. Lienhard, *RD banc. fin.* 2007, n° 53, obs. Crédot et Samin, et n° 59, obs. Legeais, *Banque et droit* janv.-févr. 2007. 49, obs. Jacob. Dans le même sens, Paris, 15 janv. 2009, *JurisData* n° 376059. V. aussi Douai, 27 mai 2010, *JurisData* n° 018435, qui a rejeté la déclaration de la créance, non dans son principe, mais parce qu'elle avait été faite pour 1 €, avec la mention « à parfaire », alors qu'il appartenait au créancier d'en évaluer le montant). Tant que le garant ou contre-garant n'a pas exécuté son obligation, sa créance contre le donneur d'ordre reste éventuelle.

3. *Contra*, Stoufflet, art. préc., *JDI* 1987. 265, n° 42, qui estime qu'il n'y a pas de lien contractuel entre le garant de premier rang et le donneur d'ordre. Dans le même sens, Prüm, *op. cit.*, n°s 282 s. Pourtant, la garantie souscrite par le garant de premier rang est bien mise en place en considération du contrat de base et c'est l'exécution des obligations du donneur d'ordre qui est garantie. Qu'il n'y ait pas de lien contractuel direct n'empêche pas de considérer que le garant de premier rang est garant du donneur d'ordre. Pour la mise en place de cette garantie, la banque contre-garante ne joue que le rôle d'intermédiaire. Son propre engagement de contre-garant est chronologiquement second. V., à propos d'un recours du donneur d'ordre contre le garant de premier rang, Com., 4 juill. 2006, *Bull. civ.* IV, n° 164, *D.* 2006. Act. 2097, *RTD com.* 2006. 901, obs. Legeais, *Banque et droit* sept.-oct. 2006. 69, obs. Jacob.

raisons évidentes, celui-ci préférera appeler la contre-garantie. C'est alors le contre-garant qui se retournera contre le donneur d'ordre.

Ce recours est fondé sur les instructions données par ce dernier [1]. Il s'agit donc d'un **recours personnel** analogue à celui de la caution (*supra*, n°s 202 s.). Dans les rapports entre une banque garante et le donneur d'ordre, il est fréquemment convenu que ce recours s'exercera par simple inscription des sommes payées au débit du compte du donneur d'ordre [2]. Le cas échéant, le garant ou contre-garant déclarera sa créance au passif du donneur d'ordre en redressement ou liquidation judiciaire [3].

Ce dernier ne saurait échapper à son obligation en apportant la preuve du caractère injustifié de l'appel de la garantie par le bénéficiaire, puisque le garant ne pouvait lui-même opposer un tel argument. Si le garant a régulièrement exécuté son obligation, le recours contre le donneur d'ordre est fondé. Il n'en est autrement que si la garantie a été payée alors qu'elle ne devait pas l'être, soit parce qu'elle était périmée [4], soit parce que son appel était manifestement abusif et que le garant en avait conscience [5].

Le garant peut prétendre non seulement au remboursement des sommes versées au bénéficiaire, mais aussi aux intérêts de ces sommes, courant de plein droit, et au remboursement des frais exposés. Cette solution, admise en matière de cautionnement, est elle-même empruntée au régime du mandat (*supra* n° 205). Si elle est justifiée là, elle l'est aussi ici : la relation garant - donneur d'ordre est de la même nature que celle entre caution et débiteur.

Le recours personnel du garant contre le donneur d'ordre n'est pas exclusif d'un **recours fondé sur la subrogation**. L'autonomie de l'engagement ne paraît pas inconciliable avec la subrogation. Dépassant quelque peu la lettre de l'article 1251, 3°, du Code civil, la Cour de cassation a en effet jugé, dans diverses circonstances, que l'acquittement d'une dette personnelle ne fait pas obstacle à la subrogation, dès lors que le paiement a libéré envers le créancier commun celui sur qui devait peser la charge définitive de la dette [6]. Tel est le cas lorsque le garant exécute son obligation

---

1. Sur la nature juridique du rapport entre garant et donneur d'ordre, qui soulève la même difficulté et postule la même réponse qu'en matière de cautionnement, v. Prüm, *op. cit.*, n°s 45 s.
2. V. par ex. Riom, 14 mai 1980, préc.
3. V. Com., 4 juill. 2006, préc. Sur la déclaration avant paiement, v. Paris, 15 janv. 2009, et Douai, 27 mai 2010, préc.
4. Sur cette dernière hypothèse, V. Paris, 27 juin 1988, préc., et sur pourvoi, Com., 6 févr. 1990, *Bull. civ.* IV, n° 33, *D.* 1990. 467, note D. Martin, et Somm. 213, obs. Vasseur. En l'espèce, après refus justifié du paiement de la garantie appelée abusivement, la banque fut mise devant le fait accompli d'un paiement par compensation opéré par la banque étrangère garantie. Le recours contre le donneur d'ordre lui est refusé, la garantie étant éteinte. V. aussi Lyon, 17 mai 1991, *D.* 1993. Somm. 99, obs. Vasseur.
5. Com., 2 déc. 1997, préc.
6. V. Civ. 1re, 23 févr. 1988, *Bull. civ.* I, n° 50, *D.* 1988. IR 69 ; Civ. 1re, 15 mai 1990, *Bull. civ.* I, n° 106, *D.* 1991. 538, note Virassamy, *JCP* 1991. II. 21628, note Petit, *RTD civ.* 1990. 662, obs. Mestre ; Com., 17 févr. 1998, *Bull. civ.* IV, n° 68, *D.* 1998. Somm. 230, obs. Groutel. La Cour de cassation a seulement ajouté ensuite la précision qu'il n'en est ainsi que lorsque « la cause dont procède le paiement implique, pour le débiteur, l'obligation de lui rembourser les sommes ainsi versées » : Civ. 1re, 2 juin 1992, *Bull. civ.* I, n° 167, *D.* 1992. Somm. 407, obs. Delebecque, *RTD civ.* 1993. 130, obs. Mestre. Tel est le cas pour tous les engagements pris à titre de garantie de la dette d'un tiers.

personnelle et autonome [1]. En toute hypothèse, une subrogation conventionnelle est possible.

310 *2° Recours du donneur d'ordre* ◊ Si la garantie a été exécutée, alors que le donneur d'ordre estime que son appel était, en tout ou partie, infondé, divers recours sont concevables sur le fondement du droit commun des obligations.

Le donneur d'ordre peut sans nul doute se retourner **contre le bénéficiaire de la garantie** qui aura, le cas échéant, reçu un paiement indu. L'action s'apparente à la répétition de l'indu, sous la réserve qu'elle n'est pas exercée par le *solvens*. Son fondement se trouve dans le contrat de base. Les aléas tenant à son exercice et à son exécution dans le contexte international expliquent la rareté d'un tel recours [2]. Ces obstacles sont absents en cas de garantie purement interne, ce qui est de nature à dissuader le bénéficiaire d'appeler indûment la garantie et explique la rareté du contentieux sur ce point [3]. Cette même action contre le bénéficiaire pourrait aussi être exercée par la voie oblique par un créancier du donneur d'ordre, en particulier par le garant n'obtenant pas satisfaction dans le cadre de son recours contre le donneur d'ordre insolvable.

Si le compte du donneur d'ordre a été débité par la **banque garante**, un recours contre celle-ci - ou contre le garant de premier rang - est possible si la garantie a été payée alors qu'elle ne devait pas l'être, parce qu'elle était périmée [4] ou parce que l'appel était manifestement abusif [5], ou encore si la banque a mal exécuté les instructions du donneur d'ordre [6].

---

1. En ce sens, Com., 24 juin 2008, *JurisData* n° 044613, *JCP* 2008. I. 211, n° 12, obs. Simler, *RJDA* 2008. 1158 (en l'espèce le recours a échoué, la créance du bénéficiaire n'ayant pas été admise à la procédure collective du donneur d'ordre) ; Paris, 25 sept. 1996, *JurisData* n° 022329.

2. V. cependant Com., 4 juill. 2006, préc. ; Paris, 18 mars 1986, *D.* 1987. Somm. 173, obs. Vasseur, *RTD com.* 1987. 557, obs. Cabrillac et Teyssié ; T. com. Marseille, 19 sept. 1991, et T. com. Paris, 20 sept. 1991, *D.* 1992. Somm. 243, obs. Vasseur ; Paris, 19 mars 2009, *JurisData* n° 004519, *JCP* 2009. Chron. 492, n° 10, obs. Simler..

3. V. Com., 7 juin 1994, *Bull. civ.* IV, n° 202, *D.* 1995. Somm. 19, *JCP* E 1994. II. 637, note Leveneur. L'arrêt apporte la précision, qui s'imposait, que, dans le cadre de ce recours, le donneur d'ordre n'a pas à prouver l'abus ou la fraude commis par le bénéficiaire, mais seulement le caractère indu du paiement. V. aussi Com., 28 sept. 2010, n° 09-16.261, *Bull. Joly* 2011, n° 2, p. 9, obs. Barbier ; Paris, 22 juin 1978, *D.* 1979. 259, note Vasseur.

4. V. Com., 12 juill. 2005, *Bull. civ.* IV, n° 161, *D.* 2005. Act. 2214, obs. Delpech, *JCP* 2005. I. 185, n° 10, obs. Simler, *Dr. et patr.* 2005. 143, obs. Mattout et Prüm, *RTD com.* 2005. 823, obs. Legeais. Est censuré un arrêt ayant refusé au donneur d'ordre le remboursement de la somme prélevée par le garant, alors que la garantie expirait le 31/12, que l'appel de la garantie avait été expédié par LR/AR le 27/12, mais n'avait été reçu que le 2/1.

5. V. Com., 7 juin 1994, *JCP* 1994. II. 22312, note Stoufflet, *D.* 1995. Somm. 21, *RTD com.* 1994. 763, obs. Cabrillac. Il faut, cette fois, prouver le caractère manifestement abusif de l'appel et non pas seulement, comme dans les circonstances de l'arrêt précité du même jour, son caractère infondé.

6. V. Com., 30 mars 2010, *D.* 2010. Act. 957, obs. Delpech, et 2274, note Houin-Bressand, *JCP* 2010. Chron. 708, n° 9, obs. Simler, *JCP* E 2010. Chron. 1523, n° 28, obs. Stoufflet, *RTD com.* 2010. 593, obs. Legeais, *RDC* 2010. 1345, obs. Barthez, et 1390, obs. Racine. Aux termes de cet arrêt, « l'indépendance de la contre-garantie à l'égard de la garantie de premier rang

§ 3. Extinction

311 ***Principes*** ◊ Les obligations contractées par le garant s'éteignent par les causes du droit commun, mais par elles seules. Le paiement et ses suites ont été examinés dans la rubrique précédente. La mise en jeu d'autres causes, comme la remise de dette, la transaction, la novation, la prescription ou la compensation [1], est peu plausible, spécialement dans le cadre international [2]. Seule la durée appelle une attention particulière.

Il convient de souligner que le caractère autonome des garanties étudiées exclut par définition toute extinction par voie accessoire (comp., pour le cautionnement, *supra* n°s 230 s.). Il en était ainsi en particulier pour le défaut de déclaration de la créance dans la procédure de redressement ou de liquidation judiciaire du débiteur principal, avant l'abrogation de cette cause éphémère d'extinction par la loi de sauvegarde du 26 juillet 2005 (*supra* n° 285). Même l'entière exécution du contrat de base n'éteint pas de plein droit la garantie. Seul l'abus manifeste peut justifier un refus d'exécution. Mais il faut rappeler que le droit des procédures collectives, méconnaissant l'autonomie, soumet systématiquement au même traitement toute sûreté personnelle souscrite par une personne physique (v. *supra* n°s 175 et 238).

Doit également être écartée, parce que la garantie autonome n'est pas un cautionnement, la cause d'extinction propre à ce dernier constituée par le bénéfice de cession d'actions de l'article 2314 (anc. art. 2037) du Code civil [3].

En revanche, les causes d'extinction par voie principale sont toutes susceptibles de s'appliquer à la garantie autonome, comme au cautionnement, en particulier dans l'ordre interne [4].

---

n'interdit pas au donneur d'ordre...d'agir en responsabilité contre l'un quelconque des garants qui, par sa faute, l'a contraint de payer ». V. aussi T. com. Versailles, 17 sept. 1981, *D.* 1982. IR 496, obs. Vasseur, *Banque* 1982. 685, obs. M. Martin. En l'espèce, la garantie devait être inscrite dans certaines limites, non répercutées par la banque contre-garante sur la banque garante de premier rang, ce qui avait permis au bénéficiaire d'appeler la garantie. Rappr. Paris, 26 févr. 1985, *D.* 1985. IR 244, obs. Vasseur ; T. com. Lyon, 3 juill. 1991, *D.* 1993. Somm. 100. V. aussi, en l'absence d'exécution de la garantie, pour une action en responsabilité contre le bénéficiaire pour refus injustifié de mainlevée de la garantie, alors que la banque garante avait maintenu la perception de sa commission, T. com. Paris, réf., 6 mars 1987, *D.* 1988. Somm. 249, obs. Vasseur.

1. La Cour de cassation a justement jugé que l'autonomie de la garantie était exclusive de la connexité entre la créance du garant, après paiement, à l'encontre du débiteur et toute créance de celui-ci à l'encontre du garant : Com., 19 déc. 2006, *Bull. civ.* IV, n° 249, *D.* 2007. Act. 158, obs. Lienhard, *JCP* E 2007. 1450, obs. M. Cabrillac, *Banque et droit* janv.-févr. 2007. 49, obs. Jacob, *RD banc. fin.* 2007, n° 59, obs. Legeais.

2. V. cependant, pour une contre-garantie jugée prescrite, le point de départ du délai étant l'exigibilité de la contre-garantie et non le paiement de la garantie de premier rang, Com., 13 sept. 2011, à paraître au *Bull. civ.*, *D.* 2011. Act. 2268, obs. Delpech, *JCP* E 2011. Pan. 1705.

3. V. Paris, 1er juill. 1986, *D.* 1988. Somm. 243, qui n'applique l'article 2037 qu'après vérification de la qualification de la garantie qui, en l'espèce, était un simple cautionnement ; Rennes, 6 nov. 1991, *JurisData* n° 048834 ; Paris, 28 avr. 1994, *JurisData* n° 021848 ; Nancy, 22 sept. 1997, *JurisData* n° 022968, *JCP* 1998. IV. 2360, *RTD com.* 1998. 644, obs. Cabrillac..

4. V., pour une application de la prescription décennale de l'article L. 110-4 du Code de commerce à une garantie autonome, T. com. Paris, 7 mai 1997, *JurisData* n° 055618.

312 ***Terme*** ◊ L'autonomie de la garantie, c'est-à-dire la coupure de tout lien avec l'obligation principale dès l'instant de sa souscription, est malaisément conciliable avec la stipulation d'une durée indéterminée [1]. La faculté discrétionnaire de résiliation unilatérale priverait de caractère sérieux un tel engagement. L'indépendance par rapport au contrat de base interdit, en effet, de mettre en œuvre la distinction entre obligation de couverture et obligation de règlement, comme en matière de cautionnement, de sorte que la résiliation aurait pour effet de réduire à néant la garantie, tout appel postérieur étant exclu. On peut du moins imaginer qu'une telle garantie autonome à durée indéterminée soit assortie d'un préavis de résiliation, dans la mesure où le délai stipulé permettrait au garant, faute d'avoir obtenu du donneur d'ordre des garanties de substitution satisfaisantes, d'appeler en temps utile la garantie, cet appel ne pouvant alors être jugé manifestement abusif.

De fait, les garanties autonomes - du moins les vraies - comportent pratiquement toujours un terme [2]. Elles sont consenties pour telle durée ou, plus souvent, jusqu'à telle date [3]. Plus rarement, un terme incertain est stipulé (par exemple, garantie de soumission jusqu'à la signature du marché [4] ou garantie de bonne fin jusqu'à la réception définitive des travaux [5]). L'absence de terme peut constituer un indice de la confusion, dans l'esprit des parties, entre le cautionnement et la garantie véritablement autonome.

L'autonomie de la garantie a pour conséquence que l'arrivée du terme emporte extinction de toute obligation. Tout appel de la garantie, donc aussi toute poursuite est impossible après expiration du terme [6]. Il faut même,

---

1. V. Prüm, *op. cit.*, n°s 218 s., spécialement n° 248. Les RUGD de la CCI prévoient qu'à défaut de stipulation d'un terme, la garantie expire trois années après sa souscription et la contre-garantie trente jours plus tard (art. 25 c).

2. Il va de soi que la garantie est alors irrévocable, comme l'est tout contrat à durée déterminée, y compris le cautionnement. Une dénonciation anticipée engage la responsabilité du garant (v. Com., 23 mai 2006, *JurisData* n° 033825, *RD banc. fin.* 2006, n° 135, obs. Legeais, *JCP E* 2006. 2697, n° 47-49, obs. Stoufflet, qui censure l'arrêt qui avait rejeté l'action en responsabilité ; Metz, 4 nov. 2010, *JurisData* n° 026201, qui accorde réparation du préjudice moral, faute de preuve d'un préjudice commercial). La sanction appropriée serait, plus justement, que la dénonciation fût tenue pour nulle et non avenue.

3. La stipulation du terme est parfois assortie, dans des contrats internationaux, de la clause suivant laquelle la garantie n'est définitivement éteinte qu'après restitution de la lettre de garantie : Paris, 26 avr. 1983, *D.* 1983. IR 485, obs. Vasseur, et sur pourvoi, Com., 27 nov. 1984, *D.* 1985. 269, 2e esp., note Vasseur ; Paris, 11 juill. 1989, *D.* 1991. Somm. 193, obs. Vasseur. Pareille modalité, inscrite dans certaines législations étrangères, doit être bannie : elle soumet le donneur d'ordre, pour une durée indéfinie, à la discrétion du bénéficiaire. Elle est clairement condamnée, tant par les RUGD de la CCI que par la convention de la CNUDCI (art. 11, 2). Sur d'autres dangers d'une telle formule, V. M. Cabrillac, Ch. Mouly, S. Cabrillac et Ph. Pétel, n°s 506.

4. V. Com., 10 mars 1987, *D.* 1987. Somm. 172. V. aussi Com., 6 avr. 1993, *D.* 1995. Somm. 20, obs. Vasseur.

5. V. Com., 19 mai 1992, *D.* 1993. Somm. 103 ; Com., 6 avr. 1993, *D.* 1995. Somm. 20 ; TGI Paris, 13 mai 1980, préc. ; T. com. Paris, 8 juill. 1983, *D.* 1984. IR 92 ; Paris, 14 déc. 1987, *Banque* 1988. 236, obs. Rives-Lange.

6. V. Com., 18 mars 1986, *D.* 1986. IR 166, obs. Vasseur, qui se rapporte à une contre-garantie échue, alors que la garantie de premier rang ne l'était pas ; Com., 29 avr. 1986, *Bull. civ.* IV,

plus précisément, que l'appel de la garantie ait été reçu par le garant avant la date d'expiration [1]. Une différence majeure oppose, à cet égard, garantie autonome et cautionnement [2]. Si la garantie a été régulièrement appelée avant l'expiration du terme, les poursuites peuvent être engagées postérieurement [3]. La règle formulée à l'article 2316 (anc. art. 2039), selon laquelle la prorogation du terme de l'obligation principale ne libère pas la caution, ne peut, à l'évidence, être appliquée en matière de garantie autonome [4].

En cas de combinaison d'une garantie et d'une contre-garantie, l'autonomie de chacun des engagements emporte que leur durée respective est indépendante. L'une peut donc être éteinte pendant que l'autre ne l'est pas encore. Une saine perception des choses devrait conduire à décaler l'échéance du terme de la contre-garantie par rapport à celui de la garantie de premier rang, afin de laisser au garant appelé en dernière heure un délai suffisant pour se retourner vers son contre-garant [5].

313 ***« Prorogez ou payez »*** ◊ L'effet de couperet de l'arrivée du terme soulève inévitablement le problème de sa prorogation dans l'hypothèse où, par suite de retards imprévus, l'obligation principale garantie subsiste : le marché n'a pas encore été souscrit, l'acompte n'est pas totalement remboursé, l'exécution du marché n'est pas achevée...

Nul ne peut obliger le garant (ou le donneur d'ordre) à proroger la garantie [6]. Mais le bénéficiaire est alors indéniablement en droit d'appeler celle-ci,

---

n° 73, *D.* 1987. 17, 1re esp., note Vasseur ; Com., 3 avr. 1990, préc. ; Com., 26 janv. 1993, *Bull. civ.* IV, n° 28, *D.* 1995. Somm. 13 ; Com., 13 mars 2001, *Banque et droit* juill.-août 2001. 57, obs. Prüm ; T. com. Paris, 8 juill. 1983, préc. ; Paris, 23 juin 2004, *JurisData* n° 248266, qui décide que, même si la garantie a été partiellement appelée dans le délai contractuel, aucun appel complémentaire ne pouvait être fait hors délai.

1. V. Com., 12 juill. 2005, préc.

2. V., dans une hypothèse où la qualification était précisément contestée, Com., 28 janv. 1992, *Bull. civ.* IV, n° 35, *D.* 1992. Somm. 234, obs. Vasseur.

3. V. Com., 13 déc. 1983, *D.* 1984. 420, note Vasseur ; Paris, 22 nov. 1985, *D.* 1986. IR 155, obs. Vasseur. N'est pas pertinent le motif d'un arrêt (Paris, 19 nov. 1999, *JurisData* n° 108807), suivant lequel la fixation du terme de la garantie à la date d'exigibilité de l'obligation principale serait une « absurdité juridique », contraire à la volonté certaine des parties et justifiant un appel de la garantie avant ce terme, dès lors que cet appel était en toute hypothèse possible, l'absence d'exigibilité du contrat de base étant inopposable au garant.

4. V. Paris, 9 mai 1984, *JCP* E 1986. II. 14828, note Azencot, et sur pourvoi, Com., 3 juin 1986, *D.* 1987. Somm. 174, obs. Vasseur.

5. V., pour un appel jugé tardif, alors que la garantie et la contre-garantie comportaient le même terme, Paris, 25 févr. 1988, *D.* 1989. Somm. 150, et sur pourvoi, Com., 3 avr. 1990, *Bull. civ.* IV, n° 104, *D.* 1991. Somm. 125, *RTD com.* 1991. 628, *Journ. not.* 1991. 39, note Moatti. V. aussi, à propos d'une garantie de premier rang prorogée sur l'injonction de « proroger ou payer », alors que la contre-garantie n'avait pas été prorogée avant son expiration, Com., 22 juin 2010, *JurisData* n° 010245, *JCP* 2011. Chron. 226, n° 10, obs. Simler

6. V., pour une prorogation fautive par la banque, sans instructions du donneur d'ordre et sans l'en informer, Paris, 12 oct. 1988, *D.* 1990. Somm. 205, obs. Vasseur. L'arrêt estime, cependant, que le donneur d'ordre n'a subi aucun préjudice. Rien n'interdit d'autoriser par avance la banque à consentir des prorogations : Paris, 11 juill. 1989, *D.* 1991. Somm. 193, obs. Vasseur. Mais le défaut de réponse à une demande de prorogation ne saurait valoir acceptation de celle-ci : Com. 26 janv. 1993, *Bull. civ.* IV, n° 28, *D.* 1995. Somm. 13, obs. Vasseur.

du moins si elle est payable à première demande. C'est pourquoi l'injonction lapidaire « prorogez ou payez », révélée par certains arrêts, loin de constituer une forme de chantage [1], répond parfaitement à la logique propre de la technique de la garantie autonome [2] et doit donc être considérée comme valant appel de la garantie si, en définitive, aucune prorogation n'est consentie [3].

APPENDICE. NATURE JURIDIQUE DE CERTAINES GARANTIES PROFESSIONNELLES

314 ***Origines de la difficulté*** ◊ Le critère relativement simple de la qualification de la garantie autonome, tel qu'il a été formulé par la Cour de cassation, puis consacré par l'article 2321 du Code civil, se trouve remis en cause par la Cour de cassation elle-même à propos de certains types de garanties professionnelles censées constituer une protection pour leurs cocontractants profanes. Le défaut de déclaration de leur créance, qui emportait jusqu'en 2005 extinction et aujourd'hui inopposabilité à la procédure, les laissait (et les laisse toujours) sans la protection voulue par la loi. Afin de contourner la difficulté, la Cour de cassation a tenté de donner à ce type de garanties, non sans artifice, une autre qualification, en particulier celle de garantie autonome. Cette jurisprudence, dont l'objectif est assurément louable, paraît néanmoins contestable, sauf à admettre qu'en droit la fin puisse justifier les moyens. Cette dérive concerne principalement deux types de garanties : les garanties financières auxquelles sont astreints de nombreux professionnels susceptibles de détenir des fonds de leurs clients, notamment dans le secteur immobilier (agents immobiliers, administrateurs de biens, syndics de copropriété, mais aussi courtiers, agents de voyages, etc.), ainsi que les garanties d'achèvement ou de livraison à prix et délais convenus, dont doivent justifier promoteurs et constructeurs de maisons individuelles [4].

---

1. V. Vasseur, obs. sous Paris, 2 avr. 1987, *D.* 1988. Somm. 248. V. aussi Com., 24 janv. 1989, *D.* 1989. Somm. 159, obs. Vasseur, *JCP* 1990. II. 21425, note Mattout et Prüm, *RTD com.* 1990. 79, obs. Cabrillac et Teyssié. Cet arrêt, critiqué par ses commentateurs, considère curieusement que l'injonction « prorogez ou payez » n'est pas un appel ferme et non équivoque de la garantie.

2. V. en ce sens, de plus en plus explicitement, Paris, 22 nov. 1985, préc. ; Paris, 1er oct. 1986, *D.* 1987. Somm. 171, obs. Vasseur ; Paris, 9 janv. 1991, *D.* 1991. Somm. 196, *RD banc. et bourse* 1991. 152 ; T. com. Créteil, 19 mai 1992, préc. ; Paris, 28 juin 1993, *JurisData* n° 023018, *JCP* E 1993. I. 302, n° 17, obs. Gavalda et Stoufflet.

3. Les nouvelles RUGD de la CCI (Doc. n° 758, art. 23) prévoient qu'une telle demande emporte suspension de l'obligation de payer pendant trente jour. Faute de prorogation dans ce délai, la demande de « proroger ou payer » vaut appel de la garantie. Le garant ou contre-garant demeure libre du choix, mais il ne peut proroger qu'avec l'accord du donneur d'ordre dont les instructions doivent être respectées.

4. Pour un inventaire des dispositions législatives ou réglementaires relatives à ces garanties, V. A.-S. Brudy-Le Roux et X. Péquin, *Cautionnement et garanties financières professionnelles, Recueil de textes*, éd. Eska, 2007, p. 77 s. ; A.-S. Barthez et D. Houtcieff, n° 133 s. Plus spécialement pour les garanties financières, V. *Lamy Droit des sûretés*, n° 140-9 s.

Il faut toutefois souligner que si le défaut de déclaration de la créance est une exception personnelle au débiteur, que la caution, selon la jurisprudence la plus récente (*supra* n° 48), ne peut plus opposer au créancier, la difficulté qui est à l'origine de cette dérive jurisprudentielle disparaît. Toutefois l'exclusion de la qualification de cautionnement a conduit, de proche en proche, à attacher d'autres effets à ce type de garanties prétendument autonomes.

315 ***Garanties financières*** ◊ Les garanties financières évoquées ont pour objet la restitution aux clients des fonds leur appartenant et se trouvant entre les mains du professionnel défaillant. Cet objet est, à l'évidence, le paiement par le garant de la « propre dette » de ce professionnel (v. *supra* n° 288), et même seulement, par exception, le principal de cette dette, les intérêts moratoires, constitutifs d'une indemnisation d'un préjudice, relevant de l'assurance de responsabilité, elle aussi obligatoire [1]. Au reste, cette garantie est souvent fournie par une société de caution mutuelle, dont l'objet social même est le cautionnement. De cette qualification découlait, avant la loi du 26 juillet 2005, l'extinction pour défaut de déclaration de la créance, ce qui était assurément regrettable.

Une tentative d'application au droit des bénéficiaires de la garantie de la qualification d'action directe [2] a fait long feu [3]. L'action directe permet à un créancier d'agir directement contre le débiteur de son débiteur. Or, le garant, dans cette hypothèse, n'est pas débiteur du professionnel garanti.

C'est la qualification de garantie autonome qu'a retenue l'Assemblée plénière de la Cour de cassation [4], suivie par de nombreux autres arrêts, tant de la haute juridiction que des juridictions du fond [5]. Certains, réticents, peut-être, à disqualifier purement et simplement la garantie, se sont

---

1. V. Civ. 1re, 4 nov. 1986, *Bull. civ.* I, n° 253, *JCP* 1987. IV. 15 ; Civ. 1re, 1er déc. 1987, *Bull. civ.* I, n° 322, *JCP* 1988. IV. 52 ; Civ. 1re, 16 oct. 2008, *Bull. civ.* I, n° 224, *D.* 2008. Act. 2721, *JCP* 2008. IV. 2798, *RD banc. fin.* 2008, n° 167, obs. Cerles, et n° 172, obs. Legeais ; Paris, 16 oct. 1991, *D.* 1991. IR 253, *RDI* 1992. 85, obs. Tomasin ; Paris, 6 nov. 1996, *JurisData* n° 022888, *Loyers et copr.* janv. 1997, p. 21.

2. V. en ce sens, Civ. 2e, 27 févr. 1985, 2 arrêts, *Bull. civ.* II, n° 48, *JCP* 1985. IV. 169, *RDI* 1986. 85, obs. Tomasin ; Civ. 2e, 22 févr. 1995, *D.* 1995. 346, note J.-P. S. et F. D.

3. V. Civ. 1re, 10 janv. 1995, *Bull. civ.* I, n° 17, *D.* 1995. 178, note Aynès, *JCP* 1995. II. 22489, note Béhar-Touchais, *Defrénois* 1995, art. 36040, p. 418, qui condamne expressément la qualification d'action directe et revient à celle, classique, de cautionnement.

4. Ass. plén., 4 juin 1999, *Bull. inf. C. cass.* 15 juill. 1999, concl. Joinet, rapp. Toitot, *JCP* 1999. II. 10152, et E 1999. 1294, note Béhar-Touchais, *RTD civ.* 1999. 665, obs. Crocq, *Banque et droit* sept.-oct. 1999. 46, note Rontchevsky, *JCP* 2000. I. 209, n° 8, obs. Simler. Pour une autre approche, proposant de voir dans la garantie financière une technique d'assurance pour compte, v. S. Cabrillac, *Les garanties financières professionnelles*, Litec, 2000.

5. V., dans le même sens que l'Assemblée plénière, à propos de la garantie financière des courtiers d'assurance, Civ. 2e, 21 oct. 2004, *Bull. civ.* II, n° 464, *D.* 2005. 692, obs. S. Cabrillac, *JCP* 2004. IV. 3304, et E 2004. 1900, note Béhar-Touchais, *Defrénois* 2005. 38206, obs. Barthez ; à propos de la garantie financière en matière immobilière, Paris, 9 déc. 2003, *JurisData* n° 238150 ; Paris, 17 mars 2005, *JurisData* n° 266261, *Loyers et copr.* 2005. 122 ; Paris, 10 avr. 2008, *JurisData* n° 362284.

contentés de lui reconnaître un caractère « spécifique », jugé suffisant pour déroger aux effets propres du cautionnement [1]. D'autres encore ont continué de raisonner en termes de cautionnement, en se référant aux textes correspondants du Code civil [2].

Ces tergiversations apparaissent, si l'on se réfère aux dernières évolutions de la jurisprudence, d'autant plus vaines que la Cour de cassation a jugé, d'une part, que le défaut de déclaration de la créance est une exception personnelle au débiteur que la caution, donc *a fortiori* le garant financier, ne peut invoquer [3], d'autre part, que le bénéficiaire de la garantie d'un agent immobilier « *n'a pas à déclarer sa créance de restitution résultant des dispositions de la loi du 2 janvier 1970..., celle-ci échappant par nature aux dispositions de la procédure collective* » [4].

316 ***Garanties d'achèvement ou de livraison à prix et délai convenus*** ◊ Ces garanties, également qualifiées de garanties financières par certains, ont donné lieu, pour les mêmes raisons, au même débat. Elles sont cependant différentes en ce que l'obligation garantie n'est pas une dette de somme d'argent, mais une obligation de faire. Alors qu'elles étaient traditionnellement considérées comme des variétés de cautionnement, seule garantie personnelle connue avant les années 1970, la jurisprudence leur a également reconnu un caractère autonome, afin de les soustraire à l'extinction pour défaut de déclaration. Tel a été le cas :

- pour la garantie extrinsèque d'achèvement en matière de vente d'immeuble à construire, que prévoit à l'article L. 261-11 du Code de la construction et de l'habitation et qui peut résulter, aux termes de l'article R. 261-21 du même code, soit d'une ouverture de crédit, « *soit d'une convention de cautionnement aux termes de laquelle la caution s'oblige envers*

1. V., à propos d'un cautionnement substitué à une retenue de garantie, Civ. 3e, 3 oct. 2001, *Bull. civ.* III, n° 111, *D.* 2001. Act. 3121, obs. Lienhard, *JCP* E 2001. 123, note F.X. Lucas, et G 2002. I. 109, n° 10, obs. Pétel, *Banque et droit* mars-avr. 2002. 49, obs. Jacob, *RD banc. fin.* 2002, n° 15, obs. Cerles ; Versailles, 9 oct. 2006, *JurisData* n° 314365, *JCP* E 2006. 2721 ; Paris, 24 juin 2010, *JurisData* n° 018278 Dans le même sens, jugeant que la garantie substituée à la retenue de garantie n'est ni une garantie autonome, ni un cautionnement, Paris, 27 janv. 2006, *JurisData* n° 294270. V. aussi, s'agissant de la garantie financière des commissaires-priseurs, Douai, 4 nov. 2004, *JurisData* n° 269296, qui justifie la survie au défaut de déclaration de la créance par le fait que cette garantie est « dictée par des impératifs d'ordre public ».

2. Com., 6 mai 2003, *JurisData* n° 019140, *RD banc. fin.* 2003, n° 187, obs. Cerles ; Civ. 3e, 23 juin 2004, *Bull. civ.* III, n° 127, *JCP* 2004. IV. 2752, *RD banc. fin.* 2004, n° 204, obs. Cerles ; Com., 12 oct., 2004, *JurisData* n° 025240 ; Civ. 1re, 16 oct. 2008, *Bull. civ.* I, n° 224, *RD banc. fin.* 2008, n° 172, obs. Legeais ; Poitiers, 9 avr. 2008, *JurisData* n° 372575 (qui justifie par la qualification de cautionnement l'ouverture du recours subrogatoire).

3. Com., 12 juill. 2011, à paraître au *Bull. civ.*, *D.* 2011. Act. 1894, obs. Lienhard, *JCP* 2011. 901, note Dissaux, *JCP* E 2011. 384. V. *supra* n° 265

4. Com., 15 févr. 2011, à paraître au *Bull. civ.*, *D.* 2011. Act. 500, obs. Lienhard, et 988, note D. Martin, *JCP* 2011. Act. 306, *RTD civ.* 2011. 376, obs. Crocq. On cherche vainement à deviner le fondement de cette solution, sur lequel l'arrêt est muet, *a fortiori* sa portée pour d'autres garanties financières.

l'acquéreur, solidairement avec le vendeur, à payer les sommes nécessaires à l'achèvement de l'immeuble » [1] ;

- pour la garantie de livraison et de remboursement due par les constructeurs de maisons individuelles, constituée, selon l'article L. 231-6 du même code, « *par une caution solidaire donnée par un établissement de crédit ou une entreprise d'assurance agréée à cet effet* » [2] ;

- pour la garantie d'achèvement en matière de lotissement, qui peut elle aussi résulter soit d'une ouverture de crédit, « *soit d'une convention aux termes de laquelle la caution s'oblige..., solidairement avec le lotisseur, à payer les sommes nécessaires à l'achèvement des travaux* » (C. urb., art. R. 315-34) [3] ;

- pour la « *caution personnelle et solidaire* » dont l'article 1er de la loi du 16 juillet 1971 autorise la substitution à la retenue de garantie en matière de marchés de travaux [4].

En dernier lieu, et à propos de la garantie de livraison à prix et délais convenus due par les constructeurs de maisons individuelles, la Cour de cassation a même cru devoir écarter toute qualification de sûreté personnelle, ce qui l'a conduite à refuser au « garant » le recours en remboursement des sommes payées contre le constructeur, débiteur garanti [5], y compris,

---

1. Civ. 3e, 12 mars 1997, 2 arrêts, *Bull. civ.* III, n° 53, *JCP* 1998. I. 103, n° 17, obs. Simler, *RD banc. et bourse* 1997. 174, obs. Contamine-Raynaud ; Civ. 3e, 14 janv. 1998, *JCP* 1998. IV. 1468, et *E* 1998. Pan. 298, note Morvan ; Aix-en-Provence, 30 mars 2006, *JurisData* n° 307807, qui refuse au garant le droit d'opposer au bénéficiaire l'exception d'inexécution du contrat garanti. V. cependant Com., 12 oct., 2004, préc., qui ouvre au souscripteur d'une garantie d'achèvement le recours avant paiement de l'article 2032 (aujourd'hui 2309), traditionnellement réserve à la seule caution.

2. Civ. 3e, 14 mars 2001, *Bull. civ.* III, n° 32, *Constr.-Urb.* 2001. 114, obs. Sizaire, *JCP* 2001. I. 356, n° 10, obs. Simler ; Com., 23 janv. 2001, *JurisData* n° 007944 ; Civ. 3e, 6 juill. 2005, *Bull. civ.* III, n° 151, *JurisData* n° 029354, *JCP* 2005. IV. 2965 ; Aix-en-Provence, 5 juill. 2000, *JCP* 2001. IV. 2469 (qui écarte le jeu des articles 2029 et 2032) ; Paris, 29 janv. 2001, *JurisData* n° 139044. De manière non moins discutable, un arrêt écarte l'effet extinctif de la novation du contrat de construction : Civ. 3e, 4 juin 2003, *Bull. civ.* III, n° 120, *JCP* 2003. I. 176, n° 12, obs. Simler. V., pourtant, Civ. 3e, 23 juin 2004, préc., qui reconnaît explicitement un caractère accessoire à la même garantie prescrite par l'article L. 231-6 CCH et en déduit son extinction pour défaut de déclaration de la créance.

3. Civ. 3e, 28 nov. 2001, *Bull. civ.* III, n° 139, *RJDA* 2002. 1060, *RD banc. fin.* 2002, n° 58, obs. Cerles, *JCP* 2003. I. 124, n° 10, obs. Simler ; Com., 25 févr. 2004, *JurisData* n° 022673, *Constr.-Urb.* 2004. 116, obs. Cornille, *RD banc. fin.* 2004, n° 206, obs. Cerles (qui déclare cette garantie « spécifique et autonome » non éteinte par le défaut de déclaration de la créance).

4. Civ. 3e, 3 oct. 2001, Douai, 4 nov. 2004, Paris, 27 janv. 2006, Versailles, 9 oct. 2006, Paris, 24 juin 2010, préc.. *Contra*, Com., 6 mai 2003, préc., qui censure, au contraire, un arrêt qui avait appliqué à un tel cautionnement la qualification de garantie autonome.

5. Civ. 3e, 1er mars 2006, *Bull. civ.* III, n° 50, *JCP* 2006. I. 195, n° 10, obs. Simler, *D.* 2006. IR 999 ; Civ. 3e, 27 sept. 2006, deux arrêts, *Bull. civ.* III, n° 188, *D.* 2006. IR 2479, *JCP* 2006. IV. 3045, *RDI* 2007. 493, obs. Berly. Les trois arrêts se rapportent au même constructeur. Ils censurent les juges du fond qui avaient reconnu au garant un recours contre l'entrepreneur, débiteur principal, et contre son contre-garant, au motif que le garant fourni en vertu de l'article L. 231-6 du Code de la construction avait « rempli son obligation personnelle, sans s'acquitter de la dette du constructeur, et que, dès lors, il n'était pas fondé à solliciter le remboursement par ce dernier des sommes qu'il avait dû régler à la suite de la défaillance dudit constructeur ».

dans un second temps et pour faire bonne mesure, celui fondé sur la subrogation dans les droits du créancier [1], en se référant de manière quelque peu confuse et non convaincante à un mécanisme d'assurance [2]. Cette nouvelle dérive, dont les conséquences auraient pu être désastreuses [3], a été formellement condamnée par le législateur qui, à l'occasion de la loi n° 2010-737 du 1er juillet 2010 (art. 26), relative au crédit à la consommation a inscrit deux dispositions nouvelles, respectivement, dans le Code monétaire et financier et dans le Code des assurances, aux termes desquelles « *Les établissements de crédit* » (C. mon. fin., art. L. 313-22-1) et « *Les entreprises d'assurance habilitées à pratiquer les opérations de caution* » (C. ass., art. L. 433-1) « *ayant fourni un cautionnement, un aval ou une garantie, que ces derniers soient d'origine légale, réglementaire ou conventionnelle, disposent de plein droit et dans tous les cas d'un recours contre le client donneur d'ordre de l'engagement, ses coobligés et les personnes qui se sont portées caution et, pour les paiements effectués au titre de leur engagement, de la subrogation dans les droits du créancier prévue au 3e de l'article 1251 du Code civil* » [4].

317 ***Quelle qualification ?*** ◊ Ni la qualification légale de cautionnement, ni la solidarité de l'engagement du garant, par essence incompatible avec l'autonomie, n'ont dissuadé la Cour de cassation d'attribuer à ces garanties un caractère autonome, en contradiction avec le critère de l'autonomie par ailleurs affirmé pour les « vraies » garanties autonomes (*supra* n° 288). Une telle liberté prise avec les concepts constitue une porte ouverte à toutes sortes de solutions opportunistes [5]. Plus

---

1. Alors que les arrêts précités pouvaient être compris comme n'excluant que le seul recours personnel du garant, la cour de renvoi (Nîmes, 2 oct. 2007) a banni tant ce recours que celui fondé sur la subrogation, ce qu'approuve la haute juridiction, jugeant que « un garant de livraison, qui remplit une obligation qui lui est personnelle, est tenu, dans ses rapports avec le constructeur, de la charge définitive de la dette » : Civ. 3e, 3 déc. 2008, trois arrêts, *Bull. civ.* III, n° 192, *JCP* N 2009. 1095, note Simler. V. cependant, revenant à la qualification de « garantie légale d'ordre public autonome », à propos de la même garantie, Civ. 3e, 22 sept. 2010, *Bull. civ.* III, n° 164, *JurisData* n° 016652.

2. Il se trouve que l'organisme garant était un établissement d'assurance, mais précisément habilité à délivrer des cautionnements et autres garanties personnelles. Mais c'est sur la qualification d'assurance que la Cour de cassation s'est appuyée pour juger que le « garant » avait, en l'occurrence payé sa propre dette. Or, l'assureur se portant caution (ou garant autonome) dispose de toute évidence des recours ouverts aux garants.

3. Outre le renchérissement inévitable de la garantie, voire l'impossibilité de trouver un garant acceptant un tel risque, la solution emportait paralysie du principe mutualiste régissant fréquemment ce type de garantie, qui repose précisément sur la responsabilité collective des débiteurs : v. Ph. Simler, note préc. et « Recours du garant de la livraison à prix et délai convenus contre le constructeur défaillant. Résistance à la jurisprudence de la Cour de cassation », *Constr.-Urb.* 2008. Étude 15, p. 7 (en annexe, Douai, 27 août 2008, retenant la solution contraire).

4. V. Ph. Simler, « La loi rétablit le recours du garant contre le constructeur que la Cour de cassation a cru devoir lui refuser », *JCP* 2011. Étude 130, *JCP* N 2011. 1085, *JCP* E 2011. 1178, *Constr.-Urb.* 2011. Étude 3. On peut regretter que le principe ainsi affirmé, dont la portée est générale, n'ait pas trouvé place dans le Code civil.

5. V. Civ. 1re, 12 déc. 2000, *JurisData* n° 007389, *CCC* 2001. 54, obs. Leveneur (qui ne disqualifie pas en cautionnement un engagement intitulé « garantie autonome » par lequel le

aventureuse encore était la jurisprudence précitée relative au refus de tout recours au garant, condamnée par le législateur.

Le cautionnement n'est sans doute pas la garantie la plus appropriée lorsqu'il s'agit d'obligations de faire, telles que celles des constructeurs, promoteurs ou lotisseurs. Le garant n'a pas vocation, en effet, à exécuter l'obligation garantie, mais seulement, comme le prévoient d'ailleurs certains des textes cités, à fournir les moyens financiers permettant une exécution par un tiers. Mais la garantie autonome l'est assurément moins encore : en aucune façon le garant ne s'oblige, dans ces circonstances, à payer une somme déterminée à l'avance, ce qui est le propre de cette garantie [1]. S'il s'est obligé à se substituer au débiteur professionnel défaillant – ce qui est de toute évidence le cas pour tous les garants évoqués – son engagement répond strictement à la définition du cautionnement. Mais, s'agissant de la garantie d'une obligation de faire, c'est la qualification de porte-fort d'exécution qui pourrait, en définitive, être la plus appropriée (v. *infra* n°s 334 s.).

---

souscripteur se portait garant « des sommes dues » par le locataire d'un véhicule) ; Paris, 27 sept. 2002, *JurisData* n° 196863, *JCP* 2003. I. 124, n° 10 (jugeant que le cautionnement du sous-traitant n'est pas un cautionnement, puisqu'il est imposé par la loi, et qu'il n'est donc pas éteint en cas de défaut de déclaration de la créance) ; CE, 14 juin 2000, *D.* 2001. 2117, note Ancel, *JCP* 2000. IV. 2704, obs. Rouault (jugeant que le cautionnement d'une entreprise au profit d'une commune, qui avait omis de déclarer sa créance était « une garantie indépendante de la situation de l'entreprise... et constitutive d'une obligation autonome »). V. en dernier lieu, Com., 15 févr. 2011, préc., qui dispense le bénéficiaire d'une garantie financière de la déclaration de sa créance à la procédure collective du débiteur.

1. V. Civ. 3e, 15 déc. 2004, *Bull. civ.* III, n° 240, *JCP* 2005. IV. 1249, qui décide que la garantie prévue à l'article L. 231-6 du Code de la construction a pour objet le remboursement du coût des travaux nécessaires à l'achèvement de l'ouvrage.

CHAPITRE 3

GARANTIES INDEMNITAIRES (LETTRE D'INTENTION ET PORTE-FORT D'EXÉCUTION)

318 ***Notion de garantie indemnitaire*** ◊ L'expression « garantie indemnitaire » n'est apparue que très récemment en doctrine. Elle ne paraît pas avoir été employée en jurisprudence. Elle résulte du double constat de la spécificité des lettres d'intention, par rapport au cautionnement ou aux garanties autonomes, et de la parenté entre ces mêmes lettres d'intention et la promesse de porte-fort lorsqu'elle est mise en œuvre comme technique de garantie personnelle.

Peuvent être qualifiées de garanties indemnitaires, au sens du droit des sûretés personnelles, celles consistant dans la promesse faite par un tiers à un créancier d'obtenir de son débiteur l'exécution de son obligation, cette obligation de faire ayant pour sanction **l'indemnisation du préjudice** subi par ce créancier si la promesse n'est pas tenue.

Ces garanties ne répondent, en effet, ni à la définition du cautionnement, en ce que le garant ne s'oblige pas à payer la dette même du débiteur ou à exécuter à sa place l'obligation garantie, ni à celle des garanties autonomes, en ce qu'elles ne consistent pas dans un engagement de payer une somme déterminée par avance, sans pouvoir opposer aucune exception. Elles forment ainsi un troisième genre de sûretés personnelles, comprenant les deux espèces que sont la lettre d'intention (Section 1) et le porte-fort d'exécution (Section 2) [1].

1. Sans récuser la spécificité de ces garanties, et notamment leur caractère indemnitaire, certains auteurs en font néanmoins une variété de garanties autonomes ou indépendantes, au motif, indéniable, qu'elles ne sont pas accessoires (v. notamment A.-S. Barthez et D. Houtcieff, n° 1246 s., pour la promesse de porte-fort, et 1425 s. pour les lettres d'intention). Les différences sont telles que cet apparentement ne se justifie pas réellement.

SECTION 1. LETTRE D'INTENTION

319 ***Définition*** [1] ◊ La lettre d'intention [2], appelée aussi quelquefois lettre de confort, de patronage ou de parrainage, est un document par lequel un tiers exprime à un créancier, en des termes variables et parfois volontairement imprécis, son intention de soutenir son débiteur afin de lui permettre de remplir ses engagements. Connu par la pratique bancaire, le procédé n'a donné lieu à contentieux que dans la décennie 1980.

Le nouvel article 2322 inscrit dans le Code civil par l'ordonnance du 23 mars 2006 sur les sûretés dispose que *« la lettre d'intention est l'engagement de faire ou de ne pas faire ayant pour objet le soutien apporté à un débiteur dans l'exécution de son obligation envers son créancier ».*

L'hypothèse type, à laquelle correspondent la plupart des décisions de jurisprudence rendues en la matière, est celle d'une société-mère qui adresse un tel document à la banque de sa filiale [3]. La solidité et l'honorabilité de la société-mère, ainsi que les relations pouvant exister entre elle et la banque

1. **Bibliographie particulière :** R. Baillod, « Les lettres d'intention », *RTD com.* 1992. 544 ; X. Barre, *La lettre d'intention - Technique contractuelle et pratique bancaire*, Economica, 1996 ; J.-P. Bertrel, « Les lettres d'intention », *Banque* 1986. 895 ; FEDUCI, *Les lettres de patronage*, Trav. fac. droit Namur, 1984 ; G. Legros, « Plaidoyer pour l'exclusion des lettres d'intention du champ d'application de l'article 98, alinéa 4, de la loi du 24 juillet 1966 », *LPA* 20 déc. 1999, p. 9 ; D. Mazeaud, « Variations sur une garantie épistolaire et indemnitaire, La lettre d'intention, Prospectives de droit économique », *Dialogues avec Michel Jeantin*, Dalloz, 1999, p. 341 ; J.-L. Medus, *La lettre de confort*, thèse Paris-Val-de-Marne 1992 ; « L'émission irrégulière d'une lettre de confort par une société anonyme et sa sanction », *Bull. Joly* 1994. 597 ; J. Mestre et a., « Lettres d'intention : de l'engagement d'honneur au cautionnement déguisé », *Dr. et patr.* 1999. 67, p. 45 ; Monassier, « Lettre d'intention », *Dr. et patr.* janv. 1999, p. 49 ; M. Montanier, *La lettre d'intention*, Rapport Cour de cass. 1987, p. 72 ; I. Najjar, « L'autonomie de la lettre de confort », *D.* 1989. Chron. 217 ; M. Pariente, « Les lettres d'intention », *Mélanges Guyon* 2003, p. 861 ; S. Piedelièvre, « L'efficacité des lettres de confort », *Dr. et patr.* janv. 1996, p. 56 ; Y. Piette, « Mystère et paradoxes des lettres d'intention », *Bull. Joly* 2003. 528 ; Y. Poullet, « La lettre de patronage », *DPCI* 1981. 680 ; B. Saint-Alary, « La lettre d'intention », *Dr. et patr.* juill.-août 1995, p. 30 ; J. Terray, « La lettre de confort », *Banque* 1980. 329 ; M. de Vita, « La jurisprudence en matière de lettres d'intention », *Gaz. Pal.* 1987. 2. Doctr. 667. V. aussi M. Cabrillac, Ch. Mouly, S. Cabrillac et Ph. Pétel, n°s 552 s. ; Simler, *Cautionnement, garanties autonomes, garanties indemnitaires*, 4e éd., Litec, 2008, n° 997 s. ; A.-S. Barthez et D. Houtcieff, *Les sûretés personnelles*, LGDJ, 2010, n° 1408 s.

2. La même appellation désigne aussi certains accords précontractuels par lesquels les contractants éventuels définissent le cadre et les limites des négociations en cours ou à venir et/ou expriment leur intention de parvenir à la conclusion du contrat projeté (v. Fontaine, « Les lettres d'intention dans la négociation des contrats internationaux », *DPCI* 1977. 73 ; Crim., 16 mars 2004, *JurisData* n° 023556 ; Civ. 1re, 5 juin 2008, *JurisData* n° 044256 ; Rouen, 5 sept. 2002, *JurisData* n° 188128 ; Versailles, 31 mars 2005, *JurisData* n° 285014 ; Paris, 11 mai 2010, *JurisData* n° 011387 ; Versaille, 30 juin 2011, *D.* 2011. 2848, note Dondero). Entre ces lettres d'intention et celles ayant une fonction de garantie, objet des présents développements, il n'y a d'autre point commun que l'interrogation sur la réalité et/ou sur la consistance d'un engagement.

3. Arrêt fondateur : Com., 21 déc. 1987, *Bull. civ.* IV, n° 281, *JCP* 1988. II. 21113, concl. Montanier, *D.* 1989. 112, note Brill, *Banque* 1988. 361, obs. Rives-Lange, *RD banc. et bourse* 1988. 101, obs. Contamine-Raynaud, *Rev. sociétés* 1988. 398, note Synvet. V. aussi la jurisprudence relative à la question récurrente de l'autorisation préalable dans les SA, *infra* n° 332.

destinataire, sont parfois de nature à inspirer à celle-ci une confiance suffisante pour la déterminer à se contenter d'un engagement imprécis.

D'autres applications sont cependant apparues. Des dirigeants de société ou des associés peuvent ainsi être conduits à souscrire au profit de la banque créancière de leur société une telle lettre d'intention plutôt qu'un véritable cautionnement [1].

En raison de leur relative imprécision, les lettres d'intention soulèvent d'abord la question de leur nature juridique (§ 1). Celle-ci détermine leurs effets et, plus généralement, leur régime (§ 2).

§ 1. Nature juridique

320 ***Qualifications diverses*** ◊ Le destinataire d'une lettre d'intention est naturellement porté à y voir un véritable engagement de se substituer au débiteur défaillant. La relative imprécision des termes de la lettre est de nature à inciter son souscripteur à soutenir, au contraire, qu'elle ne comporte aucun engagement juridique. Si l'une et l'autre de ces positions peuvent, suivant les circonstances, apparaître fondées, la jurisprudence retient le plus souvent une troisième voie, intermédiaire, en qualifiant la lettre d'intention d'obligation de faire se résolvant en dommages et intérêts [2].

321 ***1° Simple engagement moral*** ◊ Si les termes du document litigieux, quel qu'en soit l'intitulé, ne permettent pas d'identifier un quelconque engagement juridique, force est au juge de lui dénier toute valeur obligatoire [3].

Ainsi, lorsqu'une banque se contente de recommander à une entreprise un acheteur potentiel, une telle lettre de présentation ne permet pas de rendre son auteur responsable de la défaillance ultérieure de l'acheteur [4]. Il en est de même si une société informe une banque des liens existant

1. V. Versailles, 5 mai 1988, *D.* 1989. 436, 1re esp., *JCP* 1988. II. 21112, note Estoup ; TGI Créteil, 22 févr. 1989, *Banque* 1991. 326 ; Paris, 26 sept. 1991, *JCP* 1992. I. 3583, nos 10 et 11, obs. Simler, et E 1992. II. 345, note Grellière ; Paris, 12 janv. 1996, *Gaz. Pal.* 1996. 2. 342, note Vray ; Paris, 13 janv. 1998, *JurisData* n° 110067, *JCP* E 1998. 559, note Bonneau ; Paris, 7 oct. 2003, *JurisData* n° 224242. V. aussi, pour une lettre d'intention souscrite par une fondation pour une association, Com., 6 mai 2003, *JurisData* n° 019141, *JCP* 2003. I. 176, n° 13, obs. Simler.

2. Ne peut être approuvé l'arrêt qui qualifie un engagement pris envers le débiteur « à garantir les règlements qu'il serait tenu d'effectuer » de lettre d'intention, « forme de garantie autonome » (Rennes, 16 janv. 2003, *JurisData* n° 204212). Cet engagement pris envers le débiteur pouvait plus justement être considéré comme renfermant une stipulation pour autrui au profit du créancier, valant cautionnement (v. sur ce cas de figure, *supra* n° 83).

3. V. cependant, dans une espèce non relative à une lettre d'intention, Com., 23 janv. 2007, *Bull. civ* I, n° 12, *RDC* 2007. 697, obs. Laithier, *JCP* 2008. I. 152, n° 12, obs. Simler. À un engagement expressément qualifié « exclusivement moral », l'arrêt confère néanmoins valeur d'obligation juridique.

4. V. Paris, 30 avr. 1984, *Banque* 1985. 754, obs. Rives-Lange, *RTD civ.* 1985. 730, obs. Mestre (« Nous avons l'honneur d'introduire auprès de vous et de recommander à votre meilleur accueil M..., de la société D..., bon client de notre établissement »).

entre elle et telle filiale, exprime son intérêt à la bonne marche de celle-ci et invite même la banque à lui apporter son concours [1]. *A fortiori* en est-il ainsi lorsque la lettre précise expressément qu'elle est exclusive de tout engagement [2]. Au mieux, de tels propos ne peuvent être générateurs que d'obligations morales ou d'un engagement d'honneur [3].

Un parère délivré le 30 octobre 1973 par le président de l'Association professionnelle des banques tendait à donner plus généralement aux lettres d'intention la qualification d'engagement d'honneur. Il y est attesté « que, dans les usages bancaires français, la lettre par laquelle une société de renom indiscuté sur le plan tant de la morale commerciale que de l'assise financière parraine une société qu'elle contrôle pour l'obtention ou le maintien d'un crédit, constitue un engagement moral d'assurer la bonne fin du crédit et est considérée comme présentant en pratique une sécurité comparable à celle d'un engagement de caution » [4].

En dépit de l'absence d'effet obligatoire, il serait sans doute excessif de dénier toute utilité à de telles lettres de recommandation ou engagements d'honneur. La sauvegarde du renom, le respect de la signature, si ce n'est le souci de préserver de bonnes relations commerciales, peuvent inciter leurs auteurs à ne pas s'arrêter à des considérations purement juridiques. Si tel est le cas, l'engagement moral peut en effet, en pratique, inspirer la même sécurité qu'un véritable cautionnement. L'éclosion et la multiplication du contentieux tendent à prouver que le scrupule moral est loin d'être toujours déterminant.

322 ***2° Véritable cautionnement*** ◊ Sous l'appellation de lettre d'intention peut, le cas échéant, se dissimuler un engagement constitutif d'un cautionnement ou même, le cas échéant, d'une garantie autonome [5]. L'absence des termes cautionnement ou caution est indifférente. Tout engagement de « *satisfaire à* (une) *obligation, si le débiteur n'y satisfait pas lui-même* »

---

1. V. Bordeaux, 16 oct. 1985, *D.* 1989. 436, 2e esp. (société-mère déclarant qu'elle « ne se désintéresserait pas de la bonne fin des concours consentis à sa filiale ») ; Paris, 4 mai 1993, *Bull. Joly* 1993. 729, note Delebecque (lettre confirmant l'intérêt porté aux affaires d'une société et l'intention de prendre une participation au moins égale à 26 %, avec invitation à mettre en place les concours financiers sollicités) ; Paris, 17 janv. 1995, *JurisData* n° 025066 ; Paris, 13 janv. 1998, préc. (qui refuse sans doute à tort de voir un engagement dans un document dont le souscripteur s'obligeait à prendre « les mesures permettant de couvrir les risques... ») ; Paris, 29 janv. 1998, *JurisData* n° 021842 (qui, inversement, qualifie d'obligation juridique l'engagement d'informer la banque et d'étudier les moyens de...) ; Versailles, 27 avr. 2006, *RJDA* 2006. 1072 (qui a jugé que la lettre indiquant que « notre groupe a pris toutes les dispositions pour que les règlements et les encours des fournisseurs soient assurés et qu'il n'y ait plus d'incidents de paiements » ne comportait aucun engagement pour l'avenir).

2. « Sans engagement quelconque de notre part, c'est un principe de politique générale de notre maison de veiller... à ce que la situation financière de nos sociétés affiliées soit solide... » (formule citée par M. Cabrillac, Ch. Mouly, S. Cabrillac et Ph. Pétel, n° 558).

3. V. B. Oppetit, « L'engagement d'honneur », *D.* 1979. Chron. 107.

4. *Bull. Caisse nat. Marchés de l'État* 1975, n° 68, p. 85. V. aussi, sur ce document, Gavalda et Stoufflet, *JCP* 1976. I. 2801, n° 74 ; B. Oppetit, art. préc.

5. V. Bertrel, art. préc.

(C. civ., art. 2288), en d'autres termes, de se substituer à un tel débiteur, est un cautionnement (*supra* n° 52).

Une espèce jugée par la Cour de Montpellier le 10 janvier 1985 [1] et qui a donné lieu à l'arrêt fondateur précité de la Cour de cassation en la matière en fournit un bon exemple. La société-mère exprimait dans le document litigieux son intention « de suivre et soutenir notre filiale dans ses besoins financiers et, dans le cas où cela deviendrait nécessaire, de nous substituer à elle pour faire face à tous les engagements qu'elle pourrait prendre à votre égard, notre souci étant de veiller de façon durable à sa totale solvabilité ». La cour d'appel, écartant la qualification de simple engagement moral, a estimé que la société-mère avait contracté une obligation de faire, plus précisément de résultat. Rejetant le pourvoi contre cet arrêt, la haute juridiction a relevé que la société-mère s'était obligée, au détour d'une phrase, à « **se substituer** » à sa filiale en cas de défaillance de celle-ci et, par substitution de motifs, a restitué à l'engagement sa juste qualification, c'est-à-dire celle de cautionnement : « celui qui, par une manifestation non équivoque et éclairée de sa volonté, déclare se soumettre envers le créancier à satisfaire l'obligation du débiteur si celui-ci n'y satisfait pas lui-même se rend **caution** de cette obligation » [2].

Cet arrêt, qui est le premier rendu par la Cour de cassation à propos d'une lettre d'intention, apporte une réelle clarification [3]. Indépendamment de la requalification, il reconnaît clairement qu'entre le simple engagement moral et le cautionnement il y a place pour un engagement d'une autre nature : « malgré son caractère unilatéral, une lettre d'intention peut, selon ses termes, lorsqu'elle a été acceptée par son destinataire et eu

---

1. Montpellier, 10 janv. 1985, *D.* 1985. IR 340, obs. Vasseur, *Banque* 1985, p. 305, obs. Rives-Lange, *RTD civ.* 1985, p. 730, obs. Mestre.

2. Com., 21 déc. 1987, préc. Dans le même sens, Montpellier, 10 janv. 1991, *RD banc. et bourse* 1992. 124, obs. Contamine-Raynaud, *JCP* 1992. I. 3583, n° 10 ; Paris, 3 oct. 1991, *D.* 1991. IR 259, *JCP* 1992, *ibid.* ; TGI Arras, 15 nov. 1995, *RJ com.* 1996. 354, note Hocquet-Berg, *JCP* 1997. I. 3991, n° 9, obs. Simler ; Paris, 10 déc. 2003, *JurisData* n° 232137. V. aussi T. com. Versailles, 11 janv. 1989, *RD banc. et bourse* 1990. 136, qui a retenu la même qualification en présence d'une lettre dont l'auteur se considérait « comme personnellement responsable du débit de la société » sur les livres de la banque ; Aix-en-Provence, 22 févr. 2007, *JurisData* n° 343056, *RD banc fin.* 2007, obs. Cerles. Rappr. Com., 19 avr. 2005 : *JurisData* n° 028235, *JCP* 2005. I. 185, n° 11, obs. Simler, *RD banc. fin.* 2005, n° 173, obs. Cerles, *RTD com.* 2006. 129, obs. Le Cannu, qui, en présence d'un engagement de faire le nécessaire... et, le cas échéant, de solder les débits de la filiale, à retenu la qualification d'obligation de résultat, alors que celle de cautionnement aurait été plus juste ; Rouen, 12 mars 1992, *JCP* 1993. IV. 815, qui aurait pareillement pu retenir la qualification de cautionnement à propos d'un engagement de poursuivre un crédit-bail en cas de résiliation par le locataire et de respecter les engagements pris ; Paris, 21 mai 2008, *JurisData* n° 367626, qui se contente de juger que des lettres portant engagement d'une société de régler des factures d'une autre constituait une garantie au sens de l'article L. 225-35 du Code de commerce..

3. La Cour de cassation ne prend cependant pas toujours la peine de requalifier les engagements : v. Com., 7 oct. 1997, *Bull. civ.* IV, n° 248, *JCP* E 1998. 810, note Legeais, *RJDA* 1998. 101, qui relève que les documents visés au moyen « emportaient engagement de payer la dette d'autrui », tout en refusant, la qualification n'ayant pas été contestée, de faire grief à la cour d'appel de ne pas s'être prononcée à ce sujet. V. aussi Com., 19 avr. 2005, préc.

égard à la commune intention des parties, constituer à la charge de celui qui l'a souscrite un engagement contractuel de faire ou de ne pas faire pouvant aller jusqu'à l'obligation d'assurer un résultat, si même elle ne constitue pas un cautionnement ».

323 ***3° Obligation de faire*** ◊ Lorsque l'auteur de la lettre d'intention s'oblige, non à payer les dettes du débiteur, ni à se substituer à lui en cas de défaillance, mais seulement à lui apporter son soutien, à faire son possible pour lui permettre de faire face à ses obligations, à mettre tout en œuvre à cette fin, son engagement ne peut valoir cautionnement, sans pouvoir être considéré comme purement moral. Comme l'exprime la Cour de cassation dans son arrêt précité du 21 décembre 1987, une telle lettre d'intention est constitutive d'une obligation de faire, dont l'inexécution se résout en dommages et intérêts (C. civ., art. 1142) [1].

La différence entre une telle obligation de faire et celle de payer à la place du débiteur est indéniable. Un engagement de cette nature peut, en effet, être satisfait de diverses manières. Ainsi, une société-mère peut-elle soutenir sa filiale par une augmentation de capital, par l'alimentation d'un compte-courant d'associé, par un abandon de créances, par un simple prêt, par la passation directe de marchés, par l'assistance dans la recherche de débouchés ou de partenaires... Cet engagement de faire implique de la part de l'auteur de la lettre d'intention un rôle actif, tandis que la caution est normalement passive : elle attend... et espère qu'à l'échéance le débiteur garanti paiera. On ne peut exclure que l'indemnisation du bénéficiaire, sanction de l'obligation de faire, s'avère plus lourde que la simple substitution au débiteur dans le paiement de sa dette [2].

Une obligation de faire, conformément au droit commun, est susceptible de degrés. Elle peut être simplement de moyens ou elle peut exprimer la promesse d'un résultat [3]. L'une et l'autre hypothèses se rencontrent en matière de lettres d'intention. La distinction, qui revêt la même importance qu'en droit commun de la responsabilité contractuelle, est, pour certaines formulations, particulièrement épineuse.

---

1. V. dans le même sens, excluant clairement la qualification de cautionnement, Com., 9 juill. 2002, *Bull. civ.* IV, n° 117, *D.* 2002. Somm. 3322, obs. Aynès, et 2003. 545, note Dondero, *JCP* 2002. I. 188, n° 9, obs. Caussain, Deboissy et Wicker, et II. 10166 (et rectif. 10175 *bis*), note G. François, *JCP* E 2003. 234, note Ferreira.

2. Dans une espèce où il était reproché à l'arrêt attaqué d'avoir condamné le souscripteur de la lettre à payer diverses sommes, alors que, aux termes de l'article 2013 du Code civil (aujourd'hui 2290), le cautionnement ne peut excéder ce qui est dû par le débiteur, le pourvoi est rejeté au motif que la fondation, auteur de la lettre, était tenue d'une obligation de faire et que l'arrêt attaqué n'a pas qualifié l'engagement de cautionnement, de sorte qu'il n'a pas violé ledit article (Com., 6 mai 2003, *JurisData* n° 019141, *JCP* 2003. I. 176, n° 13, obs. Simler). Cet arrêt est le premier à s'être prononcé sur ce point. L'arrêt admet aussi incidemment que, s'agissant d'une indemnité contractuellement prévue à titre de clause pénale, le souscripteur de la lettre d'intention (comme la caution (*supra* n° 121) pouvait en demander la modération.

3. V. Précis *Les obligations*, 10e éd., nos 577 s. L'application de cette distinction binaire a suscité des réserves : Piedelièvre, art. préc., p. 59.

324 ***a) Obligation de moyens*** ◊ Lorsque la lettre d'intention exprime seulement l'intention de son souscripteur de mettre en œuvre certains moyens devant permettre au bénéficiaire de faire face à ses obligations, il appartient au créancier, si le débiteur est en définitive défaillant, de prouver que le souscripteur de la lettre a failli à son engagement, c'est-à-dire n'a pas mis en œuvre lesdits moyens. Le créancier supporte, par conséquent, la charge de la preuve positive d'une **inexécution fautive** des engagements souscrits par l'auteur de la lettre.

La différence de nature et de portée par rapport à un cautionnement est, dans ce cas, particulièrement évidente. Alors que le créancier garanti par une caution doit seulement établir, outre la réalité de sa créance, le fait de la défaillance du débiteur garanti, il lui faut prouver, s'il se prévaut d'une lettre d'intention constitutive d'une obligation de moyens, un comportement fautif du souscripteur.

La qualification de simple obligation de moyens est habituellement attachée aux lettres d'intention exprimant un engagement :

- **de veiller à l'exécution** des obligations du débiteur ou au bon déroulement des opérations bancaires [1] ;
- **d'apporter son appui** dans les engagements de la filiale [2] ou de lui **venir en aide** en cas de besoin [3] ;
- **de faire tout son possible** ou **de faire les meilleurs efforts** pour que le débiteur puisse remplir ses engagements [4].

1. V. Com., 15 oct. 1996, *D.* 1997. 330, note Piedelièvre (qui a jugé que la preuve d'une faute n'était pas apportée, la société-mère ayant mis en œuvre certains moyens) ; Versailles, 9 févr. 1989, *D.* 1991. Somm. 35, obs. Vasseur (qui retient un manquement à l'obligation) ; Paris, 2 oct. 1992, *D.* 1993. IR 39 (qui juge que toutes dispositions avaient été prises).

2. V. Com., 19 mars 1991, *Bull. civ.* IV, n° 110, *D.* 1992. 53, 2e esp., *JCP* 1992. I. 3583, n° 10 (en l'espèce, la société-mère s'était désengagée du capital de sa filiale, en violation de ses engagements, ce qui établissait le manquement à son obligation de moyens) ; Com., 18 mai 2005, *JurisData* n° 028479, *JCP* 2005. I. 185, n° 11, obs. Simler, *RD banc. fin.* 2005, n° 173, obs. Cerles (engagement de soutenir la filiale, considéré comme rempli par le fait que la société mère l'avait recapitalisée).

3. Dijon, 27 juin 1996, *JurisData* n° 047584.

4. V. Com., 4 oct. 1994, *Bull. civ.* IV, n° 276, *JCP* 1994. I. 3851, n° 10, obs. Simler, et E 1995. II. 708, note Medus, qui censure l'arrêt ayant refusé une provision au bénéficiaire de la lettre sans avoir vérifié si son auteur, tenu d'une obligation de moyens, avait mis en œuvre toutes les possibilités dont il disposait ; Paris, 10 mars 1989, *D.* 1989. 436, 4e esp., *Gaz. Pal.* 1989. 1. 292, *RD banc. et bourse* 1989. 137, qui décide que, dès lors que la société-mère a soutenu sa filiale par des avances, abandons de créances et apports en capital et qu'elle ne pouvait faire davantage sans être conduite à déposer elle-même son bilan, il est établi qu'elle a exécuté l'obligation de diligence qu'elle avait souscrite. Est ainsi à juste titre condamnée l'idée que, si la filiale est défaillante, alors que la société mère reste *in bonis*, la preuve est *ipso facto* établie que cette dernière n'a pas fait « tout son possible ». V. aussi Com., 3 mars 1992, *Bull. civ.* IV, n° 101, *D.* 1993. Somm. 61, obs. Vasseur, qui n'a cependant pas eu à qualifier l'obligation ; Versailles, 7 mars 2002, *JurisData* n° 194624, *Bull. Joly* 2002. 786, note Le Cannu, qui écarte justement la qualification de cautionnement, la société-mère s'étant bornée à prodiguer des assurances quant à la capacité de sa filiale à faire face à ses obligations ; Paris, 22 janv. 2009, *JurisData* n° 375819, *RJDA* 2009. 576, *RD banc. fin.* 2009, n° 91, obs. Legeais.

325 ***b) Obligation de résultat*** ◊ Si l'obligation souscrite dans la lettre d'intention est de résultat, son auteur est de plein droit responsable du préjudice causé par la défaillance du débiteur, sauf à prouver l'existence d'un cas de force majeure. Le créancier n'a d'autre preuve à rapporter que celle de l'inexécution par le débiteur de son obligation [1].

Un tel engagement est doté d'une efficacité très proche de celle d'un cautionnement, dès lors que le préjudice éprouvé par le créancier est très généralement égal au montant de sa créance, en principal et accessoires. Il ne peut être exclu, cependant, qu'il soit supérieur, notamment si la défaillance du débiteur a mis le créancier lui-même en difficulté vis-à-vis de ses propres créanciers, voire si elle l'a contraint à déposer son bilan. Si l'obligation est bien de résultat, c'est l'entier préjudice qui doit être réparé. Rien n'interdit cependant de limiter conventionnellement cette responsabilité à un certain montant [2].

Ont ainsi été qualifiés d'obligations de résultat les engagements :

– **de faire tout le nécessaire** pour que le débiteur soit en mesure de faire face à ses obligations ou dispose d'une trésorerie suffisante, formule particulièrement fréquente [3] et dont la qualification d'obligation de résultat a été remise en cause par la Cour de cassation [4], avant d'être réaffirmée [5] ;

---

1. V. notamment Paris, 10 déc. 1991, *D.* 1992. IR 80, *JCP* 1992. I. 3589, n° 10, et E 1992. II. 345, note Grellière.

2. V. Paris, 3 juin 1997, *D.* 1998. 5, note Najjar.

3. V. Paris, 25 avr. 1979, *D.* 1980. IR 55, obs. Vasseur ; T. com. Paris, 30 avr. 1985, *D.* 1986. IR 325, obs. Vasseur ; Paris, 31 mai 1989, 2 arrêts, *D.* 1989. Somm. 327, obs. Vasseur, *Gaz. Pal.* 1989. 2. 603, concl. Tulli, note Marchi, *JCP* 1989. IV. 370-371 ; Paris, 26 sept. 1991, *JCP* 1992. I. 3583, n° 10, et E 1992. II. 345, note Grellière ; Paris, 15 oct. 1991, *RD banc. et bourse* 1993. 50 ; Paris, 12 janv. 1996, *Gaz. Pal.* 1996. 2. 342, note Vray (qui retient cumulativement les qualifications d'obligation de résultat et de cautionnement).

4. Com., 26 janv. 1999, *Bull. civ.* IV, n° 31, *D. aff.* 1999. 344, note M.B., *D.* 1999. 577, note Aynès, *JCP* 1999. I. 156, n° 7, obs. Simler, et II. 10087, note Legeais, *RTD com.* 1999. 443, obs. Petit et Reinhard, *Banque et droit* mai-juin 1999. 43, note Rontchevsky, *Defrénois* 1999. 37008, obs. D. Mazeaud (v. aussi, sur cet arrêt, *infra* n° 332) ; Com., 18 avr. 2000, *Bull. civ.* IV, n° 78, *D.* 2000. Act. 257, obs. Faddoul, et 2001. Somm. 700, obs. Aynès, *JCP* 2000. IV. 1927 et E 2000. 2007, note Leveneur ; Com., 16 mai 2000, *Bull. Joly* 2000. 803, note Barbiéri, *JCP* 2001. I. 315, n° 10, obs. Simler. Dans le même sens, TGI Créteil, 22 févr. 1991, *Banque* 1991. 326 ; Versailles, 7 nov. 1996, *Bull. Joly* 1997. 296, note Barbiéri ; Paris, 3 juin 1997, préc. ; Paris, 16 oct. 1998, *RTD com.* 1999. 120, obs. Champaud et Danet ; Paris, 16 janv. 2001, *Banque et droit* mai-juin 2001. 49, obs. Rontchevsky, *Bull. Joly* 2001. 374, note Le Nabasque ; Paris, 19 nov. 2002, *JurisData* n° 200275, *Dr. sociétés* 2003. 101, obs. Trébulle.

5. Com., 26 févr. 2002, *Bull. civ.* IV, n° 43, *D.* 2002. 1273, obs. Lienhard, et Somm. 3331, obs. Aynès, *JCP* 2002. I. 162, n° 13, obs. Simler, et 188, n° 9, obs. Caussain, Deboissy et Wicker, *JCP* E 2002. 919, note Legeais ; Com., 9 juill. 2002, préc. ; Com., 11 janv. 2005, *JurisData* n° 026560, *JCP* 2005. I. 185, n° 11, obs. Simler, *Dr. sociétés* 2005, n° 5, p. 12, note Trébulle ; Com., 19 avr. 2005, *JurisData* n° 028234, *JCP* 2005, *ibid.*, *RD banc. fin.* 2005, n° 135, obs. Cerles, *Dr. et patr.* 2005. 143, p. 102, obs. Mattout et Prüm ; Com., 19 janv. 2010, *JurisData* n° 002252, *JCP* 2010. Chron. 708, n° 10, obs. Simler, *RJDA* 2010. 430. Dans le même sens, Paris, 8 janv. 2002, *JurisData* n° 170787 ; Metz, 19 déc. 2006, *JurisData* n° 330182, *RD banc. fin.* 2007, n° 153, obs. Cerles (en l'espèce, la lettre d'intention était expressément qualifiée d'obligation de résultat). V. aussi Rontchevsky, « Faire le nécessaire », *Mélanges Simler*, Litec-Dalloz, 2006, p. 417.

– **de prendre toutes les dispositions** pour que... ou **de mettre tout en œuvre** pour que... [1] ;

– **de faire en sorte qu'**aucun organisme n'éprouve de perte du fait des opérations de la société débitrice [2] ;

– de maintenir en permanence son appui **de manière à ce que en toute hypothèse la filiale dispose des fonds nécessaires** pour assurer la bonne fin des concours [3]

– **d'assurer la couverture** des besoins financiers de la filiale [4] ;

– **de garantir que...** ou **de donner l'assurance que** la banque ne subira aucun préjudice du fait de la société débitrice [5] ;

– de **faire honorer** par la société débitrice son contrat [6].

Est à plus forte raison une obligation de résultat l'acte aux termes duquel le souscripteur **promet que le débiteur tiendra ses engagements**, un tel engagement devant, en réalité, être considéré comme constitutif d'une promesse de porte-fort.

Sont en toute hypothèse des obligations de résultat les engagements de ne pas faire, tels que celui de **ne pas céder sa participation** dans la société débitrice ou de **ne pas la réduire**, qui figurent souvent, parmi d'autres, dans les lettres d'intention.

1. V. Com., 16 juill. 1991, *Bull. civ.* IV, n° 265, *D.* 1992. 53, 3e esp., note Najjar, *JCP* 1992. I. 3583, n° 10, obs. Simler ; T. com. Paris, 27 oct. 1981, *D.* 1982. IR 198, obs. Vasseur, *Banque* 1981. 1455, obs. M. Martin, *RTD com.* 1981. 812, obs. Cabrillac et Teyssié ; T. com. Paris, 30 avr. 1985, préc. (engagement de « faire tout le nécessaire possible » pour que la filiale dispose d'une trésorerie suffisante) ; Versailles, 17 juin 1999, *JurisData* n° 043097. V. aussi Montpellier, 10 janv. 1985, préc.

2. Com., 20 févr. 2007, *Bull. civ.* IV, n° 62, *D.* 2007. Act. 807, obs. Delpech, *JCP* 2007. II. 10082, note Descorps-Declerc (en l'espèce, les souscripteurs s'étaient obligés "à faire en sorte que les besoins de trésorerie de la société soient assurés au mieux pendant une durée d'une année. L'arrêt attaqué est censuré pour méconnaissance de la loi des parties pour avoir déduit de la formule « au mieux » que l'obligation n'était que de moyens, alors que des termes de la clause litigieuse « il se déduit que ceux-ci s'obligeaient à l'obtention de ce résultat ») ; Com., 17 mai 2011, *D.* 2011. Act. 1404, obs. Delpech, *JCP* 2011. Chron. 770, n° 7, obs. Simler, *JCP* 2011. 863, note Dumery, *RD banc. fin.* 2011, n° 136, obs. Cerles. V. aussi T. com. Paris, 16 juin 1986, *D.* 1987. Somm. 297, obs. Vasseur, *RJ com.* 1987. 53, note Gallet, *RTD com.* 1987. 233, obs. Cabrillac et Teyssié ; Paris, 10 déc. 1991, préc. ; Paris, 11 mai 1993, *JCP* 1993. I. 3715, n° 10, et E 1993. II. 512, note Barbiéri, *RD banc. et bourse* 1994. 89 ; Lyon, 4 juin 2009, *JurisData* n° 004048, *RJDA* 2009. 892.

3. Com., 16 nov. 2004, *JurisData* n° 026777, *JCP* 2005. I. 135, n° 11, obs. Simler, *RD banc. fin.* 2005, n° 134, obs. Cerles, *Bull. Joly* 2005. 366, obs. J.F. Barbiéri.

4. Com., 24 oct. 2000, *RJDA* 2001. 164, *JCP* 2001. I. 315, n° 10, obs. Simler ; Com., 20 févr. 2007, préc. ; T. com. Lyon, 12 août 1986, *RD banc. et bourse* 1987. 60, obs. Contamine-Raynaud, *RTD com.* 1987. 207, obs. Reinhard ; confirmé par Lyon, 7 juill. 1988, *RD banc. et bourse* 1989. 72, obs. Contamine-Raynaud ; Paris, 13 janv. 1989, *D.* 1989. Somm. 294, obs. Aynès, *RTD com.* 1989. 252, obs., *RD banc. et bourse* 1989. 109, obs. Jeantin et Viandier. V. cependant Chambéry, 5 juin 1992, *RD banc. et bourse* 1993. 51, *JCP* 1993. I. 3680, n° 11, qui relève la faute de la société-mère, qui n'a pas assuré la couverture..., ce qui était inutile si l'obligation était de résultat.

5. Si la formule « garantir que le débiteur remplira ses engagements... » est constitutive d'une obligation de résultat (ou d'une promesse de porte-fort), celle, voisine, « garantir les engagements » du débiteur exprime un véritable cautionnement. V. cependant Com., 17 nov. 1992, *Bull. civ.* IV, n° 364, CCC 1993. 48, obs. Leveneur. L'arrêt raisonne en termes d'obligation de faire. Mais la question de la qualification n'était pas soulevée.

6. Com., 20 oct. 2009, *JCP* 2009. Chron. 492, n° 11, obs. Simler, *RD banc. fin.* 2010, n° 13, obs. Cerles. V. aussi, sur cet arrêt, *infra* n° 336.

La frontière entre ce qui est obligation de résultat et de moyens est incertaine, comme en témoigne la jurisprudence relative à l'engagement de faire tout le nécessaire. L'écart est assurément faible entre un engagement de **faire le nécessaire** et un autre de **faire le possible.** Il y a bien, pourtant, dans la recherche du nécessaire, une considération objective, se référant à un résultat, alors que le possible implique une recherche subjective, qui s'inscrit dans la relativité et requiert l'analyse des moyens qui étaient effectivement à la disposition du souscripteur de la lettre [1].

Lorsque l'engagement est de résultat, la garantie que représente la lettre d'intention se rapproche jusqu'à la confusion d'une autre forme de garantie personnelle, qui est la promesse de porte-fort appliquée à l'exécution d'un engagement par un tiers [2] (*infra* n°s 334 s.). Dans les deux cas, le souscripteur promet l'exécution d'une obligation incombant à un tiers et, si ce résultat n'est pas atteint, est tenu de réparer l'entier préjudice causé au bénéficiaire par l'inexécution, ce qui justifie leur appartenance commune au genre des garanties indemnitaires (*supra* n° 318). La différence que l'on peut relever est que le souscripteur d'une lettre d'intention de résultat promet son fait personnel (faire le nécessaire...), alors que le porte-fort promet le fait du tiers lui-même. Cependant, s'agissant d'une obligation de résultat, les conséquences sont identiques.

§ 2. **Régime**

326 ***Lignes directrices*** ◇ Il convient de préciser d'emblée que seules appellent des précisions les lettres d'intention constitutives d'obligations de faire. Celles qui ne comportent aucun engagement ou seulement une obligation morale ne produisent, par définition, aucun effet de droit. Quant à celles qui méritent la qualification de cautionnement, elles sont à tous égards soumises au régime correspondant. Tout au plus faut-il remarquer que, faute de clause de solidarité, étrangère à la nature de la lettre d'intention, ce cautionnement ne peut être qu'un cautionnement simple, à moins qu'il soit de nature commerciale [3]

Une seconde précision liminaire a trait au caractère contractuel de la lettre d'intention [4]. Celle-ci ne porte le plus souvent que la seule signature

---

1. V. aussi, sur les critères de distinction, notamment celui de l'aléa afférent à l'exécution de l'obligation souscrite, A.-S. Barthez et D. Houtcieff, n° 1423.

2. V. Ph. Simler, « De la substitution de la promesse de porte-fort à certaines lettres d'intention comme technique de garantie », *Actes prat.* oct. 1997, p. 3, et *RD banc. et bourse* 1997. 223 ; Rontchevsky, art. préc.

3. V. en ce sens, Paris, 3 oct. 1991, préc.

4. V., très explicitement en ce sens, Versailles, 4 mai 1988, *JCP* 1988. II. 21112, note Estoup, *D.* 1989. 436, 1re esp., qui souligne que les propositions sont devenues définitives et obligatoires par leur acceptation par le destinataire. V. aussi Com., 19 janv. 2010, préc., qui juge que, faute de preuve de l'acceptation par le créancier de la modification de l'obligation de résultat souscrite en une obligation de moyens, le souscripteur restait tenu dans les termes initiaux ; Paris, 2 oct. 1992, *D.* 1993. IR 39 ; Com., 15 oct. 1996, préc., qui fonde l'indemnisation sur les articles 1136 et 1147 du Code civil et écarte expressément l'article 1382.

de son auteur, l'acceptation de son destinataire restant tacite. Mais il en va fréquemment de même en matière de cautionnement ou de garantie autonome, sans que la qualification de contrat puisse être mise en doute. Doivent donc être remplies les conditions du droit commun des contrats, spécialement quant à l'existence et aux qualités du consentement du souscripteur, quant aux modes de preuve.

S'agissant des obligations de faire, les solutions doivent être recherchées dans deux directions, par comparaison avec celles s'appliquant au cautionnement. En tant que l'obligation souscrite par l'auteur de la lettre d'intention est une obligation de faire et non de payer, certaines solutions diffèrent logiquement de celles ayant cours en matière de cautionnement (ou encore en matière de garantie autonome). En tant que cette même obligation est cependant constitutive d'une garantie personnelle, d'autres solutions sont au contraire concordantes et participent de ce qui peut être considéré comme un droit commun des sûretés personnelles (*supra* n° 36). Pour l'application de certaines règles, on peut cependant légitimement hésiter à faire prévaloir plutôt la nature de l'engagement que sa fonction.

327 ***1° Solutions découlant de la qualification d'obligation de faire*** ◊ Si la conséquence première de cette qualification et de la distinction entre obligations de moyens et de résultat n'est pas douteuse, d'autres ont pu prêter à discussion.

Parmi les questions qui ne devraient pas faire débat il y a lieu de citer la non-application en matière de lettres d'intention du bénéfice de cession d'actions (art. 2314), cause spécifique d'extinction du cautionnement (*supra* n° 261). De même, le défaut de déclaration de ses créances par le bénéficiaire de la lettre dans la procédure collective du débiteur est sans incidence sur l'obligation de faire résultant de la lettre d'intention [1].

328 ***a) Charge de la preuve du manquement à l'obligation*** ◊ Suivant que l'obligation de faire est de moyens ou de résultat, son inexécution, en cas de défaillance du débiteur garanti, doit être prouvée par le destinataire de la lettre d'intention ou est, au contraire, présumée. Dans le premier cas, la preuve positive d'une faute doit être apportée [2]. Dans le second, le souscripteur de la lettre est de plein droit responsable du préjudice causé au bénéficiaire par la défaillance du débiteur, sauf à faire la preuve d'une cause étrangère exonératoire [3].

1. V. aussi, sur la compétence juridictionnelle, s'agissant d'une lettre d'intention internationale, Paris, 12 oct. 2000, *JurisData* n° 124832, *D.* 2002. Somm. 1394, obs. Audit (qui retient la compétence du tribunal du lieu de l'émission), et Com., 30 janv. 2001, *Bull. Joly* 2001. 517, note Menjucq, *RD banc. fin.* 2001, n° 114, obs. Cerles (qui donne compétence, au contraire, au tribunal du lieu d'exécution). V. M.-E. Ancel, « Les lettres de confort en droit international privé », *Dr. et patr.* 2002. 106, p. 61.

2. V. Com., 15 janv. 1991, *Bull. civ.* IV, n° 28, *D.* 1992. 53, 1re esp., note Najjar, *RD banc. et bourse* 1991. 116 (est censuré un arrêt pour n'avoir pas recherché en quoi consistait l'obligation de « tout mettre en œuvre » pour couvrir les besoins financiers de la filiale et, par là même, de n'avoir pas défini la faute imputée à la société mère) ; Com., 18 mai 2005, préc.

3. V. Com., 19 avr. 2005, préc.

329 ***b) Question de la mention manuscrite*** ◊ Compte tenu de l'importance, pendant un temps excessive, donnée à l'article 1326 en matière de cautionnement (*supra* n°s 136 s.), la dispense de mention manuscrite pouvait apparaître comme un attrait non négligeable. L'article 1326 vise les engagements de payer une somme d'argent, alors que la lettre d'intention n'est précisément constitutive (du moins lorsqu'elle ne dissimule pas un véritable cautionnement) que d'un engagement de faire, non tributaire de l'article 1326 [1].

330 ***c) Obligations d'informations*** ◊ Divers textes font obligation aux créanciers garantis par des cautions (C. civ., art. 2293, al. 2 ; C. mon. fin., art. L. 313-22 ; C. consom., art. L. 341-6) de porter annuellement à leur connaissance le montant des encours (*supra* n°s 153 s.). Comme en matière de garanties autonomes (*supra* n° 298), mais pour des raisons différentes, cette obligation ne peut être étendue aux lettres d'intentions. Leur auteur s'est obligé à faire... et non à payer les dettes du débiteur. La notification des encours ne se justifie donc guère. Quant à la faculté de résiliation ou du terme, son rappel, imposé par l'article L. 313-22 du Code monétaire et financier, serait dépourvu de sens en la matière.

331 ***2° Solutions découlant de la fonction de garantie*** ◊ La question de loin la plus importante, qui a donné lieu à un contentieux abondant, est celle de l'application des règles relatives à l'octroi de garanties par les sociétés. L'exécution de la sanction encourue par l'auteur d'une lettre d'intention, condamné à réparer le préjudice éprouvé par le créancier du fait de la défaillance du débiteur, pose aussi, inéluctablement, celle d'un recours contre ce dernier.

D'autres difficultés sont susceptibles d'être soumises aux tribunaux si des lettres d'intention sont souscrites par des particuliers, comme celle tenant à l'application de l'article 1415 du Code civil, qui dispose que « *Chacun des époux ne peut engager que ses biens propres et ses revenus par un cautionnement* », à moins que son conjoint y ait consenti (*supra* n° 91). S'agissant d'une exception au principe formulé à l'article 1413, une interprétation littérale et restrictive devrait prévaloir. La *ratio legis* et le bon sens imposeraient, au contraire, que la restriction de gage s'applique à toutes les garanties personnelles souscrites par un époux [2].

---

1. En ce sens, Com., 17 déc. 2002, *JCP* 2003. I. 176, n° 13, obs. Simler, *RD banc. fin.* 2003, n° 73, obs. Cerles, cassant sur ce point Paris, 14 déc. 1999, *RJDA* 2000. 342, *RD banc. fin.* 2000, p. 230, obs. Mattout ; Paris, 26 sept. 1991, préc. V. aussi A. Bac, « La lettre d'intention ou le dilemme liberté/sécurité », *Dr. et patr.* 1999. 49. *Contra*, TGI Créteil, 22 févr. 1989, *Banque* 1991. 326 ; Paris, 12 avr. 1995, *RD banc. et bourse* 1995. 223, obs. Contamine-Raynaud. La question a cessé de faire débat.

2. La Cour de cassation s'est prononcée en faveur de l'application de l'article 1415 à une garantie autonome (Com., 26 juin 2006, cité *supra* n° 293). L'argument *a fortiori* invoqué dans cette hypothèse est dénué de pertinence pour les lettres d'intention. Mais la *ratio legis* justifierait néanmoins l'extension (v. en ce sens, notamment, A.-S. Barthez et D. Houtcieff, n° 11440). Il eût fallu inscrire dans l'article 1415 une formule semblable à celle que l'on trouve dans l'article L. 225-35 du Code de commerce : « *cautions, avals et garanties* ».

Le souscripteur d'une lettre d'intention peut assurément limiter son engagement dans le temps [1] ou en montant, cette dernière clause n'étant qu'une limitation valable de la responsabilité assumée [2].

Doit également être mentionné sous cette rubrique l'alignement, par l'ordonnance du 18 décembre 2008, des incidences de l'ouverture d'une procédure collective contre le débiteur à l'égard des « *personnes coobligées ou ayant consenti une sûreté personnelle ou ayant affecté ou cédé un bien en garantie* » (C. com., art. L. 611-10-2 : procédure de conciliation ; art. L. 622-28 : arrêt des poursuites et du cours des inscriptions ; art. L. 626-11 : plan de sauvegarde), les faveurs prévues par ces textes étant, à l'exception de la première, réservées aux personnes physiques, alors que les lettres d'intention sont le plus souvent souscrites par des sociétés [3]. L'égalité de traitement entre personnes physiques et morales ne se retrouve qu'au stade d'un plan de redressement ou d'une liquidation judiciaire (art. L. 622-28. Sur l'ensemble des solutions, v., à propos du cautionnement, *supra* n°s 174 s. et 238).

332 ***a) Application des règles relatives à l'octroi de garanties par les sociétés*** ◊ La souscription de lettres d'intention plutôt que de cautionnements entre sociétés mères et banques de leurs filiales paraît avoir été motivée principalement, dans un premier temps, par la volonté d'échapper à l'exigence de l'autorisation préalable du conseil d'administration ou de surveillance exigée pour la souscription par la société de « *cautions, avals et garanties* », à moins que ce soit par une société exploitant un établissement bancaire ou financier (C. com., art. L. 225-35 et L. 225-68 : *supra* n° 96) et, corrélativement, à l'obligation d'annexer au bilan un état des mêmes engagements (C. com., art. L. 232-1). Quelques décisions ont statué en ce sens [4].

Non sans hésitations, la Cour de cassation a retenu une solution de compromis, soumettant à l'exigence de l'autorisation préalable les lettres

1. V. Com., 20 févr. 2007, préc.

2. V. Com., 17 mai 2011, préc.

3. V. Ph. Pétel, « Les sûretés personnelles dans le nouveau droit des entreprises en difficulté », *Cahiers dr. entrep.* juill.-août 2009. 20 ; N. Borga, « Regards sur les sûretés dans l'ordonnance du 18 décembre 2008 », *RD banc. fin.* 2009. Étude 20, p. 8 ; P. Crocq, « L'ordonnance du 18 décembre 2008 et le droit des sûretés » *JCP* E 2009. 1313.

4. T. com. Lyon, 12 août 1986, confirmé par Lyon, 7 juill. 1988, préc. V. aussi T. com. Paris, 27 oct. 1981, préc. ; Chambéry, 5 juin 1992, préc., qui, s'agissant d'un engagement d'assurer la couverture des besoins financiers d'une filiale, considère néanmoins qu'il s'agit d'un « simple confort » non soumis à l'article 98 de la loi du 24 juillet 1966 ; T. com. Paris, 30 juin 1995, *JurisData* n° 045934, *JCP* 1997. I. 3991, n° 9, obs. Simler ; Paris, 3 mars 2000, *JurisData* n° 113747, *RTD com.* 2000. 672, obs. Chazal et Reinhard. Ici comme en matière de cautionnement, il est naturel que les sociétés étrangères échappent à cette exigence (v. Com., 9 mars 1993, *Bull. civ.* IV, n° 94, *D.* 1993. IR 92, *JCP* 1993. I. 3682, n° 24 ; Toulouse, 13 mai 2009, *JurisData* n° 378747. Cet arrêt précise que la soumission de la lettre d'intention au droit français est sans incidence à cet égard, la question du pouvoir des dirigeants relevant de la loi nationale de la société).

d'intention constitutives d'**obligations de résultat** [1], mais non celles n'exprimant qu'une **obligation de moyens** [2].

Cette différenciation des solutions ne paraît pas pouvoir survivre à la consécration légale de la technique de la lettre d'intention par l'article 2322 du Code civil et à sa qualification expresse de sûreté personnelle par l'article 2287-1. Si toute garantie ne répond pas nécessairement au concept de sûreté, il paraît difficilement soutenable qu'une sûreté ne soit pas une garantie au sens de l'article L. 225-35 du Code de commerce [3]. S'il y a sans doute entre les deux variétés d'obligations une importante différence, celle-ci n'est que de degré et non de nature, puisqu'elle ne porte que sur le fardeau de la preuve [4]. Nul n'a d'ailleurs été en mesure par le passé, que ce soit en doctrine ou en jurisprudence, de proposer positivement une autre qualification plausible de la lettre d'intention constitutive d'une simple obligation de moyens [5].

---

1. Com., 23 oct. 1990, *Bull. civ.* IV, n° 256, *D.* 1992. Somm. 34, *JCP* 1991. II. 21684, note Larroumet, *RTD com.* 1991. 403, obs. Reinhard ; Com., 19 mars 1991, préc. ; Com., 19 avr. 2005 : *JurisData* n° 028235, *JCP* 2005. I. 185, n° 11, obs. Simler, *RD banc. fin.* 2005, n° 173, obs. Cerles, *RTD com.* 2006. 129, obs. Le Cannu. Dans le même sens, Paris, 31 mai 1989, 2 arrêts, et 15 oct. 1991, préc. ; Rouen, 12 mars 1992, *JCP* 1993. IV. 815 ; Paris, 11 mai 1993, préc. ; Versailles, 7 nov. 1996, préc.

2. C'est d'abord par interprétation *a contrario* des arrêts précités que cette solution a été proposée (v. Grellière, note préc. ; Contamine-Raynaud, obs. préc., sous Com., 19 mars 1991 ; Vasseur, obs. préc., sous Com., 23 oct. 1990 ; Delebecque et Le Cannu, obs. sous Com., 8 nov. 1994, cité ci-après. Dans le même sens, Versailles, 9 févr. 1989, *D.* 1991. Somm. 35, obs. Vasseur). Puis, la Cour de cassation a paru vouloir se départir de cette distinction, en faisant application de l'exigence de l'autorisation préalable sans y référer (Com., 17 nov. 1992, *Bull. civ.* IV, n° 364, *CCC* 1993. 48, obs. Leveneur ; Com., 8 nov. 1994, *Bull. civ.* IV, n° 330, *D.* 1994. IR 270, *JCP* 1995. I. 3851, n° 10, E 1995. II. 654, note Barbiéri, *Rev. sociétés* 1995. 63, note Delebecque, *Defrénois* 1995. 36017, obs. Le Cannu ; Com., 3 janv. 1996, *Bull. Joly* 1996. 294, *JCP* 1997. I. 3991, n° 8 ; Com., 9 déc. 1997, *JurisData* n° 004936, *Bull. civ.* IV, n° 332, *JCP* 1998. I. 3991, n° 9, obs. Simler, *D.* 1998. IR 49, *Bull. Joly* 1998. 231, obs. Barbiéri. Si les trois premiers arrêts se rapportaient à des engagements constitutifs, sans doute, d'obligations de résultat, le dernier cité concernait un engagement « d'étudier toutes les mesures pour permettre à la filiale de mener à bonne fin ses crédits », formule qui exprime assurément une obligation de moyens. Dans le même sens, Versailles, 17 juin 1999, *JCP* E 2000. 64, *RTD com.* 1999. 900, obs. Reinhard, *RJDA* 1999. 1083). Elle a pourtant opéré, à l'occasion de l'arrêt précité du 26 janvier 1999, un double revirement, en approuvant l'arrêt attaqué d'avoir qualifié d'obligation de moyens un engagement « de faire tout le nécessaire pour la bonne exécution des engagements qui ont été signés » (*supra* n° 325) et d'avoir jugé que de cette qualification « il résultait » que l'obligation souscrite « ne constituait pas une garantie au sens de l'article 98 de la loi du 24 juillet 1966 » (dans le même sens, Com., 24 oct. 2000, préc. ; Metz, 9 janv. 2001, *JurisData* n° 155949 ; Versailles, 7 mars 2002, *JurisData* n° 194624, *Bull. Joly* 2002. 786, obs. Le Cannu ; Paris, 22 janv. 2009, préc.).

3. Ph. Simler, « Le nouvel article 2322 du Code civil et le régime de la lettre d'intention », *RJDA* 2008. 739. Dans le même sens, A.-S. Barthez et D. Houtcieff, n° 1443 s. V. cependant, dans le sens du maintien de la différence de régime, Le Cannu, Les lettres d'intention conquises par le Code civil, *RTD com.* 2006. 423.

4. En ce sens, également, Malaurie, Aynès et Crocq, n° 361 ; Rontchevsky, art. préc. ; Barbiéri, note préc. ; Medus, thèse préc. et note préc. sous Com., 4 oct. 1994 ; Reinhard, obs. sur Versailles, 17 juin 1999, préc.

5. Sur la sanction de l'absence d'autorisation, lorsque celle-ci est requise, v., à propos du cautionnement, *supra* n° 96. Un arrêt de la Cour d'appel de Lyon du 21 mai 1999 (*JurisData* n° 144808, *RD banc. fin.* 2001, n° 187, obs. Cerles) applique ainsi à la souscription irrégulière la qualification de faute non séparable des fonctions du dirigeant souscripteur et en déduit que l'inopposabilité de la garantie à la société prive celle-ci de toute efficacité.

333 ***b) Recours*** ◊ En raison de sa fonction de garantie, sans qu'il y ait lieu, à cet égard, de distinguer obligations de moyens et de résultat, la lettre d'intention ouvre certainement à son souscripteur, s'il a dû indemniser le bénéficiaire, un recours contre le débiteur. En effet, cette indemnisation emporte extinction de la dette de celui-ci.

Si l'auteur de la lettre est intervenu à la demande du débiteur garanti, ce recours repose sur le même fondement contractuel que celui de la caution (*supra* n° 202). Dans l'hypothèse, davantage plausible ici qu'en matière de cautionnement, d'une garantie consentie sans instructions du débiteur, la gestion d'affaires fournit ce fondement.

Un recours fondé sur la subrogation peut également être admis, pour la même raison qu'en matière de garanties autonomes (*supra* n° 309).

SECTION 2. PORTE-FORT D'EXÉCUTION

334 ***Fondement de la promesse de porte-fort-sûreté*** ◊ L'idée que la promesse de porte-fort puisse faire fonction de sûreté personnelle n'a fait son apparition qu'à une époque récente dans le paysage juridique français [1]. La seule fonction traditionnellement reconnue à ce mécanisme par la doctrine était de permettre la conclusion d'opérations juridiques en dépit de l'impossibilité pour l'une des parties d'y consentir, en raison de son incapacité ou de son absence, moyennant la promesse exprimée par une autre personne, souvent une autre partie au contrat, que l'incapable ou l'absent ratifiera l'acte lorsqu'il sera en mesure de le faire [2]. Le défaut de ratification se traduit par l'obligation pour le porte-fort d'indemniser celui ou ceux pour lesquels il s'est porté fort à raison du préjudice causé par l'inefficacité de l'acte [3].

L'article 1220 du Code civil dispose, en effet, que, « *Néanmoins, on peut se porter fort pour un tiers, en promettant le fait de celui-ci ; sauf l'indemnité*

1. Il n'en est pas de même dans d'autres pays. Ainsi, en Suisse, la promesse de porte-fort, régie par une disposition du Code des obligations (art. 111) très proche de l'article 1220 du Code civil français, constitue une sûreté usuelle, depuis une réforme du droit du cautionnement qui s'est traduite par une désaffection pour cette sûreté, enfermée dans un lourd carcan (v. Ancel, *op. cit.*, n° 41). On peut aussi citer le « *Garantievertrag* » (contrat de garantie) allemand et le « *contract of indemnity* » du droit anglais.

2. V. Précis *Les obligations*, 10 éd., n° 509. V. aussi Vericel, « Désuétude ou actualité de la promesse de porte-fort ? », *D.* 1988. Chron. 123.

3. Le traditionnel porte-fort de ratification constitue aussi une garantie pour son bénéficiaire, assuré d'être indemnisé si la ratification n'a pas lieu. La parenté est particulièrement proche si le porte-fort est un tiers à l'acte juridique imparfait : on retrouve le rapport triangulaire. Mais il ne peut s'agir, dans ce cas, d'une forme de sûreté, faute d'obligation à garantir, celui dont la ratification a été promise n'étant, par hypothèse, tenu d'aucune obligation. C'est plutôt de la technique de l'assurance que relèverait un tel engagement, lorsque le porte-fort de ratification est tiers à l'acte imparfait. V. cependant Paris, 4 nov. 2008, *JurisData* n° 371794, *JCP* E 2008. 2502, *RJDA* 2009. 661, qui considère un porte-fort de ratification souscrit par une société anonyme comme une garantie soumise à l'exigence de l'autorisation prescrite par l'article L. 225-35 du Code de commerce.

contre celui qui s'est porté fort ou qui a promis de faire ratifier, si le tiers refuse de tenir l'engagement ».

Ce texte n'impose nullement un confinement de la promesse de porte-fort dans la seule fonction de substitut à un consentement qui fait défaut. La promesse qu'il évoque est celle du « *fait* » d'un tiers et non de son seul consentement. Rien ne s'oppose donc à ce qu'elle ait pour objet d'autres faits, et notamment l'exécution d'un engagement préexistant d'un tiers. D'ailleurs, dans la seconde proposition du texte, la ratification n'apparaît que comme l'une des branches de l'alternative : « *celui qui s'est porté fort ou qui a promis de faire ratifier* ». La dernière formule, enfin : « *tenir l'engagement* », évoque davantage l'exécution d'une obligation qu'une ratification. Tenir un engagement est autre chose et plus que le ratifier.

Une personne peut donc indéniablement se porter fort de l'exécution par une autre d'une obligation qui lui incombe [1]. « *Si le tiers refuse de tenir l'engagement* », le promettant devra indemniser le créancier. Un tel engagement constitue assurément pour ce dernier une garantie et celle-ci est de nature personnelle, puisqu'elle lui ouvre une action contre une autre personne que son débiteur. Il aura, comme celui qui est garanti par un cautionnement, un débiteur principal : celui pour lequel le tiers s'est porté fort, et un débiteur subsidiaire : le porte-fort lui-même. Mais c'est une indemnisation de son préjudice que ce dernier lui devra, et non la prestation même que lui devait le débiteur principal [2].

335 ***Applications*** ◇ Si la promesse de porte-fort n'est certes pas, pour l'heure, une forme usuelle de garantie personnelle en droit français, la jurisprudence en offre cependant quelques illustrations significatives. La Cour de cassation a ainsi reconnu sans hésitation l'efficacité d'un engagement par lequel un débitant de boissons, bailleur de son fonds de commerce, s'était « porté fort de l'exécution par son locataire-gérant des obligations dont il était tenu » envers son fournisseur, alors que le pourvoi contestait clairement la possibilité de se porter fort de l'exécution d'un engagement [3].

1. *Contra*, Aix-en-Provence 28 juin 2005, *JurisData* n° 311956, qui croit pouvoir affirmer que « la promesse de porte-fort... consistant par nature à prendre (il faut sans doute lire : promettre) l'engagement d'un tiers... ne peut avoir pour objet... la garantie de l'exécution de l'engagement du tiers ».

2. Un nombre croissant d'auteurs reconnaît aujourd'hui à la promesse de porte-fort cette seconde fonction : Ancel, *op. cit.*, n°s 52 s. ; Fortis, *Rép. civ. Dalloz, V° Porte-fort*, n° 8 et 13 s. ; M. Storck, *J.-Cl. Civ.*, art. 1120, fasc. 7-2 ; J.-F Sagaut, « Variations autour d'une sûreté personnelle *sui generis* : la promesse de porte-fort de l'exécution », *RDC* 2004. 840 ; Lamy *Droit des sûretés*, n° 150 s. ; Simler, « Les solutions de substitution au cautionnement », *JCP* 1990. I. 3427, et E 1990. 15659 ; A.-S. Barthez et D. Houtcieff, n° 1246 s. *Contra*, Libchaber, « La vaine recherche de sûretés personnelles nouvelles : l'insaisissable porte-fort de l'exécution », *RJDA* 2006. 787 ; Ph. Dupichot, *Le pouvoir des volontés individuelles en droit des sûretés*, éd. Panthéon-Assas, 2005, n° 424 ; E. Savaux, note sous Com., 13 déc. 2005, *Defrénois* 2006. 38345.

3. Com., 14 janv. 1980, *Bull. civ.* IV, n° 16, *JCP* CI 1982. II. 13684, note Gross. En l'espèce, les obligations en question étaient celles du promettant lui-même envers son fournisseur. Mais l'engagement pris impliquait nécessairement que le contrat de location-gérance imposait ces mêmes obligations au preneur. C'est donc bien l'exécution par un tiers qui était promise.

De manière non moins claire, la Cour d'appel de Paris a jugé, le 21 avril 1992, que le cédant d'une participation majoritaire dans une société s'était valablement porté fort envers un prestataire de services que sa rémunération lui serait réglée par une remise d'actions de ladite société [1]. On peut encore citer un arrêt de la Cour d'appel de Douai du 2 décembre 1999, qui a jugé qu'en l'espèce la promesse de porte-fort « n'a pas pour objet la ratification d'un acte imparfait, mais de garantir l'exécution par un tiers d'une obligation principale préexistante : le paiement d'une créance » [2].

La promesse de porte-fort apparaît comme particulièrement appropriée à la garantie de l'exécution des obligations de faire. Celles-ci peuvent certes être garanties par un cautionnement (*supra* n° 110), mais sa mise en œuvre se traduit par des distorsions qui en altèrent la nature. Si une caution peut s'obliger à exécuter elle-même une obligation de faire incombant au débiteur garanti, le plus souvent elle ne sera tenue qu'à indemniser le créancier en cas de défaillance du débiteur principal. Il en est ainsi en particulier pour les nombreuses obligations de faire qui comportent un fort caractère *intuitu personae*.

Ainsi, si les garanties dites « de bonne fin », notamment dans les marchés de travaux, ont été traditionnellement perçues, en l'absence d'autre espèce connue de sûreté personnelle, comme une variété de cautionnement, elles garantissent moins l'obligation de faire elle-même que l'obligation d'indemnisation en cas d'inexécution. La qualification de promesse de porte-fort serait plus appropriée [3], alors que celle de garantie autonome retenue par une abondante jurisprudence entre en contradiction avec le concept même de garantie autonome (v. *supra* n°s 314 s.).

Rien ne fait obstacle, cependant, au recours à la technique du porte-fort d'exécution en matière d'obligations de payer une somme d'argent. L'on rappellera qu'elle peut être, dans cette hypothèse, plus lourde de conséquences qu'un simple cautionnement, dans la mesure où le préjudice réparable peut excéder, suivant les circonstances, le montant de la ou des dette(s) garantie(s).

---

1. Paris, 21 avr. 1992, *JCP* E 1992. Pan. 370, et G 1993. I. 3680, n° 9, obs. Simler. V. aussi Paris, 24 avr. 1984, *JurisData* n° 22203 ; Lyon, 5 nov. 1999, *JurisData* n° 129044, *RTD com.* 1999. 142, obs. Reinhard et Chazal, *Banque et droit* mai-juin 2001. 43, obs. M. Storck. Sur les applications de la promesse de porte-fort en droit des sociétés, v. G. Tillement, « Promesse de porte-fort et droit des sociétés », *Rev. sociétés* 1993. 51.

2. Douai, 2 déc. 1999, *Bull. info. C. cass.* 1er août 2000, n° 1003, *Banque et droit* sept.-oct. 2000. 42, obs. Rontchevsky. V. aussi, pour l'acquéreur des actions d'une société qui s'est porté fort qu'une filiale restituerait au cédant des sommes séquestrées, Civ. 1re, 7 nov. 2006, n° 04-15.709, inédit ; pour l'engagement pris par le propriétaire d'une clinique que le cessionnaire poursuivrait le contrat d'exercice d'un médecin, Civ., 1re, 30 janv. 2007, n° 06-11063, inédit ; pour un engagement transactionnel de non sollicitation souscrit par un directeur marketing licencié, analysé comme un porte-fort d'exécution pour le nouvel employeur, Lyon, 15 mars 2011, *JurisData* n° 008941, *JCP* 2011. 777.

3. V. en ce sens, M. Storck, *J.-Cl. préc.*, n° 16 ; Lamy *Droit des sûretés*, n° 150-29 ; Simler, n° 43.

336 ***Nature juridique de la garantie : ni accessoire, ni autonome, mais indemnitaire*** ◊ Si la promesse de porte-fort peut ainsi constituer, comme le cautionnement ou la garantie autonome, une variété de sûreté personnelle, elle n'est pas de la même nature. Le porte-fort ne s'oblige pas à payer la dette du débiteur ou à se substituer à lui en cas de défaillance [1]. Il ne souscrit pas davantage un engagement nouveau et autonome comme celui qui consent une garantie autonome ou celui qui s'oblige en qualité de délégué. Il est seulement tenu, comme l'indique très clairement l'article 1220 précité du Code civil, à indemniser le créancier si le débiteur n'exécute pas son engagement.

Deux arrêts de la Cour de cassation rendus en 2005 ont pourtant fort malencontreusement reconnu au porte-fort d'exécution, l'un un caractère accessoire, emportant confusion avec le cautionnement, l'autre un caractère autonome, dont il a déduit une conséquence incompatible avec la véritable nature du porte-fort.

Dans la première espèce, jugée par la Première Chambre civile le 25 janvier 2005 [2], les cessionnaires de parts sociales d'une SCI s'étaient engagés « à obliger la SCI à faire face aux remboursements en capital, intérêts et accessoires » d'un prêt en garantie duquel celle-ci avait souscrit un cautionnement hypothécaire. Tout en distinguant mal le porte-fort d'exécution, ce qui était l'hypothèse de l'espèce, du traditionnel porte-fort de ratification, l'arrêt décide « que la promesse de porte-fort est un engagement personnel **autonome** d'une personne qui promet à son cocontractant d'**obtenir l'engagement** d'un tiers à son égard ; que la cour d'appel qui a constaté que M. s'était porté fort d'obtenir l'engagement de la SCI de procéder aux remboursements de ces prêts, et que le tiers **n'avait pas ratifié** cet engagement, a exactement décidé que M. n'avait pas satisfait à son obligation de résultat, peu important la validité de l'engagement de caution de la SCI ».

Le second arrêt, rendu par la Chambre commerciale le 13 décembre 2005 [3], concerne un protocole d'accord relatif à l'acquisition d'un fonds de

---

1. Rien n'interdit cependant à une même personne de s'obliger à la fois en tant que porte-fort de la ratification d'un acte par un tiers qui n'y avait pas consenti pour une raison quelconque et en tant que caution de l'exécution de ce même acte. Le Tribunal de commerce de Paris a fort justement jugé, le 5 octobre 1999 (jugement inédit, cité *in* Lamy *Droit des sûretés n° 150.11*) que la promesse de ratification n'emportait pas engagement que l'obligation serait exécutée. On rappellera qu'inversement le cautionnement d'un incapable est traditionnellement analysé comme ayant une double nature : promesse de porte-fort tant que l'acte n'a pas été ratifié, cautionnement après ratification, cette analyse étant seule de nature à lui conférer une réelle efficacité, correspondant à la volonté des parties (*supra* n° 111). Cette hypothèse conduit à admettre que, de manière générale, un porte-fort, dès lors qu'il est le fait d'un tiers à un acte juridique, peut avoir cumulativement pour objet la ratification de cet acte par une personne et l'exécution par celle-ci de l'obligation ratifiée.

2. Civ. 1re, 25 janv. 2005, *Bull. civ.* I, n° 43, *JCP* 2005. I. 185, n° 12, obs. Simler, *D.* 2005. IR 387, *Defrénois* 2005. 38166, obs. Honorat, *RTD civ.* 2005. 391, obs. Mestre et Fages, *Dr. et patr.* 2005. 104, obs. Stoffel-Munck.

3. Com., 13 déc. 2005, *Bull. civ.* IV, n° 256, *JCP* 2006. II. 10021, note Simler, et E 2006. 1342, note Grosser, *D.* 2006. Act. 298, obs. Delpech, *Banque et droit* mars-avr. 2006. 60, obs. Rontchevsky, *RTD civ.* 2006. 305, obs. Mestre et Fages, *CCC* 2005. 63, obs. Leveneur. V. aussi, commerce aux termes duquel le souscripteur déclarait se substituer une société en cours de constitution et se porter « personnellement garant de (sa) parfaite exécution » par ladite société. Analysé comme un porte-fort d'exécution, que l'arrêt distingue clairement, cette fois, du porte-fort de ratification, l'engagement litigieux se voit reconnaître un caractère accessoire, soumis au formalisme probatoire de la mention manuscrite requise par l'article 1326 du Code civil, ce qui revenait à l'assimiler à un cautionnement : « celui qui se porte fort de l'exécution d'un engagement par un tiers s'engage **accessoirement** à l'engagement principal souscrit par le tiers à y satisfaire si le tiers ne l'exécute pas lui-même ». Est censuré pour défaut de base légale l'arrêt contesté qui n'avait pas recherché si les actes en question étaient revêtus de la mention manuscrite prescrite par l'article 1326 du Code civil

L'une et l'autre solution paraissent contestables. Le porte-fort d'exécution, véritable sûreté personnelle alternative, n'est ni accessoire, ni autonome. Il se distingue du cautionnement en ce qu'il emporte engagement de faire en sorte que le débiteur exécute son obligation et non de payer la dette du débiteur, un tel engagement de faire étant exclusif de l'application de l'article 1326 du Code civil. Il n'est pas davantage autonome, donc détaché de l'obligation garantie, puisque sa sanction est la réparation du dommage causé par l'inexécution de cette obligation [1]. Il paraît impossible, comme l'a fait le premier arrêt, de retenir la responsabilité du porte-fort pour ne pas avoir obtenu l'exécution d'une obligation nulle.

Le porte-fort d'exécution appartient donc nécessairement à une troisième variété de garanties personnelles : celle des garanties indemnitaires. Sa sanction consiste en effet dans l'indemnisation du préjudice subi par le créancier du fait de l'inexécution par le débiteur de la prestation due, comme le dit clairement l'article 1120 du Code civil : *« sauf l'indemnité contre celui qui s'est porté fort »*.

Ce premier constat en induit un autre : celui de la parenté avec les lettres d'intention, autre espèce du même genre, puisque l'obligation de faire qui caractérise celles-ci est pareillement sanctionnée par une

---

sur cet arrêt, D. Arlie, « Pour une juste conception du porte-fort d'exécution », *D.* 2006. Chron. 2244. Dans le même sens, Com., 18 déc. 2007, *JurisData* n° 2007-042117 ; *JCP* 2008. I. 152, n° 15, obs. Simler, *Banque et droit* mars-avr. 2008. 43, obs. Rontchevsky, *RJDA* 2008. 365.

1. Peut être considéré comme faisant une application correcte du porte-fort d'exécution l'arrêt qui a censuré pour défaut de base légale au regard des articles 1120 et 1134 du Code civil l'arrêt ayant écarté cette qualification sans rechercher si le propriétaire d'un fonds de commerce qui avait souscrit l'engagement, en cas de mise en location-gérance, d'imposer au gérant le respect d'un contrat d'approvisionnement et de demeurer responsable de sa bonne exécution, n'avait pas pris un engagement indépendant de celui du locataire-gérant: Com., 9 mars 2010, *JurisData* n° 001583, *RDC* 2011. 193, obs. Barthez. V. aussi, pour une société-mère qui s'est portée fort de l'ensemble de ses filiales pour le maintien des conditions d'approvisionnement et de prestations intra-groupe en vigueur de la filiale cédée, Com., 20 oct. 2009, cité *supra* n° 325, qui a retenu la qualification de lettre d'intention alors que celle de porte-fort eût été plus juste.

indemnisation du créancier (*supra* n° 318). Le porte-fort promettant toujours un résultat, on s'aperçoit même que son objet s'identifie, pratiquement, à celui d'une lettre d'intention lorsque celle-ci est constitutive d'une telle obligation de résultat. Le porte-fort et le souscripteur d'une lettre d'intention emportant obligation de résultat prennent, sous des formulations différentes, très exactement le même engagement : que le tiers bénéficiaire remplira ses obligations, et ils encourent exactement la même sanction : la réparation de l'entier préjudice en cas d'inexécution de ces obligations [1].

337 ***Régime*** ◊ De la nature indemnitaire du porte-fort d'exécution il résulte que c'est du côté de la responsabilité contractuelle que l'on trouvera les éléments de son régime : un fait générateur, un préjudice et un lien de causalité. Par ailleurs, la familiarité du mécanisme de la promesse de porte-fort et la parenté qui vient d'être soulignée avec l'une des variantes des lettres d'intention permettent de définir au moyen de quelques rappels les traits majeurs du régime de cette forme de sûreté :

- s'agissant d'une obligation de résultat, son bénéficiaire n'a d'autre preuve à rapporter que celle de l'inexécution par le débiteur de son obligation, le porte-fort étant de plein droit tenu à indemnisation, sauf preuve de la force majeure ;
- l'obligation du porte-fort étant de faire et non de payer, la mention manuscrite de l'article 1326 n'est pas requise, contrairement à ce qu'a cru devoir juger la Cour de cassation par son arrêt précité du 13 décembre 2005 ;
- pour la même raison, les obligations d'information pesant sur les créanciers garantis par des cautions sont sans application ;
- la question de l'application de l'article 1415 du Code civil est sujette aux mêmes hésitations que pour les lettres d'intention (*supra* n° 326) ;
- en revanche, le porte-fort d'exécution souscrit pour le compte d'une société par actions doit sans aucun doute faire l'objet d'une autorisation préalable [2], comme le cautionnement ou la lettre d'intention ;
- s'agissant d'une obligation d'indemnisation, la question de l'opposabilité ou de l'inopposabilité des exceptions, qu'elles soient inhérentes à la dette ou personnelles au débiteur, qui soulève tant de difficultés en matière de cautionnement, ne se pose pas, la seule interrogation étant celle de l'existence d'un préjudice résulté de l'inexécution et d'une éventuelle cause étrangère de cette inexécution [3] ; ainsi, le défaut de déclaration de la créance par le créancier à la procédure collective contre le débiteur garanti était-il, avant son abrogation par la loi de sauvegarde du 26 juillet 2005,

1. V. Ph. Simler, « De la substitution de la promesse de porte-fort à certaines lettres d'intention comme technique de garantie », *Actes prat.* oct. 1997, p. 3, et *RD banc. et bourse* 1997. 223.
2. V. en ce sens, Lyon, 5 nov. 1999, préc.
3. V. Lamy *Droit des sûretés*, n° 150.75 s. À cet égard, le régime est le même que pour la promesse de porte-fort de ratification.

sans incidence sur l'obligation de réparer le préjudice causé par l'inexécution [1] ;

- constitutive d'une obligation de faire sanctionnée, sur le terrain contractuel, sur le fondement de l'article 1142 du Code civil, par l'indemnisation du préjudice subi par le créancier du fait de l'inexécution, la promesse de porte-fort peut être assortie d'aménagements conventionnels de cette indemnisation, tels qu'une clause limitative ou extensive de responsabilité ou une clause pénale stipulant une réparation forfaitaire (mais non une clause exclusive de toute responsabilité, qui viderait la promesse de toute efficacité) ;

- une telle promesse doit ouvrir au promettant qui a été contraint d'indemniser le créancier les mêmes recours contre le débiteur garanti que dans l'hypothèse de la lettre d'intention : le recours personnel sera fondé sur la gestion d'affaires et le recours subrogatoire sur le fait qu'en indemnisant le créancier, le promettant aura éteint la dette du débiteur à son égard (*supra* n°s 309 et 328) ;

- étant une variété de sûreté personnelle, le porte-fort d'exécution est tributaire des mêmes dispositions du droit des procédures collectives que la lettre d'intention (*supra* n° 331) [2].

338 ***Conclusion*** ◊ Le porte-fort d'exécution constitue une sûreté extrêmement simple et non moins efficace. Simple, puisque le mécanisme de la promesse de porte-fort est éprouvé depuis des siècles. Simple, puisque sa sanction est claire et précise : c'est l'indemnisation complète du créancier n'ayant pas obtenu son dû. Simple, encore, dans la mesure où la promesse de porte-fort n'est soumise à aucune des contraintes, de plus en plus fortes, notamment depuis la loi sur l'initiative économique du 1er août 2003, qui pèsent sur le créancier garanti par une caution. Efficace, en ce que, sans encourir les critiques qu'appellerait une généralisation en droit interne des garanties autonomes, elle est de nature à assurer au créancier une indemnisation complète, non tributaire du caractère accessoire inhérent au cautionnement et pouvant, dans certaines circonstances, être supérieure au simple montant de la créance impayée, même augmentée de ses accessoires.

---

1. V. en ce sens, Douai, 2 déc. 1999, préc. L'arrêt justifie cette absence d'incidence par le caractère autonome de la promesse de porte-fort, ce qui est à la fois juste, en ce qu'une garantie indemnitaire n'est pas accessoire, comme le serait le cautionnement, mais sujet à confusions avec les véritables garanties autonomes.

2. Le fait que le porte-fort d'exécution ne figure pas dans l'énumération des sûretés personnelles de l'article 2287-1 du Code civil est sans incidence. La formule « *Les sûretés personnelles régies par le présent titre sont...* » n'est pas exclusive d'autres sûretés personnelles régies par d'autres dispositions.

CHAPITRE 4

SOLIDARITÉ, INDIVISIBILITÉ, DÉLÉGATION

339 ***Techniques empruntées au droit commun des obligations*** ◇ Dans la riche diversité des outils que le droit commun des obligations offre aux contractants, il en est qui, sans avoir été conçus comme des techniques de garantie, encore moins comme des sûretés *stricto sensu*, peuvent avoir, à titre principal ou de manière incidente, une fonction de garantie. La promesse de porte-fort appliquée à l'exécution de l'obligation d'un tiers en offre une première illustration. Sa parenté avec les lettres d'intention, avec lesquelles elle forme la catégorie nouvelle des garanties indemnitaires, a conduit à la placer sous cette rubrique. La solidarité et l'indivisibilité, modalités de l'obligation qui vont le plus souvent de pair (§ 1), et la délégation (§ 2) constituent d'autres exemples de telles techniques.

§ 1. Solidarité et indivisibilité

340 ***Modalités de l'obligation et/ou techniques de garantie*** ◇ La solidarité passive et l'indivisibilité sont par nature des modalités de l'obligation [1]. Mais elles accroissent indéniablement la sécurité du créancier, celui-ci étant assuré d'un complet paiement dès lors qu'un seul des débiteurs d'une telle obligation est solvable. On conçoit aisément que cet effet puisse être recherché à titre principal et que la solidarité et l'indivisibilité soient spécialement stipulées afin de tenir lieu de sûreté personnelle.

Dans les deux hypothèses, deux ou plusieurs débiteurs sont tenus à titre principal d'une même dette. Un tel engagement se distingue ainsi à la fois du cautionnement, qui suppose également une dette unique, mais dont l'un des débiteurs est tenu à titre principal et l'autre à titre accessoire, et de la garantie autonome ou de la lettre d'intention, qui se caractérisent par la création, pour tenir lieu de garantie, d'une obligation nouvelle, distincte de celle du débiteur garanti.

Solidarité et indivisibilité vont souvent de pair dans les actes. Si leur effet principal - obligation de chacun à la totalité de la dette - est identique, elles diffèrent cependant à certains égards. La solidarité est un mode de l'obligation (**comment** le débiteur est-il tenu ?), alors que l'indivisibilité est un caractère de l'objet de la dette (**à quoi** le débiteur est-il tenu ?). Le

1. V. Précis *Les obligations*, 10e éd., n°s 1244 s. et 1265 s.

cumul se justifie pleinement [1]. Il conviendra donc de préciser ce que l'indivisibilité ajoute, le cas échéant, à la solidarité.

341 ***1° Sources et variétés. Solidarité sans intéressement à la dette*** ◇ La solidarité passive, qui seule peut tenir lieu de sûreté, est la situation dans laquelle plusieurs débiteurs sont tenus à titre principal pour la totalité d'une même dette.

L'idée de sûreté est reléguée au second plan lorsque les codébiteurs ont un égal intérêt dans la dette solidaire. Elle n'est cependant jamais absente, puisque, par définition, la solidarité a pour effet de garantir le créancier contre l'insolvabilité de tel ou tel des codébiteurs. Elle apparaît au premier plan, au contraire, lorsque la dette ne concerne que l'un des débiteurs, les autres étant néanmoins obligés solidairement à titre principal. Telle est l'hypothèse prévue à l'article 1216 du Code civil : « *Si l'affaire pour laquelle la dette a été contractée solidairement ne concernait que l'un des coobligés solidaires* » [2]. Toutes les situations intermédiaires peuvent exister.

La solidarité est conventionnelle ou légale. Elle peut ainsi constituer, au sens propre, une forme de sûreté personnelle légale [3]. Cette finalité peut être détectée dans de nombreuses hypothèses (par exemple, solidarité des époux pour les dettes ménagères ou pour l'impôt sur le revenu [4], des associés de la société en nom collectif, du bailleur de fonds de commerce pour les dettes du locataire-gérant pendant six mois...).

En matière conventionnelle, « *la solidarité ne se présume point ; il faut qu'elle soit expressément stipulée* » (art. 1202). Il n'en est autrement, en vertu d'une présomption coutumière, que pour les dettes de nature commerciale [5].

---

1. La formule que l'on trouve parfois dans des actes, selon laquelle plusieurs personnes s'engagent « conjointement et solidairement », n'a, en revanche, guère de sens, ces deux modalités étant antinomiques (*contra*, cependant, D.R. Martin, art. cité ci-après. V., pour un remarquable essai de rénovation de la classification des mécanismes de cotitularité, Ph. Briand, *Éléments d'une théorie de la cotitularité des obligations*, thèse Nantes, 1999).

2. V. D.R. Martin, « L'engagement de codébiteur solidaire adjoint », *RTD civ.* 1994. 49. V. en jurisprudence, Civ. 1re, 21 juill. 1987, *Bull. civ.* I, n° 249, *Gaz. Pal.* 1987. 2. Pan. jur. 261 (prêt à une mère, à son fils et à sa bru, les deux époux étant codébiteurs non intéressés) ; Civ. 1re, 22 mai 1991, *Bull. civ.* I, n° 162, *D.* 1962. IR 168 (employé d'une société titulaire d'une carte de paiement du type « facturation de société », avec clause de solidarité entre le titulaire de la carte et la société) ; Civ. 1re, 17 nov. 1999, *Bull. civ.* I, n° 309, *D.* 2000. Act. 47, obs. J.F. et 407, note Ancel, *JCP* 2000. I. 209, n° 9, obs. Simler, et II. 10403, note Picod, *Banque et droit* mars-avr. 2000. 42, obs. Rontchevsky (engagement de remboursement de sommes dues par une épouse pour l'utilisation d'une machine à affranchir, souscrit solidairement par le mari, souverainement interprété par les juges du fond comme étant un engagement de codébiteur solidaire non intéressé à la dette et non un cautionnement, pour en déduire erronément que l'article 1326 n'était pas applicable). V. aussi, à propos de cet arrêt, P. Ancel, « Qualification et régime de l'engagement du codébiteur solidaire non intéressé à la dette prévu par l'article 1216 du Code civil », *D.* 2000. 407.

3. Sur la nature de sûreté de la solidarité légale, v. Ph. Dupichot, *op. cit.*, nos 34 s.

4. Il en est ainsi même si un seul des époux perçoit des revenus imposables. Rappr., pour la condamnation solidaire pour fraude fiscale du redevable et d'un complice, jugeant que, dans les rapports entre eux, la charge de la dette devait peser sur le seul redevable : Com., 19 nov. 1991, *Bull. civ.* IV, n° 351.

5. Sur tous ces points, v. *Les obligations, loc. cit.*

Le principe de la liberté contractuelle permet aux parties de recourir à ce procédé, prévu par la loi, plutôt qu'au cautionnement, à moins que l'objectif recherché soit d'éluder frauduleusement une protection d'ordre public [1].

342 ***2° Effets. Différences entre solidarité principale et cautionnement solidaire*** ◊ Les effets de la solidarité, qu'il n'y a pas lieu d'étudier ici dans le détail, ne sont autres que ceux exposés à propos du cautionnement solidaire (*supra* n°s 191 s.), qu'il s'agisse des effets principaux (obligation au tout de chacun, caractère libératoire à l'égard du créancier du paiement fait par un seul) ou des effets secondaires, naguère justifiés par l'idée, aujourd'hui contestée, de représentation mutuelle.

Quelques différences importantes peuvent cependant être relevées entre les situations respectives du codébiteur solidaire et de la caution solidaire.

343 ***a) Opposabilité des exceptions*** ◊ Une première différence significative tient - ou tenait, selon l'opinion dominante, aujourd'hui remise en cause en jurisprudence - à l'opposabilité des exceptions : alors qu'il était généralement admis que la caution, en raison du caractère accessoire de son engagement, pouvait, en dépit de la lettre des articles 2289 et 2313, opposer au créancier toutes exceptions, inhérentes à la dette et personnelles au débiteur principal, sous la seule réserve de son incapacité (*supra* n° 48), le codébiteur ne peut utilement opposer au créancier, outre les exceptions qui lui sont personnelles, que celles qui sont inhérentes à la dette. Il ne peut opposer, au contraire, les exceptions personnelles à un codébiteur, telles qu'un vice du consentement, une remise de dette ou une compensation...

Cette différence majeure se trouve remise en cause par l'arrêt rendu en Chambre mixte par la Cour de cassation le 8 juin 2007, qui, statuant sur l'exception de nullité du contrat principal pour dol, a jugé que « la caution ne peut opposer les exceptions qui sont personnelles au débiteur principal » (*supra* n° 48). Cette proposition, suivie par un nombre croissant de décisions, est certes conforme à la lettre de l'article 2313, mais non à l'application qui en était généralement faite depuis l'époque du Code civil. Elle gomme très largement les différences entre cautionnement solidaire et obligation principale solidaire, singulièrement si cette dernière est le fait d'un codébiteur non intéressé à la dette. Il n'en est autrement que pour les exceptions que la loi permet expressément à la caution d'opposer au débiteur,

1. V. TI Lons-le-Saulnier, 18 nov. 1997, *CCC* 1998. 64, obs. Raymond. Le jugement concerne l'exigence à titre de condition de validité d'une mention manuscrite précise en matière de crédit à la consommation (v. sur la même question, à propos des garanties autonomes, *supra* n° 283). V. aussi, pour un emprunt contracté solidairement par une société et son président, dans le seul intérêt de ce dernier, annulé pour violation de l'article 106 de la loi du 24 juillet 1966 (C. com., art. L. 225-43) interdisant à la société de cautionner ou avaliser ses dirigeants, Paris, 19 nov. 1974, *Gaz. Pal.* 1975. 1. 286, *RTD com.* 1975. 547, obs. Houin.

telle que l'exception de compensation (art. 1294), qui est bien, pourtant, une exception personnelle.

344 ***b) Bénéfice de cession d'actions*** ◊ La seconde différence, déjà signalée (*supra* n° 261), tient au bénéfice de cession d'actions prévu à l'article 2314 du Code civil, que la jurisprudence réserve strictement à la caution et refuse, au contraire, au codébiteur solidaire, même non intéressé à la dette [1].

345 ***c) Défaut de déclaration de la créance*** ◊ Une troisième différence, plus récemment mise en lumière par la jurisprudence se rapportait, avant la loi de sauvegarde du 26 juillet 2005, à l'extinction des créances pour défaut de déclaration dans la procédure collective du débiteur (C. com., art. L. 621-46, abrogé à compter du 1er janvier 2006). Cette cause éphémère d'extinction libérait la caution (*supra* n° 244), mais non le codébiteur solidaire [2], solution qui s'expliquait par l'existence de deux liens d'obligation distincts et parallèles ayant le même objet, alors que, dans l'hypothèse du cautionnement solidaire, la caution, en raison du caractère accessoire de son engagement, ne pouvait être tenue que dans la mesure où le débiteur principal l'était lui-même.

Cette différence se trouve doublement remise en cause, d'une part, par l'ordonnance du 18 décembre 2008, qui a soumis au même régime *« les personnes coobligées ou ayant consenti une sûreté personnelle ou ayant affecté ou cédé un bien en garantie »* (*supra* nos 174 s. et 238), et par la jurisprudence qui, dans le sillage de l'arrêt précité du 8 juin 2007, qualifie le défaut de déclaration d'exception purement personnelle au débiteur, inopposable non seulement, comme naguère, par le codébiteur solidaire, mais aussi par la caution (*supra* n° 48).

346 ***3° Signification et portée de la clause d'indivisibilité*** ◊ L'obligation indivisible est celle dont l'exécution *« n'est pas susceptible de division, soit matérielle, soit intellectuelle »* (art. 1217). L'indivisibilité matérielle ou objective, qui tient à la nature de la prestation, est sans rapport avec l'idée de sûreté. Au contraire, l'indivisibilité intellectuelle ou subjective peut avoir cette fonction, au même titre que la solidarité, à laquelle elle est le plus souvent associée. La volonté des parties a en effet le pouvoir de conférer fictivement à une obligation, fût-elle de somme d'argent, donc matériellement divisible, la vertu d'être juridiquement indivisible.

Stipulée isolément, l'indivisibilité subjective produit le même effet principal que la solidarité : chacun des codébiteurs est tenu au paiement

---

1. V. Versailles, 20 févr. 1991, *JurisData* n° 040761, *JCP* 1992. I. 3583, n° 9, obs. Simler.

2. Com., 19 janv. 1993, *Bull. civ.* IV, n° 25, *D.* 1993. 331, note Honorat et Patarin, *JCP* 1993. II. 22056, note Pétel, *Defrénois* 1993. 35616, obs. Derrida, et 35631, obs. Sénéchal, *Rev. proc. coll.* 1993. 71, obs. C. Saint-Alary-Houin ; Civ. 1re, 17 nov. 1993, 2 arrêts, *Bull. civ.* I, n° 335, *D.* 1994. Somm. 214, obs. Delebecque, *Defrénois* 1994. 35891, obs. D. Mazeaud ; Com., 14 mars 2000, *RJDA* 2000. 691, *RD banc. fin.* 2000, n° 68, obs. F.X.L. ; Paris, 5 juin 1992, *JCP* E 1993. Pan. 176 ; Paris, 25 juin 1993, *D.* 1993. IR 223, *JCP* E 1993. Pan. 1005.

intégral de l'obligation. Mais, s'agissant d'un caractère conféré à la dette et non d'une modalité de l'engagement, l'indivisibilité n'a pas les effets secondaires de la solidarité. Elle diffère par ailleurs positivement de la solidarité en ce qu'elle tient en échec la règle formulée à l'article 1220 du Code civil, selon laquelle les dettes (comme aussi les créances) se divisent de plein droit entre les héritiers.

Cette dernière conséquence de l'indivisibilité constitue aussi le seul intérêt - mais il est substantiel - de sa combinaison avec la solidarité. L'obligation solidaire n'échappe pas, en effet, à la division édictée par l'article 1220 précité [1]. Ajoutée à la solidarité, l'indivisibilité met le créancier à l'abri des risques liés au décès de l'un des codébiteurs solidaires. Elle accroît sa sécurité, puisqu'il sera assuré d'un paiement intégral pourvu qu'un seul des héritiers soit solvable [2].

347 ***4° Recours*** ◊ Le codébiteur qui a payé (et seulement s'il a payé, contrairement à la caution : *supra* n° 211) peut exercer contre les autres codébiteurs solidaires un double recours, personnel et fondé sur la subrogation dans les droits du créancier (comp., pour la caution, *supra* n°s 200 s.). En règle générale, le recours ne peut, dans l'un et l'autre cas, tendre qu'au partage du poids de la dette, et non à un remboursement intégral, tous étant tenus à titre principal. « *L'obligation contractée solidairement envers le créancier se divise de plein droit entre les débiteurs, qui n'en sont tenus entre eux que chacun pour sa part et portion* » (art. 1213). « *Le codébiteur d'une dette solidaire, qui l'a payée en entier, ne peut répéter contre les autres que les part et portion de chacun d'eux* » (art. 1214, al. 1er). Cependant, l'insolvabilité de l'un « *se répartit, par contribution, entre tous les autres codébiteurs solvables et celui qui a fait le paiement* » (*ibid.*, al. 2).

La contribution par parts égales n'est cependant pas impérative. Si les codébiteurs solidaires ont des intérêts inégaux dans l'opération, leurs contributions respectives doivent respecter la même proportion. Le cas limite est précisément celui visé à l'article 1216 précité : certains codébiteurs solidaires peuvent n'avoir aucun intérêt à la dette, leur obligation ayant eu exclusivement la fonction de sûreté [3]. Le même texte dispose, en effet, que le codébiteur seul concerné par l'affaire est « *tenu de toute la dette vis-à-vis des autres codébiteurs, qui ne* (sont) *considérés par rapport à lui que comme ses cautions* » [4]. Ce renvoi n'emporte cependant pas assimilation

---

1. V. Civ. 1re, 10 mai 1988, *Bull. civ.* I, n° 140, *D.* 1988. IR 148.

2. Sur l'incidence de la remise consentie à un codébiteur, v. Civ. 1re, 18 mai 1978, *Bull. civ.* I, n° 195, *JCP* 1978. IV. 218.

3. V. Civ. 1re, 21 juill. 1987, préc.

4. À un concubin co-emprunteur, mais non intéressé à la dette, qui soutenait que son engagement était dépourvu de cause, l'emprunt ayant été contracté pour sa concubine, il est répondu « que le recours en contribution à la dette exercé par le co-emprunteur qui acquitte celle-ci est fondé sur la subrogation légale prévue par l'article 1251, 3e, du Code civil et non sur l'existence entre les coobligés d'un lien contractuel supposant une cause » (Civ. 1re, 1er juill. 2010, *Bull. civ.* I, n° 153 *D.* 2010. 1795, *RTD civ.* 2010. 783, obs. Fages, *RTD com.* 2010. 766, obs. Legeais).

pure et simple de ce codébiteur non intéressé à une caution. La formule signifie seulement qu'il est en droit d'obtenir, comme la caution, un remboursement intégral de ce qu'il a payé [1]. Les autres différences de régime signalées plus haut demeurent.

§ 2. Délégation simple, dite imparfaite

348 ***Variétés de la délégation*** ◊ La délégation est l'opération juridique *« par laquelle un débiteur donne au créancier un autre débiteur qui s'oblige envers le créancier »* (art. 1275). Le Code civil la présente comme un mode d'extinction des obligations [2]. Elle n'y apparaît d'ailleurs que de manière incidente, parmi les textes traitant de la novation. L'article 1275 précité dispose pourtant que la délégation ainsi définie *« n'opère point de novation, si le créancier n'a expressément déclaré qu'il entendait décharger son débiteur qui a fait la délégation »*.

De ce texte il résulte qu'il existe deux variétés de délégation : celle par laquelle un nouveau débiteur est donné au créancier sans décharge du premier et celle qui opère novation par changement de débiteur par suite de la décharge expresse du débiteur primitif. La première, qui est de loin la plus fréquente, constitue la norme, puisque la seconde implique une stipulation expresse supplémentaire, qui, de surcroît, ne peut présenter pour le créancier que des inconvénients. L'appellation traditionnelle de **délégation imparfaite** donnée à la première est pour cette raison contestable, puisqu'elle constitue la norme et qu'aucune sorte d'imperfection ne l'affecte. La seconde, dite **parfaite**, n'ajoute rien à la première, mais au contraire retranche, puisque, par l'effet de la novation, l'obligation initiale est éteinte. C'est pourquoi il est proposé d'appeler la première **délégation simple** et la seconde **délégation novatoire**.

La seconde ne peut d'aucune manière jouer le rôle de sûreté. Elle est exclusivement un mode d'extinction d'une obligation au moyen d'une novation par changement de débiteur. Au contraire, la délégation simple, par laquelle un second débiteur est donné au créancier, peut constituer un procédé commode de garantie.

349 ***Délégation-sûreté*** ◊ À l'instar de la solidarité (*supra* n° 341), la délégation simple peut jouer le rôle de garantie, tantôt incidemment, tantôt à titre principal.

On comprend aisément qu'un débiteur tenu de fournir une sûreté soit en mesure d'obtenir plus facilement – et à moindres frais, le cas échéant – l'engagement de son propre débiteur en qualité de délégué que celui

1. V. Versailles, 20 févr. 1991, préc.
2. V. Précis *Les obligations*, préc., n°s 1439 s. ; M. Billiau, *Rép. civ. Dalloz, V° Délégation* ; Ph. Simler, *J.-Cl. Civ.*, art. 1271 à 1281, fasc. 4, ou *Notarial Répertoire, V° Contrats et obligations*, fasc. 103-104 ; M. Billiau, *La délégation de créance*, LGDJ, 1989 ; Lamy, *Droit des sûretés*, n° 160 s.

d'une caution [1]. Le législateur lui-même fournit un exemple d'emploi de la délégation à seule fin de garantie : l'article 14 de la loi du 31 décembre 1975 relative à la sous-traitance, qui oblige l'entrepreneur principal à fournir au sous-traitant une garantie de toutes sommes qu'il pourrait lui devoir, lui laisse le choix entre la fourniture d'une caution solidaire d'un établissement agréé et la délégation du maître de l'ouvrage, son propre débiteur [2]. Le même procédé est utilisé dans le cadre du financement d'opérations internationales [3].

La mise en œuvre de la délégation à titre principal, comme technique de garantie, suppose qu'un tiers puisse souscrire un tel engagement en qualité de délégué alors même qu'il n'était pas précédemment débiteur du délégant. Bien qu'on n'en connaisse que peu d'exemples, cette possibilité était unanimement admise, en doctrine comme en jurisprudence [4]. La thèse contraire, plus récemment soutenue [5], a été formellement démentie par la Cour de cassation, qui réaffirme que l'existence antérieure d'une créance du délégué contre le délégant est indifférente [6]. Rien ne s'oppose donc à l'utilisation directe et exclusive de la délégation à titre de garantie [7].

Pour le reste, les effets de la délégation-sûreté ne sont pas différents de ceux de la délégation simple en général [8]. Il est utile seulement de signaler en quoi ils se distinguent de ceux du cautionnement et de la garantie autonome.

---

1. V. par ex. Civ., 21 mars 1910, *DP* 1912. 1. 445, *S.* 1913. 1. 241 ; Paris, 19 mai 1923, *S.* 1923. 2. 95, *Gaz. Pal.* 1923. 2. 189, et sur pourvoi, Req., 19 déc. 1923, *DP* 1925. 1. 9, note Capitant, *S.* 1924. 1. 111, *Gaz. Pal.* 1924. 1. 397 ; TGI Grenoble, 24 mai 1984, *JCP* N 1985. II. 254, note Bourgeois (délégation de loyers, en couverture du remboursement d'un prêt ; mais il s'agissait plutôt, en l'espèce, d'une cession de loyers à titre de garantie, c'est-à-dire d'une cession fiduciaire). V. aussi Malaurie, Aynès et Crocq, n° 323.

2. V. Ph. Simler, « La délégation du maître de l'ouvrage prévue par la loi du 31 décembre 1975 relative à la sous-traitance », *RDI* 1996. 149. Le procédé se situe à la frontière séparant les techniques des sûretés personnelles et des sûretés réelles (v. TGI Grenoble, 24 mai 1984, préc.). Lorsque la délégation du débiteur donne lieu à une forme de publicité, la frontière est franchie. Ainsi, la délégation pratiquée naguère en matière de marchés, privés et publics, est devenue cession ou nantissement des créances correspondantes (C. marchés, art. 106 : v ; *infra* n° 675). De même, la délégation de recettes de film est devenue nantissement de film (Décr. 27 janv. 1956, dit Code de l'industrie cinématographique, art. 33. V. Com., 16 nov. 1971, *Bull. civ.* IV, n° 277, *D.* 1972. Somm. 28, qui se réfère toujours au concept de délégation).

3. V. M. Vasseur, « Les garanties indirectes », art. préc., *RJ com.* févr. 1982. n° spéc. p. 113 ; Me Vérignon, rapp. préc., n° 42 ; Paris, 9 avr. 1991, *D.* 1992. Somm. 307, obs. Vasseur, *RTD com.* 1992. 845, obs. Cabrillac et Teyssié (engagement d'une banque en qualité de déléguée, à titre de garantie).

4. V., par ex., Com., 22 juin 1983, *Bull. civ.* IV, n° 183, *RTD civ.* 1984. 720, obs. Mestre ; Com., 11 déc. 1984, *D.* 1985. IR 198, obs. Honorat ; Paris, 9 avr. 1991, préc.

5. M. Billiau, thèse préc., n°s 16 s. et 406 s., et *Rép. civ.* préc., n°s 13 s. ; Ph. Dupichot, *op. cit.*, n°s 358 s. Ces auteurs récusent, corrélativement, l'idée de délégation-sûreté.

6. Com., 21 juin 1994, *Bull. civ.* IV, n° 225, *D.* 1995. Somm. 91, obs. Aynès, *JCP* 1994. I. 3803, n°s 10 s., *RTD civ.* 1995. 113, obs. Mestre.

7. V. par ex. Com., 25 oct. 1994, *Bull. civ.* IV, n° 317, *JCP* 1994. IV. 2624 (en l'espèce, une société coopérative déléguée n'était, aux termes de l'arrêt, que la garante de la solvabilité de ses adhérents) ; Com., 15 mai 2007, *JurisData* n° 039104, *RD banc. fin.* 2007, n° 152, obs. Legeais ; Paris, 9 avr. 1991, préc.

8. V. Précis *Les obligations*, préc., n°s 1446 s. ; Ph. Simler, *J.-Cl.* préc., n°s 98 s.

350 ***Délégation et cautionnement*** ◊ La différence majeure entre le cautionnement et la délégation tient au fait que le délégué contracte envers le délégataire une obligation nouvelle et indépendante de celle du délégant, alors que la caution s'oblige à payer la propre dette du débiteur. C'est à nouveau le caractère accessoire qui fournit la clé de la distinction. L'obligation de la caution n'est autre que celle du débiteur, dont elle épouse les caractères et les limites (sous réserve qu'elle puisse être moins étendue), alors que celle du délégué envers le délégataire n'est en rien dépendante des rapports préexistants entre le délégant et ce dernier [1].

De cette opposition découlent logiquement diverses conséquences : le délégué ne peut se prévaloir ni d'un bénéfice de discussion, ni d'un bénéfice de division ; il ne peut opposer aucune exception tenant à l'obligation du délégant envers le délégataire ou à celle dont il est lui-même tenu, le cas échéant, envers le délégant [2], sans distinction entre exceptions personnelles et exceptions inhérentes à la dette.

En raison de la préexistence, dans la plupart des hypothèses, d'une dette du délégué envers le délégant, le premier n'a, après exécution de son obligation nouvelle, aucun recours contre le second. En payant le délégataire, il aura éteint du même coup sa propre dette envers le délégant. Cependant, l'existence d'une telle dette n'étant pas une condition de la délégation, si le délégué n'était pas débiteur du délégant, ou ne l'était plus au moment où il a payé le délégataire, les deux recours habituels du garant, personnel et fondé sur la subrogation, doivent lui être ouverts dans les mêmes conditions qu'à la caution et au souscripteur d'une garantie autonome ou d'une lettre d'intention (*supra* n°s 309 et 328).

351 ***Délégation et garantie autonome*** ◊ L'autonomie de l'obligation du délégué envers le délégataire par rapport à celle qu'a envers ce dernier le délégant et l'inopposabilité corrélative des exceptions soulignent l'évidente parenté entre la délégation simple et la garantie autonome. Cette parenté est telle que certains ont placé sous la même rubrique générique des garanties autonomes ou indépendantes la classique délégation simple (ou imparfaite) et les garanties autonomes plus récemment apparues [3].

Si cette parenté est indéniable, on peut cependant relever quelques différences [4]. La première, qui est mineure, tient au contexte : alors que la

---

1. Cette dernière proposition, relative à l'indépendance des obligations, a elle aussi été menacée, la Cour de cassation ayant jugé que le délégué pouvait opposer au délégataire l'extinction par prescription de la dette du délégant envers ce délégataire (Civ. 1re, 17 mars 1992, *Bull. civ.* I, n° 84, *D.* 1992. 481, note Aynès, *JCP* 1992. II. 21922, note Billiau, *RTD civ.* 1992. 765, obs. Mestre). Cette solution, contredite par un arrêt de la Chambre commerciale (Com., 25 févr. 1992, mêmes réf.), ne peut être approuvée. Elle paraît procéder d'une confusion, en l'espèce, avec un mécanisme translatif.

2. V. Com., 25 févr. 1992, préc.

3. V. Marty, Raynaud et Jestaz, n°s 628 s. ; Malaurie, Aynès et Crocq, n°s 322 s. ; Théry, n° 112.

4. V. Prüm, *Les garanties à première demande*, préc., n° 376.

délégation est le plus souvent mise en œuvre en raison d'une créance que le délégant peut faire valoir contre le délégué, rien de tel n'existe dans le cadre des garanties autonomes. La seconde, de fond, est plus importante : l'autonomie de l'engagement ne semble pas devoir revêtir la même absolue rigueur dans le cas de la délégation et dans celui de la garantie autonome, spécialement lorsque celle-ci est stipulée payable à première demande. La délégation, en effet, n'est pas exécutoire « à première demande ». La prise de mesures conservatoires, telles que défense de payer, séquestre ou saisie-arrêt, paraît devoir être admise si les circonstances le justifient (comp. *supra* n°s 301 s.) [1]. Le principe « *fraus omnia corrumpit* » doit pouvoir être invoqué, sans qu'il puisse être exigé que la mise en jeu de la garantie soit « manifestement abusive ». En somme, délégation et garantie autonome ne seraient que de « fausses jumelles » [2].

---

1. Un indice de cette différence peut être trouvé dans un arrêt qui justifie l'exclusion d'une saisie-arrêt par le fait que l'engagement n'était ni un cautionnement, ni une délégation : Com., 12 déc. 1984, *Bull. civ.* IV, n° 344, *D.* 1985. 269, 3e esp., note Vasseur, *JCP* 1985. II. 20436, 2e esp., note Stoufflet. Rappr. Paris, 9 avr. 1991, *JurisData* n° 021278, *RTD com.* 1992. 845, obs. Cabrillac et Teyssié, qui différencie la délégation à titre de garantie, retenue en l'espèce, et la garantie autonome ; Paris, 13 mai 1997, *JurisData* n° 021115, qui les assimile, au contraire.

2. V. Simler, n° 881. V. auss A.-S. Barthez et D. Houtcieff, n° 1251, qui, tout en reconnaissant la parenté, signalent d'autres différences, mais qui paraissent peu pertinentes : la délégation n'est pas seulement un instrument de garantie, mais aussi un instrument de paiement simplifié, et peut aussi être incertaine, ce qui est exclusif de l'autonomie. Il est évident, en effet, que toute délégation n'est pas une variété de garantie personnelle.

TITRE 2

SÛRETÉS RÉELLES

352 ***Définition*** ◊ Les sûretés réelles portent sur un ou plusieurs biens déterminés, meubles ou immeubles, ou encore sur un ensemble de biens, meubles ou immeubles, appartenant au débiteur ou à tiers, et confèrent au créancier sur ce ou ces biens un droit réel [1]. Certaines d'entre elles sont dûment identifiées par le Code civil et répondent à des critères relativement précis. C'est le cas de l'hypothèque, du gage, du nantissement ou des privilèges spéciaux. Ces sûretés ont un caractère accessoire et reposent sur une même technique : l'affectation au créancier d'un droit réel sur un ou plusieurs biens [2]. D'autres ont été découvertes ou redécouvertes par la pratique, avant d'être, parfois, consacrées par des textes particuliers (L. 2 juill. 1966, crédit-bail, C. mon. fin. art. L. 313-7 ; L. 12 mai 1980, clause de réserve de propriété, reprise en substance par les art. 2367 s. du Code civil ; L. 2 janv. 1981, cession fiduciaire et bordereau Dailly, C. mon. fin. art. L. 313-23 ; C. civ. art. 2372-1 s. et 2488-1 s., issus de l'ordonnance du 30 janv. 2009, sur la propriété cédée à titre de garantie). Elles sont encore, du moins pour la plupart, « au service » d'une créance et sont également indivisibles ; mais le droit réel qu'elles comportent n'est pas nécessairement, en lui-même, un droit accessoire ou l'un des droits réels traditionnellement considéré comme constitutif d'une sûreté (v. not. en ce qui concerne le droit de rétention). Au demeurant, la liste des droits réels n'est pas considérée comme limitative [3], du moins n'est-elle plus considérée comme telle, et rien ne s'oppose, dans un système fondé sur la liberté

---

1. V. *Vocabulaire juridique Capitant*, *V° Sûreté*.
2. V. M. Cabrillac, note *D.* 1986. 249 ; Cabrillac, Mouly et Pétel n° 504.
3. V. F. Terré et Ph. Simler, *Les biens*, n° 52 ; Comp. plus nuancés, MM. Zénati et Revet, *Les biens*, PUF, 3e éd., 2008, n° 314.

contractuelle, à ce que l'on constitue de nouvelles garanties et défende, par voie de conséquence, une conception large de la notion de sûreté réelle (*supra*, n° 37), conception large que le droit positif fait sienne [1].

Toutefois, même si l'on peut plaider en faveur d'une telle conception, on ne saurait s'évader totalement des modèles légaux. De même qu'on ne peut créer de privilège sans texte, de même on ne peut établir une hypothèque sur l'ensemble d'un patrimoine. Ce serait porter atteinte au crédit et donc passer un accord contraire à l'ordre public.

De plus, il faut toujours tenir compte de l'essence même des institutions. La liberté contractuelle a des limites qui tiennent à la structure d'une convention en général ainsi qu'à l'économie de la convention spéciale en cause : une hypothèque sans droit de préférence n'est plus une hypothèque ; un droit de rétention sans détention effective, si ce n'est de faculté de blocage, n'est plus un droit de rétention ; une clause de réserve de propriété sur une marchandise qui n'existe pas encore ou dont la propriété a déjà été transférée n'est plus une réserve de propriété [2] ; de même, selon la jurisprudence, une fiducie innomée sur une créance n'est pas une fiducie, mais un nantissement de créance (v. *infra*, n° 668). Ces limitations, du reste, n'ont pas ou pratiquement pas d'inconvénient pour les créanciers qui disposent d'une panoplie de garanties très étendue et récemment enrichie par la propriété-sûreté. Au total, comme on l'a justement écrit, « le pouvoir créateur des parties n'est freiné que par les principes généraux qui régissent la propriété et le contrat » [3]. La question n'est pas pour autant définitivement résolue, car ces principes sont assez vagues et l'on identifie plus facilement les principes généraux du contrat que ceux qui concernent la propriété.

353 ***La propriété-sûreté*** ◊ La question de la place que l'on peut réserver à la liberté contractuelle dans le droit des sûretés réelles s'est posée principalement à propos du droit de propriété. Peut-on le considérer comme une sûreté ou l'utiliser comme tel ? Rien ne s'y oppose et le droit positif offre de nombreux exemples dans lesquels la propriété joue le rôle d'une sûreté. Les clauses de réserve de propriété par lesquelles les vendeurs conservent la propriété de la marchandise formant l'objet de leur contrat jusqu'à son paiement intégral, sont courantes dans les transactions commerciales. Il n'est pas rare, non plus, que les établissements de crédit subordonnent leurs concours à la cession en pleine propriété par leur client des créances

---

1. V. par ex. Civ. 1re, 18 févr. 1992, *Bull. civ.* I, n° 59, voyant dans l'engagement pris par une commune débitrice de recourir à l'impôt en cas de difficultés rencontrées dans le règlement de ses annuités, un avantage équivalent à celui « résultant de toute garantie ou sûreté de droit privé ».

2. V. Com., 9 janv. 1990, *D.* 1991. 130, note Virassamy, *RTD civ.* 1991. 766, obs. F. Zénati.

3. Marty, Raynaud et Jestaz, n° 8, p. 12 ; plus gén. V. Ph. Dupichot, *Le pouvoir des volontés individuelles dans le droit des sûretés*, thèse Paris II, 2003.

que celui-ci détient sur ses propres partenaires [1]. La propriété remplit ainsi les fonctions d'une sûreté et peut même être considérée comme une véritable sûreté. Ce n'est pas faire offense au droit de propriété que de le réduire, dans certains cas, au rang d'un droit réel accessoire. Au contraire, c'est tirer profit de toutes ses virtualités. Les attributs du droit de propriété sont alors et simplement répartis d'une manière différente qu'ils ne le sont ordinairement [2]. Au demeurant, le débat est sans doute vain depuis que la loi est venue ouvertement consacrer la fiducie-sûreté (C. civ. art. 2011) et plus précisément encore, au sein même des sûretés, la propriété cédée à titre de garantie (C. civ. art. 2372-1 et 2488-1) [3].

Lorsque la propriété est retenue par le créancier, comme c'est le cas en application d'une clause de réserve de propriété, celui-ci ne garde en réalité qu'un droit sur la valeur de la chose, tandis que le débiteur se voit laisser le droit de se servir de la chose et d'en tirer tous les avantages matériels. Le droit conservé par le créancier lui permet, en cas de défaillance du débiteur, de revendiquer la chose et de la revendre ou de la faire revendre.

À l'inverse, lorsque la propriété est transférée par le débiteur au créancier en garantie de l'exécution d'une obligation, comme en matière d'aliénation fiduciaire [4], le débiteur ne se désintéresse pas de la chose ; ainsi, lorsqu'une créance est l'objet du transfert, il est généralement chargé d'en assurer le recouvrement. On observera plus généralement qu'en cas de fiducie, le droit de propriété transféré au créancier peut être « décroché » de l'opération de crédit, sans que pour autant la qualification de sûreté ne soit remise en cause. Du reste, pour une certaine doctrine, il n'est peut-être pas de l'essence d'une sûreté d'être l'accessoire d'une créance [5].

Admettre que la propriété est une sûreté ne revient pas à créer de toutes pièces une nouvelle sûreté, ce qui est, précisément, impossible pour des raisons tenant au sérieux du crédit et à la nécessité de respecter certains « principes généraux » (*supra*, n° 352). Reconnaître que le droit de propriété peut être une sûreté est simplement mettre à jour l'une des facettes de cette institution dans les limites prescrites par le droit positif. C'est en

1. Il reste que la Cour de cassation n'est – curieusement – pas favorable à la cession fiduciaire en tant que telle, *i.e.* en dehors de toute organisation légale particulière : v. Com. 19 déc. 2006, *D.* 2007. 344, note Larroumet, *JCP* 2007. II. 10067, rapport M. Cohen-Branche, note Legeais, observant que « l'acte par lequel un débiteur cède et transporte à son créancier, à titre de garantie, tous ses droits sur des créances, constitue (en principe) un nantissement de créance » ; égal. L. Aynès, « La cession de créance à titre de garantie : quel avenir ? », *D.* 2007. 961 ; v. égal. *infra*, n° 683.

2. V. Planiol, Ripert et Picard, t. III, n° 48 ; Ch. Goyet, *Le louage et la propriété à l'épreuve du crédit-bail et du bail superficiaire*, LGDJ, 1983 ; P. Crocq, *Propriété et garantie*, LGDJ, 1995, préf. M. Gobert ; « Dix ans après : l'évolution récente des propriétés-garanties », *Mélanges Gobert*, Economica, 2004 ; « Réformes du droit français et harmonisation des droits européens en matière de propriétés-sûretés », *Mélanges Foyer*, Economica, 2008, 253 ; Cerles, « La propriété, nouvelle reine des sûretés », *Mélanges Vasseur*, éd. Banque, 2000, 39.

3. V. not. P. Crocq, *D.* 2007. 1346 ; R. Libchaber, Defrénois 2007. 38631.

4. V. C. Witz, *La fiducie en droit privé français*, Economica, 1980.

5. V. C. Witz, « Réflexions sur la fiducie-sûreté », *JCP* E 1993. I. 244.

même temps reconnaître au créancier un droit de tout premier plan, la situation d'exclusivité dans laquelle il se trouve lui permettant d'échapper à tout concours avec les autres créanciers de son débiteur [1].

Si la propriété-sûreté reçoit de nombreuses applications dans le domaine des meubles et plus encore des créances (C. civ. art. 2329-4° : « les sûretés sur les meubles sont... la propriété retenue ou cédée à titre de garantie »), son rayonnement en matière immobilière est plus restreint. Le transfert de propriété à des fins de garantie, bien que dûment reconnu par les textes (C. civ. art. 2373, al. 2 : « la propriété de l'immeuble peut également être retenue ou cédée en garantie »), y est difficilement envisageable. L'opération serait trop lourde et trop coûteuse. Postulant, ne serait-ce que virtuellement, une double aliénation et donc la perception de deux droits de mutation, entraînant des frais difficilement prévisibles, la fiducie-sûreté immobilière est vouée à l'échec, à moins, naturellement, que certaines mesures fiscales ne soient prises pour l'accueillir. De fait, son utilisation est limitée : la réserve de propriété immobilière, en dehors d'une application précise, cantonnée au droit interne et trouvant une expression approximative dans le crédit-bail immobilier, n'est pas une bonne sûreté (v. *infra*, n° 371). Il en est tout autant de la propriété cédée à titre de garantie.

Quant à la rétention de la propriété immobilière, elle est certainement d'un maniement plus commode et d'une grande efficacité [2], ce qui ne veut pas dire qu'elle ne se heurte à aucun obstacle [3].

354 ***Évolution*** ◊ En schématisant à l'extrême, il n'est pas impossible de dire que le droit des sûretés réelles s'est formé et a grandi en trois étapes [4]. Les débiteurs romains se fondaient principalement sur l'aliénation fiduciaire (*fiducia cum creditore*) par laquelle ils transféraient en pleine propriété un bien à leur créancier tout en stipulant une clause de retour après paiement de la dette. Ils recouraient aussi au gage (*pignus*), qu'ils devaient constituer en remettant une chose mobilière ou un fonds de terre en la possession du créancier. Ils utilisaient enfin l'hypothèque, qu'ils avaient conçue à l'origine comme un gage sans dépossession pouvant grever les biens agricoles, puis généralisée et affinée avec la reconnaissance d'un droit de suite permettant au créancier de conserver sa sûreté malgré les aliénations toujours possibles du débiteur.

---

1. V. L. Bougerol-Prud'homme, Exclusivité et garanties de paiement thèse Paris II, 2010. Pour autant, toute concurrence n'est pas exclue, car il se peut que deux ou plusieurs créanciers prétendent exercer leur droit de propriété, et non de préférence, sur le même bien ; ce qui est fréquent lorsque le bien en cause est une créance.

2. V. considérant que le droit de rétention prime l'hypothèque. Civ. 3e, 16 déc. 1998, *Bull. civ.* III, n° 253, *RDI* 1999. 293, obs. Théry, *RTD civ.* 1999. 439, obs. Crocq, *JCP* 1999. I. 158, n° 8. V. cependant, Civ. 3e, 23 oct. 2002, *JCP* 2003. II. 10182, note Dreuille, retenant, sans autre précision, que l'art. L. 622-21 C. com. est « inapplicable aux immeubles ». V. égal. *infra*, n° 589

3. V. refusant un droit de rétention à l'entrepreneur de construction Civ. 3e, 23 juin 1999, *Bull. civ.* I, n° 150, *D.* 2000. Somm. 22, obs. M.N. Jobard-Bachelier ; égal., *infra*, n° 435.

4. V. notamment Ripert et Boulanger, *Traité élémentaire de droit civil de Planiol*, t. 2, 4e éd., n° 3242 s.

Dans l'ancien droit, l'hypothèque prit une extension considérable en devenant générale et tacite : frappant tous les immeubles du débiteur sans aucune publicité, elle résultait de plein droit de tout acte notarié ou de tout jugement de condamnation. Cependant, l'hypothèque mobilière disparut, en ce sens que l'« *obligatio bonorum* » - la convention spéciale par laquelle le débiteur déclarait hypothéquer tous ses biens à la garantie de ses dettes et autorisait le créancier à les vendre pour se payer - ne conférait plus qu'un droit de préférence sur les meubles, à l'exclusion de tout droit de suite [1]. De la même façon, le gage vit son assiette se limiter aux seuls biens mobiliers pour lesquels le transfert de la possession au créancier était admis. En effet, le droit canonique interdit le gage immobilier, du moins lorsqu'il traduisait une convention usuraire [2]. Mais, parallèlement, l'ancien droit développa d'autres sûretés en accordant à certaines personnes une hypothèque fondée sur la qualité de leur créance. Les mineurs, les femmes mariées, les incapables, les légataires, d'autres encore, se virent accorder des privilèges [3].

À l'époque du Code civil, on connaissait donc deux types de sûretés réelles :

- les sûretés mobilières : le gage et certains privilèges ;
- les sûretés immobilières : l'hypothèque et certains autres privilèges.

L'évolution ultérieure a restreint dans une certaine mesure l'opposition entre ces deux séries de sûretés. L'hypothèque mobilière est réapparue, soit sous l'appellation même d'hypothèque (hypothèque maritime, aérienne...), soit au travers d'institutions plus hybrides tels les warrants ou les nantissements, ne dessaisissant jamais le débiteur. La publicité de l'hypothèque immobilière et des privilèges immobiliers a été organisée de manière à mieux informer les tiers et éviter que les débiteurs ne gaspillent leur crédit. Plus récemment, la plupart des sûretés mobilières comme immobilières ont été prises dans le tourbillon des réformes contemporaines. Spécialement, les textes de 1967, de 1985, de 2005 et de 2008 sur les procédures collectives ont entamé l'efficacité du gage, des nantissements et de l'hypothèque, en imposant aux créanciers des délais, des réductions et des conversions. Ce mouvement a provoqué la résurgence des sûretés les plus sommaires [4] reposant sur la détention (droit de rétention), ou s'appuyant sur le droit de propriété (clause de réserve de propriété, crédit-bail, cession fiduciaire) [5].

Les rédacteurs de la réforme des sûretés ont cherché à mettre un peu d'ordre en faisant des privilèges immobiliers de véritables hypothèques et en réorganisant le droit des sûretés mobilières autour du gage sur meubles corporels et du nantissement sur meubles incorporels. Toutefois, les textes,

---

1. D'où la maxime contenue dans la Coutume de Paris : « *Meubles n'ont pas de suite par hypothèque* ». Sur cette maxime, v. E. Putman, *RTD civ.* 1994. 543.

2. Le *mort-gage* attribuant les revenus du bien au créancier, sans imputation sur la créance, était condamné, à la différence du *vif-gage* dans lequel le débiteur gardait la jouissance de l'immeuble.

3. Plus gén., v. Lévy, *Coup d'œil historique sur les sûretés réelles, RHDFE* 1987. 231.

4. V. Oppetit, « Les tendances régressives dans l'évolution du droit contemporain », *Mélanges Holleaux*, 317, spéc. 321.

5. V. notamment, Derruppé, *De la fiducie au crédit-bail, Mélanges Ellul*, p. 449 s.

tels qu'ils ont été votés, n'ont pas su ou n'ont pas voulu suivre toutes les propositions ainsi faites, si bien que les sûretés réelles sont loin d'être toutes contenues dans le Code civil et que leur régime juridique n'est pas toujours d'une parfaite cohérence.

Le droit positif continue ainsi à dégager une impression de foisonnement [1] : les sûretés réelles abondent et se renouvellent, ne sachant pas quel est le meilleur guide, la propriété-sûreté et l'exclusivité qu'elle confère ou la sûreté traditionnelle et son bon vieux droit de préférence [2]. Ce qui ne veut pas dire qu'elles soient inefficaces [3] et anarchiques, car elles obéissent à de nombreuses règles communes.

355 ***Règles communes*** ◊ Il n'est sans doute pas impossible de proposer une théorie générale des sûretés réelles [4]. Qu'elles soient mobilières ou immobilières, ces sûretés suivent, toutes, sur de nombreux points, un même régime. On relèvera d'abord que les sûretés réelles obéissent aux mêmes règles de droit international privé. En cas de conflit de lois, la compétence de la *« lex rei sitae »* s'est imposée depuis de nombreuses années [5], le lieu du bien objet de la sûreté étant l'élément de rattachement le plus approprié. En cas de conflit de juridictions, la compétence du tribunal du lieu de situation des biens s'impose en matière immobilière (Règl. 44/2001, art. 22-1). En matière mobilière, aucune règle de compétence exclusive n'est prévue, le droit commun s'appliquant par voie de conséquence. On observera également que la jurisprudence française reconnaît l'efficacité d'une injonction faite au débiteur de ne pas disposer de ses biens [6].

---

1. V. déjà, Madignier, *Les sûretés réelles en droit français*, in *Les sûretés*, Coll. Bruxelles, 20 et 21 oct. 1983, FEDUCI 1984, p. 35 s. V. égal. P. Crocq, « L'évolution des garanties du paiement », *Mélanges Mouly*, t. 2, 317 ; Ch. Juillet, « Les sûretés réelles traditionnelles, entre passé et avenir », *Mélanges Larroumet*, 241 ; M. Cabrillac, « Les sûretés réelles entre vins nouveaux et vieilles outres », *Mélanges Catala*, 716.

2. V. J.J. Ansault, « Fiducie-sûreté et sûretés réelles traditionnelles », Dr. et patr. 2010, n° 92, p. 52 s. ; égal. MM. Grimaldi et Damman, « La fiducie sur ordonnances », *D.* 2009. 670.

3. V. Ph. Dupichot, « L'efficience économique du droit des sûretés réelles », LPA 2010, n° 76, p. 7 ; égal. Mignot, « Le rapport "doing business" et l'analyse économique du droit français des sûretés réelles », Lamy, pratique des affaires, 2010, 33.

4. V. déjà, F. Derrida, note sous Com., 15 avr. 1975, *D.* 1975. 571 et plus récemment v. Mestre, Putman et Billiau, *op. cit.*, t. 1, consacré précisément au « droit commun des sûretés réelles » ; v. encore, M. Grimaldi, « Problèmes actuels des sûretés réelles », in *Les garanties du financement*, LGDJ, 1998, p. 155, insistant sur la double « aspiration à la simplicité et à l'efficacité » des sûretés réelles.

5. V. not. en matière de gage : Civ. 1re, 3 mai 1973, *Rev. crit. DIP* 1974. 100 ; en matière d'hypothèque : Civ. 1re, 19 janv. 1999, *Bull. civ.* I, n° 21, *Defrénois* 1999. 523, note M. Revillard, *D.* 1999. Somm. 292, obs. Audit. L'arrêt précise que la créance garantie est soumise à la loi de la source du droit litigieux, tandis que la sûreté est soumise à la loi de situation des biens : v. égal, *infra*, n° 744, en matière de privilège. V. Loussouarn, Bourel et de Vareilles-Sommières, *Droit international privé*, Précis Dalloz, 9e éd. 2007, n° 421 ; Attal, *La reconnaissance des sûretés réelles mobilières conventionnelles étrangères dans l'ordre juridique français*, thèse Toulouse 2004 ; L. d'Avout, *Sur les solutions de conflit de lois en droit des biens*, Economica 2006.

6. Civ. 1re, 30 juin 2004, *Bull. civ.* I, n° 191, *Rev. crit. DIP* 2004. 815, note H. Muir-Watt, *JCP* 2005. I. 135, n° 13 et les obs.

On relèvera, ensuite, que la constitution des sûretés réelles se fait souvent suivant les mêmes règles. Ce n'est pas encore vrai en matière d'information sur les sûretés, car si les greffes des tribunaux de commerce donnent de précieuses indications sur l'état des privilèges, des gages, des nantissements ou des contrats de crédit-bail, le système n'est pas parfait : il ne centralise pas toutes les informations et, notamment, ne dit mot sur les inscriptions hypothécaires dont il faut prendre connaissance ailleurs (Conservation des hypothèques et demain - 1er janv. 2013 - Service de la publicité foncière). Il reste que ces inconvénients sont aujourd'hui identifiés [1], ce qui devrait permettre aux pouvoirs publics de prendre les mesures qui s'imposent. S'agissant des promesses de sûretés, les points communs sont plus marqués : celles-ci sont parfaitement valables et efficaces sauf si la sûreté implique par essence une dépossession ou la rédaction d'un acte authentique ; ainsi les promesses d'hypothèques ne sont considérées comme ne contenant qu'une obligation de faire et n'obligent pas le promettant à constituer la garantie [2]. La détermination de l'objet de la sûreté donne lieu aussi à de nombreuses solutions communes : si le bien qui forme l'objet de la sûreté est assuré, celle-ci, en cas de sinistre, grève l'indemnité qui est due (C. assur., art. L. 121-13, al. 1er) et ce bien ne peut, en principe, appartenir qu'au débiteur [3], à moins, naturellement, que la sûreté soit fournie par un tiers (technique du cautionnement réel, *supra*, n° 71 s.).

Il faut également noter que toute sûreté réelle (et - *de lege lata* - uniquement réelle) peut aujourd'hui être constituée, inscrite, gérée et réalisée pour le compte des créanciers de l'obligation garantie par une personne qu'ils désignent à cette fin dans l'acte qui constate cette obligation (C. civ. art. 2328-1). Ce gérant est le fameux agent des sûretés tant réclamé par la pratique. Sa mission est définie par les parties elles-mêmes : elle peut être générale et couvrir toutes les étapes de la vie d'une sûreté réelle ; elle peut aussi rester limitée. L'agent des sûretés agit pour le compte de tel ou tel créancier, voire pour le compte de plusieurs créanciers (un *pool* bancaire notamment). La loi ne prévoit pas qu'il agit au nom de ces créanciers. Il s'agit donc d'un commissionnaire, plutôt que d'un mandataire, même si l'on peut concevoir que les parties confèrent à l'agent un véritable mandat [4].

---

1. V. J. Beauchard, « La publicité des garanties, Diagnostic et prospective », *Gaz. Pal.* 30 mai 1993. 7 s. ; H. Croze, *La publicité comptable et financière au greffe du tribunal de commerce, moyen d'évaluer la solvabilité d'une entreprise, ibid.*, p. 11 s.

2. V. Civ. 3e, 7 avr. 1993, *Bull. civ.* III, n° 55, *Defrénois* 1993. 1063, note Aynès, pour une promesse d'hypothèque, solution transposable à la promesse de gage, avant la réforme de 2006

3. V. Com., 12 nov. 1993, *Bull. civ.* IV, n° 379 ; Versailles, 18 avr. 1991, *RDI* 1991. 370. Il est cependant des situations plus exceptionnelles où la dette n'est pas imputée à une personne mais plutôt à une chose. C'est alors cette chose qui est débitrice quel que soit son propriétaire (v. en matière maritime où les privilèges sont exercés « *intuitu navis* », Com., 18 févr. 1994, *DMF* 1994. 695, note P. Bonassies ; v. égal. en matière de droit de rétention, *infra*, n° 601).

4. Il est important de définir la mission de l'agent des sûretés et de permettre au créancier d'agir en cas de défaillance ou d'abstention de l'agent. V. plus gén. G. Ansaloni et I. Dursun, « L'agent des sûretés : une fiducie spéciale au service de la prise de garantie pour le compte d'un pool bancaire », *JCP* E 2009. 1671 ; égal. *JCP* 2008. I. 211, n° 14 ; V. égal., *infra* n° 680.

Enfin, le régime des différentes sûretés réelles est assez homogène. Les sûretés réelles sont dominées par le principe de spécialité de la créance garantie comme du bien affecté, principe qui connaît cependant quelques tempéraments depuis la réforme de 2006 avec les possibilités de rechargement. Elles obéissent ensuite au principe d'indivisibilité [1], ce qui signifie que le bien grevé est intégralement affecté à l'ensemble des dettes qu'il garantit : si la créance se divise, l'un ou l'autre des créanciers peut continuer à saisir la totalité du bien grevé. Si la dette se divise, chaque fraction de la dette reste totalement garantie sur l'intégralité du bien.

Il faut ajouter que les sûretés réelles sont assujetties à un certain nombre de solutions communes, du moins pour un certain nombre de questions relevant du droit pénal [2], du droit civil [3], du droit de la consommation ou encore du droit commercial.

355-1 ***Procédures collectives*** ◊ Le droit des procédures collectives affecte encore plus profondément le régime des sûretés réelles [4]. C'est un lieu commun que de le dire, étant précisé que le droit en question ne cherche plus à payer d'une manière cohérente les créanciers, mais cherche avant tout à assurer la survie des entreprises et le maintien de l'emploi. Une première question se pose en application de l'article 650-1 du Code de commerce qui, après avoir posé le principe de non-responsabilité du banquier fournisseur de crédit à une entreprise en difficulté, prévoit une exception dans l'hypothèse d'une prise de garanties disproportionnées par rapport aux crédits consentis. Le texte ne distingue pas selon le type de garantie, personnelle ou réelle. Il est de surcroît sévèrement sanctionné, les garanties disproportionnées étant annulées [5]. Faut-il en déduire que les sûretés réelles sont désormais soumises à la règle de la proportionnalité ? La jurisprudence n'y est, à juste titre, pas favorable [6].

---

1. v. J. Souhami, « Retour sur le principe d'indivisibilité des sûretés réelles », *RTD civ.* 2008. 27 s.
2. V. P. Salvage-Gerest et Ph. Salvage, « Droit pénal et sûretés », *Mélanges Larguier*, 281.
3. V. sur la responsabilité encourue par celui qui compromet la valeur d'une sûreté, Com., 15 déc. 1992, *Bull. Joly* 1993. 354. Sur la mise en œuvre d'une sûreté susceptible d'être l'occasion d'une action en responsabilité, Civ. 1re, 21 nov. 2006, *JCP* 2007. I. 158, n° 16 ; comp. Com., 2 juin 2004, *Bull. civ.* IV, n° 106, *JCP* 2005. I. 135, n° 12 : « sauf fraude ou abus, le créancier qui bénéficie d'une pluralité de sûretés ne commet pas de faute en choisissant le moyen d'obtenir le paiement de sa créance ». Sur la responsabilité de l'expert chargé d'évaluer la valeur du bien offert en garantie : Civ. 2e, 19 juin 2003, *Bull. civ.* II, n° 204, *JCP* 2004. I. 141, n° 10 ; égal. Civ. 2e, 17 déc. 2009, n° 08-21.394, retenant la responsabilité d'un expert en œuvre d'art pour avoir surestimé à tort un tableau.
4. V. déjà, « Les sûretés dans les nouvelles procédures collectives », *JCP* N 1986. I. 185 ; en dernier lieu, v. Rouit, « La mise en œuvre des sûretés et garanties en cas de difficultés des entreprises débitrices principales », *RLDC* nov. 2011. 29.
5. V. D. Robine, « L'art. 650-1 C. com., un cadeau empoisonné », *D.* 2006. 69 ; Moury, *D.* 2006. 1753.
6. Civ. 1re, 7 mai 2008, *D.* 2008. 2036, note S. Piedelièvre ; v. égal. P. Crocq, « Sûreté et proportionnalité », *Mélanges Simler*, 291 s.

Par ailleurs, le droit des entreprises en difficulté soumet les créanciers privilégiés ou titulaires de sûretés à la même discipline collective [1], qu'il s'agisse de la procédure de sauvegarde (ouverte si le débiteur justifie de difficultés qu'il n'est pas en mesure de surmonter), de celle du redressement judiciaire (ouverte en cas de cessation de paiements) ou encore de celle de la liquidation judiciaire (ouverte en cas de cessation de paiements et si le redressement est manifestement impossible) [2].

Ces créanciers doivent déclarer leurs créances [3], les créanciers titulaires d'une sûreté publiée étant avertis personnellement d'avoir à le faire ; à défaut de déclaration dans les délais, les créanciers ne sont pas admis dans les répartitions et dividendes, à moins que le juge commissaire ne les relèvent de leur forclusion (art. L. 622-26). Leurs créances sont ainsi inopposables à la procédure collective [4]. Les créanciers voient en outre leurs poursuites suspendues, déjà dans la procédure de sauvegarde (C. com. art. L. 622-21) comme dans les autres procédures. Ils ne peuvent plus également prendre d'inscription.

En cas de redressement judiciaire ou de liquidation judiciaire, les inscriptions prises pendant la période dite suspecte peuvent être remises en cause. L'article 631-1, 6°, notamment, frappe de nullité toute hypothèque conventionnelle, toute hypothèque judiciaire ainsi que l'hypothèque des époux et tout droit de nantissement ou de gage constitués sur les biens du débiteur pour des dettes antérieurement contractées.

Lors d'une procédure de sauvegarde ou de redressement judiciaire, s'ouvre une période d'observation pendant laquelle si, en principe les poursuites sont suspendues, les créanciers titulaires de sûretés peuvent, cependant, obtenir des paiements provisionnels (C. com. art. L. 622-8, al. 2). Si, pendant cette même période, un bien grevé d'une sûreté est vendu, une quote-part du prix correspondant aux créances garanties est versée en compte à la Caisse des dépôts (art. L. 622-8). De plus, le juge commissaire peut autoriser le débiteur à payer des créances antérieures au jugement pour retirer le gage ou une chose légitimement retenue lorsque ce retrait est justifié par la poursuite de l'activité (art. L. 622-7). L'ouverture

---

1. V. P. Crocq, « La réforme des procédures collectives et le droit des sûretés », *D.* 2006. 1306 ; « L'ordonnance du 18 déc. 2008 et le droit des sûretés », *JCP* E 2009. 1313 ; Farge et Gout, « L'impact du nouveau droit des entreprises en difficulté sur le droit des sûretés », *RLDC* mars 2009. 25 ; Colloque Nice 20 mars 2010, « Sûretés réelles et droit des entreprises en difficulté », *LPA* 11 févr. 2011.

2. La procédure de conciliation reste particulière : elle n'entraîne pas la suppression des poursuites des créanciers, mais l'application des art. 1244-1 et 3 du Code civil. Toutefois, si les intéressés parviennent à un accord et si cet accord est homologué, les poursuites sont suspendues (art. L. 611-10). Les créanciers qui font un apport de trésorerie en vue d'assurer la poursuite de l'activité bénéficient d'un privilège (art. L. 611-11).

3. Et faire état de leurs sûretés : un créancier admis en tant que créancier privilégié ne peut être payé comme un créancier chirographaire (Com., 12 nov. 1991, *Bull. civ.* IV, n° 342), de même qu'un créancier admis en tant que créancier chirographaire ne peut être payé comme un créancier privilégié (Com., 17 nov. 1992, *Bull. civ.* IV, n° 361 ; égal. com. 8 juin 1999, *infra* n° 743).

4. Com. 3 nov. 2010, *D.* 2011. 2075, obs. Le Corre.

de la procédure fait toutefois obstacle à la conclusion et à la réalisation d'un pacte commissoire (art. L. 622-7) ainsi qu'à la mise en œuvre du droit de rétention accordé au créancier gagiste sans dépossession.

Si un plan de sauvegarde ou de continuation est adopté, les créanciers titulaires de sûretés le subissent et reçoivent des dividendes en fonction des échéances arrêtées et de l'ordre de préférence existant entre eux.

En cas de liquidation, les créanciers titulaires d'un privilège spécial, d'un nantissement ou d'une hypothèque ainsi que le Trésor public pour ses créances privilégiées peuvent, dès l'instant qu'ils ont déclaré leurs créances, exercer leurs poursuites si le liquidateur n'a pas entrepris la liquidation des biens grevés par les sûretés en cause dans le délai de trois mois à compter du jugement d'ouverture (art. L. 643-2). Les créanciers titulaires de sûretés peuvent par ailleurs se retrouver en concours avec des créanciers postérieurs ; mais, dans ce cas, l'ordre de priorité ne leur est plus défavorable (V. art. L. 641-13, *infra*, n° 758). De plus, si la cession de l'entreprise est décidée, la charge des sûretés immobilières et mobilières spéciales garantissant le remboursement d'un crédit consenti à l'entreprise pour lui permettre le financement d'un bien sûr lequel portent ces sûretés, est transmise au cessionnaire (art. L. 642-12). Autrement dit, dès l'instant qu'une sûreté réelle garantit le financement d'un bien et que ce bien est compris dans un plan de cession, la charge du prêt, du bien et de la sûreté pèse sur le cessionnaire [1].

355-2 ***Procédures de surendettement des particuliers*** ◊ Dans les procédures de surendettement, la discipline collective à laquelle sont astreints les créanciers est relativement plus réduite [2].

Si le débiteur (de bonne foi) – dans l'impossibilité manifeste de faire face à l'ensemble de ses dettes non professionnelles exigibles et à échoir – fait l'objet d'une procédure de traitement de son surendettement (C. consom. art. L. 330-1), diverses mesures affectant directement la situation des créanciers peuvent être prises. À la demande du débiteur, le juge de l'exécution peut pratiquement immédiatement suspendre provisoirement les poursuites (art. L. 331-5). La décision déclarant la recevabilité de la demande emporte suspension et interdiction des procédures d'exécution diligentées à l'encontre des biens du débiteur. Cette suspension des poursuites s'accompagne d'une interdiction de prise de garantie ou de sûreté (art. L. 313-3-1). La procédure de conciliation alors ouverte conduit à l'adoption d'un plan ordonnant des reports ou des rééchelonnements de dettes et des réductions de taux d'intérêts. Des substitutions de garantie peuvent être prévues (art. L. 331-6). Si la conciliation n'aboutit pas, ces mesures peuvent être imposées par la commission compétente (art. L. 331-7). La commission peut imposer un rééchelonnement des paiements sur

1. V. C. Saint-Alary-Houin, *Droit des entreprises en difficulté*, Monchrestien, n° 1175 s.
2. V. S. Piedelièvre, « Les nouvelles règles relatives au surendettement des particuliers », *JCP* 2010. I. 858.

une période de huit ans et suspendre l'exigibilité des créances autres qu'alimentaires pour une durée qui ne peut excéder deux ans. Elle peut aussi recommander que la créance hypothécaire ou privilégiée grevant le logement du débiteur soit réduite en cas de vente de celui-ci lorsque le créancier est un établissement de crédit ayant fourni les fonds nécessaires à son acquisition (art. L. 331-7-1). La commission peut également recommander l'effacement partiel des créances, ces mesures pouvant être subordonnées à l'accomplissement par le débiteur d'actes propres à faciliter ou à garantir le paiement de la dette. Le juge de l'exécution peut être appelé à donner force exécutoire à ces mesures.

Si le débiteur connaît des difficultés encore plus grandes – il est dans une situation irrémédiablement compromise caractérisée par l'impossibilité d'apurer son surendettement –, une procédure de rétablissement personnel est ouverte. La suspension des poursuites est alors prononcée et cette suspension est maintenue pour toutes dettes autres qu'alimentaires jusqu'au jugement de clôture. Les créanciers sont appelés à déclarer leurs créances, dans un délai de deux mois, à peine d'extinction de celles-ci. Il appartient au juge d'arrêter l'état des créances puis de prononcer la liquidation des biens du débiteur. La clôture de cette procédure, lorsqu'elle intervient pour insuffisance d'actif, entraîne l'« effacement de toutes les dettes non professionnelles du débiteur », à l'exception de celles dont le prix a été payé au lieu et place du débiteur par la caution ou le coobligé (art. L. 332-9). Inutile de dire combien cette dernière disposition est extravagante : le législateur encourage indirectement certains débiteurs à ne pas payer leurs dettes.

356 ***Droit des sociétés*** ◇ D'autres règles gouvernent toutes les sûretés réelles, ce sont celles qui doivent être respectées lorsqu'une société donne l'un de ses biens en garantie d'une dette qui lui est personnelle ou d'une dette d'un tiers [1]. Le Code civil favorise cette constitution puisqu'il prévoit (art. 1844-2) qu'« il peut être consenti hypothèque ou toute autre sûreté réelle sur les biens de la société en vertu de pouvoirs résultant de délibérations ou délégations établies sous signatures privées alors même que la constitution de l'hypothèque ou de la sûreté doit l'être par acte authentique ». Mais, d'une manière plus générale, il faut tenir compte des principes du droit des sociétés qui subordonnent la validité des actes passés au nom de la personne morale à leur conformité avec l'objet social ainsi, ce qui est difficile à saisir, qu'à l'intérêt qu'ils peuvent présenter pour la société. Ces exigences ne sont pas toujours très simples à appliquer. Leurs sanctions ne sont pas, non plus, uniformes (v. égal. *supra*, n° 93).

1. Rien ne s'oppose, par ailleurs à ce qu'un dirigeant donne une sûreté (une hypothèque) en garantie d'une dette sociale : il y a alors deux engagements distincts, v. Civ. 3e, 24 juin 1998, *JCP* 1999. I. 116, n° 9 ; v. Ph. Schultz, *Les dispositions spécifiques relatives aux garanties consenties par les sociétés au profit de tiers*, thèse Strasbourg 1999.

Le problème se pose principalement lorsque la dette garantie est non pas une dette sociale, mais une dette personnelle de l'un des dirigeants ou de l'un des associés. La jurisprudence n'est pas encore très claire. Un arrêt, en matière de société civile, a permis aux associés, agissant d'un commun accord, de faire garantir par la société une dette personnelle à l'un d'entre eux [1]. Une autre décision a cependant considéré que la garantie souscrite par voie de nantissement sur le fonds de commerce d'une société en nom collectif par un associé, en vue de l'acquisition par lui des parts de cette société, ne constituait pas un acte entrant dans l'objet social et était donc nulle, la dette garantie ne correspondant pas à une dette sociale, mais à une dette personnelle [2].

Malgré cette divergence, on peut penser que le fait pour une société de garantir une dette qui ne lui est pas propre n'est pas, normalement, compatible avec son objet social [3]. On peut même présumer cette incompatibilité lorsque la dette garantie est celle d'un associé ou d'un dirigeant. Du reste, c'est bien cette solution que posent les textes sur les SARL [4] ou les SA [5]. C'est encore cette solution qui dicte le sens du fameux article L. 225-35 C. com. (*supra*, n° 94). Autrement dit et schématiquement, une société ne peut, en principe, cautionner librement - à titre de caution personnelle ou de caution réelle - une dette d'un tiers, mais rien ne s'oppose à ce qu'elle garantisse - par une sûreté réelle - un engagement qui lui est propre.

On notera, enfin, qu'une société anonyme ne peut avancer des fonds, accorder des prêts ou consentir une sûreté en vue de la souscription ou de

---

1. Civ. 1re, 19 mai 1987, *Rev. sociétés* 1988. 78, note Y. Guyon, *D.* 1987. Somm. 445, obs. L. Aynès ; rappr. Civ. 1re, 8 nov. 2007, *Bull. civ.* I, n° 345, *JCP* 2008. I. 152, n° 3, laissant entendre que la condition tirée de l'intérêt social n'a plus de raison d'être en cas de décision unanime des associés ; v. égal. reconnaissant la validité de la garantie souscrite au bénéfice d'une société du même groupe ; Civ. 1re, 15 mars 1988, *Rev. sociétés* 1988. 415, note Y. Guyon, *Bull. Joly* 1988, 373, *RTD com.* 1988. 459, obs. Jeantin.

2. Com., 26 janv. 1993, *Bull. Joly* 1993. 482, note P. Le Cannu, *Banque* 1993. 92, obs. J.L. Guillot.

3. V. Poitiers, 1er avr. 1998, *JurisData* n° 103604 ; plus général, en ce sens, V. P. Gerbault, *La personne morale garante*, thèse Paris I, 2003.

4. C. com. art. L. 223-21 : « à peine de nullité du contrat, il est interdit aux gérants ou associés autres que les personnes morales de contracter sous quelque forme que ce soit, des emprunts auprès de la société, de se faire consentir par elle un découvert, en compte-courant ou autrement, ainsi que de se faire cautionner ou avaliser par elle leurs engagements envers les tiers ». Mais un gérant pourrait, sans l'autorisation de la collectivité des associés, donner la caution de la société en faveur d'un tiers non associé, Paris, 16 avr. 1992, *Rev. sociétés* 1992. 559, note Y. Guyon ; de même, n'est pas prohibé l'engagement d'une SARL de nantir son fonds de commerce pour garantir l'engagement souscrit par des tiers envers un établissement de crédit en qualité de caution d'une autre société : Com., 15 déc. 1992, *Bull. Joly* 1993. 354 et les obs.

5. Art. L. 225-43 : « à peine de nullité du contrat, il est interdit aux administrateurs autres que les personnes morales de contracter, sous quelque forme que ce soit, des emprunts auprès de la société, de se faire consentir par elle un découvert, en compte-courant ou autrement, ainsi que de se faire cautionner ou avaliser par elle leurs engagements envers les tiers... La même interdiction s'applique aux directeurs généraux et aux représentants permanents des personnes morales administrateurs. Elle s'applique également aux conjoints, ascendants et descendants des personnes visées au présent article ainsi qu'à toute personne interposée ».

l'achat de ses propres actions par un tiers (C. com. art. L. 225-216). Par conséquent, les actifs de la société « cible » ne peuvent pas être affectés en garantie de l'emprunt souscrit par la société de reprise. Cette interdiction, cependant, ne s'applique pas aux opérations courantes des entreprises de crédit, ni aux opérations effectuées en vue de l'acquisition par les salariés d'actions de la société ou de l'une de ses filiales [1].

357 ***Sûretés réelles vs sûretés personnelles*** ◊ Le droit des sociétés admet plus facilement la constitution d'une sûreté réelle par la personne morale que la constitution d'une sûreté personnelle. L'observation, cependant, ne peut être généralisée. Chaque sûreté a ses avantages et ses inconvénients et il n'est pas démontré que les sûretés personnelles soient plus efficaces que les sûretés réelles ou *vice versa*. Il est vrai qu'un temps, les sûretés réelles avaient la primeur : on se souvient des bons mots de Loysel : « de foi, fi ; de pleige, plaid ; de gage, réconfort ». Puis les sûretés personnelles, au cours des siècles modernes, ont fini par reprendre leur efficacité. Sans doute parce que les patrimoines ont évolué et que les procédures de faillite ont brisé les prérogatives de nombreux créanciers gagistes et/ou hypothécaires. Sans doute aussi parce que la pratique, relayée désormais par le législateur, a su faire preuve d'imagination et valoriser les garanties personnelles [2]. Aujourd'hui, il serait excessif de dire que l'une prend le pas sur l'autre [3].

Dans les procédures collectives, la loi du 10 juin 1994 a restauré les droits des créanciers titulaires de sûretés réelles [4], tout en atténuant ceux des créanciers titulaires de sûretés personnelles (v. *supra*, n° 122 s.). La loi du 26 juillet 2005 de sauvegarde des entreprises s'est bornée, sur ce plan, à reprendre les solutions antérieures [5], étant précisé que les créanciers titulaires de sûretés doivent s'incliner devant les créanciers bénéficiant du privilège dit de « *new money* » (C. com. art. L. 611-11) et peuvent se voir imposer des substitutions de garantie (art. L. 622-8 et 626-22).

La pratique révèle que les deux garanties ou sûretés sont prises, chacune ayant ses propres faiblesses et ses propres forces [6]. Il n'y a donc pas

---

1. V. A. Viandier, « L'article 217-9 de la loi du 24 juill. 1966 et les rachats d'entreprise », *JCP* 1990. I. 3476 ; H. Le Nabasque, *JCP* E 1992. I. 107 ; Ph. Merle, *Droit commercial, sociétés commerciales*, Précis Dalloz, 13e éd. 2011, n° 280 ; v. égal. Com., 15 nov. 1994, *JCP* E 1995. II. 673, note Y. Guyon, *Rev. sociétés* 1995. 1, note M. Jeantin ; Com. 19 déc. 2000, *Defrénois* 2001. 538, obs. Hovasse, *Bull. Joly* 2001. 95, obs. Constantin, *JCP* 2001. I. 356, n° 18 ; v. Encore Amsterdam, 27 mai 1999, *D.* 1999. 1402, obs. X. D., *Bull. Joly* Bourse 1999. 375, note D. Schmidt.

2. V. L. Leveneur, « Les développements récents en matière de garantie de paiement des créances professionnelles », *RD banc. et bourse* 1991, n° 27, 6.

3. V. en matière de délégation dans une espèce où le délégant avait pris le soin de garantir sa créance contre le délégué par une sûreté réelle : Paris 20 févr. 2001, *JCP* 2001. I. 356, n° 13.

4. V. Cabrillac et Pétel, « Le printemps des sûretés réelles, » *D.* 1994. Chron. 243.

5. V. plus généralement. Ph. Pétel, *Procédures collectives*, Cours Dalloz, 6e éd. 2009 ; P. Le Corre, *Droit et pratique des procédures collectives*, Dalloz Action.

6. V. J. Bertran de Balanda, « Crédits consortiaux : quelles règles du jeu ?, 2. Les sûretés », *JCP* E 1995. I. 412 ; v. égal. sur les problèmes de coût, *supra*, n° 4.

de hiérarchie entre ces diverses techniques, ce qui explique que le créancier qui dispose de l'une et l'autre de ces sûretés n'est pas tenu de choisir entre elles et qu'il peut mettre en œuvre indifféremment l'une ou l'autre [1].

358 ***Professionnels et consommateurs. Protection des professionnels*** ◊ Plus récemment, un autre clivage s'est amorcé, clivage en vérité dans l'air du temps, car il se traduit par une spécialisation des règles en fonction de la qualité de professionnel ou de consommateur des parties en cause. Le phénomène n'est pas limité aux sûretés personnelles (v. *supra*, n° 41). Certaines sûretés réelles sont, en effet, propres aux opérations entre professionnels (cession Dailly ; nantissement du matériel ; nantissement du fonds de commerce). De plus, le législateur, dans la loi du 11 février 1994, relative à l'initiative et à l'entreprise individuelle, aujourd'hui codifiée, est venu prendre des mesures spécifiques aux créances contractuelles professionnelles sur un entrepreneur individuel (v. égal. *supra*, n° 160 à 163). C'est de protection des professionnels qu'il s'agit.

La loi est importante, puisqu'elle exige des créanciers qu'ils se garantissent d'abord sur les biens professionnels avant de pouvoir prendre des sûretés sur des biens personnels. Autrement dit, la loi organise une priorité de garantie et, dans le prolongement, de saisie sur les biens professionnels. Plus précisément, l'article L. 313-21 C. mon. fin. impose à l'établissement de crédit qui entend garantir le concours financier qu'il accorde à un entrepreneur individuel pour les besoins de son activité professionnelle, de respecter la procédure suivante :

– indiquer, compte tenu du montant du concours sollicité, le montant de la garantie souhaitée [2] et rappeler au débiteur qu'il est en droit de proposer une sûreté sur les seuls biens nécessaires à l'exploitation ;

– attendre quinze jours, étant entendu que si dans ce laps de temps l'entrepreneur offre des garanties suffisantes sur ses biens professionnels, il s'épargne une prise de sûreté sur ses biens personnels ; si, en revanche, l'entrepreneur ne répond pas ou si les garanties qu'il propose sont considérées comme insuffisantes, il appartient à l'établissement de crédit de faire connaître le montant chiffré des garanties qu'il souhaite prendre sur les biens personnels, proposition que l'entrepreneur peut encore refuser quitte à ce que le crédit ne lui soit pas accordé. En cas de désaccord de l'entrepreneur précisément, l'établissement de crédit peut renoncer à consentir le crédit financier sans que sa responsabilité puisse être mise en cause.

Cet encadrement de la conclusion du contrat constitutif de sûreté est curieusement sanctionné. La loi se contente de dire que si la procédure

1. V. Com., 14 juin 1994, *Defrénois* 1995. 96, note S. Piedelièvre, précisant qu'aucun texte ne subordonne l'exercice du recours contre la caution à la revendication préalable du bien vendu (couvert par une clause de réserve de propriété).

2. Si la sûreté n'est pas demandée, mais offerte par l'entrepreneur individuel, il ne peut être reproché à la banque de ne pas avoir respecté le dispositif : Bordeaux, 4 avr. 2001, *Banque et droit* mars-avr. 2002. 62, obs. Guillot.

instituée n'a pas été observée, l'établissement de crédit ne peut pas « se prévaloir » de la sûreté immobilière ou mobilière donnant lieu à publicité qu'il a pu prendre. Sa sûreté est donc inefficace et non radicalement nulle [1]. Mais cette inefficacité n'a lieu qu'« à compter de la radiation de l'inscription ». On en déduit que tant que cette radiation n'est pas obtenue, la sûreté réelle publiée est opposable aux tiers et que ces derniers peuvent s'engager dans une action en radiation. Quant aux autres sûretés réelles qui ne donnent pas lieu à une inscription, elles demeurent, en toute hypothèse, opposables aux tiers, mais sont inopérantes dans les relations entre le créancier et le débiteur.

On ajoutera que ce dirigisme s'étend aux poursuites elles-mêmes, car le titulaire d'une créance contractuelle « ayant sa cause dans l'activité professionnelle d'un entrepreneur individuel » - ce qui ne vise plus uniquement le banquier - peut se voir opposer par son débiteur un bénéfice de discussion le mettant dans l'obligation de saisir en priorité les biens professionnels. Il appartient, toutefois, au débiteur d'établir que les biens nécessaires à l'exploitation de son entreprise sont d'une valeur suffisante, le créancier pouvant, de son côté, contre-attaquer en démontrant que l'exception soulevée « met en péril le recouvrement de sa créance », sans pouvoir, cependant, engager sa responsabilité hors le cas où son intention de nuire serait prouvée.

359 ***Déclaration d'insaisissabilité*** ◊ Les nouveaux articles L. 526-1 à 526-4 du Code de commerce issus de la loi du 1er août 2003 pour l'initiative économique sont venus, à leur façon, protéger les créateurs d'entreprise, personnes physiques, et dans le même temps limiter les prérogatives de leurs créanciers. Désormais, en application du Code de commerce, une personne physique immatriculée à un registre de publicité légale à caractère professionnel ou exerçant une activité professionnelle agricole ou indépendante, en somme un commerçant, un artisan, un agriculteur ou une personne ayant une activité libérale, peut, par *« dérogation aux articles 2284 et 2285 et du Code civil »*, déclarer *« insaisissables ses droits sur l'immeuble où est fixée sa résidence principale ainsi que sur tout bien foncier bâti ou non bâti qu'elle n'a pas affecté à son usage professionnel »* (art. L. 526-1 C. com.). La liste des biens insaisissables arrêtée par l'article 14 de la loi du 9 juillet 1991 est ainsi complétée. On savait que l'insaisissabilité pouvait résulter d'une clause d'un testament ou d'une donation (art. 14, 3°) ; aujourd'hui, elle peut également être le fruit d'un acte unilatéral, d'une « déclaration » reçue par notaire, à peine de nullité, et dûment publiée [2].

---

1. La sanction n'est applicable qu'aux sûretés réelles, la Cour de cassation ayant considéré que le texte ne jouait pas en cas de cautionnement, sûreté « extrinsèque aux relations avec l'entrepreneur individuel », Com. 3 juin 2009, *D.* 2009. 1601, *JCP* 2009. 492, note Simler.

2. Le tableau des avocats inscrits auprès d'un barreau ne constitue pas un registre de publicité légale à caractère professionnel : Civ. 1re, 15 mai 2007, *Bull. civ.* I, n° 217, *JCP* 2007. I. 212, n° 15.

Cette insaisissabilité [1] volontaire est logiquement, comme les précédentes, opposable aux seuls créanciers postérieurs, et plus précisément aux seuls créanciers dont la créance est née après la publication de la déclaration. D'où les difficultés que l'on sait pour déterminer le fait générateur de la créance. En outre, la créance doit être née « à l'occasion de l'activité professionnelle du déclarant », ce qui vise les créances fiscales ou sociales, mais peut susciter des difficultés lorsque la créance a une nature mixte. Il reste en tout cas que le débiteur peut opposer la déclaration d'insaisissabilité qu'il a pu faire, avant qu'il ne soit mis en liquidation judiciaire, en dépit de la règle du dessaisissement [2].

L'assiette de cette sorte d'anti-sûreté immobilière est très large, car l'expression « ses droits sur l'immeuble ou sur tout bien foncier » vise toute sorte de droit réel et au-delà du droit de propriété le droit d'usufruit et certains droits de bail (emphytéose ; bail à construction). En outre, peu importe que le bien soit « propre, commun ou indivis » (art. L. 526-2, al. 1er), mais il reste que les créanciers du conjoint ne pourront se voir opposer l'insaisissabilité et pourront agir dans les conditions du droit commun (C. civ. art. 1413 ; art. 815-17).

La mesure qui prive en droit, sinon en fait, les créanciers (de second rang) de toute garantie hypothécaire est de nature à favoriser le recours aux sûretés mobilières et surtout aux sûretés personnelles pourtant à nouveau maltraitées (L., art. 11).

En cas de vente de l'immeuble déclaré insaisissable ou des droits immobiliers déclarés insaisissables, l'insaisissabilité est reportée sur le « prix obtenu », « *sous la condition du remploi dans le délai d'un an des sommes à l'acquisition par le déclarant d'un immeuble où est fixée sa résidence principale* » [3].

On notera également que l'insaisissabilité demeure après la dissolution du régime matrimonial de l'intéressé, dans la mesure où ce dernier est attributaire du bien. Elle est, en revanche, frappée de caducité en cas de décès et toujours susceptible de renonciation (laquelle est relative et expressément soumise au parallélisme des formes, art. L. 526-3, al. 4 C. com.). [4]

---

1. V. S. Piedelièvre, « L'insaisissabilité de la résidence principale de l'entrepreneur. Loi n° 2003-721 du 1er août 2003 pour l'initiative économique », *JCP* 2003. I. 165 ; C. Malecki, *D.* 2003. Chron. 2220 ; Vauvillé, *Defrénois* 2003. 37813 ; sur les aspects notariaux, v. Guilhaudis et Raffray, *JCP* N 2005. 1192 ; S. Piedelièvre, « Le nouveau droit de l'insaisissabilité », *Defrénois* 2008. 388556.

2. Com. 28 juin 2011, *D.* 2011. 1751, note Lienhard, *Rev. sociétés* 2011. 526.

3. Si le prix est versé sur un compte bancaire, l'insaisissabilité devrait demeurer (L. 9 juill. 1991, art. 15). Si le bien nouvellement acquis est d'une valeur supérieure à la somme dégagée par la vente du précédent logement, l'insaisissabilité est limitée au montant des sommes employées, la saisie étant ainsi possible pour la fraction excédentaire (ce qui conduira à des situations particulièrement compliquées).

4. La renonciation peut porter sur tout ou partie des biens. Elle peut être faite au bénéfice d'un ou plusieurs créanciers mentionnés à l'art. 526-1 désignés par l'acte authentique de renonciation. Lorsque le bénéficiaire de cette renonciation cède sa créance, le cessionnaire peut se prévaloir de celle-ci.

Enfin, on peut se demander si la déclaration d'insaisissabilité peut être remise en cause au titre des nullités de la période suspecte et, surtout, comment concilier cette déclaration avec l'ouverture d'une procédure collective [1].

359-1 ***Entrepreneur individuel à responsabilité limitée*** ◊ La loi du 15 juin 2010 (v. art. 526-6 s. C. com.) permet aux artisans, aux commerçants et à tous ceux qui exercent une profession libérale d'adopter le statut d'entrepreneur à responsabilité limitée (EIRL) [2]. Le statut est également ouvert aux auto-entrepreneurs. Ce régime a été conçu pour protéger l'entrepreneur et sa famille, en séparant son patrimoine professionnel – le patrimoine affecté – de son patrimoine personnel, la conséquence étant que les créanciers professionnels ne peuvent poursuivre que le patrimoine professionnel. Il appartient à l'intéressé de faire une déclaration en vue d'affecter à son activité professionnelle un patrimoine séparé de son patrimoine personnel, sans création d'une personne morale. Ce patrimoine professionnel doit être composé de l'ensemble des biens, droits, obligations ou sûretés dont l'entrepreneur individuel est titulaire, nécessaires à l'exercice de son activité professionnelle. Il peut comprendre également les biens, droits, obligations ou sûretés dont l'entrepreneur individuel est titulaire, utilisés pour l'exercice de son activité professionnelle et qu'il décide d'y affecter. Les sûretés préalablement constituées sur des biens professionnels seront donc maintenues. À peine d'inopposabilité aux tiers, la déclaration constitutive de l'EIRL, faite au registre de publicité légale auquel l'entrepreneur individuel est tenu de s'immatriculer, doit comporter un état descriptif du patrimoine affecté, indiquant notamment la valeur des biens qui y figurent. L'affectation d'un bien immobilier doit se faire par acte notarié et doit être publiée au service de la publicité foncière. Les biens communs ou indivis ne peuvent être affectés dans un patrimoine professionnel qu'avec l'accord exprès du conjoint ou des coïndivisaires. Si le statut est protecteur et somme toute, malgré sa complexité, relativement intéressant pour les professionnels exerçant leur activité à titre individuel [3], il réduit sensiblement les droits des créanciers et spécialement des créanciers titulaires de sûretés réelles [4].

La déclaration d'affectation est cependant opposable aux créanciers dans des conditions qui diffèrent selon que la créance invoquée est antérieure ou postérieure au dépôt de la déclaration et au prix de certaines conditions. La déclaration d'affectation est opposable de plein droit aux

1. Logiquement, à s'en tenir aux textes, le droit des procédures collectives ne devrait avoir aucune incidence, v. Vauvillé, art. préc. n° 12 ; égal. Com. 28 juin 2011, préc.
2. V. notam. B. Dondéro, « L'EIRL ou l'entrepreneur fractionné », *JCP* 2010. I. 679.
3. En juillet 2011, environ 3 500 personnes avaient adopté le statut d'EIRL.
4. V. Ch. Albigès, « Sûretés et EIRL, les sûretés réelles portant sur un bien déterminé », *Cahiers dr. entr.* 2011. Dossier 17 ; v. égal. MM. Cevaër et Perrot, « L'EIRL et les sûretés négatives », *JCP* E 2011. 1443 ; égal. V. Legrand, « Déclaration d'insaisissabilité et EIRL », *D.* 2011. 2485.

créanciers dont les droits sont nés postérieurement à son dépôt (art. L. 526-12, al. 1er). À l'égard des créanciers dont les droits sont nés antérieurement au dépôt de la déclaration, cette déclaration leur est opposable dans la mesure où l'entrepreneur individuel le mentionne dans ladite déclaration et en informe les créanciers. Pour ne pas léser ces créanciers, la loi leur donne le droit de faire opposition à la déclaration, ce qui ne bloque pas la constitution du patrimoine affecté, mais peut créer un contentieux. Le juge compétent peut alors soit rejeter l'opposition si la créance est atteinte d'une cause de nullité, soit ordonner le remboursement (*sic*) de la créance, soit encore accorder des garanties au créancier si le débiteur en offre et si ces garanties sont jugées suffisantes. Le créancier qui n'aurait pas été remboursé ou qui n'aurait pas obtenu une garantie équivalente conserverait l'intégralité de ses droits.

Les créanciers, antérieurs ou postérieurs, auxquels la constitution du patrimoine affecté est opposable doivent respecter la nouvelle situation créée par la déclaration de l'entrepreneur individuel. Si leurs droits sont nés à l'occasion de l'exercice de l'activité à laquelle le patrimoine est affecté, ils ont alors (v. art. L. 526-12) ce patrimoine pour « seul gage général » et ce par dérogation aux principes du Code civil (art. 2284 et 2285). Quant aux autres créanciers auxquels la déclaration est opposable, ils doivent se contenter du patrimoine non affecté, étant précisé que si ce patrimoine s'avère insuffisant, le droit de gage général de ces créanciers peut s'exercer sur le bénéfice réalisé par l'entrepreneur individuel lors du dernier exercice clos [1]. De leur côté, les créanciers auxquels la déclaration est inopposable conservent toutes leurs prérogatives. En cas de fraude ou en cas de confusion grossière de patrimoines imputable à l'entrepreneur individuel, les créanciers retrouvent également tous leurs droits.

On relèvera, enfin, que la déclaration d'affectation cesse de produire ses effets en cas de décès de l'entrepreneur et surtout en cas de renonciation de sa part, renonciation qui peut être accordée au profit de l'ensemble de ses créanciers ou d'un seul d'entre eux. Dans la pratique, à supposer qu'elle se développe, on peut imaginer que ces renonciations seront souvent sollicitées. On a plus de mal à concevoir que les « créanciers professionnels » se voient reconnaître la possibilité de prendre un cautionnement dont son patrimoine personnel pourrait répondre et inversement.

360 ***Classification*** ◊ Nombreuses et disparates, les sûretés réelles doivent être classées. Les critères ne manquent pas. On peut s'en tenir à la technique d'affectation du bien en garantie et distinguer les sûretés qui supposent un déplacement de la possession (le droit de rétention, dans sa version classique, et le gage avec dépossession), celles qui ne requièrent aucun déplacement de ce type (l'hypothèque et de nombreux gages et

1. Ces créanciers bénéficient ainsi d'une « roue de secours » ; mais l'inverse n'est pas prévu en faveur des autres créanciers.

nantissements) et celles qui reposent sur la propriété (réserve de propriété et cession fiduciaire). Cette présentation est souvent adoptée en France [1], mais aussi à l'étranger avec peut-être un souci de synthèse moins affiné [2].

Un autre critère cherche à opposer les sûretés par leur source. De fait, certaines sont conventionnelles (l'hypothèque, le gage), d'autres sont légales et jouent de plein droit (les privilèges mobiliers, le superprivilège des salaires, le privilège des frais de justice...) ou sont subordonnées à une publicité (privilèges immobiliers et hypothèques légales), tandis qu'une troisième série résulte de la décision du juge et constitue donc la catégorie des sûretés judiciaires qui, aujourd'hui, peuvent être constituées à titre conservatoire sur les immeubles, les fonds de commerce, les actions, parts sociales et valeurs mobilières (L. 9 juill. 1991, art. 77), cette liste étant limitative [3].

On pourrait aussi s'en tenir sinon au caractère civil ou commercial de l'engagement [4], sinon à la personne du constituant. Le plus souvent, c'est le débiteur lui-même qui affecte l'un de ses biens en garantie. Le constituant du nantissement ou de l'hypothèque est le débiteur lui-même. Mais rien ne s'oppose à ce que la garantie réelle soit fournie par un tiers qui prend alors la qualité de *caution réelle* [5]. La sûreté est consentie par un tiers à la dette garantie et c'est pourquoi on parle de cautionnement réel (v. *supra*, n° 34). Mais la sûreté reste une sûreté réelle [6], du moins dans les rapports entre le constituant et le créancier, car elle porte uniquement sur la valeur d'un bien. Elle peut prendre la forme d'un gage, comme le reconnaît le Code civil (art. 2334), ou d'une hypothèque. Dans ce dernier cas, on a pu, un temps, considérer que la caution hypothécaire était tenue sur son propre patrimoine et que cet engagement personnel était conforté par une hypothèque portant sur l'un des biens de la caution [7]. À moins que les parties ne se fussent clairement engagées en ce sens, cette analyse était contestable, car, d'une part, le cautionnement hypothécaire apparaît plutôt comme une variété de cautionnement réel dont la nature de sûreté

1. V. Marty, Raynaud et Jestaz ; Mazeaud et Picod.

2. On préfère généralement analyser les sûretés les unes après les autres. V. en Belgique, Stranart, *Les sûretés réelles*, PU Bruxelles, 3e éd. ; au Japon, A. Yamanome, « Les sûretés japonaises : différences et ressemblances avec les sûretés françaises », *LPA* 21 oct. 1987, p. 28 s. V. égal. les études de divers auteurs australiens sur les sûretés en Chine, en Indonésie, en Corée, à Singapour, en Thaïlande, aux Philippines et en Australie, *University of Queensland*, Press Crane Russak & Cy. Inc. St. Lucia New York, 1973 à 1977. V. encore, R. Zeng, « Étude comparée des sûretés réelles en droit français et en droit chinois », *RID comp.* 2011. 433.

3. M. Dagot, *Les sûretés judiciaires provisoires*, Litec, 1994.

4. D. Legeais, « La distinction des sûretés civiles et commerciales », *Mélanges Didier*, 2008, 237.

5. V. F. Grua. *Le cautionnement réel*, *JCP* 1984. I. 3167 ; égal. *supra*, n° 34.

6. Civ. 1re, 4 mai 1999, *Bull. civ.* I, n° 144, *RDI* 1999. 450, obs. Théry, *JCP* 1999. I. 156, n° 5.

7. V. Com., 27 oct. 1998, *Bull. civ.* IV, n° 260. *Defrénois* 1999. 280, obs. Piedelièvre, *RDI* 1999. 295, obs. Théry « le bénéficiaire d'un cautionnement réel dispose à l'égard de la caution d'un droit de créance limité aux biens affectés à la garantie de l'engagement principal » ; Civ. 1re, 15 mai 2002, *D.* 2002. 1780 ; v. *supra*, n° 71 ; v. égal. A. Aynès, « Quelques aspects du régime juridique des sûretés réelles pour autrui » *Mélanges Larroumet*, 1 s.

réelle n'a jamais été discutée et, d'autre part, il ne faut pas oublier que le cautionnement ne se présume pas et doit être interprété strictement. À l'occasion de la réforme des sûretés, le droit du cautionnement réel a été clarifié : il s'agit bien d'une sûreté réelle, en ce sens que le tiers constituant n'est, en principe, pas engagé sur son patrimoine personnel, mais uniquement sur la valeur du bien affecté en garantie (v. *supra*, n° 71). Pour la jurisprudence, cette sûreté réelle ainsi limitée au bien hypothéqué (ou gagé) est « nécessairement proportionné aux facultés contributives de son souscripteur » [1], ce qui écarte en la matière le débat que l'on connaît et qui agite le droit du cautionnement (*supra*, n° 180).

La distinction majeure du droit des sûretés réelles est encore celle qui oppose les sûretés immobilières et les sûretés mobilières. La division des biens entre les meubles et les immeubles est l'une des données essentielles du droit du patrimoine [2]. Et si les meubles, notamment les meubles incorporels, représentent de véritables richesses, les immeubles conservent leur attrait et leur valeur, si bien que les sûretés immobilières sont et seront toujours recherchées. Nous en traiterons dans un sous-titre premier avant de développer, dans un sous-titre second, le droit des sûretés mobilières.

---

1. Civ. 1re, 7 mai 2008, Bull ; civ. I, n° 125, *D.* 2008., 2036, note S. Piedelièvre ; égal. Civ. 1re, 5 nov. 2009, n° 08-14.425.

2. Terré et Simler, *Droit civil*, *Les biens*, Précis Dalloz, n° 17.

SOUS-TITRE 1
Sûretés réelles immobilières

361 ***Introduction*** ◊ Les sûretés réelles immobilières se limitent aujourd'hui essentiellement à l'hypothèque. On ne saurait dire, en effet, que l'hypothèque est en concurrence avec l'antichrèse que l'on appelle aujourd'hui le gage immobilier ou avec la réserve de propriété ou avec la fiducie-sûreté. Une fois cette observation faite, il sera possible de brosser la physionomie de l'hypothèque.

A. L'hypothèque et les autres sûretés réelles immobilières

362 ***« Il n'y en a qu'une »*** ◊ On pénètre dans le domaine des sûretés réelles immobilières un peu comme on entre dans une étude de notaire : à pas feutrés et avec une certaine déférence. Quoiqu'on fasse, l'immeuble a et aura toujours, du moins dans la psychologie collective des Français, un grand prestige. Ce sentiment diffus, mais profond, de vénération pour l'immeuble se prolonge dans les domaines les plus techniques. La matière des sûretés réelles immobilières dégage une impression d'ordre et de tranquillité [1]. Une fois n'est pas coutume ! Mais, cette impression n'est sans doute pas superficielle, car, tout compte fait, ces sûretés se réduisent à une seule garantie : l'hypothèque.

Il est vrai que le Code civil déclare que « les sûretés sur les immeubles sont les privilèges, le gage immobilier et les hypothèques » (art. 2373, al. 1er), et ajoute (al. 2) que « la propriété de l'immeuble peut être... retenue ou cédée en garantie ». Le Code traite donc et continue à traiter, après la réforme des sûretés, non seulement de l'hypothèque, mais aussi du gage immobilier et de la propriété-sûreté immobilière. Celui-là, cependant, a peu de succès et malgré les modifications qui lui ont été récemment apportées, devrait rester encore très discret. Il est vrai également, que certains privilèges généraux et – ce qu'il ne faut pas oublier – le droit de rétention peuvent porter indifféremment sur les meubles ou sur les immeubles ; nous verrons, toutefois, que leur assiette est principalement mobilière (v. *infra*, n° 589). Enfin, si la propriété peut jouer un rôle de sûreté en matière

---

1. Rapp. P. Durand, « Étranges innovations en droit hypothécaire » *D.* 1952. Chron. 1. Dans le prolongement, on se plaît à souligner les effets psychologiques de l'hypothèque qui apparaît ainsi comme un « instrument de dissuasion crédible » (v. *Banque* 1991. 578) ; égal. Th. de Ravel d'Esclapon, *D.* 2008. 2021.

immobilière, son rôle reste limité, le terrain de prédilection de la propriété-sûreté étant bien celui des meubles.

Aujourd'hui, l'hypothèque est pratiquement la seule sûreté immobilière : elle éclipse l'antichrèse, à moins que celle-ci ne s'élimine d'elle-même, et n'a pas à redouter la concurrence de la propriété-sûreté. Tout au plus peut-elle être, dans certains cas, mise en balance avec la technique des fonds de garantie [1].

363 ***1° Le gage immobilier*** ◊ L'antichrèse - qu'il faudrait aujourd'hui appeler le gage immobilier - est un gage sur une chose immobilière [2]. Plus précisément, c'est le contrat par lequel un débiteur confère à son créancier la possession d'un immeuble, avec le droit d'en percevoir les fruits, à charge de les imputer annuellement, tout d'abord sur les intérêts s'il en est dû, ensuite, sur le capital de la créance, jusqu'à parfait paiement [3]. C'est, comme le dit le Code civil (art. 2387), « l'affectation d'un immeuble en garantie d'une obligation (qui) emporte dépossession de celui qui la constitue ». Longtemps restée dans l'ombre, cette sûreté suscite aujourd'hui un certain intérêt, sinon une certaine curiosité. Certains lui reconnaissent les plus grandes vertus [4]. D'autres restent plus prudents, pour ne pas dire plus sceptiques [5]. Il faut dire que l'antichrèse, par la dépossession qu'elle suppose, se heurte à différents obstacles qu'il paraît difficile de surmonter. Même si son régime a été considérablement assoupli à l'occasion de la réforme des sûretés, elle aura encore beaucoup de mal à supplanter l'hypothèque. Du reste, ce n'est sans doute pas son objectif.

364 ***Conditions de validité*** ◊ La constitution de l'antichrèse emprunte la plupart de ses règles au droit de l'hypothèque (art. 2388) [6]. Le constituant doit donc être propriétaire de l'immeuble objet de la sûreté ou, tout au moins, avoir sur cet immeuble un droit réel de jouissance (usufruit ou emphytéose). Il doit aussi être capable de disposer de l'immeuble. L'antichrèse peut être consentie pour sûreté d'une ou plusieurs créances, présentes ou futures (à condition, dans ce dernier cas de rester déterminables),

1. Elle peut être complétée par d'autres garanties, comme la délégation de loyers, véritable cession fiduciaire : v. M.P. Wagner, « La cession des loyers, garantie d'un prêt immobilier », *RD banc. et bourse* 1999. 71, p. 14 ; M.N. Niboyet, « La délégation de locataire à titre de garantie », *Mélanges Jeantin*, 71.

2. V. Ph. Dupichot, *JCP* 2006, n° 20, suppl. p. 26 ; Piette, « La nature de l'antichrèse après l'ordonnance de 2006 », *D.* 2006. Chron. 1688 ; Borga, « L'autonomie conceptuelle de l'antichrèse, source d'effets imprévus », *D.* 2006. 2090.

3. Du grec *anti-chrésis* qui signifie, « usage d'une chose pour une autre ». Ce terme a officiellement disparu avec la loi dite de simplification du droit (L. 12 mai 2009). On a prétendu qu'il serait incompris !

4. Lejeune, « Une sûreté nouvelle : l'antichrèse-bail », *Journ. not.* 1986. 58565 ; D. Martin, « L'antichrèse » *JCP* N 1987. I. 299 ; Tendler, « L'antichrèse, mythe ou réalité », *D.* 1989. Chron. 143 ; V. encore Lobut, *L'antichrèse*, thèse Paris 1897.

5. Marty, Raynaud et Jestaz, n° 107 ; Aynès et Crocq, n° 500 ; et surtout, Dagot, p. 273 s.

6. Le texte renvoie aux articles 2413 (capacité), 2414 (droit conditionnel), 2416 (acte notarié), 2417 (acte passé en France) et 2421 (créances garanties).

dont la cause doit être déterminée dans l'acte. En outre, l'antichrèse suppose la rédaction d'un acte notarié : elle est devenue un contrat solennel.

Enfin et surtout, la constitution de l'antichrèse suppose une dépossession du débiteur (art. 2387 : « elle emporte dépossession de celui qui la constitue »). Cette dépossession est de l'essence même du contrat [1] et déterminante de sa qualification : il n'y aurait pas d'antichrèse si le débiteur s'était réservé le droit de percevoir lui-même les revenus de l'immeuble pour les remettre au créancier [2]. La loi prévoit très clairement en effet que le créancier perçoit les fruits de l'immeuble affecté en garantie à charge de les imputer sur les intérêts, s'il en est dû, et subsidiairement sur le capital. Toutefois, il serait sans doute excessif d'exiger une remise effective de possession ; l'important ne réside pas dans la détention matérielle et corporelle du bien, mais dans sa jouissance [3].

365 ***Droits du créancier antichrésiste*** ◊ Le créancier a sur l'immeuble un véritable droit réel qui lui confère diverses prérogatives.

Il a d'abord un droit de jouissance sur l'immeuble, ce qui l'autorise à en engranger les fruits, à l'administrer à sa guise et à l'exploiter [4], par exemple en le donnant à bail à un tiers ou même au débiteur (*infra*, n° 368)

Le créancier antichrésiste dispose ensuite d'un droit de rétention (arg. art. 2286, al. 1er C. civ.) qui lui permet de primer tous les créanciers hypothécaires [5] et de s'opposer à l'entrée en possession d'un tiers acquéreur.

Comme tout créancier, le créancier antichrésiste a le droit de faire vendre le bien objet de sa sûreté. Il doit cependant respecter les formes de la saisie immobilière. La réforme des sûretés a par ailleurs ouvert de larges perspectives au créancier antichrésiste en le plaçant dans les mêmes droits que le créancier hypothécaire (art. 2458 à 2460) : il peut aujourd'hui se prévaloir d'un pacte commissoire (art. 2459) [6] et solliciter l'attribution judiciaire de l'immeuble en paiement de sa créance.

---

1. V. sous l'empire des anciens textes : Civ. 1re, 22 mars 1966 (2 arrêts), *Bull. civ.* I, n° 201 et 203. Aujourd'hui, la nature réelle de l'antichrèse est controversée : les textes conduisent à retenir encore et toujours cette nature, mais le rapprochement avec l'hypothèque est une raison de douter, v. Jobard-Bachellier, Bourassin et Brémond, n° 2144.

2. V. Orléans, 30 oct. 1963, *D.* 1964. Somm. 69, statuant sur renvoi de Civ. 1re, 26 déc. 1961, *D.* 1962. 381, note Voirin : ne constitue pas un contrat d'antichrèse la convention contenant emprunt d'une certaine somme et, pour cas de non remboursement, promesse de vente d'un immeuble pour un prix égal à la somme empruntée, assortie d'une interdiction de louer, dès lors que le créancier n'est pas mis en possession de l'immeuble et qu'il n'en perçoit pas les revenus ; v. égal. Nancy, 8 juin 1977, *JCP* 1978. II. 18847, note Goubeaux ; plus généralement, v. *infra*, n° 492.

3. Aynès et Crocq, n° 499 ; Cabrillac, Mouly et Pétel, n° 908 s. ; Legeais, n° 625.

4. La règle a des conséquences lorsqu'il s'agit d'apprécier la responsabilité du liquidateur, v. Com. 6 oct. 2009, *JCP* 2009. I. 492, n° 12.

5. Toutefois, le droit de rétention ne pourrait porter préjudice aux droits que des tiers pourraient avoir sur le fonds de l'immeuble remis à titre d'antichrèse (v. Req., 24 janv. 1872, *DP* 1872. 1. 33 ; Paris 12 janv. 1895, *DP* 1896. 2. 57, note Cezar-Bru). En revanche, si le droit du créancier hypothécaire a été publié après la constitution de l'antichrèse, le droit de rétention produit tous ses effets (v. Cass., 22 août 1865, *DP* 1865. 1. 329).

6. Comp. avant la réforme : Civ. 1re, 25 mars 1957, *Bull. civ.* I, n° 149 ; 26 déc. 1961, *Bull. civ.* I, n° 622.

Puisqu'il a le droit de faire vendre l'immeuble, puisqu'il a le droit de « poursuivre l'expropriation de son débiteur par les voies légales », le créancier antichrésiste peut venir en concours avec d'autres créanciers sur le prix dégagé par la vente. La jurisprudence lui reconnaît un droit de préférence et règle les conflits éventuels en fonction de la date d'inscription de la sûreté [1].

Enfin, le créancier antichrésiste bénéficie, toujours pour les mêmes raisons, d'un droit de suite [2].

366 ***Obligations du créancier antichrésiste*** ◇ Le créancier doit administrer l'immeuble en bon père de famille et doit donc pourvoir, à peine de déchéance, à la conservation et aux réparations utiles et nécessaires, sauf à prélever sur les fruits les dépenses engagées (C. civ. art 2389, al. 2). Il doit également acquitter les contributions et les charges annuelles de l'immeuble. Si ces obligations lui apparaissent trop lourdes, le code lui donne le droit de résilier unilatéralement et discrétionnairement la convention en enjoignant au débiteur de reprendre la jouissance de son immeuble : « il peut à tout moment se soustraire à (son) obligation en restituant le bien à son propriétaire » (C. civ. art. 2389, al. 2).

Enfin, le créancier antichrésiste doit restituer l'immeuble dès que la créance est éteinte, mais pas avant, en application de la règle de l'indivisibilité de la garantie [3]. Il ne pourrait retenir l'immeuble pour sûreté d'une nouvelle dette contractée postérieurement à la constitution de l'antichrèse par le débiteur.

Il est certain que l'antichrèse s'éteint par l'extinction de l'obligation principale [4], ainsi que par la restitution anticipée de l'immeuble à son propriétaire (art. 2392). Son caractère de sûreté réelle justifie aisément ces solutions.

367 ***Appréciation critique*** ◇ Malgré les récents et vigoureux plaidoyers de la doctrine, malgré les améliorations qui lui ont été apportées lors de la réforme des sûretés, il n'est pas sûr que l'antichrèse puisse trouver une place au sein des garanties réelles immobilières. Certes, les textes du Code civil laissent aux parties une grande liberté pour aménager leur contrat. Ainsi, rien n'interdit au créancier de stipuler que les charges afférentes à l'immeuble seront supportées par le constituant. De même, les parties peuvent confier l'immeuble à un tiers convenu qui le possédera alors pour

---

1. Cabrillac, Mouly et Pétel, n° 916 ; égal. Cass. 31 mars 1851, *DP* 1851. 1. 65.
2. Cabrillac, Mouly et Pétel, n° 916.
3. V. art. 2391 qui, très légitimement, interdit au débiteur de réclamer la restitution avant l'entier acquittement de la dette. Cette restitution doit se faire selon les règles du droit commun, aucune disposition particulière n'ayant été prévue ; cependant, si le créancier n'exécute pas son obligation de restitution, le constituant peut agir soit en revendication, comme tout propriétaire dépossédé de son bien, soit en restitution sur le fondement du contrat d'antichrèse lui-même.
4. V. déjà Civ. 3e, 23 oct. 1991, *RDI* 1992. 236 et les obs.

le compte du créancier, et celui-ci sera débarrassé dans ces conditions du souci de l'administration de son bien.

De plus, rien ne s'oppose désormais à ce que le créancier puisse louer l'immeuble, objet de la sûreté, au débiteur (art. 2390). Cette solution est particulièrement intéressante pour le créancier : il n'a plus la charge de l'immeuble et ne joue plus qu'un rôle financier. Elle l'est d'autant plus que, même si l'immeuble est loué au débiteur lui-même, le créancier n'en perd pas la possession (art. 2390). Le débiteur possède alors « corpore alieno » et le créancier conserve son droit de rétention, ce qui le met dans une position très avantageuse [1].

Toutefois, en cas de redressement ou de liquidation judiciaire du débiteur, si l'immeuble grevé abrite l'exploitation de l'entreprise, le créancier se verra opposer les dispositions très contraignantes des articles L. 622-14 C. com. [2]

Au total, il est permis de penser que l'antichrèse, malgré la cure de rajeunissement dont elle a bénéficié à l'occasion de la réforme des sûretés, présente encore quelques inconvénients, d'autant plus qu'elle ne permet pas, à la différence de l'hypothèque, une adéquation entre le montant de la créance garantie et la valeur du bien objet de la sûreté. La pratique du reste - et c'est une autre raison de son échec (conservatisme, ce qui n'est pas nécessairement un défaut, intérêts financiers... ?) - continue à lui préférer d'autres combinaisons, dont le crédit-bail immobilier, nouvelle expression de la propriété-sûreté.

368 ***2° La propriété-sûreté immobilière*** ◊ Le droit de propriété a toujours été utilisé à des fins de garantie. Les romains connaissaient la *fiducia cum creditore* (*supra*, n° 353).

Les rédacteurs du Code civil, en réglementant la *vente à réméré* (art. 1659), ont voulu moraliser cet usage de la propriété principalement en matière immobilière [3]. Soit une personne ayant besoin de liquidités : elle peut s'en procurer en vendant ses biens et en convenant avec l'acheteur, débiteur du prix, de racheter les biens lorsqu'elle sera revenue à meilleure fortune. L'opération se rapproche de l'hypothèque, avec cette différence toutefois qu'elle se dénoue dans un ordre chronologiquement inverse. Celui qui emprunte en hypothéquant l'un de ses biens en conserve la propriété ; il

---

1. V. déjà : Civ. 3e, 18 déc. 2002, *D.* 2003. 963 et la note, *JCP* 2003. II. 10024. note Picod, *RTD civ.* 2003. 327, obs. Crocq, 319, obs. Revet, reconnaissant très clairement la validité de l'antichrèse-bail ; comp. Rouen, 9 août 1876, *S.* 1877. 2. 241, décidant que le droit d'antichrèse ne subsiste qu'autant que l'immeuble a été et reste en la possession du créancier.

2. On voit mal également comment le créancier pourrait échapper, l'entreprise débitrice étant *in bonis*, au statut des baux commerciaux.

3. V. cependant pour un exemple en matière mobilière, Paris, 28 oct. 1991, *JurisData* n° 024268 : « la vente de deux tableaux avec faculté de rachat pour un prix plus élevé dans le mois du contrat, dès lors que les parties n'ont pas entendu conclure une vente à réméré mais que le vendeur a cherché ainsi à se procurer du crédit à n'importe quel prix..., dissimule un contrat pignoratif destiné à éluder des dispositions prohibitives d'usure et les formalités d'attribution du gage au créancier ».

ne la perd que s'il manque à ses obligations et si son créancier engage contre lui une procédure de saisie. En revanche, celui qui vend à réméré commence par vendre son bien et n'en recouvre la propriété que s'il est en mesure de rembourser ses échéances. La vente à réméré, la vente avec faculté de rachat, a longtemps servi d'instrument de crédit, notamment tant que le régime hypothécaire est resté sans organisation cohérente. Le prix versé par l'acquéreur équivaut en effet à un prêt dont le remboursement est garanti par le transfert de propriété du bien. Si le vendeur est capable de rembourser, il exercera sa faculté de rachat. Dans le cas contraire, l'acquéreur reste propriétaire et le vendeur est libéré.

Ce type de vente a donné lieu aux abus que l'on imagine, car l'acquéreur, dans ce genre de situation, est à même, en tant que prêteur, de dicter sa loi et d'exiger le transfert d'un bien dont la valeur est de beaucoup supérieure au montant du prix. On comprend que le Code civil ait voulu donner à cette opération un cadre bien défini (art. 1659 à 1673). Ainsi, la faculté de rachat qui pouvait durer trente ans, a été réduite à cinq ans. Depuis, la technique est restée et la pratique recourt de temps à autre à la vente à réméré en tant qu'instrument de crédit garanti par un transfert de propriété. L'opération n'est pas toujours valable, car elle peut masquer un montage plus ou moins frauduleux reposant, sur un prêt assorti d'un gage ou d'une hypothèque doublée d'un pacte commissoire (*supra*, n° 492 et 632).

Cette requalification ne va pas de soi, car la vente à réméré utilisée en tant qu'instrument de crédit est par nature une forme déguisée de nantissement avec pacte commissoire ; or, on ne peut annuler systématiquement une convention expressément permise par la loi [1]. La jurisprudence est moins dogmatique et n'hésite pas à frapper de nullité l'ensemble de l'opération, et non pas seulement le pacte commissoire, lorsqu'elle constate que les éléments de l'impignoration sont réunis et qui trouvent leur expression dans :

- la vileté du prix stipulé par rapport à la valeur réelle des biens,
- la relocation du bien au vendeur,
- la fréquence des achats faits par la même personne [2].

La consécration de la fiducie pourrait permettre d'éviter ce type de contentieux. De surcroît, l'admission du pacte commissoire en matière hypothécaire conduit à envisager la situation avec moins de défiance.

L'opération révèle en tout cas que le droit de propriété est bien conçu dans la pratique comme une sûreté.

---

1. V. G. Wiederkher, « Pacte commissoire et sûretés conventionnelles », *Mélanges Jauffret*, 1974, p. 661, spéc. 673.

2. V. C. Witz, « Vente à réméré », *J.-Cl. Civ.*, art. 1659 à 1673, n° 9 ; égal. Civ. 1re, 15 janv. 1957, *Bull. civ.* I, n° 21 : la vileté du prix et l'habitude chez l'acheteur de traiter de semblables opérations sont des « signes habituellement révélateurs et non des éléments juridiques essentiels de l'impignoration prohibée » ; Limoges, 18 juin 1888, *DP* 1889. 2. 240, relevant que la question de savoir si une convention constitue une vente avec pacte de rachat ou un prêt accompagné d'un pacte commissoire doit se résoudre d'après les clauses et circonstances des actes intervenus et d'après les révélations diverses de l'intention des parties contractantes.

369 ***Premières applications*** ◊ Aujourd'hui, en dehors de la vente à réméré encore suspectée, la propriété immobilière joue le rôle d'une sûreté dans des hypothèses qui restent particulières. Il arrive que dans le cadre de règlements amiables des difficultés des entreprises, des banquiers obtiennent en contrepartie de l'abandon de leurs créances la propriété des immeubles de leurs co-contractants. La crise immobilière de la fin des années 1990 a favorisé ce genre de conventions dont la légalité n'est peut-être pas toujours établie, du moins lorsqu'elles s'apparentent à des formes de liquidations amiables. Force est cependant de constater que cette pratique a permis de sauver de nombreuses sociétés immobilières.

Les opérations sont beaucoup moins aléatoires lorsqu'elles sont organisées, ne serait-ce que de loin, par le législateur, comme c'est le cas en matière de crédit-bail immobilier. Ce type de financement fait appel expressément à la propriété immobilière comme garantie. Il mérite quelques observations.

Si les clauses de réserve de propriété par lesquelles les vendeurs conservent la propriété de l'objet de leur contrat jusqu'à son complet paiement, sont courantes dans les transactions commerciales, elles le sont beaucoup moins dans les transactions civiles. Il faudra aussi en donner l'explication.

370 ***Crédit-bail immobilier*** [1] ◊ Le crédit-bail immobilier (C. mon. fin. art. L. 313-7, 2) est une opération financière qui s'appuie sur un bail complété par une promesse unilatérale de vente au profit du locataire pour un prix convenu à l'origine. La formule connaît un succès certain, car même si elle est d'un coût élevé, elle bénéficie de sérieux avantages financiers et fiscaux [2] ; en tout cas, elle est bien adaptée aux entreprises de création récente en permettant le financement intégral de leurs besoins immobiliers sans apport initial. La jurisprudence a certainement contribué par la souplesse de ses solutions au développement de l'institution.

---

1. V. Th. Bonneau, *Droit bancaire*, éd. Montchrestien, n° 530 s. ; Ch. Goyet, *Le louage et la propriété à l'épreuve du crédit-bail et du bail superficiaire*, LGDJ, 1983, n° 42 ; O. Pade, *Le crédit-bail immobilier*, thèse Paris I, 2000 ; égal. Arnaud-Emery, « Les points délicats d'un contrat de crédit-bail immobilier : de la conclusion au dénouement », *Dr. et patr.* mars 2007. 30 s.

2. V. Barbe, « Les raisons du succès du crédit-bail immobilier », *Banque* 1980. 869 ; v. égal. La réforme du régime fiscal du crédit-bail immobilier, *Dr. fiscal* 1995, n° 3 ; *Banque* 1995. 87, obs. Menneteau. Mais encore faut-il qu'il y ait bien crédit-bail. V. Com., 15 janv. 1985, *JCP* 1986. II. 20650. V. égal. Civ. 3e, 19 mai 1999, *Bull. civ.* III, n° 117 : « justifie légalement sa décision de rejeter l'action en nullité du contrat et d'accueillir la demande en paiement formée par le crédit-bailleur, la cour d'appel qui relève que la convention, qu'elle a exactement qualifiée de contrat de crédit-bail, permettait au crédit-preneur d'obtenir des aides financières pour la création d'une nouvelle entreprise avec faculté de racheter le patrimoine au terme de l'exécution de la convention sans avoir à rechercher si la convention avait permis au crédit-preneur de créer une entreprise viable susceptible de payer les loyers et de devenir à terme propriétaire des lieux loués ».

Pourtant, le montage [1] est assez complexe. Lorsque l'entreprise de crédit-bail est à la fois propriétaire du terrain et des constructions qu'il comporte, le transfert de propriété s'opère en fin de bail par la levée de l'option accordée au locataire [2]. Lorsqu'aucun des deux partenaires n'est propriétaire, une société civile est créée entre la société de crédit-bail, qui en sera le gérant, et l'entreprise utilisatrice. La société va construire les locaux sur le terrain qu'elle aura acheté et les mettra à la disposition de son principal associé, l'entreprise utilisatrice. À l'expiration du contrat, le locataire lèvera l'option et obtiendra la cession des parts de la société de crédit-bail. Enfin, lorsque le futur utilisateur est déjà propriétaire de terrains, mais veut financer une construction, il pourra consentir à l'entreprise de crédit-bail un bail à construction lui conférant un droit réel sur les bâtiments qu'elle édifiera et qu'elle louera, dans un deuxième temps, à l'entreprise utilisatrice. Au terme du contrat, le transfert de propriété des constructions se réalisera par le seul effet de la survenance du terme du bail à construction [3].

L'opération de crédit-bail immobilier s'inscrit nécessairement dans le temps ; elle est généralement établie pour une durée de 15 à 20 ans. Mais le contrat doit, à peine de nullité (C. mon. fin. art. L. 313-9, al. 2) [4] prévoir les conditions dans lesquelles sa résiliation pourra intervenir à la demande du locataire [5] et, dans la plupart des cas, la convention stipule une faculté de levée d'option par anticipation [6]. L'opération doit aussi être publiée

1. Sur la notion de montage, v. J.Ph. Dom, *Les montages en droit des sociétés*, thèse Bordeaux, 1994, éd. Joly 1998 ; D. Poracchia, PU Aix-Marseille, 1999, préf. J. Mestre ; égal. Civ. 3e, 4 mai 2000, *Bull. civ.* III, n° 95, *JCP* 2001. I. 315, n° 13.

2. La formule inverse de la cession-bail est également possible. Une entreprise a besoin de financement ; elle vend ses terrains et ses locaux à une société de crédit-bail et obtient en contrepartie un prix qui représente les sommes dont elle a besoin. Dans un deuxième temps, le terrain et les locaux, devenus la propriété de la société de crédit-bail, seront loués à l'entreprise en question et, au terme de cette location, l'entreprise pourra redevenir propriétaire en levant l'option qui lui est consentie.

3. Sur le bail à construction, ses avantages et ses limites, v. J.L. Tixier, *Le bail à construction*, thèse Paris I, 1994.

4. La nullité est relative : Civ. 3e, 15 mai 1996, *Bull. civ.* III, n° 116, *Defrénois* 1996. 1076, obs. Bénabent. V. égal. Civ. 3e, 28 mars 2001, *Bull. civ.* III, n° 39. Le délai de prescription court de la conclusion du contrat : Civ. 3e, 4 oct. 2000, *Bull. civ.* III, n° 157. Sur le jeu de l'exception de nullité, v. Civ. 3e, 30 janv. 2002, *Bull. civ.* III, n° 24, *D.* 2002. 802, note V. Avena-Robardet.

5. Civ. 3e, 6 déc. 1978, *JCP* 1980. II. 19387, qui ajoute que la clause peut déterminer les modalités de cette résiliation, dès lors qu'elle ne se heurte pas à la règle d'option entre l'exécution et la résolution. V. aussi Civ. 3e, 27 avr. 1988, *Bull. civ.* III, n° 81, *JCP* 1989. II. 21171, note Bey, précisant que ne répond pas aux exigences légales la clause de résiliation anticipée qui tend, en réalité, à l'exécution de toutes les clauses du contrat, dans le seul intérêt du crédit-bailleur ; égal. Civ. 3e, 1er juill. 1998, *D.* 1998. 327, *Bull. civ.* III, n° 152 ; 13 juill. 1999, *Bull. civ.* III, n° 174. Comp. lorsque la clause prévoit que le crédit-preneur supportera les loyers et les charges tant que l'immeuble ne sera pas vendu ou reloué, Civ. 3e, 18 nov. 1998, *Bull. civ.* III, n° 219 ; Rappr. Civ. 3e, 5 mai 1999, *Bull. civ.* III, n° 107 ; 19 avr. 2000, *Bull. civ.* III, n° 86 ; 27 juin 2001, *Bull. civ.* III, n° 85.

6. V. Cohen, « Crédit-bail immobilier : levée d'option d'achat anticipée », *Banque* 1987. 160. Pour des raisons fiscales, une période irrévocable de sept ans doit cependant être respectée.

(Décr. 4 juill. 1972, art. 10 et 11), ne serait-ce que pour régler le conflit entre le crédit-bailleur et les créanciers commerciaux de l'utilisateur [1].

Pour le reste, la jurisprudence a posé des règles très compréhensives en se fondant sur le caractère « essentiellement financier » de l'institution. Ce caractère appelle un régime spécifique dégagé de toute réglementation trop rigoureuse, spécialement de celles des baux commerciaux [2] et de l'article 1589-2 du Code civil [3]. Dans cette conception, le droit de propriété que conserve la société de crédit-bail jusqu'à l'accomplissement de l'opération joue le rôle d'une sûreté originale [4], mais efficace, notamment lorsque l'utilisateur fait l'objet d'une procédure collective [5]. La demande en résiliation n'est pas non plus soumise à publicité foncière [6].

Le contrat de crédit-bail est justiciable des dispositions (modifiées) du droit des procédures collectives qui conduisent l'administrateur à mettre fin au contrat dès qu'il lui apparaît qu'il ne disposera pas de la trésorerie nécessaire pour le paiement des échéances et qui débouchent sur la résiliation du contrat si l'administrateur n'a pas pris parti dans le délai requis ou a décidé expressément de ne pas poursuivre la relation contractuelle (art. L. 622-13 C. com.). Les solutions sont plus contraignantes dans l'hypothèse de l'adoption d'un plan de cession, car le tribunal peut imposer à la société de crédit-bail une cession de contrat, sans pouvoir désormais accorder des délais de paiement au cessionnaire pour le règlement des loyers dus postérieurement à la cession (art. L. 642-7). Le cessionnaire peut lever l'option d'achat, étant entendu que cette option ne peut être exercée que dans la mesure où l'intégralité des sommes dues par le cédant et le cessionnaire a été réglée et, plus précisément, uniquement dans la mesure où « les sommes restant dues dans la limite de la valeur du bien fixée d'un commun accord entre les parties ou, à défaut par le tribunal à la date de la cession », ont été payées (art. L. 642-7, al. 4).

371 ***Propriété réservée à titre de garantie : clause de réserve de propriété immobilière*** ◊ Alors que la technique du crédit-bail immobilier

---

1. V. Dagot, « La publicité au bureau des hypothèques des contrats de crédit-bail immobilier », *JCP* N 1985. Prat. 9418 ; v. égal., *infra*, n° 673.
2. Com., 10 juin 1980, *D.* 1980. 566, note Y. Guyon, *JCP* 1981. II. 19655 ; 7 mai 1997, *Bull. civ.* III, n° 99 (le sous-locataire bénéficie, quant à lui, de la protection, Civ. 3e, 10 déc. 2002, *D.* 2003. 136, note Rouquet). La solution devrait conduire à écarter l'art. L. 622-14 C. com., rapp. Versailles, 19 mars 1992, *D.* 1992. Somm. 259.
3. Civ. 3e, 3 nov. 1981, *Bull. civ.* III, n° 173, *D.* 1982. IR 409, obs. Vasseur, *JCP* 1982. II. 19867, note E.M. Bey.
4. Le privilège du bailleur n'est pas reconnu à la société de crédit-bail, V. Paris 17 janv. 1985, *JCP* N 1986. II. 293, note E.M. Bey ; Paris, 5 mars 1985, *D.* 1985. IR 492, note A. Honorat ; Com., 9 avr. 1991, *Bull. civ.* IV, n° 124, *RTD civ.* 1992. 152, obs. Bandrac, *RDI* 1991. 571. La solution est cependant contestable, car le crédit-bail reste fondé sur la technique du bail, v. en ce sens, Paris, 11 oct. 1989, *D.* 1989. IR 275.
5. V. Tamboise, « Le sort du crédit-bail immobilier en cas de difficultés de l'entreprise », *Defrénois* 1983. 148 ; Marion-Fondaneche, *Gaz. Pal.* 1986. 2. Doctr. 571 ; v. égal. en cas de cession, Paris, 11 juill. 1986, *D.* 1987. 55, note Fabiani.
6. Civ. 3e, 27 mai 1998, *Bull. civ.* III, n° 114, *D.* 1998. Somm. 383, obs. S. Piedelièvre.

est en principe destinée à certains créanciers, la clause de réserve de propriété peut être stipulée quelle que soit la qualité du vendeur. En matière immobilière [1], cette stipulation ne bénéficie d'aucun encadrement légal, si ce n'est ce texte issu de la réforme des sûretés reconnaissant que « la propriété de l'immeuble peut... être retenue en garantie » (art. 2373, al. 2) et qui écarte toute discussion sur la validité de la clause prévoyant dans une vente d'immeuble que la propriété ne sera transférée à l'acquéreur que le jour du règlement définitif de ce qu'il doit. Toutefois, la clause de réserve de propriété en tant que sûreté, n'est guère pratiquée en tant que telle dans le monde immobilier (v. cependant *infra*, n° 435). De fait, présenterait-elle certains inconvénients, concernant la date d'exigibilité des droits de mutation [2], la nécessité d'assurer la publicité de l'acte, la situation de l'acquéreur (locataire ? détenteur précaire ?) [3] ou encore celle du vendeur en cas de procédure collective frappant son cocontractant [4].

Pourtant, il n'est pas rare qu'en pratique le transfert de propriété soit retardé jusqu'au paiement intégral du prix ou, plus précisément, jusqu'à la signature de l'acte notarié [5]. Mais cette pratique ne répond pas à un besoin de garantie du vendeur, du reste déjà protégé par un privilège et surtout, lorsque le paiement n'est pas comptant, intégralement désintéressé dans 95 % des hypothèses par le prêteur de deniers auquel son cocontractant s'est adressé. Il s'agit simplement de donner du temps à l'acquéreur pour organiser son plan de financement, ainsi qu'au notaire pour accomplir toutes les formalités que requiert notamment l'inscription des privilèges : du privilège du vendeur dans lequel le prêteur de deniers est subrogé et du privilège du prêteur de deniers accordé en propre à ce dernier créancier [6].

Ces privilèges ne sont qu'une variété d'hypothèque et l'hypothèque, la sûreté immobilière par excellence. Elle souffre, du reste, parfaitement la comparaison avec le système actuellement en vogue des fonds de garantie, mais pas encore, et sans doute faudra-t-il attendre très longtemps, avec la fiducie-sûreté.

371-1 ***Propriété cédée à titre de garantie : fiducie-sûreté immobilière*** ◊ L'article 2488-1 issu d'une ordonnance du 30 janvier 2009, ratifiée

1. V. F. Derrida, « À propos de la réserve de propriété dans les ventes immobilières à crédit », *Defrénois* 1989. 1089. Il faut préciser qu'il n'appartient pas aux parties de définir la nature mobilière ou immobilière du bien grevé de la clause (Civ. 3e, 26 juin 1991, *Bull. civ.* III, n° 197 ; Com. 5 oct. 1993, *Bull. civ.* IV, n° 315).

2. Com., 22 mai 1978, *JCP* CI 1978. I. 12875, note C. David.

3. V. la note de l'Institut d'études juridiques de Conseil supérieur du notariat, « Les dangers de la clause de réserve, de propriété dans les ventes immobilières », *JCP* CI 1986. Prat. 9976.

4. V. Garçon, note sous Limoges, 6 janv. 1987, *JCP* N 1988. II. 253. L'obligation de donner étant en cours, le contrat serait justiciable de l'art. L. 622-13 C. com. Mais le vendeur n'aurait pas à déclarer sa créance, v. Com., 9 janv. 1996, *D.* 1996. 184, note Derrida, *JCP* 1996. I. 3942, n° 4 ; égal. C. Larroumet, « Le vendeur bénéficiaire d'une clause de réserve de propriété peut-il revendiquer sans avoir déclaré sa créance à la procédure collective de l'acheteur ? », *DA* 1996. 603.

5. Civ. 3e, 5 janv. 1983, *D.* 1983. 617, note Jourdain ; *Contrats civils et commerciaux*, n° 200.

6. V. égal., Aynès et Crocq, n° 754 ; Marty, Raynaud et Jestaz, n° 548.

par une loi du 12 mai 2009, prévoit que la propriété d'un bien immobilier peut être cédée à titre de garantie d'une obligation en vertu d'un contrat de fiducie conclu en application des articles 2011 à 2030. La propriété-sûreté est donc dûment admise en matière immobilière et son régime se construit à partir des règles applicables à la fiducie nommée. Ce n'est pas une sûreté à laquelle la pratique recourt et vers laquelle on peut penser qu'elle se tournera. La fiducie-sûreté immobilière n'est pas promise à un grand et bel avenir, à la différence peut-être de la fiducie-sûreté mobilière. Elle ne peut pas, néanmoins, ne pas être mentionnée au titre des sûretés immobilières. On fera état ici des dispositions principales et théoriques qui l'encadrent, étant précisé que ce qui vaut en matière mobilière (*infra*, n° 679 s.) vaut très largement également en matière immobilière.

Quelques exigences particulières s'observent au regard de la constitution de la sûreté [1]. Le contrat doit ici être nécessairement passé par acte authentique, car l'acte doit être publié au service de la publicité foncière. L'article 2019, alinéa 2, prévoit que lorsqu'ils portent sur des immeubles ou des droits réels immobiliers, le contrat de fiducie et ses avenants doivent être, à peine de nullité, publiés dans les conditions prévues aux articles 647 et 657 du Code général des impôts. Le contrat doit également mentionner à peine de nullité les dispositions de l'article 2018, mais aussi la dette garantie et la valeur estimée de l'immeuble transféré dans le patrimoine fiduciaire. Il y a là, déjà, une difficulté importante et surtout une source de frais, car on imagine que les parties seront rarement d'accord sur la valeur de l'immeuble. Or, les expertises immobilières sont généralement très coûteuses. Il faut ajouter que si les biens et droits transférés dans le patrimoine fiduciaire dépendent de la communauté existant entre les époux ou d'une indivision, le contrat de fiducie doit encore être établi, à peine de nullité, par acte notarié. On peut imaginer que les parties conviendront, le plus souvent, d'une fiducie-sûreté sans dépossession, le constituant conservant l'usage ou la jouissance de son immeuble dans le cadre d'une convention de mise à disposition, *i.e.* d'un contrat de bail. Si l'immeuble est à usage professionnel, la convention échappera, sauf stipulation contraire, au statut des baux commerciaux. S'il s'agit d'un immeuble à usage d'habitation, on ne voit pas comment les parties pourraient s'évader des dispositions impératives de la loi du 6 juillet 1989. En toute hypothèse, il conviendra de répartir les charges inhérentes à la propriété (fiscalité foncière, assurance, frais divers et variés...) entre les parties. Seul un accord scrupuleusement étudié entre les parties permettra de réaliser un bon équilibre. C'est sans doute sur ces questions très concrètes que la fiducie-sûreté immobilière achoppe et achoppera. Le créancier fiduciaire ne voudra pas se retrouver en charge d'un immeuble avec tous les soucis de gestion que cela pose. Le constituant acceptera-t-il de son côté de continuer à assumer tout ou partie des charges d'une propriété qu'il n'a plus ? Ne préfèrera-t-il pas le confort que l'hypothèque lui donne ?

1. V. S. Prigent, « Constitution d'une fiducie-sûreté », Defrénois 2010. 39141.

La réalisation de la fiducie-sûreté n'est par ailleurs pas aussi simple que certains ont bien voulu le dire ou le laisser entendre [1]. À défaut de paiement de la dette garantie, deux situations doivent être envisagées. Si le créancier est fiduciaire, il acquiert la libre disposition du bien cédé à titre de garantie (art. 2488-3) ; l'opération se dénoue comme en matière de réserve de propriété. Mais rien ne s'oppose à ce que les parties aménagent différemment cette question de réalisation de la sûreté : on peut donc concevoir que le créancier se voie reconnaître la possibilité de vendre le bien et de se faire payer à due concurrence de sa créance, sans concours possible, sur le prix dégagé par la vente. Si le créancier n'est pas fiduciaire, celui-là peut exiger de celui-ci la remise du bien dont il pourra alors librement disposer ; il pourra également être convenu de la vente du bien et du règlement à due concurrence en faveur du créancier. En toute hypothèse, et cette fois sans aménagement contraire, l'exigence étant d'ordre public, la valeur du bien devra être déterminée par un expert désigné à l'amiable ou par décision de justice.

Des soultes doivent être envisagées lorsque la valeur du bien ou le prix dégagé par la vente du bien dépasse le montant de la créance garantie : aucun enrichissement n'est possible, si bien que le créancier devra verser au constituant une somme égale à la différence entre cette valeur et le montant de la dette, sous réserve du paiement préalable des dettes nées de la conservation ou de la gestion du patrimoine fiduciaire (art. 2488-4).

Quant à la fiducie rechargeable, elle est également possible : son régime se décalque très largement sur celui de l'hypothèque (v. *infra*, n° 407).

372 ***3° Les fonds de garantie*** ◊ Depuis quelques années, des organismes de caution mutuelle [2] proposent aux « emprunteurs immobiliers » des garanties spécifiques, distinctes des hypothèques, que l'on dénomme « fonds de garantie ». Ces techniques connaissent un succès certain [3]. Il faut dire qu'elles ne manquent pas d'atouts. Leur constitution est simple et rapide, car elle repose sur un accord - purement consensuel - entre l'établissement de crédit, le client et l'organisme garant. En pratique, la garantie est préétablie et offerte à l'emprunteur par le banquier, après étude du dossier.

---

1. Comp. Ph. Dupichot, « La fiducie-sûreté en pleine lumière », *JCP* 2009. 1. 132, n° 13 s. Il faut ajouter qu'en cas de procédure collective, la sûreté sera paralysée dès l'instant qu'elle grève des biens indispensables à la continuation de l'entreprise (C. com. art. L. 622-23-1), ce qui sera le cas de la plupart des fiducies immobilières, lesquelles seront, le plus souvent, constituées sans dépossession.

2. Dont les principaux sont : Crédit Logement, Socami, Creserfi, Sogeceff. Depuis 1993, un fonds de garantie spécialisé dans l'accession sociale à la propriété a été institué : le FGAS.

3. V. MM. Mouillart, « Hypothèque ou cautionnement, de la garantie à la réassurance », *Banque* 1989. 906 ; Daublon, « Les prêts à l'acquisition immobilière, remarques sur les hypothèques, les privilèges et quelques autres sûretés », *Defrénois* 1994. 1057 ; P. Jalladaud, « Le cautionnement des prêts immobiliers : l'autre garantie », *Banque* 1997. 586, p. 64. *Les garanties d'emprunts immobiliers et la mobilité des ménages*, CRDA Paris I et min. Logement, 1995 ; Y Delenez et M. Chetaille, « Caution mutuelle ou hypothèque : faire le bon choix », *RJDA* 2011. Chron. 355 ; v. encore pour les fonds plus professionnalisés, *infra*, n° 657.

En outre, en cas de défaillance de l'emprunteur, toutes les mesures possibles et imaginables seront prises avant de se lancer dans des procédures de saisie. Une véritable « gestion des impayés » est organisée et l'organisme de caution n'intervient pour désintéresser l'établissement de prêteur, avant de se retourner contre l'emprunteur, que dans la mesure où aucune solution amiable n'a pu être trouvée [1]. Enfin, si l'emprunteur revend l'immeuble financé pour en acquérir un autre, également à crédit, il conservera généralement le bénéfice de la garantie initiale. De plus, celle-ci peut être transférée à son propre acquéreur. En effet, malgré les novations qui s'opèrent en raison de ces mutations, novation par changement d'objet (nouveau prêt) ou par changement de débiteur (nouvel emprunteur), qui entraînent l'extinction du cautionnement [2], les parties passent les conventions nécessaires pour assurer le maintien de la garantie [3].

Le système, toutefois, n'est pas sans défaut, car si son coût peut paraître moins élevé que celui de l'hypothèque au moment de sa mise en place [4], il n'est pas certain qu'il le soit encore au terme de l'opération. Il est vrai que la quote-part qui est réclamée aux emprunteurs pour alimenter le fonds est restituable, mais cette restitution n'est jamais intégrale ; elle se fait en fonction du principe de la mutualisation des risques. On observera encore que le système des fonds de garantie repose sur une sélection très étroite des risques à telle enseigne qu'il ne paraît, en fait, approprié que pour les « bons emprunteurs ».

B. La physionomie de l'hypothèque

373 ***Définition*** ◊ L'hypothèque est une sûreté immobilière constituée sans la dépossession du débiteur par une convention, un texte de loi ou une décision de justice et en vertu de laquelle le créancier qui a procédé à l'inscription hypothécaire a la faculté de faire vendre l'immeuble grevé en quelques mains qu'il se trouve (droit de suite) et d'être payé par préférence sur le prix (droit de préférence) [5]. Elle joue, dans la vie civile et dans le monde des

---

1. Dans le système hypothécaire, les différences ne sont pas importantes, car les notaires se sont également engagés dans des formes de traitement amiable des difficultés, v. *Les garanties du financement*, Congrès des notaires, Nice 1986.

2. Encore faut-il, cependant, que la volonté de nover soit bien établie.

3. Le système hypothécaire permet également de réserver les garanties (C. civ., art. 1279), mais les formalités sont sans doute plus lourdes (v. *infra*, n° 552), car notariales, ce qui ne veut pas dire plus contraignantes.

4. Une commission représentant 0,5 % du prêt est généralement exigée, de même qu'une participation au fonds de l'ordre de 1,5 % du prêt. Ces clauses ne sont pas considérées comme abusives, v. Civ. 1re, 26 mai 1993, *D.* 1993. 568, note Paisant, *JCP* 1993. II. 22158, note Bazin. Le coût de la caution est généralement dégressif : de l'ordre de 2 % pour un crédit de 75 000 euros et de 1 % pour un crédit de 150 000 euros. Le taux de restitution est d'environ 80 % des fonds payés au titre du fonds mutuel de garantie. Ces chiffres doivent être comparés avec ceux de l'hypothèque ou du privilège du prêteur.

5. V. *Vocabulaire juridique Capitant, V° Hypothèque*. Du grec « *hypothêké* », de « *hypotithemi* » : mettre en gage.

affaires, un grand rôle [1]. Elle permet aux promoteurs de trouver un financement approprié et aux ménages de se loger dans les conditions qu'ils souhaitent, c'est-à-dire en qualité de propriétaire [2]. Elle répond donc aux besoins des débiteurs qui n'ont pas à se dessaisir de leurs biens, mais aussi aux attentes des créanciers qui ont, en principe, l'assurance d'obtenir le remboursement de leurs fonds.

Le droit de l'hypothèque a connu une évolution assez longue, parfois tumultueuse au point de laisser des ombres qui, aujourd'hui encore, obscurcissent son économie [3]. L'évolution historique de l'hypothèque et l'analyse juridique de l'hypothèque donneront lieu à deux séries de développements préliminaires. Il sera possible, ensuite, de détailler les sources et le régime de l'institution.

374 ***1° Évolution historique*** ◊ Le régime hypothécaire que nous connaissons aujourd'hui ne doit – une fois n'est pas coutume – pas grand-chose à l'histoire. La raison en est que dans l'ancienne France, comme à Rome, les hypothèques n'étaient pas soumises à publicité. Or, le système actuel repose avant tout sur les règles de la publicité foncière. Une hypothèque non inscrite est certes valable entre les parties, mais n'a aucune efficacité, car elle est inopposable aux tiers. L'opposition entre la période contemporaine et la période que l'on pourrait qualifier de classique ne doit toutefois pas être exagérée. Ainsi l'ancien droit connaissait la technique de la purge des hypothèques : l'adjudication sur saisie – que l'on appelait alors le « décret de justice » ou le « décret forcé » – éteignait toutes les hypothèques que les créanciers n'avaient pas fait valoir dans les délais de la procédure. La pratique avait également mis au point pour les aliénations volontaires une procédure de purge sur la base cette fois d'un « décret volontaire » libérant, comme le décret forcé, les immeubles de ses charges hypothécaires. Ces différents systèmes furent même codifiés par un édit de juin 1771 remplaçant les « décrets » par des lettres de ratification.

Quoi qu'il en soit, la distinction entre les deux périodes reste nette.

Semble-t-il méconnue des romains [4], l'hypothèque ne s'est véritablement révélée qu'au Moyen Âge, d'abord sous la technique de *l'obligatio bonorum*, trouvant son expression dans l'affectation par un débiteur de tout ou partie de ses biens, par le truchement d'une simple convention à la garantie de sa dette, ensuite sous le nom même d'hypothèque (au

---

1. Sur les qualités économiques de l'hypothèque, v. Aynès et Crocq, n° 655 s. ; V. égal., Piedelièvre, « L'efficacité de la garantie hypothécaire », *Mélanges Flour*, 1979, p. 367.

2. L'hypothèque accompagne les prêts d'épargne logement (v. CCH art. R. 315-14) dont on sait l'importance. L'hypothèque est d'ailleurs une garantie suffisante, la banque ne pouvant pas refuser le prêt à l'issue du plan d'épargne pour des raisons tirées de l'endettement du candidat emprunteur (v. Civ. 1re, 27 mai 1986, *Bull. civ.* I, n° 139).

3. V. Mouly, « Hypothèques, Définitions, Caractères, Effets », *J.-Cl. Civ.*, art. 2114 à 2117, n° 4.

4. V. Giffard, *Les obligations en droit romain et dans l'ancien droit français*, n° 568 ; Girard, *Manuel élémentaire de droit romain*, 6e éd., 1918, p. 781 ; Viollet, *Histoire du droit civil français*, réimp. 1966, Scientia Verlag Aalen, n° 731 s.

XVIe s.), ne grevant que des immeubles, mais tous les immeubles du débiteur, et résultant nécessairement d'un acte notarié ou d'un jugement de condamnation. À la fin de l'Ancien Régime, tout acte notarié qui faisait naître une dette emportait de plein droit une hypothèque générale sur les immeubles du débiteur sans autre forme de publicité. En restant secret, le système avait les défauts de ses avantages. Favorable aux débiteurs et à leurs créanciers directs, il négligeait les intérêts des tiers. La Convention et le Directoire essayèrent de lutter contre ces inconvénients en organisant une publicité et en limitant l'assiette de l'hypothèque (L. 9 messidor An III ; L. 11 brumaire An VII) [1].

Le compromis du Code civil entre la tradition et les apports du droit intermédiaire déçut. Le principe de la publicité des hypothèques était bien maintenu, mais avec trop de dispenses, notamment en faveur des sûretés légales. De plus, ces dernières sûretés ainsi que les hypothèques judiciaires conservaient une assiette générale.

Si ce cadre légal, considéré comme la partie la plus faible du code, fut conservé, c'est que les notaires surent assouplir les règles et apporter un concours actif aux prêteurs et aux emprunteurs [2] et que le législateur eut le mérite, dans une loi du 25 mars 1855, de soumettre à publicité toutes les aliénations et constitutions de droits réels immobiliers, à l'exception toutefois des hypothèques légales et des privilèges généraux, pourtant très nombreux.

375 ***Époque contemporaine*** ◇ L'époque contemporaine a été marquée par la réforme essentielle du décret du 4 janvier 1955. Ce texte, fort peu amendé, ce qui est un signe de qualité [3], modernise le régime de la publicité foncière. Pour ce qui est des sûretés réelles, il remédie aux deux inconvénients majeurs du droit antérieur. D'une part, il systématise la publicité en supprimant toutes les dérogations jusque-là accordées, spécialement en faveur des hypothèques légales, et en transformant la plupart des privilèges généraux - devenus considérables avec l'accroissement des créances sociales et fiscales - en hypothèques légales. D'autre part, le décret de 1955 soumet toutes les hypothèques, même générales, au principe de spécialité de l'inscription, ce qui permet aux tiers de connaître avec précision les biens grevés et le montant des créances garanties.

D'autres textes ont, ici ou là, modifié le régime des hypothèques, telle la loi du 13 juillet 1965 remplaçant l'hypothèque de la femme mariée par l'hypothèque des époux et réduisant ainsi un contentieux volumineux, ou encore la loi du 15 juin 1976 organisant la cession des créances hypothécaires [4]. Mais l'important est ailleurs et provient d'une conjonction de

---

1. V. Marty, Raynaud et Jestaz, n° 148 et 149. V. aussi *infra*, n° 749.
2. V. Ripert et Boulanger, *Traité élémentaire de droit civil*, t. 2, 4e éd., n° 3560.
3. Le seul texte important est un décret du 22 déc. 1967 modifiant sur certains points le décret du 14 oct. 1955 portant application du décret du 4 janv. 1955.
4. Cette loi interdit en même temps l'émission des copies exécutoires au porteur. Seuls des copies exécutoires à ordre peuvent circuler (v. Dagot, *JCP* 1976. 1. 2820 ; Vion, *Defrénois* 1976. 31203 ; égal. *infra*, n° 453).

phénomènes. Le législateur a d'abord bouleversé le régime des procédures collectives (L. 13 juill. 1967 ; 25 janv. 1985), sans trop veiller aux intérêts des créanciers. C'est une option qui a sa cohérence, mais qui entame l'efficacité des sûretés dont, au premier chef, l'hypothèque. Il faut, toutefois, se garder de toute exagération, d'autant que les réformes récentes (L. 10 juin 1994 ; L. 26 juillet 2005) se sont efforcées de rétablir un certain équilibre. Ensuite, le législateur a favorisé le développement d'autres sûretés ou de mécanismes de garantie – clauses de réserve de propriété, crédit-bail, fiducie-sûreté, actions directes, compensation – qui, bien qu'ils aient une assiette différente, font une concurrence presque déloyale à l'hypothèque : les spécialistes eux-mêmes ont du mal à donner les conseils qu'il faut aux prêteurs ou même aux emprunteurs. Les pouvoirs publics, enfin, devraient se soucier de l'engorgement des services de publicité foncière et de l'attente consécutive que doivent endurer les créanciers avant de pouvoir connaître l'état exact du patrimoine de leur débiteur.

376 ***Affaiblissement de l'hypothèque ?*** ◊ La période contemporaine a été marquée par une grave crise économique, comme l'attestent l'excès d'endettement de nombreux individus, l'augmentation du nombre de défaillances d'entreprises et la baisse de valeur de certains actifs immobiliers. Cette situation a révélé les imperfections du système financier et par voie de conséquence des garanties qui l'accompagnent. La perte d'efficacité de l'hypothèque a été ainsi dénoncée. On a reproché à l'hypothèque son formalisme, son coût et les délais qu'elle implique aussi bien dans sa constitution que dans sa réalisation. Ces critiques ne sont pas fausses et expliquent le développement du cautionnement personnel, du moins lorsqu'il s'agit de garantir les prêts aux entreprises ou encore les prêts à la consommation. Toutefois, lorsque le prêt est lié à la réalisation d'une opération immobilière, l'hypothèque demeure la sûreté de prédilection. En effet, un acte authentique doit déjà être dressé pour constater la mutation immobilière et il suffit, d'une certaine manière, de prolonger cet acte pour établir l'hypothèque, ce qui facilite les choses. De plus, dans ce domaine, l'effet psychologique de l'hypothèque est très prononcé : en raison de l'hypothèque et de la menace d'éviction qu'elle fait planer, l'emprunteur est incité à respecter ses échéances et cet effet est d'autant plus fort que l'immeuble constitue la résidence principale de l'emprunteur. En fait, le débiteur n'a pas vraiment le sentiment d'être propriétaire ; il pense qu'il le sera le jour où il ne sera plus débiteur.

L'hypothèque conserve ainsi l'avantage d'être plus dissuasive envers le débiteur que les autres sûretés immobilières [1].

377 ***La relance et le renouveau de l'hypothèque*** ◊ Si l'hypothèque est une bonne sûreté, cela ne signifie pas qu'il ne faille pas l'améliorer, ne

1. V. Xe Congrès international de la publicité foncière, Paris 5-8 sept. 1994, *Les grands traits de l'hypothèque en droit français*.

serait-ce que pour tenir compte des critiques précédentes [1]. S'agissant de son coût, s'il paraît difficile de réduire le montant des honoraires du notaire afférents à l'acte authentique ou des émoluments dus au service qui procède à l'inscription, il n'est pas impensable de recommander une diminution de la taxe de publicité foncière (égale à 0,60 % du montant des sommes dont elle garantit le recouvrement, GGI art. 663, al. 1er) à laquelle donne lieu l'inscription. Il est également possible d'améliorer l'information délivrée aux prêteurs de manière à faire disparaître le délai qui sépare la date où le service compétent certifie les renseignements demandés et celle où ces renseignements sont délivrés et donc celle du contrat de prêt. À cet effet, il faut signaler la création d'un fichier informatisé répertoriant, dès leur réception à la conservation des hypothèques, les dépôts de documents d'après les références cadastrales des immeubles conservés [2]. En outre, diverses mesures précises peuvent être envisagées pour améliorer le fonctionnement même du mécanisme hypothécaire [3]. Enfin et surtout, le législateur s'est récemment engagé dans une politique de renforcement des droits des créanciers qui s'est concrétisée dans la loi du 10 juin 1994 portant réforme des procédures collectives et améliorant sensiblement la situation des créanciers hypothécaires (v. *infra*, n° 505 s.), ainsi que dans la loi du 9 juillet 1991 relative à la réforme des procédures civiles d'exécution, dont le volet sur la saisie immobilière a fini par aboutir (Ord. 21 avr. 2006 ; Décr. 27 juill. 2006).

L'ordonnance du 23 mars 2006 a, dans une certaine mesure, parachevé le mouvement en modernisant sensiblement le droit hypothécaire, en améliorant son fonctionnement et en créant deux nouveaux instruments : l'hypothèque rechargeable et le prêt viager hypothécaire. Cette réforme assure le renouveau de l'hypothèque [4].

L'hypothèque dite rechargeable est celle qui peut être ultérieurement affectée à la garantie de créances autres que celles mentionnées par l'acte constitutif pourvu que celui-ci le prévoit expressément » (C. civ. art. 2422). Elle permet ainsi au constituant de profiter pleinement des ressources financières de son bien. L'immeuble apparaît comme une « réserve de crédit dont dispose le propriétaire » [5], car ce dernier peut, à son initiative, recharger et l'affecter de nouveau en garantie de crédits complémentaires

---

1. V. Th. de Ravel d'Esclapon, « L'hypothèque, une sûreté décidément bien en vue », *D.* 2008. 2021 ; égal. M. Bimbou, *Le renouveau des sûretés réelles immobilières*, th. Paris I, 2011.

2. V. Xe Congrès international de la publicité foncière, Paris 5-8 sept. 1994, *Fonction des sûretés réelles immobilières dans le système financier*, 24 s. À compter du 1er janv. 2013, le seul fichier à considérer sera le « fichier immobilier » tenu par le service de publicité foncière.

3. *Op. cit., ibid.*

4. V. M. Grimaldi, « L'hypothèque rechargeable et le prêt viager hypothécaire », *D.* 2006. 1294 ; M. Dagot, *L'hypothèque rechargeable*, Litec 2006 ; Frémeaux, « L'hypothèque rechargeable », *JCP* N 2006. 1196 ; Gourio, « L'hypothèque rechargeable », *RD banc. fin.* 2006, n° 41 ; Prigent, « L'hypothèque rechargeable », *Defrénois* 2007. 106 ; v. encore, Ph. Dupichot, « La réforme du régime hypothécaire », *D.* 2006. 1291 ; G. Kairallah, « Hypothèque rechargeable et prêt viager hypothécaire, aspects internationaux », *Defrénois* 2007. 929.

5. Legeais, n° 546 *bis*.

au profit du même créancier ou même en garantie de nouveaux crédits au profit de nouveaux créanciers, alors même que le créancier initial n'a pas été remboursé. Un formalisme entoure l'opération (v. *infra*, n° 407) mais on conviendra que cette souplesse est de nature à relancer l'hypothèque.

Le prêt viager hypothécaire dont le régime est organisé par le Code de la consommation (art. L. 314-1 s.) est l'un des nouveaux contrats spéciaux reconnus par les réformes récentes. C'est plus précisément « le contrat par lequel un établissement de crédit ou un établissement financier consent à une personne physique un prêt sous forme d'un capital ou de versements périodiques, garanti par une hypothèque constituée sur un bien immobilier de l'emprunteur à usage exclusif d'habitation dont le remboursement principal et intérêts – ne peut être exigé qu'au décès de l'emprunteur ou lors de l'aliénation ou d'un démembrement de la propriété de l'immeuble s'ils surviennent avant le décès ». Cette technique, relevant du seul droit de la consommation et réservée aux consommateurs [1], permet à un emprunteur immobilier de reporter sur ses descendants le poids de sa dette, tout en donnant au prêteur les garanties nécessaires (v. *infra*, n° 408).

378 ***L'avenir : l'eurohypothèque ?*** ◊ Il est question, depuis un certain nombre d'années, d'instituer une hypothèque conventionnelle européenne [2]. Les spécialistes ont en effet constaté que les nombreux problèmes résultant de la pratique du crédit transfrontalier en matière immobilière ne pouvaient être résolus ni par la méthode des conflits de lois, ni par une harmonisation du droit hypothécaire au sein de l'Union européenne. Il est vrai que les principaux systèmes juridiques en vigueur en Europe diffèrent assez sensiblement. C'est ainsi qu'en Angleterre l'hypothèque peut ne pas être spécialisée [3], tandis qu'en Italie l'inscription au registre foncier conditionne la naissance du droit, alors que dans la plupart des autres pays elle est seulement une condition de son opposabilité aux tiers. Il est, ainsi, assez délicat de faire coexister ces régimes aussi variés. D'un autre côté, on a pu estimer que pour répondre aux besoins modernes du crédit dans le marché unique, il était nécessaire de se dégager d'un certain nombre de principes et d'introduire une technique moderne. Le droit allemand et le droit français de la fin du XVIIIe s. en offraient des modèles.

Le droit allemand connaît la technique de la dette foncière (*Briefgrundschuld*, BGB § 1191) qui a la particularité d'exister de manière autonome et

1. V. C. consom. art. L. 314-1, al. 2 : « à peine de nullité, le prêt viager hypothécaire ne peut être destiné à financer les besoins d'une activité professionnelle ».

2. *Cf.* G. Chauvin, *Les techniques juridiques modernes de garantie et la pratique notariale*, XXIe Congrès international du notariat latin, Berlin 1995, p. 389 ; égal. Ch. Albiges, « L'hypothèque conventionnelle transfrontalière européenne », *Dr. et patr.* juill.-août 2007. 74 s. ; « L'eurohypothèque », *D.* 2007. 1712 ; E. Munoz Espada, *D.* 2007. 1712 ; v. encore, sur la création d'un marché hypothécaire européen, *CCC* 2011. Alertes 50.

3. Système de la « floating charge », v. F. Dahan, *La* floating charge *dans les rapports internationaux de droit privé. Essai sur la reconnaissance d'une institution étrangère*, thèse Paris XI, 1995 ; *JDI* 1996. 381.

qui peut circuler indépendamment de la créance qu'elle garantit. Il consacre également la technique de la cédule hypothécaire (*Schuldbrief*, BGB § 1192) qui est un titre négociable représentant la dette souscrite sur l'immeuble et qui peut aussi circuler facilement, ce qui favorise les transactions juridiques [1].

Des techniques analogues avaient été du reste introduites en France par la loi de Messidor an III (17 juin 1975) : cette loi avait admis qu'un propriétaire pouvait constituer une hypothèque sur son immeuble indépendamment de toute créance et diviser cette hypothèque en fractions appelées cédules hypothécaires, ou titres de créances garanties par une hypothèque et pouvant être transmis aisément au fur et à mesure des besoins du propriétaire.

Ces exemples ont manifestement inspiré les Commissions officielles et spécialement la sous-commission « eurohypothèque » de la Commission des affaires de l'Union européenne (CAUE) qui, dans un rapport publié en 1992, a précisément préconisé la création d'une « eurohypothèque ». Celle-ci peut se définir comme une « sûreté réelle immobilière indépendante de l'existence d'une créance personnelle concrète ». Sa constitution serait accompagnée d'une reconnaissance de dette abstraite, ce qui permettrait, en cas de défaillance du débiteur, de saisir et l'immeuble grevé et le patrimoine du débiteur [2].

Ce projet a recueilli quelques échos favorables [3], mais d'aucuns persistent à penser qu'il serait plus opportun de s'engager dans la voie d'une harmonisation progressive des systèmes [4], en commençant par organiser un fichier ou un registre européen des immeubles (par une interconnexion de ceux qui existent), par reconnaître aux différentes professions intéressées dans toute l'Europe des pouvoirs identiques et par mettre au point des procédures de recouvrement analogues [5].

379 ***2° Analyse juridique*** ◊ L'hypothèque est un instrument de crédit très perfectionné, car elle permet au propriétaire d'un immeuble de se procurer, par la constitution d'une ou de plusieurs garanties de ce type, des liquidités représentant tout ou partie de la valeur de l'immeuble, sans en perdre pour autant la jouissance ni la libre disposition. L'hypothèque rechargeable, nouvellement instituée en droit français, conforte cet avantage.

---

1. V. M. Elser et L. Julien-Saint-Amand, « Les garanties hypothécaires en droit allemand », *LPA* 23 avr. 1997.

2. *Cf.* G. Chauvin, art. préc., *ibid.*

3. *Cf.* la position de l'Association des conservateurs des hypothèques français, Xe Congrès international de la publicité foncière, Paris 5-8 sept. 1994.

4. *Cf.* Association française des banques, in contribution de l'AFB, *Hypothèque en Europe et hypothèque européenne*, Xe Congrès international de la publicité foncière ; v. encore « La proposition de directive Comm. UE pour une meilleure protection des consommateurs européens », *JCP* 2011. 423.

5. V. égal. sur les questions de libre circulation des paiements et de capitaux, CJCE 16 mars 1999, *Europe* 1999. 175, obs L. Idot.

L'hypothèque est en conséquence une bonne sûreté puisqu'elle confère au créancier toutes les prérogatives attachées à un droit réel, sans obérer tout le crédit du débiteur. Ce jugement favorable se renforce si l'on tient compte de ce que l'hypothèque peut grever de nombreux biens. Une étude de ses caractères généraux, des biens sur lesquels elle peut porter et, au-delà, de son assiette s'impose donc.

380 ***a) Caractères généraux de l'hypothèque*** ◇ L'hypothèque est un droit réel accessoire. Elle donne à son titulaire un droit sur un bien ou sur plusieurs biens déterminés. Mais puisqu'il s'agit d'une sûreté, ce droit dépend normalement d'un rapport préexistant. Sans obligation principale garantie, il n'est pas d'hypothèque. Il faut préciser les conséquences qui s'attachent au caractère réel et au caractère accessoire de l'hypothèque, sans oublier d'indiquer que cette garantie est comme toutes les sûretés réelles indivisibles.

381 ***Caractère réel*** ◇ L'article 2393 du Code civil dispose : « l'hypothèque est un droit réel sur les immeubles... ». Cette qualification n'est pas tout à fait exacte. D'abord, l'hypothèque n'est pas un droit réel qui permettrait à son titulaire d'épuiser toute l'utilité d'une chose. À la différence du propriétaire, le créancier hypothécaire ne peut agir matériellement sur la chose. En réalité, son droit réel est un « droit réel au second degré » [1], c'est un droit portant sur le droit que le débiteur a sur la chose et qui est, le plus souvent, un droit de propriété. Or, ce droit représente une valeur et c'est cette valeur qui est affectée à titre de garantie au créancier. Le droit du créancier hypothécaire porte donc sur une valeur, mieux sur la contre-valeur du droit hypothéqué qui apparaît lors de la vente du bien [2]. Ensuite, l'hypothèque ne grève pas nécessairement un immeuble. En tant que droit réel, elle peut porter sur la valeur d'un meuble ou d'un immeuble si bien que l'hypothèque peut avoir indifféremment un caractère mobilier ou immobilier [3].

Le caractère réel de l'hypothèque entraîne deux conséquences [4]. Le créancier pourra, d'une part, opposer son droit hypothécaire aux autres créanciers et exercer ainsi un droit de préférence qui lui permettra de primer, sur le prix dégagé par la vente du bien, et plus généralement sur la valeur du bien, les créanciers chirographaires et les créanciers hypothécaires d'un rang inférieur. D'autre part, le créancier hypothécaire pourra opposer son droit aux tiers acquéreurs du bien, et exercer ainsi un droit de suite lui donnant la possibilité de saisir le bien en quelques mains qu'il se trouve.

---

1. Planiol, Ripert et Becqué, n° 328.
2. V. Mouly, *J.-Cl. Civ.*, préc., n° 72.
3. Aucune conséquence juridique déterminante ne découle de l'un ou l'autre de ces caractères, v. Mouly, préc., n° 98. Plus généralement sur l'hypothèque mobilière, v. *infra*, n° 686.
4. V. égal. Civ. 1re, 19 janv. 1999, *Bull. civ.* I, n° 21, *JCP* 2000. II. 10248, note Vignal, *JCP* 2000. I. 209, n° 11, *D.* 1999. Somm. 292, obs. Audit, *Defrénois* 1999. 523, note M. Revillard, rappelant que l'hypothèque est régie par la loi de la situation de l'immeuble formant l'assiette de la sûreté (*lex rei sitae*), loi réelle qui coïncide généralement avec la loi de la source.

382 ***Caractère accessoire*** ◊ « L'hypothèque est un droit réel affecté à l'acquittement d'une obligation » (C. civ. art. 2393, al. 1). C'est une façon plus élégante de dire que l'hypothèque est une sûreté réelle qui assure le recouvrement d'une créance et c'est une bonne manière de préciser que le droit français ne conçoit l'hypothèque que comme l'accessoire d'une créance principale. Notre droit en effet, n'admet plus, à la différence de certains droits étrangers, l'existence d'hypothèques autonomes, détachées de la créance à garantir ; mais on a vu que l'idée n'était pas abandonnée (*supra*, n° 380). Du reste, en droit positif, l'hypothèque sur soi-même existe encore et spécialement dans le cas où l'acquéreur d'un immeuble hypothéqué désintéresse les créanciers, recueille par subrogation leurs créances, se trouve investi de leurs hypothèques et acquiert ainsi des hypothèques sur sa propre chose (C. civ. art. 1251-2°). L'hypothèque rechargeable instituée par la réforme de 2006, malgré son originalité et bien qu'elle se démarque sensiblement du principe de spécialité, conserve un caractère accessoire (v. *infra*, n° 407).

Cependant, si la créance garantie par l'hypothèque doit avoir une existence, il n'est pas nécessaire qu'elle soit certaine, liquide et exigible [1]. L'hypothèque peut parfaitement assurer le paiement d'une créance conditionnelle ou en germe, dont seul le fait générateur a été créé [2], étant entendu qu'il faudra attendre sa liquidation avant de pouvoir mettre en œuvre la sûreté [3].

La réforme des sûretés a été l'occasion de consacrer ces solutions : l'article 2421 prévoit que « l'hypothèque peut être consentie pour sûreté d'une ou plusieurs créances, présentes ou futures ». Le texte précise, toutefois, que si la créance est future, encore faut-il qu'elle soit déterminable (ce qui renvoie aux éléments constitutifs de la créance : personne du créancier, personne du débiteur, objet de l'engagement, etc.), ce qui interdit la constitution d'une hypothèque garantissant toutes les créances susceptibles d'exister entre tel débiteur et tel créancier (hypothèque *omnibus*) ; encore faut-il également que la cause de la créance soit déterminée dans l'acte (art. 2421, al. 2). Il est donc possible d'inscrire une hypothèque en garantie d'une créance à venir, mais une telle hypothèque ne sera

---

1. V. Civ. 1re, 26 juin 1974, *Bull. civ.* I, n° 207.

2. Ainsi, une hypothèque peut-elle couvrir la dette (en germe) de garantie des vices pesant sur un vendeur, garantir le solde débiteur d'un compte-courant ou encore une ouverture de crédit, v. Civ., 21 nov. 1848, *DP* 1849. 1. 275. V. J.M. Fernandez, « L'hypothèque conventionnelle en garantie d'une ouverture de crédit », *LPA* 7 juill. 1999. Comp. pour une créance de salaire différé qui ne peut être fixée qu'après le décès de l'exploitant, Civ. 1re, 13 avr. 1999, *JCP* 2000. 1. 209, n° 12.

3. V. Civ. 1re, 10 oct. 1967, *Bull. civ.* I, n° 286, décidant qu'un créancier ne peut être colloqué sur le prix d'adjudication avant que la créance garantie n'ait été liquidée. Depuis la réforme de la saisie immobilière, l'adjudicataire ne peut, avant la consignation du prix, accomplir un acte de disposition sur le bien, à l'exception de la constitution d'une hypothèque accessoire à un contrat de prêt destiné à financer l'acquisition de ce bien (C. civ. art. 2211, al. 2).

parfaite qu'avec la naissance de la créance [1]. On retrouve une difficulté désormais classique tenant à la formation des créances dans le temps [2].

Lorsque l'hypothèque garantit des créances futures, la loi en réglemente par ailleurs la durée. L'article 2423, al. 3 C. civ. dispose que l'hypothèque consentie pour sûreté d'une ou plusieurs créances futures et pour une durée indéterminée [3] peut être résiliée à tout moment par le constituant, sauf pour lui à respecter un préavis de trois mois et ajoute qu'une fois résiliée l'hypothèque ne demeure que pour la garantie des créances nées antérieurement. Autrement dit, l'hypothèque en tant que contrat à durée indéterminée et conformément à ce qu'il est admis par le droit commun des contrats, est, sous réserve de préavis [4], susceptible d'être résiliée unilatéralement par l'une des parties et spécialement par le constituant, la faculté de résiliation unilatérale n'étant pas ici bi-latéralisée. En outre, la loi reprend à son compte la distinction bien connue du droit du cautionnement entre l'obligation de règlement et l'obligation de couverture (v. *supra*, n° 255 s.) : la résiliation met fin à l'obligation de couverture, tout en maintenant l'obligation de règlement. Ces dispositions protectrices doivent être considérées comme impératives.

Compte tenu de son caractère accessoire, l'hypothèque n'existe et ne vit que par la créance qu'elle garantit. C'est pourquoi elle disparaît, dès lors que la créance est infectée d'un vice ou d'une cause de nullité [5]. De même, l'hypothèque s'éteint dès que la créance principale est frappée d'une cause d'extinction ou dès qu'elle est payée. Mais, à l'inverse, l'hypothèque peut s'éteindre indépendamment de la créance initiale [6] et, dans certains cas, notamment de novation, pour faciliter les mutations assorties de transferts de prêts, l'hypothèque peut survivre à la créance garantie (C. civ. art. 1279, al. 2). Enfin, la transmission de la créance, à la suite d'une cession, d'un endossement ou d'une subrogation, entraîne normalement celle de l'hypothèque en tant que garantie accessoire suivant le sort du

1. MM. Cabrillac, Mouly et Pétel, n° 868.
2. V. E. Putman, *La formation des créances*, thèse Aix-Marseille 1990.
3. Rien ne s'oppose à ce que les parties bornent dans le temps une telle hypothèque, ce qui écarte l'application de l'art. 2423.
4. L'absence de préavis ou l'irrégularité dans l'envoi du préavis devrait être sanctionnée par des dommages-intérêts, au demeurant bien théoriques.
5. Req., 9 déc. 1930, *S.* 1931. 1. 107 : nullité d'une hypothèque consentie en garantie d'une créance dépourvue de cause. Toutefois, l'hypothèque survit à l'annulation du prêt : Com., 2 nov. 1994, *Bull. civ.* IV, n° 321, *Defrénois* 1995. 423, obs. L. Aynès, *JCP* 1995. 1. 3851, n° 13 : « ayant prononcé la nullité des deux contrats de prêt, l'arrêt a ordonné la mainlevée des garanties prises par la société prêteuse et notamment la radiation des hypothèques inscrites sur les biens immobiliers visés par le commandement. En statuant ainsi, alors que tant que les parties n'ont pas été remises en l'état antérieur à la conclusion des conventions annulées, l'obligation de restituer inhérente au contrat de prêt demeure valable et que les garanties en considération desquelles le prêt a été consenti subsistent tant que cette obligation n'est pas éteinte, la cour d'appel a violé l'article 2012 du Code civil » ; égal. Civ. 3e, 5 nov. 2008, *D.* 2008. 2932, *JCP* 2009. I. 150, n° 16, *RTD civ.* 2009. 148, obs. Crocq.
6. Ainsi en est-il en cas de mainlevée ou de renonciation, v. *infra*, n° 556 s.

principal [1]. Cependant, rien n'interdit aux parties de réaliser des opérations sur la seule hypothèque, de convenir ainsi des cessions de rang ou d'antériorité pour mieux organiser le crédit du débiteur (v. *infra*, n° 546).

383 ***Caractère indivisible*** ◊ Comme toutes les sûretés réelles, l'hypothèque est, par nature, indivisible. Elle « subsiste en entier sur tous les immeubles affectés, sur chacun et sur chaque portion de ces immeubles » (C. civ. art. 2393, al. 2) [2]. L'indivisibilité n'est qu'une garantie supplémentaire offerte au créancier ; elle est de la nature de l'hypothèque et non de son essence, si bien que le créancier peut y renoncer expressément [3] ou tacitement [4]. De plus, elle ne concerne que la sûreté et non la créance principale ; seuls le créancier ou ses héritiers peuvent s'en prévaloir [5]. Son intérêt se concrétise lorsque l'immeuble se divise ou encore lorsque la créance se divise.

1° La division de l'immeuble hypothéqué n'entraîne pas celle de l'hypothèque. Si l'hypothèque ne porte que sur un seul immeuble, chaque portion de cet immeuble répond de la totalité de la dette, de telle sorte que la division de l'immeuble, à la suite d'un partage ou d'une vente partielle, n'oblige pas le créancier à diviser ses recours ; il peut poursuivre pour le tout celui des héritiers qui a reçu dans son lot tout ou partie de l'immeuble [6]. Si plusieurs immeubles sont hypothéqués à la sûreté de la même dette, chacun des immeubles répond de la totalité de la dette. Le créancier est donc « en droit de choisir celui des immeubles sur le prix duquel il veut être colloqué pour la totalité de sa créance » [7].

2° La division de la créance garantie n'entraîne pas celle de l'hypothèque. Lorsqu'un créancier hypothécaire décède et laisse plusieurs héritiers, chacun d'entre eux peut saisir la totalité de l'immeuble hypothéqué. À l'inverse, lorsqu'un débiteur décède et laisse plusieurs héritiers, celui d'entre eux qui hérite de l'immeuble hypothéqué, bien qu'il ne soit personnellement tenu que d'une partie de la dette, peut être poursuivi hypothécairement pour le tout (C. civ., art. 873, dont la substance n'a pas été modifiée par la réforme des successions).

384 ***b) Biens susceptibles d'hypothèque*** ◊ En tant que droit réel, l'hypothèque grève des biens qui vont constituer son assiette. En réalité,

---

1. Toutefois, si la créance garantie est incessible, l'hypothèque n'est pas nécessairement incessible ; elle ne le sera que si les raisons, qui ont conduit à déclarer la créance garantie incessible justifient que la sûreté le soit également (v. Mouly, préc., n° 151).

2. Rapp. la formule de Dumoulin : « *Hypotheca est tota in toto et tota in qualibet parte* » (v. H. Roland et L. Boyer, *Locutions latines et adages du droit français contemporain*, t. II, n° 158).

3. Req., 29 juill. 1858, *DP* 1859. 1. 125.

4. Req., 11 avr. 1902, *DP* 1903. 1. 465 ; Civ., 9 mai 1905, *S.* 1906. 1. 489, note Bernard.

5. Req., 9 nov. 1847, *DP* 1848. 1. 49.

6. v. Civ. 3e, 6 mars 1996, *JCP* 1996. I. 3942, n° 6, *Bull. civ.* III, n° 63.

7. Civ. 3e, 15 févr. 1972, *D.* 1972. 463, note Frank ; v. aussi, *infra*, n° 510. Toutefois, lorsque l'hypothèque garantit un prêt spécial à la construction et que l'immeuble ou une partie de l'immeuble, est aliéné, l'hypothèque se divise de plein droit (CCH, art. L. 311-8).

l'hypothèque ne porte pas directement sur des biens, mais sur des droits (*supra*, n° 381). Droit réel de garantie, l'hypothèque est, comme on l'a dit, un « droit réel au second degré ». Or, ce droit susceptible d'être hypothéqué a lui-même pour objet des choses ou des droits [1]. Il faut donc envisager successivement quels sont les choses et les droits qui peuvent être hypothéqués avant de déterminer l'assiette précise de l'hypothèque.

Il est bien évident, par ailleurs, que l'existence d'un privilège ou d'une hypothèque sur un immeuble ne fait pas obstacle à l'inscription d'une nouvelle sûreté réelle sur ce bien [2]

385 ***Choses susceptibles d'hypothèque*** ◊ En principe, tous les biens peuvent être hypothéqués : les biens meubles (v. *infra*, n° 686) comme les biens immeubles. S'agissant des immeubles auxquels nous nous tiendrons ici, l'essentiel est qu'ils soient dans le commerce (C. civ. art. 2397, al. 1er). La chose doit donc être disponible [3], aliénable et saisissable. Dans ces conditions, peuvent être hypothéqués tous les biens immobiliers et leurs accessoires réputés immeubles, ce qui vise les immeubles par nature, les fonds de terre [4], les bâtiments [5]. Les immeubles par destination, cependant, ne peuvent être hypothéqués indépendamment du fonds auquel ils sont attachés, de même qu'ils ne peuvent être saisis séparément de l'immeuble principal). Mais il va de soi que ces biens, en tant qu'accessoires, sont de plein droit atteints par l'hypothèque qui grève l'immeuble dont ils dépendent, qu'ils soient du reste attachés à cet immeuble au moment ou après la constitution de l'hypothèque. De même, est-il possible, sous certaines conditions, de constituer une hypothèque sur certaines parties du domaine public [6].

Il demeure, comme on l'a vu, que certains biens ne peuvent faire l'objet d'une hypothèque. C'est le cas des choses hors du commerce. Toutefois, l'exception a une portée limitée. De même que les choses qui ne peuvent faire l'objet de convention voient leur nombre se réduire, de même, les

1. V. Marty, Raynaud et Jestaz, n° 176.
2. Civ. 3e, 18 juin 2008, *D.* 2008. 1899.
3. L'immeuble abritant le logement de la famille appartenant en propre à l'un des époux n'est pas librement disponible (C. civ. art. 215, al. 3) : il ne peut faire l'objet d'une hypothèque qu'avec le consentement des deux époux. À défaut, le conjoint dont le consentement n'a pas été requis peut demander l'annulation de l'acte, à condition néanmoins de justifier d'un intérêt à agir, ce qui n'est pas le cas lorsqu'il est en instance de divorce : Civ. 3e, 3 mars 2010, *JCP* 2011. 708, n° 12.
4. V. Boileau, Lutr. IV. « Sur quelle vigne à Reims nous avons hypothèque ». L'hypothèque s'applique à la surface et au sous-sol, notamment aux carrières et aux mines ; cependant, en cas de concession pour l'exploitation d'une mine, le droit né de la concession n'est pas susceptible d'hypothèque (C. minier, art. 36, al. 2).
5. L'hypothèque frappant les bâtiments affecte ses éléments constitutifs, tuyaux, canalisations, installations de chauffage… (Colmar, 13 janv. 1966, *JCP* 1967. II. 14971, note G. Wiederkher).
6. V. Loi 25 juill. 1994, *JCP* 1996. I. 3942, n° 5 ; v. Y. Gaudemet, « Hypothèque et domaine des personnes publiques », *DA* 1996. 33 ; P. Gauthier, « Hypothèque et domaine public », *Dr. et patr.* avr. 2001. 52 ; rappr. Req., 18 déc. 1893, *S.* 1894. 1. 456, reconnaissent la validité d'une hypothèque prise sur les immeubles dépendant du domaine privé d'une commune.

choses non susceptibles d'hypothèque, parce que hors du commerce, se raréfient. Ce qui compte ici, en effet, c'est que le bien puisse être aliéné, car l'hypothèque est virtuellement appelée à se dénouer, à un moment ou à un autre, dans une vente forcée. Du moins cette vente forcée doit-elle être possible. Par conséquent, seuls les biens frappés d'inaliénabilité [1] ou encore d'insaisissabilité [2] ne peuvent former l'objet d'une hypothèque [3].

386 ***Droits susceptibles d'hypothèque*** ◊ La plupart des droits réels peuvent être hypothéqués. Tel est le cas du droit de propriété lui-même qui se trouve hypothéqué en même temps que la chose qui en fait l'objet. L'hypothèque peut aussi grever un droit d'usufruit (C. civ. art. 2397-2°), mais dans la mesure où l'usufruit est détaché de la pleine propriété [4]. Portant sur un droit temporaire, la sûreté est fragile : elle s'éteint à la mort de l'usufruitier ou à l'expiration du temps pour lequel l'usufruit avait été constitué. Cet inconvénient n'existe pas si l'hypothèque porte sur la nue-propriété d'un bien, puisque la nue-propriété est un droit perpétuel ; encore faut-il, toutefois, pour que l'hypothèque soit valable, qu'elle soit consentie par le nu-propriétaire. Elle s'étend à la pleine propriété au jour de l'extinction de l'usufruit [5]. On pourrait encore hypothéquer le droit de superficie. Le droit réel conféré au preneur par un bail emphytéotique (C.

1. Mais peu importe que l'inaliénabilité soit ; – *judiciaire* (C. com., art. L. 626-14), biens frappés d'inaliénabilité par le jugement arrêtant le plan de continuation – le tribunal ne pourrait cependant décider de rendre inaliénable un immeuble pour une durée qui ne saurait excéder celle du plan ; sans cela les créanciers hypothécaires seraient payés après les créanciers chirographaires, ce qui n'est pas admissible. L'inaliénabilité doit donc correspondre à la durée du plan ; *légale* (C. com. art. L. 642-9 : les biens acquis par un repreneur sont indisponibles tant que le prix n'est pas payé ; pour un autre ex., v. Civ. 3e, 29 juin 1983, *Bull. civ.* III, n° 152, *RDI* 1984. 221, obs. Dagot, à propos de biens dépendant du domaine privé de la Nouvelle Calédonie et frappés d'inaliénabilité par la législation locale) – ou *conventionnelle* : v. cependant Civ. 1re, 17 mars 1964, *Bull. civ.* I, n° 163, décidant que l'hypothèque constituée sur un immeuble frappé d'inaliénabilité par une clause testamentaire est valable dès lors qu'elle n'est consentie que pour éviter des poursuites et n'entraîne aucune aliénation du bien ; comp. Civ. 1re, 31 oct. 2007, n° 05-14.238 : « dès lors que la clause litigieuse stipulait que seuls les biens donnés et les biens acquis en remploi ne pouvaient être aliénés sans le concours du donateur, une cour d'appel en a exactement déduit que le créancier hypothécaire était fondé à se voir attribuer, après licitation du bien, la partie du prix de vente correspondant à la quote-part indivise en pleine propriété, laquelle n'était pas affectée par la clause d'inaliénabilité » ; Les clauses d'inaliénabilité ne sont valables que dans la mesure où elles sont limitées dans le temps et reposent sur un intérêt sérieux et légitime (C. civ. art. 900-1, texte dont la portée peut être généralisée).

2. Les clauses d'insaisissabilité se rencontrent principalement dans les actes à titre gratuit où elles ne sont valables que dans les conditions de l'art. 14-3 de la loi du 9 juill. 1991 ; comp. dans un acte à titre onéreux : Civ. 1re, 31 oct. 2007, *D.* 2008. 963, note Thomas-Raynaud.

3. La jurisprudence contemporaine considère cependant que l'immeuble grevé d'une clause d'inaliénabilité ne peut faire l'objet d'une saisie tant que la clause est en vigueur (Civ. 1re, 15 juin 1994, *D.* 1995. 342, note A. Leborgne, *Defrénois* 1995. 51, obs. X. Savatier ; 30 juin 1993, *D.* 1995. Somm. 50, obs. M. Grimaldi), ce qui laisse entendre qu'une hypothèque judiciaire, légale, voire conventionnelle peut être inscrite, mais non réalisée, nonobstant la clause d'inaliénabilité.

4. L'usufruit compris dans la pleine propriété réunie sur une même tête ne peut être hypothéqué seul (Civ., 12 avr. 1836, *S.* 1836. I. 366).

5. V. Nîmes, 9 juill. 1934, *Gaz. Pal.* 1934. 2. 676.

rural, art. L. 451-1) [1] ou par un bail à construction (CCH art., L. 251-3) ou même le droit du concessionnaire d'une mine (C. minier, art. 36) ou le droit résultant d'une concession d'énergie hydraulique (L. 16 oct. 1919, art. 21) est ainsi susceptible d'hypothèque.

La liste de droits pouvant faire l'objet d'une hypothèque est donc très longue [2]. Toutefois, elle n'est pas illimitée. Certains droits réels, parce qu'ils sont incessibles, ne peuvent être hypothéqués. Ainsi en est-il du droit d'usage et d'habitation (C. civ. art. 631 et 634). Les servitudes ne sauraient davantage faire l'objet d'une hypothèque, dès lors qu'elles ne peuvent être détachées du fonds dominant pour être aliénées séparément : elles ne peuvent être hypothéquées qu'avec le fonds dominant lui-même et en tant qu'accessoires de ce fonds. Il en va pareillement du droit d'hypothèque lui-même qui ne peut être hypothéqué, compte tenu de la suppression d'une procédure un peu particulière que l'on appelait la procédure de sous-ordre [3]. Cette impossibilité n'empêche pourtant pas le créancier de tirer crédit de son hypothèque, en mobilisant dans les formes prescrites par la loi du 15 juin 1976 sa créance hypothécaire ou encore en consentant une subrogation dans son hypothèque (v. *infra*, n° 543).

387 ***c) Assiette de l'hypothèque. Hypothèques générales et hypothèques spéciales*** ◊ Certaines hypothèques sont générales en ce sens qu'elles grèvent l'ensemble des immeubles du débiteur ; d'autres sont spéciales et ne portent que sur un bien déterminé. Les premières sont devenues aujourd'hui exceptionnelles : il s'agit de « l'hypothèque judiciaire » de l'article 2412 et des hypothèques légales visées par l'article 2400. Les secondes représentent le droit commun : elles sont les plus nombreuses et ont l'avantage de ménager le crédit du débiteur tout en assurant une garantie efficace au créancier. De toute façon, cette distinction n'a plus, de nos jours, l'importance qu'elle a pu avoir. Toutes les hypothèques sont, en effet, soumises à inscription. La publicité doit mentionner avec précision les immeubles qui sont hypothéqués. Le principe de la spécialité de l'inscription s'applique à toutes les hypothèques et réduit donc l'intérêt qu'il y aurait à distinguer les hypothèques générales et les hypothèques spéciales.

---

1. Civ. 3e, 15 mai 1991, *RDI* 1991. 357. L'hypothèque disparaît alors, par caducité, à l'expiration du bail : Civ. 3e, 7 oct. 2009, *JCP* 2009. 492, n° 15.
2. Pour plus de détails, v. J. Mestre, *J.-Cl. Civ.*, art. 2118.
3. On admettait dans l'ancien droit qu'un créancier hypothécaire pouvait constituer une hypothèque sur celle qui lui appartenait. Dans ces conditions, si le créancier réalisait sa sûreté, les sommes dégagées par la vente forcée étaient distribuées à ceux de ses créanciers qui avaient hypothèque sur son hypothèque, dans le cadre d'une procédure dite de sous-ordre, cette procédure se greffant sur la première, qualifiée (encore de nos jours, v. *infra*, n° 506) procédure d'ordre. Or les procédures de sous-ordre ont été condamnées par l'article 775 de l'ancien code de procédure civile, sans doute pour éviter les lenteurs et les frais de toute procédure de distribution. On en déduit, par un raisonnement inductif, que l'hypothèque de l'hypothèque n'est plus concevable (v. Planiol, Ripert et Becqué, n° 366). En outre, l'article 2397 n'énumère pas, dans les droits qui peuvent être hypothéqués, l'hypothèque.

388 ***Principal et accessoire*** ◊ En frappant l'immeuble principal, l'hypothèque s'étend nécessairement aux accessoires réputés immeubles et spécialement aux immeubles par destination, même s'ils ne sont mentionnés ni dans l'acte constitutif ni dans l'inscription [1]. Peu importe la nature du bien accessoire. Ainsi, les droits attachés au fonds lui-même sont *ipso jure* compris dans l'hypothèque (servitude, mitoyenneté...). De même, les fruits et récoltes sont grevés par l'hypothèque comme faisant partie intégrante du fonds (C. civ. art. 520), ce qui n'interdit pas au débiteur de les percevoir (*infra*, n° 398). En cas de saisie immobilière, les fruits naturels et industriels sont, cependant, immobilisés, c'est-à-dire affectés par préférence au paiement des créanciers hypothécaires à dater de la publication du commandement de payer (C. civ. art. 2194, Décr. 27 juill. 2006, art. 28 s.). Si, toutefois, l'immobilisation par destination cesse, si, par exemple, le propriétaire du fonds sépare définitivement de son fonds les objets jusque-là grevés, ces objets redeviennent meubles et disparaissent de l'assiette de l'hypothèque. Le créancier ne pourrait exercer son droit de suite contre le tiers acquéreur de bonne foi. Mais encore faut-il, pour que le droit de suite soit perdu, que les biens aient été effectivement détachés et possédés par le tiers acquéreur [2]. De plus, le créancier peut exercer son droit dans le cas où ledit tiers n'a pas encore réglé le prix [3].

S'il s'agit de produits détachés de l'immeuble, les solutions sont différentes, car leur disparition affecte la valeur même du bien hypothéqué et leur aliénation, sans être inopposable au créancier, ne doit pas lui porter préjudice [4]. Ce serait le cas pour des coupes claires d'arbres dans une forêt hypothéquée.

La question s'est posée d'une manière particulière à propos d'une hypothèque grevant une parcelle de terre plantée en vigne. La Cour de cassation a considéré que, la vigne ayant été arrachée, l'hypothèque n'était pas reportée sur la prime d'arrachage, celle-ci ne « représentant pas la valeur de la vigne détruite et ne constituant pas le prix des produits » [5]. L'analyse reste sommaire et n'est pas convaincante, car la prime d'arrachage n'est que la contrepartie des droits de plantation, lesquels sont, en tant qu'accessoires [6], nécessairement grevés par l'hypothèque. On peut estimer

---

1. Civ. 3e, 6 janv. 1972, *Bull. civ.* III, n° 11 (serres agricoles).
2. Civ., 1er mai 1906, *DP* 1909. 1. 345, *sol. impl.*
3. Rapp. Com., 18 mai 1978, *Bull. civ.* IV, n° 138.
4. V. Req., 18 janv. 1933, *DP* 1933. 1. 193, note Frejaville. V. égal., Montpellier 7 janv. 1980, *Rev. sociétés* 1980. 737, note Mouly.
5. Civ. 3e, 12 oct. 1994, *Bull. civ.* III, n° 180, *Defrénois* 1995. 425, obs. L. Aynès ; *RDI* 1995. 141, *JCP* N 1995. II. 571, note S. Piedelièvre. Rappr. Bordeaux, 19 juin 1986, *D.* 1987. 295, note D. Denis. Comp. TGI Angoulême, 2 févr. 1989, *RD imm.* 1991. 85, dans une espèce où la prime avait été versée à l'époux exploitant non propriétaire. Rappr. *infra*, n° 726. Plus généralement, v. Pétel, « Les droits de plantation et le droit d'arracher la vigne », *Mélanges Cabrillac*, 799.
6. D'une valeur parfois supérieure à la terre elle-même. Il faut observer cependant que les droits de plantation peuvent être cédés en eux-mêmes, indépendamment de la terre à laquelle ils s'attachent.

également que l'arrachage de la vigne en avait dégagé la valeur entraînant ainsi l'effet légal de l'hypothèque.

389 ***Améliorations*** ◊ L'hypothèque s'étend à toutes les « améliorations qui surviennent à l'immeuble » (C. civ. art. 2397, *in fine*) [1]. La solution, affirmée désormais par la loi, se justifie à la fois par la règle de l'accessoire et par des raisons pratiques, notamment par le souci d'éviter des opérations complexes lors de la distribution du prix de l'immeuble. Les améliorations peuvent résulter de la hausse de la valeur vénale de l'immeuble ou encore de son augmentation matérielle (par suite d'avulsion, par exemple), voire juridique, compte tenu de l'extinction d'une servitude passive ou de l'acquisition d'une servitude active. Les améliorations peuvent également provenir des travaux réalisés sur l'immeuble et même, à la limite, des constructions nouvelles édifiées sur le terrain grevé ; encore faut-il, cependant, que ces constructions aient été élevées par une personne qui ne puisse s'en attribuer la propriété [2].

1. Ce texte a une portée générale : il s'applique à toutes les hypothèques et même aux privilèges spéciaux immobiliers.

2. Si les constructions étaient le fait d'un locataire ordinaire, titulaire d'un bail non soumis à publicité, l'hypothèque née du chef du propriétaire du fonds, ne pourrait s'étendre à ces constructions censées être la propriété du locataire le temps du bail (v. *infra*, n° 413). À l'inverse, ce locataire ordinaire pourrait hypothéquer ses propres constructions à condition d'avoir publié son bail. V. Rép. min. 23 mars 1974, *JOAN* 3 mars 1974, p. 1287 ; il ne pourrait pas hypothéquer son droit au bail qui n'est qu'un droit de créance, mais rien ne s'oppose à ce qu'il l'affecte en nantissement.

CHAPITRE 1
SOURCES DE L'HYPOTHÈQUE

390 ***Limitation des sources*** ◊ L'article 2394 du Code civil dispose que « l'hypothèque n'a lieu que dans les cas et suivant les formes autorisées par la loi ». Faut-il en déduire que les hypothèques doivent être interprétées strictement ? Aujourd'hui, compte tenu des nécessités du crédit, de la généralisation de l'hypothèque et de l'apparition de nouvelles sûretés, rien n'est moins sûr [1]. L'hypothèque n'a pas à être soumise à un régime d'interprétation dérogatoire. L'article 2394 est un simple texte d'annonce, mais dont le contenu confère toujours et certainement un caractère limitatif aux sources de l'hypothèque. De même qu'il n'y a pas de privilège sans texte, de même, les seules hypothèques sont celles qu'énumère l'article 2395 : ce sont les hypothèques légales, judiciaires et conventionnelles. Les autres, et spécialement l'hypothèque testamentaire créée par la volonté unilatérale du disposant que le droit intermédiaire avait connue sous la forme des cédules hypothécaires [2], sont nulles, en attendant que le législateur ne les consacre à nouveau (*supra*, n° 378).

391 ***Détermination des sources*** ◊ Trois catégories d'hypothèques existent en droit français : « l'hypothèque légale qui résulte de la loi, l'hypothèque judiciaire qui résulte des jugements et l'hypothèque conventionnelle qui résulte des conventions » (art. 2396). L'énonciation est approximative, car l'hypothèque judiciaire, résultant des jugements, est en réalité légale : elle est attachée de plein droit, par le seul effet de la loi, aux créances résultant des jugements. Seule l'histoire explique la distinction faite par le code. Aujourd'hui, les hypothèques judiciaires, c'est-à-dire créées par le juge, sont l'hypothèque judiciaire conservatoire et l'hypothèque demandée par un époux sur les biens de l'autre. Il faut ajouter qu'il existe certaines sûretés légales de même nature que l'hypothèque : ce sont les privilèges spéciaux immobiliers, mais qui ne sont rien d'autre que des hypothèques légales privilégiées. Il reste que la distinction de l'article 2396 conserve une vertu pédagogique certaine.

On étudiera donc l'hypothèque conventionnelle, l'hypothèque légale et l'hypothèque judiciaire.

---

1. V. Mouly, préc., n° 47.
2. V. Planiol, Ripert et Becqué, n° 332.

SECTION 1. HYPOTHÈQUE CONVENTIONNELLE

392 ***Plan*** ◊ L'hypothèque conventionnelle est d'abord un contrat soumis, en tant que tel, à la théorie générale des obligations [1]. Mais c'est aussi un contrat particulier, en tant qu'il constitue une sûreté réelle. Cela suppose que ce contrat s'appuie sur une créance certaine dans son existence, sinon dans son principe, mais encore qu'il respecte toute une série de règles originales qu'envisagent les articles 2413 à 2424. Ces textes traitent des conditions requises pour pouvoir constituer valablement une hypothèque, des formes de la constitution, de la spécialité de l'hypothèque et de l'interdiction d'hypothéquer des biens à venir. On peut regrouper ces différents points en observant que le contrat d'hypothèque est soumis à des conditions de forme et des conditions de fond.

§ 1. Conditions de forme

393 ***1° Nécessité d'un acte notarié*** ◊ Le contrat d'hypothèque est l'un des rares contrats solennels du droit français. L'article 2416 le prévoit expressément en déclarant que « l'hypothèque conventionnelle ne peut être consentie que par acte notarié ». La validité même du contrat dépend ici de sa forme [2]. La règle s'explique par différentes raisons : par l'histoire, étant rappelé que, dans l'ancien droit, tout acte notarié productif d'obligation emportait de plein droit hypothèque sur les immeubles du débiteur, par la volonté de protéger le constituant face à un acte grave dont il ne mesure pas forcément les conséquences, par le souci de donner au créancier une sûreté régulière et efficace, et, au-delà, par le désir d'assurer le bon fonctionnement du crédit.

Plus fondamentalement, car les arguments avancés n'ont plus aujourd'hui la force qu'ils ont pu avoir, compte tenu de la reconnaissance de l'acte d'avocat, on peut penser que l'exigence de l'acte notarié traduit, à sa manière, le prestige qui s'attache dans la psychologie collective des Français à toute opération immobilière.

---

1. V. pour une hypothèse d'erreur sur la cause, Chambéry, 31 mars 1998, *JurisData* n° 041566.

2. V. Civ. 3e, 15 févr. 2006, *Bull. civ.* III, n° 35. À défaut d'une forme authentique, le contrat serait frappé d'une nullité absolue non susceptible de ratification, sauf pour cette ratification à valoir comme une nouvelle constitution d'hypothèque, V. Civ., 7 févr. 1854, *DP* 1854. 1. 49 ; *S.* 1854. I. 322 ; *Grands arrêts*, 12e éd., t. 2, n° 305, à propos d'une hypothèque consentie par un mandataire muni d'une procuration sous seing privé ; Civ. 3e, 8 juin 1994, *Bull. Joly* 1994. 1240, note Le Cannu, à propos d'un PV d'assemblée générale d'une SCI, portant engagement de caution hypothécaire, signé par le seul associé gérant. La solution est sans doute excessive ; rien ne s'oppose, semble-t-il, à ce que l'on confère au simple accord sous seing privé la valeur d'une promesse d'hypothèque, celle-ci étant dûment reconnue, v. *infra*, n° 395.

Le formalisme qui entoure la constitution de l'hypothèque est parfois dénoncé, mais à tort. Lié à sa forme authentique qui est exigée pour consacrer l'affectation hypothécaire consentie par le débiteur, ce formalisme représente le coût de la sécurité. Il est ici nécessaire et dicté par la nature des choses.

394 ***Formes exigées*** ◊ L'acte constitutif d'hypothèque doit, d'abord, être rédigé en France ; en effet, les actes passés à l'étranger, même dans la forme authentique, n'emportent pas, en principe, *i.e.* sous réserve d'accords bilatéraux, hypothèque sur des immeubles situés en France (art. 2417) [1]. Il y a là une règle matérielle de droit international privé que d'aucuns pourraient considérer comme trop nationaliste, mais qui ne manque pas de justification.

Ensuite, si l'acte dressé doit bien évidemment respecter les conditions de validité des actes authentiques, individualiser la créance cause de l'hypothèque et déclarer spécialement la nature et la situation de chacun des immeubles grevés (art. 2418), il peut être reçu par un seul notaire. L'acte doit encore constater le consentement du constituant, mais il est admis que l'acceptation de l'hypothèque peut s'exprimer en une forme quelconque et résulter, par exemple, de la prise d'inscription [2]. En pratique, l'acte est rédigé en minute, pour permettre au créancier, sur la base de la copie exécutoire [3] qui lui est donnée, de disposer d'un titre exécutoire [4].

395 ***2° Limites à la nécessité d'un acte notarié*** ◊ Un certain nombre d'actes échappent, en raison de leur nature même, à l'exigence d'une forme authentique. C'est le cas des actes administratifs, des promesses d'hypothèques et des procurations.

a) Certains actes administratifs peuvent contenir une constitution d'hypothèque au profit de l'État sans intervention d'un notaire. Du moins,

1. Ce texte ne vaut que pour les hypothèques immobilières conventionnelles, ne concerne que les conventions constitutives d'hypothèque et ne s'applique pas aux conventions de cession ou de subrogation. Plus généralement, sur cette règle dérogeant à la maxime *« locus régit actum »* et méconnaissant, aujourd'hui, les exigences du droit communautaire, V. Batiffol et Lagarde, *Droit international privé*, t. II, 7e éd., n° 518 ; Revillard, *Defrénois* 1982. 32875, n° 210 s. L'art. 2417 ne s'applique pas non plus à la procuration valablement reçue par un notaire étranger (sur les difficultés de mise en œuvre en dehors du système de « notariat latin », v. Rép. min. 18 déc. 1989, *Rev. crit. DIP* 1940. 403 ; Droz, « Problèmes soulevés par l'établissement en Angleterre ou aux États-Unis d'un mandat d'hypothèque sur un immeuble français », *Mélanges Breton-Derrida* 1991, 93).

2. V. Req., 3 nov. 1903, *DP* 1906. 1. 529.

3. Une copie exécutoire pourrait être stipulée à ordre et circuler sous certaines conditions par voie d'endossement, v. *infra*, n° 543.

4. Pour la jurisprudence (v. Civ. 2e, 11 janv. 1968, *Bull. civ.* II, n° 15), le dépôt d'un acte sous seing privé entre les mains d'un officier public ne peut donner à cet acte un caractère authentique et donc exécutoire. On rappellera que tout créancier qui veut s'engager dans une procédure de saisie-vente doit justifier d'un titre exécutoire ; c'est dire qu'en matière hypothécaire, le créancier, compte tenu de l'acte authentique qu'il possède, n'a pas à obtenir une autorisation du juge pour entamer une procédure de saisie immobilière. La loi du 9 juillet 1991 sur la réforme des procédures civiles d'exécution range expressément – sans s'en expliquer – parmi les titres exécutoires « les actes notariés revêtus de la formule exécutoire » (art. 1-4).

la jurisprudence a-t-elle tiré cette conséquence de certains textes issus de la période révolutionnaire (L. 28 oct.-5 nov. 1790, art. 14 ; L. 4-7 mars 1793, art. 3) relatifs aux actes concernant la gestion des biens domaniaux et aux marchés faits au nom de l'État [1]. Mais, puisqu'il s'agit là de dérogations au droit commun, elles doivent être restreintes aux seuls cas formellement prévus par les textes [2].

b) La simple promesse d'hypothèque peut être établie sous n'importe quelle forme ; elle peut résulter d'un acte sous seing privé ou même d'une simple lettre [3]. Cependant, elle ne vaut pas constitution d'hypothèque [4]. Elle fait seulement naître à la charge de son auteur une obligation de faire qui, en cas d'inexécution, confère au bénéficiaire une action personnelle pour tenter d'obtenir la constitution de l'hypothèque promise [5]. En cas de refus du débiteur, le créancier pourra obtenir des dommages-intérêts, mais uniquement des dommages-intérêts [6], car le tribunal ne pourrait décider que faute pour le débiteur de constituer hypothèque, le jugement vaudrait acte constitutif [7]. La promesse d'hypothèque n'est donc pas une bonne garantie [8].

c) Compte tenu de la règle du parallélisme des formes, la *procuration* donnée par l'une des parties pour la constitution de l'hypothèque devrait être, elle aussi, enfermée dans un acte notarié [9]. On admet pourtant que le créancier peut, par un simple acte sous seing privé, conférer mandat à un tiers d'accepter la constitution de l'hypothèque [10]. Le parallélisme des formes s'impose seulement lorsque c'est le débiteur qui entend se faire

---

1. V. Civ., 9 juin 1847, *DP* 1853. 1. 306.

2. V. en ce sens, Rép. min. n° 1870, *JOAN*, 24 nov. 1986, p. 4428, *RD imm.* 1987. 267, obs. Dagot.

3. V. Req., 5 nov. 1860, *DP* 1861. 1. 300. ; plus généralement, V. Dagot, « Promesse d'hypothèque ou le paradis des illusions », *JCP* N 2007. 1065.

4. C'est pourquoi, en cas de procédure collective et dans le cadre des nullités de la période suspecte affectant les sûretés pour dettes antérieurement contractées (C. com. art. L. 632-1-6°), pour savoir si la sûreté a été consentie après la naissance de la dette, les tribunaux s'attachent à la date de l'acte authentique et non à la date de la promesse (v. Aix 4 juill. 1978, *D.* 1980. IR 53 ; Com., 3 mai 1988, *Bull. civ.* IV, n° 145, *D.* 1989. 58, note Gavalda, *Defrénois* 1989. 424, obs. Aynès ; 12 nov. 1997, *Bull. civ.* IV, n° 287, *RTD civ.* 1998. 705, obs. P. Crocq, *RD imm.* 1999. 138, obs. Th. Théry, *D.* 1998. Somm. 106, obs. Piedelièvre).

5. Rapp. Civ. 3e, 7 janv. 1987, *Bull. civ.* III, n° 4. Aucun délai n'est requis pour prendre l'inscription, Civ. 3e, 10 juill. 2002, *Bull. civ.* III, n° 167, *D.* 2002. Somm. 3338, obs. Aynès.

6. Civ. 3e, 7 avr. 1993, *Bull. civ.* III, n° 55, *RD imm.* 1993. 402, *JCP* 1993. I. 3717, n° 12 ; v. égal. Civ. 3e, 29 mai 2002, *Bull. civ.* III, n° 118, *JCP* 2003. I. 124, n° 15.

7. Le jugement du tribunal emportera hypothèque judiciaire, mais en garantie du paiement des dommages-intérêts et non de l'exécution de la créance pour laquelle la promesse a été stipulée (v. Marty, Raynaud et Jestaz, n° 191).

8. En l'absence d'engagement pris par le créancier de faire procéder à l'inscription, ce n'est même pas un droit préférentiel : Civ. 1re, 12 mars 2002, *Bull. civ.* I, n° 87 ; égal. Civ. 1re, 24 oct. 2006, n° 05-18.698.

9. V. Pour un exposé général, Chassaing, « Mandat et prise de garantie hypothécaire », *JCP* N 1986. I. 9663.

10. Alger 7 avr. 1884, *DP* 1885. 2. 189. Ce tiers pourrait être un simple gérant d'affaires, à charge pour le créancier de ratifier ultérieurement l'opération, mais non le notaire lui-même (v. Civ., 11 juill. 1859, *DP* 1859. 1. 401, car l'acte perdrait alors son caractère d'authenticité).

représenter, sans doute parce que son consentement doit être spécialement recueilli [1]. La solennité est exigée seulement pour protéger le consentement. Elle est, en un sens, unilatérale. Une hypothèque constituée par un mandataire du débiteur en vertu d'une procuration sous seing privé est donc nulle et d'une nullité absolue, dans l'opinion généralement admise, selon laquelle toutefois la nullité n'atteint pas la créance garantie [2].

En tout cas, le formalisme est écarté dans une hypothèse importante qui intéresse les sociétés. En effet, l'article 1844-2 du Code civil dispose qu'« il peut être consenti hypothèque ou toute autre sûreté réelle sur les biens d'une société en vertu de pouvoirs résultant de délibérations ou délégations établies sous signatures privées, alors même que la constitution de l'hypothèque ou de la sûreté doit l'être par acte authentique ». La solution vaut pour toutes les délégations, même pour celles qui sont comprises dans les statuts ; elle vaut également pour la mainlevée de l'hypothèque consécutive à un paiement [3].

396 ***Responsabilité notariale*** ◇ La jurisprudence renforce le respect des formes exigées en imposant au notaire, quel que soit son rôle, une responsabilité très lourde [4]. Le notaire est d'abord, en tant qu'officier public, responsable de la *validité* et de *l'efficacité* [5] de l'acte qu'il rédige ; il doit, par exemple, s'assurer que le constituant est bien capable d'hypothéquer [6]. Ensuite, le notaire peut être chargé de telle ou telle obligation particulière, négocier le prêt, accomplir les formalités de publicité, encaisser les intérêts ; il prend alors la qualité de mandataire et engage sa responsabilité comme un mandataire rémunéré (C. civ., art. 1992, al. 2) [7]. Enfin et surtout, en sa qualité de professionnel, il doit éclairer son client sur les

1. V. Civ., 7 févr. 1854, *DP* 1854. 1. 49, préc. : « un contrat hypothécaire fait en vertu de la procuration sous seing privé du débiteur ne constate pas en forme authentique le consentement de celui-ci à la création de l'hypothèque... Le consentement du débiteur étant l'essentiel de la convention hypothécaire, il suit de là que... la procuration doit participer de l'authenticité du contrat même ».

2. Civ. 2e, 10 oct. 1979, *Bull. civ.* II, n° 235, *RD imm.* 1980. 86, obs. Dagot. Il faut ajouter qu'en cas de procuration, celle-ci doit être annexée à l'acte, à moins qu'elle ne soit déposée aux minutes du notaire rédacteur de l'acte (Décr. 71-941, 26 nov. 1971, art. 21). Il y a là une véritable règle de forme qui devrait être sanctionnée par une nullité absolue.

3. V. Aynès et Crocq, n° 674. Une autre question est de savoir si la constitution de l'hypothèque est conforme à l'objet social.

4. V. Aubert, *Responsabilité professionnelle des notaires*, éd. Defrénois, 3e éd. 1998 ; v. égal. J.J. Alexandre, *La prestation de conseil juridique*, th. Aix 1990 ; S. Piedelièvre, « La responsabilité du notaire en matière hypothécaire », *RLDC* mai 2005. 15 ; MM. Latina et Sagaut, « La responsabilité des notaires en matière de sûretés », *Defrénois* 2011. 976.

5. Cette notion est la clé de la responsabilité en cause, v. Civ. 1re, 7 févr. 1990, *Defrénois* 1990. 1021, obs. J.L. Aubert, *RD imm.* 1990. 519. L'efficacité ne recouvre cependant pas l'opportunité.

6. Civ. 1re, 11 oct. 1966, *JCP* 1966. II. 14903, note Espagno.

7. V. en matière de renouvellement d'inscriptions, *infra*, n° 566. Si cependant le notaire tarde à inscrire une hypothèque, il n'engage pas sa responsabilité, dès lors qu'aucun autre droit n'a été publié : Civ. 1re, 1er févr. 2005, *JCP* 2005. I. 1135, n° 14 ; égal. Civ. 1re, 17 juin 2010, *JCP* 2011. 226, n° 12.

conséquences de l'acte qu'il reçoit. Débiteur d'un devoir - impératif [1] - de conseil, il doit avertir son client de l'existence et de l'étendue des charges qui pèsent sur l'immeuble objet de l'hypothèque. Ainsi, il engage sa responsabilité si, à l'occasion d'une banale vente immobilière, il néglige de révéler que l'immeuble se trouve déjà grevé d'une sûreté [2] et s'il ne s'assure pas de la libération des inscriptions grevant l'immeuble. Il est donc responsable de l'évaluation du gage offert en hypothèque ; mais comme la valeur de ce gage s'apprécie au jour de la constitution de la sûreté, il ne saurait être responsable de la dépréciation ultérieure et non prévisible de l'immeuble [3]. Comme le dit une récente et synthétique décision, le notaire, tenu de prendre toutes dispositions utiles pour assurer la validité et l'efficacité des actes auxquels il prête son concours ou qu'il a reçu mandat d'accomplir, doit, sauf s'il en est dispensé expressément par les parties, veiller à l'accomplissement des formalités nécessaires à la mise en place des sûretés qui en garantissent l'exécution, dont, quelles que soient ses compétences personnelles, le client concerné se trouve alors déchargé [4]. Compte tenu des charges éventuelles qui pèsent sur eux, les notaires prennent généralement la précaution de prendre une assurance personnelle. De plus, un système légal, mais subsidiaire, de garantie collective permet de pallier toutes les défaillances des notaires [5].

§ 2. Conditions de fond

397 ***Conditions requises pour constituer hypothèque*** ◊ Pour être valable, l'hypothèque conventionnelle suppose une certaine capacité chez celui qui la consent, une créance à garantir, un objet sur lequel portera la sûreté. La réglementation de ces différentes conditions dépend, dans une large mesure, des principes généraux précédemment exposés, mais aussi des dispositions applicables aux seules hypothèques conventionnelles [6].

---

1. V. Civ. 1re, 3 avr. 2007, n° 06-13.304 : le notaire, tenu professionnellement d'éclairer les parties et de s'assurer de la validité et de l'efficacité des actes qu'il instrumente, ne peut décliner le principe de sa responsabilité en alléguant qu'il n'a fait qu'authentifier l'acte établi par les parties.

2. Civ. 1re, 21 avr. 1971, *D.* 1971. 565, note Ghestin ; 3 oct. 1973, *D.* 1974. 737, note Aubert ; 11 déc. 1990, *Bull. civ.* I, n° 287 ; 6 janv. 1994, *Bull. civ.* I, n° 7.

3. Civ. 1re, 21 mai 1985, *Bull. civ.* I, n° 155.

4. Civ. 1re, 3 mars 2011, *JCP* 2011. 770, n° 8, Dr. et patr. juill.-août 2011. 108, obs. L. Aynès.

5. V. Aubert, *op. cit.*, n° 87 s. Sur la mise en jeu de cette garantie collective, v. par ex. Civ. 1re, 26 juin 1973, *Bull. civ.* I, n° 214. Il s'agit d'un cautionnement solidaire (Décr. 55-604, 20 mai 1955, art. 12).

6. Ainsi le Code civil subordonne-t-il la validité de l'hypothèque conventionnelle au respect du principe de spécialité qui concerne à la fois la créance garantie (2421, al. 2) et l'assiette (2418) de l'hypothèque. Ce principe intéresse l'inscription (et joue alors en faveur des tiers pour toutes les hypothèques), mais aussi la constitution même de la sûreté et concerne alors, dans l'intérêt du constituant, les seules hypothèques conventionnelles. Sur la sanction - la nullité - de ce principe, v. Aynès et Crocq, n° 662. V. dans l'hypothèse d'une pluralité d'emprunteurs, B. Pacaud, « Les sûretés immobilières en cas de pluralité d'emprunteurs ou d'acquéreurs », *Defrénois* 2000. 273.

398 ***1° Capacité pour constituer hypothèque*** ◊ L'article 2413 du Code civil indique que « les hypothèques conventionnelles ne peuvent être consenties que par ceux qui ont la capacité d'aliéner les immeubles qu'ils y soumettent ». En évoquant la capacité d'aliéner, le texte exige nécessairement [1] que le constituant soit propriétaire et, plus précisément, titulaire du droit qu'il hypothèque. En parlant de capacité, le texte conduit l'observateur à évoquer les problèmes - différents mais proches [2] - de pouvoirs. En rappelant que l'hypothèque peut être constituée par un non débiteur - une caution réelle [3] –, il faudra donc développer trois points tenant à la propriété, à la capacité et au pouvoir du constituant.

On précisera préalablement qu'il existe des créanciers institutionnels qui recourent systématiquement et parfois nécessairement à l'hypothèque (Crédit foncier [4]...).

399 ***a) Le constituant doit être titulaire du droit qu'il hypothèque. Nullité de l'hypothèque de la chose d'autrui*** ◊ « L'existence, dans la personne de celui qui constitue une hypothèque, d'un droit actuel de propriété sur l'immeuble, au moment où il est grevé d'affectation hypothécaire, est la condition même de la possibilité légale de cette affectation : cette condition est substantielle » ; faisant défaut, le contrat d'hypothèque serait entaché d'une nullité absolue comme manquant d'objet [5]. On ne saurait mieux exprimer et justifier l'interdiction de constituer une hypothèque sur la chose d'autrui. La qualité actuelle de propriétaire est un élément essentiel de l'hypothèque, si essentiel du reste que la loi a longtemps sanctionné par la contrainte par corps *le stellionat*, c'est-à-dire le fait d'hypothéquer « un immeuble dont on sait n'être pas propriétaire » (C. civ., art. 2059 ancien). Depuis la disparition de la contrainte par corps (L. 22 juill. 1867), l'hypothèque de la chose d'autrui reste sanctionnée par la nullité absolue [6]. Tout intéressé peut donc l'invoquer [7] ; elle n'est pas non plus susceptible de régularisation, même si, plus tard, le constituant

1. Le texte passe sous silence la capacité requise du créancier, simplement parce que l'hypothèque n'est, pour lui, qu'un acte conservatoire. Sur la notion d'acte conservatoire, v. Marty et Raynaud, *Droit civil, Introduction*, 1972, n° 154 ; F. Terré, *Introduction générale au droit*, Précis Dalloz, n° 278 ; C. Brenner, *L'acte conservatoire*, LGDJ, 1999, préf. P. Catala. On notera aussi que rien n'interdit à un créancier déjà titulaire d'un titre exécutoire de demander à bénéficier d'une hypothèque, Paris, 15 mars 1985, *D.* 1986. 287, note Prévault.

2. V. E. Gaillard, *Le pouvoir en droit privé*, Economica, 1985, n° 64.

3. V. par ex. Civ. 3e, 24 juin 1998, *Bull. civ.* III, n° 137 ; v. égal. *supra*, n° 71.

4. Sur les incitations au crédit hypothécaire sous l'égide du Crédit foncier, v. L. 4 janv. 1993, *JCP* 1993. I. 3680, n° 16. Sur la réforme du Crédit foncier, v. L. 25 juin 1999, art. 94.

5. Civ., 24 mai 1892, *DP* 1892. 1. 327.

6. Civ., 24 mai 1892, préc. ; Req. 18 nov. 1896, *DP* 1897. 1. 78.

7. C'est-à-dire, le véritable propriétaire et ses ayant cause, les créanciers chirographaires du constituant ainsi que ceux auxquels le constituant aurait vendu l'immeuble après en être devenu propriétaire (Civ. 24 mai 1892, préc.). Le constituant lui-même pourrait invoquer la nullité (v. cependant, Nancy 30 mai 1843, *S.* 1843. 2. 547, décidant que le constituant ne peut agir que si sa bonne foi est établie au moment de la conclusion de l'accord).

acquiert la propriété ou même si le véritable propriétaire succède ultérieurement au constituant et donne son accord à l'hypothèque [1].

Ce principe de nullité connaît cependant certains tempéraments : la loi admet, dans certains cas, que l'on puisse hypothéquer des biens à venir (v. *infra*, n° 411 s.) et la jurisprudence reconnaît, sous certaines conditions, la validité de l'hypothèque consentie par un propriétaire apparent [2].

400 ***Validité de l'hypothèque consentie par un propriétaire apparent*** ◊ La jurisprudence applique en matière de constitution d'hypothèque la théorie de l'apparence qui veut que, bien qu'émanant d'un non-propriétaire, l'hypothèque constituée par une personne qui passe pour propriétaire soit dûment reconnue. Ainsi la théorie de l'apparence a-t-elle été invoquée pour valider l'hypothèque accordée par l'héritier qui est considéré par des tiers de bonne foi comme le véritable propriétaire [3] ou encore par l'acquéreur dont le titre est ultérieurement annulé [4], quelle que soit du reste la cause de cette annulation [5]. Le bénéficiaire de l'hypothèque se trouve, dans ces conditions, bien protégé ; mais encore faut-il qu'il soit de bonne foi, c'est-à-dire qu'il ait cru traiter avec le véritable propriétaire et qu'il ait commis une « erreur commune », c'est-à-dire une erreur que tout autre aurait pu commettre [6].

Le créancier est encore mieux protégé s'il peut se prévaloir d'un cas de simulation puisqu'il peut alors, à condition qu'il soit de bonne foi, s'en tenir à l'acte apparent (C. civ. art. 1321) et revendiquer ainsi le bénéfice d'une hypothèque consentie par un prête-nom [7].

---

1. Civ., 13 nov. 1912, *DP* 1913. 1. 433, note de Loynes. Comp. Paris 5 juill. 1877, *DP* 1877. 2. 168.

2. L'existence de ces assouplissements conduit à se demander s'il ne faudrait pas aller plus loin et sanctionner l'établissement d'une hypothèque sur la chose d'autrui par une nullité relative, d'autant que cette solution est retenue en matière de vente de la chose d'autrui, ce type de vente étant également un acte de disposition irrégulier (v. Civ. 1re, 17 juill. 1958, *D.* 1958. 619). Mais il reste que la nullité de la vente de la chose d'autrui est généralement présentée comme la sanction d'une erreur, donc d'un vice du consentement, tandis que celle de l'hypothèque est considérée comme la conséquence d'un défaut d'objet.

3. Civ., 26 janv. 1897, *DP* 1900. 1. 33, note Sarrut.

4. Req., 1er mai 1939, *DH* 1939. 371.

5. Civ. 1re, 3 avr. 1963, *D.* 1964. 306, note J. Calais-Auloy, *JCP* 1964. II. 13502, note J. Mazeaud : « les tiers de bonne foi qui agissent sous l'empire de l'erreur commune ne tiennent leur droit ni du propriétaire apparent, ni du propriétaire véritable ; ils sont investis par l'effet de la loi ; la nullité du titre du propriétaire apparent, serait-elle d'ordre public, est sans influence sur la validité des... constitutions d'hypothèques par lui consenties, dès lors que la cause de la nullité est demeurée et devait nécessairement être ignorée de tous. » ; égal. Civ. 3e, 24 sept. 2003, *Bull. civ.* III, n° 162, *JCP* 2004. I. 141, n° 11 : donation révoquée ; Civ. 1re, 29 nov. 1988, *JCP* 1989. II. 21339, *Defrénois* 1989. 927, obs. Champenois. *Contra*, Civ., 1er mars 1938, *DH* 1938. 259, concluant à la nullité de l'hypothèque constituée par la société prête-nom d'une congrégation non autorisée en s'appuyant sur le caractère contraire à l'ordre public de l'acte ayant créé la société fictive devant servir d'écran à la congrégation. Comp. Req., 20 juill. 1910, *DP* 1910. 1. 392.

6. Comp. les solutions rendues en matière de mandat apparent, où l'on se contente – mais il s'agit d'assurer avant tout la rapidité des transactions, et non leur sécurité – d'une « erreur légitime », dont la preuve est plus facile. V. cependant, Civ. 3e, 19 févr. 1974, *Bull. civ.* III, n° 83, refusant de valider l'hypothèque judiciaire conservatoire prise par le créancier d'une SCI sur un terrain dont celle-ci n'avait pas la propriété, parce que l'erreur dudit créancier ne pouvait être « considérée comme invincible, ni même légitime ».

7. V. Dagot, p. 333.

401 ***Insécurité de l'hypothèque d'un droit conditionnel*** ◊ Rien ne s'oppose à ce que l'on constitue une hypothèque sur un droit conditionnel. Dès lors qu'un droit existe, ne serait-ce qu'en germe, il est susceptible d'opérations juridiques. L'article 2414 du Code civil admet ainsi très justement les hypothèques sur des droits suspendus par une condition ou sur des droits résolubles, tout en précisant que ces sûretés sont alors affectées des mêmes modalités. C'est dire qu'une incertitude plane nécessairement sur ce type d'hypothèque.

Si le constituant est propriétaire sous condition suspensive, son hypothèque est valable et sera consolidée rétroactivement avec la réalisation de la condition. En cas de non-réalisation de la condition, l'hypothèque sera anéantie, à charge pour le débiteur d'obtenir la radiation de l'inscription qui aurait été prise.

Si le constituant est propriétaire sous condition résolutoire, la réalisation de la condition entraînera des conséquences opposées. Ainsi, en cas de donation, l'hypothèque consentie par le donataire est anéantie lorsque la donation est révoquée (C. civ. art. 954) [1]. La chose est rare en pratique, car on ne manque pas de faire intervenir à la constitution de l'hypothèque le donateur pour qu'il renonce à ses actions en révocation.

402 ***Fragilité de l'hypothèque d'un droit indivis*** ◊ Le problème de l'hypothèque sur un bien indivis [2] ne se pose que dans certaines situations. Il ne se pose pas si l'hypothèque est consentie sur les parties privatives et la quote-part des parties communes d'un immeuble bâti en copropriété, car tout se passe alors comme si chaque lot constituait un immeuble distinct : en cas de saisie, l'adjudicataire deviendra propriétaire du lot et entrera dans l'indivision pour les parties communes. De même, s'il s'agit d'une indivision ordinaire et si l'hypothèque est consentie par tous les indivisaires, la sûreté est pleinement valable, quel que soit le résultat ultérieur du partage (C. civ., art. 2414, al. 2) [3].

---

1. V. en application, Civ. 1re, 5 oct. 1976, *Bull. civ.* I, n° 281. La révocation pour cause d'ingratitude suit un autre régime : elle ne préjudicie pas aux hypothèques, selon l'article 958. En cas de vente à réméré, l'acheteur qui est propriétaire sous conditions résolutoires, peut hypothéquer et l'hypothèque sera anéantie si la vente est résolue, c'est-à-dire si le vendeur lui-même peut hypothéquer avant d'avoir usé de sa faculté de rachat lorsqu'il est encore dans le délai pour le faire. Bien entendu, la question ne se pose que si le vendeur fait jouer le réméré ; sinon il est censé n'avoir jamais été propriétaire depuis la vente qu'il a consentie. Dans ce genre de situation, le vendeur est propriétaire sous conditions suspensives, la condition résidant dans l'exercice du réméré : l'hypothèque qu'il constitue est valable, mais incertaine, car suspendue à la réalisation d'une condition (en ce sens, Alger 2 nov. 1885, *S.* 1886. 2. 132. *Contra*, Paris 12 août 1871, *DP* 1873. 2. 133, *S.* 1871. 2. 193, note crit. Labbé). Pour un autre ex. de résolution, V. Grenoble, 30 mai 1995, *JCP* 1996. I. 3889, n° 13. V. égal. en cas de rapport en nature d'une donation, C. civ. art. 858, al. 3.

2. V. Dagot, « L'hypothèque de l'immeuble indivis après la loi du 31 décembre 1976 », *JCP* 1980. I. 2994 égal. Lafond, *JCP* N 2002. 994.

3. Civ. 1re, 20 nov. 1990, *Bull. civ.* I, n° 221, *Defrénois* 1991. 1054, note X. Savatier, *RTD civ.* 1992. 147, obs. Zénati, *RD imm.* 1991. 371 : « dès lors que la constitution d'hypothèque sur un bien indivis a été consentie par tous les indivisaires, le créancier hypothécaire, fût-il créancier de l'un

En revanche, la situation est plus délicate si, dans la même hypothèse, la garantie est donnée par un seul indivisaire ou, plus précisément, n'est pas donnée par l'ensemble des indivisaires. Certes, pendant l'indivision, l'hypothèque est valable [1], mais elle ne sera pas nécessairement maintenue à l'issue du partage. La jurisprudence, après quelques hésitations, avait établi la distinction suivante [2].

Si l'immeuble est attribué en totalité au constituant, l'hypothèque est maintenue. En effet, compte tenu de l'effet déclaratif du partage, le constituant est réputé avoir été seul propriétaire de l'immeuble dès l'origine [3].

Si l'immeuble est attribué à un autre que le constituant et notamment à un autre indivisaire, l'hypothèque devient caduque [4], car elle est censée avoir été constituée par un non-propriétaire ; toutefois, lorsque l'immeuble est acquis par un tiers, l'hypothèque est maintenue au moins sur le prix de vente, mais elle ne portera efficacement que sur la fraction du prix de vente mise dans le lot du constituant [5].

Le nouvel article 2414, alinéa 2, du Code civil a consacré la solution en indiquant que dans la situation envisagée, l'hypothèque ne conserve son

---

seulement des indivisaires, peut poursuivre la saisie et la vente de cet immeuble avant le partage de l'indivision ». V. égal. 1re civ. 14 juin 2000, *Bull. civ.* I, n° 182, *Defrénois* 2001. 368, obs. Sénéchal. Si l'un des indivisaires fait l'objet d'une procédure collective, les solutions sont les mêmes (Com., 19 déc. 2000, *Bull. civ.* IV, n° 202, *JCP* 2001. I. 315, n° 11) ; les poursuites ne sont pas suspendues, mais les règles prescrites pour la liquidation judiciaire devront être respectées : (Com., 22 avr. 1997, *Bull. civ.* IV, n° 99, *JCP* E 1997. 681, n° 15, obs. P.P., *Defrénois* 1998. 254, obs. Sénéchal, *Defrénois* 1997. 1432, obs. Aynès, V. égal. en cas d'indivision post-communautaire, Com., 6 juill. 1999, *Bull. civ.* IV, n° 152, *Defrénois* 2000. 42, obs. Sénéchal ; plus généralement, V. Sénéchal, « Indivision et redressement judiciaire », *Defrénois* 1992. 35265 ; Gatsi, « Les créanciers du coindivisaire », *JCP* E 2000. 2011 ; Vauvillé, « Indivision sur procédure collective ne vaut », *JCP* N 2000. 1357).

1. Civ. 1re, 20 oct. 1982, *Bull. civ.* I, n° 297, *RTD civ.* 1984. 348, obs. Patarin : « si l'article 815-17 interdit au créancier personnel d'un indivisaire de faire saisir et vendre la part de son débiteur, il ne porte pas atteinte au pouvoir de disposition de l'indivisaire sur sa quote-part et notamment au pouvoir de constituer hypothèque tel qu'il est défini par l'art. 2125, al. 1er, cette hypothèque devant produire effet sous condition de l'attribution de l'immeuble au constituant dans le partage ». Civ. 3e, 29 nov. 1989, *Bull. civ.* III, n° 221, *D.* 1990. Somm. 389, obs. L. Aynès. V. égal., Civ. 3e, 2 nov. 1983, *Bull. civ.* III, n° 212, *JCP* 1985. II. 20354, note Joly, *Defrénois* 1985. 55, note Théry. En cas de vente de l'immeuble grevé, l'hypothèque est reportée sur la partie du prix attribuée au constituant, Com., 20 juin 1995, *JurisData* n° 001570.

2. En pratique, on s'est toujours efforcé d'éviter les difficultés, par exemple, en stipulant l'hypothèque sous condition que l'immeuble sera attribué au constituant, v. Théry, n° 156. Cette condition est en réalité inhérente à l'opération en cause.

3. V. Com., 20 juin 1995, *D.* 1996. Somm. 207, obs. Piedelièvre, *Bull. civ.* IV, n° 183, *JCP* 1996. 1. 3960, n° 7, obs. P.P. : « l'hypothèque consentie sur un bien indivis par un seul des indivisaires est reportée, en cas de vente de l'immeuble grevé, sur la fraction du prix qui est attribuée au constituant. En conséquence, l'hypothèque constituée par des époux sur un immeuble indivis propre pour moitié à chacun d'eux est valable jusqu'à concurrence de la part de l'époux maître de ses biens, peu important l'interdiction d'inscrire l'hypothèque du chef de l'autre époux en redressement puis en liquidation judiciaires, en vertu de l'article 57, alinéa 1er, de la loi du 25 janvier 1985 ».

4. V. Req., 16 avr. 1888, *DP* 1888. I. 249, *S.* 1888. 1. 216 ; Civ. 1re, 7 mai 1986, *JCP* 1987. II. 20737, note Dagot.

5. V. Civ. 1re, 26 oct. 1976, *Bull. civ.* I, n° 307, *Defrénois* 1977. 931, obs. Champenois.

effet que dans la mesure où l'indivisaire qui l'a consentie est, lors du partage, alloti du ou de ces immeubles indivis ou, lorsque l'immeuble est licité à un tiers, si cet indivisaire est alloti du prix de la licitation. Autrement dit, l'hypothèque s'évanouit lorsque l'immeuble est attribué à un autre indivisaire que le constituant ou encore si le constituant ne reçoit aucune part du prix.

S'agissant enfin du droit pour l'indivisaire d'hypothéquer sa quote-part, rien ne s'y oppose. Mais l'efficacité de la sûreté est aléatoire, d'une part parce que les droits indivis sont insaisissables par les créanciers personnels de l'indivisaire (C. civ., art. 815-17), d'autre part parce que l'hypothèque est soumise aux résultats du partage. Lorsque le coïndivisaire constituant avait reçu l'immeuble, la jurisprudence avait admis que l'hypothèque s'étendait à l'intégralité du bien et ne se limitait pas à la quote-part indivise que le constituant détenait au temps de l'indivision [1]. Ces solutions ont été consacrées lors de la réforme des sûretés. En effet, aux termes de l'article 2414, alinéa 3, l'hypothèque d'une quote-part dans un ou plusieurs immeubles indivis ne conserve son effet que dans la mesure où l'indivisaire qui l'a consentie est, lors du partage, alloti du ou de ces immeubles indivis. Le texte ajoute que dans cette dernière situation, l'hypothèque conserve son effet dans toute la mesure de cet allotissement sans être limitée à la quote-part qui appartenait à l'indivisaire qui l'a consentie. Tout se passe donc, dans ce dernier cas, comme si le constituant avait eu les pouvoirs requis. Enfin, il est indiqué que lorsque l'immeuble est licité à un tiers, l'hypothèque conserve son effet si cet indivisaire est alloti du prix de licitation.

403 ***b) Le constituant doit être capable d'aliéner*** ◊ Pour hypothéquer ses biens, il faut avoir la capacité de les aliéner (C. civ. art. 2413). La règle se comprend : d'une part, la constitution d'hypothèque peut aboutir à l'aliénation future de l'immeuble à l'issue d'une procédure de saisie immobilière ; d'autre part, et surtout, la constitution d'hypothèque entame le crédit du débiteur et équivaut pratiquement à une aliénation partielle [2]. On comprend aussi, puisqu'il s'agit essentiellement de protéger le constituant, que la règle soit sanctionnée par la nullité relative et soumise, en tant que telle, au régime des nullités relatives (C. civ. art. 1304, art. 1338).

La règle explique enfin qu'un mineur émancipé puisse hypothéquer ses immeubles (C. civ. art. 413-6), qu'un mineur sous tutelle ne puisse le faire, sauf pour le tuteur à intervenir avec l'autorisation du conseil de famille (C. civ. art. 408, al. 4), et qu'un mineur sous administration légale soit également frappé d'incapacité [3]. On ajoutera qu'un majeur sous

1. V. Civ. 3ᵉ, 21 oct. 1980, *Bull. civ.* III, nº 160, *JCP* N 1981. II. 57, note Stemmer, *RD imm.* 1980. 192, obs. Dagot, *RTD civ.* 1984. 348, obs. Patarin.

2. *Cf.* Marty, Raynaud et Jestaz, nº 172.

3. L'article 389-5 du Code civil décide que les parents du mineur ne peuvent, même d'un commun accord, ni vendre de gré à gré, ni apporter en société un immeuble appartenant au

sauvegarde de justice peut consentir, seul, une hypothèque (C. civ. art. 433), à la différence du majeur sous curatelle tenu d'agir avec l'assistance du curateur (C. civ. art. 467) et du majeur sous tutelle, dont le tuteur ne pourrait du reste agir qu'avec l'autorisation du conseil de famille (arg. C. civ. art. 473). C'est ce que dit très clairement l'article 2415 qui dispose que « les biens des mineurs, des majeurs en tutelle, et ceux des absents, tant que la possession n'en est déférée que provisoirement, ne peuvent être hypothéqués que pour les causes et dans les formes établies par la loi, ou vertu de jugements ».

404 ***Applications particulières*** ◊ La déconfiture du débiteur civil - son insolvabilité - ne met pas obstacle à la constitution d'hypothèque au profit de l'un de ses créanciers, qu'il soit ancien ou nouveau [1]. La solution est différente si une procédure de saisie immobilière est engagée contre lui. En effet, aucune hypothèque ne peut être consentie (à peine de nullité), ni inscrite (à peine d'inopposabilité au créancier saisissant) sur un immeuble après la publication du commandement de payer au service de la publicité foncière (C. civ. art. 2198) [2] ; la saisie immobilière est opposable aux tiers à partir de la publication au fichier immobilier. Sont inopposables des inscriptions du chef du débiteur qui n'ont pas été prises antérieurement à la publication de la saisie, sous réserve du droit pour le vendeur, le prêteur de deniers pour l'acquisition et le copartageant, d'inscrire dans les délais prévus par les articles 2379 à 2381, le privilège qui leur est conféré par l'article 2374.

Enfin, si le débiteur fait l'objet d'une procédure de redressement ou de liquidation judiciaire, le Code de commerce soumet les hypothèques qu'il a ou qu'il voudrait constituer à un régime encore plus draconien. Si l'hypothèque a été consentie pendant la période suspecte, elle est certes valable, mais il faut réserver le cas où l'hypothèque a été consentie en garantie d'une dette antérieurement contractée : elle est alors frappée par les nullités de la période suspecte (art. L. 632-1-6°) [3]. Si l'hypothèque a été

---

mineur, ni contracter d'emprunt en son nom, sans l'autorisation du juge des tutelles. Bien que le régime des incapacités soit de droit strict, il faut, semble-t-il, et pour protéger le mineur, même contre lui, ajouter à cette liste la constitution d'hypothèque ; sur la validité d'un cautionnement hypothécaire consenti par l'administrateur légal au nom d'un mineur avec l'autorisation du juge des tutelles, v. Civ. 1re, 2 déc. 1997, *D.* 1998. 469, note Delmas-Saint-Hilaire ; plus gén. M. Bourrassin, « Les sûretés sur le logement du majeur protégé », *RTD civ.* 2011. 433.

1. Les autres créanciers pourraient alors exercer une action paulienne contre cet acte, mais seulement en cas de fraude à leurs droits (Req., 22 août 1882, *DP* 1883. 1. 296).

2. V. not. C. civ. art. 2198, al. 2 qui, au titre des effets de l'acte de saisie immobilière, précise que : « le bien ne peut être aliéné ni grevé de droits réels par le débiteur sous réserve des dispositions de l'art. 2201 ».

3. L'application de la règle fait difficulté en cas de promesse d'hypothèque (v. *supra*, n° 395) et lorsque l'hypothèque garantit le solde provisoire d'un compte-courant (v. Com., 5 mars 1979, *Bull. civ.* IV, n° 86 ; 10 janv. 1983, *Bull. civ.* IV, n° 7). De plus, l'hypothèque constituée sur un immeuble commun depuis la date de cessation des paiements de l'un des époux pour sûreté d'une dette antérieurement contractée est nulle pour le tout par application de l'article L. 632-1-6, C. com. (Com., 2 avr. 1996 : *Bull. civ.* IV, n° 106, *D.* 1996. Somm. 340, obs. A. Honorat, *JCP* 1996. I. 3962, n° 13, obs. Simler. 1. 3960, n° 7, obs. Pétel).

consentie pendant la période d'observation, elle n'est valable qu'à la condition d'avoir été autorisée par le juge-commissaire (art. L. 622-7, II, al. 1er). Une autorisation judiciaire est également requise, à peine de nullité, lorsque le cessionnaire qui n'a pas encore intégralement payé le prix de cession, veut consentir une hypothèque sur les biens qu'il vient d'acquérir (art. L. 642-9, al. 2). En cas de continuation de l'entreprise, la constitution d'hypothèques nouvelles dépendra des modalités fixées dans le plan de redressement. Reste l'hypothèse de la liquidation judiciaire qui entraîne le dessaisissement du débiteur et donc la nullité des sûretés qu'il pourrait consentir (art. L. 641-9, al. 1er) [1].

405 ***c) Le constituant doit avoir le pouvoir nécessaire pour consentir une hypothèque*** ◊ La constitution d'une hypothèque peut être faite par un intermédiaire, mais encore faut-il que celui-ci ait le pouvoir de le faire. Ainsi, un mandataire conventionnel ne peut agir que sur la base d'un mandat exprès (C. civ. art. 1988, al. 2 ; art. 1831-2, al. 2). De même, le représentant, désigné par le juge, d'une personne présumée absente, ne peut hypothéquer les biens de celle-ci qu'avec l'autorisation du juge des tutelles (C. civ. art. 113). Un époux ne peut hypothéquer un immeuble dépendant de la communauté sans le consentement de son conjoint (C. civ. art. 1424) [2]. Enfin le dirigeant d'une société peut consentir une hypothèque sur les biens de la société à condition de justifier d'un pouvoir spécial [3].

À défaut d'être consentie par un représentant muni d'un pouvoir régulier, l'hypothèque est, selon la jurisprudence, nulle et d'une nullité absolue [4].

---

1. La nature exacte de la sanction est, en vérité, controversée. Pour certains, puisqu'il n'y a pas de nullité sans texte, l'acte accompli par un débiteur en liquidation serait simplement frappé d'inopposabilité aux tiers (v. Com., 23 mai 1995, *D.* 1995. 413, note F.D. ; 23 juin 1998, *DA* 1998. 1451). Pour d'autres, que nous rejoignons, la seule sanction concevable, compte tenu de la disparition de la masse des créanciers dans la loi de 1985, réside dans la nullité absolue, susceptible donc d'être invoquée par tout intéressé (v. Roblot, *Traité de droit commercial*, t. 2, n° 3218).Plus généralement, v. Vauvillé et Coquema, « Le créancier hypothécaire dans la procédure collective et hors procédure », *Droit et patr.* janv. 2001. 56 et 61.

2. V. *Les régimes matrimoniaux*, n° 495. Civ. 1re, 29 janv. 1975, *JCP* 1975. II. 18081, note Patarin. V. égal. pour une hypothèque consentie sur un immeuble faisant partie de la société d'acquêts stipulée entre époux séparés de biens, Civ. 1re, 28 nov. 1978, *Bull. civ.* I, n° 565. Dans l'hypothèse considérée, l'époux constituant pourrait se porter fort de l'accord de l'autre, v. Colmar 6 nov. 1992, *RD imm.* 1993. 156. La nullité doit être considérée, en tout cas, comme relative, Civ. 1re, 26 mai 1999, *JurisData* n° 002232.

3. L'article 1844-2 du Code civil précise que ce pouvoir peut résulter d'une délibération ou d'une délégation établie sous signatures privées ; on admet que ce dernier texte s'applique pour donner mainlevée de la sûreté (v. Rép. min. Just., n° 9836, *JCP* 1984. IV. 31).

4. V. Civ. 1re, 9 juin 1976, *Bull. civ.* I, n° 213 : « le contrat conclu par un mandataire dépourvu de pouvoir est nul d'une nullité absolue ». Comp. E. Gaillard, note sous Ass. plén. 28 mai 1982, *D.* 1983. 349. La solution n'est pas compatible avec celle qui est retenue en matière de cautionnement où l'on décide que l'acte souscrit par le président d'une société anonyme au nom de la société n'est pas opposable à celle-ci lorsque l'acte en question n'a pas fait l'objet d'une autorisation préalable du conseil d'administration en vertu de l'art. L. 225-35 C. com. (Com., 11 juill.

406 ***2° Créance garantie. Spécialité*** ◊ Pour éviter que le crédit du débiteur ne fût affecté dès la constitution d'une première hypothèque, Le Code civil originaire exigeait que la créance garantie pût être individualisée par une double série d'indications.

• **Indication du montant de la créance :** si l'hypothèque garantit une créance dont le montant est d'ores et déjà connu d'une manière précise, l'acte constitutif doit indiquer la somme pour laquelle la sûreté est consentie. Le contrat devait donc mentionne spécialement le capital ainsi que le taux des intérêts et la date à partir de laquelle ils couraient. Si le montant de la créance était indéterminé, la créance n'ayant pas été liquidée, les parties devaient faire état des éléments en leur possession qui rendent le montant de la créance déterminable [1].

• **Indication de la cause de la créance :** « Si l'article 2132 n'exige pas, en termes explicites, la mention de la cause de la créance garantie pour la validité de l'hypothèque conventionnelle, il n'en est pas moins vrai qu'en vertu du principe de la spécialité de la créance hypothécaire, cette créance doit être déterminée expressément ou par voie de référence dans l'acte constitutif » [2]. On déduisait généralement de cet attendu de principe que l'acte constitutif d'hypothèque devait préciser la cause de la créance, c'est-à-dire son fait générateur (le contrat de prêt, de rente viagère...). La solution s'expliquait, car la connaissance de la source de la créance permet de l'individualiser lorsque son montant n'est pas encore fixé [3].

• Pour valoriser les hypothèques, le législateur contemporain a décidé d'assouplir les exigences. D'où des dispositions désormais assez souples : l'article 2421 dispose que « l'hypothèque peut être consentie pour sûreté d'une ou plusieurs créances présentes ou futures ». De plus, comme on l'a justement souligné [4], ce n'est plus tellement le montant de la créance

---

1988, *Bull. civ.* IV, n° 246, *Bull. Joly* 1988. 666, note Le Cannu ; V. égal., Com., 8 nov. 1988, *JCP* 1989. II. 21230, note Barbiéri ; 17 nov. 1992, *Rev. sociétés* 1993. 585 ; *supra*, n° 96). Dans ces conditions, peut-être faudrait-il admettre que l'acte, hypothèque ou cautionnement, accompli par un mandataire en dehors de ses pouvoirs est simplement frappé d'inopposabilité au mandant. Ce dernier ne serait donc jamais engagé. Quant au mandataire, les tiers ayant contracté avec lui pourraient rechercher sa responsabilité. Une autre solution serait de se prononcer pour la nullité relative, ce qui aurait l'avantage, en cas de ratification par le mandant de l'acte du mandataire, d'assurer au tiers un recours contre ledit mandant et donc une protection plus efficace. Mais une raison de cohérence impose de retenir une seule sanction valable pour toutes les sûretés.

1. Ainsi, lorsque l'hypothèque garantit une ouverture de crédit, ce qui est parfaitement admis (Civ. 2e, 10 févr. 1977, *Bull. civ.* II, n° 32 ; égal. *supra*, n° 382), il faudra indiquer un plafond qui tracera les limites de l'hypothèque. La convention d'ouverture de crédit notariée est un titre exécutoire, Civ. 2e, 3 juin 1999, *RD imm.* 1999. 452, obs. Ph. Théry.

2. Civ., 6 févr. 1939, *DP* 1939. 1. 53, note Plassard, *S.* 1941. 1. 145, note Rodière, *GAJC*, 12e éd., Dalloz, t. 2, n° 306.

3. V. Montpellier 29 oct. 1952, *D.* 1953. Somm. 31.

4. Aynès et Crocq, n° 662.

garantie qu'il faut indiquer, mais plutôt le montant de la charge hypothécaire, l'hypothèque pouvant être consentie pour un montant supérieur à celui de la créance initialement garantie, L'article 2423 précise que l'hypothèque est « toujours consentie, pour le capital, à hauteur d'une somme déterminée que l'acte mentionne à peine de nullité » et ajoute que l'hypothèque s'étend de plein droit aux intérêts et autres accessoires.

Lorsque le capital garanti n'est pas déterminé au jour de l'acte, parce qu'il est constitué par des rentes, des prestations et droits indéterminés, éventuels ou conditionnels, les parties doivent évaluer la créance afin d'indiquer un montant garanti. Si la créance est assortie d'une clause de réévaluation (par ex. clause d'indexation), la garantie s'étend à la créance réévaluée ; encore faut-il cependant que cette clause soit mentionnée à l'acte,

Le principe de spécialité est ainsi satisfait : le constituant peut apprécier le montant de ses engagements et la créance garantie est dûment identifiée, ce qui ménage les intérêts des ayants cause [1]

D'un autre côté, l'article 2422 issu de la réforme des sûretés prévoit que l'hypothèque peut être affectée à la garantie de créances autres que celles qui sont mentionnées par l'acte constitutif, à condition néanmoins que cet acte le précise expressément : c'est la fameuse « hypothèque rechargeable ». Rien ne s'oppose non plus, depuis cette même réforme, à ce que l'hypothèque garantisse une créance à terme : on a parlé d'« hypothèque renversée » (*cf.* « reverse mortgage » américain), hypothèque que dissimule le prêt viager hypothécaire organisé par les articles L. 314-1 s. du Code de la consommation.

407 ***Hypothèque rechargeable*** ◊ L'article 2422 du Code civil permet désormais de constituer une hypothèque avec une clause de rechargement [2]. C'est assurément l'une des principales innovations de la réforme des sûretés. Le texte indique clairement que l'hypothèque peut être ultérieurement affectée à la garantie de créances autres que celles qui sont mentionnées dans l'acte constitutif, dans la mesure où, toutefois, cet acte le prévoit expressément. La clause de rechargement stipulée dans l'acte initial ne préjuge en rien d'une éventuelle convention de rechargement. Tout dépendra de ce que voudront ultérieurement les parties. La clause prépare simplement l'avenir : elle donne au constituant la liberté de réutiliser l'hypothèque, constituée en garantie d'une créance présente, pour garantir de nouveaux crédits. Le constituant dispose ainsi d'un instrument, une hypothèque, qui garantit un premier créancier et dont il pourra se servir pour garantir de nouveau le même créancier ou même de nouveaux créanciers, alors que le premier n'a pas été désintéressé. Précisons toutefois que l'hypothèque peut devenir rechargeable après sa constitution. Mais, dans

---

1. Aynès et Crocq, *ibid.*
2. Le régime applicable à l'hypothèque sert de modèle : la fiducie-sûreté est rechargeable (v. C. civ. art. 2488-5) dans des conditions équivalentes.

cette situation, l'avenant publié produit effet à sa date, si bien que les inscriptions antérieures primeront et l'emporteront sur les recharges intervenues en application de l'avenant. L'hypothèque rechargeable présente alors un intérêt relatif, car sa finalité est de prolonger la priorité du premier rang d'inscription.

Le domaine de l'hypothèque rechargeable est très large : il est ouvert aux personnes physiques comme aux personnes morales, aux consommateurs [1] comme aux professionnels [2]. Le dispositif est applicable aux hypothèques conventionnelles, ainsi qu'à la fiducie-sûreté. Il a été étendu par la loi de ratification de l'ordonnance de 2006 au privilège du prêteur de deniers. Plus précisément, la loi 2007-212 du 20 février 2007 a autorisé (art. 10) la conversion du privilège du prêteur en hypothèque rechargeable [3] et ce jusqu'au 21 février 2009, dans la mesure où le privilège a été inscrit avant cette date [4].

Le mécanisme minutieusement et impérativement organisé [5] se décompose, au minimum, en deux temps, celui de la clause de recharge et celui du rechargement proprement dit. Dans un premier temps, il appartient au constituant de stipuler dans l'acte d'hypothèque une clause de rechargement. L'acte doit donc contenir une clause expresse de rechargement qui doit être publiée avec l'inscription de l'hypothèque (art. 2428, al. 3, 3°). Par cette clause - expresse - le constituant se constitue une « réserve hypothécaire ». En effet, la loi lui permet d'offrir l'hypothèque en garantie d'une nouvelle créance au créancier originaire ou à un autre créancier. Encore faut-il que la clause fasse état du montant garanti, qui, au demeurant, peut être supérieur à celui de la créance garantie par l'hypothèque. Le caractère accessoire de l'hypothèque est ainsi mis à mal : l'hypothèque est détachée de la créance garantie ; elle est appelée à couvrir, dans la limite d'un montant préalablement fixé et d'une période convenue qui, à la rigueur, peut se décalquer sur la durée de l'inscription, des créances futures, voire éventuelles. Grâce à cet instrument, à cette hypothèque préconstituée, le constituant non seulement garantira le créancier initial, mais aussi ses créanciers futurs qui voudront bien « se glisser » dans

---

1. C. consom. art. L. 313-14 fixant les conditions de l'offre de crédit garanti par une hypothèque rechargeable.

2. L'article L. 526-5 C. com. rend applicables les dispositions précédentes du code de la consommation aux opérations de prêt consenties à toute personne physique immatriculée à un registre de publicité légale à caractère professionnel, à toute personne physique exerçant une activité professionnelle agricole ou indépendante ainsi qu'au gérant associé unique d'une SARL, et garanties par une hypothèque rechargeable inscrite sur l'immeuble où l'intéressé a fixé sa résidence principale.

3. Sur les modalités pratiques, v. Décr. 2008-466, 21 mai 2008 mod. Décr. 14 oct. 1955.

4. La renonciation ne fait pas perdre le rang que le créancier tient de son privilège. La renonciation et la constitution d'hypothèque doivent être consenties dans un même acte notarié et être inscrits. La somme garantie ne peut ici être supérieure au montant en capital de la créance privilégiée.

5. C. civ. 2422, *in fine* prohibant toute clause contraire, dont les clauses d'exclusivité ; C. consom. L. 313-14 s. ; v. égal. Instr. DGI 1er déc. 2006.

l'hypothèque et profiter de la garantie qu'elle confère et du rang acquis dès la première inscription. Le constituant est libre d'utiliser cette « citerne » [1] : il peut la remplir dans les limites prévues ou la vider et la remplir à nouveau ou même la lisser vide, l'hypothèque étant alors sans créance, ce qui est une figure originale, mais aujourd'hui parfaitement en harmonie avec le droit positif. Rien ne s'oppose, non plus, à ce que le constituant cède son immeuble avec son hypothèque rechargeable [2].

Dans un second temps, il appartient au constituant, de concert avec le premier créancier ou un autre créancier, de recharger l'hypothèque (dans la limite du plafond disponible fixé initialement). Cette convention de rechargement doit revêtir la forme notariée [3] et faire l'objet d'une publicité (C. civ. art. 2430, al. 3, renvoyant aux alinéas 1 et 2 : mention en marge qui, exceptionnellement, est prescrite à peine d'inopposabilité aux tiers). Ces formalités sont peu coûteuses et épargnent à l'intéressé l'obligation de constituer en bon et due forme une nouvelle hypothèque. L'opération de financement est donc considérablement simplifiée.

La publication de la convention de rechargement détermine, entre eux, le rang des créanciers inscrits sur l'hypothèque rechargeable (art. 2422, al. 5) : tous ces créanciers de premier rang doivent être classés et rien ne s'oppose à ce qu'ils concluent des accords d'antériorité comme des créanciers de rang différent. Ces créanciers sont en tout cas des créanciers de premier rang, car ils ne font que « se glisser » dans l'inscription initiale. L'intérêt de la convention de rechargement est précisément de permettre aux nouveaux créanciers de prendre rang dès l'origine, rétroactivement, et de primer les créanciers intermédiaires, *i.e.* les créanciers inscrits entre la convention initiale et la convention de rechargement. Il reste que ces créanciers ne sauraient primer le créancier originaire si celui-ci n'a pas été totalement désintéressé. En outre, la loi a prévu certaines exceptions à la règle de la rétroactivité de la nouvelle inscription : l'hypothèque conservatoire prendra rang normalement (art. 2425, al. 5) [4], de même que l'hypothèque légale du Trésor et l'hypothèque légale de la Sécurité sociale (largement entendue, art. 2425, al. 6).

Quant à sa réalisation, l'hypothèque rechargeable obéit aux règles habituelles (v. *infra*, n° 488 s.). Il faut cependant noter que lorsque l'hypothèque garantit un crédit immobilier, les textes du Code de la consommation excluent implicitement (art. L. 313-14-1 parlant uniquement de « la vente du bien hypothéqué » selon les dispositions des art. 2464 s.), tout recours à l'attribution du bien en pleine propriété ainsi qu'au pacte commissoire.

---

1. V. A. Fournier, *Rép. civ.*, Hypothèque conventionnelle.
2. La faculté de recharge peut être considérée come un accessoire transmissible automatiquement ; elle peut également être considérée comme une prérogative personnelle au constituant dont la cession ne pourrait être qu'expresse, v. Aynès et Crocq, n° 664.
3. Les consentements du conjoint requis par certains textes (v. C. civ. art. 215, al. 3) ne pourront sans doute pas être évités.
4. Il suffit que l'inscription provisoire, doublée ultérieurement d'une inscription définitive, soit antérieure à la publication de la convention de rechargement.

On observera enfin que l'hypothèque rechargeable ne s'éteint pas par l'extinction de la ou des créances garanties ni même par la renonciation du créancier. « Elle demeure dans la main du constituant » qui est libre d'en disposer [1]. Rien ne s'oppose cependant à ce que le constituant renonce à la faculté de rechargement conçue dans son propre intérêt ; cette renonciation, dûment publiée, ne jouera bien naturellement que pour l'avenir.

408 ***Hypothèque renversée : prêt viager hypothécaire*** ◊ Les articles L. 314-1 et suivants du Code de la consommation organisent le régime de ce nouveau contrat spécial, propre au droit de la consommation, qu'est le prêt viager hypothécaire qui recouvre une hypothèque garantissant une créance à terme (v. *supra*, n° 360). En d'autres termes, le prêt est un prêt *in fine*. L'hypothèse est en effet celle d'un établissement qui consent un prêt à une personne physique garanti par une hypothèque grevant un bien immobilier à usage exclusif d'habitation et dont le remboursement ne peut, en principe, intervenir qu'au décès de l'intéressé ou en cas d'aliénation de l'immeuble ou encore en cas de démembrement de sa propriété [2]. Ce système est conçu principalement pour le troisième âge. Il offre aux personnes âgées la possibilité de tirer crédit de leur appartement ou de leur maison principale. Il pourrait supplanter la rente viagère elle-même dans laquelle le transfert de propriété s'opère immédiatement [3].

L'opération est sévèrement réglementée (L. 314-3 s.) : l'offre de prêt doit être suivie d'un acte notarié ; pour le reste, la réglementation détaillée du Code de la consommation (réflexion, mentions obligatoires, remboursement anticipé total ou partiel [4]...) doit être scrupuleusement respectée (C. consom. art. R. 314-1 s.).

L'emprunteur est naturellement en droit de rembourser son emprunt de son vivant ou au moment de l'aliénation de l'immeuble. Mais lorsque la dette court encore au moment du décès ou de la vente, les intéressés – héritiers ou emprunteur lui-même – peuvent la payer dans la limite de la valeur du bien à l'échéance du terme [5]. Ils peuvent encore laisser le créancier mobiliser son hypothèque dans les conditions du droit commun (saisie, attribution judiciaire ou pacte commissoire, v. C. consom. art. L. 314-13). Ce dernier sera donc remboursé par le prix dégagé lors de l'adjudication ou encore par le prix déterminé par l'expert nommé ou choisi.

---

1. Aynès et Crocq, n° 664.
2. V. B. Saint-Alary, « Le prêt viager hypothécaire », *Dr. et patr.* mai 2007. 54 ; Morin-Brucker, « Le prêt viager hypothécaire », *JCP N* 2007. 1176 ; égal. S. Prigent, *Defrénois* 2008. 38858.
3. V. Rép. min à QE n° 2196, 2652, 1316 et 1317, *JOAN* Q 16 oct. 2007, p. 6359.
4. V. *D.* 2006. 3051.
5. D'où le risque pris par le créancier : il assume la perte de la valeur du bien et s'engage donc dans une opération doublement aléatoire : le viager et l'état du marché immobilier.

409 ***3° Objet sur lequel porte l'hypothèque. Spécialité de l'assiette*** ◊ L'article 2418 du Code civil exige que l'acte constitutif [1] ou un acte postérieur [2] déclare spécialement la nature et la situation de chacun des immeubles appartenant au débiteur et sur lesquels il consent hypothèque. La loi qui abandonne ainsi les règles de l'ancien droit favorable aux hypothèques générales, ne défend pas à un débiteur d'hypothéquer tous ses immeubles ; elle l'oblige simplement à les identifier avec précision [3]. De cette manière, le débiteur ne pourra se dépouiller d'un seul coup de tout son crédit et les créanciers connaîtront exactement l'étendue de leurs droits.

La spécialité de l'hypothèque quant aux biens interdit au débiteur d'hypothéquer ses biens à venir. Des raisons d'ordre moral fondent aussi l'interdiction.

410 ***Interdiction de principe de l'hypothèque sur les biens à venir*** ◊ Aux termes de l'article 2419 du Code civil, l'hypothèque ne peut, en principe, être consentie « que sur des immeubles présents ». On disait auparavant que les biens à venir ne pouvaient être hypothéqués. Sont visés les biens sur lesquels le débiteur dispose, non pas d'un droit conditionnel, mais d'une simple expectative : il pense les acheter ou espère les recevoir. L'interdiction s'explique par plusieurs raisons [4]. Et d'abord par le principe de spécialité : la faculté d'hypothéquer des biens futurs, du moins des biens non encore déterminés, risquerait de compromettre l'organisation de la publicité et rendrait illusoires les exigences d'individualisation de l'assiette hypothécaire. De plus, l'interdiction d'hypothéquer les biens à venir rejoint la prohibition des pactes sur succession future, dans la mesure où les biens en vue appartiennent à une personne dont le débiteur est l'héritier présomptif. Enfin, il n'est pas interdit de fonder la règle sur la volonté de protéger le constituant ou encore de la rapprocher de la nullité de l'hypothèque de la chose d'autrui.

En réalité, tous ces arguments ne sont pas décisifs [5], si ce n'est, peut-être, l'argument « moral » [6]. De toute façon, le principe qu'exprime

---

1. L'engagement de constituer une hypothèque, créateur d'une simple obligation de faire, n'est pas soumis aux conditions de validité exigées par l'article 2418 (Civ. 3e, 7 janv. 1987, *Bull. civ.* III, n° 4, *RD imm.* 1987. 268, obs. Dagot, *Defrénois* 1987. 1490, obs. Aynès). V. égal. *supra*, n° 395.

2. Dans ce dernier cas, l'inscription prise ultérieurement devra viser à la fois l'acte constitutif d'hypothèque et l'acte postérieur contenant désignation des biens grevés. En pratique, toutefois, on évite de recourir à un acte postérieur et le notaire s'efforce de respecter le principe de spécialité dès la constitution de l'hypothèque.

3. La désignation se fait selon les modalités prescrites pour l'inscription (v. art. 2426 et 2428-5° ; Décr. 4 janv. 1955, art. 7). On portera le nom de la commune, l'adresse, les références cadastrales...

4. L'ensemble de ces raisons permet de comprendre que la nullité affectant l'hypothèque des biens à venir soit absolue (v. Civ., 24 mai 1892, *DP* 1892. 1. 327). Mais la nullité n'atteint l'hypothèque que dans la mesure où elle grève les biens à venir : l'hypothèque des biens présents et à venir serait valable quant aux biens présents.

5. V. Tanagho, « L'hypothèque des biens à venir », *RTD civ.* 1970. 441.

6. *Cf.* Aynès et Crocq, n° 664 : « la loi n'a pas voulu que l'on puisse manger son blé en herbe ».

l'article 2419, n'a guère de consistance, compte tenu des exceptions qui lui sont apportées, exceptions que la loi envisage aujourd'hui très précisément (art. 2420).

411 ***Première exception : insuffisance des biens présents et libres*** ◊ Lorsque les biens présents et libres du débiteur sont insuffisants pour la sûreté de la créance, celui-ci peut, en reconnaissant cette insuffisance, consentir que chacun des biens qu'il acquerra par la suite y soit spécialement affecté au fur et à mesure des acquisitions (C. civ. art. 2420-1°). Pour que cette première dérogation au principe évoqué joue, trois conditions doivent être réunies. Le débiteur [1], d'abord, doit avoir reconnu cette insuffisance dans l'acte constitutif d'hypothèque [2] et une inscription devra être prise pour chacun des immeubles au fur et à mesure de leur acquisition par le débiteur [3]. Ensuite, la jurisprudence exige que le débiteur soit déjà propriétaire d'immeubles. Ainsi, celui qui ne possède aucun immeuble présent au moment de la constitution ne pourrait hypothéquer ses biens à venir [4], ce qui n'est guère convaincant, car « si celui qui n'a pas assez de biens mérite une concession, celui qui n'en a pas du tout, y a droit davantage » [5]. Enfin, les biens présents doivent être, au moment de la constitution de l'hypothèque, insuffisants pour garantir la dette, soit parce que leur valeur est trop faible, soit parce qu'ils sont déjà hypothéqués. Si les biens présents sont insuffisants au moment de la constitution de l'hypothèque, l'affectation des biens à venir est valable. La résolution postérieure du droit de propriété du constituant sur ses biens présents laisse subsister l'hypothèque sur ses biens à venir [6].

412 ***Deuxième exception : perte ou détérioration de l'immeuble hypothéqué*** ◊ Lorsque les immeubles hypothéqués périssent ou se détériorent après la constitution de la sûreté, le créancier peut obtenir une hypothèque supplémentaire sur les biens futurs du débiteur (C. civ. art. 2420-2°). La diminution de la sûreté primitive doit résulter d'une perte ou d'une dégradation matérielle de l'immeuble (et non d'une perte de valeur), rendre l'hypothèque insuffisante pour la garantie du créancier [7] et provenir d'un cas fortuit [8]. Si ces conditions sont remplies, le débi-

1. Le débiteur lui-même ou la caution réelle (v. Grua, « Le cautionnement réel », *JCP* 1984. I. 3167) qui est, en effet, dans la même situation que le débiteur, v. *supra*, n° 71 s.

2. Nancy 22 août 1867, *DP* 1868. 2. 117.

3. Civ. 1re, 6 juin 1952, *Bull. civ.* I, n° 185.

4. V. Civ., 30 janv. 1872, *DP* 1874. I. 99 ; Lyon 6 févr. 1913, *DP* 1915. 2. 14.

5. V. Aynès et Crocq, n° 666 ; Comp. Marty, Raynaud et Jestaz, n° 184.

6. Civ., 11 mars 1895, *DP* 1895. 1. 305, note Michel.

7. En cas d'incendie du bien hypothéqué, le créancier ne pourra demander un supplément d'hypothèque qu'autant que l'immeuble n'était pas assuré ou l'était insuffisamment. Mais, si l'indemnité d'assurance correspond à la valeur de l'immeuble, le créancier ne peut invoquer le bénéfice de l'article 2420-2° puisque son droit de préférence est « reporté » sur l'indemnité (v. *infra*, n° 520).

8. Si la perte est due à un fait du débiteur, celui-ci encourt la déchéance du terme, sans pouvoir l'éviter en offrant au créancier un supplément d'hypothèque.

teur peut, à titre de supplément de garantie et si son offre est sérieuse, hypothéquer ses biens à venir, ce qui lui permettra d'arrêter l'action en remboursement anticipé du créancier à charge, bien sûr, pour ce créancier de prendre une inscription au fur et à mesure des acquisitions du débiteur.

413 ***Troisième exception : hypothèque d'un bâtiment à construire*** ◊ Lorsque le propriétaire d'un terrain hypothéqué construit sur ce terrain, l'hypothèque s'étend aux constructions (C. civ. art. 2420-3°). La solution s'explique par la théorie de l'accession et n'est pas une exception à l'interdiction d'hypothéquer les biens à venir.

Lorsque le constructeur n'est pas, au moment où il construit ou projette de construire, propriétaire du terrain, il ne peut, en principe, hypothéquer les biens à venir. Puisqu'il n'est pas propriétaire, il n'a rien à hypothéquer. Cependant, aux termes mêmes de l'article 2420-3°, lorsque le débiteur « possède un droit actuel lui permettant de construire à son profit sur le fonds d'autrui, il peut constituer hypothèque sur les bâtiments dont la construction est commencée ou simplement projetée ». Cette disposition [1], qui ne déroge pas véritablement à l'interdiction d'hypothéquer les biens à venir, car le débiteur en question est investi d'« un droit actuel » susceptible d'hypothèque, permet au titulaire d'un droit de superficie [2] d'hypothéquer son droit, alors même qu'aucune construction n'est réalisée. Ainsi, le locataire, titulaire d'un bail à construction ou d'un bail emphytéotique, peut-il immédiatement constituer hypothèque sur son droit de construire et ses constructions à venir se trouveront grevées de plein droit par l'hypothèque [3].

L'article 2420-3°, ajoute qu'« en cas de destruction des bâtiments, l'hypothèque est reportée de plein droit sur tes nouvelles constructions édifiées au même emplacement ». Cette précision qui est inutile lorsque le constituant de l'hypothèque est propriétaire du terrain, puisque, par le jeu de l'accession, l'hypothèque s'étend à toute amélioration, a été jugée nécessaire en cas de construction sur le terrain d'autrui : jadis, l'hypothèque qui grevait des constructions sans frapper le sol était définitivement éteinte si ces constructions venaient à être démolies, bien que de nouveaux édifices fussent ultérieurement élevés au même endroit [4]. Aujourd'hui, l'hypothèque porte sans discussion sur les constructions nouvelles remplaçant celles qui ont été détruites. C'est finalement un nouveau cas de

---

1. Applicable uniquement aux hypothèques conventionnelles.

2. Le droit de superficie consiste dans le droit qu'un propriétaire, ou superficiaire, exerce sur la surface d'un fonds dont le dessous appartient à un autre propriétaire (v. *Les biens*, n° 874).

3. Le droit du créancier restera précaire, car il cessera avec le droit du locataire. À l'expiration du bail, le propriétaire du sol deviendra propriétaire des constructions et l'hypothèque, dépourvue d'efficacité, devra être radiée. Plus généralement, v. J.L. Tixier, *Le bail à construction*, thèse Paris I, *passim.* ; v. encore, O. Barret, « Une garantie illusoire : l'hypothèque portant sur des constructions élevées par le preneur de bail rural », *Defrénois* 1995. 705.

4. Paris 9 déc. 1890, *DP* 1891. 2. 368.

subrogation réelle qui est reconnu par la loi, mais dont, à la réflexion, on pouvait faire l'économie ; en effet, à partir du moment où l'on admet la possibilité d'hypothéquer le droit (de superficie) permettant de construire avec les constructions futures, il est logique de considérer que l'hypothèque s'étend à toutes les constructions nouvelles, y compris celles qui ont été réalisées en remplacement de celles qui, pour une raison ou pour une autre, ont pu disparaître.

SECTION 2. HYPOTHÈQUE LÉGALE

414 ***Plan*** ◊ On dénombre aujourd'hui deux types d'hypothèques qui tirent leur source de la loi. Les unes ne présentent aucune particularité par rapport aux hypothèques conventionnelles, si ce n'est d'être régies par un texte spécial. Ce sont des hypothèques légales ordinaires. Les autres ont ceci d'original qu'elles priment, si elles sont inscrites dans les délais requis, les hypothèques de droit commun. Il s'agit en somme d'hypothèques légales privilégiées ; on parle encore de privilèges spéciaux immobiliers. Compte tenu de leur importance, il faut les étudier en premier.

§ 1. Hypothèques légales privilégiées

415 ***Nature juridique*** ◊ Les privilèges spéciaux immobiliers sont, malgré leur nom, de véritables hypothèques qui bénéficient cependant d'un classement plus favorable. Ce sont plus précisément des hypothèques légales privilégiées, conférant à leurs titulaires les mêmes prérogatives que les hypothèques, mais avec un rang plus avantageux [1]. Comme les hypothèques, ces privilèges sont des droits réels. Leur indivisibilité est certaine. Ils emportent droit de préférence et droit de suite. Ils sont soumis au principe de spécialité quant aux créances garanties et quant à l'assiette : ils doivent être publiés. En cas de procédure collective, ils subissent les mêmes atteintes que les hypothèques. Toutefois, à la différence des hypothèques, les privilèges spéciaux immobiliers ne peuvent résulter que d'un texte particulier qui les institue en considération de la qualité de la créance en cause. De plus, les privilèges spéciaux ne prennent pas rang à la date de leur inscription, mais à une date antérieure, c'est-à-dire à la date de la naissance de la créance garantie. Autrement dit, la publicité est obligatoire et doit être réalisée dans les délais légaux, mais elle n'est pas attributive de rang. Pour autant, toutes les règles hypothécaires ne sont pas transposables : ainsi en est-il du pacte commissoire supposant un accord préalable entre le créancier et le constituant, ainsi que de l'attribution judiciaire compte tenu de la lettre des textes, mais non de leur esprit (v. *infra*, n° 488).

---

1. V. Cabrillac, Mouly et Pétel n° 756 ; Dagot, p. 384 ; Aynès et Crocq, n° 698 ; Marty, Raynaud et Jestaz, n° 243 ; Théry, n° 129.

416 ***Énumération*** ◊ Le décret du 4 janvier 1955 a limité le nombre des privilèges spéciaux immobiliers. Alors que les textes antérieurs avaient fait proliférer ces sûretés d'une façon désordonnée, le droit actuel, dans le souci de protéger les tiers, n'en retient plus que sept et subordonne leur opposabilité à une condition de publicité. Tous les autres privilèges, quand ils n'ont pas été supprimés [1], ont été ramenés à la qualité de simples hypothèques légales ne prenant rang qu'à la date de leur inscription. La liste des privilèges spéciaux immobiliers est aujourd'hui arrêtée par l'article 2374 C. civ. On y dénombre principalement : le privilège du vendeur, du prêteur de deniers, du copartageant, de l'architecte, du prêteur de deniers pour payer l'architecte, du créancier séparatiste, de l'accédant et celui du syndicat de copropriétaires.

À cette liste, il faut ajouter le privilège du titulaire de l'action en retranchement (L. 23 juin 2006, C. civ. art. 1527, al. 2) et le privilège de l'État et des communes pour le recouvrement des créances résultant de mesures de lutte contre l'habitat insalubre et dangereux.

Cette liste est limitative [2].

417 ***Justification*** ◊ Tous les privilèges spéciaux immobiliers se fondent sur l'idée, plus ou moins apparente selon les cas, de plus-value [3]. Le créancier a, par son action, contribué à l'enrichissement du débiteur ou a évité son appauvrissement. Étant à l'origine de la plus-value introduite dans le patrimoine du débiteur, il est juste que ce créancier soit, sur cette valeur, préféré aux autres créanciers. On peut, cependant, s'accorder pour dire que cette idée est bien théorique, d'autant qu'en pratique les privilèges spéciaux liés à une transmission immobilière présentent peu d'intérêt. Certains spécialistes [4] ont démontré que le vendeur, le prêteur de deniers et le copartageant n'encouraient, en fait, aucun risque d'être primés par un créancier de leur cocontractant. En effet, en vertu de la règle de l'effet relatif de la publicité foncière (v. *infra*, n° 839), aucune inscription ne peut être formalisée au détriment du créancier privilégié, du chef de son débiteur, si le titre (vente, partage, licitation...) qui rend ce dernier propriétaire, n'a été préalablement publié. Or, en pratique, la publicité du titre et celle du privilège sont concomitantes, car le notaire dépose simultanément au bureau des hypothèques l'expédition de l'acte contenant à la fois titre de propriété et titre de créance et les bordereaux nécessaires à l'inscription. « En conséquence, l'avantage essentiel du privilège, qui est de

1. Ainsi le privilège général des avocats institué par la loi du 5 septembre 1807 en garantie des sommes dues pour la défense personnelle d'un condamné devant une juridiction répressive (v. en application, Com., 20 oct. 1959, *D.* 1960. 154, note Crémieu), a-t-il été abrogé par une ordonnance du 7 janvier 1959 (v. Aix 10 nov. 1976, *Bull. Aix*, n° 327).

2. L'énumération de l'article 2374 ne comporte aucun ordre de préférence, le rang des privilèges ne dépendant ici que de la date de naissance de la créance garantie.

3. V. Marty, Raynaud et Jestaz, n° 244 ; Mazeaud, Chabas et Picod, n° 323.

4. C.A. Thibierge, « L'autonomie du privilège du prêteur de deniers », *Defrénois* 1971. 1281 ; Mᵉ Erouvroy, Rapport au 69ᵉ Congrès des notaires, p. 109 s.

primer les créanciers du débiteur ayant pris inscription pendant la période intercalaire comprise entre la date de l'acte générateur de la créance privilégiée et celle de son inscription, est purement théorique, puisque ces créanciers ne peuvent, en fait, profiter de cette période intercalaire » [1]. Compte tenu de cette situation, on pourrait concevoir sinon la suppression du privilège du vendeur, du prêteur de deniers et du copartageant, du moins leur transformation en hypothèques légales ordinaires [2]. Quant aux privilèges qui ne sont pas liés à une transmission immobilière, leur faible application pratique autorise à penser qu'ils ne sont plus indispensables et que leurs titulaires pourraient, le cas échéant, se protéger tout aussi bien par une hypothèque conventionnelle.

A. Privilège du vendeur d'immeuble

418 ***Garanties du vendeur d'immeuble*** ◊ La loi donne au vendeur d'immeuble, créancier du prix, trois garanties : le droit de rétention (art. 1612 et 1613), le droit de demander la résolution (art. 1654) ainsi que le privilège sur l'immeuble vendu, conférant droit de préférence et droit de suite (art. 2374 -1°) [3] et fondé sur l'idée d'enrichissement de l'acheteur et sur la nécessité de protéger le vendeur contre les incidences du transfert de propriété *solo consensu* [4]. Si l'action résolutoire et le privilège constituent deux garanties distinctes [5], leur sort est néanmoins lié, puisque l'action résolutoire ne peut être exercée après l'extinction du privilège ou, à défaut d'inscription du privilège dans le délai imparti, au préjudice des tiers qui ont acquis des droits sur l'immeuble du chef de l'acquéreur et qui les ont publiés [6].

L'étude du privilège du vendeur d'immeuble conduit à préciser ses conditions d'existence, son assiette et les créances qu'il garantit.

---

1. Me Derouvroy, art. préc., p. 111.

2. V. dans le même sens, Mazeaud, Chabas et Picod, n° 335.

3. En matière mobilière, le droit de suite est remplacé par une action spéciale de revendication (v. art. 2332-4°).

4. Historiquement, le privilège du vendeur s'est substitué à la garantie – traditionnelle – résultant de la réserve de propriété. C'est pourquoi, le privilège apparaît aujourd'hui comme étant de la nature de la vente. On pourrait en déduire que le vendeur n'encourt aucune responsabilité s'il ne révèle pas l'existence de cette garantie (comp. Civ. 1re 24 mai 1976, *Bull. civ.* I, n° 192). Jugé qu'une clause de réserve de propriété pouvait être invoquée, alors même que le vendeur avait inscrit son privilège, ce qui est un brin contradictoire dans la mesure où le vendeur privilégié n'a plus la qualité de propriétaire : Com., 28 sept. 2004, *Bull. civ.* IV, n° 172, *JCP* 2005. I. 135, n° 15.

5. Les parties pourraient, par convention, écarter le jeu du privilège qui n'est pas de l'essence de la vente (v. *infra*, n° 427) ; l'action résolutoire n'est pas susceptible d'être exercée dans les conditions de l'art. L. 643-2 C. com., n'étant pas, pour la jurisprudence, une voie d'exécution, Com., 19 déc. 1995, *Bull. civ.* IV, n° 305, *D.* 1996. 145, note M.J. Campana, *Defrénois* 1996. 937, obs. Sénéchal.

6. V. Bergel, *La vente d'immeubles existants*, Litec, 1983, n° 554. V. aussi, Civ. 3e, 26 nov. 1970, *Bull. civ.* III, n° 647 ; 8 juill. 1992, *Defrénois* 1992. 1592, obs. L. Aynès.

419 **1° *Conditions d'existence du privilège*** ◊ Pour que le privilège du vendeur puisse légalement exister, il faut d'abord qu'il procède d'une aliénation propre à l'engendrer ; il faut ensuite que l'objet de cette aliénation puisse donner naissance au privilège [1]. Enfin le privilège doit être publié. Cette dernière condition, toutefois, ne concerne pas à proprement parler l'existence même du privilège, mais plutôt son efficacité. Sous le bénéfice de cette précision, les trois points évoqués appellent quelques commentaires.

420 ***a) Aliénations donnant naissance au privilège*** ◊ En principe, tout acte ayant la nature d'une vente et portant sur un bien immobilier emporte privilège, pourvu que le prix en reste dû par l'acheteur en tout ou partie. Peu importent les modalités de la vente [2], peu importe la forme de la vente, volontaire ou judiciaire, de gré à gré ou aux enchères publiques, sous seing privé ou par acte authentique [3] ; l'essentiel est qu'un prix soit dû. C'est pourquoi si la contrepartie du transfert de propriété réside, non dans une somme d'argent, mais dans une obligation de faire, le créancier ne saurait bénéficier du privilège du vendeur [4]. En revanche, chaque fois que l'opération, sans être précisément une vente, comporte un prix, le privilège du vendeur peut être invoqué. C'est le cas en matière d'échange d'immeuble avec soulte [5] ou d'apport d'immeuble en société, si, du moins, l'apport est fait contre le paiement d'un prix, tel la prise en charge par la société du passif de l'apporteur [6].

---

1. Civ., 17 févr. 1947, *JCP* 1947. II. 3745, note R.C.

2. Le privilège naît aussi bien dans les ventes à terme (d'immeubles à construire : art. 2380) que dans les ventes en l'état futur d'achèvement (v. Dagot, *La vente d'immeubles à construire*, Litec, 1983, n° 1634) ; v. égal. Le Magueresse, « De l'hypothèque rechargeable en matière de vente en l'état futur d'achèvement, haro sur le privilège du vendeur ! », *JCP* N 2008. 1175, p. 26.

3. En pratique, et compte tenu des exigences de publicité, l'acte de vente devra être dressé en la forme authentique. V. L. Leveneur, « Le privilège du vendeur et la décision de justice valant vente, Civ. 1re, 24 juin 1997 », *JCP* N 1998. 54.

4. V. Civ. 1re, 12 oct. 1967, *Bull. civ.* I, n° 292, rendu dans une espèce où les parties avaient qualifié leur accord de contrat de vente, alors qu'il avait pour objet de transférer la nue-propriété d'un immeuble contre l'engagement de faire toutes les réparations nécessaires ; Civ. 3e, 17 mars 1981, *Bull. civ.* III, n° 56, *RD imm.* 1981. 537, obs. Dagot, rendu à propos d'une prétendue vente d'une propriété rurale moyennant le prix d'un franc et l'obligation d'y aménager un centre équestre. V. encore, Civ. 3e, 6 janv. 1982, *Bull. civ.* III, n° 4, *RD imm.* 1982. 545, obs. Dagot. *Contra*, Civ. 3e, 9 déc. 1986, *Bull. civ.* III, n° 177, *Defrénois* 1987. 1187, obs. Vermelle, déclarant qu'« une vente peut être réalisée moyennant une contrepartie autre qu'un versement de somme d'argent ». L'arrêt n'est cependant pas décisif, car il conclut finalement à la nullité de la vente pour indétermination du prix, compte tenu de « l'imprécision des prestations dont était assortie l'obligation contractée par l'acquéreur ». Peut-être faudrait-il distinguer la conclusion de la vente et exiger alors une fixation du prix en argent, et sa « réalisation » et admettre, à ce stade, toutes les modalités de paiement, en argent, par compensation, par dation ; *Contrats civils et commerciaux*, n° 137.

5. V. Req., 11 mai 1863, *DP* 1864. 1. 191, *S.* 1864. 1. 357.

6. V. Dagot, p. 388 ; Mazeaud, Chabas et Picod, n° 329. *Adde* Pilon, « Influence de la nature juridique des apports en société sur l'inscription d'office du privilège du vendeur d'immeubles », *DH* 1927. Chron. 29.

421 ***Exceptions au principe*** ◊ La vente à réméré ne confère pas de privilège à l'acquéreur lorsque le vendeur exerce sa faculté de rachat et doit, de ce fait, rembourser le prix de l'immeuble [1]. On peut justifier la solution en disant que l'exercice de la faculté de rachat constitue non une vente nouvelle, mais la résolution de la vente primitive. De même, la donation immobilière avec charge imposant au donataire le paiement d'une somme d'argent ne donne aucun privilège au donateur. On considère que, malgré la stipulation des charges, l'acte conserve son unité [2]. Enfin, le titulaire d'un droit qui obtient une indemnité à la suite de la suppression de ce droit ou de son abandon, ne peut se réclamer du privilège du vendeur pour garantir l'indemnité qui lui est due. Ainsi, pour la jurisprudence, le possesseur ou le détenteur précaire qui a élevé des constructions sur le terrain d'autrui ne peut invoquer le privilège du vendeur pour obtenir par préférence le paiement de l'indemnité représentative des constructions devenues, par voie d'accession, la propriété du maître du sol [3].

422 ***b) Objet de l'aliénation donnant naissance au privilège*** ◊ Pour que l'aliénation s'accompagne d'un privilège, le bien dont elle est l'objet doit être de nature immobilière et susceptible d'hypothèque. Seuls les immeubles et les droits immobiliers peuvent être frappés par le privilège de l'article 2374-1°. Peu importe que les immeubles soient corporels ou incorporels, mais leur nature immobilière doit être certaine. C'est pourquoi donnent naissance au privilège les ventes portant sur un droit d'emphytéose, sur une action immobilisée ou encore sur un droit d'usufruit, mais non les ventes séparées d'immeubles par destination ou les ventes de meubles par anticipation. En outre, puisque le privilège immobilier n'est intrinsèquement qu'une hypothèque bénéficiant d'un classement de faveur, seules les ventes de biens susceptibles d'hypothèque emportent privilège. Ainsi, il a été jugé que le cédant d'une servitude ne pouvait invoquer de privilège et disposait seulement d'une action en résolution en cas de non-paiement du prix [4]. Mais il a été admis que la cession d'un droit de mitoyenneté permettait au cédant d'exercer le privilège du vendeur sur la

---

1. Req., 26 avr. 1827, *S.* 1827. 1. 400.
2. Civ., 11 juin 1909, *DP* 1910. 1. 263.
3. Civ., 14 déc. 1921, *DP* 1925. 1. 111. Aujourd'hui, la solution pourrait se discuter dans l'hypothèse d'une location ; étant donné que le locataire reste propriétaire des constructions pendant la durée de la location, n'y a-t-il pas un véritable transfert de propriété qui s'opère à l'issue de la location et moyennant le paiement d'une indemnité, dans la mesure où le bailleur décide de conserver les constructions ? Rapp. Civ. 1re, 1er déc. 1964, *Bull. civ.* I, n° 535, décidant que le sort des constructions élevées par le preneur est réglé à l'expiration du bail par l'article 555 et que le preneur reste propriétaire, pendant la durée de la location, des constructions qu'il a édifiées sur le terrain du bailleur ; l'arrêt en déduit que l'indemnité de dommages de guerre afférente à des constructions édifiées par le preneur et détruites par fait de guerre en cours de bail doit être attribuée au preneur. Plus généralement, v. *Les biens*, nos 251 et 252.
4. Paris 10 mai 1898, *DP* 1898. 2. 497, note Planiol, *S.* 1900. 2. 157, note Tissier. La solution serait différente en cas de cession portant sur l'ensemble du fonds servant ou du fonds dominant.

partie du prix représentant la valeur de la mitoyenneté [1], ce qui n'est guère logique, puisque le droit de mitoyenneté n'est pas normalement susceptible d'hypothèque (v. *supra*, n° 386).

423 ***c) Publicité*** ◊ Le privilège du vendeur prime toutes les hypothèques nées du chef de l'acquéreur et prend rang à la date de la vente (art. 2379, al. 1er), dans la mesure où son titulaire a pris le soin de prendre une inscription (l'inscription n'est pas prise d'office, elle suppose une initiative du vendeur) [2]. En général, l'inscription est faite en même temps que la publication de la vente ; il y a là deux actes différents : la publication de la vente ne vaut pas inscription pour le vendeur. Prise dans le délai imparti – deux mois à compter de la vente –, l'inscription conserve le privilège avec son rang préférable : elle a donc un effet rétroactif. Prise hors du délai, l'inscription ne pourra que maintenir le caractère hypothécaire de la créance. Autrement dit, dans cette hypothèse, l'inscription a les effets d'une inscription hypothécaire normale, simplement attributive de rang et dépourvue de toute rétroactivité [3]. De plus, elle peut se trouver bloquée, compte tenu de la survenance d'un événement interrompant le cours des inscriptions [4]. Enfin, le vendeur risque de perdre son droit d'agir en résolution. L'article 2379, alinéa 2 prévoit, en effet, qu'à défaut d'inscription dans le délai légal, l'action résolutoire de l'article 1654 ne peut être exercée au préjudice des tiers qui ont acquis des droits sur l'immeuble du chef de l'acquéreur et qui les ont publiés. C'est dire que le vendeur négligent ne pourrait agir contre un sous-acquéreur ayant – régulièrement et antérieurement – publié son titre d'acquisition [5] (*supra*, n° 421). C'est dire également que ce même vendeur ne pourrait agir contre un créancier hypothécaire – régulièrement inscrit – de son acquéreur, ni contre un créancier ayant publié un commandement de saisie immobilière [6]. En revanche, le vendeur pourrait toujours agir contre l'acquéreur lui-même, qui n'est pas un tiers [7].

424 ***2° Assiette du privilège*** ◊ Le privilège du vendeur grève *l'immeuble vendu* ou, plus précisément, le droit immobilier cédé : droit de propriété,

1. Req., 10 avr. 1889, *DP* 1889. 1. 321, note Brésillon ; Bordeaux 21 avr. 1890, *DP* 1892. 2. 432 ; Paris 26 janv. 1938, *DH* 1938, 139.
2. V. sur la responsabilité du notaire en cas de dispense d'inscription, Civ. 1re, 19 mai 1999, *DA* 1999. 1036.
3. Paris 8 avr. 1999, *D.* 1999. Somm. 302, obs. S. Piedelièvre.
4. Publication d'une saisie, « faillite » de l'acquéreur... (v. *infra*, n° 498). Malgré ces événements, l'inscription prise dans le délai de deux mois reste efficace compte tenu de son caractère rétroactif. Ainsi est-il encore possible de prendre une inscription dans le délai à l'encontre d'un acquéreur admis dans une procédure de redressement ou de liquidation judiciaire.
5. V. Montpellier 12 janv. 1984, *D.* 1985. IR 74.
6. V. Civ. 2e, 15 janv. 1969, *Bull. civ.* II, n° 18 ; Civ. 3e, 26 nov. 1970, *Bull. civ.* III, n° 647. Comp. Civ. 3e, 7 mai 1986, *JCP* N 1987. II. 13, note critique Dagot, qui refuse de faire jouer l'article 2379 au prétexte que la vente résolue portait sur des droits indivis.
7. V. Marty, Raynaud et Jestaz, n° 270, qui ajoutent que « la résolution ainsi prononcée serait opposable aux tiers n'ayant pas sur l'immeuble de droit soumis à la publicité, comme les créanciers chirographaires ».

nue-propriété ou usufruit [1]. Le privilège ne frappe que l'immeuble vendu mais porte sur chaque immeuble vendu, du moins pour un prix séparé. Ainsi, en cas d'adjudication à un même acquéreur de plusieurs lots appartenant au même vendeur, mais avec stipulation de prix différencié pour chaque lot, le vendeur jouit sur chacun de ces lots d'un privilège distinct jusqu'à concurrence du prix afférent à chacun d'eux [2]. Si l'immeuble est détruit, l'assiette du privilège se réduit à ce qui subsiste, au simple terrain, par exemple. Mais si un bâtiment venait à être reconstruit sur ce terrain, le privilège grèverait l'édifice [3]. En cas d'incendie ou de perte, le privilège est reporté sur l'indemnité d'assurance (C. assur., art. L. 121-13) [4], ainsi que sur les dommages-intérêts dus par le locataire ou le voisin.

Il faut ajouter que la jurisprudence décide que le privilège s'étend, comme l'hypothèque et par application de l'article 2397 *in fine*, aux améliorations de l'immeuble. C'est dire que le privilège s'applique aux constructions, plantations ou autres améliorations et incorporations provenant du fait de l'acheteur, ainsi qu'aux objets placés par celui-ci sur le fonds en vue de son exploitation [5]. Cette solution, récemment réaffirmée pour le privilège du prêteur de deniers (v. *infra*, n° 429), s'explique par un argument d'analogie : le privilège spécial immobilier n'est-il pas une hypothèque et l'hypothèque n'est-elle pas justiciable de l'article 2397 ? De plus, cette solution permet d'éviter le problème pratique de dissociation de l'immeuble et des améliorations [6]. Force est de reconnaître, cependant, que cette jurisprudence est incompatible avec le fondement même du privilège. Les améliorations sont le fait de l'acquéreur et non du vendeur. Il serait donc plus équitable, quelles que soient les difficultés pratiques, de faire une ventilation sur le prix obtenu à l'issue des poursuites et de n'attribuer au vendeur que la fraction du prix correspondant au bien vendu. Mais peut-on ainsi sacrifier la qualification d'hypothèque et la règle de l'indivisibilité qu'elle postule ? Rien n'est moins sûr.

425 ***3° Créances garanties*** ◊ Le privilège garantit la fraction du *prix* non payée. Il peut s'agir d'un capital ou d'une rente [7]. Le prix garanti est celui qui est porté dans l'acte de vente publié. C'est pourquoi si les parties sont

---

1. Si la vente n'a porté que sur la nue-propriété, le privilège ne grève que ce droit tant que l'usufruit n'est pas éteint ; après l'extinction de l'usufruit, le privilège s'étend à la pleine propriété (arg. art. 2397). Si, au contraire, la vente n'a porté que sur l'usufruit, le privilège n'atteint que ce droit et s'éteint avec lui (v. Nîmes 24 janv. 1910, *DP* 1912. 2. 390, note Bosc).
2. Civ., 11 mars 1891, *DP* 1891. 1. 253. Une clause d'indivisibilité serait sans doute insuffisante pour contrecarrer cet effet (v. Planiol, Ripert et Becqué, n° 636).
3. V. Mazeaud, Chabas, et Picod, n° 331.
4. V. Civ. 1re, 7 avr. 1992, *Bull. civ.*, n° 113, *JCP* 1993. 1. 3680, n° 18, subordonnant l'application du texte à la justification par le vendeur d'une créance certaine, liquide et exigible.
5. Req., 15 juill. 1867, *DP* 1868. 1. 269, *S.* 1868. 1. 9 ; T. civ. Seine 21 janv. 1902, *DP* 1905. 2. 145, note Cezar-Bru ; T. civ. Saint-Étienne 4 juin 1924 et Lyon 15 oct. 1924, *DH* 1924. 708.
6. V. Dagot, p. 391.
7. V. Caen 24 avr. 1902, *DP* 1904. 2. 425. S'il est stipulé dans l'acte de vente que le prix sera payable à un tiers, c'est le tiers qui bénéficiera du privilège (Req., 1er août 1904, *DP* 1908. 1. 457, note de Loynes).

convenues par une contre-lettre d'un supplément de prix occulte, le vendeur n'est pas privilégié pour ce supplément. Pour la même raison, le privilège ne peut garantir le supplément de prix offert au vendeur à la suite d'une action en rescision pour lésion. Le privilège subsiste, sous réserve de la péremption de l'inscription, tant que le prix n'est pas intégralement payé [1]. En cas de consignation du prix par l'acquéreur, le privilège est maintenu, car la consignation n'équivaut pas à un paiement [2]. La solution est différente en cas de novation [3], à moins que les parties n'aient expressément réservé le privilège pour garantir la nouvelle créance (art. 1278). Ainsi, si le prix initialement stipulé en capital est converti ultérieurement et dans un acte distinct en rente viagère, le privilège s'éteint par la novation réalisée, à moins qu'il n'ait été expressément réservé par les parties [4].

Si le privilège garantit le prix, il s'applique aussi à ses *accessoires*, à condition qu'ils soient mentionnés dans l'acte de vente et dans l'inscription [5]. Ces accessoires comprennent toutes les charges ou prestations imposées à l'acheteur au profit du vendeur ou d'un tiers [6], les intérêts légaux ou conventionnels (dans la limite de l'article 2432), ainsi que « les frais et loyaux coûts du contrat » (honoraires du notaire, droits de mutation) dont le vendeur a pu faire l'avance [7]. Toutefois, le privilège ne garantit pas les dommages-intérêts dus au vendeur à l'occasion de la résolution du contrat pour non-paiement du prix, même s'ils ont été fixés forfaitairement et par avance dans une clause pénale [8]. La solution ne s'impose pas avec une parfaite évidence, car le statut des dommages-intérêts est lié à celui de l'obligation inexécutée qu'ils remplacent [9].

B. Privilège de l'accédant

426 ***Un privilège théorique*** ◊ La loi du 12 juillet 1984 définissant la location-accession à la propriété immobilière accorde aux accédants à la

---

1. Lorsqu'une partie du prix seulement reste due, le privilège, en raison de son indivisibilité, continue à grever l'immeuble tout entier.

2. V. Civ. 3e, 20 déc. 1977, *Bull. civ.* III, n° 461.

3. En principe, le paiement par chèque, billet à ordre ou lettre de change n'entraîne pas novation : C. mon. fin., art. L. 131-67.

4. Lorsqu'une rente est substituée à un capital, l'objet de l'obligation est changé ; le versement des arrérages remplace le paiement d'une somme unique et l'on passe d'une obligation déterminée à une obligation aléatoire. Il y a donc novation, V. Req., 28 déc. 1908, *DP* 1909. 1. 214. En revanche, si la conversion est convenue dans l'acte de vente initial, la novation n'est pas caractérisée (v. Simler, *J.-Cl. Civ.*, art. 1271 à 1281, fasc. 2, n° 39) et le privilège est maintenu.

5. Req., 17 nov. 1936, *DH* 1937. 86. Ainsi, les droits supplémentaires et pénalités d'enregistrement dus par l'acquéreur et payés à sa décharge par le vendeur, ne sont pas garantis puisque, par hypothèse, ils ne peuvent avoir été prévus dans l'acte de vente (v. Com., 6 mars 1950, *S.* 1950. 1. 164 ; Civ. 1re, 15 juin 1954, *Bull. civ.* I, n° 197).

6. Req., 17 nov. 1936, préc.

7. Req., 22 févr. 1909, *DP* 1912. 1. 347.

8. T. civ. Nevers, 29 nov. 1938, *Gaz. Pal.* 1939. 1. 36 ; Aix 11 févr. 1975, *Bull. Aix*, n° 14.

9. Pour des applications en matière de gage et de cautionnement, V. Req., 9 mai 1881, *DP* 1882. 1. 13 ; 20 mars 1922, *DP* 1923. 1. 21.

propriété, titulaires d'un contrat de location-accession, un privilège en garantie des droits qu'ils tiennent de leur contrat. Ce nouveau privilège spécial immobilier, énuméré dans la liste du Code civil (art. 2374 -7°), confère une protection intéressante aux accédants, puisqu'en cas de défaillance de leur vendeur, ils peuvent faire vendre le local, objet de leur contrat, et se faire payer sur le prix [1]. Le privilège garantit plus précisément le remboursement (éventuel) des acomptes payés sur le prix ; il garantit ce que l'on appelle en pratique le « surloyer » [2], c'est-à-dire les sommes qui sont dues par le vendeur lorsque l'accédant ne lève pas, à l'issue de la période d'occupation, son option, ou encore lorsque le contrat est résilié.

Portant, bien entendu, exclusivement sur l'immeuble faisant l'objet du contrat, le privilège est soumis à une inscription et prend rang à la date du contrat de location-accession si, du moins, l'inscription est faite dans le délai de deux mois suivant la signature du contrat (art. 2384).

Ce privilège n'est sans doute pas promis à un bel avenir dans la mesure où le contrat de location-accession connaît peu de succès [3] et où, d'après la loi elle-même, le vendeur peut garantir l'exécution de ses obligations par le truchement d'un cautionnement (L. 1984, art. 15). De surcroît, la portée du privilège, à supposer qu'il soit pris, est limitée, car la garantie ne peut être instituée qu'à la double condition que les sommes correspondant au prix de l'immeuble payables avant le transfert de propriété, n'excèdent pas 50 % de sa valeur, et surtout, qu'à la date du contrat, elle ne soit ni primée par, ni en concurrence avec un autre privilège ou une autre hypothèque dont les causes ne seraient pas éteintes à la même date [4].

C. Privilège du prêteur de deniers

427 ***Présentation*** ◊ Un temps, le privilège accordé par l'article 2374-2° à ceux qui ont fourni des deniers pour l'acquisition d'un immeuble n'était pas autre chose que le privilège du vendeur transmis aux prêteurs de fonds par voie de subrogation. Aujourd'hui, le privilège du prêteur de deniers est autonome : la loi du 16 juillet 1971 a modifié les textes du Code civil et reconnu un privilège à ceux qui ont fourni des deniers « même en l'absence de subrogation » [5]. L'avantage principal de cette autonomie concerne la garantie du paiement des intérêts. Le prêteur subrogé aux droits du

1. V. Dagot et Lepeltier, « Un nouveau privilège immobilier, le privilège de l'accédant dans le contrat de location-accession », *JCP* N 1985. I. 75 ; Malinvaud, Jestaz, Jourdain et Tournafond, *Droit de la promotion immobilière*, Précis Dalloz, 7e éd., n° 540.

2. Marty, Raynaud et Jestaz, n° 264 bis.

3. V. Barrangou-Poueys, « L'avenir de la location-accession à la propriété immobilière », *RD imm.* 1988. 175.

4. V. Saint-Alary-Houin, « La location-accession à la propriété immobilière », *RD imm.* 1985. 1 s., n° 50, qui ajoute que la seconde condition sera très rarement remplie lorsque le vendeur aura eu recours au crédit pour financer sa propre acquisition.

5. V. C.A. Thibierge, « L'autonomie du privilège du prêteur de deniers et les prêts à l'acquisition immobilière », *Defrénois* 1971. 30007.

vendeur ne pouvait faire garantir par le privilège, pour les trois années prévues par l'article 2432, que les intérêts calculés au taux applicable dans les rapports entre le vendeur et l'acquéreur ; de sorte que si le taux des intérêts du prêt était supérieur à celui des intérêts du prix de vente, le prêteur devait se faire consentir par l'emprunteur une hypothèque conventionnelle en garantie de la différence. Affirmer l'autonomie du privilège du prêteur évite cette source de frais et de complication : les intérêts directement garantis sont ceux qui sont prévus par le contrat de prêt [1] : Rien n'interdit, bien évidemment, au prêteur, s'il veut bénéficier de garanties supplémentaires, de se faire subroger dans les droits de vendeur et de recueillir ainsi le droit d'intenter l'action résolutoire [2].

428 ***Conditions d'existence*** ◊ La naissance du privilège du prêteur de deniers [3] est subordonnée à des conditions de forme : l'acte d'emprunt et la quittance du vendeur doivent être rédigés en la forme authentique. En outre, il doit être déclaré dans l'acte d'emprunt que la somme est destinée à l'acquisition d'un immeuble et, dans la quittance du vendeur, que le paiement du prix a été fait avec les deniers empruntés. Ces formalités [4] – les seules prévues par les textes [5] – sont destinées à éviter qu'un débiteur ne puisse favoriser l'un de ses créanciers au détriment des autres, en prétendant faussement que la créance provient d'un prêt ayant permis l'acquisition de l'immeuble.

1. *Cf.* C.A. Thibierge, art. préc., n° 4.

2. V. Rémy, « La subrogation du prêteur de deniers dans l'action résolutoire du vendeur d'immeuble », *JCP* N 1978. I. 79 ; J.L. Guillot, obs. *Banque* 1991. 764. Les prêteurs ne manquent pas, en pratique, de prendre d'autres sûretés pour éviter de venir en concours avec le vendeur ; ils se font notamment consentir des hypothèques de premier rang (v. Bergel, *La vente d'immeubles existants*, Litec, 1983, n° 296 ; C.A. Thibierge, « Les prêts à l'acquisition immobilière », *Defrénois* 1967. 28947) ou encore font renoncer le vendeur à l'action résolutoire. Cette dernière clause nous semble discutable, car la renonciation à la résolution est contraire à la notion même du contrat (v. la note sous Com., 7 mars 1984, *JCP* 1985. II. 20407. Comp. Dagot, « La renonciation anticipée à l'action résolutoire dans la vente d'immeuble », *JCP* N 1986. I. 361, qui propose de distinguer selon que la clause est invoquée dans les rapports entre les parties ou vis-à-vis des tiers et spécialement des créanciers, pour conclure à sa validité dans ces dernières relations). La Cour de cassation est devenue elle-même très (trop ?) libérale : Civ. 3e, 3 nov. 2011, n° 10-26.203, considérant que l'art. 1184 C. civ. n'est pas d'ordre public et que les parties peuvent renoncer à l'action en résolution judiciaire.

3. V. Dagot, « Naissance du privilège du prêteur de deniers », *JCP* N 1987. I. 329 ; v. égal. Théry, « Du recours au privilège de prêteur de deniers en cas d'acquisition par deux personnes », *Defrénois* 1990. 34812 ; B. Pacaud, « Les sûretés immobilières en cas de pluralité d'emprunteurs ou d'acquéreurs », *Defrénois* 2000. 273.

4. Sur les formules utilisées, V. Salats, « La loi du 13 juillet 1979 et le privilège de prêteur de deniers », *JCP* N 1987. I. 187.

5. L'existence de la vente, même si elle n'est pas prévue par les textes, est une condition nécessaire pour que le privilège du prêteur puisse naître (v. Dagot, obs. sous TGI Paris 19 avr. 1982, *RD imm.* 1983. 488, ce jugement décidant que le privilège survit en cas de résolution du contrat de vente malgré les dispositions contraires de l'article 2414 applicables à toutes les hypothèques et donc aux hypothèques légales privilégiées ; dans le même sens, TGI Paris 23 oct. 1992, *RD imm.* 1993. 404). *Contra*, Com., 5 déc. 1995, *Bull. civ.* IV, n° 286, *D.* 1996. Somm. 388, obs. S. Piedelièvre : en cas de résolution de la vente financée par un emprunt, les fonds doivent être restitués aux anciens acquéreurs et ne sont pas affectés par préférence au prêteur de deniers.

Ces formalités tendent donc seulement à certifier l'origine des deniers vis-à-vis des tiers ; elles n'intéressent ainsi que les tiers et non les parties [1].

Aucune condition n'est requise quant à l'ordre dans lequel doivent intervenir la vente et le prêt. Le plus souvent, les deux contrats sont contenus dans le même acte. Mais l'emprunt et la destination des deniers pourraient être constatés antérieurement à la vente. De même, le prêt pourrait être conclu postérieurement à la vente [2]. L'essentiel est qu'au plus tard au moment du paiement du prix de vente, un notaire ait authentifié le prêt et sa destination, ainsi que l'utilisation des fonds au paiement [3].

Ajoutons que dans le cas d'une ouverture de crédit, l'exigence d'un acte authentique constatant l'emprunt ne peut raisonnablement s'appliquer à chaque déblocage de fonds, même si seul ce déblocage caractérise le prêt ; il suffit, semble-t-il, que l'ouverture de crédit soit constatée dans un acte authentique.

429 ***Régime juridique*** ◊ Les effets du privilège du prêteur de deniers sont en principe identiques à ceux du privilège du vendeur ce qui est logique, car ils ont tous deux le même fondement [4]. Ainsi, ce sont les mêmes aliénations qui donnent naissance au privilège et, notamment, c'est parce qu'un partage n'est pas une vente que les banques qui accordent un prêt au copartageant débiteur d'une soulte ne peuvent se prévaloir du privilège du prêteur [5]. De même, l'assiette de ce privilège est identique à celle du privilège du vendeur. Elle s'étend donc aux constructions qui sont incorporées par accession à l'immeuble vendu [6]. Quant aux créances garanties, elles comprennent non seulement le capital du prêt, mais encore tous les accessoires de la créance et notamment les intérêts stipulés dans le contrat de prêt. On notera aussi que, selon une très curieuse décision, le privilège du prêteur de deniers n'est pas un accessoire au sens de l'article 43 de la loi de 1991 sur les procédures civiles d'exécution [7].

Encore faut-il, pour que ces effets se développent, que le privilège ait été publié. L'inscription est à prendre dans les deux mois de la vente (art. 2379). À défaut, le privilège ne pourrait prendre rang au jour de la vente ; il dégénérerait en une simple hypothèque prenant rang le jour de son inscription [8].

---

1. V. Civ. 3e, 18 févr. 1987, *Bull. civ.* III, n° 31, *Defrénois* 1987. 1487, obs. Aynès.
2. V. Dagot, art. *préc.*, n° 9 s.
3. V. L. Aynès, obs. préc.
4. En plus de l'idée de plus-value apportée au patrimoine du débiteur, le privilège du prêteur repose sur la volonté de favoriser le crédit immobilier.
5. V. Rép. QE n° 3452, *JCP* N 1982. Prat. 8302.
6. Civ. 3e, 10 juin 1981, *RD imm.* 1982. 122, obs. Dagot. Comme en matière d'hypothèque, le droit de préférence grève la valeur du bien ; c'est pourquoi il peut s'exercer non seulement sur le prix du bien, mais aussi sur toutes les indemnités qui matérialisent cette valeur, dont, en cas de Terres agricoles, les indemnités d'arrachage, souvent substantielles (v. Bordeaux 19 juin 1986, *D.* 1987. 295, note D. Denis). *Contra* en matière d'hypothèque, *infra*, n° 486.
7. Civ. 2e, 7 avr. 2011, *D.* 2011. 1152, obs. V. Avena-Robardet, *JCP* 2011. 683, note Ch. Juillet.
8. En cas de vente d'immeuble à construire, l'inscription du privilège du prêteur ne peut être formalisée qu'après la constatation par acte authentique de l'achèvement (art. 2380) et devra l'être dans les deux mois suivant cet acte. Or, par hypothèse, le prêteur aura été amené depuis longtemps à décaisser le montant du prêt pour permettre à l'acheteur de faire les dépôts de

D. Privilège de la séparation des patrimoines

430 ***Nature juridique*** ◇ La séparation des patrimoines est une institution du droit successoral que la jurisprudence, puis les textes, ont organisée comme un privilège. Normalement, les biens d'une succession acceptée purement et simplement se confondent avec ceux de l'héritier, continuateur de la personne du défunt, pour devenir le gage de ses créanciers personnels. Cette confusion présente pour les créanciers de la succession des avantages en cas d'insolvabilité du défunt, dès lors qu'ils pourront saisir les biens de l'héritier, mais aussi des inconvénients, en cas d'insolvabilité de l'héritier, car ils devront alors concourir avec les créanciers personnels de ce dernier. Pour éviter ce résultat, le législateur a décidé de privilégier sur les biens de la succession les créanciers successoraux en leur accordant le droit de demander la séparation des patrimoines et l'avantage consécutif d'être payés par préférence aux créanciers personnels de l'héritier (C. civ. art. 878).

À l'occasion de la réforme des successions, le privilège a été bilatéralisé, en ce sens que les créanciers personnels de l'héritier, susceptibles d'entrer en concours avec les créanciers personnels du défunt, peuvent demander à être préférés à tout créancier du défunt sur les biens de l'héritier non recueillis au titre de la succession [1].

Fondé sur une idée de plus-value [2], le bénéfice de la séparation des patrimoines s'applique aux meubles et aux immeubles. Lorsqu'il porte sur les immeubles, ce bénéfice que la loi qualifie de droit de préférence a certainement la nature d'un privilège [3] : il est mentionné en tant que tel par les textes (art. 2374-6° [4]), il confère droit de préférence et droit de suite [5] et se trouve soumis à inscription [6].

---

garantie. Pour éviter tout retard, les prêteurs se font donc consentir une hypothèque conventionnelle qui, elle, peut être inscrite sans attendre la constatation par acte authentique de l'achèvement (v. Dagot, *La vente d'immeubles à construire*, Litec, 1983, n° 1677).

1. V. S. Piedelièvre, « Crédit et successions : la sécurité de l'héritier passe avant les droits des créanciers successoraux », *Dr. et patr.* mars 2007. 59.

2. V. Marty, Raynaud et Jestaz, n° 262, faisant justement observer que « la dévolution de la succession a enrichi l'héritier et augmenté le gage des créanciers de celui-ci ».

3. En ce sens, Marty, Raynaud et Jestaz, *ibid.* ; Terré et Lequette, *Les successions, les libéralités*, n° 768 ; M. Grimaldi, *Droit civil, successions*, 3e éd., n° 635. Comp. Sériaux, *Les successions*, PUF, 3e éd., n° 159, parlant de « gage exclusif ». Le privilège, en tout cas, ne joue que dans les rapports créanciers successoraux-créanciers personnels et non dans les rapports des créanciers successoraux entre eux. Sur les meubles, le privilège emporte droit de préférence, mais non droit de suite (v. Civ., 5 déc 1924, *S.* 1927. 1. 5, note Hubert).

4. Ce texte ne vise que les créanciers et légataires du défunt. D'où des hésitations sur la véritable situation des créanciers personnels de l'héritier. La logique voudrait qu'ils soient traités *mutatis mutandis*.

5. V. Req., 27 juill. 1870, *DP* 1871. 1. 352 ; Civ., 8 déc. 1924, *DP* 1925. 1. 64.

6. Le privilège doit être inscrit dans le délai de quatre mois à compter de l'ouverture de la succession (art. 2383). À défaut, il ne prendrait pas rang rétroactivement à la date de l'ouverture de la succession, mais seulement au jour de son inscription.

La séparation des patrimoines a pour seul objet de garantir les créanciers héréditaires contre le concours des créanciers personnels d'un héritier insolvable sur les biens mis dans son lot (et *vice versa* depuis la réforme des successions) ; elle ne modifie pas les règles de la liquidation de la succession : le principe de la division de plein droit des dettes entre les cohéritiers joue malgré la séparation des patrimoines. Chacun des héritiers reste donc tenu hypothécairement de la part du passif correspondant, à hauteur de sa vocation héréditaire : si, par exemple, le défunt a laissé quatre enfants et qu'un immeuble est mis dans le lot de l'un d'eux, les créanciers séparatistes ne pourront demander à ce dernier que le quart des sommes dues [1]. De même, la séparation des patrimoines ne modifie pas les rapports des créanciers du défunt entre eux ; ces créanciers sont toujours payés au *prorata* de leurs créances [2].

Il faut rendre compte de ses conditions d'existence, des créances qu'il garantit et de son assiette.

431 ***Conditions d'existence*** ◊ La séparation des patrimoines se produit parfois de plein droit et par voie de conséquence. Ainsi en est-il en cas d'acceptation de la succession à concurrence de l'actif net, de déclaration de vacance, de la succession et de liquidation judiciaire du débiteur déclarée après son décès [3]. Ce type de séparation des patrimoines, qui profite collectivement à tous les créanciers successoraux et à tous les légataires vis-à-vis de tous les héritiers, confère aux créanciers du défunt une situation privilégiée, puisqu'ils évitent ainsi tout concours avec les créanciers personnels de l'héritier. Il ne s'agit pourtant pas d'un privilège [4], à la différence de la séparation principale.

Celle-ci ne joue pas automatiquement. Elle doit être demandée, mais aucune formalité particulière n'est imposée [5]. En pratique, le créancier fait valoir son droit de préférence à l'issue d'une saisie devant le juge des ordres ou le juge chargé de la distribution par contribution ; il pourrait le faire aussi en demandant des mesures conservatoires sur les biens de la succession ou tout simplement en inscrivant son privilège sur les immeubles héréditaires [6]. Le privilège se prescrit, relativement aux meubles, par deux ans à compter de l'ouverture de la succession. À l'égard des immeubles, l'action peut être exercée tant qu'ils demeurent entre les mains de l'héritier (art. 881).

---

1. V. Civ., 10 juill. 1893, *DP* 1894. 1. 5, note de Loynes.
2. Req., 4 déc. 1871, *DP* 1871. 1. 249, *Grands arrêts*, 12e éd., t. 1, n° 106.
3. Douai 24 déc. 1877, *DP* 1878. 2. 149.
4. V. *Les successions, les libéralités*, n° 772. Il faut ajouter que cette séparation, n'étant pas soumise à inscription, ne pourrait investir les créanciers et légataires d'un droit de suite. On peut remarquer que si l'article 29 du décret du 4 janvier 1955 prévoit la publication des transmissions par décès des droits réels immobiliers, cette publication qui ne conditionne pas l'opposabilité aux tiers de la transmission ni de l'option, ne peut assurer la conservation du privilège au profit des créanciers successoraux.
5. C. civ. art. 879 : Le droit de préférence peut s'exercer par tout acte par lequel un créancier manifeste au créancier concurrent son intention d'être préféré sur un bien déterminé. Ce droit est, par ailleurs, susceptible de renonciation ; en ce cas, il ne peut plus être exercé (art. 880).
6. V. Mazeaud, *Leçons de droit civil*, t. IV, vol. 2, par Breton, n° 1280.

432 ***Créances garanties*** ◊ Le privilège garantit, en premier lieu, l'ensemble des créances qui sont nées du chef du défunt, quels que soient les caractères de la créance : pure et simple, à terme ou conditionnelle [1], constatée par un titre exécutoire ou par un simple acte sous seing privé, chirographaire ou privilégiée [2]. En second lieu, le privilège garantit certains légataires du *de cujus :* les légataires particuliers d'objets *in genere* et notamment les légataires particuliers de sommes d'argent. La séparation des patrimoines ne peut être invoquée par les légataires universels, puisqu'ils prolongent la personne du défunt. Quant aux légataires particuliers de corps certains, ils deviennent propriétaires de l'objet légué dès le jour du décès, ils disposent donc d'une action en revendication et n'ont à craindre le concours ni des créanciers du défunt ni des créanciers de l'héritier.

Les créanciers personnels de l'héritier peuvent aujourd'hui se prévaloir du privilège) [3], *mutatis mutandis*. De plus, rien ne s'oppose à ce qu'ils préservent leurs droits par la voie d'une action paulienne exercée contre une acceptation pure et simple d'une succession déficitaire.

433 ***Assiette*** ◊ Le privilège de la séparation des patrimoines porte sur tous les immeubles que l'héritier a recueillis dans la succession. Le privilège est donc immobilier. En outre, c'est un privilège spécial, car il ne concerne que les immeubles successoraux [4], s'agissant des créanciers personnels du défunt. S'agissant des créanciers personnels de l'héritier, il ne concerne que les immeubles de l'héritier non recueillis au titre de la succession.

En cas de décès d'un époux commun en biens, l'inscription peut être prise par ses créanciers non seulement sur les immeubles propres au défunt, mais aussi sur les immeubles communs, sans attendre le partage de la communauté. Cependant, ce partage commandera les effets de cette inscription, qui subsistera sur les immeubles communs mis au lot de l'époux défunt et sera non avenue sur les immeubles attribués au conjoint survivant [5]. En effet, le privilège de la séparation des patrimoines ne peut atteindre les biens communs que pour la part de communauté revenant à la succession du conjoint décédé et non pour la part qui revient dans ladite communauté à l'époux survivant [6].

---

1. Il suffit, comme toujours, que la créance existe en germe (v. par ex. Caen 18 nov. 1907, *S.* 1910. 2. 47).

2. V. Grenoble 12 févr. 1909, *DP* 1909. 2. 240 ; Aix 14 mars 1900, *DP* 1902. 2. 129, note de Loynes.

3. Les éventuels créanciers de l'indivision sont dans une situation différente (v. Y. Lequette, « Le privilège de la séparation des patrimoines à l'épreuve de l'article 815-17 », *Mélanges Weill*, p. 371 s., n° 20). Plus généralement sur la condition des créanciers de l'indivision, v. *Les successions, les libéralités*, n° 768 ; J.G. Raffray et J.P. Sénéchal, « Le droit de poursuite des créanciers de l'indivision, *JCP* N 1986. I. 129 et *infra*, n° 631, *Adde :* Poitiers 1er déc. 1997, *D.* 1999. Somm. 243, obs. J. Revel.

4. Il faut préciser que le privilège ne grève pas les immeubles qui entrent dans la masse successorale par suite de rapport ou de réduction, car ces biens étaient sortis du patrimoine du *de cujus* constituant le gage des créanciers.

5. Civ., 29 janv. 1900, *S.* 1900. 1. 69 ; T. civ. Seine 12 juin 1941, *JCP* 1942. II. 1891.

6. Req., 21 juin 1910, *DP* 1914. 1. 220.

E. Privilège des architectes, entrepreneurs et ouvriers

434 ***Désuétude*** ◊ L'article 2374-4 C. civ., confère aux « architectes, entrepreneurs, maçons et autres ouvriers » un privilège spécial immobilier fondé sur l'idée de plus-value apportée à l'immeuble par les travaux réalisés [1]. Cette plus-value réelle profitant à tous les créanciers, il est légitime que le privilège, une fois ses conditions réunies, prime toutes les hypothèques inscrites sur l'immeuble.

La loi subordonne la naissance du privilège à l'existence d'un contrat d'entreprise [2] ayant pour objet l'édification ou la réparation de bâtiments. De plus, deux procès-verbaux, l'un rédigé avant le commencement des travaux, l'autre au plus tard six mois après leur achèvement, doivent être établis pour déterminer la plus-value résultant des travaux. Les créances ne sont garanties que dans la limite de cette plus-value, du moins dans la limite de la plus-value existant au moment de l'aliénation de l'immeuble (art. 2374 -4°, al. 2) [3]. Toutefois, l'assiette du privilège ne se réduit pas à la plus-value procurée à l'immeuble : la nature hypothécaire du privilège conduit à dire qu'il grève l'immeuble tout entier et pas seulement la partie qui a fait l'objet des travaux [4].

Le privilège des architectes, entrepreneurs et ouvriers est, en pratique, largement inefficace. Non seulement, il suppose l'accomplissement de formalités très lourdes avant la réalisation des travaux et à leur réception (rédaction de procès-verbaux d'expertise) et d'autant plus lourdes que les procès-verbaux doivent donner lieu à des inscriptions pour assurer la conservation du privilège, mais encore, il doit être mis en œuvre à un moment où les difficultés de recouvrement des créances ne sont pas encore apparues. C'est pourquoi les créanciers qui pourraient bénéficier du privilège en question préfèrent, le plus souvent, se garantir par une hypothèque conventionnelle [5], par une hypothèque judiciaire conservatoire ou, tout simplement, en demandant à leurs débiteurs des avances. Devenu anachronique, ce privilège devrait être abrogé.

---

1. L'article 2374-5° établit en faveur de ceux qui ont prêté des fonds au propriétaire d'un immeuble pour lui permettre de payer les entrepreneurs, un privilège analogue (également autonome) à celui que l'article 2374-2° aménage en faveur des prêteurs de deniers pour l'acquisition d'un immeuble. Ce privilège est soumis aux formalités de l'article 2374-4° (v. Civ., 12 févr. 1923, *DP* 1924. 1. 129, note Rouast).
2. V. Civ., 23 juin 1862, *DP* 1863. 1. 243 ; Paris 15 nov. 1875, *DP* 1877. 2. 99.
3. La créance garantie est donc plafonnée à la plus faible des plus-values acquise à la suite des travaux ou constatée au moment de l'aliénation (comp., Civ. 1re, 24 mars 1953, *S.* 1955. 1. 38).
4. V. Civ., 10 févr. 1903, *DP* 1903. 1. 439. V. aussi, Dagot, p. 405. Si les travaux ont porté sur plusieurs immeubles, chacun sera divisément grevé du privilège (v. Civ. 1re, 21 nov. 1955, *JCP* 1955. II. 9004). Le caractère strictement immobilier du privilège s'oppose à ce qu'il s'exerce sur les meubles et notamment sur les loyers de l'immeuble (v. Civ., 20 févr. 1865, *DP* 1865. 1. 308, à propos de droits de péage sur un pont).
5. *Cf.* déjà, Becqué, note sous Aix 7 nov. 1945, *JCP* 1946. II. 3054.

435 ***Garantie de paiement des entrepreneurs de travaux*** ◊ Le législateur a fini par intervenir en créant de toutes pièces une nouvelle garantie en faveur des entrepreneurs de construction. La pratique avait bien imaginé certains systèmes [1], mais aucun n'était satisfaisant. Le législateur a donc jugé utile de prévoir un mécanisme original et, pour lui donner plus de poids, il a jugé bon de l'intégrer dans le Code civil dans le nouvel article 1799-1 [2] C. civ.

Ce texte, issu de l'article 5 de la loi du 10 juin 1994 relative à la prévention et au traitement des difficultés des entreprises, commence par affirmer que le maître de l'ouvrage qui conclut un marché de travaux privé visé au 3° de l'article 1799 (c'est-à-dire un contrat d'entreprise relatif à un ouvrage immobilier) doit garantir à l'entrepreneur le paiement des sommes dues lorsque celles-ci dépassent un seuil fixé par décret en Conseil d'État. Autrement dit, la loi fait peser sur le maître de l'ouvrage une nouvelle obligation, celle de fournir une garantie pour assurer le règlement de ce qu'il doit à l'entrepreneur. Le contenu et la sanction de cette obligation sont précisés par les alinéas 2 et 3 du texte.

Lorsque le maître de l'ouvrage recourt à un crédit spécifique [3] pour financer les travaux, la garantie résulte de la combinaison suivante. L'établissement de crédit auquel s'adresse le maître de l'ouvrage doit régler à l'entrepreneur lui-même ce qu'il s'est engagé à avancer. Jusqu'à présent, ce règlement se faisait sur la base d'un mandat - mandat donné par le maître au banquier de payer l'entrepreneur -, généralement irrévocable, ce qui renforçait la position de l'entrepreneur [4]. Désormais, il se fera sur le fondement d'une disposition légale, ce qui ne peut que clarifier la situation et asseoir la condition de l'entrepreneur. La loi prévoit, plus précisément, que le banquier auquel le maître a recours ne peut payer une personne

---

1. V. B. Fabre et R. Schmitt, « La clause de renonciation à l'accession immobilière dans les marchés privés de travaux », *RD imm.* 1993. 453 ; Ph. Delebecque, « Les garanties de l'entrepreneur contre l'insolvabilité du maître de l'ouvrage », *RD imm.* 1993. 39 ; la jurisprudence ne semble pas vraiment hostile aux réserves de propriété, v. Com., 2 mars 1999, *RTD civ.* 1999. 442, obs. P. Crocq, *JCP* 1999. I. 1535, n° 15, obs. P.P., *JCP* E 2000. 1969, note Cutajar, mais ce type de clause se heurte aux règles de la revendication, étant rappelé qu'un bien ne peut être revendiqué que s'il existe encore en nature. L'entrepreneur, en tout cas, ne jouit d'aucun droit de rétention sur le bien construit ou sur le produit de sa vente, v. Civ. 3e, 23 juin 1999, *Bull. civ.* III, n° 150, *D.* 2000. Somm. 22, obs. M.N. Jobard-Bachellier, *RDI* 2000. 85, obs. Théry, *RTD civ.* 2000.142, obs. Crocq.

2. V. A. Gourio, « Les garanties de paiement des entrepreneurs dans un marché privé de travaux », *JCP* E 1994. I. 396 ; C. Saint-Alary-Houin, « La genèse de l'art. 1799-1, C. civ. », *RD imm.* 1994. 339 ; B. Fabre et R. Schmitt, *ibid.* 1994, 347. Les dispositions du nouveau texte sont d'ordre public et les parties ne peuvent y déroger : Civ. 3e, 1er déc. 2004, *Bull. civ.* III, n° 220 ; 9 sept. 2009, *Bull. civ.* III, n° 182. De même, la possibilité d'une compensation avec une créance du maître de l'ouvrage ne dispense pas celui-ci de son obligation légale : Civ. 3e, 11 mai 2010, n° 09-14.558.

3. Ce crédit doit être destiné exclusivement et en totalité au paiement des travaux exécutés par l'entrepreneur (Décr. 30 juill. 1999, art. 1, al. 2).

4. Rappr. J. Stoufflet, « Le mandat irrévocable, instrument de garantie », *Mélanges Colomer*, Litec, 1993, 477.

autre que l'entrepreneur tant que celui-ci n'a pas reçu l'intégralité de la créance née du marché correspondant au prêt. Un ordre de priorité est ainsi institué au profit des entrepreneurs [1]. Les sommes résultant du prêt leur sont affectées et sans doute sont-elles indisponibles pour les autres créanciers. Toutefois, le banquier n'est qu'un relais et ne reçoit aucune obligation particulière. Il est indiqué en effet que les versements se font sur l'ordre écrit et sous la responsabilité exclusive du maître de l'ouvrage entre les mains de la personne ou d'un mandataire désigné à cet effet.

Lorsque le maître de l'ouvrage ne recourt pas à un crédit spécifique ou lorsqu'il y recourt partiellement, le maître de l'ouvrage doit offrir à son cocontractant une garantie « résultant d'une stipulation particulière ». La loi ne donne aucune autre indication, si bien que cette « garantie » peut trouver son expression dans l'une ou l'autre des sûretés - réelles ou personnelles - qu'organise le droit positif français. À défaut de stipulation particulière et de garantie expressément accordée par le maître, celui-ci doit fournir un cautionnement solidaire consenti par un établissement de crédit, une entreprise d'assurance ou un organisme de garantie collective (selon des modalités fixées par décret) [2].

Cette nouvelle obligation du maître de l'ouvrage est curieusement sanctionnée, ce qui ne veut pas dire que la mesure envisagée ne soit pas efficace. Au contraire. La loi, en effet, dispose que « tant qu'aucune garantie n'a été fournie et que l'entrepreneur demeure impayé des travaux exécutés, celui-ci peut surseoir à l'exécution du contrat après mise en demeure restée sans effet à l'issue d'un délai de quinze jours ». En d'autres termes, l'article 1799-1 organise une exception d'inexécution qui, en l'absence de texte, n'aurait sans doute pas été recevable. Cette sanction suppose néanmoins que le marché soit divisible et ait été conçu comme tel par les parties.

La détermination du domaine d'application de l'article 1799-1 reste délicate. Il est sûr, d'abord, que le texte ne concerne pas les marchés conclus par un organisme visé à l'art. L. 411-2 CCH ou par une société d'économie mixte, pour des logements à usage locatif aidés par l'État et réalisés par cet organisme ou cette société (art. 1799-1, *in fine*). À l'inverse, il est certain que les sous-traitants bénéficient de la garantie légale (L. 31 déc. 1975, art. 12, al. 4). On relèvera, ensuite, que le décret d'application du 18 novembre 1994 était venu préciser le seuil évoqué par l'article 1799-1 dans son alinéa 1er, en le portant à la somme de 100 000 F. On aurait pu en conclure que dans les marchés d'une valeur supérieure à ce chiffre, le maître de l'ouvrage devait respecter les prescriptions indiquées. Cependant, le décret avait combiné cette condition de

1. L'entrepreneur se voit ainsi accorder une véritable action directe : rappr. Paris 27 févr. 2001, *JCP* 2001. I. 356, n° 19 ; v. égal. Civ. 3e, 4 janv. 2066, *Bull. civ.* III, n° 3.

2. Décr. 30 juill. 1999, art. 1, al. 3 : « le cautionnement solidaire prévu au troisième alinéa de l'article 1799-1 du Code civil doit être donné par un établissement de crédit, une entreprise d'assurance ou un organisme de garantie collective ayant son siège ou une succursale sur le territoire d'un État membre de la Communauté européenne ou d'un autre État partie à l'accord sur l'Espace économique européen. La caution est tenue sur les seules justifications présentées par l'entrepreneur que la créance est certaine, liquide et exigible et que le maître de l'ouvrage est défaillant. »

seuil avec une condition tenant à la nature du marché en visant « les marchés de travaux passés par le maître de l'ouvrage pour la satisfaction de besoins ressortissant à une activité professionnelle ». Il en résultait que les garanties prévues par la loi devaient être instituées dans les marchés professionnels d'une certaine importance, ce qui entamait la portée de l'art. 1799-1, d'où l'annulation par le Conseil d'État du décret [1]. Un nouveau décret du 30 juillet 1999 est venu fixer le seuil de garantie à 12 000 euros, sans faire de distinction entre les marchés professionnels et les autres [2]. Ce qui permet de renouer avec la loi du 1er février 1995 dont l'art. 12 (v. art. 1799-1, al. 4) dispose en substance que le cautionnement n'a pas à être fourni lorsque le maître de l'ouvrage conclut un marché de travaux pour son propre compte et pour la satisfaction de besoins ne ressortissant pas à une activité professionnelle en rapport avec ce marché. Cette précision laisse entendre, *a contrario*, que le maître de l'ouvrage, simple particulier, doit, s'il recourt à un crédit spécifique, demander à sa banque de payer directement l'entrepreneur, mais ce, et pour des raisons pratiques, uniquement si le marché dépasse un certain seuil.

F. Privilège du syndicat des copropriétaires

436 ***Nouveau privilège*** ◇ L'article 34 de la loi n° 94-624 du 21 juillet 1994 relative à l'habitat, applicable depuis le 1er janvier 1995, a institué au profit du syndicat de copropriété un privilège spécial immobilier pour lui permettre de recouvrer plus facilement les charges de copropriété dues par le vendeur d'un lot [3]. Le nouveau privilège figure à l'article 2374 -1° *bis* du Code civil. Il garantit le recouvrement des charges de copropriété [4] de l'année courante et des quatre dernières années échues après délivrance d'une sommation de payer. Il grève la valeur de chaque lot de copropriété qui se dégage en cas de vente (amiable ou judiciaire). Il jouit d'un rang particulièrement intéressant, car il prime celui du vendeur et celui du prêteur de deniers pour les créances afférentes aux charges et travaux de l'année courante et des deux dernières années échues [5] sans que l'on en connaisse les raisons : en quoi la créance du syndicat de copropriété a-t-elle plus de prix que celle d'un établissement de crédit ? L'originalité du privilège s'accuse lorsque l'on apprend qu'il n'est soumis à aucune inscription ; il est donc occulte, ce qui est, pour le moins, curieux et détonne quelque peu dans le droit des sûretés réelles immobilières (C. civ., art. 2378, *in fine*) [6].

---

1. CE 7 oct. 1998, *JCP* 1999. II. 10050, note C. Cutajar.
2. V. H. Périnet-Marquet, *Defrénois* 1999. 1129, n° 31 ; Ch. Jamin, obs. *RTD civ.* 1999. 905.
3. V. P. Barabe, *LPA* 12 déc. 1994, n° 148 ; id., 10 avr. 1995, n° 43. MM. Giverdon et Capoulade, « L'amélioration du fonctionnement des syndicats de copropriété », *AJPI* 1995. 374. Les frais accessoires sont couverts par le privilège, v. *Defrénois* 2000. 37134. L'exercice du privilège suppose la vente du lot concerné, à l'exclusion de toute autre opération, telle la mise en liquidation judiciaire du propriétaire débiteur : Civ. 3e, 15 févr. 2006, n° 04-19.095
4. Comp. pour des dépenses d'entretien : Civ. 3e, 15 mai. 2002, *Bull. civ.* III, n° 103.
5. Le privilège reste cependant primé par les frais de justice et les créances salariales, Dijon, 1re ch., 6 janv. 1998, *JurisData* n° 040137.
6. Ce qui n'est pas sans inconvénient dans les procédures collectives, l'art. L. 622-24 C. com. ne jouant pas : v. Com., 4 mars 2003, *Bull. civ.* IV, n° 35, *D.* 2003. 909, *JCP* 2003. I. 176, n° 17 et les obs. ; v. égal. Civ. 3e, 21 févr. 2002, *Defrénois* 2002. 1092, obs. Ph. Théry. L'absence de publicité exclut aussi tout droit de suite.

La mise en œuvre de ce privilège est également particulière. Elle implique l'établissement de plusieurs documents, dont le contenu est précisé par le décret d'application du 15 février 1995.

Selon le nouvel article 5 du décret du 17 mars 1967 sur la copropriété, avant la mise au point de l'acte de vente, le syndic doit adresser à la demande du notaire ou à celle du copropriétaire, un état daté qui, en vue de l'information des parties et le cas échéant des créanciers inscrits, indique de manière même approximative et sous réserve de l'apurement des comptes, pour le lot considéré : les sommes qui correspondent à la quote-part du cédant (dans les charges dont le montant n'est pas encore liquidé ou devenu exigible à rencontre du syndicat ; dans les charges qui résulteront d'une décision antérieurement prise par l'AG mais non encore exécutée), éventuellement le solde des versements effectués par le cédant à titre d'avance ou de provision et s'il y a lieu, les sommes restant dues au syndicat à un titre quelconque.

Selon le nouvel article 20 de la loi du 10 juillet 1965 sur la copropriété, si, lors de la mutation à titre onéreux d'un lot, le vendeur ne présente pas au notaire un certificat du syndic datant de moins d'un mois attestant qu'il est libre de toute obligation à l'égard du syndic, le notaire doit aviser de la vente le syndic par lettre recommandée avec accusé de réception. Dans un délai de quinze jours après réception de cet accusé, le syndic peut, par acte extrajudiciaire, faire opposition [1] au versement des fonds ; cette opposition vaut mise en œuvre du privilège dans la limite des sommes dues. Tout paiement est naturellement inopposable au syndic qui a fait régulièrement opposition [2].

G. Privilège du copartageant

437 ***Fondement*** ◇ Pour garantir l'exécution des obligations de chacun des copartageants, spécialement le paiement des soultes, l'article 2374-3° C. civ. leur accorde un privilège sur certains immeubles. Ce privilège est parfois critiqué parce qu'il assurerait l'égalité des copartageants aux frais de leurs créanciers. Il n'est pas interdit, cependant, de penser que les créanciers ne sont pas sacrifiés, car ils ne peuvent ignorer l'ouverture de la succession ou la dissolution de la communauté, puis le partage : il leur appartient donc de ne pas traiter sur les immeubles mis dans le lot du débiteur pendant le délai de deux mois à compter du partage ou de la licitation, délai imparti aux copartageants pour inscrire leur privilège [3]. De

---

1. Mentionnant le montant et les causes des créances afférentes aux charges et travaux impayés ; si ces mentions sont insuffisamment abondées, le privilège n'est pas retenu : Civ. 3e, 25 oct. 2006, *Bull. civ.* III, n° 206, *JCP* 2007. I. 212, n° 16

2. L'opposition ne vaut cependant pas publication, Paris 8 févr. 2001, *D.* 2003. Somm. 2003, obs. Giverdon.

3. Inscrit dans le délai, le privilège est opposable, rétroactivement, dès le jour du partage ou de la licitation, étant précisé que l'inscription ne prime pas les hypothèques prises par un copartageant

plus, ce privilège est rendu particulièrement utile par le fait que le principe de l'effet déclaratif du partage ne permet l'exercice ni du privilège du vendeur, ni de l'action en résolution pour inexécution des obligations de chacun des copartageants à l'égard des autres. Le privilège du copartageant apparaît donc à la fois comme une conséquence et comme un correctif de l'effet déclaratif du partage [1]. Fondé sur l'idée d'égalité - âme du partage - et sur l'idée de plus-value [2], ce privilège est subordonné à certaines conditions d'existence, garantit de nombreuses créances, mais ne peut grever que des immeubles, ce que l'on peut regretter quand on connaît la fréquence des cas dans lesquels la masse à partager comprend uniquement des biens mobiliers.

438 ***Conditions d'existence*** ◊ L'article 2374-3° semble n'accorder le privilège qu'aux cohéritiers pour la garantie du partage des biens héréditaires. Mais cette disposition doit être complétée par celle de l'article 2381 d'après laquelle le privilège appartient à tout copartageant sur les biens compris dans le partage [3]. Pour que le privilège naisse, il faut donc un partage, c'est-à-dire un acte mettant fin à une indivision. Peu importe la source de l'indivision - succession, communauté de biens entre époux, société dissoute, donation-partage, acquisition en commun d'un immeuble [4] -, peu importe la forme du partage - amiable ou judiciaire -, peu importe la nature de l'acte de partage. On décide même que le privilège peut naître de tout acte équivalent à partage faisant cesser l'indivision [5]. Plus généralement, il semble que l'on puisse admettre que le privilège soit lié à des actes se rattachant au partage, même s'ils ne mettent pas fin à l'indivision de façon absolue et à l'égard de tous les indivisaires [6]. Telle est, semble-t-il, l'intention du législateur qui cite à l'article 2381 parmi les opérations donnant lieu au privilège, la licitation [7] qui, par elle-même, ne met pas fin à l'indivision. La loi du 31 décembre 1976 relative à l'organisation de l'indivision va dans le même sens lorsqu'elle déclare qu'un acte peut comporter un effet déclaratif même s'il n'entraîne pas la cessation totale de l'indivision [8]. En

---

durant l'indivision sur l'immeuble mis dans son lot, si du moins ces hypothèques ont été inscrites avant le jour du partage. Inscrit hors du délai, le privilège ne peut que dégénérer en hypothèque prenant rang au jour de l'inscription. Précisons aussi que le décès du copartageant débiteur, suivi de l'acceptation bénéficiaire, n'empêche pas l'inscription du privilège (art. 2427, al. 2).

1. V. Deyzac, « Le privilège du copartageant », *Journ. not.* 1936. 609 ; Grimaldi, *Droit civil, Les successions*, n° 930.
2. V. Dagot, p. 396 ; Marty, Raynaud et Jestaz, n° 254.
3. Civ., 29 mars 1854, *S.* 1856. 1. 50, note Devill ; Dagot, p. 397.
4. Comp., Paris 13 juin 1967, *D.* 1968. 88, note Voirin.
5. Cass. ch. réun. 31 janv. 1898, *DP* 1898. 1. 233, concl. Marrau et note de Loynes ; égal. v. Grenoble 20 janv. 1893, *DP* 1893. 2. 127 ; Pau 15 déc. 1890, *DP* 1892. 2. 120. *Contra*, Nancy 28 janv. 1925, *RTD civ.* 1925. 394, obs. Savatier.
6. V. Civ., 26 juin 1895, *DP* 1896. 1. 548.
7. Il s'agit de la licitation au profit d'un coïndivisaire, car la licitation au profit d'un étranger engendre le privilège du vendeur (v. Civ., 19 oct. 1903, *DP* 1906. 1. 273).
8. Art. 883, al. 2 ; Dagot, L'indivision, *JCP* 1977. I. 2862, n° 691 s.

vertu de l'effet déclaratif du partage, le privilège du copartageant inscrit dans le délai légal prend rang à la date du début de l'indivision et prime l'hypothèque légale ou conventionnelle, inscrite au cours de celle-ci [1]

439 ***Créances garanties*** ◊ Le privilège du copartageant est un privilège spécial garantissant toutes les créances que le copartageant peut acquérir contre ses copartageants par l'effet du partage ou d'un acte équivalent. L'article 2374-3° énumère : 1° l'exécution de l'obligation de garantie incombant à chaque copartageant, 2° les soultes et retours de lots [2], 3° les indemnités dues en application de l'article 924, c'est-à-dire les indemnités dues par un cohéritier qui a bénéficié d'une libéralité excédant la quotité disponible. L'article 2381 ajoute à cette liste le prix de licitation. Ces textes sont purement énonciatifs et l'on admet que le privilège peut garantir toutes les créances [3] entre copartageants, dès lors qu'elles ont leur principe dans un partage. Ainsi, le privilège s'étend aux rapports à faire, entre cohéritiers ou aux restitutions de fruits [4] ou d'intérêts dus par l'un des copartageants et s'applique au recours du copartageant qui, pour une raison quelconque, se voit obligé de payer une dette commune au-delà de la part pour laquelle il doit y contribuer [5]. En revanche, le privilège ne pourrait garantir les condamnations prononcées contre l'un des cohéritiers pour des recels ou des détournements découverts après le partage [6]. De même ne pourrait-il garantir le prêt accordé à tel copartageant pour financer le paiement d'une soulte ; en ce cas, le banquier doit se faire subroger dans le privilège du copartageant et se faire consentir une hypothèque garantissant les intérêts du prêt, ce qui est assez fastidieux.

440 ***Assiette*** ◊ Le privilège du copartageant grève les seuls immeubles compris dans le partage, ainsi que leurs améliorations. Toutefois, son assiette exacte varie avec la créance dont il est l'accessoire. Lorsque le privilège est exercé pour la garantie des lots, il porte « sur les immeubles de la succession » (art. 2374-3°). Lorsqu'il est exercé pour la garantie d'une soulte ou d'un retour de lot, on se demande s'il grève tous les biens de la succession ou seulement les immeubles mis dans les lots des cohéritiers débiteurs de la soulte. Cette dernière solution est la plus rationnelle [7]. Lorsque le privilège

---

1. V. Civ. 1re, 13 juill. 2004, *Bull. civ.* I, n° 206, *Defrénois* 2005. 342, obs. Ph. Théry, *JCP* 2005. I. 135, n° 16.

2. Les banques qui accordent un prêt à un copartageant pour lui permettre de payer une soulte exigent, en général, de se faire subroger dans les droits du copartageant créancier ; elles ne jouissent pas, alors, d'un privilège autonome (v. Rép. min., n° 3452, *JCP* N 1982. Prat. 8302).

3. Comp., à propos de l'exécution d'une charge réelle, Req., 7 mars 1859, *DP* 1859. 1. 157.

4. Civ. 15 janv. 1896, *D.* 1896. 1. 441, note de Loynes.

5. V. pour une dette fiscale, Bulte, « Chronique hypothécaire », *JCP* N 1979. 7157.

6. Civ., 9 août 1882, *DP* 1883. 1. 134, *S.* 1883. 1. 402.

7. En ce sens, Req., 19 juill. 1864, *DP* 1864. 1. 470, *S.* 1864. 1. 445. Toutefois, la solution comporte un correctif dans l'hypothèse où l'héritier débiteur était déjà insolvable au moment du partage ; les cohéritiers sont alors responsables de la situation faite au créancier qui dispose d'un recours en garantie contre les autres copartageants dans les termes de l'article 884 et se voit donc accorder un privilège sur tous les immeubles attribués à ces derniers, non à titre de créancier de la soulte, mais de créancier de la garantie (v. Dagot, p. 400).

garantit le paiement d'une indemnité de l'article 866, il a pour assiette les immeubles qui ont fait l'objet de la libéralité [1]. Enfin, lorsque le privilège garantit le prix d'une licitation, il n'atteint que l'immeuble licité (art. 2381).

441 ***Privilège du titulaire de l'action en retranchement*** ◊ La loi du 23 juin 2006 sur la réforme des successions et des libéralités a institué un nouveau privilège au profit du titulaire de l'action en retranchement. Il faut commencer par rappeler, pour comprendre l'institution, que l'enfant qui n'est pas issu des deux époux a la faculté de demander le retranchement de l'excédent résultant de toute convention matrimoniale qui aurait pour conséquence de donner à l'un des époux quelque chose au-delà de la portion réglée par l'art. 1094-1 C. civ. Cet enfant jouit ainsi d'une créance particulière qu'il peut mettre en œuvre en exerçant une action en retranchement. Cela dit, la loi permet à cet enfant, sous certaines conditions, de renoncer à demander la réduction de l'avantage matrimonial excessif avant le décès de l'époux survivant ; en contrepartie, la loi lui octroie le privilège du copartageant.

H. Privilège de l'État pour le recouvrement des créances résultant des mesures de lutte contre l'habitat insalubre et dangereux

442 ***Nouveau privilège spécial immobilier*** ◊ L'ordonnance 2007-42 du 11 janvier 2007 a créé un nouveau privilège spécial immobilier en ajoutant un nouvel alinéa à l'article 2374 du Code civil. Aux termes de l'article 2374-8°, l'État ou la commune jouit ainsi d'un privilège spécial immobilier pour la garantie des créances nées de l'application de l'art. 1331-30 du Code de la construction et de l'habitation lorsqu'elles sont relatives à des mesures édictées sous peine d'interdiction d'habiter ou d'utiliser les locaux ou de fermeture définitive de l'établissement ou des art. L. 129-4, L. 511-4 et L. 521-3,2 de ce dernier code. La loi ne dit rien d'autre sur le régime de ce nouveau privilège. Il devrait comme tous les privilèges être soumis à inscription.

443 ***Conservation des privilèges sur les immeubles*** ◊ En conclusion, on fera état du tableau suivant pour rendre compte de la manière dont les privilèges sont opposables aux tiers.

Principe général :

– pour les privilèges visés à l'article 2374 du Code civil (privilèges spéciaux) : obligation d'une publication par inscription au fichier immobilier tenu par la conservation des hypothèques, cette publication devant s'effectuer dans les conditions prévues par les articles 2426 s. du Code civil, relatifs au mode d'inscription des privilèges et hypothèques (C. civ., art. 2377) ;

1. V. Mazeaud, Chabas et Picod, n° 345.

- pour ceux visés à l'article 2375 de ce même code (privilèges généraux) : exemption de toute formalité d'inscription (C. civ., art. 2378).

Règles propres à chaque type de privilège :

1. Les privilèges de vendeur et prêteur de deniers supposent que leur titulaire ait fait procéder à leur inscription au fichier immobilier, en la forme prescrite par les articles 2426 et 2428 du Code civil, dans le délai de *deux mois à compter de l'acte de vente*. Les privilèges prennent *rang à la date de cet acte* (C. civ., art. 2379).

2. Le privilège de copartageants sur les biens de chaque lot ou sur le bien licite, pour les soultes ou retour de lots ou pour le prix de licitation, n'a d'effet que par l'inscription, faite à la diligence du cohéritier, dans le délai *de deux mois à compter de l'acte de partage ou de l'adjudication par licitation* ; le privilège prenant rang à la date de partage ou d'adjudication (C. civ., art. 2381).

3. Le privilège d'architecte, entrepreneur, maçon et autres constructeurs ainsi que le privilège de prêteur de deniers destinés ou rembourser les agents précédents est conservé par la double inscription :

- du procès-verbal constatant l'état des lieux ;
- du procès-verbal de réception. Ces privilèges prennent rang à la date d'inscription du premier procès-verbal (C. civ., art. 2382).

4. Les privilèges des créanciers et légataires du défunt sont conservés par une inscription prise sur chaque immeuble de la succession dans les *quatre mois de l'ouverture de cette dernière*. Le privilège prend rang à cette date (C. civ., art. 2383).

5. Le privilège des accédants à la propriété se conserve par une inscription prise sur l'immeuble faisant l'objet d'un contrat de location-accession dans les *deux mois suivant la signature du contrat*. Le privilège prend rang à la date de ce contrat (C. civ., art. 2384).

6. Le privilège du syndicat des copropriétaires n'est soumis à aucune inscription (C. civ., art. 2378).

Lorsque ces divers privilèges ont été inscrits dans les conditions de délais réglementaires, la publication d'hypothèques sur les mêmes immeubles, pendant les mêmes délais, ne peut porter préjudice en aucun cas aux créanciers privilégiés. En revanche, lorsque l'inscription de ces privilèges est faite après l'expiration des délais prescrits, le privilège dégénère en hypothèque légale, laquelle ne prend rang, à l'égard des tiers, qu'à la date de la publication de l'inscription.

§ 2. Hypothèques légales ordinaires

444 ***Plan*** ◊ Le Code civil définit aujourd'hui encore de nombreuses hypothèques légales dans l'article 2400. À cette première série d'hypothèques, il faut en ajouter une deuxième prévue « par d'autres codes ou des lois particulières », selon les dispositions mêmes de l'article 2400, al. 1. Enfin, il faut réserver une place à part, parmi toutes ces sûretés légales, à l'hypothèque dite judiciaire dont s'occupe l'article 2412.

A. Hypothèques du Code civil

445 ***Hypothèques légales énumérées par l'article 2400 du Code civil*** ◊ Dans sa version originaire de 1804, l'article 2400 (anc. art. 2121) indiquait que « les droits et créances auxquels l'hypothèque légale est attribuée, sont : ceux des femmes mariées, sur les biens de leur mari ; ceux

des mineurs et interdits, sur les biens de leur tuteur ; ceux de l'État, des communes et des établissements publics, sur les biens des receveurs et administrateurs comptables ». Depuis, l'hypothèque de la femme mariée est devenue l'hypothèque des époux et l'on a complété le texte en mentionnant l'hypothèque des légataires sur les biens de la succession et les anciens privilèges généraux immobiliers transformés entre-temps en hypothèques légales.

Aujourd'hui, l'article 2400 énumère au titre des hypothèques légales l'hypothèque du conjoint, l'hypothèque des mineurs et des majeurs en tutelle, l'hypothèque de certaines collectivités publiques et les hypothèques légales issues des anciens privilèges généraux immobiliers de l'article 2331.

Cette liste n'est cependant pas tout à fait exhaustive : il faut y ajouter les privilèges immobiliers spéciaux qui dégénèrent en hypothèques lorsqu'ils n'ont pas été inscrits dans le délai légal. Mais comme ces privilèges ont déjà été étudiés (*supra*, n° 623 s.), seules les hypothèques visées expressément par le texte de l'article 2400 demandent quelques explications.

446 ***1° Hypothèque légale des époux*** ◊ Jadis « contrepoids » de l'infériorité juridique de la femme mariée en l'état des pouvoirs accordés au mari, chef de la communauté conjugale [1], cette hypothèque ne présente plus guère d'intérêt pratique. Bilatéralisée par la loi du 15 juillet 1965, cantonnée par la loi du 23 décembre 1985 [2], elle n'est appelée à jouer que dans des situations de crise opposant deux époux (communauté de vie distendue, défiance...) ; elle est du reste soumise à une inscription qu'il faut prendre, à peine de nullité, avant l'ouverture d'une procédure collective à rencontre du débiteur et même avant la date de la cessation des paiements [3].

La loi du 23 décembre 1985 a abrogé l'article 2135. Selon ce texte, toutes les créances que la femme pouvait acquérir contre son mari étaient garanties sur les immeubles propres de ce dernier. L'inscription n'était subordonnée à aucune décision judiciaire ; il appartenait simplement à la femme de la requérir lorsqu'elle avait des doutes sur la solvabilité de son époux. Encore fallait-il, toutefois, que l'inscription fût autorisée par une clause du contrat de mariage [4]. À partir du moment où les époux étaient mis sur un pied d'égalité, ce texte n'avait plus de raison d'être, sauf à prévoir que la clause pût être stipulée en faveur des deux conjoints. En l'abrogeant purement et simplement, le législateur a certainement choisi la voie la plus sage.

---

1. V. *Les régimes matrimoniaux*, n° 462 ; Marty, Raynaud et Jestaz, n° 203 ; « au mari, la puissance, à la femme, la protection », ajoutent MM. Aynès et Crocq, n° 704 ; . Plus généralement, Batiffol, *L'hypothèque légale de la femme mariée en France et le droit international privé*, Choix d'articles, LGDJ, 1976, 225 ; G. Morin, « L'hypothèque légale des époux », *Defrénois* 1967. 28952.
2. Dagot, obs. *RD imm.* 1986. 381 ; *Les régimes matrimoniaux*, n° 194.
3. V. Soinne, *Traité théorique et pratique des procédures collectives*, 1987, n° 917.
4. Des enquêtes ont révélé que l'inclusion de cette clause dans les contrats de mariage était plutôt exceptionnelle, v. *Defrénois* 1973. 1041 s., Question n° 14.

Désormais, l'hypothèque des époux est prévue et organisée par les articles 2402 à 2408 du Code civil. Elle ne joue plus que dans deux situations.

Lorsque les époux sont mariés sous un régime de participation aux acquêts, on sait qu'au moment de la liquidation, chacun d'eux peut être associé aux « bénéfices » réalisés par l'autre. Chacun des époux a donc une créance de participation contre l'autre. Pour garantir cette créance, l'article 2402 offre à chacun des époux le droit d'inscrire une hypothèque [1]. Autrement dit, l'adoption du régime de participation aux acquêts confère de plein droit à chacun des époux, sauf convention contraire toujours possible, la faculté d'inscrire l'hypothèque légale pour sûreté de la créance de participation. Si l'inscription est prise avant la dissolution du régime matrimonial, elle n'a d'effet qu'à compter de cette dissolution et à condition que les immeubles sur lesquels elle porte existent à cette date dans le patrimoine de l'époux débiteur (art. 2402, al. 2). En cas de liquidation anticipée, l'inscription antérieure à la demande prend effet du jour de celle-ci, l'inscription postérieure n'ayant effet que de sa date (art. 2402, al. 3). Si l'inscription est requise ultérieurement - elle peut être prise dans l'année qui suit la dissolution du régime -, elle n'est efficace qu'à compter de sa date (art. 2402, al. 4).

Hors le cas de la participation aux acquêts, qui est somme toute peu fréquent, l'hypothèque légale des époux ne peut être octroyée que par intervention de justice. Elle peut, d'abord, être inscrite au profit d'un époux qui introduit une demande en justice tendant à faire constater une créance [2] contre son conjoint ou ses héritiers (art. 2403). Il s'agit d'une inscription provisoire [3], en ce sens que sa valeur et son efficacité sont subordonnées au succès de la demande [4]. L'époux demandeur inscrit

1. V. *Les régimes matrimoniaux*, n° 810.

2. V. Civ. 2e, 4 mars 1999, *Bull. civ.* II, n° 46, *D.* 1999. Somm. 302, obs. Piedelièvre, *JCP* 1999. I. 158, n° 9, *Defrénois* 1999. 1364, n° 24, obs. G. Champenois : « la cour d'appel qui, ayant relevé qu'un mari, dans son assignation en divorce, indique qu'il révoque les donations en argent consenties à son épouse pendant le mariage et demande que leur montant soit chiffré à une certaine somme, estime à juste titre que la constatation d'une créance de l'époux contre son conjoint étant dans le litige, les conditions d'application de l'art. 2403, al. 2, se trouvent réunies, et l'inscription d'hypothèque légale provisoire prise par l'époux sur un immeuble appartenant en propre à son épouse, justifiée ».

3. Cette inscription sera possible dès la demande en justice, puisque l'hypothèque est légale et non à l'issue du jugement comme en matière d'hypothèque judiciaire conservatoire (anc. C. pr. civ., art. 54). Au demeurant, un époux pourrait parfaitement se garantir en utilisant cette dernière technique (en ce sens, Civ. 1re, 31 janv. 1984, *Bull. civ.* I, n° 39, *RTD civ.* 1986. 611, obs. Salvage-Gerest). Peu importe la nationalité de l'époux demandeur, étant précisé que la loi française est compétente en tant que *lex fori* dès l'instant que la mesure est sollicitée en France, v. Civ. 1re, 31 janv. 1984, *Rev. crit. DIP* 1984. 638, note Y. Lequette, *JDI* 1985. 444, note G. Légier, *JCP* 1985. II. 20362, note F. Boulanger.

4. Marty, Raynaud et Jestaz, n° 205 ; si la demande est admise, la décision est, à la diligence de l'époux demandeur, mentionnée en marge de l'inscription provisoire dans le mois du jour où elle est devenue définitive. Elle forme une inscription définitive qui se substitue à l'inscription provisoire et prend rang à la date de celle-ci. Si la demande est entièrement rejetée, le tribunal ordonne, à la requête du conjoint défendeur, la radiation de l'inscription provisoire.

librement sa sûreté et il appartient à l'époux défendeur de prouver, pour obtenir une radiation ou une réduction, que l'inscription ne se justifie pas ou ne se justifie pas entièrement [1]. L'hypothèque obtenue est générale quant à son assiette, mais spéciale quant à la créance [2]. Ensuite, l'hypothèque peut être inscrite au profit d'un époux au cas de transfert à l'autre de l'administration de ses biens (art. 2404) [3]. Spéciale quant à la créance garantie et quant à l'assiette, cette dernière hypothèque n'est plus légale, mais judiciaire car elle ne peut être délivrée que sur une décision de justice [4]. Dans les deux cas, l'hypothèque pourrait être prise sur un immeuble commun [5].

447 ***2° Hypothèque légale des mineurs et des majeurs en tutelle*** ◊ L'article 2400 accorde une hypothèque aux mineurs et aux majeurs en tutelle [6] sur les immeubles du tuteur [7] ou de l'administrateur légal ou encore des administrateurs légaux. Cette hypothèque obéit à des règles particulières (art. 2409 à 2411).

L'hypothèque est générale quant aux créances garanties [8] et quant à l'assiette. L'institution se comprend, car il est nécessaire de protéger les incapables qui ne peuvent choisir leur représentant et n'ont pas la possibilité de leur demander directement des garanties. Cependant, quels que soient ses mérites, cette hypothèque « n'apparaît pratiquement » qu'en cas de crise [9], car bien que légale, elle reste soumise à une inscription [10], aussi bien pour déterminer les créances garanties que pour fixer son assiette ; et,

1. Civ. 2e, 16 oct. 1985, *Bull. civ.* II, n° 155, *RTD civ.* 1986. 613, obs. Salvage-Gerest ; 1re civ., 31 janv. 1989, *D.* 1989. IR 43. Comp. Civ. 1re, 4 févr. 1992, *JCP* 1992. I. 3623, n° 16, reconnaissant ici un pouvoir souverain aux juges du fond pour réduire l'inscription.

2. Pour un exemple, Civ. 1re, 29 janv. 1975, *D.* 1975. IR 83, créance du mari contre sa femme en raison du paiement fait par lui d'échéances d'un emprunt que celle-ci avait contracté en vue de l'acquisition d'un appartement. Contrairement à l'article 2402 qui ne vise, en tant que créance garantie, que la créance de participation, l'article 2403 joue pour toutes les créances qu'un époux a sur l'autre ou sur ses héritiers. Dans ce cadre déterminé, la créance est ainsi spéciale : V. encore, Civ. 2e, 4 mars 1999, *Bull. civ.* II, n° 46, préc., en cas de révocation de donations en argent.

3. Ce transfert se justifie par application des articles 1426 et 1429 lorsqu'un époux est hors d'état de manifester sa volonté ou fait preuve d'inaptitude ou de fraude et met en péril les intérêts de la famille dans l'administration de la communauté ou de ses propres. V. *Les régimes matrimoniaux*, n° 511.

4. Marty, Raynaud et Jestaz, n° 207. V. Civ. 3e, 13 déc. 2000, *Bull. civ.* III, n° 189, *D.* 2001. IR 281, *JCP* 2001. II. 10542, note Casey, précisant que la publication à la conservation des hypothèques des jugements prononçant le divorce ne peut valoir inscription de l'hypothèque.

5. Dagot p. 357 ; Marty, Raynaud et Jestaz, n° 213.

6. Depuis la loi du 28 déc. 1977, le présumé absent en est aussi bénéficiaire. Quant aux pupilles de l'État, ils en sont aujourd'hui privés (C. fam., art. 64, *in fine*).

7. Il s'agit du tuteur en exercice, à l'exclusion de la personne seulement investie d'une mission d'assistance et de surveillance, ou du tiers chargé d'administrer le bien légué au mineur (Douai 4 oct. 1967, *Defrénois* 1968. 508).

8. Sont exclues cependant les créances étrangères à la gestion ou nées après la fin de la tutelle ou de l'administration légale, à moins qu'il ne s'agisse d'un reliquat dégagé par les opérations de liquidation (Civ., 15 nov. 1898, *D.* 1904. 1. 465).

9. Aynès et Crocq, n° 705.

10. En cas de tutelle, il appartient au conseil de famille de décider de l'inscription, sous réserve de l'appréciation du juge (Civ. 1re, 5 juill. 1977, *Bull. civ.* I, n° 311, *Defrénois* 1978. 854, obs. Aubert). En cas d'administration légale, le choix appartient au juge des tutelles (art. 2143, al. 3).

les inscriptions ne sont, en fait, prises qu'à partir du moment où le conseil de famille perd confiance en la personne du tuteur ou de l'administrateur. La loi elle-même a bien pressenti cette difficulté, car elle permet à l'incapable de se contenter seulement d'une constitution de gage (art. 2409, al. 3).

448 ***3° Hypothèque légale des personnes morales de droit public sur les biens de leurs comptables*** ◊ L'article 2400-3° accorde à l'État [1], aux départements, aux communes et aux établissements publics [2] une hypothèque sur les immeubles de leurs receveurs et administrateurs comptables, c'est-à-dire des fonctionnaires ayant la gestion des deniers publics (trésorier-payeur général, receveur, percepteur...), ce qui exclut les ordonnateurs et les simples préposés. L'hypothèque grève tous les immeubles présents et à venir des comptables selon le principe de l'article 2401. Elle garantit toutes les créances qui peuvent naître à l'encontre des comptables du fait de leur gestion, mais elle ne porte bien évidemment que sur les sommes inscrites et ne prend rang qu'au jour de son inscription [3].

449 ***4° Hypothèque légale du légataire*** ◊ Mentionnée expressément par l'article 2400-4° dans sa rédaction issue de l'ordonnance du 7 janvier 1959 [4], cette hypothèque protège les légataires particuliers d'une somme d'argent ou de choses fongibles, à l'encontre des débiteurs du legs, c'est-à-dire des successeurs universels tentés de détourner le legs à leur profit. Elle frappe tous les immeubles de la succession et non tous les immeubles du successeur. Elle ne fait pas double emploi avec le privilège de la séparation des patrimoines, car elle entraîne un droit de préférence protégeant le légataire contre les créanciers personnels de l'héritier, mais non contre les créanciers successoraux, les legs n'étant payés qu'après l'acquittement des dettes héréditaires [5]. Cette hypothèque comporte aussi un droit de suite

---

1. L'État bénéficie pour la garantie des mêmes créances d'une deuxième hypothèque légale qui résulte de la transformation en hypothèque du privilège général accordé par la loi du 5 septembre 1807 au Trésor sur les biens des comptables (Ord. n° 59-71, 7 janv. 1959) et qui s'étend aux immeubles acquis à titre onéreux depuis leur nomination par leurs conjoints. On peut, cependant, se demander si l'État pourrait prendre deux inscriptions. Ce comportement ne serait-il pas abusif ?

2. Il s'agit des établissements dont les deniers sont rangés dans la catégorie des deniers publics (Décr. 29 déc. 1962 sur la comptabilité publique, art. 1 et 151 s.).

3. On peut rapprocher de cette hypothèque la garantie que doivent constituer les conservateurs des hypothèques, V. B. Pradel, « Le cautionnement en immeubles des conservateurs des hypothèques envers les tiers est-il une hypothèque conventionnelle ou une hypothèque légale ? », *JCP* N 1988. 137. La loi du 21 ventôse de l'an VII sur l'organisation des hypothèques fait en effet obligation aux conservateurs de fournir un « cautionnement » en immeubles (indépendamment de celui qu'ils doivent constituer à l'égard du Trésor en leur qualité de comptables publics) pour garantir leur éventuelle responsabilité. Or, ce « cautionnement » est obligatoire, il est fixé par une procédure particulière et reçoit une affectation « spéciale » et « exclusive ». Il a donc toutes les caractéristiques d'une hypothèque légale.

4. Auparavant, on ne pouvait fonder l'hypothèque des légataires que sur quelques termes de l'article 1017 qui déclare les débiteurs d'un legs tenus « hypothécairement pour le tout ».

5. V. Planiol, Ripert et Becqué, n° 550 ; Dagot, p. 372 ; M. Grimaldi, Droit civil, *Successions*, 3e éd., n° 643. Les créanciers de la succession passent avant le légataire en vertu de la maxime *nemo liberalis nisi liberatus* (v. *Les successions, les libéralités*, n° 782).

auquel, toutefois, l'acquéreur peut échapper s'il a, selon les règles du droit commun, fait publier son titre avant l'inscription hypothécaire [1]. Un autre avantage de l'hypothèque des légataires est d'être indivisible, contrairement à la séparation des patrimoines qui, elle, ne met pas obstacle à la division des dettes entre les différents héritiers (v. *supra*, n° 430).

450 ***5° Hypothèques garantissant certaines créances énumérées dans l'article 2331. Anciens privilèges généraux du Code civil*** ◊ Avant la réforme du 4 janvier 1955, les privilèges généraux mobiliers énumérés par l'article 2331, portaient, en outre, sur la généralité des immeubles du débiteur (art. 2104 anc.). Aujourd'hui, seuls les privilèges des salaires et des frais de justice continuent de grever l'ensemble des biens du débiteur [2]. Les autres privilèges généraux ne portent plus que sur les biens meubles du débiteur ; mais leurs titulaires conservent la possibilité d'obtenir une garantie immobilière en inscrivant l'hypothèque que leur accorde l'article 2400-5° sur les immeubles de leurs débiteurs [3].

Peuvent être ainsi garanties par une hypothèque :

- les créances pour frais funéraires (art. 2331-2°),
- les créances pour frais de dernière maladie (art. 2331-3°),
- les créances pour fourniture de subsistance (art. 2331-5°),
- les créances des victimes d'accident du travail (art. 2331-6°),
- les allocations dues aux ouvriers et employés par les caisses de compensation et autres institutions agréées ou par les employeurs (art. 2331-7°),
- les cotisations dues aux caisses de compensation et autres institutions agréées pour le service des allocations familiales (art. 2331-8°).

B. Hypothèques résultant de lois particulières

451 ***Diversité*** ◊ Un certain nombre d'hypothèques légales résultent, comme le précise l'article 2400, dans sa rédaction issue de l'ordonnance du 7 janvier 1959, « d'autres codes ou de lois particulières ». Les plus importantes sont générales en ce sens qu'elles frappent, sous réserve d'inscription, tous les immeubles du débiteur. Du reste, d'après l'article 2401, l'assiette des hypothèques légales est en principe générale et porte sur tous les immeubles appartenant au débiteur ; mais le créancier a toujours le droit de prendre

1. L'acquéreur est encore à l'abri du droit de suite, si, malgré le défaut de publicité de son titre, il a acquis l'immeuble du vivant du testateur (v. Poitiers 13 mars 1913, *DP* 1913. 2. 313, note Planiol).

2. Toutefois, depuis la loi du 25 janvier 1985 sur les procédures collectives, le privilège prévu par l'art. L. 621-32 C. com., grève, en cas de redressement judiciaire, sans aucune formalité, l'ensemble du patrimoine du débiteur. En cas de liquidation judiciaire, le privilège est maintenu, mais n'est plus nécessairement un privilège de premier rang (v. *infra*, n° 760). Les privilèges doublement généraux, portant sur les meubles et les immeubles, sont donc au nombre de trois (v. *infra*, n° 749).

3. Souvent, l'inscription ne pourra être prise faute pour le créancier d'être porteur de l'acte authentique nécessaire pour accomplir les formalités de publicité foncière ; de plus, l'article 2428 qui permet d'inscrire certaines hypothèques légales sans présentation de titre, ne s'applique qu'aux hypothèques de l'article 2400 -1°, 2° et 3°.

des inscriptions complémentaires pour les immeubles qui sont appelés à entrer dans le patrimoine du débiteur. Les autres hypothèques légales sont spéciales et ne portent ainsi que sur des immeubles déterminés.

452 ***1° Hypothèques générales*** ◊ On ne recense plus aujourd'hui que trois hypothèques légales générales. En effet, la loi du 25 janvier 1985 sur le redressement et la liquidation judiciaires des entreprises a supprimé ce que l'on appelait la masse des créanciers, entité juridique dotée de la personnalité morale et représentant l'ensemble des créanciers d'un débiteur admis dans une procédure collective, et abrogé de ce fait l'hypothèque attribuée à ce groupement. Sous l'empire des textes antérieurs, la masse des créanciers bénéficiait d'une hypothèque sur les biens du débiteur en règlement judiciaire ou en liquidation des biens. Cette hypothèque prenait naissance le jour d'ouverture de la procédure collective. Elle découlait de plein droit de ce jugement et constituait donc une hypothèque légale et non pas judiciaire. Cette hypothèque, soumise bien entendu à inscription, était très utile pour garantir les droits des créanciers lorsque la procédure s'achevait par un concordat, c'est-à-dire par une remise partielle de dettes. Aujourd'hui, la masse des créanciers n'ayant plus d'existence légale, cette hypothèque a disparu.

Le droit positif ne connaît donc plus que trois hypothèques légales générales. L'une est secondaire et garantit les droits de créance résultant du contrat de salaire différé et grève au profit de ses bénéficiaires les immeubles de la succession débitrice (C. rur., art. L. 321-21 et L. 321-21-1) [1]. Les deux autres sont plus importantes : il s'agit de l'hypothèque du Trésor et de l'hypothèque de la Sécurité sociale.

a) Hypothèque du Trésor. Pour le recouvrement des impositions de toute nature [2] et amendes fiscales confié aux comptables du Trésor et aux comptables de la direction générale des impôts, le Trésor jouit d'une hypothèque légale sur tous les biens immeubles des redevables (CGI, art. 1929 *ter*). Cette hypothèque prend rang à la date de son inscription au bureau des hypothèques [3]. Elle ne peut être inscrite qu'à partir de la date de mise en recouvrement des impositions et des pénalités y afférentes, lorsque celles-ci résultent d'une procédure de redressement ou d'imposition

1. Le salaire différé est un salaire dont le versement est reporté (plus exactement, la créance ne peut être fixée qu'après le décès de l'exploitant, si bien qu'elle ne peut être garantie, de son vivant, par une hypothèque, Civ. 1re, 13 avr. 1999, *JCP* 2000. I. 209, n° 12). Ce nom est donné, dans le travail agricole, lorsqu'un ou plusieurs enfants ont travaillé dans l'exploitation familiale sans salaire, au droit à rémunération qu'ils peuvent faire valoir sur la succession de leurs auteurs (*cf. Vocabulaire juridique Capitant, V° Salaire*). Il faut également préciser (v. Décr. 29 juill. 1939, mod. L. 4 juill. 1980, art. 63) que les descendants d'un exploitant agricole qui, âgés de plus de dix-huit ans, participent directement et effectivement à l'exploitation, sans être associés aux bénéfices ni aux pertes, et qui ne reçoivent pas de salaire en argent en contrepartie de leur collaboration, sont réputés légalement bénéficiaires d'un *contrat* de travail à salaire différé.

2. Dont l'ISF, v. Com., 18 juin 1991, *RD imm.* 1992. 101.

3. Mais le Trésor est, en principe, primé par les créanciers hypothécaires ou privilégiés sur les immeubles (v. Soinne, *op. cit.*, n° 1092).

d'office, ou à partir de la date à laquelle le contribuable a encouru une majoration ou pénalité pour défaut de paiement, dans tous les autres cas. L'inscription demeure valable dix ans.

L'administration des douanes a pareillement hypothéqué sur les immeubles des redevables, mais pour les droits de douane seulement (C. douanes, art. 379-2).

b) Hypothèque de la Sécurité sociale. L'article L. 243-4, alinéa 2, du Code de la sécurité sociale prévoit que le privilège de la sécurité sociale est transformé, lorsqu'il porte sur les immeubles du débiteur, en une hypothèque inscrite dont le rang est déterminé par la date de son inscription [1]. Cette hypothèque garantit principalement le recouvrement des cotisations de la sécurité sociale et le paiement des cotisations en matière d'assurance sociale agricole (C. rur., art. 1033 anc.). En outre, l'article 132-9 du Code de l'action sociale et des familles confère à l'État et aux départements, en garantie des recours qui leur sont ouverts en matière d'aide sociale contre le bénéficiaire de l'aide sociale revenu à meilleure fortune, son donataire ou son légataire une hypothèque grevant les immeubles appartenant audit bénéficiaire [2]. L'article L. 815-12, alinéa 4, du Code de la sécurité sociale attribue au fonds national de solidarité, pour le recouvrement des allocations supplémentaires qui ont pu être versées, une hypothèque grevant les immeubles du bénéficiaire ou de sa succession. Enfin, l'article 30 de la loi n° 88-1088 du 1er décembre 1988 décide que les sommes recouvrables à l'encontre des ayants cause du bénéficiaire du revenu minimum d'insertion peuvent être garanties par une hypothèque légale prenant rang à la date de son inscription et pour laquelle il n'est pas perçu de frais.

453 ***2° Hypothèques spéciales. Hypothèques relatives à certaines créances fiscales*** ◊ L'article 1929-2 du Code général des impôts confère au Trésor, pour le recouvrement des droits de mutation par décès, une hypothèque sur les immeubles de la succession. L'article 1929-3 du même code confère au Trésor pour la garantie des droits complémentaires et supplémentaires éventuellement exigibles, en vertu de l'article 1840 G bis, une hypothèque sur les immeubles du groupement forestier ou sur l'immeuble objet de la mutation. L'article L. 314-11 du Code forestier prévoit que le recouvrement de la taxe perçue à l'occasion du défrichement de surface en nature de bois ou de forêts est garanti par une hypothèque.

---

1. L'inscription de l'hypothèque n'est soumise, jusqu'à survenance de l'un des événements prévus à l'article 2427, à aucun délai (Com., 16 juill. 1979, *D.* 1980. 38, note critique A. Honorat). Ajoutons que, dans une procédure collective, la sécurité sociale perd son hypothèque lorsqu'elle n'a pas pris le soin de prendre une inscription avant le jugement déclaratif (L. 622-30, al. 1 C. com.) ou encore lorsqu'elle « produit » à titre chirographaire (Com., 21 avr. 1980, *Bull. civ.* IV, n° 155).

2. V. Alfandari, *Action sociale et aide sociale*, Précis Dalloz, 3e éd., 1987, n° 243 ; CE 1er déc. 1989, *de Bellegarde, D.* 1990. IR 21. L'inscription de cette hypothèque ne rend pas le bénéficiaire des prestations débiteur de la créance de la collectivité : CE 28 mai 2010, *Dpt Paris*, n° 330567, *JCP* 2011. 226, n° 11.

454 ***Hypothèques relatives à certaines créances sociales et à certaines créances d'intérêt général*** ◇

– Les indemnités dues aux concessionnaires de travaux de dessèchement de marais, à raison de la plus-value résultant du dessèchement sont garanties par une hypothèque sur toute la plus-value du terrain (anc. C. rur., art. 168) ;

– la caisse nationale de crédit agricole dispose d'une hypothèque sur les biens acquis ou aménagés au moyen du livret « domaine retraite » (anc. C. rur., art. 778) ;

– la créance de l'État à raison de l'exécution de travaux de reboisement est garantie par une hypothèque grevant les terrains reboisés (C. for., art. L. 541-3) ;

– en garantie du remboursement des prêts consentis pour la construction d'HLM, l'État jouit d'une hypothèque grevant les constructions réalisées (CCH, art. L. 431-1) ;

– les organismes publics qui ont relogé les occupants d'immeubles insalubres ou en péril, disposent d'une hypothèque grevant l'immeuble concerné, en garantie de la contribution due par lesdits occupants (CCH, art. L. 521-1) ;

– les associations foncières urbaines ont une hypothèque garantissant les provisions ou les paiements définitifs et grevant les immeubles de l'associé compris dans le périmètre de l'association (C. urb., art. L. 322-9).

D'autres textes non codifiés [1] instituent aussi, dans des domaines toujours bien précis, des hypothèques pour garantir des créances liées à des opérations de salubrité publique.

455 ***Hypothèque du syndicat des copropriétaires d'un immeuble bâti*** [2]***. Nécessité d'une inscription*** ◇ La loi du 10 juillet 1965 (art. 19, al. 1 à 4) accorde au syndicat de copropriété une hypothèque sur le lot de chaque copropriétaire, c'est-à-dire la partie privative et la quote-part des parties communes [3]. Sont garanties les créances de toute nature du syndicat à l'encontre de chaque copropriétaire, qu'il s'agisse de provision ou de paiement définitif. L'hypothèque est soumise à une inscription qui en assure la conservation et en détermine le rang [4]. Le syndic a qualité pour prendre cette inscription ; mais cela suppose, soit qu'une mise en demeure d'avoir à payer une dette exigible soit restée infructueuse, soit que le copropriétaire ait invoqué les dispositions de l'article 33 de la loi de 1965, c'est-à-dire ait demandé des délais pour s'acquitter de sa contribution aux dépenses d'amélioration. En pratique, l'inscription est rarement prise et les syndics recourent à d'autres techniques de garantie (v. *infra*, n° 796) ; en tout cas, s'ils peuvent faire opposition sur le prix de vente du lot ayant appartenu au copropriétaire défaillant (L. 1965, art. 20), cette opposition ne leur confère aucun privilège. C'est dire que même en cas d'opposition,

---

1. V. par ex. L. 17 juill. 1856 (travaux de drainage) ; L. 22 et 24 juill. 1912 (assainissement des voies privées) ; L. 20 janv. 1955 (reconstruction de biens détruits) ; L. 15 juill. 1976, art. 72 (opérations de relogement).

2. V. *Les biens*, n° 661 ; Givord et Giverdon, *La copropriété*, 3e éd. 1987, n° 338.

3. L'article 2429-4 prévoit que, pour les besoins de leur inscription, les privilèges et hypothèques portant sur des lots dépendant d'un immeuble en copropriété sont réputés ne pas grever la quote-part des parties communes comprises dans ces lots ; mais la règle n'a pour but que de simplifier les formalités de publicité et ne porte pas atteinte aux droits des créanciers inscrits (art. 2429, al. 2).

4. Aucune inscription ne peut être requise pour des créances exigibles depuis plus de cinq ans.

le syndicat, faute d'avoir fait inscrire son hypothèque, est primé par les créanciers hypothécaires régulièrement inscrits [1].

Cette hypothèque a perdu une grande partie de son intérêt depuis que le syndicat de copropriété jouit d'un privilège pour le recouvrement de ses créances (*supra*, n° 436).

456 ***Hypothèque des assurés*** ◊ L'article L. 327-3 du Code des assurances prévoit que lorsque les actifs affectés par une entreprise d'assurance à la garantie de ses engagements réglementés sont insuffisants, ou lorsque la situation financière de l'entreprise est telle que les intérêts des assurés et bénéficiaires de contrats sont compromis, les immeubles du patrimoine de l'entreprise peuvent être grevés d'une hypothèque inscrite à la requête de l'État [2].

L'article L. 441-8 du même code décide que lorsqu'une entreprise d'assurance entend pratiquer des opérations de prévoyance collective ou d'assurance ayant pour objet l'acquisition ou la jouissance de droits en cas de vie, les immeubles correspondants à ces opérations sont grevés d'une hypothèque.

C. Hypothèque judiciaire

457 ***Hypothèque dite judiciaire*** ◊ L'hypothèque dite judiciaire (art. 2396) est celle que la loi (art. 2412 s.) attache aux jugements de condamnation [3]. Spéciale quant à la créance garantie, mais générale quant à l'assiette, cette sûreté est, contrairement à ce que son appellation laisse entendre, une sûreté légale : elle découle, en effet, de plein droit des jugements sans que le débiteur ne puisse s'y opposer et sans que le créancier n'ait à la demander (sans préjudice de l'inscription qu'il devra requérir pour rendre l'hypothèque opposable aux tiers). Tirant son origine d'ordonnances royales [4], l'hypothèque judiciaire doit son maintien à l'absence d'organisation de la déconfiture civile : il faut bien donner aux créanciers les moyens de se

---

1. Civ. 3e, 17 janv. 1978, *Bull. civ.* III, n° 38, *D.* 1978. 605, note Souleau ; 27 févr. 1979, *Defrénois* 1979. 1420, note Morin ; comp. en cas d'inscription : Civ. 3e, 4 juin 2008, n° 07-10.051 ; V. égal., Atias, « L'avis d'adjudication d'un lot de copropriété », *D.* 1988. Chron. 47 ; *adde :* S. Jacoux d'Eyssautier, « Le règlement des charges lors de la mutation des lots en copropriété : portée de l'opposition de l'art 20 notamment en cas de procédure collective », *Ann. Loyers* 1999. 345 ; égal. en cas d'expropriation, Paris 18 déc. 1996, *JCP* 1997. I. 4033, n° 17.

2. Picard et Besson, *Traité de droit des assurances*, sous la direction de J. Bigot, LGDJ, 1992, n° 577.

3. L'article 2196, al. 2, C. civ. permet également d'instituer une hypothèque judiciaire, le texte permettant au débiteur saisi de solliciter du juge une conversion partielle de la saisie en hypothèque sur certains de ses immeubles qui prendra rang au jour de la publication de la saisie ; v. *infra*, n° 489.

4. Ordonnance de Villers-Cotterets de 1539 pour l'hypothèque attachée à l'acte sous seing privé, reconnu et vérifié en justice ; Ordonnance de Moulins de 1566 pour l'hypothèque attachée aux jugements de condamnation. À l'origine de l'institution, se trouve l'ancienne règle selon laquelle toute obligation de somme d'argent passée devant notaire emportait de plein droit hypothèque générale, règle par la suite étendue aux obligations constatées par jugement. Le Code civil rejeta la règle mais conserva son extension. – V. J. de Malafosse, « Les procédures de l'hypothèque judiciaire dans le Toulousain », *Études d'histoire du droit privé offertes à P. Pétot*, 1959, p. 397 s.

protéger contre les fraudes de leur débiteur laissé à la tête de son patrimoine, malgré un jugement de condamnation [1]. Il faut reconnaître également que l'hypothèque judiciaire n'est pas nécessairement préjudiciable aux intérêts du débiteur, car elle peut inciter le créancier rassuré par la sûreté, à différer la saisie et à consentir des délais [2].

Ses sources et ses effets doivent être examinés.

458 ***1° Sources*** ◊ L'hypothèque judiciaire découle (art. 2412) :

1° de tout jugement de condamnation ;

2° des sentences arbitrales lorsqu'elles ont été revêtues de l'ordonnance judiciaire d'exécution ;

3° de certaines contraintes délivrées par les administrations publiques.

459 ***a) Jugements emportant hypothèque judiciaire*** ◊ Peu importe la juridiction dont émane le jugement. Ce peut être une juridiction de droit commun ou une juridiction d'exception, une juridiction civile, administrative ou pénale, une juridiction du premier degré ou d'appel. Peu importe également que la juridiction soit ou non compétente [3], mais il est bien certain que si le jugement vient à être annulé, rétracté ou réformé, l'hypothèque sera considérée comme non avenue. Quant aux décisions rendues par un tribunal étranger, elles n'emportent hypothèque qu'à la double condition d'avoir reçu l'*exequatur* d'un tribunal français (art. 2412, al. 2) et d'avoir elles-mêmes cette qualité en vertu de la loi du *for* [4].

460 ***Nature du jugement emportant hypothèque*** ◊ Il importe peu que la décision soit contradictoire ou par défaut, susceptible ou non de recours [5], définitive ou provisoire [6]. Mais encore faut-il qu'il y ait un jugement c'est-à-dire un acte juridictionnel doté de l'autorité de la chose jugée, ce qui conduit à exclure les jugements de donné acte (mais non les jugements dits convenus ou d'expédient), ainsi que les procès-verbaux de conciliation. Et encore faut-il que le jugement en question tranche une contestation. Toute la difficulté consiste alors à départager les jugements contentieux qui emportent hypothèque des jugements gracieux [7]. On rangera sans hésitation dans la seconde catégorie, les ordonnances sur requête,

---

1. On observera que la loi pénale protège davantage les créanciers que ne le fait la loi civile ; elle incrimine l'organisation ou l'aggravation de l'insolvabilité (C. pén., art. 314-7) même lorsque les actes coupables sont antérieurs à la décision judiciaire condamnant le débiteur. Il reste, cependant, que la loi pénale a une portée limitée en ce sens qu'elle ne joue pas dans le domaine contractuel.

2. V. Marty, Raynaud et Jestaz, n° 242.

3. Civ., 28 nov. 1904, *DP* 1905. 1. 204.

4. V. Batiffol et Lagarde, *Droit international privé*, t. II, 7e éd., n° 518-2 ; E. Fohrer, *La prise en considération des normes étrangères*, LGDJ, 2008, n° 281.

5. Req., 16 juin 1938, *DH* 1938. 485 ; si la décision est infirmée, l'hypothèque devra être radiée (Civ., 4 août 1913, *DP* 1917. 1. 121, note Cezar-Bru).

6. V. pour une ordonnance de référé : Civ. 1re, 26 sept. 2001, *Bull. civ.* I, n° 107.

7. V. J.L. Bergel, *La juridiction gracieuse en droit français*, D. 1983. Chron. 153.

telle l'ordonnance portant injonction de payer ou injonction de faire, du moins tant que le débiteur n'a pas fait opposition, les décisions nommant des administrateurs de la chose d'autrui, les décisions d'adjudication ou encore les décisions d'envoi en possession. S'agissant des jugements d'homologation, le doute reste permis malgré cet arrêt classique de la Cour de cassation selon lequel « le jugement qui homologue un partage peut donner lieu à une inscription d'hypothèque judiciaire quand il reconnaît à l'une des parties contre l'autre un droit de créance » [1]. En effet, un jugement d'homologation peut être considéré comme étant en principe un acte de juridiction gracieuse, à moins qu'un incident contentieux n'en ait transformé la nature [2]. Il faut se garder toutefois d'une analyse trop systématique et examiner les pouvoirs réels du juge.

461 ***Contenu du jugement emportant hypothèque*** ◇ Le jugement doit prononcer une condamnation ; il doit établir une créance qui servira de support à l'hypothèque. C'est pourquoi un jugement qui ordonne une enquête ou une mesure d'expertise n'emporte pas hypothèque [3]. Mais il n'est pas nécessaire que la créance reconnue soit certaine, liquide et exigible. Ainsi, une décision constatant l'obligation de payer les annuités échues et à échoir d'une rente viagère emporte hypothèque [4]. De même en est-il d'une décision portant condamnation à une dette dont l'existence est actuelle et dont seul le montant reste à liquider par voie d'expertise [5]. Il suffit que le jugement contienne dans son dispositif le germe d'une condamnation à venir [6]. C'est le cas d'un jugement de validité d'une saisie qui implique nécessairement l'existence d'une dette du débiteur saisi [7]. C'est le cas également d'un jugement ordonnant une reddition de comptes où l'hypothèque garantit le paiement du solde débiteur éventuel (et pas seulement l'exécution de l'obligation de rendre compte) nécessairement lié aux actes de gestion antérieurs au jugement, même si ce solde peut dégager une dette du demandeur lui-même. Il reste, lorsque l'hypothèque garantit une créance indéterminée, que les juges du fond peuvent réduire « discrétionnairement » le montant de l'inscription hypothécaire [8].

---

1. Civ., 4 janv. 1911, *DP* 1911. 1. 249, note Planiol. V. aussi, Civ., 7 févr. 1938, *DH* 1938. 161, *S.* 1939. 1. 17, note du Garreau de la Méchenie, rendu toutefois dans une espèce moins probante, car il y avait eu une discussion contradictoire sur la créance.

2. Une décision homologuant un concordat était sans doute gracieuse, tandis qu'un jugement arrêtant un plan de redressement a certainement un caractère juridictionnel (v. Jeantin et Le Cannu, *Droit commercial*, Précis Dalloz, n° 704).

3. Civ., 1er juill. 1935, *S.* 1936. 1. 30.

4. Req., 20 nov. 1901, *DP* 1907. 1. 217.

5. Lyon, 20 nov. 1951, *D.* 1952. Somm. 26 ; Lyon 28 mars 1963, *JCP* 1963. II. 13353.

6. V. E. Putman, *La formation des créances*, thèse Aix, 1987, n° 412.

7. Req., 1er août 1881, *DP* 1882. 1. 416, à propos du jugement de validité de l'ex-saisie-arrêt.

8. Civ. 3e, 21 févr. 1984, *Bull. civ.* III, n° 46, où le créancier, un entrepreneur, titulaire contre son client, maître de l'ouvrage, d'une créance actuelle, mais non liquide à raison de la résiliation du marché, avait inscrit une hypothèque pour 9 000 000 F.

462 ***b) Sentences arbitrales*** ◊ Les sentences arbitrales sont de véritables jugements (C. pr. civ., art. 1484), puisqu'elles ont, dès leur prononcé, autorité de chose jugée, mais comme elles émanent de juges non professionnels, elles emportent hypothèque à la double condition, d'une part, de prononcer une condamnation, d'autre part, d'être dotées d'une force exécutoire. Cela suppose que la sentence ait bénéficié d'une décision d'*exequatur* émanant du tribunal de grande instance dans le ressort duquel la sentence a été rendue (C. pr. civ., art. 1487).

463 ***c) Contraintes administratives*** ◊ Contrairement à la jurisprudence administrative, la jurisprudence judiciaire n'admet pas que toutes les contraintes administratives emportent hypothèque judiciaire. Les seules à posséder cette vertu sont les contraintes qui ont le caractère d'actes de juridiction, c'est-à-dire celles qui, en cas d'opposition, sont soumises à l'autorité administrative et non aux tribunaux. Il s'agit des contraintes délivrées par l'administration des douanes (C. douanes, art. 379) [1]. Il s'agit, aussi, mais sur la base d'un texte (CSS, art. L. 244-9), des contraintes décernées par le directeur d'un organisme de sécurité sociale (ou de la mutualité sociale agricole, art. L. 725-3 C. rur.), à défaut d'opposition du débiteur devant le tribunal des affaires de sécurité sociale [2]. Mais sont exclues les contraintes de l'enregistrement [3] ou encore les contraintes des contributions indirectes [4].

464 ***2° Effets*** ◊ L'hypothèque garantit la créance principale et les indemnités accessoires qui font l'objet de la condamnation du débiteur. Elle est donc spéciale quant à la créance, ce qui signifie plus précisément que son montant et son évaluation doivent être indiqués lors de l'inscription [5]. L'hypothèque est ensuite générale quant à son assiette, elle grève tous les immeubles présents et à venir du débiteur dans la mesure où ils sont ou restent aliénables et saisissables. Enfin, l'hypothèque judiciaire est soumise à une

---

1. Req., 14 nov. 1893, *DP* 1894. 1. 370.
2. Comp., Com., 5 févr. 1958, *D.* 1958. 405, note Voirin, ayant sans doute suscité, par sa solution négative, l'actuel texte du Code de la sécurité sociale ; v. égal. Com., 22 nov. 1988, *Bull. civ.* IV, n° 326 ; 25 oct. 1994, *Bull. civ.* IV, n° 314 ; Civ. 3e, 13 déc. 2000, *JCP* 2001. I. 315, n° 12, *Bull. civ.* III. n° 190, *RTD civ.* 2001. 403, obs. Crocq, précisant que l'hypothèque n'est pas soumise aux dispositions de la loi du 9 juillet 1991 ; v. encore, Civ. 3e, 17 juin 2009, *JCP* 2009. 492, n° 13 ; v. égal., Civ. 1re, 9 juill. 2003, *JurisData* n° 019960, se fondant sur l'art. L. 351-6 C. trav. ; plus gén., v. Voirin, « Les contraintes emportent-elles hypothèque judiciaire ? », *D.* 1954. Chron. 181.
3. Civ., 4 avr. 1900 et 26 févr. 1901, *DP* 1901. 1. 219.
4. Req., 9 nov. 1880, *DP* 1881. 1. 249. Comp., Req., 2 févr. 1942, *S.* 1942. 1. 109.
5. V. Civ. 3e, 25 oct. 1976, *Bull. civ.* III, n° 368 : « en vertu du principe de la spécialité de l'hypothèque quant à la créance garantie, une partie ne saurait se prévaloir de l'inscription prise à la suite d'un précédent jugement lui reconnaissant, en réparation d'un préjudice subi, une créance qui a été intégralement payée pour garantir une autre créance née d'un second jugement, ni s'opposer à la mainlevée de la première hypothèque et à la radiation de l'inscription prise ».

inscription [1] selon les modalités ordinaires (C. civ., art. 2428) [2] ; en vertu du principe de spécialité de l'inscription hypothécaire (art. 2426), celle-ci doit désigner spécialement chaque immeuble grevé. L'inscription ne pouvant s'appliquer qu'à un immeuble présent, le créancier devra prendre une inscription sur les immeubles à venir, au fur et à mesure de leur acquisition par le débiteur. Si les inscriptions prises sont excessives quant à l'assiette, le débiteur pourra demander leur cantonnement (art. 2444) et, si le créancier a surévalué sa créance, exiger une réduction de l'inscription [3].

SECTION 3. HYPOTHÈQUE JUDICIAIRE CONSERVATOIRE

465 ***Hypothèque, véritablement judiciaire*** ◊ Il existe en droit français, depuis la loi du 12 novembre 1955, reprise, avec certaines retouches, par la loi du 9 juillet 1991 relative aux procédures civiles d'exécution (art. 77 s. ; Décr. 31 juill. 1992, art. 250 s.), une hypothèque véritablement judiciaire : l'hypothèque judiciaire conservatoire [4]. Judiciaire, provisoire, spéciale quant à la créance garantie, mais générale quant à l'assiette [5], cette hypothèque - véritable sûreté et non simple mesure conservatoire [6] - est très

---

1. Pour apprécier la valeur de cette hypothèque au regard des nullités de la période suspecte, il y a lieu de tenir compte non de la date d'inscription, mais de celle du jugement de condamnation, V. Com., 22 nov. 1988, *Bull. civ.* IV, n° 326 ; 25 oct. 1994, *Bull. civ.* IV, n° 314. Comp. dans l'hypothèse où le créancier se prévaut du jugement en tant que titre exécutoire pour prendre une inscription conservatoire, Com., 1er juill. 1997, cité *infra*, n° 471.

2. V. Rep. QE n° 2593, *JCP* 1993, V, 118.

3. V. Civ. 3e, 21 févr. 1984, préc.

4. Dont le régime est différent de celui de l'hypothèque dite judiciaire, comp. Bordeaux 15 déc. 1998, *RDI* 2000, obs. crit. Théry. Il existe, en vérité, deux autres hypothèques véritablement judiciaires. Il s'agit de l'hypothèque que le tribunal peut constituer au profit d'un époux au cas de transfert à l'autre de l'administration de ses biens (art. 2404) (*supra*, n° 446) et de l'hypothèque que le juge des tutelles décide de se faire inscrire sur les biens de l'administrateur légal d'un mineur (art. 2409, al. 3) (*supra*, n° 447).Des textes particuliers reprennent parfois les textes sur l'hypothèque judiciaire conservatoire : v. art. 341 bis du Code des douanes ; pour une application, v. Com., 8 mars 1977, *Bull. civ.* IV, n° 75. On observera, plus généralement, que les sûretés judiciaires portent principalement sur des immeubles ; mais de telles sûretés pourraient parfaitement grever des meubles : le nantissement judiciaire du fonds de commerce (v. *infra*, n° 721) et le nantissement judiciaire des actions, parts sociales et des valeurs mobilières (*infra*, n° 724) en sont les deux (seuls) exemples (même si la pratique admet des nantissements judiciaires en dehors de tout texte, notamment en matière de brevets. Cette pratique est irrégulière, car on ne saurait créer des sûretés judiciaires sans support légal ; on notera que les saisies ont un champ d'application plus large, car elles peuvent porter sur des droits incorporels autres que des droits d'associé ou des valeurs mobilières).

5. L'hypothèque sera cependant « spécialisée » avec son inscription.

6. V. L. 1991, art. 77 et 79. V. en conséquence en droit international privé : Civ. 1re, 17 nov. 1999, *Bull. civ.* I, n° 305, *D.* 2000. 547, concl. Sainte-Rose, note Khairallah, *Rev. crit. DIP* 2000. 433, note Réméry, *JDI* 2001. 851, note Bonnet : *« le principe et le régime de l'hypothèque judiciaire provisoire sont soumis à la seule loi de situation de l'immeuble et il en est de même pour l'inscription définitive de cette hypothèque »*.

appréciée des créanciers. Elle leur permet, en anticipant sur un jugement de condamnation, de se prémunir contre un débiteur qui voudrait organiser son insolvabilité, ou, à tout le moins, cette garantie leur donne la possibilité de faire pression sur un débiteur récalcitrant [1]. Son importance pratique conduit à développer ses conditions d'existence et ses effets.

§ 1. Conditions d'existence

466 ***Plan*** ◊ Les articles 67 et suivants de la loi du 9 juillet 1991 et les articles 250 et suivants du décret d'application du 31 juillet 1992 définissent les règles qui déterminent l'existence de l'hypothèque judiciaire conservatoire. On peut les envisager d'une manière chronologique en suivant le déroulement de la procédure. Avant que le juge ne donne son autorisation et que le créancier ne prenne son inscription provisoire, un certain nombre de conditions préalables doivent être respectées.

467 ***1° Conditions de fond*** ◊ Le créancier qui se prévaut d'une créance paraissant fondée en son principe et qui justifie de « circonstances susceptibles d'en menacer le recouvrement », peut solliciter l'inscription d'une hypothèque judiciaire conservatoire. Ces conditions sont simples. Elles suscitent, cependant, un important contentieux. Les débiteurs réagissent souvent très vivement aux demandes des créanciers, sans doute parce qu'ils perçoivent l'hypothèque judiciaire conservatoire comme le préalable d'une saisie. Leur réaction serait différente si l'institution leur était clairement présentée sous sa véritable nature qui, une fois encore, est d'être une sûreté et non une voie d'exécution. De toute façon, seuls les biens appartenant au débiteur peuvent être grevés de l'hypothèque [2].

468 ***Le créancier*** ◊ Tous les créanciers, quels qu'ils soient, peuvent demander l'inscription d'une hypothèque conservatoire. Peu importe l'origine ou la nature de leur créance. Peu importe qu'il s'agisse de créanciers

1. M. Dagot, *Les sûretés judiciaires provisoires*, Litec 1994 ; J.L. Coudert, « L'hypothèque judiciaire », *JCP* N 1993. 2670 ; Meunier, « L'inscription provisoire d'hypothèque », *Defrénois* 1994. 35688. R. Perrot et PH. Théry. « Procédures civiles d'exécution », *D.* 2000. 868 s. v. égal. Cuperlier, « Hypothèque judiciaire et action oblique », *RLDC* sept. 2009. 73.

2. Civ. 1re, 1er déc. 1969, *Bull. civ.* I, n° 666. L'art. 1415 C. civ. vient limiter la règle, car si un époux commun en biens n'a pas donné son accord à l'emprunt (ce que n'est pas le solde débiteur d'un compte-courant, Civ. 1re, 6 juill. 1999, *Bull. civ.* I, n° 224, *Defrénois* 1999. 1361, obs. Champenois) ou au cautionnement (fondement de la créance invoquée) consenti par l'autre, l'inscription ne peut porter sur les biens communs : Civ. 1re, 2 juill. 1991, *Bull. civ.* I, n° 225 *RTD civ.* 1991. 771. obs. M. Bandrac ; 18 nov. 1992, *Bull. civ.* I, n° 280 ; 29 mai 1996, *Bull. civ.* I, n° 220, *JCP* 1996. I. 3962, n° 12, obs. Simler, *Defrénois* 1996. 1083, obs. Champenois. En revanche, l'art. 1424 C. civ. qui interdit aux époux de grever, l'un sans l'autre, de droit réel un immeuble commun, ne concerne pas l'inscription judiciaire, v. Rennes 18 mars 1999, *JurisData* n° 043009.. V. *Les régimes matrimoniaux*, n° 422. À propos des biens indivis, v. Dagot, *op. cit.*, n° 365 s ; égal. Douai 19 avr. 1999, *JurisData* n° 042531.

chirographaires [1] ou de créanciers déjà nantis d'un titre exécutoire [2]. Peu importe également que le créancier ait déjà à sa disposition un autre instrument de garantie : un époux créancier de son conjoint peut valablement prendre une hypothèque conservatoire, alors pourtant qu'il jouit d'une hypothèque légale particulière (C. civ., art. 2403) [3].

469 ***Créance paraissant fondée en son principe*** ◊ Le créancier n'a pas à justifier d'une créance liquide [4] ni même exigible [5] : il lui suffit de faire état d'une créance paraissant fondée en son principe. La formule est très large : elle englobe les créances certaines dans leur principe ou dans leur existence, les créances conditionnelles, voire contestées. Il suffit, en somme, que le fait générateur de la créance soit vraisemblable [6]. Ce sera le cas d'un jugement de condamnation pourtant frappé d'appel [7], de l'ouverture d'une information judiciaire suivie d'une constitution de partie civile [8] ou encore de la notification d'un redressement fiscal [9]. À l'inverse, le créancier ne saurait se contenter d'une simple allégation de créance [10].

470 ***Circonstances menaçant le recouvrement de la créance*** ◊ Les textes antérieurs à la réforme de 1991 exigeaient du débiteur qu'il démontrât une situation d'urgence et que le recouvrement de sa créance était en péril. Les deux notions n'en faisaient qu'une : il n'y avait urgence qu'en cas de péril dans le recouvrement de la créance. Le seul fait que le recouvrement de la créance fût en péril caractérisait l'urgence de la situation [11].

---

1. Civ. 3e, 4 oct. 1983, *Bull. civ.* I, n° 216.

2. Qui peut le plus, peut le moins (en ce sens v. Civ. 3e, 20 févr. 1979, *Bull. civ.* III, n° 38, *D.* 1979. 403, note Frank, *RTD civ.* 1979. 676, obs. Perrot ; v. égal. Civ. 1re, 13 nov. 1980, *D.* 1981. IR 148, obs. Julien ; 3e civ., 22 mai 1990, *Bull. civ.* III, n° 126 ; 2e civ., 12 janv. 1994, *Bull. civ.* II, n° 22). Depuis la réforme, la solution va de soi.

3. Civ. 1re, 31 janv. 1984, *Bull. civ.* I, n° 39.

4. Paris 30 mai 1959, *RTD civ.* 1960. 363, obs. Raynaud.

5. Dijon 22 déc. 1959, *JCP* 1960. II. 11670, note Rameau.

6. V. E. Putman, *La formation des créances*, thèse Aix, 1987, n° 489 s. ; Dagot, *op. cit.*, n° 452 s., v. encore, Civ. 2e, 5 avr. 1993, *RD imm.* 1993. 403 ; et les espèces *JCP* E 1999. 618 ; v. encore pour le titulaire d'un cautionnement, Paris 8 déc. 1999, *JurisData* n° 101308 ; pour d'autres ex., v. *JCP* 2007. I. 212, n° 19 ; égal. *JCP* 2008. I. 151, n° 15

7. Com., 21 oct. 1964, *D.* 1965. 239.

8. Com., 10 nov. 1981, *Bull. civ.* IV, n° 389.

9. Civ. 1re, 13 mai 1986, *Bull. civ.* I, n° 129, *D.* 1986. 389, note Prévault, *RTD civ.* 1987. 157, obs. Perrot.

10. Civ. 2e, 12 mai 1976, *Bull. civ.* II, n° 159 ; TGI Nice 15 nov. 1977. *D.* 1978. IR 88, obs. Julien. Ces solutions méritent d'être comparées avec les dispositions des articles 1er et 2 de la Convention internationale de Bruxelles du 10 mai 1952 pour l'unification de certaines règles sur la saisie conservatoire des navires de mer ; ces dispositions, en effet, prévoient que la demande de saisie conservatoire peut être fondée sur une simple allégation d'une créance maritime (v. Com., 12 janv. 1988, *Bull. civ.* IV, n° 15). On est ainsi conduit à établir une hiérarchie des créances qui partirait de la simple allégation de créance pour aller jusqu'à la créance dotée d'un titre exécutoire, en passant par la créance paraissant fondée dans son principe, la créance certaine dans son principe et la créance certaine, liquide et exigible. La saisie conservatoire de navire ne crée cependant aucune indisponibilité juridique. ; c'est une simple mise à la chaîne, en pratique très efficace.

11. Civ. 1re, 19 avr. 1967, *RTD civ.* 1967. 887, obs. Raynaud.

Il y avait là une question de fait [1] sur laquelle, cependant, les juges devaient s'expliquer [2]. Concrètement, le créancier devait établir que le débiteur était confronté, sinon à une insolvabilité imminente ou sérieusement à craindre [3], du moins à d'importantes difficultés financières [4] et qu'il n'avait pas de garantie suffisante [5]. En tout cas, on n'imposait pas au créancier de prouver l'état de cessation des paiements de son débiteur, ni même sa mauvaise foi [6].

Depuis la réforme de 1991, les formules ne sont plus les mêmes, car la loi requiert simplement que le créancier établisse des « circonstances susceptibles de menacer le recouvrement de sa créance ». Mais ces modifications sont de pur style – ce qui ne veut pas dire de style élégant – et les solutions dégagées par la jurisprudence antérieure sont donc toujours d'actualité.

471 ***Le débiteur*** ◊ Rien ne s'oppose à ce que l'on prenne une sûreté judiciaire à rencontre d'un débiteur incapable, d'un débiteur établi hors de France (L. 9 juill. 1991, art. 89) ou encore des héritiers d'un débiteur, dans la mesure du moins où ils ont accepté la succession. Encore faut-il qu'il soit propriétaire de l'immeuble sur lequel la sûreté sera prise [7]. Lorsque le débiteur est marié, il faut noter qu'il peut parfaitement affecter en garantie l'immeuble qui lui appartient même si celui-ci abrite le logement de la famille [8], mais qu'il faut tenir compte en cas de communauté de biens, des règles des articles 1415 et 1424 (*supra*, n° 405). Lorsque le débiteur bénéficie d'une immunité d'exécution, il peut s'en prévaloir pour s'opposer à toute mesure conservatoire prise à son encontre (L. 9 juill. 1991, art. 1er, al. 5), et lorsqu'il est propriétaire d'un immeuble frappé d'une clause d'inaliénabilité, il peut également se prévaloir de cette clause, non pas pour s'opposer à la prise de la sûreté, mais pour empêcher sa mise en œuvre [9].

Enfin, si le débiteur fait l'objet d'une procédure collective, l'article L. 622-21 C. com. et la règle de la suspension des poursuites qu'elle édicte mettent obstacle à toute inscription [10]. Par ailleurs, celle-ci ne peut être valablement

1. Civ. 3e, 8 mai 1969, *Bull. civ.* III, n° 370.
2. Civ. 1re, 13 mai 1986, préc. Pour apprécier la situation, les juges doivent se placer à la date de la requête, Civ. 3e, 18 juill. 1986, *Bull. civ.* III, n° 24.
3. Civ. 1re, 19 avr. 1967, préc. ; 3e civ., 14 déc. 1966, *Bull. civ.* III, n° 482 ; 18 déc. 1984, *RD imm.* 1985. 267, obs. Dagot.
4. Paris 8 nov. 1978, *D.* 1979. IR 83, obs. A. Honorat ; 24 juin 1997, *JCP* 1998. I. 103, n° 21.
5. Paris, 3 juill. 1992, *JCP* 1994. I. 3765, n° 14.
6. Douai, 9 juill. 1963, *RTD civ.* 1964. 184, obs. Raynaud.
7. Crim. 26 mai 2010, Bull. crim. n° 94.
8. Civ. 1re, 4 oct. 1983, *Bull. civ.* I, n° 216 ; 5 févr. 1985, *Bull. civ.* I, n° 53, *Defrénois* 1986. 186, note Théry ; v. égal. *Les régimes matrimoniaux*, n° 66.
9. Civ. 1re, 9 oct. 1985, *Bull. civ.* I, n° 252 : « l'inscription d'hypothèque judiciaire ne tient pas en échec une clause d'inaliénabilité, en ce sens qu'elle ne permet pas la saisie tant que la clause est en vigueur ». Il n'est pas certain que le créancier puisse obtenir la levée de cette inaliénabilité, car cette action peut être considérée comme personnelle à l'actuel propriétaire (comp. C. civ., art. 900-1, *in fine*) ; *adde supra*, n° 385.
10. En ce sens, M. Dagot, *op. cit.*, n° 553. La solution paraît s'imposer par analogie, le texte ne visant que les voies d'exécution, ce que n'est pas, *stricto sensu*, l'hypothèque conservatoire.

prise qu'avant la date de cessation des paiements (L. 632-1-7°) [1]. Mais prise avant cette date, elle pourrait être valablement confirmée ultérieurement pendant la période suspecte et même après le prononcé du jugement déclaratif [2].

472 ***2° Autorisation judiciaire*** ◊ Le créancier doit saisir par requête - ce qui assure l'efficacité de la mesure - le juge judiciaire [3] compétent, c'est-à-dire le juge de l'exécution (L. 9 juill. 1991, art. 69). Pour ce qui est de la compétence territoriale, le créancier dispose, *a priori*, d'une option puisque la mesure qu'il sollicite est mi-réelle, mi-personnelle ; il peut saisir le juge dans le ressort duquel l'immeuble est situé ou le juge du domicile du débiteur [4]. Le décret de 1992 est cependant plus restrictif puisqu'il ne donne compétence qu'au juge « du lieu où demeure le débiteur ».

Le juge saisi rend une ordonnance. S'il retient la demande du créancier, il doit mentionner la somme pour laquelle la sûreté est admise et désigner les biens soumis à la mesure, au besoin tous les immeubles du débiteur (sauf à respecter la règle de la spécialité de l'inscription). L'ordonnance peut naturellement faire l'objet d'un recours : une action tendant à la rétraction de l'ordonnance suffit (C. pr. civ., art. 496, al. 2). De plus, le juge peut se réserver le droit de réexaminer sa décision (Décr. 31 juill. 1992, art. 215).

473 ***Absence d'autorisation judiciaire*** ◊ Dans un certain nombre de cas limitativement énumérés, la loi dispense le créancier de requérir une autorisation. Bénéficient de la dispense (art. 68) :

- le créancier pourvu d'un titre exécutoire [5],
- le créancier qui peut se prévaloir d'une décision de justice n'ayant pas encore force exécutoire,

1. Com., 1er juill. 1997, *Bull. civ.* IV, n° 212, *RTD civ.* 1998. 429, obs. P. Crocq, *RTD com.* 1998. 197, obs. A. Martin-Serf. En cas de procédure collective ouverte à l'étranger, l'inscription est inopposable, dès l'instant qu'elle est prise après le jugement d'ouverture étranger, fût-il « exequaturé » ultérieurement (Civ. 1re, 25 févr. 1986, *JCP* 1987. II. 20776, note Rémery ; comp. 17 nov. 1999, préc.).

2. V. Com., 17 nov. 1992, *D.* 1993. 96, note F. Derrida, *JCP* 1993. I. 3680, n° 17.

3. Même si la demande est présentée par une Administration (v. Civ. 1re, 13 mai 1986, préc.) ; la compétence du tribunal de commerce est admise lorsque la créance relève de la compétence de la juridiction commerciale et que la mesure est demandée avant tout procès (L. 1991, art. 69).

4. Rapp. les solutions admises en matière de conflits de lois favorables à l'application de la *lex rei sitae* (*supra*, n° 465) qu'il faut toutefois, combiner avec la loi de la « faillite ». On ajoutera que lorsque le juge français est compétent pour autoriser la mesure, il ne l'est plus nécessairement aujourd'hui pour se prononcer sur le fond et sur le bien-fondé de la créance (Civ. 1re, 17 janv. 1995, *JCP* 1995. II. 22430, note H. Muir-Watt ; 11 févr. 1997, *Bull. civ.* I, n° 47). La compétence du « forum arresti » est donc limitée.

5. Sur la liste des titres exécutoires, v. L. 9 juill. 1991, art. 3. Le JEX doit pouvoir contrôler ce titre, puisqu'il est désormais compétent, et à très juste titre, pour connaître des difficultés portant sur des titres exécutoires, même si ces difficultés portent sur le fond du droit, v. Civ. 2e, 18 juin 2009, *JCP* 2009. 191, obs. Desdevises ; comp. Douai 21 oct. 2010, *JCP* 2011. 770, n° 10.

– le créancier porteur d'une lettre de change acceptée et restée impayée,
– le créancier porteur d'un chèque impayé,
– le créancier titulaire d'un billet à ordre impayé,
– le créancier titulaire d'un contrat de bail d'immeuble passé par écrit et dont le ou les loyers sont impayés [1].

Compte tenu de ces dispenses, il est désormais des hypothèses dans lesquelles les sûretés judiciaires sont en réalité ni conventionnelles, ni légales, ni même judiciaires : ces sûretés sont unilatérales [2].

474 ***Modalités de l'inscription provisoire*** ◇ Le créancier doit prendre une inscription de manière à rendre sa sûreté opposable aux tiers. Pour cela, il lui appartient d'abord de mettre en œuvre la mesure conservatoire – de l'« exécuter » – (Décr. 31 juill. 1992, art. 214) dans les trois mois qui suivent l'ordonnance d'autorisation rendue par le juge. Naturellement, aucun délai n'est requis lorsque le créancier est dispensé d'autorisation judiciaire, ce dernier n'ayant alors qu'à justifier de son titre.

L'inscription provisoire d'hypothèque est opérée par le dépôt à la conservation des hypothèques de deux bordereaux contenant exclusivement (Décr. art. 251) :

– la désignation du créancier, l'élection de domicile et la désignation du débiteur, conformément aux dispositions de l'article 2428 C. civ. ;
– l'indication de l'autorisation ou du titre en vertu duquel l'inscription est sollicitée ;
– l'indication du capital de la créance et de ses accessoires ;
– la désignation, conformément aux premier et troisième alinéas du décret du 4 janvier 1955 portant réforme de la publicité foncière, de l'immeuble sur lequel l'inscription est requise.

En outre, les dispositions des quatrième à septième alinéas de l'article 2428 C. civ. doivent être respectées.

475 ***Formalités postérieures à l'inscription provisoire*** ◇ Si ce n'est dans le cas où la mesure conservatoire a été pratiquée avec un titre exécutoire, le créancier doit, dans le mois qui suit l'exécution de la mesure, c'est-à-dire dans le mois qui suit l'inscription provisoire, introduire une procédure ou accomplir les formalités nécessaires à l'obtention d'un titre exécutoire (Décr. art. 215).

De plus, huit jours au plus tard après le dépôt des bordereaux d'inscription, le débiteur doit être informé de la mesure prise à son encontre (Décr. art. 255). À défaut, la publicité provisoire serait caduque et la prescription de la créance cause de la mesure ne serait pas interrompue (L. 9 juill. 1991, art. 71).

---

1. On peut comprendre parmi ces créanciers, le crédit-bailleur, v. Dagot, *op. cit.*, n° 269.
2. L'observation mérite d'être nuancée, car l'inscription reste sous le contrôle du juge, v. R. Perrot et Ph. Théry, *op. cit.*, *ibid.*

476 ***Contestations par le débiteur*** ◊ Si le créancier peut assez facilement prendre une inscription provisoire, le débiteur dispose de larges possibilités pour le contredire et soulever des contestations.

Le débiteur peut d'abord s'engager dans une action tendant à la mainlevée de l'inscription. Les techniques qui lui sont offertes sont variées. On en a, à juste titre, dénombré quatre [1] : la mainlevée-rétractation ; la mainlevée-substitution (d'une sûreté équivalente) ; la mainlevée-cantonnement et la mainlevée-caducité.

On observera ici que la mainlevée peut être ordonnée par le juge pour deux raisons principales :

- le non-respect des conditions de l'article 67 de la loi de 1991 (la créance ne paraît pas fondée en son principe ; les circonstances menaçant le recouvrement de la créance ne sont pas établies) ;
- le non-respect des dispositions des articles 210 à 216 du décret du 31 juillet 1992 (il s'agit essentiellement du respect des règles procédurales et du défaut d'engagement de procédure au fond dans le délai requis).

La demande de mainlevée doit être portée devant le juge qui a autorisé la mesure. Si celle-ci a été prise sans autorisation préalable du juge, la demande est portée devant le juge de l'exécution du lieu où demeure le débiteur, si ce n'est lorsque la mesure est fondée sur une créance relevant de la compétence d'une juridiction commerciale, auquel cas la demande de mainlevée peut être portée avant tout procès, devant le président du tribunal de commerce de ce même lieu. Pour se défendre, le créancier doit prouver que les conditions de validité de l'hypothèque sont réunies (Décr. art. 217), ce qui constitue une dérogation au principe traditionnel selon lequel la charge de la preuve appartient au demandeur, ici au demandeur en mainlevée. Enfin, si la mainlevée est ordonnée par le juge, le créancier peut être condamné à payer au débiteur des dommages-intérêts pour l'indemniser du préjudice subi du fait de la mesure conservatoire (L. 9 juill. 1991, art. 75, al. 2). Cette responsabilité s'apprécie dans les termes de la responsabilité civile de droit commun [2].

Les contestations autres que celles qui ont trait à la mainlevée et notamment celles qui sont relatives à l'exécution de la mesure sont de la compétence du juge de l'exécution du lieu où sont situés les biens saisis (Décr. art. 219).

On ajoutera que le cantonnement de la sûreté provisoire peut être demandé par le débiteur s'il justifie que les biens demeurant grevés ont une valeur double du montant des sommes garanties (Décr. art. 259) [3].

---

1. V. M. Dagot, *op. cit.*, n° 1417.
2. V. M. Dagot, *op. cit.*, n° 1564.
3. V. déjà Civ. 2e, 1er juill. 1992, *Bull. civ.* I, n° 177 : « si, lorsque la valeur des immeubles grevés est notoirement supérieure au montant des sommes inscrites, le débiteur peut faire limiter les effets de l'inscription d'hypothèque provisoire par le magistrat qui a autorisé l'inscription, il lui appartient de justifier que ces immeubles ont une valeur double du montant de ces sommes ».

§ 2. Effets

477 ***1° Effets de l'inscription provisoire*** ◊ L'inscription provisoire d'hypothèque est attributive de rang. Elle fixe par avance le rang de l'inscription définitive qui sera prise et devra être prise une fois rendu le jugement au fond [1]. Valable trois ans, sauf à être renouvelée [2], l'inscription provisoire confère au créancier requérant une sûreté, une véritable sûreté, mais simplement une sûreté. La solution est indiscutable. La loi de 1991 traite de l'hypothèque judiciaire au titre des sûretés judiciaires (art. 77 s.). De plus son article 79 dispose sans ambiguïté que « les biens grevés d'une sûreté judiciaire demeurent aliénables ». Avant la réforme, la jurisprudence était en ce sens, car elle considérait que l'inscription provisoire n'entraînait pas l'indisponibilité des biens grevés [3]. Il est vrai que cette solution malmenait quelque peu les textes ; elle ne faisait pas l'unanimité et certains auteurs persistaient à penser que l'hypothèque judiciaire conservatoire s'apparentait à une saisie conservatoire et interdisait au débiteur d'aliéner les biens grevés [4]. Pourtant, la position de la jurisprudence était la meilleure, car « les règles du droit hypothécaire suffisent à la protection du créancier dont la créance est apparemment fondée, sans qu'il soit nécessaire de rendre l'immeuble indisponible, comme si la saisie était déjà engagée » (v. R. Perrot). Il n'est pas étonnant qu'elle ait été consacrée.

Désormais, le créancier jouit d'un droit de préférence et d'un droit de suite. L'article 77 de la loi confirme l'analyse en indiquant que dès la publicité provisoire la sûreté est opposable aux tiers et l'article 258 du décret la consacre en affirmant sans détours que « le créancier titulaire de la sûreté judiciaire jouit des mêmes droits que le titulaire d'une sûreté conventionnelle ou légale ». L'assimilation de l'hypothèque judiciaire aux autres hypothèques est ainsi définitivement admise [5].

478 ***Droit sur la valeur*** ◊ En indiquant que les biens grevés d'une sûreté judiciaire sont aliénables, l'article 79 de la loi de 1991 n'a pas directement reconnu un droit de suite au profit du créancier inscrit et bénéficiaire d'une hypothèque conservatoire. L'article 258 du décret précise cependant que si le bien est vendu avant que la publicité définitive ait été accomplie, le créancier titulaire de la sûreté a les mêmes droits que le titulaire d'une

---

1. Com., 17 juill. 1972, *D.* 1972. 665, note Frank.

2. Civ. 3e, 24 avr. 1974, *D.* 1975. 107. Le renouvellement de la publicité provisoire doit se faire dans la même forme et pour la même durée (Décr. art. 257) ; mod. Décr. 18 déc. 1996, v. Instr. 28 févr. 1997, *Defrénois* 1997. 1216.

3. Civ. 3e, 2 nov. 1983, *Bull. civ.* III, n° 212, *JCP* 1985. II. 20354, note Joly, *RTD civ.* 1984. 174, obs. Perrot, *RD imm.* 1984. 222, obs. Dagot, *Defrénois* 1985. 54, note Théry ; Lafond, « Feu l'inscription d'hypothèque judiciaire provisoire », *JCP* N 1984. I. 339.

4. V. Marty, Raynaud et Jestaz, n° 279 ; plus gén. C. Brenner, *L'acte conservatoire*, LGDJ, 1999, préf. P. Catala.

5. Sur la responsabilité du notaire qui, faute de consignation, néglige de tenir compte, dans la distribution du prix, d'une inscription provisoire : Civ. 1re, 30 sept. 2008, n° 07-18.173.

sûreté conventionnelle ou légale. Le texte ajoute que la part qui revient au créancier dans la distribution du prix est consignée et qu'elle lui est remise s'il justifie de l'accomplissement de la publicité définitive dans le délai prévu, étant entendu que dans le cas contraire, cette part est remise aux créanciers en ordre de la recevoir ou au débiteur. Autrement dit, le créancier inscrit à titre provisoire a bien un droit sur la valeur de l'immeuble et ce droit se concrétise à l'occasion de la vente de cet immeuble. Mais cette valeur ne peut lui être définitivement acquise tant que ses droits sont précaires. Ce n'est qu'une fois l'inscription définitive prise, qu'il pourra faire valoir efficacement ses prérogatives.

Si le prix de vente de l'immeuble n'est pas suffisant pour désintéresser le créancier inscrit, rien ne s'oppose à ce qu'il s'engage dans une procédure de surenchère, bien que celle-ci ne soit pas expressément prévue [1].

479 ***2° Inscription définitive*** ◊ La publicité doit être confirmée par une publicité définitive. Cette publicité s'opère conformément aux dispositions de l'article 2428 C. civ. Elle doit être accomplie dans un délai de deux mois courant selon le cas :

- du jour où le titre constatant les droits du créancier est passé en force de chose jugée [2] ;
- si la procédure a été mise en œuvre avec un titre exécutoire, du jour de l'expiration du délai d'un mois visé à l'art. 256 ou, si une demande de mainlevée a été formée, du jour de la décision rejetant cette contestation ;
- si le caractère exécutoire du titre est subordonné à une procédure *d'exequatur*, du jour où la décision qui l'accorde est passée en force de chose jugée.

L'obligation de confirmer l'inscription provisoire en inscription définitive dans le délai requis est durement sanctionnée. L'article 265 du décret se prononce en faveur de la caducité de la publicité provisoire [3] et précise que sa radiation peut être demandée au juge de l'exécution. Le texte indique par ailleurs les procédures qu'il faut respecter en cas d'extinction de l'instance introduite par le créancier (art. 265, al. 2 et 3).

On notera que la publicité définitive n'a pas lieu d'être si le bien a été vendu après la publicité provisoire et que le prix en a été consigné. Le créancier doit alors simplement signifier son titre à la personne chargée de la répartition du prix (Décr. 31 juill. 1992, art. 264) [4].

---

1. V. M. Dagot, *op. cit.*, n° 1256.

2. C'est-à-dire du jour où la décision statuant au fond est à l'abri de tout recours suspensif d'exécution (v. Civ. 2e, 6 mai 2004, *Bull. civ.* II, n° 212, *JCP* 2004. I. 188, n° 13 ; Civ. 3e, 3 janv. 1979, *D.* 1979. 213). V. lorsqu'il s'agit d'un jugement assorti de l'exécution provisoire, Civ. 2e, 24 juin 1998, *RTD civ.* 1999. 210, obs. R. Perrot. Une inscription définitive précoce, prise à un moment où le jugement pouvait encore faire l'objet d'une voie de recours suspensive d'exécution, ne peut avoir pour effet de se substituer rétroactivement à une inscription provisoire antérieure (Com., 27 mai 1997, *Bull. civ.* IV, n° 158, *RTD civ.* 1997. 755, obs. R. Perrot).

3. V. Civ. 1re, 23 juin 2011, n° 10-17.244, *JCP* 2011. 1259, n° 15. V. encore Aix 24 juin 2011, *JCP* 2011. 1259, n° 16.

4. V. P. Chevalier, « La dispense de publicité définitive au profit du créancier hypothécaire inscrit provisoirement dans le cadre d'une procédure d'ordre judiciaire », *D.* 1998. Chron. 425.

480 ***Effets de l'inscription définitive*** ◇ « La publicité définitive donne rang à la sûreté à la date de la formalité initiale, dans la limite des sommes conservées par cette dernière » (Décr. 31 juill. 1992, art. 260). Les textes ne parlent plus de rétroactivité, comme avait pu le faire la loi de 1955. Pourtant, la situation reste identique : le créancier bénéficie du rang acquis dès la publicité provisoire. En outre, puisque la publicité définitive ne fait que confirmer la publicité provisoire, ne sont garanties que les sommes conservées par la publicité initiale. L'excédent ne sera couvert que par la publicité définitive, sans bénéfice de la rétroactivité et tant que la publicité définitive est possible.

CHAPITRE 2
RÉGIME DE L'HYPOTHÈQUE

481 ***Division*** ◇ Comme toutes les institutions juridiques, l'hypothèque naît, vit et est appelée à disparaître. On a vu, jusqu'à présent, les conditions clans lesquelles elle prenait naissance. Il reste maintenant à mesurer les effets qu'elle développe tant à l'égard des parties qu'à l'égard des tiers. L'hypothèque laisse au débiteur la maîtrise de son patrimoine et plus particulièrement du bien qu'il a donné en garantie, mais accorde au créancier le droit de contrôler tous les mouvements qui affectent ce bien. En cas de vente, le créancier pourra saisir l'objet de sa sûreté entre les mains du tiers acquéreur. L'hypothèque peut également donner lieu à des opérations juridiques : le créancier peut céder les droits qui lui sont attachés et tirer, à son tour crédit de l'institution. Toutes ces conséquences, cependant, sont limitées dans le temps. Un jour ou l'autre, l'hypothèque doit s'éteindre.

Le régime juridique applicable n'a pas été ici bouleversé à l'occasion de la réforme des sûretés, si l'on met de côté le nouveau dispositif de réalisation des hypothèques et spécialement l'attribution judiciaire en pleine propriété ainsi que le pacte commissoire, réservés toutefois à la seule hypothèque conventionnelle. L'ordonnance de 2006 et les textes complémentaires [1] ont cherché avant tout à moderniser un droit qui commençait à dater. D'où de nouvelles règles sur l'inscription de l'hypothèque, sur la purge amiable ou sur la mainlevée dotées d'une portée générale.

Trois sections seront consacrées à l'étude des effets de l'hypothèque, de sa transmission et de son extinction.

SECTION 1. EFFETS DE L'HYPOTHÈQUE

482 ***Plan*** ◇ L'hypothèque institue un « triple rapport » [2]. En tant que relation juridique, contractuelle légale ou judiciaire, elle fait peser des obligations

1. V. F. Vauvillé, « Ajustements hypothécaires de la réforme des sûretés », *Defrénois* 2007. 1327.Parmi les textes spéciaux signalons : Décr. 16 mai 2006, abaissant le tarif des notaires de façon à rendre les nouveaux produits plus attrayants ; Décr. 22 juin 2006 fixant à un niveau réduit les frais de publication des hypothèques par les conservateurs ; Arr. 24 août 2006, définissant le taux d'usure pour le prêt viager hypothécaire ; L. fin. pour 2007 exonérant de la taxe de publicité foncière et de droit d'enregistrement les avenants qui transforment les contrats d'hypothèque pour en autoriser le rechargement ; Instr. fisc. 1er déc. 2006 précisant les modalités pratiques de publication des inscriptions d'hypothèques rechargeables, des avenants et des conventions de rechargement.
2. Aynès et Crocq, n° 678.

sur le constituant, c'est-à-dire sur le débiteur ou, le cas échéant, sur la caution hypothécaire. En tant que sûreté, l'hypothèque crée une cause de préférence opposable aux autres créanciers, ainsi qu'au tiers acquéreur appelé à subir le droit de suite. Ces trois séries de rapports appellent quelques développements.

§ 1. Rapports entre le créancier hypothécaire et le constituant

483 ***Division*** ◊ L'hypothèque a le mérite de permettre au débiteur de tirer crédit de son bien sans s'en déposséder. Sa marge de manœuvre est donc très large tant que le créancier n'exerce pas son action hypothécaire et ne décide pas de réaliser le droit qu'il a sur la valeur du bien affecté en garantie. Ainsi, deux périodes sont à envisager : celle qui se situe avant l'exercice de l'action hypothécaire et celle qui se situe après, c'est-à-dire au moment où le créancier diligente la procédure de saisie immobilière pour dégager la valeur sur laquelle il sera payé, au préjudice, nécessairement, d'une restriction des droits du débiteur.

484 ***1° Avant l'exercice de l'action hypothécaire*** ◊ L'hypothèque a le grand avantage de laisser au débiteur la maîtrise de ses biens, tout en accordant des droits efficaces au créancier. Le débiteur est libre et le créancier garanti. Un équilibre est institué, si bien que la liberté conservée par le débiteur sur l'administration de son patrimoine cesse là où commence celle du créancier qui doit toujours être à même de défendre sa position. Toute la difficulté est de concilier les intérêts du débiteur avec ceux du créancier. D'un côté, le débiteur, laissé en possession de l'immeuble hypothéqué, peut en user, en jouir et en disposer. De l'autre, le créancier doit être assuré contre le dépérissement de ses prérogatives. Le droit qu'a le débiteur sur l'utilité de la chose s'arrête donc lorsqu'est entamé celui qu'a le créancier sur la valeur de celle-ci. Cette directive étant tracée, il ne reste plus qu'à déterminer les pouvoirs du débiteur qui peuvent valablement se concilier avec les intérêts bien compris du créancier [1].

---

1. Ce dernier, comme n'importe quel créancier, peut bien entendu prendre toutes les mesures nécessaires pour protéger ses intérêts : action oblique, action paulienne, v. Civ. 1re, 18 juill. 1995, *Bull. civ.* I, n° 324, *Defrénois* 1995. 1410 et la note, *D.* 1996. Somm. 208, obs. S. Piedelièvre : « le créancier investi de droits particuliers sur certains biens de son débiteur peut, hors le cas d'insolvabilité du débiteur, faire révoquer les actes frauduleux faits par celui-ci sur ces mêmes biens, dès lors que, par cet acte, le débiteur a réduit la valeur de ses biens de manière à rendre impossible ou inefficace l'exercice des droits des créanciers » ; v. égal. Civ. 3e, 22 janv. 1997, *Bull. civ.* III, n° 16, *JCP* 1997. I. 4033, n° 14 ; Comp. Civ. 1re, 8 oct. 2008, n° 07-14.262 ; égal. Aix 12 oct. 2005 *JCP* 2006. I. 131, n° 13 ; Paris 26 juin 2008, *JurisData* n° 367442.Il peut aussi invoquer la déchéance du terme si la dépréciation de l'immeuble est imputable au débiteur ; il importe peu qu'il s'agisse d'une perte ou d'une dégradation matérielle ou d'une diminution de valeur (C. civ., art. 1188). En pratique, les cas dans lesquels la déchéance du terme est encourue sont prévus sur la base de stipulations précises (ou sûretés négatives),

485 ***a) Droit de disposition*** ◊ Rien n'interdit au débiteur de disposer de ses biens grevés d'hypothèque [1]. Rien ne l'empêche, par exemple, de réaliser des coupes d'entretien, c'est-à-dire sombres - la coupe sombre se distinguant de la coupe claire qui entame le capital -, sur le fonds de terre, boisé et hypothéqué. Le créancier a cependant le droit de s'opposer à un tel acte de disposition s'il est de nature à compromettre la valeur de sa sûreté [2] ; cette opposition se traduit par la prise de mesures conservatoires, par la nomination d'un séquestre, voire par la désignation d'un administrateur provisoire [3] ou encore par la saisie du prix encore entre les mains du tiers [4].

C'est une manière pour le créancier de se protéger préventivement contre l'application éventuelle de l'art. 2276 au profit d'un tiers de bonne foi, dans la mesure où le bien aliéné est « désimmobilisé » et devenu ainsi un bien meuble. Le créancier peut donc s'opposer aux actes du débiteur qui mettent en cause la valeur de sa sûreté, mais encore faut-il qu'il le fasse. S'il n'intervient pas rapidement, il risque de perdre une partie de ses droits.

Rien n'interdit non plus au débiteur d'aliéner ses biens [5], de les grever de nouvelles hypothèques [6] ou d'autres droits réels [7]. Mais il n'en reste pas moins débiteur, car ces actes juridiques n'ont pas, en principe, pour effet de substituer, comme débiteur, le nouveau titulaire du droit réel à l'aliénateur [8]. De plus, le créancier hypothécaire n'a rien à craindre de ces actes qui lui sont inopposables dès l'instant qu'ils sont postérieurs à son inscription

---

parfaitement valables et efficaces (v. en matière d'hypothèque maritime, *infra*, n° *726*, *ad notam*), sous réserve de dispositions légales particulières (v. C. com., art. L. 622-29, considérant comme non écrites les clauses prévoyant la déchéance du terme en cas de redressement judiciaire du débiteur).

1. V. Civ. 3e, 18 juin 2008, *D.* 2008. 1899 : « l'existence d'un privilège ou d'une hypothèque sur un immeuble ne fait obstacle ni à sa vente ni à l'inscription d'une nouvelle sûreté réelle sur ce bien ».

2. Comp. Nancy, 12 juill. 1995, *JCP* 1996. I. 3942, n° 8 : « le droit de la bailleresse à reprendre son immeuble aux fins de l'habiter avec sa famille ne peut être contrarié par l'action éventuelle de ses créanciers qui ont inscrit une hypothèque sur cet immeuble, aucune preuve n'établissant l'impossibilité de réinstallation dans les lieux ».

3. V. Req., 18 janv. 1933, *D.* 1933. 1. 193, note Fréjaville ; v. égal. Civ., 2 juin 1934, *DP* 1935. I. 65, note Fréjaville : « le créancier hypothécaire est fondé à s'opposer à l'exécution du contrat par lequel le propriétaire confèrerait à l'acheteur le droit d'abattre en une fois, ou dans des conditions de temps non réglées, soit la totalité des arbres de la forêt, soit une quantité d'arbres telle que l'opération, non assimilable à une récolte de fruits, aurait pour conséquence forcée la diminution de valeur de l'immeuble hypothéqué ».

4. Civ. 1re, 16 juill. 1974, *Bull. civ.* I, n° 199.

5. Req., 16 avr. 1889, *DP* 1890. 1. 181 : « l'existence d'une hypothèque légale inscrite sur un immeuble pour sûreté d'une créance à durée indéterminée, n'a pas pour effet de frapper d'inaliénabilité cet immeuble ». La note anonyme sous cet arrêt observe justement qu'un immeuble hypothéqué est « invendable en fait », mais « aliénable en droit ».

6. Bourges, 10 mai 1892, *DP* 1892. 2. 445.

7. Paris, 12 janv. 1895, *DP* 1896. 2. 57 (à propos d'une antichrèse).

8. La solution souffre deux exceptions, en cas de vente d'un immeuble financé par un prêt spécial du Crédit foncier (*infra*, n° 552) et en cas de vente d'immeuble à construire (C. civ., art. 1601-4). Dans ces hypothèses, l'acquéreur du bien recueille les obligations de son auteur et parmi elles les charges hypothécaires.

(Décr. 4 janv. 1955, art. 30-1). Rien ne s'oppose, non plus, à ce que le créancier hypothécaire se prévale du droit de préférence que le constituant aurait pu lui accorder dans la convention d'hypothèque : un tel pacte de préférence est parfaitement valable et joue dans les conditions du droit commun [1].

Le seul risque véritable pour le créancier se concrétise donc lorsque le débiteur décide de vendre des immeubles par destination. Si le bien, devenu meuble compte tenu de sa séparation de l'héritage, est parvenu en la possession de l'acquéreur, le créancier se heurtera aux dispositions de l'article 2276. Il a donc tout intérêt, dans ce cas, à s'opposer à la délivrance et à obtenir la consignation du prix.

486 ***b) Droit de jouissance*** ◊ Le débiteur perçoit les fruits et revenus de l'immeuble hypothéqué ; il ne peut, cependant, les céder librement. Les restrictions sont les suivantes : la cession de loyers correspondant à moins de trois annuités est toujours opposable, qu'elle ait été signifiée avant ou après l'inscription de l'hypothèque ; celle qui concerne les loyers de plus de trois annuités est intégralement opposable dans la mesure où sa publication est intervenue avant l'inscription de l'hypothèque, mais opposable dans la limite des trois ans dans le cas contraire [2].

Le débiteur peut de la même façon percevoir librement les fruits naturels [3] de l'immeuble grevé, sauf pour le créancier hypothécaire à intervenir dans une saisie-vente, à laquelle, au demeurant, il ne participerait qu'en qualité de créancier chirographaire puisque les biens objets de la saisie sont des meubles [4].

487 ***c) Droit d'administration : constitution de baux*** ◊ Les baux constitués après l'inscription de l'hypothèque sont des actes d'administration ; ils sont donc valables et même opposables aux créanciers hypothécaires [5]. Mais, si le bail a une durée supérieure à douze ans, s'il est ainsi soumis à publicité, il sera inopposable au créancier pour la durée

---

1. Civ. 2e, 2 juill. 1986, *Bull. civ.* II, n° 102.

2. V. Mouly, *J.-Cl. Civ.* art. 2114 à 2117, n° 241.

3. S'il s'agissait de produits, toute aliénation pourrait être arrêtée par le créancier compte tenu de la perte de valeur de l'immeuble, le créancier pourrait alors s'opposer à la prise de possession par l'acquéreur, exercer son droit de préférence sur le prix dû par l'acquéreur et comprendre dans la saisie les meubles par anticipation : v. Civ., 2 juin 1934, *DP* 1935. 1. 65, note Frejaville, cité *supra* ; Civ. 1re, 16 juill. 1974, *Bull. civ.* I, n° 232 ; Bordeaux, 19 juin 1986, *D.* 1987. 295 note D. Denis, décidant que le privilège du prêteur de deniers peut s'exercer sur la créance de prime d'arrachage de vigne. *Contra*, Civ. 3e, 12 oct. 1994, *Bull. civ.* III, n° 180, *JCP* N 1995. 571, note S. Piedelièvre, cité *supra*, n° 388.

4. V. Req., 26 nov. 1900, *DP* 1901. 1. 77. Avant la réforme des voies d'exécution opérée par la loi du 9 juillet 1991, la saisie appropriée était la saisie-brandon, procédure par laquelle un créancier saisissait et mettait en vente des récoltes encore pendantes aux branches ou par racines appartenant à son débiteur (anc. C. pr. civ., art. 626 s.). Le décret du 31 juillet 1992 a réintroduit des dispositions particulières à la saisie des récoltes sur pied (art. 134 s.).

5. Req., 8 avr. 1863, *DP* 1863. 1. 411.

supérieure aux douze premières années [1]. Si le bail n'a pas été publié, la solution est la même, mais il doit avoir date certaine avant le commandement de saisie pour pouvoir être opposable au créancier dans la limite des douze ans. Et, si le bail est opposable, le droit au maintien dans les lieux est lui-même opposable au créancier sans limitation.

Quant aux baux constitués avant l'inscription de l'hypothèque, il faut encore distinguer : si le bail a été publié, il est opposable pour toute sa durée ; s'il n'a pas été publié, son opposabilité est limitée selon certaines modalités imposées par les règles de publicité foncière (Décr. 4 janv. 1955, art. 30-3°) [2].

488 ***2° Après l'exercice de l'action hypothécaire. Diversification des modes de réalisation de l'hypothèque*** ◊ Depuis la réforme des sûretés, les modes de réalisation de l'hypothèque ont été singulièrement libéralisés. Théoriquement, le créancier n'a qu'un droit sur la valeur du bien grevé. Il ne peut donc s'approprier l'immeuble à défaut de paiement à l'échéance de la dette hypothécaire, ni organiser sa vente amiable. Le créancier doit, s'il veut recouvrer sa créance, et comme n'importe quel créancier privilégié ou chirographaire, s'engager dans une procédure de saisie, procédure qui tend à la vente forcée de l'immeuble du débiteur ou, le cas échéant, du tiers détenteur, en vue de la distribution du prix (C. civ. art. 2190). Rien ne s'oppose à ce qu'il recoure pour la même créance à la procédure plus simple et plus efficace de la saisie-attribution. Mais, le plus souvent, le débiteur étant désargenté, le créancier cherchera à mobiliser son hypothèque et engagera donc une procédure de saisie immobilière. Pour lui, l'action est plus simple que pour un créancier chirographaire, car il dispose déjà d'un titre exécutoire.

Dans le souci, supposé, de moderniser les droits du créancier, l'ordonnance de 2006 a offert au créancier hypothécaire deux autres modes de réalisation de son hypothèque : l'attribution judiciaire en pleine propriété et le pacte commissoire (art. 2458 à 2460). S'ils se conçoivent parfaitement en matière mobilière, ces procédés ne sont pas appropriés au monde immobilier où la psychologie des protagonistes est particulière. Quoiqu'on dise, quoiqu'on fasse, l'immeuble n'est pas un bien comme un autre et son attribution en pleine propriété par un tribunal ou par la convention des parties doit se faire avec toutes les garanties requises. Il est donc permis d'émettre des doutes sur le bien fondé et l'efficacité du nouveau dispositif [3].

---

1. Rappr. Paris, 2 mars 1906, *DP* 1909. 2. 98.
2. Rappr. Weill, « La sanction du défaut de transcription pour les baux de plus de dix-huit ans », *D.* 1949. Chron. 73. Il faut préciser que depuis le décret du 4 janvier 1955, les baux d'une durée supérieure à douze ans et non plus à dix-huit ans comme les textes antérieurs le prévoyaient, doivent être publiés. V. aussi, *infra*, n° 858.
3. V. « Le régime de l'hypothèque », *JCP* 2006. suppl. au n° 20, étude 8 ; comp. Ph. Dupichot, « La réforme du régime hypothécaire », *D.* 2006. 1291.

Si l'attribution judiciaire et le pacte commissoire n'ont pas le même domaine (étendu à toutes les hypothèques pour la première [1], propre aux hypothèques conventionnelles pour le second), ces deux procédés de transfert de propriété qui cherchent à éviter les écueils supposés de la saisie immobilière, ont les mêmes effets. C'est précisément à un transfert en pleine propriété auxquels ils aboutissent sur le fondement d'une sorte de dation en paiement, l'une judiciaire, l'autre conventionnelle, permettant d'éteindre tout à la fois la dette et la sûreté. Leur régime est identique en ce sens que 1° la délicate question de l'évaluation de l'immeuble est entre les mains d'un expert dûment mandaté et non du juge compétent, 2° le problème de la soulte éventuelle est traité dans les mêmes termes et 3° la résidence principale du débiteur échappe - heureusement - à la convoitise du créancier [2].

489 ***Saisie immobilière*** ◊ La procédure normale de réalisation de l'hypothèque reste la saisie immobilière [3]. Cette procédure a été sensiblement rajeunie par l'ordonnance 2006-461 du 21 avril 2006 dont les prévisions ont été intégrées dans le Code civil (art. 2190 s.) [4]. La saisie immobilière peut être engagée par tout créancier muni d'un titre exécutoire constatant une créance liquide et exigible (art. 2191). Cette condition est dûment remplie par la plupart des créanciers hypothécaires [5]. La procédure est ouverte à tout créancier hypothécaire, même à celui qui n'aurait guère de chances d'obtenir un paiement compte tenu de la présence de créanciers de meilleur rang (salariés notamment) [6]. Le créancier a le droit de saisir

---

1. La question de l'application générale de l'attribution judiciaire est cependant posée : d'un côté, l'article 2458 est situé au sein d'un chapitre intitulé « de l'effet des privilèges et des hypothèques » ; de l'autre, le texte parle de la « convention d'hypothèque ». La logique voudrait cependant que la disposition soit généralisée. Dans le cas d'une hypothèque rechargeable garantissant un crédit immobilier, l'art. L. 313-14-1 C. consom. précise que l'offre doit comporter la mention que « la défaillance de l'emprunteur peut entraîner la vente du bien hypothéqué selon les dispositions des art. 2464 s., ce qui exclut implicitement toute application des art. 2458 et 2459.

2. Sauf dans l'hypothèse d'un prêt viager hypothécaire.

3. Des textes particuliers avaient institué en faveur du Crédit foncier une procédure spéciale prévue et organisée par le décret du 28 février 1852 (v. en application, Civ. 2e, 21 juill. 1986, *D.* 1987. 606, note Prévault ; 6 janv. 1998, *Bull. civ.* II, n° 1) procédure dont le Crédit agricole pouvait également bénéficier sous certaines conditions (Civ. 2e, 23 mars 1994, *Bull. civ.* II, n° 104). Ils sont aujourd'hui abrogés : L. 29 juill. 1998, art. 105 ; v. sur les problèmes de droit transitoire, Cass. avis 22 mars 1999, *Bull. civ.* avis, n° 2. V. plus généralement, A. Leborgne, « L'abrogation de la procédure dite du Crédit foncier », *D.* 1999. Chron. 49.

4. V. J.J. Bourdillat, « Les conditions de la saisie », *D.* 2007. Dossier 235 ; A. Leborgne, « La vente forcée » *D.* 2007. Dossier, 249 ; F. Pansier, « La vente amiable » *D.* 2007. Dossier 246 ; Croze et Laporte, « Réforme de la saisie immobilière », *JCP* 2006. 1035 et *JCP* 2006. 1874 ; N. Borga, « Le socle commun contrasté des règles d'exécution issu de la réforme de la saisie immobilière », *RRJ* 2007. 1263, égal. en cas de liquidation judiciaire, art. L. 642-18 C. com., mod. 2008. V. égal. Ch. Hugon, « Le souffle de la Convention européenne sur la saisie immobilière : zéphyr ou tramontane », *D.* 2010. 14.

5. Il n'y a guère que les créanciers titulaires d'un privilège spécial immobilier ou d'une hypothèque légale dépourvu de contrainte qui doivent obtenir préalablement un titre exécutoire.

6. V. Civ. 1re, 6 févr. 2008, *JCP* 2008. I. 151, n° 17 et les obs.

tous les biens de son débiteur puisque son hypothèque se cumule avec son droit de gage général sur l'ensemble du patrimoine du débiteur [1]. Mais il ne peut saisir les biens qui ne sont pas affectés à sa sûreté que dans le cas où l'hypothèque dont il bénéficie ne lui permet pas d'être rempli de ses droits (art. 2192, al. 2). Le débiteur peut solliciter en cas de saisies simultanées de plusieurs de ses immeubles une conversion partielle des saisies en hypothèques sur certains de ses immeubles qui prendra rang au jour de la publication de la saisie (art. 2196, al. 2). Si le juge fait droit à la demande, une hypothèque judiciaire est ainsi instituée.

Une fois la saisie immobilière entamée sur la base d'un commandement de payer [2] par un créancier de bonne foi [3], justifiant d'une créance certaine [4] et d'un titre exécutoire, les droits de jouissance et d'administration du débiteur sur son immeuble se trouvent sensiblement restreints. En effet, le débiteur saisi reste en possession de l'immeuble jusqu'à la vente, mais seulement en qualité de séquestre (art. 2198, al. 3). De plus, le débiteur ne peut plus donner efficacement à bail son immeuble [5], de même qu'il ne peut plus valablement l'aliéner, ni le grever de droits réels (art. 2198, al. 2) [6]. Enfin, aucune inscription ne peut être prise, à compter de la publication de la saisie au fichier immobilier (art. 2200, al. 3), au préjudice des créanciers hypothécaires qui, de surcroît, voient tous les fruits perçus entre la publication du commandement et l'adjudication tomber dans l'assiette de leur sûreté (art. 2194).

La procédure de saisie se poursuit par l'intermédiaire de l'avocat du créancier saisissant. Le projet de convention, c'est-à-dire le cahier des charges alors rédigé, précise les conditions essentielles de la vente à venir : mise à prix [7], désignation de l'immeuble, obligations des parties.

1. Les immeubles d'un mineur ou d'un majeur incapable ne peuvent, en principe, être saisis avant la discussion de leurs meubles (art. 2197, al. 1er).

2. Le commandement doit être signifié en aux deux époux en cas de saisie des immeubles communs (art. 2195). En cas d'indivision, il doit être signifié aux 2 indivisaires, même si l'un est en liquidation, Com., 28 janv. 1997, *Bull. civ.* IV, n° 37. Un commandement n'est pas un acte d'exécution, mais un acte préparatoire à celle-ci (Civ. 1re, 10 juill. 1996, *Bull. civ.* I, n° 308).

3. Civ. 1re, 31 janv. 1995, *D.* 1993. Somm. 230, obs. D. Mazeaud.

4. Civ. 2e, 23 févr. 1994, *Bull. civ.* II, n° 75.

5. V. Civ., 1er juin 1892, *DP* 1892. 1. 384 ; rappr. Civ. 3e, 20 mars 1996, *Bull. civ.* III, n° 71, *JCP* 1996. I. 3942, n° 7.

6. Il reste à définir quelle est la sanction la plus appropriée. La jurisprudence s'était prononcée pour la nullité tout en précisant que celle-ci profitait à tous les créanciers saisissants ou inscrits (v. Civ., 12 janv. 1909, *DP* 1910. 1. 33), mais non au saisi, ni au tiers acquéreur (Civ. 2e, 4 déc. 1953, *D.* 1954, 91). Aujourd'hui, les solutions sont peut-être différentes puisque l'article 29 de la loi du 9 juillet 1991 sur les procédures civiles d'exécution précise que « l'acte de saisie rend indisponibles les biens qui en sont l'objet ». On devrait donc considérer que les actes du débiteur saisi sont simplement frappés d'inopposabilité. La solution n'est pas contradictoire avec celle qui est retenue lorsque le débiteur est en liquidation judiciaire, bien que cette liquidation s'assimile à une saisie collective, dès lors que, dans cette dernière matière, l'ordre public est plus « présent » et que les règles sur les pouvoirs du débiteur sont fixées d'une manière impérative.

7. La mise à prix est généralement basse, car à défaut d'enchères, le créancier poursuivant est déclaré adjudicataire : art. 2206, v. déjà v. Civ. 2e, 8 oct. 1986, *D.* 1987. 34, note Prévault.

Le document est ensuite déposé au greffe du tribunal du lieu de la situation de l'immeuble et les créanciers inscrits [1] sont invités à en prendre connaissance. Lorsque toutes les formalités, notamment de publicité, sont accomplies, l'immeuble formant l'objet de la saisie est vendu.

La vente se fait aujourd'hui soit à l'amiable sur autorisation judiciaire, soit par adjudication (art. 2201). Dans le premier cas, la vente produit les effets d'une vente volontaire, l'acte notarié n'étant établi que sur consignation du prix et des frais de la vente et justification du paiement des frais taxés. Dans le second cas, la vente est une vente aux enchères publiques et se dénoue par une adjudication prononcée par le tribunal. L'adjudication emporte vente forcée du bien saisi et en transmet la propriété à l'adjudicataire. Elle ne confère à celui-ci d'autres droits que ceux appartenant au saisi. Ce dernier est tenu, à l'égard de l'adjudicataire, à la délivrance du bien et à la garantie d'éviction. De son côté, l'adjudicataire doit consigner le prix sur un compte séquestre ou à la Caisse des dépôts et payer les frais de la vente [2]. Il ne peut, avant cette consignation et ce paiement, accomplir un acte de disposition sur le bien, à l'exception, cela mérite d'être noté, de la constitution d'une hypothèque accessoire à un contrat de prêt destiné à financer l'acquisition (art. 2211). La consignation du prix et le paiement des frais de la vente purgent de plein droit l'immeuble de toute hypothèque et de tout privilège du chef du débiteur (art. 2213). À défaut, la vente est résolue de plein droit (art. 2212, al. 1er). La vente est judiciaire, mais l'intervention du tribunal ne modifie pas sa nature contractuelle ; du reste, le seul recours contre la décision d'adjudication est l'action en nullité.

Enfin, la procédure de saisie s'achève par la distribution du prix (v. art. 2214). Seuls sont admis à faire valoir leurs droits sur le prix de la vente, le créancier poursuivant, les créanciers inscrits sur l'immeuble à la date de la publication du commandement de payer, les créanciers inscrits avant la publication du titre de vente (v. adjudication) et qui sont intervenus dans la procédure ainsi que les créanciers énumérés au 1° bis de l'art. 2374 (syndicat de copropriété) et à l'art. 2375 (créanciers titulaires d'un privilège général). Les créanciers sommés de déclarer leur créance et qui ont omis de le faire sont déchus du bénéfice de leur sûreté pour la distribution du prix de vente de l'immeuble (art. 2215).

La saisie immobilière est considérée comme une voie d'exécution longue, coûteuse, et parfois blessante pour le débiteur. Ces critiques sont excessives et donc dérisoires, d'autant plus que la procédure a été sensiblement modernisée à l'occasion de la récente réforme Elle reste en tout cas indispensable, ne serait-ce que par la menace qu'elle fait peser sur les débiteurs. Sa rigidité – désormais relative – est également un gage d'honnêteté ; c'est pourquoi, la procédure est impérative.

---

1. Sur des effets du cahier des charges par rapport aux créanciers du saisi, v. Civ. 2e, 2 déc. 1992, *D.* 1994. 116, note J.P. Verschave.

2. Faute d'hypothèque valable, le notaire n'a pas à consigner les fonds issus de la vente : Civ. 1re, 27 nov. 2008, *JCP* 2009. I. 150, n° 17.

490 ***Prohibition de la clause de voie parée*** ◊ La clause de *voie parée* (c'est-à-dire de voie préparée) permet au créancier de vendre l'immeuble en se dispensant de le saisir conformément aux textes du Code de procédure civile. Son intérêt est réel, compte tenu du gain de temps qu'elle procure, mais elle n'est pas sans danger pour le débiteur, les autres créanciers et les avocats en concurrence avec les notaires [1]. Aujourd'hui, comme hier (anc. C. pr. civ., art. 732), cette clause est interdite.

L'article 2201, alinéa 2 du Code civil dispose, en effet, qu'est nulle « toute convention portant qu'à défaut d'exécution des engagements pris envers lui, le créancier aura le droit de faire vendre les immeubles de son débiteur en dehors des formes prescrites pour la saisie immobilière » [2]. Toutefois, la jurisprudence avait estimé que ce texte (art. 732) ne prohibait pas la convention par laquelle, à une époque postérieure à la conclusion de l'acte ayant donné naissance à l'obligation, le débiteur, pour arriver à sa libération, donnait à son créancier le mandat de vendre l'immeuble dans un intérêt commun [3]. Mais il n'est pas sûr que cette clause, surtout si le mandat donné est irrévocable, soit aujourd'hui comme hier pleinement efficace : elle pourrait être remise en cause assez facilement sur le fondement des dispositions de l'article L. 632-1 -6° C. com. faisant tomber sous le coup des nullités de la période suspecte les sûretés constituées sur les biens du débiteur pour dettes antérieurement contractées [4]. L'article 2458 reprend en tout cas l'interdiction en relevant que la convention d'hypothèque ne peut déroger aux modalités de saisie prévues par les lois sur les procédures civiles.

491 ***Attribution judiciaire en pleine propriété*** ◊ Aux termes de l'article 2458 du Code civil, le créancier hypothécaire impayé [5] peut demander en justice que l'immeuble, à supposer qu'il n'abrite pas la résidence principale du débiteur, lui demeure en paiement à due concurrence du montant

1. En effet, les avocats ont le monopole des ventes immobilières sur saisie puisque les enchères doivent être portées par ministère d'avocat. Les notaires ont le monopole des ventes immobilières amiables (impliquant la rédaction d'un acte authentique).

2. Comp. Civ., 20 mai 1840, *S.* 1840. 1. 386 : « on peut valablement stipuler dans une obligation hypothécaire, qu'à défaut de paiement par le débiteur à l'échéance, le créancier aura le droit de faire vendre l'immeuble hypothéqué aux enchères, devant notaire, après commandement, sur simple publication et apposition d'affiches, sans saisie ni autres formalités » ; l'arrêt est antérieur à la loi du 2 juin 1841 instituant le fameux article 742 ; v. égal. Civ. 25 mai 1835, *S.* 1836. 1. 110, à propos d'une convention « d'affectation de terres » à un créancier.

3. Civ., 25 mars 1903, *DP* 1904. 1. 273, note Guénée. La justification de la solution est très théorique : ce n'est pas parce que la clause est conclue après l'engagement générateur de la dette que le débiteur n'est plus sous la pression du créancier (v. *infra*, n° 492).

4. On sait que ce texte est interprété largement (v. Jeantin et Le Cannu, *Droit commercial*, Précis Dalloz, n° 838).

5. Rappelons que le procédé est accordé à tout créancier hypothécaire à titre conventionnel, quel qu'il soit, V. Cuif, « L'attribution judiciaire de l'immeuble hypothéqué : spécificité et efficacité », *RLDC* mars 2010. 25. On peut se demander si, par ailleurs, ce droit ne devrait pas bénéficier à tout créancier hypothécaire et même à tout créancier titulaire d'un privilège spécial immobilier (v. *supra*, n° 488).

de sa créance. Le droit hypothécaire est ainsi aligné sur le droit du gage où la faculté d'attribution judiciaire a toujours été admise (anc. art. 2078). Il reste qu'en la matière, l'attribution judiciaire qui s'assimile à une dation judiciaire n'entraînant pas purge des inscriptions et excluant toute garantie des vices, soulève de singuliers problèmes. Il n'est donc pas possible de renvoyer purement et simplement aux solutions retenues par le droit du gage.

On peut se demander d'abord ce qu'il en est lorsque plusieurs créanciers prennent cette initiative. Une attribution en indivision semble exclue ; il faut donc donner la faveur au créancier dont le rang est préférable, tout en s'interrogeant sur la question de savoir si l'attribution judiciaire joue ici comme en matière mobilière, c'est-à-dire indépendamment de l'ordre des privilèges (v. *infra*, n° 630) qui, on le rappellera, peuvent grever les meubles comme les immeubles [1]. Lorsqu'un créancier hypothécaire de premier rang ne souhaite pas s'engager dans la voie de l'attribution et qu'un créancier de second rang sollicite cette attribution, l'attribution doit se faire, mais en respectant naturellement le droit de suite du premier créancier. Une autre solution, plus respectueuse des droits des uns et des autres, serait de réserver l'attribution judiciaire au créancier de premier rang.

Compte tenu du transfert de propriété qui s'opère, il faut admettre que les baux en cours sont transmis à l'attributaire. Quant aux droits de préemption, on ne voit pas comment l'attributaire pourrait y échapper. Le sort des pactes de préférence devrait être le même, mais la question est discutée. Plus généralement, il est permis de se demander ce que deviendront les contrats en cours relatifs à l'immeuble (assurances, baux...). La pratique devra redoubler d'efforts pour obtenir le consentement des uns et des autres, si elle souhaite des solutions efficaces. Reste le problème de la consignation dans l'hypothèse où la valeur de l'immeuble est supérieure au montant de la créance garantie. Le créancier doit bien évidemment au débiteur une somme égale à la différence et le texte de l'article 2458 ajoute que « s'il existe d'autres créanciers hypothécaires, (l'attributaire) la consigne ». Mais la loi ne dit pas si s'ouvre alors une procédure de distribution du prix, ce qui est regrettable.

Quant à l'estimation de la valeur de l'immeuble, elle se fait dans les mêmes conditions que celles qui sont retenues pour le pacte commissoire : « l'immeuble doit être estimé par expert désigné à l'amiable ou judiciairement » (art. 2460).

492 ***Validité du pacte commissoire*** ◊ Le Code civil originaire n'interdisait pas expressément, en matière d'hypothèque, le pacte commissoire, c'est-à-dire la convention par laquelle le créancier devient propriétaire du bien

1. C'est pour cette raison que, dans le cadre d'une procédure de liquidation judiciaire, l'attribution devrait être exclue ; l'art. 2427 « autonomisant » les procédures collectives fonde l'observation, de même que l'interprétation *a pari* de l'art. 622-7 C. com. qui prohibe, dans pareille circonstance le jeu du pacte commissoire, *Cf.*, Jobard-Bachellier, Bourassin et Brémond, *Droit des sûretés*, Sirey Université, n° 2095 ; comp. Crocq, « La réforme des procédures collectives et le droit des sûretés », *D.* 2006. 1306.

affecté en garantie, faute de paiement à l'échéance. On ne trouve pas dans le droit hypothécaire originaire de dispositions équivalentes aux articles 2078 et 2088 C. civ. incriminant le pacte commissoire, respectivement dans le domaine du gage et dans celui de l'antichrèse. De fait, à plusieurs reprises, la Cour de cassation avait refusé d'étendre par analogie ces textes à l'hypothèque. Au demeurant, avait été considérée comme valable la convention par laquelle l'une des parties consentait à l'autre une promesse de vente d'un immeuble sur lequel elle venait de lui conférer une hypothèque pour sûreté d'une créance [1]. Mais la solution n'était pas convaincante, car les raisons qui justifient les dispositions des articles 2078 et 2088, à savoir la protection du débiteur contre les pressions du créancier, demeurent en droit hypothécaire. De plus, on peut penser que l'article 742 de l'ancien Code de procédure civile, qui prohibait les clauses visant à tourner les règles de la saisie immobilière, interdisait, *a fortiori*, les clauses qui jouaient en amont et qui, indirectement, tendaient au même résultat. Enfin, une analyse théorique conduisait à dire que ces clauses étaient contraires à l'essence de l'hypothèque, qui ne confère au créancier qu'un droit sur la valeur du bien objet de la sûreté [2].

Aujourd'hui, le droit a radicalement changé [3]. L'article 2459 dispose très (trop ?) sobrement qu'« il peut être convenu dans la convention d'hypothèque que le créancier deviendra propriétaire de l'immeuble hypothéqué ». Pour autant, les difficultés demeurent, même si elles sont d'un tout autre ordre. La première est de savoir quelle est la marge de manœuvre qu'il faut laisser aux parties. *A priori*, tout ou presque est possible [4]. Il

---

1. V. Civ. 1re, 25 mars 1957, *Bull. civ.* I, n° 149. Dans le même sens, TGI Nancy 18 déc. 1975, *JCP* 1976. II. 18370, note Goubeaux, et sur appel, Nancy, 8 juin 1977, *JCP* 1978. II. 18847. V. égal., Civ. 1re, 26 déc. 1961, *Bull. civ.* I, n° 622, *D.* 1962. 381, note Voirin ; 22 mars 1966, *Bull. civ.* I, n° 201 et 203, validant une combinaison par laquelle les parties conviennent le même jour d'un prêt sans constitution d'hypothèque, d'une promesse unilatérale de vente d'immeuble sous condition de non remboursement du prêt à l'échéance, pour un prix égal à la somme empruntée et d'une obligation de ne consentir aucun bail dudit immeuble. *Contra*, Civ. 1re, 5 nov. 1958, *Bull. civ.* I, n° 476, attribuant à une opération similaire un caractère abusif ; Civ. 3e, 14 janv. 1971, *Bull. civ.* III, n° 30, décidant que les juges du fond peuvent exclure l'existence d'un pacte commissoire prohibé de la constatation de l'antériorité du prêt par rapport à la promesse de vente. Il faut, en toute hypothèse, que le prix de la promesse de vente soit déterminé, sinon déterminable (Civ. 1re, 11 mars 1986, *Bull. civ.* I, n° 67). Il faut aussi veiller à l'enregistrement (CGI art. 1840 A).

2. En ce sens, v. Mazeaud, Chabas et Picod, n° 439 ; avec plus de nuances, Dagot, p. 453. Comp. Wiederkher, « Pacte commissoire et sûretés conventionnelles », *Mélanges Jauffret*, p. 661 s., spéc. p. 663 s. Plus favorables à la combinaison, v. Cabrillac, Mouly et Pételn° 524.

3. V. C. Carbonnel, « Le pacte commissoire en matière de sûreté réelle immobilière ou la réforme inachevée », *JCP* E 2007. 2536 ; F. Martin et B. Gérard-Godard, « Le pacte commissoire », *JCP* N 2011. 1183 ; sur la publicité des pactes, v. Décr. 2008-466, 19 mai 2008 ; Instr. DGI n° 10-D-1-08, 3 oct. 2008, *BOI*, n° 88 plus gén., v. N. Borga, *L'ordre public et les sûretés conventionnelles*, thèse Lyon III, 2007.

4. Aynès et Crocq, n° 687, qui très finement analysent le pacte comme une cession à terme sous condition de la défaillance du débiteur. On pourrait aussi concevoir que le pacte se réduise à une promesse unilatérale de vente dont le prix déterminable serait à fixer le jour de la défaillance. Une promesse unilatérale d'achat n'est pas, non plus, à exclure, car moins contraignante pour le débiteur.

appartient en effet aux parties de décider des conditions dans lesquelles se fera le transfert de propriété : constatation de la défaillance du débiteur, date et modalités du transfert de propriété [1]. Les seules limites à la liberté contractuelle tiennent à l'objet du pacte qui ne saurait abriter la résidence principale du débiteur et au prix qui doit nécessairement être déterminé par expert. Le rôle de l'expert, comme on a l'a relevé très justement [2], est de déterminer un prix. Lui seul devrait avoir compétence pour le faire, à l'exemple de l'expert désigné pour évaluer la valeur des parts d'une société en cas de contestation entre les associés (C. civ. art. 1843-4). Le juge ne devrait donc pas pouvoir contrôler l'estimation de l'expert. Il ne devrait pouvoir se prononcer que sur la régularité de la procédure ou de la désignation de l'intéressé (lorsqu'elle émane des parties). Il y a là une responsabilité très lourde qui pèse sur les experts qui fait qu'il sera sans doute difficile d'en trouver, d'autant que la question de leur rémunération, non résolue par les textes, est particulièrement délicate.

Pour le reste, ce sont des questions techniques qui se posent ayant trait au nécessaire respect des droits de préemption, à l'inévitable opposabilité du pacte au tiers acquéreur, dans l'hypothèse où ce dernier n'aurait pas purgé l'immeuble, à la possibilité pour le créancier de renoncer au bénéfice du pacte, aux conflits envisageables entre différents pactes [3]... Toutes n'ont pas forcément de réponse.

En tout cas, lorsqu'une procédure collective est prononcée, le pacte est exclu. L'article L. 622-7 I, al. 3, C. com. indique que le jugement d'ouverture d'une telle procédure « fait obstacle à la conclusion et à la réalisation d'un pacte commissoire ». Inutile de dire que cette disposition dont la portée est très large, la conclusion et la réalisation du pacte étant visées, retire, en grande partie, tout effet utile à ce nouvel instrument.

493 ***Redressement ou liquidation judiciaire du débiteur*** ◊ En cas de procédure collective ouverte à l'encontre du débiteur, le créancier hypothécaire voit son droit de préférence sensiblement amoindri. Il est soumis aux règles de la procédure qui l'obligent à déclarer sa créance à peine de forclusion (C. com., art. L. 622-24) [4] et lui interdisent de procéder à une

1. v. Dadoun, « La date du transfert de propriété en exécution du pacte commissoire », *Dr. et patr.* 2009. 42. Les parties semblent disposer à cet égard d'une grande latitude. On peut imaginer que le transfert s'opère dès la défaillance dûment établie du débiteur. La solution la plus acceptable serait de prévoir un transfert à l'échéance de la mise en demeure adressée au débiteur.

2. Aynès et Crocq, n° 687.

3. V. Aynès et Crocq, *ibid.*, suggérant sur cette question de donner la priorité à celui dont la créance devient exigible la première.

4. V. Com., 20 juin 1978, *Bull. civ.* IV, n° 172 ; 17 mai 1988, *Bull. civ.* IV, n° 165, imposant aux créanciers privilégiés de faire état de leur sûreté, à peine d'être considérés comme de simples créanciers chirographaires. V. égal. Com., 11 oct. 1994, *Bull. civ.* IV, n° 288. L'admission du créancier en telle ou telle qualité est en effet irrévocable (Com., 9 juill. 1991, *D.* 1991. Somm. 331, obs. A. Honorat). À l'inverse, si un créancier est admis à titre chirographaire, il ne peut être payé à titre privilégié (Com., 17 nov. 1992, *Bull. civ.* IV, n° 361, *D.* 1993. 341, note J.P. Sortais).

inscription de sa sûreté (art. L. 622-30, al. 1er) [1] comme d'exercer toute poursuite individuelle (art. L. 622-21, II) [2]. Pourtant, les occasions de concrétiser ce droit de préférence ne manquent pas.

Si l'immeuble est vendu au cours de la période d'observation, la partie du prix correspondant à la créance garantie est versée à la Caisse des dépôts et consignations (art. L. 622-8) ; mais le créancier hypothécaire ne peut la toucher avant l'issue de la procédure et uniquement à la condition que les créanciers de l'article L. 622-17, qui ont la priorité sur ces sommes, n'aient pas tout absorbé.

Si une vente intervient au cours de l'exécution du plan de continuation (art. L. 626-22), le créancier hypothécaire peut obtenir un paiement, mais sans doute partiel, compte tenu, encore, de la priorité reconnue aux créanciers de l'article 622-17 [3].

Si l'immeuble objet de l'hypothèque fait partie d'une cession de l'entreprise, le créancier hypothécaire peut exercer son droit de préférence sur la

---

On ajoutera que les créanciers titulaires d'une sûreté ayant fait l'objet d'une publication, dont les créanciers hypothécaires sont aujourd'hui avertis personnellement de l'obligation qu'ils ont de déclarer leurs créances (v. Com., 14 mars 2000, *DA* 2000. 167 et 169 ; la qualité de créance titulaire d'une sûreté publiée s'apprécie à la date du jugement d'ouverture : Com. 15 avr. 2008, n° 07-10.174. Corre, *Le créancier face au redressement et à la liquidation judiciaires des entreprises*, PUAM, 2000).

1. En raison de la disparition de la masse des créanciers, la règle fonctionne comme une véritable nullité.

2. Même sur un bien commun et même si la procédure est diligentée contre l'époux *in bonis* (Ass. plén., 23 déc. 1994, *D.* 1995. 145, rapp. Chartier, note Chartier, *JCP* 1995. II. 22401, note D. Randoux, *JCP* E 1995. II. 660, note Pétel, *Defrénois* 1995. 485, note F. Derrida ; la Cour de cassation fait également prévaloir l'art. 621-40 de la loi de 1985 sur l'art. 1413 C. civ. (Com., 17 juin 1997, *DA* 1997. 901, *RTD civ.* 1997., 409, obs. Crocq), et impose de surcroît aux créanciers lorsqu'ils entendent continuer leurs poursuites sur l'immeuble commun, de déclarer leur créance dans la procédure collective frappant l'un des époux, sous peine d'être relégués au rang de sous-chirographaires (ils ne seront payés que sur le solde du prix de l'immeuble subsistant après règlement des créanciers admis) : Com., 2 mai 2001, *Bull. civ.*, n° 80, *JCP* 2001. I. 356, n° 12 ; *D.* 2001. 2030, obs. Lienhard ; 16 mars 1999, *Defrénois* 1999. 865, obs. Sénéchal ; 14 oct. 1997, *Bull. civ.* IV n° 260, *D.* 1998. Somm. 134, obs. J. Revel, *JCP* E 1998. 183, note Beigner ; égal. 14 mai 1996, *D.* 1996. 460 note Derrida, *RTD civ.* 1996. 666, obs. Crocq. On a beaucoup de mal à comprendre cette jurisprudence qui remet en cause une sûreté réelle valablement constituée. La procédure collective saisit les biens de la communauté tels qu'ils sont au jour du jugement déclaratif. Si ces biens sont grevés de droits réels, ces droits doivent être, comme les autres, respectés ; v. cependant, lorsque l'obligation est solidaire : Com., 11 déc. 2001, *Bull. civ.* IV, n° 198, *D.* 2002, 402, obs. Lienhard, *JCP* 2002. I. 144, n° 9, obs. Pétel, *Defrénois* 200. 1091, obs. Théry : « l'extinction de la créance pour défaut de déclaration dans la procédure collective ouverte contre l'un des époux commun en biens laisse subsister l'obligation solidaire dans les rapports avec le conjoint et n'affecte pas les droits hypothécaires du créancier sur l'immeuble commun. » ; v. plus gén. M. Storck, « Les biens communs dans les procédures de redressement judiciaire », *Mélanges Huet-Weiller*, 449 ; plus généralement, P. Rubellin, *Régimes matrimoniaux et procédures collectives*, thèse Strasbourg 1999 ; égal. Ph. Simler, *in* L'actualité des sûretés, *LPA* 17 juin 1998, p. 28 ; Grosjean, « Le sort de l'hypothèque sur les immeubles appartenant concurremment au débiteur en redressement judiciaire et à d'autres personnes », *Defrénois* 1998. 1345 ; Procédures collectives et communauté conjugale, *LPA* 26 août 1998 ; Perrodet, *RTD com.* 1999. 1 s. ; S. Robinne, *Dr. et patr.* avr. 2000. 38. Comp. en cas d'indivision, *supra*, n° 402.

3. Dans cette hypothèse, les formalités de purge doivent en principe être respectées.

quote-part du prix de cession qui lui est réservée (art. L. 642-12, al. 1er) [1] mais qui risque d'être dérisoire toujours pour les mêmes raisons. Toujours dans la même situation, la loi prévoit (art. L. 642-12, al. 3) que la charge de l'hypothèque qui garantit le remboursement d'un prêt destiné à la construction d'un immeuble et qui grève cet immeuble est transmise au cessionnaire qui reprend le prêt et l'immeuble. Cette cession parfaite de contrat maintient pleinement les droits du créancier [2].

En cas de liquidation judiciaire, le créancier n'est pas, curieusement, dans une situation plus inconfortable. D'une part, il prime les créanciers de l'article L. 622-17. D'autre part, il recouvre son droit de poursuite trois mois après le jugement, même si sa créance n'a pas été admise, si le liquidateur n'a pas encore entrepris la réalisation des biens (art. L. 643-2) [3]. De plus, la vente peut se faire par voie de saisie – étant entendu que lorsqu'une telle procédure a été engagée avant le jugement d'ouverture, le créancier hypothécaire est dispensé lors de la reprise des poursuites individuelles, des actes et formalités effectués avant ce jugement – d'adjudication amiable ou de gré à gré [4]. Mais l'issue en est toujours la même : il faudra bien classer les créanciers et dresser un ordre en respectant le classement des privilèges (v. *infra*, n° 507).

§ 2. Rapports entre le créancier hypothécaire et les autres créanciers

494 ***Droit de préférence*** ◊ L'effet essentiel [5] de l'hypothèque réside dans le droit de préférence, c'est-à-dire dans le droit pour son titulaire d'être payé par priorité aux autres créanciers, sur la totalité de la valeur de l'immeuble. Cette valeur affectée au créancier hypothécaire sera dégagée au moment où l'hypothèque produira son « effet légal » par la consignation du prix et le paiement des frais de la vente qui purgent l'immeuble de toute hypothèque et de tout privilège du chef du débiteur (art. 2213), par le paiement du prix aux créanciers inscrits ou sa consignation après la notification aux

---

1. Sur la ventilation du prix entre les créanciers proposée par le repreneur et suivie par le tribunal v. Com., 14 janv. 1997, *D.* 1999. Somm. 3, obs. Derrida.

2. V. égal. sur la reprise des poursuites après jugement de clôture des opérations de cession, Com., 11 avr. 1995, *Bull. civ.* IV, n° 124, *D.* 1999. Somm. 7, obs. Derrida.

3. V. sur les conditions d'application du texte, Com., 28 mai 1991, *Bull. civ.* IV, n° 186, *D.* 1991. Somm. 333, obs. A.H.

4. V. Sénéchal, « La loi du 25 janvier 1985 et la pratique notariale », *JCP* N 1985. 407 s., n° 101. V. égal. Ginon, *Les sûretés réelles traditionnelles*, 82e Congrès des notaires, 221 s., spéc. p. 258 ; Vauvillé et Coquema, « Le créancier hypothécaire dans la procédure collective et hors procédure », *Dr. et patr.* 2001. 56 et 61.

5. V. cependant, sur les obligations du créancier hypothécaire, Civ. 2e, 2 juill. 1997, *JCP* 1998. I. 103, n° 19, considérant qu'une banque peut engager sa responsabilité à l'égard d'un autre créancier (syndicat de copropriété) du même débiteur, en ayant accordé un prêt alors que la situation était déjà obérée et en ayant, ultérieurement, lors de la saisie, absorbé la totalité du prix de vente de l'immeuble.

fins de purge, en cas de vente amiable (C. civ., art. 2481) ou encore par la notification de l'ordonnance d'expropriation en cas d'expropriation pour cause d'utilité publique (C. expr. art. 12-2). Le droit de préférence ne peut cependant s'exercer que si le créancier hypothécaire a pris le soin d'inscrire sa sûreté. Cette inscription est essentielle : elle est un véritable préalable à l'exercice du droit de préférence, appelé à jouer non seulement sur les sommes représentant la valeur de l'immeuble, mais aussi sur les valeurs subrogées à l'immeuble.

Trois séries de développement seront donc consacrées à l'inscription, à l'exercice du droit de préférence et à la détermination de son assiette.

A. Inscription de l'hypothèque

495 ***Condition préalable*** ◊ Si l'inscription n'est pas une condition de validité de l'hypothèque [1], elle est néanmoins essentielle pour rendre la sûreté - conventionnelle, légale [2] ou judiciaire - opposable aux tiers et pour permettre l'exercice du droit de préférence (et du droit de suite). La constitution de l'hypothèque comprend ainsi et pratiquement deux phases successives : sa conclusion dans un acte authentique d'affectation hypothécaire établi entre les parties et sa publication par un bordereau d'inscription déposé au service de la publicité foncière (art. 2426 s.) [3].

Tous les tiers intéressés et spécialement les créanciers chirographaires [4], qu'ils soient de bonne ou de mauvaise foi [5], peuvent se prévaloir du défaut d'inscription. La sanction de l'inopposabilité, si importante soit-elle, n'est toutefois pas dramatique, car le créancier hypothécaire dont on conteste le droit pour défaut d'inscription peut toujours procéder aux formalités nécessaires, sauf si un événement arrêtant le cours des inscriptions le lui interdit. Mais, bien entendu, son droit ne prendra rang qu'à la date de son inscription. L'article 2425, alinéa 1er, est formel : « entre les créanciers, l'hypothèque, soit légale, soit judiciaire, soit conventionnelle, n'a rang que du jour de l'inscription prise par le créancier ».

---

1. C'est pourquoi ni le constituant, ni ses héritiers, n'ont le droit de se prévaloir du défaut d'inscription, ni d'invoquer la nullité d'une inscription entachée d'un vice, v. Civ., 16 avr. 1839, *S.* 1859. 1. 511 : « l'hypothèque existe vis-à-vis du débiteur par la seule force du contrat ; pour être valable et produire effet à son égard, elle n'a pas besoin d'être inscrite, l'inscription n'étant exigée que pour fixer le rang entre les créanciers ». L'inscription échappe donc à la volonté du débiteur.

2. V. Civ. 3e, 1er juill. 2009, *JCP* 2009. 492, n° 14.

3. Les modalités de l'inscription relèvent du pouvoir réglementaire : Cons. const. 23 nov. 2006, n° 2006-2072. Le service de la publicité foncière remplace la Conservation des hypothèques. La réforme sera effective le 1er janvier 2013. La publicité est appelée également à être formalisée dans un fichier immobilier.

4. V. Civ., 17 août 1868, *DP* 1868. 1. 398, *S.* 1868. 1. 377.

5. V. Civ. 3e, 17 juill. 1986, *Bull. civ.* III, n° 118, *Defrénois* 1987. 1178, note Aynès, *RTD civ.* 1987. 368, obs. Giverdon et Salvage-Gerest : « la circonstance... que les tiers... aient eu une connaissance personnelle des prêts consentis par la banque et des sûretés les ayant garantis, ne pouvait suppléer à l'inscription, seul mode légal de publicité ».

496 ***1° Formalités de l'inscription*** ◊ L'inscription se fait au bureau des hypothèques de la situation des biens ; prise dans un autre lieu, elle serait inopérante [1] ; il faut néanmoins faire une exception pour l'hypothèque rechargeable, la publicité de la convention de rechargement pouvant être assurée par une simple mention en marge de l'inscription existante. Le créancier en a seul l'initiative (arg. C. civ., art. 2426, al. 2) [2]. En pratique, cependant, c'est le notaire, rédacteur de l'acte, qui prend l'inscription sur la base d'un mandat tacite conféré par son client. Le notaire dépose au bureau des hypothèques une expédition authentique de l'acte constitutif de l'hypothèque [3] et deux bordereaux signés et certifiés exactement collationnés (établis sur des imprimés administratifs simples et compréhensibles).

L'un est inséré au registre des inscriptions, l'autre est restitué au déposant après apposition de la mention constatant l'accomplissement de la formalité. Chacun des bordereaux doit contenir (v. Décr. 14 oct. 1955, art. 54-1 s.) [4], à peine de rejet de l'inscription (art. 2428), la désignation des parties, l'élection de domicile par le créancier dans un lieu quelconque du ressort du tribunal de grande instance de la situation des biens, l'indication du titre cause de la sûreté, l'indication du capital et des accessoires de la créance [5], la désignation des immeubles grevés, enfin, les références du titre de propriété de l'immeuble hypothéqué, par application du principe de l'effet relatif de la publicité foncière (v. *infra*, n° 841). L'important, on l'aura compris, est que le principe de spécialité de l'assiette de la sûreté, mais aussi et peut-être surtout de la créance garantie, soit dûment respecté.

En principe, le dépôt est refusé lorsque le bordereau porte réquisition d'inscrire soit plusieurs sûretés, soit une même sûreté au profit de plusieurs créanciers ou à l'encontre de plusieurs propriétaires. La règle est celle de l'unité de sûreté, de créancier et de débiteur.

Quant au coût des formalités d'inscription, il faut savoir qu'il est à la charge du débiteur, même si l'avance en est faite par le créancier et qu'il se

---

1. V. Civ., 4 févr. 1918, *S.* 1918-1919. 1. 47.

2. Comp. Civ. 1re, 6 juin 1952, *Bull. civ.* I, n° 185, décidant que l'inscription peut être valablement opérée à la requête d'un tiers agissant comme un simple gérant d'affaires. En tout cas, le conservateur ne saurait procéder d'office à l'inscription. De la même façon, il ne pourrait rejeter l'inscription que dans les cas prévus par la loi, Civ. 3e, 14 mars 1968, *JCP* 1968. II. 15536, note Bulte ; Limoges, 14 mars 1990, *RDI* 1990. 399 ; v. C. civ., art. 2148, al. 4, 5 et 6.

3. En principe, c'est le titre constitutif du privilège ou de l'hypothèque qui doit être représenté et non point le titre de la créance garantie. L'art. 2428, al. 2 admet cependant, par exception, que certaines inscriptions peuvent être requises sans communication de titre.

4. Depuis la réforme des sûretés, les modifications réglementaires ne concernent pratiquement que l'hypothèque rechargeable (Décr. 15 févr. 2007). Elles mettent en œuvre la disposition selon laquelle, dans ce type d'hypothèque, la somme déterminée pour laquelle l'hypothèque est consentie en capital peut être supérieure au montant de la créance garantie. Un décret du 22 mars 2007 est venu compléter le décret du 4 octobre 1955 pour harmoniser les extraits d'inscription avec les dispositions relatives au contenu du bordereau.

5. V. Aix, 11 mars 1999, *JurisData* n° 042058.

décompose en une taxe de publicité foncière, des frais d'assiette, de recouvrement de dégrèvement et de non-valeurs et des salaires du conservateur.

L'inscription peut être renouvelée (v. *infra*, n° 566) et aménagée en cas de changement affectant les intéressés [1]

497 ***2° Délai dans lequel l'inscription peut être prise*** ◊ Tant que sa créance n'est pas éteinte et tant que l'immeuble reste dans le patrimoine de son débiteur, le créancier conserve le droit d'inscrire son hypothèque [2]. La tardiveté de l'inscription n'affecte pas sa validité, mais seulement son rang. Toutefois, dans certaines hypothèses, le retard du créancier est plus durement sanctionné ; c'est le cas en matière d'hypothèque judiciaire conservatoire [3]. En outre, il peut se produire certains événements qui privent le créancier du droit de prendre une inscription. Ces événements « arrêtent le cours des inscriptions » [4], ce qui ne signifie pas, selon l'interprétation dominante [5], que le conservateur, simple juge de la régularité formelle et ignorant, le plus souvent, l'événement, devra rejeter la demande d'inscription. L'inscription, postérieure à l'un de ces événements, sera prise, mais « ne produira aucun effet » ; elle sera prise, mais ne le sera pas « utilement » (art. 2427).

498 ***Arrêt du cours des inscriptions*** ◊ Quatre événements énumérés limitativement par l'article 2427 arrêtent le cours des inscriptions [6]. Deux d'entre eux ont un effet général, en ce sens qu'ils empêchent la prise d'une inscription sur l'un quelconque des immeubles du débiteur, il s'agit du redressement ou de la liquidation judiciaire du débiteur et du décès du débiteur, dans le cas où sa succession est acceptée à concurrence de l'actif net ou se trouve vacante. Les deux autres ont un effet limité, car ils retirent le droit de prendre une inscription seulement sur un immeuble déterminé du débiteur : ce sont la publication de la mutation de l'immeuble grevé, faite au profit d'un tiers, et la publication du commandement de saisie immobilière.

L'arrêt du cours des inscriptions ne concerne que les inscriptions primitives attributives de rang (telle encore l'inscription de la convention de

1. V. S. Lamiaux, « Substitution de débiteur et inscription hypothécaire », *JCP* N 2011. 1106. La modification dans la personne du créancier, lorsqu'elle n'entraîne pas d'aggravation sur la situation du débiteur, doit s'accompagner d'une mention en marge requise simplement à des fins d'information, Civ. 3e, 17 nov. 2009, n° 09-70.452.

2. V. Civ. 3e, 10 juill. 2002, *Bull. civ.* III, n° 167, *D.* 2002. Somm. 3338, obs. Aynès, *JCP* 2003. I. 124, n° 14 : « la loi ne fixe aucun délai pour la prise d'une inscription d'hypothèque conventionnelle ».

3. Décr. 31 juill. 1992, art. 214 (v. *supra*, n° 474).

4. Cette solution vaut pour toutes les hypothèques et tous les privilèges immobiliers.

5. Comp. Dagot, « L'arrêt du cours des inscriptions hypothécaires », *JCP* 1979. I. 2924 ; *La publicité foncière*, PUF, 1981, p. 80 égal. *infra*, n° 868.

6. La règle constitue, semble-t-il, un moyen d'ordre public qui pourrait être soulevé d'office par le juge et même une fin de non recevoir susceptible d'être invoquée en tout état de cause (C. pr. civ., art. 123), Rappr. Com., 27 nov. 1979, *D.* 1980. 235, note Derrida et Julien.

rechargement) et non les inscriptions de renouvellement. En outre, elle n'interdit pas de prendre des inscriptions particulières relativement à des intérêts non garantis, le capital ayant été précédemment conservé [1].

499 ***Premier événement : redressement ou liquidation judiciaire prononcé à l'encontre du débiteur*** ◇ L'art. L. 622-30, alinéa 1er du Code de commerce dispose que « les hypothèques, nantissements et privilèges ne peuvent plus être inscrits postérieurement au jugement d'ouverture ». Ce texte, que l'idée d'égalité entre les créanciers ainsi que la volonté de simplifier la procédure justifient, a une portée particulièrement large. Il s'oppose à ce qu'une sûreté soumise à publicité, quelle qu'elle soit, soit inscrite [2]. De plus, il s'applique pendant toute la durée de la procédure. Enfin, sa sanction est aujourd'hui très dure, car elle ne se traduit plus par une simple inopposabilité, mais bien par une nullité, qui profite à tous les créanciers postérieurs [3].

Toutefois, et par exception, la règle épargne le Trésor qui conserve son privilège pour les créances qu'il n'était pas tenu d'inscrire à la date du jugement (art. L. 622-30, al. 2) [4] ainsi que le vendeur de fonds de commerce qui peut publier son privilège sous certaines conditions (art. L. 622-30, al. 3) [5].

Les mêmes solutions jouent lors de l'ouverture d'une procédure de surendettement des particuliers (art. 2427, al. 3).

500 ***Deuxième événement : acceptation à concurrence de l'actif net ou vacance de la succession du débiteur*** ◇ En principe, le décès du débiteur n'enlève pas au créancier le droit d'inscrire son hypothèque ou

1. La loi interdit au créancier de réclamer des intérêts dépassant trois ans (art. 2432), mais lui reconnaît - implicitement - le droit de conserver, par des inscriptions particulières, les intérêts non garantis, s'il s'agit néanmoins d'intérêts devenus exigibles depuis la survenance de l'un des événements arrêtant le cours des inscriptions. Seraient donc nulles, car tardives, les inscriptions au titre des intérêts échus antérieurement (v. Planiol, Ripert et Becqué, t. XIII, n° 953).

2. V. par ex. pour l'inscription d'un privilège immobilier, malgré le jeu de la rétroactivité, lorsque la sûreté est inscrite dans les délais, Com., 15 nov. 1983, *Bull. civ.* IV, n° 306 ; la solution est sévère. Pour une hypothèque légale, v. Com., 12 nov. 1979, *Bull. civ.* IV, n° 284. Pour les hypothèques judiciaires conservatoires, il est admis que l'inscription complémentaire peut être prise après le jugement déclaratif si l'inscription provisoire a été prise avant la date de la cessation des paiements, Com., 17 nov. 1992, *Bull. civ.* IV, n° 358, *D.* 1993. 96, note Derrida. Si le débiteur est marié sous un régime de communauté, l'interdiction vise ses biens propres comme les biens communs, Com., 20 mai 1997, *D.* 1998. Somm. 107, obs. Piedelièvre. Somm. 134, obs. Revel, *JCP* 1998. I. 103, n° 20. Rappr. *supra*, n° 399.

3. V. Jeantin et Le Cannu, *Droit commercial*, n° 909. Cette nullité qui prend effet à la date du jugement d'ouverture et qui prend fin à la clôture de la procédure, pose un problème pratique aux conservateurs qui peuvent ignorer l'existence de la procédure collective. On peut penser que la responsabilité d'une prise d'inscription en contravention avec l'art. 622-30 devrait incomber essentiellement aux seuls professionnels chargés de faire publier (avocats, notaires...) (v. Frémont art. *préc.*, n° 16. Comp. Dagot, art. *préc.*, n° 16).

4. Com., 3 janv. 1978, *D.* 1978. IR 299, obs. A. Honorat.

5. Une autre exception résulte de l'art. 622-7, II al. 1er, qui donne la possibilité au juge commissaire d'autoriser le débiteur ou l'administrateur à consentir une hypothèque.

son privilège [1]. Il en va autrement, cependant, lorsque la succession est acceptée à concurrence de l'actif net (on parlait avant la réforme des successions de 2006 dont l'objet a été de moderniser en l'occurrence le dispositif, d'acceptation « bénéficiaire ») ou se trouve vacante. Dans ces hypothèses, aucune inscription ne peut être prise sur les immeubles héréditaires à partir de l'ouverture de la succession [2], réserve étant faite des privilèges du vendeur, du prêteur de deniers, du copartageant et de la séparation des patrimoines (au cas où l'héritier vient lui-même à décéder), qui peuvent être utilement inscrits dans les délais prévus aux articles 2379, 2381 et 2383.

L'arrêt du cours des inscriptions peut ici se justifier tant par une idée d'analogie que par des considérations plus techniques. En effet, on peut penser qu'une succession acceptée à concurrence de l'actif net traduit une situation d'insolvabilité à l'exemple de ce qu'il en est en cas de liquidation judiciaire ; il faut alors empêcher qu'un créancier, informé du décès du débiteur, ne s'empresse de prendre une inscription aux dépens des autres, exactement comme l'on interdit à un créancier d'une entreprise moribonde de se mettre dans une situation plus favorable et de briser l'égalité devant régner entre tous les créanciers. Précisément, le Code civil s'efforce d'organiser les conséquences d'une acceptation à concurrence de l'actif net (art. 791 s.) et cherche à cristalliser le patrimoine du défunt au jour du décès. Le système reste toutefois bien imparfait, car il fait dépendre la situation des créanciers de l'attitude des héritiers [3] et favorise curieusement les créanciers d'une personne vivante par rapport aux créanciers qui ont la malchance de voir leur débiteur décéder [4].

Lorsqu'il y a plusieurs héritiers et qu'ils prennent des partis différents, la jurisprudence établit la distinction suivante. Tant que dure l'indivision, l'acceptation « bénéficiaire » prise par un héritier produit son effet à l'égard de tous : l'arrêt du cours des inscriptions joue donc pleinement et aucune sûreté ne peut être publiée. En revanche une fois le partage prononcé, les créanciers peuvent prendre une inscription sur les immeubles

---

1. Rappr. Req., 4 déc. 1871, *DP* 1871. 1. 249.

2. C'est-à-dire au jour du décès du débiteur (art. 2427), et ceci même si l'acceptation « bénéficiaire » intervient plus tard.

3. Il serait peut-être plus opportun de donner aux créanciers un délai pour prendre leur inscription, de manière à leur laisser l'initiative (v. Mazeaud, Chabas et Picod, n° 368).

4. En droit civil, la déconfiture du débiteur de son vivant ne s'accompagnait d'aucune mesure d'organisation collective du règlement du passif. Les créanciers n'étaient soumis à aucune discipline collective. L'insolvabilité complète et notoire du débiteur engendrait, le cas échéant (Civ. 1re, 16 déc. 1975, *Bull. civ.* I, n° 372), certains effets (art. 1188), mais n'entraînait aucune liquidation collective analogue à celle que produisent les procédures collectives du droit commercial. La loi 2003-710 du 1er août 2003 a transformé ce paysage traditionnel. En effet, lorsqu'un débiteur se trouve dans « une situation irrémédiablement compromise caractérisée par l'impossibilité manifeste de mettre en œuvre des mesures de traitement (de son surendettement », C. consom. art. L. 330-1, al. 3), il peut aujourd'hui solliciter l'ouverture d'une « procédure de rétablissement personnel » qui s'apparente à une procédure de liquidation (C. consom., art. L. 332-5 s.).

attribués aux héritiers ayant accepté purement et simplement [1]. Une autre précision mérite d'être donnée au cas où l'héritier bénéficiaire a une attitude incohérente, se comporte comme le véritable maître de la succession et encourt donc la déchéance du bénéfice d'inventaire. Cette déchéance restaure le droit des créanciers et les inscriptions qui auraient été prises après l'ouverture de la succession sont validées [2], la succession étant considérée comme ayant été acceptée purement et simplement.

Enfin, lorsqu'une succession est vacante (art. 809), un curateur est nommé afin de dresser un inventaire et de liquider la succession. On est donc dans une situation très proche de celle d'une acceptation « bénéficiaire ». Les mêmes mesures doivent être prises et il est logique que les créanciers se voient appliquer les mêmes solutions. Aucune inscription ne peut donc être prise dès le décès du débiteur (art. 2427) [3]. Si la vacance cesse, le droit de prendre une inscription renaît, à moins, bien entendu, que la cessation de la vacance ne soit due à une acceptation « bénéficiaire ».

501 ***Troisième événement : publication d'une mutation immobilière*** ◊ L'article 2427, al. 1er, dispose que les créanciers privilégiés ou hypothécaires ne peuvent prendre utilement inscription sur le précédent propriétaire, à partir de la publication de la mutation opérée au profit d'un tiers. Ce texte n'est qu'une application des principes de base de la publicité foncière qui donnent la priorité, parmi les différents ayants cause d'un même auteur, à celui qui a le premier publié son droit en le rendant ainsi opposable aux tiers (v. *infra*, nos 777 s.). L'arrêt du cours des inscriptions se produit à la date de publication de la mutation [4]. Celle-ci peut résulter d'une vente, d'un échange, d'une donation ou encore d'un legs à titre particulier. Mais la mutation concernée est nécessairement une mutation entre vifs, car en cas de mutation à cause de mort, les héritiers qui

---

1. Civ., 18 nov. 1833, *S.* 1833. 1. 817 ; 25 août 1858, *S.* 1859. 1. 65.

2. V. *Les successions, les libéralités*, n° 660 ; Flour et Souleau, *Les successions*, coll. « U », 1982, n° 321.

3. V. déjà, avant même la réforme de la publicité foncière, Orléans, 26 août 1869, *DP* 1869. 2. 185.

4. V. Civ. 3e, 22 févr. 1977, *Bull. civ.* III, n° 91, décidant que le bénéficiaire d'une promesse unilatérale ne peut opposer la mutation dont il se prévaut aux créanciers hypothécaires qui ont pris des inscriptions postérieurement à la publication de la promesse et à la levée d'option, mais antérieurement à la publication de l'acte authentique constatant la réalisation de la promesse de vente. V. égal., Civ. 3e, 14 janv. 1976, *Bull. civ.* III, n° 12. V. encore : Civ. 3e, 18 juill. 2001, *D.* 2001. 2671, note V. Avena-Robardet, *JCP* 2002. I. 120, n° 6 : pour dire que le conservateur des hypothèques devra inscrire l'inscription d'hypothèque sollicitée par le Trésor public, la cour d'appel avait constaté que les débiteurs avaient fait une donation à leurs enfants du bien concerné, qui faisait l'objet d'une action paulienne, et que l'obligation de vérification, qui pèse sur le conservateur des hypothèques et dont il est susceptible d'avoir à répondre, ne justifie pas de sa part une attitude de refus systématique. Jugé qu'en ayant statué ainsi, tout en constatant que le bien immobilier n'appartenait plus aux débiteurs lorsque le Trésor public avait sollicité l'inscription d'hypothèque, ce dont il résultait l'existence d'une discordance, la cour d'appel avait violé l'art. 2148 C. civ., ensemble les art. 32 (1) et 34 du décret du 14 oct. 1955.

acceptent sont censés continuer la personnalité du défunt et n'ont donc pas la qualité de tiers. Si la mutation procède d'une adjudication sur saisie immobilière, la publication du jugement a un effet différent, car elle entraîne une purge des inscriptions. Or, la purge, contrairement à l'arrêt du cours des inscriptions, ne joue pas de plein droit et n'affecte pas le droit de suite (v. *infra*, n° 532). Si le créancier n'a pas inscrit à temps son hypothèque, il perd non seulement son droit de suite, c'est-à-dire le droit d'opposer son hypothèque à l'acquéreur, mais aussi son droit de préférence, en ce sens que les autres créanciers du débiteur peuvent invoquer à son détriment l'antériorité de la publication de la mutation.

502 ***Quatrième événement : publication du commandement opérant saisie*** ◊ L'arrêt du cours des inscriptions, en cas de commandement de saisie immobilière, résulte de la règle traditionnelle selon laquelle « les biens saisis sont indisponibles », aujourd'hui exprimée dans l'article 2198 du Code civil (v. égal. L. 9 juill. 1991, art. 29, sur les procédures civiles d'exécution). De façon plus précise, ce texte indique dans son alinéa 2 que le bien formant l'objet de la saisie « ne peut être aliéné ni grevé de droits réels par le débiteur » (sous réserve des dispositions de l'article 2201).

La protection que ces textes accordent au créancier saisissant est cependant relative. En effet, le créancier sera dans la procédure d'ordre consécutive à la saisie primé par les créanciers de rang préférable [1]. En revanche, le créancier pourra sans difficulté obtenir que lui soient déclarées inopposables les constitutions de droits réels consenties avant le dépôt du commandement, mais publiées après (art. 2200, al. 3). De surcroît, les inscriptions tardives ne retrouvent pas toute leur efficacité si leurs auteurs consignent une somme suffisante pour désintéresser le saisissant (comp. anc. C. pr. civ., art. 687) ; cette solution faisant de la consignation une confirmation d'un acte nul ne joue désormais que pour les aliénations tardives (art. 2200, al. 2).

503 ***3° Portée de l'inscription : créance garantie*** ◊ L'inscription garantit le *principal* de la créance tel qu'il est mentionné. Si la créance est conditionnelle, éventuelle ou indéterminée, le créancier doit en faire l'évaluation et indiquer, ne serait-ce que sommairement, l'événement ou la condition dont dépend l'existence de la créance (art. 2428, al. 3-4°). Si la créance est assortie d'une clause d'indexation, clause dite encore de réévaluation (en cas de rente viagère par exemple), cette clause doit être mentionnée et la créance supplémentaire qui peut en résulter doit être évaluée pour « mémoire » (Décr. 14 oct. 1955, art. 57, al. 3) [2]. Si l'hypothèque doit

---

1. C'est spécialement vrai pour le créancier chirographaire, vis-à-vis duquel l'initiative d'une saisie ne crée aucun privilège (Com., 10 juill. 1984, *Bull. civ.* IV, n° 225 ; v. égal. *infra*, n° 637).

2. Il ne s'agit pas d'une formalité substantielle. C'est pourquoi la sanction de l'art. 57, al. 3 réside simplement dans la faculté pour le conservateur de refuser le dépôt ou de rejeter la formalité (v. Aix, 17 févr. 1981, *Bull. Aix*, n° 89).

garantir plusieurs créances, à l'initiative du créancier, celle-ci pourra être inscrite de manière distincte pour chacune des créances, ou de manière unique pour l'ensemble des créances. Dans ce dernier cas, l'hypothèque unique sera inscrite jusqu'à la date la plus lointaine.

Quant aux intérêts de la créance, ils sont garantis si l'inscription en fait mention : il est nécessaire que les tiers soient informés de l'exacte étendue de la charge hypothécaire. La question est importante, car les intérêts sont généralement lourds, d'autant plus que ces intérêts ne sont pas suspendus par l'ouverture d'une procédure collective. En effet, si l'article L. 622-28 C. com. arrête le cours des intérêts à compter du jugement déclaratif, ce même texte prend le soin de réserver une exception pour les prêts conclus pour une durée d'au moins un an ainsi que pour les contrats assortis d'un paiement différé d'un an au plus, ce qui concerne pratiquement tous les prêts hypothécaires [1].

Les intérêts ne sont cependant pas couverts systématiquement. Les intérêts échus au jour de l'inscription s'incorporent à la créance garantie et sont conservés au même titre que celle-ci. Quant aux intérêts à échoir, ils sont garantis selon des modalités différentes.

504 ***Intérêts à échoir garantis*** ◊ La question des intérêts à échoir garantis par l'inscription hypothécaire est assez complexe.

Il faut immédiatement mettre à part le prêt viager hypothécaire. Ici, l'inscription initiale conserve la totalité des intérêts au même rang que le principal (art. 2432, al. 2). Ce qui se comprend, car les intérêts comme le capital ne sont exigibles qu'au décès de l'emprunteur.

Pour les autres hypothèques, le plus simple est de reprendre globalement la situation et de l'envisager d'une manière chronologique.

1° *Les intérêts échus avant l'inscription* s'ajoutent au capital et sont garantis au même rang. Si, par exemple, un jugement condamne l'auteur d'un accident à payer 50 000 euros, à titre de dommages-intérêts, ne serait-ce que par provision, les intérêts échus entre cette condamnation (art. 1153-1) et l'inscription d'une hypothèque seront pris en considération et garantis exactement comme le capital [2].

2° Le sort des *intérêts échus entre l'inscription et le moment où l'hypothèque produit son effet légal* est plus difficile à régler. En effet, on pourrait admettre que l'inscription couvre indéfiniment ces intérêts, mais la solution serait dangereuse pour les tiers. On pourrait aussi exiger du créancier qu'il prît des inscriptions particulières en garantie de ces intérêts. On imagine, Cependant, les complications d'un tel système très lourd pour le créancier. On pourrait, enfin, décider que l'inscription primitive garantisse de plein droit, mais

---

1. V. Soinne, « La continuation du cours des intérêts », *Rev. proc. coll.* 1988. 213 ; Pascal, « L'art. 55 de la loi du 25 janv. 1985 », *Banque et droit* 1992. 11.

2. V. Théry, n° 199.

pour une période limitée, les intérêts postérieurs à l'inscription. Le Code civil a fini par se plier à cette troisième solution.

L'article 2432 dispose, en effet, que « le créancier privilégié dont le titre a été inscrit, ou le créancier hypothécaire inscrit pour un capital produisant intérêt et arrérages, a le droit d'être colloqué, pour trois années seulement, au même rang que le principal, sans préjudice des inscriptions particulières à prendre, portant hypothèque à compter de leur date, pour les intérêts et arrérages autres que ceux conservés par l'inscription primitive ».

Ce texte, qui est considéré comme d'ordre public [1], appelle plusieurs observations.

Il s'applique aux arrérages des rentes, aux intérêts simples de la créance spécialement garantie par l'inscription [2], mais non aux intérêts des intérêts produits postérieurement à l'inscription originaire et dérivant d'une convention d'anatocisme [3].

L'article 2432 vise les privilèges immobiliers aussi bien que les hypothèques ordinaires, et, parmi celles-ci, les hypothèques générales comme les hypothèques spéciales.

La loi suppose également que l'inscription prise pour le capital a indiqué que ce capital était productif d'intérêts ; les intérêts ne sont de surcroît conservés qu'à hauteur du taux mentionné dans l'inscription [4].

Il faut aussi noter que les trois années envisagées par l'article 2432 ne sont pas celles qui ont suivi l'inscription du capital, mais au contraire les trois années les plus récentes. On calcule ces trois années à compter du jour où l'hypothèque a produit son effet légal.

Quant aux intérêts qui ne sont pas couverts par ces trois années, la garantie hypothécaire n'est pas éliminée. Il appartiendra simplement au créancier de prendre des inscriptions complémentaires et successives, attributives de rang pour chaque échéance (art. 2432, al. 1er, *in fine*). Ces inscriptions ne sont pas véritablement de nouvelles inscriptions, si bien qu'elles doivent pouvoir être prises malgré la survenance d'un événement arrêtant le cours des inscriptions [5]. Mais la possibilité de les prendre doit cesser avec l'ouverture d'une procédure de distribution de prix [6].

---

1. V. Alger, 13 déc. 1897, *DP* 98. 2. 452.

2. V. Civ., 24 juill. 1905, *DP* 1906. 1. 118.

3. V. Civ., 12 avr. 1948, *D.* 1948. 311 ; 7 févr. 1949, *S.* 1949. 1. 144. Les intérêts des intérêts ne peuvent donc bénéficier de la garantie hypothécaire qu'en vertu d'inscriptions spéciales prises lors de chaque échéance.

4. V. Civ. 1re, 8 juin 1983, *Bull. civ.* I, n° 171, *RDI* 1983. 489, obs. Dagot, *Defrénois* 1984. 865, obs. Aubert, précisant que si le taux variable, d'après le prêt, a été mentionné comme fixe dans l'inscription, celle-ci ne conserve les intérêts qu'à concurrence du taux indiqué. À défaut d'une telle mention, on doit s'en tenir au taux légal. V. Labbé, note *S.* 1876. 1. 5. Rappr. sur les exigences requises, quant au taux, en matière de prêt, Civ. 1re, 9 févr. 1988, *Bull. civ.* I, n° 34 et Com. 12 avr. 1988, *D.* 1988. 309, concl. Jéol ; v. égal. *Contrats civils et commerciaux*, n° 847.

5. V. Gross, « L'inscription des sûretés dans la faillite du débiteur commerçant », *RTD com.* 1965. 23, n° 22.

6. V. Théry, n° 200. L'auteur note très justement que dans le cas contraire, la distribution ne serait jamais terminée.

3° Enfin, les *intérêts qui vont courir postérieurement au jour où l'hypothèque produira son effet légal*, c'est-à-dire les intérêts échus pendant le déroulement de la procédure d'ordre jusqu'à sa clôture, sont intégrés dans la valeur de l'immeuble dégagée par sa réalisation : ils sont donc garantis au même titre et au même rang que le capital, sans limitation de durée, ni de montant [1].

B. Exercice du droit de préférence

505 ***« Effet légal » de l'hypothèque*** ◊ L'hypothèque est destinée à assurer un paiement préférentiel à l'obligation qu'elle garantit. Plus précisément, elle confère à son titulaire un droit de préférence sur la valeur du bien qui lui est affecté en garantie et ce droit lui permet d'obtenir un paiement privilégié, un paiement avant les créanciers chirographaires et les créanciers qui n'ont pris une inscription qu'après la sienne. Le droit du créancier hypothécaire sur la valeur de l'immeuble se concrétise au moment où il exerce son droit de préférence, au moment où l'hypothèque produit ce que l'on appelle par une expression curieuse, mais désormais consacrée (art. 2435, al. 3), son « effet légal ».

Cet effet joue lorsque le créancier est en mesure d'exercer son droit de préférence sur la valeur du bien. Il se produit en cas de « réalisation du gage » (art. 2435, al. 3), c'est-à-dire au moment où le droit du créancier qui grève l'immeuble se reporte sur la valeur de celui-ci, c'est-à-dire lorsque le prix de l'immeuble est exigible, soit de l'adjudicataire, soit du tiers acquéreur. Le droit de préférence ne se concrétisera cependant que plus tard, avec le paiement du prix au créancier ou, à tout le moins, qu'avec sa consignation (arg. art 2213 et 2481). C'est pourquoi, du reste, le créancier hypothécaire reste tenu de renouveler ou de maintenir son inscription tant que ce paiement ou cette consignation n'est pas effectif (art. 2435 al. 3) [2]. Il aurait été plus clair soit de ne plus parler d'effet légal, soit de lier l'effet légal avec la satisfaction effective du créancier [3].

Le créancier hypothécaire, cependant, n'est pas forcément seul. S'il l'est, aucune procédure particulière n'est ouverte et le prix dégagé par la vente de l'immeuble lui est attribué jusqu'à concurrence de sa créance. S'il ne l'est pas et se trouve en concours avec d'autres créanciers hypothécaires ou privilégiés, le règlement de la préférence entre eux se fait, sauf accord col-

1. V. Civ. 2e, 5 déc. 1984, *Bull. civ.* II, n° 186, *RDI* 1985. 180, obs. Dagot, *RTD civ.* 1986. 378, obs. Salvage-Gerest ; Civ. 3e, 8 juin 1995, *JurisData* n° 001486. Rappr. Civ. 3e, 1er juin 1994, *Bull. civ.* III, n° 115.

2. V. déjà Civ. 2e, 25 mai 1987, *Bull. civ.* II, n° 115, qui précise que malgré la publication du jugement d'adjudication qui rend définitive la dette de l'adjudicataire, « le créancier hypothécaire n'est pas tenu de rapporter son inscription tant qu'il n'y a pas eu paiement ou consignation ». Sous l'empire des anciens textes, la publication du jugement d'adjudication conditionnait l'effet légal de l'hypothèque : Civ. 3e, 13 sept. 2006, *Bull. civ.* III, n° 177, *Defrénois* 2007. 225, note Piedelièvre, *JCP* 2007. I. 158, n° 19.

3. Rappr. Aynès et Crocq, n° 675.

lectif, au moyen d'une procédure originale dans le cadre d'une véritable instance à l'issue de laquelle les différents créanciers sont payés en fonction du rang qui leur est attribué. Ce classement des créanciers dans l'ordre où ils doivent être payés et que l'on dénomme la collocation est donc fait au terme de cette procédure spéciale dite autrefois procédure d'ordre et aujourd'hui procédure de distribution du prix [1], étant entendu que jusqu'à cette date le prix reste dans le patrimoine du débiteur où il est la proie de tous les créanciers [2].

506 ***1° Procédure de distribution du prix*** ◊ Plusieurs catégories de créanciers peuvent se prévaloir d'un droit de préférence sur le prix dégagé par la vente d'un immeuble appartenant à leur débiteur : les créanciers hypothécaires, les créanciers bénéficiaires d'un privilège général portant sur les meubles et les immeubles du débiteur, les créanciers titulaires d'un privilège spécial immobilier. Tous ces créanciers, même non inscrits, priment les créanciers chirographaires [3]. Peu importent les dates respectives de leurs créances. Toutefois, il se peut que ces créanciers entrent en conflit s'ils entendent chacun se prévaloir de leur droit de préférence. Si les fonds résultant de la vente de l'immeuble ne sont pas suffisants pour les désintéresser, il faudra établir entre eux un classement. C'est ce que l'on appelle la distribution du prix relevant aujourd'hui de la compétence du juge de l'exécution [4].

Aujourd'hui, seuls sont admis à faire valoir leurs droits sur le prix de la vente le créancier poursuivant, les créanciers inscrits sur l'immeuble saisi à la date de la publication du commandement de payer valant saisie, les créanciers inscrits sur l'immeuble avant la publication du titre de vente et qui sont intervenus dans la procédure ainsi que les créanciers titulaires d'un privilège immobilier occulte (art. 2214). Toutefois, les créanciers sommés de déclarer leur créance et qui ont omis de le faire sont déchus du bénéfice de leur sûreté pour la distribution du prix (art. 2215).

Si le seul ayant droit est le créancier poursuivant, il peut obtenir paiement selon des modalités simplifiées et sans intervention judiciaire (Décr. 27 juill. 2006, art. 112). Dans le cas contraire, les textes instituent un

---

1. Lorsqu'il n'y a ni hypothèque ni privilège grevant l'immeuble, le prix en est distribué entre les créanciers chirographaires dans le cadre d'une autre procédure qualifiée de procédure de *distribution par contribution*, comme s'il s'agissait de répartir le prix de biens mobiliers.

2. V. Com., 22 févr. 1994, *Bull. civ.* IV, n° 77, *JCP* 1994. I. 3807, n° 17, *D.* 1995. Somm. 25, obs. A. Honorat : « le versement du prix d'adjudication entre les mains du Crédit foncier ne vaut paiement qu'à l'égard de l'adjudicataire libéré par la consignation des fonds, et l'affectation particulière aux créanciers hypothécaires ne prive pas les créanciers privilégiés de leur droit d'être payés par préférence sur le prix qui demeure jusqu'à sa distribution dans le patrimoine du débiteur. »

3. Toutefois, il n'en est ainsi qu'en l'absence du dépôt du commandement de saisie (v. *infra*, n° 782).

4. V. A. Leborgne, « L'ordonnance portant réforme de la saisie immobilière », *JCP* E 2006. 2108.

« système gigogne » [1] de distribution amiable puis judiciaire. Si la distribution du prix n'est pas intervenue dans un délai raisonnable, la consignation produit, à l'égard du débiteur, tous les effets d'un paiement à hauteur de la part du prix de vente qui sera remise aux créanciers après la distribution (art. 2216).

Lorsqu'une liquidation judiciaire est prononcée à l'encontre du débiteur, les règles fixées par le législateur des procédures collectives sont sensiblement les mêmes. En effet, les ventes d'immeubles auxquelles il faut procéder pour réaliser l'actif, se déroulent dans les formes prescrites en matière de saisie immobilière et conduisent à un classement des créanciers. Toutefois, les textes récents ont prévu quelques aménagements. L'article L. 642-18 C. com. permet au juge-commissaire de choisir la méthode de vente des immeubles la plus appropriée (adjudication amiable ou vente de gré à gré). De plus, il appartient au liquidateur de répartir le produit des ventes et de régler l'ordre entre les créanciers, sous réserve des contestations portées devant le juge de l'exécution. En d'autres termes, puisque le liquidateur remplace l'ancien juge des ordres, la procédure de distribution suivie dans le cadre d'une liquidation judiciaire n'est plus une véritable procédure contentieuse.

507 ***2° Résultats*** ◇ La procédure de distribution débouche sur un classement entre les créanciers. Chacun se voit attribuer un rang. Dans la pratique, seuls les créanciers colloqués dans les tout premiers rangs ont des chances d'obtenir un paiement, ne serait-ce que partiel, car les fonds dégagés par les opérations de liquidation sont généralement insuffisants pour désintéresser tous les créanciers. On mesure donc l'importance du classement [2].

Le Code civil apporte des éléments de réponse aux principales questions qui se posent et permet ainsi de résoudre les conflits entre les créanciers hypothécaires, les conflits entre les créanciers hypothécaires et les créanciers privilégiés, et enfin les conflits entre les créanciers privilégiés eux-mêmes [3].

508 ***a) Conflit entre créanciers hypothécaires*** ◇ Plusieurs créanciers hypothécaires peuvent être en concours ; en ce cas, le classement se fait en fonction de la date de l'inscription hypothécaire. C'est l'inscription qui permet de classer les créanciers hypothécaires entre eux [4]. Il importe peu

---

1. MM. Cabrillac, Mouly et Pétel, n° 1009.

2. Il est impossible de déroger aux règles de répartition du prix de vente de l'immeuble et donc de modifier les critères de classement, même dans le cadre d'une procédure de surendettement : Civ. 1re, 31 mars 1992, *Bull. civ.*, n° 102, *RDI* 1993. 114 ; 9 mars 1994, *Bull. civ.* I, n° 94, *RTD com.* 1994. 361, obs. Paisant.

3. Dans une procédure collective, si un créancier est admis en tant que créancier chirographaire, mais qu'il est payé en tant que privilégié, ce paiement est indu, Com., 17 nov. 1992, *Bull. civ.* IV, n° 361, *D.* 1993. 341, note J.P. Sortais.

4. L'hypothèque légale des époux connaît, par exception, un régime différent (C. civ., art. 2402, al. 2). Le texte, toutefois, ne concerne que les époux soumis au régime de participation aux acquêts. Autrement dit, pour les autres, l'hypothèque obéit au droit commun quant au rang (art. 2403).

que l'hypothèque soit constituée pour sûreté d'une créance éventuelle ou conditionnelle : l'inscription peut être prise immédiatement et c'est elle qui détermine le rang de l'hypothèque, indépendamment de l'époque où la créance sera devenue certaine [1]. Peu importe aussi la nature de l'hypothèque. Même si l'hypothèque est générale, elle ne saurait prendre rang avant que l'inscription ne soit prise ; ainsi une hypothèque ne peut être inscrite sur les biens à venir qu'au fur et à mesure des acquisitions faites par le débiteur. Le principe de la spécialité de l'inscription explique la solution.

509 ***Hypothèques inscrites le même jour*** ◊ En principe, si plusieurs inscriptions sont prises le même jour, la préférence est donnée au créancier dont le titre est le plus ancien, sans qu'il y ait à tenir compte de l'ordre du registre des dépôts (art. 2425 al. 2). Cependant, si l'un des requérants est dispensé de représenter un titre constitutif d'hypothèque, parce qu'il se prévaut d'une hypothèque légale, le rang de son hypothèque est réputé antérieur à celui de toute hypothèque inscrite le même jour en vertu d'un titre (art. 2425, al. 3). De plus, s'il y a compétition entre des titres de même date ou entre des créanciers dispensés de produire un titre, les inscriptions prises le même jour viennent en concurrence (art. 2425, al. 4 ; Décr. 4 janv. 1955, art. 31). Enfin, un créancier pourrait renoncer à son rang égalitaire [2].

510 ***Hypothèque multiple*** ◊ Lorsqu'un créancier prend une inscription sur plusieurs immeubles d'un même débiteur, son hypothèque (dite alors multiple) peut entrer en conflit, sur l'un des immeubles, avec une autre hypothèque inscrite sur ce seul immeuble. En vertu du principe de l'indivisibilité de l'hypothèque, le créancier titulaire de l'hypothèque multiple a le choix de l'immeuble sur lequel il entend exercer ses poursuites ou sur le prix duquel il cherche à être payé, sans que les créanciers ayant sur le même immeuble des hypothèques postérieures en rang, puissent le contraindre à diviser sa demande de poursuites ou sa demande de collocation, pour la faire porter proportionnellement sur tous les immeubles qui lui sont affectés ou sur le prix de ces immeubles [3]. Cependant, cette faculté d'option peut être refusée, si elle est exercée frauduleusement ou même sans intérêt légitime [4]. C'est pourquoi en cas de conflit entre une hypothèque multiple et une hypothèque d'un rang inférieur, il faut colloquer le créancier à hypothèque multiple d'abord sur le ou les immeubles qui ne sont pas grevés d'une hypothèque d'un rang inférieur. De même, dans

1. V. Civ., 3 févr. 1937, *DH* 1937. 177, observant que l'hypothèque fournie en garantie d'une ouverture de crédit peut être inscrite avant l'utilisation du crédit.
2. Civ. 3e, 6 nov. 2002, *Bull. civ.* III, n° 218, *JCP* 2003. I. 176, n° 15.
3. Civ., 9 mai 1905, *DP* 1909. 1. 225, note de Loynes, *S.* 1906. I. 489, note Bernard.
4. Civ., 9 mai 1905, préc. V. aussi, Civ. 3e, 15 févr. 1972, *D.* 1972. 463, note Frank.

l'hypothèse où tous les immeubles sont grevés d'une hypothèque d'un rang inférieur, il faut procéder à la collocation du créancier titulaire de l'hypothèque multiple sur les divers immeubles grevés proportionnellement à leur valeur [1]. Cette solution a l'avantage de traiter les créanciers hypothécaires de rang inférieur sur un pied d'égalité [2].

511 ***b) Conflit entre créanciers hypothécaires et créanciers privilégiés. Hypothèque et privilège général*** ◊ En cas de conflit entre une hypothèque et un privilège général portant sur l'ensemble du patrimoine du débiteur (privilège des salaires, privilège des frais de justice, privilège de l'article L. 622-17) [3], la solution commandée par l'article 2324 est simple : le privilège l'emporte sur l'hypothèque [4]. Encore faut-il, toutefois, que les titulaires de ces sûretés soient créanciers du même propriétaire de l'immeuble. Les hypothèques inscrites du chef d'un propriétaire antérieur l'emportent sur les privilèges nés du chef du propriétaire actuel : celui-ci a acquis un immeuble grevé d'hypothèques qui lui sont opposables ; ses créanciers fussent-ils privilégiés, n'ont pas plus de droits que lui-même et ne peuvent faire échec à ces hypothèques (v. *infra*, n° 512).

Il est vrai également que les privilèges généraux ne peuvent s'exercer sur les immeubles qu'à titre subsidiaire c'est-à-dire ne peuvent jouer que dans l'hypothèse où le mobilier est insuffisant pour désintéresser leurs titulaires (art. 2376 ; *infra*, n° 749). Mais, en pratique, l'actif mobilier est souvent absorbé par le privilège du Trésor, si bien que le privilège des salaires est appelé à se reporter sur l'actif immobilier. Les créanciers hypothécaires ne peuvent alors que s'incliner devant les créanciers de salaires ou leurs subrogés [5]. Il y a là une atteinte importante à l'efficacité de l'hypothèque. De plus, en cas de pluralité de répartitions compte tenu d'une pluralité d'immeubles, la jurisprudence a reconnu au créancier titulaire d'un privilège général, le droit de faire porter l'intégralité de sa collocation sur le prix d'un

---

1. V. en ce sens, Civ., 26 déc. 1853, *DP* 1855. 1. 200 ; Paris, 21 janv. 1941, *DC* 1941. 47, note Lalou, et sur pourvoi, Civ., 7 févr. 1949, S. 1949. 1. 144, *RTD civ.* 1950. 104, obs. Raynaud.

2. V. Marty, Raynaud et Jestaz, n° 299.

3. V. Com., 31 mars 1998, *JCP* 1998. II. 10105 rapport J.P. Rémery, *D.* 1998. Somm. 327, obs. A. Honorat, Somm. 382, obs. S. Piedelièvre. La hiérarchie est cependant changée depuis la réforme de l'art. L. 621-32 en cas de liquidation judiciaire : en ce cas, toutes les sûretés immobilières ont priorité (v. Rép. min. n° 35796, *JCP* 1997. 1. 4033, n° 15) ; v. C. com. art. 641-13 et *infra*, n° 779.

4. V. TGI Dunkerque 11 janv. 1984, *Gaz. Pal.* 1984. I. 399, note Y. Chartier ; v. égal. Com., 22 févr. 1994, *Bull. civ.* IV, n° 77.

5. Un arrêt de la cour de Douai (10 juin 1986, *Gaz. Pal.* 1987. 1. 280, note D. Bejat) fait jouer cette solution dans une affaire où le créancier privilégié (l'ASSEDIC subrogée dans les droits des salariés) ne s'était pourtant manifesté qu'après la répartition du prix par le syndic du règlement judiciaire du débiteur, prix entre-temps distribué entre les créanciers hypothécaires ; dans le même sens, v. Civ. 2e, 27 mai 1988, *Bull. civ.* II, n° 126, *RDI* 1989. 89, et les obs. crit., indiquant que « la déchéance édictée par l'article 755 du Code de procédure civile n'atteint que les créanciers qui ont reçu sommation dans les formes prévues par l'article 753 » et ajoutant que « l'article 2105 du Code civil n'impose pas aux créanciers bénéficiaires d'un privilège dispensé d'inscription d'agir dans un délai déterminé ».

seul immeuble, au détriment des créanciers inscrits sur cet immeuble et au profit des créanciers hypothécaires inscrits sur les autres immeubles [1]. La solution est sans doute excessive, car la situation est analogue à celle que l'on connaît en matière d'hypothèque multiple (v. *supra*, n° 510) : il faudrait donc imposer au créancier bénéficiant d'un privilège général de répartir sa collocation proportionnellement à la valeur des différents immeubles.

512 ***Hypothèque et privilège spécial*** ◊ Le privilège spécial l'emporte sur l'hypothèque (art. 2324). Ici, l'inscription n'est pas attributive de rang si, du moins, elle a été accomplie dans le délai légal (faute de quoi le privilège dégénère en hypothèque et ne prend rang qu'à la date de son inscription en vertu de l'article 2386, al. 2). Le privilège inscrit dans le délai légal prend donc rang à la date de l'acte générateur de la créance [2]. Mais il reste que, bien qu'inscrit dans le délai légal, le privilège ne peut prendre rang avant les événements qui le font naître [3]. C'est pourquoi la priorité du privilège sur l'hypothèque ne joue qu'en cas de conflit entre un privilège et une hypothèque nés du chef d'un même débiteur : le privilège est ainsi primé par l'hypothèque née du chef d'un propriétaire antérieur [4].

De plus, on peut se demander si le privilège l'emporte encore lorsque son fait générateur est postérieur à l'inscription d'une hypothèque née du même débiteur. Le texte de l'article 2324 qui ne distingue pas, conduit à dire que le privilège a la priorité dans toutes les situations et prime même les hypothèques inscrites antérieurement à la date de l'événement qui lui a donné naissance. Ainsi le privilège des architectes et des entrepreneurs, fondé sur la plus-value apportée à l'immeuble dont profitent tous ceux qui ont des droits sur lui, prime tous les créanciers inscrits antérieurement du chef du propriétaire actuel qui a passé commande des travaux. Mais une telle solution ne peut jouer systématiquement. Tout dépend de la date du fait générateur du privilège et de la question de savoir si elle peut être postérieure à l'inscription d'une hypothèque née du chef du même débiteur. À part celle qui concerne le privilège des architectes, l'hypothèse est difficilement concevable. Le privilège du vendeur, par exemple, naît à la date de la vente et prend donc rang au jour même de l'entrée de l'immeuble dans le patrimoine du débiteur. Or, celui-ci ne peut avant cette date grever l'immeuble d'une hypothèque, car il n'en est pas propriétaire. Le privilège du vendeur l'emporte donc forcément sur les hypothèques consenties par l'acheteur. Encore faut-il, bien entendu, que le conflit oppose les créanciers d'un même débiteur : le vendeur d'immeuble qui est en droit d'opposer son privilège à l'acheteur et aux créanciers de ce dernier, ne saurait s'en prévaloir à l'égard de ses propres créanciers qui auraient acquis une hypothèque de son chef.

1. Civ. 2e, 26 janv. 1987, *RDI* 1987. 268, obs. crit. Dagot.
2. Sur les conséquences de la rétroactivité de l'efficacité du privilège, v. Derouvroy, *Les instruments juridiques du crédit hypothécaire*, 69e Congrès des notaires, p. 109-110.
3. Marty, Raynaud et Jestaz, n° 301.
4. Marty, Raynaud et Jestaz, *ibid.*

513 ***Hypothèque et autres sûretés*** ◊ Un créancier hypothécaire peut entrer en conflit avec un créancier titulaire d'une sûreté mobilière. Tel est le cas lorsque le bien mobilier grevé de cette sûreté devient un immeuble par destination et se trouve, par conséquent, compris dans l'assiette de l'hypothèque [1]. Pour régler le problème, une distinction s'impose [2]. Si la sûreté mobilière a fait l'objet d'une publicité, le conflit se résout en fonction de la priorité de la publicité, ce qui est rationnel, sauf, peut-être, lorsque l'organisation technique des publicités est différente [3]. Dans le cas inverse, la priorité est donnée au créancier hypothécaire [4].

Il faut cependant réserver une place particulière au conflit opposant un créancier hypothécaire à un créancier nanti sur le matériel d'équipement. En effet, par dérogation au principe suivant lequel l'hypothèque s'étend aux accessoires de l'immeuble grevé, l'hypothèque consentie après la constitution du nantissement n'atteint pas les objets nantis devenus immeubles par destination (C. com., art. L. 525-8). Dans la situation inverse du nantissement constitué sur un objet déjà hypothéqué, la priorité est encore donnée au créancier nanti dans la mesure où ce créancier a signifié l'acte de nantissement au créancier hypothécaire dans les deux mois (art. L. 525-9) [5]. Le créancier hypothécaire n'est pas lésé, car, informé de la constitution du nantissement, il pourra demander le paiement immédiat de sa créance, compte tenu de la diminution de sa sûreté (art. 1188) [6].

514 ***c) Conflit entre créanciers privilégiés. Privilèges généraux*** ◊ Le classement entre ces privilèges qui grèvent l'ensemble du patrimoine du débiteur se fait d'après l'ordre indiqué par l'article 2375 : les frais de justice viennent en premier rang, les salaires et les créances assimilées, au second. Cependant, en cas de redressement ou de liquidation judiciaire du débiteur, le superprivilège des salaires a toujours, comme son nom le laisse entendre, la priorité absolue [7].

Il reste que ces privilèges ne peuvent être exercés sur les immeubles qu'à titre subsidiaire. Dès lors, si un créancier disposant d'un privilège général

---

1. Le conflit n'existe pas en matière de nantissement de fonds de commerce, car si le matériel est immobilisé par destination, il ne peut faire partie de l'assiette de la sûreté ; il peut seulement être atteint par l'hypothèque de l'immeuble principal (v. Req., 20 janv. 1913, *S.* 1920. 1. 33, note Wahl).

2. V. Dagot, p. 261 ; Marty, Raynaud et Jestaz, n° 521.

3. Ainsi, le conflit entre le porteur d'un warrant agricole et le créancier hypothécaire se réglera d'après les dates respectives d'inscription du warrant et de l'hypothèque (L. 30 avr. 1906, art. 12, al. 2). Il appartient cependant au warrantiste de déclarer si les biens sont ou non grèves d'hypothèques (v. en application Civ. 3e, 28 janv. 1975, *Bull. civ.* III, n° 34, *Defrénois* 1975. 773, note Frank).

4. V. Req., 11 janv. 1887, *DP* 1897. 1. 394 ; Paris, 13 mai 1936, *DH* 1936. 384.

5. Sur la question de savoir si le notaire engage sa responsabilité envers le créancier nanti en s'abstenant de procéder à la signification spéciale de l'article 525-9, v. Civ. 1re, 13 juin 1972, *Bull. civ.* I, n° 150.

6. V. Marty, Raynaud et Jestaz, n° 522.

7. V. TGI Paris 20 oct. 1980, *Gaz. Pal.* 1981. 1. 85, note crit. Moreau ; égal. *infra*, n° 775.

saisit un immeuble, les créanciers hypothécaires ont le droit d'exiger qu'il commence par discuter le mobilier, à charge pour eux de faire l'avance des frais nécessaires à cette discussion et d'apporter la preuve de l'existence d'un mobilier suffisant [1]. En pratique, cependant, ce principe de subsidiarité a une portée limitée si bien que les privilèges généraux qui portent à la fois sur les meubles et les immeubles du débiteur priment souvent les hypothèques (*supra*, n° 511).

515 ***Privilèges généraux et privilèges spéciaux*** ◊ L'article 2376 assure la priorité aux privilèges généraux mobiliers et immobiliers sur les privilèges immobiliers spéciaux. Ainsi, le privilège des frais de justice l'emporte, par exemple, sur le privilège du prêteur de deniers. Cependant, cette prééminence est théoriquement « édulcorée » [2], car les privilèges généraux ne peuvent être exercés sur les immeubles que dans la mesure où les meubles qui en sont également grevés ne sont pas suffisants (v. art. 2376). Cette limite s'explique par le principe de subsidiarité dont on a vu qu'il avait peu de portée (*supra*, n° 511). Il faut encore ajouter que la priorité des privilèges généraux sur les privilèges spéciaux suppose que le conflit apparaisse entre créanciers d'un même débiteur. Ainsi, les créanciers à privilège général du chef du propriétaire actuel sont-ils primés par les créanciers ayant privilège du chef des propriétaires antérieurs [3]. C'est une solution commune à toutes les sûretés réelles immobilières (*supra*, n° 512).

516 ***Privilèges spéciaux*** ◊ **1° Conflits entre privilèges de même nature.** L'article 2374 -1° résout un premier cas, en disposant que « s'il y a plusieurs ventes successives dont le prix est dû en tout ou en partie, le premier vendeur est préféré au second, le deuxième au troisième, et ainsi de suite. » La même solution s'impose en cas de conflit de privilèges de copartageants nés de partages successifs : le plus ancien l'emporte sur le plus récent. Mais si, à la suite d'un même partage, deux copartageants étaient l'un et l'autre créanciers d'un troisième à raison d'un prix de licitation, ils viendraient en concours.

Quant au conflit entre architectes ou entrepreneurs demandant le règlement de leurs travaux, il se résout au prix de la distinction suivante, étant rappelé que ces créanciers ne sont privilégiés que dans la limite de la plus-value qu'ils ont créée. Si des travaux différents ont été faits, les architectes ne peuvent se prévaloir que de la créance correspondant à la plus-value que chacun a créée. Si les mêmes travaux ont été réalisés, il faudra déterminer la part de chacun dans cette plus-value et l'affecter aux architectes ou entrepreneurs *au prorata* de leur créance.

---

1. Civ., 24 févr. 1932, *DH* 1932, 217 ; Lyon, 12 juin 1984, *Gaz. Pal.* 1984. 2. 686, note Béjat et Lafarge.

2. Comp. Dagot, p. 429.

3. Civ. 1re, 20 mars 1956, *D.* 1956. 374 ; Versailles, 26 mars 1998, *D.* 1998. Somm. 281, obs. S. Piedelièvre ; v. égal. Derrida, note sous Com., 15 avr. 1975, *D.* 1975. 572.

2° Conflits entre privilèges de nature différente. Si des travaux ont été accomplis sur un immeuble grevé du privilège du vendeur ou du privilège du copartageant, les architectes ou entrepreneurs priment sur la plus-value qu'ils ont donnée à l'immeuble, le vendeur ou le copartageant [1].

En cas de conflit entre un vendeur et un copartageant, c'est le créancier dont le privilège est le plus ancien qui aura la préférence : le copartageant sera primé par le vendeur, si l'immeuble avait été acheté par le défunt sans que celui-ci en paye le prix, car les héritiers qui procèdent au partage ont recueilli cet immeuble dans le patrimoine de leur auteur déjà grevé du privilège du vendeur ; si, au contraire, le cohéritier débiteur d'une soulte vend un immeuble mis dans son lot, c'est le copartageant qui primera [2].

Enfin, un conflit peut éclater entre le vendeur et le prêteur de deniers, par exemple lorsque l'acquéreur a emprunté la fraction du prix payable comptant et que le vendeur a accordé un terme pour le paiement du solde. Puisqu'il est impossible de régler ce conflit par l'ancienneté des sûretés, la vente et le prêt étant convenus, en pratique, dans les mêmes actes, on peut penser que le vendeur et le prêteur doivent être payés, sauf convention contraire, au même rang [3].

C. Assiette du droit de préférence

517 ***Précisions*** ◇ Il faut se garder de confondre l'assiette de l'hypothèque et l'assiette du droit de préférence. Malgré les rapports très étroits qu'elles entretiennent, ces deux assiettes ne se recoupent pas forcément. Il est bien évident que le droit de préférence ne peut s'exercer que sur des valeurs correspondant aux biens compris dans l'assiette de l'hypothèque. De la même façon, le droit de préférence s'applique sur les fruits naturels ou civils de l'immeuble hypothéqué, à condition toutefois que ces fruits aient été immobilisés par la publication du commandement de saisie. Si tel n'est pas le cas, les fruits sont perçus et consommés par le débiteur.

Il faut tenir compte des vicissitudes qui peuvent affecter l'immeuble, si bien qu'il n'y a pas nécessairement une coïncidence entre ces deux assiettes. De plus, les questions portant sur l'assiette du droit de préférence se posent lorsque l'immeuble est converti en une somme d'argent, lorsque l'hypothèque a produit son effet légal, alors que les problèmes qui ont trait à la détermination de l'assiette de l'hypothèque concernent la constitution de la sûreté et la situation des divers intéressés avant l'échéance de la dette.

---

1. V. Marty, Raynaud et Jestaz, n° 303.
2. V. Civ., 8 août 1860, *DP* 1860. 1. 377, *S*. 1860. 1. 845 ; Paris, 24 mai 1854, *S*. 1854. 2. 305. Pour un conflit entre un prêteur de deniers et un copartageant, Civ. 3e, 19 déc. 1990, *Bull. civ.* III, n° 266.
3. V. Rémy, « La subrogation du prêteur de deniers dans l'action résolutoire du vendeur d'immeuble », *JCP* N 1979. I. 79, n° 2. Comp. Théry, n° 205, indiquant que le vendeur doit primer le prêteur, car « il est, en dernière analyse, à l'origine de l'introduction du bien dans le patrimoine du débiteur ».

518 ***Valeurs sur lesquelles porte le droit de préférence. Le prix*** ◊ Le droit de préférence s'exerce sur la totalité de la valeur de l'immeuble hypothéqué et de ses accessoires. Cette valeur est représentée par le prix dégagé par la vente de l'immeuble et par les éventuelles indemnités réglées en cas de perte de l'immeuble. Le prix sur lequel porte le droit de préférence est la somme due par l'adjudicataire ou l'acquéreur en contrepartie du transfert de propriété de l'immeuble [1]. Le droit de préférence ne s'applique pas sur les sommes à payer ou à restituer au débiteur à la suite d'une action en nullité, rescision ou résolution, les droits du créancier hypothécaire ayant été anéantis entre-temps. En cas de dissimulation du prix, les créanciers devraient pouvoir invoquer leur droit sur la partie du prix non déclarée, d'autant plus que les contre-lettres ne leur sont pas opposables. Cependant, la loi (C. civ. art. 1321-1) déclare nulle toute convention qui aurait pour but de dissimuler partie du prix de vente d'un immeuble ; on en déduit que le créancier hypothécaire n'a, alors, que la possibilité, s'il en est encore temps, de poursuivre la mise aux enchères de l'immeuble [2].

519 ***Indemnités pour perte de la chose. Valeurs de remplacement : subrogation réelle ?*** ◊ Si l'immeuble hypothéqué est détruit et si le débiteur reçoit des indemnités en dédommagement, la question se pose de savoir si le droit du créancier est reporté sur ces indemnités. Peut-on admettre ce report par un phénomène de subrogation réelle ? La jurisprudence classique le refuse et décide qu'à défaut de texte particulier, les indemnités de remplacement allouées au débiteur doivent être distribuées au marc-le-franc entre tous les créanciers [3].

Cette conception est quelque peu désuète. La subrogation réelle devrait pouvoir jouer toutes les fois qu'il s'agit de conserver à sa destination la valeur d'un bien soumis à affectation spéciale [4]. Lorsque le bien est envisagé dans sa valeur pécuniaire plutôt que dans son individualité, il est logique de considérer que tout ce qui représente cette valeur doit connaître le même sort. Tel est le cas en matière de sûreté réelle puisque les biens grevés ont une affectation particulière et que les droits du créancier sont avant tout des droits sur la valeur de la chose [5].

---

1. Il faudra y ajouter les intérêts échus depuis le jour où l'hypothèque a produit son effet légal.
2. V. Planiol, Ripert et Becqué, t. XIII, n° 961.
3. Req., 12 mars 1877, *DP* 1877. 1. 97 ; 2 août 1880, *DP* 1881. 1. 227. Rappr. à propos de primes d'arrachage, *supra*, n° 388.
4. V. Terré et Simler, Droit civil, *Les biens*, n° 477. V. égal. pour un bel ex., C. rur., art. L. 121-13, al. 1 : « les droits réels, autres que les servitudes, grevant les immeubles remembrés, s'exercent sur les immeubles attribués par le remembrement, étant précisé que les créances privilégiées et hypothécaires ne conservent leur rang antérieur sur les immeubles attribués par le remembrement que si la publicité est elle-même renouvelée dans les conditions et le délai fixés par voie réglementaire ».
5. La solution est de plus en plus admise (*infra*, n° 663). Ce qui vaut pour le gage, devrait valoir – arg. *a fortiori* – pour l'hypothèque, le gage impliquant, du moins dans l'une de ses modalités, contrairement à l'hypothèque une dépossession (rebelle à la subrogation).

De toute façon, la pratique a su régler le problème, si bien que les créanciers institutionnels ne manquent pas de se faire consentir dans l'acte constitutif de la sûreté, une cession ou une délégation des indemnités que le débiteur pourrait percevoir. De plus, le législateur, dans certaines hypothèses importantes, vient au secours des créanciers pour leur attribuer les indemnités d'assurance ou de responsabilité.

520 ***Attribution aux créanciers hypothécaires des indemnités d'assurance*** ◊ Selon l'article L. 121-13 du Code des assurances, « les indemnités dues par suite d'assurance contre l'incendie, contre la grêle, contre la mortalité du bétail, ou les autres risques, sont attribuées, sans qu'il y ait besoin de délégation expresse, aux créanciers privilégiés ou hypothécaires, suivant leur rang ». Ce texte affecte de plein droit aux créanciers hypothécaires les indemnités dues par l'assureur, sans que celles-ci ne transitent dans le patrimoine de l'assuré ; la règle pose trois séries de difficultés.

La première est de savoir si les indemnités [1] peuvent être accordées au créancier avant l'échéance de la dette. Tant que sa dette n'est pas échue, le créancier ne peut obtenir de paiement. Quant au débiteur, il ne peut recevoir les fonds, compte tenu du droit de préférence reconnu au créancier sur ces fonds. On doit donc admettre que, jusqu'à l'échéance, les indemnités restent bloquées dans les caisses de l'assureur, à moins que les parties ne trouvent un accord [2].

La deuxième difficulté a trait aux formalités à respecter. Si la subrogation légale au profit des créanciers opère de plein droit, sans qu'il soit besoin d'obtenir une délégation [3], encore faut-il que le créancier ait révélé son existence à l'assureur ; sans cela, le paiement que ferait de bonne foi l'assureur au débiteur serait libératoire. Puisque l'on considère que la simple publication de la sûreté, quoique nécessaire, n'est pas suffisante pour informer l'assureur et le rendre de mauvaise foi, il appartient au créancier de se manifester [4]. Le plus souvent, le créancier déclarera son existence au moment de la conclusion de l'assurance ou au moment de la constitution de la sûreté [5].

Enfin, la mise en œuvre du droit du créancier contre l'assureur peut s'avérer délicate. Certes, le créancier dispose d'une action directe contre l'assureur, même si les textes ne le disent pas expressément. Mais cette action directe n'empêchera pas l'assureur de se prévaloir de toutes les

---

1. Toutes les indemnités dues au débiteur en vertu d'une assurance terrestre sont visées.

2. Les créanciers acceptent généralement que le débiteur touche l'indemnité pour réparer l'immeuble, mais exigent que leur hypothèque soit reportée sur les constructions nouvelles (v. Durry, « Hypothèque et assurance », in « L'évolution du droit des sûretés », *RJ com.* 1982. 27 s., spéc. 30).

3. Civ. 1re, 30 mars 1978, *Bull. civ.* I, n° 130 ; 28 oct. 1997, *Bull. civ.* I, n° 294.

4. V. Civ. 1re, 29 févr. 2000, *JCP* 2000. I. 259, n° 13, *RGDA* 2000. 595, note A. Favre-Rochex. V. égal. 1re civ., 13 nov. 2002, *Bull. civ.* I, n° 261, *RGDA* 2003. 59, note Mayaux, *JCP* 2003. I. 176, n° 16, n° 1. Aucune forme spéciale n'est exigée (v. Civ. 1re, 12 oct. 1955, *Bull. civ.* I, n° 336).

5. V. Rép. min. n° 56202, *RDI* 1985. 177, obs. Dagot.

exceptions inhérentes au contrat d'assurance et de toutes les exceptions dues au fait de l'assuré qui sont antérieures au sinistre [1]. Il reste qu'en pratique, ce risque est atténué compte tenu des protections contractuelles que les créanciers se font accorder sur la base d'« avenants hypothécaires » [2].

521 ***Attribution aux créanciers hypothécaires de certaines indemnités de responsabilité*** ◊ La subrogation joue pour les indemnités de responsabilité dues, en cas de dommages causés par un incendie, soit par le locataire, soit par le voisin. L'article L. 121-15 du Code des assurances, faisant suite à la règle de l'attribution aux créanciers hypothécaires des indemnités d'assurance, précise en effet : « il en est de même des indemnités dues en cas de sinistre par le locataire ou par le voisin, par application des articles 1733 et 1382 du Code civil ». Le texte est dérogatoire aux thèses classiques. Aussi certains tribunaux ont-ils refusé de raisonner par analogie [3].

Quelques cas particuliers de transport du droit de préférence sur certaines indemnités mériteraient encore d'être signalés (C. expr. art. L. 12-3 [4] ; v. égal. *supra*, n° 519, *ad notam*).

§ 3. Rapports entre le créancier hypothécaire et le tiers détenteur

522 ***Droit de suite*** ◊ Aux termes de l'article 2461 C. civ., « les créanciers ayant privilège ou hypothèque inscrits sur un immeuble, le suivent en quelques mains qu'il passe, pour être colloqués et payés suivant l'ordre de leurs créances ou inscriptions ». Autrement dit, les créanciers hypothécaires ou titulaires d'un privilège spécial immobilier ont le droit de saisir l'immeuble entré les mains d'un tiers détenteur, afin d'exercer sur le prix résultant de la vente forcée leur droit de préférence [5]. Ce droit [6], qualifié d'une manière imagée, droit de suite, apparaît comme le complément nécessaire du droit de préférence, mais traduit aussi l'équilibre d'intérêts

1. V. pour une exception de compensation. Civ. 1re, 8 nov. 1978, *Bull. civ.* I, n° 338.
2. V. Durry, art. préc., spéc. p. 32.
3. V. Aix, 30 juill. 1940, *JCP* 1940. II. 1519, décidant que les droits des créanciers hypothécaires ne peuvent être reportés sur une indemnité due par un passant auteur accidentel d'un incendie, ni sur une indemnité réclamée sur le fondement de l'une des présomptions de responsabilité édictées par les articles 1384 à 1386 du Code civil.
4. Ce texte permet aux créanciers hypothécaires régulièrement inscrits de reporter leurs droits sur l'indemnité d'expropriation. V. dans le même sens, C. urb., art. L. 123-9.
5. V. Aynès et Crocq, n° 685 s. ; Marty, Raynaud et Jestaz, n° 305 s. ; Théry, n° 187 s. ; Ginon, *Les sûretés réelles traditionnelles*, 82e Congrès des notaires, 221, spéc. p. 328 s. ; P. Frémont, « La vente d'un immeuble grevé d'inscription », *JCP* N 1994. I. 45. L'exercice du droit de préférence est conditionné par le droit de suite, v. Civ. 3e, 27 janv. 1999, *Bull. civ.* III, n° 26, *D.* 1999. Somm. 303, obs. S. Piedelièvre.
6. Considéré par la Cour de cassation comme un « droit réel opposable à tous, et notamment à tout acquéreur indépendamment de sa bonne ou de sa mauvaise foi » : Civ. 3e, 6 nov. 2002, *Bull. civ.* III, n° 219.

qui est au cœur de l'hypothèque : le constituant n'est pas prisonnier de sa situation de débiteur et conserve donc le droit de disposer de son bien ; le créancier doit laisser faire, mais peut intervenir auprès du tiers acquéreur pour obtenir le règlement de sa créance. Mais celui-ci, appelé tiers détenteur (C. civ. art. 2462), dispose des moyens appropriés pour pallier les risques d'éviction qui pèsent sur lui : il peut prendre les devants en payant directement le créancier ou encore répondre aux initiatives du créancier en prenant l'un des partis que la loi lui offre.

Comme les enjeux sont importants, on comprend que le droit de suite soit encadré par des règles précises qui concernent ses conditions et ses modalités d'exercice.

A. Conditions du droit de suite

523 ***Qui peut agir ?*** ◊ Pour que le créancier puisse exercer son droit de suite, il est nécessaire que sa créance soit exigible, car le créancier n'a pas plus de droits contre le tiers détenteur que contre le débiteur lui-même [1]. Le tiers détenteur jouit des termes et délais accordés au débiteur originaire (C. civ. art. 2462). En outre, le créancier doit justifier d'un titre exécutoire ; il entame, en effet, en exerçant son droit de suite, une procédure de saisie immobilière. Mais grâce à l'acte notarié dont il dispose, cette condition n'est pas pour le créancier hypothécaire une source de difficulté.

Enfin, le créancier ne peut poursuivre le tiers détenteur qu'autant qu'il a inscrit son privilège ou son hypothèque ; plus précisément, le droit du créancier n'est opposable au tiers que s'il a fait l'objet d'une publicité avant que le titre d'acquisition du tiers n'ait été lui-même publié. Il faut donc confronter les dates de publicité de l'hypothèque et de l'acte d'acquisition, pour déterminer la priorité entre le créancier hypothécaire et le tiers acquéreur. Si le créancier a été le plus diligent, il peut opposer son droit au tiers. Si celui-ci a publié son titre le premier, il ne s'expose plus à la prise d'une inscription, il n'est pas censé connaître le créancier hypothécaire et peut ainsi s'opposer à son action (C. civ., art. 2427). Dans ces conditions, le tiers acquéreur doit prendre la précaution de se renseigner sur le passif hypothécaire grevant l'immeuble convoité avant de payer le prix.

En pratique, le prix est consigné entre les mains du notaire chargé de réaliser la vente et les formalités de publicité qui l'accompagnent et n'est versé au vendeur qu'après la constatation que l'immeuble n'est grevé d'aucune inscription. Si l'état des inscriptions que le conservateur des hypothèques délivre au moment de la publication de la vente, n'est pas vierge, l'acquéreur propose de payer les créanciers dans l'ordre des inscriptions ou,

---

1. V. Marty, Raynaud et Jestaz, n° 309. Le plus souvent, la condition d'exigibilité est remplie de plein droit, l'aliénation entraînant, d'après la convention des parties, déchéance du terme. Rien ne s'oppose à ce que le créancier renonce à son droit de suite moyennant l'engagement du tiers acquéreur de le payer directement : Civ. 3e, 10 nov. 1999, *Bull. civ.* III, n° 214, *JCP* 2000. I. 259, n° 14, *RDI* 2000. 227, obs. Ph. Théry, *D.* 2000. Somm. 397, obs. Piedelièvre.

si le prix ne suffit pas à régler l'intégralité du passif hypothécaire, s'engage dans une procédure de purge [1].

524 ***Contre qui agir ?*** ◊ Le droit de suite s'exerce contre les tiers détenteurs de l'immeuble, c'est-à-dire contre les détenteurs autres que le constituant, débiteur [2] ou caution réelle. En effet, la caution réelle n'est pas étrangère à l'hypothèque. Elle n'a pas la qualité de tiers détenteur. De même en est-il des ayants cause à titre universel qui sont tenus en tant que successeurs de la personne du débiteur. En revanche, sont des tiers détenteurs contre qui le droit de suite peut être exercé, les ayants cause à titre particulier (acquéreur, donataire, légataire), mais non les héritiers ayant accepté la succession à concurrence de l'actif net [3].

Encore faut-il pour que le droit de suite aboutisse, que le tiers détenteur n'ait aucune exception à faire valoir. Ce dernier, en effet, en sus des moyens de défense tirés de l'extinction de la dette ou de l'hypothèque, peut invoquer des exceptions qui lui sont propres et plus précisément les deux exceptions suivantes [4].

Le tiers détenteur peut opposer l'exception de garantie dans l'hypothèse où le créancier est, en une autre qualité, garant de l'éviction éventuelle, par exemple, en tant qu'héritier du vendeur.

Il peut aussi se soustraire à la poursuite en obligeant le créancier à se faire payer d'abord par le débiteur lui-même, lorsqu'il reste, entre ses mains ou celles des principaux obligés, d'autres immeubles affectés à la même dette (art. 2465). Ce bénéfice de discussion, curieusement accordé à quelqu'un qui n'est pas un débiteur accessoire [5], ne peut, cependant, être opposé qu'à un créancier muni d'une hypothèque générale (art. 2466, *a contrario*), c'est-à-dire, pratiquement, qu'à un créancier, titulaire d'une hypothèque légale ou judiciaire. Il ne pourrait, non plus, être invoqué par celui qui se trouverait personnellement obligé à la dette [6].

---

1. V. Marty, Raynaud et Jestaz, n° 310. Si le conservateur des hypothèques délivre un état incomplet (une inscription est omise), le tiers acquéreur est à l'abri du droit de suite, mais le créancier hypothécaire concerné conserve son droit de préférence. L'article 2451 dispose, en effet, que « le créancier bénéficiaire de l'inscription omise ne perd pas le droit de se prévaloir du rang que cette inscription lui confère tant que le prix n'a pas été payé par l'acquéreur ou que l'intervention dans l'ordre ouvert entre les autres créanciers est autorisée ». Bien entendu, le créancier pourrait également rechercher la responsabilité du conservateur à qui l'omission serait imputable. Rien n'interdit non plus aux créanciers de se contenter d'un paiement partiel, mais immédiat.

2. C'est pourquoi le créancier n'a pas à déclarer sa créance : Com., 11 juin 2002, *Bull. civ.* IV, n° 103, *JCP* 2002.II.10116, note Rémery, *Defrénois* 2003. 417 ; v. en cas d'absorption de la société débitrice : Civ. 10 mars 2004, *JCP* 2004. I. 141, n° 12

3. V. Civ. 2e, 30 juin 1994, *Bull. civ.* II, n° 243.

4. Les cas sont limitatifs : le tiers détenteur ne pourrait se prévaloir du bénéfice de division, ni du bénéfice de subrogation (v. Req., 22 déc. 1846, *DP* 1847. 1. 5 ; Civ., 17 mars 1852, *DP* 1852. 1. 97).

5. V. sur le bénéfice de discussion dont jouit la caution et qui joue, en l'occurrence, dans les mêmes conditions, *supra*, n° 184.

6. Sont donc privés du bénéfice de discussion, les ayants cause universels du débiteur, ses codébiteurs, la caution personnelle devenue tiers acquéreur de l'immeuble (en ce sens, Poitiers,

525 ***À quelles occasions peut-on agir ?*** ◊ Le droit de suite s'exerce à l'occasion de la transmission de l'immeuble hypothéqué à un tiers détenteur. Mais de quelles transmissions s'agit-il ? De toutes les aliénations à titre particulier ? De certaines d'entre elles ? Des distinctions s'imposent.

Certaines aliénations sont assurément opposables aux créanciers à raison de leur objet. Ainsi, les cessions des biens mobiliers détachés de l'immeuble, tels les matériaux de démolition ou les immeubles par destination, ne peuvent donner lieu à un quelconque droit de suite, le tiers acquéreur étant protégé par les dispositions de l'article 2276 du Code civil [1].

D'autres actes de disposition, en revanche, sont inopposables au créancier parce que son droit subsiste intégralement sur l'ensemble de l'immeuble. L'exemple le plus éclairant est celui de la constitution d'une servitude par le débiteur au profit d'un tiers. Cette servitude est inopposable au créancier hypothécaire qui était inscrit sur l'immeuble avant sa constitution. Si, au contraire, il existe des créanciers hypothécaires inscrits postérieurement à la publication de la servitude, celle-ci leur reste opposable.

Enfin, il est des aliénations qui ne peuvent donner naissance à un droit de suite parce qu'elles purgent par elles-mêmes l'immeuble des privilèges et des hypothèques qui le grèvent et ne laissent plus au créancier que le droit de se faire payer sur le prix. C'est le cas des expropriations pour cause d'utilité publique (Ord. 23 oct. 1958, art. 7 et 8) [2], des adjudications sur saisie immobilière suivies de la consignation du prix et du paiement des frais (C. civ. art. 2213) [3], des ventes décidées dans le cadre d'une liquidation (C. com., art. L. 642-18, al. 3) [4] ou d'une cession judiciaire de l'entreprise (C. com. art. L. 642-12, al. 4) [5].

---

19 août 1880, *S.* 1881. 2. 121, note Labbé, mais la solution est contestable). Quant à la caution réelle, elle est dans une situation plus ambiguë : en tant que caution, elle peut revendiquer le bénéfice de discussion, mais en tant que constituant de l'hypothèque, elle en est privée. La jurisprudence penche pour cette seconde analyse (Civ. 1re, 6 mars 1979, *JCP* N 1980. 75, concl. Gulphe), ce qui renforce le caractère réel de la sûreté, mais la solution reste discutable, v. Grua, art. préc., n° 43 ; v. égal. *supra*, n° 185.

1. Mais le créancier pourrait s'opposer au paiement du prix, requérir sa consignation et exercer sur ce prix son droit de préférence, Civ., 5 juill. 1880, *DP* 1880. 1. 321 ; Req., 15 juill. 1867, *S.* 1868. 1. 9.

2. V. *Les biens*, n° 491.

3. Il faut préciser que l'effet de purge ne se produit qu'en cas de vente publique forcée et non en cas de vente publique volontaire.

4. V. Jeantin et Le Cannu, *Droit commercial*, Précis Dalloz, n° 767. La solution joue aussi en cas d'adjudication amiable, mais est écartée en cas de vente de gré à gré. V. J.P. Sénéchal, « Sur la détention et la distribution du prix de vente d'un immeuble appartenant à une personne en liquidation judiciaire », *Defrénois* 1993. 817.

5. V. Jeantin et Le Cannu, *op. cit.*, n° 758 ; Marty, Raynaud et Jestaz, n° 311 et 364. La purge, toutefois, n'est opérée qu'après complet paiement du prix, ce qui suppose que les immeubles grevés soient inclus dans le plan (Com. 30 mars 2010, *JCP* 2011. 226, n° 15) ; les créanciers recouvrent leur droit de suite en cas d'aliénation par le cessionnaire de l'entreprise. Le problème est que le prix de cession peut être très faible. La radiation des inscriptions se fera par une décision volontaire des intéressés ou par une décision judiciaire rendue par le juge des ordres sis dans le ressort de la procédure collective, v. Com., 17 janv. 1995, *Bull. civ.* IV, n° 17, *D.* 1995.

En somme, les aliénations qui donnent naissance au droit de suite sont uniquement celles qui portent sur un droit immobilier susceptible d'être saisi et vendu aux enchères : ce sont les aliénations de tout ou partie de l'immeuble, en pleine propriété, en nue-propriété, en usufruit ainsi que les constitutions d'emphytéose ou de bail à construction.

B. Mise en œuvre du droit de suite

526 ***Préalables*** ◊ Le droit de suite s'exerce dans les conditions prévues et organisées par les textes du Code civil et du Code de procédure civile sur la saisie immobilière (v. *supra*, n° 409). Dès lors, il appartient au créancier d'adresser un commandement au débiteur tenu personnellement à la dette, le commandement étant le premier acte de la saisie [1]. En même temps, le créancier doit faire sommation au tiers détenteur de payer ou de délaisser. Il faut, en effet, prévenir le tiers de la saisie qui va être entreprise et comme le créancier n'a pas de titre exécutoire contre lui, il ne peut pas lui signifier de commandement. La sommation tient donc lieu de commandement et doit indiquer la somme à payer ainsi que l'immeuble qui va être saisi. La sommation donne au tiers détenteur, selon les termes de l'article 2463, le choix entre deux partis : payer la dette ou délaisser l'immeuble. En réalité d'autres possibilités s'offrent à lui, du moins en théorie, car la pratique est plus simple et sans doute plus protectrice des intérêts des uns et des autres. On ne peut, cependant, la comprendre qu'après avoir exposé les schémas de principe.

527 ***1° Théorie. Les options du tiers détenteur*** ◊ Le tiers détenteur qui reçoit la sommation du créancier peut rester passif et subir la saisie. Il peut également délaisser l'immeuble pour éviter les tracas inhérents à toute procédure judiciaire. Il peut encore s'exécuter ou même réagir en opposant une exception ou en répondant à la sommation afin de prendre à son tour l'initiative. Dans ce dernier cas, il lui appartient d'engager une procédure particulière dite procédure de purge.

528 ***a) Le paiement*** ◊ Le tiers détenteur, au lieu de payer le débiteur, peut décider de régler les créanciers. C'est sans doute pour lui le choix le plus simple et peut-être le plus avantageux [2]. Deux hypothèses se présentent.

Ou bien le tiers acquéreur paye l'intégralité du passif hypothécaire (en capital, intérêts, frais et accessoires). Les créanciers sont désintéressés et la

---

Somm. 216, obs. A. Honorat. Quant au droit de préférence il s'exerce, dans ce genre d'hypothèse, sur la quote-part du prix affecté à l'immeuble, art. L. 642-12, al. 1 ; v. *supra*, n° 493. La charge des sûretés est transmise au cessionnaire, au besoin sur la base d'un accord entre le créancier et le cessionnaire, Com. 19 oct. 2010, *Rev. proc. coll.* 2011. Comm. 9.

1. Le commandement doit être signifié à chacun des codébiteurs originaires, Civ. 2e, 8 janv. 1997, *Bull. civ.* II, n° 3, *JCP* 1997. I. 4033, n° 16.

2. Ce choix est libre, à moins que le tiers détenteur ne se soit engagé dans une délégation de paiement, à titre de délégué.

situation hypothécaire de l'immeuble est définitivement apurée au profit de l'acquéreur, tiers détenteur. Le reliquat du prix, s'il existe, est versé au débiteur.

Ou bien le remboursement n'est que partiel, le tiers acquéreur se contentant de payer les créanciers hypothécaires par ordre de préférence dans la limite du prix. Dans ce cas, il est vrai, le tiers acquéreur reste exposé aux poursuites des créanciers hypothécaires qui n'ont pas été désintéressés. Mais ce risque est limité compte tenu de la subrogation légale dont bénéficie le tiers acquéreur. En effet, la subrogation a lieu de plein droit « au profit de l'acquéreur d'un immeuble qui emploie le prix de son acquisition au paiement des créanciers auxquels cet héritage était hypothéqué » (C. civ., art. 1251-2°). Le tiers acquéreur *solvens* recueille ainsi les hypothèques que les créanciers désintéressés avaient sur l'immeuble même qu'il détient : il a désormais une hypothèque sur lui-même [1] ! Dans ces conditions, les autres créanciers n'ont plus intérêt à poursuivre une vente forcée, car le tiers détenteur fera valoir alors son hypothèque qui, si elle est de premier rang – ce qu'elle sera normalement puisqu'il bénéficie de l'hypothèque des créanciers qu'il a payés et donc des créanciers de premier rang –, lui permettra d'être remboursé en priorité. Ces créanciers, toutefois, retrouvent un intérêt à la saisie lorsque la valeur de l'immeuble a sensiblement augmenté et que sa vente va dégager un prix suffisant pour les désintéresser après prélèvement de ce qui est dû par voie de subrogation au tiers détenteur [2].

529 ***b) Le délaissement*** ◇ Le tiers détenteur peut aussi délaisser l'immeuble sur les poursuites du créancier (C. civ. art. 2467). Il s'agit pour lui d'abandonner la détention matérielle de l'immeuble entre les mains d'un curateur nommé par le tribunal. Le délaissement suppose que le tiers détenteur soit étranger à la dette et capable d'aliéner. De plus, il n'est possible que si le prix dû par l'acquéreur et encore entre ses mains n'est pas suffisant pour désintéresser les créanciers inscrits [3].

Ce choix, qui se matérialise par une déclaration au greffe du tribunal de grande instance du lieu de situation de l'immeuble [4], ne présente guère

1. V. sur cette situation curieuse, J. Mestre, *La subrogation personnelle*, LGDJ, 1979, n° 120 ; elle ne dispense pas l'intéressé de renouveler les inscriptions.

2. V. Marty, Rayaud et Jestaz, n° 319. Dans l'hypothèse visée, le tiers acquéreur serait réduit à un recours contre son vendeur, soit qu'il ait été exproprié, soit qu'il ait dû payer plus que le prix pour conserver l'immeuble.

3. Req., 1er juill. 1850, *DP* 1850. 1. 177, *S.* 1853. 1. 303 ; Civ., 28 avr. 1874, *DP* 1874. 1. 287. La solution est justifiée, car si l'acheteur doit encore sur son prix une somme suffisante pour payer les créanciers, il a, pour éviter la saisie, un moyen beaucoup plus simple et beaucoup plus efficace que le délaissement, c'est de payer. Du reste, les exigences de la bonne foi lui imposent de le faire : le délaissement débouche en effet sur l'adjudication et donc sur son éviction (sauf s'il décide de se porter adjudicataire). Or, cette éviction lui ouvre un recours en garantie contre son vendeur, recours qu'il peut éviter en payant. On peut donc considérer qu'il y a mauvaise foi à délaisser lorsque l'on peut encore désintéresser les créanciers. Ne pas l'admettre, ce serait également donner une échappatoire à l'acquéreur pour ne pas exécuter ses obligations.

4. Cette déclaration doit être signifiée au créancier poursuivant et peut être faite, au plus tôt, après la sommation, et, au plus tard, jusqu'à l'adjudication (v. Civ., 6 nov. 1945, *D.* 1946. 36).

d'intérêt pour le tiers détenteur, si ce n'est qu'il lui permet de ne plus apparaître dans la procédure de saisie (de conserver ainsi sa réputation) et de rendre le curateur, contre qui la procédure se déroule, comptable des fruits et revenus de l'immeuble. En un sens, le délaissement ne modifie que les apparences [1]. Il n'empêche pas le déroulement de la saisie et n'affecte pas le droit de propriété du tiers détenteur. Celui-ci, resté propriétaire de l'immeuble jusqu'à l'adjudication, supporte donc les risques de la chose pendant une longue période et se trouve exposé, à partir de cette adjudication, aux inconvénients de l'expropriation. Toutefois, si l'immeuble délaissé est adjugé pour un prix supérieur au montant du passif hypothécaire, le reliquat lui revient.

530 ***c) La saisie*** ◊ Le tiers détenteur peut ne rien faire et laisser se poursuivre la procédure de saisie intentée contre lui. À terme, un jugement d'adjudication sera rendu : les droits des créanciers hypothécaires seront reportés sur le prix dû par l'adjudicataire [2], la propriété de l'immeuble sera transférée à celui-ci et le tiers détenteur, dans ces conditions, sera exproprié [3].

Cependant, ce jugement d'adjudication n'a aucun effet rétroactif. La période qui a couru jusqu'à l'adjudication n'est pas effacée. Il en résulte que les actes du tiers détenteur restent valables et, notamment, que les hypothèques nées de son chef conservent leurs effets (C. civ., art. 2472, al. 2) [4]. En outre, le tiers détenteur à vocation à recevoir le reliquat éventuel du prix d'adjudication après désintéressement des créanciers inscrits [5]. Quant à ces créanciers, ils doivent indemniser le tiers détenteur pour la plus-value qu'il a apportée au bien [6], à charge pour lui de répondre des détériorations qui ont porté préjudice aux créanciers (art. 2470) [7] et de restituer les fruits dont il est comptable depuis le jour où la sommation de payer l'a atteint (art. 2471).

---

1. V. Dagot, p. 469.
2. Les hypothèques auront alors produit leur « effet légal » (v. *supra*, n° 505).
3. Sauf, bien entendu, si le tiers détenteur s'est lui-même porté adjudicataire, ce qui consolide son droit et le met à l'abri du droit de suite.
4. L'article 2472, alinéa 1er, contredit, en apparence, cette règle de non-rétroactivité, car il indique que « les servitudes et droits réels que le tiers détenteur avait sur l'immeuble avant sa possession, renaissent après le délaissement ou après l'adjudication faite sur lui ». En réalité, cette disposition a été prise uniquement pour des raisons pratiques, la loi ayant estimé qu'il était plus simple de faire survivre la servitude, plutôt que de la faire disparaître en obligeant, en contrepartie, l'adjudicataire à dédommager le tiers détenteur.
5. V. Planiol, Ripert et Becqué, n° 1159. Comp. Req., 15 déc. 1862, *S.* 1863. 1. 57, *DP* 1863. 1. 161.
6. V. Civ., 27 janv. 1914, *DP* 1916. 1. 97, note Cezar-Bru. Cette indemnisation est garantie non par un droit de rétention – il ne faut pas entraver l'action hypothécaire –, mais par un droit de prélèvement que le tiers détenteur exercera sur le prix d'adjudication, v. Civ., 14 nov. 1881, *DP* 1882. 1. 168.
7. On peut admettre que le préjudice est constitué lorsque la moins-value imputable au tiers détenteur a empêché les créanciers inscrits d'être entièrement payés. V. Marty, Raynaud et Jestaz, n° 331.

531 ***Recours du tiers détenteur évincé*** ◊ Le tiers détenteur exproprié par le jugement d'adjudication subit un préjudice qui, comme tous les préjudices, appelle une réparation. L'intéressé pourra l'obtenir en exerçant un recours contre son auteur ou contre le débiteur qui est à l'origine de la poursuite [1].

Le tiers détenteur bénéficie, d'abord, d'une action en garantie pour cause d'éviction. Celle-ci lui permettra de percevoir une indemnisation complète (C. civ. art. 1630), mais ne jouera que s'il a acheté l'immeuble et non s'il l'a reçu par donation.

Le tiers détenteur peut également exercer un recours en remboursement contre le débiteur principal dont il a réglé la dette (à moins qu'il n'ait agi avec une intention libérale). Ce recours se fonde sur la subrogation reconnue à celui qui a payé pour d'autres (C. civ. art. 1251-3°) [2] et ne peut donc pas dépasser le montant du passif hypothécaire. Cette subrogation légale donne au tiers détenteur le droit de se retourner contre le débiteur principal, mais aussi - ce qui est intéressant lorsque le débiteur est insolvable - contre les autres garants. Dans ce dernier cas, des distinctions s'imposent.

Lorsqu'il y a d'autres immeubles hypothéqués à la même dette entre les mains d'autres tiers détenteurs, l'acquéreur qui a payé ou qui a été exproprié, peut agir, en tant que subrogé dans les droits des créanciers, contre les autres détenteurs, mais son recours n'est que partiel, la charge de la dette devant se répartir entre les différents garants proportionnellement à la valeur respective des immeubles qu'ils détiennent [3].

Si la dette est garantie par une caution, on admet généralement que le tiers détenteur ne peut recourir contre la caution [4]. La faute qu'il aurait commise en restant passif, en n'évitant pas l'expropriation, en ne procédant pas à la purge, le priverait de toute action contre la caution (C. civ. art. 2314).

On peut aussi faire observer que la caution est un débiteur subsidiaire qui n'est tenu que dans l'hypothèse où le débiteur principal est insolvable ; or, en l'occurrence, le débiteur n'était pas insolvable puisque le créancier a pu saisir un immeuble qu'il avait hypothéqué à la dette. Le tiers détenteur, ayant cause du débiteur, ne pourrait dans ces conditions exercer un recours contre la caution. Ce même argument peut être avancé pour refuser au tiers détenteur toute action contre une caution réelle. De surcroît, s'il est vrai qu'un tiers détenteur peut se retourner contre un autre tiers détenteur, cette solution ne saurait justifier un recours contre la caution réelle, car, précisément, la caution réelle n'est pas un tiers détenteur.

---

1. Le plus souvent, il s'agit de la même personne : c'est le débiteur qui constitue l'hypothèque et qui vend l'immeuble.

2. V. J. Mestre, *op. cit.*, n° 452.

3. V. Req., 8 déc. 1903, *D.* 1904. 1. 193, note Merignhac ; J. Mestre, *op. cit.*, n° 545.

4. *Cf.* Marty, Raynaud et Jestaz, n° 334. À l'inverse, si la caution a payé en premier, elle est subrogée dans l'hypothèque et peut exercer une action contre le tiers détenteur et pour le tout (v. Req., 16 mars 1938, *D.* 1939. 1. 41, note Voirin).

532 ***d) La purge*** ◇ Pour épargner au tiers détenteur d'avoir à choisir entre le paiement – qui peut être lourd si le passif hypothécaire est important – et l'abandon, la loi [1] lui accorde le droit de purger l'immeuble de ses inscriptions [2]. Dans l'absolu, la technique ne présente que des avantages. Elle permet au débiteur de trouver facilement un acquéreur. Elle facilite les transactions puisque l'acquéreur, moyennant quelques formalités, a la possibilité de libérer l'immeuble sans avoir à payer au-delà de son prix. Enfin, la purge offre aux créanciers une garantie, car leur droit est reporté sur le prix proposé par l'acquéreur.

En réalité, cette institution n'a plus qu'une valeur prophylactique [3]. Depuis longtemps la pratique s'en détourne, compte tenu de sa lourdeur, de son coût et de son inadaptation aux réalités économiques [4]. Elle expose, en effet, les créanciers à une remise en cause de leurs prévisions financières [5] et ne met pas le tiers acquéreur à l'abri d'une expropriation.

Sous le bénéfice de ces remarques, on exposera les grands traits de la procédure de purge [6] et les principaux effets qui lui sont attachés.

533 ***La procédure de purge*** ◇ Ouverte à tout acquéreur d'un immeuble hypothéqué [7], sauf dans l'hypothèse exceptionnelle où il est personnellement obligé à la dette [8], la procédure de purge est formaliste. Elle se déroule dans les conditions suivantes. Si les créanciers ne prennent pas l'initiative des poursuites, l'acquéreur peut agir immédiatement, du moins dès qu'il a publié son titre ; mais la loi ne lui impose aucun délai. Si les créanciers se manifestent, l'acquéreur doit prendre parti, dans le mois de réception de la sommation, de payer ou de délaisser (C. civ. art. 2478). Lorsqu'il décide de s'engager dans la procédure de purge, il lui appartient de notifier à chaque créancier inscrit, et ce, par voie d'huissier au domicile élu dans le

---

1. Art. 2475 à 2487. Sur les origines de ces textes, v. Marty, Raynaud et Jestaz, n° 337.
2. V. Aynès et Crocq, n° 689 ; Théry, n° 189.
3. V. Aynès et Crocq, n° 689.
4. V. 82e Congrès des notaires, Compte rendu des travaux des commissions, p. 55 ; Ginon, art. préc., n° 146.
5. La purge joue, en effet, même si les créances ne sont pas encore exigibles (art. 2184) ; on peut ajouter, d'une manière générale, que la condition du créancier n'est pas ici prise en considération : le créancier titulaire d'une hypothèque judiciaire conservatoire est exposé à la purge (v. Théry, n° 190 et note sous Civ. 3e, 2 nov. 1985, *Defrénois* 1985. 55, n° 17). Elle s'applique aussi à toutes les hypothèques, Civ. 2e, 16 mai 1990, *Bull. civ.* II, n° 95.
6. La charge des frais de purge pèse, sauf clause contraire, sur le vendeur (v. art. 1608. V. Civ. 1re, 23 oct. 1963, *D.* 1964. 33, note Voirin).
7. Ne peuvent purger ni le créancier, ni le débiteur, ni ses ayants cause universels ou à titre universel ; on admet, cependant, que l'héritier bénéficiaire qui s'est rendu adjudicataire de l'immeuble qu'il a mis en vente a le droit de purger en sa qualité d'acquéreur (v. Cass. ch. réun., 12 janv. 1876, *S.* 1876. 1. 81). Quant à la caution réelle, qui n'est pas un tiers détenteur, elle ne peut pas purger ; dès lors que le débiteur ne peut purger l'immeuble en offrant au créancier sa valeur, il n'y a aucune raison pour que la caution réelle le puisse.
8. Le cas se présente lorsqu'un codébiteur ou une caution devient acquéreur de l'immeuble hypothéqué.

bordereau d'inscription, son offre « d'acquitter sur-le-champ les dettes et charges hypothécaires jusqu'à concurrence seulement du prix » (C. civ. art. 2479) [1].

Les créanciers ont alors quarante jours pour opter entre l'acceptation du prix offert et la réquisition de mise de l'immeuble aux enchères publiques [2]. S'ils acceptent, leurs droits sont reportés sur le prix selon leur rang (art. 2481). S'ils refusent, le bien est mis aux enchères publiques et la mise à prix fixée au prix offert majoré d'un dixième (C. civ. art. 2480) [3]. Le créancier qui a requis la mise aux enchères est considéré comme premier enchérisseur, si bien qu'à défaut d'autres enchères, il sera déclaré adjudicataire avec toutes les conséquences que cela entraîne vis-à-vis du tiers acquéreur évincé.

534 ***Effets de la procédure*** ◊ Quel que soit le parti pris par les créanciers, l'immeuble sera libéré de ses charges hypothécaires, celles-ci se reportant sur le prix offert par le tiers acquéreur ou sur le prix dégagé par la vente aux enchères. Quant aux autres conséquences de la procédure de purge, il faut, pour les connaître, distinguer.

Si les créanciers acceptent [4] l'offre qui leur est faite, le tiers acquéreur n'est pas pour autant désengagé ; il ne sera libéré que par le paiement aux créanciers du montant de leurs collocations ou la consignation du prix (C. civ. art. 2481) [5]. Cette seconde technique est plus avantageuse pour lui, car, une fois validée, elle permet une radiation immédiate des inscriptions et arrête le cours des intérêts à son égard [6].

Si les créanciers, ou l'un d'entre eux, estiment les offres insuffisantes, la procédure se poursuit pour se terminer normalement par une adjudication sur surenchère. Deux nouvelles hypothèses se présentent.

Il se peut que l'adjudication soit prononcée au profit du tiers acquéreur [7]. Dans ce cas, il est admis que le jugement d'adjudication consolide définitivement le droit de l'intéressé, lequel, du reste, n'a même pas besoin de faire publier son jugement (C. civ. art. 2484). Les droits qu'il avait consentis entre le jour de l'acquisition et le jour de l'adjudication sont donc maintenus.

---

1. La notification aux fins de purge doit contenir l'offre d'affecter l'intégralité du prix de vente à l'acquittement des charges hypothécaires ; toute réserve ou stipulation contraire est inopposable aux créanciers inscrits (Req., 7 nov. 1939, *DC* 1941. 65, note Voirin) ; autrement dit, l'offre qui doit être maintenue pendant le délai de quarante jours, doit être intégrale et porter sur le prix tout entier, ce qui prive l'acquéreur du droit de se prévaloir des exceptions qu'il aurait pu invoquer à rencontre de son co-contractant (v. pour une exception de compensation, Civ., 27 janv. 1885, *DP* 1885. 1. 373).

2. Avec un cautionnement efficace, Civ. 3e, 10 mars 1993, *Bull. civ.* III, n° 32.

3. V. par ex. Civ. 3e, 12 oct. 1994, *Bull. civ.* III, n° 169.

4. L'acceptation n'a pas besoin d'être expresse ; elle résulte, en fait, de ce que les créanciers laissent passer les quarante jours sans requérir la mise aux enchères.

5. V. Civ., 15 févr. 1938, *DH* 1938. 177.

6. V. Théry, n° 194.

7. À la suite d'un sacrifice de sa part, puisqu'il aura dû porter une enchère supérieure à la surenchère du dixième du créancier ; sacrifice temporaire, toutefois, car justiciable d'un double recours fondé d'une part sur la garantie contre l'éviction, d'autre part sur la subrogation (v. Marty, Raynaud et Jestaz, n° 357).

En revanche, si l'adjudication est prononcée au profit d'une autre personne, l'éviction du tiers acquéreur est consommée [1], ce qui lui donne droit, cependant, à toute une série de remboursements [2]. Mais, contrairement à ce que l'on décide en cas de saisie ordinaire, il est acquis que l'adjudication sur surenchère du dixième en cas de purge résout le droit de propriété du tiers détenteur et l'efface rétroactivement [3]. Cette solution ne mérite peut-être plus de discussion : elle n'offre aucun intérêt pratique depuis que la procédure de purge n'est plus utilisée ou, en tout cas, est devenue rarissime.

535 ***2° Pratique. La purge « amiable »*** ◊ Les formalités du Code civil sur la purge des hypothèques ne sont pas impératives. Rien n'empêche les parties d'organiser, sur une base contractuelle, le règlement de leurs rapports dès l'instant que l'offre de l'acquéreur est claire et que les créanciers l'acceptent [4]. Les notaires, soucieux de satisfaire les intérêts des uns et des autres, l'ont bien compris et proposent à leurs clients un système de purge amiable [5]. Il s'agit d'utiliser le prix versé par l'acquéreur pour désintéresser les créanciers inscrits. Une fois le projet de vente connu, le notaire demande un état des inscriptions à la conservation des hypothèques et informe les créanciers répertoriés des intentions de vente de leur débiteur. Puis, lorsque la vente est signée, le prix est remis au notaire, à charge pour lui de désintéresser les créanciers. Ceux-ci ne refuseront pas le prix même s'il est insuffisant, car ils savent bien qu'ils n'ont pas intérêt à s'engager dans une procédure de distribution longue et, parfois, aléatoire.

Une telle combinaison présente, cependant, deux inconvénients. D'une part, une inscription peut toujours être prise entre le moment où le notaire demande l'état des inscriptions et le jour de la publication de la vente, d'autant que ce laps de temps peut être important en raison de l'encombrement des conservations d'hypothèques. Or, l'irruption d'un nouveau créancier est de nature à bouleverser l'accord des parties. En pratique, le risque est couvert par une assurance professionnelle du notaire qui interviendra pour désintéresser ce créancier de la dernière heure [6]. D'autre part, des créanciers chirographaires ou titulaires d'un privilège mobilier peuvent se manifester avec l'intention de saisir la créance de prix entrée

---

1. V. Théry, n° 194.
2. Plus précisément, il doit être remboursé par l'adjudicataire des « frais et loyaux coûts » du contrat d'acquisition, des frais de publication et de purge (art. 2483). Il doit aussi être indemnisé par les créanciers inscrits pour la plus-value apportée au bien (arg. art. 2470). À l'inverse, il est tenu des dégradations de son fait et ne peut demander le remboursement des intérêts des emprunts qu'il a pu contracter (v. Ginon, art. préc., n° 144).
3. Req., 13 déc. 1887, *DP* 1888. 1. 337, note Glasson.
4. Req., 2 mars 1885, *D.* 1886. 1. 119 ; 14 avr. 1934, *Gaz. Pal.* 1934. 2. 19 ; V. égal., T. civ. Blois, 19 mai 1949, *JCP* N 1949. II. 4996. V. égal. *supra*, n° 523.
5. V. Aynès et Crocq, n° 691 ; Marty, Raynaud et Jestaz, n° 319 *bis* ; Théry, n° 195 ; V. égal., Ginon, art. préc., n° 150 ; J. Lafond et Sénéchal, « La vente d'un immeuble grevé d'inscriptions au-delà de son prix », *JCP* N 1986. I. 195.
6. Théry, n° 195.

dans le patrimoine de leur débiteur, le vendeur. Mais l'inconvénient n'est pas sans remède.

536 ***La clause de séquestre et de nantissement du prix*** ◊ Pour éviter tout concours entre les créanciers inscrits et d'autres créanciers du vendeur, mieux, pour assurer la priorité des premiers sur les seconds, la pratique notariale a imaginé la technique suivante qui est purement contractuelle et repose ainsi sur l'accord des parties.

Le notaire accepte de recevoir le prix avec tout pouvoir pour payer les dettes hypothécaires ; mais, préalablement, il se voit charger d'affecter ce prix en gage, au profit de l'acquéreur, de ce que lui doit le vendeur, tenu de délivrer un immeuble libre d'hypothèque. Un chassé-croisé se produit : l'acquéreur règle et donne mandat au notaire de désintéresser les créanciers inscrits. Le vendeur accepte le prix, mais le donne immédiatement, par l'intermédiaire du notaire jouant le rôle d'un tiers convenu, en nantissement à l'acquéreur. De cette manière, lorsqu'un créancier chirographaire du vendeur se présente, le notaire lui oppose le droit de gage conféré à l'acquéreur. Alors, sur les instructions de celui-ci, il remettra le prix en priorité aux créanciers hypothécaires, versera le solde éventuel au créancier saisissant et, même, le cas échéant, donnera le reliquat au vendeur [1].

La jurisprudence ne s'est jamais prononcée sur ce « montage », sans doute parce qu'il est juridiquement irréprochable. Mais certaines décisions ont, à juste titre, laissé entendre qu'il était inutile.

Ainsi la jurisprudence a-t-elle considéré que l'avis à tiers détenteur, saisie-attribution simplifiée offerte au Trésor public pour le recouvrement de ses créances privilégiées, ne pouvait s'exercer que sur le solde du prix de vente après désintéressement des créanciers inscrits [2]. Puis, il a été affirmé que l'opposition du syndic de copropriété, faite pour obtenir le règlement des charges impayées, ne donnait aucun droit de préférence au syndicat et ne l'empêchait pas d'être primé par les créanciers inscrits (à défaut d'inscription de l'hypothèque légale dudit syndicat) [3]. Enfin, la Cour de cassation a fini par déclarer sans aucune réserve que « la saisie pratiquée sur les fonds provenant de la vente de l'immeuble et consignés entre les mains du notaire n'interdisait pas à celui-ci de procéder au règlement des créances régulièrement inscrites » [4].

---

1. V. J. Bruttin, « La clause dite de séquestre et de nantissement de prix ; le placement du prix de vente séquestré et nanti », *JCP* N 1993. I. 207 ; J.P. Sénéchal, « Faut-il nantir le prix de vente d'un immeuble hypothéqué ? », *LPA* 15 mai 2003, 58 s.

2. Com., 29 avr. 1963, *Bull. civ.* III, n° 212 ; 21 déc. 1964, *Bull. civ.* III, n° 580.

3. Civ. 3e, 17 janv. 1978, *Bull. civ.* III, n° 38, *D.* 1978. 605, note Souleau, *JCP* N 1978. II. 147, note B. Stemmer, *RDI* 1979. 366, obs. Dagot ; 27 févr. 1979, *JCP* N 1980. II. 9, note Stemmer ; *Defrénois* 1979. 1420, obs. Morin, *RDI* 1980. 193, obs. Dagot. rapp. 3e civ., 8 janv. 1980, *Bull. civ.* III, n° 7, *D.* 1980. 368, note Frank.

4. Civ. 2e, 15 janv. 1992, *Bull. civ.* II, n° 18, *JCP* 1992. I. 3263, n° 17. V. encore, Civ. 2e, 9 juill. 1997, *Bull. civ.* II, n° 229 ; Civ. 3e, 27 janv. 1999, *Bull. civ.* III, n° 26, *D.* 1999. 303, note S. Piedelièvre, *RDI* 1999. 294, obs. Ph. Théry. V. encore, J. Lafond, *JCP* N 2000. 1510 ; Vauville, « La saisie de la créance de prix de vente d'un immeuble », *JCP* N 1993. 415 ; MM. Perrot et Théry, « Procédures civiles d'exécution », *D.* 2000. 362.

Ces solutions autorisent à penser qu'en cas de vente du bien hypothéqué, le droit de préférence se reporte immédiatement sur le prix [1], si bien qu'il n'est pas nécessaire de le consigner, ni de le nantir, pour épargner aux créanciers inscrits le concours des autres créanciers du vendeur [2].

537 ***Consécration légale*** ◇ La pratique de la purge amiable a été consacrée par la réforme des sûretés, du moins pour ce qui est des hypothèques conventionnelles [3]. En effet, aux termes de l'art. 2475 C. civ., « lorsqu'à l'occasion de la vente d'un immeuble hypothéqué, tous les créanciers conviennent avec le débiteur que le prix sera affecté au paiement total ou partiel de leurs créances ou de certaines d'entre elles, ils exercent leur droit de préférence sur le prix et ils peuvent l'opposer à tout cessionnaire comme à tout créancier saisissant de la créance de prix ». Autrement dit, le débiteur peut convenir avec tous les créanciers inscrits d'affecter le prix de cession à leur désintéressement [4]. Le droit de préférence de ces créanciers est alors dûment reporté sur ce prix [5]. L'art. 2475 ajoute que « par l'effet de ce paiement, l'immeuble est purgé du droit de suite attaché à l'hypothèque ». L'immeuble se trouve ainsi libéré de toutes ses charges hypothécaires.

538 ***Délégation*** ◇ La clause de séquestre et de nantissement de prix n'est certainement d'aucune utilité lorsque la créance dont se prévaut le créancier hypothécaire n'est pas exigible [6]. En ce cas [7], l'acquéreur s'engage parfois (si le premier prêt est plus avantageux que celui qu'il pourrait obtenir) à

1. V. d'ailleurs expressément en ce sens, Civ. 2e, 23 avr. 1980, *Bull. civ.* II, n° 84, *RDI* 1981. 112, obs. Dagot ; l'arrêt porte sur le privilège du vendeur à l'occasion d'une adjudication sur saisie, mais il n'y a aucune raison pour ne pas généraliser la solution (v. Marty, Raynaud et Jestaz, n° 319 *bis*), si l'acquéreur a bien manifesté l'intention de payes les créanciers ; v. encore : Civ. 2e, 6 déc. 2007, *JCP* 2008. I. 152, n° 16

2. V. Picard, « La fin d'un mirage ? La clause de séquestre et de nantissement de prix » *JCP* N 1979. I. 235.

3. L'art. 2475 se trouve dans un chapitre consacré à la « purge des privilèges et des hypothèques », ce qui laisse entendre que la disposition a un champ d'application étendu. Il reste que le texte de l'art. 2475 ne vise que les hypothèques. D'où la précaution qui consiste à s'en tenir à la seule lettre du texte. Une interprétation plus ouverte n'est cependant pas exclue, rappr. *supra*, n° 488.

4. V. Combarieu, « La purge amiable des privilèges et hypothèques », *JCP* N 2008. 1059.

5. Les créanciers inscrits sont toujours en droit de refuser le prix proposé ; ils conservent alors leur droit de suite. C'est pourquoi, l'acquéreur ne paye que sous la condition que les créanciers acceptent le prix et donnent mainlevée. Le vendeur n'ayant qu'un droit conditionnel, la saisie des éventuels créanciers chirographaires est, en toute hypothèse, impossible, v. MM. Cabrillac, Mouly et Pétel, n° 1020.

6. L'exigibilité est souvent provoquée par les clauses de déchéance du terme stipulées dans les actes de prêt et visant l'hypothèse de vente du bien hypothéqué.

7. V. Aynès et Crocq, n° 690 ; Marty, Raynaud et Jestaz, n° 319 *bis*. Le problème se pose en général à l'occasion d'une vente d'immeuble acquis précédemment grâce à un prêt bancaire. L'actuel acquéreur va accepter l'immeuble avec toutes ses charges et décider de reprendre le prêt. Cette reprise de prêt n'est pas une véritable cession du contrat, mais plus exactement une délégation (v. Malaurie, Aynès et Stoffel-Munck, *Droit civil, les obligations*, n° 1243 ; v. égal. Civ. 1re, 13 nov. 1996, *D.* 1997. Somm. 80, obs. L. Aynès).

reprendre à sa charge la dette hypothécaire, dette qui viendra en déduction du prix qu'il doit au vendeur. Juridiquement, cette reprise intervient dans le cadre d'une délégation : le vendeur délègue à ses créanciers, délégataires, son propre débiteur, l'acquéreur, devenu, s'il accepte, délégué. Cette délégation peut libérer ou non le vendeur selon qu'elle est parfaite ou imparfaite [1]. Elle suppose l'accord des trois protagonistes. Toutefois, lorsque le Crédit foncier est partie prenante en tant que créancier hypothécaire en l'état d'un prêt aidé, son concours n'est pas nécessaire (CCH, art. 311-8 ; v. *infra*, n° 552).

Ces opérations relèvent surtout des techniques de transmission des hypothèques.

SECTION 2. TRANSMISSION DE L'HYPOTHÈQUE

539 ***Préalables*** ◊ Si un créancier hypothécaire ne peut hypothéquer son droit, rien ne lui interdit de le céder directement et à titre principal en transmettant l'hypothèque elle-même, ou indirectement, à titre accessoire, en négociant sa créance. Le droit d'hypothèque est dans le commerce juridique ; il peut donc faire l'objet d'opérations juridiques par la voie d'une subrogation ou d'une cession [2]. Encore faut-il que la créance soit disponible [3] et que le cédant ait la capacité requise [4]. Encore faut-il également, et peut-être surtout, que certaines formalités soient respectées.

540 ***Formalités*** ◊ La première des précautions est de s'assurer que les formalités prescrites par le droit des obligations ont bien été observées : formalités de l'article 1690 en cas de cession de créance et de l'article 1250 en cas

1. V. Terré, Simler et Lequette, *Droit civil, les obligations*, n° 1341. Comp. Civ. 3e, 10 nov. 1999, *Bull. civ.* III, n° 214, pour une hypothèse de stipulation pour autrui.

2. V. Maubru, *La transmissibilité de l'hypothèque*, thèse Toulouse 1974 ; Tendler, *L'efficacité de l'hypothèque conventionnelle*, thèse Strasbourg 1970, p. 213 s. ; Marty, Raynaud et Jestaz, n° 365 s. ; plus gén. pour une étude très approfondie et très ouverte sur les droits étrangers, v. H. Westendorf, *Le transfert des sûretés*, thèse Paris II, 2010. *A priori*, le terme transmission recèle une certaine ambiguïté, car il semble désigner les transferts des droits à cause de mort. Mais l'objection n'est pas décisive : le législateur utilise le terme à l'occasion d'opérations entre vifs (v. L. 15 juin 1976, *infra*, n° 543) et le *Vocabulaire juridique Capitant* (*V° Transmission*) attribue à l'expression un sens large. La substitution de garantie est une autre technique ; elle peut concerner les hypothèques, v. Com., 20 janv. 1998, *Bull. civ.* IV, n° 28, *JCP* 1998. I. 149, n° 17, *D.* 1998. Somm. 380, obs. Piedelièvre, *RTD civ.* 1998. 707, obs. Crocq, *RD imm.* 1999. 138, obs. Ph . Théry. Plus gén. v. O. Salati, « Le juge face aux sûretés réelles non judiciaires », PUAM, 2000, préf. E. Putman, n° 93 s.

3. La solution vaut que l'opération porte sur la créance elle-même ou uniquement sur l'hypothèque (v. Limoges, 23 févr. 1906, et sur pourvoi, Civ., 20 mars 1907, *DP* 1909. 1. 217, note Duparcq).

4. C'est-à-dire, la capacité de disposer d'un droit réel immobilier (v. Marty, Raynaud et Jestaz, n° 372, qui distinguent selon que la transmission est à titre principal ou à titre accessoire. Comp. Mazeaud, Chabas et Picod n° 600, qui estiment que la capacité nécessaire et suffisante est toujours celle qui est requise pour céder la créance).

de subrogation conventionnelle. Il faut, ensuite, tenir compte des règles de la publicité foncière et spécialement des dispositions de l'article 2430, alinéa 1, qui prévoient la publication « sous forme de mention en marge, des inscriptions existantes », des « subrogations aux privilèges et hypothèques, cessions d'antériorité et transferts qui ont été consentis et, d'une manière générale, toutes modifications, notamment dans la personne du créancier bénéficiaire de l'inscription, qui n'ont pas pour effet d'aggraver la situation du débiteur ». Pour la Cour de cassation, cette publicité était « obligatoire et nécessaire pour rendre la transmission d'une hypothèque opposable aux tiers » [1], c'est-à-dire aux autres créanciers hypothécaires, au tiers acquéreur et plus généralement à tous ceux qui n'étaient ni parties ni représentés à l'opération de transmission [2].

La solution était sévère et perturbait le droit civil [3], car elle revenait à dire que l'ordre de préférence entre les créanciers inscrits ne dépendait pas forcément des inscriptions originaires. Toutefois, elle n'était pas sans limites. Ainsi, l'endossement d'une copie exécutoire à ordre a été jugée opposable aux tiers sans qu'il fût besoin d'autre formalité que les notifications imposées par la loi du 15 juin 1976 [4] et la publication par le créancier cessionnaire ou subrogé du commandement à fin de saisie a été considérée comme équivalente à la formalité de la mention en marge [5].

La Cour de cassation a fini par décider que les modifications, notamment dans la personne du créancier bénéficiaire d'une inscription hypothécaire qui n'ont pas pour effet d'aggraver la situation du débiteur et qui sont soumises à publicité sous forme de mentions en marge, étaient opposables aux tiers même en l'absence de publication [6]. Dans ce cas, la publicité n'a qu'une fonction d'information.

§ 1. Transmission à titre accessoire

541 ***Plan*** ◊ En tant qu'accessoire de la créance, l'hypothèque se transmet en même temps que celle-ci, mais avec des modalités différentes selon que l'opération relève du droit commun ou de dispositions spéciales.

---

1. Civ. 3e, 18 mars 1974, *Bull. civ.* III, n° 126 ; 2 févr. 1982, *D.* 1982. 302, note Frank, *RD imm.* 1982. 274, obs. Dagot, v. égal. 3e civ., 20 nov. 1973, *Bull. civ.* III, n° 589.

2. V. Com., 6 janv. 1987, *D.* 1987. 375, note crit. Aynès, *RD imm.* 1988. 331, obs. crit. Simler, allant jusqu'à dire qu'une convention de cession d'antériorité non publiée est inopposable à la caution. La solution est contestable, car la caution n'est pas un tiers au sens de la publicité foncière. Dans ce domaine, ne sont des tiers que les ayants cause à titre particulier du même auteur.

3. Aynès et Crocq, n° 692 ; Simler, obs. préc. Plus généralement pour la critique de la jurisprudence, v. Théry, n° 220.

4. Civ. 3e, 17 juin 1987, *Bull. civ.* III, n° 127, *JCP* 1988. II. 21020, note Dagot, *RD imm.* 1988. 332, obs. Simler.

5. Civ. 3e, 15 févr. 1972, *D.* 1972. 433, note Frank.

6. Civ. 3e, 16 juill. 1987, *Bull. civ.* III, n° 145, *Defrénois* 1987. 1488, note Aynès, *RD imm.* 1988. 331, obs. Simler ; v. déjà Com. 7 déc. 1981, *Bull. civ.* IV, n° 427. Depuis la solution a été confirmée, v. Civ. 3e, 17 nov. 2010, *D.* 2010. 2835, *JCP* 2011. 226, n° 13 ; égal. *infra*, n° 546.

542 ***Droit commun*** ◇ Si une créance est transmise, l'hypothèque qui la garantit est cédée avec elle [1]. Comme le dit aujourd'hui le Code civil (art. 2424), « l'hypothèque est transmise de plein droit avec la créance garantie ». Ainsi, en cas de succession, les héritiers du créancier recueillent la créance et la sûreté qui l'accompagne ; s'il y a plusieurs héritiers, chacun bénéficie de l'hypothèque, compte tenu de son indivisibilité. En cas d'apport partiel d'actif, la transmission s'opère de plein droit et ne requiert qu'une mention en marge aux fins d'information [2]. En cas de cession de créance, le cessionnaire peut se prévaloir de tous les accessoires de la créance cédée, dont l'hypothèque (art. 1692). En cas de subrogation, le subrogé - par exemple un second prêteur [3] - reçoit la créance primitive avec tous ses avantages et accessoires, ce qui ne lui permettra pas, cependant, de primer le créancier partiellement désintéressé (art. 1252). En revanche, en cas de délégation, aucun transfert ne s'opère [4].

Lorsqu'un plan de cession est adopté, la charge des sûretés est transmise au cessionnaire, un accord particulier étant toujours possible ; le cessionnaire est alors tenu d'acquitter entre les mains du créancier les échéances convenues avec lui et qui restent dues à compter du transfert de la propriété (C. com. art. L. 642-12 ; égal. *supra*, n° 525).

Lorsqu'un emprunteur souhaite vendre son immeuble hypothéqué, son hypothèque n'est pas transférée sur le nouveau prêt qu'il peut contracter pour acheter un nouvel immeuble, ni même sur le prêt qu'il espère « rétrocéder » à son acquéreur. Il est en principe tenu de liquider son emprunt et d'obtenir la mainlevée de l'hypothèque avant de s'engager dans une nouvelle opération. Le droit positif lui offre, cependant, quelques échappatoires (v. *infra*, n° 552).

---

1. En cas de délégation, mécanisme non translatif, les sûretés constituées par le délégué au profit du délégant ne sont pas transmises au délégataire : Paris 20 févr. 2001, *JCP* 2001. I. 356, n° 13.

2. Civ. 3e, 17 nov. 2010, *D.* 2010. 2835, *JCP* 2011. 226, n° 13, *JCP* E 2011. 1104, note Coquelet.

3. On connaît la pratique des prêts dits substitutifs et destinés à rembourser des prêts initiaux contractés à des taux élevés ; le second prêteur se fait généralement subroger dans les droits du premier et recueille ainsi les hypothèques originaires (Thibierge, « Les prêts substitutifs », *RD banc. et bourse* 1988. 76 ; Laroche, « Les renégociations des prêts hypothécaires », *Banque* 1988. 1168). Le recours à la subrogation *ex parte debitoris* ne devrait être possible que dans l'hypothèse où le prêt est exigible (v. Ph. Malaurie, « Baisse des taux d'intérêt, prêts à long terme et renégociation », *D.* 1998. Chron. 317 ; *contra* J. Huet, « Un bienfait de l'histoire : la subrogation opérée par le débiteur pour le remboursement anticipé d'un prêt d'argent en cas de baisse des taux d'intérêt », *D.* 1999. Chron. 303). D'autres techniques peuvent être utilisées : le prêt initial peut faire l'objet d'aménagements par le créancier (réduction du taux d'intérêts assortie d'un allongement de la durée) ou un nouveau prêt peut être consenti par le même créancier. Dans toutes ces hypothèses, les nouvelles modalités du prêt et des garanties devront être mentionnées en marge de l'inscription hypothécaire (v. Instr. 9 juin 1988, *JCP* N 1988. Prat. 618). Plus gén. compte tenu de certaines réformes législatives et sur les questions contractuelles, v. A. Gourio, « Le nouveau régime des renégociations des prêts au logement », *JCP* E 1999. 1524.

4. Paris, 20 févr. 2001, *JCP* 2001. I. 356, n° 13.

543 ***Droit spécial. Créance hypothécaire incorporée dans un titre*** ◊ Théoriquement, rien ne s'oppose à ce qu'un créancier, avec l'accord de son débiteur, décide d'incorporer sa créance dans un titre à ordre ou au porteur. De cette manière, la créance et ses accessoires se transmettront selon les procédés de cession du droit commercial, au demeurant beaucoup plus simples que ceux du droit civil et de son article 1690. Si l'acte est notarié et revêtu de la formule exécutoire, le créancier y puise un avantage évident. Le législateur, sans doute pour des raisons fiscales, a réglementé cette technique dans un texte du 15 juin 1976 [1].

Désormais, les créances constatées par un acte sous seing privé et garanties par une hypothèque ou un privilège spécial immobilier ne peuvent être transmises qu'en conformité avec les dispositions de l'article 1690. Les créances constatées dans un acte notarié ne peuvent plus donner lieu à des copies exécutoires au porteur [2] : seules sont autorisées les copies exécutoires à ordre ou nominatives. La création de copies exécutoires à ordre doit avoir été prévue dans l'acte constatant la créance ou dans un acte à la suite de celui-ci et ces copies doivent comprendre un certain nombre de mentions obligatoires. Les copies exécutoires à ordre se transmettent par endossement. Celui-ci doit être, sauf dispense en faveur des établissements de crédit [3], notarié et notifié au notaire qui a reçu l'acte ayant constaté la créance, ainsi qu'au débiteur [4].

La règle de l'inopposabilité des exceptions lui est attachée, ce qui signifie que le débiteur actionné en vertu d'une copie exécutoire à ordre ne peut opposer au créancier qui en est titulaire les exceptions tirées de ses rapports personnels qu'il pouvait invoquer contre le bénéficiaire initial ou les porteurs subséquents. Toutefois, les prescriptions du droit cambiaire ne régissent pas tous les effets de l'endossement, en ce sens que la loi de 1976 refuse d'instituer une solidarité entre les différents signataires. C'est

---

1. V. Dagot, « La transmission des créances hypothécaires », *JCP* 1976. I. 2820 ; Vion, « La suppression des grosses au porteur et le régime des copies exécutoires à ordre » *Defrénois* 1976. 31203.

2. V. Civ. 1re, 4 mars 1981, *Bull. civ.* I, n° 79. La pratique avait imaginé dans les années antérieures des titres de créances hypothécaires à ordre ou au porteur. La grosse, c'est-à-dire la copie de la minute revêtue de la formule exécutoire, était ainsi transmissible comme tout titre à ordre ou au porteur. Au demeurant, aucune règle générale n'interdit la création de tels titres (v. Req., 15 mars 1892, *DP* 1893. 1. 309). Le système était très intéressant, car il suffisait au créancier qui voulait mobiliser sa créance de céder son titre par l'une ou l'autre de ces techniques sans avoir à respecter les formalités de la cession de créance. Cependant, le notaire pouvait ignorer l'identité du porteur ou de l'endossataire et pouvait donc éprouver des difficultés pour renouveler les inscriptions. De plus, l'opération de transfert restait occulte. La loi de 1976 a voulu remédier à ces inconvénients, en supprimant en même temps le terme de grosse pour le remplacer par celui de copie exécutoire.

3. Com., 9 mars 1999, *Bull. civ.* IV, n° 55, *RD imm.* 1999. 451, obs. Ph. Théry, *D.* 1999. Somm. 304, obs. S. Piedelièvre, *JCP* 1999. I. 158, n° 10.

4. À l'égard des tiers, l'endossement prend effet à la date de la notification au débiteur, sans qu'il soit besoin d'autre formalité (L. 1976, art. 6, *in fine*). Pour la jurisprudence (Civ. 3e, 17 juin 1987, préc.) ce texte déroge à l'article 2430 et dispense donc les parties à l'opération de transmission d'accomplir les formalités prescrites par la publicité foncière.

pourquoi, en cas d'insolvabilité du débiteur, le créancier n'a pas de recours contre les créanciers précédemment titulaires de la copie exécutoire (art. 9).

544 ***Droit spécial. Mobilisation des créances hypothécaires*** ◊ Une banque ou un établissement financier spécialisé dans le crédit hypothécaire peut, sous certaines conditions [1], mobiliser ses créances sur le marché hypothécaire (L. 31 déc. 1969, mod. L. 11 juill. 1985). Il lui suffit de souscrire un billet à ordre au profit d'une agence mobilisatrice (caisse de refinancement hypothécaire) en représentation de l'avance réclamée. L'émetteur est seul garant de l'effet, à l'exclusion des éventuels endossataires. Pour renforcer sa garantie, le porteur peut demander que les contrats constatant les créances hypothécaires, les prêts, soient « mis à sa disposition », c'est-à-dire, pratiquement, mis sous un dossier en son nom. Cette mise à disposition a pour effet d'affecter, sans autre formalité, les prêts en gage au profit du porteur. La défaillance de l'émetteur transforme le gage en droit de propriété (C. mon. fin. art. L. 313-46). Le porteur bénéficie ainsi, en vertu de la loi, d'une véritable « voie parée » [2].

Plus récemment, la loi du 25 juin 1999 relative à l'épargne et à la sécurité financière a également cherché à faciliter la mobilisation des prêts hypothécaires : celle-ci repose sur une cession desdits prêts aux sociétés de crédit foncier, cession financée par l'émission d'obligations foncières (dont le remboursement est privilégié, v. *infra*, n° 787). La cession s'opère par la seule remise d'un bordereau contenant des mentions obligatoires, à l'exemple de ce qui est admis en matière bancaire (*cf.* bordereau Dailly, *infra*, n° 669). Elle prend effet et devient opposable aux tiers à la date apposée sur le bordereau lors de sa remise. Cette remise « entraîne de plein droit le transfert des accessoires des créances cédées et des sûretés garantissant chaque prêt, y compris les sûretés hypothécaires, ainsi que son opposabilité aux tiers, sans qu'il soit besoin d'autres formalités » (C. mon. fin. art. L. 515-21).

La possibilité pour les banques de rendre négociables les créances qu'elles détiennent dans leurs bilans, tels que les prêts au logement, les crédits à la consommation ou toute autre forme de crédit, a encore été systématisée par le législateur. La loi du 23 décembre 1988 relative aux organismes de placement collectif en valeurs mobilières et portant création de fonds communs de créances, a en effet, institué ce que les financiers dénomment « la titrisation des créances bancaires » [3]. Cette loi a été plusieurs fois modifiée (L. 2 juill. 1998 portant DDOEF ; L. 25 juin 1999, préc. Ord. 2008-556, 13 juin 2008), afin d'élargir son champ d'application.

Cette technique s'ajoute aux modes de financement actuels des établissements de crédit (marché monétaire, marché hypothécaire, marché obligataire et caisse de refinancement hypothécaire) et offre aux banques de larges perspectives.

1. Chauvin, « Le marché hypothécaire », *Defrénois* 1986. 706 ; Rives-Lange et Contamine-Raynaud, *Droit bancaire*, précis Dalloz, n° 602. Plus gén., v. *Le crédit hypothécaire dans la communauté européenne*, Fédération hypothécaire auprès de la CEE, Bruxelles 1987.
2. V. Chauvin, art. *préc.*, n° 12.
3. V. Ch. Le Hir, *Le fonds commun de créance. La titrisation, Loi du 23 déc. 1988*, éd. Banque. Ce mécanisme connaît un certain essor : v. S. Derouvroy, « Un premier pas vers la titrisation des créances cofacées », *Banque* 1995. 44.

Désormais, elles peuvent céder leurs créances à une entité particulière, le fonds commun de créances, à qui il appartient de recevoir les paiements effectués par les emprunteurs initiaux et de transformer ces flux sous la forme de parts négociables émises dans des conditions adaptées aux besoins des marchés financiers, proches de ce que sont aujourd'hui les obligations. En cédant leurs créances à ce fonds, les banques allègent donc leurs bilans et accroissent d'autant leur marge de manœuvre par une économie de fonds propres.

Juridiquement cette cession s'effectue, elle aussi, par la seule remise d'un bordereau contenant certaines mentions obligatoires et prend effet, aussi bien entre les parties qu'à l'égard des tiers, « à la date apposée sur le bordereau lors de sa remise » (C. mon. fin. art. L. 214-43, al. 8). « La remise du bordereau entraîne de plein droit transfert des sûretés, des garanties et des accessoires attachés à chaque créance, y compris les sûretés hypothécaires » et « son opposabilité aux tiers sans qu'il soit besoin d'autre formalité » [1].

Ces techniques simplifiées de cession de créances sont en passe de supplanter le droit commun (art. 1690) et de rendre inutiles les formalités traditionnelles de publicité, même lorsque la créance en cause est hypothécaire [2].

§ 2. Transmission à titre principal

545 ***Origine*** ◊ Lorsque la femme mariée jouissait, sur les immeubles de son mari, d'une hypothèque générale et d'un rang très favorable, elle ne manquait pas de céder son droit à tel ou tel créancier de la communauté ou du mari. L'hypothèque légale de la femme mariée assurait ainsi, dans des conditions tout à fait légales (art. 2139 s. anc.), le crédit du ménage [3]. Si, aujourd'hui, ce type de convention n'a plus de raison d'être, compte tenu de la réforme de l'hypothèque des époux, l'idée est restée de permettre au titulaire d'une hypothèque dont le rang est intéressant de tirer profit de sa sûreté en transmettant son droit à l'un de ses créanciers, sans pour autant abandonner sa créance. L'époque actuelle, vivant du crédit et par le crédit, a multiplié ces combinaisons dont les principales sont les suivantes.

546 ***Cession de rang ou d'antériorité*** ◊ On appelle cession de rang ou d'antériorité la convention par laquelle les créanciers titulaires d'hypothèques portant sur le même immeuble conviennent de modifier le rang que

1. Précision apportée par la loi du 4 janv. 1993 sur les sociétés civiles de placement immobilier et les fonds communs de créances, v. *RD imm.* 1993, 248 ; Terray et de Kergomeaux, « La titrisation, enfin du nouveau », *Bull. Joly Bourse* 1993. 119.

2. De même que les prescriptions de la loi de 1976 se suffisent à elles-mêmes (Civ. 3e, 17 juin 1987, préc.), de même, semble-t-il, les dispositions de la loi de 1988 n'ont pas à être complétées par telle ou telle règle du droit commun. L'autonomie se justifie d'autant plus que les opérations concernées se déroulent entre des organismes professionnels, la loi ayant même prévu (art. 36) que le recouvrement des créances cédées continuait à être assuré par l'établissement cédant ; les règles régissant les relations entre les emprunteurs et les établissements de crédit qui leur ont consenti les prêts ne sont donc pas modifiées ; v. égal. Th. Bonneau, *Droit bancaire*, 7e éd., no 853.

3. Weill, « La protection de la femme commune en biens et le crédit du ménage », *Mélanges Ripert*, t. I, 361 s.

ces sûretés entretiennent entre elles [1]. Née de la pratique, cette cession est aujourd'hui dûment reconnue. L'art. 2424, al. 2, indique en effet que le créancier hypothécaire peut, par une cession d'antériorité, céder son rang d'inscription à un créancier de rang postérieur dont il prend la place. Cette cession ne porte que sur le droit de préférence et s'analyse tantôt en une double subrogation par laquelle chaque créancier subroge l'autre dans le rang de sa sûreté [2], tantôt, lorsque la convention intervient entre créanciers bénéficiant d'hypothèques de même rang, en une renonciation faite par un créancier au profit de l'autre. Valable, car elle n'intéresse que des intérêts privés et se trouve reconnue par le législateur (L. 12 juill. 1984, sur la location-accession à la propriété, art. 16), elle relève des principes essentiels du droit des contrats et n'a d'effet qu'entre les parties contractantes. Ainsi, la cession d'antériorité ne peut ni profiter, ni nuire aux créanciers intermédiaires ayant rang sur l'immeuble après le cédant, mais avant le cessionnaire [3] De même, la cession de rang ne peut être invoquée que par celui à qui elle a été consentie [4].

Quant aux droits du bénéficiaire, ils dépendent à la fois de sa propre situation et de celle du cédant. D'un côté, il ne peut invoquer la cession de priorité, si son propre droit hypothécaire n'existe plus, sauf si cette perte est due à une péremption [5]. De l'autre, il ne peut profiter du rang du cédant que dans la mesure où la créance de ce dernier existe encore et que son hypothèque a été conservée [6].

La question la plus délicate que pose la cession d'antériorité tient à son régime de publicité. Les règles de l'article 2430 lui sont applicables et l'opération doit donc donner lieu à une mention en marge de l'inscription existante [7]. Mais la sanction du défaut de mention en marge ou de la mention tardive (postérieure par exemple à l'ouverture d'une procédure collective) n'a plus aujourd'hui la même rigueur qu'elle avait pu avoir par le passé. On reconnaît sans restriction que la cession de rang ne porte pas atteinte aux droits inscrits postérieurement à son établissement et

---

1. V. C.A. Thibierge, « La convention d'antériorité dans les prêts à l'acquisition immobilière », *Defrénois* 1967. 28947 ; Gavalda et Stoufflet, *Droit de la banque*, 1974, n° 551 s. ; Cabrillac et Mouly, n° 859. Comp. avec la clause de traitement égal, dite « pari passu », sur laquelle, v. L. Valette, thèse Paris IX, 1999.

2. V. Planiol, Ripert et Becqué, t. XIII, n° 1304. La Cour de cassation a retenu la même analyse, mais a admis, cependant, que la cession d'antériorité pouvait être antérieure à la constitution de l'hypothèque (Civ. 3e, 19 juin 1979, *Bull. civ.* III, n° 134 ; *RD imm.* 1979. 486, obs. Dagot).

3. Req., 31 janv. 1883, *DP* 1883. 1. 316 ; Civ. 3e, 23 janv. 1973, *Bull. civ.* III, n° 69, *D.* 1973. 427, note Frank, *JCP* 1975. II. 18032, note Bez, qui en déduit, très exactement, que la cession d'antériorité « n'opère que dans la limite de la plus faible des créances ».

4. Req., 9 janv. 1893, *DP* 1893. 1. 105, note de Loynes.

5. Mais, dans ce dernier cas, le cessionnaire doit indemniser le cédant du dommage subi en raison de la péremption ; le cédant a droit au montant intégral de la collocation qu'il aurait obtenue dans l'ordre si l'inscription du cessionnaire avait été utilement renouvelée (v. Civ., 9 août 1865, *DP* 1866. 1. 32).

6. Req., 25 janv. 1853, *DP* 1853. 1. 12.

7. V. Civ. 3e, 20 nov. 1973, *Bull. civ.* III, n° 589 ; Com. 6 janv. 1987, préc.

n'aggrave pas la situation du débiteur. Dès lors, la mention de l'article 2430 n'est plus requise qu'aux fins d'information [1].

547 ***Subrogation dans l'hypothèque*** ◊ Le créancier hypothécaire peut « subroger un autre créancier dans l'hypothèque et conserver sa créance » (C. civ. art. 2424, al. 1er). L'expression de subrogation est ici employée à tort, car la transmission s'opère indépendamment de tout paiement. La convention en cause n'est autre qu'une cession totale de l'hypothèque : un créancier hypothécaire transfère à un créancier chirographaire le bénéfice de l'hypothèque, de son droit de préférence et de son droit de suite. La combinaison est curieuse et constitue, à sa manière, une convention de croupier [2]. Mais elle souffre d'« une infirmité considérable » [3], parce qu'elle n'empêche pas l'hypothèque de rester attachée à la créance du cédant. Ainsi, lorsque cette créance est éteinte, le cessionnaire ne pourra plus bénéficier de l'hypothèque cédée [4]. Il est vrai que des procédés techniques pourraient pallier ces inconvénients (nantissement de créance, aliénation fiduciaire), mais le système, au demeurant très lourd, y perdrait son originalité [5].

SECTION 3. EXTINCTION DE L'HYPOTHÈQUE

548 ***Division*** ◊ L'hypothèque est soumise à des conditions qui lui sont inhérentes. En tant que lien de droit, elle est nécessairement affectée par toute une série de vicissitudes tenant à la personne du créancier, à la personne du débiteur, ou encore au rapport de droit lui-même. Mais l'hypothèque obéit aussi à des conditions qui assurent son efficacité. Faute d'inscription, l'hypothèque ne présente plus guère d'intérêt. Il faudra donc rendre compte des causes d'extinction propres au droit d'hypothèque et des causes d'extinction tenant à l'inscription.

§ 1. Causes d'extinction relatives au droit d'hypothèque

549 ***Distinction*** ◊ Les privilèges et les hypothèques s'éteignent de deux façons : par voie accessoire, en même temps que la créance qu'ils garantissent,

---

1. V. Civ. 3e, 20 déc. 1989, *Bull. civ.* III, n° 246, *D.* 1990. Somm. 389, obs. L. Aynès, *RD imm.* 1990. 234 ; 16 juill. 1987, *Bull. civ.* III, n° 145, *RD imm.* 1988. 331, obs. Simler ; V. égal. Civ. 3e, 19 déc. 1990, *Bull. civ.* III, n° 269 ; Com. 7 déc. 1981, *Bull. civ.* IV, n° 427, *D.* 1983. IR 2, obs. Derrida. Comp. Civ. 3e, 18 mars 1974, *Bull. civ.* III, n° 126 ; 2 févr. 1982, *D.* 1982. 306, note Frank, *RTD civ.* 1982. 623, obs. Giverdon.
2. V. Théry, n° 217.
3. Dagot, p. 492 ; égal. Cabrillac, Mouly et Pételt, n° 858.
4. Req., 25 janv. 1853, *S.* 1853. 1. 423.
5. V. Théry, *loc. cit.*

par voie principale, c'est-à-dire en laissant subsister la créance garantie. Normalement, cette extinction est totale, en ce sens qu'elle porte sur le droit de préférence et le droit de suite. Elle est, plus rarement, partielle et laisse alors survivre le droit de préférence, l'hypothèse se rencontre non seulement en cas de purge, lorsque l'hypothèque a produit son effet légal [1], mais aussi en cas de perte du droit hypothéqué, lorsque le droit de préférence est transporté sur l'indemnité d'assurance ou sur l'indemnité d'expropriation ou, encore, en cas de vente isolée d'un immeuble par destination, qui met fin à cette immobilisation et rend impossible l'exercice du droit de suite entre les mains de l'acquéreur de bonne foi qui en a pris possession [2].

On examinera donc successivement les causes d'extinction par voie accessoire et les causes d'extinction par voie principale.

550 ***1° Extinction par voie accessoire*** ◊ L'hypothèque ou le privilège disparaît par l'extinction de l'obligation principale (art. 2488-1°). Encore faut-il, cependant, que l'extinction de la créance soit totale. Tant qu'une fraction de la créance reste due, l'hypothèque, compte tenu de son caractère indivisible, subsiste sur tout l'immeuble. Encore faut-il également que la créance soit définitivement éteinte. Au cas d'annulation ou de résolution de l'acte ayant entraîné l'extinction de la créance [3], c'est-à-dire en cas de nullité du paiement, l'hypothèque revit rétroactivement. Mais, si l'inscription a été radiée, le rang du créancier ne se trouverait fixé que par une nouvelle inscription et, dans ces conditions, ce créancier serait primé par les créanciers précédemment inscrits. Enfin, encore faut-il qu'il y ait une véritable cause d'extinction de la créance : la simple transmission de la créance investit en effet le cessionnaire non seulement du principal, mais aussi de l'accessoire, dont l'hypothèque (v. *supra*, n° 541).

551 ***a) Paiement*** ◊ « L'hypothèque est éteinte lorsqu'elle produit son effet légal et que, d'un droit sur la chose, elle est transformée en un droit sur le prix ; il en est ainsi notamment lorsque la créance qu'elle garantit est payée » [4]. Or, le paiement a des sources variées et peut résulter, par exemple, de l'inscription de la créance en compte-courant. En effet, la passation d'une créance en compte vaut paiement et entraîne ainsi l'extinction des sûretés [5] (égal. *infra*, n° 633). Il reste que les parties peuvent

---

1. Les créanciers conservent alors leur droit de préférence qu'ils peuvent faire valoir sur le prix tant que celui-ci n'a pas été distribué (v. *supra*, n° 505 ; V. égal., Bergel, *La vente d'immeubles existants*, Litec, 1983, n° 189, 314 et 366).

2. Marty, Raynaud et Jestaz, n° 393. Comp. Com., 18 mai 1978, *Bull. civ.* IV, n° 138, *RTD civ.* 1979. 157, obs. Giverdon.

3. Et donc de l'hypothèque, v. Civ. 1re, 18 nov. 1997, *Bull. civ.* I, n° 316 ; égal. Civ. 3e, 5 nov. 2008, n° 07-17-357.

4. Civ. 3e, 23 janv. 1975, *Bull. civ.* III, n° 69. V. égal. Civ. 2e, 3 nov. 1993, *Bull. civ.* II, n° 311, *JCP* 1994. II. 3765, n° 16.

5. V. Com., 9 juill. 1985, *Banque* 1986.86, obs. Rives-Lange. V. encore Civ., 12 juin 1936, *DH* 1936. 411 ; com. 20 nov. 1965, *Bull. civ.* III, n° 495 ; Besançon, 31 janv. 1980, *D.* 1981. IR 17. V. ég. *infra*, n° 633.

exprimer leur volonté de maintenir la sûreté et cette volonté s'impose sur le mécanisme du compte [1] et, plus exactement, sur l'intention des parties telle qu'elle résulte de la convention de compte.

En cas de paiement avec subrogation, l'hypothèque est transmise au subrogé, mais une publicité sera nécessaire (art. 2430, al. 1), non pas pour rendre la transmission opposable aux tiers, mais seulement pour assurer leur information [2].

En cas de dation en paiement, on admet généralement [3] que l'hypothèque est définitivement éteinte et qu'elle ne peut renaître dans l'hypothèse où le créancier viendrait à être évincé de la chose reçue en paiement.

552 ***b) Novation*** ◊ En principe, la substitution d'une obligation nouvelle à une obligation ancienne entraîne l'extinction de celle-ci et donc de la sûreté qui lui est attachée (art. 1278). Cependant, il est toujours possible de réserver les sûretés pour les rattacher à la nouvelle obligation en conservant leur rang primitif (art. 1278 et 1279, al. 2). Cette réserve doit être exprimée dans l'acte même de novation, mais elle n'est soumise à aucune forme [4] ; elle s'applique sans difficulté à la novation par changement d'objet et à la novation par changement de cause. En cas de novation par changement de débiteur, spécialement si le débiteur entend céder son prêt, l'opération est plus délicate ; on comprend que les sûretés grevant les biens de l'ancien débiteur ne puissent magiquement passer sur les biens du nouveau débiteur. Mais la situation est gênante, car elle compromet la réalisation d'opérations économiques, telle que, précisément, la reprise de prêt, d'autant que si le nouveau débiteur consent une hypothèque sur ses propres biens, l'hypothèque ne pourra prendre rang qu'au jour de son inscription. Pour régler la difficulté, l'article 1279, alinéa 2, du Code civil (issu de la loi du 16 juill. 1971) a prévu que « les privilèges et hypothèques primitifs de la créance pouvaient être réservés, avec le consentement des propriétaires des biens grevés, pour la garantie de l'exécution de l'engagement du nouveau débiteur ». Dans ces conditions, le créancier peut conserver les sûretés attachées à la créance initiale pour garantir avec le même rang l'obligation du nouveau débiteur, si les propriétaires des biens grevés y consentent [5].

L'important est donc d'obtenir le consentement des parties à l'opération. Toutefois, cette exigence de consentement ne soulève pas de difficulté si le

---

1. V. Req., 29 juill. 1935, *DH* 1936. 21 ; com. 10 juin 1949, *JCP* 1949. II. 5106, note Cabrillac ; 12 mai 1987, *Bull. civ.* IV, n° 112.

2. Civ. 3e, 16 juill. 1987, préc.

3. V. J.-L. Bergel, *J.-Cl. Civ.* art. 2180, n° 17.

4. Req., 27 nov. 1855, *DP* 1856. 1. 25, interprétant comme une réserve de sûretés la déclaration du créancier indiquant que la convention a lieu « sans novation ».

5. V. Dagot, « La novation par changement de débiteur et le droit hypothécaire », *JCP* 1975. I. 2693.

nouveau débiteur est devenu propriétaire du bien grevé, ce qui est le cas, lorsqu'un bien est vendu et que l'acquéreur reprend à son compte le prêt consenti pour le bien en question.

Dans cette hypothèse, si le prêt est un prêt spécial à la construction garanti par le Crédit foncier, le prêt est transféré de plein droit aux acquéreurs successifs de l'immeuble, tandis que les propriétaires intermédiaires en sont déchargés [1]. Quant à l'hypothèque qui garantit le prêt, elle est maintenue de plein droit [2]. Le Crédit foncier, créancier institutionnel, n'a rien à craindre de ce type de changement (CCH, art. L 311-8).

553 ***c) Autres causes d'extinction de la créance*** ◊ En cas de *délégation parfaite* qui n'est qu'une novation par changement de débiteur, les sûretés s'éteignent en même temps que la dette du délégant. Si la délégation est imparfaite, le délégant conserve son ancienne action contre le délégué et le délégataire conserve la sienne contre le délégant avec toutes les sûretés qui l'accompagnent (art. 1275 ; v. *supra*, n°s 349 s.).

La *compensation* éteint les créances réciproques jusqu'à concurrence de la plus faible et entraîne donc l'extinction des sûretés qui garantissent ces créances. L'article 1299 ajoute même que celui qui a payé la dette dont il était tenu, mais en ignorant que son créancier était devenu son débiteur, ne peut se prévaloir, au préjudice des tiers, des hypothèques dont il bénéficiait ; il est réduit à une action purement chirographaire en répétition de l'indu. Toutefois, le même texte apporte une exception à cette solution, dans le cas où le créancier hypothécaire *solvens* « avait une juste cause d'ignorer la créance qui devait compenser sa dette ».

La réunion sur la même tête des qualités de créancier et de débiteur (*confusion*) efface la créance et les sûretés qui l'assortissent art. 1300 [3]. Il en va de même lorsque la créance est frappée de *prescription* (art. 2488-4°).

554 ***d) Causes particulières d'extinction de la créance*** ◊ Lorsqu'un jugement de redressement judiciaire ou de liquidation judiciaire est prononcé, les créanciers peuvent s'attendre au pire. D'abord, si la créance n'est pas déclarée dans les délais requis, elle n'est plus éteinte comme par

1. L'opération réalise une cession de contrat plus que parfaite, car le cédé est libéré, *Cf.* Malaurie, Aynès et Stoffel-Munck, *Droit civil, Les obligations*, n° 781.

2. V. H. Mazeaud, « La vente d'un logement hypothéqué en garantie d'un prêt à la construction », *Mélanges Julliot de la Morandière*, 1964, 367 s.

3. M. Rouland (*Anthropologie juridique*, PUF, 1988, n° 169) fournit un exemple pour le moins original de confusion : chez certaines peuplades, observe-t-il, le débiteur met en gage, jusqu'à extinction de la dette, soit lui-même, soit des personnes qui dépendent de lui, telle une fillette de sa parenté. Celle-ci, ajoute l'auteur, devient l'épouse du créancier, en cas de défaillance du débiteur, une confusion se produisant ainsi entre la dette et la dot que le créancier aurait dû normalement verser. M. Rouland note également que la survenance de rapports intimes entre la personne mise en gage et le créancier éteint la dette du débiteur.

le passé [1] : les créanciers négligents ne sont désormais pas admis dans les répartitions et les dividendes, sauf pour eux à se faire relever de forclusion (C. com. art. L. 622-26) ; le créancier hypothécaire, bien qu'il doive être averti personnellement et formellement [2], est dans une situation délicate. En outre, les créanciers doivent faire état de leur sûreté dans leur déclaration de créance : à défaut, ils ne peuvent plus s'en prévaloir (art. L. 622-25). [3] Ensuite, si la créance est rejetée à la suite de la procédure de vérification du passif, elle est frappée d'inexistence ; l'hypothèque la garantissant doit alors, en raison de son caractère accessoire, disparaître [4]. Enfin, en cas de clôture de la procédure pour insuffisance d'actif, le débiteur est, *a priori*, libéré du passif. La lettre de l'article L. 643-11 commande la solution, car elle indique que le jugement de clôture de liquidation judiciaire pour insuffisance d'actif ne fait pas, en principe, recouvrer aux créanciers l'exercice individuel de leurs actions contre le débiteur. Si donc les créanciers ne peuvent plus agir contre le débiteur, c'est que leur créance est éteinte. Or, si leur créance est éteinte, leur hypothèque l'est également. À la réflexion, cette solution est difficilement admissible. Ainsi, en matière de cautionnement, on admet que, dans cette même hypothèse, la créance n'est pas éteinte (art. 643-11-II), et que le créancier peut valablement agir contre la caution, celle-ci pouvant à son tour se retourner contre le débiteur (*supra*, n° 254). Il reste qu'en matière d'hypothèque, aucun texte n'envisage la situation et qu'il n'est pas certain que l'on puisse soutenir que l'article 643-11 ne paralyse que l'action et n'a aucun effet sur le droit lui-même. Toutefois, puisque l'article 643-11 suppose qu'il y ait à la fois liquidation et insuffisance d'actif, les créanciers hypothécaires ne sont pas directement concernés par ce texte : rien ne leur interdit de faire valoir leur droit de préférence à l'occasion des opérations de liquidation.

555 ***2° Extinction par voie principale*** ◊ L'hypothèque peut s'éteindre sans que disparaisse la créance dont elle est l'accessoire. C'est ce que prévoit l'article 2488-2°, lorsqu'il indique que les privilèges et hypothèques s'éteignent par la renonciation du créancier, par l'accomplissement des formalités de purge et par la prescription. La Cour de cassation a considéré que cette énumération était limitative [5], mais d'une manière un peu excessive, semble-t-il, car s'il est vrai que le juge ne peut créer de toutes pièces

1. En matière de surendettement des particuliers, le non respect du délai de déclaration entraîne, sauf relevé de forclusion, l'extinction des créances (C. consom. art. L. 332-7). Ce hiatus avec le droit - commun - des procédures collectives n'est pas très heureux.

2. V. C. com. art. L. 622-24, al. 1er, visant les créanciers titulaires d'une sûreté ayant fait l'objet d'une publication ; pour une application au Trésor public : Com., 4 juill. 2000, *Bull. civ.* IV, n° 137.

3. V. déjà, Com. 4 févr. 1992, *Bull. civ.* IV, n° 57.

4. Com., 20 juin 1978, *Bull. civ.* IV, n° 172.

5. Com., 2 juin 1980, *Bull. civ.* IV, n° 229, *RD imm.* 1980. 453, obs. Dagot, précisant que les fautes du créancier ne pouvaient entraîner, à titre de sanction, la déchéance de son hypothèque.

une nouvelle cause d'extinction de l'hypothèque, il reste qu'il doit tenir compte des textes particuliers, notamment de ceux sur les procédures collectives [1], instituant telle ou telle cause d'extinction, ainsi que des solutions dictées par la nature des choses. Précisément, lorsque le droit de propriété du constituant est résolu ou lorsque l'acte constitutif d'hypothèque est annulé, l'hypothèque subit le même sort : elle est censée n'avoir jamais existé [2]. De même, enfin, l'hypothèque s'éteint lorsque le créancier hypothécaire acquiert l'immeuble sur lequel porte son hypothèque ; c'est l'hypothèse de confusion ou de consolidation [3].

Il faut donc ajouter à la liste de l'article 2488 certaines causes d'extinction et, en particulier celle qui est due à la perte de l'immeuble hypothéqué. Par ailleurs, il faut en retrancher l'hypothèse de la purge, car la purge a simplement pour effet de libérer le tiers acquéreur. Elle n'éteint que le droit de suite. Le droit de préférence est maintenu sur le prix [4] et seul le paiement de ce prix, effectif ou supposé (compte tenu de la clôture d'une procédure d'ordre), entraînera la disparition de l'hypothèque, par voie accessoire cependant.

Enfin, il ne faut pas oublier que, depuis la réforme des sûretés, une hypothèque peut être consentie pour une durée indéterminée. Elle est alors susceptible d'être résiliée unilatéralement dans les conditions et la mesure prévues par l'article 2423. Ce n'est qu'une application du droit commun des contrats.

556 ***a) Renonciation du créancier à l'hypothèque*** ◊ La renonciation est un acte unilatéral et abdicatif mais dont la portée est généralement précise. Le plus souvent son auteur a une intention bien déterminée qu'il faut donc respecter. Ainsi, rien n'interdit à un créancier de renoncer à sa sûreté, sans pour autant consentir une remise, de dette. Il abandonne ainsi son droit réel ; il ne se borne pas à renoncer à son inscription, comme lorsqu'il consent une mainlevée. En effet, une mainlevée laisse au créancier le droit de prendre ultérieurement une autre inscription [5], alors que la renoncia-

---

1. C. com. art. L. 622-30 donnant à la règle de l'arrêt des inscriptions attachée au jugement déclaratif une portée générale et définitive ; art. L. 632-1-6°, prescrivant la nullité de l'hypothèque constituée pendant la période suspecte pour dette antérieurement contractée ; art. 622-8, al. 3, donnant au juge le droit de substituer, à l'hypothèque une garantie équivalente. La demande de nullité de l'hypothèque prise pendant la période suspecte doit elle-même faire l'objet d'une publication : Com., 12 avr. 2005, *JCP* 2005. II. 10147, note Le Bars.

2. Req., 13 févr. 1990, *S.* 1900. 1. 449, note Tissier ; 27 mai 1895, *DP* 1895. 1. 508. En matière de donation, la pratique a pris l'habitude pour éviter toute disparition de l'hypothèque en cas de révocation, de faire participer le donateur à la constitution de l'hypothèque (v. Dagot note sous Civ. 1re, 19 mars 1973, *JCP* 1974. II. 17667). On ajoutera que lorsque le débiteur, ayant des biens présents et libres, a constitué une hypothèque sur ses biens à venir, la résolution de son droit sur ses biens présents, postérieurement à l'établissement de la sûreté, laisse subsister l'hypothèque sur les biens à venir (v. Civ., 11 mars 1895, *S.* 1896. 1. 433, note Wahl).

3. V. J.L. Bergel, art. *préc.*, n° 126.

4. TGI Paris 22 févr. 1980, *Gaz. Pal.* 1980. 2. 458.

5. Civ. 3e, 9 juin 2010, *JCP* 2011. 226, n° 14.

tion à l'hypothèque fait obstacle à toute nouvelle inscription [1]. La renonciation se distingue également de la « promesse d'abstention », par laquelle le créancier hypothécaire s'engage seulement vis-à-vis d'un autre créancier à ne pas invoquer contre lui son droit de préférence [2].

557 ***Conditions de la renonciation*** ◊ Le créancier renonçant doit justifier d'une capacité qualifiée. L'hypothèque étant un droit réel immobilier, on exige généralement du renonçant la capacité d'aliéner un immeuble [3]. Quant aux formes de la renonciation, aucune condition particulière n'est requise. Elle peut être expresse et donc résulter d'un simple acte sous seing privé [4], ou tacite et s'induire de tout acte impliquant l'intention du créancier de libérer l'immeuble qui sert d'assiette à sa sûreté. Encore faut-il, puisque la renonciation ne se présume pas, établir des faits dépourvus de toute équivoque. C'est pourquoi il paraît difficile d'induire une renonciation de la simple participation du créancier hypothécaire à la vente de l'immeuble par le débiteur.

558 ***Effets de la renonciation*** ◊ On dit généralement que la renonciation est efficace indépendamment de toute acceptation de ceux auxquels elle doit profiter et qu'en conséquence la renonciation ne peut être rétractée, et l'on ajoute que les créanciers pourraient se prévaloir de la renonciation dès l'instant de son émission. Cette affirmation procède, semble-t-il, d'une confusion entre la renonciation et la mainlevée. La mainlevée de l'inscription hypothécaire s'accompagne nécessairement d'une publicité et profite certainement aux créanciers indépendamment de leur acceptation. Elle ne peut donc être rétractée dès lors qu'elle est portée à la connaissance des tiers à travers les mécanismes de la publicité foncière [5].

---

1. En ce sens, Civ. 3e, 4 nov. 1980, *Bull. civ.* III, n° 168, *Defrénois* 1981. 1308, obs Aubert, *RD imm.* 1981. 244, obs. Dagot, statuant dans une espèce où la rédaction de l'acte de mainlevée avait visé non seulement l'inscription, mais les droits réels eux-mêmes. Rapp. Civ., 16 juin 1926, *DP* 1927. 1. 149, considérant que la renonciation définitive à la prise d'inscription équivaut à une renonciation à la sûreté elle-même.

2. V. J.L. Bergel, art. *préc.*, n° 58. Il s'agit le plus souvent pour le créancier hypothécaire de faciliter l'obtention d'un prêt par son débiteur en renonçant à exercer son hypothèque contre le prêteur. L'hypothèque n'est pas éteinte par un tel acte : elle est maintenue et peut être exercée contre les autres créanciers. La promesse d'abstention n'équivaut donc pas à une renonciation, car l'hypothèque conserve sa valeur à l'égard des autres créanciers. Elle n'équivaut pas non plus à une renonciation translative, car le bénéficiaire de la convention n'obtient pas le droit d'être colloqué au rang du promettant comme le ferait une cession de priorité : elle oblige simplement le promettant à ne pas produire à l'ordre si sa collocation est de nature à nuire au bénéficiaire.

3. Marty, Raynaud et Jestaz, n° 385.

4. En pratique, cependant, un acte authentique paraît nécessaire, car le conservateur des hypothèques ne doit procéder à la radiation de l'inscription que sur la présentation d'un acte notarié portant consentement à une mainlevée ou d'un jugement constatant la renonciation. Il reste, bien entendu, que la renonciation est efficace sans radiation dans les rapports entre les parties ou encore dans les relations de créancier à créancier reposant sur une « promesse d'abstention » (*supra*, n° 556).

5. V. en ce sens, Civ., 21 oct. 1891, *DP* 1892. 1. 221, S. 95. 1. 447.

Quant à la renonciation, en tant qu'acte unilatéral, elle est normalement irrévocable, mais, en tant qu'acte juridique, elle a un effet relatif, ou plutôt elle est bilatérale dans ses effets [1], en ce sens qu'elle ne produit de conséquences qu'à l'égard de son auteur ou de celui ou de ceux envers lesquels il a entendu s'engager. Cette règle ne soulève guère de difficulté dans les rapports entre le renonçant et le débiteur. Mais dans les relations entre le renonçant et les tiers, c'est-à-dire les autres créanciers, on peut penser, compte tenu du mécanisme de la publicité foncière, qu'elle a une portée plus restreinte et qu'ainsi ces créanciers ne peuvent se prévaloir d'une renonciation que si elle s'accompagne d'une mainlevée, et si elle a donné lieu à une publicité.

559 ***b) Prescription de l'hypothèque*** ◊ Aux termes de l'article 2488-4° C. civ., l'hypothèque [2] s'éteint par la prescription. Le texte précise que « la prescription est acquise au débiteur, quant aux biens qui sont dans ses mains, par le temps fixé pour la prescription des actions qui donnent l'hypothèque ou le privilège » (al. 2). « Quant aux biens qui sont dans la main d'un tiers détenteur, elle lui est acquise par le temps réglé pour la prescription de la propriété à son profit ; dans le cas où la prescription suppose un titre, elle ne commence à courir que du jour où ce titre a été publié au bureau des hypothèques de la situation des immeubles » (al. 3). Le texte fait ainsi une distinction selon que l'immeuble est resté la propriété du constituant, débiteur ou caution réelle, ou est passé aux mains d'un tiers détenteur. Dans le premier cas, la seule prescription concevable est celle de la créance garantie ; elle éteint, par contrecoup, la sûreté. Dans le second cas, la prescription peut porter, soit sur la créance et entraîner par voie accessoire la perte de l'hypothèque, soit sur l'hypothèque elle-même dont la disparition s'impose, alors, à titre principal.

Cette dernière prescription fait figure de curiosité. Elle est hybride, car elle tient, quant à ses conditions, de la prescription acquisitive, puisqu'elle s'accomplit par la possession prolongée du tiers détenteur, et de la prescription extinctive, quant à ses effets, son résultat étant d'éteindre l'hypothèque. En outre, elle renverse les rôles : elle fait peser sur le créancier un risque contre lequel il appartient normalement au tiers de se prémunir ; n'est-ce pas au tiers de se renseigner sur l'état des inscriptions [3] ?

560 ***Condition de la prescription*** ◊ Le droit commun de la prescription acquisitive est transposable, en ce sens que l'on exige du tiers détenteur qu'il justifie d'une possession exempte de vices d'une durée de trente ans, durée qui peut être réduite à dix ou vingt ans si le possesseur est de bonne

1. Martin de la Moutte, *L'acte juridique unilatéral*, Toulouse, 1951, p. 216.
2. La règle a une portée générale et vise hypothèques et privilèges.
3. La règle s'explique par le poids de l'histoire, car la prescription avait été organisée à une époque où l'on voulait protéger le tiers acquéreur contre les sûretés occultes (v. V. J.L. Bergel, art. préc., n° 76).

foi et produit un juste titre [1]. Il faut aussi tenir compte de certaines particularités :

- le délai de prescription court, s'il s'agit du délai de trente ans, du jour de l'entrée en possession et, s'il s'agit du délai abrégé, du jour où le titre de l'acquéreur a été publié au bureau des hypothèques ;
- la jurisprudence applique l'article 2233 à la prescription acquisitive et admet, en conséquence, que le possesseur ne commence à prescrire que lorsque la créance est devenue exigible [2] ;
- l'article 2488, al. 4 prévoit que les inscriptions prises par le créancier n'interrompent pas le cours de la prescription, sans préciser selon que les intérêts en cause sont ceux du débiteur ou ceux du tiers détenteur. Dans ces conditions, il appartient au créancier d'intenter une action hypothécaire contre le tiers s'il veut interrompre la prescription, d'autant que la reconnaissance par le tiers des droits du créancier n'interrompt la prescription que si elle est formelle [3].

À compter du 1er janvier 2013, s'agissant des biens qui sont dans la main d'un tiers détenteur, la prescription lui sera acquise par le temps réglé pour la prescription de la propriété à son profit : dans le cas où la prescription supposerait un titre, elle ne commencera à courir que le jour où ce titre aura été publié au fichier immobilier.

561 ***Indépendance de la prescription extinctive de l'hypothèque et de la prescription acquisitive de la propriété*** ◊ La formule de l'article 2488, selon laquelle la prescription est acquise au tiers détenteur « par le temps réglé pour la prescription de la propriété à son profit », ne signifie pas que le tiers prescrira pour les deux droits en cause, l'hypothèque et la propriété, dans les mêmes conditions. Il peut arriver, d'abord, que le tiers n'ait pas besoin d'usucaper la propriété, car il tient le bien du véritable propriétaire et il est lui-même un propriétaire régulier : en ce cas, seule la prescription de l'hypothèque jouera. Ensuite, si le tiers détenteur n'est qu'un simple possesseur, les deux prescriptions dont il se prévaut,

1. Marty, Raynaud et Jestaz, n° 387. Il incombe au tiers, considéré comme de mauvaise foi, en raison de l'inscription hypothécaire, de faire la preuve contraire, en établissant que, malgré la connaissance de l'inscription, il avait des raisons de croire à l'invalidité ou à l'extinction des droits constatés par cette inscription (v. Agen 1er mars 1893, *DP* 1895. 2. 369, *S.* 1897. 2. 18). Une telle preuve est, aujourd'hui, pratiquement impossible à rapporter. Le juste titre dont il est question est identique à celui qui est exigé en matière d'usucapion de la propriété : c'est le titre d'acquisition en vertu duquel le tiers détient l'immeuble. Quant au point de départ de la prescription abrégée, il est fixé au jour où le titre de l'acquéreur a été publié au bureau des hypothèques (art. 2488-4°, al. 3). Dans ces conditions, on voit mal comment, en fait, la prescription pourrait jouer. Elle semble relever aujourd'hui de l'hypothèse d'école.

2. Req., 30 déc. 1879, *DP* 1880. 1. 338 ; et spécialement en matière d'hypothèque, Req., 8 janv. 1900, *DP* 1900. 1. 103.

3. Lyon 24 avr. 1880, *DP* 1881. 1. 246, indiquant qu'on ne peut voir une renonciation au droit d'opposer la prescription dans la déclaration faite, sur la sommation de payer, par le tiers détenteur de l'immeuble qu'il a laissé ou laisserait une somme suffisante pour désintéresser les créanciers hypothécaires.

celle de la propriété contre le véritable propriétaire, celle de l'hypothèque contre le créancier, courent contre des personnes différentes et fonctionnent avec des modalités différentes. On peut ainsi supposer que le possesseur a été de bonne foi, quant à la propriété, parce qu'il a cru traiter avec le véritable propriétaire, et de mauvaise foi, quant à l'hypothèque dont il connaissait l'existence ; dans ce cas, les délais de prescription ne seront pas les mêmes. En réalité, toutes les combinaisons sont imaginables.

562 ***c) Autre cause d'extinction : perte de l'immeuble hypothéqué*** ◊ Si l'immeuble hypothéqué est détruit, l'hypothèque disparaît faute d'objet. Toutefois, si la perte est seulement partielle, l'hypothèque, indivisible, subsiste pour tout ce qui reste de l'immeuble. En réalité, la perte ne peut être totale que lorsqu'elle affecte un droit temporaire (emphytéose, usufruit...). Dans ce cas, l'hypothèque s'éteint nécessairement en même temps que ce droit. Les créanciers ne sont pas totalement démunis devant ce risque de disparition de leur sûreté. Si la perte procède d'un cas fortuit, le créancier, titulaire d'une hypothèque conventionnelle, peut demander un remboursement immédiat, à moins qu'il lui soit fourni un supplément d'hypothèque. Si la perte ou la détérioration est imputable au débiteur, l'article 1188 lui impose la déchéance du terme, sans qu'il puisse s'y soustraire en offrant une sûreté complémentaire.

De plus, le législateur admet certains cas de subrogation réelle : la loi du 28 octobre 1946 reporte les hypothèques sur les biens reconstitués à l'aide des dommages de guerre, les textes sur le remembrement rural organisent le report des hypothèques en cas d'échange de parcelles (Décr. 24 janv. 1956, art. 6) et le Code des assurances ainsi que le Code de l'expropriation prévoient le report des hypothèques sur les indemnités qui peuvent être dues au débiteur (v. *supra*, n° 521).

§ 2. **Causes d'extinction relatives à l'inscription**

563 ***Défaut d'inscription. Conséquence*** ◊ En principe, si l'hypothèque n'a pas été inscrite, ni le droit de préférence, ni le droit de suite ne peuvent être exercés. Cependant, l'hypothèque peut ne pas disparaître d'un seul bloc. S'il est difficile d'admettre que le droit de suite survive au droit de préférence, car le droit de préférence est la prérogative essentielle du créancier, tandis que le droit de suite n'en est que le complément, on peut concevoir que le droit de préférence se maintienne malgré la disparition du droit de suite.

Le droit de préférence survit au droit de suite non seulement dans des hypothèses où l'extinction de l'hypothèque tient au droit hypothécaire lui-même [1], mais encore dans des cas où l'extinction de l'hypothèque

1. C'est le cas lorsque le droit de préférence est transporté sur les indemnités d'assurance ou encore, en cas de purge, lorsque l'hypothèque a produit son effet légal.

provient d'un défaut d'inscription. Ainsi, lorsque le conservateur des hypothèques a omis une inscription dans un état, l'inscription omise n'est pas opposable à celui qui a requis l'état en conséquence, c'est-à-dire, n'est pas opposable à l'acquéreur de l'immeuble qui veut procéder à la purge (v. art. 2451). Cependant, le créancier omis qui n'a plus la possibilité de faire valoir son droit de suite sur l'immeuble, conserve le droit de se faire payer, à son rang, sur le prix non encore distribué. Il pourrait aussi, à condition de n'avoir rien à se reprocher, agir en responsabilité contre l'auteur de l'omission [1].

Mais, en général, l'hypothèque non inscrite, si elle reste valable, n'a guère d'intérêt. *A fortiori* en est-il ainsi lorsque l'inscription elle-même est périmée ou radiée.

564 ***1° Péremption des inscriptions. Raison d'être*** ◊ Les inscriptions des hypothèques et des privilèges ne conservent leurs effets que pendant un certain délai. Elles doivent être renouvelées avant l'expiration de ce délai ; à défaut, elles sont périmées. La péremption des inscriptions se justifie par des raisons pratiques. En constituant un mode automatique de radiation des inscriptions correspondant aux dettes éteintes [2], elle évite qu'un immeuble ne reste grevé indéfiniment, avec toutes les contraintes que cela comporte pour le propriétaire comme pour les tiers, alors que l'inscription ne présente plus d'intérêt. La péremption n'entraîne pas, à proprement parler, l'extinction de l'hypothèque, car celle-ci, même périmée, peut être inscrite une nouvelle fois [3]. Mais cette nouvelle inscription, à la supposer possible [4], ne produira effet qu'à sa date. Dès lors, la nouvelle inscription qui serait faite postérieurement à la publication de la vente de l'immeuble, objet de la sûreté, serait inopposable au tiers acquéreur [5].

565 ***Délai de péremption*** ◊ La durée de validité d'une inscription est, depuis l'ordonnance du 28 septembre 1967 [6], fixée par le créancier lui-même, avec une limite qui dépend de l'échéance de la dette, selon les modalités prévues par l'article 2434 et réaménagées à l'occasion de la réforme de 2006 :

– si le principal de l'obligation garantie doit être acquitté à une ou plusieurs dates déterminées (échéance future et déterminée), la date extrême d'effet de l'inscription prise est, au plus, postérieure d'un an à cette

---

1. V. Civ., 6 août 1890, *DP* 1891. 1. 195 ; 13 juill. 1898, *DP* 1898. 1. 534.

2. V. Rép. min. just. à M. Cazalet, *JOAN* 9 mars 1981, p. 1030. Pour économiser les frais de radiation, il suffit donc de laisser se périmer l'inscription.

3. Même sans l'accord du débiteur, Civ. 3e, 25 avr. 2007, *Bull. civ.* III, n° 60, *JCP* 2007. I. 212, n° 18.

4. L'inscription ne peut être prise si un événement arrêtant le cours des inscriptions est survenu pendant l'intervalle (v. Com., 23 févr. 1981, *Bull. civ.* IV, n° 97).

5. Civ. 3e, 17 juill. 1986, *Bull. civ.* III, n° 118, qui précise que la circonstance que le tiers acquéreur ait eu une connaissance personnelle des prêts consentis au vendeur par son créancier et des sûretés les ayant garantis, ne peut suppléer à l'inscription, seul mode légal de publicité.

6. V. P.J. Chenu, « Le nouveau régime de la péremption des inscriptions hypothécaires », *Defrénois* 1968. 485.

échéance, sans toutefois que la durée de l'inscription puisse excéder cinquante années [1] ;

- si l'échéance ou la dernière échéance est indéterminée, notamment dans le cas prévu à l'article L. 314-1 du Code de la consommation, ou si l'hypothèque est assortie d'une clause de rechargement prévue à l'article 2422, la durée de l'inscription est au plus de cinquante années à compter de la formalité ;

- si l'échéance ou la dernière échéance est antérieure ou concomitante à l'inscription, la durée de l'inscription est au plus de dix années à compter de la formalité ;

- si l'obligation est telle qu'elle puisse relever de l'une ou l'autre des hypothèses précédentes, le créancier a le choix entre deux solutions : il peut requérir, soit une inscription unique en garantie de la totalité de l'obligation en fixant la durée de validité jusqu'à la date la plus éloignée, soit une inscription distincte en garantie de chacun des objets de cette obligation en fixant pour chacun une durée de validité conformément aux règles qui lui sont propres [2].

Le délai de péremption se calcule jour par jour ; le *dies a quo*, c'est-à-dire le jour où est prise l'inscription, ne compte pas, tandis que le *dies ad quem* doit être compté. Une inscription soumise à un délai de péremption de dix ans prise le 1er octobre 2008 doit être renouvelée, au plus tard, le 1er octobre 2018 au soir [3]. Le délai est préfix et n'est donc susceptible ni d'interruption, ni de suspension.

Le créancier détermine lui-même la date extrême d'effet de l'inscription qu'il requiert. Il indique cette date dans les bordereaux qu'il dépose au bureau des hypothèques (Décr. 14 oct. 1955, art. 55 et 61, mod. Décr. 22 déc. 1967). Il peut certainement fixer à son inscription une durée d'efficacité moindre que le maximum octroyé par la loi. L'inscription cessera de produire effet à la date déterminée par le créancier, sauf renouvellement antérieur à cette date, même si c'est par suite d'une erreur que la durée totale du délai de péremption prévue par les textes n'a pas été utilisée.

Plus grave est l'hypothèse inverse : le créancier a indiqué une date extrême d'effet de son inscription postérieure à l'expiration du délai de péremption légal. À la simple erreur de calcul, peut s'ajouter un cas délibéré de fraude. Pour pallier ces risques, diverses mesures réglementaires ont été prises (v. Décr. 14 oct. 1955, art. 67, mod. Décr. 22 déc. 1967).

566 ***Renouvellement de l'inscription*** ◊ Le créancier peut s'épargner les conséquences de la péremption en renouvelant l'inscription primitive

1. Les établissements de crédit ont tendance à abuser de ce délai de deux ans, si bien que de nombreux emprunteurs, pourtant ponctuels, ont à supporter pendant ce laps de temps, une inscription sans cause (v. Me Salats, « Les péremptions et radiations d'inscription, un problème social », *LPA* avr. 1986, 117).

2. Sur l'hypothèse particulière d'un crédit à durée déterminée, avec faculté de prorogation - *crédit revolving* -, v. Frémont, « Chronique hypothécaire », *JCP* N 1982. Prat. 8474.

3. V. pour d'autres ex., Civ., 2 janv. 1863, *S.* 1863. 1. 11 ; Req., 26 oct. 1920, *DP* 1921. 1. 135. Les règles de computation des délais posées par les articles 641 et 642 du Code de procédure civile sont applicables aux délais de péremption. V. pour un exemple intéressant de délai non respecté, TGI Chambéry 29 juin 1989. *RD imm.* 1991. 85.

(art. 2435) et en indiquant la durée de validité qu'il entend conférer à l'inscription, toujours selon les mêmes limites [1]. L'hypothèque conserve alors le rang que lui avait conféré l'inscription originaire, un nouveau délai de péremption commencera à courir dans les mêmes conditions que le délai primitif. À défaut, le créancier redevient un simple chirographaire et s'il a été payé à titre privilégié, le paiement est considéré comme indu à ce titre [2].

Chaque renouvellement est requis jusqu'à une date déterminée. Cette date est fixée comme il est dit à l'article 2434, en distinguant suivant que l'échéance ou la dernière échéance, même si elle résulte d'une prorogation de délai, est ou non déterminée et qu'elle est ou non postérieure au jour du renouvellement (art. 2435, al. 2).

Le renouvellement est obligatoire, dans le cas où l'inscription a produit son effet légal, notamment en cas de réalisation du gage, jusqu'au paiement ou à la consignation du prix (art. 2435, al. 3).

Le renouvellement est un acte conservatoire : il peut être fait par le créancier ou par les créanciers du créancier ou, plus généralement, par les personnes chargées de veiller aux intérêts du créancier [3]. Mais l'initiative du renouvellement pèse sur le créancier : il ne saurait rendre responsable son notaire de n'avoir pas procédé à ce renouvellement, sauf s'il avait pris le soin de lui en donner mandat [4]. De même, il ne saurait imputer pareille responsabilité à un administrateur judiciaire. Du reste, l'ouverture d'une procédure collective ne dispense pas le créancier d'observer les règles nécessaires à la conservation de son hypothèque. Puisqu'il s'agit d'un acte conservatoire, le renouvellement demeure possible même si l'un des événements arrêtant le cours des inscriptions survient [5].

---

1. Le défaut de renouvellement n'interdit pas la poursuite de la procédure de saisie introduite dans le délai de l'inscription et suspendue par l'effet de circonstances imputables aux tiers détenteurs : Civ. 3e, 21 janv. 1998, *Bull. civ.* III, n° 16, *DA* 1998. 334, *D.* 1998. Somm. 381, obs. S. Piedelièvre, *JCP* 1998. I. 149, n° 14. V. plus gén. Lefort, « Saisie immobilière et renouvellement d'hypothèque », *RLDC* mai 2010. 31.

2. Com. 12 mai 2009, *JCP* 2009. 492, n° 16.

3. Civ., 3 févr. 1874, *DP* 1874. 1. 103 ; 16 avr. 1894, *DP* 1899. 1. 270. Le renouvellement par une société absorbante au nom d'une société absorbée est valable : Civ. 3e, 11 oct. 2006, D. 2006. 2668, *Bull. Joly* 2007. 392, note Morelli, *JCP* 2007. I. 158, n° 18 ; égal. Civ. 1re, 16 sept. 2010, *Rev. sociétés* 2011. 159. Encore faut-il que l'inscription initiale ait été valablement obtenue. Rappelons, une fois encore, que le changement de la personne du créancier, dans la mesure où il n'entraîne pas une aggravation de la situation du débiteur, ne requiert qu'une mention en marge à des fins d'information. V. Civ. 3e, 27 janv. 2010, *JCP* 2011. 708, n° 14.

4. Civ. 1re, 25 mai 1982, *Bull. civ.* I, n° 190 ; 26 juin 1984, *Bull. civ.* I, n° 209, *JCP* 1986. II. 20563, note Dagot ; 14 juin 1989, *Bull. civ.* I, n° 238, *RD imm.* 1990. 108 ; 7 févr. 1990. *Bull. civ.* I, n° 37, *JCP* N 1991. II. 41, note Sanséau. Comp. pour un mandat tacite, Civ. 1re, 12 janv. 1999, *D.* 1999. Somm. 303, obs. S. Piedelièvre, *Defrénois* 1999. 382, obs. J.L. Aubert ; Paris 9 nov. 1988, *D.* 1988. IR 294. V. ég. un arrêt du même jour et de la même cour (*D.* 1988. IR 290) qui considère que commet des fautes professionnelles graves l'avocat qui ne donne aucune instruction au notaire qu'il charge de procéder au renouvellement d'inscriptions, quant à la durée de celles-ci, et qui ne se fait pas remettre par le notaire copie des bordereaux de renouvellement, dont la lecture lui aurait permis de prévoir l'époque où, si la procédure de saisie immobilière n'était pas parvenue à son terme, il devait faire procéder à de nouveaux renouvellements.

5. Selon la jurisprudence, l'obligation de renouveler subsiste malgré l'ouverture d'une procédure collective (v. Com., 25 avr. 1974, *Bull. civ.* IV, n° 130, *D.* 1975. 107, *RJ com.* 1975. 255, note

567 ***Dispense de renouvellement*** ◊ Si le nombre de renouvellements ne comporte aucune limite, il arrive pourtant un temps où le renouvellement ne présente plus d'intérêt. Tel est le cas lorsque l'hypothèque est éteinte par suite d'un paiement. Alors, le créancier n'a plus à craindre les effets de la péremption, car ses droits sont définitivement consolidés. C'est pourquoi l'article 2435, al. 3 prévoit que l'inscription n'est plus obligatoire une fois le créancier payé ou une fois le prix consigné [1]. Le paiement ou la consignation fait antérieurement à la date de péremption de l'hypothèque dispense donc le créancier de renouveler son inscription. La dispense de renouvellement n'est ainsi acquise qu'avec le paiement du créancier ou, à tout le moins, avec la consignation des sommes qui lui sont dues [2]. Si le paiement ou la consignation n'est que partiel, le créancier conserve ses droits, malgré la péremption, mais seulement à due concurrence du paiement ou de la consignation [3].

568 ***2° Radiation des inscriptions*** ◊ La radiation est une opération qui vise à rendre l'inscription inexistante tant dans les rapports entre les parties que dans les rapports des parties à l'égard des tiers. C'est un acte important à la fois pour le créancier concerné qui ne pourra plus rétablir l'inscription dans son rang primitif, pour le débiteur dont l'immeuble sera libéré de la sûreté inscrite, ainsi que pour les créanciers de rang inférieur qui pourront espérer obtenir un paiement. On comprend, compte tenu des enjeux qui sont en cause, que des règles strictes aient été posées.

L'article 2440 dispose que « les inscriptions sont rayées du consentement des parties intéressées et ayant capacité à cet effet, ou en vertu d'un jugement en dernier ressort ou passé en force de chose jugée » [4]. La radiation est ainsi conçue comme un acte grave. C'est dire que le législateur a voulu défendre l'intérêt du créancier dont le droit aurait pu être compromis

---

Chartier) ; on peut en déduire que le créancier, même admis de manière irrévocable à titre hypothécaire, doit procéder au renouvellement de son inscription. En revanche, la faculté de procéder à une nouvelle inscription de l'hypothèque dont le renouvellement n'a pas été fait en temps utile, disparaît dès qu'intervient un événement arrêtant le cours des inscriptions (v. Com., 23 févr. 1981, *Bull. civ.* IV, n° 97, *Defrénois* 1981. 758, obs. A. Honorat, *RD imm.* 1981. 539, obs. Dagot).

1. V. Civ. 3e, 8 janv. 1980, *D.* 1980. 368, note Frank, *RD imm.* 1980. 194, obs. Dagot, *Defrénois* 1980. 32361, n° 8, obs. M. Vion ; Orléans 15 janv. 1982, *Gaz. Pal.* 1982. 1. 217, note Laval. V. ég., *supra*, n° 424. La même solution vaut pour le nantissement du fonds de commerce (Com., 14 janv. 1997, *Bull. civ.* IV, n° 15, *D.* 1997. 315, rapport Rémery, *D.* 1997. Somm. 213, obs. A. Honorat).

2. Rappr. Civ. 2e, 29 mai 1991, *Bull. civ.* II, n° 164, *RTD civ.* 1992. 150, obs. Bandrac ; 10 févr. 1993, *D.* 1993. IR 2. La consignation doit être conforme aux prescriptions légales (C. civ. art. 2154-1), v. Civ. 3e, 19 mai 1999, *Bull. civ.* III, n° 118, *JCP* 2000. I. 209, n° 13 ; v. encore, dans l'hypothèse d'une cession d'entreprise, Com., 1er févr. 2000, *JCP* 2000. II. 10288, note Rémery, *JCP* 2000. I. 259, n° 15.

3. Civ. 3e, 29 juin 1983, *Bull. civ.* III, n° 150, *D.* 1984. 86, note Frank ; 11 mars 1987, *Bull. civ.* III, n° 47.

4. Dans certains cas particuliers, la radiation est faite d'office par le conservateur des hypothèques (en cas de réorganisation foncière, de remembrement rural ou de réorganisation de la propriété urbaine ou encore en cas d'expropriation pour cause d'utilité publique).

par une radiation non formaliste, au détriment du débiteur qui souhaite libérer son immeuble le plus vite et le plus simplement possible [1].

Qu'elle soit volontaire ou judiciaire, la radiation est le résultat d'une mainlevée et ne se réalise pas par une rature, mais par une mention en marge de l'inscription indiquant que celle-ci n'existe plus [2].

Il faut ajouter que depuis la réforme des sûretés, « la radiation s'impose au créancier qui n'a pas procédé à la publication sous forme de mention en marge, prévue au quatrième alinéa de 2422 » (art. 2440, al. 2). La disposition concerne la convention de rechargement de l'hypothèque.

569 ***Radiation volontaire*** ◊ Malgré les termes de l'article 2440 indiquant que les inscriptions sont rayées « du consentement des parties intéressées », la radiation volontaire est parfaite par le seul consentement du créancier [3]. La radiation volontaire ne requiert ni l'acceptation du débiteur, ni l'accord des créanciers auxquels elle peut profiter. Il s'agit donc d'un acte unilatéral. Cette analyse n'est pas discutée [4].

La radiation volontaire se justifie par deux causes : le créancier consent à une mainlevée de l'inscription, soit parce qu'il est payé, soit parce qu'il veut favoriser le crédit du débiteur. Dans le premier cas, la mainlevée est une suite naturelle de l'extinction de la créance et ne lui porte aucun préjudice, car l'inscription n'a pour lui plus aucun intérêt. C'est pourquoi aucune capacité particulière n'est exigée, si ce n'est celle de recevoir paiement. Dans le second cas, au contraire, la radiation lèse le créancier, car elle lui fait perdre, à tout le moins, son rang. On exige donc de ce créancier qui renonce à l'inscription la capacité de disposer d'un droit réel immobilier, la renonciation à l'inscription étant considérée comme l'équivalent de la perte de l'hypothèque [5].

Cet argument n'est pas tout à fait exact, car la mainlevée n'est en elle-même qu'une renonciation au bénéfice de l'inscription et non au droit

---

1. Le créancier, n'a cependant pas tous les droits, car il engage sa responsabilité s'il refuse de donner mainlevée d'une inscription prise inutilement (v. Aix 25 nov. 1982, *JCP* 1983. II. 20067, note Dagot).

2. Lorsque la radiation est volontaire, les frais qui sont l'accessoire du paiement, sont à la charge du débiteur qui s'est libéré ; mais les frais de radiation d'une hypothèque judiciaire provisoire incombent au bénéficiaire de l'inscription (Rép. min. n° 41155, *JCP* N 1978. Prat. 6856. Comp. Civ. 3e, 27 mai 1974, *D.* 1974. IR 198). De surcroît, lorsque le créancier a requis à tort une inscription, il supporte les frais de la radiation (v. T. civ. Seine 5 déc. 1879, *DP* 1880. 3. 136).

3. Par « parties » on entend donc le titulaire de l'inscription, les mandataires légaux et, en cas de cession de créance, les ayants droit du nouveau titulaire. Le « consentement » exprimé dans l'acte de mainlevée doit être précis, exprès et explicite quant aux inscriptions à radier. Naturellement, ce consentement ne peut être assorti d'une condition.

4. V. Req., 19 nov. 1855, *DP* 1856. 1. 175, *S.* 1856. 1. 145 ; Civ., 21 oct. 1891, *DP* 1892. 1. 221 ; Mazeaud, Chabas et Picod, n° 401 ; Planiol, Ripert et Becqué, t. XIII, n° 846. V. plus gén., Bulte, « Les règles de la mainlevée et de la radiation volontaire des inscriptions hypothécaires », *JCP* N 1972. I. 2509 ; C. Destame, « Comment simplifier la gestion des mainlevées d'hypothèques ? », *JCP* N 1995. Prat. 3354.

5. V. Civ. 3e, 16 juill. 1975, *D.* 1975. 593, note Frank. L'arrêt, toutefois, ne tranche pas la question de savoir si celui qui accorde une mainlevée sans paiement doit pouvoir disposer de l'immeuble non seulement à titre onéreux, mais aussi à titre gratuit.

privilégié ou hypothécaire proprement dit [1]. Le créancier qui accorde une mainlevée peut ainsi prendre une nouvelle inscription qui ne prend rang, bien entendu, qu'à partir de sa date [2]. Mais si le créancier accepte une mainlevée et renonce [3] à son droit hypothécaire, il perd toutes ses prérogatives et se trouve réduit à l'état de créancier chirographaire.

Enfin, l'acte de mainlevée est soumis à des conditions de forme, sans doute pour protéger son auteur contre une décision irréfléchie. L'acte constatant « le consentement des parties intéressées » doit être établi en la forme authentique (art. 2441) [4]. Un acte sous seing privé, cependant, ne serait pas dépourvu de toute efficacité : il obligerait le créancier [5] et, le débiteur, devant le refus persistant de ce dernier, pourrait obtenir une mainlevée judiciaire.

Depuis la réforme de 2006 (art. 2441, al. 3), la radiation de l'inscription peut être requise par le dépôt au bureau du conservateur d'une copie authentique de l'acte notarié certifiant que le créancier a, à la demande du débiteur, donné son accord à cette radiation. Le contrôle du conservateur se limite alors à la régularité formelle de l'acte à l'exclusion de sa validité au fond. La loi a, en d'autres termes, consacré une radiation simplifiée qui s'ajoute au mode traditionnel de radiation [6]. La disposition, attendue par la pratique [7], est très heureuse.

570 ***Radiation judiciaire*** ◊ Le tribunal peut ordonner la radiation d'une inscription hypothécaire lorsqu'elle a été prise sans être fondée ni sur la loi, ni sur un titre, ou lorsqu'elle l'a été en vertu d'un titre irrégulier, ou encore lorsque l'hypothèque est éteinte (art. 2443) [8]. La demande en radiation est portée devant le tribunal de grande instance dans le ressort duquel l'inscription a été prise ; mais la mainlevée pourrait être ordonnée par un autre tribunal accessoirement à une décision relative à la créance garantie (art. 2442). La radiation est nécessairement prononcée par un tribunal, ce qui ôte toute compétence au juge des référés [9] et ne peut être

1. V. Civ., 1er déc. 1852, *DP* 1854. 1. 275, *S.* 1854. 1. 93 ; Civ. 3e, 9 juin 2010, *JCP* 2011. 226, n° 14.

2. V. Req., 4 juill. 1864, *DP* 1864. 1. 359 ; Orléans 3 août 1889, *DP* 1892. 2. 221.

3. Cette renonciation, compte tenu des conséquences qui s'y attachent, ne peut résulter que d'une déclaration non équivoque (v. Civ., 16 juin 1926, *DP* 1927. 1. 149).

4. V. Masounabe-Puyanne, « De l'authenticité des pièces déposées à l'appui des mentions hypothécaires », *JCP* 1963. I. 1754. Compte tenu de la règle du parallélisme des formes, les procurations doivent aussi revêtir la forme authentique ; on peut admettre, toutefois qu'il en va différemment pour les procurations données au nom d'une société civile ou commerciale (arg. art. 1844-2. V. Dagot, obs. *RD imm.* 1980. 194 et 334). L'exception vaut pour les sociétés, non pour les associations (v. Dagot, obs. *RD imm.* 1985. 179).

5. V. pour une promesse de mainlevée, Civ. 3e, 24 avr. 2003, *Bull. civ.* III, n° 84.

6. La nouvelle disposition a été commentée par une instruction du 28 déc. 2006 (10 D-6-06, n° 7, *Defrénois* 2007. 241) et accompagnée par des mesures d'allégement de coût, résultant du décret 2006-729 du 22 juin 2006 ; v. encore, Rép. min. à QE n° 22115, *JOAN* Q 14 oct 2008, p. 8846.

7. V. 82e Congrès des notaires, 4e commission.

8. Ces cas sont limitatifs, Paris 19 sept. 1991, *RD imm.* 1992. 102.

9. V. Paris 14e ch. B, 19 déc. 1997, *JurisData* n° 024517.

réalisée par le conservateur que sur la présentation d'un jugement en dernier ressort ou passé en force de chose jugée [1]. La solution s'explique par la volonté de préserver les droits du créancier [2].

571 ***Contrôle du conservateur des hypothèques*** ◊ Le conservateur des hypothèques est, en la matière, tenu d'une responsabilité qui va au-delà de ce que prescrit le droit commun. Son rôle n'est pas purement passif et ne se limite pas à un contrôle de la régularité formelle de l'acte, sauf en cas de radiation simplifiée Il lui appartient de s'assurer de la capacité et des pouvoirs du requérant et d'exiger la production de toutes pièces de nature à l'éclairer sur ce point. De plus, si le conservateur n'a pas, d'après l'article 2441, alinéa 2, à demander de pièces justificatives à l'appui de l'expédition de l'acte authentique en ce qui concerne les énonciations établissant la capacité des parties, lorsque ces énonciations sont certifiées exactes dans l'acte par le notaire, la portée de ce texte reste discutée. La Cour de cassation a pu décider que cette disposition ne dispensait pas le conservateur, responsable de la régularité de la radiation, d'exercer son pouvoir de contrôle « qui ne se limite pas à la régularité formelle de la mainlevée, mais s'étend à sa validité au fond » [3]. Mais cette même juridiction a aussi précisé que l'obligation de contrôle pesant sur le conservateur ne lui permettait pas de faire obstacle à une décision judiciaire définitive conférant au requérant la capacité de disposer [4].

572 ***Annulation de la radiation*** ◊ Il se peut qu'une radiation soit irrégulière : volontaire, elle est entachée d'un vice du consentement ; judiciaire, le jugement qui la contient est cassé ou rétracté. Alors, la radiation doit être annulée à son tour. Cependant, l'annulation, si elle est prononcée, n'aura pas pour effet de ressusciter l'inscription originaire ; une inscription nouvelle devra être prise. En principe, cette nouvelle inscription produit effet au jour de l'inscription originaire ; elle a un effet rétroactif à l'égard des créanciers et des tiers acquéreurs dont les titres avaient été publiés avant la radiation [5]. Ces tiers connaissaient l'hypothèque lorsqu'ils

---

1. Civ. 1re, 9 mars 1977, *Bull. civ.* I, n° 128, *JCP* 1978. II. 18977, note Goubeaux, *Defrénois* 1977. 1261. V. égal. Civ. 3e, 30 mai 1978, *Bull. civ.* III, n° 225, *Defrénois* 1978. 1333, note Frank, qui précise que le juge des référés n'est pas habilité à statuer sur le refus de radiation du conservateur ; Civ. 3e, 19 oct. 1988, *D.* 1988. IR 253, *Defrénois* 1989. 423, obs. Aynès : « la radiation, même partielle, d'inscription d'hypothèque judiciaire ne peut se faire qu'en vertu d'un jugement passé en force de chose jugée » ; égal. 2e civ. 8 juin 1995, *Bull. civ.* II, n° 176, *D.* 1996. Somm. 206, obs. S. Piedelièvre. V. Frémont, « Les radiations ordonnées en justice avec exécution provisoire peuvent-elles être opérées immédiatement par le conservateur des hypothèques ? », *JCP* N 1989. 1. 796.

2. En cas de cession d'entreprise, le paiement du prix par le repreneur entraîne purge des inscriptions (C. com. art. L. 642-12, al. 4) ; la radiation consécutive doit se faire dans les termes de l'art. 145 du décret du 27 déc. 1985.

3. Civ. 3e, 16 juill. 1975, préc.

4. Civ. 3e, 10 juill. 1985, *Bull. civ.* III, n° 109, *Defrénois* 1987. 93, note Frank, *RTD civ.* 1987. 119, obs. Giverdon et Salvage-Gerest.

5. Paris 9 juill. 1892, *DP* 1896. 2. 569, note de Loynes ; Civ., 31 déc. 1895, *DP* 1896. I. 257.

ont acquis leurs droits ; ils ne peuvent se plaindre du rétablissement de son inscription [1]. En revanche, l'inscription rétablie ne peut être opposée ni aux créanciers qui se sont inscrits dans l'intervalle entre la radiation et son rétablissement, ni au tiers acquéreur, si l'inscription n'a été restaurée qu'après publication de son titre [2]. La protection des tiers de bonne foi l'emporte donc sur les conséquences de la rétroactivité.

573 ***Règles particulières à certaines hypothèques*** ◊ Les époux, d'abord, peuvent convenir d'une mainlevée totale ou partielle de l'inscription de leur hypothèque, même dans la mesure où elle garantirait la pension alimentaire allouée, ou susceptible de l'être, à un époux, pour lui ou pour ses enfants (art. 2446, al. 1 et 2). La radiation de l'hypothèque peut être demandée en justice, nonobstant toute clause contraire, si un époux refuse de donner mainlevée de l'inscription, alors que la radiation de celle-ci est commandée par l'intérêt de la famille, ou encore si un époux qui a inscrit l'hypothèque est hors d'état de manifester sa volonté (art. 2446, al. 3). Le tuteur ou l'administrateur légal, ensuite, peut demander la mainlevée de l'hypothèque s'il établit que la garantie prise est inutile (art. 2446, al. 4) [3].

Il faut également rappeler que la radiation des hypothèques judiciaires conservatoires obéit à un régime particulier (L. 1991, art. 72) : à tout moment, le juge de l'exécution peut ordonner mainlevée de l'hypothèque conservatoire. Le décret du 31 juill. 1992 prévoit plusieurs cas de caducité de l'inscription à l'article 265, la radiation devant alors être requise auprès du juge de l'exécution. On peut se demander si lorsque la publicité provisoire est radiée, la publicité définitive est encore concevable [4].

574 ***3° Réduction des inscriptions*** ◊ La réduction est l'allégement d'une charge hypothécaire excessive relativement aux nécessités de la garantie, qui s'opère par voie de restriction des inscriptions, soit par un cantonnement aux immeubles suffisants, soit par une diminution des sommes garanties [5]. Autrement dit, la réduction de l'inscription est une radiation

---

1. L'inscription rétablie ne pourrait cependant pas être opposée à un créancier inscrit avant la radiation lorsque, se fiant à celle-ci, il s'est abstenu de faire inscrire une autre hypothèque qui l'eût emporté sur l'inscription rayée (Req., 4 juill. 1864, *DP* 1864. 1. 359).

2. Req., 9 déc. 1846, *DP* 1847. 1. 298 ; Civ., 13 avr. 1863, *DP* 1863. 1. 196 ; 26 juin 1895, *DP* 1896. 1. 548 ; 3e civ. 4 févr. 1998, *Bull. civ.* III, n° 24, *D.* 1998. Somm. 379, obs. S. Piedelièvre, *JCP* 1998. I. 149, n° 16.

3. Pour être exhaustif, il faudrait mentionner que certaines hypothèques légales sont radiées selon des modalités particulières : l'hypothèque légale de la copropriété est radiée par le syndic après paiement de la créance, la mainlevée devant constater le paiement et le syndic devant justifier de sa nomination (v. Aix 14 mars 1983, *JCP* 1984. IV. 329) ; la mainlevée de l'inscription de l'hypothèque légale de l'État sur les biens des comptables résulte du certificat de libération définitive qui constate que le comptable est libéré de sa gestion ; la mainlevée de l'inscription hypothécaire qui garantit une créance représentée par une copie exécutoire à ordre est donnée par le dernier endossataire (L. 15 juin 1976, art. 10 et 11). On pourrait multiplier les exemples de ces dispositions spécifiques. (V. spécialement dans l'hypothèse d'une procédure collective, Frémont, « Les nouvelles procédures de règlement collectif au regard de la publicité foncière », *JCP* N 1987. I. 1).

4. V. E. Putman, « Sûretés judiciaires. Publicité définitive », *J.-Cl. Procédure-Formulaire*, fasc. 30, n° 9 s.

5. V, *Vocabulaire juridique Capitant*, *V° Réduction*. V. S. Piedelièvre, « La réduction des inscriptions hypothécaires », *Defrénois* 2000. 737.

partielle. Elle affecte la créance garantie ou l'assiette de la sûreté. Elle se concrétise par une mention en marge de l'inscription ; elle peut être volontaire ou judiciaire.

575 ***Réduction volontaire*** ◊ La réduction peut résulter d'un accord des parties exactement comme la radiation. Elle doit également être constatée dans un acte authentique. Lorsque la réduction porte sur la créance, compte tenu d'un paiement partiel, la capacité requise pour consentir une réduction est celle que l'on exige pour recevoir un paiement partiel. En effet, le créancier ne dispose pas de son droit d'hypothèque, mais renonce seulement à une partie de son inscription. En revanche, le créancier doit avoir la capacité de disposer du droit réel d'hypothèque lorsqu'il consent volontairement une réduction qui porte atteinte à l'hypothèque. Ainsi en est-il en cas de réduction accordée en dehors d'un paiement ou en cas de réduction concernant l'assiette à la suite d'un paiement partiel.

576 ***Réduction judiciaire*** ◊ Deux hypothèses sont envisageables.

- Le débiteur sollicite une réduction de l'inscription quant à la créance : il peut le faire après une extinction partielle de la créance, si le créancier refuse une réduction volontaire ; il peut le faire encore, lorsque la créance est conditionnelle, éventuelle ou indéterminée et que l'évaluation faite par le créancier lui paraît exagérée (art. 2445). L'excès est arbitré par le juge [1], qui doit prendre en considération « les circonstances, les probabilités et les présomptions de fait, de manière à concilier les droits du créancier avec l'intérêt du crédit à conserver au débiteur, sans préjudice des nouvelles inscriptions à prendre avec hypothèque du jour de leur date, lorsque l'événement aura porté les créances indéterminées à une somme plus forte ».
- Le débiteur sollicite une réduction de l'inscription quant à l'assiette de l'hypothèque [2] : il requiert un « cantonnement » [3]. La demande est recevable s'il s'agit d'une hypothèque légale (art. 2401) ou d'une hypothèque judiciaire (art. 2412), mais non d'une hypothèque conventionnelle dont l'assiette a été fixée d'un commun accord entre le créancier et le débiteur, ce commun accord étant, comme toute convention, intangible.

Encore faut-il que l'inscription soit excessive, c'est-à-dire, d'après l'article 2444, alinéa 2, que la valeur d'un seul ou de quelques-uns des immeubles grevés excède une somme égale au double du montant, augmenté d'un tiers, des créances garanties en capital et accessoires légaux, augmentés du tiers de ce montant [4].

---

1. Il dispose ici d'un pouvoir discrétionnaire, Civ. 3e, 21 févr. 1984, *Bull. civ.* III, n° 46.
2. Rien n'interdit au débiteur de cumuler cette demande avec la précédente, Civ. 1re, 7 févr. 1979, *Bull. civ.* I, 49.
3. L'exécution de l'ordonnance de cantonnement doit être entreprise sans tarder. Com., 27 avr. 1971, *Bull. civ.* IV, n° 118.
4. Sur l'appréciation de ces conditions, v. Civ. 3e, 14 déc. 1976, *Bull. civ.* III, n° 463 ; égal. Paris 23 sept. 2009, *JCP* 2011. 708, n° 13.

577 ***Règles particulières à certaines hypothèques légales*** ◊ La réduction judiciaire de l'article 2444 est applicable à l'hypothèque légale des époux [1]. De plus, indépendamment d'une inscription excessive, la réduction judiciaire peut être demandée si elle est justifiée par l'intérêt de la famille ou si l'époux qui a pris l'inscription est hors d'état de manifester sa volonté (art. 2446, al. 3). Enfin, une autre réduction judiciaire est organisée par l'article 2447 pour l'hypothèque légale des mineurs et des majeurs en tutelle, tandis qu'une réduction identique à celle du droit commun est prévue en matière de sûreté judiciaire par l'art. 259 du décret du 31 juill. 1992.

1. V. Paris, 24 juin 1982, *D.* 1982. IR 526, *RD imm.* 1983. 93, obs. Dagot.

SOUS-TITRE 2
Sûretés réelles mobilières

578 ***Plan*** ◊ Le Code civil de 1804 avait envisagé deux types de sûretés [1] réelles mobilières : le gage et le privilège qu'il définissait ainsi :

- le gage est le contrat par lequel un débiteur remet une chose mobilière à son créancier pour sûreté de la dette (anc. art. 2071 et 2072) ;
- le privilège est le droit que la qualité de la créance donne à un créancier d'être préféré aux autres créanciers chirographaires ou, sous certaines limites, aux créanciers titulaires de sûretés conventionnelles ; grâce au privilège qui lui est accordé, le créancier concerné jouit d'un droit sur la valeur des biens ou d'un bien appartenant au débiteur et resté entre ses mains (ancien art. 2095).

Cette distinction ne saisissait cependant plus toute la matière. Ceci essentiellement parce que, depuis 1804, la fortune mobilière s'est diversifiée et que de nouvelles techniques de garantie sont apparues : le nantissement sur le fonds de commerce, le warrant agricole, le gage automobile, le nantissement sur le matériel et l'outillage, le nantissement de parts sociales, le nantissement de compte d'instruments financiers... La liste des sûretés modernes est longue et sans doute difficile à arrêter [2].

La réforme des sûretés opérée en 2006 a sinon parachevé l'évolution, du moins pris acte des nouvelles réalités et remis en cause le critère des rédacteurs du Code civil, fondé sur le déplacement de la chose formant l'objet de la sûreté. Ce critère a aujourd'hui a perdu une grande partie de sa pertinence : le gage n'est plus une sûreté comportant nécessairement une dépossession (art. 2337) et le nantissement ne porte plus que sur des meubles incorporels.

Pour autant, les sûretés mobilières se présentent encore sous les deux formes suivantes.

Tantôt, ces sûretés – légales ou conventionnelles – supposent un dessaisissement du débiteur [3] qui s'accompagne d'une remise de la chose formant l'objet de la sûreté entre les mains du créancier. D'où une position très sûre pour le créancier, car il maîtrise la chose, tout en supportant, lorsqu'elle est volumineuse, son encombrement. Le débiteur est rassuré au moins pour un temps, par le geste qu'il a accompli, mais il risque de

---

1. Au sens large du terme (v. *supra*, n° 37).
2. V. P. Crocq, « Sûretés mobilières : état des lieux et prospective », *Rev. proc. coll.* 2009, n° 6.
3. V. *Vocabulaire juridique Capitant, V° Dessaisissement* : « fait d'abandonner soi-même la détention matérielle d'une chose, en en faisant volontairement la remise effective entre les mains d'un tiers ».

gaspiller son crédit si la valeur du bien remis en garantie dépasse de beaucoup le montant de sa dette. Le plus souvent, la constitution d'une sûreté s'accompagne encore d'une dépossession : c'est vrai en raison de la nature des choses pour le droit de rétention ; c'est vrai également pour la plupart des gages de biens corporels, c'est vrai aussi pour le nantissement de bien incorporels, car le constituant n'a pas toujours le choix entre la publicité et la dépossession : c'est le cas notamment en matière de nantissement de compte d'instruments financiers ; de plus, la notification de la sûreté au débiteur reste souvent nécessaire.

Tantôt, au contraire, les sûretés réelles mobilières n'entraînent aucun dessaisissement du débiteur. Le bien demeure chez celui-ci, qui continue à s'en servir, à en jouir, tout en laissant au créancier un droit sur la valeur ou la contrevaleur du bien. L'équilibre entre les intérêts des deux parties est mieux respecté et la sûreté, souvent, tout aussi efficace.

Un chapitre sera consacré à l'étude des sûretés mobilières avec dessaisissement, un autre à celle des sûretés mobilières sans dessaisissement.

CHAPITRE 1

SÛRETÉS MOBILIÈRES AVEC DESSAISISSEMENT

579 ***Présentation*** ◊ Le débiteur peut se dessaisir de tout ou partie de ses biens de plusieurs façons et, ce faisant, conférer chaque fois une garantie à son créancier. Il peut, d'abord, transférer, volontairement ou non, la simple détention de la chose au créancier. Celui-ci la reçoit, indépendamment ou non de son rapport d'obligation, et entend la retenir jusqu'à l'extinction complète de sa créance. Sa sûreté réside dans le droit de rétention qu'il exerce sur la chose (Section 1). Le débiteur, ensuite, peut vouloir constituer un véritable gage : il transfère alors la possession du bien au créancier [1], étant précisé qu'il pourrait également choisir un autre mode de constitution de sa sûreté reposant sur une publicité plus élaborée. Un contrat de gage générateur de droits et d'obligations scelle leur accord (Section 2). Enfin, et d'une manière plus originale, le débiteur peut aller jusqu'à transférer la propriété d'un bien en garantie de sa dette, tout en convenant avec le créancier que le bien sera restitué avec le paiement de la dernière échéance : il peut, sous certaines conditions, s'engager dans une véritable cession fiduciaire. Cette dernière technique, lorsqu'elle porte sur des créances, connaît un réel succès, sans doute parce qu'elle est particulièrement efficace (Section 3).

SECTION 1. DROIT DE RÉTENTION

580 ***Une garantie simple et efficace*** ◊ Le droit de rétention est le droit de « retenir » une chose qui aurait dû être restituée [2]. C'est le droit pour la personne qui détient une chose appartenant (normalement, mais pas nécessairement) à son débiteur de conserver cette chose par-devers elle en attendant le règlement intégral de sa créance. Le garagiste qui refuse de restituer le véhicule sur lequel il vient de faire des réparations, parce que

1. V. MM. Terré et Simler, *Droit civil, Les biens*, n° 420.

2. A. Aynès, *Le droit de rétention, Unité ou pluralité ?*, Economica, 2005, préf. Ch. Larroumet ; Aynès et Crocq, n° 430 ; Cabrillac, Mouly et Pétel, n° 537 ; plus gén., v. N. Catala, « De la nature juridique du droit de rétention », *RTD civ.* 1967. 9 ; C. Scapel, « Le droit de rétention en droit positif », *RTD civ.* 1981. 539 ; F. Perochon, « Le droit de rétention, accessoire de la créance », *Mélanges Cabrillac*, Litec, 1999, 379 ; M. Martial-Braz, « Grandeur et décadence du droit de rétention », *RLDC* avr. 2011. 29.

son propriétaire est dans l'impossibilité d'en payer la facture, exerce un droit de rétention. Le banquier qui s'oppose au déblocage du solde créditeur du compte-courant qu'il gère, tant que son client ne l'a pas remboursé de ses avances, exerce aussi un droit de rétention [1].

Depuis la réforme des sûretés, le droit de rétention connaît dans la loi civile une organisation de principe (C. civ. art. 2286). Peut s'en prévaloir (même texte) [2] :

- celui à qui la chose a été remise jusqu'au paiement de sa créance ;
- celui dont la créance impayée résulte du contrat qui l'oblige à la livrer ;
- celui dont la créance impayée est née à l'occasion de la détention de la chose ;
- celui qui bénéficie d'un gage sans dépossession (depuis une loi du 4 août 2008).

Le droit de rétention constitue un moyen très efficace pour obtenir le règlement d'une créance. La justice privée qu'il autorise est ancrée dans les mœurs. Le procédé est en même temps très simple, pour ne pas dire simpliste [3], car il découle normalement de la détention d'un bien et épargne à son titulaire les frais d'une procédure. Cependant, ces qualités sont autant de défauts. Le droit de rétention est susceptible d'abus, et presque viscéralement : peut-on permettre à un créancier de retenir une chose dont la valeur dépasse de très loin celle de la créance ? Doit-on lui donner le droit de retenir n'importe quelle chose ? Des limites s'imposent. Des conditions doivent être fixées. Il faut endiguer la justice privée.

De nos jours, l'institution a pris une importance considérable ; elle place le rétenteur dans une position très avantageuse. Celui-ci peut opposer son droit à n'importe quel créancier, chirographaire ou privilégié, voire super-privilégié. Aussi, et spécialement dans les procédures collectives, nombreux sont ceux qui revendiquent la qualité de rétenteur. Peu, heureusement (pour la cohérence du système), sont élus.

581 ***Une garantie spécifique*** ◊ Le droit de rétention présente des caractères bien particuliers. Il se distingue de l'hypothèque en ce qu'il exige, par la nature des choses, la détention matérielle d'un bien par le créancier et prive le débiteur de l'utilité de ce bien. À la différence du gage, le droit de rétention n'a plus aucun fondement dès l'instant que le créancier se dessaisit volontairement de la chose (art. 2286, dernier al.). De plus, contrairement au gage et à l'hypothèque, il ne donne pas au titulaire de la sûreté le droit de faire vendre la chose pour se faire payer sur le prix par préférence aux autres créanciers : « il n'entraîne aucun droit de préférence sur le prix produit par la vente (de la chose qu'il grève) » [4]. Pourtant, le droit

---

1. Dijon 3 sept. 1986, *Banque* 1987. 304, obs. Rives-Lange. Encore faut-il que la créance cause de la rétention ne soit pas éventuelle, Com. 7 avr. 1998, *infra*, n° 591.
2. A. Aynès, « La consécration légale des droits de rétention », *D.* 2006. 1301.
3. Dagot, p. 73.
4. Com., 19 févr. 1958, *Bull. civ.* III, n° 82.

de rétention confère au rétenteur une « situation légale privilégiée » [1] : par la détention qu'il a sur la chose, celui-ci force, en fait, le débiteur ou les créanciers du débiteur à le rembourser. Le rétenteur est un « gêneur » [2] dont on ne pourra se débarrasser qu'en lui donnant satisfaction.

Dans cette mesure, le droit de rétention se rapproche d'autres situations légales privilégiées, et d'abord, de la compensation qui, elle aussi, a une fonction de garantie. Mais, alors que la compensation a un effet extinctif définitif en éteignant à due concurrence deux dettes réciproques, le droit de rétention a un effet provisoire et défensif, car il permet seulement de suspendre l'exécution d'une obligation de restitution pour faire face à la défaillance d'un débiteur [3]. De même, le droit de rétention présente des analogies avec la procédure de saisie-conservatoire sur soi-même qui donne le droit à un créancier qui est en même temps débiteur de son débiteur, de rendre provisoirement indisponible sa propre dette [4]. Mais cette procédure est une mesure conservatoire susceptible d'être convertie en mesure d'exécution et non une sûreté : le rétenteur agit en dehors de toute instance judiciaire et perdrait du reste son droit s'il pratiquait une saisie-conservatoire sur lui-même.

Le droit de rétention entretient sans doute des liens plus étroits avec l'exception d'inexécution puisque les deux mécanismes confèrent à une personne la possibilité de conserver, ne serait-ce que provisoirement, ce qu'elle doit, afin de garantir ce qu'on lui doit. Toutefois, les deux institutions n'obéissent pas aux mêmes conditions : *l'exceptio non adimpleti contractus* ne peut jouer que dans les rapports contractuels, voire dans les rapports synallagmatiques, tandis que le droit de rétention peut s'appliquer en dehors du domaine des contrats [5]. Ici, la notion repose sur le lien de connexité existant entre une créance et la détention d'une chose ; là, elle s'explique par le lien d'interdépendance existant entre les obligations issues d'un même rapport synallagmatique. En outre, le droit de rétention peut être exercé, sous réserve de la théorie de l'abus de droit, quelle que soit l'importance de l'inexécution, cependant que l'exception d'inexécution n'est admise qu'en cas de manquement grave dans l'exécution du contrat [6]. Alors que celui-ci peut être invoqué même si la créance à garantir n'est pas

---

1. Ripert et Boulanger, *Traité élémentaire de droit civil*, t. 2, 4ᵉ éd., n° 3270.

2. Aynès et Crocq, n° 431.

3. Sur l'effet de garantie de la compensation, v. *supra*, n° 32. On relèvera également que la compensation suppose la fongibilité des dettes réciproques contrairement au droit de rétention, v. MM. Terré, Simler et Lequette, *Droit civil, Les obligations*, n° 1395. Ajoutons que la jurisprudence admet la compensation de dettes réciproques ni liquides ni exigibles, mais connexes, cette connexité étant largement conçue.

4. V. Req., 27 juill. 1891, *DP* 1892. 1. 430 ; en l'espèce, il s'agissait encore d'une saisie-arrêt sur soi-même.

5. On a même soutenu (Rodière, note sous Com., 23 juin 1964, *D*. 1965. 79) que le droit de rétention ne pourrait jouer qu'en matière extracontractuelle.

6. V. J. Mestre, obs. *RTD civ.* 1986. 591. Plus gén., v. Pillebout, *Recherches sur l'exception d'inexécution*, LGDJ, 1969, n° 41 s. ; C. Malecki, *L'exception d'inexécution*, thèse Paris I, 1994, LGDJ, 1998, préf. J. Ghestin.

d'un montant important, celle-ci ne joue que si l'un des contractants a manqué sérieusement à l'exécution de ses obligations [1]. La connexité et la proportionnalité sont deux concepts différents [2].

582 ***Une véritable sûreté ?*** ◊ Si le droit de rétention présente des caractères originaux, il n'en reste pas moins une sûreté au sens large du terme (v. *supra*, n° 37). L'analyse, il est vrai, est contestée, en dehors, bien entendu, de l'hypothèse où le droit de rétention résulte d'une sûreté dûment répertoriée, comme le gage, mobilier ou immobilier, ou le privilège du commissionnaire de transport [3]. De nombreux auteurs voient dans le droit de rétention un simple moyen de pression ou encore une mesure conservatoire [4] ou même un instrument privilégié de paiement [5]. Si certains tribunaux n'ont pas hésité à retenir la qualification de sûreté [6], la Cour de cassation n'a pas franchi le pas . Pour la haute juridiction, en effet, « le droit de rétention n'est pas une sûreté et n'est pas assimilable au gage » [7]. Quant à l'ordonnance de 2006, il est difficile de lui faire dire plus qu'elle n'a voulu : si le droit de rétention est désormais codifié, il ne l'est que dans une partie préliminaire. Il n'est donc pas sûr que le législateur ait voulu trancher une fois pour toutes la question de la nature du droit de rétention.

Sans doute le droit de rétention n'est-il pas une sûreté réelle comme les autres : il n'entraîne ni droit de préférence, ni droit de suite. Mais il ne faut pas prendre les effets classiques d'une sûreté pour un critère.

Le droit de rétention est d'abord opposable à tous [8] et mériterait, à ce titre, la qualification de droit réel, en tout cas de droit au service d'une

1. V. *Les obligations*, n° 609. Rapp. l'article 71-1 de la convention de Vienne du 11 avril 1980, sur les ventes internationales de marchandises, indiquant « qu'une partie peut différer l'exécution de ses obligations quand il apparaît, après la conclusion du contrat, que l'autre partie n'exécutera pas une partie essentielle de ses obligations ».

2. M. N. Jobard-Bachellier, M. Bourassin, V. Brémond, *op. cit.*, n° 1358

3. Du moins, avant la réforme du 6 févr. 1998, V. Lyon 1er déc. 1976, *D.* 1977. IR 215. V. égal, *infra*, n° 801.

4. J.F. Durand, *Le droit de rétention*, thèse, Paris II, 1979, p. 149 ; C. Brenner, *L'acte conservatoire*, LGDJ, 1999, préf. P. Catala.

5. V. Derrida, « La dématérialisation du droit de rétention », *Mélanges Voirin*, 1966, p. 177, n° 27 ; rapp. N. Catala, art. préc., *RTD civ.* 1967. 9, pour qui le droit de rétention n'est qu'une modalité d'exercice de l'obligation de délivrance.

6. V. Toulouse 11 févr. 1977, *D.* 1978. 206, note J. Mestre, parlant de « sûreté de fait » ; égal. Civ. 1re 27 nov. 1973, *Bull. civ.* I, n° 322, appliquant en la matière l'article 2037 (art. 2314), ce qui laisse entendre, à tout le moins, que le droit de rétention est un droit préférentiel ; dans le même sens, Com., 25 nov. 1997, *Bull. civ.* IV, n° 301, *D.* 1998. 232, note J. François, *JCP* 1998. I. 149, n° 6 et 18. I. 141, n° 15, obs. M. C.

7. Com., 20 mai 1997, *Bull. civ.* IV, n° 141, *D.* 1998. Somm. 115, obs. R. Libchaber, 479, note Enderiau, *RTD com.* 1998. 202, obs. A. Martin-Serf, *RTD civ.* 1997. 707, obs. P. Crocq. D'où, pour le créancier, la dispense de déclaration de créance en cas de procédure collective ; v. égal. Com., 9 juin 1998, *Bull. civ.* IV, n° 181, *JCP* 1999. I. 103, n° 19, obs. M. C. et 116, n° 12, refusant au rétenteur le droit de demander l'attribution judiciaire.

8. Civ. 1re 7 janv. 1992, *Bull. civ.* I, n° 4, *JCP* 1992. I. 3583, n° 16, *JCP* 1992. II. 21971, note Ramarolanto-Ratiaray, *RTD civ.* 1992. 586, obs. Gautier ; rappr. Civ. 3e, 23 juin 1999, *infra*, n° 500. Com. 3 mai 2006, *JCP* 2006. I. 195, n° 15 et les obs. *RTD civ.* 2006. 584, obs. Revet.

créance, de droit accessoire garantissant un rapport principal. De plus, dans l'une des situations les plus propices au dénouement des sûretés, la liquidation judiciaire, le droit de rétention confère à son titulaire un droit sur la valeur de la chose (C. com. art. L. 642-20-1) [1]. En d'autres termes, comme l'a souligné la Cour de cassation elle-même, « si le droit de rétention n'est pas un privilège, il en a les effets en ce qu'il est opposable à la procédure collective et confère à son titulaire le droit de refuser la restitution de la chose jusqu'à complet paiement de sa créance ou d'être payé sur son prix en cas de vente par le liquidateur » [2].

En outre, puisque le droit de rétention repose sur la détention de la chose et disparaît nécessairement si la détention est perdue, la question du droit de suite ne peut pas se poser. Enfin, s'il fallait des arguments supplémentaires, on observera que le droit de rétention est toujours l'accessoire d'une créance [3] et qu'il tend, sinon par l'affectation spéciale d'une chose, en tout cas par un pouvoir de fait sur cette chose, à procurer au rétenteur un paiement préférentiel, mieux, prioritaire. Comment alors ne pas le qualifier de sûreté [4], au sens où nous avons défini cette notion ? Une étude de droit comparé et de droit international privé [5] conduirait certainement à la même conclusion, même si le droit interne se refuse, encore et toujours, à franchir le pas. Une analyse du domaine, des conditions et du régime du droit de rétention permet de s'en persuader.

§ 1. Domaine du droit de rétention

583 ***1° Applications légales. Textes du Code civil*** ◊ Le Code civil accorde expressément un droit de rétention à toute une série de créanciers particuliers. Ainsi, le droit de rétention est reconnu au profit de l'ouvrier

---

1. Sauf à considérer – ce qui serait sans doute aller au-delà de la volonté du législateur – que le droit de rétention est désormais subordonné à la logique des procédures collectives (v. C. civ. art. 2387) ; v. P. Crocq, « La réforme des procédures collectives et le droit des sûretés », *D.* 2006. 1306.

2. Com. 21 mars 2006, *JCP* 2006. I. 195.

3. Comp. F. Perochon, « Le droit de rétention accessoire de la créance », *Mélanges Cabrillac*, Litec, 1999, 379 ; A. Ghozi, « Sur la dualité du droit de rétention », *Mélanges Catala*, Litec, 2001, 719.

4. En ce sens, Dagot, p. 76 ; Marty, Raynaud et Jestaz, n° 16, avec toutefois certains scrupules ; Pont, *Explication du Code napoléon, des privilèges et hypothèques*, t. 1, Paris, 1859, n° 22. Comp. Aynès et Crocq, n° 430 s., traitant du droit de rétention dans un chapitre préliminaire à l'étude des sûretés réelles ; v. égal. Cabrillac, Mouly et Pétel n° 539 ; F. Perochon, art. préc. ; M.N. Jobard-Bachellier, M. Bourassin et V. Brémond, n° 1383

5. La compétence de la *lex rei sitae* est retenue, v. Com., 2 mars 1999, *Bull. civ.* IV, n° 52, *JCP* 1999. I. 158, n° 11, *Rev. crit. DIP* 1999. 305, note J.P. Rémery, *DMF* 2000. 245 et obs. V. en droit anglais, où le droit de rétention est considéré comme un « lien », *Les garanties du financement*, 82e Congrès des notaires, p. 522 ; v. aussi, en droit suisse et en droit allemand, où l'on traite le droit de rétention comme un nantissement, Mazeaud, Chabas et Picod, n° 130, lectures ; v. égal. A. Nuyts, « Le droit de rétention en droit international privé : quelques observations sur le rôle de la loi de l'obligation, de la loi réelle et de la loi du lieu d'exécution », *Rev. gén. dr. civ.* 1992.30.

spécificateur qui a façonné des matières appartenant à autrui, pour lui permettre d'obtenir, lors de la revendication, le paiement de son travail (art. 570). De même, le cohéritier tenu au rapport en nature d'un bien reçu du défunt en avancement d'hoirie peut retenir le bien donné jusqu'au remboursement des sommes qui lui sont dues pour impenses ou améliorations (art. 862) ; le vendeur au comptant peut garder la chose vendue jusqu'à paiement du prix (art. 1612) [1] ; l'acheteur peut refuser de payer le prix s'il est troublé ou s'il a juste sujet de craindre d'être troublé dans la possession de la chose vendue (art. 1653) [2] ; l'acheteur à réméré peut conserver la chose en cas d'exercice du réméré par le vendeur jusqu'au remboursement du prix et des dépenses dont il doit être indemnisé (art. 1673, al. 1er) [3] ; le locataire expulsé par un tiers acquéreur peut rester en possession de l'immeuble jusqu'au paiement des dommages-intérêts qui lui sont dus par le bailleur (art. 1749) ; le dépositaire peut immobiliser la chose déposée jusqu'au paiement de ce que le déposant lui doit à raison du dépôt (art. 1948) [4]. Le Code attribue encore implicitement un droit de rétention au créancier gagiste ordinaire (art. 2344), à l'« antichrésiste » (art. 2387) et à l'acheteur d'un meuble corporel perdu ou volé, acquis dans une foire ou une vente publique (art. 2280, al. 1er).

Toutes ces hypothèses ne reposent pas sur la même idée. Tantôt, en effet, le droit de rétention découle du rapport contractuel existant entre les parties (il y a un lien juridique entre la détention et la créance cause de la rétention), tantôt le droit de rétention dépend d'un simple rapport matériel entre la créance du rétenteur et la chose retenue (art. 862 ; art. 2280).

584 ***Textes particuliers*** ◊ En dehors du Code civil, certains textes reconnaissent à des créanciers déterminés le droit de retenir tel ou tel bien en garantie de leur créance. Sans prétendre être exhaustif, on citera l'article 106 du décret du 31 juillet 1992 qui donne au tiers rétenteur le droit de s'opposer aux opérations de saisie, l'ancien art. L. 143-12 du Code du travail qui permettait au salarié d'exercer un droit de rétention sur l'objet par lui ouvré, l'article 379 du Code des douanes qui autorise l'administration en cause à retenir les marchandises et les moyens de transport en cas d'infraction douanière flagrante, l'article L. 145-28 C. com. qui confère ce même droit au commerçant créancier d'une indemnité d'éviction [5],

---

1. Rappr. art. 71 b-2 de la Convention de Vienne permettant au vendeur de s'opposer à ce que les marchandises soient remises à l'acquéreur, même si celui-ci détient un document lui permettant de les obtenir (connaissement, notam.), en cas de grave insuffisance dans la capacité d'exécution de cette partie ou sa solvabilité.

2. V. Civ. 3e, 7 nov. 1978, *Bull. civ.* III, n° 337 ; Paris 25 févr. 1988, *D.* 1988. IR 90.

3. Sauf s'il s'agit de valeurs mobilières, v. Perrot, « La vente à réméré de valeurs mobilières », *RTD com.* 1993. 1. n° 61.

4. V. Civ. 1re, 9 févr. 1988, *Bull. civ.* I, n° 32, *D.* 1988. 448.

5. Rappr. L. 12 juill. 1984, art. 12, précisant que le vendeur dans un contrat de location-accession, ne peut exiger la libération des locaux qu'après remboursement des sommes qu'il

l'article 86-1 de la Convention de Vienne du 11 avril 1980 sur la vente internationale de marchandises qui prévoit que l'acheteur est fondé à retenir les marchandises jusqu'à ce qu'il ait obtenu du vendeur le remboursement de ses dépenses (de conservation) [1], l'article L. 624-14 C. com. qui dispose que « peuvent être retenues par le vendeur les marchandises qui ne sont pas délivrées ou expédiées au débiteur ou à un tiers agissant pour son compte », l'art. L. 211-20 III C. mon. fin. qui déclare que le créancier nanti bénéficie « en toute hypothèse d'un droit de rétention sur les instruments financiers et sommes en toute monnaie figurant au compte gagé », ou encore l'article L. 6141-1 du code des transports aux termes duquel l'autorité administrative peut retenir « l'aéronef dont les marques d'immatriculation ne concordent pas avec celles du certificat d'immatriculation » et l'article L. 6221-3 du même code qui précise que l'autorité publique a le droit de retenir tout aéronef français ou étranger qui présente des risques particuliers pour la sécurité des biens et des personnes jusqu'à l'élimination du risque identifié pour la sécurité [2] et l'art. R. 224-4 du code de l'aviation civile accordant un droit de rétention à l'exploitant d'un aérodrome jusqu'à consignation des sommes non réglées par l'exploitant d'un aéronef [3].

Au total, on peut se rendre compte que les applications légales du droit de rétention sont très diversifiées, qu'elles jouent souvent au-delà de la théorie de l'exception d'inexécution et même en dehors de tout rapport contractuel.

585 ***Exclusion du droit de rétention*** ◊ Certains textes, plus exceptionnels, écartent tout droit de rétention. Ainsi, l'article 1885 du Code civil refuse le droit de rétention à l'emprunteur à usage, sans doute pour ne pas le mettre dans une position trop avantageuse dans un contrat déjà conçu dans son intérêt exclusif [4]. Dans un autre ordre d'idées, l'article 58 de l'ordonnance du 23 octobre 1958 dénie tout droit de rétention à l'exproprié lorsque l'expropriation doit servir à réaliser des travaux urgents intéressant la défense nationale. Afin de ne pas gêner le commerce maritime qui, sous certains aspects, intéresse l'économie nationale, l'article 48 du décret du 31 décembre 1966

---

doit. Comp. Civ. 3e, 20 nov. 1970, *Bull. civ.* III, n° 624, indiquant qu'un preneur ne peut prétendre continuer à payer le fermage en excipant que son maintien sur place n'est que l'exercice d'un droit de rétention en attendant le paiement de l'indemnité de plus-value.

1. V. Civ. 1re, 4 janv. 1995, *D.* 1995. 289, note C. Witz.
2. Ces mesures ont un caractère essentiellement administratif (on retrouve le même dispositif en matière maritime, art. L. 5241-5 et 6). D'autres ont une portée civile, mais s'apparentent à de véritables saisies conservatoires, v. code des transp. art. L. 6123-1 et 2 ; V. Legier, « Le nouveau régime de la saisie conservatoire des aéronefs », *ALD* 1988. 39 ; égal. Civ. 2e, 15 mars 1989, *D.* 1989. IR 109 ; Paris, 27 juill. 2009, *JurisData* n° 021581.
3. V. Com., 15 mars 1989, *Bull. civ.* IV, n° 75 ; égal. Paris, 14e ch. A, 18 juin 2003, *Wells Fargo Bank c. AOM.* ; T. confl. 19 janv. 2004, *JCP* 2004. I. 188, n° 14 ; égal. *JCP* 2004. I. 141, n° 15. On s'est demandé si un aéronef pouvait, en dehors de toute procédure de saisie, faire l'objet d'un droit de rétention. La Cour de cassation ne semble pas l'admettre : Com. 6 juill. 2010, *RD transp.* 2010. 252, *JCP* 2011. 226, n° 16.
4. V. Cornu, obs. *RTD civ.* 1973. 790.

interdit au capitaine du navire dont le fret n'a pas été payé, de retenir les marchandises à bord du navire. La dignité de la justice explique également que l'avocat ne puisse exercer de droit de rétention sur les pièces d'un dossier pour obtenir le règlement de ses honoraires [1]. Enfin, il est admis que l'acquéreur d'un immeuble hypothéqué ne peut opposer de droit de rétention pour la garantie de la créance résultant des améliorations qu'il a faites sur l'immeuble : la sécurité du crédit immobilier en sort renforcée [2].

586 ***2° Généralisation*** ◊ Personne ne doute aujourd'hui que les applications du droit de rétention que l'on trouve dans le Code civil ou dans d'autres textes ne soient que des exemples. C'est dire qu'il est possible d'extrapoler à partir de ces dispositions partielles et de forger une théorie générale du droit de rétention. On doit à la jurisprudence et à la doctrine d'avoir su dégager ces « principes applicables au droit de rétention » [3]. À l'occasion de la réforme des sûretés, le législateur les a consacrés, sans pour autant figer les choses. Le nouvel article 2286 du Code civil dispose en effet que « peut se prévaloir d'un droit de rétention sur la chose :

1° Celui à qui la chose a été remise jusqu'au paiement de sa créance ;

2° Celui dont la créance impayée résulte du contrat qui l'oblige à la livrer ;

3° Celui dont la créance impayée est née à l'occasion de la détention de la chose ».

La loi du 4 août 2008 sur la modernisation de l'économie (art. 79) a ajouté à cette liste, sans aucun souci de cohérence, un quatrième élu :

« celui qui bénéficie d'un gage sans dépossession » [4].

Guidés par le souci de donner une expression juridique à l'équité qui justifie l'idée de rétention, la doctrine, la jurisprudence et désormais la loi ont déterminé les différentes conditions qui structurent le droit de rétention. Ces conditions sont aujourd'hui très ouvertes. Le droit de rétention

---

1. La solution repose bien plus sur les usages, que sur les textes (v. Décr. 27 nov. 1991, art. 157). V. Ader et Damien, *Règles de la profession d'avocat*, 12e éd., 2008, Dalloz Action n° 46. 56 ; Civ. 2e, 9 oct. 2008, *Bull. civ.* II, n° 205, *JCP* 2009. I. 150, n° 20. Comp. Versailles 27 févr. 1997, *D.* 1998. Somm. 101, obs. S. Piedelièvre, reconnaissant à un expert-comptable le droit de retenir les documents qui lui ont été volontairement confiés.

2. V. Civ. 14 nov. 1881, *D.* 1882. 1. 168 ; Dagot, p. 83. La jurisprudence reconnaît toutefois au tiers détenteur une garantie équivalente sous la forme d'un droit de prélèvement sur le prix d'adjudication d'une somme correspondant à la plus-value, v. *supra*, n° 438.

3. C'est le visa que l'on trouve dans les décisions importantes (v. Com., 19 févr. 1958, *Bull. civ.* III, n° 82 ; Civ. 1re, 17 juin 1969, *JCP* 1970. II. 16162). Ces décisions sont très révélatrices de l'évolution du rôle même de la jurisprudence et méritent d'être comparées avec des arrêts rendus au XIXe s. encore très fidèles à la méthode d'interprétation exégétique (v. Chambéry 8 févr. 1875, *S.* 1876. 2. 323 : « le droit de rétention, exorbitant de sa nature..., ne peut se justifier que par une disposition formelle de la loi »).

4. V. S. Piedelièvre, « Le nouvel article 2286, 4°, du Code civil », *D.* 2008. 2950. Le texte est applicable aux sûretés constituées postérieurement à l'entrée en vigueur de la réforme, Versailles 20 janv. 2011, *JCP* 2011. 770, n° 11. On observera que seul le gagiste sans dépossession est visé, ce qui concerne le créancier titulaire d'un gage sur un bien corporel, mais aussi incorporel, dans la mesure où le régime des sûretés mobilières incorporelles se décalque sur celui des sûretés corporelles, C. civ. art. 2355, al. 4.

peut résulter de la nature des choses, tel étant le cas lorsque le rétenteur entend garder la chose dont il a assuré la conservation (art. 2286-3°). Il peut aussi résulter d'une relation contractuelle préalable établie entre les parties (art. 2286-2°). Mais il peut également trouver sa source dans l'accord même des parties, la rétention étant alors purement conventionnelle (art. 2286-1°). Ainsi, la question de savoir si l'on peut éluder les conditions habituelles du droit de rétention et créer de toutes pièces un nouveau droit de rétention ne se pose-t-elle plus [1]. Si, toutefois, la loi admet le droit de rétention conventionnel, c'est pour assurer la validité de certaines pratiques et consacrer ce que l'on pourrait appeler le « mini-gage » [2].

§ 2. Conditions du droit de rétention

587 ***Plan*** ◊ Les conditions du droit de rétention ont été progressivement dégagées par la jurisprudence, avant d'être, ne serait-ce que partiellement, fixées par la loi. Elles concernent la détention du créancier, la créance cause de la rétention et le lien de causalité, plus précisément de connexité, qui doit exister entre cette détention et cette créance. Ce lien de connexité est l'« élément constitutif essentiel » du droit de rétention [3]. Pour autant,

---

1. Comp. Derrida, *Rép. civ.*, V° *Rétention*, n° 67 ; G. Jiogue, « Le droit de rétention conventionnel, étude de droit français et de droit OHADA », *RRJ* 2007. 1765. On a cependant toujours reconnu que les parties pouvaient non seulement rappeler les conditions du droit de rétention (Paris, 3 mai 2002, *JCP* 2002. I. 162, n° 15), mais encore les assouplir et l'on donnait généralement comme exemple les clauses de compensation *in futurum* (v. Civ. 13 juill. 1942, *JCP* 1943. II. 2157, note Houin ; Com. 14 déc. 1981, *D.* 1982. IR 336, obs. Vasseur ; v. encore, D. Martin, « Des techniques d'affectation en garantie des soldes des comptes bancaires », *D.* 1987. Chron. 229, n° 11). Mais s'agissait-il encore de rétention ? N'y avait-il pas un simple aménagement des conditions de la compensation elle-même ? Ces combinaisons, en tout cas, devraient être considérées comme nulles en cas de redressement ou de liquidation judiciaire du débiteur, car l'article L. 622-13, al. 6, C. com. prévoit que « nonobstant toute clause contractuelle », aucune indivisibilité ne peut résulter du seul fait de l'ouverture d'une procédure collective. Ce texte vise à interdire tous les paiements préférentiels et spécialement ceux qui découlent d'une convention particulière. Il devrait également s'appliquer aux véritables conventions qui cherchent à étendre le champ de la rétention et que l'on trouve notamment dans le domaine de l'industrie (v. la stipulation révélée par Douai 25 juin 1958, *RJ com.* 1958. 287 : « de convention expresse, notre droit de rétention s'étend non seulement aux laines manutentionnées, mais à toutes les marchandises appartenant aux mêmes clients, en quelque état qu'elles se trouvent, celles-ci formant la garantie de toutes les sommes qui nous seraient dues par ledit client, à quelque titre que ce soit »). Ces clauses sont généralement considérées comme valables et opposables aux tiers (v. Douai 25 juin 1958, préc. ; Toulouse 11 févr. 1977, préc. V. égal., Colmar 30 janv. 1973, *D.* 1973. Somm. 99, rendu à propos d'un contrat souscrit auprès d'une entreprise assurant la défense d'une société en matière commerciale et autorisant le mandataire à conserver les dossiers jusqu'au règlement des commissions dues. Comp. Rouen 3 déc. 1935, *RTD civ.* 1936. 689, obs. Demogue). Égal. *infra* n° 801 à propos du privilège du commissionnaire ; v. encore à propos de la créance de fret d'un armateur, Com., 18 mars 2003, *RTD com.* 2003. 418, *JCP* 2003. I. 176, n° 18. Plus généralement, v. Dennery, « L'extension conventionnelle du droit de rétention, spécialement en cas de faillite de l'acquéreur », *Rev. gén. faillites* 1937. 452.

2. Comp. Cabrillac, Mouly et Pétel, n° 551, faisant observer que la volonté des parties peut suppléer à l'absence du lien de connexité, en se fondant notamment sur la jurisprudence récente défavo-rable à la qualification de sûreté du droit de rétention ; v. égal. J. François, note sous Com., 25 nov. 1997, *D.* 1998. 232, s'agissant de rétention de documents.

3. J.F. Durand, *thèse préc.*, p. 374 ; égal. A. Aynès, thèse. préc.

les autres composantes de l'institution ne sont pas secondaires. Le droit de rétention ne peut exister que si celui qui s'en prévaut justifie d'une détention d'une chose, d'une créance à garantir et de l'existence d'un rapport entre la créance réclamée et la détention de la chose.

588 ***1° Conditions relatives à la détention*** ◊ La détention - effective (comp. *infra*, n° 709, sur le droit de rétention fictif) - de la chose par le créancier est une condition primordiale du droit de rétention ; c'est pourquoi la sûreté s'évanouit si le créancier s'en dessaisit volontairement [1]. Le Code civil consacre désormais la solution (art. 2286, *in fine*). Mais la détention est en même temps une condition suffisante. Autrement dit, le rétenteur doit avoir la mainmise sur la chose [2], mais il n'est pas nécessaire qu'il ait l'intention de se comporter comme un propriétaire. On exige de lui une détention précaire et non une possession. Du reste, le créancier est parfaitement conscient de l'obligation qu'il a de restituer la chose [3].

Il n'est pas nécessaire non plus qu'il détienne personnellement le bien. La détention peut être le fait d'un tiers dans la mesure, toutefois, où celui-ci agit pour le compte du créancier [4].

589 ***L'objet de la détention*** ◊ Classiquement le droit de rétention ne peut porter que sur des choses corporelles [5]. La règle est dans la logique d'un tel droit, fondé sur la détention réelle par un créancier d'une chose appartenant à son débiteur : « pour retenir, il faut d'abord tenir » [6]. La règle est de bon sens. Les créances [7], les meubles incorporels [8], les droits incorporels [9]

---

1. Toulouse 12 janv. 1994, *JurisData* n° 041891. En cas de perte à la suite d'une fraude ou d'une violence, le rétenteur peut obtenir la restitution de la chose, sans avoir à respecter les conditions de l'art. L. 624-9 C. com. (Com., 31 janv. 1995, *JCP* 1995. I. 3851, n° 18). *A contrario*, le créancier n'est-il pas garanti s'il ne se prévaut pas de son droit de rétention : Civ. 1re, 9 juin 2011, *JCP* 2011. 1259, n° 17.

2. Faute de détention, le créancier saisissant, dans le cadre d'une saisie conservatoire, ne jouit d'aucun droit de rétention (v. Com., 19 févr. 1958, *Bull. civ.* III, n° 82).

3. V. C. Scapel, art. *préc.*, n° 14.

4. C'est le cas d'un expert chargé en justice de déterminer le montant de la créance du rétenteur (Req. 19 juill. 1904, *DP* 1906. 1. 9, note Glasson) ou d'un séquestre (v. Décr. 31 déc. 1966, art. 48, interdisant au transporteur de retenir la marchandise à bord du navire, sans exclure la consignation entre mains tierces). Pour un autre ex., v. Req., 3 mars 1930, *S.* 1930. 1. 325.

5. V. N. Catala art. préc., n° 19 ; Aynès et Crocq, n° 443.

6. Marty, Raynaud et Jestaz, n° 33.

7. V. Paris 22 nov. 1972, *D.* 1974, 93, note Malaurie. La question s'est posée principale-ment à propos des créances nées d'un marché public, mais curieusement, la jurisprudence ne s'est pas prononcée nettement pour l'exclusion du droit de rétention (v. cependant, Caen 28 janv. 1972, *D.* 1972. 760, note Koering-Joulin. Comp. Paris 25 janv. 1977, *D.* 1977. 401, note D. Martin). Quant à la Cour de cassation, elle a refusé de prendre parti (v. Com., 12 mai 1981, *Bull. civ.* IV, n° 222 ; 19 avr. 1982, *Bull. civ.* IV, n° 125). Plus gén., v. M. Fouilloux, « Une jurisprudence de longue portée, la rétention des marchés publics », *Gaz. Pal.* 1979. 1. Doctr. 102, dont la position est sans doute quelque peu excessive. Comp. s'agissant du droit de rétention portant sur le solde du compte-courant d'une société : Com. 7 avr. 1998, *Bull. civ.* IV, n° 123

8. V. pour le fonds de commerce, Com., 26 oct. 1971, *D.* 1972. 61, note Derrida.

9. V. Civ. 25 janv. 1904, *DP* 1904. 1. 601, note Guenée, pour un droit indivis de participation à l'exploitation d'une forêt. Comp. pour le droit d'exploiter un contingent de mouture d'une minoterie, Com., 20 janv. 1965. *Bull. civ.* III, n° 62.

échappent donc à l'emprise du droit de rétention, sauf, peut-être, dans l'hypothèse, rare aujourd'hui, où ces biens immatériels sont représentés par un titre au porteur, le titre au porteur étant assimilé à un meuble corporel [1]. Mais si l'on admet que seules les choses corporelles peuvent être soumises au droit de rétention, toutes les choses corporelles en sont susceptibles. Peu importe leur nature mobilière ou immobilière [2] ; ainsi, en cas de résolution d'un bail à construction, le locataire est-il en droit de retenir les constructions en garantie de sa créance d'indemnité [3]. Peu importe également l'utilité, intellectuelle ou matérielle [4] des biens formant l'assiette de la rétention, leur valeur économique, importante ou négligeable [5].

Encore faut-il, toutefois, que la chose que l'on prétend retenir soit dans le commerce juridique : le droit de rétention ne pourrait jouer sur des biens inaliénables ou insaisissables, tels les minutes d'un notaire confiées à un relieur [6], le corps humain [7], une œuvre d'art non divulguée [8] ou même une prothèse dentaire [9]. Il ne pourrait non plus s'exercer sur des marchandises contrefaites [10].

---

1. L'hypothèse ne concerne pratiquement que les bons de caisse (v. Com., 25 févr. 1975, *Bull. civ.* IV, n° 61) ou encore les connaissements (Rouen 3 mars 1988, *BTL* 1988. 669).

2. Pour la reconnaissance d'un droit de rétention sur un immeuble, v. Civ. 25 janv. 1904, préc. (forêt) ; Com., 18 févr. 1957, *Bull. civ.* III, n° 57, droit de rétention sur des bois dont les coupes n'étaient pas commencées ; égal Poitiers, *JCP* 1997. I. n° 18 ; Civ. 3e, 16 déc. 1998, *Bull. civ.* III, n° 252, *JCP* 1999. I. 158, n° 8, *RD imm.* 1999. 293, obs. Ph. Théry, *RTD civ.* 1999. 439, obs. P. Crocq qui précise - à juste titre - qu'un tel droit n'est pas soumis à la publicité foncière - Comp. Civ. 3e, 23 juin 1999, *Bull. civ.* III, n° 150, *D.* 2000. Somm. 22, obs. M.N. Jobard-Bachellier, *JCP* E 2000. 1969, note C. Cutajar, *JCP* 2000. I. 209, n° 10, *RTD civ.* 2000. 142, obs. Crocq, *RDI* 2000. 85, obs. Théry, écartant tout droit de rétention au profit de l'entrepreneur chargé de l'édification d'un bâtiment ; égal. *JCP* 2000. I. 209, n° 70 ; Civ. 3e, 23 oct. 2002, *JCP* 2003. II. 10182, décidant que l'art. L. 642-25 (anc. art. L. 622-21) C. com. « est inapplicable aux immeubles » ; plus gén., v. S. Piedelièvre, « Remarques sur le rôle perturbateur du droit de rétention dans le droit des sûretés immobilières », *Dr. et patr.* avr. 2000. 42 ; F. Macorig-Venier, « Immeuble et droit de rétention », *Mélanges Saint-Alary*, PU Toulouse, 2006, 333.

3. Com. 6 oct. 2009, D. 2011. 1651 ; L. Andreu et N. Thomassin, « Rétention et fruits civils », *RLDC* oct. 2010. 32.

4. V. Civ. 1re, 3 févr. 1969, *Bull. civ.* I, n° 58, rétention d'ouvrages par un imprimeur impayé ; com. 16 mars 1965, *Bull. civ.* III, n° 200, rétention d'un véhicule par le truchement de la carte grise ; dans le même sens, v. Com. 14 avr. 1992, *Bull. civ.* IV, n° 164, *JCP* 1992. I. 3623, n° 20 ; 31 mai 1994, *Bull. civ.* IV, n° 196, *JCP* 1994. I. 3807, n° 21 ; v. encore Com., 11 juill. 2000, *JCP* 2000. I. 259, n° 16, précisant que le droit de rétention exercé sur une carte grise ne s'étend pas au véhicule lui-même ; Com. 22 mars 2005, *JCP* 2005. I. 135, n° 17, admettant la validité d'une clause de substitution (de cartes grises) ; v. égal, *infra*, n° 707 ; v. E. Le Corre-Broly, « Le droit de rétention sur documents d'immatriculation », *D. aff.* 1998. 1802 et 1838 ; *adde* : Com., 25 nov. 1997, *Bull. civ.* IV, n° 301 ; Civ. 2e, 1er févr. 1989, *JCP* 1989. IV. 118, rétention de documents douaniers ; Versailles 27 févr. 1997, *D.* 1998. Somm. 101, obs. S. Piedelièvre, rétention de documents comptables. Plus gén., v. Ph. Devesa, « La rétention de documents », *LPA* 19 juin 1995.

5. Lorsque le droit de rétention porte sur une somme d'argent, il dégénère en compensation, même si ce dernier terme n'est pas employé (v. Civ. 1re, 30 avr. 1989, *Bull. civ.* I, n° 134, indemnités d'assurance) ; v. égal. Civ. 1re, 4 oct. 1989, *Bull. civ.* I, n° 302 ; 17 janv. 1990, *Bull. civ.* I, n° 14.

6. Toulouse 29 déc. 1913, *DP* 1914. 2. 191.

7. Dijon 17 janv. 1933, *DH* 1933. 188 ; T. civ. Seine, 20 déc. 1932, *S.* 1933. 2. 44.

8. Civ. 1re, 4 juin 1971, *D.* 1971. 489, *JCP* 1971. II. 16913, *a contrario.*

9. Civ. 1re, 9 oct. 1985, *D.* 1986. 417, note Penneau.

10. Com., 26 oct. 1999, *Bull. civ.* IV, n° 185, *JCP* 2000. I. 209, n° 14 ; *Lamy aff.* 2000, n° 26, 3, *D. aff.* 2000. 365, note Marotte.

Aujourd'hui, compte tenu du développement des biens et des droits incorporels et de la qualification de sûreté du droit de rétention, des assouplissements s'imposent. Il n'y a aucune raison d'exclure le droit de rétention lorsque celui-ci ou sa mise en œuvre entraîne non l'immobilisation de la chose, mais la paralysie des droits sur celle-ci [1].

590 ***Comportement du rétenteur*** ◊ Le créancier doit être de bonne foi. S'il est de mauvaise foi, s'il invoque le droit de rétention dans des conditions, sinon malhonnêtes, du moins suspectes et déloyales, sa sûreté est irrégulière et, dès lors, illégitime [2]. Le droit de rétention ne saurait donc être opposé à un juge d'instruction qui entend saisir tel document ou telle marchandise dans le cadre d'une instance pénale [3]. En revanche, la rétention reste licite, alors même que le rétenteur serait obligé par ailleurs de délivrer sous astreinte le bien sur lequel il prétend exercer ses prérogatives, puisque seuls des intérêts privés sont en cause [4].

Au-delà de cette exigence de licéité et de respect de l'ordre public, le droit positif tient également compte du comportement même du rétenteur. Ainsi, un déménageur ne peut prétendre exercer un droit de rétention sur le mobilier qu'il a transporté – jusqu'au paiement complet de ses factures –, alors que sa cliente a consigné une somme d'argent constituant une garantie suffisante des droits litigieux et que, âgée et invalide, elle a un besoin urgent de ce mobilier [5]. De même, le garagiste qui n'a pas exécuté son obligation de dédouaner le véhicule qu'il vient de vendre et qui ne peut ainsi exiger de son acquéreur qu'il lui rembourse la TVA, n'a aucun « motif légitime » de retenir la carte grise dudit véhicule [6]. Le fermier sortant, occupant de mauvaise foi, ne peut également exercer un droit de rétention en attendant le paiement d'une indemnité de plus-value [7]. Le commissionnaire en douane ayant reçu une lettre de change en garantie de ses prestations et retenant malgré tout la marchandise jusqu'à l'échéance de la traite abuse de ses prérogatives [8].

On pourrait objecter à cette exigence de bonne foi que la jurisprudence décide aujourd'hui que le constructeur de mauvaise foi (c'est-à-dire qui sait qu'il a construit sur le terrain d'autrui) peut invoquer un droit de

---

1. Ce qui est le cas pour les valeurs mobilières dont le compte qui les enregistre est susceptible de blocage, même si, aujourd'hui, la question est réglée par la loi elle-même (*infra*, n° 558) ; v. encore pour un fichier sur bande magnétique (Com., 8 févr. 1994, *Bull. civ.* IV, n° 56, *D.* 1995. Somm. 91, obs. R. Libchaber, *JCP* 1994. I. 3765, n° 17).
2. V. Derrida, art. *préc.* n° 69 ; C. Scapel, art. *préc.*, n° 15. *Contra*, Marty, Raynaud et Jestaz, n° 36 ; Com., 15 oct. 1992, *JCP* 1992. I. 3583, n° 17.
3. Crim. 20 juin 1972, *Bull. crim.* n° 210.
4. Com. 14 avr. 1992, *Bull. civ.* IV, n° 164.
5. Aix 3 déc. 1975, *Bull. Aix*, n° 332.
6. Aix 2e ch., 14 janv. 1988, n° 62, *inédit*.
7. Civ. 3e, 20 nov. 1970, *Bull. civ.* III, n° 624.
8. Com., 8 juill. 1997, *BTL* 1997. 553 ; comp. T. com Bordeaux 3 oct. 2004, *JCP* 2005. I. 135, n° 18 et les obs. ; Paris 10 sept. 2003, *JCP* 2004. I. 141, n° 14 ; Chambéry 4 mai 2004, *JCP* 2004. I. 188, n° 15, précisant que la prescription couvrant l'action en responsabilité contre le transporteur ayant abusé de ses prérogatives est annale ; égal. Com. 24 sept. 2003, *JCP* 2004. I. 141, n° 13.

rétention pour obtenir le remboursement de ses impenses [1]. Mais l'objection ne semble pas fondée, car la mauvaise foi au sens de l'article 555 du Code civil n'a qu'un caractère technique et ne requiert aucune appréciation morale [2].

Au demeurant, la jurisprudence criminelle tient à cette condition de bonne foi : les sanctions de l'abus de confiance sont appliquées aux mandataires rétenteurs de pièces et de documents dès lors que leur rétention est « injuste » [3].

Plus techniquement, du moment que la théorie de l'abus de droit est entrée officiellement dans le droit de l'exécution (L. 9 juill. 1991, art. 22), il ne serait pas incohérent de vouloir arrondir les conditions d'exercice du droit de rétention [4] et d'exiger ainsi que la rétention soit légitime et régulière [5].

591 ***2° Conditions relatives à la créance garantie. Créance certaine, liquide et exigible*** ◊ Assimilant le droit de rétention à une « voie d'exécution privée », les auteurs ont, un temps, enseigné que la créance, cause de la rétention, devait être certaine, liquide et exigible [6]. De fait, l'analyse classique est en ce sens. C'est parce que sa créance n'est pas certaine que le garagiste qui procède à des réparations importantes sans avoir obtenu l'accord de son client sur leur prix ne peut exercer de droit de rétention [7].

---

1. Civ. 3e, 23 avr. 1974, *JCP* 1975. II. 18170, note Thuillier ; 12 mars 1985, *Bull. civ.* III, n° 50, *RTD civ.* 1986. 377, obs. Giverdon et Salvage-Gerest.
2. V. C. Scapel art. *préc.* n° 16.
3. Crim., 14 déc. 1967, *Bull. crim.* n° 330. V. plus largement, C. Scapel, art. préc. n° 39 ; également, Crim., 12 oct. 1976, *RTD com.* 1977. 170, obs. Bouzat, admettant que l'entrepreneur impayé qui, dans une maison en construction, reprend des menuiseries qu'il avait déjà fournies et installées, se rend coupable de vol ; 6 nov. 1978, *D.* 1979. IR 129, approuvant les juges du fond d'avoir déclaré coupable d'abus de confiance un expert-comptable qui, malgré une mise en demeure, avait persisté à retenir les pièces comptables à lui confiées, en observant que l'intéressé n'agissait en réalité que pour obtenir un supplément indu d'honoraires ; 2 mars 1992, *JCP* 1993. I. 3680, n° 20 : « constitue un détournement le fait pour un entrepreneur de transport de retenir de mauvaise foi et contre la volonté de son client les marchandises qui lui ont été remises pour un travail salarié et qui ne sont restituées que sous la contrainte de poursuites judiciaires ». *A fortiori*, la rétention est-elle injustifiée lorsque le rétenteur s'est emparé de la chose par violence (v. Civ., 14 mars 1883, *DP* 1883. I. 338).
4. V. obs. *JCP* 1992. I. 3583, n° 17.
5. V. F. Zénati, obs. *RTD civ.* 1990. 307 ; v. égal. D. Legeais, n° 699 ; M. N. Jobard-Bachellier, M. Bourassin, V. Brémond, n° 1488 s.
6. Josserand, *Cours de droit civil*, t. 2, n° 1470. V. égal., Aynès et Crocq, n° 441. La créance est le plus souvent une créance de somme d'argent. Il peut s'agir aussi d'une créance de faire ou de ne pas faire, v. M. N. Jobard-Bachellier, M. Bourassin, V. Brémond, n° 1418.
7. Civ. 1re, 3 mai 1966, *D.* 1966. 649, note J. Mazeaud. V. aussi, 2e civ., 28 févr. 1957, D. 1957. 266, décidant que la victime de dommages causés par les clients d'un manège d'équitation ne peut retenir la monture d'un seul d'entre eux, dont il n'est pas certain qu'il ait été l'un des auteurs des dommages. Crim., 31 déc. 1943, *JCP* 1944. II. 2621, *RTD civ.* 1944. 186, obs. Carbonnier ; 17 nov. 1970, *JCP* 1971. II. 16692, note de Lestang ; 5 avr. 1973, *Bull. crim.* n° 177, *RTD com.* 1973. 643, obs. Bouzat, pour qui se rendent coupables d'abus de confiance, les mandataires qui refusent de restituer les pièces de leurs clients, alors que leurs honoraires sont contestés.

C'est faute de justifier d'une créance liquide que le créancier d'une obligation naturelle ne peut se prévaloir d'un tel droit. Enfin, si le vendeur à terme, à la différence du vendeur au comptant (art. 1612 et 1613), ne peut bénéficier d'un droit de rétention, c'est simplement parce que sa créance n'est pas exigible [1].

Cette conception qui conduit également à refuser le droit de rétention lorsqu'il s'exerce contre l'État [2], ne correspond plus, semble-t-il, au droit positif. Récemment, la jurisprudence a sensiblement atténué les conditions de liquidité et d'exigibilité de la créance cause de la rétention. Ainsi, la Cour de cassation a pu juger que « les principes régissant le droit de rétention ne faisaient pas obstacle à ce qu'une décision de justice conférât ce droit au titulaire d'une créance certaine, qu'elle rendait liquide et exigible, dès lors que ladite créance avait pris naissance à l'occasion de la chose retenue » [3]. Cette solution permet certainement à un créancier d'exercer un droit de rétention jusqu'à la fixation du montant de sa créance [4], c'est-à-dire, jusqu'à sa liquidation [5]. L'autorisera-t-elle aussi à retenir une chose, alors que sa créance n'est pas exigible ? Ce n'est pas exclu, d'autant que l'on admet déjà que l'octroi judiciaire d'un délai de grâce ne fait pas disparaître le droit de rétention [6]. De plus, on a soutenu, en s'appuyant sur l'aspect conservatoire du droit de rétention, que le titulaire d'une créance non encore exigible « pourrait peut-être l'exercer au moins pendant le temps qui lui est nécessaire pour obtenir la déchéance du terme » [7]. Il n'est pas impossible de franchir le pas si l'on admet que le droit de rétention n'est pas seulement un moyen de pression, mais avant tout une sûreté. Dans ces conditions, ce droit, à l'exemple du gage, de l'hypothèque ou du cautionnement, pourrait jouer pour garantir une créance fondée dans son principe, sinon une créance non sérieusement contestée [8].

---

1. La jurisprudence admet *(a contrario ?)* que le droit de rétention est justifié lorsque le débiteur est frappé d'une déchéance du terme (v. Req., 20 déc. 1939, *DH* 1940. 114).

2. CE 19 juill. 1855, *DP* 1855, 3, 17. Aucune voie d'exécution de droit privé ne peut être exercée contre les personnes publiques (Civ. 1re, 21 déc. 1987, *Bull. civ.* I, n° 348).

3. Civ. 3e, 23 avr. 1974, préc.

4. V. Civ. 3e, 12 mars 1985, *Bull. civ.* III, n° 50.

5. V. dans une hypothèse où la créance était contestable, Paris 5 mars 1992, *JCP* 1992. I. 3623, n° 19 ; égal. Com., 7 avr. 1998, *JCP* E 1998. 1143, note J. Stoufflet, *D.* 1998. Somm. 376, obs. S. Piedelièvre, *JCP* 1999. I. 116, n° 11, s'agissant du solde créditeur d'un compte-courant.

6. V. Toulouse 11 févr. 1977, *D.* 1978. 206, note J. Mestre, rendu à l'occasion d'une procédure de suspension provisoire des poursuites. On peut se demander si cette solution est transposable aux délais des anciens articles L. 621-76 et 77 C. com. (plan d'apurement du passif). On peut en douter, car ces délais instituent de véritables termes ; de plus, en dehors des cas prévus par la loi, il n'est pas possible de mettre en œuvre une sûreté postérieurement au jugement déclaratif.

7. Marty, Raynaud et Jestaz, n° 32.

8. V. E. Putman, *La formation des créances*, thèse Aix, 1987, n° 639. V. égal. Com., 14 juin 1988, *Bull. civ.* IV, n° 199 ; en l'espèce, un garagiste à qui une entreprise avait confié l'un de ses camions en panne pour qu'il le répare après l'envoi d'un devis accepté, avait procédé à une importante réparation sans fournir le document sollicité ni y avoir été autorisé ; ayant présenté

La jurisprudence contemporaine reste cependant très exigeante et ne reconnaît les droits du rétenteur que dans la mesure où sa créance est exigible [1].

592 ***3° Conditions relatives au lien de connexité*** ◊ Il paraît difficile d'admettre que le créancier puisse retenir la chose de son débiteur jusqu'à complet paiement de sa créance, sans considérer la raison pour laquelle il détient cette chose ni l'origine de sa créance. Le droit de rétention, en tant que sûreté réelle, garantit le recouvrement d'une créance par l'affectation d'une chose au créancier. Mais il ne s'agit pas d'une sûreté réelle asexuée. Le droit de rétention a son originalité. Précisément, l'affectation de la chose au créancier en garantie du paiement d'une créance découle du lien existant entre la détention et la créance. C'est ce lien qui justifie la sûreté.

La jurisprudence l'a bien compris, qui ne fait jouer le droit de rétention que lorsqu'un lien de connexité existe entre la créance garantie et le bien retenu. Ainsi, le dépositaire ne peut retenir les objets déposés pour obtenir le paiement des frais de nourriture du déposant [2]. De même, la victime d'une spoliation ne peut exercer un droit de rétention sur les marchandises entreposées dans un local lui appartenant jusqu'au paiement des indemnités mises à la charge de l'auteur de la spoliation [3]. L'acquéreur de marchandises entreposées dans une maison ne peut également retenir les clés de la maison en garantie du paiement de l'élagage des arbres plantés dans le jardin [4].

Le lien de connexité [5] ainsi exigé peut être compris de trois façons. Tantôt, la créance et la détention se rattachent à un même rapport juridique, prennent toutes deux leur source dans ce même rapport, tel étant le cas lorsque le vendeur impayé retient la chose vendue ; on parle alors de connexité juridique ou intellectuelle. Tantôt, la créance a pris naissance à l'occasion de la détention d'une chose ; c'est le cas en matière d'impenses. Le droit de rétention se justifie alors par la connexité objective ou matérielle existant entre la créance et la chose retenue. Tantôt, enfin, la connexité résulte de l'accord même des parties : elle est alors conventionnelle. Cette dernière conception de la connexité était quelque peu contro-

---

ultérieurement une facture qualifiée de « devis définitif », le garagiste impayé voulut exercer un droit de rétention sur le camion qu'il avait réparé. La cour d'appel l'avait admis. Son arrêt est cassé : « en retenant l'existence d'un droit de rétention en faveur du garagiste, alors qu'il résulte des constatations de la décision qu'aucun contrat n'avait été conclu entre les parties et que le garagiste ne pouvait se prévaloir d'aucune créance certaine, les juges ont violé les textes des articles 1134 et 1948 ».

1. Com., 7 janv. 1992, *Bull. civ.* IV, n° 10, *JCP* 1993. I. 3680, n° 19 ; 28 mai 1991, *BTL* 1991. 718 ; 8 juill. 1997, *Bull. civ.* IV, n° 221, *BTL* 1997. 553. Comp. Com., 3 oct. 1989, *D.* 1990. Somm. 388, obs. L. Aynès.

2. Civ., 12 mars 1923, *DP* 1926. 1. 32.

3. Civ., 25 juill. 1950, *D.* 1951. Somm. 14.

4. Civ. 3e, 16 juill. 1969, *Bull. civ.* III, n° 591.

5. V. Bolze, « L'unité du lien de connexité en droit des obligations », *RRJ*, PU Aix, 1988, 303 ; M. Exposito, *La connexité*, thèse Aix, 1992.

versée avant la réforme des sûretés (v. *supra*, n° 586). Elle est désormais dûment reconnue.

Le droit positif se contente donc, indifféremment, d'un lien de connexité juridique ou matériel [1] ou même purement conventionnel.

593 ***Connexité juridique*** ◊ Lorsqu'un garagiste fait des réparations sur la voiture qui lui a été confiée, sa créance et sa détention procèdent d'un même rapport juridique. Le contrat de prestation de services lui procure la détention du bien et le rend créancier. Il y a, dans ce cas, une connexité juridique entre la créance et la détention qui permet au garagiste d'exercer un droit de rétention sur le véhicule tant qu'il n'est pas désintéressé [2] ; de même le mandataire impayé peut-il procéder de la sorte et retenir le bien que le mandant a pu lui confier [3]. Plus généralement, on peut affirmer que le jeu du droit de rétention est fondé dès que la rétention de la chose appartenant au débiteur se rattache à la convention qui a donné naissance à la créance [4].

Dans cette situation, il est vrai, le droit de rétention peut faire double emploi avec l'exception d'inexécution ; mais, puisque ses conditions sont plus larges que celles de cette dernière institution, le droit de rétention peut servir de relais très utile pour le créancier. En outre, la rétention a l'avantage de pouvoir porter sur toutes les choses que détient le créancier en vertu de son contrat. L'idée de connexité juridique, on le voit, est plus riche que celle de connexité matérielle qui, elle, n'autorise qu'une rétention sur la chose ayant été l'occasion de la créance garantie [5].

594 ***Connexité matérielle*** ◊ Lorsqu'il n'y a aucun rapport juridique antérieur entre le créancier qui prétend retenir la chose et le débiteur, l'attribution du droit de rétention ne peut reposer que sur la constatation d'une connexité objective ou matérielle entre la chose et la créance. Ici, le droit de rétention ne peut se justifier que si la créance du rétenteur « a pris naissance à l'occasion de la chose détenue » [6].

La jurisprudence reconnaît ainsi que peuvent exercer un droit de rétention, le gérant d'affaires [7], le possesseur de la chose d'autrui, évincé par la

1. V. Com., 29 janv. 1974, *D.* 1974. 245, à propos de la rétention de pièces de fonte sur lesquelles n'avaient pas été réalisés les travaux dus par le débiteur. Le droit de rétention se justifie, *a fortiori*, lorsqu'il est fondé à la fois sur une connexité juridique et sur une connexité matérielle, comme en matière de dépôt ou de gage avec dépossession.

2. Com., 20 nov. 1967, *Bull. civ.* III, n° 372.

3. Com., 9 mai 1944, *JCP* 1944. II. 2728, note P.L.P. ; Soc. 17 avr. 1958, *Bull. civ.* IV, n° 489.

4. Soc. 9 janv. 1958, *D.* 1958. 270, cassant l'arrêt qui, pour débouter le créancier d'une demande en exercice du droit de rétention sur des machines à lui confiées pour effectuer des travaux de confection de vêtements dont le paiement est réclamé, retient que ces travaux n'ont pas porté sur les machines. V. égal., Civ. 1re, 27 oct. 1970, *Bull. civ.* I, n° 282, décidant qu'un comptable peut exercer un droit de rétention sur les documents de son client, dès lors que la détention des documents et la créance ont leur « source dans un même rapport juridique ».

5. V. Marty, Raynaud et Jestaz, n° 47.

6. Civ. 1re, 15 juin 1962, *Bull. civ.* I, n° 303.

7. Civ., 25 janv. 1904, *DP* 1904. 1. 601.

revendication, jusqu'au remboursement des impenses nécessaires ou utiles auxquelles il peut prétendre [1], l'usufruitier sortant pour garantir le paiement des frais relatifs aux grosses réparations qu'il a pu faire [2].

En revanche, en l'absence de *debitum cum re junctum*, c'est-à-dire faute de lien entre la créance et la chose, le créancier ne pourrait retenir celle-ci pour faire pression sur son débiteur. Ainsi, un réparateur ne peut exercer de droit de rétention au titre des frais faits pour la conservation de la chose lorsque ces frais ont été engagés avant l'actuelle immobilisation du bien [3].

595 ***Connexité conventionnelle*** ◇ L'article 2286-1° confère un droit de rétention « à celui à qui la chose a été remise jusqu'au paiement de sa créance ». Cette disposition vise certainement le créancier gagiste ordinaire, c'est-à-dire le créancier gagiste dont la sûreté est constituée avec dépossession [4]. Elle s'applique également au créancier titulaire d'un gage immobilier (v. *supra*, n° 365). Dans ces situations, l'existence même du droit de rétention est incontestable. Il se fonde non seulement sur l'article 2286-1°, mais aussi sur les dispositions particulières en cause.

L'article 2286-1° vise cependant d'autres créanciers que le créancier gagiste ordinaire. Le texte s'adresse aux créanciers qui souhaitent constituer, en accord avec leur débiteur, un gage en dehors du cadre fixé par les textes, *i.e.* s'entendre sur ce que l'on pourrait appeler un « mini-gage » convenu le plus souvent sans écrit. Ainsi en est-il des concédants automobiles qui se font remettre les papiers du véhicule empêchant par là leur mise en circulation par les concessionnaires qui n'ont pas encore réglé tout ce qu'ils peuvent devoir [5]. De même en est-il de certains organismes de crédit qui ne souhaitent pas inscrire la sûreté que la loi leur accorde (v. *infra*, n° 707), mais n'hésitent cependant pas à exercer un droit de rétention sur les documents qui ne représentent certes pas le bien financé mais dont ils sont des accessoires. De nombreuses pratiques se trouvent ainsi validées [6].

Le « mini-gage » ainsi constitué est un contrat réel venant garantir une créance dont les caractères ne correspondent pas nécessairement à ce que le droit de rétention « ordinaire » exige. En particulier, la condition d'exigibilité n'est nullement requise [7].

§ 3. Régime du droit de rétention

596 ***Mécanisme*** ◇ Le droit de rétention opère en dehors de toute instance. Il n'est même pas subordonné à une mise en demeure préalable, ce qui est

1. Civ. 3e, 12 mars 1985, préc.
2. V. *Les biens*, n° 512.
3. Com., 4 déc. 1984, *Bull. civ.* IV, n° 328.
4. Ce qui exclut le créancier titulaire d'un gage sur le matériel ou sur l'outillage, Com. 4 janv. 2005, *D.* 2005. 970, note A. Aynès.
5. V. Com. 22 mars 2005, *JCP* 2005. I. 135, n° 17 et les obs. ; *Dr. et patr.* 2005. 142, p. 40, note A. Aynès.
6. V. A. Aynès, *op. cit.*
7. V. M.N. Jobard-Bachellier, M. Bourassin, V. Brémond, n° 1455.

parfaitement logique, car ce droit se concrétise par voie d'exception au sens procédural du terme. Le rétenteur repousse une demande de restitution, il s'oppose à une action principale : c'est un défendeur.

Ainsi le droit de rétention est-il d'une mise en œuvre très simple sous réserve, bien entendu, des exigences pouvant intervenir *a posteriori* sur les caractères de la créance ou l'existence du lien de connexité. À ce stade, le contrôle est réel. Il est impossible d'admettre que le droit de rétention soit exclusif de tout abus, même si la jurisprudence n'est pas, en la matière, toujours très nette. Ainsi, dans une espèce remarquée, un comptable impayé retenait la comptabilité de son client ; le fisc en demandait la communication pour les besoins d'un éventuel redressement. Le comptable, en refusant, fit encourir une taxation d'office à son client ; mais, finalement, la Cour de cassation admit que le comptable ne pouvait être condamné à des dommages-intérêts envers son client, dès lors qu'« il avait le droit de refuser de se dessaisir des documents légitimement détenus jusqu'à complet paiement de sa créance » [1]. Cette solution, cependant, n'est guère compatible avec la jurisprudence pénale qui n'hésite pas à retenir l'existence d'un abus de confiance à l'encontre des agents d'affaires qui profitent de leur situation (*supra*, n° 590). De plus, de nombreux et récents arrêts réservent l'hypothèse de l'abus du droit de rétention chaque fois que le bien retenu est d'une valeur de beaucoup supérieure au montant de la créance alléguée [2] (*supra*, n° 590).

Malgré cette limite tenant aux impératifs de la bonne foi, le rétenteur ne manque pas de prérogatives, d'autant que les causes entraînant l'extinction de sa sûreté sont bien déterminées.

597 **1° *Effets du droit de rétention*** ◊ Le rétenteur, a-t-on très justement écrit [3], a le droit « d'empêcher que la chose ne soit utilisée dans l'intérêt du débiteur ». En d'autres termes, le rétenteur, s'il ne peut retirer une utilité directe de la chose, puisqu'il n'a aucun pouvoir sur la chose, peut néanmoins paralyser cette utilité. C'est ce qu'il fait en refusant de restituer la chose, en la conservant par-devers lui et en gênant ainsi les autres créanciers et plus généralement les tiers. Ce refus de restituer représente l'essentiel des prérogatives du rétenteur [4] qui ne varient pas selon la source de la rétention [5]. Certes, le droit qu'il a sur la chose ne lui permet pas de s'en servir : à l'exemple du créancier gagiste, le rétenteur doit même prendre soin de la chose [6] et

---

1. Civ. 1re, 17 juin 1969, *Bull. civ.* I, n° 233, *JCP* 1970. II. 16162, note N. Catala.
2. V. Paris 17 mars 1972, *RJ com.* 1972. 244, note Netter ; 10 févr. 1972, *BTL* 1974. 104, et sur pourvoi, Com., 8 janv. 1974, *RTD com.* 1975. 175, obs. Hémard.
3. N. Catala, note préc.
4. V. Dagot, p. 96 ; Marty, Raynaud et Jestaz, n° 49.
5. Comp. A. Aynès, thèse préc., qui considère, non sans arguments, que le régime de la rétention diffère selon que la rétention se fonde sur la connexité conventionnelle, juridique ou matérielle.
6. On considère, toutefois, que le rétenteur ne répond que de ses fautes appréciées *in concreto* : v. Civ. 1re, 7 nov. 2006, *JCP* 2007. I. 158, n° 20 et les obs., s'agisant de prunes devenues impropres à la consommation en raison du manque de soin du rétenteur. Sur le plan délictuel, le rétenteur, en tant que gardien, est soumis à la responsabilité qui découle de l'article 1384, al. 1er (v. Derrida, art. préc., n° 81).

devient comptable de ses fruits. Ce droit sur la chose reste cependant des plus efficaces. Sa large opposabilité et son indivisibilité l'attestent.

Au total, tous ces éléments font du droit de rétention une sûreté de tout premier plan. On aurait mauvaise grâce à le contester en faisant observer - ce qui est vrai - que le rétenteur ne jouit d'aucun droit de préférence et d'aucun droit de suite [1]. Les créanciers ne courent-ils pas, au moins dans les procédures collectives, après le droit de rétention ? Et finalement, si le rétenteur ne dispose pas des prérogatives dont profitent naturellement les créanciers privilégiés, n'est-ce pas à cause de son mécanisme ? Puisque le droit de rétention ne s'exerce que par voie d'exception, il est normal que les droits de son titulaire ne jouent que d'une manière négative : son droit sur l'utilité de la chose ne lui permet que de s'opposer à une restitution et son droit sur la valeur de la chose n'apparaît que lorsqu'il est contraint de se dessaisir de celle-ci.

598 ***a) Droit de blocage. Indivisibilité*** ◊ À l'exemple des sûretés réelles, le droit de rétention est indivisible [2]. Dès lors, chaque fraction de la créance est garantie par la chose tout entière. Dans ces conditions, si, d'une part, la créance est divisée entre les héritiers du rétenteur, chacun d'entre eux reste entièrement garanti, et si, d'autre part, le débiteur ne règle que partiellement ce qu'il doit, le rétenteur peut conserver la chose tant qu'il n'a pas reçu complet paiement de sa créance [3]. L'indivisibilité signifie encore que si la chose vient à être divisée, chaque partie de cette chose peut être retenue jusqu'au paiement intégral de la créance [4].

599 ***Opposabilité*** ◊ La large opposabilité reconnue au droit de rétention permet d'en mesurer l'efficacité. Le rétenteur peut, d'abord, se prévaloir de son droit sur la chose à l'encontre de son débiteur. Mais, dans cette première série de rapports, le droit de rétention n'est qu'un simple moyen de pression et ne joue que le rôle d'une exception d'inexécution dont les conditions auraient été élargies. Le rétenteur peut, ensuite, opposer son droit aux ayants cause du débiteur et notamment à ses créanciers : il produit les mêmes effets qu'un privilège, car, en cas d'insolvabilité du débiteur, les créanciers seront pratiquement obligés de composer avec le rétenteur et donc de le désintéresser avant de pouvoir récupérer le bien et d'opérer la distribution de sa valeur.

Logiquement, cette question d'opposabilité aux tiers se déduit de la nature juridique de l'institution en cause [5]. Puisqu'il s'agit ici d'une sûreté,

1. V. *supra*, n° 582 ; égal. Com., 19 févr. 1958, *Bull. civ.* III, n° 82. On ajoutera que le rétenteur ne pourrait se prévaloir des dispositions de l'article 2365 organisant l'attribution judiciaire du gage, v. *infra*, n° 581.
2. V. Marty, Raynaud et Jestaz, n° 46.
3. V. Civ. 1re, 17 juin 1969, préc.
4. V. Paris 20 déc. 1938, *DC* 1942. 168 ; V. égal., Douai 25 nov. 1921, *S.* 1922. 2. 25, note Cassin.
5. V. les controverses doctrinales sur la qualification du droit de rétention ; en faveur du droit personnel, N. Catala, art. préc., n° 2 et 20 ; en faveur du droit réel, Derrida, art. préc., n° 138 s. ; Rodière, note *D.* 1965. 59. Comp. Mazeaud, Chabas et Picod, n° 129, qui voient dans le droit de rétention un « droit réel inachevé ».

il revient à la jurisprudence, en l'absence de texte particulier, d'en déterminer le rang dans la hiérarchie des droits réels de garantie. C'est ce qu'elle fait avec plus ou moins de bonheur.

600 ***Opposabilité aux ayants cause du débiteur*** ◊ L'opposabilité doit être envisagée au regard des différentes catégories d'ayants cause.

Opposable au débiteur, à ses héritiers et successeurs universels ou à titre universel, le droit de rétention l'est encore à ses créanciers chirographaires, car ils ne peuvent avoir plus de droits que leur débiteur [1]. Il est même opposable, mais pour d'autres raisons, aux créanciers privilégiés [2].

Le rétenteur est également dans une situation très forte dans les rapports qu'il peut avoir avec les ayants cause particuliers du débiteur. Il est vrai que l'on a, un temps, distingué selon la date de naissance des droits en conflit et décidé que le droit de rétention n'était opposable qu'aux tiers ayant acquis un droit sur la chose après la mise en possession du rétenteur [3]. La solution n'était pas injustifiée : d'une part, l'« antichrésiste », titulaire d'un droit de rétention, doit respecter les hypothèques existantes au moment de la prise de possession du bien nanti ; d'autre part, on peut considérer que le rétenteur reçoit, lui aussi, ses droits du débiteur et, dès lors, ne peut méconnaître les charges grevant la chose et consenties par son auteur. Autrement dit, « *nemo plus juris...* ».

Aujourd'hui, la jurisprudence ne fait plus de distinction : elle admet que le garagiste qui vient de réparer une automobile, peut opposer son droit de rétention au créancier gagiste dont le titre est pourtant antérieur [4]. De même, la Cour de cassation fait prévaloir le droit de rétention sur le droit appartenant à l'administration fiscale ou douanière de confisquer les objets saisis pour fraude ou contravention [5].

La haute juridiction va même jusqu'à dire que « le droit de rétention d'une chose, conséquence de sa détention, est un droit réel opposable à tous, et même aux tiers non tenus de la dette » [6]. Cette analyse correspond à la nature profonde du droit de rétention qui est fondé, avant tout, sur la maîtrise de fait qu'exerce le rétenteur sur la chose [7]. Pour autant, il est difficile de dire que le droit de rétention est un véritable droit réel accessoire, car, une fois encore, il ne confère ni droit de préférence ni droit de suite.

---

1. Civ., 6 avr. 1875, *DP* 1875. 1. 354 ; 8 juill. 1913, *DP* 1914. 1. 241.

2. V. *infra*, n° 778, sur les conflits entre le rétenteur et le privilège de l'article L. 622-17 C. com.

3. V. Civ., 13 juill. 1874, *S.* 1875. 1. 145, note Labbé ; Poitiers 23 déc. 1935. *DH* 1936. 107, décidant que le droit de rétention ne peut jouer contre les acquéreurs ou créanciers privilégiés ou hypothécaires ayant publié leur droit antérieurement. Rappr. Civ., 31 mars 1851, *S.* 1851. 1. 305 ; Req., 24 janv. 1872, *DP* 1872. 1. 353, admettant l'opposabilité du droit de rétention aux acquéreurs et adjudicataires dont les droits ont été publiés postérieurement.

4. Com., 11 juin 1969, *D.* 1970. 244, note Bihr.

5. Com., 27 mars 1968, *D.* 1968. 709. Rappr. Com., 13 janv. 1987, *Bull. civ.* IV, n° 10.

6. Civ. 1re, 7 janv. 1992, *Bull. civ.* I, n° 4, *préc.* n° 480. ; égal. Com. 3 mai 2006, *Bull. civ.* IV, n° 106, *JCP* 2006. I. 195, n° 15 et les obs.

7. V. Derrida, art. préc., n° 107 ; *Contra*, Marty, Raynaud et Jestaz, n° 52.

601 ***Opposabilité au propriétaire du bien non débiteur*** ◊ Le rétenteur peut-il opposer son droit au propriétaire qui ne serait pas son débiteur ? Affirmative lorsque ce propriétaire n'est que l'actuel acquéreur de la chose, que l'acquisition soit antérieure ou postérieure à la rétention [1], la réponse est plus incertaine lorsque ledit propriétaire n'est pas l'ayant cause particulier du débiteur.

La Cour de cassation s'est prononcée en faveur de l'opposabilité dans un conflit qui mettait en cause le propriétaire d'un meuble litigieux et le séquestre judiciaire de ce bien : l'un des plaideurs s'était vu imposer la charge des frais de séquestre, alors que l'autre était déclaré propriétaire du mobilier ; la Cour suprême a décidé que le séquestre, créancier des frais engendrés dans l'intérêt des deux parties, pouvait opposer son droit à la personne déclarée propriétaire du mobilier [2]. Plus récemment, la cour d'appel d'Aix a fait observer que « l'exercice du droit de rétention sur une chose n'appartenant pas au débiteur ne pouvait se justifier que dans des cas exceptionnels..., par exemple en cas de frais exposés pour la conservation de la chose » [3]. Autrement dit, pour la jurisprudence l'opposabilité du droit de rétention à un propriétaire non débiteur ne se conçoit que dans une hypothèse de connexité matérielle où la chose cause de la créance « est en quelque sorte débitrice » [4]. De son côté, le Conseil d'État a pris une position très respectueuse du droit de propriété [5], avant que le Tribunal des conflits ne prenne position et admette que le droit de rétention (des autorités aéroportuaires) s'exerce au préjudice d'un propriétaire non débiteur sans que l'on ne puisse y voir une voie de fait [6].

On s'aperçoit, encore une fois, que le droit positif est souvent, et à juste titre, plus pragmatique que dogmatique, sans doute parce que la nature du droit de rétention est mal assurée. En tant que sûreté, ce droit ne devrait être que l'accessoire de la créance qui le justifie. En dehors de quelques cas

---

1. Civ. 1re, 24 sept. 2009, D. 2009. 1661, note Borga, *JCP* 2009. 380, note A. Aynès, et 492, n° 17.
2. Civ. 1re, 22 mai 1962, *D.* 1965. 58, note Rodière ; *Grands arrêts de la jurisprudence civile*, t. 2, 12e éd. n° 300.
3. Aix 10 oct. 1979, *Bull. Aix*, n° 217 : en l'espèce, une société fabricante de moquettes avait remis à l'un de ses employés des tapis que celui-ci transportait pour ses besoins professionnels dans un véhicule loué ; il est jugé que la revendication du fabricant ne peut se heurter au droit de rétention que le bailleur du véhicule voulait exercer sur les tapis ; v. égal. Paris 17 févr. 1994, *DMF* 1994. 778, *JCP* 1995. I. 3851, n° 17, à propos d'un transporteur voulant retenir les biens de l'expéditeur en garantie d'une créance qu'il avait contre le commissionnaire.
4. Marty, Raynaud et Jestaz, n° 54. Lorsque la marchandise est couverte par une clause de réserve de propriété, le créancier, tel un commissionnaire en douane, ne peut exercer son droit de rétention à l'encontre du vendeur, dès lors qu'il a pu avoir connaissance de la clause, sa bonne foi faisant défaut (v. Paris 20 mai 1988, *BTL* 1988. 548). Le plus souvent, cependant, la bonne foi se présumant, le commissionnaire a dans ce genre de situation la priorité (Com., 3 oct. 1989, *Bull. civ.* IV, n° 244, *JCP* 1990. II. 21454, note v. Behar-Touchais, *Defrénois* 1990. 1350, obs. L. Aynès ; Paris 18 mai 1994, *D.* 1995. 15, note B.M.).
5. CE 2 juill. 2003, *JCP* 2003, 10180, note Martin et Nauleau, *RTD civ.* 2004. 324 obs. P. Crocq : « l'exercice du droit de rétention constitue une atteinte grave et manifestement illégale au droit de propriété du propriétaire non débiteur » ; comp. Paris 18 juin 2003, *JCP* 2004. I. 141, n° 15.
6. T. confl. 19 janv. 2004, *JCP* 2004. I. 188, n° 14.

exceptionnels [1], il ne devrait priver de l'utilité de la chose que le débiteur : s'il n'y a pas de créance à l'encontre du légitime revendiquant, il n'y a logiquement pas de droit de rétention.

602 ***b) Droit sur la valeur*** ◇ Le rétenteur n'a pas seulement un droit de blocage lui permettant de refuser la restitution du bien ; il n'a pas seulement la possibilité de paralyser l'utilité de la chose. Il jouit encore d'un droit sur la valeur de l'objet de sa sûreté. Certes, il ne peut l'exercer directement, car s'il se dessaisit du bien, ses prérogatives s'évanouissent [2]. Mais, de son point de vue, c'est-à-dire compte tenu de sa situation de défendeur, les choses sont différentes. Depuis longtemps, en effet, la jurisprudence considère que si la vente en justice du bien est poursuivie à la requête des créanciers, la créance du rétenteur qui s'est opposé à la vente doit être prélevée sur le prix [3]. En cas de procédure collective, cette solution a permis au rétenteur, forcé de se dessaisir du bien pour répondre à la demande du syndic, de reporter son droit sur le prix de vente et de primer ainsi tout autre créancier [4].

Les textes se sont alignés sur cette jurisprudence. L'article 83, alinéa 3, de la loi du 13 juillet 1967 disposait en effet que « le privilège du créancier gagiste prime toute autre créance privilégiée », tout en réservant implicitement cette priorité aux seuls créanciers gagistes titulaires d'un droit de rétention [5], c'est-à-dire, puisque l'existence d'un gage ne change rien à l'affaire, aux seuls créanciers armés d'un droit de rétention. Le Code de commerce consacre cette solution en indiquant que le liquidateur peut procéder à la réalisation forcée du bien nonobstant le droit de rétention qui le grève (art. L. 642-20-1) et en précisant que ce droit est alors « reporté de plein droit sur le prix » (art. L. 642-20-1, al. 3) [6].

---

1. V. par ex., en matière maritime, Rouen, 24 nov. 1983, *BTL* 1984. 461. En l'espèce, un transporteur maritime avait rapatrié six conteneurs vides de Finlande en France, à destination de leur locataire. Celui-ci ayant été mis en règlement judiciaire, n'avait pas payé le fret dont il était débiteur. Le propriétaire des conteneurs, voulant récupérer ses biens, avait demandé au transporteur de les lui délivrer, mais ce dernier lui avait opposé son droit de rétention. En réalité, si le transporteur était dans son droit, c'est tout simplement parce que le propriétaire n'était pas dénommé au connaissement et que, dans ces conditions, il n'avait aucun titre pour obtenir la délivrance des conteneurs. Comp. Rouen 3 mars 1988, *BTL* 1988. 669, déniant à un commissionnaire, chargé par une entreprise de déménagement d'exécuter un transport de mobilier par mer, le droit d'exercer un droit de rétention sur les connaissements représentant ce mobilier en garantie de créances contre le déménageur, le commissionnaire ayant connaissance de ce que ce dernier n'était pas propriétaire des marchandises ; v. égal. Paris 28 nov. 2007, *BTL* 2007. 781.

2. Du reste, le rétenteur ne peut demander en justice que l'objet retenu lui soit attribué en pleine propriété, Com., 9 juin 1998, *Bull. civ.* IV, n° 181, *JCP* E 1998. 2070, n° 19, obs. M. C., *JCP* 1999. I. 116, n° 12, *D.* 1999. Somm. 300, obs. S. Piedelièvre ; Paris 12 sept. 2008, *BTL* 2009. 96.

3. Douai 17 déc. 1877, *D.* 1878. 5. 412 ; T. com. Grenoble 11 oct. 1954, *Gaz, Pal.* 1955. 1. 231.

4. Civ. 2e, 27 juin 1958, *JCP* 1958. II. 10819, note Becqué ; Com. 4 juill. 1962, *JCP* 1962. II. 12885, note Nectoux ; 22 janv. 1963, *JCP* 1963. II. 13131, note J.A.

5. Com., 26 oct. 1971, *D.* 1972. 61, note Derrida.

6. V. en application, Com., 15 oct. 1991, *Bull. civ.* IV, n° 288, *Banque* 1992. 102, obs. Rives-Lange, *JCP* 1992. I. 3623, n° 24. Comp. en matière immobilière : Civ. 3e, 23 oct. 2002, *JCP* 2003. II. 10182. Si le liquidateur n'a pas usé de la faculté de solliciter le retrait ni demandé la réalisation, les textes en cause ne « peuvent trouver à s'appliquer » : Com. 16 janv. 2007, *JCP* 2007. I. 158, n° 21.

Dans de telles conditions, le droit de rétention « ne se distingue plus guère d'un droit de préférence » [1], au demeurant particulièrement efficace. Il prime, en effet, le privilège du Trésor [2], le privilège des frais de justice [3] et même le superprivilège assortissant les créances salariales [4].

Cette priorité absolue qu'il est difficile d'analyser comme la manifestation d'un droit de prélèvement - le rétenteur n'est pas propriétaire - explique que la situation de rétenteur soit recherchée par la plupart des créanciers exposés aux risques des procédures collectives.

603 ***Redressement et liquidation judiciaires*** ◇ Lorsqu'une procédure collective est ouverte à l'encontre du débiteur, le rétenteur est sans doute, parmi tous les créanciers, celui qui tire le mieux son épingle du jeu [5]. Pendant la période d'observation, le rétenteur (comp. *infra*, n° 690, en cas de gage sans dépossession) peut obtenir un paiement immédiat [6]. En effet, l'article L. 622-7-II, al. 2, C. com., précise que le juge commissaire peut autoriser l'administrateur à payer une créance antérieure pour retirer « une chose légitimement retenue », « lorsque ce retrait est justifié par la poursuite de l'activité ». Il y a tout lieu de penser que le paiement du rétenteur ne peut être amputé des règlements dus aux créanciers de l'article L. 622-17, compte tenu du rang « hyper » privilégié accordé depuis toujours au droit de rétention [7], et ce, même en cas de liquidation judiciaire (v. C. com. art. 622-7 et 642-20-1). Dans la même perspective, le juge commissaire ne saurait refuser son autorisation en tirant argument de l'absence de fonds suffisants pour désintéresser les créanciers de l'article L. 622-17 [8].

---

1. Marty, Raynaud et Jestaz, n° 55.

2. Com., 15 janv. 1957, 3 arrêts, *D.* 1957. 267, note Hémard, *JCP* 1957. II. 10006, note Becqué ; 26 janv. 1965, *Bull. civ.* III, n° 71.

3. Paris 25 janv. 1977, *Banque* 1977. 471.

4. Orléans 9 déc. 1974, *D.* 1975. 768, note Derrida. *Contra*, Bordeaux 9 juill. 1980, *D.* 1980. 486, note Agostini.

5. V. C. Pourquier, « Faculté de rétention et procédures collectives » *D. aff.* 1998. 936 ; MM. Campana et Calendini, « Droit de rétention et procédures collectives », *JCP* E 1998. 1083 ; Le Corre, « L'invincibilité du droit de rétention dans les procédures collectifes », *D.* 2001. Chron. 2815. Le rétenteur doit normalement déclarer sa créance, mais le défaut de déclaration n'entraîne plus l'extinction de la créance, si bien que le droit de rétention pourra toujours être opposé notamment aux autres créanciers, v. P. Crocq, « La réforme des procédures collectives et le droit des sûretés », D. 2006. 1306. Il faut cependant réserver l'hypothèse prévue à l'art. L. 622-26, al. 2, qui prévoit que les créances non déclarées régulièrement sont inopposables au débiteur pendant l'exécution du plan et parès cette exécution lorsque les engagements énoncés ... ont été tenus ».

6. V. M. Le Corre, « Retenir et substituer ne vaut (la substitution de garantie de l'art. 34, al. 3, de la loi de 1985) », *D. aff.* 1998. 1246 ; Com., 4 juill. 2000, *Bull. civ.* IV, n° 136, *D.* 2001. 465, note Piedelièvre, *JCP* 2001. I. 315, n° 15, *RTD com.* 2000. 1099, obs. A. Martin-Serf, précisant que le droit de rétention de ne peut être limité par le pouvoir conféré au juge-commissaire d'imposer une substitution de garantie.

7. Dans le même sens, mais avec des arguments différents, Aynès et Crocq, n° 448 ; Rives-Lange et Contamine-Raynaud, *Droit bancaire*, précis Dalloz, n° 592. *Contra*, Jeantin et Le Cannu, *Droit commercial*, précis Dalloz, n° 681.

8. V. Cabrillac, « L'article 40 de la loi du 25 janvier 1985 et ses difficultés d'application », *Banque* 1986. 115, n° 24.

Cette priorité absolue doit jouer également en cas de vente du bien retenu au cours de l'exécution d'un plan de continuation (C. com., art. L. 626-22, al. 1) ou encore à l'occasion d'un plan de cession (art. L. 642-12 mod. ord. 18 déc. 2008) [1]. Le rétenteur ne peut être rempli de ses droits par le paiement d'une quote-part du prix de cession.

En d'autres termes, le rétenteur prime tout autre créancier privilégié ou non [2].

Quant au créancier gagiste sans dépossession, s'il peut se prévaloir du droit de rétention que lui a reconnu, récemment, le législateur (C. civ. art. 2286-4°), il est dans une situation un peu particulière. L'article 622-7-I, alinéa 2, prévoit en effet que le jugement ouvrant la procédure de sauvegarde ou de redressement judiciaire emporte de plein droit « inopposabilité » d'un tel droit de rétention pendant la période d'observation et l'exécution du plan, sauf si le bien objet du gage est compris dans une cession d'activité décidée en application de l'article L. 626-1. À l'inverse, ce droit reste opposable dans le cadre d'un plan de cession, l'article L. 642-12, alinéa 5, affirmant que les alinéas 1 à 4 de ce texte n'affectent pas le droit de rétention acquis par un créancier sur des biens compris dans la cession. Cette solution acquise en matière de rétention classique a été ainsi étendue à la rétention fictive de l'article 2286-4°.

604 ***2° Extinction du droit de rétention*** ◊ La qualification de sûreté attachée au droit de rétention se manifeste avec une acuité particulière lorsqu'il s'agit de déterminer ses causes d'extinction [3]. En effet, deux séries d'hypothèses se dégagent selon que l'extinction se produit à titre accessoire ou à titre principal.

605 ***Extinction par voie accessoire*** ◊ Comme toutes les sûretés, le droit de rétention disparaît avec la créance qu'il garantit. Peu importe la cause d'extinction de la créance, compensation, dation... : il suffit que l'extinction soit totale. On notera simplement que la créance ne saurait s'éteindre par prescription, puisqu'il est admis que l'exercice du droit de rétention interrompt la prescription de la créance garantie. On considère, en effet, que le débiteur accepte, ne serait-ce que tacitement, de reconnaître l'existence de la dette en ne s'opposant pas au jeu du droit de rétention [4].

---

1. Com. 20 mai 1997, *Bull. civ.* IV, n° 151, *D.* 1997. Somm. 312, obs. A. Honorat, *Defrénois* 1997. 763, *RTD com.* 1998. 205, obs. A. Martin-Serf.

2. Com., 26 févr. 1991, *Bull. civ.* IV, n° 88.

3. V. Dagot, p. 99.

4. V. Dagot, p. 97, qui propose une autre explication : le créancier manifesterait sa volonté d'obtenir le paiement (et interromprait donc la prescription) en refusant de restituer la chose. Une autre question est de savoir si l'exercice du droit de rétention empêche la prescription de courir en faveur du rétenteur : ainsi lorsque le transporteur impayé retient la marchandise entre ses mains, le délai de prescription de sa dette (éventuelle) de responsabilité envers les ayants droit à la marchandise ne court pas : v. Com. 2 mars 1999, *DMF* 2000. 245 rapport Rémery et les obs.

606 ***Extinction par voie principale. Distinction*** ◊ Le droit de rétention est un droit « disponible » : son titulaire peut y renoncer [1]. Il disparaît à titre principal lorsque le créancier se défait volontairement de la chose qu'il retenait jusque-là : c'est du reste ce que dit expressément aujourd'hui le Code civil (art. 2286, *in fine* : « le droit de rétention se perd par le dessaisissement volontaire »). Le droit de rétention demeure, en revanche, si cette perte est involontaire. Si le créancier se dessaisit volontairement de la chose, le droit de rétention, fondé, on le rappelle, sur la détention du bien, n'a plus de raison d'être. Tel est le cas lorsque le créancier abandonne la chose ou entreprend une saisie, soit par voie de saisie sur lui-même [2], soit par voie de saisie-vente ou de saisie conservatoire [3]. Mais tel n'est pas le cas si la dépossession n'est que provisoire, n'est faite, par exemple, que pour faciliter des opérations d'expertise [4].

Précisément, le droit de rétention est maintenu dès que la dépossession du créancier est purement fortuite ou involontaire. Il se peut, d'abord, que le créancier soit dépossédé par une voie de fait ou une action de force : sa protection est alors assurée par l'exercice de l'action possessoire adéquate (C. civ., art. 2278, al. 2) [5]. Il peut arriver, ensuite, que la chose soit détruite : si l'on reconnaît au rétenteur un droit sur la valeur du bien, il faudrait admettre le jeu de la rétention sur les indemnités d'assurance (C. assur., art. L. 121-13) [6] ; la solution est cependant loin d'être acquise en l'état de la jurisprudence la plus récente hostile à la qualification de sûreté. Le lien avec la chose retenue est sans doute trop étroit pour que la subrogation réelle puisse jouer.

Enfin le rétenteur conserve son droit de rétention lorsqu'il subit une décision de justice qui lui enjoint de se dessaisir de la chose ; la liquidation judiciaire en est l'hypothèse type (v. *supra*, n° 520) [7]. La décision qui tend à substituer au droit de rétention une garantie différente en est une autre. Dans ce dernier cas, justement, si l'on peut admettre – comme le font certains textes (art. 1613 et 1653) – la substitution d'une caution, c'est parce que la sûreté imposée confère une garantie équivalente au droit de rétention. Il est loin d'être sûr, en revanche, que l'on puisse obliger le créancier d'accepter une consignation [8] puisque celle-ci n'attribue au

1. Com., 2 mars 1999, préc.

2. Civ. 1re, 10 oct. 1962, *Bull. civ.* I, n° 413 ; Rouen 18 oct. 2005, *JCP* 2006. I. 195.

3. V. Com., 15 janv. 1957, *JCP*. 1957. II. 10006, note Becqué.

4. Req., 19 juill. 1904, *DP* 1906. 1. 9 ; 5 nov. 1923, *DP* 1924. 1. 11 ; v. égal. Civ. 3e, 13 juill. 1994, *RTD civ.* 1995. 387, obs. P.Y. Gautier.

5. L'action, en cas de procédure collective, n'est pas soumise aux dispositions de l'art. L. 624-9, C. com. (Com., 31 janv. 1995, *JCP* 1995. I. 3851, n° 18).

6. V. *Contra*, Cabrillac, Mouly et Pétel, n° 941 ; M.N. Jobard-Bachellier, M. Bourassin, V. Brémond, n° 1527 ;

7. Comp. dans le cadre d'une instruction pénale, Crim., 20 juin 1972, *D.* 1973. 402.

8. *Contra*, Orléans 18 avr. 1974, *JCP* 1974. IV. 337. Comp. Req., 5 nov. 1923, préc. ; 28 déc. 1858, *DP* 1859. 1. 62. Il faut ajouter que la consignation est parfois dangereuse : elle n'échappe pas aux nullités de la période suspecte (C. com., art. L. 632-1 -5°).

créancier que les droits d'un créancier gagiste (art. 2350), lesquels sont nettement moins efficaces que ceux du rétenteur.

607 ***Renaissance du droit de rétention*** ◊ Une question liée à l'extinction du droit de rétention est celle de savoir si cette sûreté peut renaître lorsque le rétenteur est remis en possession du bien après l'avoir abandonné [1]. Elle intéresse surtout le garagiste qui, impayé pour une première série de réparations, est appelé à faire de nouveaux travaux sur le même véhicule ou encore sur un autre véhicule du même débiteur. Peut-il exercer le droit de rétention, non pas pour sa nouvelle créance issue de l'actuelle détention, ce qui n'est pas discuté, mais pour la créance initiale ? La jurisprudence ne l'admet pas. Elle considère que le droit de rétention a été perdu avec le dessaisissement de la chose et qu'il ne saurait renaître puisque les créances successives procèdent de contrats distincts [2]. Toutefois, il en va autrement quand toutes les réparations relèvent d'un contrat unique ou d'un même groupe de contrats [3]. L'idée d'indivisibilité fonde la solution.

SECTION 2. GAGE ET NANTISSEMENT

608 ***Évolution*** ◊ Le gage est, aux termes du nouvel article 2333 du Code civil, « une convention par laquelle le constituant accorde à un créancier le droit de se faire payer par préférence à ses autres créanciers sur un bien mobilier ou un ensemble de biens mobiliers corporels, présents ou futurs ». Malgré cette réforme, l'ancienne définition - le gage est « le contrat par lequel un débiteur remet une chose mobilière à son créancier pour sûreté de la dette » (anc. art. 2071 et 2072 C. civ.) - conserve sa valeur. Le gage est, plus précisément, un contrat constitutif d'une sûreté réelle mobilière, car il confère au créancier le droit de se faire payer sur la chose, objet du gage, par préférence aux autres créanciers. On se gardera donc de confondre le gage au sens technique, avec le droit de gage général que les articles 2284 et 2285 du Code civil accordent à tout créancier sans distinction.

Quant au nantissement, il s'agissait dans le Code civil originaire de tout contrat par lequel un débiteur remettait une chose à son créancier pour sûreté de la dette, étant précisé que si la chose était un meuble, le contrat prenait le nom de gage et que si elle était un immeuble, le contrat s'appelait antichrèse. Les choses étaient donc claires. Mais, au cours du 20e siècle, de nombreux nantissements sans aucune dépossession furent reconnus, à l'exemple du nantissement du fonds de commerce ou encore du nantissement

1. V. Chabas et Claux, « Disparition et renaissance du droit de rétention, en cas de remise puis de restitution de la chose », *D.* 1972. Chron. 19.
2. Com., 23 juin 1964. *D.* 1965. 79, note Rodière ; 29 janv. 1974, *D.* 1974. 245 ; v. égal. Versailles 10 avr. 1992, *Annonces de la Seine*, 20 juill. 1992.
3. Civ. 1re, 25 avr. 1967, *Bull. civ.* I, n° 145 ; Com. 20 nov. 1967, *Bull. civ.* III, n° 372.

sur le matériel d'équipement. D'où une certaine confusion. Les auteurs de la réforme des sûretés ont souhaité revenir à plus de rigueur et c'est pourquoi il est dit aujourd'hui que le terme nantissement ne s'applique qu'aux sûretés portant sur un bien incorporel. Le nantissement de matériel est désormais un gage et, à l'inverse, le gage d'instruments financiers, un nantissement. Quant à l'antichrèse, elle a été débaptisée, comme on le sait, en gage immobilier (*supra*, n° 363).

Les rédacteurs du Code civil avaient réglementé plutôt sévèrement le gage, qu'ils concevaient comme « une opération sentant la misère exploitée par les usuriers » [1]. Mais déjà l'ancien droit avait pris toute une série de mesures pour réserver à des organismes dignes de confiance - les Monts de piété [2] - le monopole des prêts sur gages corporels. Les caisses de Crédit municipal perpétuent depuis 1918 cette tradition [3].

Avec le développement de la fortune mobilière et l'apparition de nouveaux biens, la réglementation s'est quelque peu desserrée. Aujourd'hui, les gages de marchandises, les nantissements de titres, les nantissements de créances se concluent vite et simplement, sans pour autant priver les créanciers de la sécurité que leur assure le transfert de possession de la chose. Au total, ce sont sans doute ces droits spéciaux qui sont les plus importants (§ 2) : ils entament, sur de nombreux points, le droit commun du gage (§ 1).

§ 1. **Droit commun du gage**

609 ***Plan*** ◊ Le gage obéit à des conditions un peu compliquées, car elles concernent la validité de la sûreté, mais aussi son opposabilité. La diversité de ces conditions qui intéressent les parties et les tiers, explique l'efficacité du gage et les nombreuses prérogatives qu'en retire le créancier [4].

---

1. Aynès et Crocq, n° 501 ; Ripert et Boulanger, *Traité élémentaire de droit civil*, t. 2, 4e éd., n° 3445.

2. V. sur l'origine de l'institution fondée en 1777, Frauciel et Carteron, « Le système de prêt sur gage corporel vu par les crédits municipaux », *LPA* 25 avr. 1986, n° 50, p. 122 s. On raconte que l'idée vient d'Italie où un moine, Barnabé Teroni, ouvrit un comptoir de prêts sur gages à taux réduit pour lutter contre les usuriers. L'idée fut reprise sous Richelieu. V. égal. en droit chinois, P. Siu Siang-Fang, « Droit de gage et monts de piété », *Mélanges juridiques Univ. L'Aurore*, in *Le droit chinois moderne*, t. 1, Sirey, 1946.

3. V. décis. Cons. const. n° 87-150 L, 17 mars 1987, *JO* 20 mars 1987 : « si les caisses de crédit municipal, en raison notamment de leur vocation sociale et des monopoles des prêts sur gages corporels qui leur est conféré, constituent une catégorie d'établis-sements publics dont il appartient au législateur de fixer les règles de création, la mention de leur caractère administratif, qui est seule soumise au Conseil constitutionnel, ne touche, par elle-même, ni aux règles constitutives d'une catégorie d'établissements publics, ni aux principes fondamentaux de la libre administration des collectivités locales, non plus qu'aux autres matières qui sont du domaine de la loi ; qu'elle est, par suite, du domaine du règlement ». Le monopole est aujourd'hui reconnu par la loi du 15 juin 1992 relative aux caisses de crédit municipal. Le crédit municipal de Paris accorde de prêts d'un montant dont la moyenne se situe autour de 500 €. Cent mille prêts sur gage, environ, sont consentis tous les ans. Avec la crise économique récente, ce chiffre a sans doute doublé.

4. V. L. Aynès, « Le nouveau droit du gage » *Dr. et patr.* juill-août 2006. 48 ; D. Legeais, « Le gage de meubles corporels », *JCP* 17 mai 2006. n° spéc. p. 12.

On examinera donc successivement les conditions de formation du gage et ses effets. Il faudra, pour conclure, dire quelques mots sur les causes d'extinction du gage.

A. Conditions

610 ***Présentation*** ◊ L'étude de la formation du contrat de gage conduit à envisager plusieurs questions. Quelles sont les créances qui peuvent être garanties par un gage ? Quels sont les biens qui peuvent être donnés en gage ? Quelles sont les règles qui doivent être observées par les parties ? Quelles sont les formalités à respecter ? Il n'est pas impossible de regrouper ces questions, car certaines ont trait à la validité même de la sûreté, tandis que d'autres concernent son opposabilité.

611 ***1° Conditions de validité*** ◊ Pour que le gage soit valable, aussi bien en tant que contrat qu'en tant que sûreté, diverses conditions sont requises. Les premières sont relatives à la forme même de l'opération. Les autres concernent les parties, c'est-à-dire le constituant du gage et le créancier gagiste [1]. Les autres portent sur les caractères de l'obligation qu'il s'agit de garantir ainsi que sur les biens qui constituent l'objet de la sûreté.

612 ***Forme*** ◊ Le contrat de gage est aujourd'hui « parfait par l'établissement d'un écrit comprenant la désignation de la dette garantie, la quantité des biens donnés en gage ainsi que leur espèce ou leur nature » (art. 2336). Autrement dit, l'écrit est une condition de validité du gage. Le gage est ainsi devenu, à l'occasion de la réforme des sûretés, un contrat solennel. Peu importe cependant la nature de l'écrit : acte sous seing privé ou acte authentique. L'enregistrement n'est pas nécessaire, car comme nous le verrons, c'est la dépossession qui commande l'opposabilité aux tiers. L'écrit doit désigner la dette garantie, préciser la quantité de biens donnés en gage ainsi que leur espèce ou leur nature. C'est une manière d'exprimer le principe de spécialité quant à la dette garantie et quant à la chose formant l'objet de la sûreté. L'exigence tenant à la désignation de la dette garantie pose la question de savoir s'il est possible de convenir d'un gage couvrant une créance évolutive. Il n'est pas rare en effet que le crédit cause de la garantie soit augmenté pendant la durée de l'opération envisagée. Le gage peut-il suivre le cours de cette évolution et s'adapter en conséquence ou faut-il constituer un nouveau gage pour garantir les nouvelles créances ? Le problème ne se pose pas, bien entendu, si la sûreté a été prise pour garantir le solde d'un compte, c'est-à-dire une créance future déterminable. On observera plus généralement qu'il ne devrait pas se poser dans la mesure où la loi a, en admettant sans aucune réserve que la garantie

1. Étant entendu que le consentement des parties est naturellement requis, la sûreté ne peut donc résulter d'une décision unilatérale, Com., 27 oct. 1998, *Bull. civ.* IV, n° 266, *D.* 1999. Somm. *JCP* 1999. I. 158, n° 13 « la consignation auprès du comptable du Trésor d'une somme pour assurer le recouvrement de la créance du Trésor ne constitue pas un contrat de gage ».

puisse couvrir des créances futures déterminables (art. 2333), sensiblement atténué le principe de spécialité de la créance garantie.

L'exigence de désignation des choses données en gage soulève moins de difficulté : elle ne vise qu'à éviter la fraude qui consisterait à substituer au bien gagé un bien d'une plus grande valeur.

613 ***Parties au contrat*** ◊ Aucune condition n'est exigée du créancier : il suffit qu'il soit capable de contracter et qu'il ne soit pas un professionnel du gage : l'article 411 du Code pénal (repris par l'art. 16-1 de la loi du 28 déc. 1966 (mod.) sur l'usure ; C. consom. art. L. 313-3) confère en effet le monopole des prêts sur gage aux caisses de crédit municipal [1].

Quant au constituant qui peut être soit le débiteur lui-même, soit, comme le prévoit l'article 2334, un tiers [2], on exige qu'il soit propriétaire de l'objet remis en gage et capable d'en disposer.

L'hypothèse du défaut de propriété du constituant n'est pas marginale. Ainsi un dirigeant social ne pourrait donner en gage, pour garantir une dette personnelle, l'un des éléments du patrimoine de la société [3], l'acquéreur d'un bien couvert par une clause de réserve de propriété n'est pas encore propriétaire et le gage qu'il conclut est sans doute nul ; mais la règle n'est pas très gênante, car, d'une part, la nullité est classiquement considérée comme relative et seul le créancier pourra donc s'en prévaloir [4], et, d'autre part, ce dernier sera protégé par les dispositions de l'article 2276 contre l'action en revendication du véritable propriétaire [5]. Le

1. Le monopole ne s'applique, toutefois, qu'aux meubles corporels ; les avances sur titres consenties par les établissements de crédit sont donc licites (v. Civ. 1re, 25 mai 1976, *Bull. civ.* I, n° 201 ; v. égal., Crim., 15 avr. 1876, *DP* 1876. 1. 404 ; 8 oct. 1906, *DP* 1908. 1. 143). Le contrat est un contrat de droit privé : T. confl. 6 juill. 1981, *Lebon* 506. Jugé cependant que le droit de la consommation n'était pas applicable : Paris, 7 sept. 2000, *D. aff.* 2000. 425, note Avena-Robardet, *RTD com.* 2001. 198, obs. M. Cabrillac, *JCP* 2001. I. 315, n° 16 ; Paris, 13 mars 2007, CCC 2007. 224. Un décret du 29 avril 2011, relative à l'information précontractuelle et aux conditions contractuelles en matière de prêts sur gage corporel octroyés par les caisses de crédit municipal est venu doter ce type de gage d'un régime clair et protecteur.

2. Ce tiers est alors dans la situation d'une caution réelle et n'est tenu que sur le bien affecté en garantie. Si ce dernier ne prend aucun engagement personnel, les dispositions de l'art. 1326 ne sont pas applicables, Civ. 1re, 13 mai 1998, *Bull. civ.* I, n° 172. V. L. Poulet, « La sûreté réelle constituée pour autrui », *Defrénois* 2006. 1441.

3. Paris 12 juin 1998, *JurisData* n° 022186, ajoutant que le dirigeant se rend alors coupable d'un abus de crédit social ; rappr. Crim. 15 sept. 1999, *JurisData* n° 003936.

4. V. Paris 2 oct. 1987, *Banque* 1987. 1208, obs. Rives-Lange.

5. Civ., 19 juin 1928, *S.* 1932. 1. 15 : le créancier gagiste a sur les choses mobilières remises en gage un droit réel qui lui permet d'invoquer l'article 2276, s'il est de bonne foi et si le gage est régulier. Cependant, le véritable propriétaire pourrait revendiquer les meubles perdus ou volés, mais engagés, sans avoir du reste, à rembourser le créancier gagiste, ce dernier n'ayant pas acheté le bien dans une foire ni dans un marché (v. Civ., 11 mai 1898, *DP* 1898. 1. 504). Une exception existe, toutefois, en faveur des caisses de crédit municipal (v. Marty, Raynaud et Jestaz, n° 69. Comp. Civ., 9 mai 1950, *Bull. civ.* I, n° 112, décidant que des prêts sur gage, constituant le moyen par lequel a été consommée une escroquerie au préjudice d'acquéreurs de bons d'une caisse de crédit municipal, ne peuvent en raison de leur caractère frauduleux, donner naissance au profit de cet établissement, à un droit de gage opposable aux porteurs de ces bons, simples créanciers chirographaires). Si le créancier n'est pas de bonne foi, la revendication doit aboutir (Paris 27 oct. 1994, *JCP* 1996. I. 3942, n° 11).

gage traditionnel l'emporte donc sur la réserve de propriété [1]. Le nouvel article 2335 du Code civil est venu compliquer la solution en affirmant d'une manière péremptoire que le gage de la chose d'autrui « est nul » et « peut donner lieu à des dommages-intérêts » lorsque le créancier a ignoré que la chose appartenait à autrui. Cette précision légale n'est pas très heureuse : elle ouvre une controverse dont on aurait pu se passer [2]. Il est cependant permis de penser que le législateur n'a pas voulu remettre en cause les solutions acquises, notamment la protection du possesseur de bonne foi, et que la nullité du gage de la chose d'autrui reste, à l'exemple de la nullité de la vente de la chose d'autrui (*cf.* C. civ. art. 1599), une nullité de protection dont seul le créancier gagiste peut se prévaloir [3]. En outre, la nouvelle disposition ne saurait concerner le gage portant sur des choses futures désormais dûment reconnu (art. 2333, al. 1er).

Si le constituant doit être capable d'aliéner, c'est parce que le gage a de fortes probabilités de déboucher sur une vente. La solution, certes controversée, relève du droit commun des sûretés : elle est la même en matière d'hypothèque [4].

En cas d'indivision, et si le gage est constitué par un indivisaire agissant seul, la validité du gage est, selon les règles de l'indivision, subordonnée aux effets du partage.

614 ***Créance garantie*** ◇ Comme toute sûreté, le gage repose sur une créance qu'il garantit. Lorsque la créance disparaît, à, la suite d'un paiement ou d'une action en résolution, le gage s'éteint. La créance commande également la nature civile ou commerciale de la convention (v. *infra*, n° 635). Cela dit, toute créance peut être garantie par un gage. Peu importe qu'elle soit assortie d'un terme ou d'une condition ; peu importe qu'elle ne soit ni liquide [5] ni définitive. Il suffit, dit la jurisprudence traditionnelle, qu'elle existe en germe [6]. Une ouverture de crédit peut donc être garantie par un gage [7].

La réforme des sûretés a consacré ces solutions libérales : désormais, « les créances garanties peuvent être présentes ou futures ». La créance

---

1. Com., 28 nov. 1989, *Bull. civ.* IV, n° 300 ; 13 fevr. 1990, *Bull. civ.* IV, n° 45, *Defrénois* 1990. 814, obs. L. Aynès ; égal. Com., 26 sept. 2006, *JCP* 2006. I. 195, n° 16. La solution est différente, lorsque le bien, à la suite d'une revendication efficace, est revenu en la possession du vendeur, Com., 5 avr. 1994, *Bull. civ.* IV, n° 146.
2. Sur laquelle, v. M.N. Jobard-Bachellier, M. Bourassin, V. Brémond, n° 1657.
3. V. Rép. min. n° 16491, *RTD civ.* 2008. 519, obs. P. Crocq.
4. V. Civ. 1re, 8 janv. 1955, *Bull. civ.* I, n° 10, rendu en matière d'antichrèse ; on admet toutefois qu'un droit de copropriété peut être nanti (v. Civ., 6 juill. 1937, *DH* 1937. 421).
5. Il peut s'agir d'une obligation de donner ou d'une obligation de faire (v. Req., 8 mai 1881, *DP* 1882. 1. 13).
6. V. par ex. Crim., 29 nov. 1866, *DP* 1867. 1. 43, à propos du gage remis par les ouvreuses d'un théâtre au directeur en garantie de leur gestion. Rappr. Civ. 2e, 13 mai 1987, *JCP* 1988. II. 20923, décidant qu'une saisie-arrêt peut porter sur une créance conditionnelle ou éventuelle. La solution demeure malgré la réforme des voies d'exécution.
7. V. Civ., 26 juill. 1865, *DP* 1865. 1. 484 ; 24 juin 1903, *DP* 1903. 1. 472 ; Paris 4 avr. 1935, *DP* 1936. 2. 34.

présente est celle qui préexiste au jour de la constitution de la sûreté ou encore dont la naissance est contemporaine de cette constitution. La créance future se définit *a contrario* ; elle doit néanmoins être déterminable, ce qui signifie que l'on ait des éléments permettant de l'individualiser : désignation du débiteur et du créancier, nature de l'opération génératrice de la créance... L'analogie avec le cautionnement *omnibus* s'impose (*supra*, n° 123 s.)

Ajoutons que le gage ne peut garantir une obligation naturelle puisque celle-ci, par définition, ne peut donner lieu à aucune action en exécution forcée.

615 ***Assiette*** ◊ Si seuls les biens meubles corporels sont susceptibles de gage [1], tous les biens meubles corporels peuvent être donnés en gage. Il peut s'agir de bijoux, de tableaux, de marchandises, de métaux précieux, de corps certains [2] ou de choses de genre [3]. On retiendra d'abord que le bien objet du gage doit être dans le commerce. Le droit commun le postule (art. 1128) et la notion de sûreté l'implique, car il est bien évident que le créancier doit avoir la possibilité de réaliser son gage. Les biens frappés d'inaliénabilité ne pourraient donc servir d'assiette à un gage [4].

Si la chose affectée en garantie est une chose fongible, elle peut être confondue avec une chose équivalente appartenant au créancier. C'est pourquoi la loi exige de ce dernier qu'il tienne les choses gagées séparées des choses de même nature qui lui appartiennent (art. 2341, al. 1er). À défaut, comme le prévoit le texte même de la loi renvoyant aux dispositions de l'article 2344 organisant les sanctions de l'obligation de conservation pesant sur le créancier, le constituant peut réclamer la restitution du bien gagé et, s'il justifie d'un préjudice, obtenir des dommages-intérêts. Il reste que l'obligation imposée au créancier d'isoler les choses gagées est considérée par la loi elle-même (art. 2341, al. 2) comme supplétive. Si donc le créancier se trouve dispensé par la convention des parties d'une telle obligation, il acquiert la propriété des choses gagées. Il lui appartiendra,

---

1. La jurisprudence refuse d'admettre que le matériel devenu immeuble par destination puisse être donné en gage (Civ., 27 juin 1944, *DC* 1944. 1. 93, note A.C. ; Crim., 26 oct. 1960, *JCP* 1960. IV. 166). Pour des œuvres d'art, v. *Banque* sept. 1993. 82 ; pour une voiture de collection, TGI Lyon, 4 nov. 1993, *JurisData* n° 050950 ; pour des vidéocassettes « biens corporels de droit commun » : Douai, 17 juin 1999, *JCP* 2000. I. 259, n° 17.

2. La voiture automobile comme le matériel d'équipement devraient pouvoir être gagés dans les conditions du droit commun, même s'ils sont accueillis par des dispositions spéciales. On ne devrait cependant admettre la même solution pour les aéronefs ou les navires (v. *infra*, n° 725).

3. V. Com., 3 déc. 1957, *Bull. civ.* III, n° 331, indiquant que si le créancier a le droit de consommer la chose, il devra néanmoins restituer l'équivalent en quantité et qualité, la valeur étant appréciée au jour de l'extinction du gage.

4. V. Paris 26 janv. 1894, *D.* 1894. 2. 215. V. égal. en cas d'indisponibilité du bien, I. Riassetto, « Constitution d'une sûreté portant sur un bien indisponible », *RLDC* janv. 2009. 25.

naturellement, en cas de paiement, le gage n'ayant plus de raison d'être, de restituer la même quantité de choses équivalentes [1].

Ajoutons que le bien ne doit pas forcément exister au jour de la constitution du gage, tout simplement [2] parce que le droit commun admet la validité des conventions sur les choses futures (art. 1130). Cette règle, un temps controversée, est désormais consacrée par la loi : l'article 2333, al. 1er, prévoit expressément que le gage peut porter sur des biens mobiliers « présents ou futurs ». Des biens en cours de fabrication peuvent donc être gagés. Lorsqu'ils existeront matériellement dans leur configuration définitive, ils seront d'ores et déjà grevés par le gage préalablement constitué. Encore faut-il précisément, compte tenu du principe de spécialité, que ces biens futurs fassent l'objet d'une désignation dans la convention constitutive de gage.

Notons également que le gage peut grever un « ensemble » de biens mobiliers corporels présents ou futurs, cet ensemble devant rester déterminable (*cf.* C. civ., art. 1129). Il est désormais possible de constituer un gage sur une flotte d'automobiles (notamment de location) ou sur un stock de marchandises (indépendamment, semble-t-il, du gage spécial des stocks qui présente, dès lors, peu d'intérêt, v. *infra*, n° 713). Là encore, la loi nouvelle répond aux exigences de la pratique.

De la même façon, rien ne s'oppose à ce qu'un même bien soit affecté en garantie à plusieurs créanciers gagistes [3], d'autant que le créancier ou le tiers convenu peut avoir la mainmise sur plusieurs choses à la fois. La situation est du reste envisagée par les textes eux-mêmes (v. art. 2340 qui, s'il considère principalement la pluralité de gage sans dépossession ou de nature différente, avec dépossession et sans dépossession, n'exclut pas le concours entre gages ordinaires). La mainmise sur la chose, longtemps restée une condition de validité du gage, est en effet depuis la réforme des sûretés une simple condition d'opposabilité de la garantie.

616 ***2° Conditions d'opposabilité*** ◇ Depuis la réforme de 2006, le contrat de gage n'est plus un contrat réel. Le contrat est devenu solennel puisqu'il doit nécessairement être passé par écrit. Les règles sont donc beaucoup plus claires que par le passé où l'on s'était longtemps interrogé sur le sens à donner aux textes (v. not. art. 2076 précisant que la chose, objet du gage, devait être remise au créancier). Cette précision légale ne signifiait pas

1. V. plus généralement, S. Torck, « Les garanties réelles sur un bien fongible après l'ordonnance du 23 mars 2006 », *RD banc. Fin.* juill-août 2006. 39.

2. V. J. Mestre, « Le gage des choses futures », *D.* 1982. Chron. 141, n° 13, qui prend le soin de préciser que « dans ce cadre général de validité », l'art. 2074 (ancien) impose que l'on détermine la nature et l'espèce du bien engagé. Cela revient à dire que le bien peut ne pas être déterminé, mais doit rester déterminable.

3. C'est une pratique assez courante, notamment lorsque le nantissement porte sur des valeurs mobilières ou plus généralement lorsque le débiteur ne peut offrir en garantie qu'une catégorie de biens. Le rang entre les créanciers gagistes s'établit, à défaut de convention particulière toujours possible, en fonction de la date de constitution des gages respectifs.

nécessairement que le contrat de gage fût un contrat réel, exigeant pour sa validité non seulement l'accord des parties mais encore le transfert d'un bien, mais pouvait vouloir dire, tout simplement, que le gage ne devenait opposable aux tiers, à défaut de toute publicité particulière, qu'avec la mise en possession du créancier gagiste. Aujourd'hui, le doute n'est plus permis, car la loi dispose que gage est opposable aux tiers par la publicité qui en est faite (art. 2337, al. 1er) et ajoute que cette publicité peut être réalisée par la dépossession entre les mains du créancier ou d'un tiers convenu du bien formant l'objet du gage.

617 ***Rédaction d'un écrit*** ◊ La règle de l'écrit est traditionnelle [1] et s'explique par la volonté d'éviter les fraudes. Un débiteur aux abois est tenté de soustraire tout ou partie de son actif aux poursuites de ses créanciers, ou encore d'avantager l'un de ses créanciers en lui donnant un gage au détriment d'autres, pourtant déjà titulaires de sûretés réelles sur ses biens. C'est précisément ce qu'a toujours voulu empêcher le législateur en exigeant des parties au contrat de gage la rédaction d'un acte doté d'une date certaine et, dès lors, non susceptible d'antidate [2]. Aujourd'hui, cependant, l'écrit est requis *ad validitatem* (v. *supra*, n° 612) et n'est pas uniquement requis pour rendre possible une inscription qui rendra le gage opposable aux tiers. Les textes, sans être formels, commandent la solution. Dans ces conditions, les tempéraments introduits en matière de preuve - commencement de preuve, impossibilité... - n'ont ici aucune raison d'être. De même en est-il des exceptions aux exigences de l'écrit. C'est pourquoi, malgré le renvoi de l'article L. 521-1 du Code de commerce à l'article L. 110-3, le gage commercial ne devrait plus pouvoir se constater, à l'égard des tiers comme à l'égard des parties contractantes, par tous moyens. Le droit commun du gage a vocation à s'appliquer, ce qui impose la rédaction d'un écrit entre les parties à peine de nullité du contrat (v. *infra*, n° 612).

618 ***Remise de la chose*** ◊ Le Code civil originaire faisait du gage un véritable contrat réel. Ne précisait-il pas (ancien art. 2076) que « le privilège (du créancier) ne subsiste sur le gage qu'autant que ce gage a été mis et est resté en possession du créancier, ou d'un tiers convenu entre les parties » ? Cette disposition a longtemps été sinon mal comprise, du moins interprétée dans la même ligne. D'aucuns considéraient qu'il était « de l'essence même du gage » [3] que la chose engagée fût mise en possession du créancier

1. V. l'arrêt de règlement du 25 nov. 1599, confirmé par l'article 148 de l'ordonnance de janvier 1629 (art. 8 et 9 du titre VI).

2. C'était le cas d'un acte authentique ayant par lui-même date certaine. Quant à l'acte sous seing privé, il devait être enregistré (art. 2074) : Com., 23 avr. 2003, *JCP* 2003. II. 10140, note Schmidt et Delespaul ; mais la jurisprudence admettait, conformément au droit commun, que l'acte constitutif de gage avait également date certaine dans l'hypothèse où l'un de ses signataires était décédé et le jour où sa substance était établie dans un acte public (v. Civ. 1re, 2 avr. 1962, *Bull. civ.* I, n° 192). Aujourd'hui, la formalité de la date certaine n'est plus requise puisque la publicité passe, en l'occurrence, par la dépossession.

3. Civ., 18 mai 1898, *DP* 1900. 1. 481, note Sarrut, visant, il est vrai, l'(anc.) art. 2071 C. civ.

ou d'un tiers convenu, et concluaient à la nullité du gage lorsqu'aucune dépossession n'avait été réalisée. C'était mal raisonner, car le texte du Code civil ne visait que le « privilège » du créancier gagiste et ne déterminait que l'opposabilité du contrat aux tiers. De plus, à partir du moment où l'on avait admis l'existence de gages sans dépossession, il était difficile de continuer à faire de la remise de la chose un élément essentiel du gage. Enfin, il faut bien comprendre le rôle de la dépossession. Elle tend à protéger le créancier contre le détournement de la chose par le débiteur, mais, cette protection peut parfaitement être assurée par la voie d'une incrimination pénale [1]. Et, si la dépossession permet l'information des tiers, la publicité peut être organisée dans des conditions différentes, plus conformes à la réalité [2], sur la base notamment de registres tenus par les greffes des tribunaux. Mais il est vrai que, pour des meubles corporels, ce type de publicité est difficile à structurer et c'est pourquoi seule la dépossession peut assurer la protection des tiers. C'est dire, au total, que la remise de la chose peut parfaitement n'être requise qu'à peine d'inopposabilité aux tiers [3]. Ce serait une simple mesure de publicité.

La jurisprudence a cependant toujours été favorable à l'idée selon laquelle la dépossession était de l'essence du gage. Certes, elle avait laissé entendre que le bien objet du gage pouvait être remis au créancier après la conclusion du contrat [4]. Elle avait aussi décidé, certes après avoir déclaré que le gage était un contrat réel, que le contrat n'était pas « opposable aux créanciers », dès lors que le débiteur ne s'était pas dessaisi des biens mis en gage [5]. Mais la Cour de cassation avait toujours maintenu sa jurisprudence traditionnelle en considérant qu'en l'absence de dépossession, la convention ne pouvait constituer qu'une promesse de gage [6].C'était faire de la dépossession l'acte fondateur du gage et ériger la formalité en élément de protection du constituant. Aujourd'hui, les choses sont totalement différentes et sans doute, comme on l'a vu, plus claires : la dépossession n'est plus une condition de validité du gage (art. 2337). Le gage est opposable par la dépossession entre les mains du créancier ou d'un tiers convenu du bien qui en fait l'objet.

De surcroît, la nouvelle règle est dotée d'une force juridique singulière, car une fois la dépossession régulièrement assurée, les ayants cause à titre particulier du constituant ne peuvent se prévaloir de l'article 2276 (C. civ. art. 2337, al. 3). Toutefois, cette disposition, malgré la généralité de sa

1. V. C. pén., art. 314-5 ; v. Crim., 20 oct. 1954, *D.* 1954. 765, précisant que le texte punit le détournement de gage par celui qui l'a donné, que le gage soit en la possession du créancier ou celle du débiteur ; égal. Crim. 16 mai 2001, *Bull. crim.* n° 125, *JCP* 2001. I. 356, n° 17.

2. Qui, aujourd'hui, prend le soin de visiter les « usines » de son débiteur avant de lui faire crédit ?

3. En ce sens, v. Marty, Raynaud et Jestaz, n° 78. Comp. Dagot, p. 121, très positiviste ; égal. ; L. Aynès, « Rapport introductif », in « Le gage commercial », *RJ com.* 1994. n° spéc.

4. Civ., 21 mars 1938, *DH* 1938. 257.

5. Com., 12 nov. 1958, *Bull. civ.* III, n° 387, 2e arrêt.

6. Civ. 1re, 6 janv. 1994, *Bull. civ.* I, n° 4, *JCP* 1994. I. 3765, n° 18.

lettre, ne devrait concerner que les gages sans dépossession. Au demeurant, les conflits entre les créanciers ayant constitué un gage sur un même bien sont réglés par l'article 2340, al. 2 : le texte donne la préférence au gagiste sans dépossession dont le droit est régulièrement publié avant la mise en possession du second créancier gagiste. La préférence joue « nonobstant le droit de rétention » du second créancier. C'est l'une des rares hypothèses où le rétenteur doit s'incliner devant un autre créancier.

619 ***Remise de la chose. Modalités*** ◊ Pour que les tiers soient informés de l'existence du gage, la remise de la chose doit être apparente, réelle et permanente [1]. Les solutions dégagées par la jurisprudence sous l'empire des anciens textes sont transposables, même si la dépossession n'a plus exactement la même fonction. Une tradition feinte, résultant d'une clause du contrat ou de la transmission des clés d'un magasin appartenant au débiteur et abritant les objets engagés, serait inefficace [2]. En revanche, rien ne s'oppose à ce que le débiteur laisse le bien objet du gage dans l'un de ses entrepôts tout en louant celui-ci, même pour un euro symbolique [3], à son créancier. Devenu locataire, le créancier est alors en possession des marchandises garnissant les lieux loués et, si la dépossession est réelle et apparente, ce qui suppose, selon la jurisprudence, l'apposition de pancartes ou de marques [4], il pourra opposer valablement sa sûreté aux tiers.

La mise en possession du créancier peut résulter d'une volonté implicite ; mais encore faut-il qu'elle soit dépourvue de toute équivoque, ce qui n'est pas le cas lorsqu'un acheteur-débiteur laisse le bien entre les mains du vendeur-créancier [5].

De même, rien n'oblige le débiteur à remettre les biens en la possession même de son créancier. Les biens peuvent être confiés à *un tiers* (art. 2337, al. 2) qui les possédera pour le compte du créancier. Le procédé, connu sous le nom *d'entiercement*, est très répandu, notamment grâce à l'institution des magasins généraux (v. *supra*, n° 560) et des sociétés spécialisées (*cf.* Auxiga), et permet, toujours avec la même réserve d'apparence [6], la constitution de plusieurs gages sur une même chose.

---

1. V. Com., 3 nov. 1980, *Bull. civ.* IV, n° 359. Le fait de constituer mandataire une personne salariée du constituant n'enlève rien au caractère effectif de la dépossession, Com. 12 janv. 2010, *JCP* 2011. 708, n° 15, *RDC* 2010. 1336, obs. A. Aynès, *Dr. et patr.* 2010. 93, obs. Dupichot.
2. V. Req., 28 mai 1910, *S.* 1910. 1. 488.
3. Douai 2 nov. 1977, *D.* 1978. 257, note Letartre. Comp. Com., 12 nov. 1958, *Bull. civ.* III, n° 387, dans une hypothèse où la marchandise - du vin - n'était pas signalée comme gagée.
4. V. Com., 5 févr. 1979, *Bull. civ.* IV, n° 49, *D.* 1980. IR 55, obs. Vasseur ; v. égal. Com., 28 juin 1994, *JCP* 1995. I. 3815, n° 14, obs. M.C. L'indication du gage doit être suffisante, Douai 5 mars 2009, *JCP* 2009. 492, n° 19.
5. Com., 7 juill. 1998, *Bull. civ.* IV, n° 220, *JCP* 1998. II. 10206, note O. Salvat, *JCP* 1999. I. 116, n° 13, *D.* 1999. Somm. 300, obs. Piedelièvre, à propos d'un acquéreur de vin - primeur - qui n'avait pas procédé au retrait de son bien ; un document purement interne ne traduirait pas l'engagement du remettant.
6. Civ., 3 août 1896, *DP* 1897. 1. 209 : « la possession du gage par un tiers convenu ne réalise les conditions de l'article 2076, que si ce tiers détient l'objet donné en gage au nom et pour le

Enfin, la dépossession doit être permanente. L'économie même du gage exige que cette dépossession soit continue et dure jusqu'à l'expiration du contrat [1]. Le gage deviendrait donc caduc si la chose engagée était restituée à son propriétaire [2]. *A fortiori*, devrait-il disparaître en cas de vente de la chose, fût-elle remplacée par une autre [3].

Ajoutons qu'aucun délai n'est imparti pour réaliser la dépossession : le créancier a cependant tout intérêt à ne pas perdre de temps : une saisie du bien le rendrait indisponible ; en outre, il ne faut pas oublier que l'art. L. 622-30 C. com. interdit l'inscription des sûretés réelles – et donc toute mise en possession – postérieurement au jugement déclaratif.

B. Effets

620 ***Possession*** ◊ Dans un gage avec dépossession, le créancier gagiste détient la chose d'autrui, non pas pour l'utiliser à son profit comme pourrait le faire un propriétaire ou un usufruitier, mais pour en empêcher le détournement

---

compte du créancier au moyen d'un fait apparent ». Le tiers convenu doit bien entendu avoir accepté sa mission (v. Civ. 1re, 24 nov. 1976, *Bull. civ.* I, n° 368 ; Rappr., Civ., 7 janv. 1919, *DP* 1923. 1. 104). Sur la responsabilité du tiers convenu, v. Paris 2 juin 1992, *JCP* 1993. I. 3680, n° 21 ; Com., 4 juin 1996, *JCP* 1997. I. 3991, n° 16 ; Paris, 25e ch. A, 14 sept. 2001, *JurisData*, n° 182595 : tiers détenteur ayant comptabilisé dans le stock gagé des marchandises appartenant à la filiale du constituant – plus gén., v. Fereira, « La situation du tiers convenu dans le gage », *Defrénois* 2004. 205 ; J.F. Quiévy, « De gage avec dépossession par tierce détention de la chose d'autrui », *Gaz. Pal.* 2009. 3. 277.

1. Civ., 9 avr. 1894, *DP* 1894. 1. 409, note Boistel (perte du droit de gage portant sur des marchandises embarquées, le créancier ayant remis le connaissement au débiteur, ce qui avait permis à celui-ci de prendre livraison des marchandises). À l'inverse, si le débiteur laisse le créancier en possession de la chose, il est censé avoir reconnu l'existence de sa dette (v. Com., 10 nov. 1981, *Bull. civ.* IV, n° 390).

2. La jurisprudence admet cependant les restitutions temporaires pour que le débiteur puisse assurer la bonne conservation de la chose (v. Req., 11 avr. 1933, *Gaz. Pal.* 1933. 2. 172).

3. Les droits du créancier ne se reportent pas sur le bien acquis en remploi (v. Aynès et Crocq, n° 507 ; Civ. 24 janv. 1905, *DP* 1905. 1. 493). Cependant, il est admis que la subrogation réelle peut jouer sur les indemnités d'assurance, en cas de destruction de la chose (rappr. *infra*, n° 536) ; elle peut encore jouer si les biens gagés sont des biens fongibles, mais dans les conditions de l'art. 2341. V. déjà sous l'empire des anciens textes, Req., 10 mars 1915, *DP* 1916. 1. 241 ; égal. Angers 26 mars 1985, *D.* 1986. 537, note M. Contamine-Raynaud, *RJ com.* 1985. 232, note Grafmeyer. Sur l'analyse de la situation : M. Veaux-Fournerie, « Fongibilité et subrogation réelle en matière de gage commercial », in *Le gage commercial*, dir. Hamel 1953. Les parties pouvaient aussi aménager leurs droits et obligations, sous réserve, naturellement, de ne pas remettre en cause l'économie même de l'opération : v. Com., 19 nov. 2002, *Bull. civ.* IV, n° 172, *JCP* 2003. I. 124, n° 17, *Defrénois* 2003. 1616, obs. Théry : le contrat prévoyait que des prélèvements sur les marchandises gagées ne pouvaient être effectués que moyennant paiement anticipé d'un montant égal à la valeur des marchandises déclarées ou substitution simultanée de marchandises de valeur équivalente. Le débiteur avait voulu reprendre une partie des marchandises en assurant que la valeur de ces marchandises était supérieure au montant du crédit garanti et s'était heurté à la résistance du créancier toujours impayé. D'où une action en responsabilité, dûment rejetée. La Cour de cassation a, plus récemment, reconnu la validité d'une clause de substitution, en l'espèce de jambons à affiner en noix de jambon, Com. 26 mai 2010, D. 2010. 1412, *JCP* 2011. 226, n° 17, *RTD civ.* 2010, 595, obs. Crocq, *RTD com.* 2010. 596, obs. Legeais.

et assurer ainsi son paiement par préférence le jour où la chose sera vendue. Le créancier gagiste est investi avant tout d'un droit sur la valeur de la chose. Il ne saurait tirer profit de la chose : il n'en a pas l'utilité. Cependant le créancier gagiste a, vis-à-vis des tiers, la possession de la chose et cette possession renforce ses prérogatives [1]. Il peut opposer cette possession aux tiers qui voudraient saisir ou revendiquer le bien objet de son gage [2]. Sa qualité de possesseur lui permet donc de se prévaloir des dispositions de l'article 2276 du Code civil et dans le prolongement de se faire remettre en possession, en cas de perte ou de vol. Mais cette possession ne présente pas que des avantages pour le créancier gagiste : elle a aussi des contreparties. Puisqu'il a la chose entre ses mains, il doit en assurer la conservation et la restituer lorsque sa sûreté n'a plus de raison d'être.

Les obligations et les droits du créancier gagiste doivent donc être précisés.

621 ***1° Obligations du créancier gagiste*** ◊ Certains auteurs [3] analysent le contrat de gage comme un contrat de restitution, à l'exemple du dépôt ou du prêt à usage. Cette qualification, inhabituelle, est intéressante par les rapprochements qu'elle suggère. Elle permet ainsi de mieux cerner les obligations du créancier gagiste qui ont pour objet la conservation et la restitution de la chose

622 ***Conserver la chose*** ◊ Jusqu'à son remboursement, le créancier est dans la situation d'un dépositaire (arg. art. 2344). Il doit donc assurer la conservation de la chose. Cette obligation est doublement sanctionnée. Pénalement d'abord, en ce sens que le créancier s'expose aux peines de l'abus de confiance s'il détourne ou détruit la chose (C. pén., art. 314-1) [4]. Sur le plan civil, ensuite, le créancier engage sa responsabilité pour tout manquement à son obligation de conservation. Le Code civil originaire prévoyait, toutefois, que le créancier répondait de la perte ou de la détérioration du gage si celle-ci provenait de sa négligence. C'est dire que le Code sous-entendait que le créancier gagiste n'était tenu, à la différence du dépositaire, que d'une obligation de moyens pure et simple [5]. Ces solutions

---

1. V. Req., 12 mars 1888, *DP* 1888. I. 404, *Grands arrêts*, 12e éd., t. 1, n° 85 ; Civ., 19 juin 1928, *DP* 1929. I. 45.

2. V. Paris 20 févr. 1991, *JCP* 1991. I. 3583, n° 19.

3. Aynès et Crocq n° 511.

4. M. Salvage-Gerest et Ph. Salvage, « Droit pénal et sûretés », *Mélanges Larguier*, 281. À l'inverse, la protection pénale du créancier est bien assurée, car sont réprimés tous les détournements commis par le débiteur : C. pén., art. 314-5, Paris 22 mai 1997, *JCP* 1998. I. 103, n° 24 ; comp. Paris 30 mai 1996, *JCP* 1997. I. 4033, n° 20.

5. V. en ce sens, Civ., 29 juin 1904, *DP* 1905. 1. 331, décidant que le créancier gagiste est tenu, sous peine d'engager sa responsabilité, de renouveler l'inscription de l'hypothèque garantis-sant la créance. Si le gagiste est responsable en cas de faute prouvée, le dépositaire, tenu d'une obligation de moyens renforcée, est responsable en cas d'inexécution de son obligation de garde, sauf pour lui à s'exonérer en prouvant qu'il n'a commis aucune faute ; v. égal. Paris, 18 déc. 2001, *JCP* 2002. I. 162, n° 16 : « sur l'étendue du gage, le protocole prévoyait un nantis-

devraient être maintenues, sous réserve de les actualiser, en faisant peser sur le créancier gagiste une obligation de résultat atténuée.

Si le créancier gagiste engage des frais pour conserver la chose, il peut en obtenir le remboursement, intégral s'il s'agit d'impenses utiles, à concurrence de la plus-value apportée s'il s'agit d'impenses nécessaires (art. 2343).

Mais la conservation reste bien pour lui une obligation : il ne peut ainsi se servir de la chose dans son intérêt personnel [1]. Toutefois, depuis la réforme, il est habilité à percevoir les fruits de la chose. Alors qu'auparavant, il fallait un accord exprès entre les parties pour que le gagiste puisse user de la chose ou en perçoive les fruits [2], cette convention est aujourd'hui de droit. Les solutions ont été renversées, puisque, sauf convention contraire, lorsque le détenteur du bien gagé est le créancier de la dette garantie, il perçoit les fruits de ce bien et les impute sur les intérêts ou, à défaut, sur le capital de la dette (art. 2345). De même, si le bien engagé est une denrée périssable, il faut bien admettre que l'obligation de conservation doit se « muer » en une obligation de disposer [3].

623 ***Restituer la chose*** ◊ Lorsque le créancier gagiste est désintéressé, il doit restituer la chose (arg. art. 2344 et essence du contrat, le gage étant un contrat de restitution). Son gage n'a plus de raison d'être. Mais le gage étant comme toutes les sûretés réelles, indivisible, la restitution ne s'impose que dans la mesure où le créancier a été entièrement payé, tant en principal qu'en intérêts et frais (art. 2349). Si la restitution est normalement contemporaine du paiement [4], elle peut parfois intervenir d'une manière anticipée, car le créancier peut être déchu de ses droits, s'il est établi qu'il a abusé de la chose. Quant à l'objet de la restitution, il s'agit

---

sement avec dessaisissement des stocks évalués au prix de revient selon un taux de couverture de 110 %. La société débitrice ayant refusé de réévaluer le stock plancher en fonction de l'encours malgré la demande de la banque, il ne saurait être reproché à faute à celle-ci la diminution effective du stock nanti lors de la liquidation judiciaire ».

1. Rappr. Paris 8 déc. 1983, *D.* 1984. IR 52, décidant qu'un joaillier engage sa responsabilité s'il enfreint les dispositions du contrat en faisant ouvrir l'enveloppe contenant un bijou, objet du gage ; v. égal. Com. 12 juill. 2005, *D.* 2005. 2142, obs. X. Delpech, *JCP* 2005. I. 185, n° 17 et les obs., décidant que la dépossession fait perdre au constituant une partie de ses prérogatives sur la chose sans pour autant les conférer au créancier gagiste. Sur cet arrêt, v. égal. *infra*, n° 655 ; dans le même sens, Com. 31 mars 2009, n° 06-20.724. Le créancier n'a donc pas le droit d'user de la chose et encore moins de l'administrer.

2. V. Lyon 6 oct. 1959, *Gaz. Pal.* 1960. 1. 5, à propos d'un gage sur actions. Plus gén., v. F. Leduc, « Le gage translatif de propriété, mythe ou réalité ? », *RTD civ.* 1995. 307.

3. V. Dagot, p. 137, citant Com., 3 déc. 1957, *Bull. civ.* III, n° 331, l'arrêt indiquant que le créancier gagiste doit restituer en valeur les biens fongibles (1 170 quintaux de blé) nantis. En réalité, il faut sans doute distinguer selon que le gage comporte ou non une faculté de substitution. Dans le premier cas, la disposition est concevable et le gagiste doit restituer une somme évaluée au jour de la restitution. Dans le second cas, la disposition est impliquée par les circonstances mais les droits des parties se concrétisent au jour de cette disposition.

4. Précisons que la restitution n'est pas forcément liée au paiement. Elle s'opère chaque fois que le gage est éteint, soit à titre accessoire, compte tenu de l'extinction de la créance ; sur les règles d'imputation, v. *infra*, n° 633 *ad notam*.

normalement du bien même qui a été affecté en gage. Mais si la chose est fongible, le créancier est (v. *supra*, n° 615) seulement tenu de restituer une chose de même qualité et quantité [1].

624 ***2° Droits du créancier gagiste*** ◊ Le créancier gagiste tire ses droits à la fois de son contrat et de la possession qu'il a sur la chose. Le contrat de gage, en tant que contrat constitutif d'une sûreté réelle, l'investit d'un droit réel lui conférant droit de préférence et droit de suite. Ces prérogatives se sont renforcées avec la réforme des sûretés. Sans doute le droit de préférence du créancier gagiste ne bénéficie-t-il pas du meilleur classement, mais il se trouve désormais soutenu par des procédés de réalisation très efficaces (v. *infra*, n° 627). Quant au droit de suite, il se heurtait jadis systématiquement aux dispositions de l'article 2276. Aujourd'hui, le créancier gagiste peut opposer son droit aux ayants cause à titre particulier du débiteur nonobstant la règle de l'article 2276 (art. 2337, al. 3). Mais cette protection ne joue que pour les gages sans dépossession. Les gages ordinaires restent soumis aux règles ordinaires de la possession de bonne foi [2]. Si le créancier gagiste ordinaire se trouve dans une position inexpugnable [3], c'est grâce à la possession qu'il a sur le bien objet du gage. Certes, cette possession ne lui permet pas de prescrire : il n'a pas *l'animus domini*. Mais sa possession à titre de créancier gagiste lui donne le droit d'opposer cette qualité aux tiers : au véritable propriétaire, si du moins les formalités de constitution du gage ont bien été respectées ; aux autres créanciers qui ne pourront ni saisir ni faire vendre le bien. C'est de cette possession que découle le premier droit du créancier gagiste : le droit de rétention [4]. Les autres prérogatives, et spécialement le droit de préférence, sont relativement secondaires.

625 ***a) Droit de rétention*** ◊ Le droit de rétention du créancier gagiste n'est plus prévu expressément par le Code civil. Il n'est cependant pas discutable et ressort clairement des dispositions générales de l'article 2286-1° (*supra*, n° 586). Ce droit permet à son titulaire de conserver la chose tant qu'il n'est pas complètement désintéressé [5]. Le créancier gagiste peut ainsi refuser de se dessaisir de son gage s'il n'obtient pas préalablement paiement de sa créance à concurrence de la valeur de celle-ci [6]. Le droit de rétention

---

1. V. Com., 5 déc. 1957, préc.
2. Pratiquement (art. 2280), le créancier gagiste ne pourra revendiquer l'objet du gage qu'en cas de perte ou de vol, sauf pour lui, si l'actuel possesseur est de bonne foi, à agir dans les trois ans et à rembourser le prix lorsque le possesseur a acquis la chose chez un marchand vendant des choses pareilles ou dans une foire. S'il peut aussi revendiquer, et sans condition de délai ni de remboursement (v. Cass., 11 mai 1898, *DP* 1898. 1. 504) contre le possesseur de mauvaise foi, on doit reconnaître que l'action reste très théorique devant les difficultés qu'il y a à prouver la mauvaise foi.
3. V. Aynès et Crocq, n° 512.
4. V. Marty, Raynaud et Jestaz, n° 84.
5. Peu importe que la chose soit détenue par un tiers convenu ; le droit de rétention est exercé par son intermédiaire.
6. Com., 19 nov. 2002, *Bull. civ.* IV, n° 172, *JCP* 2003. I. 124, n° 17, *JCP* E 2003. 449, note Bouteiller, *Defrénois* 2003. 1616, obs. Théry.

garantit donc la créance principale pour laquelle le gage a été constitué, ses accessoires (intérêts et frais) ainsi que les dépenses exposées pour conserver la chose. Plus généralement, le créancier gagiste peut invoquer toutes les prérogatives qui sont attachées à ce que l'on pourrait appeler le droit commun de la rétention. Mais il y a plus, car ce droit commun est, d'une certaine manière, systématisé. L'opposabilité aux tiers du droit de rétention est quasi absolue : le gagiste peut paralyser les prétentions de l'acquéreur de la chose gagée, du véritable propriétaire (hypothèse du vendeur sous réserve de propriété constituant un gage), des créanciers chirographaires du constituant ou encore des créanciers privilégiés, quel que soit leur rang [1]. Le droit de rétention perd toutefois son efficacité lorsque le bien fait l'objet de deux gages successifs, l'un sans dépossession, l'autre avec dépossession : les droits du premier créancier sont opposables au second nonobstant le droit de rétention (art. 2340, al. 2 ; égal. *supra*, n° 602). Quant à l'indivisibilité, elle est certaine et même légalement prévue et organisée.

626 ***Indivisibilité*** ◊ Le droit de rétention du créancier gagiste est, comme tous les droits de rétention, indivisible (art. 2349) : il subsiste donc si le paiement n'est que partiel et s'exerce entièrement sur chaque fraction de la chose [2]. Mais l'indivisibilité produit ici d'autres conséquences : elle est « renforcée » [3].

L'article 2082, al. 2, ancien, permettait au créancier gagiste, titulaire de deux créances successives, de conserver la chose tant qu'il n'était pas entièrement payé de l'une ou l'autre de ces créances. Le droit de rétention était ainsi reporté d'une créance à l'autre. Cette disposition a toutefois été supprimée.

Il reste que l'article 2349 prévoit expressément que le gage est indivisible malgré la divisibilité de la dette entre les héritiers du débiteur ou ceux du créancier. Il en résulte, d'une part, que l'héritier du débiteur qui a payé sa part dans la dette ne peut demander la restitution de sa portion dans le gage tant que la dette n'est pas entièrement acquittée, et, d'autre part, que l'héritier du créancier qui a reçu sa part de la créance ne peut restituer le gage au préjudice de ceux de ses cohéritiers qui ne sont pas payés.

627 ***b) Droit de préférence*** ◊ Le créancier gagiste est investi d'un droit de préférence sur le bien qui forme l'objet de sa garantie (art. 2333). En tant que titulaire d'une sûreté réelle spéciale, il jouit d'un droit sur la valeur de la chose engagée et par conséquent peut se prévaloir directement d'un droit contre l'assureur en cas de destruction du bien objet du gage (C. ass, art. L. 121-13) [4]. Il peut ainsi, à défaut de paiement, faire vendre cette

---

1. V. M.N. Jobard-Bachellier, M. Bourassin, V. Brémond, n° 1705.
2. Marty, Raynaud et Jestaz, n° 86.
3. Marty, Raynaud et Jestaz, *ibid.*
4. Com., 18 févr. 1992, *Bull. civ.* IV, n° 81 ; la solution joue même dans une procédure collective, le créancier décidant seul de l'affectation de l'indemnité, Com., 12 mai 1998, *Bull. civ.* IV, n° 153, *JCP* 1996. I. 116, n° 14, *D.* 1999. Somm. 6, obs. F. Derrida.

chose et se faire payer par préférence aux autres créanciers sur le prix dégagé par la vente. La vente doit se réaliser dans les conditions organisées par le Code de procédure civile auxquelles les parties ne sauraient déroger. La clause dite de voie parée est strictement prohibée (art. 2346). Si le créancier gagiste a la priorité sur les créanciers chirographaires, il peut, dans certains cas, se heurter à d'autres créanciers qui, comme lui, invoquent un droit de préférence. Il sera nécessaire, alors, de classer tous ces créanciers, en fonction, dans l'hypothèse d'un conflit opposant des créanciers gagistes, de la date de constitution de leur sûreté, ou encore, dans l'hypothèse d'un conflit opposant des créanciers très divers, du fondement de leur sûreté [1].

En fait, ce droit de préférence présente peu d'intérêt pour le créancier gagiste au regard des avantages qu'il retire du droit de rétention. Cependant, cet intérêt n'est pas dérisoire, car le législateur organise avec bienveillance les procédures de paiement en permettant même aux parties de les améliorer.

628 ***Voies d'exécution. Organisation des procédures de paiement*** ◊ Le créancier gagiste n'est pas tenu de demander la réalisation de son gage à l'échéance [2]. Ce qui est dans la logique même du droit des sûretés. Il reste que la loi lui permet, bien entendu, d'agir et de diverses manières, soit en agissant en justice, soit, comme nous le verrons, en se prévalant de ses prérogatives contractuelles. Sur le plan judiciaire, la loi lui offre plusieurs voies d'exécution, au demeurant particulières. Puisque le créancier est déjà en possession de la chose, il n'est pas nécessaire qu'il se lance dans une procédure de saisie. La loi lui donne une option [3]. Il peut soit requérir du tribunal la vente de la chose afin de se faire payer sur le prix, soit faire ordonner par le tribunal que la chose lui soit attribuée en pleine propriété à concurrence de ce qui lui est dû. Ces deux procédures appellent quelques observations.

629 ***Vente forcée du gage*** ◊ La première possibilité offerte au créancier gagiste impayé est de s'adresser au tribunal compétent pour obtenir l'autorisation de faire vendre la chose. Peu importe que le créancier ait plusieurs

1. S'il y a plusieurs créanciers gagistes pour un même objet, l'ordre de préférence se détermine d'après la date de constitution des gages successifs. Si le droit préférentiel auquel se heurte le créancier gagiste ne procède pas de l'idée du gage, le conflit sera tranché en fonction soit du fondement du privilège, soit de la date des créances privilégiées (v. *infra*, n° 823 s.).

2. Com., 10 oct. 2000, *Bull. civ.* IV, n° 151, *JCP* 2001. II. 10575, note Piedelièvre, *JCP* 2001. I. 315, n° 18 : l'arrêt précise que la responsabilité du créancier ne peut être recherchée de ce fait.

3. Au demeurant discrétionnaire (v. Com., 3 nov. 1983, *JCP* 1984. II. 20234, note J. Mestre, *RTD civ.* 1984. 526, obs. Rémy, décidant que l'attribution judiciaire du gage en paiement ne constitue pas, pour le créancier, une obligation et que les cautions ne pouvaient, ainsi, reprocher à ce dernier d'avoir préféré la voie de la vente avec exercice du droit de préférence ; *contra* Com., 13 mai 2003, *Bull. civ.* IV n° 73, *D.* 2003. 1629, note V. Avena-Robardet). V. *supra*, n° 266.

gages [1] ou soit déjà en possession d'un titre exécutoire. L'autorisation judiciaire est toujours nécessaire à moins qu'un texte particulier n'en dispense le créancier [2]. La vente [3] doit avoir lieu aux enchères, suivant les formes prescrites en matière de saisie-vente (Décr. 31 juill. 1992, art. 110 s.) [4]. Le créancier peut lui-même enchérir et se porter adjudicataire : il agit, en effet, pour son propre compte, si bien qu'on ne saurait lui opposer les dispositions de l'article 1596 du Code civil qui interdisent au mandataire de se rendre adjudicataire. Les frais sont, en principe, à la charge du débiteur (L. 9 juill. 1991, art. 32). Le juge pourrait surseoir à la réalisation du gage en accordant au débiteur un délai dans les conditions du droit commun (C. civ. art. 1244).

630 ***Attribution du gage en pleine propriété (art. 2347, al. 1)*** ◊ S'il veut se faire attribuer le bien en pleine propriété, le créancier gagiste doit obtenir un jugement [5] ordonnant que le gage lui demeurera en paiement jusqu'à due concurrence. La loi nouvelle ne prévoit plus expressément le recours à l'expertise pour l'évaluation du bien. On peut en déduire que le juge a désormais le pouvoir de fixer le prix, à défaut d'accord amiable entre les parties. Le plus souvent, cependant, l'attribution se fera à la suite d'une estimation faite par expert désigné à l'amiable ou par le juge lui-même [6]. Si le prix d'estimation équivaut au montant de la créance, le créancier sera définitivement désintéressé. Si ce prix est inférieur à la créance, le gagiste conservera sa créance pour le solde, mais à titre purement chirographaire. Enfin, si le prix d'estimation est supérieur au montant de la créance, le créancier devra, à son tour, une soulte au débiteur (art. 2347, al. 2). Cette somme sera normalement versée au débiteur, mais s'il existe d'autres créanciers gagistes, la somme sera consignée. Avant la réforme des sûretés,

---

1. En ce cas, le créancier est en droit d'en poursuivre la réalisation comme il l'entend ; le débiteur ne pourrait lui imposer un ordre de préférence (v. Req., 28 févr. 1912, *DP* 1913. 1. 361 ; Rouen 23 déc. 1927, *DP* 1928. 2. 181).

2. C. com., art. L. 521-3, v. *infra*, n° 635. L. 24 juin 1851, art. 3 s., en ce qui concerne les établissements de crédit municipal, V. égal., *infra*, n° 552 s., sur la réalisation des gages portant sur des sommes d'argent.

3. Sur la responsabilité du liquidateur en cas de retard dans la réalisation de la vente, Com., 11 mai 1993, *Bull. civ.* IV, n° 186 ; rappr. Aix 5 nov. 1987, *Gaz. Pal.* 1998. 2. 709, note Putman.

4. S'il s'agit d'objets confiés à un professionnel pour être travaillés, façonnés, réparés ou nettoyés, la vente devra se faire selon les modalités de la loi du 31 décembre 1903 (mod. Décr. 28 mars 1960 ; L. 31 déc. 1968).

5. Lorsqu'une procédure collective est ouverte, il appartient exclusivement au tribunal de cette procédure de connaître de la demande (v. Com., 6 mai 1986, *Bull. civ.* IV, n° 87). Tant qu'aucun jugement n'est intervenu, le créancier n'a aucun droit de propriété sur la chose (v. Com., 28 juin 1982, *Bull. civ.* IV, n° 253, à propos de la remise de fromages par un producteur, débiteur du prix du lait à lui fourni).

6. Il avait été décidé avant la réforme des sûretés qu'une attribution sans expertise produisait ses effets dès lors qu'elle avait été réalisée selon une estimation admise par les parties (Com. 15 nov. 2005, *JCP* 2006, 1. 131, n° 14, et les obs.). Il est permis de se demander si cette solution est encore acceptable.

il était admis que le débiteur, compte tenu de sa position de vendeur, était garanti par le privilège du vendeur. Cette solution devrait être conservée.

Ainsi le jugement d'attribution transfère la propriété du gage au créancier et réalise une véritable dation forcée en paiement [1].

Pour la jurisprudence, l'attribution du gage par justice est indépendante des règles concernant l'ordre dans lequel s'exercent sur le prix les divers privilèges en cas de vente du bien gagé [2]. Autrement dit, les dispositions de l'article 2347, permettent aux créanciers gagistes d'obtenir un paiement par priorité au détriment de tous les autres créanciers chirographaires ou privilégiés. L'attribution du gage est ainsi pour les créanciers gagistes – sans préjudice des soucis de revente du bien une fois le jugement obtenu et à supposer que la valeur du bien attribué corresponde au montant de la créance – « l'arme absolue » [3]. Elle a le mérite de conférer au créancier une situation très avantageuse : recevoir un bien en pleine propriété sans avoir à concourir avec d'autres créanciers, recevoir un droit de propriété exclusif et intégral [4]. Cette situation est d'autant plus forte que la Cour de cassation n'écarte le jeu de l'attribution qu'en présence d'une disposition légale [5].

Ces dernières solutions dénaturent l'institution. En effet, l'attribution du gage en pleine propriété n'est, logiquement, que le prolongement du droit de rétention [6]. Elle a été conçue pour donner la possibilité au créancier gagiste rétenteur de trouver une solution devant l'obstination de son débiteur. Le créancier gagiste ne peut éternellement retenir la chose : son attribution en pleine propriété est le juste compromis. Comme cette voie d'exécution n'est pas dans la logique des sûretés, lesquelles se dénouent normalement dans les ventes forcées, il n'est pas cohérent d'étendre son domaine d'application. L'observation se justifie particulièrement lorsque le

1. V. Dagot, p. 133 ; Marty, Raynaud et Jestaz, n° 98. Il y a transfert de propriété, si bien que l'attribution n'est pas le résultat d'une revendication, Com., 28 janv. 1997, *Bull. civ.* IV, n° 32, *Defrénois* 1997. 1429, obs. Aynès ; sur les incidences fiscales, v. Com. 25 janv. 2000, *JurisData* n° 000260. L'effet translatif de propriété s'opère dès le jugement d'attribution : Com. 24 janv. 2006, *JCP* 2006. I. 131, n° 15, et les obs.

2. V. par ex. Com., 31 janv. 1983, *Bull. civ.* IV, n° 43.

3. V. Neveu, *Banque* 1985. 1030.

4. V. Ph. Delebecque, « L'attribution du bien... », in « Le gage commercial », *RJ com.* 1994. n° spéc. 124.

5. Ass. plén., 26 oct. 1984, *D.* 1985. 33, note Derrida ; Com., 6 mars 1990, *Bull. civ.* IV, n° 67, *D.* 1990. 311, note Derrida, *Banque* 1991, 760, obs. Rives-Lange, *RTD civ.* 1991. 150, obs. M. Bandrac ; 6 janv. 1998, *Bull. civ.* IV, n° 9, *D.* 1998. Somm. 375, obs. S. Piedelièvre, *JCP* 1998. I. 149, n° 19, qui précise que le superprivilège des salaires ne peut même pas faire obstacle à l'attribution ; v. égal. Com., 14 oct. 1997, *Bull. civ.* IV, n° 265. Il en résulte que seuls le créancier nanti sur le fonds de commerce et le créancier nanti sur marchés publics ne peuvent se prévaloir des dispositions de l'article 2347.

6. V. en ce sens, Derrida note préc. ; Marty, Raynaud et Jestaz, n° 98. Rapp. Com., 18 déc. 1990, *Bull. civ.* IV, n° 329, *RTD civ.* 1991. 573, obs. Bandrac : « le fait d'engager des procédures visant à faire ordonner l'attribution ou la vente des objets gagés est le prolongement normal du droit de rétention ».

débiteur fait l'objet d'une procédure collective où l'application de l'art. 2347 contribue au démantèlement de l'entreprise.

631 ***Redressement et liquidation judiciaires*** ◇ Le droit des procédures collectives n'entame pas trop les prérogatives du créancier titulaire d'un gage avec dépossession. S'il lui appartient de déclarer sa créance [1], il peut obtenir un paiement dès la période d'observation, sans risquer une concurrence avec d'autres. En effet, l'article L. 622-7 II, al. 2 C. com. de la loi prévoit que les créances antérieures au jugement déclaratif peuvent être payées « pour retirer le gage », lorsque ce retrait est justifié par la poursuite de l'activité [2]. La même solution s'impose dans le cadre d'une liquidation judiciaire (C. com. art. L. 640-1) où l'article L. 642-20-1, al. 3, indique que « le droit de rétention est reporté sur le prix » (dégagé par la vente du bien objet du gage) [3]. Toujours dans cette même hypothèse de liquidation, le créancier gagiste ordinaire, titulaire d'un droit de rétention, même si sa créance n'était pas encore admise, pourrait se prévaloir des dispositions de l'article 2347, et obtenir ainsi un désintéressement si l'entreprise débitrice n'avait plus d'actif.

Lorsqu'un plan de continuation est arrêté, le créancier est moins bien traité, car il doit se plier aux délais imposés par le plan (art. L. 626-11). Mais en cas de vente de l'objet de sa sûreté (art. L. 626-22), il doit recevoir, compte tenu de son droit de rétention, un paiement prioritaire. De même en est-il dans l'hypothèse d'une cession englobant un bien grevé d'un gage avec dépossession (art. L. 642-12) [4].

Ajoutons que la demande d'attribution judiciaire ne peut intervenir pendant la période d'observation en application de la règle de la suspension des poursuites et qu'il en va de même en cas de plan de continuation (ou de plan de cession), le gagiste devant en respecter les termes et conditions.

---

1. Com., 4 avr. 1984, *Bull. civ.* IV, n° 130.

2. Ce qui suppose la réunion de deux conditions : le paiement de la créance antérieure garantie et la nécessité du retrait pour la poursuite de l'activité, Com., 11 mai 1999, *JCP* 1999. 1532, n° 9, obs. M. C., *JCP* 2000. II. 10278, note P. Le Maigat. On peut affirmer, après d'autres, que l'article 33, al. 3, déroge aux dispositions de l'article 34 (v. D. Martin, « L'article 34, alinéa 2, de la loi du 25 janvier 1985 est-il applicable au gage ? », *D.* 1986. Chron. 325) ; P.M. Le Corre, « Retenir et substituer ne vaut, la substitution de garantie de l'art. 34, al. 3, de la loi du 25 janv. 1985 », *D. aff.* 1998. 1246.

3. Com., 15 oct. 1991, *Bull. civ.* IV, n° 288, *Banque* 1992. 102, obs. Rives-Lange, *JCP* 1992. I. 3623, n° 24. Le droit de rétention est maintenu, même si le créancier gagiste a donné son accord en vue d'un retrait du bien avant sa vente effective (v. Com., 12 avr. 1988, *Bull civ.* IV, n° 128).

4. Com., 20 mai 1997, *Bull. civ.* IV, n° 151, *D.* 1997. Somm. 312, obs. Honorat. Somm. 102, obs. Piedelièvre : « la cession de l'entreprise, par suite de l'adoption d'un plan de redressement, ne peut porter atteinte au droit de rétention issu du gage avec dépossession qu'un créancier a régulièrement acquis sur des éléments compris dans l'actif cédé. En l'absence de dispositions légales en ce sens, le créancier rétenteur ne peut être contraint de se dessaisir du bien qu'il retient légitimement que par le paiement du montant de la créance qu'il a déclarée et non par celui d'une quote-part du prix de cession qui serait affectée à ce bien pour l'exercice du droit de préférence » ; égal. D. Martin, « De la survie du gage à la cession de l'entreprise », *RJ com.* 1987. 81 ; « De la rétention d'actif en cas de cession d'entreprise », *RD banc. et bourse* 1987. 111. Plus gén., v. J. Devèze, « Les créanciers titulaires d'un gage, d'un nantissement ou d'un droit de rétention », *Rev. proc. coll.* 1992. 119 ; P.M. Le Corre, *Le créancier face au redressement et à la liquidation judiciaires des entreprises*, PUAM, 2000.

Ce n'est qu'en cas de liquidation judiciaire que le gagiste a effectivement la possibilité de mettre en œuvre ses droits (art. L. 642-20-1, al. 3).

632 ***Réalisation conventionnelle du gage*** ◊ Le Code civil originaire (anc. art. 2078, al. 2) disposait que toute clause qui autoriserait le créancier à s'approprier le gage et à en disposer sans respecter les formalités légales était nulle. Ce texte incriminait la convention – dénommée *pacte commissoire* – par laquelle le créancier se fait consentir le droit de s'approprier de lui-même l'objet du gage, ainsi que la clause dite de *voie parée*, par laquelle le créancier se fait consentir par le débiteur le droit, en cas de non paiement, de faire vendre le bien sans suivre les formalités des enchères. Ces combinaisons sont en effet dangereuses pour le débiteur qui, aux abois, risque de subir les pires pressions du créancier. Leur nullité s'impose, compte tenu de la violence morale qu'elles supposent. Il s'agit, semble-t-il, d'une nullité de protection – donc relative [1] –, mais qui n'affecte que la clause elle-même, sauf si celle-ci constitue la cause déterminante du contrat [2].

La jurisprudence, cependant, avait admis que le pacte commissoire n'était annulable que s'il avait été convenu au moment de la constitution du gage. Il était donc valable s'il était passé ultérieurement [3]. La limite se comprenait : la protection voulue par le législateur ne doit pas se retourner contre le débiteur « en mettant à sa charge des frais de procédure dans le cas où, mis en demeure de régler sa dette, et dans l'incapacité de le faire, il donnerait son accord à son créancier pour que celui-ci s'approprie le gage ou le réalise dans les meilleures conditions » [4]. Mais il n'est pas sûr que le débiteur soit moins vulnérable après la constitution du gage. En outre, certains auteurs estimaient que lorsque les biens remis en gage faisaient l'objet d'une cotation officielle et que les professionnels avaient le monopole de leur négociation, ni l'article 2078, ni la *ratio legis* ne paraissaient interdire au débiteur et au créancier de convenir dès la conclusion du contrat de gage, qu'à défaut de paiement à l'échéance, ce serait un professionnel qui serait chargé de réaliser le gage au cours en vigueur à cette date [5]. Ces assouplissements s'imposaient surtout pour les gages spéciaux [6].

---

1. Com. 5 oct. 2004, *JCP* 2004. I. 188, n° 17 ; comp. Paris 7 mai 2004, *JCP* 2004. I. 188, n° 16.
2. V. Civ. 1re, 16 mars 1983, *Bull. civ.* I, n° 100, *Defrénois* 1984. 373, obs. Aubert ; Paris 15e ch. A, 4 mars 1997, *JurisData* n° 020441, *JCP* 1998. I. 103, n° 25. Comp. Civ. 1re, 31 janv. 1989, *Bull. civ.* I, n° 49. Plus gén., v. Ph. Delebecque, « L'attribution du gage », art. préc., 2e partie. Dans certains Droits, la clause est contenue de plein droit dans le contrat (v. le *fehivava* et la clause *tsatoka* du droit malgache, obs. Ramarolanto-Ratiaray, *RID comp.* 1992. 409, n° 46).
3. Civ. 1re, 17 nov. 1959, *Bull. civ. I.* n° 480 ; com. 5 oct. 2004, *Bull. civ.* IV, n° 176.
4. Paris 20 déc. 1983, *D.* 1984. IR 175.
5. V. M. Storck, « L'aménagement conventionnel de la procédure de réalisation du gage », *LPA*, 8 juill. 1987, n° 81, p. 20 s. ; v. égal., Wiederkehr, « Pacte commissaire et sûretés conventionnelles », *Mélanges Jauffret* 1974. 661 s.
6. V. en matière de gage-espèces, Paris 4 mai 1993, *Bull. Joly.* 1993, 861, *RTD com.* 1993. 554, obs. M. Cabrillac, et sur pourvoi, Com., 9 avr. 1996, *Bull. civ.* IV, n° 116, *D.* 1996. 399, note Ch. Larroumet, *RTD civ.* 1996. 669, obs. P. Crocq ; v. égal. Com., 3 juin. 1997, *Bull. civ.* IV, n° 165, *D.* 1998. 61, note François, *JCP* 1997. II. 22891, rapport Rémery.

La réforme des sûretés a fait taire les controverses. Il est désormais admis qu'« il peut être convenu, lors de la constitution du gage ou postérieurement, qu'à défaut d'exécution de l'obligation garantie le créancier deviendra propriétaire du bien gagé » (art. 2348, al. 1er). La disposition est heureuse : elle répond aux besoins de la pratique et donne au créancier un moyen simple, rapide et peu onéreux pour réaliser sa sûreté [1]. Le transfert de propriété doit se réaliser dans les conditions prévues par les parties. Si leur convention est muette, il faut admettre que ce transfert ne peut se réaliser avant l'échéance de la mise en demeure adressée au débiteur. La question est importante dans la pratique [2], car, comme on le verra, le pacte commissoire ne peut être réalisé après le prononcé d'un jugement ouvrant une procédure collective à l'encontre du débiteur.

D'un autre côté, les intérêts du constituant ne sont pas négligés : le recours à l'expertise – et donc à un mode de détermination objectif – est expressément prévu (art. 2348, al. 2, qui, par ailleurs prohibe toute clause contraire). L'expert doit être désigné soit à l'amiable, soit par le juge lui-même. Il est néanmoins permis de se demander si l'estimation de l'expert lie le juge, à l'exemple de la décision du tiers chargé d'« arbitrer » le prix d'une vente (art. 1592 ; égal. dans les cessions de parts, art. 1843-4). Si les auteurs restent encore hésitants sur cette question essentielle, une solution affirmative serait sans doute bienvenue et de nature à réduire le contentieux, la décision de l'expert étant alors sans recours. En tout cas, la question ne se pose pas lorsque la valeur du bien peut être déterminée d'après une cotation officielle sur un marché organisé au sens du Code monétaire et financier. Lorsque la valeur du bien gagé excède le montant de la dette garantie, la somme égale à la différence est versée au débiteur ou, s'il existe d'autres créanciers gagistes, consignée (art. 2348, al. 3) [3].

On ajoutera que le pacte commissoire reste prohibé lorsque le gage garantit un crédit à la consommation (C. consom. art. L. 311-32) et qu'il ne peut être ni conclu ni mis en œuvre lorsqu'il serait le plus utile, c'est-à-dire après l'ouverture d'une procédure collective (jugement de sauvegarde, art. L. 622-7 ; de redressement judiciaire, art. L. 631-14 ; de liquidation judiciaire, art. L. 641-3).

C. Extinction

633 ***Causes*** ◊ Le gage peut s'éteindre soit à titre accessoire, soit par voie principale.

---

1. M.N. Jobard-Bachellier, M. Bourassin, V. Brémond, n° 1701 ; S. Perus, « Des aspects pratiques du pacte commissoire », *RLDC* juin 2008. 29.
2. V. A. Dadoun, « La date du transfert de propriété en exécution du pacte commissoire », *Dr. et patr.* 2009.
3. Pour certains auteurs (Aynès et Crocq, n° 515), les parties pourraient convenir que l'excédent sera conservé par le créancier, la somme représentant alors une clause pénale, susceptible, en cas de montant excessif, de modération judiciaire.

1) Le gage prend fin dès l'instant que la créance qu'il garantissait et dont il constituait l'accessoire, est éteinte [1]. Peu importe la cause qui entraîne la disparition de cette créance principale (paiement, compensation, remise de dette, novation, annulation résolution...) [2]. Toutefois, il faut noter que cette créance ne peut s'éteindre par prescription, car le fait pour le débiteur de laisser le gage entre les mains du créancier vaut reconnaissance de la dette, ce qui interrompt la prescription [3].

2) Le gage peut également disparaître pour des causes qui lui sont propres et s'éteindre ainsi par voie principale (*cf.* échéance du terme). Trois hypothèses méritent d'être signalées :

- la restitution volontaire du gage consentie par le créancier ; comme en matière d'hypothèque, il faut admettre que cette restitution vaut renonciation à la sûreté, mais non à la créance, à moins que le créancier gagiste ne le décide expressément (v. *supra*, n° 556) ;
- la déchéance prononcée par jugement ou résultant d'une clause contractuelle, en cas d'abus commis par le créancier ou le tiers convenu (art. 2344, al. 1er) ;
- la perte de la chose : si la perte est fortuite, le gage est anéanti, sauf report, par subrogation réelle, sur les indemnités dues à raison de la perte (C. assur. art. L. 121-13) [4] ; si la perte est imputable à la faute du gagiste, il en est responsable *(supra*, n° 622).

§ 2. **Droits spéciaux du gage et du nantissement**

634 ***Plan*** ◊ Depuis 1804, de nombreuses formes particulières de gage sont apparues. Dans un premier temps, les impératifs de la vie des affaires ont favorisé la reconnaissance d'un gage commercial. Plus récemment, on s'est rendu compte de la valeur et de la plasticité des créances que l'on a vite considérées comme d'excellents instruments de crédit. On ne peut méconnaître aujourd'hui l'importance des sûretés portant sur des créances

---

1. Lorsqu'une seule partie de la dette est garantie, une question d'imputation se pose. La Cour de cassation a indiqué que le versement résultant de sa réalisation s'imputait sur le montant pour lequel la sûreté avait été consentie, Ass. plén. 6 nov. 2009, *JCP* 2010. 13, note Piedelièvre, 708, n° 16 et obs., *RTD civ.* 2010. 358, obs. Crocq. L'arrêt ne règle cependant pas toutes les difficultés : une clause contraire pourrait se concevoir. Quant à la portée de la décision, elle a sans doute une vocation générale.

2. V. égal. *infra*, n° 639, à propos de l'inscription en compte courant d'une créance qui ne vaut pas paiement. On ajoutera que lorsqu'un banquier escompteur contrepasse un effet impayé il perd tout droit sur cet effet ; néanmoins, il pourrait convenir avec son client de conserver l'effet en tant que créancier gagiste (v. Com., 14 avr. 1959, *Bull. civ.* III, n° 165 ; Paris 17 févr. 1961, *RTD com.* 1961. 156).Il faut par ailleurs admettre, par analogie avec les solutions retenues en matière de cautionnement, que le gage garantit les créances de restitution consécutives à l'annulation du contrat principal garanti, v. M.N. Jobard-Bachellier, M. Bourassin, V. Brémond, n° 1716.

3. V. Com. 31 oct. 2006, *D.* 2006. 3052, *JCP* 2007. I. 158, n° 22 et les obs. ; TGI Paris 27 avr. 1980, *Banque* 1980. 1169.

4. Com. 12 mai 1998, *Bull. civ.* IV, n° 153.

et plus généralement sur des meubles incorporels qu'il faut désormais appeler nantissements. L'extrême diversité de ces biens interdit toute étude exhaustive. De plus, les lignes directrices conduisent à trop de distinctions, car les sûretés peuvent porter sur des créances à personne dénommée, sur des titres dont la variété (à ordre, nominatif, au porteur) impose des divisions [1], ou encore sur des simples biens incorporels, mais très disparates [2].

Au demeurant, le nouvel article 2354 du Code civil est venu réserver l'application des règles particulières prévues en matière commerciale ou en faveur des établissements de prêt sur gage autorisés. On s'en tiendra ici aux seuls gages (ou nantissements) avec dépossession, tout en précisant que la disposition de l'article 2354 a sans doute été conçue principalement en considération des gages sans dépossession, nouveaux comme le gage de stocks ou anciens comme le gage automobile ou encore le gage (curieusement encore dénommé nantissement) sur le matériel et l'outillage (v. *infra*, n° 700).

Les analyses qui succéderont à l'examen du gage commercial, se limiteront donc à quelques développements sur les nantissements.

A. Gage commercial

635 ***Utilité*** ◊ Malgré l'extension des sûretés personnelles dans la vie des affaires, les sûretés réelles y conservent leur importance. En vérité, toutes les garanties jouent un rôle utile dans l'octroi des crédits qui sont nécessaires aux entreprises. Le législateur, conscient de ces réalités, a voulu faciliter le gage commercial en modifiant les dispositions du Code civil sur la constitution et sur la réalisation de la sûreté. Il s'est engagé également dans des techniques encore plus perfectionnées en utilisant le dépôt dans les magasins publics et en créant ainsi une nouvelle sûreté, le warrant des magasins généraux.

Le gage des stocks institué par l'ordonnance n'est pas une variété de gage commercial : il est ouvert plus généralement aux professionnels, à l'exemple du reste du gage sur le matériel et l'outillage. Ces gages ne supposent aucun dessaisissement et se rapprochent, dans une certaine mesure, de l'hypothèque : ils seront donc envisagés ultérieurement avec les autres sûretés sans dessaisissement.

---

1. Si le titre est à ordre, le procédé de l'endossement *pignoratif* est utilisé ; c'est le cas pour les effets de commerce, avec parfois certaines particularités (v. les clauses assurant au banquier un droit de gage sur les effets contrepassés, Com., 14 avr. 1959, *Bull. civ.* III, n° 165) ; l'endossement pignoratif déroge au droit commun, Com., 26 janv. 1971, *Bull. civ.* IV, n° 24 ; s'il est en blanc, il est présumé translatif, v. Paris 22 juin 1995, *JCP* 1995. I. 3889, n° 17. Si le titre est nominatif, le nantissement résultera d'un transfert à titre de garantie fait sur les registres de la société. Si le titre est au porteur, l'incorporation du droit dans le titre fait du gage un simple gage sur un bien corporel.

2. V. par ex. pour le nantissement d'un droit au bail, Req., 6 mars 1861, *DP* 1861. 1. 417, *S.* 1861. 1. 713, *Grands arrêts*, 12e éd., t. 2, n° 269. Ce nantissement est assez précaire, notamment lorsque le bail n'est pas renouvelable, bien que le créancier nanti puisse faire valoir son droit sur l'éventuelle indemnité d'éviction (Aix 23 mai 1961, *D.* 1961. 572).

636 *1° Règles générales* ◊ En instituant le gage commercial, la loi du 23 mai 1863, insérée dans les articles L. 521-1, 2 et 3 du Code du commerce (mod. Ord. 23 mars 2006), n'a dérogé que sur quelques dispositions aux règles du droit civil. Le législateur n'a pas voulu soumettre le gage commercial à un régime autonome [1]. Il a simplement jugé bon d'assouplir sur certains points le droit commun. Prévoyant des gages commerciaux, les textes se sont efforcés d'en cerner le domaine. En vertu de l'article 521-1 du Code de commerce, est commercial le gage constitué soit par un commerçant, soit par un non commerçant, pour un acte de commerce. Le critère adopté est donc purement objectif : pour attribuer le caractère commercial au gage, il faut s'attacher à la nature de l'acte dont le gage est l'accessoire. Ainsi, si la dette est commerciale ou si le prêt garanti a une affectation commerciale, le gage sera commercial [2].

637 *Constitution* ◊ Depuis la refonte de l'article L. 110-3 du Code de commerce, le gage commercial ne pouvait — logiquement — être établi par tous moyens que si ses contractants avaient la qualité de commerçants (v. *supra*, n° 617). La dispense d'écrit avait dès lors un domaine plus étroit que celui du gage commercial. Cette distorsion était toutefois ignorée par les tribunaux [3] et la pratique avait conservé la bonne habitude d'établir un écrit chaque fois qu'un gage était constitué. Le gage, aussi bien vis-à-vis des parties que des tiers, pouvait donc se constater par un simple accord verbal ou encore s'induire des circonstances [4].

---

1. V. Becqué, note sous Montpellier 12 nov. 1957, *JCP* 1958. II. 10461. Plus généralement, sur la controverse née du texte de l'article 2084 du Code civil précisant que les dispositions sur le gage civil « ne sont applicables ni aux matières de commerce, ni aux maisons de prêt sur gage autorisées, et à l'égard desquelles on suit les lois et les règlements qui les concernent », v. Foyer, « Le principe du gage avec dépossession », in *Le gage commercial*, 1953, p. 45 s.

2. Si le contrat générateur de la dette est un acte commercial pour l'une des parties et civil pour l'autre, c'est-à-dire si l'acte est mixte, il est impossible de ne pas appliquer un statut unique. La constitution du gage exige des formalités qui ne sauraient être jugées utiles pour l'une des parties et inutiles pour l'autre (Roblot, *op. cit.*, *ibid*). Si cette constatation s'impose, on peut hésiter toutefois sur le critère à adopter. Pour certains, le gage doit être considéré comme commercial, dès que la créance ou la dette a la nature commerciale pour l'une des parties (Roblot, *loc. cit.*). Pour d'autres, le gage n'est commercial que si l'acte est commercial du côté du débiteur.

3. V. Com. 2 oct. 2001, *JCP* 2002. I. 120, n° 8 : « il résulte des art. 521-1 et 110-3 que le nantissement constitué en garantie des engagements d'un autre commerçant peut être prouvé librement, même si les constituants ne sont pas eux-mêmes commerçants » ; Com., 23 oct. 1984, *Bull. civ.* IV, n° 278 : « le nantissement, même consenti par un non-commerçant se constate conformément aux dispositions de l'article 109 du Code de commerce, dès lors qu'il a été constitué en garantie des engagements d'un commerçant envers un autre commerçant » ; égal. Paris 10 oct. 1997, *JurisData* n° 022770 ; Paris 29 sept. 1994, *RJ com.* 1996. 100, note Rontchevsky.

4. V. Com., 25 févr. 1975, *Bull. civ.* IV, n° 61, selon lequel la simple remise de bons de caisse emporte la preuve par elle-même de la constitution du gage. Comp. La jurisprudence refusant de voir une constitution de gage dans une clause figurant dans un contrat type de vente maritime qui autorisait le vendeur non payé à revendre immédiatement la marchandise, Civ., 3 févr. 1937, *DH* 1937. 165.

Depuis la réforme des sûretés, et puisque les textes du Code de commerce raisonnant en termes de preuve n'ont pas été modifiés, la situation n'est plus la même. On sait en effet que le gage requiert nécessairement un écrit et est ainsi devenu un contrat solennel. Cette règle a, semble-t-il, une portée générale et devrait s'imposer même en matière commerciale [1]

Cette condition d'écrit étant mise à part, la loi du 28 mai 1863 n'a pas dérogé aux dispositions du Code civil. L'opposabilité aux tiers du gage commercial requiert soit une dépossession soit une publicité. Lorsque le gage est constitué avec dépossession, il faut s'en tenir aux solutions admises jusqu'ici par la jurisprudence qui avait su introduire la souplesse qu'attendaient les praticiens [2]. Les textes eux-mêmes avaient apporté les aménagements correspondant aux nécessités de la vie des affaires.

L'article L. 521-2 du Code de commerce prévoyait que le créancier était réputé avoir les marchandises en sa possession si, avant qu'elles fussent arrivées, il en était saisi par un connaissement ou par une lettre de voiture [3]. En réalité, malgré les termes de l'article 521-2, la mise en gage ne se réalisait que par l'endossement du connaissement maritime. Dans les transports terrestres ou encore aériens, les récépissés, en effet, ne représentent pas les marchandises [4]. Ces solutions devraient se maintenir malgré l'abrogation de l'article L. 521-2. Elles ne sont nullement incompatibles avec les dispositions nouvelles du gage avec dépossession.

638 ***Réalisation*** ◊ L'originalité du gage commercial tient à la procédure d'exécution que la loi a prévue au cas où le créancier ne serait pas payé. Alors qu'en droit commun, le créancier doit s'adresser à un tribunal pour obtenir la réalisation du gage, ce même créancier peut, en matière

---

1. V. L. Aynès et Crocq, n° 503 ; M.N.Jobard-Bachellier, M. Bourassin et V. Brémond, n° 1754 ; *contra* Legeais, n° 465 ; Cabrillac, Mouly et Pétel, n° 732.

2. V. *supra*, n° 619, à propos des procédés d'entiercement et de location ; v. égal. Vasseur, *op. cit.*, p. 1214 et les formules de financement des stocks des concessionnaires automobiles, proposés notamment par la société Auxiga.

3. Le connaissement qui représente la marchandise en cours de transport, permet d'assurer la mise en possession des marchandises (v. MM. Bonassies et Scapel, *Traité de droit maritime*, 2e éd., LGDJ, 2010, n° 942 ; Civ., 31 mai 1892, *DP* 1894. 1. 185, indiquant que le créancier est « saisi » des marchandises par le connaissement). En pratique, on joint au connaissement une police d'assurance, une facture et un certificat de qualité et l'ensemble de ces documents est remis au banquier qui, en contrepartie, consent un crédit documentaire. Dans le crédit documentaire, le banquier, s'il a régulièrement payé le bénéficiaire, c'est-à-dire l'exportateur, dispose d'un recours en remboursement contre son client, donneur d'ordre. Ce recours est garanti par le droit de gage qu'a le banquier sur les marchandises correspondant aux documents. Lors de la remise de ces documents au donneur d'ordre, le banquier reçoit à l'escompte les lettres de change tirées par le donneur d'ordre sur les commerçants auxquels les marchandises ont été revendues. Le banquier remplace alors son droit réel sur les marchandises par un droit personnel contre les différents signataires des lettres de change - nouvel exemple de substitution de garanties. Le créancier gagiste est investi d'un droit de gage dès la remise ou l'endossement du connaissement, mais il perd ce droit si le titre est à nouveau transmis ou endossé (Com., 26 avr. 1994, *BTL* 1994, 607 ; Metz 8 avr. 1987, *D.* 1988. Somm. 184 ; comp. Rouen, 6 mai 2003, *DMF* 2003. 779 et les obs.).

4. V. Rodière, *Droit des transports*, 2e éd., 1977, n° 346 s.

commerciale, recouvrer sa créance dans des conditions beaucoup plus simples. Il lui suffit :

1° de signifier ses intentions au débiteur,

2° d'attendre huit jours,

3° de faire vendre le bien gagé aux enchères par un courtier [1].

Autrement dit, dans un laps de temps très court [2], le créancier gagiste peut exercer son droit de préférence et obtenir paiement, sous réserve des distributions faites aux créanciers jouissant d'un rang plus avantageux (frais de justice, Trésor,). Si simple soit-elle et ne requérant aucun titre exécutoire, cette procédure est impérative et ne peut être tournée par une stipulation quelconque (art. L. 521-3, al. 1). Elle suppose, par ailleurs, que le bien soit déjà entre les mains du créancier. Si tel n'est pas le cas (hypothèse notamment du gage sans dépossession), le créancier doit obtenir du juge compétent l'autorisation nécessaire, pour appréhender le bien (v. *infra*, n° 710).

La jurisprudence, à bon escient, n'a pas accentué cette originalité. Malgré le silence du Code de commerce, la Cour de cassation avait reconnu au créancier gagiste le droit de demander que le gage lui fût attribué en pleine propriété dans les termes de l'article 2078, alinéa 1er, du Code civil [3]. La solution, bien entendu, n'a pas été remise en cause par la réforme des sûretés. Elle est au contraire dûment consacrée (C com. art. L. 521-3, al. 4). De plus, la loi nouvelle autorise expressément le pacte commissoire dans les conditions du droit commun.

639 ***2° Warrant des magasins généraux*** [4] ◊ Les marchandises déposées dans un magasin général [5] peuvent être données en gage de plusieurs façons (v. C. com., art. L. 522-1 s.). D'abord, le déposant (propriétaire, commissionnaire... mais nécessairement commerçant ou artisan) peut constituer un

1. L'article L. 521-3, al. 2, C. com. n'attribue compétence aux courtiers que pour les ventes en gros ; si la vente a lieu au détail, il doit y être procédé par un commissaire-priseur (v. Civ., 5 janv. 1898, *DP* 1898. 1. 460).

2. D'autant plus court que le débiteur ne pourrait obtenir de délais de grâce (v. Com., 10 déc. 1979, *Bull. civ.* IV, n° 328).

3. Com., 31 mai 1960, *D.* 1960. 601, note Guyon, *JCP* 1960. II. 11676, note Nectoux ; 28 mai 1996, *Bull. civ.* IV, n° 144. Le recours à l'art. 2078 (aujourd'hui art. 2346) n'est qu'une simple faculté : il ne s'agit pas d'un mode de réalisation obligatoire (Com., 3 nov. 1983, *JCP* 1984. II. 20234, note J. Mestre ; v. *supra* n° 630). La prérogative est également de pur intérêt privé, si bien que le créancier peut y renoncer, Com., 28 avr. 1996, *Bull. civ.* IV, n° 122.

4. V. Granger, *Les warrants des magasins généraux, Le gage commercial*, dir. Hamel, 156 s. ; Jeantin et Le Cannu, *Droit commercial*, Précis Dalloz, n° 404 s. ; Tuilliez, « Les magasins généraux au service des banques et des industriels », *Banque* 1980. 725 ; *BTL* 1997. 502.

5. Les magasins généraux sont des entrepôts agréés et contrôlés par l'autorité administrative, dans lesquels « des industriels, commerçants, agriculteurs ou artisans déposent des matières premières, des marchandises, des denrées ou des produits fabriqués » (Ord. n° 45-1744, 6 août 1945). Ils sont regroupés autour d'une puissante Fédération (française des entrepôts et des magasins généraux agréés par l'État), la FEDIMAG, et proposent des services très divers qui vont du dépôt jusqu'à l'organisation de la logistique du transport. Les exploitants répondent de la garde et de la conservation des marchandises dans la limite de leur valeur déclarée.

gage ordinaire en remettant à son créancier un simple récépissé de dépôt, le magasin général étant dans la situation d'un tiers convenu. Ensuite, le déposant, en possession d'un récépissé-warrant, peut endosser au profit de son créancier les deux parties du titre, le récépissé qui représente uniquement les marchandises déposées et qui investit son titulaire d'un droit de propriété sur ces marchandises, et le warrant, billet à ordre garanti par un gage sur les marchandises déposées. L'opération se rapproche plus d'une aliénation fiduciaire que du gage. Enfin, le déposant peut endosser le seul warrant et constituer ainsi un gage spécial opposable aux tiers dès la transcription de l'endossement sur un registre du magasin général. Cette dernière technique présente de nombreux avantages [1]. Le créancier, bénéficiaire d'un billet à ordre, pourra mobiliser sa créance [2] et pourra se prévaloir des règles du droit cambiaire (exclusion des délais de grâce, recours contre les débiteurs successifs, inopposabilité des exceptions). De plus, les marchandises données en gage peuvent être renouvelées et remplacées par d'autres ou encore par des indemnités d'assurance (C. com., art. L. 522-24). Enfin et surtout, le porteur du warrant jouit d'un bon rang en cas de vente des marchandises. Sur le prix de cette vente, en effet, il prime le Trésor (sauf pour les droits de douanes et les droits de contribution indirecte dus par la marchandise objet du gage), la sécurité sociale, le vendeur non payé des marchandises [3], mais laisse passer devant lui les salariés exerçant leur superprivilège ainsi que les créanciers ayant engagé des frais de magasinage ou de conservation sur la chose [4].

B. Nantissement de biens incorporels

640 ***Essor*** ◊ Le nantissement de biens meubles incorporels est traditionnellement considéré comme une sûreté réelle. Le Code civil originaire le présentait comme tel. Au demeurant, un bien appartenant au débiteur, le plus souvent une créance dont il est titulaire, est affecté en garantie d'un rapport juridique principal ; le créancier jouit d'un droit sur la valeur de ce bien. Mais, d'un autre côté, le créancier ne peut mettre en œuvre son droit qu'en agissant contre un tiers. Le nantissement lui confère un droit sur le patrimoine d'une personne autre que le débiteur. Puisqu'il adjoint au rapport principal un droit de poursuite contre un tiers, le nantissement de créance s'apparente aussi à une sûreté personnelle.

Cette ambiguïté conduit la doctrine moderne à qualifier cette garantie de sûreté mixte [5]. L'analyse a l'avantage de résoudre les problèmes de

1. V. M. Cabrillac, note sous Com., 20 oct. 1965, *D.* 1966. 353.
2. V. Scholer, « Le régime juridique du warrant », *RJ com.* 1980. 121.
3. Req., 10 mars 1915, *D.* 1916. 1. 241 ; Com., 8 mars 1955, *D.* 1955. 307.
4. L'inscription de la créance garantie au crédit du compte-courant ne vaut pas paiement ; le créancier conserve donc son gage tant que la contre-passation de cette créance n'intervient pas (Com., 12 janv. 1988, *Bull. civ.* IV, n° 32).
5. D. Legeais, *Les garanties conventionnelles sur créances*, Economica, 1986, n° 302 ; C. Lisanti-Kalczynski, *Les sûretés conventionnelles sur meubles incorporels*, Litec, 2001. Sur les aspects internationaux, v. Martial-Braz, « L'appréhension de l'incorporel », *RLDC* nov. 2009. 41.

recouvrement qui se posent au créancier gagiste. Les techniques que l'on propose pour lui donner un droit d'action directe contre le tiers débiteur, ne manquent pas d'artifices. Ne serait-il pas plus simple de permettre au créancier d'exercer son droit de poursuite contre le tiers débiteur exactement comme un créancier peut agir contre un garant autonome ? La règle de l'opposabilité des exceptions risquerait cependant d'être affectée.

Le nantissement de biens incorporels reçoit aujourd'hui de très nombreuses applications [1]. On comprend que sa réglementation soit complexe. Elle l'est d'autant plus qu'elle s'articule autour de règles générales et de règles spéciales, dont certaines ne concernent pas à proprement parler des créances mais plus exactement des biens incorporels (*cf.* valeurs mobilières). Les auteurs de la réforme des sûretés avaient souhaité simplifier ce régime et organiser une véritable théorie du nantissement de biens incorporels en y intégrant le nantissement de compte d'instruments financiers. Sur ce point, la réforme a échoué car le droit commun des nantissements de meubles incorporels se réduit à une disposition, celle de l'article 2355 du Code civil. [2]

641 ***Diversité*** ◇ L'article 2355, précisément, commence par définir le nantissement : il est « l'affectation en garantie d'une obligation d'un bien meuble incorporel ou d'un ensemble de biens meubles incorporels présents ou futurs ». La sûreté peut être conventionnelle ou encore judiciaire ; dans ce dernier cas, elle est régie par des dispositions spécifiques (*cf.* dispositions sur les procédures civiles d'exécution, art. 77 s. L. 1991, v. *infra*, n° 724). Le texte ajoute que si le nantissement conventionnel porte sur des créances, il obéit à des règles spéciales que la loi prend le soin d'organiser (art. 2356 s.). Quant au nantissement portant sur d'autres biens incorporels que les créances, l'article 2355 se contente de dire qu'il relève, « à défaut de dispositions spéciales, des règles prévues pour le gage de meubles corporels ». Tout ceci fait que le droit du nantissement de biens incorporels est particulièrement complexe, Il se distribue autour de règles que l'on peut considérer comme générales applicables aux créances et de dispositions spéciales applicables aux autres meubles incorporels.

Les solutions se compliquent encore si l'on prend le soin de préciser que certains nantissements de créance relèvent de dispositions particulières qui viennent se greffer sur les règles générales applicables aux créances. Ainsi en est-il pour le nantissement de police d'assurance-vie ou encore pour le nantissement de créances professionnelles. On s'efforcera ci-après de rendre compte de l'ensemble des dispositions applicables.

---

1. V. par ex. Paris 18 juin 1998, *JurisData*, n° 022341, nantissement sur des pensions de reversion ; égal. Mignot, « Le nantissement de quota d'émission de gaz à effet de serre », *RD banc. fin.* 2009. Étude 26.

2. V. C. Lisanti, « Quelques remarques à propos des sûretés sur meubles incorporels », *D.* 2006. 2671.

1. Nantissement de créance. Règles générales

642 ***Complexité*** ◇ Le nantissement conventionnel de créances est une sûreté complexe. Il s'agit en effet d'une opération à trois personnes : le constituant, le créancier et le débiteur de la créance nantie, lui-même débiteur du constituant à un titre quelconque, contractuel ou extra-contractuel. Le nantissement confère au créancier nanti un droit à l'encontre d'un tiers, le débiteur du débiteur. Malgré cette relation personnelle, la sûreté reste une sûreté réelle, car la créance nantie est avant tout considérée comme un bien sûr lequel le créancier pourra exercer ses prérogatives [1].

La nature et l'efficacité même du nantissement de créance sont discutées. En effet, les textes n'évoquent plus le droit de préférence du créancier nanti et vont jusqu'à dire (art. 2363) que le créancier nanti, une fois qu'il a notifié son droit au débiteur de la créance, reçoit valablement paiement de cette créance. Le créancier aurait ainsi un droit exclusif sur cette créance et n'aurait plus à redouter un quelconque concours avec d'autres créanciers du constituant [2]. Le nantissement aurait donc la même force qu'une fiducie. Certains auteurs observent toutefois que le nantissement de créance reste fondamentalement un nantissement et ne saurait ainsi mettre le créancier nanti dans une situation de créancier hors concours [3]. La première analyse ne manque pas de pertinence, mais pose avant tout la question de savoir si le créancier nanti sur créance jouit d'un droit de rétention. Là encore, il ne manque pas d'arguments en ce sens. On pourra s'en persuader à travers l'examen des conditions et des effets du nantissement de créance.

643 ***Conditions*** ◇ Les nouveaux textes du Code civil sur le nantissement de créance (art. 2356 s.) posent ici plusieurs règles qu'il faut envisager successivement.

644 ***Écrit*** ◇ La première règle tient à l'exigence d'un écrit (art. 2356). Cet écrit est requis à peine de nullité. Le contrat de nantissement de créance est donc un contrat solennel, en matière civile comme en matière commerciale [4]. Cet écrit doit désigner les créances garanties et les créances nanties. Le principe de spécialité de la créance cause de la garantie et de la créance objet de la garantie doit donc être respecté. Peu importe que l'opération soit civile ou commerciale [5]. Dès l'établissement de l'écrit qui doit donc

---

1. V. L. Aynès, « Le nantissement de créance, entre gage et fiducie », *Dr. et patr.* sept. 2007. 54 ; D. Legeais, « Le nantissement de créances », *Dr. et patr.* juill.-août 2007. 54 ; plus gén. M. Julienne, *Le nantissement de créance*, th. Paris I, 2011.

2. L. Aynès, art. préc. ; v. égal. H. Synvet, *Dr. et patr.* sept. 2007. Le créancier nanti n'a pas non plus à redouter un concours avec un créancier nanti en deuxième ou troisième rang, sous réserve des notifications respectives que ces créacniers doivent se faire.

3. D. Legeais, n° 502 ; v. égal. MM. Cabrillac, Mouly et Pétel, n° 768.

4. Aynès et Crocq, n° 526.

5. V. Civ., 27 déc. 1904, *DP* 1906. 1. 145. *Contra*, Riom, 20 nov. 1913, *S.* 1915. 2. 33, note Wahl. Certaines créances, cependant, ne peuvent être données en nantissement, tel est le cas des Plans d'épargne-logement et des Comptes d'épargne-logement (CCH art. R 315-6 et 315-14).

comporter une date [1], le contrat est dûment obligatoire pour les parties : il prend immédiatement effet. Le contrat peut être conclu pour une durée indéterminée et s'articuler ainsi sur la vie de la créance garantie. Il peut aussi être conclu pour une durée déterminée.

645 ***Opposabilité*** ◊ Avant la réforme des sûretés, le créancier devait notifier la constitution de sa sûreté au débiteur de la créance [2]. Il s'agissait pour lui d'affirmer ses droits sur la créance qui est affectée en garantie. La mesure visait également à interdire au débiteur de se libérer entre les mains du créancier originaire, sous peine de régler deux fois la même dette, et, à avertir les tiers - éventuels créanciers saisissants, cessionnaires et autres créanciers gagistes - pour éviter tout conflit. Autrement dit, la signification de la créance était une formalité nécessaire, mais en même temps suffisante, pour réaliser la dépossession imposée par le droit commun du gage. Du reste, la jurisprudence ne s'était pas contentée de cette simple mesure [3]. De nombreux arrêts avaient exigé du débiteur qu'il remît à son créancier le titre constatant la créance nantie [4]. La solution s'inscrivait dans le droit fil de la conception - classique - réduisant le contrat de gage à un contrat réel : la remise du titre n'équivaut-elle pas à la remise de la chose elle-même ? La Cour de cassation avait toutefois assoupli sa position en affirmant que « la mise en possession était suffisamment réalisée, au cas où le gage porte sur une créance et où la tradition est matériellement impossible, par la signification au débiteur de la créance donnée en gage » [5].

Depuis la réforme des sûretés, le nantissement d'une créance, présente ou future, prend effet entre les parties et devient opposable aux tiers à la date de l'acte (art. 2361). L'opposabilité du nantissement de créance est donc particulièrement simple : elle n'est pas conditionnée par la signification préalable de l'acte au débiteur de la créance nantie ; elle résulte purement et simplement de la constitution de la sûreté, ce qui n'est pas sans conséquence, notamment pour apprécier les nullités de la période suspecte [6].

---

1. Cette date fait foi à l'égard des tiers jusqu'à preuve contraire (art. 2361) ; le droit commun de l'art. 1328 est ici écarté.

2. Com., 28 janv. 1997, préc., égal *JCP* 1997. I. 4033, n° 19 ; 9 mai 2007, *Bull. civ.* IV, n° 127, *JCP* 2007. I. 212, n° 22, voyant dans la signification une condition substantielle de la naissance du droit réel au profit du créancier. Comme en matière de cession de créance, cette signification peut être remplacée par l'acceptation dans un acte authentique de la mise en gage (v. Com., 23 mai 1973, *D.* 1973. 760). Cette jurisprudence a été consacrée par la loi du 12 juill. 1980 (C. civ. art. 2075).

3. Il s'agissait d'une formalité substantielle (Paris 29 juin 1993, *D.* 1993. IR 219 ; Com., 6 janv. 1994, *JCP* 1994. I. 3765, n° 18 ; Civ. 1re, 26 mai 1999, *JurisData* n° 002226 ; égal. com., 23 janv. 2001, *JCP* 2001. I. 315, n° 17, *Defrénois* 2001. 942, obs. Théry : l'art. 2075 ne conférait de droit réel au créancier qu'autant que l'acte avait été enregistré puis signifié au débiteur ou accepté par lui dans un acte authentique) et non pas d'une mesure de publicité (rappr. *supra*, n° 618).

4. V. Req., 19 juin 1848, *S.* 1848. 1. 465, note Devill ; Civ., 13 avr. 1859, *D.* 1859. 1. 167 ; 27 janv. 1908, *D.* 1910. 1. 522.

5. Civ. 1re, 10 mai 1983, *Bull. civ.* I, n° 141, *D.* 1984. 433, note. Légier, *D.* 1984. IR 82, obs. Vasseur, *Defrénois* 1983. 1393, obs. Piedelièvre.

6. Comp. avant la réforme, Com. 28 janv. 1997, *RTD civ.* 1998. 705, obs. Crocq, *JCP* 1997. I. 4033, n° 19.

Toutefois, pour être opposable au débiteur de la créance nantie lui-même, le nantissement doit lui être notifié ou ce dernier doit intervenir à l'acte (art. 2362, al. 1er) [1]. Si l'une ou l'autre de ces formalités n'est pas accomplie, seul le constituant reçoit valablement paiement de la créance (art. 2362, al. 2). En revanche, après notification, seul le créancier reçoit valablement paiement de la créance donnée en nantissement tant en capital qu'en intérêts (art. 2363, al. 1er) ; la disposition peut être interprétée comme accordant au créancier nanti un véritable droit de rétention, la notification étant l'une des expressions du droit de blocage.

646 ***Assiette*** ◊ Depuis la réforme des sûretés, l'assiette du nantissement de créance est très largement conçue. La sûreté peut porter sur une créance à exécution instantanée ou à exécution successive (créances de loyer). Peu importe leur source. Peu importe leur nature. Il est même expressément dit que les créances nanties peuvent être des créances présentes ou des créances futures. La jurisprudence antérieure n'était pas aussi ouverte, mais avait tout de même admis que la créance pouvait ne pas être parfaite : une créance en germe pouvait donc être nantie [2]. Cette solution libérale est consacrée, étant toutefois précisé que dans ce genre de situation, « le créancier nanti acquiert un droit sur la créance dès la naissance de celle-ci » (art. 2357).

Le nantissement peut encore porter sur une fraction de créance, sauf si celle-ci est indivisible.

On ajoutera que la sûreté s'étend bien naturellement aux accessoires de la créance, à moins que les parties n'en conviennent autrement (art. 2359).

647 ***Réalisation*** ◊ La réalisation de la sûreté se traduit par le droit reconnu au créancier nanti de réclamer le paiement au débiteur du débiteur. Encore faut-il cependant que la créance nantie elle-même soit exigible. Ce n'est pas nécessairement le cas. D'où des distinctions qu'au demeurant les nouveaux textes s'efforcent de faire (art. 2364 s.).

648 ***Avant l'échéance de la créance garantie*** ◊ Contrairement au créancier gagiste de droit commun, le créancier nanti sur créance peut mobiliser ses droits et sa sûreté. L'article 2363 lui donne en effet le droit, après notification au débiteur de la créance nantie, de recevoir « seul » paiement de la créance nantie et donc d'en réclamer le règlement, étant précisé que le créancier initial n'est pas pour autant démuni : l'article 2363, al. 2, lui donne la possibilité de s'associer aux poursuites.

Le texte de l'article 2364, al. 1er, ajoute que les sommes payées au titre de la créance nantie s'imputent sur la créance garantie lorsqu'elle est

1. Sur la responsabilité du tiers qui se libère du gage, v. Com. 12 mai 2009, *JCP* 2009. 492, n° 18 et les obs.

2. Douai 19 avr. 1956, *D.* 1956. 343, *RTD civ.* 1956. 562, obs. Solus : v. aussi ; Rennes 7 févr. 1996, *JCP* 1997. I. 3991, n° 19, s'agissant d'un nantissement portant sur la « valeur » d'un joueur de football. Comp. lorsque la créance n'existe plus : Civ. 1re, 18 nov. 1997, *Bull. civ.* I, n° 316.

échue. Le créancier sera alors désintéressé en tout ou partie. Si tel n'est pas encore le cas, le créancier nanti conserve les sommes payées sur un compte ouvert (en son nom) auprès d'un établissement habilité à les recevoir, à charge pour lui de les restituer si l'obligation garantie est finalement exécutée [1]. Le nantissement de créance se transforme alors en une sûreté sur somme d'argent. Auparavant, lorsque la créance nantie venait à échéance avant la créance garantie, le créancier nanti ne pouvait encaisser les sommes que devait le débiteur de la créance nantie. La règle était gênante, d'autant plus que le créancier n'avait pas intérêt à consigner cette somme [2]. C'est pourquoi on s'efforçait en pratique de régler la question sur une base conventionnelle en donnant mandat au créancier de percevoir les deniers provenant du paiement de la créance engagée. Cette combinaison contractuelle, qui répondait à un problème précis, ne tombait pas sous le coup de la prohibition du pacte commissoire [3]. Aujourd'hui, les solutions sont plus claires, car le créancier, comme on l'a vu, peut recevoir paiement de la créance nantie, avant même l'échéance de la créance garantie. La question posée est alors de savoir si le créancier peut être appelé à restituer ce qu'il a reçu au profit d'un créancier d'un rang préférable ou, au contraire, s'il peut opposer aux tiers son droit à la réception du paiement et ainsi une exception de compensation entre sa créance à l'égard du débiteur et sa dette de restitution. Dans la mesure où ce droit est prévu par la loi elle-même (art. 2363, al. 1er) et dans la mesure où ce droit est exclusif (« seul le créancier »), le créancier devrait pouvoir conserver le paiement reçu [4]. Mais on attend encore la réponse de la jurisprudence (v. *infra*, n° 649).

En cas de défaillance du débiteur de la créance nantie et huit jours après une mise en demeure restée sans effet, le créancier affecte les fonds au remboursement de sa créance dans la limite des sommes impayées (art. 2364, al. 2). Autrement dit, le créancier peut alors se payer, mais sous condition résolutoire.

---

1. Cette obligation n'est cependant pas garantie : le constituant encourt donc un sérieux risque en cas d'insolvabilité du bénéficiaire du nantissement. D'où la nécessité d'isoler les fonds sur un compte séquestre jusqu'à l'échéance de la créance garantie, v. Aynès et Crocq, n° 535

2. Il ne pourrait, semble-t-il, conserver sa sûreté qu'en cas de consignation judiciaire (v. C. civ., 2350) ; v. égal. Orléans, 30 mars 2000, *JCP* 2001. I. 315, n° 19 : si dans un nantissement de la créance, affectée en garantie vient à échéance avant la dette principale, le créancier ne peut de son propre chef, reporter le nantissement sur une autre créance.

3. V. Civ., 30 juin 1947, *S.* 1947. 1. 140 : « n'est pas prohibée, au sens de l'article 2078, la clause qui permet au créancier de recevoir le montant de la créance engagée lorsqu'elle s'applique non au droit de créance lui-même, mais aux deniers provenant de son paiement extinctif ». Sur la portée, limitée, de cet arrêt, V. D. Legeais, *op. cit.*, n° 165. Il faut bien convenir qu'une telle solution malmène singulièrement le droit du gage et met le créancier, simple mandataire certes, mais en passe de devenir rapidement propriétaire compte tenu de la compensation qui s'opérera entre sa dette de restitution et sa propre créance parvenue à l'échéance, dans une situation confortable, et, sans doute, trop confortable ; la combinaison évoquée a été interprétée strictement (Com., 15 oct. 1991, *Bull. civ.* IV, n° 293).

4. V. Aynès et Crocq, n° 536.

649 ***Après l'échéance de la créance garantie*** ◊ En l'absence de précision contenue dans les textes originaires du Code civil, les règles du droit commun du gage déterminaient les droits du créancier nanti [1]. Ces règles étaient inadaptées : procéder à la vente d'une créance est pour le moins bizarre [2].

La jurisprudence avait cependant admis [3] que le créancier pouvait se faire attribuer la créance en propriété sur la base de sa valeur nominale, et lui avait donné la possibilité d'aménager conventionnellement ses recours, soit en obtenant de son débiteur un mandat pour recouvrer la créance nantie dès son échéance [4], soit en se faisant désigner comme délégataire conditionnel ou cessionnaire conditionnel de la créance nantie [5]. Aujourd'hui, la situation est plus claire. L'article 2365 prévoit qu'en cas de défaillance de son débiteur, le créancier nanti peut se faire attribuer la créance donnée en nantissement ainsi que tous les droits qui s'y rattachent. L'attribution judiciaire est donc consacrée et doit se dérouler selon les règles habituelles (C. civ. art. 2347).

Le texte permet aussi au créancier nanti de devenir titulaire de la créance « dans les conditions prévues par la convention ». En d'autres termes, le créancier nanti peut librement convenir avec le constituant un pacte commissoire. La validité d'un tel pacte est là aussi dûment consacrée et surtout généralisée [6].

Le créancier nanti peut enfin, comme le précise l'art. 2365, al. 2, « attendre l'échéance de la créance nantie » et en percevoir le montant. Rappelons que les sommes payées au titre de la créance nantie s'imputent sur la créance garantie échue (2364, al. 1er) et que la solution vaut pour le capital comme pour les intérêts, sauf pour les parties à aménager entre elles des règles d'imputation. Si les sommes payées sont d'un montant supérieur à celui de la créance garantie, le créancier doit la différence au

---

1. Le créancier ne peut s'enrichir. Si la créance a, au jour de l'échéance, une valeur supérieure, il en doit la différence, Nîmes ch. réun. 1er juill. 1997, *JurisData*, n° 030462. En cas de procédure collective, le créancier doit faire admettre sa créance, v. Orléans 22 janv. 1998, *JurisData*, n° 040121.

2. V. Aynès et Crocq, n° 527, faisant observer que la vente aux enchères « n'a pas de sens pour une créance ». V. égal., D. Legeais, *op. cit.*, n° 119, relevant qu'une telle vente est difficile à réaliser et qu'on peut craindre que tout acquéreur ne soit animé d'une intention spéculative.

3. V. Com., 5 mars 1985, *Bull. civ.* IV, n° 86, pour un nantissement de marché privé ; 28 avr. 1987, *Bull. civ.* IV, n° 96, *D.* 1988. Somm. 73, obs. Derrida, également pour un nantissement de marché privé ; 19 janv. 1988, *Bull. civ.* IV, n° 43, à propos d'« une créance nantie au profit d'un crédit-bailleur immobilier » ; 6 janv. 1998, *Bull. civ.* IV, n° 9, s'agissant du solde d'un fonds de garantie.

4. V. Civ., 30 juin 1947, préc. Le procédé échappe à la prohibition du pacte commissoire si le mandat est révocable.

5. Le non-paiement de la créance garantie jouait le rôle de condition à laquelle est subordonnée la cession ou la délégation au créancier gagiste de la créance engagée (v. Derruppé, *Rép. com.*, *V° Nantissement des créances*, n° 14. M. Derruppé ajoutait qu'il n'y avait aucune raison d'appliquer à cette combinaison la prohibition du pacte commissoire).

6. Comp. à propos d'un plan d'épargne en actions : Civ. 1re, 15 nov. 2005, *JCP* 2006. I. 131, n° 16, et les obs.

constituant (art. 2366) : le créancier ne saurait en effet s'enrichir [1]. Ce procédé est assurément le plus simple, mais n'est sans doute pas opératoire après l'ouverture d'une procédure collective [2].

On notera que la loi nouvelle ne fait pas état de la vente judiciaire. Le législateur a bien compris que ce procédé n'avait, en la matière, pas vraiment de sens.

Malgré le même silence de la loi, on ne saurait cependant dire la même chose du droit de rétention. On pourrait s'en tenir à l'analyse classique qui ne reconnaît le droit de rétention que sur les biens corporels. D'un autre côté, il faut relever que l'article 2363 prévoit bien qu'après la notification du nantissement au débiteur de la créance nantie, « seul » le créancier nanti reçoit valablement paiement de cette créance : ce dernier est ainsi à même, par le canal d'une notification, de bloquer les droits du constituant et se trouve donc dans la situation d'un rétenteur pouvant opposer son droit à tous [3]. La jurisprudence n'est pas encore formée, mais on verra (*infra*, n° 683) qu'elle s'est indirectement montrée favorable à cette idée, laissant cependant entière la question de savoir si, une fois le paiement reçu, le créancier devrait restituer les sommes perçues au préjudice d'un créancier de rang préférable [4].

2. Règles spéciales : autres nantissements de créances

650 ***Diversité*** ◊ De même que le gage civil s'est diversifié, de même que le gage commercial s'est ramifié en plusieurs branches, de même, le nantissement de créance, qui est tantôt une sûreté civile, tantôt une sûreté commerciale, s'est divisé et connaît des applications particulières. L'idée est de donner aux créances spéciales des dispositions spéciales. Cette technique législative n'est pas mauvaise en soi, mais on peut craindre qu'à force de créer des règles appropriées à telle ou telle situation, le droit commun ne perde toute réalité et qu'avec lui disparaissent tous les points de repère.

De surcroît, la matière est difficile car on peut hésiter sur les bonnes catégories dès lors que le droit du nantissement de créance est en concurrence avec le droit du gage sur meubles corporels et que ce dernier a vocation

1. La solution vaut aussi bien pour le capital que pour les intérêts. Plus précisément, la loi prévoit aujourd'hui que les sommes payées au titre de la créance nantie s'imputent sur la créance garantie exigible, sans faire de distinction entre le capital et les intérêts. D'où la question de savoir si les parties pourraient prévoir une absence d'imputation pour les intérêts et permettre ainsi au créancier de conserver définitivement les intérêts. Si cette conservation était librement convenue à titre de clause pénale, on ne voit pas ce qui pourrait s'y opposer.

2. V. M.N. Jobard-Bachellier, M. Bourassin, V. Brémond, n° 1802.

3. En ce sens, A. Aynès, « La consécration légale des droits de rétention », *D.* 2006. 1301 ; MM. Cabrillac, Mouly et Pétel, n° 768.

4. V. Sur cette question, les observations pertinentes de MM. Aynès et Crocq, op. cit., n° 536. Comp. Mignot, « L'indisponibilité de la créance nantie : une pièce manquante essentielle dans le dispositif issu de l'ordonnance de 2006 », *RD banc. fin.* 2010. Étude 2.

à régir les nantissements de biens incorporels qui ne sont pas des créances. Ainsi une part sociale est-elle une créance (de l'associé sur la société), mais ce n'est peut-être pas uniquement une créance ; d'où son rattachement au nantissement de biens incorporels.

De plus, la question de savoir si les sûretés supposent ici une dépossession est délicate. La réponse ne va pas de soi, parce que précisément les biens sont incorporels et ne sont pratiquement plus incorporés dans des titres.

Il reste que même si le législateur a organisé un corps de règles pour les créances (art. 2356 à 2366), subsistent des dispositions spéciales régissant les nantissements de créances particulières, à l'exemple des créances professionnelles. Le nantissement dit Dailly (C. mon. fin. art. L. 313-23), à la différence de la cession dite Dailly (v. *infra*, n° 665), n'est cependant pas pratiqué. On n'en dira donc pas davantage, d'autant que l'on rencontre d'autres nantissements de créances particulières. C'est le cas des garanties sur sommes d'argent, du nantissement de compte et du nantissement d'un contrat d'assurance-vie

651 ***Sûretés sur sommes d'argent*** ◊ La pratique offre de très nombreux exemples de sûretés portant sur des espèces, des instruments de paiement [1] ou, plus généralement sur des sommes d'argent. Chacun connaît l'existence des dépôts de garantie : tel médecin voulant exercer dans une clinique se voit imposer de verser, avant le moindre commencement d'exécution, une somme d'argent en garantie de la bonne exécution des obligations auxquelles il s'engage ; tel locataire est tenu, avant de prendre possession des lieux, de donner « une caution » d'un mois, c'est-à-dire de signer un chèque, à titre de garantie, représentant un mois de loyer. Dans les deux cas, quelle que soit la dénomination employée par les parties, il s'agit bien pour un débiteur, ne le serait-il qu'en puissance, de remettre à son créancier une somme d'argent en garantie [2].

La pratique bancaire utilise aussi, sous les appellations les plus variées (compte bloqué, compte de garantie, provision...), le gage-espèces. L'expression est approximative, car la sûreté ne porte pas nécessairement sur des billets de banque ou de la monnaie métallique [3]. Elle désigne en

1. La pratique qui consiste à remettre à son créancier un chèque en lui demandant de pas l'encaisser (chèque « de garantie ») n'est pas clairement consacrée par la Cour de cassation qui affirme qu'un chèque est un instrument de paiement que le bénéficiaire peut encaisser « même dans le cas où il lui a été remis à titre de garantie » (Com., 17 nov. 1998, *Bull. civ.* IV, n° 269, *D.* 1999. Somm. 148, obs. M. Cabrillac, *RTD civ.* 1999. 156, obs. P. Crocq), ce qui n'est pas convaincant (*JCP* 1999. I. 158, n° 12) ; v. égal. Versailles 12 sept. 1997, *D. aff.* 1997. 1288. Comp. Com., 12 janv. 1993, *JCP* E 1993. II. 425, obs M. Cabrillac ; 22 juin 1993, *Bull. civ.* IV, n° 265. V. encore, M. Cabrillac, « Protection du consommateur et chèque de garantie », *Mélanges Calais-Auloy*, 207.

2. V. M. Cabrillac, « Les sûretés conventionnelles sur l'argent », *Mélanges Derruppé*, 333 s.

3. v. B. Poullain, « Le gage-espèces », *Dr. et patr.* juin 1996. 47 ; S. Alamovitch, « Le gage-espèces », *LPA* 26 août 1994, p. 4 ; D. Bureau, « Le gage-espèces : une sûreté atteignant sa maturité », *Dr. et patr.*, déc. 1999. 22 ; Cuniberti, « Le gage-espèces (de l'accession en matière mobilière) », *LPA* 5 nov. 1999, p. 5. ; depuis la réforme de 2006, v. *Dr. et patr.* sept. 2007. 71, D. Legeais, et 161, 77, S. Bros ; D.R. Martin, *D.* 2007. 2556.

réalité un gage sur une somme d'argent aux applications diverses. Tel banquier prélève, par exemple, sur ses bordereaux d'escompte une certaine somme pour garantir le remboursement de ce que peut lui devoir son client [1]. Tel autre, soucieux de couvrir ses créances, affectera en garantie les soldes des comptes qu'il tient [2].

Mais cette technique n'est pas propre aux banques : lorsqu'un maître de l'ouvrage opère une retenue de garantie, ne prend-il pas vis-à-vis de son débiteur virtuel, l'entrepreneur, une sûreté portant sur une somme d'argent ?

Précisément, il est au moins un point commun entre ces différentes garanties : c'est leur objet. Toutes trouvent leur expression dans l'affectation d'une somme d'argent [3] à un créancier dans la perspective d'un paiement préférentiel. Leur mécanisme, cependant, diffère, car tantôt, le créancier donne l'impression de se garantir de son propre chef : il retient une somme en garantie ; tantôt, le débiteur ou un tiers garant [4] se dépouille de lui-même de son bien et ne laisse aucun doute sur son accord à la constitution de la sûreté. Il n'est pas interdit de penser, en tout cas, que si des sommes d'argent sont en jeu, il est préférable de les utiliser pour payer une dette plutôt que pour en garantir le règlement. Sans doute est-ce pourquoi la jurisprudence présume parfois que la remise de la monnaie constitue un paiement anticipé et non une garantie [5].

Quoi qu'il en soit, ces rapprochements et ces divergences conduisent à analyser séparément les différentes sûretés sur des sommes d'argent, même si leurs caractères juridiques restent très proches.

652 ***Dépôts de garantie*** ◊ La jurisprudence classique analyse le dépôt de garantie comme un véritable gage. La chambre criminelle de la Cour de

---

1. V. Rives-Lange, *Les problèmes juridiques posés par l'opération d'escompte*, LGDJ, 1962, n° 196.

2. F. Grua et A. Viratelle, « L'affectation d'un crédit ou d'un dépôt en banque », *JCP* 1995. I. 3826, soulignant qu'il y a là une « forme moderne de sûreté ou de garantie ».

3. On réduit le plus souvent la somme d'argent à de la monnaie – bien corporel, consomptible et fongible. On assimile ainsi la créance à son objet, aux fonds auxquels elle donne droit ; *Cf.* Rives-Lange, « La monnaie scripturale », *Mélanges Cabrillac*, p. 405). On se gardera aussi de confondre les instruments monétaires qui sont en eux-mêmes des meubles corporels (chèques, billets, cartes, monnaie scripturale) et les créances qu'ils véhiculent, qui, le plus souvent, sont des créances contre les banques à raison des dépôts préalables effectués. Il faut admettre que la monnaie perd son caractère de bien corporel lorsqu'elle est scripturale. À défaut, tous les repères sont perdus, ce qui ne veut pas dire que les analyses suggérées soient sans intérêt ni même sans fondement.

4. V. Orléans, 4 oct. 2001, *JCP* 2002. I. 162, n° 17.

5. Com., 3 nov. 1970, *Bull. civ.* IV, n° 286 ; 28 juin 1983, *Bull. civ.* IV, n° 194. En cas de procédure collective, le risque est de voir considérer ce mode de paiement comme irrégulier (C. com. art. L. 632-1, 3) ; v. égal. Paris, 17 janv. 2002, *JCP* 2002. I. 162, n° 18 : l'« apport preneur » (gage-espèces, dans un crédit-bail) est affecté à la garantie de la parfaite exécution du contrat par le crédit-preneur et en particulier du paiement de toutes les sommes dues par celui-ci à titre notamment de loyers et d'indemnités de résiliation ; il ne constitue donc pas, à due concurrence, un mode de paiement de nature à pallier la défaillance du crédit-preneur, mais une garantie de paiement ; il ne fait pas obstacle à ce que le crédit-bailleur se prévale, en cas d'impayés, de l'application de la clause résolutoire du contrat.

cassation a décidé, à de nombreuses reprises, que le versement par une personne d'une somme destinée à garantir l'exécution de ses obligations réunissait les « éléments essentiels » du contrat de nantissement, à savoir la remise d'une chose au créancier et la détention de la chose par le créancier pour sûreté de la dette, « but principal de ce genre de contrat [1] ». Cette même chambre a souvent ajouté que la présence de clauses accessoires, relatives au paiement des intérêts des sommes versées et au délai de remboursement, ne modifiait pas les caractères de ce contrat. Mais cette formation a toujours refusé de voir dans ce contrat autre chose qu'un gage et qualifié, dans ces conditions, le refus de restitution d'abus de confiance.

La jurisprudence fiscale est dans le même sens, car elle ne considère pas les sommes reçues en garantie comme des recettes [2]. Elle admet corrélativement que le dépôt devient déductible des revenus du débiteur, dès lors que son remboursement n'est plus possible.

Apparemment, cette analyse n'est pas partagée par la chambre civile de la Cour de cassation. Pour celle-ci en effet, « si le gage constitué par le débiteur consiste en une somme d'argent, cette somme est affectée immédiatement à l'extinction de la créance que la sûreté garantissait, la créance ne fût-elle devenue exigible qu'après la mise en faillite du débiteur » [3]. C'est reconnaître que le créancier devient propriétaire (sous condition résolutoire du paiement à intervenir) dès la constitution de la garantie et se trouve déchargé de l'obligation de restituer lorsque le débiteur ne remplit pas ses obligations et n'assure pas le paiement qui lui incombe.

En réalité, cette solution ne traduit que l'originalité du gage sur une somme d'argent. La sûreté reste un gage, malgré le transfert de propriété dont bénéficie le créancier, car ce transfert n'est pas de l'essence de la convention – il ne s'agit pas d'un transfert fiduciaire –, mais résulte simplement de la nature des choses et plus précisément de la nature de l'objet de la convention [4]. Avant la réforme des sûretés de 2006, la jurisprudence l'avait reconnu en assurant à ce type de sûreté un régime assez souple qui permettait au créancier gagiste de déroger aux dispositions de l'article 2078 (anc.) en prévoyant une attribution en pleine propriété de la somme d'argent ou, encore et plus sûrement, d'être payé par compensation [5], sans que

---

1. Crim., 9 juill. 1953, *D.* 1953. 556 ; dans le même sens, Crim., 29 nov. 1866, *DP* 1867. 1. 43 ; 14 mai 1875, *DP* 1876. 1. 45 ; 12 déc. 1890, *DP* 1891. 1. 325 ; 20 avr. 1901, *S.* 1905. 1. 197 ; 31 janv. 1935, *DH* 1935. 134 ; 20 mai 1937, *DH* 1937. 429.

2. CE 23 juin 1986, *Dr fisc.* 1986, n° 47, 48, *RF compt.* mars 1987. 177, p. 20 s., obs. Louit.

3. Civ., 16 juin 1936, *DH* 1936. 411, *RTD civ.* 1936. 884, obs. Solus.

4. Le même phénomène se produit pour le prêt ou le dépôt lorsqu'il porte sur une somme d'argent : le contrat est bien translatif de propriété, mais par accident et non par essence. *Contra*, F. Leduc, « Le gage translatif de propriété, mythe ou réalité ? », *RTD civ.* 1995. 307.

5. La dette de restitution (saisissable par les créanciers du constituant, Paris, 4 sept. 2001, *JCP* 2002. I. 120, n° 10) se compense avec la créance garantie, étant entendu que par convention les parties précisent que le bénéficiaire de la garantie est dispensé de sa dette de restitution en cas de non paiement à l'échéance par le constituant. La compensation est conventionnelle et non légale, et se réalise dès l'instant que la créance garantie est exigible. Rappr. Civ., 12 nov. 1924, *DP* 1926. 1. 101 ; Req., 7 févr. 1928, *D.* 1929. 1. 70, note Besson. V. plus récemment, Com., l'on puisse lui opposer la nullité du pacte commissoire [1], et de constituer sa sûreté sans respecter les formalités de l'article 2075 (anc.).

Depuis la réforme des sûretés, les solutions demeurent et reçoivent même une consécration. Le gage espèces est en effet un gage avec dépossession ayant pour objet des choses fongibles (art. 2341). Dans ces conditions, le créancier a l'obligation de tenir les « espèces » reçues du constituant séparées des choses de même nature qui lui appartiennent. Mais rien ne s'oppose à ce que les parties dispensent le créancier d'une telle obligation, auquel cas le créancier acquiert la propriété des « espèces » gagées, à charge pour lui de restituer la même quantité de choses équivalentes. La contrepartie est un certain formalisme, car ce type de gage n'est valable que dans la mesure où il est constitué par écrit. Il ne peut par ailleurs se dénouer que dans les conditions prévues pour le gage de droit commun : vente – impraticable en l'occurrence – et attribution judiciaire ou conventionnelle en pleine propriété.

652-1 ***Retenues de garantie*** ◊ Les retenues de garantie pratiquées par les banques en garantie de leurs propres créances sont aussi des gages sur sommes d'argent. Bien entendu, le banquier n'immobilise pas l'argent de son client dans un coffre. Il conserve seulement l'équivalent pour l'inscrire au crédit d'un compte spécial [2]. La monnaie est ici virée de compte à compte, exactement comme un bien corporel peut être transmis de la main à la main. Cette somme peut du reste faire l'objet d'une donation manuelle. Elle peut donc faire aussi l'objet d'un gage. La dépossession se réalise ici par le transfert sur un compte spécial. Dans ces conditions, tout

---

17 mai 1994, *Bull. civ.* IV, n° 178, *D.* 1995. 174, note C. Larroumet : « dès l'instant de leur remise à C... (créancier-bailleur), les sommes déposées à titre de garantie de l'exécution de ses obligations par le locataire (débiteur) sont devenues, en raison de leur nature fongible, la propriété de C. à l'égard de qui le locataire ne disposait plus que d'un droit de créance », la créance du bailleur et celle du locataire s'éteignant par voie de compensation. L'arrêt ne conclut pas à l'existence d'une fiducie, mais précise bien que le transfert de propriété se réalise à raison de la nature du bien objet du gage. Comp. plus favorable au transfert fiduciaire, Com., 3 juin 1997, *Bull. civ.* IV, n° 165, *JCP* 1997. II. 22891, Rapport J.P. Rémery, *D.* 1998. 61, note J. François. Somm. 104, obs. Piédelièvre : « la créance de la banque, garantie par un gage espèces, étant devenue certaine, liquide et exigible au plus tard à la date du jugement ordonnant l'attribution judiciaire du gage et les actes constitutifs de la sûreté dispensant le gagiste de son obligation de restituer les sommes d'argent dont la propriété lui avait été transférée à titre de garantie, en cas de non-paiement, cette créance s'est trouvée éteinte, dès avant l'ouverture de la procédure collective du débiteur, par voie de compensation conventionnelle avec la dette de restitution. La créance de la banque n'ayant donc pas à être déclarée au passif, c'est à bon droit que la cour d'appel a confirmé le jugement attribuant au créancier le gage en numéraire ». En faveur de la qualification de gage d'une sûreté ayant pour objet le solde d'un prix : Nancy, 28 nov. 2007, *JCP* 2008. I. 211, n° 18.

1. Com., 9 avr. 1996, *Bull. civ.* IV, n° 116, *D.* 1996. 399, note Ch. Larroumet, *RTD civ.* 1996. 669, obs. P. Crocq : « l'article 2078 du Code civil ne prohibe pas la stipulation d'attribution d'un gage constitué en espèces par le créancier, à due concurrence du défaut de paiement à échéance » ; v. égal. 9 mai 2001, *JCP* 2001. I. 356, n° 16 ; 4 févr. 2003, *D.* 2003. 1361 ; Montpellier 19 févr. 2008, *JurisData* n° 361565

2. V. Paris 15e ch., sect. B, 22 févr. 2002, *JurisData* n° 187251.

se passe comme si un gage classique était constitué. Il s'établit sans formalité particulière, si ce n'est la rédaction d'un écrit [1], car la dépossession du débiteur résulte tout simplement de l'inscription en compte. De surcroît, il est permis de penser que le banquier, créancier gagiste, acquiert la propriété de l'argent qui lui a été remis, directement ou indirectement, soit avec la charge d'en restituer une quantité égale si l'opération se dénoue heureusement, soit avec le droit de se l'approprier, par compensation, pour dettes connexes, dans l'hypothèse inverse [2].

653 ***Nantissement de compte*** ◊ Ce qui vaut pour les retenues de garantie vaut également pour le nantissement des sommes inscrites au crédit des comptes bancaires, bien qu'il s'agisse, dans ce dernier cas, d'affecter en garantie des créances seulement déterminables [3]. En autorisant son banquier à prélever certaines sommes sur son compte ou en s'engageant à maintenir en faveur de son banquier un solde positif sur son compte, le titulaire du compte, débiteur, affecte la créance (en restitution) qu'il a contre son banquier en garantie de sa dette vis-à-vis de celui-ci. Les formalités du nantissement de créance, hier totalement inappropriées [4], sont aujourd'hui simples et adaptées : elles supposent la rédaction d'un écrit comportant une date, conditionnant l'opposabilité aux tiers, et faisant intervenir le banquier en tant que créancier et débiteur de la créance nantie (art. 2362). Ses droits en tant que créancier nanti sont toujours particulièrement efficaces, compte tenu du mécanisme de compensation qui peut jouer entre la créance garantie et la dette de restitution [5], dont au demeurant les parties peuvent librement convenir.

Il se peut également que le solde créditeur du compte soit offert en garantie de la créance d'un tiers. Dans ce cas de figure, différent des précédents, le banquier joue le rôle d'un tiers convenu entre les mains duquel

---

1. Rappr. l'art. 832, al. 3, anc. C. pr. civ., qui précise que le surenchérisseur qui donnerait un « nantissement en argent » doit rédiger un acte constatant la réalisation de ce nantissement.

2. Com. 6 févr. 2007, *RTD civ.* 2007. 373, obs. Crocq, *JCP* 2007. I. 212, n° 20, relevant que l'acte donnait au créancier l'autorisation de prélever à tout moment les intérêts et capitaux des sommes nanties afin de régulariser le règlement des créances à la banque, ajoutant que la cour d'appel avait pu déduire qu'avait été transférée à la banque la propriété des sommes nanties et concluant implicitement que le nantissement portait sur un gage espèces et non sur une créance de restitution. Rappr. T. com. Paris 24 sept. 1984, *RD bancaire et bourse* 1987, n° 1, p. 8, qui considère que le créancier est protégé par un droit de rétention, ce qui n'est pas faux, car le banquier titulaire du compte sur lequel la créance est virée a la maîtrise de ce compte et a la possibilité de le bloquer.

3. V. H. Synvet, « Le nantissement de compte », *Dr. et patr.* 2007, n° 161, p. 62 s. Sur la loi applicable, loi du lieu où le compte réceptacle de la créance nantie est tenu, v. Paris 10 mai 2007, *JCP* 2007. I. 212, n° 21.

4. V. D. Martin, « Des techniques d'affectation en garantie des soldes de comptes bancaires », *D.* 1987. Chron. 229, n° 14. Selon cet auteur, le solde créditeur d'un compte bancaire est un droit de propriété du titulaire du compte sur ses avoirs. Le nantissement serait donc un gage.

5. La compensation produit un résultat équivalent à la rétention et s'applique mieux à la situation dès lors que l'objet de la sûreté est une créance.

le nantissement est constitué. La condition de dessaisissement est bien réalisée, dans la mesure où les formalités de la notification par le créancier de l'opération au banquier, débiteur du constituant, sont accomplies. Les droits du créancier nanti sont cependant moins efficaces que dans les hypothèses antérieures. Faute de réciprocité entre les créances et les dettes, il est difficile de concevoir un règlement par compensation. Le créancier peut néanmoins se prévaloir des dispositions de l'article 2365 C. civ. Le plus simple est de convenir d'une délégation pour assurer un paiement à la fois rapide et sûr.

Depuis, la réforme des sûretés, l'assiette d'une telle garantie ne souffre plus de difficulté. Il est dit (art. 2360) que la créance nantie s'entend du solde créditeur, provisoire ou définitif, au jour de la réalisation de la sûreté, selon les modalités prévues par les procédures civiles d'exécution (v. L. 1991, art. 47). L'article 2360 renvoie au régime du nantissement et suppose bien entendu que le compte, ouvert au nom du constituant, ne soit pas bloqué. De plus, en cas de procédure collective frappant le constituant, les droits du créancier nanti portent sur le solde du compte à la date du jugement d'ouverture (art. 2360, al. 2).

654 ***Marchés de travaux*** ◊ Le maître de l'ouvrage qui, dans un contrat d'entreprise, recourt à la technique de la retenue de garantie, ne dispose sans doute pas de la même liberté que le banquier. Ce créancier doit, en effet, respecter les dispositions de la loi du 16 juillet 1971 dont l'objet est, précisément, de réglementer les retenues de garanties en matière de marchés de travaux définis par l'article 1779-3 du Code civil [1]. Ce texte assure, d'un côté, la protection du maître de l'ouvrage en lui laissant la faculté d'opérer une retenue (qui ne doit pas dépasser 5 % du montant des travaux) sur le paiement des acomptes dus pour garantir ses créances éventuelles ou futures en malfaçons [2] contre l'entrepreneur, mais préserve, d'un autre côté, les intérêts de celui-ci ; l'entrepreneur, en effet, est protégé par la consignation que doit faire le maître de l'ouvrage d'une somme équivalente à la retenue, et peut même s'épargner le jeu de toute retenue en fournissant une caution solidaire et personnelle pour un montant égal [3].

La loi de 1971 prévoit encore que les sommes consignées sont versées à l'entrepreneur, lorsque les réserves ont été satisfaites et, de toute façon, à l'expiration d'un délai d'un an à compter de la réception de l'ouvrage, sauf opposition justifiée du maître [4]. À l'inverse, lorsque l'entrepreneur se refuse à réparer les malfaçons, les sommes retenues doivent être débloquées, à due concurrence, au profit du maître.

---

1. La réglementation en matière de marchés publics est comparable, v. C. marchés publics art. 99, mod. ; CE, 31 juill. 1992, *D.* 1993. Somm. 201, obs. Terneyre.
2. La retenue de garantie ne couvre cependant pas tous les chefs de préjudice procédant de la mauvaise exécution du contrat, Civ. 3ᵉ, 26 févr. 1992, *Bull. civ.* III, n° 63.
3. Il ne peut s'agir que d'un cautionnement et non d'une garantie à première demande, v. Com., 11 déc. 1985, *Bull. civ.* IV, n° 293.
4. V. Civ. 3ᵉ, 13 avr. 1988, *Bull. civ.* III, n° 71. Le règlement peut faire l'objet d'un référé-provision, Civ. 3ᵉ, 8 juill. 1992, *Bull. civ.* III, n° 240.

Ce mécanisme s'apparente à un nantissement sur une somme d'argent constitué [1] à la fois au profit du maître de l'ouvrage pour garantir la réparation des vices éventuels du marché et au bénéfice de l'entrepreneur pour lui garantir le retour des sommes retenues au cas où le marché ne comporterait aucune défectuosité. Cette filiation avec le droit du nantissement devrait permettre au maître de conserver les fonds, encore une fois par compensation, dans l'hypothèse où l'entrepreneur ferait l'objet d'une procédure collective [2].

655 ***Nantissement de polices d'assurance-vie*** ◇ L'assurance-vie, en tant qu'instrument d'épargne, a pris ces dernières années un essor considérable [3]. Les valeurs en jeu sont particulièrement importantes. Il n'est donc pas étonnant que les polices soient de plus en plus affectées en garantie du remboursement de prêts bancaires [4]. La mise en gage du contrat d'assurance-vie est expressément prévue par le Code des assurances (art. L. 132-10, mod. Ord. 23 mars 2006 et L. 2007-1775, 17 déc. 2007).

Un temps, si la police était à ordre le nantissement se réalisait par voie d'endossement : étaient mentionnés sur le contrat l'indication du bénéficiaire (le créancier), l'objet de la garantie, la date de l'endos et la signature du constituant.

Si la police était nominative, le gage pouvait être établi par un avenant à la police, établi entre le souscripteur, le créancier et l'assureur, l'acte devant être enregistré pour lui conférer date certaine.

Aujourd'hui, la situation est beaucoup plus simple, car il n'est plus question de recourir à l'endossement. Les nouveaux textes renvoient au droit commun, ce qui signifie que le régime du nantissement de polices d'assurance-vie se décalque, sous réserve de dispositions spécifiques, sur celui du

1. Par entiercement entre les mains d'un séquestre ; mais aucune autre formalité n'est nécessaire : la loi de 1971 protège suffisamment les parties.

2. *Contra*, Civ. 3e, 25 nov. 1987, *Bull. civ.* III, n° 197 : « la consignation des sommes correspondant aux retenues de garantie... s'analyse en une convention de séquestre, qui n'entraîne pas le transfert de la propriété des fonds déposés dans le patrimoine du maître et ne confère pas à celui-ci un droit de gage opposable aux tiers ». Comp. G. Blanc, Approche fonctionnelle de la nature juridique de la retenue de garantie dans les marchés privés d'entreprise, *JCP* E 1985. II. 14478, n° 31, assimilant la retenue de garantie « à un mécanisme proche de la saisie-arrêt sur soi-même » (on parlerait aujourd'hui de saisie-attribution ou de saisie-conservatoire sur soi-même).

3. V. N. Leblond, *Assurances et sûretés*, thèse Paris II, 2007, n° 409 s.

4. V. Flour, « La mise en gage des polices d'assurance sur la vie », *RGAT* 1932. 721 s. ; Robert, « La mise en gage des polices d'assurance sur la vie », in *Le gage commercial*, Hamel, p. 604 ; MM. Gourio, Bertout et Potiez, « L'utilisation du contrat d'assurance-vie comme instrument de garantie des prêts », *RD banc.* suppl. nov.-déc. 1994 ; S. Hamoudi, « Utilisation d'un contrat d'assurance-vie en garantie d'une créance », *RGDA* 1997. 697 ; S. Hovasse-Banget, « La fonction de garantie de l'assurance-vie, *Defrénois* 1998, 81 ; F. Lucet, Les garanties sur contrat d'assurance-vie, *Defrénois* 1999, 705. Sur la compatibilité de ce nantissement avec la réglementation boursière sur les couvertures, Com. 12 juill. 2011, *D.* 2011. 2109, obs. Delpech. La garantie relève des sûretés réelles et échappe aux prescriptions de l'art. L. 313-22 C. mon. fin. : Paris 26 nov. 1999, *JurisData*, n° 108805. Sur la responsabilité du rédacteur de l'acte : v. Com. 14 févr. 2006, *JCP* 2006. I. 131, n° 17.

nantissement de créance (C. civ., art. 2355 à 2356) [1]. Dans ces conditions, l'accord intervenu entre le créancier et le débiteur (le banquier et le souscripteur) doit être notifié à l'assureur [2]. Par ailleurs, lorsque le contrat a été souscrit sur la tête d'un tiers, il faut en tenir compte. L'article L. 132-10 précise à cet égard que :

- quand l'acceptation du bénéficiaire est antérieure au nantissement, ce dernier est subordonné à l'accord du bénéficiaire ;
- quand l'acceptation est postérieure au nantissement, celle-ci est sans effet à l'égard du créancier nanti.

Autrement dit, le nantissement est conditionné à l'autorisation du bénéficiaire acceptant, ce qui restreint très sensiblement les prérogatives du constituant et réduit ses possibilités de mobilisation de son épargne [3]

Dans la mesure où la sûreté peut être considérée comme une sûreté avec dessaisissement, la question des pouvoirs du constituant sur les biens et droits formant l'assiette de la sûreté se pose. On sait en effet que la dépossession fait perdre au constituant une partie de ses prérogatives sur la chose donnée en gage, sans pour autant les conférer au créancier nanti en sa qualité de dépositaire : le constituant a le pouvoir de garder et de conserver la chose, mais n'a pas le pouvoir de l'utiliser ni de l'administrer [4]. Le créancier nanti ne peut donc s'opposer aux arbitrages du souscripteur, mais les parties peuvent parfaitement convenir du contraire.

La mise en œuvre de la sûreté obéit également aux dispositions générales du nantissement de créance.

Le créancier n'en retire qu'un intérêt relatif. Aussi prend-il, le plus souvent, la précaution d'obtenir en sa faveur une délégation. L'assureur est ainsi délégué par le souscripteur délégant et le banquier délégataire est particulièrement bien protégé [5].

À défaut, les droits du créancier s'apprécient différemment selon que la créance garantie est exigible avant ou après le terme de la police. Dans ce dernier cas, le créancier devra sans doute consigner une somme correspondant à la créance garantie jusqu'à son exigibilité (art. 2364) ; mais l'hypothèse est rare, le créancier n'ayant pas manqué de stipuler une clause d'exigibilité anticipée.

---

1. La sûreté peut être donnée en garantie d'une créance future, v. Pau 16 févr. 2010, *JurisData* n° 009696.
2. C. civ. art. 2362, al. 1 ; avant la réforme : Rennes 21 oct. 1998, *JCP* 1999. I. 158, n° 14.
3. V. N. Leblond, « Le nantissement d'assurance vie réformé en catimini », *RCA* 2008. 3.
4. Civ. 1re, 12 juill. 2005, *D.* 2005. 2142, note X. Delpech, *JCP* 2005. I. 185, n° 17
5. Paris 27 oct. 1998, *JCP* 1999. I. 116, n° 15 s. ; et sur pourvoi : Civ. 1re, 4 déc. 2001, *Bull. civ.* I, n° 300, *D.* 2002. 2980, note S. Bros : « l'acte de nantissement stipulant une délégation de la faculté de rachat attachée au contrat d'assurance au bénéfice du créancier gagiste, la cour d'appel a à bon droit admis ce créancier à exercer cette faculté dont le souscripteur du contrat est libre de disposer en considération de ses intérêts, notamment comme instrument de crédit, et dont la mise en œuvre n'est constitutive ni d'appropriation ni de disposition du gage au sens de l'article 2078 C. civ. » ; égal. Civ. 1re, 28 févr. 2006, *Bull. civ.* I, n° 102.

Dans le premier cas, lorsque l'échéance de la créance garantie survient avant celle de la police, la question essentielle est de savoir si le créancier peut exercer les mêmes prérogatives que le souscripteur et spécialement exercer la faculté de rachat, *i.e.* résilier unilatéralement la police et obtenir le paiement de ce que l'on appelle la provision mathématique, c'est-à-dire les sommes dues, d'après la technique de l'assurance-vie, par l'assureur. On a pu se demander si, ce faisant, l'assureur n'enfreignait pas la prohibition du pacte commissoire. La pratique des assurances n'avait pas ce scrupule.

Depuis les réformes récentes, « le créancier nanti peut provoquer le rachat nonobstant l'acceptation du bénéficiaire » (art. L. 132-10), cette prérogative pouvant être exercée même lorsque le nantissement a été constitué après l'acceptation du bénéficiaire [1]. Il est permis d'en déduire que le créancier est *ipso facto* investi du droit d'exercer lui-même le rachat. [2] Cet exercice doit être compris comme un mode de réalisation simplifiée des droits du créancier nanti [3]. Si la faculté de rachat est ainsi transmise au créancier, elle ne devrait pas pour autant devenir librement saisissable par un tiers [4].

656 ***Assurance-décès et autre*** ◊ L'assurance, en tant que garantie, connaît d'autres applications. L'une d'elles est particulièrement en essor : *l'assurance-décès-invalidité-incapacité de travail*. Elle ne manque pas d'intérêt, ne serait-ce qu'en raison des analogies qu'elle présente avec le nantissement de créance. Il n'est pas rare, aujourd'hui, que des assurances-groupe [5] accompagnent la conclusion de prêts bancaires, quelle que soit du reste la destination du prêt, professionnelle ou personnelle. Ce type d'assurance [6] est incontestablement conçu comme une garantie pour la banque, le risque couvert n'étant cependant pas celui de l'insolvabilité, mais celui du décès, du chômage ou de l'invalidité. De fait, le banquier prêteur souscrit, avant d'accorder son concours financier, une police contre les risques de décès, d'invalidité, ou encore de chômage, pouvant frapper son client, c'est-à-dire contre des événements de nature à compromettre le remboursement à l'échéance. Puis, il offre à son client, ou exige de lui, d'adhérer à l'assurance ainsi souscrite. Ce dernier réglera les primes en même temps qu'il paiera ses mensualités [7] et, si le sinistre se réalise, le capital sera affecté à due concurrence au remboursement du crédit.

---

1. En ce sens, N. Leblond, art. préc., n° 12.
2. N. Leblond, art préc., n° 14
3. V. Paris 10 juin 2010, *JCP* 2011. 226, n° 18.
4. Civ. 1re, 28 avr. 1998, *Bull. civ.* I, n° 153 ; S. Hovasse-Banget, *Defrénois* 1998. 36837.
5. V. Pauffin de Saint Morel, « L'assurance de groupe », *D.* 1977. Chron. 67 ; J. Landel, « L'assurance de groupe à la lumière de la jurisprudence récente », *RGAT* 1993. 9.
6. V. J. Kullmann, « Actualité de l'assurance de groupe des emprunteurs », *LPA* 17 juin 1998, 45 ; V. Nicolas, « L'assurance-perte d'emploi ou la nébuleuse pour l'assuré-consommateur », *CCC* 1995. 8. Les deux contrats – prêt et assurance – ne sont pas indivisibles, Civ. 1re, 18 janv. 2000, *D.* 2001. IR 41.
7. Le coût des primes d'assurances doit être intégré dans le taux effectif global du prêt (v. Crim., 12 oct. 1976, *Bull. crim.*, n° 288, *RTD com.* 1977. 144, obs. Cabrillac et Rives-Lange). C'est

Ce système n'a rien de commun avec l'assurance-vie. On l'a justement soustrait à la règle du paiement facultatif de la prime [1] et soumis à la possibilité de résiliation annuelle [2]. Il s'agit bien d'une forme de garantie [3]. Faut-il, pour autant, voir dans l'assurance-décès-invalidité une véritable sûreté réelle, sinon personnelle ?

La difficulté provient de ce que la garantie bénéficie à la fois au créancier – le banquier – et à son débiteur – l'emprunteur – sur lequel pèse le risque assuré [4]. La jurisprudence est également ambiguë lorsqu'elle condamne le banquier prêteur et créancier lorsqu'il n'attire pas suffisamment l'attention de l'assuré – mise en garde oblige – sur les conditions de la garantie [5]. Cette dernière solution n'est pas incompatible avec l'idée selon laquelle l'assurance serait une sûreté, couvrant les risques non directement d'insolvabilité mais de changements affectant la personne du débiteur et donc indirectement d'insolvabilité, pour le banquier. Sa responsabilité qui se traduit concrètement par l'impossibilité d'agir contre son débiteur (l'emprunteur), peut se justifier par le fait qu'il n'a pas fait le nécessaire pour que celui-ci soit bien assuré, c'est-à-dire par le fait de n'avoir pas pris une bonne sûreté. Du reste, l'assurance n'est-elle pas érigée, au même titre qu'une hypothèque ou un gage, en une condition d'octroi du prêt [6] ?

Si le bénéficiaire d'une telle assurance est l'emprunteur, on conviendra que le mécanisme est proche d'un nantissement de créance. En prenant la qualité d'assuré, comme le lui impose le banquier, l'emprunteur devient un créancier potentiel de la compagnie d'assurance et donne cette créance

---

en réalité l'organisme prêteur, qui, en tant que souscripteur, doit payer les primes, à charge pour lui, moyennant prélèvement d'un certain pourcentage, d'en répercuter le coût sur l'emprunteur (rappr. Civ. 1re, 24 janv. 1995, *Bull. civ.* I, n° 44). Cette dernière créance du prêteur contre l'emprunteur relève du droit commun et non du droit des assurances.

1. Civ. 1re, 1er déc. 1981, *Defrénois* 1982. 1320, obs. Aubert.

2. Civ. 1re, 7 juill. 1987, *D.* 1988. Somm. 158, obs. Berr.

3. Ainsi, la caution peut-elle invoquer la décharge prévue à l'article 2314 (v. *supra*, nos 263 s.) si le créancier par elle garanti en a laissé perdre le bénéfice (v. Civ. 1re, 18 oct. 1978, *D.* 1979. IR 190, obs. Berr et Groutel). Si la caution *solvens* peut se retourner contre l'assureur, si la prescription n'est pas acquise, l'inverse est sans doute impossible. Sur le choix que le banquier a d'agir contre la caution ou de mettre en œuvre le système d'assurance, v. Civ. 1re, 30 mars 1994, *Bull. civ.* I, n° 122 ; v. égal. Civ. 1re, 3 mai 1995, *Bull. civ.* I, n° 187, *Defrénois* 1995. 1055 et les obs.

4. Une autre difficulté se présente lorsqu'il y a deux co-emprunteurs, mais que l'assurance a été souscrite par un seul d'entre eux. Jugé que, sauf convention contraire, lorsque le souscripteur d'un emprunt destiné à l'acquisition d'un bien indivis a adhéré à une assurance garantissant le remboursement du prêt, la mise en œuvre de l'assurance à la suite de la survenance d'un sinistre a pour effet, dans les rapports entre les acquéreurs indivis, d'éteindre à due concurrence du montant de la prestation de l'assureur, la dette de contribution incombant à l'assuré concerné, Civ. 1re, 15 déc. 2010, n° 09-16.693.

5. V. notamment, Ass. plén. 2 mars 2007, *D.* 2007. 985 ; égal., Civ. 2e, 2 oct. 2008, n° 07-16.018 : le banquier qui propose à son client auquel il consent un prêt d'adhérer au contrat d'assurance de groupe souscrit pour garantir l'exécution de tout ou partie de ses engagements est tenu de l'éclairer sur l'adéquation des risques couverts à sa situation personnelle d'emprunteur. Plus généralement, v. N. Leblond, *Assurance et sûretés*, thèse préc.

6. V. C. consom. art. L. 312-9 – texte, au demeurant, édicté dans le seul intérêt de l'adhérent-emprunteur : Civ. 1re, 11 juin 2003, *Bull. civ.* I, n° 140.

future en nantissement à son banquier. Les indemnités que l'emprunteur est appelé à recevoir se trouvent ainsi nanties en faveur du prêteur [1].

Si au contraire, le bénéficiaire de l'assurance est le prêteur, ce qui paraît plus exact [2], la garantie s'apparente davantage à une sûreté personnelle fournie par le débiteur (l'emprunteur) au créancier (l'organisme prêteur) [3].

657 ***Fonds de garantie*** ◊ Il est une dernière technique, encore plus complexe, qui combine dépôt et retenue de garantie, c'est celle des fonds de garantie (v. égal. *supra*, n° 372). La pratique est répandue pour certains crédits spécialisés auxquels recourent toute une série d'emprunteurs présentant les mêmes caractéristiques. Les créanciers vont inclure dans le contrat de crédit qu'ils proposent une clause prévoyant, suivant des modalités diverses, soit qu'une somme égale à 2 ou 3 % voire 5 % de la somme empruntée sera versée par l'emprunteur à un fonds de garantie, constitué ou non en organisme indépendant, soit qu'une somme d'un montant égal sera retenue sur la somme prêtée avant d'être, dans ces conditions identiques affectée, au fonds. Si, par la suite, l'emprunteur paye régulièrement ce qu'il doit, la somme versée ou retenue lui sera remboursée sans déduction des frais et des sommes correspondant aux risques mutualisés [4], six mois ou un an après la dernière échéance. Si, au contraire, l'emprunteur est défaillant, le fonds se substituera à lui, c'est-à-dire que le créancier se paiera sur les sommes affectées au fonds. Les autres emprunteurs, s'ils sont à leur tour défaillants, risqueront, puisque le fonds a déjà été amputé, de supporter personnellement une partie de leurs dettes, et, s'ils respectent au contraire leurs obligations, ne seront pas certains d'obtenir le remboursement de la somme qu'ils ont versée au fonds de garantie. Du moins seront-ils exposés à cet aléa.

---

1. *Contra*, Com. 12 juin 2001, *Bull. civ.* IV, n° 115, *JCP* 2002. I. 109, n° 9, obs. crit. M.C.

2. Rappr. en matière de récompense, Civ. 1re, 1er déc. 1987, *Bull. civ.* I, n° 315, *Defrénois* 1988.538, obs. Champenois.

3. La jurisprudence, quant à elle, semble favorable à la première analyse en voyant dans le mécanisme une stipulation pour autrui, v. Civ. 1re, 14 nov. 1995, *Bull. civ.* I, n° 404, *D.* 1996. 436, note Billau, *Defrénois* 1996. 750 et les obs., *RTD civ.* 1997. 122, obs. Mestre, *RGDA* 1996. 410, note Kullmann ; égal : 5 déc. 1978, *D.* 1979. 401, note Berr et Groutel ; 26 avr. 1983, *Bull. civ.* I, n° 129 ; 7 juin 1989, *Defrénois* 1989. 1057, obs. Aubert ; 12 mars 2002, *Bull. civ.* I, n° 82, *Defrénois* 2003. 446, obs. Sénéchal. L'intérêt du mécanisme est d'interdire aux stipulant et promettant de modifier les conditions de la garantie une fois l'acceptation du bénéficiaire donnée. V. égal. les solutions du droit fiscal selon lesquelles les indemnités d'assurance versées en cas de réalisation du risque, doivent être comprises dans les résultats de l'emprunteur, v. Laroche, obs. *Banque* 1988. 827 ; Jadaud, obs. *Dr. et patr.* nov. 1993. 32 ; v. encore Civ. 1re, 22 mai 2008, *D.* 2008. 1954, note D.R. Martin, *JCP* 2008. II. 10133, note Sériaux, observant que l'adhésion au contrat d'assurance de groupe est une conséquence d'une stipulation pour autrui, tout en créant entre l'adhérent et l'assureur qui l'agrée, un lien contractuel direct de nature synallagmatique ; le souscripteur est un tiers par rapport au contrat d'assurance liant l'assureur à l'adhérent, Com. 13 avr. 2010, D. 2010. 1208, obs. Delpech.

4. Il n'y a dans le mécanisme aucune clause abusive, v. Civ. 1re, 26 mai 1993, *D.* 1994. Somm. 12 et 568, note Paisant.

Ce système, bien qu'il repose sur une certaine mutualisation des risques, ne constitue pas une assurance. L'emprunteur défaillant ne pourrait, en effet, prétendre qu'en adhérant au fonds il a acquis un droit direct contre cet organisme [1]. Le mécanisme est conçu en faveur des établissements de crédit créanciers et en leur faveur. Les emprunteurs sont considérés uniquement comme des débiteurs, fournisseurs d'une sûreté. Le fonds de garantie est en somme le réceptacle des créances que les emprunteurs donnent en nantissement à leurs créanciers. Les sommes affectées sont nanties à la sûreté de tous les crédits consentis [2]. De véritables nantissements de créances seraient donc constitués à travers le mécanisme des fonds de garantie. L'analyse a l'avantage d'assurer une excellente protection aux créanciers grâce à la compensation qui s'opère, dans un nantissement sur somme d'argent, entre la créance garantie et la créance nantie (*supra*, n° 552). Cette compensation n'est cependant concevable que dans la mesure où le fonds de garantie est à la fois organisme prêteur et organisme gestionnaire des créances nanties. En tout cas, le système est assez ingénieux de la part des établissements de crédit qui, par ce type de combinaison, reprennent d'une main ce qu'elles donnent de l'autre.

Il n'est pas interdit, cependant, de suggérer une autre voie, peut-être plus conforme à la réalité. On peut voir en effet dans l'opération un véritable cautionnement. La plupart des fonds de garantie sont spécialisés et ont un domaine d'activité bien déterminé [3]. Leur gestion est, le plus souvent, assurée par un organisme indépendant [4]. Autrement dit, les fonds de garantie ne sont pas, contrairement aux fonds de placement par exemple, de simples copropriétés : ils sont personnalisés. Dans ces conditions, on peut considérer que ces fonds, ou plus exactement les organismes qui les administrent, sont de véritables cautions. Les emprunteurs sont les débiteurs qui fournissent ce cautionnement et qui l'alimentent, l'abondent par une contribution au capital de l'organisme gestionnaire. Les établissements de crédit en sont les bénéficiaires. Au total, le système est très proche du cautionnement mutuel [5].

C'est en tout cas la technique du cautionnement auquel le législateur a eu recours dans la loi du 25 juin 1999 relative à l'épargne et à la sécurité financière pour garantir les assurés (vie) contre la défaillance de leur compagnie [6], les déposants contre la défaillance des banquiers dépositaires [7], les épargnants contre la faillite de leur établissement teneur de compte ou encore les établissements de crédit qui se seraient portés cautions [8].

---

1. V. Aix 26 oct. 1976. *Bull. Aix*, n° 344, *JCP* 1979. I. 1979, n° 89, obs. Gavalda et Stoufflet.
2. V. Aix 26 oct. 1976, préc.
3. Fonds de garantie pour la création d'entreprises, pour l'innovation, pour l'informatique...
4. Crédit d'équipement aux petites et moyennes entreprises ; Société française pour l'assurance du capital risque...
5. V. Mouly, *Les sûretés personnelles traditionnelles en France, Les sûretés*, Feduci, 1984, p. 129, n° 12.
6. V. J. Bigot, *JCP* 1999. Act. 1501.
7. V. Ch. Leguevaques, « La création d'un fonds de garantie des dépôts : la fin d'une exception française », *Banque et droit* nov.-déc. 1999. 9.
8. V. M. Cabrillac, *RTD com.* 1999. 935.

3. Règles spéciales aux nantissements d'autres meubles incorporels

658 ***Diversité*** ◊ L'article 2355 du Code civil renvoie au droit des biens corporels : les biens incorporels qui ne sont pas des créances sont traités comme des biens corporels. Cela vaut notamment pour la monnaie scripturale ou les parts de SARL : « l'immatériel est à la trappe » [1]. Ce renvoi ne va pas de soi : il eût été plus simple de renvoyer au droit du nantissement de créances, notamment parce que la dépossession n'est pas ici évidente, à moins que le bien ne soit représenté par un titre [2]. Il faut bien reconnaître que, le plus souvent, ces sûretés seront plus proches des sûretés sans dessaisissement que des sûretés avec dessaisissement. Il faut, en plus, tenir compte de nombreuses et importantes dispositions spéciales qui ne permettent pas de donner une véritable cohérence à la matière.

659 ***Nantissement des parts sociales et des valeurs mobilières*** ◊ Le contrat de société confère au profit de chaque associé un droit personnel contre la société. Ce droit, à la fois incorporel et mobilier, exprime un droit de créance contre la société, mais sans doute « spécial » [3], ce qui conduit à exclure tout rattachement au nantissement de créances proprement dites. Toujours est-il que ce droit se matérialise tantôt dans une part sociale, seulement cessible, tantôt dans une action, négociable plus ou moins librement. Un temps, l'une comme l'autre ne pouvaient servir d'instruments de crédit qu'au prix de singulières contorsions. Les parts sociales ne pouvaient être nanties que dans les formes de la cession de créance, avec obligation, de surcroît, de remettre un exemplaire des statuts pour assurer une dépossession effective [4]. Quant aux actions, différentes procédures devaient être suivies selon qu'elles étaient au porteur ou nominatives [5].

Aujourd'hui, la situation est relativement clarifiée. D'une part, la loi du 4 janvier 1978 a organisé le régime du nantissement des parts sociales dans les articles 1866 à 1868 du Code civil, lesquels constituent un droit commun et régissent, dans ces conditions, le nantissement des parts de sociétés civiles, mais aussi de sociétés agricoles (v. GFA, art. L. 322-20

---

1. M.N. Jobard-Bachellier, M. Bourassin, V. Brémond, n° 1818.
2. V. Com. 25 févr. 1975, *Bull. civ.* IV, n° 61 : « la mise engage de titres au porteur obéit aux mêmes règles que celles des meubles corporels » ; v. égal. pour des bons de capitalisation, Paris 18 oct. 1996, *JurisData* n° 022741 ; 19 mai 1995, *JCP* 1995. I. 3889, n° 18.
3. V. Aynès et Crocq, n° 520.Les valeurs mobilières, plus précisément, ont une nature incorporelle. Il serait sans doute plus simple et plus clair de les considérer comme des biens corporels, mais ce n'est pas l'analyse dominante ; *contra* D.R. Martin, « De la nature corporelle des valeurs mobilières », D. 1996. 47.
4. V. Chassery, « Le nantissement des parts sociales », *RTD com.* 1977. 435.
5. V. Com., 8 déc. 1987, *Defrénois* 1988. 480, obs. L. Aynès. Pour les titres au porteur, les règles relatives aux meubles corporels devaient être respectées (Com., 25 févr. 1975, *Bull. civ.* IV, n° 61).

C. rur.). D'autre part, la loi du 3 janvier 1983 sur le développement des investissements et la protection de l'épargne a, dans son article 29, institué, en s'inspirant de la pratique antérieure, un régime particulier pour le nantissement des valeurs mobilières dématérialisées [1], et de toutes ces valeurs mobilières, sans distinguer entre le domaine civil et le domaine commercial. En outre, la loi du 9 juillet 1991 portant réforme des procédures civiles d'exécution, en organisant des saisies propres aux parts sociales et aux valeurs mobilières, a parachevé l'évolution [2]. Cette même loi a créé le nantissement judiciaire de parts sociales et le nantissement judiciaire de valeurs mobilières qui sont, semble-t-il, de véritables hypothèques mobilières (*infra*, n° 615). Enfin, la loi du 2 juillet 1996 (mod. L. 24 févr. 2005) est venue repenser et réorganiser le nantissement des valeurs mobilières en introduisant la notion d'instruments financiers comprenant les traditionnelles actions et obligations, mais aussi les parts et actions des organismes de placement en valeurs mobilières (fonds commun, SICAV...), instruments identifiés par une inscription prise sur un compte ouvert au nom de leur titulaire et tenu par un tiers spécialisé (personne morale émettrice, intermédiaire...) (C. mon. fin., art. L. 431-4) [3].

Les textes de 1978, de 1983, 1991 et de 1996 ont redonné vie au nantissement de parts et d'actions. Le nantissement des parts sociales accompagne de nombreuses opérations de construction immobilière [4], tandis que le nantissement des valeurs mobilières est le pivot des avances sur titres, répandues aussi bien dans les crédits aux entreprises que dans les crédits aux particuliers [5]. Si les dispositions en cause ne manquent pas de points communs, elles appellent une étude séparée, compte tenu des caractères de leurs objets respectifs.

La réforme des sûretés n'a pas permis d'éclaircir définitivement la situation dans la mesure où l'article 2355 s'est contenté de renvoyer au droit du gage sur meubles corporels, à défaut de « dispositions spéciales ». Il faut donc conjuguer une fois encore droit commun ou succédané du droit commun et droit spécial pour cerner la matière [6].

---

1. V. art. 94-2, L. fin. 1982 imposant l'inscription en compte des valeurs mobilières.

2. V. Le Cannu, « Procédures civiles d'exécution, droit des sociétés et droit boursier », in « La réforme des procédures civiles d'exécution », *RTD civ.* 1993. 87.

3. Sur la possibilité de nantir l'épargne salariale selon cette technique, v. P. Bouteiller, « La remise en garantie de l'épargne salariale », *JCP* E 2000. 352.

4. V. Kischinewsky-Broquisse, « Le nantissement des titres de sociétés immobilières de construction », *REDI* 1980. 57.

5. Sur l'avance sur titres v. Rives-Lange et Contamine-Raynaud, *Droit bancaire*, précis Dalloz, n° 381 ; égal. Com., 4 févr. 1969, *Bull. civ.* IV, n° 38.

6. V. F. Jacob, « Le nantissement de parts sociales », *Dr. et patr.* juill-août 2007. 68 ; M. Storck, *Banque et droit* 2007. 113, 69 ; F. Martin et B. Geratd-Godard, « Les différents régimes juridiques de nantissement des titres sociaux », *JCP* N 2011. 1144. L'indisponibilité d'une valeur mobilière, si elle reste temporaire, ne fait pas obstacle au nantissement, Com. 30 sept. 2008, D. 2008. 2596, obs. Delpech, *RTD civ.* 2008. 706, obs. Crocq.

660 ***Nantissement de parts de sociétés civiles*** ◊ Ce nantissement obéit à des dispositions spécifiques ayant leur siège dans le Code civil au sein du contrat de société. Ces dispositions n'ont pas été modifiées par la réforme des sûretés. Cela est vrai aussi bien de la constitution du nantissement que de sa réalisation.

Aux termes de l'article 1866, « les parts sociales (de sociétés civiles) peuvent faire l'objet d'un nantissement constaté, soit par un acte authentique, soit par un acte sous signatures privées signifié à la société ou accepté par elle dans un acte authentique, et donnant lieu à une publicité dont la date détermine le rang des créanciers nantis ». Il faut donc établir un écrit pour valider l'opération [1] et en assurer l'efficacité à la fois par une signification adressée à la société [2] et par une prise d'inscription (sur un fichier tenu au greffe du tribunal de commerce [3]) qui détermine le rang des créanciers nantis. La signification du nantissement peut être considérée comme une forme de dessaisissement.

S'agissant de la réalisation de la sûreté, la principale difficulté, réside dans l'atteinte éventuelle à *l'intuitus personae* qui caractérise les sociétés de

1. La validité de l'opération dépend aussi du respect de la théorie générale des obligations (v. Aix 14 janv. 1982, *Bull. Aix*, n° 61 : « en raison de la confusion sur la tête de l'intéressé de la double qualité de gérant unique et de débiteur, donneur de gage, la constitution de nantissement sur les parts sociales de ce dernier est purement potestative et donc nulle »). Elle dépend aussi du respect du droit des sociétés, Paris 29 janv. 1999, *JurisData* n° 020261 : « le gage sur les parts d'une SNC en garantie d'un prêt bancaire constitué par le gérant unique ne peut être considéré comme un acte normal de gestion et doit donc être autorisé par une décision spéciale de l'assemblée ». Rappr. sur la question de savoir si le nantissement garantit les dettes de la société ou celles du dirigeant constituant : Douai 28 nov. 1996, *JurisData* n° 056679. Sur la responsabilité du dirigeant qui délivre une attestation relative à des parts formant l'objet d'une cession ne mentionnant pas l'existence d'un nantissement, Com. 3 juin 2008, *Bull. civ.* IV, n° 114, D. 2008. 1691, *Rev. sociétés* 2009. 113 ; pour un autre ex. de faute, Com. 29 mars 2011, *Rev. sociétés* 2011. 416, note I. Riassetto.

2. L'écrit est également requis pour s'assurer de la mainlevée du nantissement : Com., 3 juin 2003, *CEPME c. Soinne*, n° 99-14.336. V. Paris 4 mars 1997, *JCP* 1998. II. 103, n° 26. Pour les SARL, seule cette mesure doit être accomplie (v. Burgard, Le nantissement des parts de SARL, *Rev. sociétés* 1967. 24). En effet, les solutions du C. civ. sont propres aux sociétés civiles, si bien que le nantissement des parts de sociétés commerciales doit être constitué comme en matière de créances ordinaires. Cependant, la signification peut être remplacée par le dépôt d'un original de l'acte de nantissement au siège social (v. Cabrillac et Mouly, n° 691). Sur la possibilité pour le créancier nanti d'agir par la voie de l'action paulienne, Paris 27 févr. 1997, *Joly* 1997. 677, note P. Le Cannu.

3. Décr. 3 juill. 1978 relatif à l'application de la loi du 4 janvier 1978, art. 53. Comp. Paris 5 janv. 1990, *D.* 1990. 422, note Groslière et sur pourvoi, Com., 26 mai 1992, *Bull. civ.* IV, n° 174, décidant qu'à défaut d'immatriculation au RCS d'une SCI constituée avant le 1er juill. 1978, les nantissements n'ont pas à être publiés ; dans le même sens : Com. 3 juin 2008, *D.* 2008. 1691, obs. Lienhard, *JCP* 2008. I. 211, n° 20, étant précisé qu'en l'espèce les nantissements avaient été régulièrement signifiés à la SCI. Il faut cependant préciser que depuis la loi du 15 mai 2001, les anciennes sociétés civiles occultes sont tenues de s'immatriculer, sous peine de perdre leur personnalité morale, ce qui a nécessairement des conséquences sur l'existence même du nantissement ; sur la responsabilité du notaire devant s'assurer de l'efficacité de l'acte : Civ. 1re, 16 oct. 2008, n° 07-14.695. Plus gén., sur les formalités d'immatriculation, v. les articles 54 à 57 de ce même décret. La publicité au RCS est en réalité considérée comme une forme de dépossession (v. C. civ., art. 1866, al. 2 : « le privilège du créancier gagiste subsiste sur les droits sociaux nantis par le seul fait de la publication du nantissement »).

personnes. En effet, si le titre est vendu à un tiers ou attribué en pleine propriété au créancier [1], un étranger risque de devenir associé contre le gré des membres de la société qui n'ont pas constitué le nantissement. Aussi, le tiers acquéreur ou le créancier attributaire de parts, s'il n'est pas lui-même associé, doit être agréé par les autres associés. Cet agrément peut être obtenu dès la constitution de la sûreté : l'article 1867 prévoit que « tout associé peut obtenir des autres associés leur consentement à un projet de nantissement dans les mêmes conditions que leur agrément à une cession de parts » et ajoute que « le consentement donné au projet de nantissement emporte agrément du cessionnaire en cas de réalisation forcée des parts sociales à condition que cette réalisation soit notifiée un mois avant la vente aux associés et à la société ».

La protection des associés contre l'irruption d'un tiers est encore assurée par l'institution d'un droit de retrait, puisque chaque associé peut se substituer à l'acquéreur dans un délai de cinq jours à compter de la vente (art. 1867, al. 3). Dans l'hypothèse où les associés n'ont pas donné leur accord au nantissement, ils peuvent exercer la faculté de substitution qui leur est reconnue par l'article 1867 (art. 1868, al. 2).

661 ***Nantissement de parts de sociétés commerciales*** ◊ Même s'il ne manque pas d'arguments pour soumettre le nantissement de parts de sociétés commerciales (SNC et SARL) au droit commun des sociétés (*supra*, n° 660), il est généralement admis que ce type de nantissement ne relève d'aucun texte particulier et qu'il doit, dans ces conditions, obéir, conformément au renvoi opéré par l'article 2355, au droit de gage de meubles corporels. Un écrit est donc exigé. L'opposabilité de la sûreté est assurée par une publicité sur un registre (Décr. 23 déc. 2006), étant précisé que l'inscription se fait au greffe du tribunal de commerce où la société a son siège social. Faute de dessaisissement, sous une forme ou sous une autre, ce nantissement ne s'accompagne, en lui-même, d'aucun droit de rétention. Le droit de rétention de l'article 2286-4° lui semble cependant ouvert par renvoi.

Quant aux effets de ce type de nantissement, ils sont partiellement réglementés, du moins s'agissant des parts de SARL, dans des conditions très proches de celles qui concernent les sociétés civiles. L'article L. 223-15 du Code commerce prévoit en effet que si la société a donné son consentement à un projet de nantissement (dans les conditions prévues en matière de cession de parts), ce consentement emportera agrément du cessionnaire en cas de réalisation forcée des parts nanties, à moins que la société ne préfère, après la cession, racheter sans délai les parts en vue de réduire son capital. Pour le reste, il faut sans doute s'en tenir purement et simplement aux règles du droit commun du gage sans dessaisissement.

1. V. sur le jeu en l'occurrence de l'art. 2365 (ex. 2078, C. civ.), Douai 21 janv. 1999, *JurisData* n° 043682 ; égal. Com. 3 juin 2008, préc., rappelant que l'attribution en pleine propriété est indépendante de l'ordre dans lequel les divers privilèges s'exercent sur le prix en cas de vente du bien.

662 ***Nantissement de compte-titres*** [1]. ***Constitution*** ◊ Aux termes de l'article L. 211-20 C. mon. fin. (issu de l'art. 29, L. 3 janv. 1983, mod. L. 2 juill. 1996 ; Décr. 21 mai 1997 : mod. Ord. 24 févr. 2005) [2], « la constitution en gage d'un compte d'instruments financiers [3] est réalisée, tant à l'égard de la personne morale émettrice qu'à l'égard des tiers, par une déclaration signée par le titulaire » et adressée au teneur du compte (intermédiaire habilité, dépositaire central ou, le cas échéant, personne morale émettrice). Malgré la lettre de ce texte, il est difficile d'admettre que le nantissement – s'il peut être valablement établi [4] – résulte de la seule déclaration du débiteur, qui n'est qu'un acte unilatéral [5]. Il faut supposer, pour que cette déclaration crée la sûreté, qu'elle ait été précédée d'un accord de volontés entre le constituant et le créancier précisant les éléments essentiels de la convention et les règles de fonctionnement du compte pendant la durée convenue. En un sens, cette déclaration caractérise le contrat préalable passé par les parties. Et surtout elle matérialise, après sa réception par le teneur du compte, qui joue le rôle d'un tiers convenu, la dépossession requise par les règles ordinaires du gage [6]. Le législateur, comme on l'a justement souligné, a rattaché le nantissement

---

1. V. P. Le Cannu, « Le nantissement conventionnel des actions », *Bull. Joly* 1993. 1091 ; D. Fasquelle, « Le nantissement des valeurs mobilières », *RTD com.* 1995.1 ; D. Legeais, « Gage de comptes d'instruments financiers », *RD banc.* 1997. 225 ; J.J. Daigre, *Dr sociétés* juill.-août 1997. 4 ; de Vauplane et Mouy, « Gage sur titres », *Banque* 1996. 54 ; Martin, « Du gage d'actifs scripturaux », *D.* 1996. Chron. 263 ; D. Robine, « Le gage d'instruments financiers », *Dr. et patr.* 2002. 106, p. 70 ; V. Magnier-Pannier, « Le nantissement d'actions indisponibles », *RTD com.* 2002. 433.

2. V. sur l'ordonnance de 2005 ayant transposé une directive communautaire du 6 juin 2002 sur les contrats de garantie financière, Auckenthaler, *JCP* E 2005. 1728 ; Daigre et Roussille, *Dr. et patr.* 2005. 24 ; Marly, *Banque et droit* sept.-oct. 2005. 32 ; Robine, *Bull. Joly Bourse* 2005. 400 ; *JCP* 2005. I. 135, n° 19.

3. V. sur la notion, R. Libchaber, « Le portefeuille de valeurs mobilières : bien unique au pluralité de biens », *Defrénois* 1997. 36464. Seuls les instruments portés au compte seront nantis. Les autres ne peuvent faire l'objet que d'une promesse de gage. Les instruments financiers, ce sont les valeurs mobilières traditionnelles, les parts d'OPCVM... et les contrats financiers, instruments financiers à terme.

4. Sur les conditions préalables intéressant principalement le droit des sociétés, v. Fasquelle, art. préc. ; v. égal. Com. 30 sept. 2008, *JCP* 2008. II.10192, note Piedelièvre, *D.* 2008. 2596, obs. Delpech, décidant que l'indisponibilité d'une valeur mobilière, quand elle est simplement temporaire, ne fait pas obstacle à son affectation en nantissement. Le nantissement conclu après un démarchage n'est pas irrégulier, car le nantissement n'entre pas dans les dispositions de l'art. L. 341-10 C. mon. fin., v. Aix 7 janv. 2010, *JurisData* n° 011050.

5. Cette déclaration doit contenir (v. Décr. 21 mai 1997) le montant de la somme due ainsi que le montant et la nature des titres constitués en gage, V. Com., 1er mars 1994, *Dr sociétés* 1994. 91, obs. Hovasse. Ces énonciations ne sont pas, semble-t-il, exigées à peine de nullité, v. déjà, sous l'empire des textes antérieurs : Com., 7 mars 1995, *Defrénois* 1995. 684, note Hovasse, *JCP* E 1995 II, 695, *Rev. sociétés* 19950. 743, note Jeantin : « les formalités prévues par l'article 29 de la loi du 3 janvier 1983 ne constituant pas des conditions de validité du contrat de gage, l'absence de certaines d'entre elles n'interdit pas au juge de vérifier l'existence d'un tel contrat, en recherchant si les valeurs mobilières, dont il est allégué qu'elles ont été données en gage, ont été effectivement conservées par un tiers convenu entre les parties ».

6. Versailles 4 févr. 2010, *JCP* 2011. 708, n° 17. V. cependant, MM. Aynès et Crocq, n° 538, considérant que, malgré la déclaration, le débiteur reste en possession du bien nanti.

de compte d'instruments financiers à la catégorie des sûretés avec dépossession portant sur des biens incorporels [1].

Les autres exigences n'ont aucun caractère substantiel. Il s'agit, d'une part, du virement des titres nantis sur un compte spécial ouvert au nom du titulaire et tenu, soit par la personne morale émettrice, soit par un intermédiaire financier ; d'autre part, de la délivrance d'une attestation de constitution de nantissement au créancier, comportant l'inventaire des instruments financiers et sommes en toute monnaie, inscrits en compte à la date de la délivrance de l'attestation, virement et délivrance auxquels le teneur du compte est astreint.

Ces formalités sont peu contraignantes et ne s'opposent en rien à ce que la sûreté soit constituée en faveur de plusieurs créanciers successifs [2].

L'assiette du nantissement n'est pas constituée par les instruments financiers eux-mêmes, mais par le compte lui-même où sont inscrits les titres. C'est un ensemble caractérisant une universalité de fait qui est nanti [3]. Cette assiette est fixée par le virement des instruments financiers sur le compte spécial ouvert au nom du titulaire et tenu par un intermédiaire habilité, un dépositaire central ou, le cas échéant, la personne morale émettrice. À défaut de compte spécial, sont réputés constituer le compte nanti les instruments financiers ainsi que les sommes en toute monnaie ayant fait l'objet d'une identification à cet effet par un procédé informatique. Mais cette assiette est susceptible d'évoluer, le nantissement devant conserver sa valeur. C'est pourquoi (art. 211-20-I), « les instruments financiers figurant dans le compte gagé, ceux qui leur sont substitués ou les complètent, de quelque manière que ce soit, ainsi que leurs fruits et produits en toute monnaie sont compris dans l'assiette du gage ». Le texte ajoute que « les instruments financiers et les sommes en toute monnaie postérieurement inscrits au crédit du compte en garantie de la créance initiale du créancier sont soumis aux mêmes conditions que ceux y figurant initialement et sont considérés comme ayant été remis à la date de déclaration de gage initiale ». C'est dire que la loi fait application des règles de la subrogation réelle et de l'accession, ce qui confère à la sûreté en cause toute la souplesse requise.

De même entrent dans l'assiette de la sûreté les titres résultant d'un échange consécutif à une opération de fusion, de scission, d'apport ou d'offre publique d'échange, ou encore ceux souscrits, lors d'une augmentation de capital, sur la base d'un droit préférentiel de souscription [4], et ceux reçus en paiement de dividendes en actions. Il n'est même plus nécessaire qu'il y ait un « lien objectif » avec les instruments initiaux. Autrement

---

1. D. Legeais, n° 523
2. MM. Aynès et Crocq, n° 521 ; v. encore G. Ferreira, « Le nantissement de second rang », *JCP* E 2005. 80.
3. H. Synvet, « L'assiette du gage d'instruments financiers », *Mélanges Béguin*, Litec, 2005, 719.
4. Versailles 19 mai 2005, *Dr. et patr.* déc. 2005. 104, obs. Prüm et Mattout.

dit, rien ne s'oppose aujourd'hui à la stipulation de « clauses dites d'arrosage » (engagements de maintenir la valeur du nantissement, au besoin par l'affectation d'instruments financiers complémentaires).

663 ***Réalisation*** ◇ Les droits du créancier nanti sur valeurs mobilières sont bien protégés. Certes, le créancier ne peut, en principe, participer à la vie sociale : il ne peut ni voter [1], ni céder « ses » titres. Cependant, la jurisprudence admet qu'il peut, pour conserver la valeur des titres, agir en responsabilité contre des dirigeants mauvais gestionnaires [2], voire demander la désignation d'un mandataire de justice [3]. En outre et surtout, il appartient aux parties de définir les modalités de gestion du compte. Le débiteur peut ainsi conserver le pouvoir de disposer des instruments financiers et des sommes en toute monnaie figurant dans le compte nanti [4].

Le créancier, de son côté, bénéficie « en toute hypothèse », c'est-à-dire quelles que soient les modalités de la gestion convenue, « d'un droit de rétention sur les instruments financiers et sommes en toute monnaie figurant au compte gagé » (art. L. 211-20-IV). Inutile de dire que cette prérogative est essentielle.

Quant à la mise en œuvre du nantissement, elle obéit aux conditions du droit commun [5]. Autrement dit, le créancier peut soit solliciter la mise en vente des titres, soit en requérir l'attribution judiciaire en pleine propriété [6]. En pratique, les créanciers – spécialement les banques – font signer à leurs débiteurs des ordres de vente amiable. Le procédé est inattaquable seulement s'il est convenu postérieurement à la constitution du nantissement [7].

Mais une telle convention n'a plus guère d'intérêt, car la loi a considérablement simplifié les modes de réalisation de la sûreté [8], en valorisant la liberté contractuelle. En effet, l'art. L. 211-20-V, C. mon. fin., précise que « le créancier nanti titulaire d'une créance certaine liquide et exigible peut, pour les instruments financiers, français ou étrangers, négociés sur un marché réglementé, les parts ou actions d'organismes de placement collectif, ainsi que pour les sommes en toute monnaie, réaliser le gage, civil ou commercial, huit jours, ou à l'échéance de tout autre délai

---

1. C. com. art. L. 225-110, al. 3 ; v. P. Le Cannu, art. préc.n° 25.
2. Req., 5 janv. 1903, *DP* 1905. 1. 118.
3. En ce sens, v. Lyon 30 mars 1978, *D.* 1978. IR 417, obs. Vasseur, *Rev. sociétés* 1979. 320, note Ph. Merle.
4. La convention de gestion doit être notifiée par écrit au teneur du compte (Décr. 1997, art. 40) ; plus gén., v. « Nantissement et saisie », *in* « L'actionnaire », *Rev. sociétés* 1999. 599 ; G. Blanluet, « La cession d'actions nanties », *D.* 1999. Chron. 109.
5. Sur la responsabilité du créancier qui tarde à réaliser son gage et sur le préjudice consécutif lié à la perte de valeur des actions engagées, Versailles 24 janv. 1997, *JurisData* n° 055662.
6. V. par ex. Com., 14 oct. 1997, *RTD com.* 1999. 748, obs. A. Martin-Serf.
7. V. Com., 13 janv. 1965, *Bull. civ.* III, n° 41, *D.* 1965. Somm. 78.
8. Pour les titres non cotés, le droit commun reste applicable, dans les conditions habituelles (C. com. art. L. 521-3), v. *supra*, n° 660.

préalablement convenu avec le titulaire du compte, après mise en demeure [1] du débiteur remise en main propre ou adressée par courrier recommandé. Cette mise en demeure du débiteur, est également notifiée au constituant du gage lorsqu'il n'est pas le débiteur, ainsi qu'au teneur de compte lorsque ce dernier n'est pas le créancier gagiste ».

La réalisation de la sûreté se fait, « dans la limite du montant de la créance garantie » et, le cas échéant, dans le respect de l'ordre indiqué par le titulaire du compte :

- pour les sommes en toute monnaie figurant dans le compte gagé, directement par transfert en pleine propriété sur le propre compte du créancier nanti ; le pacte commissoire implicitement convenu est donc directement mis en œuvre ;
- pour les instruments financiers, français ou étrangers négociés sur un marché réglementé que le titulaire du compte nanti ou, à défaut, le créancier nanti a désignées, par vente sur un marché réglementé ou attribution en propriété de la quantité déterminée par le créancier nanti (cette quantité est établie, par le créancier, sur la base du dernier cours de clôture disponible sur un marché réglementé) ; et
- pour les parts ou actions d'organisme de placement collectif, que le titulaire du compte nanti gagé ou, à défaut, le créancier nanti a désignées, par présentation au rachat ou attribution en propriété de la quantité qu'il détermine (cette quantité est établie, par le créancier, sur la base de la dernière valorisation disponible desdites parts ou actions).

664 ***Garanties financières*** ◊ Les garanties financières ont été introduites en droit français par l'ordonnance n° 2005-171 du 24 février 2005 transposant la directive communautaire du 6 juin 2002 (2002/47/CE) relative aux contrats de garantie financière (directive Collateral) [2]. Les dispositions applicables sont aujourd'hui contenues dans les articles L. 431-1 s. C. mon. fin. Ces garanties sont les accessoires des obligations financières qui se concluent entre les intervenants sur les marchés financiers. [3] Leur formalisme est très réduit en ce sens que l'opposabilité aux tiers suppose simplement la rédaction d'un écrit permettant l'identification des biens et droits en cause et attestant l'affectation en garantie. Leur assiette est constituée de produits financiers (valeurs mobilières, titres, créances...). Les garanties financières se traduisent soit en des nantissements soit en de

---

1. Sur la nécessité de la mise en demeure, v. Com. 28 mars 2006, *JCP* 2006. I. 195, n° 18 et les obs. ; à défaut, la sûreté ne peut être réalisée, le créancier devant alors restituer au débiteur l'intégralité du portefeuille de titres indûment réalisés : Com. 18 nov. 2008, n° 07-21.975 ; v. égal. Metz 17 oct. 2007, *JCP* 2008. I. 152, n° 19.

2. F. Auckenthaller, « Compensation, garantie, cession : le nouveau régime des obligations financières », *JCP* E 2005. 1539 ; Parolai, Armand et Stoffel-Munck, « Les sûretés en matière financière projetées dans une ère nouvelle par la directive Collateral », *Banque et droit* nov. déc. 2005. 3 ; D. Robine, « La réforme du droit spécial des garanties financières », *Bull. Joly Bourse* 2005. 521.

3. V. A. Gaudemet, *Contribution à l'étude des dérivés*, thèse Paris II, 2008, Economica, 2010, préf. H. Synvet.

véritables cessions fiduciaires. Leur réalisation se fait soit par vente, soit par appropriation, soit par compensation, sans mise en demeure préalable, selon les modalités d'évaluation revues par les parties dès lors que les obligations financières sont devenues exigibles (C. mon. fin., art. L. 431-7-3). Ces garanties se caractérisent donc par une grande souplesse, d'autant plus les parties peuvent donner au créancier le pouvoir d'utiliser ou d'aliéner les biens affectés en garantie, à charge de les restituer, le plus souvent par équivalent. En outre, le bénéficiaire de la garantie est à l'abri des procédures collectives, puisqu'il est dit que les dispositions du livre VI du Code de commerce ou celles régissant toutes les procédures judiciaires ou amiables équivalentes ouvertes sur le fondement de droits étrangers ne font pas obstacle à l'application des dispositions du Code monétaire et financier réglementant la matière. Le droit financier s'autorise décidément toutes les libertés pour le bien être de quelques nantis !

SECTION 3. CESSION FIDUCIAIRE

665 ***Raison d'être*** ◊ Compte tenu de la lourdeur et de la fiabilité relative du nantissement de créance tel qu'il était organisé par le Code civil, on s'est demandé s'il était possible de lui substituer d'autres techniques. On a pensé à la cession fiduciaire. Il s'agit pour le débiteur de transférer la propriété d'un ou plusieurs de ses biens (ou droits) en garantie des avances ou des crédits qui lui sont consentis, le créancier prenant l'engagement de rétrocéder, dans la mesure de son remboursement, le ou les biens formant l'objet de la sûreté. Le créancier obtient un droit de propriété sur la chose affectée en garantie, ce qui lui épargne toute concurrence avec d'autres créanciers ; ce qui le met également, si la sûreté porte sur une créance, dans la situation de pouvoir se payer par compensation (dette de restitution contre créance résultant de ses avances) [1].

Un temps, le développement de cette garantie a été freiné sans que l'on en comprenne bien les raisons. Certes, on veut bien admettre que lorsque la cession fiduciaire porte sur des biens corporels, il est extrêmement difficile d'assurer la protection des tiers, faute de publicité organisée, ainsi que la protection du débiteur, exposé aux aléas inhérents à toute restitution ou confronté à d'éventuels conflits avec des sous-acquéreurs. Ces considérations expliquent aisément l'hostilité de la jurisprudence à l'encontre de l'aliénation fiduciaire de meubles corporels [2]. La technique du

1. V. C. Witz, *La fiducie en droit privé français*, Economica, 1981, préf. D. Schmidt, « La fiducie, sûreté en droit français », in « L'évolution du droit des sûretés », *RJ com.* 1982. 67 s. ; égal. J. Derruppé, « De la fiducie au crédit-bail », *Mélanges Ellul*, 1983, 449 ; P. Croq, *Propriété et garantie*, LGDJ, 1995, préf. M. Gobert.

2. V. les décisions condamnant les aliénations fiduciaires de meubles corporels conclues sous l'empire de lois étrangères qui admettent la validité de ces sûretés, Req., 24 mai 1933, *DH*

gage sans dépossession est beaucoup plus appropriée (*supra*, n°s 577 s.) : son coût fiscal est – *a priori* – beaucoup plus faible ; elle ne gaspille pas non plus le crédit du débiteur. Cependant, à l'égard des créances, la situation est différente. D'une part, le Code civil, dont la vocation de droit commun ne peut être oubliée, offre un système de publicité dans l'article 1690, sans doute formaliste, mais ouvert à quelques assouplissements. D'autre part, les problèmes de re-cession de créances se règlent facilement, du moins lorsque la créance cédée vient à échéance avant la dette garantie : il suffit au cessionnaire-créancier de se faire régler à due concurrence par le débiteur cédé ayant perçu la créance cédée, ce qui entraîne à la fois l'extinction de la créance et l'inutilité de sa rétrocession à son titulaire primitif [1]. Dès lors, on ne voit pas quels sont les obstacles réels à la reconnaissance de la cession fiduciaire en tant que mécanisme de garantie sur des créances [2] (ou encore sur de la monnaie, rappr. *supra*, n° 559, voire sur des valeurs mobilières [3]). C'est du reste ce que la pratique a toujours compris. La jurisprudence a emboîté le pas [4], suivi de près par le législateur lui-même.

666 ***Premières applications*** ◊ Depuis longtemps, la fiducie est un instrument de crédit dans les opérations bancaires. C'est le cas dans les *opérations de pension* qui consistent pour une banque désireuse d'obtenir des avances à très court terme, à transférer en garantie la propriété de ses propres créances à un organisme mobilisateur. Dans l'esprit des parties, le transfert des créances, souvent matérialisées dans des effets de commerce, est temporaire et réalisé à titre de garantie. Un tel transfert n'est donc qu'une aliénation fiduciaire [5]. L'analyse est confirmée par la

---

1933. 378, *S.* 1933. 1. 257, note Batiffol ; Civ. 1re, 8 juill. 1969, *JCP* 1970. II. 16182, note Gaudemet-Tallon, *JDI* 1970. 916, note Derruppé. V. sur cette jurisprudence, M. Cabrillac, « La reconnaissance en France des sûretés réelles sans dépossession constituées à l'étranger », *Rev. crit. DIP* 1979. 487 ; Witz, *La fiducie en droit privé français*, 1981, n° 216 s. ; Khairallah, *Les sûretés mobilières en droit international privé*, Economica, 1984, n° 122 s. Plus gén., v. Bismuth, « Les aliénations fiduciaires en droit international privé », in *Les opérations fiduciaires*, Feduci, LGDJ, 1985, 187.

1. V. Marty, Raynaud et Jestaz, n° 539.

2. Un auteur a récemment démontré que si la compensation conventionnelle – et plus précisément la compensation conventionnelle *in futurum* – conférait une garantie au créancier, elle présentait davantage de similitudes avec les sûretés fiduciaires : chaque créancier affectant sa créance en garantie de sa dette à son cocontractant, lequel n'est pas en concours avec d'autres créanciers sur cette créance mais en a, au contraire, l'exclusivité, v. A.M. Toledo, « La compensation conventionnelle », *RTD civ.* 2000. 265.

3. V. F.X. Lucas, *Les transferts temporaires de valeurs mobilières ; pour une fiducie de valeurs mobilières*, LGDJ, 1997, préf. Lorvellec.

4. V. Civ. 1re, 20 mars 2001, *Bull. civ.* IV, n° 76, *D.* 2001. 3110, note L. Aynès, *JCP* 2002. II. 10124, note Goaziou, cassation, pour violation de l'art. 1134 C. civ., de l'arrêt qui refuse de reconnaître la validité d'une cession de créance stipulée dans un acte notarié de vente et de prêt, alors que les clauses litigieuses, dont il résultait que l'emprunteur, dans la limite de ses dettes d'emprunt envers la banque, avait cédé à celle-ci ses créances locatives, étaient claires et précises ; l'arrêt ajoute que des créances futures ou éventuelles peuvent faire l'objet d'un contrat, sous la réserve de leur suffisante identification.

5. V. Witz, *op. cit.*, n° 189 ; J.M. Bossin et D. Lefranc, « Le régime juridique des opérations de pension », *Banque et droit* mai-juin 1995. 41 ; Normand, « Les opérations bancaires de pension », *RTD com.* 1966. 791, spéc. 32. Comp. Hamel, « L'aval en pension », *Banque* 1957. 707.

loi du 31 déc. 1993 qui précise que « la pension est l'opération par laquelle une personne morale, un fonds commun de placement ou un fonds commun de créances cède en pleine propriété à une autre personne morale, à un fonds commun de placement ou à un fonds commun de créances, moyennant un prix convenu », des valeurs mobilières, des titres de créances négociables ou des effets publics ou privés « et par laquelle le cédant et le cessionnaire s'engagent respectivement et irrévocablement, le premier à reprendre les valeurs, titres ou effets, le second à les rétrocéder pour un prix et à une date convenus (C. mon. fin., art. L. 432-12, al. 1) [1]. Dans *les opérations de mobilisation de crédits à moyen terme*, le procédé est particulièrement sûr. Il est encadré par un texte précis (C. mon. fin., art. L. 313-36, issu de l'ord. 28 sept. 1967, art. 25 s.) qui attribue expressément un droit de propriété à l'organisme mobilisateur sur les effets dits primaires qui représentent les créances de la banque emprunteuse. Le transfert de propriété s'accomplit dès que les effets ou les contrats primaires sont mis à la disposition d'un organisme mobilisateur selon les modalités prévues dans la convention des parties. Cette « mise à disposition » (art. 313-27) concrétise une véritable aliénation fiduciaire [2] d'autant plus parfaite qu'elle jouit d'une opposabilité absolue. En effet, pendant la durée de la mise à disposition, c'est-à-dire pendant la durée de l'opération de mobilisation et jusqu'au remboursement des avances, la banque emprunteuse ne peut plus disposer de ses créances en cédant les effets ou les contrats primaires (art. 313-40) ou en laissant libre cours à une opposition (art. 313-34).

667 ***Généralisation*** ◊ Les applications bancaires de la cession fiduciaire contenaient en germe la généralisation de l'institution, du moins dans les milieux professionnels [3]. L'élaboration d'un droit des marchés financiers [4] appelait aussi cette systématisation. Compte tenu des risques liés aux opérations financières à leur complexité aussi [5], il est apparu indispensable d'assouplir les dispositions du droit commun, sur les procédures collectives, sur la compensation, sur tel ou tel aspect du droit des contrats ou du droit des sûretés. Sur ce plan, le législateur n'a eu cesse de valoriser les aliénations fiduciaires [6].

De fait, de nombreuses cessions de créances interviennent aujourd'hui à titre de garantie. Le débiteur affecte la valeur de sa créance au remboursement de sa dette. Il continue à administrer sa créance, il la recouvre et en conserve l'utilité. Il n'abandonne pas à son créancier toutes ses prérogatives de propriétaire ; il se

---

1. V. Roblot, *Traité de droit commercial*, t. 2, n° 2417 ; A. Perrot, « Pension de titres et transfert de propriété », *RD banc*. 1994. 252 ; Ferry et Bignon, *JCP* E 1994. 1. 389.

2. V. Vasseur, « Modes nouveaux de cession et de nantissement de créances en droit bancaire », *Banque* 1978. 458 ; Witz, *op. cit.*, n° 189. Comp. Decoopman, « La notion de mise à disposition », *RTD civ.* 1981. 300, n° 58, qui considère que la mise à disposition est simplement constitutive d'une action directe.

3. V. J.P. Bornet, « Marchés financiers, vers la fin du monopole de l'aliénation fiduciaire », *Mélanges AEDBF*, p. 97 ; comp. D. Legeais, « L'apport du droit des marchés boursiers au droit des garanties réelles », *Mélanges Cabrillac*, Litec, 2000, p. 365, très réservé sur une véritable généralisation ; v. égal. C. civ., néerlandais, très prohibitif, v. M.T. Struycken, Rapport Travaux Assoc. Capitant, in *Les garanties du financement*, LGDJ, 1998, 253 ; v. égal. Bonneau et Drummond, *Droit des marchés financiers*, Economica, 2010.

4. De Vauplane et Bornet, *Droit des marchés financiers*, Litec, 2003 ; Bonneau et Drummond, *Droit des marchés financiers*, Economica, 2005.

5. A. Gaudemet, *Contribution à l'étude des dérivés*, th. Paris 2, préc.

6. V. H. de Vauplane, « La fiducie avant la fiducie », *JCP* E 2007. 2051 ; Ph. Marini, « La fiducie à la française », *RJ com*. 2007. 393

dépouille seulement du droit qu'il a sur la valeur de sa créance [1]. C'est ce qu'il fait dans les opérations de *portage d'actions* [2], de *réméré d'obligations* [3], de *prêts de titres garantis* [4], de garantie des règlements interbancaires [5] ou encore de gage-espèce [6]. C'est ce qu'il ne fait pas, en revanche, en matière d'affacturage [7], car le « factor » dispose de la créance qui lui est transmise comme il l'entend, ni, non plus, en matière d'escompte [8], puisque le banquier se voit attribuer sur l'effet qui lui est remis un droit de propriété intégral [9].

---

1. V. Civ., 21 mars 1910, *DP* 1912. 1. 445 : « les juges du fond apprécient souveraine-ment si la cession est faite en propriété ou à titre de garantie... Si elle est faite à titre de garantie, le cédant reste créancier du cédé et le cédé peut être poursuivi en paiement par le syndic du cédant, sauf au cessionnaire en garantie à faire valoir ses droits sur le prix de vente ». V. aussi, Mouly, « Procédures collectives : assainir le régime des sûretés », *Mélanges Roblot*, 1984, 529, spéc. p. 552.

2. Le portage est une convention par laquelle le porteur, généralement un établissement financier, accepte, sur la demande d'un donneur d'ordre, de se rendre actionnaire par acquisition, ou par souscription d'un certain nombre d'actions, étant précisé qu'après un certain délai ces actions seront transférées à une personne désignée et à un prix fixé dès l'origine (v. Merle, *Sociétés commerciales*, Précis Dalloz, n° 42. Les opérations de portage sont en réalité très variées et ne se résument pas aux seuls « portages-sûretés », v. J.P. Bornet, *Banque* 1993. 74 évoquant les « portages-transmission » les « portages-gestion » et les « portages-financiers ». V. égal., TGI Lille 28 oct. 1986, *Rev. sociétés* 1987. 600, note Witz, *RD banc. et bourse* 1987. 55, obs. Jeantin et Viandier) ; Com., 24 mai 1994, *Bull. Joly* 1994. 797, consacrant la validité de l'opération ; v. égal. Com., 16 nov. 1999, *JCP* E 2000. 168. Chron. F.X. Lucas.

3. En la matière, le détenteur de titres les cède à un investisseur en se réservant le droit de les racheter dans un délai généralement inférieur à un an, à un prix égal au prix de vente majoré des intérêts. L'opération présente un risque pour l'investisseur, car la faculté de rachat est à la discrétion du vendeur. Or, celui-ci ne rachètera pas ses titres si leur valeur a diminué. L'opération est fréquente aux États-Unis où l'on parle de « *repurchase agreement* ». En France, elle connaît, pour l'instant, peu de succès compte tenu du risque évoqué. En tout cas, les réticences de la jurispru-dence traditionnelle voyant dans la cession à réméré de parts sociales un prêt pignoratif avec pacte commissoire (Civ., 4 mars 1902, *DP* 1903. 1. 215 ; Com., 24 oct. 1956, *Bull. civ.* III, n° 257) semblent surannées devant le développement et l'admission de la cession fiduciaire, v. Heinrich, « La vente à réméré d'obligations », *JCP* N 1985. I. 279 ; Thonier, « Qu'est-ce qu'un réméré ? », *Banque* 1985. 595. V. égal. A. Perrot, « La vente à réméré de valeurs mobilières », *RTD com.* 1993. 1 ; J.L. Siruquet et A. Ferrari, « Le réméré, une technique contestable », *Banque* 1991. 385 s.

4. L. 17 juin 1987, art. 31, mod. L. 15 mai 2001 (C. mon. fin., ex. art. L. 432-8, renvoyant désormais à l'art. L. 431-7), v. Allouche et Peltier, « Le nouveau régime des prêts de titres », *RD banc. et bourse* 1992. 6.

5. C. mon. fin., art. L. 330-2-I.

6. V. *supra*, n° 560 et les trois arrêts importants de la Cour de cassation, Com., 17 mai 1994, *D.* 1995. 124, note Larroumet ; 9 avr. 1996, *D.* 1996. 399, note Larroumet ; 3 juin 1997, *JCP* 1997. II. 22891, rapport Rémery, *D.* 1998. 61, note François.

7. L'affacturage est un procédé de gestion commerciale et de mobilisation à fin de recouvrement des créances commerciales à court terme, dans lequel le « facteur » s'engage à régler à 100 % à une date convenue les créances commerciales à court terme dont dispose un fournisseur nommé adhérent, se charge de l'encaissement des créances (transférées par subrogation) et garantit sans recours la bonne fin du recouvrement en assumant divers services financiers (v. Cornu, *Vocabulaire juridique*, V° Affacturage) ; égal. Terré, Simler et Lequette, *Les obligations*, n° 1271.

8. L'escompte est une opération de crédit par laquelle un banquier avance au porteur d'un effet de commerce non échu le montant de cet effet contre le transfert, à son profit, de la propriété de l'effet et sous déduction d'une commission (v. Cornu, *op. cit., V° Escompte*).

9. V. Com., 2 nov. 1953, *D.* 1954. 657, note J. Savatier. V. égal., Rives-Lange et Contamine-Raynaud, *Droit bancaire*, 4e éd., n° 384. Comp. Vasseur, note sous Paris 24 févr. 1982, *RJ com.* 1983. 223.

La loi du 2 juillet 1996 a clairement autorisé la remise en propriété de valeurs, titres, effets ou sommes d'argent en garantie du solde des opérations sur instruments financiers à terme (anc. art. 431-7, al. 5, C. mon. fin) avant d'être intégrée dans les dispositions prises par l'ordonnance du 24 février 2005 sur les obligations financières transposant une directive communautaire et consacrant trois dispositions importantes aux garanties (art. L. 431-7-3, 4 et 5) reposant sur des cessions de créances, de contrats, de sommes d'argent... en pleine propriété et opposables aux tiers sans formalités (v. *supra*, n° 664). Le texte s'applique en réalité à toutes les garanties, qu'il s'agisse de nantissement ou de cession fiduciaire [1].

La même loi de 1996 a réorganisé le système de couvertures sur les marchés réglementés, couverture qui n'est qu'un mécanisme de garantie contre les risques de défaillance d'un donneur d'ordre à l'égard de son co-contractant. La garantie trouve aujourd'hui son expression dans un transfert « en pleine propriété » des dépôts, (art. L. 442-6 C. mon. fin.) qui s'opère sans aucun formalisme aussi bien dans les rapports entre les parties que dans ceux qui pourraient concerner les tiers. La garantie est exclusive, « aucun créancier ne pouvant se prévaloir d'un droit quelconque sur les dépôts » [2] (art. L. 442-6, al. 2).

Cette analyse est désormais consacrée par les textes qui distinguent nettement les cessions de créances ordinaires consenties en contrepartie d'un prix et les cessions fiduciaires faites seulement à titre de garantie. L'art. L. 313-24 C. mon. fin. (issu de la loi du 2 janvier 1981, dite loi Dailly et de la loi bancaire du 24 janvier 1984) déclare en effet que la cession de créance qu'elle organise transfère au cessionnaire la propriété de la créance cédée, « même lorsqu'elle est effectuée à titre de garantie et sans stipulation d'un prix » [3]. Tandis que les premières opérations correspondent à un escompte de créances cédées selon des formes simplifiées, celles-ci traduisent l'existence d'une aliénation fiduciaire. Il peut n'y avoir aucun lien juridique entre le crédit accordé et les créances cédées. Mais, il y a plus. On peut penser que cette loi du 2 janvier 1981 définit un droit commun de la cession fiduciaire sur créance, ou, à tout le moins, en propose un modèle, modèle qui laisse bien entendu, la place à des dispositions particulières pour régir telle ou telle cession, notamment lorsque des créances publiques sont en cause.

668 ***Généralisation par paliers*** ◊ Alors que l'on aurait pu penser que la fiducie bancaire n'était qu'un modèle de fiducie, la jurisprudence a dans un arrêt de principe décidé qu'« en dehors des cas prévus par la loi, l'acte par lequel un débiteur cède et transporte à son créancier, à titre de garantie, tous ses droits sur des créances, constitue un nantissement de créance » [4]. En l'espèce, la cession à titre de garantie des loyers dus par les locataires d'un centre commercial a été re-qualifiée en nantissement, le créancier nanti se retrouvant ainsi en concours avec les autres créanciers

---

1. V. Dossier « Les garanties financières », dir. H. Synvet, *RD banc. et fin.* 2007. 81.

2. V. H. de Vauplane, « La couverture des opérations de bourse : une sûreté hybride », *RD banc.* 1998. 197 ; S. Agbayissah, *JCP* E 1996. I. 603 ; égal. V. Canu et B. de Saint Mars, « Intermédiation financière et droit des procédures collectives », *RD banc.* 1998. 119 ; I. Riassetto, *Les garanties des contrats à terme négociés sur le MATIF*, thèse Strasbourg, 1999.

3. V. déjà, Com., 8 janv. 1991, *Bull. civ.* IV, n° 8, *RTD civ.* 1991. 368, obs. Bandrac.

4. Com. 19 déc. 2006, *Bull. civ.*, n° 250, *D.* 2007. 76, obs. Delpech, *D.* 2007. 344, note Larroumet, *RTD civ.* 2007. 160, obs. P. Crocq, *JCP* E 2007. 1131, rapport M. Cohen-Branche, note Legeais, *JCP* 2007. I. 158, n° 26 et les obs.

du constituant et perdant par là sa situation de créancier hors concours. La décision a été très largement critiquée, car elle conduit à dire qu'une cession n'est qu'un nantissement, malmenant ainsi la volonté des parties. La solution, récemment reprise dans des termes équivalents [1], s'explique cependant, si l'on veut bien admettre que la Cour de cassation n'a pas voulu anticiper sur les dispositions attendues de la loi sur la fiducie. Au demeurant, cette loi est venue et c'est donc elle qui donne le ton. Répondant partiellement aux attentes de la pratique, la loi nouvelle n'a pas mis un terme au débat.

§ 1. Fiducie bancaire

669 ***Fiducie sur créances professionnelles*** ◊ La loi Dailly fait de la cession de créances professionnelles une technique de garantie, soit par la voie d'un nantissement (exceptionnel en pratique [2]), soit par la voie d'une affectation en propriété. Le procédé connaît un succès certain [3]. Il faut dire qu'il est simple. Un entrepreneur a des créances sur divers clients. Celles-ci, définitives ou en germe, représentent une valeur [4]. L'entrepreneur les identifie et les répertorie dans un bordereau [5] qu'il signe [6] et transmet à un établissement de crédit en contrepartie du financement qui lui est accordé pour son activité professionnelle. Dès que cet établissement appose une date sur le bordereau, ce qu'il peut faire par tout moyen, la cession de créance devient opposable aux tiers, sans autre formalité (C. mon. fin., art. L. 313-27, al. 1er). Les créances seront recouvrées normalement par l'entrepreneur (sur la base d'un mandat facile à lui conférer) et affectées au remboursement du crédit.

Dès que l'établissement de crédit pressent des difficultés, il peut interdire [7], par tout moyen, au débiteur de la créance cédée de payer entre les mains du cédant ; cette notification emporte révocation du mandat de recouvrement accordé au cédant. Pour autant, le débiteur cédé n'a pas l'obligation d'informer le cessionnaire de l'état des créances. Du jour de

1. Com. 26 mai 2010, D. 2010, *Bull. civ.* IV, n° 94, D. 2010. 1340, note Borga ; égal. *infra*, n° 683.
2. V. cependant pour un nantissement consenti à titre temporaire, Com. 16 mai 2000, *D.* 2000. 296, note Faddoul, *JCP* 2000. I. 258, n° 18.
3. V. Th. Bonneau, *Droit bancaire*, 6e éd., n° 582 s. ; Dumas, *Rép. com.* V° Crédit de mobilisation des créances professionnelles, 1998 ; P. Bloch, « Vers un renforcement de la cession de créance à titre de garantie », *Mélanges Tricot*, Dalloz, 2011, 3.
4. V. cependant, Paris 25 juin 1987, *D.* 1988. Somm. 280, obs. Vasseur.
5. Le formalisme se réduit ici à la mention « acte de cession de créances professionnelles » et à la référence à la loi du 2 janvier 1981. V. Com., 9 avr. 1991, *Bull. civ.* IV, n° 121 ; 21 juin 1994, *Bull. civ.* IV, n° 223. La désignation du débiteur cédé n'est pas une mention obligatoire conditionnant la validité de la cession, Com. 1er févr. 2011, n° 10-13.595.
6. Le défaut de pouvoir du signataire d'un bordereau n'est sanctionné par une inopposabilité susceptible d'être invoquée par le seul cédant, Com. 21 sept. 2010, D. 2010. 2220, note Delpech.
7. Ce n'est qu'une faculté sans effet sur la réalité des droits transmis (Com., 18 nov. 1997, *RTD com.* 1998. 187, obs. M. Cabrillac).

cette notification, le débiteur ne se libère valablement qu'entre les mains de l'établissement de crédit et le cessionnaire a seul qualité pour agir contre le débiteur ou lui accorder des délais.

L'établissement de crédit peut aussi aller plus loin et recueillir l'engagement du débiteur de le payer dans un « acte d'acceptation » qui produit des effets comparables à ceux de l'acceptation d'une lettre de change (inopposabilité des exceptions...) [1].

Si le mécanisme est simple, il présente des avantages, mais aussi des inconvénients [2].

670 ***Avantages*** ◊ Le bordereau Dailly confère à son porteur, l'établissement de crédit créancier ou l'organisme mobilisateur (C. mon. fin., art. L. 313-30), une sûreté très intéressante. Ce créancier jouit, en effet, d'un droit sur la créance cédée ainsi que sur ses accessoires [3], dont les sûretés garantissant la créance, y compris les sûretés hypothécaires (*cf.* art. L. 313-27, al. 3,) et la réserve de propriété éventuelle (art. L. 313-27, al. 3). Ce droit est des plus efficaces, car il prend effet entre les parties et devient opposable aux tiers dès l'apposition de la date sur le bordereau lors de sa remise, et ce, quelle que soit la date de naissance, d'échéance ou d'exigibilité des créances, sans qu'il soit besoin d'autre formalité, et quelles que soient la loi applicable aux créances et la loi du pays de résidence des débiteurs (art. L. 313-27, al. 2 ; la loi dite Dailly devenant ainsi une loi de police !) ; par tiers, il faut entendre, semble-t-il, toutes les personnes qui ne sont pas parties à l'acte de cession ou n'ont pas qualité de représentant des parties. Dès lors, l'établissement de crédit peut opposer son droit à un autre établissement de crédit, second cessionnaire dans le temps [4], aux créanciers du cédant dans la mesure où leur opposition est accomplie postérieurement à la date du bordereau [5] et au banquier du cédant réceptionnaire d'un virement [6]. Vis-à-vis du débiteur cédé, la question se pose de savoir si le banquier cessionnaire doit souffrir des exceptions que celui-ci pourrait

---

1. V. Pau 19 déc. 1984, *D.* 1985, 326, note Cabrillac ; Com., 22 févr. 1994, *Bull. civ.* IV, n° 69 ; 1er déc. 1998, *D. aff.* 1999. 376. V. égal., Versailles 28 janv. 1987, *D.* 1988. Somm. 280.

2. V. Gavalda, « Sécurités et précarités de la cession de créances par voie Dailly », *JCP* E 1989. II. 15374 ; Genty, « Les applications jurisprudentielles de la loi Dailly », *Banque et droit* 1989. 47 s.

3. Notamment les clauses de compétence et d'arbitrage, Civ. 2e, 20 déc. 2001, *Bull. civ.* II, n° 198, comp. pour une clause d'agrément, Com., 21 nov. 2000, *Bull. civ. IV.* n° 180.

4. V. M. Cabrillac, *D.* 1990. Chron. 127 ; Larroumet, *JCP* E 1990. 15877.

5. V. TGI Paris 11 août 1988, *Banque* 1988. 1056, obs. Rives-Lange, *D.* 1989. Somm. 185, obs. Vasseur ; Paris 4 janv. 1990, *D.* 1990. Somm. 234, obs. Vasseur.

6. V. Com., 28 oct. 1986, *Bull. civ.* IV, n° 194, *D.* 1986. 592, note M. Vasseur, *JCP* 1987. II. 20735, note crit. Stoufflet, *RTD com.* 1987. 89, obs. Cabrillac et Teyssié ; 12 oct. 1993, *RTD com.* 1994. 81, *Bull. civ.* IV, n° 328 ; 5 juill. 1994, *Bull. civ.* IV, n° 251. La solution est curieuse, car elle revient à dire que le cessionnaire peut revendiquer la créance dans le compte du second banquier ; or, cette créance versée sur un compte n'a plus d'individualité. Il est vrai qu'aujourd'hui la revendication des choses fongibles est, sous certaines conditions, admise (C. com. art. L. 624-16, al. 3). Plus général, v. S. Torck, *Essai d'une théorie générale des droits réels sur choses fongibles*, thèse Paris II. 2001.

opposer au cédant. En l'absence d'acceptation, le cédé peut toujours opposer au cessionnaire les exceptions inhérentes à la créance cédée qui n'est pas purgée de ses vices par la cession. De même, puisqu'il se libère valablement entre les mains du cédant jusqu'à la notification de la cession, le paiement qu'il fait est opposable au cessionnaire. La même solution est applicable à l'exception de compensation qui est donc susceptible d'être invoquée si ses conditions sont réunies avant la notification [1]. Enfin, en application de l'article L. 313-29-1, visant les créances nées d'un contrat de partenariat public-privé, il peut être stipulé que pour une part de la créance cédée, représentant une fraction des investissements, cette part sera définitivement acquise au cessionnaire sans pouvoir être affectée par une exception de compensation.

Si le cessionnaire peut opposer son droit au débiteur cédé, c'est sans préjudice d'un recours contre son contractant direct, le cédant, d'autant que celui-ci est garant non seulement de l'existence de la créance, mais encore de son paiement (art. 313-24, al. 2) [2]. Ce recours est assurément illusoire en cas de liquidation judiciaire du cédant. Il est d'autres inconvénients, plus réels, qui s'attachent au mécanisme du bordereau Dailly.

671 ***Inconvénients*** ◊ Si le cédant a encaissé les sommes dues par le débiteur cédé et tombe, par la suite, en redressement ou liquidation judiciaire, le créancier cessionnaire perd sans doute toutes ses prérogatives. Sans préjudice de l'annulation éventuelle de sa sûreté [3] et sauf à considérer qu'il peut revendiquer la créance cédée - ce qui paraît exclu compte tenu de la fongibilité de la monnaie [4] -, il ne lui reste plus qu'à déclarer sa propre créance dans la procédure collective.

---

1. Com., 14 déc. 1993, *D.* 1994. 269, note Larroumet. Si les créances réciproques sont connexes, l'exception joue comme une exception inhérente à la dette. Com., 18 juill. 1989, *JCP* E 1991. II. 108, note M. Goré ; 15 juin 1993, *D.* 1994. Somm. 18, obs. Aynès ; 8 févr. 1994, *Bull. civ.* IV, n° 55, *JCP* E 1995,. II. 707, note D. Ammar ; v. encore, Com., 6 oct. 1998, *RTD com.* 1999. 163, obs. Cabrillac. Sur la charge de la preuve des exceptions, v. Com., 13 déc. 1994, *Bull. civ.* IV, n° 373 ; comp. Com., 18 oct. 1994, *Bull. civ.* IV, n° 290.

2. V. Com. 1er févr. 2011, n° 09-73.000.

3. Si la cession est faite à titre de garantie d'un crédit à venir, l'opération est valable même si elle intervient pendant la période suspecte. Si elle est faite en garantie d'un crédit déjà consenti, elle pourrait être annulée en tant que sûreté constituée en garantie d'une dette antérieurement contractée (C. com., art. L. 632-1 -6°). Mais la jurisprudence s'est prononcée en sens contraire, interprétant strictement les textes, Com., 28 mai 1996, *Bull. civ.* IV, n° 151, *RTD civ.* 1996. 671, obs. Crocq ; v. égal. Schmidt, « La cession de créances professionnelles au regard des articles 107 et 108 de la loi du 25 janvier 1985 », *RD bancaire et bourse* 1987. 83. Une cession de créance intervenue en période suspecte est valable si elle constitue un mode de paiement couramment admis dans les relations d'affaires du secteur professionnel considéré, ce qui est nécessairement le cas d'une cession-Dailly ; art. 632-1-4° ; v. égal. Com., 30 mars 1993, *JCP* E 1993. II. 453, note Guyon. La cession échappe également et normalement aux nullités facultatives : Com. 20 févr. 1996, *Bull. civ.* IV, n° 56.

4. V. TGI Avranches 24 mai 1984, *Defrénois* 1985. 1065, obs. Derrida. Comp. Civ. 1re, 7 févr. 1989, *Bull. civ.* I, n° 57 ; Com. 25 mars 1997, *D.* 1997. 481, note Martin, *JCP* E 1997. II. 991, obs. Pétel.

À ces aléas inhérents au redressement ou à la liquidation judiciaire [1], s'ajoutent d'autres inconvénients tirés de l'existence de conflits qui ne tournent pas toujours à l'avantage du porteur du bordereau Dailly.

Dans les marchés privés, un conflit peut opposer un banquier cessionnaire de l'intégralité d'une créance de marché et un sous-traitant qui se manifeste au cas de défaillance de l'entrepreneur principal et invoque à son profit l'action directe reconnue par la loi du 31 décembre 1975. D'après l'art. 13-1 de cette loi, l'entrepreneur principal ne peut céder les créances résultant du contrat passé avec le maître de l'ouvrage qu'à concurrence des sommes lui étant dues au titre des travaux qu'il a effectués personnellement [2]. En conséquence, le sous-traitant peut agir directement contre le maître de l'ouvrage pour avoir paiement des travaux sous-traités et le cessionnaire de la créance de l'entrepreneur principal sur l'ensemble des travaux ne peut s'opposer à l'action du sous-traitant même occulte [3]. Il appartient à l'entrepreneur principal qui entend céder la part de sa créance sur le maître de l'ouvrage correspondant à sa dette envers le sous-traitant d'obtenir préalablement un cautionnement pour garantir le sous-traitant. À défaut, la cession de créance lui est inopposable [4]. En d'autres termes, en l'absence de cautionnement, le sous-traitant l'emporte sur le banquier cessionnaire quelle que soit la date du bordereau et quelle que soit la date de l'action directe. La créance du sous-traitant est indisponible, le banquier doit donc se renseigner sur l'existence d'une sous-traitance ou obtenir du maître de l'ouvrage qu'il règle par lettre de change acceptée [5].

672 ***Concours sur la même créance*** ◊ Il est d'autres situations où le « cessionnaire-Dailly » se heurte à de nouvelles personnes titulaires d'un droit sur la même créance.

Ainsi l'établissement de crédit peut entrer en conflit avec le porteur d'une lettre de change acceptée. Si celui-ci est de bonne foi, il peut se prévaloir de sa créance cambiaire et l'emporte, dans ces conditions, sur l'établissement de crédit [6].

---

1. V. encore, Com., 26 avr. 2000, *Bull. civ.* IV, n° 84, *D.* 2000. 717, note Larroumet : le jugement d'ouverture de la procédure collective à l'égard du cédant fait obstacle aux droits de la banque cessionnaire sur les créances nées de la poursuite d'un contrat à exécution successive postérieurement à ce jugement ; mais cette solution a été abandonnée par la jurisprudence plus récente : Com. 7 déc. 2004, *Bull. civ.* IV, n° 213 ; 22 nov. 2005, *Bull. civ.* IV, n° 230.
2. V. Com. 27 avr. 2011, D. 2011. 1654, note Y.E. Le Bos.
3. Civ. 3e, 9 juin 1999, *D. aff.* 1999. 1396 ; v. égal. Com., 22 nov. 1988, *Bull. civ.* IV, n° 318, *D.* 1989. 212, note A. Bénabent, *Banque* 1989. 211, obs. Rives-Lange.
4. Com., 22 nov. 1988, *Bull. civ.* IV, n° 317 ; 12 févr. 1991, *Bull. civ.* IV, n° 63 ; 3e civ., 18 mars 1992, *Bull. civ.* III, n° 97 ; Com., 16 mai 1995, *Bull. civ.* IV, n° 141, *RTD civ.* 1995. 937, obs. P. Crocq.
5. V. A.M. Romani, « La protection du sous-traitant de marchés privés titulaires de l'action directe dans le conflit les opposant aux banquiers bénéficiaires de transferts de créances », *D.* 1990. Chron. 179 ; A. Bénabent, « Le conflit entre banquiers et sous-traitants », *RD imm.* 1990. 149 ; H. Synvet, *JCP* 1990. I. 3425.
6. V. T. com. Bordeaux 9 févr. 1987, *D.* 1988. Somm. 280 ; plus gén. v. M. Cabrillac, « La cohabitation de la traite et du "bordereau Dailly" », *RD banc. et bourse* 1987. 75 ; v. encore H. Paillard, *Les conflits sur créances*, thèse Aix, 1994.

De même, le « cessionnaire-Dailly » devrait être primé par les fournisseurs du cédant qui ont contribué à la naissance de la créance cédée par leur action postérieure à l'ouverture du redressement judiciaire frappant ledit cédant. La jurisprudence, après de nombreuses hésitations, n'est cependant plus en ce sens, ce qui effectivement valorise la cession Dailly (v. *supra*, n° 671, *ad notam*).

Lorsque le conflit éclate entre deux cessionnaires successifs de bordereaux, priorité doit être donnée au plus ancien [1]. « *Prior tempore, potior jure* ».

Le problème est plus difficile à trancher lorsqu'un fabricant vend avec une clause de réserve de propriété une marchandise à un grossiste qui la revend, à son tour, à un commerçant détaillant et lorsque le grossiste cède sa créance en garantie à un établissement de crédit par le procédé Dailly. À qui faut-il donner la priorité ? Le créancier titulaire de la clause de réserve qui veut exercer son droit sur le prix de revente subrogé au bien (C. com., art. L. 624-18) ou l'établissement de crédit cessionnaire de la créance de ce prix ? Si l'on admet que le droit du vendeur sur la créance ne naît qu'avec l'apparition de celle-ci, il faut donner satisfaction à l'établissement de crédit [2]. Si l'on considère, en revanche, que le conflit est un véritable conflit de sûretés, il faut le régler en fonction de leur date de naissance et donc donner la préférence au vendeur initial [3]. Inutile de dire que cette dernière solution devrait s'imposer et s'est du reste imposée [4] : le créancier titulaire d'une clause de réserve de propriété jouit d'un droit sur la valeur de la chose ; lorsque cette valeur est dégagée, notamment à la suite d'une revente, elle doit être affectée au créancier dont le rang est préférable. Puisque la clause de réserve de propriété est contemporaine de la vente initiale et puisque la cession Dailly ne naît qu'avec la seconde vente [5], le bénéficiaire de la clause l'emporte sur l'établissement de crédit cessionnaire. La créance de revente appartient en un sens au vendeur initial. Par conséquent le cédant n'a pas pu la céder au cessionnaire et celui-ci doit donc s'incliner devant le vendeur qui invoque sa garantie.

Il est un dernier inconvénient qui s'attache aux cessions de créances simplifiées s'appuyant sur le procédé Dailly. Rien n'empêche un cédant peu scrupuleux d'émettre des bordereaux sur des clients fictifs et d'obtenir ainsi un crédit qui ne repose sur aucune opération commerciale. Le système connu des « traites de cavalerie » peut parfaitement être utilisé par

---

1. V. Com., 12 janv. 1999, *Bull. civ.* IV, n° 8, *RTD com.* 1999. 479, obs. Cabrillac.

2. En ce sens, D. Martin, « Du conflit relatif à la créance du prix de vente d'une marchandise acquise sous réserve de propriété », *D.* 1986. Chron. 323 ; Rives-Lange et Contamine-Raynaud, *op. cit.*, n° 455.

3. En ce sens, v. M. Cabrillac, « Réserve de propriété, bordereau Dailly et créance du prix de revente », *D.* 1988. Chron. 225.

4. Com., 20 juin 1989, *Banque* 1989. 760, *Bull. civ.* IV, n° 197, *D.* 1989. 431, note F. Pérochon. La solution est différente lorsque la créance est matérialisée par une lettre de change acceptée, « règlement en valeur, » v. Com., 9 janv. 1990, *D.* 1990. Somm. 121, obs. M. Cabrillac.

5. À moins que la cession Dailly n'ait porté sur une créance future et donc sur une vente future, v. Com. 14 déc. 2010, n° 09-71.767.

le truchement des bordereaux Dailly [1]. Ce danger est réel pour les banques qui risquent de se retrouver en face d'entreprises « fantômes », sans pouvoir se retourner contre le cédant entre-temps disparu ou mis en liquidation judiciaire. Pour éviter ce genre de difficulté, peut-être faudrait-il compléter le système actuel en le subordonnant à la délivrance d'un minimum d'information sur la personne du débiteur cédé.

673 ***Créances issues de marchés publics*** ◇ En France, les créances sur l'État et les diverses collectivités publiques représentent des sommes très importantes. Il est cependant impossible pour leurs titulaires de les mobiliser par la voie de l'escompte parce que la puissance publique n'admet pas que l'on tire sur elle des lettres de change. Cela ne veut pas dire que ces créances ne puissent jamais servir d'instruments de crédit. En effet, le législateur s'est toujours efforcé d'offrir aux entrepreneurs créanciers de l'administration des techniques de nantissement ou de cession fiduciaire [2]. Amorcé en 1935 avec l'organisation du nantissement de marché public (Décr.-L. 30 oct. 1935), le mouvement s'est accéléré à la fin des années 1970 avec l'institution de la procédure des paiements à titre d'avance (L. 4 janv. 1978) et l'application de la loi Dailly aux marchés publics [3]. Ces deux techniques font de la cession de créance une véritable garantie. La première a une portée limitée, car elle ne bénéficie qu'à un établissement de crédit, la seconde est plus générale et concilie très heureusement les dispositions de la loi Dailly avec les exigences des marchés publics.

674 ***Procédure de paiement à titre d'avances*** ◇ La loi 78-13 du 4 janvier 1978, plusieurs fois modifiée (v. C. marchés, art. 111), permet à certaines entreprises de bénéficier de paiements à titre d'avance de la part de l'ex-crédit d'équipement aux petites et moyennes entreprises devenu OSEO

1. Crim., 30 mars 1992, *RTD com.* 1992. 843 ; 22 févr. 1993, *JCP* E 1994. II. 530, obs. Véron ; A. Dekeuwer, *JCP* E 1995. I. 45.

2. De même, le législateur a multiplié les mesures en vue de réduire les délais d'ordonnancement et de règlement des administrations publiques (v. en dernier lieu, Décr. n° 87-984, 7 déc. 1987 instituant un système expérimental de règlement des marchés publics par voie d'une lettre de change relevé, *JO* 9 déc. 1987. V. Hugon, *RD banc. et bourse* 1988. 84. L'expérimentation ayant fait ses preuves, est aujourd'hui prolongée). V. Rép. min., QE n° 51116. *JOAN* 27 avr. 1992, et Décr. n° 94-790, 7 sept. 1994, *D.* 1994. 503. V. encore, « Les délais de règlement de la commande publique locale », *Notes Bleues de Bercy* déc. 1999, n° 173.

3. Article 61 de la loi bancaire du 24 janvier 1984 abrogeant toutes les dispositions contraires à cette loi et à la loi Dailly contenues dans le décret du 30 décembre 1935. Ce texte a donné lieu à un décret d'application en date du 3 décembre 1985, intégré dans les articles 188 et suivants du Code des marchés publics (v. Bachelot, « La cession de créance et les marchés publics », *Banque* 1986. 247 ; Schreiber, « La cession et nantissement des créances contenues dans les actes unilatéraux de droit public dans le cadre de la loi Dailly », *D.* 1987. Chron. 295). Les art. 188 s. C. marchés sont devenus à l'issue de certaines réformes, les art. 106 s. C. marchés. Ce régime spécial ne concerne que les marchés publics. Les marchés privés restent sous l'empire du droit commun, c'est-à-dire du Code civil, du Code de commerce et de la loi Dailly (v. Vasseur, *Droit et économie bancaires, Les opérations de banque*, fasc. III, 1988-1989, p. 1245). En pratique, le banquier nanti obtient du débiteur le mandat de percevoir le prix dû par le sous-débiteur, si bien que l'on parle couramment de délégation de marché (v. Roblot, *op. cit.*, n° 2441).

BDME [1]. Et, selon la loi, ces paiements sont garantis par le transfert en pleine propriété d'une créance.

Peuvent obtenir le concours de cet organisme les petites et moyennes entreprises dont le chiffre d'affaires n'excède pas 15 244 901,72 € ou dont l'effectif n'excède pas 500 salariés, titulaires de marchés passés par l'État ou les établissements publics nationaux autres que ceux ayant un caractère industriel et commercial. Les avances sont consenties gratuitement et à hauteur de 100 %, dès l'instant que ces entreprises n'obtiennent pas dans les délais réglementaires (45 jours) le paiement des sommes qui leur sont dues au titre des marchés, mais à condition que les créances en cause aient été préalablement cédées à l'organisme. Cette cession de créance est réalisée par acte sous seing privé et devient opposable aux tiers dès sa notification au comptable public assignataire de la dépense par simple lettre recommandée. Cette notification remplace la signification par huissier de l'article 1690 du Code civil.

Il ressort de ce mécanisme expressément voulu par le législateur [2] et reposant sur une cession de créance faite à titre de garantie [3], une nouvelle application de la fiducie. L'organisme garantit le remboursement de ses avances par une cession de créance. Celle-ci constitue « une véritable sûreté accessoire d'une avance de fonds » [4]. Le fait que la cession soit conditionnelle - elle est subordonnée au défaut de paiement des marchés dans les délais requis - et que la créance ne soit pas retransférée à l'emprunteur cédant - l'organisme se rembourse directement auprès de l'administration, toujours solvable - ne change rien à l'analyse [5].

675 ***Application de la loi Dailly aux marchés publics*** ◊ Les textes du Code des marchés publics (art. 106 s.) règlent avec précision la procédure à suivre pour céder ou nantir une créance résultant d'un marché. Mais aujourd'hui cette procédure doit être combinée avec les dispositions de la loi Dailly, si bien que la sûreté s'établit dans les conditions suivantes.

1) L'autorité qui a traité avec l'entrepreneur lui remet une copie du marché, conforme à l'original, revêtue d'une mention dûment signée et indiquant que cette copie est délivrée en unique exemplaire en vue de la notification éventuelle d'une cession ou d'un nantissement de créance.

2) L'entrepreneur remet à son banquier, créancier, un bordereau énumérant les créances cédées ou nanties ; la sûreté est alors, non seulement parfaite entre les parties, mais encore opposable aux tiers. En même temps que le bordereau, l'entrepreneur transmet l'exemplaire unique du marché ;

---

1. sur l'ex CPME, v. Rives-Lange et Contamine-Raynaud, *Droit bancaire*, Précis Dalloz, n° 498.

2. V. T. com. Issoudun 7 juill. 1981, *D.* 1982. IR 194, obs. Vasseur faisant observer que ce mécanisme ne tombe pas sous le coup des nullités de la période suspecte en tant que mode normal de paiement.

3. V. Vasseur, « La cession de créance à titre de garantie », *Banque* 1978. 458.

4. V. Witz, *op. cit.*, n° 176.

5. Comp. D. Legeais, *Les garanties conventionnelles sur créances*, n° 371.

cette dernière formalité est dûment sanctionnée [1], et donne l'assurance au banquier que le marché ne fera pas l'objet de plusieurs cessions ou nantissements.

3) Le nantissement ou la cession est notifié au comptable public assignataire désigné dans le marché ; cette notification qui, en cas de cession, immobilise la créance cédée au profit du créancier [2], peut être faite par simple lettre recommandée. Le créancier devra accompagner cette notification de la délivrance de l'exemplaire unique au même comptable « en tant que pièce justificative pour le paiement » (art. 106-I, al. 2).

676 ***Droits du créancier*** ◊ Le créancier nanti sur marché public ou cessionnaire d'un tel marché jouit de fortes prérogatives. Tout d'abord, il peut obtenir des renseignements sur l'exécution du marché auprès de l'autorité compétente [3]. Il peut ainsi obtenir un état sommaire des travaux effectués, mais dont l'évaluation n'engage pas l'administration. Il peut également requérir le décompte des sommes dues à l'entrepreneur, de même que l'état des avances et des acomptes mis en paiement ainsi qu'un état détaillé des significations reçues, c'est-à-dire des privilèges qui sont susceptibles de lui être opposés. Le bénéficiaire du nantissement ou le cessionnaire du marché a, ensuite, le droit d'encaisser seul le montant de la créance ou de la part de la créance qui lui a été donnée en gage ou cédée. Pour le créancier nanti, il s'agit d'un avantage appréciable : il se voit reconnaître le droit de disposer du gage avant l'échéance de sa propre créance [4]. Le créancier peut encore transmettre ses droits par voie d'endos ou de nantissement et le nouveau bénéficiaire peut, à son tour, encaisser seul la créance transmise. Enfin, le créancier nanti - et seulement le créancier nanti, car pour le créancier cessionnaire, le problème ne se pose pas - bénéficie d'un honnête droit de préférence. En effet, ses droits ne sont primés, d'après les articles 109 s. du Code des marchés publics, « que par le privilège des frais de justice, le superprivilège des salariés, le privilège résultant, au profit des ouvriers et fournisseurs des entrepreneurs de travaux publics, de l'article L. 3253-22 du Code du travail, les privilèges conférés au Trésor par les lois en vigueur et le privilège conféré aux propriétaires des terrains occupés pour cause de travaux publics par la loi du 29 décembre 1892 ». On ajoutera que les textes récents se sont efforcés d'éviter les conflits qui pourraient apparaître entre le créancier nanti ou cessionnaire et les sous-traitants en droit d'obtenir un paiement direct (L. 31 déc. 1975, art. 4 s.), puisqu'il est prévu qu'il faut déduire du montant du marché cédé ou nanti, le montant des prestations confiées ou à confier

1. V. CE 15 févr. 2008, *SA Fortis Banque France* et les obs. de X. Mouriesse, *Dr. et patr.* 2008, n° 172, 36.
2. C. mon. fin., art. L. 313-28. Mais conformément à ce texte, la notification n'est pas obligatoire.
3. Si ces renseignements sont inexacts, l'administration engage sa responsabilité (CE 21 juin 1957, *D.* 1957. 355. Rappr., mais en matière de nantissement de marché privé, Aix 8 oct. 1980, *Bull. Aix*, n° 170).
4. C. marchés, art. 108.

aux sous-traitants (C. marchés, art. 106-I, al. 8) [1]. L'application de cette disposition aurait dû conduire à déclarer toute cession ou tout nantissement excédentaire inopposable au sous-traitant. Le Conseil d'État, cependant, retient une autre analyse en considérant que la garantie d'une part excessive du marché interdit toute acceptation du sous-traitant par le maître de l'ouvrage, ce qui prive le sous-traitant de son droit au paiement [2].

676-1 ***Extinction*** ◊ La cession fiduciaire perd toute raison d'être lorsque la créance garantie est, d'une manière ou d'une autre, payée. Le cédant retrouve alors, par l'effet d'une condition résolutoire implicite, la propriété de sa créance sans formalité particulière : la créance cédée retourne ainsi dans le patrimoine du cédant [3]. Aucune difficulté ne se pose naturellement lorsque la créance cédée et la créance garantie sont d'un même montant. Les « pendules » sont simplement remises à l'heure. Mais qu'en est-il lorsqu'une partie seulement de la créance cédée a servi au paiement de la créance garantie, la créance cédée étant par exemple de 100, alors que la créance garantie est de 50 ? Juridiquement, tout est simple. Si la cession n'a pas été notifiée au débiteur céifdé, le cédant continue de percevoir les règlements afférents à la créance cédée, mais désormais pour son propre compte et non plus pour le compte du cessionnaire. Si la cession a été notifiée, le cessionnaire n'a plus aucun droit sur la créance subsistante et doit la restituer en l'état au cédant : comme le dit la Cour de cassation, « la cession de créance effectuée à titre de garantie prend fin sans formalité particulière pour les sommes excédant la créance qui reste due à la banque cessionnaire par le cédant » [4]. Il reste que le débiteur cédé qui, dans cette situation, ne connaît que le cessionnaire, doit alors être dûment informé pour qu'il redirige ses paiements vers le cédant.

§ 2. **Fiducie civile**

677 ***Consécration*** ◊ Après beaucoup d'hésitations, le législateur français s'est décidé à consacrer dans le Code civil le contrat de fiducie. Le droit français ne pouvait plus rester en marge des évolutions économiques, financières et commerciales, d'autant que les pays de *common law* ne cessaient de gagner des parts de marchés grâce aux techniques juridiques empruntées au trust [5] et que de nombreux États de tradition civiliste

---

1. La difficulté est de déterminer la sanction de la règle ; on peut, cependant, estimer que le banquier nanti ou cessionnaire commet une faute s'il prend le marché en garantie, alors qu'il n'ignore pas la sous-traitance (V. T. com. Bordeaux 18 avr. 1986, *D.* 1987. Somm. 146 obs. Vasseur ; Aix 25 mars 1987, *D.* 1988. Somm. 282, obs. Vasseur. V. égal., *supra*, n° 671).

2. CE 2 juin 1989, *D.* 1990. 229, obs. A. Bénabent. Somm. 63, obs. Terneyre.

3. Civ. 1re, 19 sept. 2007, D. 2007, 2532, obs. Delpech, *RTD civ.* 2008. 322, obs. Revet.

4. Com. 9 févr. 2010, D. 2010. 578, obs. Delpech, *RTD civ.* 2010. 360, obs. Crocq ; égal. Com. 3 nov. 2010, D. 2010, 2700, *RTD civ.* 2011, 156, obs. Crocq.

5. V. F. Barrière, *La réception du trust au travers de la fiducie*, Litec 2004 ; S. Godechot, *L'articulation du trust et du droit des successions*, 2004, éd. Panthéon-Assas avaient adopté la fiducie (Luxembourg, Italie, Liban, Québec...). Une loi du 19 février 2007 est donc venue traiter de la fiducie [1]. La loi du 4 août 2008 sur la modernisation de l'économie en a assoupli certains traits. L'ordonnance du 18 décembre 2008 sur les procédures collectives, la loi 2009-112 du 30 janvier 2009 réglementant spécialement la fiducie-sûreté au sein du Code civil (art. 2372-1 s. en matière mobilière ; art. 2488-1 s. en matière immobilière) et, enfin, la loi dite de simplification du droit du 12 mai 2009, ratifiant les ordonnances précédentes, ont complété le tableau [2].

L'article 2011 du Code civil définit la fiducie comme « l'opération par laquelle un ou plusieurs constituants transfèrent des biens, des droits ou des sûretés, ou un ensemble de biens, de droits ou de sûretés, présents ou futurs, à un ou plusieurs fiduciaires qui, les tenant séparés de leur patrimoine propre, agissent dans un but déterminé au profit d'un ou de plusieurs bénéficiaires ». La fiducie visée est donc, non pas la cession fiduciaire déjà consacrée par certains textes, mais la fiducie donnant lieu à un patrimoine d'affectation. Il s'agit de la fiducie que l'on peut qualifier de « nommée » et dont l'une des applications peut être la fiducie sûreté telle qu'elle est organisée par le Code civil dans des dispositions spécifiques.

Par la fiducie un constituant transfère la propriété de certains de ses biens à un fiduciaire : ces biens seront isolés dans son patrimoine : on parle donc de patrimoine fiduciaire, lequel est un patrimoine d'affectation. Le fiduciaire est investi d'un droit de propriété sur les biens qui forment l'objet de la fiducie. Ce droit de propriété n'est pas absolu : il est limité dans ses attributs, le fiduciaire ne pouvant jouir des biens transférés [3]. En outre, le droit de propriété est limité dans le temps, le droit de propriété du fiduciaire ne pouvant, à peine de nullité, excéder quatre-vingt dix neuf ans. Pour autant, la propriété fiduciaire relève encore du droit de propriété. Le droit de propriété n'est pas démembré. Pas davantage n'y a-t-il, comme en matière de trust, superposition de droit réels : la propriété est simplement fiduciaire [4].

678 ***Finalités*** ◊ La fiducie peut avoir plusieurs fonctions. Elle permet principalement au constituant de faire gérer d'une manière autonome certains biens ou certains droits : la fiducie est alors une fiducie-gestion. Le bénéficiaire de l'opération est le constituant lui-même, tandis que le fiduciaire devient gestionnaire. Ces droits peuvent être des sûretés. L'article 2328-1 prévoit en effet que « toute sûreté réelle peut être constituée, inscrite,

1. La fiducie, *D.* 2007. 1346 ; R. Libchaber, *Defrénois* 2007. 38631 ; J. Bertran de Balanda e A. Sorensen, « La fiducie : un enfer pavé de bonnes intentions », *RLDC* juin 2007. 53 ; B. Francois, Fiducie, *Rép. Dalloz Sociétés, V° Fiducie.*

2. V. P. Crocq, D. 2009. 716 ; Ph. Dupichot, « La fiducie-sûreté en pleine lumière », *JCP* 2009. I. 132 ; MM. Grimaldi et Dammann, « Le fiducie sur ordonnances », D. 2009. 670 ; A. Aynès, « L'introduction de la fiducie en droit français » *RLDC* mars 2009. 63.

3. M.N. Jobard-Bachellier, M. Bourassin et V. Brémond, n° 1280.

4. V. P. Crocq ; comp. Libchaber, art. préc.

gérée et réalisée pour le compte des créanciers de l'obligation garantie par une personne qu'ils désignent à cette fin dans l'acte qui constate cette obligation ». Un fiduciaire peut ainsi prendre la qualité d'« agent de sûretés » et, notamment en tant que chef de file dans une syndication bancaire, administrer (mais non constituer) un ensemble de sûretés réelles [1].

La fiducie à fin de garantie est une autre forme de fiducie : on parle de fiducie-sûreté. L'expression est passée dans le langage juridique. Le constituant, débiteur, transfère à un créancier, fiduciaire-bénéficiaire [2], des biens ou des droits à titre de garantie qui seront isolés dans un patrimoine d'affectation : le fiduciaire en devient propriétaire, à charge pour lui de les restituer en cas de paiement de sa créance. En cas de défaillance du débiteur, le fiduciaire conservera définitivement les biens et droits formant l'objet de la fiducie et ce, dans les conditions prévues par les parties, la loi étant muette sur le dénouement de l'opération (évaluation des biens, soulte éventuelle, charge des risques). Dans l'absolu, cette sûreté est idéale pour le créancier qui échappe à tout concours [3]. Offerte désormais à tous les débiteurs, elle n'est cependant pas utilisable par tous les créanciers. De fait, elle est réservée aux opérations financières et ne concurrence ni le gage ni l'hypothèque.

Un temps, le Code civil n'avait pas soumis la fiducie sûreté à un régime spécifique, si ce n'est que l'opération conservait ou devait conserver un caractère accessoire, l'article 2029 précisant que la fiducie prend fin par la réalisation du but poursuivi. Aujourd'hui, le Code civil lui consacre au-delà des dispositions générales des articles 2011 s., des dispositions particulières aussi bien en matière immobilière (v. *supra*, n° 371) qu'en matière mobilière. L'article 2372-1 précise en effet que « la propriété d'un bien mobilier ou d'un droit peut être cédée à titre de garantie en vertu d'un contrat de fiducie (art. 2011 à 2030) ».

679 ***Constitution*** ◊ La fiducie sûreté se conclut (et ne se présume pas [4]) entre deux personnes : le constituant (personne physique [5] ou morale quelle qu'elle soit) et le fiduciaire bénéficiaire (un établissement de crédit, un établissement ou un service autorisé à effectuer des opérations de banque, une entreprise d'investissement, une entreprise d'assurance, un membre de la profession d'avocat). Un tiers peut être chargé de la préservation des intérêts du constituant dans le cadre de l'exécution du contrat

1. V. D. Legeais, « Crédits syndiqués », *RTD com.* 2007. 583 ; P. Crocq, « Lacunes et limites de la loi au regard du droit des sûretés », *D.* 2007. 1354.

2. Rien ne s'oppose à ce que le fiduciaire soit en même temps bénéficiaire.

3. A. Cerles, « La fiducie, nouvelle reine des sûretés », *JCP* E 2007. 2054.

4. Comme le cautionnement, la fiducie doit être « expresse » (art. 2012).

5. Si la personne est incapable, des règles protectrices doivent être suivies, art. 408-1, 445, 468 et 509-5°. De même le conjoint est-il appelé à donner son consentement, v. art. 1424, al. 2. Ajoutons qu'en cas de décès du constituant personne physique, le contrat de fiducie-sûreté ne prend pas fin (art. 2029).

(art. 2017). Le contrat doit être passé par écrit [1] et comporter un certain nombre de mentions obligatoires. Le contrat de fiducie est donc solennel. L'article 2018 exige que le contrat détermine, à peine de nullité :

- les biens, droits ou sûretés transférés [2] ;
- la durée du transfert (99 ans au maximum) ;
- l'identité du ou des constituants, *i.e.* en l'occurrence, le débiteur ou un tiers garantissant la dette d'autrui ;
- l'identité du ou des fiduciaires, *i.e.* du ou des créanciers ou encore du ou des tiers convenus ;
- l'identité des bénéficiaires, *i.e.* alternativement le fiduciant et le créancier ;
- la mission du ou des fiduciaires et l'étendue de leurs pouvoirs d'administration et de disposition.

L'article 2372-2 exige, de surcroît, la mention dans le contrat de :

- la dette garantie (art. 2372-2), ce qui interdit de convenir d'une fiducie *omnibus* ;
- et de la valeur estimée du bien ou du droit cédé à titre de garantie (2372-2).

Le contrat et ses avenants doivent être enregistrés à peine de nullité dans le délai d'un mois (art. 2019). Un registre national des fiducies est constitué (art. 2020). Il n'a cependant pas pour fonction d'assurer la publicité des opérations. Le registre est institué à des fins de police (contrôle des activités illicites...).

679-1 ***Opposabilité*** ◊ Le transfert de propriété des immeubles doit, comme on l'a vu (*supra*, n° 371), faire l'objet d'une publicité foncière (art. 2019 al. 2). Quant au transfert des meubles, il ne devrait devenir opposable aux tiers que dans les conditions du droit commun : d'où pour les meubles corporels une mise en possession et pour les biens incorporels représentés par un titre, une remise du titre. Pour les autres meubles incorporels, qui ne sont pas, toutefois, des créances, on peut concevoir qu'ils soient transférés au fiduciaire, mais restent cependant entre les mains du constituant dans le cadre d'une convention de mise à disposition. Au demeurant, l'art. 2018-1 prévoit très utilement que si le bien transféré est un fonds de commerce, cette convention n'est pas soumise à la réglementation de la location-gérance.

Quant aux créances, leur cession est opposable aux tiers à la date du contrat de fiducie ou de l'avenant qui la constate ; la cession ne devient opposable au débiteur de la créance cédée que par la notification qui lui en est faite par le cédant ou le fiduciaire (art. 2018-2). La règle s'inspire

1. Le contrat doit être notarié non seulement lorsque les biens transférés sont des immeubles, mais encore lorsqu'ils dépendent de la communauté existant entre les époux ou d'une indivision (art. 2012, al. 2).
2. Rien n'est dit sur le transfert de sûretés : est-il concevable indépendamment du transfert de la créance garantie ?

directement des solutions admises en matière de nantissement de créance et s'inscrit dans le droit commun modernisé de la cession de créance (v. *supra*, n° 645).

679-2 ***Procédures collectives*** ◊ Il faut ajouter que l'opération n'est pas nulle de plein droit lorsqu'elle est conclue en période suspecte. Elle reste valable lorsque le transfert de propriété est intervenu « à titre de garantie d'une dette concomitamment contractée » (C. com. art. L. 632-1 9°). De son côté, l'art. L. 632-1 10° frappe de nullité « tout avenant à un contrat de fiducie affectant des droits ou biens déjà transférés dans un patrimoine fiduciaire à la garantie de dette contractées antérieurement à cet avenant ». On ajoutera que dans la mesure où la fiducie est une véritable sûreté, le créancier doit déclarer sa créance et faire état de sa sûreté.

680 ***Agent des sûretés*** ◊ Pour que la fiducie puisse permettre des opérations de financement de dimension internationale, la loi donne la possibilité de confier à une personne unique la constitution, la gestion et la réalisation de sûretés réelles détenues par plusieurs créanciers ; le nouvel article 2328-1 du Code civil dispose en effet que toute sûreté réelle peut être constituée, inscrite, gérée et réalisée pour le compte des créanciers de l'obligation garantie par une personne qu'ils désignent à cette fin dans l'acte qui constate cette obligation. C'est introduire en droit français l'agent des sûretés (*security trustee*). Sa mission est originale et s'apparente à celle d'un commissionnaire [1] : la sûreté est prise et gérée par l'agent, mais pour le compte de tel créancier. Ainsi, de même qu'un non débiteur peut constituer une sûreté (v. caution réelle), un non-créancier peut en être l'agent. On attend de lui, naturellement, une parfaite indépendance. Du moins devrait-il prévenir tout conflit d'intérêts.

Si la sûreté est une fiducie, le montage débouche sur une opération à trois personnes et conduit à faire de l'agent le fiduciaire et du ou des créanciers le ou les bénéficiaires.

Si la sûreté est un gage ou une hypothèque, l'opération est plus particulière. Elle devrait être organisée autour de la théorie du mandat sans représentation.

681 ***Patrimoine*** ◊ L'objet même de la fiducie est de transférer des biens à un fiduciaire. Mais ce dernier ne peut en jouir et ses pouvoirs sont limités par la charge dont il est investi. Cependant, dans ses rapports avec les tiers (de bonne foi), le fiduciaire est réputé disposer des pouvoirs les plus étendus sur le patrimoine fiduciaire. Il est responsable des fautes qu'il peut

---

1. J.L. Michaud, « La cotitularité des sûretés », *Dr. et patr.* sept. 2008. 52 ; J. Leavy, « L'agent des sûretés n'est pas un fiduciaire en droit français », *Banque et droit* mars 2011. 136, p. 11 ; rappr. sur une convention de partage de sûretés, Com. 13 sept. 2011, *D.* 2011. 2272, obs. Delpech ; v. MM. Dammann et Albertini, « L'arrêt Belvédère : la réception du *trust* et de la "*Parallel Debt*" en droit français », *JCP* E 2011. 1803.

commettre dans l'exercice de sa mission (art. 2026) [1] et doit régulièrement rendre des comptes (art. 2022).

Les biens transférés au fiduciaire ne sont pas confondus avec ses propres biens. Un patrimoine fiduciaire est ainsi constitué : il s'agit d'un véritable patrimoine d'affectation. Le fiduciaire doit prendre les mesures propres à préserver la séparation entre son patrimoine personnel et le patrimoine fiduciaire (art. 2011). Le patrimoine fiduciaire est, en principe [2], à l'abri du droit de poursuite des créanciers du constituant ou du fiduciaire lui-même. Seuls les titulaires de créances nées de la gestion ou de la conservation du patrimoine ont un droit de gage sur ce patrimoine.

Il reste que si le patrimoine fiduciaire est insuffisant pour répondre des créances nées de sa gestion ou de sa conservation, les créanciers disposent d'un patrimoine « subsidiaire », en ce sens qu'ils peuvent agir sur le patrimoine du constituant ou encore sur le patrimoine du fiduciaire si le contrat de fiducie le prévoit (art. 2025, al. 2).

Le patrimoine fiduciaire n'est en tout cas nullement affecté par l'ouverture d'une procédure collective (art. 2024).

681-1 ***Fiducie rechargeable*** ◊ Le régime de la fiducie sûreté est particulièrement moderne, car les parties peuvent recourir, comme en matière d'hypothèque, à la recharge. L'article 2372-5 prévoit, à travers des dispositions impératives, que la propriété cédée à titre de garantie peut être ultérieurement affectée à la garantie de dettes autres que celles qui sont mentionnées dans l'acte constitutif, à condition néanmoins que cet acte le prévoit.

La sûreté peut ainsi être à nouveau offerte au créancier originaire, mais également à un nouveau créancier, encore que le premier n'ait pas été payé. La convention de rechargement, cependant, doit être, à peine de nullité, établie dans les mêmes conditions que la convention initiale (v. mentions) et doit être enregistrée dans les formes prescrites par l'art. 2019. La date d'enregistrement détermine, entre eux, l'ordre des créanciers bénéficiaires de la sûreté.

En cas de rechargement, le patrimoine fiduciaire ne peut être affecté en garantie d'une nouvelle dette que dans la limite de sa valeur estimée au jour de la recharge. Autrement dit, rien ne s'oppose à ce que le rechargement se fasse pour un montant plus élevé que celui qui est prévu dans l'acte constitutif. Cette limite n'est cependant fixée que lorsque le constituant est une personne physique. Lorsque le constituant est une personne morale, les parties recouvrent toute leur liberté contractuelle.

---

1. V. Ph. Delebecque, « La responsabilité du fiduciaire », in *Travaux Assoc. Capitant, La fiducie*, 2011 ; égal. MM. Damman et Albertini, « L'avocat face à la fiducie », *JCP* 2011, suppl. n° 41, p. 15.

2. C'est-à-dire sauf fraude et sous réserve du droit de suite susceptible d'être exercé par les créanciers du constituant.

682 ***Réalisation*** ◊ Un temps placé sous le signe de la liberté contractuelle, la réalisation de la fiducie sûreté est aujourd'hui encadrée (art. 2372-3 et 4). Le système voulu par le législateur reste dominé par la souplesse. Si les qualités de fiduciaire et de créancier sont confondues, le fiduciaire acquiert, en cas de défaillance du constituant, « la libre disposition du bien ou du droit cédé à titre de garantie » (art. 2372-3) : on retrouve la solution admise en matière de propriété réservée (v. *infra*, n° 734). La loi prévoit cependant une possibilité de convention contraire, ce qui renvoie à la technique de la vente dont on penser qu'elle est abandonnée à la liberté contractuelle [1]. Si le créancier n'est pas le fiduciaire, celui-ci pourra exiger de celui-là la remise du bien afin d'en disposer librement. On peut aussi concevoir un accord entre les parties conduisant le fiduciaire à vendre le bien pour le compte du créancier.

Il restera, bien naturellement, à éviter la spoliation du débiteur et/ou l'enrichissement du créancier. La loi a prévu à cet égard des garde-fous :

– la détermination de la valeur du bien par expert désigné à l'amiable ou judiciairement. Cette exigence est impérative. Toutefois, si la valeur est fixée par une cotation officielle sur un marché organisé au sens du Code monétaire et financier, les choses se règlent plus facilement : la référence qui en résulte s'impose aux parties. De même en sera-t-il s'il s'agit d'une créance de somme d'argent, puisqu'il suffira de se référer à son nominal ;

– le versement par le bénéficiaire de la fiducie au constituant, lorsque la valeur du bien conservé est supérieure au montant de la créance désormais réglée, d'une somme égale à la différence entre cette valeur et le montant de la dette, sous réserve du paiement préalable des dettes nées de la conservation ou de la gestion du patrimoine fiduciaire. Les créances « de » la fiducie ont donc droit à un paiement privilégié. Les mêmes solutions jouent lorsque le fiduciaire procède à la vente du bien ou du droit cédé en application du contrat de fiducie. Les textes ne sont cependant pas impératifs sur cette dernière question, ce qui devrait laisser aux parties la possibilité de stipuler une convention contraire et de permettre au créancier de se faire attribuer l'excédent à titre de clause pénale.

On observera enfin que le contrat de fiducie sûreté ne peut être révoqué que du consentement des deux parties, le fiduciaire étant en même temps bénéficiaire de l'opération (art. 2028), qu'il s'éteint par la survenance du terme ou la réalisation de son but et que le bénéficiaire peut y renoncer. Lorsque le contrat de fiducie prend fin en l'absence du bénéficiaire, c'est-à-dire principalement en raison de sa renonciation, les droits, biens ou sûretés présents dans le patrimoine fiduciaire font de plein droit retour au constituant (art. 2030).

682-1 ***Procédures collectives*** ◊ L'ordonnance du 18 décembre 2008 relative à la réforme des procédures collectives a apporté quelques modifications

1. Ph. Dupichot, *JCP* 2009. I. 132, n° 13.

techniques de nature à clarifier le régime de la fiducie en cas de « faillite » frappant le débiteur. En cas de sauvegarde et de redressement, le juge-commissaire peut autoriser le débiteur « à payer des créances antérieures au jugement... pour obtenir le retour des biens et droits transférés à titre de garantie dans un patrimoine fiduciaire, lorsque ce retrait ou ce retour est justifié par la poursuite de l'activité » (art. L. 622-7-II). Cette disposition s'applique bien évidemment aux seules fiducies avec dépossession. Pour ces dernières fiducies, le créancier sera également astreint à la procédure de revendication qui joue en l'occurrence dans les conditions habituelles (art. L. 624-16, al. 1er).

Pendant la période d'observation et l'exécution du plan, la fiducie-sûreté se trouve neutralisée : la loi prévoit en effet qu'aucune cession ou aucun transfert des biens et droits ne peut intervenir au profit du fiduciaire ou d'un tiers du seul fait de l'ouverture de la procédure, de l'arrêté du plan ou encore d'un défaut de paiement d'une créance antérieurement au jugement d'ouverture (art. L. 622-23-1) ; l'interdiction est prévue à peine de nullité de la cession ou du transfert. En tant que contrat, la fiducie n'est pas affectée par la règle de la continuation des contrats en cours ; tel n'est pas le cas, toutefois, pour la convention en exécution de laquelle le débiteur conserve l'usage ou la jouissance des biens ou droits transférés dans un patrimoine fiduciaire (art. 622-13, VI). Par conséquent, ce n'est qu'au terme de cette dernière convention que le créancier sera en mesure d'avoir la libre disposition des biens formant l'objet de la fiducie.

En cas de liquidation judiciaire, les règles sur la continuation des contrats en cours ne s'appliquent plus du tout (art. L. 641-11-1, VI). En outre, il est expressément dit que les biens formant l'objet de la fiducie ne pourront pas être compris dans un plan de cession sans l'accord du créancier (art. L. 642-7). La situation est donc plus avantageuse qu'en cas de simple hypothèque.

§ 3. Fiducie de droit commun ?

683 ***Fiducie nommée ou fiducie innomée*** ◊ Bien que les lois du 19 février 2007 et du 30 janvier 2009 aient consacré la fiducie-sûreté et en ait organisé le régime, il est encore permis de se demander s'il est possible de convenir d'une fiducie-sûreté en recourant aux seules vertus de la liberté contractuelle et de la théorie des obligations. En dehors des situations où l'usage a dicté la réponse (*cf.* la pratique des gages-espèces), le droit français peut-il admettre une fiducie-sûreté innommée ? Certains auteurs le soutiennent [1], en considérant que les textes du Code civil sur la cession de créance sont ouverts et n'excluent pas le recours à la cession à titre de garantie. D'autres sont plus réservés, en faisant observer que la propriété-garantie ne présente véritablement un intérêt que si elle bénéficie à

1. L. Aynès art. préc., *passim*.

certaines catégories de créanciers et que si tous les créanciers peuvent en bénéficier, il faut alors régler les conflits et les concours, ce qui soulève trop de difficultés [1]. La première thèse est assurément plus séduisante et plus pertinente, mais la jurisprudence n'est sans doute pas prête à la consacrer. À deux reprises, en effet, la Cour de cassation a affirmé qu'une cession de créance à titre de garantie consentie dans les termes du droit commun ne pouvait constituer qu'un nantissement de créance [2]. Cette jurisprudence est difficile à comprendre et même à admettre, car elle dénature la convention des parties, mais elle n'est paradoxalement pas désavantageuse pour les créanciers, dans la mesure où un créancier nanti est aujourd'hui investi d'un droit au paiement - de la créance formant l'objet de sa sûreté - que d'aucuns considèrent comme exclusif (v. *supra*, n° 648).

---

1. D. Legeais, « La réforme des sûretés, la fiducie et les procédures collectives », *Rev. sociétés* 2007. 687 s.

2. Com. 19 déc. 2006, *Bull. civ.* IV, n° 250 ; 26 mai 2010, *Bull. civ.* IV, n° 94, cités *supra*, n° 668, *ad notam*.

CHAPITRE 2
SÛRETÉS MOBILIÈRES SANS DESSAISISSEMENT

684 ***Plan*** ◊ L'époque moderne a vu se développer un certain nombre de sûretés mobilières n'entraînant aucune dépossession du débiteur. La souplesse de leur constitution et l'économie de crédit qu'elles réalisent expliquent leur succès. En vérité, la technique qui sert de support à ces sûretés n'a rien d'original. Le Code civil n'a-t-il pas reconnu à de nombreux créanciers un droit de préférence sur des biens restés en la possession du débiteur ? Il est vrai que dans ces hypothèses, les sûretés sont légales, accordées en considération de la qualité de la créance et qualifiées de privilèges, alors que les combinaisons plus récentes sont de nature conventionnelle et sans doute plus équilibrées. La réforme des sûretés n'a pas modifié cette situation ; au contraire, elle a, en organisant la publicité des sûretés mobilières en dehors de toute dépossession, valorisé la catégorie des sûretés sans dessaisissement.

On développera successivement, dans cette catégorie, les sûretés conventionnelles et les sûretés légales.

SECTION 1. SÛRETÉS CONVENTIONNELLES

685 ***Nature juridique : gages ou hypothèques ?*** ◊ Comment faut-il analyser les sûretés mobilières sans dessaisissement que le législateur moderne a instituées ? Quelle est la nature d'un warrant agricole, d'un gage automobile, d'un gage sur du matériel d'équipement ? S'agit-il de gages ? S'agit-il d'hypothèques ? La question est classique, mais toujours aussi importante, car il faut bien régler les problèmes que pose « la réalité face aux carences et aux obscurités des textes législatifs » [1]. Sa réponse est fonction de deux facteurs.

Tout dépend, d'abord, de l'analyse que l'on fait du gage (ou du nantissement). Si l'on considère que le gage implique nécessairement, mieux, par essence [2], un dessaisissement de la chose, un transfert de possession, les sûretés en question ne pourraient constituer des gages. Il est tout à fait

1. V. déjà . M. Cabrillac, *La protection du créancier dans les sûretés mobilières conventionnelles sans dépossession*, thèse Montpellier, 1953, Sirey 1954, n° 31. V. égal. C. Lisanti-Kalczynski, *Les sûretés conventionnelles sur meubles incorporels*, Litec, 2001.

2. V. Pothier, *Traité des obligations*, 1re partie, n° 6 s., distinguant les « choses qui sont de l'essence du contrat », sans lesquelles celui-ci ne peut subsister, les « choses qui sont seulement de la nature du contrat », qui y sont sous-entendues mais que les parties peuvent exclure, et les « choses qui sont accidentelles au contrat », qui n'y sont renfermées que par quelque clause particulière.

logique d'admettre que le transfert de possession caractérise le gage, car c'est ce transfert qui assure la protection du créancier contre les éventuels détournements du débiteur et c'est lui qui permet, en même temps, l'information des tiers. On peut donc soutenir que le contrat qui accorde au créancier un droit de préférence sur une chose n'est pas un gage, si cette chose reste entre les mains du débiteur. Telle est l'analyse traditionnelle et à laquelle tenait la jurisprudence il n'y a pas encore si longtemps (*supra*, n° 618).

Toutefois, ce point de vue est discutable : rien n'interdit de considérer la dépossession comme un élément naturel du gage, sans qu'il soit essentiel. On peut voir dans la dépossession une simple mesure de publicité (*supra*, n° 618). Or, le législateur peut parfaitement aménager autrement cette publicité, en organisant des systèmes d'inscription sur tel ou tel registre. C'est du reste ce qui a été fait à l'occasion de la réforme des sûretés. Ainsi, compte tenu des inconvénients économiques de la dépossession et grâce au perfectionnement des mesures légales de publicité, on peut admettre l'existence de gages sans dessaisissement, d'autant que la protection du créancier peut être renforcée par des dispositions pénales incriminant les actes de disposition du débiteur. Ces gages, cependant, restent particuliers et on ne saurait les concevoir sans un support légal. Autrement dit, le gage de droit commun, sinon ordinaire, est un gage avec dépossession. Les gages sans dépossession sont des gages spéciaux [1].

Est-ce à dire, pour autant, que toutes les sûretés mobilières spéciales sans déplacement sont des gages ? Pas nécessairement, si, du moins, l'on admet l'existence d'hypothèques mobilières.

686 ***L'hypothèque mobilière : une hérésie ?*** ◊ La qualification des sûretés mobilières sans dessaisissement dépend, ensuite, du point de savoir si l'on peut admettre l'existence d'hypothèques mobilières. Les textes du Code civil entretiennent le doute. En effet, l'article 2397 dispose que « seuls les biens immobiliers sont susceptibles d'hypothèques » et l'article 2398 ajoute que « les meubles n'ont pas de suite par l'hypothèque ». Cependant, les raisons qui justifient ces dispositions ont aujourd'hui disparu [2]. Dès l'instant qu'un meuble a de la valeur et qu'il est possible de lui donner un point d'attache fixe, il n'y a pas de motif pour qu'il ne puisse former l'objet d'une hypothèque. De nos jours, la fortune n'est plus seulement immobilière, elle est largement mobilière et de nombreux biens meubles peuvent être individualisés et donc donner lieu à une publicité efficace. Constituant des éléments fiables du patrimoine, les meubles « localisables » peuvent procurer du crédit à leur propriétaire. C'est pourquoi la plupart des auteurs s'accordent pour dire que le droit des sûretés n'exclut nullement de son domaine les hypothèques mobilières [3].

1. Rappr. L. Aynès, « Rapport intro. », in « Le gage commercial », *RJ com.* 1994. n° spéc. 9 s.
2. V. M. Cabrillac, thèse préc., n° 32. V. égal., Yver, « Note sur l'hypothèque mobilière dans quatre coutumes de l'Ouest de la France », *Mélanges Hamel*, 477. Comp. E. Putman, « Sur l'origine de la règle "meubles n'ont pas de suite par hypothèque" », *RTD civ.* 1994. 543.
3. V. M. Cabrillac, thèse préc. *passim.* ; Beudant, *Cours de droit civil français* 2e éd., t. 13 par Voirin, n° 329.

Celles-ci sont reconnues dans de nombreuses législations étrangères. Ainsi, dans les pays de *common law*, les créanciers peuvent, en se faisant consentir un *mortgage*, obtenir sur la chose, sinon un droit de propriété provisoire, du moins un droit de préférence et un droit de suite [1]. Au Québec, le nouvel article 2660 du Code civil (issu de la réforme du 1er janvier 1994) ne reconnaît qu'une seule sûreté : l'hypothèque, immobilière ou mobilière [2]. En Belgique, on considère le nantissement sur le fonds de commerce comme une véritable hypothèque mobilière, à l'exemple de ce que l'Italie admet pour les sûretés portant sur les véhicules à moteur [3]. Plus généralement, l'évolution semble vouloir porter l'hypothèque mobilière (*infra*, n° 715 s.).

On peut aller plus loin, peut-être, et dire que la notion même d'hypothèque n'est pas liée à la nature du bien sur lequel elle porte. L'objet de l'hypothèque n'est pas un meuble ou un immeuble, c'est un droit sur la valeur d'un bien [4]. L'hypothèque ne se définit pas à partir de son assiette, seules comptent les prérogatives qui sont attribuées au créancier. Ce sont donc ces prérogatives qu'il faut considérer lorsque l'on cherche à distinguer le gage de l'hypothèque.

687 ***Critère de distinction*** ◊ L'existence d'hypothèques mobilières étant admise par des dispositions législatives expresses, notamment en matière maritime et aérienne, l'institution de gages sans dépossession étant reconnue, les sûretés mobilières sans dessaisissement sont appelées à se répartir dans l'une ou l'autre de ces catégories. Il est difficile, cependant, de trouver la clé de répartition : les sûretés en cause empruntent des éléments à la fois au droit du gage et au droit de l'hypothèque et la distinction ne peut s'opérer que par un groupement des principaux points de contact. Dès lors, il faut se demander, pour retenir la qualification de gage, si la sûreté mobilière sans déplacement confère globalement au créancier un droit équivalent à celui que la possession de la chose lui assurerait. Il faut ensuite, pour conclure à l'existence d'une hypothèque mobilière, vérifier si la sûreté procure dans l'ensemble au créancier les prérogatives appartenant au créancier hypothécaire [5].

Si l'on observe que, dans le gage, la possession permet au créancier de s'opposer à la vente de l'objet de la sûreté, lui confère un droit de rétention et, dans le prolongement, le droit de demander l'attribution judiciaire du bien, et si l'on constate que, dans l'hypothèque, les droits du créancier se limitent à un droit de préférence et à un droit de suite, il n'est sans doute pas impossible de distinguer les gages sans dépossession des hypothèques mobilières.

---

1. V. Commission des communautés européennes, *Le droit des biens dans la communauté européenne*, Bruxelles, 1972, p. 217. V. égal. A.M. Morgan de Rivery-Guillaud, *Le droit nord-américain des sûretés mobilières*, LGDJ, 1990.
2. V. Y. Pavec, « Le gage au Québec », in « Le gage commercial », *RJ com.* 1994. n° spéc. 112.
3. V. *Le droit des biens dans la communauté*, préc., p. 108-109.
4. V. Mouly, *J.-Cl.*, art. 2114 à 2117, n° 96 s.
5. Comp. Aynès et Crocq, n° 532, établissant la distinction à partir des caractères de la publicité. Rappr. Théry, n° 238.

C'est ce que l'on se proposera de faire ici, tout en prenant le soin de préciser que la distinction établie n'a pas été remise en cause par la réforme des sûretés qui s'est en réalité contentée de consacrer le gage sans dépossession et de préciser la terminologie en réservant le concept de gage aux sûretés portant sur des biens meubles corporels et celui de nantissement aux sûretés portant sur des biens meubles incorporels. Il faut reconnaître toutefois que la distinction entre les gages et les hypothèques mobilières est devenue aujourd'hui bien relative.

688 ***Relativité de la distinction*** ◇ L'apparition en France des garanties fondées sur la propriété, par suite d'une certaine germanomanie [1], modifie sensiblement le paysage des sûretés mobilières sans dessaisissement. Celles-ci ne se réduisent plus au gage, ni à l'hypothèque. Elles s'appuient aussi sur le droit de propriété et spécialement sur la réserve de propriété [2]. Lorsqu'un vendeur stipule qu'il conserve la propriété des marchandises objet du contrat, jusqu'à son complet désintéressement, il entend bien se protéger contre les risques d'insolvabilité de l'acquéreur. Du reste, c'est bien comme cela que le Code civil comprend le mécanisme (art. 2367). Quand une société de crédit-bail finance l'activité d'un entrepreneur, tout en maintenant son droit de propriété sur le matériel utilisé, elle cherche, elle aussi, à se prémunir contre les défaillances de son cocontractant. Le droit de propriété qu'elle s'est réservée sur le matériel loué, lui sert de garantie (v. C. mon. fin. art. L. 313-7)

Compte tenu de l'importance de ces nouvelles garanties instrumentalisant la propriété, il faut compléter la présentation des gages sans dépossession et des hypothèques mobilières par quelques observations sur les clauses de réserve de propriété et sur le crédit-bail.

§ 1. Gages sans dépossession

689 ***Division*** ◇ Après avoir créé le warrantage par dépôt de la marchandise dans les magasins généraux, le législateur a institué des types de warrants sans déplacement : warrant agricole, warrant hôtelier, warrant pétrolier, warrant industriel. En généralisant l'emploi des warrants, le législateur a voulu répondre aux besoins de la pratique. Il est en effet difficile dans la vie des affaires d'enlever au débiteur la possession des choses qu'il peut offrir en gage. D'une part, ces biens sont le plus souvent indispensables à l'exploitation du débiteur ; d'autre part, le créancier n'a généralement ni le temps ni les moyens de les entreposer dans ses propres locaux.

---

1. V. Witz, « Le droit des sûretés réelles mobilières en République Fédérale d'Allemagne », *RID comp.* 1985. 27 s. ; v. égal., M. Cabrillac, « La reconnaissance en France des sûretés réelles sans dépossession constituées à l'étranger », *Rev. crit. DIP* 1979. 487 ; Klein, « La reconnaissance en droit international privé helvétique des sûretés réelles sans dépossession constituées à l'étranger », *Rev. crit. DIP* 1979. 507.

2. V. *Vocabulaire juridique Capitant, V° Réserve* : « action de retenir un droit et le conserver jusqu'à nouvel ordre ».

Avec l'avènement de l'automobile et la multiplication des besoins d'investissement des entreprises, cette idée a fait fortune. Ainsi ont été créées, à côté des warrants à domicile, de nouvelles sûretés mobilières sans dépossession : le nantissement sur l'outillage et le matériel d'équipement ainsi que le gage du vendeur d'automobiles.

La réforme des sûretés a été l'occasion de consacrer les gages sans dépossession et de faire de ce type de gage un modèle [1]. Une loi postérieure (4 août 2008) a sensiblement modifié le régime de ces sûretés en leur attribuant un droit de rétention (C. civ. art. 2286-4°) [2]. Au demeurant, il existe désormais un gage sans dépossession de droit commun, c'est celui qu'organise le Code civil et que reprend en substance le Code de commerce.

A. Gage sans dépossession de droit commun

690 ***Gage de droit commun ?*** ◊ Depuis la réforme des sûretés, le gage peut se constituer avec ou sans dépossession. Il n'existe donc pas dans le Code civil de chapitre consacré spécialement au gage sans dépossession. Ce gage est une application particulière du gage en tant que tel. Le gage sans dépossession se constitue comme son homologue avec dépossession : il doit à peine de nullité être passé par écrit. Il peut porter sur tout type de bien mobilier corporel, présent ou futur. Garantissant aussi bien des créances existantes que des créances futures, il peut même porter sur des stocks, le créancier ayant alors le choix entre respecter le droit commun ou se plier aux dispositions spéciales propres au gage sur stocks (*infra*, n° 713). Rien ne s'oppose non plus à ce que le même bien fasse l'objet de plusieurs gages successifs, les créanciers étant alors classés selon l'ordre de leur inscription.

Ce gage se démarque du gage ordinaire par la publicité qu'il requiert (art. 2337). Celle-ci doit être effectuée par une inscription sur un registre spécial (tenu par les greffiers des tribunaux de commerce) dont les modalités ont été fixées par voie réglementaire [3]. Une fois régulièrement publié, le gage est doté d'une grande force juridique : les ayants cause à titre particulier du constituant ne peuvent pas se prévaloir des dispositions de l'article 2276 du Code civil [4]. De même, lorsque le bien donné en gage sans

---

1. D. Legeais, n° 468.

2. Ce droit est cependant (v. C. com. art. L. 622-7) frappé d'inopposabilité par un jugement d'ouverture d'une procédure collective, sauf si le bien objet du gage est compris dans une cession d'activité décidée en application de l'art. L. 626-1.

3. Décr. 23 déc. 2006 ; Arr. 1er févr. 2007 ; v. Bouteiller, *JCP* E 2007. 1112 ; *JCP* 2007. act. 8, obs. Berlioz. Le bordereau accompagnant l'acte constitutif de sûreté doit indiquer la catégorie à laquelle le bien affecté en garantie appartient par référence à une nomenclature fixée par arrêté.

4. Il paraît logique de considérer que la disposition est également applicable au sous-acquéreur, même si celui-ci n'est pas, à proprement parler, un ayant cause du constituant. On ne comprendrait pas que le premier acquéreur soit privé de protection, mais que le second ne le soit pas ; comp. R. Boffa, « L'opposabilité du nouveau gage sans dépossession », *D.* 2007. 1361 ; égal. Ansaloni, « Sur l'opposabilité du gage sans dépossession de droit commun », *JCP* E 2009. 1672.

dépossession fait ultérieurement l'objet d'un gage avec dépossession, le droit de préférence du créancier gagiste antérieur est opposable au créancier postérieur nonobstant le droit de rétention de ce dernier (art. 2340, al. 2).

L'inscription ne peut plus être prise après un jugement déclaratif de procédure collective (C. com. art. L. 622-30). Le constituant ne peut demander la radiation de l'inscription qu'après avoir entièrement payé la dette garantie en principal, intérêts et frais (art. 2339).

L'absence de dépossession fait courir des risques au créancier puisque le constituant conserve le bien entre ses mains. Le législateur en a tenu compte en renforçant les obligations du constituant. Ce dernier a l'obligation de conserver le bien formant l'objet du gage ; à défaut, le créancier peut se prévaloir de la déchéance du terme ou solliciter un complément de gage (art. 2344, al. 2). En outre, lorsque le gage porte sur des choses fongibles, le constituant peut les aliéner si la convention le prévoit, mais à charge pour lui de remplacer les biens par la même quantité de choses équivalentes (art. 2342).

De son côté, le créancier jouit de toutes les prérogatives d'un créancier gagiste : droit de préférence, droit de suite, attribution judiciaire et conventionnelle du bien. Pendant longtemps, le créancier gagiste sans dépossession était privé très logiquement de tout droit de rétention : c'était incontestablement sa faiblesse, son « talon d'Achille », mais la solution était inhérente à l'absence de dépossession. Le législateur a récemment décidé de remédier à cet état de choses, sans tenir compte de la nature de l'institution. En effet la loi du 4 août 2008 sur la modernisation de l'économie a expressément accordé pareille prérogative à « celui qui bénéficie d'un gage sans dépossession » (v. *supra*, n° 586). D'où des difficultés d'un nouvel ordre et tenant à la mise en œuvre de ce droit de rétention fictif [1]. Il reste que le droit de rétention est, ici, frappé d'*inopposabilité* dès que le débiteur fait l'objet d'une procédure collective (C. com. art. 622-7-I, al. 2, issu Ord. 18 déc. 2008) [2].

B. Autres gages sans dépossession

691 ***1° Warrants à domicile*** ◊ Les warrants sont des sûretés mobilières relevant du gage [3]. Ils impliquent parfois une dépossession du débiteur au profit d'un tiers convenu, en l'occurrence, un magasin général (*supra*, n° 639). Dans d'autres cas, ils n'entraînent aucune dépossession et se constituent simplement par l'intermédiaire de titres. Ainsi en est-il du warrant agricole et des warrants commerciaux. Ces sûretés connaissent un succès inégal [4] : les warrants commerciaux sont sinon tombés en

1. V. *JCP* 2008. I. 211, n° 22 ; S. Piedelièvre, *D.* 2008. 2950.
2. V. A. Aynès, « Précisions sur le sort du gage sans dépossession en cas de procédure collective », *JCP* 2009. I. 119 ; Le Corre, *JCP* E 2009. 1204.
3. V. *Vocabulaire juridique Capitant, V° Warrant.* Le terme est emprunté de l'anglais *warrant*, lui-même de l'ancien français *warant*, autre forme de *garant* (v. Bloch et Wartburg, *Dictionnaire étymologique de la langue française*).
4. V. Théry, n° 242 ; Cabrillac et Mouly, n° 719 s.

désuétude du moins pratiqués par de rares – mais compétents – organismes (*cf.* AUXIGA), tandis que le warrant agricole est toujours utilisé, du moins dans certaines régions. Il s'agit sans doute de gages.

Les textes permettent, en effet, au créancier de s'opposer à la vente. De plus, le porteur du warrant est considéré comme étant en possession réelle de la chose, si bien qu'il peut opposer son titre à l'acquéreur du produit warranté qui ne peut exciper d'une mise en possession antérieure [1]. Enfin, la Cour de cassation a récemment refusé de faire jouer l'article 2432 (qui accorde certaines prérogatives au créancier hypothécaire) en matière de warrant agricole, en prenant le soin de souligner que cette garantie ne pouvait recevoir la qualification d'hypothèque mobilière [2]. Cette dernière solution peut être généralisée à tous les warrants à domicile, puisque le warrant agricole en est le cas de figure type.

692 ***a) Warrant agricole*** ◊ La loi du 18 juillet 1898 (remplacée L. 30 avr. 1906, mod. Décr.-L. 28 sept. 1935, textes aujourd'hui codifiés, C. rur., art. L. 342-1 à 342-17), a voulu donner le moyen aux agriculteurs, aux sociétés coopératives et aux sociétés d'intérêt collectif agricole, de se procurer des fonds en vue des prochaines récoltes, sans être obligés de se déposséder de leurs biens. C'est pourquoi elle a eu recours à la technique du gage sans dépossession [3]. Pour éviter les fraudes du débiteur voulant faire disparaître les récoltes warrantées, pour asseoir la situation du créancier vis-à-vis des tiers et pour régler le conflit entre le créancier et le propriétaire, bailleur de l'immeuble, qui a lui-même un privilège sur les récoltes (art. 2332, 1°), les mesures suivantes ont été prises.

693 ***Constitution du warrant*** ◊ Pour pouvoir constituer un warrant agricole, il faut avoir la qualité d'agriculteur (en tant que personne physique ou personne morale), c'est-à-dire tirer la plupart de ses revenus de l'exploitation de la terre [4]. Mais la garantie peut s'appliquer à tous les produits agricoles,

---

1. V. Civ., 23 avr. 1918, *DP* 1919. 1. 33, note Capitant, *S.* 1919. 1. 153, note Lyon-Caen. V. égal., Civ. 22 déc. 1947, *JCP* 1948. II. 4249, note Becqué.

2. Civ. 1re, 2 déc. 1975, *Bull. civ.* I, n° 352.

3. V M. Cabrillac, *Rép. civ.*, *V° Warrant agricole*, n° 13 ; M.-A. Dupuis-Flandin, *Le warrant agricole, une sûreté à redécouvrir, Clés pour le siècle*, Paris II, Dalloz, 2000, 789 s.

4. Rép. QE 10 mars 1980, *JO déb. AN* 28 avr. 1980, p. 1744 ; Com., 2 mars 1969, *D.* 1970. 439 ; 5 juill. 1984, *Bull. civ.* IV, n° 219, approuvant une cour d'appel d'avoir décidé qu'un warrant consenti par un commerçant (un éleveur) emportait pourtant obligation pour le signataire de constituer une sûreté sans dépossession en garantie de ses dettes. Cette solution stricte est sans doute dépassée à l'heure actuelle, car le législateur (L. 30 déc. 1988, relative à l'adaptation de l'exploitation agricole à son environnement économique et social) réputé désor-mais agricoles « toutes les activités correspondant à la maîtrise et à l'exploitation d'un cycle biologique de caractère végétal ou animal et constituant une ou plusieurs étapes nécessaires au déroulement de ce cycle ainsi que les activités exercées par un exploitant agricole qui sont dans le prolongement de l'acte ou qui ont pour support l'exploitation ». Cette définition est on ne peut plus accueillante et permet, par exemple, à un agriculteur qui exploite des gîtes ruraux ou qui commercialise sa propre production de se financer par la technique du warrant agricole. En tout cas, si une entreprise avicole se présente comme ayant la qualité d'agriculteur, elle ne peut, par la suite, contester cette qualité (Com., 3 janv. 1995, *Bull. civ.* IV, n° 6). Une société à forme commerciale ne peut recourir au warrant, de même qu'un syndicat agricole.

aux animaux, au matériel, aux récoltes encore pendantes et même aux objets ayant un caractère immobilier en vertu des articles 520 et 524 du Code civil [1] et dont le débiteur est propriétaire. La constitution de la sûreté est constatée par un titre - le warrant - transmissible par la voie d'endossement. Il est établi par les parties elles-mêmes ou encore par l'intermédiaire du greffier du tribunal d'instance du canton. C'est du reste à ce greffier que le titre sera remis en vue d'une inscription sur un registre spécial [2]. On notera, enfin, qu'aucune condition n'est requise quant aux créances garanties [3].

694 ***Droits du porteur du warrant*** ◊ Le débiteur conserve bien évidemment la libre administration de ses biens. Toutefois, si les produits warrantés perdent leur individualité, les droits du porteur sont reportés sur une quantité de produits de valeur égale [4] et, si les produits sont renouvelés, le warrant est maintenu de plein droit sur les biens substitués [5]. Le débiteur peut aussi disposer des choses warrantées, mais dans ce cas la question se pose de savoir si le créancier impayé peut s'opposer à leur livraison en exerçant ainsi un droit de blocage : à tout le moins peut-on se demander si la publicité du warrant pourrait conférer au créancier une sorte de possession réelle. Le droit positif y est plutôt favorable [6] et a même admis, dans le prolongement que le « droit de rétention » du créancier était reporté de plein droit sur le prix de vente [7]. Cependant, s'il faut admettre que le porteur du

1. Encore faut-il que les récoltes soient identifiables (v. pour des récoltes futures, Rennes 15 avr. 1993, *JurisData* n° 048513) et appartiennent au débiteur (Rennes 18 nov. 1998, *JurisData* n° 049800).

2. La transcription du titre n'est qu'une condition d'opposabilité aux tiers (Civ. 1re, 27 févr. 1985, *Bull. civ.* I, n° 83).

3. Civ. 1re, 28 févr. 1966, *Bull. civ.* I, n° 147 : « doit être cassé l'arrêt qui déclare nul au regard des tiers en tant que warrant agricole, un acte portant affectation de bestiaux, matériels de culture et récoltes, pour sûreté d'une dette antérieure audit acte, alors que le législateur n'a pas restreint le warrant agricole à la garantie des créances concomitantes à la constitution du gage ».

4. V. Aix 3e ch., 2 mars 1977, *Bull. Aix*, n° 66 : le privilège d'une société coopérative départementale d'associations agricoles, à qui un agriculteur a consenti, pour lui assurer le paiement de ses fournitures d'aliments pour bétail, un warrant pris sur 92 porcs de 20 kg, est constitué par 92 × 20 kg = 1 840 kg de porcs, quels qu'aient été ceux-ci et quelle qu'ait été leur taille, et ce contrairement aux prétentions de la société qui voudrait voir porter son warrant sur 92 porcs d'un poids nettement supérieur à raison de leur croissance.

5. V. Agen 27 févr. 1985, *JCP* 1986. II. 20604, note Sohm-Bourgeois, et sur pourvoi. Com., 15 juill. 1986, *D.* 1987. Somm. 293, obs. Vasseur. Le créancier jouit ainsi d'une sorte de droit réel sous condition (de spécification), v. Cabrillac et Mouly, n° 727.

6. En ce sens : Civ., 23 avr. 1918, *DP* 1919. 1. 33, note Capitant. V. égal. Com., 9 avr. 1991, *Bull. civ.* IV, n° 131, *JCP* E 1991. II. 232, note P.M. Le Corre ; Comp. Civ. 1re, 18 janv. 2000, *Bull. civ.* IV, n° 7, *D.* 2000. 785, note Couturier, *JCP* 2000. I. 259, n° 19, décidant que le créancier warrantiste ne peut reporter son droit de préférence sur le prix de la récolte vendue au mépris des droits de l'acquéreur, v. encore, Civ. 1re, 18 déc. 2001, *Bull. civ.* I, n° 326, *D.* 2002. 566, *Defrénois* 2002. 1090, obs. Théry, *JCP* 2002. I. 120, n° 11, *JCP* N 2002. 889 ; Gimonprez, précisant que le créancier ne peut exercer son droit de suite contre un tiers acquéreur de bonne foi entré en possession de la récolte warrantée ; Poitiers 4 avr. 2007, *JCP* 2088. I. 152, n° 20. Comp. si le tiers n'est pas de bonne foi : Rennes 8 juill. 1998, *JurisData*, n° 055760.

7. Com. 26 janv. 2010, *D.* 2011. 406, note Crocq, *JCP* 2011. 708, n° 18.

warrant agricole bénéficie d'un droit de rétention, il serait utile de savoir dans quelle catégorie le ranger : droit de rétention fictif ou droit de rétention découlant d'une mise en possession.

Comme un véritable créancier gagiste, le porteur du warrant, sans préjudice de ses recours contre ses endosseurs et contre l'emprunteur, peut faire vendre les choses engagées et exercer son droit de préférence sur le prix [1] ; mais il risque alors d'être primé par les créanciers hypothécaires dont les droits grèvent des immeubles par nature ou par destination, ou encore par le cocontractant habituel du débiteur, le bailleur à ferme. En cas de liquidation judiciaire du débiteur, le créancier est bien protégé : la jurisprudence lui permet de se prévaloir des dispositions de l'art. L. 642-20-1 C. com. et de primer ainsi pratiquement tous ses concurrents [2].

Il faut noter également que des conditions particulières sont imposées au fermier pour éviter que les droits qu'il pourrait consentir au warrantiste ne lèsent le propriétaire-bailleur. Avant tout emprunt, le fermier est tenu d'aviser le propriétaire de la nature, valeur et quantité des biens qui doivent servir de gage pour l'emprunt, ainsi que du montant des sommes à emprunter. Cet avis doit être donné par l'intermédiaire du greffier du tribunal d'instance du ressort dans lequel sont situés les objets warrantés. Si le fermier ne respecte pas ces prescriptions, le privilège du bailleur prime celui du créancier gagiste. Si l'avis a été donné, l'alternative est la suivante : ou le fermier a payé tous les termes échus au bailleur et ce dernier ne peut alors s'opposer au warrantage, ni invoquer son privilège au préjudice du créancier sur les objets warrantés, ou des termes sont encore dus et le bailleur peut, dans un délai de huit jours, s'opposer au prêt par une lettre envoyée au greffier.

695 ***Warrant agricole spécial*** ◊ L'article 56 du Code du vin issu du décret-loi du 23 octobre 1953 institue, par dérogation au droit commun du warrant agricole, une sûreté réelle sans dépossession constituée par un engagement de garantie sur un stock de vin [3]. La sûreté ne peut porter que sur des produits vinifiés et non sur des récoltes encore pendantes. La subrogation réelle est expressément admise, en ce sens que le droit du warrantiste porte non seulement sur une quantité déterminée de vin mais aussi sur la quantité d'alcool provenant de la distillation éventuelle de ce vin.

---

1. V. Com., 28 févr. 1989, *JCP* 1989. IV. 160, *Bull. civ.* IV, n° 76. La hiérarchie entre les créanciers porteurs de warrants s'établit d'après le rang d'inscription, v. Orléans 25 juin 1996, *JurisData* n° 049271.

2. Com., 4 mars 2003, *D.* 2003. Somm. 1627, obs. Le Corre, *JCP* 2003. I. 174, n° 11, obs. M.C. ; Com. 26 janv. 2010, préc. La solution n'est pas vraiment compatible avec ce que dit aujourd'hui la jurisprudence civile.

3. V. Jauffret, « Les sûretés réelles sur les vins », *Mélanges Voirin*, 1967, 423, spéc. 433 s ; A. de Brosses, « Les garanties réelles vinicoles », *Banque et droit* janv. 1998. 9 ; Bordeaux 2e ch., 13 déc. 1995, *JurisData* n° 052088, précisant que l'engagement de garantie est caduc lorsqu'ultérieurement le débiteur a constitué pour le même prêt et sur les mêmes biens un warrant agricole.

En garantie d'un prêt, un producteur de vin [1], c'est-à-dire un viticulteur, peut ainsi engager tant d'hectolitres logés dans tel chai. Il lui appartient de signer un billet à ordre, appelé engagement de garantie, et de déclarer qu'il affecte en garantie un certain nombre d'hectolitres de vins. Le billet est ensuite présenté à l'administration des contributions indirectes qui enregistre l'engagement sur des registres spéciaux. Curieusement, la constitution de la sûreté ne requiert aucune autre formalité. Son opposabilité aux tiers n'est subordonnée à aucune publicité [2]. En pratique cette règle tout à fait originale ne provoque aucune difficulté, car les créanciers qui interviennent dans ce secteur spécialisé et relativement fermé, prennent le soin, avant de contracter, de s'informer auprès de l'administration fiscale sur l'existence de warrants [3].

En tout cas, cette sûreté sur les vins est une bonne garantie, car elle attribue au porteur les mêmes droits que ceux qui découlent d'un warrant agricole. De plus, l'engagement peut être transmis par voie d'endossement, comme tout billet à ordre.

696 ***b) Warrants commerciaux*** ◊ Si le warrant agricole a une nature civile, les autres warrants sans déplacement ont un caractère commercial. Les uns portent sur des objets déterminés restant en la possession du débiteur. Les autres portent sur une certaine quantité de choses fongibles, par exemple tant de tonnes de blé : il y a alors gage en valeur, plutôt que gage en nature [4]. Sous le bénéfice de cette remarque, il faut envisager les trois warrants commerciaux organisés par le droit positif : le warrant hôtelier, le warrant pétrolier et le warrant industriel.

697 ***Warrant hôtelier*** ◊ Créé par la loi du 8 août 1913, modifiée par la loi du 17 mars 1915, intégré depuis dans le Code de commerce (art. L. 523-1 s.), le warrant hôtelier permet à « tout exploitant d'hôtel à voyageurs » d'emprunter en affectant en garantie le mobilier commercial, le matériel et l'outillage servant à son exploitation, même devenus immeubles par destination, tout en en conservant la garde dans les locaux de l'hôtel. Il suffit de prendre une inscription au greffe du tribunal de commerce et d'endosser au créancier le warrant délivré (l'endossement étant porté sur le registre) [5]. La sûreté n'est pas inefficace. D'une part, si l'hôtelier conserve le droit de vendre les objets warrantés, il reste que leur tradition à l'acquéreur ne peut

---

1. La notion de producteur est plus large que celle de viticulteur : Com. 12 janv. 2010, *JCP* 2010. 708, n° 15. Un simple négociant ne pourrait recourir à cette sûreté (v. Montpellier 18 févr. 1982, *D.* 1983. IR 468, obs. Vasseur). Le recours aux engagements de garantie est fréquent en Champagne viticole.
2. V. Nîmes 13 nov. 1968, *D.* 1969. 207, note Cabrillac.
3. Les acquits et congés permettant le déplacement des vins ou alcools ne sont délivrés que sur mainlevée du porteur de l'engagement de garantie. Chaque mutation du détenteur de l'engagement doit être notifiée aux services fiscaux, car seul le dernier porteur a qualité pour donner mainlevée.
4. Roblot, *op. cit.*, n° 2609.
5. Vivier, « Les précédents du warrant industriel : le warrant hôtelier, le warrant pétrolier, le warrant stock », in *Le gage commercial*, dir. Hamel, 300 s. ; M. Cabrillac, *La protection du créancier dans les sûretés mobilières*, thèse préc., n° 156.

être opérée qu'après désintéressement du créancier. Si l'hôtelier méconnaît cette prescription, il s'expose aux peines de l'abus de confiance ; mais le porteur du warrant n'aurait aucun droit de suite contre l'acquéreur du mobilier qui en aurait pris livraison de bonne foi. D'autre part, le créancier peut exercer son droit sur le prix de vente des objets warrantés par « préférence à tous créanciers », et « sans autre déduction que celle des contributions directes et des frais de vente » (art. 523-12). En cas de conflit avec le bailleur des locaux dans lesquels l'hôtel est exploité [1], ce dernier a toutefois la priorité jusqu'à concurrence de six mois de loyers échus, six mois de loyers en cours et six mois de loyers à échoir (art. 523-11, al. 3). De même, les créanciers hypothécaires dont l'inscription s'étend aux immeubles par destination peuvent primer le porteur du warrant si leur droit a été publié avant celui de ce dernier créancier.

698 ***Warrant pétrolier*** ◊ Régi par la loi du 21 avril 1932 (C. com., art. L. 524-1), le warrant pétrolier permet aux détenteurs de stocks de pétrole brut, dérivés et résidus, et titulaires d'autorisations spéciales d'importation, d'emprunter en gageant ces stocks. La sûreté est solide, car si son objet – les stocks – est essentiellement fongible, il reste que le débiteur doit en maintenir la valeur de manière que le porteur du warrant retrouve toujours l'équivalent de son gage [2]. L'article 524-12 prévoit précisément le cas de la non-conformité des excédents avec l'objet warranté et accorde au créancier le droit de sommer le débiteur afin qu'il rétablisse le stock nécessaire ou, à défaut, qu'il honore immédiatement sa dette [3].

À l'échéance du titre, le porteur peut et doit réclamer le paiement. Comme le porteur du warrant hôtelier, il a le choix entre la poursuite des différents signataires du titre en s'engageant ainsi dans des recours cambiaires, et une action tendant à la réalisation du gage afin de se faire payer sur le prix dégagé par la vente des produits warrantés. Sur ce prix, il jouit d'un privilège qui, d'après la loi précitée (art. 524-10), n'est primé que par les frais de justice. Ce rang de faveur peut être discuté : le porteur d'un warrant hôtelier qui dispose d'une sûreté équivalente est en effet primé par le Trésor. Comme les situations sont identiques, le classement de ces divers privilèges devrait se faire sur les mêmes bases.

699 ***Warrant industriel*** ◊ Dernier en date des warrants sans dépossession [4], le warrant industriel est lié à la technique des lettres d'agrément qui sont des invitations adressées par certains ministères à des industriels d'entreprendre la fabrication de tel ou tel produit. Cette lettre permet à son bénéficiaire d'emprunter en donnant en gage les produits ainsi fabriqués. Le warrant, qui doit être inscrit sur un registre spécial tenu au greffe du tribunal de commerce, confère à son titulaire un droit de préférence ainsi que le droit de faire constater l'état des biens warrantés et d'opposer au débiteur, en cas d'insuffisance du gage, la déchéance du terme.

À l'échéance, les recours du porteur du warrant industriel s'exercent dans les mêmes conditions qu'en matière de warrant pétrolier.

---

1. Le conflit est rare, car le bailleur peut s'opposer au warrantage lorsque l'hôtelier n'a pas payé les loyers échus, six mois de loyers en cours et six mois à échoir (art. 523-2, al. 2).

2. En cas de vente, le droit du porteur est reporté sur le prix (v. TGI Douai 17 sept. 1992, *Rev. proc. coll.* 1993. 424, obs. Dureuil) : ce qui est la reconnaissance d'un droit de rétention.

3. Marty, Raynaud et Jestaz, n° 486 ; plus gén. v. Faure, *Les warrants pétroliers*, Études pratiques de droit commercial, 1937, 348.

4. V. L. 12 sept. 1940, *DP* 1940. 4. 275 ; J. Durand, « Le warrant industriel », in *Le gage commercial*, dir. Hamel, 1953, 388 ; Schlogel, « Le warrant industriel », *Banque* 1946. 32 ; « Le financement de l'innovation au moyen de la lettre d'agrément », *Banque* 1972. 1015.

Le warrant industriel a eu plus de succès que les warrants hôtelier et pétrolier [1]. Aujourd'hui, cependant, il ne connaît plus guère d'application. On peut du reste se demander si les règles des nantissements des marchés publics ne se sont pas substituées aux dispositions organisant le warrant industriel.

700 ***2° Gage de l'outillage et du matériel d'équipement*** ◊ En vue de moderniser l'outillage des professionnels et de favoriser l'investissement, la loi du 18 janvier 1951, plusieurs fois modifiée (v. C. com., art. L. 525-1 s.) a créé un « nantissement » inspiré, dans une certaine mesure, de celui qu'avait organisé la loi du 17 mars 1909 sur les fonds de commerce [2]. Le texte est d'autant plus utile que la jurisprudence avait refusé au titulaire du fonds de commerce d'affecter en garantie son matériel dans des conditions analogues au nantissement sur le fonds [3]. De surcroît, il a le mérite de donner aux entrepreneurs français, commerçants ou personnes civiles, un instrument de crédit équivalent à celui qu'ils pourraient trouver à l'étranger [4].

D'une constitution assez simple, cette sûreté est d'une efficacité certaine, peut-être parce que le droit positif l'apparente davantage à un gage qu'à une hypothèque, question que l'on pourra discuter une fois connu le régime juridique de l'institution. L'ordonnance du 23 mars 2006 n'a en rien modifié le problème dans la mesure où les textes du Code de commerce ont échappé à la réforme. L'ordonnance conduit néanmoins à parler, ne serait-ce que formellement, de gage, puisque l'on sait que le nantissement ne peut désormais porter que sur des meubles incorporels.

701 ***Constitution*** ◊ Pour être valablement constitué, le « nantissement » sur le matériel doit répondre à plusieurs conditions [5]. Tout d'abord, la sûreté ne peut être consentie qu'au profit de certains professionnels (pas nécessairement commerçants) : le vendeur du matériel, le prêteur qui avance les fonds destinés au paiement du vendeur, les garants qui interviennent en qualité de caution, de donneur d'aval ou d'endosseur dans l'octroi des crédits d'équipement, les porteurs successifs des effets matérialisant la créance du vendeur ou du prêteur (L. 525-6).

Ensuite, les biens susceptibles de gage sont uniquement ceux qui constituent l'outillage ou le matériel nécessaire à l'exercice d'une profession. Ce qui compte, c'est la nature du bien et sa destination. Sont donc exclus du

---

1. Roblot, *op. cit.*, n° 2612.
2. V. Cornu, « La loi du 18 janvier 1951 relative au nantissement de l'outillage et du matériel d'équipement », in *Le gage commercial*, dir. Hamel, 477 s. ; Jauffret, « La loi du 18 janvier 1951... », *RTD com.* 1951. 201 s. ; Ripert, « Le nantissement de l'outillage et du matériel d'équipement », *D.* 1951. Chron. 41.
3. Req., 22 avr. 1913, *D.* 1913. 1. 225.
4. Notamment en Belgique et en Italie, v. *Le droit des biens dans la communauté européenne*, Commission des communautés européennes, 1976, p. 51 et 62.
5. L'art. L. 225-35 C. com. n'est pas applicable si la sûreté est constituée par une SA (Grenoble 12 déc. 1994, *JCP* 1996. I. 3942, n° 13). L'acquéreur n'est pas nécessairement un commerçant (Versailles 20 janv. 1998, *JurisData* n° 056080).

champ d'application de la loi, les marchandises ou les matières premières qui ne servent pas à l'équipement [1] et les biens de consommation. Pour éviter des difficultés d'interprétation et le cumul de sûretés, la loi a également écarté de son domaine des biens qui font l'objet d'une sûreté particulière, à savoir les véhicules automobiles, les aéronefs et les navires ou bateaux de rivière.

Enfin, et surtout, le gage sur le matériel suppose, à peine de nullité, qu'un écrit constatant l'accord des parties, dans un acte authentique ou dans un acte sous seing privé enregistré, soit rédigé au plus tard dans le délai de deux mois à compter du jour de la livraison sur les lieux où le matériel doit être installé. En visant la livraison sur les lieux d'installation, le texte semble ménager les intérêts du créancier : la délivrance, en vertu du contrat de vente, peut intervenir dans les délais les plus brefs, alors que la livraison chez l'acquéreur peut couvrir une période très longue [2].

La loi (art. L. 525-3, al. 2) impose au créancier - à peine de nullité, et *a fortiori*, semble-t-il, à peine d'inopposabilité aux tiers - de prendre une inscription dans un délai de quinze jours à compter de la date de l'acte constitutif du nantissement. L'inscription conserve les droits du créancier pendant cinq ans - elle est renouvelable deux fois - et garantit le principal et deux ans d'intérêts. Elle doit être prise au greffe du tribunal de commerce dans le ressort duquel se trouve le bien nanti et selon des modalités qui varient suivant que le débiteur est ou non commerçant [3]. Pour protéger les intérêts du créancier, la loi a prévu que le débiteur devait l'avertir des modifications éventuelles de la date ou du lieu de livraison ; à défaut, le créancier peut requérir un remboursement immédiat.

La loi prescrit encore au créancier de notifier son droit au créancier hypothécaire, au vendeur du fonds de commerce et aux créanciers inscrits sur l'ensemble dudit fonds (art. 525-9 *in fine*). Sans cela, le créancier ne peut se prévaloir de son droit de préférence vis-à-vis de ces personnes. La mesure est donc sanctionnée par l'inopposabilité, mais la signification doit, à peine cette fois de nullité, être faite dans les deux mois de la conclusion du gage [4].

Enfin, la loi organise une publicité facultative en vue d'assurer le droit de suite du créancier. Les biens gagés peuvent, à la requête de ce dernier,

---

1. Mais peu importe que l'acquéreur ait fait l'achat en vue de revendre (Com., 15 mars 1971, *Bull. civ.* IV, n° 80). Peu importe également que les biens ne soient pas strictement individualisés (Com., 23 nov. 1969, *JCP* 1970. II. 16230).

2. Comp. Com., 10 janv. 1983, *Bull. civ.* IV, n° 8, *JCP* 1984. II. 20231, note Hémard.

3. Articles 1 à 6 du décret d'application du 17 février 1951, si le débiteur n'est pas commerçant ; article 7 du même décret, s'il est commerçant. V. égal. Grenoble 19 janv. 1997, *JurisData* n° 041703, *JCP* 1998. I. 103, n° 28 : l'absence de descriptif du matériel nanti dans le bordereau d'inscription de nantissement ne permettant pas de connaître la nature exacte du matériel gagé rend le nantissement inopposable aux tiers. Sur l'opposabilité de l'inscription à la société absorbante : Com. 2 déc. 2008, n° 07-19.325, *JCP* 2009. I. 150, n° 23. Le créancier doit prendre une inscription modificative si le lieu d'exploitation du débiteur change : Com. 7 juill. 2009, *JCP* 2009. 492, n° 20

4. Le notaire, selon un arrêt (Civ. 1re, 13 juin 1972, *Bull. civ.* I, n° 150), n'engage pas sa responsabilité s'il omet d'accomplir cette formalité.

être revêtus sur une pièce essentielle et d'une manière apparente, d'une plaque fixée à demeure, indiquant le lieu, la date et le numéro d'inscription de la sûreté dont ils sont grevés. Le débiteur ne peut s'opposer à cette apposition et doit éviter, sous peine de sanctions pénales (art. L. 525-19), de détruire, de retirer ou de recouvrir la plaque.

702 ***Droit de préférence*** ◊ En tant que créancier titulaire d'une sûreté réelle, le créancier gagiste peut obtenir du débiteur qu'il conserve la chose et ne compromette pas sa valeur [1]. Il a bien un droit sur la valeur du matériel. Si celle-ci est détruite, son droit se reporte naturellement (C. assur., art. L. 121-13) sur les indemnités d'assurance qui sont dues [2]. Et surtout, si le créancier n'est pas payé à l'échéance, il peut poursuivre la vente du bien gagé et exercer son droit sur le prix dégagé par la vente. La réalisation du bien, objet du gage, doit se faire suivant les conditions prévues par l'article L. 521-3 du Code de commerce [3] ; toutefois, préalablement à la vente, le créancier doit se conformer aux dispositions de l'article L. 143-10 C. com. pour permettre aux créanciers inscrits sur le fonds de commerce d'en demander la réalisation globale, lorsqu'ils estiment qu'un prix supérieur à la somme provenant d'une réalisation séparée des différents éléments du fonds sera ainsi obtenu [4]. Dans ce cas, les droits du créancier sont encore protégés, car il a la faculté d'exercer la surenchère du dixième prévue à l'article L. 143-13. De toute façon, le créancier nanti sur le matériel n'a pas à redouter le concours des créanciers inscrits sur le fonds. En effet, il prime tous les créanciers, le Trésor, le vendeur du fonds, le créancier nanti sur le fonds, les créanciers hypothécaires, lorsque le matériel est immobilisé par destination et lorsqu'ils ont reçu la notification prescrite par la loi (art. L. 525-9, al. 3) (*supra*, n° 513). De surcroît, le créancier peut aujourd'hui se prévaloir d'un droit de rétention, sans doute fictif (C. civ. art. 2286-4°), mais efficace.

Le droit de préférence du créancier nanti sur le matériel bénéficie donc d'un rang tout à fait remarquable. Il faut souligner que le créancier nanti passe, pour une fois, avant le Trésor et sans aucune restriction. Toutefois, il doit s'incliner devant les salariés lorsqu'ils invoquent leur superprivilège, les créanciers pouvant se prévaloir du privilège des frais faits pour la conservation du bien, les créanciers privilégiés au titre des frais de justice ainsi que les créanciers qui, dans une procédure de redressement judiciaire, peuvent justifier d'une créance née après le jugement déclaratif et que l'on dénomme les créanciers de l'article 622-17. En cas de liquidation

1. Nîmes 14 janv. 1993, *JCP* 1993. I. 3717, n° 18.
2. Com., 4 févr. 1986, *Bull. civ.* IV, n° 2, qui précise que le créancier peut exercer directement ses droits contre l'assureur, sans avoir à produire dans la procédure collective frappant le débiteur ; dans le même sens, v. Com., 18 févr. 1992, *Bull. civ.* IV, n° 81.
3. La vente interviendra donc très rapidement, huit jours après une signification demeurée infructueuse, par l'intermédiaire d'un officier public désigné par le président du tribunal de commerce.
4. V. Com., 3 nov. 1970, *Bull. civ.* IV, n° 287.

judiciaire, le créancier nanti sur le matériel conserve cependant la priorité sur ces créanciers (art. 622-17, al. 2, mod. L. 10 juin 1994).

703 ***Attribution par justice de la chose nantie*** ◊ Si le créancier ne poursuit pas la réalisation du bien grevé, la question s'est posée de savoir s'il pouvait encore introduire une action tendant à ce que le matériel lui soit attribué en paiement de sa créance et jusqu'à due concurrence. Il est vrai que le nantissement sur le matériel ne comporte aucun droit de rétention [1] : le débiteur détient l'objet de la sûreté et la loi, à la différence des textes de 1953 sur le gage automobile, ne contient aucune disposition reconnaissant un droit de rétention - fictif - au profit du créancier nanti sur le matériel. Le créancier nanti ne peut donc, en application des dispositions du Code de commerce, exercer de droit de rétention ni sur les biens gagés eux-mêmes, ni sur leur prix en cas de liquidation judiciaire [2]. La situation a cependant changé depuis que le législateur a expressément reconnu que le créancier gagiste sans dépossession était investi d'un droit de rétention (v. *supra*, n° 586), ce qui vise certainement le créancier nanti sur le matériel.

l reste que l'existence d'un droit de rétention n'est pas, selon la jurisprudence, une condition de l'attribution du bien objet du gage. Aussi, l'objection principale au jeu d'une telle attribution judiciaire en faveur du créancier nanti sur le matériel réside-t-elle dans les dispositions de la loi qui, à plusieurs reprises, renvoient à celles sur le nantissement du fonds de commerce, lesquelles excluent l'application de l'article 2347 (anc. 2078, al. 1er) Un arrêt d'assemblée plénière a mis fin au débat en décidant qu'« à défaut de disposition contraire, l'attribution judiciaire du gage est offerte au créancier titulaire d'un nantissement sur outillage et matériel d'équipement qui ne poursuit pas la réalisation du bien grevé » [3].

Quoique discutable, la solution trouve à s'appliquer principalement lorsqu'une procédure collective frappe le débiteur.

704 ***Redressement et liquidation judiciaires*** ◊ Si le débiteur fait l'objet d'une procédure collective, le créancier perd une grande partie de sa marge de manœuvre. Pendant la période d'observation, le créancier nanti ne peut prendre l'initiative de vendre le matériel ; il doit déclarer sa créance et attendre. Mais, lorsque l'administrateur décide de vendre le bien grevé

1. V. Com., 18 juill. 1977, *D.* 1978. 404, note J. Mouly, *JCP* 1980. II. 19316, note Chartier (sol. impl.).
2. Com. 4 janv. 2005, *D.* 2005. 970, note A. Aynès, *JCP* 2005. I. 135, n° 20 et les obs.
3. Ass. plén., 26 oct. 1984, *D.* 1985. 33, concl. J. Cabannes, note Derrida, *JCP* 1985. II. 20342, rapp. Viennois, note P. Corlay, *Defrénois* 1985. 767, note J.L. Aubert, *RTD civ.* 1985. 744, obs. Giverdon et Salvage-Gerest. V. encore, Com., 28 janv. 1997, *Bull. civ.* IV, n° 32, *JCP* 1997. I. 4033, n° 21 ; v. cependant, lorsque le matériel a fait l'objet d'un échange, Aix 2 juill. 1992, *JCP* 1993. I. 3680, n° 25 ; ou lorsqu'il a été restitué à son véritable propriétaire Com., 5 avr. 1994, *Bull. civ.* IV, n° 146 ; égal. si le bien a été vendu et le prix payé au débiteur, Com., 19 janv. 1999, *JCP* 1999. I. 158, n° 15.

du nantissement, le créancier peut obtenir un paiement - au besoin provisionnel - sous certaines conditions (C. com., art. L. 622-8) et, en tout cas, après désintéressement des salariés au titre de leur superprivilège et des créanciers de l'article L. 622-17.

Le créancier ne pourra se prévaloir de son droit de rétention que dans les conditions prévues par les textes : le jugement d'ouverture emporte de plein droit, en principe, inopposabilité de son droit pendant la période d'observation et l'exécution du plan (art. L. 62267, I, al. 2).

Si un plan de redressement est adopté, le créancier devra se soumettre aux délais prévus et n'aura toujours pas la possibilité de vendre l'objet de sa sûreté [1].

En cas de plan de cession, la charge du nantissement est transmise normalement, c'est-à-dire, sauf convention contraire, au repreneur (art. 642-12, al. 4). Cette cession de contrat se comprend : elle est de nature à permettre la continuation de l'exploitation ; en contrepartie, elle oblige le cessionnaire à payer les échéances restant dues à compter du transfert de propriété, c'est-à-dire à compter du jugement arrêtant le plan [2]. Le transfert du nantissement maintient donc le droit de préférence, le créancier nanti pouvant réclamer paiement des créances antérieures au cessionnaire. Mais ce maintien ne fait pas renaître le droit de suite qui s'éteint avec le paiement complet du prix de cession (art. 642-12, al. 3).

Enfin, si le tribunal s'est prononcé pour une liquidation, on peut se demander, compte tenu des textes de la loi de 1985 et de son esprit (volonté de rétablir une certaine égalité entre les créanciers), si le créancier nanti sur le matériel peut bénéficier de l'attribution judiciaire de son gage [3]. Si l'on accorde au créancier nanti le droit d'attribution judiciaire, on voit mal comment la constitution d'unités de production cessibles globalement à

1. Toutefois, si l'entreprise était appelée à vendre le bien, le créancier pourrait être payé, mais après les salariés au titre du superprivilège et les créanciers de l'article 622-17.

2. Et, plus précisément, des actes accomplis pour la réalisation de la cession. Avant la réforme du 10 juin 1994, seul le nantissement sur le matériel était visé par l'art. 642-12. Désormais, ce sont les sûretés réelles garantissant le remboursement d'un crédit consenti à l'entreprise pour lui permettre le financement d'un bien sur lequel portent ces sûretés qui sont concernées. Les solutions dégagées par la jurisprudence restent ainsi les mêmes, v. Com., 23 nov. 1993, *Bull. civ.* IV, n° 420, *JCP* 1994. I. 3765, n° 21. La caution, quant à elle, demeure tenue de garantir l'intégralité de l'emprunt contracté avant l'ouverture de la procédure, Com., 13 avr. 1999, *Bull. civ.* IV, n° 87. Plus gén., v. C. Saint-Alary-Houin, « Le transfert de la charge du nantissement », in « Le sort des contrats en cours dans le redressement judiciaire », *RJ com.* 1992. n° spéc. 152 ; J.P. Sénéchal, « L'inclusion d'un matériel nanti dans un plan de cession de la loi du 25 janvier 1985 », *Mélanges Derruppé*, p. 367 s. ; Dubois et Terrier, « Réflexions sur l'art. 93, al. 3 », *Mélanges Jeantin*, p. 389. Sur l'obligation pour le créancier nanti de procéder à une inscription modificative dont l'inexécution profite à la caution, v. Com., 3 févr. 1998, *Bull. civ.* IV, n° 57, *D.* 1998. 583, note J.P. Chazal, *JCP* 1998. I. 167, n° 7, obs. M. C., *Defrénois* 1999. 246, obs. Sénéchal. Comp. lorsque le créancier nanti a perdu son droit de suite, Com., 26 mai 1999, *Bull. civ.* IV, n° 112.

3. V. en un sens négatif : Marty, Raynaud et Jestaz, n° 98 ; Delebecque, Les sûretés dans les nouvelles procédures collectives, art. préc., n° 24. *Contra*, Soinne, « Le financement du matériel d'équipement et la loi du 25 janvier 1985 », *Rev. proc. coll.* 1986. 35, spéc. p. 41 ; Théry, n° 262.

meilleur prix, peut être respectée. L'attribution judiciaire qui conduit à la distraction d'éléments d'actif ne doit jouer que dans le cas où l'on ne peut l'exclure, c'est-à-dire uniquement lorsque ces éléments sont retenus matériellement par un créancier. La Cour de cassation, cependant, n'a pas voulu modifier sa jurisprudence et décide que « le créancier gagiste peut, à défaut de paiement, faire ordonner en justice que le bien grevé lui soit attribué à due concurrence », tout en précisant que, « si le débiteur est soumis à une procédure de redressement judiciaire, le créancier dispose à nouveau de cette faculté après le jugement prononçant la liquidation judiciaire » [1].

705 ***Droit de suite*** ◊ Le débiteur qui a constitué un nantissement sur le matériel ou l'outillage laissé en sa possession n'a pas le droit de le vendre sans l'accord de son créancier, ou, à défaut, du Président du tribunal de commerce. L'interdiction est sanctionnée pénalement, ce qui protège indirectement le créancier [2]. Mais cette mesure n'est pas toujours suffisante ; elle est même illusoire vis-à-vis d'un sous-acquéreur de bonne foi se prévalant des dispositions de l'article 2276 C. civ.

La loi l'a bien compris et c'est pourquoi elle permet au créancier de renforcer ses droits en sollicitant l'apposition d'une plaque sur le matériel. Si cette publicité a été faite, elle est de nature à rendre de mauvaise foi le tiers acquéreur et à le priver des dispositions de l'article 2276. Le créancier, dans ce cas, n'aura aucune peine à exercer son droit de suite. En revanche, si la plaque n'a pas été apposée ou encore si elle a été enlevée par le débiteur [3] juste avant la vente et pour faciliter celle-ci, le tiers acquéreur présumé de bonne foi peut opposer son titre au créancier [4].

706 ***Nature juridique*** ◊ La question de la nature juridique du « nantissement » sur le matériel d'équipement reste ouverte. Certains auteurs concluent à la qualification d'hypothèque mobilière, en faisant observer que le créancier n'exerce aucune possession, pas même fictive, sur la chose, ne jouit d'aucun droit de rétention (matériel) et que son droit de suite est

---

1. V. Com., 6 mars 1990, *Bull. civ.* IV, n° 67, *D.* 1990. 311, note Derrida, *Banque* 1991. 760, obs. Rives-Lange, *RTD civ.* 1991. 150, obs. Bandrac ; 28 janv. 1997, préc

2. C. com., art. L. 525-19, punissant des peines de l'abus de confiance non seulement ceux qui exercent des manœuvres frauduleuses en vue de priver le créancier de son droit, mais aussi tout acquéreur ou détenteur de biens nantis qui les détruit ou tente de les détruire, les détourne ou tente de les détourner ou enfin les altère ou tente de les altérer (v. en application, Crim., 29 mars 1973, *Bull. crim.*, n° 160). L'infraction commise par un dirigeant de la société débitrice ne constitue pas un abus de biens, mais un détournement d'objet gagé, Paris 22 mai 1997 *JCP* 1998. I. 103, n° 24.

3. Le débiteur s'expose encore, dans ce cas, à des sanctions pénales. Une plaque auto-adhésive n'est pas conforme aux exigences requises : l'enlever n'est donc pas punissable, Aix 22 juin 1993, *JCP* 1994. I. 3765, n° 22.

4. V. Grenoble 30 nov. 1994, *JCP* 1996. I. 3942, n° 14. Lorsque la plaque a été enlevée par le débiteur, certains soutiennent que le droit de suite du créancier n'est pas perdu. La thèse est sans doute excessive, car la question dépend avant tout d'éléments de fait. V. Com., 9 mai 1990, *Bull. civ.* IV, n° 141.

lié à la publicité de sa sûreté [1]. D'autres, au contraire, assimilent ce type de nantissement à un gage, en remarquant que le débiteur n'est pas libre de disposer de son bien et que le créancier n'a qu'un droit de suite limité, mais peut demander l'attribution judiciaire de l'objet de sa sûreté [2]. La jurisprudence n'a pas pris parti, mais en admettant que la résolution de la vente du matériel n'entraînait pas la disparition du nantissement, un arrêt a peut-être fait pencher la balance en faveur du gage [3]. Le législateur, de son côté, en consacrant le gage sans dépossession, a implicitement fait du « nantissement » sur le matériel une forme particulière de ce type de gage, mais en même temps fait perdre à cette sûreté une grande partie de son intérêt.

707 ***3° Gage automobile*** ◊ Institué par la loi Malingre du 29 décembre 1934 pour protéger ce groupe de pression que sont les fabricants d'automobiles et leurs filiales [4], le gage automobile est une bonne sûreté [5], mais peu pratiquée [6]. Les textes n'ont cessé de l'améliorer (Décr.-L. 30 déc. 1953, remplaçant la loi Malingre, lui-même remanié Décr. 20 mai 1955 et L. 2 août 1957) et la jurisprudence n'a pas été en reste pour avoir doté le créancier gagiste des plus fortes prérogatives, et notamment du droit de rétention dont on sait l'efficacité. Mais aujourd'hui, si le gage automobile est peu utilisé, c'est sans doute parce que le crédit qu'il garantit est un crédit de masse que l'on traite par la loi des grands nombres. Aussi, les créanciers soucieux de développer leur clientèle sans alourdir leurs frais de dossier, exigent-ils simplement de leurs débiteurs, à titre de garantie, une domiciliation de salaires appuyée d'une autorisation de prélèvement d'office. Les gages sont rarement inscrits, si ce n'est par nécessité particulière ou encore pour répondre à certains impératifs de gestion (tel établissement de crédit décide, par exemple, d'inscrire cinq gages sur cent dossiers, étant précisé que d'après ses statistiques 5 % de ses clients sont des mauvais payeurs).

Il peut apparaître également plus simple de retenir uniquement les documents administratifs du véhicule, ce que la jurisprudence considère, au demeurant, comme parfaitement valable et efficace [7].

---

1. V. Cabrillac, thèse préc., n° 156 ; Planiol, Ripert et Becqué, n° 272 *quater.*
2. V. Hémard, « Les contrats commerciaux », *S.* 1953. 607 ; Jauffret, *RTD com.* 1951. 201, n° 7 ; Marty, Raynaud et Jestaz, n° 468.
3. Montpellier 22 mars 1984, *JCP* 1984. II. 20320, note crit. M. Cabrillac.
4. V. Capitant, « La vente à tempérament des automobiles », *DH* 1935. Chron. 10, expliquant l'origine de la loi par l'inopposabilité, à l'époque, des clauses de réserve de propriété en cas de « faillite » de l'acquéreur ; clauses de réserve qu'au demeurant les vendeurs ne manquent pas aujourd'hui de stipuler, cumulant ainsi deux garanties (Com., 5 oct. 1993, *Bull. civ.* IV, n° 314, *JCP* 1994. I. 3765, n° 19).
5. V. Lapp, « La loi Malingre », in *Le gage commercial*, ouvrage collectif, 1953, 211 s. ; H. Matsopoulou, « Les aspects actuels du gage automobile », *RTD com.* 1998. 795.
6. *Cf.* Chauvin, *L'évolution des garanties du crédit aux particuliers*, 82e Congrès des notaires, p. 727 spéc. p. 769. On notera aussi que les cautions, pour se prévaloir du bénéfice de subrogation, reprochent souvent aux créanciers de ne pas avoir inscrit leur gage (v. Com., 27 juin 1967, *Bull. civ.* III, n° 263 ; 24 avr. 1972, *Bull. civ.* IV, n° 116).
7. Com., 14 avr. 1992, *JCP* 1992. I. 3623, n° 20 ; 31 mai 1994, *Bull. civ.* IV, n° 195 et 196, *JCP* 1994. I. 3807, n° 21 ; v. égal. Com., 6 juin 1995, *JCP* 1995. IV. 1895 ; 25 nov. 1997, *JCP* E 1998. 657, n° 15, obs. M.C. ; Dijon, 7 janv. 1998, *JurisData* n° 040138.

Un autre moyen de pression très fort est la saisie par déclaration à la préfecture (Décr. art. 57 ; Décr. 31 juill. 1992, art. 165 s.) qui rend le véhicule indisponible, mais suppose un titre exécutoire. La mesure bien qu'elle ne tende pas à la vente du bien et ne confère aucun droit de préférence, est assez proche d'une sûreté [1].

À l'occasion de la réforme des sûretés, le gage automobile a été quelque peu modernisé. Pour lui donner davantage de crédit, l'organisation de la sûreté a été introduite dans le Code civil lui-même, le décret de 1953 ayant été abrogé après une période transitoire étant achevée en juillet 2008. Les articles 2351, 2352 et 2353 s'efforcent de donner au gage automobile un régime cohérent. [2]

708 ***Conditions*** ◊ Au fond, les conditions sont simples, car le gage ne résulte plus de la loi, mais de la convention des parties. La créance garantie n'est plus uniquement celle du vendeur à crédit d'un véhicule ou celle du prêteur de deniers ayant permis l'achat d'un véhicule [3]. Sa source est indifférente. Quant au véhicule objet du gage, l'important est qu'il soit soumis à la déclaration de mise en circulation et à l'immatriculation [4]. Sur le plan de la forme, le contrat doit être passé dans les conditions du droit commun : il faut donc un écrit, contenant les mentions requises (indication du véhicule et du montant de la somme due). Cet écrit constitue une condition de validité du gage, sanctionnée par la nullité de celui-ci.

Pour être opposable aux tiers la sûreté doit faire l'objet d'une déclaration trouvant son expression dans une inscription sur un registre tenu à la préfecture qui a délivré la carte grise [5]. Cette inscription, qui n'a aucune incidence sur la validité de la garantie [6], doit être prise par le créancier [7],

---

1. Ph. Delebecque, « La saisie des véhicules terrestres à moteur », *J.-Cl.* Procédure formulaire, 2e éd. 2000.

2. D. Legeais, « Le nouveau droit du gage automobile », *JCP* E 2007. 1482

3. En cas de prêt personnel, la créance n'est pas garantie, Metz 18 mars 2003, *JCP* 2003. I. 176, n° 20. Avant les réformes de 1978 sur le crédit à la consommation, le contrat de vente et le contrat de prêt étant considérés comme distincts, l'acheteur ne pouvait se prévaloir de l'inexécution de ses obligations par le vendeur pour ne pas exécuter ses obligations envers le prêteur, de sorte que le gage consenti à ce dernier était valable malgré la nullité de la vente (Com., 21 mars 1972, *Bull. civ.* IV, n° 97). Les solutions sont aujourd'hui différentes (C. com., art. 311-20 s.). Si la vente est fictive, le gage doit être annulé (v. Civ. 1re, 31 janv. 1989, *D.* 1989. IR 45, *Bull. civ.* I, n° 49) et si le prêt est nul, il n'y a pas de gage possible (Paris 5e ch. B, 22 juin 2000, *JurisData* n° 116382). Sur les rapports entre l'établissement prêteur et le vendeur, v. Com., 16 déc. 1976, *Bull. civ.* IV, n° 324, *RTD com.* 1977. 574, n° 10, obs. Hémard.

4. Véhicules automobiles, tracteurs agricoles (v. Civ. 1re, 7 mai 1974, *Bull. civ.* I, n° 130) cycles à moteur, remorques tractées ou semi-portées. V. pour plus de détails, Circ. 8 août 1967, *D.* 1967. 388 ; Circ. 3 janv. 1975, *Gaz. Pal.* 1975. 1. 143.

5. Versailles 25 nov. 2010, *JurisData* n° 028352.

6. Le gage automobile est parfaitement valable entre les parties, même s'il n'est pas publié, Civ. 1re, 10 juill. 1996, *D.* 1997. Somm. 253, *Bull. civ.* I, n° 312, *JCP* 1997. I. 3991, n° 22, *RTD civ.* 1996. 955, obs. Crocq, *Defrénois* 1997. 398, obs. Aynès. V. égal. Wicker et Gaubil, « L'efficacité du gage automobile non inscrit », *D.* 1997. Chron. 1.

7. V. Com., 5 janv. 1957, *D.* 1957. Somm. 69, *Bull. civ.* III, n° 7, faisant observer que le prêteur de deniers doit prendre la précaution de ne verser les fonds qu'après la délivrance par le vendeur à l'acheteur des pièces nécessaires à l'inscription.

dans des conditions fixées par décret en Conseil d'État (art. 2351). La déclaration donne lieu à la délivrance d'un reçu par le truchement duquel le créancier est réputé avoir conservé le bien en sa possession (art. 2352).

La mention au registre conserve le gage pendant cinq années à compter de sa date ; elle est renouvelable une seule fois pour le même laps de temps. La radiation de la mention peut être requise par le créancier et par le débiteur, ce dernier devant justifier de l'extinction de la dette ou produire l'acte donnant mainlevée de l'inscription [1].

709 ***Droits du créancier gagiste. Droit de rétention*** ◊ « Dès lors qu'il a satisfait aux prescriptions de la loi, le créancier gagiste sur automobile jouit, jusqu'à complet règlement et malgré le caractère fictif de sa possession, d'un droit de rétention sur le véhicule dont il peut exciper à l'encontre de tous autres créanciers ». En s'exprimant ainsi à plusieurs reprises, la Cour de cassation [2] a conféré au créancier gagiste sur automobile une situation intéressante, mais peut-être moins confortable qu'on ne le pense habituellement. Le droit de rétention qui est ici attribué au créancier est « fictif ». C'est là sa faiblesse. Il est d'abord perdu lorsque le créancier poursuit lui-même la vente du véhicule [3]. Ensuite, ce droit de rétention fictif ne peut prévaloir contre le droit de rétention effectif du garagiste réparateur ; il ne peut l'emporter « contre celui qui a la détention matérielle du véhicule et qui ne peut exiger de ses clients, pour chaque réparation, la production d'un certificat de non-gage » [4]. Enfin, on peut se demander si, dans le cadre d'une procédure collective, la jurisprudence est à même de maintenir les solutions - favorables au créancier - qu'elle avait dégagées par le passé. Doit-on continuer à admettre que le droit de rétention « se trouve reporté sur le prix » [5] lorsque le liquidateur décide de réaliser le véhicule objet du gage ? Le fait que le droit de rétention soit ici purement fictif et la volonté du législateur contemporain de réduire les droits des créanciers privilégiés sont autant de raisons d'en douter. La Cour de cassation, cependant, persiste à donner la préférence au créancier gagiste, « l'existence de créances superprivilégiées ne pouvant, selon elle, faire échec au report du droit de rétention sur le prix » [6].

1. Sur la responsabilité du gagiste qui donne mainlevée au seul reçu d'un chèque qui s'avère sans provision, v. Lyon 20 avr. et 25 févr. 1982, *D.* 1983. 586, note Landraud.

2. Com., 15 janv. 1957, *Bull. civ.* III, n° 20, 21 et 22, *D.* 1957. 267, note Hémard, *JCP* 1957. II. 10006, note Becqué ; Com., 16 mars 1960, *Bull. civ.* III, n° 100 ; *adde* Derrida, « La "dématérialisation" du droit de rétention », *Mélanges Voirin*, 177 s. ; Com., 13 janv. 1987, *Bull. civ.* IV, n° 10.

3. Com., 15 janv. 1957, préc. 2e arrêt ; 12 juin 1963, *Bull. civ.* III, n° 293. Comp. Com., 18 déc. 1990, *Bull. civ.* IV, n° 329, *RTD civ.* 1991. 573, obs. Bandrac, précisant que le fait d'engager des procédures visant à faire ordonner l'attribution ou la vente des objets gagés est le prolongement normal de l'exercice du droit de rétention et ne saurait s'analyser comme une renonciation à celui-ci.

4. Com., 11 juin 1969, *D.* 1970. 244, note Bihr ; 20 janv. 1971, *Bull. civ.* IV, n° 19 ; v. égal. Com., 4 févr. 1980, *D.* 1982. 189, note Agostini.

5. Com., 4 juill. 1962, *JCP* 1962. II. 12885, note Nectoux ; 22 janv. 1963, *JCP* 1963. II. 13131, note J.A.

6. Com., 15 oct. 1991, *Bull. civ.* IV, n° 288, *Banque* 1992. 102, obs. Rives-Lange.

La réforme des sûretés n'a rien changé à cet égard. L'article 2352 s'est borné à maintenir la possession fictive du créancier attachée à la délivrance du reçu de la déclaration de gage à l'autorité administrative.

710 ***Droit de préférence*** ◊ Le créancier gagiste sur automobile jouit d'un droit de préférence sur la valeur du véhicule qui lui permet de primer les créanciers chirographaires, mais non le Trésor, ni le conservateur [1]. Ce droit, conformément aux solutions admises en matière de sûretés réelles, s'exercera, en cas de perte ou de destruction du véhicule, sur les indemnités d'assurance [2]. Rien ne s'oppose non plus à ce que le créancier nanti recoure aux dispositions de l'art. 2347 C. civ et demande que le véhicule lui soit attribué judiciairement en pleine propriété [3].

Avant la réforme des sûretés, la mise en œuvre du droit de préférence était simple, car elle se faisait (Décr.-L. 1953, art. 3) selon les dispositions de l'article L. 521-3 du Code de commerce et ce, qu'elle que fût la qualité du débiteur. C'est dire qu'il suffisait au créancier non payé à l'échéance de signifier ses intentions au débiteur, pour pouvoir entamer huit jours plus tard une procédure de vente publique du véhicule qui ne nécessitait aucune autorisation judiciaire. En pratique, toutefois, le droit du créancier se heurtait à la résistance de l'acquéreur qui, demeuré en possession effective du véhicule, refusait de le restituer. Dans ce cas, le créancier était contraint de recourir à une saisie pour appréhender matériellement le véhicule [4], en respectant les nouvelles règles relatives aux biens susceptibles de restitution (Décr. 31 juill. 1992, art. 140 s.). Une fois appréhendé, le véhicule pouvait être vendu. À cet égard, certains avaient considéré que les nouvelles dispositions sur les procédures civiles d'exécution permettaient au créancier gagiste, au besoin après avoir obtenu la restitution du véhicule par la voie de la saisie-appréhension, de poursuivre la réalisation du gage comme jadis, c'est-à-dire en suivant la procédure organisée par l'art. L. 521-3 Code de

---

1. V. Civ. 1re, 13 nov. 1962, *JCP* 1963. II. 12976, note J.A.

2. C. assur., art. L. 121-13. Le droit du créancier sur l'indemnité n'est cependant opposable à l'assureur que si ce dernier a connaissance de la sûreté ; il acquiert cette connaissance non par l'accomplissement des formalités de publicité, mais par l'opposition que doit lui adresser le créancier (Civ. 1re, 17 juin 1969, *D.* 1970. 21, note Besson). Les droits du créancier sont également limités par la possibilité ouverte à l'assureur de se prévaloir des exceptions résultant du contrat d'assurance ; v. égal. Com., 18 févr. 1992, *JCP* 1992. I. 3623, n° 23, qui fait observer que la créance d'indemnité est attribuée au vendeur, qu'elle n'est pas entrée dans le patrimoine de l'acquéreur et qu'ainsi ledit vendeur n'a pas à déclarer sa créance dans la procédure collective frappant l'acquéreur ; Com., 12 mai 1998, *Bull. civ.* IV, n° 153, *D.* 1999. Somm. 6, obs. F.D. *JCP* 1999. I. 116, n° 14, 167, n° 8, précisant, dans l'hypothèse d'un plan de cession, qu'on ne peut imposer au créancier de recevoir le prix de cession du véhicule au lieu et place de l'indemnité, de l'affectation de laquelle le créancier est seul à même de décider.

3. V. Com., 3 oct. 1962, *JCP* 1962. II. 12940 ; 16 juin 1964, *Bull. civ.* III, n° 310 ; Rouen 26 nov. 1971, *D.* 1972. 429, note Hémard.

4. V. en sens, Civ. 1re, 24 nov. 1993, *Bull. civ.* I, n° 348, *RTD civ.* 1994. 174, obs. R. Perrot, *JCP* 1994. I. 3765, n° 20, qui ajoute que le Président du tribunal de commerce est incompétent pour donner l'autorisation requise.

commerce [1]. D'autres avaient estimé que lorsqu'une saisie-appréhension avait été diligentée, il fallait dérouler la procédure jusqu'à son terme et par conséquent respecter l'étape de la tentative de vente amiable. Les enjeux n'étaient pas négligeables compte tenu de certaines pratiques [2]. Le débat avait été tranché, une fois que l'on eut observé que si le texte de l'article 521-3 avait une valeur législative, il n'en restait pas moins que la vente amiable était également une donnée législative et qu'il fallait toujours valoriser les réformes. Cette seconde conception ne manquait pas d'arguments et avait été consacrée [3]. Le nouvel article 2353 l'entérine en renvoyant purement et simplement aux règles du droit commun et en écartant tout recours aux règles du droit commercial.

711 ***Droit de suite*** ◊ La question du droit de suite du créancier gagiste est controversée. D'un côté, le tiers acquéreur, s'il ignore l'existence du gage au moment de son acquisition [4], peut se prévaloir des dispositions de l'article 2276 et repousser ainsi toute action en revendication. De l'autre, le créancier gagiste peut se réclamer de la possession fictive que la loi lui accorde dès l'instant que son droit est publié, et écarter, de cette manière, les prétentions du sous-acquéreur [5]. Cette seconde conception est, semble-t-il, préférable. Elle maintient la valeur de la publicité et concorde avec la jurisprudence [6].

L'efficacité du droit de suite du créancier gagiste sur automobile est, en tout cas, renforcée par la menace d'une infraction pénale, le délit de détournement de gage [7]. En général, les documents contractuels rappellent

---

1. V. MM. Crédot et Gérard, *RD banc. et bourse* 1993. 21 ; égal. Y. Gérard, « La pratique commerciale du gage sans dépossession », *RJ com.* nov. 1994. n° spéc. 52, spéc. 60 et 61.

2. V. Rép. min. n° 41976, *JCP* 1992. I. 3623, n° 22. v. égal. Civ. 1re, 6 janv. 1994, *Bull. civ.* I, n° 8, dénonçant certaines clauses, en les considérant comme abusives, permettant au créancier de réaliser sans guère de ménagements le véhicule du débiteur ; égal. R. Perrot, obs. préc.

3. V. Cass., 5 mai 1995, avis, *D.* 1995. 618, note A.M. de Rivery-Guillaud, *JCP* 1995. II. 22488, note Croze et Moussa. I. 3889, n° 22, *RTD civ.* 1996. 203, n° 4, obs. P. Crocq ; Paris 2 avr. 1998, *D.* 1999. Somm. 215, obs. P. Julien.

4. L'hypothèse n'est pas théorique, car le vendeur ne doit délivrer un certificat de non gage qu'en cas de mutation hors de la préfecture qui a émis la carte grise.

5. En ce sens, v. M. Cabrillac, *La protection des créanciers dans les sûretés mobilières conventionnelles sans dépossession*, thèse n° 26, 27.

6. V. Com., 12 déc. 1966, *Bull. civ.* III, n° 478 ; 1re civ., 20 mars 1990, *Bull. civ.* I, n° 70, *JCP* 1992. II. 21787, note Amlon ; Civ. 1re, 5° oct. 1964, *Bull. civ.* I, n° 418 ; Versailles 5 mai 1988, *D.* 1988. IR 173. Dans les deux espèces, le sous-acquéreur a eu gain de cause, mais parce qu'il était de bonne foi et parce que le gage n'avait pas été publié. Égal. Paris 18 janv. 1994, *JurisData* n° 020738. Lorsque le gage n'a pas été publié, il est inopposable au tiers acquéreur, même s'il est établi que ce dernier avait connaissance de l'existence du gage, Com., 12 déc. 1995, *Bull. civ.* IV, n° 295, *JCP* 1996. I. 3942, n° 12 ; égal. Civ. 1re, 3 juill. 1996, *Bull. civ.* I, n° 398, *JCP* 1997. I. 3991, n° 22, *Defrénois* 1997. 398, obs. Aynès.

7. V. C. pén., art. 314-5. La notion de détournement est comprise assez largement par la jurisprudence, ce qui conforte la protection du créancier ; ainsi, le détournement est-il constitué par la négligence du propriétaire d'un véhicule à faire connaître au créancier ses changements de domicile (T. corr. Verdun 19 nov. 1965, *JCP* 1966. II. 14735, note Meurisse) ou l'abandon de l'objet (Crim., 24 janv. 1968, *D.* 1968. 353). Le délit est également constitué en cas de revente du véhicule et ce, même si les formalités d'inscriptions du gage n'ont pas été faites (Crim., 10 mars 1976, *Bull. crim.*, n° 89. V. égal. Paris 31 mai 1988, *Gaz. Pal.* 19 févr. 1989).

au débiteur les principales interdictions impliquées par une telle infraction : vente, affectation en gage, location...

La loi du 9 juillet 1991 relative aux procédures civiles d'exécution contient une disposition qui facilite l'exercice du droit de suite. Elle permet, en effet, aux créanciers qui justifient d'un titre exécutoire d'appréhender ou plus précisément de faire appréhender par l'intermédiaire d'un huissier les véhicules sur lesquels ils ont des droits : l'huissier peut ainsi « immobiliser le véhicule en quelque lieu qu'il se trouve par tout moyen n'entraînant aucune détérioration » (art. 58 ; Décr., 31 juill. 1992, art. 170 s.).

712 ***Nature juridique*** ◊ Il faut d'abord préciser que le gage automobile n'est certainement plus une sûreté légale [1]. Ce n'est pas un privilège que la loi aurait accordé en considération de la qualité de la créance ou des créances en cause. La garantie suppose la rédaction d'un écrit matérialisant un accord de volontés : elle est donc purement conventionnelle. Ensuite, on peut observer que le gage automobile est une sûreté hybride, qui s'apparente à la fois au gage et à l'hypothèque : au gage, car le créancier est titulaire d'un droit de rétention et peut se prévaloir des dispositions de l'article 2347 ; à l'hypothèque mobilière, en ce sens que le gage automobile comporte un droit de suite rendant la situation du créancier plus solide que celle d'un créancier gagiste ordinaire et en ce sens que le créancier ne jouit que d'une possession fictive [2].

Malgré cette ambiguïté, et s'il fallait se prononcer, on pourrait opter pour la qualification de gage. L'expression même de gage utilisée par le législateur, la reconnaissance expresse d'un droit de rétention, l'alignement du droit de préférence sur celui du créancier gagiste de droit commun [3], le jeu de l'article 2347, sont des raisons de le penser.

713 ***4° Gage sur stocks*** ◊ L'ordonnance du 23 mars 2006 a institué une nouvelle sûreté mobilière sans dessaisissement, le gage sur stocks. [4] Bien que les dispositions en soient logées dans le Code de commerce (C. com. art. L. 527-1), cette garantie n'est pas commerciale : elle est, comme le gage sur le matériel d'équipement, professionnelle ; elle est appelée à garantir des crédits, quels qu'ils soient, consentis à des professionnels, personne physique ou personne morale. Ce gage porte sur les stocks de matières

1. *Contra* avant la réforme, Dagot, p. 237 ; Marty, Raynaud et Jestaz, n° 474. Au demeurant, le débat n'a plus guère d'intérêt, l'article L. 632-1, 6° C. com. faisant tomber sous le coup des nullités de la période suspecte « tout droit de nantissement constitué sur les biens du débiteur pour dettes antérieurement contractées » ; la formule n'exclut que les privilèges, v. Soinne, *op. cit.*, n° 830.

2. V. Cabrillac, *thèse préc.*, n° 51 ; Cabrillac, Mouly et Pétel, n° 711 ; Hémard, *Les contrats commerciaux*, n° 199 ; Planiol, Ripert et Becqué, n° 272 *ter.*

3. La solution, il est vrai, ne découle pas du texte du décret-loi de 1953, mais seulement de son interprétation et de ses renvois au gage commercial.

4. V. P. Bouteiller, « Le gage de stocks » *JCP* E 2006. 808.

premières, les approvisionnements et les marchandises du débiteur. Il opère sans dépossession au profit et au seul profit des établissements de crédit. Le régime organisé par le législateur est assez souple, mais insuffisamment pour concurrencer le gage sans dépossession de droit commun qui peut grever des biens futurs et fongibles et donc des stocks.

Peuvent être donnés en gage, plus précisément, les stocks de matières premières et approvisionnements, les produits intermédiaires, résiduels et finis ainsi que les marchandises appartenant au débiteur et estimés en nature et en valeur à la date du dernier inventaire. Toutefois, si ces biens sont couverts par une clause de réserve de propriété, ils sont exclus de l'assiette de la sûreté. En cas de conflit, le vendeur a donc la priorité. Le jeu de la subrogation réelle est dûment reconnu en ce sens que le gage passe de plein droit des stocks aliénés à ceux qui leur sont substitués. De plus, les parties peuvent convenir que la part des stocks engagés diminue à proportion du désintéressement du créancier. Bel exemple de garantie « glissante ».

714 ***Régime juridique*** ◊ La constitution de ce nouveau gage est relativement simple. Un écrit sous seing privé comportant certaines mentions (art. L. 527-1) doit être rédigé à peine de nullité. Une publicité, organisée par le décret 2006-1803 du 23 déc. 2006 [1], doit être réalisée : l'écrit doit, toujours à peine de nullité, être inscrit dans le délai de quinze jours sur un registre tenu au greffe du tribunal dans le ressort duquel le débiteur a son siège ou son domicile (art. L. 527-4). Les créanciers prennent alors rang à la date de leur inscription. Comme on l'a justement souligné [2], l'inscription remplit un double rôle : elle est attributive de rang et elle conditionne la validité même du gage entre les parties.

Tant que la dette n'est pas échue, le débiteur est responsable de la conservation des stocks dans les conditions prévues par l'article 1137 C. civ. [3] et s'engage à ne pas en diminuer la valeur [4]. Il doit, de surcroît, assurer les stocks contre les risques d'incendie et de destruction. Le débiteur a, par ailleurs, le droit de rembourser de manière anticipée sa dette, au besoin en consignant la somme offerte (art. L. 527-9).

La réalisation du gage sur stocks n'appelle guère d'observations, en ce sens qu'à l'échéance de la dette, le créancier peut poursuivre le paiement selon les modalités du gage de droit commun, c'est-à-dire la vente forcée

1. *JCP* 2007. Act. 9.

2. M.N.Jobard Bachellier, M. Bourassin et V. Brémond, n° 1761.

3. La responsabilité est donc une responsabilité pour faute. Il est pourtant admis que le gagiste est responsable en tant que dépositaire tenu d'une obligation de moyens renforcée (système de faute présumée).

4. Le créancier peut s'en assurer, le débiteur étant tenu de laisser à sa disposition un état des stocks engagés ainsi que la comptabilité de toutes les opérations le concernant. Le créancier, de son côté, peut faire constater, à tout moment et à ses frais, l'état des stocks engagés (art. 527-7). Ces dispositions sont intéressantes et donnent une bonne idée des droits et des obligations des parties à une sûreté.

et l'attribution judiciaire. Le pacte commissoire est toutefois exclu (art. L. 527-2). Quant au droit de rétention, le créancier ne devrait plus en être privé, le législateur ayant en effet (généreusement) accordé cette prérogative au créancier gagiste sans dépossession (v. *supra*, n° 586).

Pour finir, on observera que la seule véritable question que pose cette sûreté est dans son rôle : quel intérêt un créancier peut-il avoir à y recourir alors qu'il est plus simple de constituer un gage sans dépossession et ce d'autant plus qu'un tel type de gage peut parfaitement, comme on l'a vu, grever un ensemble de biens (déterminés ou déterminables), donc [1] des stocks ? La pratique donnera la réponse. On va sans doute l'attendre quelques années.

§ 2. Hypothèques mobilières

715 ***Assiette*** ◇ Un certain nombre de biens peuvent être facilement localisés. C'est le cas des fonds de commerce [2], des fonds artisanaux ou encore des fonds ruraux, qui sont les instruments d'exploitation des entrepreneurs dont les tiers doivent connaître l'existence ; c'est le cas également des films cinématographiques, dûment enregistrés auprès d'organismes professionnels, ainsi que des brevets et des marques ou encore des navires, des bateaux de rivière et des aéronefs qui font, précisément, l'objet d'une immatriculation [3]. C'est le cas enfin des sûretés nouvellement instituées sur les logiciels et sur les parts sociales ainsi que les valeurs mobilières (en vertu pour celles-ci d'une décision de justice).

Tous ces biens sont donc susceptibles d'hypothèque. Le législateur, cependant, ne l'admet pas sans réticence, car s'il parle ouvertement d'hypothèque pour les navires, les bateaux de rivière et les aéronefs, il emploie le terme plus neutre de nantissement pour les fonds de commerce, les fonds artisanaux et les fonds ruraux [4], les films, les logiciels et les droits d'associé. Cette terminologie entretient une certaine confusion sur la nature juridique des sûretés en cause, mais qu'il est possible de dissiper à travers leur étude détaillée.

---

1. Sauf à raisonner *a contrario*, ce qui serait très rigide et contraire à l'esprit de la réforme de 2006.

2. On peut se demander s'il ne serait pas opportun d'organiser une sûreté sur les fonds libéraux dont l'existence est certaine. Pour l'heure, on ne sait comment un tel fonds pourrait former l'assiette d'une sûreté, d'autant que de nombreux textes particuliers prohibent le nantissement des parts des sociétés abritant des professionnels exerçant une profession libérale (*Cf.* Décr. 20 juill. 1994, art. 13, pour les avocats). V. F. Vialla, « Les contrats du fonds libéral », *Dr. et patr.* 2002. 107, p. 32.

3. V. *Les biens*, n° 28.

4. Le nantissement du fonds artisanal, institué par une loi du 5 juill. 1996, art. 22, est construit sur le modèle du nantissement du fonds de commerce, v. Puygauthier, « Le statut de l'artisan », *JCP* N 1997. 1213 ; égal. Leblanc, *RD rur.* 1997. 99. Il en va de même du nantissement du fonds agricole, v. I. Pételle-Teyssié, *RD rur.* 2006. 25. Le nom d'exploitation est désormais susceptible d'être grevé, v. *JCP* 2011. 226, n° 20.

716 ***1° Nantissement du fonds de commerce*** ◊ Le nantissement sur fonds de commerce (C. com., art. L. 142-1 s.) s'apparente à l'hypothèque. En effet, le fonds de commerce est un bien d'une certaine valeur, dont « la localisation est indiscutable, ce qui va permettre le fonctionnement d'une publicité valable » [1]. Au demeurant, le nantissement utilise les techniques de l'hypothèque, puisqu'il doit être inscrit et ne produit effet que du jour de cette inscription. De plus, le débiteur n'est pas dépossédé et conserve le droit de disposer de l'utilité de son bien. Quant au créancier, il jouit d'un droit de préférence et d'un droit de suite, mais ne peut se prévaloir ni d'un droit de rétention, ni des dispositions de l'article 2347. Il n'est donc pas étonnant que la plupart des auteurs concluent à la qualification d'hypothèque [2], ce qui ne veut pas dire que le nantissement du fonds de commerce soit une bonne sûreté. La pratique continue certes à l'inscrire, mais sans se faire d'illusions [3] ; elle y recourt à toutes fins utiles, d'une manière un peu subsidiaire, en exigeant du débiteur qu'il fournisse d'autres garanties et notamment une caution. La critique, toutefois, ne doit pas être exagérée d'autant que la sûreté prise protège le débiteur contre lui-même en évitant son surendettement. Ainsi, le nantissement du fonds de commerce conserve un certain intérêt comme le démontre l'étude de son régime juridique.

On envisagera successivement sa constitution puis ses effets et l'on réservera quelques observations à l'examen du nantissement judiciaire du fonds de commerce.

717 ***a) Constitution*** ◊ La constitution d'un nantissement conventionnel sur un fonds de commerce obéit à certaines conditions qui concernent la personne du constituant, l'assiette de la sûreté et les formalités à respecter pour assurer aussi bien la validité de l'opération que son opposabilité aux tiers [4].

• Pour pouvoir donner un fonds de commerce en nantissement, il faut, d'abord, en être propriétaire [5]. Il faut, ensuite, avoir la capacité d'aliéner.

---

1. V. Cabrillac, thèse préc., p. 45.
2. V. Cabrillac, thèse préc., p. 35 s. ; Aynès et Crocq, n° 531 ; Planiol, Ripert et Becqué, n° 254 ; Roblot, « Les sûretés mobilières sans déplacement », *Mélanges Ripert*, t. 2, 362, n° 3. V. égal. en jurisprudence, Paris 2 janv. 1935, *S.* 1935. 2. 155 ; Douai 26 juill. 1937, *DH* 1937. 541, décidant que les créanciers nantis « étaient plutôt assimilables à des créanciers hypothécaires ». En cas de cession d'entreprise le paiement du prix par le repreneur entraîne purge des sûretés (C. com., art. L. 642-12, al. 3). Sur la radiation consécutive des inscriptions sur le fonds, v. S. Jaffrain, « Modalités de vente d'un fonds de commerce dans le cadre d'une liquidation judiciaire », *JCP* E 1993. I. 205.
3. V. Prouvost, *Le fonds de commerce, instrument de crédit*, Rapport au 60e Congrès des notaires, p. 122. Le Trésor public, d'ailleurs, n'accepte cette sûreté que dans des cas bien particuliers (v. Laroche, « Le sursis de paiement et le nantissement de fonds de commerce », *Banque* 1988. 1167). V. égal. P. de Coulibœuf, « Le nantissement du fonds de commerce », *Dr. et patr.* 1995. 35 ; plus gén. X. Delpech, *Le fonds de commerce*, Dalloz, 2011.
4. Sur la responsabilité du rédacteur de l'acte, v. Civ. 1re, 6 janv. 1993, *JCP* 1993. I. 3680, n° 24 ; Civ. 1re, 15 janv. 2002, *JCP* E 2002. 1346, note Leveneur.
5. V. Com. 5 nov. 2002, *D.* 2003. 70, note Chevrier, *JCP* 2003. I. 124, n° 18 La nullité est écartée, si le constituant devient entre-temps propriétaire.

Ces conditions ne soulèvent aucune difficulté, si ce n'est qu'elles ont pour conséquence d'interdire au locataire-gérant d'affecter le fonds qu'il exploite en garantie [1].

• Dès que le fonds existe, c'est-à-dire dès qu'il est ouvert au public [2], il peut être donné en garantie [3]. Cependant, pour éviter que le commerçant n'épuise tout son crédit, la loi a prévu que le nantissement ne pouvait porter que sur les éléments incorporels principaux du fonds (clientèle et achalandage, droit au bail, enseigne et nom commercial) [4]. Ainsi, la sûreté ne peut jamais porter sur les marchandises ni sur les créances, ce qui ne veut pas dire que le commerçant ne puisse pas, séparément du fonds, affecter ces biens en gage. De plus, le nantissement ne comprend que les éléments énumérés dans l'acte et dans l'inscription. Outre les quatre éléments incorporels principaux compris de plein droit dans la sûreté, il pourra porter sur le matériel [5] et sur les droits de propriété industrielle, brevets d'invention, marques de fabrique, dessins et modèles, logiciels... [6]. Malgré ces limites, il reste que tous les éléments grevés de nantissement garantissent indivisiblement la totalité de la créance, sans qu'il y ait lieu de faire les distinctions entre les créances afférentes aux prix des éléments

---

1. Paris 24 juin 1929, *D.* 1931. 2. 15, note Chéron ; v. égal. sur la condition d'immatri-culation du débiteur, H. Thuillier, « L'inscription de nantissement sur un fonds de commerce requiert-elle l'immatriculation du débiteur nanti ? », *JCP* N 1990. I. 543.

2. La jurisprudence dominante n'admet pas la constitution d'un nantissement sur un fonds en voie de formation : Req., 30 janv. 1934, *S.* 1934, *S.* 1935. 1. 12, retenant la nullité de la sûreté dans une hypothèse où le débiteur n'était titulaire que d'un droit au bail. *Contra*, Paris 3 juill. 1963, *D.* 1964. 205 ; égal. Paris 27 sept. 1996, *RTD com.* 1997. 629, obs. Derruppé, *D.* 1997. Somm. 251, obs. S. Piedelièvre. Pour éviter les difficultés, il faudrait soit reconnaître clairement la validité des sûretés sur choses futures (v J. Mestre, « Le gage des choses futures », *D.* 1982. Chron. 141), soit, comme le recommandent les notaires, autoriser, dans le cadre de la loi de 1909, une inscription sur le seul droit au bail (v. 82e Congrès des notaires, 3e Commission, vœu n° 3).

3. Lorsqu'un contribuable propose le nantissement de son fonds, comme garantie afin de bénéficier du sursis de paiement d'impositions contestées, il est libre d'utiliser toute méthode pour justifier de la valeur de son fonds, CE 15 mars 2006, *JCP* 2007. I. 212, n° 23.

4. Si le commerçant est en même temps propriétaire de l'immeuble où est exploité le fonds, le nantissement ne comprend pas le droit au bail (Civ., 21 juill. 1937, *D.* 1940. 1. 17. Pour l'hypothèse inverse, V. Civ., 12 juill. 1933, *S.* 1935. 1. 289, note Lagarde : « lorsqu'après avoir constitué un nantissement sur le fonds de commerce qu'il exploitait dans un immeuble par lui occupé à titre de locataire, un débiteur ayant acquis la propriété dudit immeuble sur lequel il a constitué une hypothèque, le créancier hypothécaire a pratiqué une saisie immobilière sur laquelle a été rendu un jugement de conversion de la saisie en vente volontaire avec cette précision que le fonds serait adjugé avec l'immeuble en un seul lot sur mise à prix unique, c'est à bon droit qu'un arrêt déclare le créancier nanti sur le fonds irrecevable dans sa tierce opposition »).

5. Sauf si ce matériel est déjà grevé d'un nantissement relevant des art. L. 525-1 s. C. com. et sauf si le commerçant propriétaire de l'immeuble où est exploité le fonds a constitué hypothèque sur cet immeuble ; dans ce dernier cas, l'hypothèque qui grève l'immeuble, s'étend au matériel (Civ., 27 juin 1944, *Gaz Pal.* 1944. 2. 97, qui ajoute que « le nantissement d'un fonds de commerce, ne pouvant porter que sur des meubles, est nul en tant qu'il vise un matériel qui est un immeuble par destination »).

6. Mais non sur une licence de boissons. V. Rép. QE n° 3237, *JO Déb. AN* 12 déc. 1988, p. 3672. Sur les logiciels susceptibles d'une garantie spécifique, v. *infra*, n° 723.

incorporels, du matériel et des marchandises. En effet, ce sectionnement est requis uniquement pour l'exercice du privilège du vendeur du fonds de commerce (C. com., art. L. 141-5, al. 4).

• Pour être valablement constitué, le nantissement doit, d'abord, être constaté par un acte écrit authentique ou sous seing privé et enregistré [1]. Il doit, ensuite, être inscrit dans un registre spécial au greffe du tribunal de commerce du lieu d'exploitation réelle du fonds et de chaque succursale comprise dans le nantissement. L'inscription doit être prise, à peine de nullité, dans un délai de quinze jours à compter de l'acte (art. L. 142-4) [2]. Attributive de rang, elle ne produit d'effet qu'à sa date, sans rétroactivité, exactement comme une hypothèque. De plus, comme en matière hypothécaire, l'inscription est valable dix ans - ce qui est sans doute trop rigide - et peut être renouvelée. Elle garantit deux ans d'intérêts. Enfin, l'inscription ne peut être rayée que sur présentation d'un acte authentique exprimant le consentement du créancier ou d'un jugement [3].

Lorsque le nantissement porte sur des brevets d'invention, dessins et modèles ou marques de fabrique, une inscription spéciale doit être prise dans la quinzaine de la première à l'Institut National de la Propriété Industrielle, étant entendu que ces droits peuvent faire l'objet d'un nantissement séparé et donc autonome au prix de la rédaction d'un écrit et d'une publicité dans les registres officiels [4].

---

1. Les dispositions de la loi de 1951 ne sont (naturellement) pas applicables, Com. 23 nov. 1999, *Bull. civ.* IV, n° 209, *D.* 2000. 23, obs. A.L.-M., *JCP* 2000. II. 10293, note Keita, *JCP* 2000. I. 259, n° 20. Il serait opportun de supprimer la formalité de l'enregistrement lorsque l'acte revêt la forme authentique (v. 82ᵉ Congrès des notaires, 3ᵉ Commission, vœu n° 4). Les bordereaux doivent contenir certaines mentions (C. com. art. L. 143-16). Cependant, en cas d'irrégularité, la nullité ne peut être prononcée que si celui qui l'invoque a subi un préjudice (Com., 1ᵉʳ déc. 1992, *D.* 1993. IR 17, comp. en cas d'erreur sur la désignation du débiteur, Com., 19 mai 1998. *D. aff.* 1998. 1036, *JCP* 1999. I. 116, *D.* 1998. Somm. 377, obs. Piedelièvre ; sur le problème de la mention du domicile d'élection, v. J.M. Fernandez, *D. aff.* 1998. 406.

2. Com. 6 sept. 2011, *JCP* 2011. 1259, n° 19. Le délai court de la signification de l'acte et non de l'enregistrement, à moins que l'acte ne contienne aucune date, v. Com. 17 sept. 2002, *Bull. civ.* IV, n° 127, *D.* 2002. Somm. 3338, obs. L. Aynès, *JCP* 2003. I. 124, n° 19. V. encore Civ. 1ʳᵉ, 18 févr. 1997, *Bull. civ.* I, n° 17, *D.* 1997. Somm. 252, obs. Piedelièvre, *RTD com.* 1997. 628, obs. Derruppé ; Paris 21 mai 1999, *JurisData* n° 023079. L'inscription doit être renouvelée comme en matière d'hypothèque (Com. 14 janv. 1997, *D.* 1997. 315, rapport Rémery. Somm. 213, obs. A. Honorat, *D.* 1998. Somm. 104, obs. S. Piedelièvre, *Bull. civ.* IV n° 15). L'inscription ne pourrait cependant être prise après le prononcé d'un jugement ouvrant une procédure collective (C. com., art. L. 622-30). Par exception (art. 622-30, al. 3), le vendeur du fonds est autorisé à prendre une telle inscription pour conserver son privilège.

3. V. cependant, quant à la possibilité d'agir sur la base d'une procuration donnée par acte sous seing privé, Rép. QE n° 9836, *JCP* 1984. IV. 31, v. égal. Instr. compt. pub. 8 sept. 1989, *JCP* N 1990. Prat. 1363.

4. Ces nantissements, rares en pratique, ne supposent, semble-t-il, aucune dépossession. En tout cas, leur régime juridique reste mal défini, v. CPI, art. 613-9 (pour les brevets ; même si le texte ne concerne pas directement les nantissements, il les vise indirectement) ; art. 714-1 (pour les marques). V. P. Salvage-Gerest, « Le gage des brevets d'invention », *JCP CI* 1978. II. 12781, égal. Lyon 19 mai 1994, *JCP* E 1995. I. 473, n° 39 ; Montpellier 13 févr. 1996, *JurisData* n° 034270, admettant, en matière de marque de fabrique, l'attribution judiciaire. Plus gén., v. M. Vivant, « L'immatériel en sûreté », *Mélanges Cabrillac*, p. 405.

718 ***b) Effets*** ◊ Le commerçant qui a donné son fonds en nantissement a le droit de l'administrer et d'en disposer. Il est donc dans la situation d'un débiteur hypothécaire. Cependant, le fonds de commerce ne peut offrir une garantie aussi sérieuse qu'un immeuble. Il peut perdre brusquement de sa valeur et le débiteur qui en conserve la gestion risque de faire des choix préjudiciables aux créanciers. Mais la loi a prévu quelques-uns de ces dangers. En cas de vente séparée des éléments du fonds, c'est la loi pénale qui vient au secours des créanciers en punissant cette vente des peines du délit pénal de détournement d'objets en gage [1].

En outre, si le commerçant a l'intention de déplacer son fonds, il doit en avertir ses créanciers quinze jours avant toute réalisation ; à défaut, il perdrait le bénéfice du terme attaché à la créance (C. com., art. L. 143-1) [2]. Et si le déplacement du fonds, bien que régulièrement notifié, en diminue la valeur, les créanciers peuvent faire prononcer la déchéance du terme par le tribunal.

Enfin, il se peut que le propriétaire des locaux abritant le fonds envisage de demander la résiliation du bail, notamment pour défaut de paiement du loyer. En ce cas, et s'il s'agit d'une résiliation judiciaire, le bailleur doit notifier sa demande aux créanciers inscrits, ce qui leur permet d'échapper aux conséquences de la résiliation en payant le propriétaire à la place du locataire [3]. Si la notification n'était pas faite avant la demande de résiliation, cette résiliation serait inopposable aux créanciers [4]. Dans l'hypothèse d'une résiliation demandée sur la base d'une clause résolutoire, le bailleur est également tenu de prévenir les créanciers un mois à l'avance [5]. Toutefois, le créancier titulaire d'un nantissement sur fonds de commerce ne bénéficie d'aucun droit de préférence ni de suite sur l'indemnité de résiliation de bail grâce auquel est exploité le fonds [6].

---

1. V. Crim., 6 janv. 1966, *Gaz. Pal.* 1966. 1. 244.

2. V. Com., 6 oct. 1998, *Bull. civ.* IV, n° 227, *D.* 1999. Somm. 297, obs. Piedelièvre, *Defrénois* 1999. 1181, obs. Honorat, *JCP* 1999. I. 116, n° 16 ; l'arrêt précise que le déplacement d'un fonds de commerce ne saurait par principe entraîner sa disparition, à moins que, compte tenu de sa nature et de son activité, sa localisation ne constitue une condition de sa survie. Le déplacement du siège n'emporte pas nécessairement transfert du fonds : Com., 29 janv. 2002, *Bull. civ.* IV, n° 22. Le créancier titulaire d'un nantissement qui n'a pas eu connaissance du déplacement du fonds de commerce et n'a pas, pour ce motif, procédé à la modification de son inscription au nouveau lieu d'exploitation, ne saurait être sanctionné par la déchéance de son privilège : Com. 26 mars 2002, n° 99-21-070.

3. Civ. 3e, 17 avr. 1974, *Bull. civ.* III, n° 146 ; 4 mars 1998, *Bull. civ.* III, n° 53 ; Com. 16 oct. 2007, *RD banc. et fin.* 2007. 214, 49, obs. Legeais ; sur l'éventuelle responsabilité du propriétaire : Com. 11 juill. 2006, *JCP* 2006. I. 195, n° 19.

4. Aix 1re ch., 17 févr. 1976, *Bull. Aix*, n° 100 ; Paris 14 oct. 1998, *D. aff.* 1999. 113. Sur la situation des créanciers inscrits après la demande de résiliation, obligés de recourir aux sanctions du droit commun, Aix, 8e ch., 8 déc. 1982, *Bull. Aix*, n° 187. Ajoutons que le locataire lui-même n'a pas qualité pour se plaindre de l'absence de notification à ses créanciers, Civ. 3e, 22 mai 1973, *Bull. civ.* III, n° 358. En cas de procédure collective, si le bail est résilié de plein droit, la notification paraît inutile, comp. Com., 13 oct. 1998, *RTD com.* 1999. 66, obs. Derruppé, *D.* 1999. Somm. 297, obs. Piedelièvre.

5. Civ. 3e, 13 mai 1980, *JCP* 1981. II. 19618, note Boccara.

6. Civ. 3e, 6 avr. 2005, *D.* 2005. 1367, note Piedelièvre, *JCP* 2005. I. 185, n° 20.

719 ***Droit de préférence*** ◊ En vertu du droit de préférence, le créancier nanti, si le débiteur ne le rembourse pas à l'échéance, peut faire vendre le fonds aux enchères et obtenir un paiement par préférence aux créanciers chirographaires [1]. À cette fin, il doit adresser une sommation au débiteur et, huit jours après, assigner ce dernier devant le tribunal de commerce qui ordonnera la vente aux enchères publiques. Sur le prix dégagé par la vente, le créancier nanti primera les créanciers titulaires de privilèges généraux (sécurité sociale, salariés) [2], mais passera après les créanciers privilégiés au titre des frais de justice et après le Trésor public [3]. Ne pouvant se prévaloir d'un droit de rétention, toutes les prérogatives inhérentes à cette sûreté, particulièrement efficaces en cas de redressement ou de liquidation judiciaire (*supra*, n° 588), lui sont refusées [4]. De plus, le créancier nanti ne peut solliciter l'attribution judiciaire du fonds en pleine propriété, car la loi le lui interdit (C. com., art. L. 142-1, al. 2) [5].

Il reste que le privilège du créancier nanti peut valablement s'exercer sur les indemnités d'assurance en cas de disparition du fonds [6].

720 ***Droit de suite*** ◊ Comme tout créancier hypothécaire, le créancier nanti sur un fonds de commerce est titulaire d'un droit de suite (C. com., art. L. 142-12) [7]. Il peut donc faire vendre le fonds qui se trouverait entre les mains d'un acquéreur et obtenir un paiement sur le prix dégagé par la vente. En pratique, la chose est rare, d'autant plus que celui qui se proposerait d'acheter un fonds grevé d'inscriptions, ne manquerait pas de purger, préalablement, ces inscriptions en offrant son prix aux créanciers nantis [8], quitte pour ces derniers à se lancer dans une procédure de surenchère du dixième [9]. En tout cas, la prérogative du droit de suite n'est pas à

---

1. Sur les modalités de vente en cas de liquidation judiciaire, v. S. Jaffrain, art. préc.
2. Com., 25 oct. 1976, *D.* 1977. 380, note Taisne.
3. Civ., 26 oct. 1926, *DH* 1926. 548 ; Com., 13 avr. 1972, *Bull. civ.* IV, n° 102.
4. V. Com., 26 oct. 1971, *D.* 1972. 61, note Derrida : « le nantissement d'un fonds de commerce ne confère pas au créancier nanti de droit de rétention ».
5. V. Com., 13 oct. 1998, *Bull. civ.* IV, n° 233, *D. aff.* 1998. 1805, *D.* 1999. Somm. 299, obs. Piedelièvre, *JCP* 1999. I. 116, n° 16 ; Limoges 6 janv. 1987, *JCP* E 1988. II. 15346.
6. V. Civ. 1re, 7 juill. 1993, *Bull. civ.* I, n° 244. Comp. Com. 9 nov. 1999, *JCP* 2000. I. 209, n° 16, *RTD com.* 2000. 72, obs. Derruppé. Sur le jeu de l'opposabilité des exceptions, v. Civ., 13 nov. 1997, *Defrénois* 1998. 333.
7. V. Civ. 2e, 9 mai 1988, *Bull. civ.* II, n° 114 ; Com. 17 déc. 2002, *Bull. civ.* IV, n° 195, *JCP* E 2003. 1440, note Keita, précisant que le créancier n'est pas tenu de déclarer sa créance pour exercer son droit de suite. Paris, 14 juin 1988, *D.* 1988. IR 222. Le droit de suite est perdu en cas de cession du droit au bail, v. Versailles, 4 juin 1992, *JCP* 1993. I. 3680, n° 23. La renonciation au droit de suite est concevable, mais doit être dépourvue de toute équivoque, Com., 18 févr. 1997, *D.* 1998. Somm. 252, obs. Piedelièvre, *JCP* 1997. I. 4033, n° 22.
8. « La procédure de purge des inscriptions sur le fonds de commerce ayant pour but de permettre à l'acquéreur de se garantir des poursuites des créanciers inscrits, sa mise en œuvre constitue une faculté dont l'acquéreur est, sauf fraude ou abus, libre de ne pas user, peu important qu'il ait connaissance des inscriptions grevant le fonds » : Com. 28 avr. 2004, *Bull. civ.* IV, n° 78, *JCP* 2004. I. 188, n° 18.
9. V. en cas de cession d'une licence IV d'un débit de boissons, Com., 20 oct. 1998, *Bull. civ.* IV, n° 248, *RTD com.* 1999. 67, obs. Derruppé, *D.* 1999. Somm. 299, obs. Piedelièvre. Il faut aussi relever que le droit de suite est perdu au cas de redressement judiciaire et de cession totale de l'entreprise, avec paiement du prix par le cessionnaire (C. com., art. L. 642-12, al. 4).

négliger : en l'exerçant, le créancier nanti prime tous les créanciers du tiers acquéreur, y compris le Trésor [1].

721 *c) Nantissement judiciaire du fonds de commerce* ◊ Le nantissement judiciaire du fonds de commerce est une création de la loi du 12 novembre 1955 [2] refondue lors de la réforme des procédures civiles d'exécution opérée par la loi du 9 juillet 1991 (art. 77 à 79) et par son décret d'application du 31 juillet 1992 (art. 250 s.). Il s'agit de l'une des rares sûretés judiciaires mobilières existant en droit positif (v. *supra*, n° 7). Son économie est très proche de celle de l'hypothèque judiciaire conservatoire (*supra*, n° 373). La loi de 1991 (art. 67) prévoit en effet que tout créancier justifiant d'une créance paraissant fondée en son principe et de circonstances à même d'en menacer le recouvrement [3], peut prendre sur ordonnance du juge une inscription de caractère provisoire. Autrement dit, tout créancier subodorant l'insolvabilité prochaine de son débiteur peut obtenir dans des conditions très simples et dans des délais très brefs, une sûreté sur son fonds de commerce.

Il appartient au créancier de présenter une requête au Président du tribunal de commerce si sa créance est commerciale, au juge de l'exécution si sa créance est civile. Le juge rend ensuite une ordonnance dans laquelle il peut autoriser l'inscription d'un nantissement à titre conservatoire. Cette inscription doit être prise, à peine de caducité, dans un délai de trois mois à compter de l'ordonnance [4].

L'inscription provisoire est opérée par le dépôt au greffe du tribunal de commerce de deux bordereaux sur papier libre contenant (Décr. 1992, art. 252) :

1° la désignation du créancier, son élection de domicile dans le ressort du tribunal de commerce où se trouve situé le fonds et la désignation du débiteur ;

2° l'indication de l'autorisation ou du titre en vertu duquel l'inscription est requise ;

3° l'indication du capital de la créance et de ses accessoires [5].

Quant aux effets de l'inscription provisoire, ils sont, depuis la réforme, très clairs, car le fonds demeure aliénable (L. 1991, art. 79).

Le créancier nanti a, autrement dit, les mêmes droits qu'un créancier hypothécaire ou, plus exactement, les mêmes droits qu'un créancier nanti à titre conventionnel. Il lui appartient, néanmoins, de prendre dans les délais requis, une inscription définitive pour consolider sa situation (Décr. 1992, art. 260) [6].

---

1. Com., 15 avr. 1975, *D.* 1975. 572, note Derrida.
2. Weil et Maus, « Le nantissement judiciaire du fonds de commerce », *D.* 1956. Chron. 87.
3. Sur l'appréciation de ces conditions, v. Com., 21 oct. 1964, *Bull. civ.* III, n° 437 ; Aix 24 mars 1978, *Bull. Aix*, n° 120, conditions qui n'ont pas été bouleversées par la réforme de 1991. Sur la bonne foi du créancier, v. Com., 5 oct. 1993, *JCP* E 1994. Pan. jur. 1316.
4. V. R. Perrot et Ph. Thery, *Procédures civiles d'exécution*, 2e éd., Dalloz, n° 879.
5. V. Dagot, *Les sûretés judiciaires provisoires*, Litec, 1994 ; « Rédaction du bail commercial et inscription provisoire de nantissement sur le fonds de commerce », *JCP* N 1992. Prat. 2202.
6. V. Com., 27 mai 1997, *Bull. civ.* IV, n° 158, *RTD com.* 1997. 628, obs. Derruppé.

La réalisation de la sûreté se fera dans les conditions prévues par les art. L. 143-4 s. C. com. et, par conséquent, devant le tribunal de commerce dans le ressort duquel est exploité le fonds.

722 *2° Nantissement de films* ◊ Le nantissement des films cinématographiques créé par la loi du 22 février 1944 (insérée dans le Code de l'industrie cinématographique, art. 31 s.), peut être considéré comme une hypothèque mobilière [1]. Une société de production a-t-elle besoin d'un financement pour exploiter un film, dont, pour l'instant, seul le titre est déposé et qui se trouve uniquement identifié par un numéro d'immatriculation ? Elle affecte tout ou partie de ses droits (de propriété ou d'exploitation) sur le film ou encore sur l'un quelconque de ses éléments présents et à venir (Code préc. art. 33-2°), à un établissement de crédit en contrepartie des concours financiers consentis. Les parties rédigent un écrit constatant la constitution de la sûreté qu'elles vont ensuite faire inscrire sur un registre public tenu au centre national de la cinématographie, par un fonctionnaire de l'enregistrement. L'inscription fixe le rang de la sûreté, la rend opposable aux tiers [2] et conserve le privilège pendant une durée de cinq ans. Une fois ces formalités accomplies, le créancier nanti jouit, à l'exemple d'un créancier hypothécaire, d'un droit de préférence [3] et d'un droit de suite [4]. En outre, le créancier inscrit bénéficie d'un droit direct sur les recettes, présentes et à venir, produites par l'exploitation du film [5] ; s'il

1. V. M. Cabrillac, *La protection du créancier dans les sûretés, mobilières conventionnelles sans dépossession*, thèse, Montpellier, 1954, n° 53 ; Patarin, *Le nantissement sur films cinématographiques, Le gage commercial*, dir. Hamel, 1953, n° 11, P.Y. Gautier, *Propriété littéraire et artistique*, PUF, n° 252. Le nantissement de cassettes vidéo - biens corporels fongibles - obéit au droit commun du gage (Douai 17 juin 1999, *JurisData* n° 045431).

2. Rappr. Com., 16 nov. 1971, *Bull. civ.* IV, n° 277, en matière de délégation de recettes.

3. Le créancier nanti prime le privilège général des salaires (T. civ. Seine, 23 févr. 1957, *JCP* 1957. II. 9921, note Becqué), le privilège de la sécurité sociale, mais ni le privilège général du Trésor (Paris 12 déc. 1964, *D.* 1965. 586, note Cabrillac), ni celui du conservateur, à supposer qu'il existe (v. T. com. Seine 21 juill. 1949, *D.* 1949. 512).

4. Une procédure de purge est d'ailleurs organisée sur le modèle hypothécaire : v. Marty, Raynaud et Jestaz, n° 473.

5. Sur l'opposabilité aux tiers de cette action directe, v. Paris 26 nov. 1966, *Gaz. Pal.* 1967. 1. 175 et plus récemment, T. confl. Paris 29 janvier 2003, *JurisData* n° 212902 : « en vertu de l'article 33 du Code de l'industrie cinématographique, l'acte de nantissement est opposable aux tiers dès lors qu'il fait l'objet d'une inscription au RPCA, et que celle-ci est renouvelée dans un délai de cinq ans. L'inscription de cet acte donne le droit au créancier, en vertu de l'article 36 du Code de l'industrie cinématographique, de percevoir notamment le montant des produits du film, de quelque nature qu'ils soient, et ce, sans qu'il soit besoin de signification aux débiteurs cédés qui seront valablement libérés entre ses mains, l'inscription au RPCA valant signification. C'est donc à tous les débiteurs potentiels que revient l'obligation de consulter ce dernier pour vérifier, avant d'effectuer tout paiement afférent à l'exploitation d'un film, si les produits de cette exploitation n'ont pas fait l'objet d'un nantissement, d'une cession. S'il ne procède pas à cette vérification, et s'il n'effectue pas le paiement entre les mains dudit créancier, l'article 36 du Code de l'industrie cinématographique dispose expressément qu'il n'est alors pas valablement libéré de son obligation de paiement ». Plus gén, v. Patarin, *Rép. civ.*, V° *Nantissement des films*, n° 37 s. ; Mestre, Putman et Billiau, n° 1009. Le débiteur qui détournerait ces recettes se rendrait coupable d'une infraction pénale, Crim., 3 juill. 1964, *D.* 1965. Somm. 46 ; Paris 25 févr. 1999, *Bull. Joly* 1999. 572.

exerce ce droit, sa situation s'assimile, il est vrai, plutôt à celle d'un créancier antichrésiste qui a, on le sait (C. civ. art. 2389), le droit de percevoir les fruits de l'immeuble. Une fois le film réalisé, rien n'interdit au producteur de constituer un gage de droit commun sur les négatifs du film, mais cela suppose, au-delà d'une dépossession, une inscription sur le registre public.

723 ***3° Nantissement du droit d'exploitation des logiciels*** ◊ L'article 7 de la loi n° 94-361 du 10 mai 1994, devenu l'article L. 132-34 du Code de la propriété intellectuelle, a institué un nouveau nantissement : le nantissement du droit d'exploitation des logiciels [1]. Le contrat doit à peine de nullité être passé par écrit et suppose, pour être opposable aux tiers, qu'une inscription soit prise sur un registre spécial tenu par l'Institut national de la propriété intellectuelle, cette inscription devant indiquer précisément l'assiette de la sûreté et notamment les codes sources et les documents de fonctionnement, sa durée d'efficacité, sauf renouvellement, étant par ailleurs limitée à cinq ans. Le texte ne s'explique pas davantage sur le régime de la sûreté, et renvoie à un décret en Conseil d'État le soin de fixer les modalités de l'institution (art. R. 132-8 s. CPI) [2].

Le droit d'exploitation appartenant à l'auteur d'un logiciel est un droit incorporel de nature patrimoniale. C'est en soi une valeur susceptible d'opérations juridiques et de crédit. Ce droit n'est cependant pas matérialisé dans un support quelconque, si bien que l'on imagine mal un dessaisissement de la part de son titulaire. Ce nouveau nantissement s'apparente donc à une hypothèque mobilière [3] et devrait suivre, devant les insuffisances de la loi qui l'organise, un régime décalqué sur celui du nantissement de fonds de commerce, nantissement qu'il est, au demeurant, toujours possible d'instituer en la matière (art. L. 132-34, al. 1er).

724 ***4° Nantissement judiciaire des droits d'associé*** ◊ En créant le nantissement judiciaire des parts sociales, actions et valeurs mobilières, la loi du 9 juillet 1991 (art. 77) a institué, semble-t-il, une nouvelle hypothèque mobilière. La sûreté, en effet, ne s'accompagne d'aucune dépossession. Des formalités sont certes exigées, puisque le nantissement de parts doit être signifié à la société (Décr. 31 juill. 1992, art. 253), tandis que le nantissement portant sur les valeurs mobilières doit donner lieu à « la signification d'une déclaration » à la société émettrice ou à un intermédiaire

1. V. I. Gavanon, « Le nantissement du logiciel dans la loi du 10 mai 1994 : quelques commentaires sur une sûreté version bêta », *JCP* E 1995. I. 472 ; égal. Altermann, *RJ com.* nov. 1994. n° spéc. 16 ; Delaval, *Gaz. Pal.* 1994. 2. 1176. ; plus gén. N. Martial, *Droit des sûretés réelles sur propriétés intellectuelles*, thèse Paris V, 2005.

2. V. H. Croze, « Le nantissement du droit d'exploitation des logiciels (Décr. 2 févr. 1996) », *JCP* E 1996. 546.

3. V. cependant, H. Croze, art. préc., qui n'exclut pas le droit pour le créancier de demander l'attribution judiciaire et raisonne en termes de gage ; égal. M. Vivant, « L'immatériel en sûreté », *Mélanges Cabrillac*, 405, n° 18.

habilité teneur du compte (Décr., art. 254). Mais, semble-t-il, l'exigence n'intéresse que les tiers ; elle n'a trait qu'à l'opposabilité de la sûreté aux tiers (comp. *supra*, n° 662). Il ne saurait être question ici de remise de l'objet de la sûreté entre les mains du créancier ou d'un tiers convenu, car la sûreté procède d'une décision du juge. En outre, la garantie confère au créancier les mêmes droits que ceux qui sont reconnus « au titulaire d'une sûreté conventionnelle ou légale... si le bien est vendu » (Décr., art. 258), ce qui laisse entendre que le créancier jouit d'un droit de préférence et d'un droit de suite [1]. Enfin, la loi elle-même (art. 79) précise que les biens grevés d'une sûreté judiciaire « demeurent aliénables » (par le débiteur) [2]. Cette aliénabilité est l'une des caractéristiques de l'hypothèque [3]. Quand on sait que les sûretés judiciaires comprennent aujourd'hui les hypothèques conservatoires, les nantissements conservatoires sur le fonds de commerce et les fameux nantissements ici évoqués, il y a de bonnes raisons de penser que l'ensemble de la catégorie relève bien du droit hypothécaire [4].

Le nantissement des parts sociales est opéré par la signification à la société d'un acte contenant (Décr. 1992, al. 253) :

1° la désignation du créancier et celle du débiteur ;

2° l'indication de l'autorisation ou du titre en vertu duquel la sûreté est requise ;

3° l'indication du capital de la créance et de ses accessoires.

En outre, s'il s'agit d'une société civile immatriculée, l'acte de nantissement est publié au registre du commerce et des sociétés.

Le nantissement grève l'ensemble des parts à moins qu'il ne soit Autrement précisé dans l'acte.

Le nantissement des valeurs mobilières est opéré par la signification d'une déclaration à l'une des personnes mentionnées aux articles 178 à 181 selon le cas (Décr. 1992, art. 254).

Cette déclaration contient :

1° la désignation du créancier et du débiteur ;

2° l'indication de l'autorisation ou du titre en vertu duquel la sûreté est requise ;

3° l'indication du capital de la créance et de ses accessoires.

Le nantissement grève l'ensemble des valeurs mobilières à moins qu'il ne soit autrement précisé dans l'acte.

---

1. Rappr. Versailles 6 mai 2010, *JurisData* n° 006405.

2. Rappr. Dagot, *Les sûretés judiciaires provisoires*, Litec, 1994, n° 323 et 586 s.

3. V. du reste, Civ. 2e, 2 déc. 2010, *JCP* 2011. 770, n° 13, considérant que l'inscription provisoire confère à son titulaire une sûreté et n'entraîne pas les effets d'une saisie. V. égal. Civ. 2e, 16 déc. 2010, *JCP* 2011. 770, n° 13, précisant que l'inscription provisoire, n'étant qu'une prise de sûreté, n'interrompt pas la prescription.

4. V. M. Bandrac, « Procédures civiles d'exécution et droit des sûretés », in *La réforme des procédures civiles d'exécution*, *RTD civ.* 1993. n° spéc. 49 s. ; D. Baraderie, « Le nantissement judiciaire des droits d'associé et des valeurs mobilières », *Gaz. Pal.* 1993. 2. Doctr. 910. On renverra naturellement au droit commun des mesures conservatoires pour apprécier les conditions d'autorisation de la sûreté, v. Civ. 3e, 7 oct. 1998, *Bull. civ.* III, n° 199.

Comme pour les autres sûretés judiciaires, cette publicité provisoire doit être confirmée par une publicité définitive, qu'il faut réaliser dans les mêmes formes que la publicité provisoire (Décr. art. 262).

Le nantissement judiciaire confère au créancier des droits analogues à ceux qui résultent d'un nantissement conventionnel (Décr. art. 258). Mais les biens demeurent aliénables, le prix en étant payé et distribué en application de la procédure générale de distribution des deniers. En cas de vente du bien avant accomplissement de la publicité définitive, la part devant revenir au créancier sera consignée et ne lui sera remise qu'après accomplissement des formalités lui permettant de procéder à la publicité définitive, cette publicité inutile étant alors remplacée par une signification du titre de créance à la personne chargée de la répartition (Décr. art 264).

Par dérogation à ce qui précède, l'article 79, alinéa 2, a prévu le cas particulier d'une sûreté prise sur un portefeuille de valeurs mobilières. Il n'est pas opportun de s'opposer à la vente de ces valeurs mobilières *« inscrites sur un compte tenu et géré par un intermédiaire habilité »* ; mais alors le *« prix peut être utilisé pour acquérir d'autres valeurs qui sont alors subrogées aux valeurs vendues »* (rappr., *supra*, n° 663). Autrement dit, il y a soit remploi, les nouvelles valeurs étant comprises dans l'assiette de la sûreté, soit consignation du prix [1].

725 ***5° Hypothèques maritimes, fluviales et aériennes*** ◊ Les navires, les bateaux de navigation intérieure et les aéronefs sont des biens meubles immatriculés et sont l'objet d'aliénations relativement fréquentes. Ils ont un port d'attache et leur prix élevé ne favorise pas des transactions successives. Dans ces conditions, ces biens peuvent être hypothéqués, mais uniquement hypothéqués, [2] sans difficulté. C'est ce que l'on admet, en tout cas, depuis les lois du 10 décembre 1874 pour les navires, du 5 juillet 1917 pour les bateaux de rivière et du 1er juin 1926 pour les aéronefs. Les hypothèques maritimes, fluviales et aériennes sont, à n'en pas douter, des hypothèques mobilières. Elles sont reconnues comme telles par le législateur et confèrent à leurs titulaires un droit de préférence et un droit de suite. Toutefois, la sécurité qu'elles offrent aux créanciers est moins forte qu'en matière immobilière. Les débiteurs malhonnêtes ont, en effet, davantage de possibilité pour dissimuler l'objet de la sûreté, ne serait-ce que par un déplacement à l'étranger [3]. C'est pourquoi certains agissements des débiteurs sont sanctionnés par la loi pénale elle-même.

726 ***Hypothèque maritime*** [4] ◊ Issue d'une réforme du 10 décembre 1874, elle-même remplacée par un grand texte du 10 juillet 1885 et régie désor-

1. V. R. Perrot et Ph. Théry, « Procédures civiles d'exécution », *D.* 2000. 901.
2. Le recours aux sûretés ordinaires et spécialement au gage sans dépossession est exclu.
3. Il n'est pas rare qu'un navire hypothéqué ou même saisi parte sans laisser de nouvelles et qu'on le retrouve, plus ou moins démantelé, dans un port lointain.
4. V. Potier, « À propos d'un centenaire, bilan de santé de l'hypothèque maritime en France », *Ann. dr. mar. et aér.* 1976. III. 33 ; plus gén., v. MM. Bonassies et Scapel, *Traité de droit maritime*, LGDJ, 2e éd. 2010, n° 547 s. ; à vrai dire, l'hypothèque maritime commence à souffrir de la concurrence

mais par les articles 43 à 57 de la loi du 3 janvier 1967, devenus l'art. L. 5114-6 du Code des transports [1], l'hypothèque maritime grève, quel que soit leur tonnage, les navires et bâtiments de mer (grue flottante, chaland, plate-forme de forage...) francisés ou susceptibles de l'être après l'achèvement de leur construction (l'hypothèque « de flotte » portant sur l'ensemble des navires appartenant à un même propriétaire n'est pas admise). Essentiellement conventionnelle (C. douanes, art. 241 [2]), elle doit être constatée, à peine de nullité, par écrit (acte sous seing privé ou acte authentique) et devient opposable aux tiers dès l'instant de sa publication sur un registre spécial tenu par le conservateur des hypothèques maritimes [3]. Comme tout créancier hypothécaire, le créancier armé d'une hypothèque maritime jouit d'un droit de préférence [4] mais dont l'efficacité est ici renforcée. En effet, cette sûreté prime les privilèges de droit commun [5], mais non les privilèges maritimes, et s'étend - sauf convention contraire (art. 244) - à tous les éléments incorporés au navire, quel que soit l'auteur de cette incorporation [6]. Quant au droit de suite du créancier, si les textes ne l'excluent pas, il n'est pas réglementé, si ce n'est par les règles

du crédit-bail, v. Pape et D. Richter-Hannes, « Nature juridique du contrat de leasing pour les navires », *DMF* 1973. 387 ; Ph. Delebecque, *Rép. com. Dalloz, V° Hypothèque et privilèges maritimes*. Sur les projets de réforme, v. P. Bonassies, « La convention sur les hypothèques et privilèges maritimes du 7 mai 1993 », *RD com. marit. aér. transp.* 1994. 120. V. encore, O. Cachard, « Les garanties du financement du navire, crédit réel et crédit personnel », *Mélanges Goubeaux*, 55 s.

1. Le texte se borne à renvoyer au Code des douanes (sect. 7, chap. 1er du titre IX, art. 241 s.), ce qui démontre le peu d'intérêt que les rédacteurs du Code des transports ont porté à l'hypothèque.

2. Est valable - sauf fraude - l'hypothèque consentie par une société fictive antérieurement à la déclaration de fictivité, Com., 22 juin 1999, *Bull. civ.* IV, n° 136, *JCP* 2000. I. 209, n° 17, II. 10266, note Menjucq, *DMF* 2000. 535, rapport Rémery, obs. P. Bonassies, *JCP* E 2000. 181, note Ch. Cutajar, G.I. 209, n° 98, *Rev. sociétés* 1999. 824. obs. Constantin. Comp. Paris 24 sept. 1999, *JurisData* n° 104070, s'agissant d'une hypothèque garantissant un prêt entaché d'irrégularités.

3. Ce qui compte au regard des nullités de la période suspecte, c'est la date de constitution et non l'inscription qui permet seulement la publicité de la sûreté : Com. 18 févr. 2003, *DMF* 2003. 372, obs. Rémery, *JCP* 2003. I. 176, n° 21.

4. L'hypothèque se reporte très classiquement sur les indemnités d'assurance, Com. 24 avr. 2007, *Navire St. Michel*, *D.* 2007. 1269, *JCP* 2007. I. 158, n° 25. En cas de démolition du navire moyennant l'octroi d'une prime des pouvoirs publics, le droit est perdu : cette prime n'est pas un prix (Com., 25 juin 1996, *RJ com.* 1996. 304, rapport Rémery, *JCP* 1997. I. 3991, n° 24) ; rappr. *supra* n° 388.

5. V. Aix 24 déc. 1951, *JCP* 1952. II. 6811, note Becqué.

6. V. Calais-Auloy, note sous Montpellier 10 févr. 1961, *D.* 1962. 647 ; *adde*. Com., 1er juin 1970, *D.* 1970. 681, note Rodière, décidant qu'il résulte de l'article 19-2° de la loi du 18 janvier 1951 (C. com., art. L. 525-18-2°) que l'emprunteur ne peut donner en nantissement à son prêteur ni l'outillage, ni le matériel d'équipement, acquis à crédit, qu'il incorpore à un bâtiment de mer. Plus récemment, la Cour de cassation (Com., 15 mars 1994, *Bull. civ.* IV, n° 110, *JCP* 1994. 1. 22277, note Larroumet, *JCP* 1994. II. 3807, n° 23) a relevé qu'une hypothèque maritime ne saurait s'étendre à toutes les améliorations apportées au navire et notamment au nouveau moteur bien qu'il constituât un bien nécessaire au fonctionnement du navire et bien que sa revendication eût entraîné une dépréciation de l'ensemble du navire, dès lors que le moteur était matériellement séparable et pouvait donc être revendiqué par le titulaire de la clause de réserve de propriété incluse dans le contrat de vente de ce moteur. La même solution vaudrait pour un matériel loué en crédit-bail.

générales du droit hypothécaire [1]. On admettait du reste que ce créancier hypothécaire pouvait se prévaloir des mesures de sauvegarde établies par le droit foncier (anc. art. 2131). Il pourrait aujourd'hui se protéger par des mesures conservatoires [2]. Le créancier pourra donc demander le remboursement immédiat de sa créance ou obtenir un supplément de garantie si le débiteur expose le navire à une navigation longue et périlleuse [3]. Enfin, rien n'interdit au créancier de se ménager des garanties supplémentaires et de convenir avec son débiteur-armateur une délégation de fret [4].

727 ***Hypothèque fluviale*** ◊ L'hypothèque des bateaux de navigation intérieure – qui a reçu dans la pratique le nom d'hypothèque fluviale – a été instituée par la loi du 5 juillet 1917, modifiée par celle du 19 juillet 1934, et se trouve aujourd'hui incorporée dans le Code des transports (art. L. 4122-1 s.). Essentiellement conventionnelle, cette hypothèque doit être constatée par écrit et doit être publiée au greffe du tribunal de commerce du lieu d'immatriculation du bateau. Elle emporte droit de préférence [5] et droit de suite, la loi sanctionnant, pour renforcer l'efficacité de cette dernière technique, des peines de l'abus de confiance « tout fait tendant à détourner frauduleusement un bateau grevé d'une hypothèque régulièrement inscrite ».

728 ***Hypothèque aérienne*** ◊ Organisée aujourd'hui par le code des transports (art. L. 6122-1 s.) [6], l'hypothèque sur les aéronefs a été rendue

1. V. Civ., 6 nov. 1945, *D.* 1946. 36.
2. En pratique, le contrat accorde au créancier un droit de veto ou à tout le moins un droit de contrôle sur les actes d'exploitation du navire, v. Paris 9 juin 2011, *DMF* 2011. 795 et les obs., considérant que le créancier hypothécaire n'encourt pas de responsabilité à l'encontre du tiers qui envisage de conclure un contrat d'affrètement ayant pour objet le navire hypothéqué et dont les espoirs ont été déçus, l'armateur ayant renoncé au projet à la suite des réticences manifestées par le créancier et objectivement fondées sur la faisabilité de l'affrètement.
3. Civ., 19 déc. 1888, *DP* 1889. 1. 57. De même la loi (art. 251 C. douanes) interdit toute opération volontaire qui entraîne la perte de la francisation d'un bâtiment hypothéqué. L'interdiction est assortie d'une sanction civile – la nullité de la vente – et d'une sanction pénale – application des peines de l'abus de confiance.
4. C. transp., art. 5423-2. Rappr. Com., 4 mars 1965, *DMF* 1965. 363, considérant comme valable la convention aux termes de laquelle le débiteur confie l'exploitation de son navire à son créancier pour que les frets s'imputent sur le capital et les intérêts de la créance ; v. égal. Com. 16 avr. 1996, *Bull. civ.* IV, n° 120, *D.* 1996. 571, note Larroumet.
5. V. P. Bonassies, « Le bateau, élément du patrimoine », *Ét. dr. fluvial* 1957. 44. L'hypothèque fluviale est primée par les privilèges de droit fluvial de première catégorie, privilèges énumérés par l'article 4122-16 du Code des transports ainsi que – la solution n'allant cependant pas de soi – le privilège général mobilier du Trésor (Com., 3 févr. 1998, *Bull. civ.* IV, n° 59, *D.* 1998. Somm. 375, obs. Piedelièvre, *JCP* 1998. I. 149, n° 20, *RJDA* 1998. 182, chron. J.P. Rémery), mais prime les privilèges du Code civil (v. T. com. Rouen 8 août 1969, *DMF* 1970. 430) ; en cas de conflit entre une hypothèque sur un bateau et un nantissement sur le matériel, il faudrait se référer à la jurisprudence du 1er juin 1970 sur l'hypothèque maritime préc. Le vendeur d'une péniche doit révéler à son acheteur l'hypothèque qui grève le bâtiment : Civ. 2e, 15 avr. 2010, *JCP* 2011. 708, n° 19.
6. La loi du 19 juin 1987 qui est venue restreindre les possibilités de saisie sur les aéronefs (v. G. Légier, « Le nouveau régime de la saisie conservatoire des aéronefs », *ALD* 1988. 39), ne devrait pas avoir d'incidences sur ce type de sûreté. D'abord, le texte n'envisage que les saisies

possible grâce à l'immatriculation obligatoire de tout aéronef sur un registre tenu par les soins du ministre chargé de l'aviation civile, l'inscription sur ce registre valant titre, et grâce à la publicité de toutes les transmissions de propriété sur ce registre. Exclusivement conventionnelle, elle doit être, à peine de nullité, constatée par écrit, et inscrite, à peine d'inopposabilité aux tiers, sur le registre d'immatriculation [1]. Le créancier hypothécaire inscrit suit sa sûreté en quelque main qu'elle passe, pour être colloqué et payé suivant l'ordre de son inscription et après les créanciers privilégiés au titre des frais de justice, des rémunérations pour sauvetage et des frais de conservation (C. transp. art. L. 6122-16) [2]. Depuis la loi du 25 janvier 1985 réformant les procédures collectives, on peut aussi admettre que le superprivilège des salaires prime l'hypothèque aérienne, comme du reste l'hypothèque maritime ou fluviale [3].

§ 3. Réserve de propriété

729 ***1° Clause de réserve de propriété*** ◇ On a vu que la propriété pouvait jouer le rôle d'une sûreté, voire constituer une véritable sûreté (*supra*, n° 353). La pratique, en tout cas, y recourt fréquemment en stipulant diverses conventions qui prennent la forme de clauses de réserve de propriété. Les fournisseurs prennent ainsi la précaution de préciser dans leurs conditions générales ou leurs bons de commande, qu'ils conservent la propriété des marchandises livrées jusqu'à leur complet paiement. Ces conventions sont aujourd'hui particulièrement répandues et ne manquent pas de justifications économiques [4].

Parfaitement valable entre les parties, car ne heurtant aucune disposition essentielle du contrat de vente, pleinement efficace à l'égard des tiers [5],

---

conservatoires et non les saisies-vente ; ensuite, les saisies conservatoires restent possibles lorsque la créance, cause de la saisie, porte sur les sommes dues par le propriétaire à raison de l'acquisition de ces aéronefs, ce qui vise, en fait, la créance des créanciers hypothécaires. Le texte n'a pas été remis en cause par la réforme des voies d'exécution du 9 juill. 1991, ni par le Code des transports (art. L. 6123-1).

1. V. en cas de conflit avec une réserve de propriété non publiée, l'hypothèque l'emportant, Toulouse 17 oct. 1995, *JCP* 1997. I. 4033, n° 23.

2. Ces trois privilèges s'éteignent trois mois après l'événement qui leur a donné naissance, à moins que le créancier n'ait pris soin d'inscrire sa créance au registre d'immatriculation, après avoir fait reconnaître amiablement son montant ou après avoir introduit une action en justice à ce sujet.

3. V. Paris 28 juin 1996, *JurisData* n° 024682 ; TGI Paris 26 janv. 1995 *JCP* 1995. I. 3889, n° 23. *Contra*, TGI Le Puy, 21 nov. 1986, *JCP* 1987. II. 20756, note J.P. Le Gall, *D.* 1988. Somm. 74, obs. crit. Derrida ; Comp. T. com. Pointe-à-Pitre 20 févr. 1981, *JCP* 1981. II. 19598, note J.P. Le Gall.

4. Rapport au Parlement sur les conditions d'application de la loi du 31 décembre 1992 relative aux délais de paiement entre les entreprises, *BOCC* 15 déc. 1994, *JCP* 1995. III. 67169. Plus gén., v. F. Pérochon, *La réserve de propriété dans la vente de meubles corporels*, coll. « Bibl. dr. entr. », t. 21, Litec, 1988.

5. Civ., 3 mai 1935, *DH* 1935. 313, *S.* 1935. 1. 227 ; Req., 26 oct. 1938, *S.* 1939. 1. 44 ; Civ., 28 juill. 1952, *RTD com.* 1953. 211 ; Com., 18 juin 1979, *Bull. civ.* IV, n° 203. V. égal. G. Friedel, « Déplacement volontaire du moment du transfert de la propriété », in *La vente commerciale de marchandises*, dir. Hamel, *D.* 1951. 117 s. V. égal. Coll. Montpellier 28 avr. 1995, « Faut-il retarder le transfert de propriété ? », *Cah. dr. entr.* 1995. 5.

sans préjudice du jeu de l'article 2276 C. civ., la technique a été freinée, un temps, dans le domaine des procédures collectives [1], avant d'y recevoir une assise légale (L. 12 mai 1980 relative aux effets des clauses de réserve de propriété dans les contrats de vente, dont l'objet se limitait essentiellement à compléter et à remplacer les dispositions de la loi du 13 juillet 1967 sur le règlement judiciaire et la liquidation des biens, concernant les droits du vendeur. Le texte a été conservé et amélioré par la loi du 25 janvier 1985 sur les procédures collectives, art. 121, al. 2 et 122 ; C. com. art. L. 624-16, 17 et 18). La loi du 10 juin 1994 a cherché à renforcer les droits des vendeurs sous réserve de propriété. Sans bouleverser l'équilibre antérieur, le nouveau texte assouplit sensiblement les conditions de la revendication et améliore ses effets [2].

La réforme des sûretés a consacré cette évolution : la réserve de propriété est désormais définie dans le Code civil lui-même comme la clause qui « suspend l'effet translatif d'un contrat jusqu'à complet paiement de l'obligation qui en constitue la contrepartie » (art. 2367). Elle est en même temps conçue comme une véritable sûreté d'origine conventionnelle produisant une succession d'effets : la suspension de l'effet translatif du contrat, puis la satisfaction du créancier, cette satisfaction étant parfaite lorsque le créancier est normalement payé par le créancier ou un tiers ; imparfaite lorsque, à défaut de paiement, la chose formant l'objet de la réserve de propriété, est restituée au créancier [3]. Au demeurant, la loi, pour lever, si besoin était, toute ambiguïté, précise (art. 2367, al. 2) que « la propriété ainsi réservée est l'accessoire de la créance dont elle garantit le paiement ».

730 ***Nature juridique*** ◇ Le transfert de propriété *solo consensu* n'est pas de l'essence de la vente [4]. Rien ne s'oppose à ce qu'il soit retardé par une clause particulière à l'exemple de la clause de réserve de propriété. Celle-ci

1. Civ., 28 mars et 22 oct. 1934, *DP* 1934. I. 151, note Vandamme : « dès lors que les marchandises sont entrées dans les magasins de l'acheteur, le vendeur ne peut les revendiquer en se prévalant à l'encontre de la masse de la condition mise à la vente par laquelle il s'est réservé la propriété jusqu'à complet paiement ». La solution s'expliquait par l'idée de solvabilité apparente. Entrées dans les magasins de l'acquéreur, les marchandises étaient censées, aux yeux des tiers, lui appartenir. Inutile de dire que cette idée ne correspondait plus à la réalité des affaires, car quel est aujourd'hui le créancier qui visite les magasins de son partenaire avant de contracter ? Sur les raisons de la réforme de 1980 – européanisme, volonté d'éviter les « faillites » en cascade… –, v. Houin, *JCP* 1980. I. 2978 ; Chaput, *JCP* 1981. I. 3017 ; sur les aspects historiques, v. J.L. et J. Mestre, *RJ com.* 1982. 205.

2. V. F. Pérochon, « La revendication favorisée », *D.* 1994. Chron. 251.

3. D. Voinot, *Rép. com., V° Réserve de propriété*, 2008, n° 1.

4. On raisonne généralement sur la vente. Mais le contrat d'entreprise postule également un transfert de propriété et c'est pourquoi la jurisprudence a fini par admettre que « la revendication des biens dont la propriété est réservée en application d'une clause contractuelle peut être exercée quelle que soit la nature juridique du contrat dans lequel elle figure » : Com. 19 nov. 2003, *D.* 2003. 3049, obs. Lienhard. Depuis la réforme des sûretés, cette évolution est consacrée, les textes parlant de « contrat translatif de propriété », ce qui vise la vente, mais aussi le louage d'ouvrage.

n'affecte pas le contrat de vente lui-même. S'il s'agit d'un terme, on n'imagine pas que la conclusion du contrat soit repoussée ; le contrat existe, mais son obligation de transférer la propriété est décalée et soumise à une modalité [1]. S'il s'agit d'une condition, on ne peut davantage soutenir que le contrat de vente est suspendu au paiement du prix par l'acquéreur. Si telle était la juste analyse, le contrat serait censé n'avoir aucune existence en cas de non réalisation de la condition ; or, cette solution est généralement rejetée [2]. Pour rendre compte de la réserve de propriété, il est donc nécessaire de dissocier la conclusion du contrat du transfert de propriété. Seul celui-ci est affecté d'une modalité. Seule l'obligation de donner – la prestation caractéristique de la vente – se trouve soumise au jeu de la clause.

S'agit-il alors d'un terme, l'exécution de l'obligation dépendant alors du règlement du prix par l'acquéreur ? On peut en douter dans la mesure où le terme est un événement certain, alors que le paiement est précisément, en l'occurrence, incertain.

S'agit-il d'une condition, l'exécution de l'obligation de donner étant subordonnée au règlement du prix, événement futur incertain dont la réalisation dépend de la volonté de l'acquéreur ? On pourrait l'admettre quitte à corriger quelque peu l'analyse pour éviter toute discussion et à préciser que l'obligation de donner est ici organiquement liée à l'exécution de l'obligation de payer [3].

La vente avec réserve de propriété apparaît ainsi comme une vente étalée dans le temps où l'obligation de donner qui la caractérise est, par la volonté des parties, suspendue à l'obligation de payer. Ainsi une exception d'inexécution conventionnelle serait-elle établie entre ces deux obligations essentielles de la vente.

A priori, la clause de réserve de propriété est une excellente sûreté (art. 2367, al. 2) [4] pour le vendeur et ses ayants cause. Elle produit ses effets tant que le prix n'est pas intégralement payé (conséquence de l'indivisibilité de la sûreté) et met ses titulaires à l'abri d'un éventuel concours avec d'autres créanciers, car elle leur permet de revendiquer la marchandise, de la récupérer et, le cas échéant, de la revendre, sans que ces derniers, quels qu'ils soient, puissent s'y opposer [5]. Comme le dit le Code civil lui-même (art. 2371), la réserve de propriété permet au créancier, à défaut de paiement, de demander la restitution du bien afin de recouvrer le droit

1. Comp. J. Ghestin, « Réflexions d'un civiliste sur la clause de réserve de propriété », *D.* 1981. Chron. 1.

2. V. Com., 1er oct. 1985, *Bull. civ.* I, n° 222, *D.* 1986. 246, note M. Cabrillac, et IR 169, obs. F. Derrida, qui décide que la revendication – c'est-à-dire la mise en œuvre de la clause – n'entraîne pas la résolution de la vente.

3. V. C. Witz, « Analyse critique des règles régissant le transfert de propriété en droit français à la lumière du droit allemand », *Mélanges Jahr*, Tübingen, 1993, 553.

4. V. déjà : Com. 23 janv. 2001, *Bull. civ.* IV, n° 23, *JCP* 2001. I. 321, n° 13, obs. M.C., *RTD civ.* 2001. 399, obs. Crocq ; Com. 9 mai 1995, *RTD civ.* 1996. 441, obs. Crocq.

5. La protection pénale du vendeur n'est pas, non plus, négligeable, v. C. Rossetto, *RTD com.* 1995. 87.

d'en disposer, la valeur du bien repris étant imputée sur le solde de la créance garantie.

Ces avantages ont, toutefois, leur contrepartie. Si le vendeur reste propriétaire, il continue normalement à subir les risques de perte de la chose [1]. L'inconvénient peut, cependant, être tourné : il suffit au vendeur de stipuler une clause qui transfère la charge des risques à son cocontractant.

D'autres embûches guettent le vendeur : la revendication qu'il peut exercer sur la base de la clause de réserve de propriété obéit à un régime juridique relativement strict, fait de règles générales contenues aujourd'hui dans le Code civil et de règles plus particulières jouant uniquement dans le cadre d'une procédure collective [2]. On peut en rendre compte en envisageant les conditions, l'exercice et les effets de la revendication.

731 ***a) Conditions de la revendication*** ◊ La revendication d'une marchandise couverte par une clause de réserve de propriété peut être exercée tant que la créance qui la fonde n'a pas été acquittée : lui font obstacle le paiement par le débiteur ou un tiers [3], le règlement en valeur et la compensation en compte-courant (C. com. art. L. 624-18). Elle obéit à des conditions de fond et à des conditions de forme. En droit commun, ces conditions sont simples : elles relèvent du droit des contrats et du droit des biens. La revendication est possible dès lors que la clause est « convenue par écrit » (art. 2368) et que la marchandise est encore identifiable.

Lorsqu'une procédure collective est ouverte [4], les règles sont plus précises.

Aux termes de l'article L. 624-16, C. com., les biens vendus avec une clause de réserve de propriété subordonnant le transport de propriété au paiement du prix peuvent être revendiqués s'ils se retrouvent en nature au moment de l'ouverture de la procédure.

732 ***Conditions de fond et de forme*** ◊ La condition préalable tient à l'existence d'un contrat translatif de propriété. Cela vise le vendeur qui a pris le soin de stipuler par écrit une clause de réserve, mais aussi l'entrepreneur fournisseur de matériaux à même de se protéger de la même manière. Aucune publicité n'est toutefois requise.

---

1. V. Metz 29 oct. 1980, *D.* 1981, 138, note Guyon, et sur pourvoi. Com., 19 oct. 1982, *Bull. civ.* IV, n° 321. L'acquéreur est, de son côté, tenu d'une obligation de conservation considérée comme étant de moyens, Com. 26 mai 2010, *Bull. civ.* IV, n° 101, *D.* 2010. 1483.

2. Pérochon, « La réserve de la propriété dans la vente de meubles corporels », préc., *passim.* ; Jeantin et Le Cannu, *Droit commercial*, n° 925 s. ; Voinot, art. préc ; v. égal. Dross, « La revendication dans les procédures collectives, une imposture », *Dr. et patr.* févr. 2011. 30. Ces dispositions ne portent pas fondamentalement atteinte au droit de propriété et ne justifient donc pas une QPC, Com. 15 mars 2011, n° 10-40.073.

3. Mais non une dation en paiement qui ne constitue pas un mode de paiement faisant obstacle à la revendication du vendeur : Com. 14 mai 2008, *D.* 2008. 2253, note H. Aubry.

4. Les conditions de la revendication s'apprécient, en droit international privé, au regard de la loi de la « faillite », Civ. 1re, 8 janv. 1991, *D.* 1991. 276, note Rémery ; com. 8 janv. 2002, *Rev. crit. DIP* 2002. 328, note Bureau. Plus gén., v. P. Mayer, *JCP* 1981. I. 3019 ; Y. Loussouarn, *Mélanges Houin*, 1985, 275.

L'objet de la clause doit être précisé. En droit commun, peu importe l'assiette : la réserve de propriété couvre les biens quels qu'ils soient. Il peut même s'agir d'un bien fongible. Dans ce cas, du reste, la propriété réservée peut s'exercer, à concurrence de la créance restant due, sur des biens de même nature et de même qualité détenus par le débiteur ou pour son compte (art. 2369). De surcroît, l'incorporation d'un meuble faisant l'objet d'une réserve de propriété à un autre bien ne fait pas obstacle aux droits du créancier lorsque ces biens peuvent être séparés sans subir de dommage (art. 2370). La disposition est intelligente et permet de régler de nombreux problèmes pratiques.

Dans le cadre d'une procédure collective, peu importe qu'il s'agisse de marchandises ou de biens d'équipement [1]. L'essentiel est que ces, éléments se retrouvent « en nature » dans les magasins de l'acquéreur [2]. Cette prescription s'apprécie au jour du jugement d'ouverture de la procédure collective et d'après des circonstances de fait [3]. La revendication en nature peut, depuis la réforme de 1994, s'exercer sur les biens mobiliers incorporés dans un autre bien mobilier [4] lorsque leur récupération peut être effectuée sans dommage pour les biens eux-mêmes et le bien dans lequel ils sont incorporés. Elle peut aussi s'exercer sur des biens fongibles lorsque se trouvent entre les mains de l'acquéreur des biens de même espèce et de même qualité [5]. Le droit commun, comme on l'a vu, n'a donc fait qu'entériner

1. Com., 13 mars 1985, *Bull. civ.* IV, n° 99. *Contra*, Douai, 24 sept. 1987, *Rev. proc. coll.* 1988. 301. La question a été posée aussi pour le fonds de commerce, v. Verignon, *JCP* N 1995. I. 1037.

2. V. Com., 3 déc. 1996, *Bull. civ.* IV, n° 301. La charge de la preuve pèse sur le vendeur. L'inventaire permet d'apporter la preuve de la consistance des marchandises ; en son absence, il appartient à l'organe de la procédure de prouver que les biens revendiqués n'existaient plus en nature au jour de la liquidation, Com. 1er déc. 2009, *RTD civ.* 2010. 361, obs. P. Crocq.

3. V. par ex. à propos d'une vente de poussins devenus des poulettes, Rennes, 12 sept. 1984, *D.* 1986. IR 169, obs. Derrida. Les parties ne pourraient pas figer par convention cette condition, Com., 9 janv. 1990, *Bull. civ.* IV, n° 8, *RTD civ.* 1991. 766, obs. Zénati, *D.* 1991. 130, note Virassamy.

4. V. dans une hypothèse d'incorporation de biens meubles dans des biens immeubles, la clause ayant été stipulée - valablement - dans un contrat d'entreprise : Com. 2 mars 1999, *D. aff.* 1999. 597, *JCP* 1999. I. 1535, n° 15, obs. P. P., *Bull. civ.* IV, n° 50 ; égal. 29 mai 2001, *RTD civ.* 2001. 930, obs. Crocq. La règle ne pourrait être aménagée par convention, Com. 9 janv. 1990, *Bull. civ.* IV n° 8, *D.* 1991. 130, note Virassamy.

5. V. déjà Com., 3 juin 1986, *Bull. civ.* IV, n° 114 ; 5 oct. 1993, *Bull. civ.* IV, n° 316 ; v. encore, Paris 3 avril 1998, *RTD civ.* 1998. 709, obs. Crocq, *D.* 2000. Somm. 69, obs. Pérochon et Mainguy. Pour la Cour de cassation, l'art. L. 624-16, al. 3, édicte une règle de fond attribuant en revendiquant la propriété des biens fongibles qui se trouvent entre les mains de l'acquéreur dès lors que ceux-ci sont de même espèce et de même qualité que ceux qu'il a livrés : Com. 5 mars 2002, *Bull. civ.* IV, n° 48, *JCP* 2002. I. 174, n° 12, obs. M.G., *RTD civ.* 2002. 327, obs. Revet (l'appréciation du caractère fongible des biens relève du pouvoir souverain des juges du fond : Com. 15 févr. 2000, *Bull. civ.* IV, n° 30). La solution est curieuse, car le revendiquant peut réclamer des biens qui n'ont jamais été sa propriété. Pour une explication tirée de la nature même de la réserve de propriété considérée comme une véritable sûreté, Crocq, « Dix ans après : l'évolution des propriétés garanties », *Mélanges Gobert*, 2004, 347, Comp. Marly, *Fongibilité et volonté individuelle*, thèse Paris I, 2002 ; Torck, *Essai d'une théorie générale des droits réels sur les choses fongibles*, thèse Paris II, 2001. En cas de revendication de biens fongibles par plusieurs propriétaires, un problème de classement se pose, sauf à privilégier le plus diligent ; v. Ph. Pétel, « Retour sur la revendication de biens fongibles », *Mélanges Tricot*, 571.

les solutions dégagées par le droit commercial et le droit commercial s'est aligné sur le droit commun (v. nouvel art. L. 624-16).

Si la marchandise est détruite et si la charge des risques a bien été transférée à l'acheteur, le vendeur est en droit « d'appréhender le montant de l'indemnité d'assurance à concurrence de la marchandise revendiquée » [1]. La solution a été généralisée et reprise par l'article 2372 qui dispose que le droit de propriété est reporté sur l'indemnité d'assurance subrogée au bien (v. égal. art. L. 624-18).

Pour être opposable en cas de redressement ou de liquidation judiciaire, la clause de réserve de propriété doit avoir été convenue dans un écrit établi « au plus tard au moment de la livraison ». Cette dernière précision doit écarter toute annulation au titre de l'art. L. 632-1-6°. Peu importe le support de la clause (correspondance, conditions générales ; la loi commerciale parle « d'écrit régissant un ensemble d'opérations commerciales convenues entre les parties ») ; ce qu'il faut, c'est que le vendeur, bénéficiaire de la clause, prouve que l'acheteur a pu en avoir connaissance [2]. La clause de réserve est bien une stipulation contractuelle.

Si la clause ne doit pas, même en matière commerciale, faire l'objet d'une publicité particulière, elle doit toutefois être invoquée dans un délai bref et préfix (trois mois à compter de la publication du jugement déclaratif) par le truchement d'une requête déposée auprès du juge-commissaire ou d'une assignation devant le juge du tribunal saisi de la procédure collective [3].

Il faut préciser que le vendeur est dispensé de revendiquer dans les délais lorsqu'il a pris le soin de publier son contrat au greffe du tribunal de commerce (art. L. 624-10). Il lui appartient cependant de demander la restitution du bien. De plus, l'administrateur, ou à défaut le représentant des créanciers ou le liquidateur, peut acquiescer à la demande en revendication avec l'accord du débiteur. La procédure est alors extrêmement simple. Quant à la déclaration, elle n'est, en principe, pas nécessaire [4].

---

1. Com., 1er oct. 1985, *D.* 1986. 246, note Cabrillac ; égal. Com., 6 juill. 1993, *Bull. civ.* IV, n° 282, *JCP* 1993. II. 22153, note C. Larroumet, *RTD civ.* 1995. 397, obs. Zénati. Le vendeur est bien entendu dispensé de toute revendication (Com., 22 avr. 1997, *Bull. civ.* IV, n° 103).

2. V. en cas de contradiction entre les clauses du vendeur et celles de l'acheteur, Com., 25 oct. 1994, *Bull. civ.* IV, n° 316, 11 juill. 1995, *JCP* 1996. II. 28583, note D. Mainguy. V. en cas d'opérations succesives. Com., 13 avr. 1999, *D. aff.* 2000. Somm. 65, obs. Pérochon et Mainguy.

3. V. Com., 7 mars 1983, *D.* 1984. IR 1, 1re esp., obs. Derrida ; 1er oct. 1991, *D.* 1992. Somm. 6, obs. F. Derrida. Somm. 294, obs. F. Pérochon. Pour certains, le juge commissaire serait seul compétent (v. Pérochon, *op. cit.*, n° 172). La question se discute notamment lorsqu'il faut revendiquer une série de biens qui sont plus ou moins dispersés. Il peut y avoir des contestations, si bien qu'il semble difficile à un huissier d'instrumenter sur la base d'une simple ordonnance sur requête. Rappr. Com., 8 mars 1988, *Bull. civ.* IV, n° 98. Du reste, en dehors d'une procédure collective, la revendication qui doit être faite sous la forme d'une saisie-revendication, commence sur la justification d'une ordonnance sur requête, mais se poursuit généralement sur la production d'une ordonnance de référé. Une chose est sûre, en tout cas, c'est que la revendication suppose une autorisation judiciaire (Com., 1er oct. 1985, *Bull. civ.* IV, n° 223). On ajoutera qu'en droit commun, la revendication n'est soumise à aucun délai (v. *Les biens*, n° 508).

4. Com., 29 janv. 1991, *D.* 1993. Somm. 288, obs. F. Pérochon ; 9 janv. 1996, *Bull. civ.* IV, 8, *D.* 1996. 184, note Derrida.

D'autres règles de procédure, plus que de forme, du reste, concernent l'exercice de la revendication.

733 ***b) Exercice de la revendication*** ◊ La revendication émane généralement du vendeur lui-même. On admet aujourd'hui que l'action peut être transmise à ses ayants cause.

• L'action en revendication introduite par le vendeur peut être, dans certains cas, bloquée. Ainsi en est-il si, sur décision du juge-commissaire, le prix est payé immédiatement. De plus, le juge-commissaire peut, avec le consentement du créancier requérant, accorder un délai de règlement : le vendeur n'y perd rien, car le paiement du prix est alors assimilé à celui d'une créance privilégiée (de l'art. 622-17). En outre (art. L. 624-17), comme on l'a vu, l'administrateur peut acquiescer à la demande en revendication ou en restitution d'un bien couvert par une clause de réserve de propriété, avec l'accord du débiteur. À défaut d'accord ou en cas de contestation, la demande est portée devant le juge-commissaire qui statue sur le sort du contrat [1]. Enfin et surtout, le vendeur peut se heurter aux droits acquis par des tiers et plus précisément à la possession dont des tiers de bonne foi pourraient se prévaloir : il doit ainsi s'incliner devant le créancier gagiste [2] ou devant le sous-acquéreur [3].

Il reste, dans ce dernier cas, que le vendeur peut encore revendiquer le prix ou la partie du prix dû par le sous-acquéreur, du moins tant que ce prix n'a été ni payé, ni réglé en valeur, ni compensé en compte-courant entre le débiteur et l'acheteur à la date du jugement déclaratif (art. L. 624-18) [4] ; la créance de prix est en effet subrogée à la marchandise vendue, au moment de la revente (C. civ. art. 2372) [5]. C'est ce que l'on doit admettre

1. Com. 2 oct. 2001, *Bull. civ.* IV, n° 155, *JCP* E 2002. 173, obs. M.C., *D.* 2001. 3043, obs. Lienhard, voyant dans les dispositions de l'art. L. 624-17 un préalable obligatoire à l'engagement de l'action en revendication. V. Le Corre-Broly et Le Corre, *D.* 2002. Chron. 948.

2. V. Angers, 26 mars 1985. *D.* 1986. 537, note Contamine-Raynaud ; Com., 3 oct. 1989, *Bull. civ.* IV, n° 244, *JCP* 1990. II. 21454, note Béhar-Touchais ; 14 nov. 1989, *Bull. civ.* IV, n° 290 ; 28 nov. 1989, *Bull. civ.* IV, n° 300. Cette jurisprudence pourrait peut-être être remise en cause au regard de l'art. 2335 qui (v. *supra*, n° 613) prohibe le gage de la chose d'autrui.

3. Civ. 1re, 13 févr. 1980. *D.* 1980. 491, note A. Robert.

4. V. Com., 3 janv. 1995, *Bull. civ.* IV, n° 3. Encore faut-il que la marchandise n'ait pas été transformée (v. Com., 27 mai 1986, *Bull. civ.* IV, n° 102, *D.* 1988. Somm. 63, obs. F. Derrida ; 6 juill. 1993, *Bull. civ.* IV, n° 286 ; 5 oct. 1993, *Bull. civ.* IV, n° 317). Pour l'hypothèse où la marchandise a été vendue avant le jugement déclaratif, v. Paris 18 mai 1987, *D.* 1988. Somm. 64 obs. Derrida. Le prix que l'on peut « revendiquer » est celui de la vente originaire (Com., 15 janv. 1991, *Bull. civ.* IV, n° 31). Si le prix est réglé par lettre de change acceptée, la revendication est exclue (Com., 2 nov. 1993, *Bull. civ.* IV, n° 375 ; v. égal. 6 mai 1997, *Bull. civ.* IV, n° 123, *JCP* 1997. II. 22910, rapport Rémery. Comp. en cas de paiement par compensation avant l'ouverture de la procédure, Com. 8 janv. 2002, *Bull. civ.* IV, n° 7, *D.* 2002. 573, obs. Lienhard). L'action est recevable dès l'instant que l'action en revendication en nature a été exercée dans le délai légal (Com., 24 nov. 1998, *Bull. civ.* IV, n° 279). Si la créance de prix sur le sous-acquéreur a été cédée avant que le vendeur n'ait pu faire valoir ses droits, la subrogation ne peut pas s'opérer : Com. 14 déc. 2010, n° 09-71.767.

5. V. Com. 14 déc. 2010, n° 09-71.767. Le sous-acquéreur ne saurait opposer au vendeur initial les exceptions qu'il pourrait invoquer contre son propre vendeur : Com. 5 juin 2007, *D.* 2007. 1729, obs. Lienhard ; 18 janv. 2011, n° 09-17.027 et 07-14.181.

en cas de cession d'entreprise, lorsque le cessionnaire est encore débiteur du prix. Mais si le cessionnaire a déjà réglé ce qu'il devait, la clause de réserve de propriété ne lui est plus opposable, car il est dans la même situation qu'un sous-acquéreur et bénéficie, *prima facie*, des dispositions de l'article 2276 [1].

Le titulaire d'une clause de réserve de propriété n'est donc pas assuré de pouvoir revendiquer dans toutes les hypothèses son ou ses biens, d'autant plus que s'il doit se retirer devant le créancier gagiste et le sous-acquéreur de bonne foi, il doit également s'effacer devant le bailleur d'immeuble [2] et les éventuels créanciers hypothécaires [3].

• Le titulaire de la clause de réserve de propriété n'est pas nécessairement le vendeur ou le fournisseur initial. En effet, par une série d'arrêts de principe, la Cour de cassation a admis que le vendeur pouvait transmettre le bénéfice de sa clause [4]. Cette transmission s'opère de plein droit, car la réserve de propriété est considérée comme l'accessoire de la créance, comme « affectée au service exclusif de la créance » et dès lors comme cessible en même temps que le principal. La solution est aujourd'hui dûment consacrée (art. 2367, al. 2). En pratique, ce sont les banquiers, prêteurs institutionnels, qui profitent de cette solution et recueillent par là même une nouvelle garantie [5]. L'avantage est réel : il suffit au banquier de se faire subroger dans les droits du vendeur pour pouvoir se prévaloir de la réserve de propriété et s'épargner ainsi tout concours avec les créanciers

---

1. V. Crocq, « La revente après l'ouverture d'une procédure collective de l'objet d'une réserve de propriété », *Mélanges AEDBF*, t. 3, 2001, 109. Si le cessionnaire a connaissance de la clause, l'administrateur doit organiser le paiement du vendeur de la même façon qu'il doit assurer le règlement des créanciers hypothécaires ou privilégiés. Le texte (C. com. art. L. 642-12, al. 1er) n'envisage certes pas cette situation, mais il n'y a aucune raison pour ne pas appliquer ses dispositions, conçues pour les créanciers titulaires de sûretés réelles, au bénéficiaire d'une clause de réserve de propriété. La jurisprudence est plus protectrice des intérêts du vendeur, car elle considère qu'en revendant la marchandise au cessionnaire, l'administrateur fait naître une créance de réparation justiciable de l'art. L. 621-32 : Com., 9 juin 1992, *Bull. civ.* IV, n° 230, *D.* 1993. Somm. 6, obs. F. Derrida. Somm. 296, obs. F. Pérochon ; Amiens 24 févr. 1994, *JCP* 1994. II. 22355, note D. Massot-Durin. V. égal. Com., 11 mars 1997, *D. aff.* 1997. 510 et Bac, *JCP* E 1998. 1294 ; 26 janv. 2001, *RTD civ.* 2001. 932, obs. Crocq. Si l'administrateur peut vendre les biens objets d'une CRP, il lui appartient d'affecter les fonds, provenant de cette revente, au règlement de la créance du revendiquant dès l'issue de la revendication, v. Com. 4 janv. 2000, *Bull. civ.* IV, n° 5, *D.* 2000. 56, obs. Lienhard. V. encore Com. 14 mai 2008, n° 06-21.532, décidant que la dation en paiement ne constitue pas un mode de paiement mettant obstacle à la revendication du vendeur.

2. Le bailleur peut opposer valablement son privilège sur les meubles qui garnissent le local occupé par le preneur, sauf s'il sait que ces meubles n'appartiennent pas audit preneur, mais à un tiers (v. Civ. 1re, 12 mai 1969, *D.* 1970. 43. V. égal. *infra* n° 705).

3. Lorsque les meubles sont attachés à perpétuelle demeure et sont ainsi devenus immeubles par destination, ils sont compris dans l'assiette de l'hypothèque (v. Com., 6 janv. 1987, *Bull. civ.* IV, n° 4, *D.* 1987. 242, note Prévault).

4. Com., 15 mars 1988, 2e esp., *D.* 1988. 330, note Pérochon, *Banque* 1988. 699, obs. Rives-Lange, *RTD civ.* 1988. 791, obs. Bandrac, *JCP* E 1989. II. 15408, note Morançais-Demeester ; 11 juill. 1988, *Bull. civ.* IV, n° 241, *Banque* 1988. 932, obs. Rives-Lange.

5. Il peut s'agir aussi d'un créancier gagiste subrogé dans les droits du vendeur (d'automobile), Com., 5 oct. 1993, *Bull. civ.* IV, n° 314.

de l'acquéreur. Bien entendu, le banquier escompteur ou le banquier porteur d'un bordereau Dailly jouit des mêmes prérogatives dès l'instant que la créance qui lui est transmise est assortie d'une clause de réserve de propriété.

Cette technique n'est cependant pas la panacée. Le banquier a l'obligation de mettre en œuvre la réserve de propriété et la caution pourrait lui reprocher sa négligence sur le fondement de l'article 2314 [1]. De plus, la revendication et la demande consécutive en restitution que doit faire le banquier l'exposent à des difficultés matérielles (que faire des marchandises ?), mais aussi juridiques (comment vendre les marchandises ?). Ces questions, il est vrai, ne sont pas insurmontables, car elles peuvent se régler par la voie de combinaisons contractuelles, mêlant mandat et entreprise, librement conclues entre le banquier et son client (vendeur) [2]. Il reste que le banquier, fût-il devenu propriétaire grâce à la transmission de la clause, a toujours la qualité de créancier ; autrement dit, la réserve de propriété ne garantit que le remboursement de ses propres avances, ce qui peut provoquer l'établissement de comptes entre les parties [3]. En outre, il doit subir l'influence du contrat de vente, ce qui, le cas échéant, l'expose à des restitutions d'acomptes.

734 ***c) Effets de la revendication*** ◊ L'incidence de la revendication sur le sort du contrat de vente est la dernière question que soulève la réserve de propriété [4]. Une chose est certaine : la revendication n'entraîne pas la résolution [5]. Les deux institutions ne sont pas liées : la résolution suppose une demande en justice et appelle une appréciation du juge ; la revendication n'est que l'action tendant à voir reconnaître un droit de propriété sur une chose. Elle peut être doublée d'une action en restitution qui tend à la récupération matérielle de la chose. Au demeurant, le Code civil ne parle que de restitution (art. 2371).

Si l'acquéreur est *in bonis*, le vendeur peut revendiquer et suspendre ainsi l'exécution de la vente jusqu'au paiement intégral du prix. Le vendeur peut aussi, ce qu'il fait en pratique, se protéger par une clause résolutoire visant le défaut de paiement du prix et par une clause pénale le dédommageant du préjudice entraîné par l'inexécution du contrat.

Si l'acquéreur n'est plus *in bonis*, la situation dépend de l'attitude de l'administrateur de la procédure qui peut imposer de poursuivre l'exécution

---

1. Com., 11 juill. 1988, *Bull. civ.* IV, n° 237.
2. V. Rives-Lange, obs. préc. p. 704. Les engagements de reprise et de re-commercialisation du matériel sont fréquents en pratique.
3. V. Rives-Lange, obs. préc. p. 703 et 704 ; Bandrac, obs. préc. En cas de paiement partiel du vendeur, le banquier n'aura pas en principe la priorité sur ce dernier dans ses recours contre le vendeur (v. C. civ., art. 1252).
4. V. M. Storck, « Revendication des marchandises et sort d'un contrat de vente conclu avec une clause de réserve de propriété », *D.* 1988. Chron. 131.
5. Com., 1er oct. 1985, *D.* 1986. IR 169, obs. Derrida, *D.* 1986. 246, note Cabrillac, *Bull. civ.* IV, n° 222 ; 9 mai 1995, *RTD civ.* 1996. 441, obs. Crocq.

du contrat en cours, la vente avec réserve de propriété méritant cette qualification. Lorsque le contrat est continué, le vendeur n'est pas désavantagé, car s'il n'est pas payé immédiatement, il bénéficie du privilège institué de l'art. L. 622-17 (art. L. 624-16, al. 4). Lorsque le contrat n'est pas continué, il est aujourd'hui résilié de plein droit (art. L. 622-13, al. 1). La vente est alors anéantie et le vendeur récupère alors définitivement son bien, peut le revendre, mais doit restituer les acomptes reçus. Plus généralement, l'exercice de l'action en revendication éteint la créance du vendeur à l'égard de l'acheteur à concurrence de la valeur du bien repris [1]. Comme le dit aujourd'hui la loi elle-même, la valeur du bien repris est imputée à titre de paiement, sur le solde de la créance garantie (art. 2371, al. 2) et lorsque la valeur du bien repris excède le montant de la dette garantie encore exigible, le créancier doit au débiteur une somme égale à la différence (art. 2371, al. 3). La revendication (ou la restitution) joue ainsi comme une dation en paiement, mais particulière, car le vendeur obtient les droits qu'il avait abandonnés à l'acquéreur, au nombre desquels ne figurait pas le droit de propriété. Le mécanisme interdit au vendeur de s'enrichir au détriment de l'acquéreur, ce qui souligne, si besoin était, la nature de sûreté de la réserve de propriété.

735 ***2° Crédit-bail*** ◇ Née aux États-Unis dans les années 1950, la technique du crédit-bail mobilier (sur le crédit-bail immobilier, v. *supra*, n° 370) connaît un vif succès. Encadrée par la loi du 2 juillet 1966 relative aux entreprises pratiquant le crédit-bail (C. mon. fin. art. L. 313-7 s.), elle permet aux professionnels de financer leurs besoins d'équipement [2]. Le système est le suivant. L'utilisateur, ou futur utilisateur, choisit son matériel chez un fabricant, puis s'adresse à une société de crédit-bail pour lui demander d'acheter le bien à sa place et de le lui louer. Si cette société donne son accord, un contrat original liera les parties. Pendant une période dite irrévocable [3], l'utilisateur devra payer des loyers dont le montant, élevé, permettra au crédit-bailleur de récupérer le prix d'achat et de

1. V. Com., 5 mars 1996, *Bull. civ.* IV, n° 72, *D.* 1996. Somm. 222, obs. Pérochon, *JCP* 1996. I. 3960, n° 11, obs. M. C., *RTD civ.* 1996. 443, obs. Crocq : « la créance du vendeur, qui a revendiqué dans la procédure collective des marchandises vendues avec clause de réserve de propriété et retrouvé le droit d'en disposer, est éteinte à concurrence de la valeur des marchandises reprises ; si cette valeur excède le solde du prix resté dû lors de l'exercice de l'action, le vendeur doit restituer à l'acheteur la somme reçue en excédent » ; Com. 1er avr. 2008, n° 07-11.726 : « si la valeur des biens restitués n'excède pas le solde du prix restant dû, défini comme la fraction du prix convenu entre les parties demeurée impayée, aucune somme n'est due par le bénéficiaire de la clause de réserve de propriété » ; v. égal. Com. 23 janv. 2001, *Bull. civ.* IV, n° 23.

2. Les consommateurs peuvent recourir à une technique qui est très proche, notamment pour financer l'acquisition de véhicules de tourisme neufs et de bateaux ; l'opération, qui s'appuie sur ce que l'on appelle « la location avec option d'achat » relève des textes sur le crédit à la consommation, C. consom., art. L. 311-1. Pour un crédit-bail de navire, v. Paris 12 juin 1998, *DMF* 1998, 1123 et les obs. V. égal. *Contrats civils et commerciaux*, n° 833 s. ; Bruneau, *Le crédit-bail mobilier*, éd. *Banque* 1999, préf. Leclercq.

3. V. Com., 8 déc. 1987, *JCP* 1988. II. 21065, note Bey.

couvrir ses charges d'exploitation. À l'expiration de cette période, l'utilisateur disposera d'une triple option : acheter le matériel pour sa valeur résiduelle, poursuivre le contrat pour une durée à déterminer avec son cocontractant ou mettre un terme à la relation en restituant le matériel.

L'opération est avant tout financière. Le crédit-bailleur entend se décharger de toutes les contraintes techniques et matérielles. Il consent à l'utilisateur un crédit qu'il garantit en conservant la propriété de la chose, plus précisément, en se réservant un droit de propriété sur la valeur de la chose, car toutes les charges inhérentes à l'utilisation du bien sont assumées par son cocontractant. La jurisprudence admet, avec raison, la validité des clauses qui cantonnent le crédit-bailleur dans un rôle purement financier et par lesquelles ce dernier s'exonère de toutes ses obligations de garantie et abandonne, en contrepartie, à l'utilisateur tous ses recours contre le fabricant dans l'éventualité d'un contentieux concernant le fonctionnement du matériel [1]. Plus exactement, le crédit-bailleur donne à l'utilisateur mandat d'exercer ses droits et actions contre le fabricant : l'utilisateur agit au nom et pour le compte du crédit-bailleur à telle enseigne que si l'action aboutit à la résolution ou à la nullité de la vente, le prix est restitué au crédit-bailleur, l'utilisateur étant par voie de conséquence libéré du paiement des loyers [2].

736 ***Avantages. Inconvénients*** ◊ La technique du crédit-bail assure une bonne protection au créancier [3], notamment en cas de redressement ou de liquidation judiciaire de l'utilisateur. En effet, la réserve de propriété dont peut se prévaloir le crédit-bailleur est opposable aux tiers, dans la mesure, toutefois, où elle a fait l'objet de la publicité prévue par les textes [4]. Elle permet concrètement au crédit-bailleur d'obtenir la restitution de son bien pour le vendre ou pour le louer une seconde fois [5].

---

1. V. par ex. Com., 24 mai 1994, *CCC* 1994. 192, obs. Leveneur ; égal. Com., 8 déc. 1992, *Bull. civ.* IV, n° 396 et 397.

2. V. Ch. mixte, 23 nov. 1990, *D.* 1990. 121, note Larroumet, *Grands arrêts*, 12e éd., t. 2, n° 289, *JCP* 1991. II. 21642, note Legeais, *RTD civ.* 1991. 360, note Rémy ; Com., 15 mars 1994, *Bull. civ.* IV, n° 109, *JCP* 1994. II. 22339, note Labarthe, *Defrénois* 1994. 1127, et les obs. ; 1er oct. 1996, *Bull. civ.* IV, n° 332. V. égal. D. Carbonnier, « Du bail au crédit », *Defrénois* 1991. 1026 ; R.N. Schutz, *Les recours du crédit-preneur dans l'opération de crédit-bail*, thèse Poitiers, 1994, PUF 1995. Le crédit-bailleur en application de ces solutions peut conserver les loyers jusqu'à la demande d'anéantissement de la vente et peut compter sur les clauses de son contrat réglant les conséquences de sa résiliation, clauses obligeant l'utilisateur à le garantir contre le risque de non restitution du prix par le fabricant.

3. Le crédit-bailleur est également protégé par des clauses pénales sanctionnant la défaillance de l'utilisateur Com., 10 déc. 1991, *Bull. civ.* IV, n° 378 ; 5 juill. 1994, *Bull. civ.* IV, n° 253 ; v. égal. Paris 9 oct. 1997, *RJDA* 1998. 96. Le crédit-bailleur peut également se protéger par des clauses dites « apport-preneur » traduisant un véritable gage-espèces, v. Paris, 5 oct. et 17 janv. 2002, *SA le Renouveau c. SA CFF.*

4. V. C. mon. fin., art. L. 313-10 et Décr. 4 juill. 1972 ; v. en application, Com., 12 avr. 1988, *Bull. civ.* IV, n° 127, 11 mai 1999, *Bull. civ.* IV, n° 96. Si l'opération n'est pas un véritable crédit-bail au sens de la loi, la revendication se fera dans les conditions du droit commun (v. Com., 21 mai 1979, *D.* 1980. 611, note Lucas de Leyssac ; 14 mai 1985, *Bull. civ.* IV, n° 149).

5. En pratique, la société de crédit-bail règle par convention les problèmes posés par la récupération du matériel, en obtenant du vendeur qu'il contracte un engagement de reprise. Cet

Cette demande doit être faite dans les formes prévues par les textes (Décr. 28 déc. 2005, art. 116), mais elle n'est soumise à aucune condition de délai, étant précisé que l'art. L. 624-10 C. com. dispose que « le propriétaire d'un bien est dispensé de faire reconnaître son droit de propriété lorsque le contrat portant sur ce bien a fait l'objet d'une publicité » [1] ce qui est le cas du crédit-bail. La publicité crée une présomption irréfragable de connaissance de l'opération par les tiers [2].

Cependant, la garantie n'est pas parfaite. Le crédit-bailleur doit se plier aux ordres de l'administrateur et maintenir son concours si celui-ci opte pour la poursuite du contrat [3]. Et si l'établissement financier profite alors du privilège de l'article L. 622-17, ce privilège ne couvre que les créances postérieures au jugement déclaratif, les créances antérieures ne pouvant être déclarées qu'à titre chirographaire. De plus, si le tribunal se prononce pour une cession de l'entreprise, cette cession peut englober celle du contrat de crédit-bail lui-même, sans que le crédit-bailleur ne puisse s'y opposer (C. com., art. L. 642-7).

En somme, la situation du créancier en matière de crédit-bail est proche de celle du bénéficiaire d'une clause de réserve de propriété. La propriété qu'il a sur la chose joue certainement le rôle d'une sûreté [4]. On peut ajouter que, par rapport au créancier nanti sur le matériel d'équipement, le crédit-bailleur n'a pas forcément l'avantage, car s'il est assuré de reprendre la possession du bien en cas d'impayé, il ne peut être, à ce titre, que créancier chirographaire [5].

---

engagement matérialise une garantie supplémentaire pour le crédit-bailleur (v. Com., 25 avr. 1983, *D.* 1984. 417 et la note). Il s'agit d'une véritable garantie justiciable de l'art. L. 225-35 C. com. Comp. Com., 18 mars 1997, *Bull. civ.* IV, n° 76, *Rev. sociétés* 1998. 79 et la note. V. égal. D. Pigot, « Engagement de reprise par vente ou par location », *JCP* E 2000. 70.

1. Publicité qu'il semble possible de faire après un jugement déclaratif de procédure collective, Comp. Com., 11 mai 1999, *Bull. civ.* IV, n° 96, *JCP* E 1999. 1172, note P. Crocq, *JCP* 1999. 1535, n° 16, obs. M. C. La publicité doit être effectuée et il faut l'établir, Com., 13 janv. 1998, *Bull. civ.* IV, n° 15, *D.* 2000. Somm. 68, obs. Pérochon et Mainguy ; égal. Com. 11 mai 2010, *D.* 2010. 1276, obs. Lienhard.

2. Le sous-acquéreur du crédit-preneur peut cependant se prévaloir de l'art. 2276, Com., 14 oct. 1997, *Bull. civ.* IV, n° 257, *D.* 2000. Somm. 74 ; v. égal. D. Martin, *JCP* 1998. I. 121. Plus gén. V. E. Le Corre-Broly, *Crédit-bail et procédures collectives*, th. Lille, 1997.

3. Si le crédit-bail vient à échéance pendant la période d'observation, le crédit-bailleur pourra valablement se prévaloir de la clause subordonnant l'exercice par le crédit-preneur de l'option d'achat au règlement intégral des sommes dues, y compris les loyers antérieur au jugement d'ouverture : Com. 26 nov. 2002, *D.* 2003. 122, note Le Corre.

4. V. Rémy, obs. sous Com., 15 mars 1983, *RTD civ.* 1984. 758. La qualification de sûreté est critiquée par certains auteurs (v. M. Cabrillac, in Cabrillac, Mouly, Pétel, n° 535), ce qui n'est pas sans conséquence notamment au regard de la question de savoir si la caution subrogée dans les droits de la société de crédit-bail peut se prévaloir du droit de propriété, ce qu'au demeurant la jurisprudence semble admettre, en reconnaissant à la caution le bénéfice de l'art. 2314 en cas de perte de l'action en revendication (v. Civ. 1re, 24 févr. 1987, *D.* 1987. Somm. 451, obs. Aynès ; Com. 15 juin 2011, n° 10-13.537 ; rappr. égal. Com., 11 mai 1999, *supra*, n° 736). Il reste que la propriété n'est pas affectée à la créance : si le crédit-bailleur récupère son bien, il conserve toujours sa créance. C'est en cela, dans la mesure où la restitution du bien n'éteint pas la créance du bailleur à hauteur de la valeur du bien repris, que le crédit-bail n'est pas une véritable sûreté.

5. V. Rachez, « Comparaison du crédit-bail et du crédit garanti par le nantissement de matériel soumis à la loi de 1951 en cas de redressement judiciaire de l'entreprise », *Banque et droit* 1988. 56.

737 ***Conclusion. Droit comparé*** ◊ Depuis quelques années, le droit français des sûretés mobilières est devenu très éclectique. Toutes les techniques, qu'il s'agisse du gage, de l'hypothèque ou de la propriété-sûreté, lui semblent bonnes. Ce pluralisme, s'il ne favorise pas la cohérence, a cependant des avantages, car il pourrait bien entraîner une plus grande reconnaissance des sûretés étrangères. Au moment où se développent les échanges internationaux, la règle selon laquelle la loi française est seule applicable aux droits réels dont sont l'objet les biens mobiliers situés en France, paraît un peu dépassée. Du reste, on a su montrer comment l'assouplissement de notre notion de gage par l'admission croissante de garanties sans dessaisissement pouvait et devait nous rendre plus accueillant à l'égard des institutions de droit allemand ou encore de droit anglais [1]. La même idée a été soutenue à la suite de l'introduction dans notre système juridique, de la clause de réserve de propriété [2].

Il demeure que cette évolution en faveur de l'effet en France des sûretés étrangères devra toujours tenir compte de l'organisation des procédures collectives [3] et ne pourra être généralisée : on voit mal, par exemple, à quelle sûreté du droit français pourrait être assimilée la *floating charge* anglaise qui grève l'ensemble du patrimoine du débiteur [4]. À terme, en tout cas, un problème de choix se posera, encore une fois pour une raison de politique juridique : la technique de l'hypothèque mobilière, préconisée par un fort courant doctrinal [5], et celle de la propriété-sûreté, qui a séduit,

1. G. Khairallah, *Les sûretés mobilières conventionnelles en droit international privé*, Economica 1984 ; I. Juvet, *Des sûretés mobilières conventionnelles en droit international privé*, Péter Lang (Berne), 1990.

2. V. P. Mayer, « Les conflits de lois en matière de réserve de propriété après la loi du 12 mai 1980 », *JCP* 1981. I. 3019, n° 13 s. ; J.P. Scarano, « Opposabilité ou inopposabilité de la clause de réserve de propriété ; observations de droit comparé et de droit international privé », *Dr. prat. com. int.* 1991. I. 123 s.

3. V. Batiffol, « Crédit et conflits de lois », *Mélanges Houin*, 233, spéc. p. 239.

4. V. Lagarde, note sous Paris 19 janv. 1976, *Rev. crit. DIP* 1977. 126 ; plus gén. sur la *floating charge*, v. Khairallah, *op. cit.*, n° 264 ; E. Miller, « Les garanties portant sur des biens situés en Angleterre », *Banque* 1994. 50 s. ; A. Tunc, *Le droit anglais des sociétés anonymes*, 3e éd. 1987, 161 s. ; v. égal. *Mouly*, « Efficacité en France des sûretés anglaises », *RD banc. et bourse* 1992. 160 ; F. Dahan, *La floating charge dans les rapports internationaux de droit privé. Essai sur la reconnaissance d'une institution étrangère*, thèse Paris I, 1995 et *JDI* 1996. 381 ; M. Elland-Goldsmith, « Les sûretés réelles mobilières du droit anglais », *RD aff. int.* 1995. 145 ; B. Teston, « Les sûretés mobilières anglaises », *Dr. et patr.* juin 2001. 69.

5. V. D. Legeais, *op. cit.* ; Ph. Sumeire, *L'étude comparative, instrument de réforme du droit français des sûretés réelles*, thèse Aix, 1987. Ces deux auteurs plaident avec conviction en faveur de l'adoption du système américain du « *security interest* ». Sur cette institution, v. Reymond, *Les sûretés mobilières aux États-Unis et en Suisse*, Lib. Droz, Genève 1983, p. 32 s. ; M.D. Poisson-Schodermeier, « L'efficacité des sûretés mobilières dans les conflits entre créanciers en droit américain », *RD aff. int.* 1990. 963 ; A.M. Morgan DE Rivery-Guillaud, *Le droit nord-américain des sûretés mobilières*, LGDJ, 1990 ; v. égal. MM. Kloop, Weasthead et Pavec, in Le gage commercial, *RJ com.* 1994. n° spéc. 106 s. ; J.F. Riffard, *Le security interest ou l'approche fonctionnelle et unitaire du droit des sûretés mobilières*, LGDJ, 1997, préf. J. Stoufflet, avant-propos G. Rouhette ; M. Bussani, « Le droit comparé des sûretés réelles et l'intégration juridique », *Dr. et patr.* juin 2001. 82. Plus gén., v. *Les garanties du financement*, Travaux Assoc. Capitant, 1996.

nous l'avons vu, la jurisprudence, ne peuvent en effet coexister pacifiquement et éternellement.

C'est, dans une certaine mesure, ce qui ressort de certains projets [1], au demeurant « sous influence de *common-law* », ce que l'on peut regretter, car ce droit est, à l'expérience, plus formaliste que celui de la famille romano-germanique.

La Commission des Nations Unies pour le droit du commerce international (CNUDCI) dont l'autorité est aujourd'hui reconnue pourrait avoir plus de succès dans son entreprise de définition de principes communs. En effet, pour essayer de mettre un peu d'ordre dans les nombreuses discussions engagées ces dernières années par les organisations internationales (Banque Mondiale, BERD, Unidroit,...) sur la nécessité d'harmoniser le droit des sûretés mobilières, la CNUDCI a décidé de charger un groupe de travail d'élaborer « *un régime juridique efficace sur les marchandises faisant l'objet d'une activité commerciale, y compris les stocks et de recenser les questions à traiter, notamment la forme de l'instrument, la gamme exacte des biens qui pourraient servir de garantie* ». Pour faciliter les travaux du groupe de travail, le secrétariat de la CNUDCI, a établi, un premier avant-projet de guide législatif sur les opérations garanties. Ce guide vise à l'élaboration de lois procurant des avantages économiques concrets aux États qui les adoptent, en s'efforçant de « transcender » les différences entre les régimes juridiques. Il s'inspire des travaux de la CNUDCI elle-même et d'autres organisations et, en particulier, des textes suivants : Convention des Nations Unies sur la cession de créance dans le commerce international (déc. 2001), Convention relative aux garanties internationales portant sur des matériels d'équipement mobiles (nov. 2001), loi-type de la BERD sur les transactions garanties (1994), principes généraux d'une loi moderne sur les transactions garanties de la BERD (1997), modèle de loi inter-américaine de l'OEA sur les transactions garanties (2002), Convention de la Conférence de La Haye sur le droit applicable aux titres détenus auprès d'un intermédiaire [2].

Le guide contient d'ores et déjà toute une série de définitions qui sont de nature à enrichir le droit des sûretés. Il s'est aussi fixé des objectifs contribuant à dessiner le droit commun des sûretés réelles dont les contours ne sont pas encore parfaitement clairs dans les relations internationales.

Ces objectifs sont les suivants : utiliser la valeur intégrale des biens pour obtenir un crédit, obtenir une sûreté de manière simple et efficace, valider les sûretés sans dépossession, établir des règles de priorité claires et prévisibles, faciliter la réalisation des sûretés des créanciers de manière prévisible et rapide, assurer l'égalité de traitement des créanciers nationaux et étrangers, reconnaître l'autonomie des

---

1. V. Le projet de la Berd v. A. Dowmunt-Iwaszkiewicz, J. Roggeman, K. Wasserman, *Un nouveau droit des sûretés pour les pays d'Europe de l'Est, la loi modèle sur les sûretés de la BERD*, thèse Paris I, 1995. V. La Convention Unidroit, Convention du Cap du 16 nov. 2001, relative aux garanties internationales portant sur des matériels d'équipement mobiles, v. D. Lamèthe, *D.* 1994. Chron. 341, n° 36 s. ; R. Cluming, *Rev. dr. uniforme* 1990. 1 ; F. Rongeat-Oudin, *L'efficacité internationale des sûretés mobilières et l'unification du droit privé*, thèse Paris XI, 1999, J. Stoufflet, « L'avant projet de Convention d'Unidroit : réflexions sur son insertion dans le système juridique français », *RDU* 1999. 2. 361.V. égal. les textes de l'OHADA sur les sûretés, assez classiques, mais ayant reçu un large consensus, v. P. Crocq, « Le nouvel acte uniforme portant organisation des sûretés », *D.* 2011, 432.

2. V. M. Germain et C. Kessedjian, « La loi applicable à certains droits sur des titres détenus auprès d'un intermédiaire », *Rev. crit. DIP* 2004. 49.

parties, encourager un comportement responsable en renforçant la transparence. Les travaux progressent lentement et, on ose l'espère, sûrement [1].

Pour autant, l'avenir n'est pas dans le développement des sûretés légales ou des privilèges, même si le droit positif y porte toujours une grande attention.

SECTION 2. SÛRETÉS LÉGALES : LES PRIVILÈGES

738 ***Définition*** ◊ Le privilège, aux termes de l'article 2324 C. civ., « est un droit que la qualité de la créance donne à un créancier d'être préféré aux autres créanciers, même hypothécaires ». Il s'agit d'une sûreté légale sans dépossession qui confère à son titulaire le droit d'être payé par préférence aux autres créanciers du même débiteur. Le Code civil insiste sur cet effet de classement, en indiquant (art. 2325) qu'« entre les créanciers privilégiés, la préférence se règle par les différentes qualités des privilèges » et précisant (art. 2326) que « les créanciers privilégiés qui sont dans le même rang, sont payés par concurrence ». Les autres textes sont consacrés à l'analyse des principaux privilèges.

739 ***Première impression : « la pagaïe »*** ◊ Dresser la liste des privilèges est une tâche pratiquement impossible [2]. Les privilèges pullulent. Certains datent de la législation révolutionnaire, d'autres des années 1980. Certains ont été abrogés, parfois implicitement, d'autres ont pris une importance considérable [3]. Le nombre et le poids des privilèges n'ont cessé d'augmenter au fil des années, au point que l'on se demande aujourd'hui si la solution ne serait pas de les supprimer radicalement [4]. Le problème se pose d'autant plus qu'à côté des privilèges au sens strict du terme, se développent des droits de priorité, des actions directes et plus généralement des techniques qui visent à placer les créanciers dans un rang « utile », voire à les mettre à l'abri de tout concours. Paradoxalement, d'autres créanciers recherchent - sous la pression des événements - une situation d'infériorité

1. J.F. Riffard, « Les travaux de la CNUDCI en matière de sûretés », in *Le droit des sûretés à l'épreuve des réformes*, Éd. juridiques et techniques, 2006, 107 s. ; *varii auctores*, « L'apport du guide législatif de la CNUDCI à la réforme du droit des sûretés », *Banque et droit* 2004. 97, 3.

2. V. Oppetit, « La décodification du droit commercial », *Mélanges Rodière*, 197, spéc. p. 202 ; Bertrel, « Les privilèges », *Banque* 1984. 189 ; Delebecque, « Analyse des privilèges », *J.-Cl. civil*, art. 2092 à 2113, fasc. 1 et 2.

3. Privilège des salariés, du Trésor, de la sécurité sociale...

4. V. le plaidoyer convaincant de Me Rossignol, in *L'égalité des créanciers*, 17e Congrès national de l'Association nationale des syndics et administrateurs judiciaires de France, Orléans, 1979 ; v. égal., Bertrand, *La défaillance des entreprises*, Doc. fr., 1982, 172 ; Serlooten, « L'entreprise en difficulté, le trésor, la sécurité sociale et les autres », *Mélanges Weill*, 495. Comp. avec les scrupules de l'administration, Rép. min. *JO déb. Sénat*, 28 avr. 1983, 639, *Rev. sociétés* 1983. 649.

en renonçant, pour des raisons économiques, voire politiques, à une égalité chirographaire, ou encore en consentant un prêt participatif ou un prêt subordonné dont la particularité est d'être remboursé, en cas de redressement ou de liquidation judiciaire, après les créances chirographaires [1].

Cette impression de foisonnement justifie les remarques préliminaires que l'on consacrera à la notion [2] de privilège - abordée sous un angle négatif, puis positif - avant de s'engager dans une étude détaillée. Celle-ci reposera nécessairement sur la classification que l'on aura pu proposer.

740 ***Ce que n'est pas le privilège. Privilège et droit de prélèvement*** ◇ Certaines situations privilégiées s'expliquent non par la qualité de la créance qui est en cause, mais par la nature du droit dont le créancier est investi. Ainsi, si à l'occasion de la liquidation d'une société, les créanciers sociaux sont payés avant les créanciers personnels des associés, c'est simplement parce qu'ils sont les seuls à avoir un droit sur l'actif social [3]. De même en est-il pour les créanciers de l'indivision qui prennent le pas sur les créanciers personnels d'un indivisaire (art. 815-17, al. 1er) [4]. Dans ces deux hypothèses, les intéressés obtiennent un paiement prioritaire, car ils ne sont pas véritablement en conflit avec leurs adversaires. Les uns et les autres ne sont pas en rapport avec le même débiteur. Les créanciers sociaux ont un droit direct sur le patrimoine de la société [5], alors que les créanciers personnels des associés ont d'abord un droit sur le patrimoine des associés, avant d'avoir une action sur le patrimoine du débiteur de leur débiteur, en l'occurrence, la société. Le même raisonnement peut-être tenu pour les créanciers de l'indivision. Le paiement prioritaire de créanciers sociaux et de ces derniers créanciers est généralement

1. L. n° 78.741 du 13 juill. 1978 relative à l'orientation de l'épargne vers le financement des entreprises, art. 24 s., devenus art. L. 313-13 s. C. mon. fin. ; égal. v. Couret, « Comptes-courants d'associés et entreprises en difficulté », *Banque* 1981. 1422 ; L. Faugérolas, « La subordination des créances », *Mélanges Derruppé*, 227.

2. Le problème est rarement abordé, v. cependant, M. Dagot, « La notion de privilège », *Mélanges Mouly*, Litec, 1998, t. 2, 335 ; Veaux, « Privilèges, définition et caractères généraux », *J.-Cl. Civil*, art. 2095, fasc. 15, 1986, n° 2 s. ; Stemmer et M.F. Bost, *Des privilèges et sûretés en droit français*, t. 1, *Recherches sur les principaux privilèges et sûretés autres que les hypothèques*, Lyon, 1975 ; Poplawski, *La notion de privilège en droit romain et en droit français*, thèse Bordeaux, 1913 ; N. Sempé, *Essai de contribution à une théorie générale des privilèges*, thèse Toulouse, 1996 ; M. Rouland, *La qualité de la créance*, thèse Paris X, 2007.

3. V. Chartier, note sous Reims 22 mars 1976 et Paris 4 juin 1976, *Rev. sociétés* 1977. 449, spéc. 40. V. égal., M. Germain, note sous Com., 17 déc. 1979, *JCP* 1981. II. 19528.

4. V. Raffray et Sénéchal, Le droit de poursuite des créanciers de l'indivision, *JCP* N 1986. I. 129 ; *Les successions*, n° 800 ; v. en application : Civ. 1re, 20 févr. 2001, *Bull. civ.* I, n° 41, *RTD civ.* 2001. 642, obs. Patarin. Le droit de saisie est également reconnu aux créanciers qui auraient pu agir avant la naissance de l'indivision : Civ. 1re, 4 juill. 2007, 06-13.770.

5. On précisera que les créanciers sociaux ont également une action contre les associés, mais qu'ils ne peuvent exercer qu'après une « vaine poursuite » contre la société elle-même (C. civ., art. 1858).

le résultat d'un prélèvement : ils prennent pour eux avant tout partage ce qui leur revient [1]. On ne peut pas dire pour autant qu'ils agissent en qualité de propriétaires.

C'est précisément cette qualité qui a justifié, un temps, la priorité reconnue à l'époux qui, dans le cadre de la liquidation d'une communauté, exerce « ses reprises ». En opérant des prélèvements en tant que propriétaire, l'époux obtenait satisfaction avant tous les autres créanciers [2]. Lorsque l'on a condamné cette solution, l'on a pris le soin d'observer que le droit à récompense des époux n'était qu'un droit de créance et que l'exercice du prélèvement n'était qu'une modalité particulière de paiement sans droit de préférence par rapport aux autres créanciers de la communauté [3].

On peut en conclure que si le droit de prélèvement reconnu au propriétaire débouche sur un paiement privilégié [4], il ne constitue pas pour autant un privilège.

741 ***Privilège et opposition*** ◊ L'opposition est l'acte par lequel une personne étrangère au paiement interdit au débiteur de régler sa créance. Il ne s'agit pas d'une véritable voie d'exécution, mais d'une voie vers l'exécution, en ce sens que le créancier cherche avant tout à bloquer des fonds avec l'espoir d'en obtenir une partie. La procédure constitue donc une mesure conservatoire, proche en tant que telle d'une sûreté, à ceci près que l'opposition ne tend pas à un paiement préférentiel. Il est vrai que cette faculté n'est pas générale et n'est accordée qu'à certaines catégories de créanciers : créanciers d'un copartageant (C. civ., art. 882), syndic de copropriété (L. 10 juill. 1965, art. 20), créanciers du vendeur d'un fonds de commerce (C. com., art. L. 141-14), créanciers d'un associé apporteur d'un fonds de commerce (C. com., art. L. 141-22), créanciers non obligataires d'une société commerciale participant à une opération de fusion (C. com., art. L. 236-14) ou encore créanciers d'une société d'une seule personne exposée à une dissolution (C. civ., art. 1844-5, al. 3). La loi considère donc la qualité de la créance pour accorder le droit de faire opposition. Toutefois, elle ne fait pas de l'opposition un privilège.

---

1. V. *Vocabulaire juridique Capitant*, *V° Prélèvement* ; v. égal. Civ. 1re, 3 déc. 1996, *Bull. civ.* I, n° 430, *Defrénois* 1997. 409, obs. M. Grimaldi.

2. V. par ex. Civ., 8 mai 1855, *DP* 1855. 1. 171.

3. V. Ch. réun., 16 janv. 1858, *DP* 1858. 1. 5, concl. Dupin, *Grands arrêts*, 12e éd., t. 1, n° 94. L'article 1474 a consacré cette jurisprudence (v. *Les régimes matrimoniaux*, n° 692).

4. Peut-être est-ce cette analyse qui justifie la priorité absolue reconnue au banquier escompteur qui est en droit de contrepasser « jusqu'à complet paiement de sa créance » (Com., 25 mai 1965, *D.* 1965. 529) ; plus gén., v. H. Synvet, « La contrepassation en compte-courant, un vieux problème d'actualité », *Mélanges Derruppé*, 193. En revanche, on ne saurait qualifier la « préférence » du créancier subrogeant sur le subrogé (C. civ., art. 1252) de droit de prélèvement. Il s'agit plus exactement d'un droit de priorité ou, mieux, d'un droit de préférence. (v. J. Mestre, *La subrogation personnelle*, LGDJ, 1979, n° 569 s.). Le droit de prélèvement des cohéritiers français (L. 14 juillet 1819, art. 2) est une mesure de sauvegarde de leurs intérêts en face de cohéritiers étrangers ; il a été très curieusement considéré comme anticonstitutionnel.

Ainsi, l'opposition qu'un syndic de copropriété accomplit en cas de vente d'un lot, pour essayer d'obtenir le paiement des charges laissées impayées par le vendeur, ne lui confère aucun privilège sur le prix dégagé par cette vente [1]. De même, les créanciers qui font opposition, dans les délais requis, sur le prix du fonds de commerce vendu par leur débiteur, n'obtiennent nullement le droit d'être payés par préférence aux créanciers qui n'ont signifié une opposition qu'après le délai légal [2]. Le créancier d'un copartageant qui critique les opérations de partage n'obtient pas davantage un droit de préférence [3].

Il reste, cependant, que l'opposition peut être un moyen d'obtenir un privilège. Lorsque le vendeur d'un fonds de commerce obtient le cantonnement d'une opposition en contrepartie de la consignation judiciaire d'une somme suffisante pour payer les opposants, cette somme est affectée « par un privilège exclusif » auxdits créanciers opposants (C. com., art. L. 141-15, al. 1) [4].

742 ***Privilège et action directe*** ◊ L'action directe [5] permet à son titulaire d'obtenir un paiement sans avoir à recourir à la procédure contraignante de saisie-attribution. Le paiement et l'affectation exclusive de la créance qui en résulte, se réalisent tantôt dès la naissance de la créance du débiteur principal à l'encontre du sous-débiteur ; l'action directe est alors qualifiée de « parfaite » [6], car son titulaire devient immédiatement créancier du sous-débiteur et s'épargne ainsi tout concours avec les autres créanciers du débiteur principal ; leur action ne peut être qu'inopérante, car la créance qu'ils veulent saisir n'appartient plus à leur débiteur, mais au titulaire de l'action directe. Tantôt, en revanche, l'attribution de la créance au profit du titulaire de l'action directe n'intervient qu'avec la mise en œuvre de cette action : celle-ci est « imparfaite » [7] et ne met pas son titulaire à l'abri des actions émanant de

1. V. par ex. Civ. 3e, 18 déc. 1996, *JCP* 1997. II. 22859 ; H. Souleau, « Les effets de l'opposition au paiement du prix de vente d'un appartement formé par le syndic de copropriété », *Defrénois* 1988. 31760 ; S. Jaccoux d'Eyssautier, *Ann. loyers* 1999. 345, *AJDI* 1999. 504. Les dispositions de l'art. 20 sont autonomes et ne se combinent pas avec celles de la loi sur les procédures civiles d'exécution (Civ. 2e, 6 mai 1999, *Bull. civ.* II, n° 86, *Defrénois* 1999. 1003. V. égal. *supra*, nos 436 et 455).

2. Civ., 3 juin 1935, *Gaz. Pal.* 1935. 2. 274 ; *id.* en cas d'opposition à partage, Civ. 1re, 16 mai 1972, *Bull. civ.* I, n° 130.

3. Civ. 1re, 16 mai 1972, *Bull. civ.* I, n° 130.

4. Rappr. C. civ., art. 1844-5, al. 3, précisant que le juge « peut rejeter l'opposition ou ordonner soit le remboursement des créances, soit la constitution de garanties si la société en offre et si elles sont jugées suffisantes ».

5. Ch. Jamin, *La notion d'action directe*, LGDJ, 1991 ; *Les obligations*, n° 1090 s.

6. V. Starck, *Rép. civ.*, *V° Action directe*, n° 83 ; Veaux, art. *préc.*, n° 5. L'action directe de la victime contre l'assureur de responsabilité répond à cette définition. De même en est-il de l'action du mandant contre le mandataire substitué (Com., 5 oct. 1993, *D.* 1995. 169, note Auckenthaler ; 24 mars 1998, *RTD civ.* 1998. 932, obs. Gautier).

7. V. Starck, art. *préc.*, n° 90 ; Veaux, art. *préc.*, n° 4. On peut donner en exemple l'action directe du bailleur contre le sous-locataire (C. civ., art. 1753) ou celle du sous-traitant contre le maître de l'ouvrage (L. 31 déc. 1975, art. 12). L'action directe du voiturier (C. com. art. L. 132-8) est beaucoup plus difficile à classer. Elle est largement *sui generis*, v. *infra*, n° 800 ; égal. *Contrats civils et commerciaux*, n° 774.

créanciers diligents. L'action directe est donc une voie d'exécution simplifiée. Comme elle place son titulaire dans une situation plus favorable que celle des créanciers chirographaires [1] et comme la voie ordinaire recouvre aux créanciers est celle de l'action oblique, elle ne peut exister sans texte.

Le privilège, bien qu'il repose aussi sur un texte, n'est qu'une sûreté ; il relève d'une catégorie juridique différente. Même lorsque le privilège porte sur une créance, la distinction ne s'estompe pas [2]. En effet, l'action directe ne confère pas nécessairement à son titulaire une préférence sur les autres créanciers du débiteur [3]. De plus, le privilège sur créance n'accorde pas forcément à son titulaire le droit de se dispenser des formalités de l'attribution.

On se gardera, dans ces conditions, de confondre les deux institutions. On observera, toutefois, qu'une action directe pourrait se renforcer d'un privilège : c'est le cas de l'action directe du créancier d'une pension alimentaire, puisqu'aux termes de l'article 2 de la loi du 2 janvier 1973 sa demande de paiement « vaut, sans autre procédure et par préférence aux autres créanciers, attribution des sommes qui en font l'objet ». C'est dire que si ce créancier se trouve en concours avec d'autres créanciers du même débiteur, il les prime [4].

743 ***Ce qu'est le privilège : une sûreté ?*** ◊ Dans une conception large de droit des sûretés, il n'est pas douteux que le privilège mérite la qualification de sûreté : un bien ou un ensemble de biens [5] est affecté au créancier en garantie de ce qui lui est dû. Comme toute sûreté, le privilège est l'accessoire

---

1. V. Paris 1re ch. A, 29 sept. 1999, *S.A.B.D.E.I., JCP* 2000. I. 259, n° 21, voyant dans l'action directe du sous-traitant un droit préférentiel au sens de l'art. 2314 C. civ.

2. V. Marty, Raynaud et Jestaz, n° 461 ; Veaux, art. préc., n° 3. *Contra*, Labbé, Des privilèges spéciaux sur les créances, *Rev. crit. lég. et jurisp.* 1876. 571.

3. Lorsqu'un conflit éclate entre le créancier agissant par voie d'action directe et les autres créanciers du même débiteur, il ne faut pas oublier que le paiement est le prix de la course ; c'est dire que si l'action directe est exercée avant la notification de la saisie-attribution, son titulaire pourra exiger son paiement intégral auprès du tiers poursuivi, alors que dans le cas inverse, elle tombe à vide. La question se pose surtout en matière de sous-traitance (v. par ex. Com., 18 févr. 1986, *JCP* 1987. II. 20730, note Synvet ; plus gén., A. Bénabent, « Le conflit entre banquiers et sous-traitants », *RD imm.* 1990. 149 ; égal. *Contrats civils et commerciaux*, n° 920).

4. Il primera spécialement le Trésor, v. Rép. QE n° 14545, *JCP* 1980. IV. 316. Plus gén., v. Ancel et Rondeau-Rivier, note sous Civ. 2e, 24 juin 1987, *D.* 19880. 357, rattachant justement l'action en cause aux voies d'exécution. Comp. Couchez, *Voies d'exécution*, Sirey, 1985, n° 174, parlant ici de « super-privilège ». La loi n° 84-1171 du 22 décembre 1984 prévoit que lorsque l'un au moins des parents se soustrait totalement ou partiellement au versement d'une pension alimentaire fixée par une décision de justice devenue exécutoire, il est versé, à titre d'avance sur la créance alimentaire, une allocation de soutien familial, l'organisme débiteur des prestations familiales étant subrogé dans les droits du créancier d'aliments (art. L. 581-2, al. 1er et 2, CSS). Et la demande d'allocation du soutien familial emporte mandat du créancier donné à la caisse d'allocations familiales de recouvrer la totalité de la créance d'aliments, même si celle-ci excède le montant de l'allocation (art. L. 581-3, la. 1er, CSS). La caisse se rembourse alors par priorité sur les sommes recouvrées du montant de celles versées à titre d'avance (art. L. 581-3, al. 2, CSS. V. Civ. 2e, 1er juill. 2003, *Defrénois* 2003. 1483, obs. Massip).

5. La qualification de sûreté est évidemment davantage sujette à controverse pour les privilèges généraux mobiliers ou doublement généraux que pour les privilèges spéciaux, car ces privilèges ne respectent pas le principe de spécialité, leur assiette n'étant déterminée que par leur exercice (v. Crocq, « Le principe de spécialité des sûretés réelles », *Dr. et patr.* avr. 2001. 58, spéc. 60).

de la créance qu'il garantit [1]. C'est pourquoi si la créance est éteinte, le privilège devient caduc et si la créance est cédée, le privilège suit le même sort et garantit le cessionnaire (C. civ., art. 1692). Toutefois, la créance pourrait survivre au privilège, notamment si le créancier décidait d'y renoncer ; il ne pourrait agir alors qu'en qualité de créancier chirographaire [2]. La solution est la même lorsque le privilège obéit à une prescription distincte de celle qui atteint la créance elle-même.

744 ***Une sûreté réelle*** ◊ Le privilège porte sur un bien meuble ou immeuble (*cf. supra*, n° 415) : c'est une sûreté réelle [3] ; il relève, par conséquent, en droit international privé, de la loi du lieu de situation du bien [4]. En tant que sûreté réelle, le privilège confère à son titulaire un droit sur la valeur du bien qui lui est affecté en garantie. Cette valeur apparaît en cas de vente, mais aussi en cas de destruction du bien. Le droit de préférence attaché au privilège peut donc s'exercer non seulement sur le prix dégagé par la vente, mais aussi sur les indemnités d'assurance éventuellement dues (C. assur., art. L. 121-13, al. 1er) [5].

Le privilège n'emporte aucune dépossession du débiteur. Dès lors, son bénéficiaire ne jouit d'aucun droit de rétention [6]. De même, il ne peut, dans les faits, se prévaloir d'aucun droit de suite, car rien n'interdit au débiteur de disposer de son bien, ni de le confier à autrui et rien n'est organisé pour empêcher les tiers de prendre possession des biens grevés de privilèges. En fait d'immeubles, les règles de la publicité foncière règlent les conflits à l'avantage des créanciers ; en fait de meubles, la possession vaut titre et protège les tiers.

Il est vrai que cette question du droit de suite a suscité de vives controverses. À juste titre les a-t-on considérées comme « oiseuses » [7], car, le plus

1. V. Veaux, art. préc., n° 39.

2. Le problème se pose notamment lorsque le créancier n'a, dans une procédure collective, déclaré sa créance qu'à titre chirographaire : il est alors dans l'impossibilité d'invoquer son privilège (v. Com., 3 juin 1980, *BTL* 1980. 584 ; 4 oct. 1983, *Bull. civ.* IV, n° 247 ; 4 févr. 1992, *Bull. civ.* IV, n° 56 ; 8 juin 1999, *Bull. civ.* IV n° 125. Comp. Com., 8 mai 1979, *Bull. civ.* IV, n° 145). Sur le paiement fait par erreur sur l'ordre des privilèges, v. Com. 30 oct. 2000, *Bull. civ.* IV, n° 169, *D.* 2001. 1527, note Pierre, *JCP* 2001. I. 298, n° 7, obs. M.C.

3. V. Planiol, Ripert et Becqué, t. XII, n° 252, faisant observer que « la généralité (du privilège) n'exclut pas sa réalité ». Il reste que le droit réel du créancier privilégié a peu de consistance : ni *fuctus*, ni *usus*, ni *abusus*.

4. Qu'il faut néanmoins combiner avec la loi de la créance garantie, V. Com., 20 mai 1997, *DMF* 1997. 891, rapport J.P. Rémery, note M. Rémond-Gouilloud, *Rev. crit. DIP* 1997. 545, *JCP* 1998. I. 149 n° 23. V. Batiffol et Lagarde, *op. cit.*, n° 520 et 521 ; Patarin, *Rép. dr. int.*, v. Hypothèque et privilège ; Milhaud, *Le droit français des conflits de lois en matière de privilège et d'hypothèque*, thèse Paris 1884. Comp. Com., 8 juill. 1981, *D.* 1982. IR 73, obs. B. Audit, qui se prononce implicitement pour la *lex fori*. Dans une situation de conflit de privilèges, la loi du for est compétente en qualité de loi du lieu de la saisie, laquelle est l'aboutissement du droit de préférence. On pourrait aller plus loin et faire observer qu'un privilège n'acquiert sa force – sa valeur – qu'à travers l'exécution forcée. D'où l'application de la *lex fori* plutôt que la *lex rei sitae*.

5. V. Leblond, *Assurance et sûretés*, thèse Paris II, 2007, qui relève, cependant et à juste titre les hésitations du droit positif.

6. Il se peut, néanmoins, que le créancier reçoive la chose et invoque alors un droit de rétention ; c'est le cas pour le conservateur (v. *infra*, n° 812).

7. Aynès et Crocq, n° 610.

souvent [1], le droit de suite, théoriquement concevable, se heurte purement et simplement aux dispositions de l'article 2276, alinéa 1er. Lorsque le problème se pose, ces dispositions ne pouvant pas jouer, le possesseur étant de mauvaise foi ou la possession n'étant pas utile, la Cour de cassation retient une solution négative. Dans un arrêt de principe, il a été décidé que « le privilège du vendeur d'effets mobiliers impayés lui donnait le droit de se faire payer par préférence sur le prix en provenant, lorsqu'il pouvait les saisir en la possession de son débiteur ou arrêter le prix entre les mains d'un tiers, mais ne l'autorisait pas à poursuivre le recouvrement de sa créance contre le tiers acquéreurs de ces effets » [2]. À l'appui de cette solution, on peut faire observer que les tiers doivent rester à l'abri des sûretés occultes que sont les privilèges et que, même s'ils sont de mauvaise foi, il ne faut pas oublier leurs propres créanciers qui ont pu légitimement croire à la propriété nette et sans réserve de leur débiteur [3].

745 ***Une sûreté légale*** ◊ Ce qui justifie le privilège est la « qualité de la créance » garantie (art. 2324) [4]. Bien entendu, il appartient au seul législateur de déterminer cette qualité. Si tel n'était pas le cas, on imagine les surenchères des créanciers, chacun se croyant titulaire d'une créance de meilleure qualité que celle de son voisin. Diverses raisons peuvent guider le législateur dans sa décision d'octroyer un privilège. Tantôt, il s'appuiera sur des considérations sociales (privilège des salariés), tantôt il s'estimera lié par des contingences économiques (privilège du Trésor), tantôt, enfin, il voudra récompenser tel créancier par un simple souci de justice (privilège du fournisseur d'aliments). À vrai dire, toutefois, une réflexion sur la justification actuelle des privilèges ne serait pas inutile : elle démontrerait sans peine l'anarchie existante, sinon l'incohérence des textes et la nécessité d'une remise en ordre. Il reste, en tout cas, puisque la qualité de la créance commande, qu'un certain prestige s'attache aux privilèges : les actions qui mettent en jeu les principes relatifs à l'existence et à l'exercice des privilèges relèvent, en effet, de la compétence exclusive des juges civils [5].

Le privilège étant une sûreté légale, et même par essence une sûreté légale [6], on se gardera, quel que soit le langage des textes (art. 2332-2), de parler du privilège du créancier gagiste, qui tire ses droits d'un contrat ; de même, doit-on se méfier de l'expression, pourtant évocatrice, de « privilège

1. Il faut, cependant, tenir compte des exceptions légales (art. 2332-1°, al. 5, à propos du bailleur d'immeuble) ou issues des principes généraux (v. Paris 19 avr. 1926, *DH* 1926. 272, autorisant le fisc à exercer son privilège sur les biens qu'un contribuable avait cédés à son épouse dans un esprit de fraude). De même en est-il des privilèges maritimes de premier rang qui emportent droit de suite, v. *infra*, n° 747.

2. Civ., 19 févr. 1894, *S.* 1895. 1. 457, *DP* 1894. 1. 413, *Grands arrêts*, 12e éd., t. 2, n° 303. Dans le même sens, v. Req., 21 déc. 1910, *DP* 1912. 1. 23.

3. V. Dagot, p. 204 ; Veaux, art. *préc.*, n° 61.

4. V. M. Rouland, *La qualité de la créance*, thèse Paris X, 2007.

5. V. T. confl. 1er mars 1993, *D.* 1993. IR 97 ; Com., 14 mars 1984, *Bull. civ.* IV, n° 103 ; Paris 6 janv. 1988, *D.* 1988. IR 36. Rappr. Civ., 24 oct. 1938, *DH* 1939. 18, décidant que les questions de classement de privilèges excèdent la compétence du juge des référés.

6. V. Veaux, art. *préc.*, n° 16.

du robinet » employée pour désigner le marchandage de certains fournisseurs qui, dans une procédure collective, menacent de cesser toute relation faute d'obtenir le règlement immédiat de leurs arriérés [1].

Le caractère légal des privilèges explique que leur mise en œuvre soit automatique [2], sous réserve de telle ou telle disposition imposant le respect d'une formalité, et que leur interprétation soit stricte.

746 ***Conséquence : interprétation stricte des privilèges*** ◊ « Les privilèges tirent leur source dans la seule autorité de la loi » [3]. Ce sont des faveurs accordées par la loi à des créanciers jugés dignes d'intérêt. En conséquence, ils ne peuvent exister qu'autant qu'ils ont été formellement prévus par un texte et les dispositions qui les organisent doivent être interprétées strictement. Ainsi, le raisonnement par analogie est-il proscrit [4]. De même, n'est-il pas possible d'étendre le privilège à d'autres créances que celles qui sont expressément garanties [5], ni d'augmenter l'assiette du privilège [6], ni d'accorder le privilège à d'autres créanciers que ceux que la loi vise [7].

Si les privilèges sont de droit étroit et ne peuvent jouer en dehors des cas pour lesquels ils ont été limitativement établis, *a fortiori* ne peut-on les créer en l'absence de texte. Ils ne peuvent exister sans une disposition expresse de la loi. Ils ne sauraient donc résulter d'une convention, d'une clause d'un cahier des charges [8], ni même de la mise en œuvre d'un droit [9] ou d'une décision de justice [10].

---

1. Cette pratique est aujourd'hui condamnée (v. C. com. art. L. 622-13, al. 6).

2. V. Veaux, art. *préc.*, n° 30 s.

3. Merlin, cité par Roland et Boyer, *Adages du droit français*, Litec, 4e éd., n° 318, dans leur commentaire de la règle, « pas de privilège sans texte ».

4. Req., 18 mai 1831, *Grands arrêts*, 12e éd., t. 2, n° 302 : « tout privilège doit être strictement restreint dans les cas expressément spécifiés par les actes législatifs qui l'ont établi et il n'est pas permis de l'étendre à d'autres cas par voie d'analogie ». V. égal. MM. Aynès et Gautier, « De l'application stricte des privilèges », *D.* 1994. Chron. 13.

5. Civ., 13 mai 1931, *DH* 1931. 379, les frais de route n'entrent pas dans l'assiette du privilège des salaires ; 30 juill. 1946, *DP* 1946. 393, l'indemnité d'occupation n'est pas garantie par le privilège du bailleur ; Soc. 30 nov. 1951, *D.* 1952. 121, note Voirin, le privilège de la sécurité sociale ne s'étend pas aux majorations de retard. V. égal. en matière maritime, Com., 22 juin 1983, *Bull. civ.* IV, n° 184, ou encore en matière fiscale, Paris 1re ch. A, 2 avr. 1997, *Gondre c. SCA*.

6. V. cep., en cas d'extension de procédure collective, Com., 2 mars 1999, *Bull. civ.* IV, n° 49 *JCP* 1999. I. 158, n° 16, *Bull. Joly* 1999. 857, note J.P. Sénéchal, *RTD civ.* 1999. 436, obs. Crocq.

7. Req., 20 juin 1922, *DP* 1923. I. 186 : le privilège du voiturier ne bénéficie pas au déménageur, V. égal., Civ., 10 nov. 1914, *DP* 1917. 1. 65 ; Req., 13 janv. 1937, *DP* 1937. 1. 39, solution qui, aujourd'hui, ne va plus de soi.

8. Civ., 4 mars 1889, *DP* 1889. 1. 426 ; Civ. 3e, 17 févr. 1988, *JCP* 1988. II. 21069 ; Civ. 3e, 6 mai 1991, *D.* 1992. 113, note Souleau ; 17 juin 1992, *RD imm.* 1992. 370, Civ. 2e, 9 juill. 1997, *Bull. civ.* II, n° 217, *JCP* 1998. I. 103, n° 29 ; 13 mars 1996, *JCP* 1996. I. 3942, n° 16. Rappr. pour des factures d'eau, Civ. 2e, 2 déc. 1992, *Bull. civ.* II, n° 296, *D.* 1994. 116, note Verschave.

9. V. *supra*, n° 636, à propos des oppositions ; V. égal. les solutions refusant tout privilège au créancier saisissant, Civ. 3e, 26 mai 1922, *Bull. civ.* III, n° 173, *RD imm.* 1992. 532 ; Com., 10 juill. 1984, *Bull. civ.* IV, n° 225. V. encore en cas de conflit entre sous-traitants, Civ. 3e, 11 févr. 1987, *D.* 1987. 256, note Bénabent. V. égal. pour un concours entre des créanciers saisissants : TGI St-Etienne 16 juin 1994, *D.* 1995. 233, note Prévault.

10. Les sûretés réelles judiciaires sont en effet limitativement prévues par les textes (hypothèque judiciaire conservatoire, nantissement judiciaire sur fonds de commerce, nantissement judiciaire des droits d'associé, *supra*, n° 724).

Toutefois, s'il n'est pas possible de les multiplier, les privilèges restent nombreux, si nombreux qu'ils appellent une classification.

747 ***Évolution législative*** ◊ Le Code civil de 1804 distinguait trois catégories de privilèges :

1° les privilèges généraux, grevant tous les biens meubles et immeubles du débiteur ;

2° les privilèges spéciaux mobiliers portant sur un ou plusieurs meubles déterminés ;

3° les privilèges spéciaux immobiliers qui ne sont, en réalité que des hypothèques légales bénéficiant d'un régime de faveur (*supra*, n° 415).

Depuis, la première catégorie n'a cessé de prendre de l'importance. Cependant, en créant des privilèges fiscaux, en gonflant le privilège des salaires, en admettant un privilège en faveur de la sécurité sociale, en un mot en laissant se développer des sûretés sans organiser en contrepoint une publicité appropriée, le législateur avait compromis la sécurité des transactions. La clandestinité des privilèges était devenue inquiétante pour les créanciers hypothécaires, primés par des sûretés dont ils ignoraient l'existence [1].

La réforme de la publicité foncière est venue mettre de l'ordre dans cet immense tableau. Ainsi le décret du 4 janvier 1955 a transformé certains privilèges généraux tantôt en hypothèques légales soumises, en tant que telles, à inscription, tantôt en privilèges mobiliers généraux, ces derniers voyant donc leur assiette réduite aux seuls éléments mobiliers compris dans le patrimoine du débiteur. Par tolérance, voire bienveillance, deux privilèges ont échappé à la réforme, le privilège des salaires et celui des frais de justice qui restent, dans ces conditions, occultes et doublement généraux en pouvant s'exercer sur les meubles et les immeubles, tandis qu'un troisième, puis un quatrième ont été créés par la législation sur les procédures collectives (C. com. art. L. 622-17 et 641-13 ; art. L. 611-11) pour répondre à des considérations économiques.

La réforme des sûretés issue de l'ordonnance du 23 mars 2006 n'a été, mis à part quelques détails, que l'occasion d'une nouvelle numérotation des textes du Code civil : le législateur n'a pas souhaité modifier l'équilibre de la matière, il est vrai relativement paisible.

Ainsi, aujourd'hui comme hier, les privilèges se divisent-ils en quatre groupes :

1° les privilèges généraux sur les meubles et les immeubles, toujours occultes ;

2° les privilèges généraux sur les meubles, en principe occultes ;

3° les privilèges spéciaux sur les immeubles, soumis à publicité ;

4° les privilèges spéciaux sur les meubles, en principe occultes.

1. V. D. Veaux, art. *préc.*, n° 10. Curieusement, cette clandestinité n'a pas été considérée comme un obstacle lorsqu'il s'est agi de garantir les syndicats de copropriété contre les impayés (*supra*, n° 455).

Si l'on met de côté, les privilèges spéciaux immobiliers, ainsi que les privilèges maritimes et aériens [1], et si l'on fait observer que les privilèges doublement généraux sont avant tout des privilèges mobiliers, puisqu'ils ne s'exercent sur les immeubles qu'à défaut d'actif mobilier suffisant, on peut présenter le droit positif des privilèges en étudiant successivement les privilèges généraux et les privilèges spéciaux.

§ 1. **Privilèges généraux**

748 ***Plan*** ◊ La détermination des privilèges généraux est déjà une entreprise difficile. En effet, certains sont doublement généraux, mais grèvent principalement les meubles et accessoirement les immeubles ; il s'agit du privilège des salaires, du privilège des frais de justice et du privilège institué par l'ancien article 40 de la loi du 25 janvier 1985 sur les procédures collectives (devenu art. L. 622-17 et L. 641-13 C. com.) [2]. D'autres sont simplement généraux ; mais si leur assiette se limite aux biens meubles, ils n'en restent pas moins très importants : on ne saurait, par exemple, négliger le privilège du Trésor.

Au-delà de leur analyse, les privilèges généraux posent une question plus délicate qui est celle de leur classement. Les directives du Code civil, même si elles ont récemment entériné les solutions dégagées par la jurisprudence (art. 2325 et 2326 ; art. 2332-1 à 2332-3), ne permettent pas de régler toutes les difficultés et l'on a du mal, notamment lors d'une procédure de liquidation judiciaire ou de distribution, à savoir quel est l'ordre dans lequel les créanciers doivent être payés.

A. **Détermination des privilèges généraux**

749 ***1° Privilèges généraux dont l'assiette n'est pas limitée aux meubles*** ◊ Certains privilèges ont une assiette doublement générale et

---

1. Sur lesquels, v. P. Bonassies et C. Scapel, *Traité de droit maritime*, LGDJ, 2ᵉ éd. 2010, n° 564 s. ; C. transp. art. L. 5114-8 et Convention de Bruxelles 10 avr. 1926. Ces privilèges peuvent coexister avec ceux reconnus par le droit commun (Com., 9 oct. 1984, *DMF* 1985. 399). Ils présentent la particularité de grever le navire quel que soit le débiteur (Com., 14 avr. 1992, *JCP* 1993. I. 3680, n° 26). La créance garantie est donc réelle, ce qui correspond à l'idée que le navire lui-même est responsable et que le *jus* est *in rem*. En contrepartie, la durée de ces privilèges est brève, v. Vialard, « De quelques aspects théoriques des privilèges maritimes », *DMF* 1984. 323.Les privilèges de droit fluvial se classent en deux catégories : les premiers sont propres au droit fluvial et sont énumérés par le Code des transports (art. L. 4122-16) ; les seconds ne sont autres que les privilèges reconnus par le droit commun (C. transp., art. L. 4122-15 et 16). Quant aux privilèges du droit aérien, ils sont plus limités mais soumis, eux aussi, à des règles originales (C. transp. art. L. 6122-16 .) et *supra*, n° 728.

2. L'article 622-17 a remplacé l'art. 40 dans les procédures de sauvegarde et de redressement judiciaire. Dans les procédures de liquidation judiciaire, le texte de référence est désormais l'art. L. 641-13. Dans les développements qui suivent nous ne mentionnerons que l'art. 622-17, en précisant que ce qui vaut dans le cadre de ce texte vaut également dans le cadre de l'art. L. 641-13. La réforme issue de l'ord. du 18 déc. 2008 a réaménagé l'art. L. 641-13 pour tenir compte des modifications apportées à l'art. L. 622-17, v. *infra*, n° 758.

grèvent ainsi à la fois les meubles et les immeubles du débiteur. Cependant, l'article 2376, sans doute pour limiter l'atteinte portée au crédit immobilier, précise que ces privilèges ne peuvent s'exercer sur les immeubles qu'« à défaut de mobilier ». C'est pourquoi de tels privilèges ne sont pas à la fois mobiliers et immobiliers, mais sont d'abord mobiliers et subsidiairement immobiliers, en ne pouvant jouer sur les immeubles que dans le cas où les biens meubles du débiteur seraient insuffisants pour désintéresser les créanciers.

L'article 2376 ne vise expressément que « les créanciers privilégiés énoncés en l'article précédent », c'est-à-dire n'envisage que les créanciers au titre des frais de justice et des salaires. Toutefois, ce texte devrait s'appliquer à tous les privilèges doublement généraux et spécialement au superprivilège des salaires [1], ainsi qu'au privilège de l'article L. 622-17 C. com. que les rédacteurs du Code civil n'avaient pu prévoir. L'esprit du texte, favorable aux créanciers hypothécaires, et la règle d'interprétation stricte des privilèges justifient l'analyse.

Le principe de subsidiarité n'impose cependant pas aux créanciers titulaires d'un privilège général de discuter préalablement le mobilier du débiteur. Ces créanciers lorsqu'ils demandent leur paiement sur le prix d'un immeuble, sont censés avoir fait tout ce qui était en leur pouvoir afin d'obtenir leur paiement sur le mobilier : ils sont présumés de bonne foi jusqu'à ce que les autres créanciers qui leur contestent le droit d'exercer leur privilège sur les immeubles, aient prouvé qu'ils ont agi par fraude, collusion ou négligence [2]. Seuls les titulaires de droits réels sur les immeubles peuvent ainsi obliger les créanciers privilégiés à discuter d'abord les meubles. Les créanciers chirographaires ne peuvent exiger cette discussion, car ils n'y ont pas intérêt.

Sous le bénéfice de ce rappel, il convient maintenant de détailler ces privilèges généraux dont l'assiette n'est pas limitée aux meubles.

750 ***a) Privilège des salaires*** ◊ Les travailleurs au service d'une entreprise et qui ne sont associés ni à sa gestion ni à son profit, ne doivent pas en subir le risque [3]. Il importe donc de les soustraire à la condition de simples créanciers chirographaires en concours avec les autres créanciers sur un actif insuffisant. Cette idée justifie l'existence du privilège des salariés. Si l'on fait observer que les salaires ont un caractère alimentaire, du moins dans une certaine fraction, on renforce la justification de la garantie ainsi accordée. Si l'on ajoute que les difficultés des entreprises sont fréquentes, on comprend que le

1. V. Derrida, « Le crédit et le droit des procédures collectives », *Mélanges Rodière*, 67, spéc. notes 60 et 61 ; Béjat et Lafarge, « Les problèmes posés par le privilège des salariés dans les procédures d'ordre », *Gaz. Pal.* 1983. 1. Doctr. 181.

2. V. Civ., 24 févr. 1932, *DH* 1932. 217 ; Lyon 12 juin 1984, *Gaz. Pal.* 1984. 2. 686, note Béjat et Lafarge. V. égal., *supra*, n° 430.

3. V. Pelissier, Supiot et Jeammaud, *Droit du travail*, Précis Dalloz, 22e éd., n° 511. Si la créance est portée sur un compte, elle est considérée comme payée et le privilège n'a plus de raison d'être, Soc. 22 juin 1993, *D.* 1993. IR 177.

législateur ait cherché à étendre les sûretés des salariés et à doubler, dans les situations les plus nécessaires, leur privilège d'un superprivilège.

751 ***Privilège. Créances garanties*** ◊ Le privilège des salariés bénéficie aujourd'hui à tous ceux qui sont engagés dans les liens d'un contrat de travail, c'est-à-dire à tous ceux qui sont dans un état de subordination juridique. Le critère exclut notamment le façonnier [1], le lamaneur [2] ou encore l'entreprise de travail temporaire [3], mais comprend la nourrice [4]. Aucune distinction ne doit être faite d'après les modalités d'exercice du travail, ni d'après les modalités de rémunération [5]. Il suffit que la créance soit salariale, ce qui vise (art. 2331-4°) « les rémunérations des gens de service pour l'année échue et l'année courante », « le salaire différé résultant du contrat de travail institué par l'article 63 du décret du 29 juillet 1939, pour l'année échue et l'année courante » et « les rémunérations pour les six derniers mois des salariés et apprentis », étant précisé que cette période de six mois s'entend de la dernière période de travail effectif ayant précédé l'événement qui est la cause de la distribution des deniers. Peu importe donc, sous réserve du jeu de la prescription quinquennale, que le contrat de travail ait pris fin plus de six mois avant le jugement d'ouverture d'une procédure collective [6]. On doit ajouter à cette liste tous les accessoires des rémunérations, tels les intérêts de retard ou les frais de route [7].

D'autres créances qui n'ont pas la nature juridique de salaire, sont également garanties. En effet, les textes du Code civil (art. 2331-4°, 2375-2°) assimilent diverses indemnités aux salaires, sans aucune condition de date [8]. Il s'agit de l'indemnité due à raison de l'inobservation du délai-congé/préavis (C. trav., art. L. 1234-5) et de l'indemnité compensatrice (art. L. 1226-14), des indemnités dues pour les congés payés [9], mais non de l'indemnité de congé de conversion (art. L. 5123-2, 4°), de l'indemnité de

1. Soc. 9 janv. 1958, *Bull. civ.* IV, n° 56, *D.* 1958. 270.
2. Soc. 29 oct. 2003, *JCP* 2004. I. 141, n° 16.
3. Com., 12 juill. 1993, *Bull. civ.* IV, n° 297, *D.* 1993. Somm. 369, obs. A. Honorat.
4. La loi n° 77-505 du 17 mai 1977 portant statut des assistantes maternelles a abrogé l'art. L. 175 C. santé publ. qui avait accordé aux nourrices un privilège général mobilier et une hypothèque légale. Désormais, les nourrices ont le statut d'assistantes maternelles, sont ainsi assimilées aux salariés et bénéficient de tous les droits des salariés (art. L. 423-2 CASF).
5. Req., 28 juill. 1924, *DH* 1924. 538 (salaire pour les employés d'une entreprise exploitant la gomme des pins, consistant dans une part du prix du vente de la résine récoltée).
6. Soc. 15 mars 1983, *Bull. civ.* IV, n° 159, *D.* 1983. IR 342, obs. A. Honorat. En outre, le privilège ne peut avoir effet que si les rémunérations ont été acquises dans une période précédant le jugement déclaratif, Civ. 3e, 23 mai 1995, *Bull. civ.* III, n° 131, *D.* 1995. IR 171, *RTD civ.* 1996. 206, obs. Crocq.
7. Soc. 9 nov. 1966, *Bull. civ.* IV, n° 848 ; Paris 28 mai 1993, *JCP* E 1993. Pan. jur. 1006 (primes de 13e mois). Rappr. T. adm. Paris 22 oct. 1986, *Gaz. Pal.* 1988. 1. 69, note Chabanol, à propos de la participation aux recettes d'exploitation d'un film. *Contra*, T. com. Paris 19 juin 1975, *Gaz. Pal.* 1975. 2. 752, à propos de la participation aux fruits de l'expansion de l'entreprise.
8. Soc. 6 nov. 1968, *Bull. civ.* V, n° 484.
9. Rappr. Soc. 19 mars 1954, *Bull. civ.* IV, n° 203.

fin de contrat (art. L. 1243-8) ou de précarité d'emploi (art. L. 1251-32), de l'indemnité de licenciement due en application des conventions collectives de travail, des accords collectifs d'établissement, des règlements de travail, des usages, des dispositions des articles L. 1234-9, L. 1226-14, L. 7112-3, 7112-4, 7112-5 et D. 7112-1, pour la totalité de la portion inférieure ou égale au plafond visé par les articles L. 3253-2 et 3253-3 et pour le quart de la portion supérieure audit plafond [1], enfin, des indemnités dues, le cas échéant, aux salariés en application des articles L. 1243-4 (indemnité en cas de rupture d'un contrat à durée déterminée), L. 1235-2 (indemnité pour inobservation de la procédure de licenciement), L. 1226-15 et L. 1226-20 (indemnité en cas de rupture d'un contrat de travail d'un salarié victime d'un accident de travail ou d'une maladie professionnelle).

752 ***Redevances dues aux auteurs, compositeurs et artistes*** ◊ L'article 58 de la loi du 11 mars 1957 (devenu l'art. L. 131-8, CPI) a institué un privilège général mobilier et immobilier en garantie du paiement des redevances dues aux auteurs, compositeurs et artistes, pour les trois dernières années, à l'occasion de la cession, de l'exploitation ou de l'utilisation de leurs œuvres telles qu'elles sont définies à l'article L. 112-2. Ce privilège a le même fondement que celui qui garantit les salaires, mais ses conséquences risquent d'être plus lourdes puisqu'il porte sur une période plus longue [2]. Des hésitations s'élèvent quant à la détermination des bénéficiaires de ce privilège et notamment sur le point de savoir si les ayants droit des auteurs en font partie. On a, toutefois, considéré que les entreprises de distribution de films cinématographiques pouvaient, en raison du contrat les liant à l'auteur, invoquer le privilège en cause [3]. Cette extension du privilège en faveur des cessionnaires des droits d'auteurs est opportune, car elle facilite les cessions d'œuvres.

753 ***Superprivilège. Créances garanties*** ◊ Lorsque le débiteur fait l'objet d'une procédure collective de redressement ou de liquidation judiciaire, la loi accorde à ses salariés une garantie supplémentaire que la pratique dénomme

---

1. Les indemnités purement conventionnelles de licenciement ne sont pas privilégiées (Paris 11 févr. 1988, *D.* 1988. IR 85) ; de même en est-il des indemnités de clientèle (Paris 23 févr. 1988, *D.* 1988. IR 101 ; Soc. 19 mars 1986, *D.* 1986. IR 23). Si l'employeur a souscrit une assurance en vue de garantir le paiement des indemnités de licenciement, les salariés disposent d'une action directe contre l'assureur (Soc., 9 juin 1993, *D.* 1994. 270, note Jamin).

2. V. Desbois, *Le droit d'auteur en France*, 3e éd., n° 602 s. ; Gautier, *Propriété littéraire et artistique*, PUF, n° 248. Le privilège garantit toutes les redevances d'origine contractuelle ; il n'est pas limité aux seules dettes résultant d'un contrat d'édition (v. Civ. 1re, 1er mars 1988, *Rev. proc. coll.* 1988. 422, *D.* 1989. Somm. 50, obs. Colombet). Le privilège ne couvre pas les créances de contrefaçon (Civ. 1re, 24 mars 1993, *Bull. civ.* I, n° 125, *JCP* 1993. II. 22167, note Fourgoux, *D.* 1994. Somm. 91, obs. Colombet ; Aynès et Gautier, *D.* 1994. Chron. 13). L'indemnité contractuelle pour droits de garde dont la finalité est de compenser un « bénéfice manqué » est comprise dans la définition des redevances et rémunérations, Paris 1re ch., sect. G, 24 mars 1999, *Sté V.S.D.*

3. V. Montpellier 20 oct. 1963, *JCP* 1966. II. 14522, note Delpech. Il en est de même pour la SACEM (Civ. 1re, 28 mai 1991, *Bull. civ.* I, n° 171). Comp. pour un commissionnaire, Civ. 1re, 11 avr. 1995, *Bull. civ.* I, n° 166, *JCP* 1996. I. 3942, n° 17.

« superprivilège » [1]. Institué par un décret-loi du 8 août 1935, aménagé depuis [2], ce superprivilège suit un régime très cohérent : son champ d'application est réduit, mais tout est fait pour en faciliter le règlement [3].

Le superprivilège des salaires porte, en cas de redressement ou de liquidation judiciaire de l'employeur, sur les fonds disponibles entre les mains de l'administrateur ou sur les premières rentrées de fonds. Il garantit les « rémunérations » [4] de toute nature dues aux salariés ou aux apprentis pour les soixante derniers jours de travail ou d'apprentissage, ou encore aux VRP pour les quatre-vingt-dix derniers jours de travail. Le délai s'entend des soixante ou quatre-vingt-dix jours de travail ayant précédé le jugement d'ouverture de la procédure, mais aussi des soixante ou quatre-vingt-dix jours de travail effectifs ayant précédé la rupture du contrat de travail prononcée avant le jugement [5]. L'ordonnance n° 82-130 du 5 février 1982, modifiant les dispositions du Code du travail relatives au contrat de travail à durée déterminée ainsi que certaines dispositions du Code civil, est venue préciser ce qu'il fallait entendre par « rémunérations » au sens de l'article L. 3253-2 alinéa 1, du Code du travail. Il s'agit « des salaires, appointements et commissions », mais aussi de « tous les accessoires et notamment de l'indemnité mentionnée à l'art. L. 1243-8, l'indemnité pour inobservation du délai-congé (art. L. 1234-5), l'indemnité compensatrice (art. L. 1226-14 et l'indemnité mentionnée à l'art. L. 1251-32, ainsi que la contribution de l'employeur à l'allocation de conversion ». la référence aux accessoires du salaire permet de penser que les indemnités de licenciement et de rupture abusive ne sont toujours pas garanties par le superprivilège [6]. en revanche, les indemnités compensatrices de congés payés bénéficient du superprivilège, mais en vertu d'un texte spécial (C. trav., art. L. 3253-4) [7].

---

1. V. Derrida, « Le "superprivilège" des salariés dans les procédures de règlement judiciaire et de liquidation des biens », *D.* 1973. Chron. 59.

2. C. trav., art. L. 3253-2 à 3253-4, 7313-8 ; C. com. art. 625-1 s. Ces créances, comme les créances privilégiées du reste, ne peuvent faire l'objet de remises ou de délais (art. L. 626-20).

3. V. C. Saint-Alary-Houin, « L'efficacité des sûretés garantissant les créances salariales », *Dr. soc.* 1987. 842 ; M. Jeantin et P. Le Cannu, *Droit commercial*, Précis Dalloz n° 536. Naturellement ce privilège ne grève que le patrimoine de l'employeur. V. cependant en cas de confusion des patrimoines de la société et des dirigeants, Com., 2 nov. 1993, *Bull. civ.* IV, n° 379, *JCP* 1994. I. 3765, n° 15 ; égal. dans l'hypothèse d'une extension de la procédure aux dirigeants, Com., 2 mars 1999, *Bull. civ.* IV, n° 49. Le superprivilège ne saurait toutefois s'exercer sur les sommes versées par les dirigeants sociaux en comblement de l'insuffisance d'actif (Com., 20 mai 1997, *Bull. civ.* IV, n° 147 *JCP* 1998. I. III, n° 16, obs. M.C.).

4. Il faut préciser que les sommes superprivilégiées doivent être payées jusqu'à concurrence d'un plafond mensuel identique pour toutes les catégories de bénéficiaires, plafond fixé par la loi au double du plafond des cotisations de sécurité sociale, tout en tenant compte des acomptes versés (Soc. 29 avr. 1975, *D.* 1975. 678 ; C. trav., art. L. 3253-2 à 3253-4 et D. 3253-1).

5. Soc. 25 oct. 1972, *D.* 1973. 218, note Lyon-Caen ; Soc. 15 mars 1983, *D.* 1983. IR 342. Encore faut-il que ces soixante derniers jours se situent dans la période de six mois précédant le jugement déclaratif.

6. V. Derrida. Chron. préc., n° 8 et 9. *Contra*, Soinne, *Traité théorique et pratique des procédures collectives*, Litec 2e éd., n° 1043. De même, ne sont pas superprivilégiées les indemnités de clientèle.

7. Paris 12 oct. 1988, *D.* 1989. Somm. 286, obs. A. Honorat.

754 ***Assurance des salaires*** ◊ Pour éviter toute difficulté, les garanties des salariés ont été complétées par un système de paiement provisionnel (C. com. art. L. 625-8), ce qui suppose l'existence de « fonds disponibles », et surtout d'assurance [1] (C. trav., art. L. 3253-8 s.).

Lorsque dans les dix jours qui suivent l'ouverture de la procédure, les fonds continuent à faire défaut, le représentant des créanciers doit remettre ses relevés [2] aux institutions qui gèrent le régime d'assurance des salariés contre l'insolvabilité de leur employeur [3]. Dans les cinq jours ultérieurs, l'AGS verse au représentant des créanciers les sommes figurant sur les relevés et demeurées impayées

La garantie résultant de ce régime d'assurance n'est ni générale, ni illimitée. Elle couvre les créances chirographaires ou privilégiées, dues à la date du jugement déclaratif, certaines créances résultant de la rupture du contrat au cours de la période d'observation ou de liquidation, et certaines sommes dues postérieurement au jugement d'ouverture [4]. Ces créances ne sont prises en charge que dans la limite d'un certain plafond (C. trav., art. D. 3253-5) [5].

Une fois ces sommes versées, l'AGS se trouve normalement subrogée dans les droits des salariés [6]. La subrogation joue pleinement pour les créances antérieures au jugement, de sorte que l'AGS interviendra dans la procédure collective en tant que créancier superprivilégié. Pour le reste, la subrogation est limitée (C. trav. art. L. 3253-16). Dans ces conditions, l'AGS peut simplement se prévaloir du privilège des salariés et subit donc la plupart des effets d'une procédure collective. Elle n'a un traitement plus avantageux que pour les avances faites en cas de liquidation judiciaire au titre de l'article L. 3253-8 du Code du travail ; dans ce cas, elle bénéficie du troisième rang du privilège de l'article L. 641-13-III-3° C. com. [7].

---

1. Tout employeur doit contracter une assurance au profit de ses salariés contre le risque de non paiement en cas de procédure de redressement ou de liquidation judiciaire, des sommes qui leurs sont dues et contre le risque de rupture du contrat de travail pour cause de force majeure consécutive à un sinistre en exécution du contrat de travail. V. Ph. Pétel, « L'AGS et la réforme de procédures collectives », *RJ com.* 2006. 174.

2. Si un salarié n'y figure pas, il peut saisir la juridiction prud'homale. Sur cette question, v. A. Arséguel, « Aspects généraux du contentieux prud'homal relatif aux créances salariales depuis la loi du 25 janvier 1985 », *Dr. soc.* 1987. 807.

3. Par convention, l'association nationale pour la gestion du régime d'assurance des salaires (AGS) a confié à l'union interprofessionnelle pour l'emploi dans l'industrie et le commerce (UNEDIC) la gestion du régime d'assurance. L'UNEDIC a délégué pour cette mission ses associations régionales (ASSEDIC). V. Pélissier, Supiot et Jeammaud *op. cit.*, n° 506.

4. C. trav., art. L. 3253-8, régulièrement modifié ; v. en dernier lieu, L. 17 janv. 2002, v. C. com. art. L. 625-9. Sur les difficultés d'application de ces dispositions, v. les tableaux de M. Cardi-Broda, *Gaz. Pal.* 1986. 2. 425.

5. Montpellier 8 juin 1998, *JurisData* n° 034911.

6. V. notamment, Barthélémy et divers auteurs, *JCP* E 1992. I. 198.

7. Sur la subrogation de l'AGS, v. Soinne, « Le remboursement de l'AGS », *Dr. soc.* 1986. 685. Les limites au jeu de la subrogation sont encore plus sérieuses quand on sait que les créanciers qui auraient pu faire l'avance des créances superprivilégiées (par ex. le banquier) ne peuvent bénéficier, dans leur recours, de la garantie AGS (v. C. trav., art. L. 3253-19, al. 2. Comp. Soc. 22 avr. 1984, *D.* 1984. IR 397).

755 ***b) Privilège des frais de justice*** ◊ Si la masse des créanciers avait, en matière civile ou commerciale, la personnalité juridique, le remboursement des frais de justice [1] constituerait une « dette de la masse » [2]. Le règlement prioritaire de ces frais se justifie, en effet, par cette idée qu'ils ont été exposés dans l'intérêt commun des créanciers poursuivants. Des dépenses ont été engagées pour assurer la conservation ou pour obtenir la liquidation des biens du débiteur. Il est logique que ces dépenses, dans la mesure où elles ont profité à tous les créanciers, soient payées par préférence. Plus précisément, puisqu'il n'y a pas de dette du débiteur lui-même [3], mais une dette de tous les créanciers poursuivants, l'institution pourrait s'analyser comme une mesure de prélèvement ou comme une mesure de distraction, plutôt que comme un véritable privilège [4]. Mais, faute d'organisation collective des créanciers, le Code civil a jugé plus simple de considérer la créance des frais de justice comme une créance privilégiée tout en lui donnant l'un des meilleurs rangs.

756 ***Créances garanties*** ◊ Tous les frais de justice ne sont pas privilégiés. Seuls le sont ceux qui répondent à la double condition suivante :

Il faut, d'abord, que les frais aient été engagés pour la conservation, la liquidation ou la réalisation des biens du débiteur [5]. Mais peu importe qu'il s'agisse de frais exposés au cours d'une procédure - frais de saisie, de séquestre [6], de vente, de distribution de prix, de postulation, mais non d'assistance [7] - ou de frais extra-judiciaires - apposition de scellés [8], frais d'inventaire, de gestion, d'administration [9].

Il faut, ensuite, que ces frais aient été exposés dans l'intérêt commun des créanciers [10]. C'est pourquoi les frais engagés au profit exclusif d'un créancier ne sont pas privilégiés ; c'est le cas des frais tendant à faire reconnaître une créance, tendant à faire établir un titre exécutoire, des frais liés à une mesure d'instruction [11], des frais d'expertise comptable [12]. De même,

---

1. La loi du 30 déc. 1977, instaurant la gratuité des actes de justice devant les juridictions civiles et administratives a supprimé, en partie, l'intérêt du privilège.

2. V. Dagot, p. 278.

3. Comp. Marty, Raynaud et Jestaz, n° 126.

4. V. Cabrillac, Mouly et Pétel, n° 586.

5. Ce qui n'est pas le cas des dettes consécutives à des opérations courantes issues d'une exploitation normale (Paris 28 mai 1979, *Gaz. Pal.* 1980. 1. somm. 184 ; Paris 23 sept. 1982, *Gaz. Pal.* 1983. 1. somm. 122).

6. Bordeaux 25 févr. 1980, *Gaz. Pal.* 1980. 1. 330.

7. Montpellier 13 déc. 1935, *DH* 1936. 138.

8. Req., 14 févr. 1894, *DP* 1894. 1. 296.

9. Il s'agit principalement des frais des mandataires de justice (administrateurs, représentants des créanciers, liquidateurs) nommés dans les procédures collectives (v. Soinne, *op. cit.*, n° 515, n° 1122).

10. V. par ex. Com., 14 déc. 1981, *Gaz. Pal.* 1982. 2. 425, note Chartier.

11. Req., 17 sept. 1940, *S.* 1941. 1. 37.

12. Caen 12 avr. 1973, *D.* 1974. 499, note Sigalas ; Colmar 2 mars 1999, *Bull. Joly* 2000. 45, note Barbiéri : s'agissant d'un commissaire aux comptes. Comp. Nîmes 7 févr. 1973, *D.* 1974. 224.

lorsque les frais ne profitent pas à certains créanciers ou sont inutiles pour certains, le privilège ne peut leur être opposé [1]. Ainsi, les frais afférents à une procédure de saisie immobilière ne sauraient être réglés avant les créances privilégiées du Trésor, dès lors qu'il est établi que ces frais n'ont pas profité au Trésor [2]. Les frais de la procédure collective constituent cependant une créance née régulièrement après le jugement d'ouverture ; ils doivent donc être payés par priorité, même s'ils ne peuvent bénéficier des dispositions de l'art. 2375-1, C. civ. [3].

757 ***Assiette*** ◊ Puisque le privilège n'est pas opposable à tous, mais seulement aux créanciers qui bénéficient des frais, on admet généralement que le privilège n'affecte que les biens dont la réalisation a été faite dans l'intérêt commun des créanciers. Par conséquent, les frais engagés pour la réalisation du mobilier du débiteur ne seraient pas privilégiés sur les immeubles [4]. Cette solution est cependant critiquable car, s'il est vrai que les privilèges sont de droit étroit, le code présente ici l'assiette du privilège comme générale [5]. De plus, dans le cadre d'une procédure collective, c'est-à-dire dans l'hypothèse où les sûretés sont le plus souvent invoquées, le privilège des frais de justice est traité comme un privilège général ayant, en cas de redressement judiciaire, priorité sur les créanciers hypothécaires (C. com. art. L. 622-17-III-3°). Enfin, la solution communément admise ne correspond pas au fondement de l'institution : même s'il n'a réalisé que certains biens, le créancier agissant a facilité le recouvrement des créances de tous sur l'ensemble du patrimoine. Dès lors, rien ne s'oppose à ce que ce privilège général reste général et porte sur tout le patrimoine du débiteur.

758 ***c) Privilège de l'article L. 622-17 C. com. Fondement*** ◊ Dans l'hypothèse d'une procédure collective, il est admis depuis longtemps que les créanciers postérieurs au jugement déclaratif doivent être payés avant les créanciers antérieurs. Jusqu'à la réforme opérée par la loi du 25 janvier 1985, cette solution était exprimée par l'opposition entre les « créanciers dans la masse » (antérieurs) et les « créanciers de la masse » (postérieurs). Depuis cette réforme, ces expressions n'ont plus cours puisque la masse des créanciers n'a plus d'existence. La loi nouvelle, cependant, a maintenu la distinction et prévoit dans son article 40 (devenu l'art. L. 622-17 C. com.) que les créances nées régulièrement après le jugement d'ouverture doivent être payées à leur échéance et, à défaut, « par privilège avant toutes les autres créances, assorties ou non de sûretés, à l'exception de

1. Civ., 5 févr. 1900, *DP* 1900. 1. 219 ; Civ., 21 janv. 1908, *DP* 1910. 1. 161. Comp. Com., 26 févr. 1985, *D.* 1985. IR 281, obs. A. Honorat.

2. Com., 19 oct. 1970, *Bull. civ.* IV, n° 272 ; v. égal. s'agissant de dépenses d'un liquidateur judiciaire, Com., 5 déc. 1995, *JCP* 1996. I. 3942, n° 10.

3. Com., 31 mars 1998, *D.* 1998. Somm. 327, obs. A. Honorat, 382, obs. Piedelièvre, *JCP* 1998. II. 10105, rapport Rémery.

4. V. Dagot, p. 153 et 278.

5. V. Cabrillac, Mouly et Pételn, n° 588.

celles garanties par le superprivilège des salaires, le privilège des frais de justice nés régulièrement après le jugement d'ouverture pour les besoins du déroulement de la procédure et de celles garanties par le privilège de l'art. L. 611-11 C. com. » [1].

En cas de liquidation judiciaire (art. L. 641-13) les créances postérieures au jugement déclaratif sont considérées comme des créances privilégiées, mais, lorsqu'elles ne sont pas payées à leur échéance, sont primées par les créances garanties par le superprivilège des salariés, les créances garanties par le privilège des frais de justice, par les créances garanties par le privilège de l'art. L. 611-11 et les créances garanties par des sûretés immobilières ou par des sûretés mobilières spéciales assorties d'un droit de rétention ou constituées en application de la loi de 1951 relative au gage de l'outillage et du matériel d'équipement (C. com. art. L. 525-1 s.) [2].

Plusieurs explications peuvent être avancées pour justifier ce véritable privilège [3]. On peut soutenir que la créance postérieure est privilégiée au titre des frais de justice, en faisant observer qu'après le jugement déclaratif la gestion de l'entreprise est confiée à un mandataire de justice et que toutes les dépenses engagées le sont dans l'intérêt de tous les créanciers. On peut également considérer que le privilège de l'article 622-17 répond à la définition du privilège du conservateur (*infra*, n° 812), car, en soutenant l'activité d'une entreprise officiellement en difficulté, les créanciers contribuent à la sauvegarde de son patrimoine. Le privilège reconnu aux créanciers postérieurs est en tout cas soumis à une condition : que les créances soient nées pour les besoins du déroulement de la procédure ou de la période d'observation ou du maintien provisoire de l'activité en cas de liquidation judiciaire ou, encore, en contrepartie d'une prestation fournie au débiteur pendant la période d'observation ou pendant la poursuite de l'activité [4].

La justification d'un tel privilège est plus sûrement d'ordre pratique [5]. En effet, la loi de 1985 a pour objectif déclaré le redressement des entreprises.

---

1. Le créancier peut obtenir un titre exécutoire et faire exécuter le titre indépendamment de l'ordre dans lequel s'exercent les privilèges, Com. 7 sept. 2010, n° 09-66.595.

2. Sur la portée de ce texte, v. M. Cabrillac et Ph. Pétel, « Le printemps des sûretés réelles », *D.* 1994. Chron. 243. Il en résulte qu'en cas de liquidation, les créanciers de l'article L. 641-13 sont primés par : – les créanciers hypothécaires et les créanciers titulaires d'un privilège spécial immobilier ; – les créanciers gagistes dont le gage compte un droit de rétention (même fictif), dans la mesure où ils font valoir leur droit de préférence, car le droit de rétention conserve en toute hypothèse la priorité des priorités (v. Aynès et Crocq, n° 448) ; – les créanciers titulaires d'un gage sur le matériel.

3. Les textes antérieurs parlaient de « priorité de paiement », ce qui ne correspondait pas, selon la jurisprudence, à un privilège, v. Com. 5 févr. 2002, *Bull. civ.* IV, n° 27, *D.* 2002. 805, note Lienhard, *JCP* 2002. II. 10186, note Cuiff, *JCP* 2002. I. 162, n° 19, *RTD civ.* 2002. 337, obs. Crocq.

4. V. A. Lienhard, « Le nouveau privilège de procédure : entre restauration et éclatement », *Mélanges Simler*, Dalloz, 2006, 475 s.

5. Rappr. Cabrillac, Mouly et Pétel, n° 601, faisant état de la « complexité » du fondement du privilège.

Or, ce redressement et la poursuite de l'activité qu'il postule, ne peuvent être assurés que si les créances qui naissent à cette occasion bénéficient d'un paiement préférentiel. À défaut, aucun fournisseur, aucun banquier, aucune entreprise n'accepterait de participer à la poursuite d'activité.

759 ***Conditions*** ◊ Le privilège de l'article 622-17 (ou de l'art. L. 641-13) est subordonné à trois conditions principales [1].

• Pour bénéficier du privilège, la *créance doit être née après le jugement d'ouverture* de la procédure collective. Peu importe sa nature, légale, contractuelle délictuelle ou quasi-délictuelle, dès l'instant qu'elle naît postérieurement au jugement déclaratif (et en principe pendant la période d'observation) [2]. La distinction entre les créances privilégiées et les autres s'établit en fonction de leur fait générateur et non de leur exigibilité [3]. Ainsi, des cotisations de sécurité sociale afférentes aux salaires dus pour un travail accompli avant le jugement, mais exigibles après, ne sont pas des créances de l'article L. 622-17 [4]. De même, n'est pas une créance de l'article 622-17, la créance de dommages-intérêts qui a sa source dans un délit commis avant le jugement, mais dont la liquidation est postérieure. En revanche, les créances issues d'un contrat à exécution successive et nées de prestations accomplies après le jugement déclaratif, bénéficient du privilège en question [5].

• La loi exige également que la *créance soit née régulièrement après le jugement*. Cette condition de régularité s'apprécie en termes de pouvoir ; le critère est organique [6]. Les créances régulières sont celles qui sont nées conformément aux règles gouvernant les pouvoirs de l'administrateur et/ou du débiteur. Comme il est difficile de déterminer avec précision les pouvoirs respectifs des intervenants, compte tenu du dessaisissement « à géométrie variable » affectant le débiteur, il n'est pas interdit de penser qu'il faudrait chercher plus à contrôler l'opportunité de l'acte générateur

1. Une condition de délai est également prévue, L. 622-17, IV et L. 641-13, IV.
2. Rappelons cependant que le privilège est également reconnu en cas de liquidation judiciaire.
3. V. E. Putman, *La formation des créances*, thèse Aix, 1987, n° 237 s.
4. V. Com., 8 nov. 1988, *D.* 1989. 36, note A. Honorat ; Comp. Com., 20 févr. 1990, *Bull. civ.* IV, n° 47 ; 15 juin 2011, n° 10-18.726. V. encore, Com., 25 janv. 1994, *JCP* E 1994. II. 629, note P. Rossi ; v. aussi pour des frais de justice, Com., 31 mars 1998, *JCP* E 1998 p. 1216, rapport Rémery ; pour la créance d'un commissaire aux comptes, Paris 23 oct. 1998, *Joly* 1999. 66. Comp. pour la créance de commission d'un agent immobilier, Com., 17 févr. 1998, *JCP* 1998. II. 10063, rapport Rémery ; pour une créance en garantie des vices cachés, Com., 8 juin 1999, *Bull. civ.* IV, n° 121, *D.* 2000. Somm. 95, obs. A. Honorat ; pour des amendes douanières, Crim., 5 févr. 1998, *D. aff.* 1998. 912 ; pour des créances de dépens trouvant leur origine dans la décision qui en décide : Com. 11 juin 2002, *Bull. civ.* IV, n° 104 ; pour des créances environnementales ayant pour fait générateur l'arrêté préfectoral ordonnant au débiteur la consignation des sommes répondant au montant des travaux à réaliser : Com. 17 sept. 2002, *Bull. civ.* IV, n° 125.
5. Com., 16 oct. 1990, *JCP* E 1990. II. 300 ; 10 juill. 1990, *JCP* E 1991. II. 140, note M. Cabrillac ; 17 janv. 1995, *Bull. civ.* IV, n° 16 ; Com. 3 mai 2011, n° 10-18.031.
6. V. Com., 13 oct. 1998, *JCP* E 1999. 1060, note P. Rossi, *Bull. civ.* IV, n° 240.

de la créance que sa régularité [1]. Ce type de contrôle aurait l'avantage de respecter le principe d'interprétation stricte des privilèges.

• Le principe d'interprétation stricte des privilèges commande également d'admettre que la poursuite de l'activité est une condition d'application du texte. La question, un temps discutée [2], a été résolue par le législateur à l'occasion de la réforme des procédures collectives en 2005 et 2008. Le privilège est désormais limité aux seules créances nées « pour les besoins du déroulement de la procédure ou de la période d'observation, ou en contrepartie d'une prestation fournie au débiteur pendant cette période » (ou en cas de liquidation judiciaire aux créances nées après le jugement pour les besoins du déroulement de la procédure ou du maintien provisoire de l'activité autorisé en application de l'art. L. 641-10 ou en contrepartie d'une prestation fournie au débiteur pendant ce maintien de l'activité). Les créanciers qui ne remplissent pas cette condition, par exemple les créanciers d'indemnités de rupture contractuelle [3], sont donc traités comme des créanciers antérieurs.

760 ***d) Privilège de l'article L. 611-11 C. com.*** ◊ La loi du 26 juillet 2005, dite loi de sauvegarde, a institué un nouveau privilège dans le cadre d'une procédure collective [4]. La loi accorde aux créanciers qui ont consenti dans l'accord homologué à l'issue de la phase de conciliation un « nouvel apport en trésorerie », *i.e.* qui ont apporté de l'« argent frais » [5], pour assurer la poursuite de l'activité, un privilège primant tous les créanciers antérieurs à l'accord ainsi que les créanciers postérieurs profitant du privilège de la procédure (art. 622-17). Ce privilège bénéficie également aux créanciers fournissant un nouveau bien ou un nouveau service dans l'accord [6] et ceci pour le prix du bien livré ou du service rendu en vue d'assurer la poursuite d'activité de l'entreprise et sa pérennité. Cette rupture d'égalité n'a pas été considérée comme contraire aux principes constitutionnels [7].

Le privilège de conciliation est donc reconnu à deux catégories de créanciers : les prêteurs d'argent et les fournisseurs. Il est subordonné à une condition : la poursuite de l'activité de l'entreprise et sa pérennité.

À ce jour, le privilège de « new money » n'est pas parvenu à jouer le rôle de catalyseur du sauvetage des entreprises qui lui était promis. La publicité

1. Pour un ex. de créance « irrégulière », Com., 4 févr. 1992, *Bull. civ.* IV, n° 54. Il faut ajouter que si la créance n'est pas régulière, le créancier pourrait, le cas échéant, se retourner contre l'administrateur fautif (v. Versailles 14 mars 1988, *D.* 1988. 507, concl. Challe).

2. V. Cabrillac, « L'article 40 de la loi du 25 janvier 1985 et ses difficultés d'application », *Banque* 1986. 115, n° 7 et 8. Il est admis, en tout cas, que le privilège ne saurait couvrir les créances nées postérieurement à l'adoption d'un plan de continuation ou de cession, Com., 3 avr. 1990, *Bull. civ.* IV, n° 113, *D.* 1990. 385, note M. Jeantin.

3. Com. 5 oct. 2010, D. 2010. 2428, note Lienhard, D. 2011. 411, obs. P. Crocq.

4. V. P.M. Le Corre, « Le privilège de la conciliation », *LPA* 7-8 sept. 2005.

5. Ce qui peut viser un apport en compte-courant d'associé.

6. Le décret du 28 déc. 2005 organise (art. 33) une publicité indirecte du privilège en imposant que le jugement homologuant l'accord conclu par le débiteur et ses principaux créanciers précise les montants garantis par ce privilège ; une publicité du jugement est par ailleurs prescrite.

7. Cons. const. n° 2005-522 DC, 22 juill. 2005.

du jugement d'homologation explique cet échec : elle dissuade le plus souvent les débiteurs et les créanciers intéressés de jouer le jeu, la confidentialité de la simple procédure de constatation de l'accord de conciliation leur paraissant plus avantageuse [1]. Il faut également relever que, contrairement au privilège précédent, le privilège de « new money » n'est pas précédé d'un droit au paiement à l'échéance.

761 **2° *Privilèges généraux dont l'assiette est limitée aux meubles*** ◊ Les privilèges généraux sur les meubles sont énumérés par l'article 2331. La liste est toutefois inexacte, car elle fait état de privilèges qui, comme celui des salaires, grèvent en réalité l'ensemble du patrimoine du débiteur. Elle est, de plus, incomplète. Des lois spéciales ont créé certains privilèges généraux dont le poids est aujourd'hui très lourd : il s'agit du privilège du Trésor et du privilège de la Sécurité sociale. Garantissant des créances dites d'intérêt général et justifiés ainsi par des raisons d'ordre public, ces privilèges sont devenus trop importants. Révélant la place considérable prise par les pouvoirs publics dans les rouages de l'économie, ils représentent une menace pour toutes les entreprises traversant des difficultés. Il reste que leur suppression n'est pas encore à l'ordre du jour, si bien qu'ils doivent être exposés avant les privilèges du Code civil.

762 ***a) Privilège du Trésor*** ◊ Le Trésor est un créancier qui compte, dans tous les sens du terme. Censé représenter l'intérêt général, il jouit non seulement d'un privilège général [2], mais aussi de prérogatives importantes, à savoir l'avis à tiers détenteur (LPF, art. L. 262 et L. 263), cette saisie-attribution simplifiée qui lui permet d'acquérir la propriété d'une créance une fois écoulé le délai de deux mois accordé au redevable pour faire opposition [3], et le droit d'agir en responsabilité à l'encontre de certains dirigeants de sociétés, auteurs de manœuvres frauduleuses ou de manquements à diverses obligations fiscales (LPF, art. L. 266 et L. 267) [4]. Ces prérogatives [5] sont peut-être d'un meilleur rendement que le privilège, car si celui-ci a été étendu aux majorations et

1. Laurent et Assan, « Bilan de l'efficacité du privilège de new money », *JCP* 2008. I. 157.

2. Considéré comme une véritable sûreté : Com. 4 juill. 2000, *Bull. civ.* IV, n° 137, *JCP* 2001. I. 315, n° 22, *D.* 2001. Somm. 617, obs. A. Honorat, *RTD civ.* 2001. 399, obs. Crocq.

3. V. Com., 22 nov. 1983, *Bull. civ.* IV, n° 318 ; 29 nov. 1988, *D.* 1988. IR 295 (TVA). Depuis la réforme des voies d'exécution, les règles de fond de cette procédure sont identiques à la procédure de droit commun (L. 9 juill. 1991, art. 42 s.). V. P. Ancel, « L'exécution par la puissance publique », *RTD civ.* 1993. n° spéc. « La réforme des voies d'exécution ». 135.

4. V. par ex. Com., 24 oct. 1984, *Bull. civ.* IV, n° 283. En vertu de l'art. L. 267, toute personne exerçant en droit ou en fait, directement ou indirectement, la direction effective d'une société, d'une personne morale ou d'un groupement peut, si elle n'est pas déjà tenue au paiement des dettes sociales en vertu d'une autre disposition, être déclarée solidairement responsable du paiement des impositions et pénalités dues par la société, le groupement ou la personne morale lorsque ses agissements ont rendu impossible le recouvrement de ces impositions et pénalités. L'art. L. 266 prévoit des dispositions analogues à l'encontre des gérants de SARL (v. par ex. Com., 8 déc. 1992, *Bull. civ.* IV, n° 401). V. M.C. Bergerès, « La responsabilité fiscale des dirigeants sociaux », *D.* 1993. Chron. 199.

5. On pourrait y ajouter les nombreuses actions solidaires en matière de TVA, d'enregistrement, de taxe foncière... N'oublions pas, non plus, que le Trésor peut se garantir en inscrivant son hypothèque, v. Paris 12 févr. 2008, *JCP* 2009. I. 150, n° 25.

pénalités de retard [1], il a dû subir dans le même temps de sérieuses attaques. D'abord parce qu'il n'a plus l'un des meilleurs rangs, compte tenu de la priorité reconnue aux « créanciers de l'article 622-17 » [2]. Ensuite parce que son efficacité est subordonnée à une publicité au greffe du tribunal (CGI, art. 396 *bis*). Enfin, parce que son assiette a été sensiblement réduite par l'article L. 651-2 C. com. qui, revenant sur une jurisprudence des plus originales [3], décide qu'en cas de liquidation judiciaire, les sommes provenant des dirigeants condamnés à la suite d'une action en comblement d'insuffisance d'actif, seront « réparties entre tous les créanciers au marc-le-franc ».

763 ***Créances garanties*** ◊ Le Trésor jouit de très nombreux privilèges qui garantissent pratiquement toutes ses créances. Il faut citer, en tenant compte du classement généralement admis :

- le privilège attaché aux impôts directs et taxes assimilées (CGI, art. 1920) [4] ;
- le privilège attaché aux taxes sur le chiffre d'affaires et taxes assimilées (CGI, art. 1926) [5] ;
- le privilège attaché aux taxes départementales et communales (CGI, art. 1924) ;
- le privilège attaché aux droits d'enregistrement, taxe de publicité foncière, droits de timbre, autres droits et taxes assimilées (CGI, art. 1920-1) [6] ;
- le privilège du fonds de garantie automobile (CGI, ann. I, art. 305 AA, ann. II, art. 325) ;
- le privilège attaché aux contributions indirectes (CGI, art. 1927) ;
- le privilège du service des alcools (CGI, art. 1928) [7] ;
- le privilège des douanes (C. douanes, art. 379) [8] ;

---

1. L. 31 déc. 1981, art. 8-1. V. Com., 11 juill. 1988, *Bull. civ.* IV, n° 245.
2. Le Trésor lui-même peut bénéficier de ce rang de priorité si le fait générateur de l'impôt se situe après le jugement d'ouverture (Com., 19 janv. 1988, *D.* 1988. IR 148).
3. Com., 7 mai 1979, *D.* 1979. 431, note Derrida et Sortais. Comp. en application du nouveau texte, Com., 20 mai 1997, *Bull. civ.* IV, n° 147, *JCP* 1998. I. 116, n° 16, obs. M.C.
4. Le créancier qui fait procéder à une saisie conservatoire après la notification d'un ATD ne peut invoquer son droit de préférence à l'égard du Trésor dont la créance bénéficie du privilège de l'art. 1920 : Civ. 2e, 18 janv. 2007, *Bull. civ.* I, n° 14, *JCP* 2007. I. 212, n° 25.
5. Sur le point de savoir si le privilège s'étend ou non aux accessoires, v. P. Amselek, « Les assauts répétés de l'administration contre les dispositions de l'art. 1926, al. 3, CGI », *D.* 1983. Chron. 259 ; A. Honorat, obs. sous Com., 17 déc. 1985, *D.* 1986. IR 238 ; CE, 10 avr. 1992, *RTD com.* 1993. 180, obs. Martin-Serf, *Rev. proc. coll.* 1993. 159, obs. Dureuil, considérant comme illégal le décret de codification du 15 octobre 1982 qui a supprimé les dispositions du 3e alinéa de l'article 1926 CGI selon lesquelles « en cas de faillite, liquidation des biens ou règlement judiciaire, le privilège porte sur le montant en principal augmenté des intérêts de retard afférents aux six mois précédant le jugement déclaratif. Toutes amendes encourues sont abandonnées ».
6. En cas de contentieux, la compétence est judiciaire, CE 21 mars 2008, *Sté Semcha, JCP* 2008. I. 152, n° 21
7. Ce privilège ne doit rien au droit du gage, Com. 17 mai 2011, *JCP* 2011. 770, n° 16.
8. Selon ce texte, l'administration des Douanes a, pour les droits, confiscation, amende et restitution, privilège et préférence à tous créanciers sur les meubles et effets mobiliers des redevables. La disposition ne peut cependant faire obstacle à ce que le créancier gagiste, qui a conservé son droit de rétention, réclame jusqu'à due concurrence, l'attribution à son profit du montant de la vente des objets gagés (Com., 18 déc. 1990, *Bull. civ.* IV, n° 329). En pratique, ce privilège est souvent invoqué par le commissionnaire en douane agissant par voie de subrogation (C. douanes, art. 381) ; v. *infra*, n° 801.

– le privilège des producteurs, importateurs, raffineurs, distributeurs, négociants en gros d'huiles minérales, dérivés et résidus, ainsi que des garagistes, distributeurs et détaillants en carburants (C. douanes, art. 380) [1].

Il faut également mentionner, tout en précisant que les créances garanties n'ont pas, alors, une nature fiscale :

– le privilège du Trésor sur les biens des comptables publics (L. 5 sept. 1807, mod. Ord. 7 janv. 1959 et Décr. 22 avr. 1966), complété d'ailleurs par une hypothèque légale (C. civ., art. 2400) ;

– le privilège garantissant le recouvrement des amendes pénales et des frais de justice (Décr. 22 déc. 1964) ;

– le privilège garantissant le recouvrement des avances en matière d'aide judiciaire (CGI, art. 1090 C.).

764 ***Assiette*** ◊ Le privilège du Trésor grève tous les biens meubles du débiteur, présents et à venir en application des dispositions de l'article 2284. Mais le Trésor ne peut obtenir – théoriquement – de privilège au préjudice des droits antérieurement acquis à des tiers. Théoriquement, car cette solution énoncée par l'article 2327, a été réduite par la jurisprudence à une simple règle de droit transitoire. Le Trésor n'est donc pas primé par les privilèges afférents à des créances nées avant la sienne ni, spécialement, par le privilège du bailleur pour des loyers échus avant la mise en recouvrement du rôle [2].

Sur les immeubles, le privilège du Trésor est transformé en hypothèque légale ; toutefois, pour la jurisprudence, le reliquat du prix de vente d'un immeuble après paiement des créanciers titulaires d'hypothèques et de privilèges immobiliers, est une valeur mobilière sur laquelle s'exerce le privilège du Trésor [3]. De plus, lorsqu'il n'existe pas d'hypothèque conventionnelle, le privilège attaché aux impôts directs porte sur tout le matériel servant à l'exploitation d'un établissement commercial, même lorsque ce matériel est réputé immeuble par destination (CGI, art. 1920-1).

Enfin, dernière originalité, la jurisprudence a pu admettre que le privilège s'étendait au patrimoine de la caution du débiteur. En effet dans ses rapports avec l'administration fiscale, la caution était considérée comme un redevable au même titre que le débiteur principal et soumise, par conséquent, aux mêmes règles exorbitantes du droit commun [4]. Cette solution, dérogatoire du droit commun, était critiquable : elle est aujourd'hui abandonnée [5]. Il reste que le privilège comporte, par exception

1. Ce privilège appartient indirectement à l'administration fiscale, car il garantit le recouvrement de la partie de la créance des personnes énumérées représentant les droits de douane et taxes de toute nature grevant les produits distribués.

2. V. Civ., 27 juill. 1925, *DP* 1927. 1. 110. V. égal., Civ., 22 juill. 1936, *DH* 1936. 490.

3. V. Civ., 13 mai 1942, *DA* 1942. 125 ; Com., 29 avr. 1963, *Bull. civ.* III, n° 212.

4. V. Civ., 14 mai 1816, *S.* 1816. 1. 190 ; Civ., 18 déc. 1822, *S.* 1823. 1. 164 ; Com., 29 nov. 1988, *D.* 1988. IR 294 ; Paris 12 févr. 1982, *D.* 1982. IR 295. Le fisc peut donc utiliser à l'encontre de la caution les contraintes fiscales ou douanières (v. Berr et Tremeau, *Droit douanier*, LGDJ, n° 395). On considère également, en cas de concours entre le fisc et la caution *solvens* sur le patrimoine du débiteur, qu'il faut donner la préférence au fisc (Civ., 4 janv. 1888, *S.* 1888. 1. 329. Comp. Bordeaux 27 févr. 1979, *D.* 1979. IR 355).

5. Com. 19 déc. 2006, *Bull. civ.* IV, n° 264, *JCP* 2007. I. 212, n° 24.

aux solutions communément admises, un droit de suite : le privilège du Trésor en garantie de taxes foncières impayées porte ainsi sur les loyers de l'immeuble assujetti quand bien même la propriété de l'immeuble a-t-elle été transférée à un nouveau propriétaire [1].

765 ***Publicité*** ◊ Les sommes garanties par le privilège qui sont dues par les commerçants et les personnes morales de droit privé même non commerçantes, au titre de l'impôt sur le revenu, de l'impôt sur les sociétés, de la taxe sur les salaires, de la taxe professionnelle, des taxes sur le chiffre d'affaires et des contributions indirectes donnent lieu à publicité (CGI, art. 1929 *quater*) [2]. Celle-ci est faite à la diligence de l'administration chargée du recouvrement, suivant les modalités prévues par l'art. 396 *bis* CGI. L'inscription doit être prise au greffe du tribunal de commerce ou du tribunal de grande instance ; elle ne peut être requise qu'à partir de la date à laquelle - s'agissant des impôts directs - le contribuable a encouru une majoration pour défaut de paiement ou à laquelle un titre exécutoire a été émis - pour les autres impôts. La publicité est obligatoire lorsque les sommes dues par un redevable à un même poste comptable ou service assimilé et susceptibles d'être inscrites dépassent une somme fixée par l'autorité réglementaire en fonction du chiffre d'affaires de l'entreprise considérée [3].

Lorsque le redevable fait l'objet d'une procédure collective, nonobstant l'interdiction des inscriptions nouvelles à compter du jugement d'ouverture, le Trésor conserve son privilège pour les créances qu'il n'était pas tenu d'inscrire à la date du jugement déclaratif et pour les créances mises en recouvrement après cette date, si ces créances sont déclarées dans les conditions prévues à l'article 622-24 C. com. (C. com. art. L. 622-30, al. 2) [4]. L'inscription, enfin, se prescrit par quatre ans, sauf renouvellement.

Le défaut d'inscription entraîne la perte du privilège en cas de redressement ou de liquidation judiciaire du redevable lorsque la créance devait obligatoirement être soumise à la publicité. C'est dire que dans ce cas, le Trésor ne peut participer à la procédure collective qu'à titre chirographaire [5]. De même en serait-il, si le Trésor ne déclarait sa créance qu'à titre chirographaire [6]. Il faut également remarquer que la publicité du privilège ne confère aucun droit de suite, même sur un fonds de commerce [7].

---

1. Com. 28 mars 2006, *Bull. civ.* IV. n° 80, *JCP* 2006. I. 195, n° 21.

2. V. Décr. 2009-195 et 197, 18 févr. 2009, Dr. fisc. 2009. 257.

3. V. Décr. 2007-459, 25 mars 2007, relatif à la fixation de seuils d'inscription obligatoire du privilège ; égal. en matière douanière, Décr. 2007-768, 17 avr. 2007 ; v. encore Décr. 2007-1356, 13 sept. 2007

4. v. Com. 18 févr. 2003, *D.* 2003.1294. Le Trésor n'est pas tenu d'inscrire ses créances tant que le délai qui lui est imparti pour réaliser sa publicité n'est pas écoulé : Com. 24 juin 2003, *JCP* 2004. I. 141, n° 17.

5. V. Com., 5 janv. 1988, *Bull. civ.* I, n° 1 ; égal. Rép. min. Économie, *Defrénois* 1997. 1165. Plus gén. v. P. Serlooten, « Le Trésor public, créancier de l'entreprise en difficulté », *JCP* E 2000. 24.

6. Rappr. Com., 4 mai 1976, *Bull. civ.* IV, n° 151 ; Com., 1er déc. 1980, *Bull. civ.* IV, n° 399.

7. Rép. min. Justice, *JO déb. AN* 4 févr. 1980, p. 427, *RTD com.* 1980. 79, obs. Derruppé.

766 ***b) Privilège des caisses de sécurité sociale*** ◊ L'article L. 243-4 du Code de la sécurité sociale prévoit que le paiement des cotisations qui sont dues aux caisses de la sécurité sociale est garanti, pendant un an à dater de leur exigibilité par un privilège sur les biens meubles du débiteur [1]. Ce privilège, d'une évidente importance pratique, ne garantit cependant pas les majorations dues en cas de retard [2] ni les accessoires et frais de recouvrement [3]. Il est transformé en hypothèque légale lorsqu'il porte sur des immeubles (CSS, art. L. 243-4, al. 2) (*supra*, n° 452).

La loi n° 2006-1640 du 21 déc. 2006 de financement de la sécurité sociale pour 2007 impose de faire varier ces seuils selon les entreprises. Ces seuils sont déterminés par voie réglementaire (Décr. 2007-459, 25 mars 2007, art. D. 243-3 CSS d'une part pour les travailleurs indépendants, d'autre part pour les employeurs en fonction du nombre de salariés.

À l'égard des débiteurs commerçants ou personnes morales de droit privé même non commerçantes [4], le législateur, pour éviter que le privilège n'absorbe tout leur actif, en a limité la portée en organisant un système de publicité qui offre, en outre, l'avantage d'informer les tiers [5]. Une inscription doit donc être prise sur un registre public tenu au greffe du tribunal de commerce dans un délai de six mois suivant l'échéance des sommes dues dès l'instant que les sommes privilégiées dépassent 12 000 € (CSS, art. L. 243-5, al. 1er).

L'inscription conserve le privilège pendant deux années à compter du jour où elle est effectuée [6], c'est-à-dire pendant deux ans et six mois, mais elle ne peut être renouvelée. Toutefois, le privilège est conservé au-delà de ce délai de deux ans et six mois sur les biens qui ont fait l'objet d'une saisie avant l'expiration du délai [7].

L'inscription peut faire l'objet, à tout moment, d'une radiation totale ou partielle à la diligence des organismes de sécurité sociale ou du redevable sur présentation au greffier d'un certificat délivré par l'organisme créancier ou d'un acte de mainlevée émanant du créancier subrogé.

Le défaut d'inscription est aujourd'hui durement sanctionné, du moins en cas de redressement ou de liquidation judiciaire. La sanction est la

---

1. V. Dupeyroux, *Droit de la sécurité sociale*, Précis Dalloz, 12e éd., n° 323 ; Soinne, *op. cit.*, n° 1105 v. en cas de procédure collective, Com. 13 déc. 2005, *JCP* 2006. I. 131, n° 19.
2. V. Soc. 30 nov. 1951, *D.* 1952. 121, note Voirin ; Com., 15 nov. 1967, *Bull. civ.* III, n° 370.
3. V. T. com. Manosque 9 oct. 1973, *D.* 1973. 729, note F.D.
4. N'est donc pas visé le débiteur exerçant une profession libérale, Rouen 14 avr. 2011, *JurisData* n° 012142.
5. Marty, Raynaud et Jestaz, n° 404 ; égal. Com., 11 oct. 1994, *JCP* 1994. IV. 2500. La loi du 10 juin 1994 dans le souci d'apurer le passif des entreprises en difficultés a précisé utilement qu'en cas de redressement ou de liquidation, les pénalités, majorations de retard et frais de poursuites dus par le redevable à la date d'ouverture étaient remis (v. CSS, art. L. 243-5, *in fine*).
6. Cass. 8 juill. 2003, *JCP* 2004. I. 115, n° 14, obs. M.C.
7. Ce délai est suspendu en cas de redressement ou de liquidation judiciaire (C. com. art. L. 622-21), v. Com., 17 oct. 1989, *Bull. civ.* IV, n° 254, *D.* 1990. Somm. 73, obs. A. Honorat ; 27 oct. 1998, *Bull. civ.* IV, n° 261, *D.* 1999. Somm. 187, *JCP* 1999. I. 158, n° 17 ; Soc. 20 mai 1999, *JCP* 1999. I. 1536, n° 17, obs. M.C.

même que pour le privilège du Trésor : le privilège dont l'inscription n'a pas été régulièrement requise à l'encontre du redevable ne peut plus être exercé pour les créances qui étaient soumises à titre obligatoire à cette inscription (CSS, art. L. 243-5, al. 2, issu L. 10 juin 1994).

Le privilège de la sécurité sociale prend rang concurremment avec celui des salariés (art. 2331-4°) [1]. Il grève ainsi lourdement le passif des entreprises, d'autant plus qu'il garantit, au-delà des cotisations « de droit commun », toute une série de créances particulières relevant de régimes spéciaux [2]. La matière est touffue et rendue plus compliquée encore par des problèmes de compétence. Sans doute les juridictions de la sécurité sociale sont-elles compétentes pour trancher les contestations portant sur l'interprétation des textes instituant le privilège [3], mais cette compétence ne doit pas s'étendre aux questions de conflits de privilèges, questions que les juridictions civiles devraient toujours connaître [4].

767 ***c) Privilèges du Code civil*** ◊ L'article 2331 énumère diverses créances qui bénéficient d'un privilège sur l'ensemble des meubles du débiteur. Elles ont aujourd'hui moins d'importance qu'autrefois. Leur raison d'être n'a pas disparu, car elles sont fondées, pour la plupart, sur des motifs d'humanité. Mais, compte tenu de l'intervention croissante des organismes sociaux et de la prise en charge par la sécurité sociale des dépenses à caractère humanitaire, il est rare que de simples particuliers puissent justifier de créances ainsi privilégiées. La liste de l'article 2331 pourrait donc être simplifiée. Toujours est-il que les différents privilèges généraux qu'elle détaille sont encore de droit positif.

768 • ***Privilège des frais funéraires (art. 2331-2°)*** ◊ Ce privilège, que justifient des raisons de décence et de salubrité publique ainsi que le sentiment de piété que chacun entretient à l'égard des morts [5], n'a plus guère d'importance pratique depuis que les collectivités prennent en charge les funérailles des indigents [6]. Il porte sur tous les meubles, mais uniquement

---

1. V. Civ. 2e, 10 mars 1988, *Bull. civ.* II, n° 64, qui ajoute que les créances de la sécurité sociale ne sont cependant pas assimilées aux créances salariales qui, seules peuvent ouvrir droit à saisie des pensions alimentaires. Il faut préciser que les salaires ne sont saisissables que dans certaines limites (C. trav., art. L. 3252-1), mais que, par exception, cette insaisissabilité relative est inopposable aux créanciers alimentaires. De même, si les prestations sociales sont normalement insaisissables, cette insaisissabilité est inopposable aux créanciers justifiant d'une créance de caractère alimentaire (v. par ex. CSS, art. L. 552).

2. V. notamment, C. trav., art. L. 3253-23 pour des cotisations de congés-payés et en application, Com., 14 mars 1995, *JCP* 1995. I. 3851, n° 23 ; égal. CSS, art. 931-22, issu d'une loi du 8 août 1994 qui prévoit que l'actif mobilier des institutions de prévoyance est affecté par un privilège général au règlement des engagements qu'elles prennent envers les membres participants et bénéficiaires de bulletins d'adhésion à des règlements ou de contrats, ce privilège prenant rang après le 6° de l'art. 2331, C. civ. Le texte ajoute qu'« il en est de même de l'actif immobilier », le privilège prenant alors rang après le 2° de l'art. 2375, C. civ.

3. Com., 12 mai 1959, *Bull. civ.* III, n° 202 ; Com., 13 déc. 1982, *Bull. civ.* IV, n° 412.

4. Dijon 25 juin 1957, *Gaz. Pal.* 1957. 2. 274.

5. V. Esmein, « Le culte des morts », *Mélanges Dabin*, t. 2, p. 542.

6. V. Mazeaud, Ranouil et Chabas, n° 151.

sur ceux de la succession et non sur ceux des héritiers [1]. Il garantit tous les frais nécessités par les obsèques du débiteur, mais du seul débiteur, ce qui exclut les personnes à sa charge. De plus, les frais privilégiés sont uniquement ceux qui ont été engagés pour assurer une cérémonie et une sépulture décentes, ce qui conduit, en fait, à ne retenir que les frais du tarif minimum [2]. Mais, puisque l'article 2331-2° ° n'a pas fixé le montant de ces frais, les tribunaux conservent un pouvoir d'appréciation leur permettant, sans oublier le principe d'interprétation stricte des privilèges, de prendre en considération la position sociale et la fortune apparente du défunt [3].

769 • ***Privilège des frais de dernière maladie (art. 2331-3°)*** ◊ Ce privilège a un fondement alimentaire : il vise à assurer au débiteur malade les soins que réclame son état. En même temps, il encourage les bons samaritains. Toutefois, la généralisation de la sécurité sociale lui retire une grande partie de son intérêt [4]. Ce privilège garantit tous les frais que nécessite la maladie : soins chirurgicaux ou médicaux, frais pharmaceutiques, traitements divers, nécessités au besoin par un état pathologique, ce qui exclut les frais de logement ou d'alimentation [5]. Les frais privilégiés concernent la dernière maladie, c'est-à-dire la maladie qui a précédé l'événement donnant lieu à la distribution de deniers et non pas nécessairement la maladie qui s'est terminée par le décès du malade (arg. art. 2332-3°, *in fine* : « quelle qu'en ait été la terminaison »). La maladie chronique doit être assimilée à une maladie unique [6]. Cette créance privilégiée bénéficie enfin d'une hypothèque légale prenant rang à sa date d'inscription.

770 • ***Privilège des salaires (art. 2331-4°)*** ◊ (V. *supra*, n° 750.) L'existence de ce privilège doit être rappelée, étant précisé que l'énumération de l'article 2331 n'est pas seulement descriptive mais établit entre les privilèges généraux une hiérarchie.

771 • ***Privilège pour fournitures de subsistances (art. 2331-5°)*** ◊ Fondé sur un motif d'humanité pour permettre à un débiteur de se procurer

---

1. Civ., 22 oct. 1946, *D.* 1947. 69.
2. Garde du cadavre, fourniture de la bière, inhumation, ouverture du caveau, rémunération du fossoyeur et cérémonie religieuse, à l'exclusion des frais d'érection du monument funéraire et des frais de deuil.
3. Bordeaux 15 juill. 1907, *DP* 1907. 2. 326.
4. On notera aussi que l'article L. 6145-11 CSP donne aux établissements publics de santé un recours direct contre les débiteurs des personnes hospitalisées et, spécialement, contre leurs débiteurs alimentaires ; de cette manière, l'administration « sociale » peut récupérer les sommes déjà dépensées au profit du créancier d'aliment dans le besoin en agissant directement contre les débiteurs alimentaires de ce dernier ; cette action directe est, bien entendu, à la mesure de ce dont ces débiteurs sont redevables (Civ. 1re, 3 mars 1987, *Bull. civ.* I, n° 80 ; 1er déc. 1987, *JCP* 1988. II. 20952, rapport Sargos 14 janv. 2003, *D.* 2003. 2265, note Dagorne-Labbé).
5. Civ., 21 mars 1938, *DH* 1938. 354.
6. Comp. Civ., 3 août 1897, *DP* 1898. 1. 394, refusant de reconnaître le privilège motif pris que les fournitures avaient été interrompues pendant plusieurs mois.

le nécessaire pour vivre, ce privilège a encore perdu de son actualité, avec les dispositions sur le revenu minimal d'insertion (L. 1er déc. 1988).

On notera tout de même que le privilège garantit les créances résultant de fournitures de subsistances faites au débiteur et à sa famille, c'est-à-dire toutes les fournitures nécessaires pour l'existence quotidienne (aliments, chauffage, éclairage, vêtement). Il appartient aux tribunaux de déterminer, d'après les circonstances de la cause, si la fourniture a été réellement nécessaire pour assurer la subsistance du débiteur et de sa famille [1]. Le privilège garantit, ensuite, depuis les lois du 6 juillet 1964 et du 4 juillet 1980, la créance d'un producteur agricole pour les produits livrés dans le cadre d'un accord interprofessionnel à long terme homologué, ainsi que les sommes dues par tout contractant d'un exploitant agricole en application d'un contrat type homologué [2]. Mais, dans les deux cas, ne sont garanties que les fournitures faites pendant la dernière année précédant l'événement qui conduit le créancier à invoquer le privilège.

772 • ***Autres privilèges*** ◇ Le Code civil énumère encore dans les alinéas 6, 7 et 8 de l'article 2331, d'autres privilèges. Ils sont cependant devenus sans intérêt. En effet, l'alinéa 6 relatif au privilège des *victimes d'accident de travail* pour le paiement des frais médicaux, pharmaceutiques et funéraires et des indemnités temporaires, et les alinéas 7 et 8 concernant les privilèges en matière *d'allocations familiales*, ont été implicitement abrogés, en ce qui concerne les régimes de sécurité sociale entrant dans le champ d'application de l'ordonnance du 4 octobre 1945 portant organisation de la sécurité sociale et de la loi du 30 octobre 1946 sur la réparation des accidents du travail. Dans ces régimes, le privilège des victimes d'accident du travail et celui des bénéficiaires d'allocations familiales n'ont plus d'objet, le paiement des frais, indemnités et allocations qu'ils garantissaient étant désormais assuré, non plus par l'employeur ou par les organismes privés, mais par les caisses de sécurité sociale. Ces créances sont donc couvertes par le privilège de la sécurité sociale [3]. Toutefois, des textes particuliers font que cette liste du Code civil conserve encore une certaine valeur. L'article L. 327-2, al. 1, du Code des assurances accorde, en effet, à tous les assurés sans exception, un privilège sur l'actif social mobilier des sociétés d'assurance [4] qui prend rang après le 6° de l'article 2331 [5] ; l'article L. 731-13 du Code de la sécurité sociale (issu de la loi du 17 juin 1987 sur l'épargne) prévoit que les actifs représentatifs

1. V. Civ., 10 juin 1890, *DP* 1891. 1. 178, considérant comme garantie par le privilège une fourniture de 100 litres de vin faite en une seule fois. Comp. Civ., 1er févr. 1893, *DP* 1893. 1. 184, retenant une solution inverse à l'occasion d'une fourniture d'eau-de-vie.

2. Pour une première application, v. Rennes 21 janv. 1987, *Gaz. Pal.* 1987. 2. 546, *RJ com.* 1987. 269, note Gallet.

3. CSS, art. L. 243-4 et 243-5 ; art. L. 471, al. 3.

4. V. Picard et Besson, *Traité de droit des assurances*, sous la direction de J. Bigot, LGDJ, 1992, n° 572 ; le privilège de l'article 327-2, al. 1 (et al. 2, à l'encontre des entreprises étrangères) est lui-même primé par l'article 327-1 instituant un privilège spécial garantissant le paiement des rentes d'accident du travail et portant sur l'actif mobilier affecté à la représentation des provisions mathématiques afférentes aux opérations d'assurance contre les accidents du travail, ainsi que l'article L. 441-8 du même code instituant un privilège spécial garantissant le règlement des prestations dues par des entreprises pratiquant des opérations de prévoyance collective et d'assurance.

5. Ce privilège grève également l'actif immobilier et prend alors rang après les frais de justice et les sommes dues aux salariés (v. C. assur., art. L. 327-3), depuis les lois du 31 déc. 1993 et du 4 janv. 1994 (v. Bigot, *JCP* 1994. I. 3764, n° 42).

des opérations relatives au plan d'épargne-retraite, sont affectés par un privilège général au règlement des engagements envers les affiliés, tout en ajoutant que ce privilège prend rang après le 6° de l'article 2331 [1]. Quant au privilège des mineurs confiés à des œuvres de bienfaisance privées, traditionnellement évoqué et placé, faute de précision dans les textes, au dernier rang des privilèges mobiliers généraux prévus par le Code civil, il est aujourd'hui abrogé [2].

B. Classement des privilèges généraux

773 ***Principes*** ◊ L'article 2324 C. civ. définit le privilège comme le droit d'être préféré aux autres créanciers, même hypothécaires. Il en résulte que tous les créanciers titulaires d'un privilège général priment, sur le produit de la saisie des biens faisant l'objet de leur sûreté, les créanciers chirographaires, sans qu'il y ait lieu de tenir compte de l'ordre chronologique des titres invoqués ou des poursuites engagées [3]. La lettre de l'article 2324 conduit aussi à rappeler que les privilèges généraux l'emportent sur les hypothèques, du moins lorsqu'ils entrent en conflit, c'est-à-dire lorsque l'actif mobilier n'est pas suffisant pour désintéresser les créanciers privilégiés (v. *supra*, n° 749).

Il reste une dernière difficulté : comment faut-il classer les créanciers privilégiés ? Comment doit-on déterminer leur rang. L'article 2325 invite bien dans ce cas à tenir compte de la qualité de la créance pour fixer la hiérarchie, mais force est de reconnaître que ce critère ne permet pas d'ordonner toutes les situations [4].

À l'occasion de la réforme des sûretés, le législateur a jugé bon de rappeler quelques règles dégagées par la jurisprudence et la doctrine. L'article 2332-2 dispose ainsi que « les privilèges généraux s'exercent dans l'ordre de l'article 2331, à l'exception du privilège du Trésor public, dont le rang est déterminé par les lois qui le concernent, et du privilège des caisses de sécurité sociale, qui vient au même rang que le privilège des salariés ».

Malgré cela, des développements plus précis s'imposent.

774 ***1° Classement des privilèges doublement généraux*** ◊ Un temps, la question du classement des privilèges doublement généraux était simple, car il suffisait de se reporter aux textes du Code civil. Aujourd'hui, le problème est complexe, car il faut prendre en considération le superprivilège des salaires, mais aussi le privilège de l'article L. 622-17 C. com. ainsi que celui de l'article L. 611-11, garanties qui modifient la hiérarchie traditionnelle.

775 ***a) Priorité absolue du superprivilège des salaires*** ◊ Entre eux, les différents privilèges généraux se classent dans l'ordre donné par les

1. L. n° 87-416, 17 juin 1987, art. 3, *D.* 1987. 233.
2. L. n° 86-17, 6 janv. 1986, art. 44, *D.* 1986. 181.
3. V. Com., 22 mai 1978, *Bull. civ.* IV, n° 142, à propos d'un privilège fiscal.
4. Sur le caractère des règles de classement, v. Com. 30 oct. 2000, *Bull. civ.* IV. 169, *D.* 2001. 1527, note S. Pierre, *JCP* 2001. I. 298, n° 7 M.C.

articles 2331 et 2375. Le privilège des frais de justice s'exerce donc en premier lieu, tandis que toutes les autres créances privilégiées viennent en concurrence au second rang, sans qu'il faille tenir compte des dates respectives de ces créances. Toutefois, en cas de redressement ou de liquidation judiciaire du débiteur, ce classement est modifié en raison de la priorité absolue reconnue au superprivilège des salaires par les articles L. 3253-2 du Code du travail (« nonobstant l'existence de toute autre créance privilégiée ») et L. 622-17/L. 641-13 C. com. (« à l'exception des créances garanties par le privilège établi aux articles L 143-10 » [nouv. L. 3253-2 et 3 C. trav.]) [1]. En conséquence, en supposant un conflit entre créanciers d'un même propriétaire sur le prix d'un immeuble déterminé, la hiérarchie est la suivante :

1° superprivilège des salaires (seulement en cas de procédure collective) ;

2° frais de justice ;

3° fraction privilégiée des salaires ne bénéficiant pas du superprivilège ;

4° sûretés immobilières spéciales, même si leur inscription est antérieure à la naissance des créances garanties par un privilège général.

776 ***b) Incidence des privilèges des articles L. 622-17 et L. 611-11*** ◊

Les créanciers des articles 622-17/641-13 échappent à la discipline collective frappant les créanciers dont la créance est née avant le jugement déclaratif : ils n'ont pas à déclarer leurs créances et leurs actions en justice, à l'exception des saisies, ne sont pas suspendues. De plus, les textes leur accordent un double avantage dans le recouvrement de leur créance : une priorité de date et une priorité de rang [2].

De ces deux priorités, la seconde est, de loin, la plus importante. Certes, le texte de la loi prévoit que les créances postérieures sont payées à leur échéance ; mais, encore faut-il qu'il y ait des fonds disponibles pour payer toutes les créances exigibles [3]. Comme l'hypothèse est rare, les créanciers

1. V. Roblot, *Traité de droit commercial*, t. 2, 17e éd., n° 3249. La solution avait été admise avant 1985 (v. TGI Paris 20 oct. 1980, *Gaz. Pal.* 1981. 1. 85, obs. crit. Moreau. *Contra*, Com., 13 nov. 1984, *D.* 1985. IR 120, obs. Derrida. Comp. Com., 7 févr. 1989, *Bull. civ.* IV, n° 51.

2. V. Le Cannu, *op. cit.*, n° 1374.

3. L'obligation de payer immédiatement la créance échue constitue une cause indirecte de préférence par rapport à la créance non encore exigible. Cette cause de préférence n'est sans doute pas opposable aux créanciers, mais il reste que, si l'administrateur ne la respectait pas, sa responsabilité pourrait être retenue. Compte tenu de cette règle du paiement immédiat, un créancier de l'art. 622-17 peut valablement engager un référé-provision ou même une saisie-attribution pour obtenir satisfaction. (Com., 11 févr. 1997, *Bull. civ.* IV, n° 49, *JCP* 1997. I. 4029, n° 1, obs. M.C. ; 13 oct. 1998, *D. aff.* 1998. 1780). L'ordre de classement n'est alors pas respecté. Il ne l'est que si le droit de poursuite n'est pas exercé (Com., 12 nov. 1997, *Bull. civ.* IV, n° 288). Il reste que si les sommes formant l'assiette du privilège sont déjà versées à la CDC, elles ne sont plus saisissables (Décr. 22 déc. 1985, art. 173, disposition au demeurant annulée, CE 9 févr. 2000, n° 19371, mais appelée à être ultérieurement validée). En outre, une saisie-attribution entre les mains du liquidateur ne peut aboutir, ce dernier ne détenant pas en son nom personnel des sommes d'argent (Com., 3 févr. 1998, *D. aff.* 1998. 338, *Bull. civ.* IV, n° 51). V. Vauvillé, « Le notaire, le liquidateur et le percepteur », *JCP* E 1998. 1768 ; Crocq, obs. *RTD civ.* 1998. 426.

postérieurs bénéficieront le plus souvent de la seule priorité de rang qui leur permet d'être payés, aujourd'hui par privilège, avant tous les créanciers antérieurs.

777 ***Priorité de rang. Principe*** ◊ Les créances de l'article 622-17 sont payées par priorité sur toutes les autres. Peu importe que celles-ci soient ou non assorties d'un privilège ou d'une sûreté. Le privilège en question jouit d'un rang tout à fait exceptionnel : il prime les privilèges du droit civil, les privilèges du droit fiscal et même les hypothèques. En effet, son assiette est générale. Mais si ce privilège grève l'ensemble du patrimoine du débiteur, son efficacité reste subordonnée à la consistance de ce patrimoine. Tout dépendra donc des résultats de la réalisation de l'actif, du produit de l'exercice des actions en nullité des articles 632-1 et 632-2 de la loi et de l'importance des sommes provenant de l'action en comblement de l'insuffisance d'actif [1].

778 ***Droit de priorité. Limites*** ◊ Le privilège de l'article 622-17, malgré son rang reconnu et affirmé par la loi, se heurte parfois à d'autres droits de priorité bénéficiant eux aussi des faveurs du législateur.

Un tel privilège est, d'abord, inopposable aux créanciers qui peuvent se prévaloir du superprivilège des salaires. Cette exception découle du texte même de la loi et se justifie facilement par le caractère alimentaire des salaires [2]. Il faut également compter avec la priorité reconnue par les mêmes textes (622-17, al. 1er) au privilège des frais de justice et au privilège de « new money ».

On peut penser, ensuite, que le privilège en cause cède le pas devant le droit de rétention, quel qu'il soit. La solution n'est pas commandée par le texte de la loi. Au contraire, cette disposition conduit à donner la priorité au privilège qu'elle organise, car elle indique bien que ce privilège l'emporte sur toutes les autres sûretés, à la seule exception des privilèges particuliers mentionnés au paragraphe précédent. Or, il n'est pas interdit de considérer le droit de rétention comme une sûreté (*supra*, nos 582 s.). Il est cependant au moins deux raisons d'accorder la préférence au droit de rétention : d'une part, il prime le superprivilège des salaires (*supra*, n° 603), lequel prime, on vient de le préciser, le privilège en cause ; d'autre part, l'article L. 622-7, II C. com. admet l'exercice du droit de rétention après le prononcé du jugement déclaratif et décide que le rétenteur peut conserver la chose, fût-elle nécessaire à la poursuite de l'activité, tant qu'il n'a pas été désintéressé. Considérer qu'il faut payer les créanciers de l'article 622-17 avant le rétenteur reviendrait donc à vider l'article L. 622-7, II de toute portée pratique [3].

---

1. L'art. L. 651-2, al. 3, C. com. prévoit que ces sommes sont réparties entre les créanciers au marc-le-franc. Ce texte, cependant, ne concerne que les créanciers antérieurs ; M. Cabrillac, « Les ambiguïtés de l'égalité entre les créanciers », *Mélanges Breton-Derrida*, 31 ; égal. *supra*, n° 753.
2. Com., 6 juill. 1993, *D.* 1993. 531, note Ramackers ; Aix 21 mars 1989, *D.* 1991. 490.
3. V. Cabrillac, art. *préc.*, n° 24 ; Guyon, *op. cit.*, n° 1252 ; Roblot, *op. cit.*, n° 3065 ; Malaurie et Aynès, n° 448 ; T. com. Lille 27 mai 1988, *Rev. proc. coll.* 1989. 175, obs. Soinne. *Contra*, Jeantin et Le Cannu, *Droit commercial*, Précis Dalloz, n° 674.

La rédaction de l'article 641-13 qui est le pendant de l'art. L. 622-17 en matière de liquidation judiciaire, a par ailleurs créé une difficulté en indiquant que le privilège des créanciers postérieurs était primé par les créanciers titulaires d'une sûreté immobilière [1], les créanciers nantis sur le matériel (à supposer que les textes récents ne lui accordent pas un droit de rétention, ce dont on peut discuter) et les créanciers titulaires de sûretés mobilières spéciales assorties d'un droit de rétention. Prise à la lettre, cette disposition est de nature à ravaler le droit de rétention après le superprivilège des salariés et le privilège des frais de justice. Cette solution ne correspond pas cependant à l'intention du législateur et se trouve – à juste titre – rejetée par la plupart des auteurs (*supra*, n° 758).

Enfin, les créanciers revendiquants dont le droit est fondé sur la propriété (propriété réservée, crédit-bail) l'emportent sur les créanciers postérieurs. La propriété prime les simples droits de créance [2] et les prélèvements qu'elle autorise opèrent nécessairement avant l'exercice des créances même « super » ou « hyper » privilégiées.

779 ***Conflits entre les créanciers de l'article 622-17 et de l'article 641-13*** ◊

Le droit des faillites établit son propre système de classement des privilèges. Cet ordre spécial de classement devra être proposé, ou plutôt imposé, car il est impératif, non seulement en cas de liquidation ou de cession, mais aussi chaque fois qu'il sera impossible d'honorer durablement les créances venant à échéance pendant la période d'observation. Toutefois, comme il ne règle pas tous les conflits, il faudra faire appel au droit commun pour le compléter.

En principe, le paiement se fait de la manière suivante :

Viennent en priorité les créances salariales dont le montant n'a pas été pris en charge par l'AGS.

Il faut, ensuite, semble-t-il, régler les frais de justice nés régulièrement après le jugement d'ouverture pour les besoins du déroulement de la procédure.

Le troisième rang est attribué au remboursement des prêts bancaires et des créances résultant de la continuation des contrats en cours lorsque les contractants ont accepté des délais de paiement. Encore faut-il, pour ce qui est des prêts bancaires, qu'ils aient été autorisés par le juge-commissaire et publiés dans les conditions prévues. À défaut, ils ne seraient payés qu'au cinquième rang.

L'AGS bénéficie du quatrième rang pour obtenir le remboursement des créances et indemnités qu'elle a été appelée à verser aux salariés. C'est dire, implicitement, que la subrogation de l'AGS dans les droits des salariés n'est pas complète : alors que les salariés seraient venus en première position, l'AGS n'arrive qu'en quatrième position. Les banquiers et les fournisseurs du troisième rang ont donc tout intérêt à ce que les salariés soient désintéressés par l'AGS.

---

1. Si ces créanciers sont des créanciers postérieurs, ils sont colloqués au 4e rang : Cass. avis 21 janv. 2002, *Bull. civ.* n° 1, *D.* 2003. Somm. 1334, obs. Giverdon.

2. En ce sens, v. Cabrillac, art. *préc.*, n° 24 ; Jeantin et Le Cannu, *op. cit.*, n° 675.

Il faut, enfin, au bas de l'échelle, régler « les autres créances selon leur rang ». Ces créances sont nombreuses : elles comprennent les créances fiscales, sociales, contractuelles, dès lors que le contrat qui les justifie n'a pas été continué [1], mais conclu après le jugement déclaratif, ainsi que les créances qui auraient été déclassées. Pour les payer, on doit tenir compte de leur rang, lequel peut résulter d'un privilège général ou spécial ou même d'une hypothèque ou d'un nantissement qui aurait été consenti, pendant la période d'observation, avec l'autorisation du juge-commissaire (art. L. 622-7, II). Au demeurant, la prise en compte du caractère privilégié ou hypothécaire de la créance devrait intervenir pour régler les éventuels conflits entre les créanciers d'une même catégorie [2]. En tout cas, l'existence d'une sûreté particulière n'est pas de nature à modifier la hiérarchie établie par le texte - d'ordre public - de l'article 622-17.

780 ***2° Classement des privilèges simplement généraux*** ◊ Les privilèges grevant les meubles du débiteur entrent souvent en conflit. Au demeurant, deux hypothèses se présentent. En effet, les conflits peuvent éclater aussi bien entre les privilèges généraux eux-mêmes qu'entre les bénéficiaires d'un même privilège général.

781 ***a) Conflits entre privilèges généraux*** ◊ Le classement des privilèges généraux entre eux repose sur des critères différents selon les situations en cause. Il faut donc sérier les difficultés et distinguer les conflits entre les privilèges généraux du droit civil, les conflits entre les privilèges généraux du droit fiscal et les conflits entre les privilèges du droit civil et ceux du droit fiscal.

782 ***Conflits entre privilèges généraux du droit civil*** ◊ Le rang des privilèges généraux du droit civil est fixé par l'article 2331. La liste des privilèges énumérés par ce texte est donc non seulement énonciative, mais encore attributive de rang [3]. Il faut se souvenir toutefois, que ces privilèges sont, dans le cadre d'une procédure collective, primés par le superprivilège des salaires ainsi que par le privilège de l'article L. 622-17/641-13 C. com.

On précisera également que le privilège des salaires, bien qu'il soit doublement général, n'occupe que le quatrième rang dans la hiérarchie des privilèges généraux du droit civil (art. 2331-4). Il est donc primé par les privilèges de premier, deuxième et troisième rang, ainsi d'ailleurs que par le privilège du Trésor, mais vient en concours avec celui des caisses de sécurité sociale [4].

---

1. Les créances d'indemnités et pénalités subséquentes à la régulation d'un contrat régulière-ment poursuivi sont exclues de la priorité de paiement et soumises à déclaration : Com. 15 oct. 2002, *Bull. civ.* IV, n° 145.

2. On pourrait néanmoins se montrer favorable à un paiement au marc-le-franc, pour des raisons pratiques, mais qui ne sont peut-être pas suffisantes pour écarter les principes classiques de classement.

3. V. Dagot, p. 250 ; Marty, Raynaud et Jestaz, n° 498.

4. Plus gén., v. C. Saint-Alary-Houin, « L'efficacité des sûretés garantissant les créances salariales », *Dr. soc.* 1987. 842, n° 46.

783 ***Conflits entre privilèges généraux du droit fiscal*** ◊ Ici, les règles de classement sont moins nettes, car les textes sont touffus et manquent de précision. On s'accorde, cependant, pour distinguer les privilèges de second rang, comprenant essentiellement les privilèges des douanes, (*supra*, n° 763), et les privilèges de premier rang, englobant les autres privilèges, si bien que l'on peut proposer l'ordre suivant [1].

- 1° contributions directes, chiffres d'affaires et taxes assimilées ;
- 2° taxes départementales et communales ;
- 3° droits d'enregistrement et de timbre ;
- 4° contributions indirectes ;
- 5° douanes.

En réalité, la liste est encore plus compliquée, car il faut intercaler ou ajouter les privilèges généraux du Trésor garantissant des créances non fiscales, tel le privilège de l'ONIC (C. rur., art. L. 666-3), le privilège sur les biens des comptables publics ou encore celui des amendes et des frais de justice pénale [2].

784 ***Conflits entre privilèges généraux du droit civil et privilèges généraux du droit fiscal*** ◊ Les privilèges généraux du Trésor priment les privilèges généraux du droit civil. Ainsi, le privilège général de l'article 1920-1 du Code général des impôts prime le privilège général des salariés et celui des organismes de sécurité sociale [3]. Il faut toutefois réserver un rang prioritaire au superprivilège des salaires, au privilège de l'article 622-17/641-13 C. com. ainsi qu'au privilège des frais de justice, dans la mesure où ils ont été utiles au Trésor [4]. De plus, la primauté des privilèges généraux du Trésor ne joue qu'en faveur des privilèges fiscaux de premier rang. Les privilèges fiscaux de second rang sont donc primés par les privilèges généraux du droit civil [5].

785 ***b) Conflits entre les bénéficiaires d'un même privilège général. Concurrence*** ◊ Les divers bénéficiaires d'un même privilège général viennent, en principe, au même rang, sans qu'il y ait lieu de tenir compte de la date de naissance de la créance. La solution découle du principe posé par l'article 2326. L'article 2331-3 en fait une application, en déclarant

1. V. Roblot, *op. cit.*, n° 3251.
2. Sur ces privilèges, V. Cozian et Ancel, *J.-Cl. Civ.* art. 2098, fasc. 3.
3. V. Douai 14 juin 1984, *D.* 1985. 43, note Derrida.
4. V. Com., 24 mai 1965, *Bull. civ.* III, n° 329 ; 19 oct. 1970, *Bull. civ.* IV, n° 272.
5. Une difficulté se pose pour le privilège des douanes. L'article 379-1 C. douanes lui attribue un rang secondaire en donnant la priorité aux « frais de justice et autres frais privilégiés ». Cette précision laisse entendre que ce privilège est primé par les frais privilégiés de même nature que les frais de justice, c'est-à-dire en raisonnant par analogie, par les privilèges de l'article 2101 (en ce sens, Aix 24 déc. 1951, *JCP* 1952. II. 6811, note Becqué). Cependant, puisque les privilèges sont de droit strict, cette interprétation peut être discutée (v. Com., 13 avr. 1972, *Bull. civ.* IV, n° 102, décidant que le privilège des douanes « doit s'exercer avant tous les autres, à la seule exception de ceux énumérés par l'article 379-1 du Code des douanes ». Comp. Com., 26 juin 1968, *Bull. civ.* IV, n° 208 ; 18 déc. 1990, *Bull. civ.* IV, n° 329 ; *supra*, n° 763).

privilégiés « les frais de dernière maladie concurremment entre ceux à qui ils sont dus ». La même règle joue pour les frais funéraires et les fournitures de subsistance, ainsi que pour les salaires. Les frais de justice sont aussi payés concurremment par tous ceux à l'égard desquels l'utilité commune existe [1].

786 ***Résumé*** ◊ Au terme de la présentation des privilèges généraux et des différents droits de priorité, il est possible de s'arrêter au classement hiérarchique suivant :

- droit de rétention (dans une hypothèse de dépossession),
- droit de rétention (dans une hypothèse de non dépossession),
- superprivilège des salaires,
- privilège de l'article 622-17/641-13 C. com.,
- privilège des frais de justice,
- privilèges fiscaux de premier rang,
- privilèges généraux du droit civil,
- privilèges fiscaux de second rang.

Il reste, à présent, à compléter cette liste en tenant compte des privilèges spéciaux, lesquels s'intercalent entre les privilèges fiscaux de premier rang et les privilèges généraux du droit civil.

§ 2. Privilèges spéciaux

787 ***Fondement*** ◊ Les privilèges spéciaux mobiliers se justifient, sauf exception, par les trois idées suivantes.

Certains créanciers sont privilégiés *parce qu'ils ont en gage, par l'effet de la loi, la chose qui leur sert de sûreté.* Le débiteur est censé avoir affecté des objets en gage ou en nantissement à son créancier. Entrent dans cette catégorie, les privilèges du bailleur d'immeuble sur les meubles apportés par le preneur dans les lieux qu'il loue, des copropriétaires par appartements sur les meubles garnissant le local du copropriétaire débiteur, de l'aubergiste sur les effets du voyageur, du voiturier sur la chose transportée, des parties lésées sur le cautionnement des fonctionnaires, du commissionnaire, des porteurs de warrants, du Crédit foncier [2], de l'employeur sur le cautionnement de ses salariés, des porteurs d'obligations foncières et communales, des victimes d'accidents du travail sur les réserves et cautionnements des compagnies d'assurance.

---

1. V. Req., 8 déc. 1825, *S.* 1826. 1. 202. Toutefois, l'officier ministériel qui a procédé à la vente d'un bien, a le droit de déduire ses frais sur le produit de la vente (v. anc. C. pr. civ., art. 657) : il obtient ainsi une priorité sur les autres frais de justice.

2. L. 99-532, 25 juin 1999 relative à l'épargne et à la sécurité financière, art. 99 (C. mon. fin. art. L. 515-13 s.). Les porteurs d'obligations foncières sont investis d'un privilège de premier rang et n'ont à redouter pratiquement aucun concours (C. mon. fin. art. L. 515-19-2°), v. C. Lespiau, « La réforme des obligations foncières », *D. aff.* 1999. 1314 ; égal. Ph. Théry, obs. *RDI* 2000. 82 ; Aynès et Crocq, n° 607.

D'autres créanciers sont privilégiés parce qu'ils ont mis, *par leur fait, une valeur dans le patrimoine de leur débiteur.* On comprend que ces créanciers soient, sur cette plus-value, préférés aux autres ; on conçoit que le vendeur qui a mis l'objet vendu dans le patrimoine de l'acheteur, soit ainsi payé sur son prix avant les autres créanciers dudit acheteur. Font partie de ce groupe, le vendeur d'effets mobiliers, le vendeur de fonds de commerce, le fournisseur de semences, d'engrais ou d'ustensiles agricoles, le bailleur d'un fonds rural sur les fruits de la récolte de l'année, la victime d'un accident privilégiée sur l'indemnité d'assurance de responsabilité.

Enfin, une troisième série de créanciers sont privilégiés *parce qu'ils ont, par leur travail, assuré la conservation des biens de leur débiteur* et, ce faisant, contribué au maintien du gage commun de tous les créanciers. À cette notion de conservation, se rattachent le privilège des frais de conservation d'une chose mobilière, celui des frais de la récolte de l'année et du réparateur d'ustensiles agricoles et celui qui garantit les frais de magasinage et de conservation des marchandises entreposées dans un magasin général.

788 ***Plan*** ◊ Les développements qui suivent chercheront à détailler cette liste ou ces listes ainsi qu'à fixer un ordre de classement entre les différents créanciers énumérés.

A. Détermination des privilèges spéciaux

789 ***1° Privilèges fondés sur la notion de gage*** ◊ On considère traditionnellement qu'un certain nombre de privilèges sont fondés sur une idée de gage tacite. Dans un certain nombre de cas, la loi sous-entendrait l'existence d'un contrat de gage ou de nantissement reposant soit sur l'usage, soit sur l'intention implicite des parties. Compte tenu de sa position de force, le créancier aurait reçu en gage un ou plusieurs biens appartenant au débiteur. Le bailleur d'immeuble aurait ainsi un privilège sur ce qui garnit les lieux loués en vertu d'une convention implicite de gage ou de nantissement.

Bien qu'elle ait été critiquée en tant qu'elle ferait une part abusive à l'idée contractuelle [1], cette justification conserve sa valeur. Elle traduit intuitivement l'équilibre inhérent à toute situation synallagmatique qui est en train de se constituer. Mais il faut sans doute lui ajouter un correctif, car ce n'est pas n'importe quel contractant faisant crédit qui bénéficie du privilège. Le rôle social du créancier est à considérer. Le transporteur, l'hôtelier, le bailleur d'immeuble offrent des services qui sont, partiellement, d'intérêt général. S'ils acceptent de faire crédit, il est logique de leur donner des gages.

790 ***a) Privilège du bailleur d'immeuble*** ◊ D'après une tradition qui remonte au droit romain, les meubles apportés par un locataire dans les

1. V. Planiol, Ripert et Becqué, n° 140 et les réf. citées.

lieux loués servent de gage au bailleur et garantissent les créances de loyer. Les textes (art. 2332-1°) accordent au bailleur d'immeuble un privilège et laissent ainsi entendre que, si le locataire continue à posséder son mobilier et à s'en servir, le bailleur a néanmoins sur ce mobilier une sorte de possession indirecte grâce aux garanties - le privilège et ses corollaires (saisies) - qui lui sont reconnues [1]. Il est vrai que des idées plus générales peuvent justifier le privilège : volonté de protéger le bailleur face aux prérogatives, parfois considérables, des locataires, souci de protéger la propriété immobilière, désir d'affermir le crédit du locataire [2]. Quoi qu'il en soit et peut-être à cause de cette diversité d'explications, le fondement technique tiré de la notion de gage tacite conserve toute sa valeur, d'autant que la loi (art. 1752) impose, du moins dans les baux à loyer, que le locataire garnisse les locaux et donc affecte ses meubles en gage. De surcroît, en pratique, ce gage tacite se trouve renforcé par un (véritable ?) gage trouvant son expression concrète dans un dépôt de garantie (*supra*, n° 652).

Seront exposés successivement l'étendue du privilège, son assiette et son exercice.

791 ***Étendue du privilège*** ◊ Le privilège de l'article 2332-1° garantit les créances du bailleur d'immeuble et attachées à cette qualité. Par bailleur d'immeuble, il faut entendre :

- la personne qui concède pour son propre compte, propriétaire, usufruitier, emphytéote, locataire principal [3] ;
- un bail, c'est-à-dire un contrat procurant la jouissance d'une chose [4], la nature du bail (habitation, professionnel, commercial, rural) ou sa forme (écrite, verbale) étant indifférente ;
- portant sur un immeuble quel qu'il soit, urbain ou rural, bâti ou non bâti, meublé ou non [5]. Le bailleur de meuble ne jouit donc d'aucun privilège, qu'il s'agisse de meuble corporel ou de meuble incorporel [6].

Quant aux créances garanties, le privilège du bailleur s'attache à toutes les créances résultant du contrat de bail, et, plus précisément :

1. V. Planiol, Ripert et Becqué, n° 142.
2. V. Malinvaud, « Le privilège du bailleur et les meubles qui n'appartiennent pas au preneur », *Mélanges Voirin*, 578, n° 9.
3. En cas de sous-location autorisée, le bailleur principal peut exercer son privilège sur les meubles garnissant les lieux loués appartenant au sous-locataire, mais seulement jusqu'à concurrence des sommes dues, lors des poursuites, au locataire principal par le sous-locataire. Une sous-location irrégulière est inopposable au bailleur principal. V. pour le vendeur initial d'un immeuble loué et dont le contrat est résolu, Besançon 25 oct. 2000, *JCP* E 2001. 1090, n° 21.
4. Sont donc exclues les occupations gracieuses, les concessions sur le domaine public (v. Paris 25 juill. 1906, *DP* 1911. 2. 189) et, dans une certaine opinion, les conventions de crédit-bail immobilier qui sont avant tout des opérations de crédit (v. Com., 9 avr. 1991, *Bull. civ.* IV, n° 124, *RD imm.* 1991. 371 ; Rouen 17 sept. 1998, *JurisData* n° 047413), ce qui est discutable, car la notion de bail n'est pas totalement absente du crédit-bail.
5. Il est vrai que le loueur de garni est juridiquement un bailleur, mais lui reconnaître un privilège serait se contredire au regard du fondement de la sûreté. De toute façon, en pratique, la seule garantie valable dans cette hypothèse résulte du paiement anticipé.
6. V. Rennes 7 avr. 1952, *D.* 1952. 628.

– à la créance des loyers et fermages, ainsi qu'à toutes les indemnités d'occupation ; dans ce dernier cas, ajouté par la loi du 25 août 1948, le privilège appartient au propriétaire et non, à proprement parler, au bailleur [1] ;

– aux créances nées du chef des réparations locatives faites par le bailleur et à toutes les créances accessoires provenant de l'exécution du bail [2].

Toutefois, si les créances autres que les loyers et fermages sont garanties sans limitation de sommes, des règles différentes ont été posées pour les loyers et fermages de manière à ménager le crédit du locataire. Le Code civil prévoit les solutions suivantes : tous les loyers échus sont garantis ; les loyers à échoir le sont dans les mêmes conditions si le bail a date certaine ou est constaté dans un acte authentique ; si le bail n'a pas date certaine ou n'est pas constaté dans un acte authentique, le privilège ne garantit plus, outre les loyers échus, que ceux de l'année courante et d'une année à partir de l'expiration de celle-ci (art. 2332-1°, al. 2).

La loi du 19 février 1889 [3] précise que le privilège accordé au bailleur d'un fonds rural ne peut être exercé, même quand le bail a acquis date certaine, que pour les fermages des deux dernières années échues, de l'année courante et d'une année à partir de l'expiration de l'année courante.

Enfin, le Code de commerce organise un régime particulier pour les baux des immeubles affectés à l'activité d'une entreprise en état de cessation des paiements. Selon l'article L. 622-16, « le bailleur (dans une procédure de sauvegarde) n'a privilège que pour les deux dernières années de loyers avant le jugement d'ouverture de la procédure ». Si le bail est résilié, le privilège garantit, en outre, le loyer de l'année courante et les sommes dues en exécution du bail, ainsi que les dommages-intérêts qui peuvent être alloués au bailleur. Si le bail n'est pas résilié, le bailleur ne peut exiger le paiement des loyers à échoir, si du moins, les garanties dont il dispose sont suffisantes [4].

792 ***Assiette du privilège*** ◊ La créance du bailleur d'immeuble est privilégiée sur trois sortes de biens :

– « les fruits de la récolte de l'année », et l'on considère que les récoltes des années antérieures demeurant dans les locaux loués restent grevées, tandis que les récoltes de l'année sont grevées, qu'elles restent dans les lieux ou qu'elles en soient sorties [5] ;

– « tout ce qui garnit les lieux loués », ce qui comprend les meubles saisissables apportés par le locataire pour rester dans les lieux (meubles meublants,

1. V. Grenoble 1er mars 1961, *D.* 1961. Somm. 93 ; Com. 25 oct. 2011, n° 10-25.257.

2. V. Toulouse 27 mai 1890, *DP* 1893. 2. 54 ; Lyon 25 févr. 1892, *DP* 1892. 2. 393 ; Paris 2 août 1897, *DP* 1898. 2. 141 ; TGI Cahors 9 juill. 1959, *D.* 1959. Somm. 113.

3. Relative à la restriction du privilège du bailleur d'un fonds rural et à l'attribution des indemnités dues par suite d'assurance, *DP* 1889. 4. 29.

4. En cas de liquidation judiciaire, le privilège du bailleur est déterminé conformément aux trois premiers alinéas de l'art. L. 622-16 (art. 641-12).

5. Dans ce cas, le privilège repose sur une idée de plus-value.

tableaux, livres, automobiles, vaisselle...) [1], et ce qui exclut les meubles qui n'ont pas de rapport avec l'occupation [2] ;

– « tout ce qui sert à l'exploitation de la ferme » c'est-à-dire les instruments agricoles et les animaux attachés à la culture quelle que soit leur localisation [3].

Pour que les biens du locataire soient grevés du privilège du bailleur, encore faut-il qu'ils soient saisissables. Échappent ainsi au jeu du privilège les biens nécessaires à la vie et au travail du locataire, ou encore les biens attachés à sa personne (bijoux...) (L. 9 juill. 1991, art. 14-4 ; Décr. 31 juill. 1992, art. 59). Toutefois, il n'est pas nécessaire que les biens soient la propriété du locataire. Le bailleur est en effet considéré comme un créancier gagiste, et, en tant que tel, il peut opposer son droit aux tiers, et peut se prévaloir des dispositions de l'article 2276, alinéa 1 [4]. Le bailleur peut donc exercer son privilège sur des biens qui ont été prêtés au locataire, loués au locataire ou encore vendus au locataire avec une réserve de propriété [5]. Il reste que le droit du bailleur cède devant le droit du véritable propriétaire qui réclame un objet volé ou perdu – pendant un délai de trois ans (art. 2276, al. 2) – ou encore qui établit la mauvaise foi dudit bailleur [6]. Cette mauvaise foi, qui doit être prouvée et appréciée au moment de l'introduction du meuble dans les lieux loués [7], se déduit, en fait, soit de la notification que peut adresser le véritable propriétaire au bailleur avant l'installation du bien chez le locataire [8], soit des circonstances qui démontrent que le bailleur ne pouvait ignorer que les choses remises au locataire ne l'étaient qu'à titre précaire : automobiles confiées à un garagiste, montres données en réparation à un horloger [9]...

1. Il doit s'agir de meubles (v. Colmar 13 janv. 1966, *JCP* 1967. II. 14971, note Wiederkehr, excluant de l'assiette du privilège une installation de chauffage central, bien immobilisé). Le privilège s'étend aux indemnités d'assurance couvrant la valeur des installations du locataire : Aix 2e ch., 5 oct. 1988, n° 935, inédit. V. égal. Besançon 25 oct. 2000, *JCP* E 2001. 1090, n° 21.

2. Ce serait le cas des espèces. On notera cependant que l'on a décidé que le privilège pouvait s'étendre aux marchandises formant l'objet du commerce du preneur (v. Paris 21 avr. 1886, *DP* 1887. 2. 52. Rappr. Req., 19 janv. 1938, *DH* 1938. 161).

3. Req., 8 juill. 1901, *DP* 1901. 1. 500 ; Civ., 13 mars 1950, *D.* 1950. 415. Cette jurisprudence s'accorde mal avec le fondement traditionnel du privilège, mais se justifie compte tenu des pratiques de l'agriculture, *Cf.* Mazeaud, Chabas et Picod, n° 170.

4. On considère que la jouissance de l'immeuble confère au bailleur, sur les objets qui le garnissent, une véritable possession à titre de gage, *Cf.* Planiol, Ripert et Becqué, n° 159.

5. Com. 16 nov. 2010, *JCP* 2011. 226, n° 11 ; égal. Civ. 3e, 24 juin 2009, *JCP* 2009. 492, n° 21.

6. V. Civ. 1re, 12 mai 1969, *D.* 1960. 43, note Malinvaud ; Orléans 9 mars 1978, *D.* 1979. IR 99 ; Paris, 6 janv. 1984, *D.* 1984. IR 146.

7. *Mala fides superveniens non nocet*, v. Civ. 3e, 4 févr. 1976, *Bull. civ.* III, n° 47 ; Bordeaux 17 déc. 1992, *JurisData* n° 047441.

8. V. par ex. Req., 21 juill. 1937, *DH* 1937. 567.

9. V. Civ. 1re, 10 nov. 1964, *Bull. civ.* I, n° 496, *D.* 1965. 305, décidant que le privilège du bailleur ne peut s'exercer sur des valises dont celui-ci savait qu'elles avaient été apportées par des personnes venues passer la nuit chez le locataire ; Civ. 1re, 12 mai 1969, préc., qui distingue, à propos d'une galerie de tableaux, les tableaux exposés dont le bailleur ne pouvait ignorer qu'ils n'appartenaient pas au locataire de la galerie, et différents meubles meublants pour lesquels aucune présomption ne résultait de la nature de l'exploitation.

793 ***Exercice du privilège*** ◇ Grâce à son privilège, le bailleur dispose d'un droit de préférence sur le prix dégagé par la vente des biens grevés. Mais cette garantie n'est pas toujours très efficace. Le bailleur risque d'être primé par un créancier jouissant d'un meilleur rang. De plus, avant que la vente ne se réalise, le temps va s'écouler, le bailleur devant justifier d'un titre exécutoire [1], et, le locataire peut en profiter pour disparaître avec ses meubles. Ce risque dit du « déménagement à la cloche de bois » n'est pas négligeable. La loi pénale ne permet pas de l'atténuer [2]. Le bailleur ne peut donc compter que sur le droit - renouvelé - des saisies [3].

794 ***Saisie-conservatoire*** ◇ Jadis le bailleur pouvait exercer une saisie-conservatoire spéciale dite « saisie-gagerie » qui avait pour effet de placer les meubles sous main de justice et d'interdire, dans ces conditions, au locataire d'en disposer sous peine de sanctions pénales. Elle pouvait être utilisée pour garantir toutes les créances assorties du privilège du bailleur et spécialement pour garantir le recouvrement d'une indemnité d'occupation [4]. Toutefois, s'agissant des loyers et fermages, la saisie-gagerie ne pouvait avoir lieu que s'ils n'avaient pas été payés à l'échéance [5] ;

La loi du 9 juillet 1991 sur les procédures civiles d'exécution a abrogé la saisie-gagerie, estimant qu'il n'était plus nécessaire d'organiser des saisies-conservatoires spéciales. Désormais, le bailleur doit recourir à la saisie-conservatoire de droit commun (L. 1991, art. 67 s. ; Décr. 31 juill. 1992, art. 210 s.), s'il veut rendre indisponibles les biens meubles appartenant à son locataire.

Il lui suffit d'adresser une requête au juge de l'exécution pour obtenir l'autorisation de saisir à titre conservatoire les biens de son adversaire. Cette autorisation n'est même pas nécessaire s'il est déjà titulaire d'un

1. Néanmoins, si le bailleur a sollicité un paiement par chèque, la délivrance du titre exécutoire sera rapide, car, depuis la réforme du 11 juillet 1985, elle intervient vingt jours après la signification du certificat de non-paiement (C. mon. fin. art. L. 131-73, al. 3). De plus, par la procédure d'injonction de payer, le bailleur peut obtenir dans des délais brefs un titre exécutoire (C. pr. civ. art. 1405 s.).

2. Si le déménagement à la cloche de bois n'est pas une infraction pénale, il reste que le déménageur qui se prête sciemment à une telle opération commet une faute engageant sa responsabilité civile (Paris 8 mai 1908, *DP* 1908. 2. 280).

3. Le bailleur ne pourrait pas se faire justice à lui-même (v. Civ., 14 mars 1883, *S*. 1883. 1. 204 : « le propriétaire qui sans remplir les formalités de la saisie-gagerie a mis la main sur les meubles de son locataire comme garantie du paiement de ses loyers arriérés, ne peut être autorisé à retenir les meubles indûment appréhendés jusqu'au jour où le locataire se sera acquitté des sommes qu'il lui doit »). De même, le bailleur qui pratique une saisie alors que ses droits ne courent aucun risque, engage sa responsabilité s'il porte atteinte au crédit de son locataire, v. Lyon 28 mai 1891, *DP* 1893. 2. 210. Comp. Lyon 20 mars 1980, *D*. 1981. 382, note Prévault.

4. V. Civ. 1re, 31 mars 1965, *D*. 1965. 472, note A.B. La constatation d'un principe certain de créance suffisait pour autoriser une saisie-gagerie, v. Civ. 3e, 18 oct. 1978, *Bull. civ.* III, n° 318 ; Civ. 2e, 27 févr. 1974, *JCP* 1974. IV. 135, *Bull. civ.* II, n° 78.

5. Les loyers à échoir pouvaient cependant être garantis par ce type de saisie en cas de fraude (v. Bordeaux, 17 déc. 1906, *DP* 1907. 2. 318). La saisie-gagerie pratiquée sur des loyers échus s'étendait de plein droit aux loyers à échoir postérieurement à sa date, au fur et à mesure de leurs échéances, sans qu'il fût nécessaire de la renouveler à chaque terme (Civ. 1re, 14 avr. 1964, *JCP* 1974. IV. 74, *Bull. civ.* I, n° 189).

titre exécutoire ou s'il peut justifier d'un contrat écrit (L. 1991, art. 68). La saisie doit être accomplie dans les trois mois sous peine de caducité (Décr. 1992, art. 214) et dans le mois qui suit l'exécution de la mesure, le bailleur doit, si ce n'est fait, poursuivre les formalités nécessaires à l'obtention d'un titre exécutoire. Il pourra alors, si le locataire est toujours défaillant, solliciter la conversion de sa saisie en saisie-vente.

795 ***Saisie-revendication*** ◊ L'article 2332-1°, alinéa 5, permet au bailleur de saisir les meubles déplacés par le locataire sans son consentement : le bailleur conserve sur ces meubles son privilège, même s'ils se trouvent entre les mains d'un tiers acquéreur de bonne foi, pourvu qu'il en fasse la revendication, « lorsqu'il s'agit du mobilier qui garnissait une ferme, dans le délai de quarante jours ; et dans le délai de quinzaine, s'il s'agit de meubles garnissant une maison ». Le délai est préfix et court du jour de l'enlèvement des meubles [1]. Ainsi, le bailleur dispose d'un droit de suite ou plutôt du droit de revendiquer, non sa propriété, mais son gage.

Ce droit est mis en œuvre par une saisie spéciale, la saisie-revendication (Décr. 31 juill. 1992, art. 155 s.), dont l'effet est de rendre les meubles indisponibles entre les mains des tiers afin d'obtenir leur réintégration dans les lieux loués [2]. Toutefois, cette mesure ne peut être utilisée lorsque le bailleur a consenti, expressément ou tacitement [3], au déplacement des meubles ou encore lorsqu'il existe sur les lieux loués suffisamment de meubles pour maintenir l'efficacité du privilège [4]. De même la mesure envisagée ne présente guère d'intérêt si le bailleur se trouve en face d'un tiers de bonne foi qui a acheté la chose chez un marchand vendant des choses pareilles, car la loi lui impose alors de rembourser au tiers son prix d'achat (art. 2280, al. 2).

La procédure de revendication n'exige pas, en principe, la signification d'une mise en demeure, mais elle ne peut être pratiquée, sauf si le bailleur a déjà un titre exécutoire ou peut justifier d'un bail écrit (L. 1991, art. 68), qu'en vertu d'une permission du juge délivrée par la voie d'une ordonnance sur requête. Si la saisie est autorisée, il appartient à l'huissier commis de dresser procès-verbal et de désigner en détail les objets saisis (Décr. 31 juill. 1992, art. 159). À compter de l'établissement du procès-verbal, le bien est frappé d'indisponibilité et ne peut donc faire l'objet d'opérations juridiques.

---

1. V. Req., 28 janv. 1895, *S.* 1895. 1. 88.
2. V. Vincent et Prévault, *Voies d'exécution*, n° 333 s. ; Théry et Perrot, « Procédures civiles d'exécution », *D.* 2000. 853 s. ; Delebecque, « Saisie-appréhension et saisie-revendication des biens meubles corporels », *J.-Cl. Procédure* 2e éd.
3. Ce consentement se déduit d'abord de l'expiration du délai – bref – posé par les textes. Ensuite, on considère que le bailleur a donné son consentement par avance lorsque le locataire est un commerçant ou un fermier et que les choses déplacées sont des marchandises ou des récoltes ; il n'y a pas de revendication possible, car le bailleur sait que ces choses sont destinées à être vendues (v. Nancy, 16 juill. 1910, *DP* 1912. 2. 197).
4. T. civ. Rennes 9 déc. 1892, *DP* 1895. 2. 497.

Lorsque le bailleur disposera d'un titre exécutoire prescrivant la restitution du bien saisi, il sera procédé à son appréhension (Décr. art. 163, renvoyant aux textes relatifs à la saisie-appréhension).

796 ***b) Privilège du syndicat des copropriétaires par appartements*** ◊ Afin d'assurer le paiement des créances du syndicat des copropriétaires d'un immeuble divisé par appartements à l'encontre de chaque copropriétaire, la loi du 10 juillet 1965 (art. 19, al. 5) accorde à ce syndicat un privilège sur « tout ce qui garnit les lieux » [1]. Plus précisément, le privilège grève les meubles garnissant l'appartement du débiteur, à l'exclusion des immeubles par destination. Il ne s'étend pas au prix de vente du lot de copropriété [2] et, si le copropriétaire a loué son appartement, le privilège ne porte pas sur les meubles du locataire, mais sur les loyers dus par celui-ci [3]. Il est difficile, dans ce dernier cas, de fonder le privilège sur une idée de gage [4]. Les tribunaux s'y réfèrent cependant, notamment pour faire jouer le privilège en cas de redressement ou de liquidation judiciaire [5]. En pratique, ce privilège se révèle assez inefficace, ce qui conduit le syndicat, qui dispose déjà d'une hypothèque légale et d'un privilège immobilier (*supra*, n°s 436 et 455), à réclamer d'autres garanties, à se protéger par diverses mesures conservatoires (*supra*, n° 704) et à solliciter des avances sur les charges de copropriété [6].

797 ***c) Privilège du créancier consignataire*** ◊ Deux textes importants accordent aux créanciers un privilège sur les sommes que leur débiteur a été autorisé à consigner.

• Aux termes de l'article 2350 du Code civil, « le dépôt ou la consignation de sommes, effets et valeurs, ordonné judiciairement, à titre de garantie ou à titre conservatoire, emporte affectation spéciale et droit de préférence au sens de l'article 2333 ». Autrement dit, le bénéficiaire d'une consignation judiciaire se voit accorder le « privilège » du créancier gagiste, ce qui ne comprend pas les autres prérogatives du créancier gagiste, dont la faculté d'attribution judiciaire. Le texte de l'article 2350 s'applique aux consignations ordonnées dans le cadre de mesures conservatoires

1. *Cf.* Givord et Giverdon, *La copropriété*, 3e éd., n° 344 ; ce privilège ne s'applique pas aux redevances dues par l'accédant au vendeur dans le cadre de la loi du 12 juillet 1984.
2. V. TGI Paris 15 nov. 1972, *Defrénois* 1973. 38, obs. Malaurie. *Contra*, Paris 15 mars 1972, *D*. 1973. 51.
3. V. Paris 19 déc. 1978, *D*. 1979. IR 448, obs. Giverdon.
4. V. Marty, Raynaud et Jestaz, n° 430.
5. T. com. Paris 18 févr. 1971, *Gaz. Pal*. 1971. 2. 431, note Morand.
6. V. Calfan, « Les risques d'impayés dans la copropriété », *Gaz. Pal*. 1983. 2. Doctr. 436. On notera que la jurisprudence favorise le recouvrement des charges de copropriété en décidant notamment qu'une délibération d'A.G. relative à l'engagement de dépenses est un titre suffisant pour procéder à une mesure conservatoire (Civ. 3e, 19 juill. 1983, *D*. 1984. 293, note Souleau). Le législateur est également intervenu pour favoriser un tel recouvrement (L. 13 déc. 2000, et nouvel art. 19-2 L. 1965).

(L. 9 juill. 1991, art. 75, al. 1) ou d'oppositions [1], aux consignations décidées pour obtenir l'exécution provisoire d'un jugement ou pour éviter que cette exécution provisoire ne soit poursuivie (C. pr. civ. art. 519) ainsi qu'aux consignations liées à une procédure d'ordre. Mais encore faut-il que la consignation soit judiciaire, conformément aux termes mêmes de l'article 2350 et au principe selon lequel on ne saurait créer de privilège sans texte. C'est pourquoi les consignations unilatérales, les consignations faites d'un commun accord [2] ou encore les consignations imposées par la loi [3] ne sauraient emporter privilège.

La consignation est particulièrement utile, car elle permet d'obtenir rapidement une sûreté [4], dont l'efficacité, toutefois, peut être remise en cause si cette consignation intervient pendant la période suspecte précédant l'ouverture d'une procédure collective [5].

On observera que l'article 2350, qui est issu d'une loi du 5 juillet 1972, a voulu unifier le régime des consignations et c'est pourquoi le privilège dont il est question, malgré quelques dispositions évoquant un « privilège exclusif de tout autre », ne pourrait être doté d'un rang supérieur à celui du créancier gagiste prévu expressément par le texte.

Une des applications particulières de ce régime général mérite quelques développements.

• Dans le cadre d'une procédure de saisie-arrêt, l'opposition adressée par le créancier saisissant au tiers saisi avait pour effet de rendre la créance saisie-arrêtée totalement indisponible [6]. Pour atténuer cette conséquence, l'article 567 de l'ancien Code de procédure civile accordait au débiteur saisi - et au seul débiteur saisi - le droit de demander le cantonnement de la saisie, à charge pour lui de verser à la Caisse des dépôts et consignations ou entre les mains d'un tiers commis à cet effet, une somme suffisante pour répondre éventuellement des causes de la saisie-arrêt, dans le cas où le saisi se serait reconnu ou aurait été jugé débiteur [7]. Ce dépôt, ordonné judiciairement, conférait au créancier saisissant « un privilège exclusif de

---

1. C. com. art. L. 141-15, concernant les oppositions émanant des créanciers du vendeur de fonds de commerce ; Décr. 17 mars 1967, art. 57, concernant l'opposition émanant du syndic de copropriété.

2. *Contra*, Aix 22 janv. 1987, *Bull. Aix*, n° 101.

3. Tel est le cas de la consignation des sommes correspondant aux retenues de garantie, faites conformément aux dispositions au 2e al. de l'art. 1er de la loi du 16 juill. 1971 (v. Civ. 3e, 25 nov. 1987, *Bull. civ.* III, n° 197). De même en est-il de la consignation prévue par l'article 622-8 C. com.

4. Mais seulement une sûreté : la consignation n'équivaut pas à un paiement et ne permet donc pas à son auteur de demander la radiation d'une inscription hypothécaire prise contre lui (Civ. 3e, 20 déc. 1977, *Bull. civ.* III, n° 461).

5. C. com. art. L. 632-1 5°. Comp. Com., 17 mars 1970, *Bull. civ.* IV, n° 106 ; Civ. 3e, 20 mars 1984, *Bull. civ.* III, n° 73 ; Com., 26 avr. 1988, *Bull. civ.* IV, n° 139.

6. Civ. 2e, 16 févr. 1978, *Bull. civ.* II, n° 44.

7. V. Donnier, *Voies d'exécution et procédures de distribution*, Litec, 1987, n° 770. La consignation pouvait être faite en espèces comme en marchandises (Paris 13 déc. 1974, *D.* 1976. 182, concl. Poirot, *RTD civ.* 1977. 175, obs. Perrot).

tout autre », sur les sommes consignées. Ce privilège, subordonné à l'existence d'une ordonnance de référé prescrivant la consignation [1], ne transférait cependant pas au créancier la propriété des sommes consignées et ne pouvait valoir paiement [2]. Le transfert de propriété de la créance saisie-arrêtée ne s'opérait, en effet, qu'à partir du moment où le jugement de validité était devenu définitif et avait été signifié au tiers saisi [3].

Avec le remplacement de la saisie-arrêt par la saisie-attribution, cette procédure de cantonnement est devenue inutile, d'autant que cette dernière saisie n'emporte attribution et transfert de propriété de la créance objet de la saisie qu'à concurrence de la créance-cause de la saisie, c'est-à-dire uniquement à concurrence des sommes pour lesquelles elle est pratiquée (L. 9 juill. 1991, art. 45, al. 1er). Le privilège du consignataire n'a pas cependant disparu.

798 ***Réforme du 9 juillet 1991*** ◊ Le privilège du consignataire est réapparu à travers l'article 75, al. 1er, de la loi du 9 juillet 1991 qui prévoit que la saisie conservatoire sur les sommes d'argent emporte de plein droit « consignation des sommes indisponibles ». Ainsi, dès l'acte de saisie, l'indisponibilité résultant de l'existence même de la saisie est renforcée par une consignation obligatoire. Ensuite, et surtout, le créancier saisissant se voit reconnaître sur les sommes consignées un privilège : à l'acte de saisie sont attachés « les effets produits par l'article 2350 du Code civil ». La référence à ce texte, qui lui-même renvoie à l'article 2333, permet de dire que le créancier saisissant à titre conservatoire, bénéficie, dès l'acte de saisie, dans la mesure où celle-ci porte sur une somme d'argent, d'un droit de préférence équivalent à celui du créancier gagiste, mais uniquement d'un droit de cette nature, c'est-à-dire d'un privilège [4]. La solution est nouvelle et renforce singulièrement les droits des créanciers. Il appartient cependant au créancier d'engager ou poursuivre, dans le mois de l'exécution de la mesure, une procédure lui permettant d'obtenir un titre exécutoire. À défaut, le créancier perd son gage [5].

Avant la réforme, le privilège du consignataire n'était prévu, dans le droit de l'exécution, qu'en faveur du créancier ayant dû subir le cantonnement d'une saisie-arrêt (art. 567, anc. C. pr. civ.). Aujourd'hui la saisie-arrêt n'existe plus ; la saisie-attribution l'a remplacée et, encore une fois, très avantageusement pour le créancier puisque les créances objet de la

1. Req., 22 févr. 1926, *DP* 1927. 1. 157, note Chéron.
2. Civ. 3e, 8 avr. 1987, *Bull. civ.* III, n° 85, *RTD civ.* 1988. 190, obs. Perrot.
3. V. Civ., 15 janv. 1923, *DP* 1925. 1. 183, précisant que le jugement de validité vaut attribution exclusive de la créance saisie-arrêtée au créancier saisissant. V. égal. Latour, « Saisie-arrêt : droit des créanciers ou privilège des débiteurs », *JCP* 1988. I. 3316.
4. Perrot et Théry, *op. cit.*, n° 839.
5. Com., 22 avr. 1997, *Bull. civ.* IV, n° 100, *JCP* 1998. I. 103, n° 30, précisant que « le jugement d'ouverture de la procédure collective interdit toute conversion en saisie attribution de la saisie conservatoire pratiquée antérieurement » ; égal. Civ. 2e, 19 mai 1999, *JCP* 1999, 1531, n° 8.

saisie lui sont immédiatement attribuées. Il est immédiatement titulaire de ces créances qui, cependant, ne pourront lui être réglées qu'une fois tranchées les contestations élevées par le débiteur ou une fois écoulé le délai prévu pour exprimer ces contestations (art. 43 de la loi nouvelle). Cette dernière disposition renoue, d'une certaine manière, avec les solutions de jadis et plus précisément avec le privilège du premier saisissant. Mais la loi de 1991 est sans doute allée au-delà, puisqu'elle accorde au créancier qui poursuit une saisie-attribution un droit exclusif et opposable aux tiers, fussent-ils privilégiés, sur les sommes saisies [1].

799 ***d) Privilège de l'hôtelier*** ◊ L'article 2332-5 C. civ. accorde à « l'aubergiste », en garantie des créances nées du contrat d'hôtellerie (créances de logement et, parfois, de nourriture) et liées immédiatement au séjour, un privilège sur « les effets » apportés par le « voyageur » dans l'hôtel (vêtements, argent, voiture...) [2]. L'aubergiste privilégié doit avoir proposé à son client un contrat de dépôt hôtelier dans les termes des articles 1952 s. Autrement dit, l'aubergiste privilégié n'est pas un cafetier, ni un restaurateur, ni un loueur de garni, ni un propriétaire de camping [3]. Quant au débiteur, ce doit être un voyageur, donc un client de passage [4].

Fondé sur une idée de gage tacite, ce privilège s'accompagne d'un droit de rétention qui permet à l'hôtelier de s'opposer au retrait des effets de son client tant qu'il n'est pas payé. L'aubergiste dispose en outre d'un droit de suite, lorsque le voyageur a organisé un déplacement clandestin de ses effets [5] et peut exercer une action de revendication pendant un délai de trois ans contre le voleur des effets de son client.

800 ***e) Privilège du transporteur*** ◊ Aux termes de l'article L. 133-7, C. com. (issu L. 6 févr. 1998), « le voiturier a privilège sur la valeur des marchandises faisant l'objet de son obligation ». Ainsi le transporteur jouit d'un privilège [6] sur les marchandises transportées [7] (ainsi que sur les documents qui s'y

1. V. Com., 13 oct. 1998, *Bull. civ.* IV, n° 237 ; Perrot et Théry, *Procédures civiles d'exécution*, D. 2000. 361.

2. On a même admis que le privilège pouvait grever des effets appartenant à des tiers, à condition que l'hôtelier fût de bonne foi (Dijon 11 juill. 1872, *DP* 1873. 2. 215), c'est-à-dire ait ignoré le défaut de propriété de son débiteur.

3. V. *Contrats civils et commerciaux*, Précis Dalloz, n° 818 s.

4. Si les tribunaux ont considéré que le privilège pouvait couvrir des fournitures faites durant un long séjour (Paris 1er févr. 1867, *S.* 1867. 2. 80), il reste que le client ne doit pas être installé à demeure.

5. Le poids de la tradition permet de penser que l'action devrait être intentée dans un délai bref, laissé à l'appréciation du juge (v. Planiol, Ripert et Becqué, n° 238). D'autres auteurs suggèrent d'appliquer le délai de quinze jours prévu pour le privilège du bailleur (v. Dagot, p. 193).

6. V. *JCP* 1998. I. 149, n° 21, v. égal. Zerbo, « Privilège et droit de rétention du voiturier : halte à la confusion », *D.* 2001. Chron. 2290. Le transporteur dispose en outre d'un droit de rétention qu'il perd s'il se dessaisit de la chose en la livrant ou en la réexpédiant (v. Paris 25 févr. 1960, *Gaz. Pal.* 1960. 2. 110). .

7. V. Besançon 8 mars 2000, *JCP* 2000. I. 259, n° 23.

rapportent [1]) pour garantir toutes les créances liées à une opération de transport [2], ainsi que les dépenses accessoires (ce qui vise les prix de transport proprement dits, les compléments de rémunération dus au titre de prestations annexes et d'immobilisation du véhicule au chargement ou au déchargement, les frais engagés dans l'intérêt de la marchandise, les débours de douane - droits, taxes, frais et amendes -) et les intérêts dont le donneur d'ordres, l'expéditeur ou le destinataire restent débiteurs envers lui.

Fondé sur une idée de gage tacite [3], le privilège n'appartient qu'au seul transporteur, c'est-à-dire à celui qui accomplit des opérations de transport (de déplacement) et non de déménagement [4], ni de commission [5], en qualité de professionnel et avec la maîtrise de l'opération [6]. Le privilège s'éteint avec la remise volontaire de la chose, mais demeure si le voiturier conserve la possession juridique de la chose, par exemple lorsqu'il la remet à un séquestre [7]. Il survivrait, cependant, à une dépossession involontaire résultant de la perte ou du vol de la chose, sous réserve de l'application des articles 2276 et 2277.

Revalorisé par les lois récentes, le privilège du transporteur reste cependant une garantie de deuxième ordre. La véritable protection du transporteur (terrestre ou aérien) de marchandises repose aujourd'hui sur les dispositions de l'art. L. 132-8, C. com. qui accordent à l'intéressé une action directe contre tous les intervenants du transport et notamment l'expéditeur et le destinataire [8].

---

1. V. Paris 5e ch. A, 10 sept. 2003, *Macuitex* c. *Calberson* : « le privilège du transporteur s'étend à tout document constitutif de droit au profit du débiteur, et notamment aux chèques remis à l'ordre de ce dernier dans le cadre, comme en l'espèce, d'expéditions contre remboursement ».

2. Il peut s'agir, depuis la réforme de 1998, ayant abrogé l'art. 2102-6° C. civ., de l'opération actuelle ou d'opérations antérieures dont le donneur d'ordre, l'expéditeur ou le destinataire restent débiteurs envers le transporteur, « dans la mesure où le propriétaire des marchandises sur lesquelles s'exerce le privilège est impliqué dans lesdites opérations ». Cette dernière - et maladroite - précision conduit le transporteur à rechercher qui est le propriétaire de la marchandise au moment de la mise en œuvre de la sûreté et à s'assurer que celui-ci était bien « impliqué » dans les transports en cause (v. Com. 27 juin 2006, *Bull. civ.* IV, n° 155, *D.* 2006. 1889, obs. Delpech, *JCP* 2006. I. 195, n° 22). Mais le transporteur pourra se prévaloir de son privilège à l'égard du destinataire propriétaire de la marchandise même si le prix est dû par l'expéditeur et *vice-versa* et même si l'un ou l'autre est représenté par un transitaire ou un commissionnaire (v. égal. M. Tilche, *BTL* 1998. 275).

3. Marty, Raynaud et Jestaz, n° 432 ; I. Bon-Garcin, Reinhard et Bernardet, *Droit des transports*, Précis Dalloz, 1re éd., 2010, n° 453.

4. V. Peyrefitte, « Le contrat de déménagement », *JCP* E 1986. II. 14655, n° 19 ; rappr. Com., 20 janv. 1998, *Bull. civ.* IV, n° 26.

5. Le commissionnaire de transport est la personne qui organise de bout en bout en son nom et sous sa responsabilité le transport, Com., 19 févr. 1985, *Bull. civ.* IV, n° 71 ; il jouit du privilège prévu et organisé par l'art. L. 132-2 C. com., v. *supra*, n° 800.

6. Ce critère permet d'opposer le transporteur au simple loueur de véhicule (v. Req., 20 juin 1922, *DP* 1923. 1. 186 ; *S.* 1923. 1. 345, note Solus ; Com. 8 juin 1983, *BTL* 1983. 577). V. égal. *Contrats civils et commerciaux*, n° 770 s.

7. Req., 13 avr. 1840, *S.* 1840. 1. 289 ; Paris 20 mars 1909, *DP* 1910. 2. 136.

8. V. Ph. Delebecque, « L'art. 132-8, C. com. », *Mélanges Mercadal*, 2000, 441 ; *L'apport de la loi du 6 févr. 1998 à la théorie et à la pratique du contrat de transport*, Annales IMTM 1998 ; égal. Luciani, « L'action en paiement du transporteur routier », *LPA* 18 janv. 1999. Le texte n'est pas considéré comme édictant une loi de police, Com. 13 juill. 2010, *Bull. civ.* IV, n° 131, *RTD com.* 2010. 626 et les obs. ; égal. refusant la qualification de solidarité, Com. 12 juill. 2011, *D.* 2011. 2030, obs. Delpech.

On ajoutera que le mode de déplacement importe peu, si ce n'est qu'en matière maritime, le privilège est organisé d'une manière particulière, aussi bien en faveur du transporteur (C. transp. art. L. 5428 et L. 5429, transport de marchandises ; art. L. 5421-11, transport de passagers), que du fréteur (C. transp. art. L. 5423-3) [1].

801 ***f) Privilège du commissionnaire*** ◊ L'article L. 132-2 du Code de commerce (mod. L. 6 févr. 1998) reconnaît au commissionnaire un « privilège sur la valeur des marchandises faisant l'objet de son obligation et sur les documents qui s'y rapportent pour toutes ses créances de commission sur son commettant, même nées à l'occasion d'opérations antérieures ». Le texte ajoute que « dans la créance privilégiée du commissionnaire sont compris, avec le principal, les intérêts, commission et frais accessoires ».

Ce privilège est accordé à tout commissionnaire et appartient par conséquent aussi bien au commissionnaire acheteur, qu'au commissionnaire vendeur [2], au commissionnaire en douane [3] ou encore et surtout au commissionnaire de transport [4].

Jusqu'aux réformes récentes (L. 1998), le privilège ne jouait que dans la mesure où le commissionnaire était entré en possession des biens qui lui avaient été confiés [5]. Ce lien avec la possession était si fort que la Cour de cassation avait pu considérer que le droit de rétention n'était en l'occurrence que « la conséquence du privilège » [6].

Le texte moderne confond encore le privilège et le droit de rétention, car si des documents, notamment administratifs, peuvent faire l'objet d'une rétention (*cf. supra*, n° 589), on conçoit mal que de telles pièces puissent être vendues, fût-ce au bénéfice de créanciers. Il reste que le privilège lui-même, grevant les marchandises, est désormais détaché de toute condition tenant à la possession : la référence à l'ancien article 92 C. com. a disparu. Les tribunaux l'ont enfin reconnu [7].

---

1. V. P. Bonassies et Ch. Scapel, *Traité de droit maritime*, LGDJ, 2010, n° 568 s. ; *Droit maritime*, précis Dalloz, n° 361 ; Com., 14 avr. 1992, *Bull. civ.* IV, n° 163.
2. Civ., 27 juill. 1909, *DP* 1910. 1. 345, note Lacour.
3. Dans la mesure où il agit sous son nom propre, Com., 2 févr. 1999, *Bull. civ.* IV, n° 39, *JCP* 1999. I. 158, n° 18 ; 21 oct. 2007, *RD transp.* 2007. 250, obs. I. Bon-Garcin ; égal. J.P. Rémery, « Commissionnaire en douane : privilège et saisie conservatoire des marchandises », *RJDA* 1999. 3. Le commissionnaire en douane jouit, par subrogation, du privilège des douanes, C. douanes, art. 381 ; v. *supra*, n° 763 et Montpellier 15 mai 1997, *DMF* 1997. 885, obs. Tassel.
4. Lyon, 13 mars 1933, *DP* 1933. 1. 60. Comp. Paris 2 juill. 1999, *BTL* 1999. 711, *JCP* 2000. I. 259, n° 22.
5. V. par ex. Com., 19 déc. 1995, *Bull. civ.* IV, n° 311.
6. Com., 8 juin 1999, *Bull. civ.* IV, n° 125, *JCP* 2000. I. 209, n° 18, 1999. II. 10121, rapport Rémery. V. égal. Com. 13 nov. 2001, *Bull. civ.* IV, n° 179, *BTL* 2001. 806, *JCP* 2002. I. 120, n° 7, *D.* 2001. 3533, obs. Lienhard, relevant que le commissionnaire ne saurait, en application de l'art. L. 622-7, II, C. com. valablement exercer son droit de rétention sur des marchandises confiées après le jugement d'ouverture pour obtenir le paiement des créances antérieures. L'exercice du droit de rétention n'empêche pas la prescription de courir en faveur du commissionnaire (Com. 24 sept. 2003, n° 02-10. 710).
7. Limoges 3 mai 2011, BTL 2011. 320, *JCP* 2011. 770, n° 14.

Les conditions d'existence de la sûreté sont ainsi singulièrement assouplies [1].

Le privilège garantit toutes les créances du commissionnaire et dans la créance privilégiée sont compris avec le principal, les intérêts, commissions et frais accessoires (art. L. 132-2, al. 2). Il s'étend au paiement des avances et frais relatifs à l'ensemble des opérations, présentes ou antérieures, faites avec le commettant, sans distinguer comme l'avait indiqué la jurisprudence, suivant qu'elles se rapportent aux marchandises encore détenues ou à celles qui ont été précédemment expédiées [2]. Il grève toutes les marchandises qu'il reçoit de son client, dans la mesure, toutefois, où celui-ci en est propriétaire [3].

Restant fondé sur une idée de gage, la loi nouvelle n'ayant rien changé à cet égard, le privilège du commissionnaire vient donc au même rang que celui du créancier gagiste [4] ; mais il se trouve primé par le privilège du tiers qui a engagé des frais pour la conservation des marchandises après leur remise à l'intéressé [5]. Il s'exerce naturellement sur le prix dégagé par la vente des marchandises, mais lorsque le commissionnaire est chargé de vendre et de livrer les marchandises pour le compte de son client, sa mise en œuvre est on ne peut plus simple : le commissionnaire peut, en effet, compenser sa créance certaine, liquide et exigible avec le prix recouvré. Les dispositions antérieures étaient encore plus favorables au commissionnaire, car elles lui accordaient le droit d'obtenir un remboursement sur le produit de la vente « par préférence aux autres créanciers du commettant » (ancien art. 95, al. 4 C. com.). Dans les autres hypothèses, le commissionnaire reste tenu de recourir à une voie d'exécution [6].

En pratique, c'est le commissionnaire de transport qui, le plus souvent, invoque un tel privilège [7]. Il est donc admis que cette garantie joue pour les créances de

1. Elles restent cependant soumises au droit commun : le privilège ne pourrait grever des marchandises contrefaites et dont « le caractère illicite interdit toute commercialisation » (Com., 26 oct. 1999, *Bull. civ.* IV, n° 185 ; v. *supra*, n° 615).

2. Com., 11 mai 1976, *Bull. civ.* IV, n° 161 ; 11 juin 1978, *Bull. civ.* IV, n° 171.

3. Com., 5 févr. 1980, *Bull. civ.* IV, n° 63.

4. Civ., 12 mai 1885, *DP* 1885. 1. 185 qui précise que dans ce genre de situation, compte tenu de l'égalité de rang et d'ordre, le conflit se règle d'après l'antériorité. On doit encore admettre la possibilité pour le commissionnaire de demander l'attribution du bien en pleine propriété (v. Com., 11 mai 1976, *JCP* 1976. II. 18452, note Rodière, v. égal. *JCP* 1998. I. 149, n° 22).

5. Civ., 13 nov. 1962, *JCP* 1963. II. 12976.

6. Le commissionnaire pourrait cependant saisir le prix de vente en cas d'aliénation des marchandises par le commettant (Civ., 24 déc. 1895, *DP* 1896. 1. 237).

7. V. Rodière, « Les garanties du commissionnaire de transport et les moyens de les conserver », *BTL* 1962. 59. Dans les conditions générales des commissionnaires de transport (conditions FFOCT) le privilège est accordé d'une manière très généreuse et sans doute trop large compte tenu de la règle « pas de privilège sans texte ». Il est en effet indiqué que le « donneur d'ordre reconnaît à l'organisateur de transport un droit de gage conventionnel emportant droit de rétention et droit de préférence général et permanent sur toutes les marchandises et documents en possession de l'organisateur de transport, et ce, en garantie de la totalité des créances que l'organisateur de transport détient contre lui, mêmes antérieures ou étrangères aux opérations effectuées au regard desdites marchandises, valeurs et documents ». On retrouve des formules équivalentes dans les connaissements. La validité des ces clauses ne va pas de soi, mais dépend avant tout du droit applicable.

toute nature relatives aux marchandises confiées au commissionnaire de transport, mais également pour celles qui portent sur des marchandises ayant fait l'objet d'opérations antérieures et terminées. De même, la jurisprudence considère que le commissionnaire doit faire état, à l'égard de son commettant, de créances exigibles : tel n'est pas le cas lorsque la marchandise n'a pas encore été transportée et que le prix du fret n'a pas été facturé [1]. Le privilège s'exerce sur la valeur des marchandises à lui remises et dont il pouvait ignorer de bonne foi qu'elles appartenaient à un tiers et spécialement au vendeur titulaire d'une clause de réserve de propriété [2].

Rien ne s'oppose enfin à ce que le commissionnaire renonce à sa garantie, mais pour qu'il perde son droit de rétention et son privilège, il est nécessaire qu'il se dessaisisse volontairement de la marchandise [3]. On ajoutera précisément que le privilège peut être doublé d'un droit de rétention, qui joue dans les conditions du droit commun (détention de la marchandise ; connexité entre la créance et la détention). Cette dernière prérogative est particulièrement efficace en cas de redressement judiciaire ou de liquidation judiciaire du commettant, d'autant que, pour les tribunaux, il n'est pas susceptible d'abus [4].

802 ***g) Privilèges pour faits de charge*** ◊ L'article 2332-7 C. civ. accorde aux victimes d'abus et prévarications de certains fonctionnaires, un privilège sur les « cautionnements » auxquels ces derniers sont astreints [5]. Ce privilège garantit les créances nées au profit des victimes de « faits de charge », c'est-à-dire d'actes délictueux et dommageables commis dans l'exercice de la fonction (restitution, dommages-intérêts et frais, amendes civiles pour infraction aux règles de la profession), mais non les créances procédant d'actes étrangers au monopole de la personne en cause et accomplis en vertu d'une confiance qui leur avait été faite.

Il porte sur les fonds déposés et n'est donc qu'une forme du « privilège » du gagiste [6]. Mais, pratiquement, il s'exerce par un appel à la Société de caution mutuelle ou à la Caisse de garantie tenue dans des conditions strictes, puisque l'obligation de ces organismes remplace en fait le dépôt de garantie.

On ajoutera que le « cautionnement » des débiteurs visés est grevé d'un second privilège au profit des prêteurs qui leur ont avancé les fonds nécessaires à la constitution dudit cautionnement. Ce privilège est dénommé de

1. Com., 28 mai 1991, *BTL* 1991. 718 ; v. égal. Com., 7 janv. 1992, *Bull. civ.* IV, n° 10.

2. V. Paris 18 mai 1994, *D.* 1995. 15, note B.M. ; 27 mars 1997, *BTL* 1997, 293 ; T. com. Paris, 10 nov. 1992, *JCP* 1993. I. 3717, n° 15 ; Rennes 27 nov. 2007, *JCP* 2008. I. 152, n° 23 ; Rouen 4 janv. 2011, *BTL* 2011. 60. Plus gén. v. J. François, « L'exercice du privilège et du droit de rétention du commissionnaire de transport sur des marchandises n'appartenant pas au débiteur », *RJ com.* 1995. 130 ; Delebecque, « Le privilège de l'art. L. 132-2 C. com. », *Mélanges Bézard*, 211.

3. V. Civ. 1re, 10 oct. 1962, *Bull. civ.* I, n° 413.

4. V. Com., 15 oct. 1991, *Bull. civ.* IV, n° 287 ; égal. *supra*, n° 590. Comp. Douai 5 avr. 2011, *BTL* 2011. 283, s'agissant toutefois du droit de rétention.

5. Sont tenus à ce cautionnement, qui n'est en réalité qu'un gage : – certains fonctionnaires comptables des deniers publics, les comptables de certains établissements privés gérant un service public, comme les comptables des caisses de sécurité sociale ; – certains officiers publics (avocats aux conseils, notaires, avoués, huissiers, agents de change et courtiers en valeurs mobilières, commissaires-priseurs et conservateurs d'hypothèques).

6. V. Marty, Raynaud et Jestaz, n° 433.

« second ordre », car il ne s'exerce qu'après celui de l'article 2332-7° (L. 25 nivôse et 6 ventôse en XII ; Décr. 8 août 1808 et 22 déc. 1812).

803 ***2° Privilèges fondés sur la mise d'une valeur dans le patrimoine du débiteur*** ◊ De nombreux privilèges se rattachent à l'idée d'enrichissement du débiteur par le créancier. Ainsi en est-il du privilège du vendeur : tant que le prix n'est pas réglé, le transfert de propriété du bien vendu, transfert qui s'est opéré normalement *solo consensu* (C. civ., art. 1583), contribue à l'agrandissement du patrimoine de l'acheteur. Le vendeur a enrichi le patrimoine de son cocontractant et a donc participé à l'accroissement du gage des créanciers de son cocontractant. Si ces créanciers pouvaient être payés sur le bien vendu sans que le vendeur fût désintéressé, ils s'enrichiraient à ses dépens, ce qui serait injuste [1]. Accorder un privilège au vendeur revient donc à rétablir l'équilibre et à donner à chacun la part qui lui revient (*suum cuique tribuere*).

Ce raisonnement vaut, bien entendu, pour les créanciers qui sont dans la même situation que le vendeur, ce qui conduit à envisager les privilèges énumérés ci-après [2].

804 ***a) Privilège du vendeur de meubles*** ◊ Compte tenu du principe du transfert de propriété par le seul effet du consentement, le vendeur est exposé à un risque sérieux de non paiement. La loi lui accorde donc plusieurs protections :

1° le droit de rétention ou droit de refuser la livraison lorsque la vente est au comptant (C. civ. art. 1612) ;

2° le privilège, c'est-à-dire, le droit de se faire payer sur la valeur de l'objet vendu avant tous les autres créanciers de l'acheteur ;

3° l'action en résolution (C. civ. art. 1184 et 1654) ;

4° dans les ventes de meubles au comptant, l'action en revendication de l'objet vendu pour le cas où le vendeur a livré une chose sans être payé (art. 2332-4, al. 2), dont l'existence s'explique par le poids de l'histoire [3]. Aujourd'hui, ces garanties et spécialement le privilège et l'action en revendication ont perdu une grande partie de leur intérêt parce qu'elles sont laminées par le droit des procédures collectives.

---

1. V. Ripert et Boulanger, *Traité élémentaire de droit civil*, t. 2, 4e éd., n° 3360.
2. L'analyse qui suit n'a pas la prétention d'être exhaustive, mais il faut, en tout cas, y inclure le privilège de la séparation des patrimoines qui peut être invoqué par les créanciers héréditaires, non seulement sur les immeubles du défunt, mais aussi sur ses meubles (*supra*, n° 430). On doit préciser que ce bénéfice ne peut pas être exercé lorsque le créancier demandeur y a renoncé (art. 880) et rappeler qu'il n'établit de préférence que dans les rapports des créanciers du défunt avec les créanciers de l'héritier, mais pas dans les rapports des créanciers du défunt entre eux.
3. Il fut un temps où la vente n'entraînait pas un transfert immédiat de propriété et où faute de paiement, le vendeur revendiquait ainsi en qualité de propriétaire. Par un curieux retour de l'histoire, ce phénomène est revenu d'actualité, car dans de nombreuses situations, le transfert de propriété est retardé (v. en matière de valeurs mobilières où le transfert est subordonné à une inscription en compte, C. mon. fin. art. L. 431-2 ; J. Granotier, *Le transfert de propriété des valeurs mobilières*, thèse Paris II, 2009).

805 ***Le privilège*** ◊ Fondé sur l'idée d'une mise de valeur dans le patrimoine du débiteur, le privilège du vendeur de meubles garantit la créance du prix de vente avec tous ses accessoires, mais non les dommages-intérêts qui pourraient être dus au vendeur (sans préjudice de la prise d'une hypothèque judiciaire), ni les sommes qui seraient dues en vertu d'une clause pénale. Peu importe l'objet de la vente : meuble corporel ou meuble incorporel [1], ni sa nature : au comptant, à terme, échange avec soulte [2].

Le privilège porte sur le meuble ou les meubles vendus s'ils sont encore « en la possession » de l'acquéreur. La règle entraîne plusieurs conséquences :

– Si le meuble est perdu, le privilège, faute d'assiette, ne peut plus s'exercer, sauf à le reporter sur l'indemnité d'assurance (C. assur., art. L. 121-13).

– Si le meuble est transformé et perd son individualité, le privilège s'éteint encore. Ainsi, le moissonneur qui livre des graines ne peut exercer sa sûreté sur la farine, le producteur de raisins sur le vin, le vendeur de matériaux sur les constructions ; ces biens ont perdu leur individualité, ils ne sont plus le « gage » spécial du vendeur. Mais, si le bien est seulement affecté au service d'un immeuble, seulement immobilisé par destination, il conserve son individualité et reste soumis au privilège [3].

– Si le meuble est mis en gage par l'acquéreur, le privilège du vendeur vient en concours avec celui du créancier gagiste. Mais ce dernier peut se prévaloir de l'article 2276 et l'emporte s'il est de bonne foi, c'est-à-dire s'il a ignoré les droits du vendeur, exactement comme le bailleur d'immeuble de bonne foi prime le vendeur de meuble (art. 2332-4, al. 3).

– Si le meuble a été volé à l'acquéreur ou si le meuble est entre les mains d'un possesseur de mauvaise foi, l'acheteur n'a sans doute pas perdu la possession au sens de l'article 2332-4° ° et le vendeur peut, semble-t-il, par la voie de l'action oblique, exercer l'action en revendication appartenant à l'acquéreur et faire valoir son privilège sur le meuble revendiqué.

– Si le meuble a été revendu, l'acquéreur n'est plus possesseur et les droits du vendeur sont donc éteints. Le sous-acquéreur de bonne foi est par ailleurs protégé par les dispositions de l'article 2276. Par conséquent,

---

1. S'il s'agit, toutefois, d'un fonds de commerce, la cession s'accompagne d'un privilège spécial organisé par les art. L. 141-5 s. C. com. . En cas de cession d'office ministériel, le privilège ne porte que sur le produit de l'office ou sur la valeur pécuniaire du droit de présentation telle qu'elle a été déterminée par le contrat de cession. V. pour une application, Req., 30 mai 1877, *D.* 1879. 1. 295 ; il faut préciser que dans ce cas, le vendeur jouit d'un privilège qui frappe le prix de revente de l'office tant que ce prix est en la possession du débiteur. De plus, les établissements ayant consenti des prêts aux candidats acquéreurs sont investis, par des textes spéciaux, d'un privilège sur la « finance » de l'office (v. *Rép. civ.*, V° *Office public ou ministériel*, n° 67 et 85), c'est-à-dire sur la valeur pécuniaire du droit de représentation.

2. V. Paris 21 oct. 1933, *DH* 1933. 577, qui précise que la soulte d'un échange bénéficie du privilège de l'article 2332-4°.

3. Cependant, en cas de conflit avec un créancier hypothécaire, ce dernier l'emporte (arg. C. civ., ancien art. 2133 bien qu'abrogé).

la revendication à l'égard du sous-acquéreur de mauvaise foi [1] suppose la reconnaissance d'un droit de suite au profit du vendeur. Or, un tel droit irait à l'encontre de la protection due aux créanciers du sous-acquéreur. Ce serait sacrifier les créanciers de l'acquéreur qui ont pu légitimement croire à la propriété entière de celui-ci, au vendeur qui a pris le risque de livrer sans être payé. C'est pourquoi la jurisprudence n'autorise pas le vendeur d'effets mobiliers non payés à « poursuivre le recouvrement de sa créance contre les tiers acquéreurs de ces effets même s'ils sont de mauvaise foi » [2]. Cependant, si le sous-acquéreur, de bonne ou de mauvaise foi, était encore débiteur du prix, le vendeur pourrait encore exercer son droit sur ce prix, dès lors qu'il est indifférent au sous-acquéreur de payer entre les mains de son vendeur ou entre celles de l'auteur de son vendeur.

806 ***L'action en revendication*** ◊ L'action en revendication pouvait se comprendre à une époque où la vente n'entraînait pas transfert immédiat de propriété. Aujourd'hui, puisque le vendeur n'est plus en principe propriétaire dès que la vente est conclue, il ne devrait plus pouvoir « revendiquer » quelque chose qui ne lui appartient plus. Comme il est difficile de voir dans l'action en revendication un aspect de la résolution, car l'action ne tend pas à une restitution mais plutôt à « empêcher la revente » (art. 2332-4°, al. 2) et comme il est inexact de parler de revendication du droit de rétention [3], car la rétention est perdue dès que le créancier se dessaisit de la chose, il n'est pas interdit de considérer avec d'autres [4] que l'action en revendication est la manifestation d'un droit de repentir.

Pour que l'action en revendication soit recevable, certaines conditions doivent être réunies :

1° Il faut que la vente ait été faite au comptant.

2° Il faut que la chose soit encore en la possession de l'acheteur, exactement comme pour la mise en œuvre du privilège, ce qui est logique, car la revendication a pour objet d'empêcher la revente de la chose et le privilège est perdu en cas de revente. Le « maintien en possession » de l'acheteur doit être compris d'une manière identique, qu'il s'agisse de la revendication ou du privilège.

3° Il faut que la chose se trouve « dans le même état dans lequel la livraison a été faite ». Si donc elle a été l'objet d'une transformation matérielle et si elle a perdu son individualité, la revendication n'est plus possible. À ce point de vue également, la revendication se modèle sur le privilège dont elle assure la sauvegarde ; les transformations de la chose qui entraîneraient la perte du privilège feraient pareillement obstacle à la revendication.

---

1. La mauvaise foi se déduit de la connaissance du défaut de paiement de la première vente.
2. Civ., 19 févr. 1894, *DP* 1894. 1. 413, *S.* 1895. 1. 457, note A.W., *Grands arrêts*, t. 2, 12e éd. n° 303. Comp. Com., 1er oct. 1985, *Bull. civ.* IV, n° 224, laissant entendre la possibilité d'une revendication à l'encontre du sous-acquéreur de mauvaise foi.
3. Comp. Marty, Raynaud et Jestaz, n° 445 ; Ripert et Boulanger, *Traité élémentaire de droit civil*, t. 2, n° 2469.
4. V. Aynès et Crocq, N° 605.

4° Il faut que la revendication soit faite « dans la huitaine de la livraison », délai préfix dont l'observation est de rigueur. En ne respectant pas ce délai, le vendeur ne serait plus un vendeur au comptant, mais un vendeur à terme et donc privé du bénéfice de la revendication.

Si ces conditions sont remplies, la revendication peut être exercée. Elle remet alors le vendeur dans la position où il se trouvait avant d'avoir livré la chose. Il recouvre le droit de rétention et peut refuser de se dessaisir jusqu'au versement du prix. Mais la vente n'est pas résolue. Si l'acheteur n'acquitte pas le prix, le vendeur peut donc contraindre l'acheteur, par toutes les voies de droit [1], à prendre livraison, moyennant paiement ; il peut aussi faire vendre le meuble et demander sa collocation par préférence ou encore demander la résolution.

807 ***Acheteur en redressement ou liquidation judiciaire*** ◊ Dans le cadre d'une procédure collective, le vendeur impayé entre généralement en conflit avec les autres créanciers de l'acquéreur. Mais ses prérogatives sont plutôt illusoires. On considère, en effet, que les marchandises, fussent-elles impayées, représentent le crédit apparent de l'acheteur sur la base duquel ses créanciers ont contracté. Ces derniers seraient ainsi protégés par l'apparence. Même si cette idée d'apparence est devenue un peu désuète, car on ne contracte plus nécessairement en visitant les locaux de son partenaire, elle explique toujours les solutions du droit positif qui sacrifient le privilège du vendeur (*arg.* art. C. com. art. L. 624-11) [2] et limitent la revendication.

Sans préjudice de l'application d'une réserve de propriété (*supra*, n° 624), l'action en revendication ne peut, en effet, être exercée que dans les cas suivants [3]. Si la vente a été résolue avant le jugement déclaratif et si la marchandise existe encore en tout ou en partie, la revendication est possible contre l'acquéreur qui n'est alors qu'un simple détenteur précaire. (art. L. 624-12, al. 1). De même, la revendication est admise si la résolution de la vente a été constatée ou prononcée après le jugement d'ouverture et qu'elle est fondée sur une autre cause que le défaut de paiement d'une somme d'argent (art. L. 624-12, al. 2). Indépendamment des revendications consécutives à une résolution du contrat, les textes admettent la revendication des marchandises expédiées à l'acquéreur tant qu'elles n'ont pas été livrées dans ses magasins (art. L. 624-13, al. 1) ; par magasins de l'acquéreur, il faut entendre, tous les lieux où les marchandises apparaissent au public comme étant à sa disposition [4].

1. Spécialement par la voie du référé injonction de faire (art. 809, al. 2, C. pr. civ.) Lorsque l'obligation n'est pas sérieusement contestable, le juge des référés peut en ordonner l'exécution. Ce référé, très utile en pratique, est un référé « spécial » et n'est donc pas subordonné à une condition d'urgence.

2. On notera que le vendeur de fonds de commerce peut, à la différence des autres créanciers privilégiés, inscrire son privilège malgré l'ouverture de la procédure (art. L. 622-30, al. 3, C. com.).

3. V. Jeantin et Le Cannu. *Droit commercial*, précis Dalloz, n° 905 ; Roblot, t. 2, n° 3149 s.

4. V. Com., 13 mai 1986, *Bull. civ.* IV, n° 92 ; V. égal., Com., 16 janv. 1973, *Bull. civ.* IV, n° 26.

Toutefois la revendication n'est plus recevable si, avant leur arrivée, les marchandises ont été revendues ou données en gage, sans fraude, par l'acquéreur (art. L. 624-13, al. 2). Le cas est fréquent pour les marchandises embarquées sur un navire et représentées par un connaissement. Et, *a fortiori*, si les marchandises ne sont pas encore expédiées, le vendeur a le droit de les retenir dans ses magasins (art. L. 624-14). Ce droit - légal - de rétention lui permet d'obtenir un paiement intégral (art. L. 622-7, II).

808 ***b) Privilège des sociétés d'attribution*** ◊ Proche du privilège du vendeur de meubles est le privilège reconnu aux sociétés d'attribution créé par la loi du 16 juillet 1971. Ce texte a institué au profit des sociétés constituées en vue de l'attribution d'immeubles aux associés par fractions divises, un privilège original qui repose sur l'affectation préférentielle à la société des sommes produites par l'adjudication des droits sociaux d'un associé n'ayant pas répondu aux appels de fonds [1]. Fondé sur une idée d'enrichissement du débiteur à raison de la construction réalisée [2], ce privilège l'emporte sur toutes les sûretés réelles conventionnelles grevant les droits sociaux de l'associé défaillant et notamment sur le nantissement portant sur ces droits [3]. Ce faisant, le législateur a voulu faire prévaloir les intérêts des associés sur les engagements volontairement consentis par le débiteur, mais n'a pas entendu déroger aux dispositions relatives au concours entre privilèges spéciaux mobiliers et sûretés légales. C'est pourquoi le privilège du Trésor conserve ici la priorité [4].

809 ***c) Privilège pour frais de récolte*** ◊ Aux termes de l'article 2332-1°, alinéa 4, C. civ. « les sommes dues pour les semences, pour les engrais et amendements, pour les produits anticryptogamiques et insecticides, pour les produits destinés à la destruction des parasites végétaux et animaux nuisibles à l'agriculture, ou pour les frais de la récolte de l'année, seront payées sur le prix de la récolte, et celles dues pour ustensiles sur le prix de ces ustensiles, par préférence au propriétaire dans l'un et l'autre cas ». Sous cette disposition, le législateur a envisagé deux privilèges fondés à la fois sur l'idée de conservation du bien et sur celle d'augmentation de sa valeur. S'ils sont définis essentiellement pour régler la question de leur concours avec le privilège du bailleur, cela ne signifie pas qu'ils n'existent que dans le cas où ce privilège pourrait s'exercer : ils sont justifiés aussi bien lorsque le débiteur est un fermier que lorsqu'il s'agit d'un exploitant direct.

- *Privilège pour semences, engrais et frais de récolte.* Il garantit le prix de vente des semences et des engrais dus au vendeur, ainsi que les frais de

1. V. Malinvaud et Jestaz, *Droit de la promotion immobilière*, Précis Dalloz, 4e éd., n° 81.
2. Marty, Raynaud et Jestaz, n° 430.
3. CCH, art. L. 212-4, al. 4, V. égal. art. L. 211-3, al. 6, reconnaissant le même privilège au profit des sociétés constituées en vue de la vente d'immeubles.
4. TGI Paris 27 nov. 1979, *RD imm.* 1980. 306, obs. Groslière et Jestaz, *RD imm.* 1980. 333, obs. Dagot ; la décision ajoute très exactement que la société ne dispose d'aucun droit de rétention. V. égal., Chartier, note *JCP* 1979. II. 19543.

récolte faits dans le cadre d'un contrat de travail (cas des ouvriers agricoles, C. trav., art. L. 3253-23, 2°) ou d'un contrat d'entreprise (cas d'une entreprise spécialisée dans les récoltes).

Il porte non sur les choses vendues, mais sur les récoltes qu'elles ont permis d'obtenir, étant précisé qu'il s'agit uniquement de celles de l'année.

Enfin, si ce privilège passe avant celui du bailleur d'immeuble, il ne fait pas double emploi avec le privilège des salariés, mais renforce son efficacité, étant d'un rang supérieur à ce dernier.

– *Privilège pour frais afférents à des ustensiles agricoles.* Portant sur l'ustensile agricole vendu ou réparé, ce privilège garantit le prix de vente des instruments agricoles – et se présente alors comme un cas particulier du privilège du vendeur – ou encore le paiement des frais de réparation de ces mêmes instruments – il s'agit alors d'un aspect particulier du privilège du conservateur (*infra*, n° 812) –. D'une manière générale, il vient au rang assigné au vendeur de meubles, mais prime le privilège du bailleur d'immeuble.

810 ***d) Privilège de la victime sur l'indemnité due par l'assureur du responsable*** ◊ Aux termes de l'article 2332-8°, C. civ. sont privilégiées « les créances nées d'un accident au profit des tiers lésés par cet accident ou de leurs ayants droit, sur l'indemnité dont l'assureur de la responsabilité civile se reconnaît ou a été judiciairement reconnu débiteur à raison de la convention d'assurance »[1]. Ce privilège est doublé d'une action directe[2], en ce sens que les textes (C. civ., art. 2332-8 ; C. assur., art. L. 124-3) font défense à l'assureur de payer à toute personne autre que le tiers lésé l'indemnité dont il est débiteur, tant que la victime n'est pas désintéressée. Grâce à cette action directe, la victime d'un dommage échappe à tout concours entre créanciers. Elle a un droit exclusif sur l'indemnité due par l'assureur de l'auteur responsable du dommage. Cette action est particulièrement avantageuse car, selon la jurisprudence, elle permet à la victime d'agir contre l'assureur sans être obligée de se soumettre à la procédure de vérification des créances lorsque le débiteur, auteur du dommage, est en redressement ou liquidation judiciaire[3] ; néanmoins, la mise en cause de l'assuré doit intervenir dans le délai de prescription de l'action, celle de l'administrateur pouvant avoir lieu ultérieurement[4].

811 ***e) Privilège de l'auxiliaire salarié du travailleur à domicile*** ◊ La loi du 1er août 1941 sur la protection du travail à domicile a ajouté un

1. V. Lambert-Faivre et Leveneur, *Droit des assurances*, Précis Dalloz, n° 399.
2. V. Civ., 14 juin 1926, *DP* 1927. 1. 57, note Josserand, *S.* 1927. 1. 25, note Esmein : « l'obligation imposée à l'assureur de conserver cette somme dans l'intérêt de la personne lésée a pour conséquence nécessaire de permettre à celle-ci d'en réclamer directement le paiement ». V. égal., Civ. 3e, 22 juill. 1987, *D.* 1988. Somm. 151, obs. Groutel.
3. Ch. mixte, 15 juin 1979, *D.* 1979. 561, note Derrida et Honorat.
4. V. Com., 25 juin 1996, *Bull. civ.* IV, n° 195.

privilège à l'énumération du Code (2332-9°). Ce privilège garantit les créances nées du contrat de travail conclu entre l'auxiliaire salarié et le travailleur à domicile (C. trav., art. 3253-23, 5°) et porte sur les sommes dues au travailleur à domicile (répondant à la définition des art. L. 7411-1 et L. 7412-1 C. trav.) par les donneurs d'ouvrage. Ce privilège vient au même rang que celui qui appartient au travailleur à domicile, mais le prime.

812 ***3° Privilèges tenant à la conservation d'une chose*** ◊ Certains privilèges sont fondés sur l'idée de conservation d'une chose : les frais exposés pour assurer cette sauvegarde [1] doivent être payés de préférence aux autres créances, car sans eux le gage commun aurait été perdu. C'est le cas du privilège portant sur le prix de la récolte pour garantir les sommes dues au titre des frais de la récolte de l'année (art. 2332-1°, al. 4), mais qui s'explique aussi par l'idée de la mise d'une valeur dans le patrimoine d'autrui. C'est le cas du privilège garantissant le règlement des frais d'enlèvement et de garde en fourrière, d'expertise et de vente ou de destruction du véhicule (C. route, art. L. 25-4 et L. 25-5) [2]. C'est le cas surtout, du privilège dit du conservateur, prévu par l'article 2332-3° ° et sur lequel il convient de s'arrêter.

813 ***La chose conservée : objet et assiette du privilège*** ◊ Le privilège du conservateur ne s'applique qu'aux meubles ; il ne porte même que sur un meuble déterminé et non sur l'ensemble du patrimoine d'un débiteur [3]. Sur les immeubles, seuls les travaux de construction ou de réparation faits par des architectes ou des entrepreneurs sont privilégiés (*supra*, n° 434). Mais peu importe les caractères des meubles, qu'ils soient corporels ou incorporels, animés ou inanimés [4]. La chose conservée est en même temps l'assiette du privilège. Celui-ci grève le meuble, objet des frais de conservation, mais ne peut grever que ce meuble. Si la chose perd son individualité, à la suite d'une transformation, le privilège disparaît [5], cependant qu'en cas de destruction, il devrait être reporté sur l'indemnité d'assurance (C. assur., art. L. 121-13). Toutefois, s'il porte sur la totalité de la chose et non pas seulement sur la plus-value qui lui a été apportée, il ne saurait s'étendre

---

1. L'expression « sauvegarde » est empruntée au *Vocabulaire juridique Capitant, V° Conservation* ; elle évoque la notion d'acte conservatoire (v. *infra*, n° 814).
2. Ce privilège, qui prime celui du créancier gagiste, ne peut profiter qu'au service des domaines et non aux particuliers (Aix 11 mai 1976, *Gaz. Pal.* 1977. 1. 18, note Viatte).
3. Civ. 1re, 7 janv. 1997, *Bull. civ.* I, n° 3, *D.* 1997. Somm. 253, obs. Piédelièvre, *JCP* 1997. I. 4033, n° 24. Plus gén., v. C. Brenner, *L'acte conservatoire*, LGDJ, 1999, préf. P. Catala.
4. V. Civ., 14 févr. 1900, *DP* 1900. 1. 175 (animal) ; T. com. Seine 19 janv. 1959, *D.* 1959. Somm. 37 (négatifs de film) ; Paris 9 mars 1931, *S.* 1933. 2. 32 (brevet d'invention) ; Req., 7 mai 1912, *S.* 1913. 1. 152 (créance héréditaire).
5. V. Com., 30 oct. 1968, *Bull. civ.* IV, n° 300, refusant d'admettre à titre privilégié une créance de fourniture d'aliments destinés à la nourriture de volailles, dès lors que les volailles se trouvaient confondues dans l'ensemble de la production vendue et qu'il était impossible de les individualiser. V. encore, Com., 28 avr. 1975, *D.* 1975. Somm. 95.

à l'universalité des biens mobiliers d'un patrimoine [1]. C'est pourquoi il n'est pas certain que la conservation d'un fonds de commerce justifie l'invocation du privilège du conservateur [2]. C'est pourquoi, aussi, il est exclu que la créance d'honoraires d'un avocat dont l'intervention ne s'est pas limitée à la conservation d'une chose mobilière déterminée soit privilégiée à ce titre [3], ce qui ne veut pas dire qu'elle ne puisse l'être à un autre et spécialement au titre des frais de justice (*supra*, n° 757).

814 ***Créances garanties*** ◊ Sont garantis tous les « frais » que le créancier a avancés pour la conservation de la chose dans le patrimoine du débiteur : les frais exposés directement par le conservateur, les créances nées de prêts consentis au débiteur [4], l'indemnisation des peines et des soins du conservateur [5]. Il suffit que ces frais aient contribué à la conservation de la chose [6], qu'il y ait un lien de causalité entre les dépenses et la conservation. Mais encore faut-il savoir quand il y a conservation.

La notion des frais de conservation est, conformément au principe d'interprétation stricte des privilèges, entendue d'une manière étroite. Il s'agit des dépenses sans lesquelles la chose eût péri en tout ou partie [7]. On y comprend, par exemple, les sommes dues à un vétérinaire pour les soins et la nourriture d'un cheval malade [8], à celui qui, en fournissant du courant électrique, a conservé la concession du débiteur menacé de déchéance [9] ou encore à celui qui a remplacé le moteur d'un camion [10]. Mais lorsque l'existence de la chose - son état - n'est pas en cause, il ne saurait y avoir de privilège. Tel est le cas pour les dépenses de fonctionnement [11], de

1. V. Com., 20 juin 1978, *Bull. civ.* IV, n° 174 : en vendant les véhicules objet du privilège spécial mobilier, le garagiste, auteur de réparations, ne peut plus faire valoir de droit de préférence sur l'ensemble du patrimoine du débiteur.

2. V. Aix 11 juill. 1980, *Bull. Aix*, n° 144. Comp. Civ., 29 nov. 1937, *DH* 1938. 49 ; Civ., 30 janv. 1939, *S.* 1941. 1. 177, note Lescot.

3. Com., 18 juill. 1974, *D.* 1975. 182 ; Rennes 28 mars 1979, *D.* 1980. IR 60. Le même raisonnement peut être tenu à l'égard du commissaire aux comptes (Aix 21 déc. 1972, *D.* 1973. 409 ; TGI Douai 16 mai 1991, *Rev. proc. coll.* 1992. 103, obs. Dureuil ; Colmar 2 mars 1999, *Bull. Joly* 2000. 45, note Barbieri) ou de l'expert-comptable (Caen, 12 avr. 1973, *D.* 1974. 499, note Sigalas).

4. V. Com., 3 déc. 1952, *D.* 1953. 75, précisant, toutefois, que les fonds prêtés n'acquièrent le caractère de frais de conservation qu'autant qu'ils ont été réellement utilisés dans l'intérêt des créanciers.

5. V. Civ., 27 juill. 1931, *DP* 1934. 1. 45.

6. V. Civ., 1er mai 1922, *DP* 1925. 1. 173.

7. Civ., 27 juill. 1931, *DP* 1934. 1. 45, note Aubrun. V. plus gén., Foulon-Piganiol, « Modernisation et conservation de la chose ; l'interprétation de l'article 2102-3° du Code civil », *D.* 1966. Chron. 143 ; Thuillier, « Réflexions sur la notion de conservation dans le privilège du conservateur », *JCP* 1968. I. 2167.

8. Civ., 14 févr. 1900, préc.

9. Req., 12 juin 1939, *DH* 1939. 453.

10. Com., 12 janv. 1988, *Bull. civ.* IV, n° 23.

11. Com., 10 oct. 1966, *Bull. civ.* III, n° 385, *D.* 1967. 57, note Rodière (paiement de primes d'assurance) ; Com., 11 déc. 1968, *Bull. civ.* IV, n° 356 (frais de transport à l'étranger de marchandises périssables, mais pouvant être écoulées sur le marché intérieur) ; Civ. 1re, 7 janv. 1997, préc. (frais d'expertise amiable). Comp. Com., 16 juin 1969, *Bull. civ.* IV, n° 223 (frais de dédouanement ayant, il est vrai, évité une perte de la chose laissée, sans cela à l'abandon sur les quais).

réparation [1] et, bien entendu, d'amélioration. En cette dernière hypothèse, le privilège n'aurait pu porter que sur la plus-value apportée par le conservateur dans le patrimoine du débiteur. Or, il est impossible de la déterminer avec précision. Le sous-traitant n'est donc pas un conservateur, même s'il est à l'origine de la créance du maître de l'ouvrage [2].

815 ***Extension*** ◇ La distinction entre la conservation et l'amélioration devient toutefois délicate si l'on fait référence, non plus uniquement à la nature de la chose, mais aussi à son usage ou à sa destination [3]. Il est sûr qu'un navire peut prendre physiquement la mer sans être équipé d'appareils radioélectriques. Mais son exploitation est alors impossible, ne serait-ce qu'en application des règlements de sécurité. La Cour de cassation l'a bien compris, puisqu'elle n'hésite plus à considérer comme privilégiés les frais d'installation de tels appareils [4]. Il n'est pas interdit de penser, non plus, qu'il faille tenir compte du phénomène d'obsolescence des matériels d'équipement industriels ou ménagers et avoir une conception moins statique de la conservation [5]. Ainsi, à supposer que la chose soit possible, les frais de transformation d'un poste de télévision noir et blanc en poste « couleur » seraient des frais de conservation. De même en irait-il des frais de pose de pots d'échappements catalytiques [6]. En tout cas, un fait semble acquis, c'est qu'il importe peu que les frais aient été exposés dans des circonstances exceptionnelles ou dans des conditions normales [7].

816 ***Régime*** ◇ L'exercice du privilège est indépendant de la détention de la chose conservée. S'il est vrai que le conservateur bénéficie généralement d'un droit de rétention, il a toujours, la possibilité, à la différence du rétenteur, de vendre la chose et de garder son privilège. Certes, il ne pourra exercer un quelconque droit de suite. Mais rien ne lui interdit, tant que le prix d'aliénation n'a pas été payé, de saisir sa créance entre les mains du tiers acquéreur pour faire valoir son privilège sur ce prix. Rien ne l'empêche, non plus, lorsque la chose est revenue entre les mains de son débiteur, d'exercer

1. Com., 16 mai 1966, *D.* 1967. 139, note Bourdon, *Bull. civ.* III, n° 254 ; Besançon 28 févr. 1997, *JurisData* n° 040087.

2. V. Com., 27 oct. 1965, *D.* 1966. 38, note Bourdon, *Bull. civ.* III, n° 535.

3. V. Civ., 27 juill. 1931, préc. ; Com., 12 janv. 1988, préc.

4. V. Com., 9 oct. 1984, *Bull. civ.* IV, n° 259, *Gaz. Pal.* 1985. Somm. 77, obs. Dupichot, *RTD civ.* 1985. 746, obs. Salvage-Gerest. Comp. Com., 16 mai 1966 préc., dont la solution peut être considérée comme désuète.

5. Rappr. C. com. art. L. 622-4, décidant, sous le titre « mesures conservatoires », que l'administrateur est tenu de faire tous les actes nécessaires « à la préservation des capacités de production » de l'entreprise.

6. Rappr. Dijon 5 avr. 1994, *JCP* 1995. I. 3851, n° 22, à propos de dépenses de remise en état d'un véhicule accidenté et de l'installation d'organes de sécurité.

7. V. Com., 5 janv. 1981, *Bull. civ.* IV, n° 2 : « des frais engagés pour la conservation de la chose dans des conditions normales d'exploitation suffisent pour bénéficier du privilège de l'article 2332-3°, car ce texte n'exige nullement que la conservation ait été effectuée dans des circonstances exceptionnelles ; la société qui a entreposé en chambre froide des denrées périssables pour le compte d'une entreprise en liquidation peut donc parfaitement bénéficier du privilège du conservateur ».

son privilège pour garantir ses créances originaires [1]. On ajoutera, pour ce qui est du rang de la sûreté, que le conservateur prime le créancier gagiste lorsque les frais ont été faits après la mise en gage [2] et qu'en cas de conflit entre plusieurs conservateurs, le dernier en date est préféré. Le conservateur peut en outre exercer son droit contre l'assureur de la chose conservée [3].

817 **4° « *Variae causarum figurae* »** ◊ La liste des privilèges reconnus par le droit positif est certainement impossible à dresser. À côté des privilèges dûment établis par le Code civil ou le Code de commerce, coexistent des privilèges très particuliers accordés la plupart du temps à des organismes publics ou parapublics en garantie de créances fiscales, parafiscales ou sociales. La catégorie est tout à fait hétéroclite, si bien qu'elle ne peut être rangée que dans une rubrique « fourre-tout ».

Tous ces privilèges créés par des lois spéciales sont également très difficiles à classer, d'autant que le législateur se borne généralement à indiquer que le privilège qu'il vient d'instituer « s'exerce avant tout autre, à l'exception toutefois des privilèges fiscaux ».

En attendant une simplification de la matière, on doit se limiter à un bref exposé de quelques-uns de ces privilèges.

818 ***Privilèges spéciaux mobiliers du Trésor*** ◊ Parmi ces privilèges accordés au Trésor (dans l'acception large du terme) en garantie de créances fiscales ou non fiscales, on retiendra :

- le privilège garantissant le recouvrement des avances consenties par l'État pour des travaux de drainage et qui porte sur les récoltes ou revenus des terrains drainés (L. 17 juill. 1856, art. 3 à 8, mod. Ord. n° 59-71, 7 janv. 1959) ;
- le privilège garantissant le recouvrement des taxes dues aux associations syndicales autorisées et qui porte sur les récoltes, fruits, loyers et revenus des terrains compris dans le périmètre de l'association (L. 5 août 1911, art. 2) ;
- le privilège garantissant la taxe foncière et qui porte sur les récoltes, fruits et revenus de l'immeuble assujetti (CGI, art. 1920-2-2°) [4] ;
- le privilège garantissant les taxes dues aux concessionnaires du droit d'exploitation des canaux d'irrigation par les propriétaires riverains et qui porte sur les récoltes, fruits et loyers des terrains irrigués (L. 31 mai 1933, art. 11) ;
- le privilège garantissant le remboursement des dépenses engagées pour les travaux d'assainissement prévu par la loi du 15 février 1902 et qui porte sur les revenus des immeubles assainis (L. 15 févr. 1902, art. 15) [5] ;

---

1. V. Civ. 1re, 13 nov. 1962, *Bull. civ.* I, n° 477, *JCP* 1963. II. 12976, note J.A. (l'arrêt censuré par la Cour de cassation avait refusé de reconnaître le caractère privilégié des réparations anciennes d'un garagiste pour n'admettre que les dernières).

2. V. Com., 4 févr. 1980, *D.* 1982. 189, note Agostini.

3. Nancy 28 févr. 1997, *JurisData* n° 040087, précisant que le garagiste conservateur est fondé à se prévaloir de l'action directe de l'art. L. 121-13 C. assur.

4. V. Com., 4 mars 1969, *JCP* 1969. II. 16610, note M. Cozian. Ce privilège emporte droit de suite.

5. Les dispositions de cette loi ont été abrogées et partiellement reprises par l'article 35-6 CSP. Or, ce texte prévoit seulement que les sommes dues aux communes par les propriétaires, notamment à la suite de travaux d'assainissement, « seront recouvrées comme en matière de contributions directes ». On pourrait en conclure que le privilège de la loi de 1902 a disparu (v. Cozian et Ancel, *J.-Cl. Civ.*, art. 2098, fasc. 3, n° 33).

– le privilège garantissant les avances consenties par l'État pour la mise en valeur des terres abandonnées ou incultes et qui porte sur le cheptel et les récoltes des bénéficiaires (L. 19 févr. 1942 mod. L. 8 août 1947, art. 81) ;

– le privilège des caisses du crédit agricole subrogées dans les droits du Trésor garantissant le remboursement de différents prêts à l'agriculture (modifié à l'occasion de la codification du droit rural) ;

– le privilège garantissant les avances ou les prêts consentis à l'aide de fonds publics et portant sur le capital social des sociétés (de crédit agricole) (égal. modifié).

819 ***Privilèges spéciaux mobiliers établis par des lois particulières*** ◊ Sans prétendre à l'exhaustivité, et sans vouloir établir un impossible classement, on citera :

– le privilège des propriétaires de terrains occupés pour cause de travaux publics (L. 29 déc. 1892, art. 18) ;

– les privilèges sur les navires (C. transp., art. L. 5114-7 s.) [1] ;

– les privilèges sur les bateaux (C. transp., art. L. 4122-16) ;

– les privilèges sur les aéronefs (C. transp., art. L. 6122-16) ;

– le privilège du Crédit foncier (*supra*, n° 787, *ad notam.*) ;

– le privilège des syndicats de copropriétaires pour assainissement des voies privées (L. 22 juill. 1912, art. 11 et 13) ;

– le privilège du crédit d'équipement aux petites et moyennes entreprises (Ord. n° 58-1259, 19 déc. 1958, mod. Décr. 30 janv. 1981) ;

– le privilège du fonds forestier national (C. for., art. L. 532-1) ;

– le privilège des victimes d'accidents du travail pour le paiement des rentes (C. assur., art. L. 527-1) [2] ;

– le privilège relatif à certaines opérations de prévoyance collective et d'assurance (C. assur., art. L. 441-8) ;

– le privilège reconnu aux professionnels sur les objets qui leur ont été confiés et n'ont pas été retirés dans le délai d'un an, ramené à six mois s'il s'agit d'automobiles (L. 31 déc. 1903, mod. L. 31 déc. 1968) [3] ;

– le privilège des producteurs de films (CPI, art. L. 131-8) [4].

D'autres privilèges appellent davantage de précision compte tenu de leur importance. Ce sont les suivants.

820 ***Privilège des ouvriers et fournisseurs des entrepreneurs de travaux publics*** ◊ Ce privilège, dit de « Pluviôse » en souvenir du premier texte l'ayant institué [5], garantit le salaire des ouvriers et la créance des fournisseurs des entrepreneurs de travaux publics. Peu importe, pour

---

1. , V. P. Bonassies et Ch. Scapel, *Traité de droit maritime*, LGDJ, 2010, n° 568 s. ; Delebecque, « Hypothèques et privilèges maritimes », *Rép. com.* ; égal. *supra*, n° 747.

2. Ce privilège prime le privilège général institué au premier alinéa de l'article L. 327-2, C. assur., privilège garantissant les opérations d'assurances des sociétés françaises et étrangères.

3. Le rang de ce privilège est inférieur à celui du créancier gagiste (v. Grenoble 12 oct. 1960, *JCP* 1961. II. 11959, note Becqué).

4. V. Civ. 1re, 11 avr. 1995, *JCP* E 1995. Pan. jur. 747.

5. V. Rouyer-Hameray, *Le privilège des fournisseurs des entrepreneurs de travaux publics*, *D.* 1964. Chron. 61 ; *Décr.*-L. 26 pluviôse an II ; L. 25 juill. 1891 ; Décr. 30 oct. 1935, art. 7 ; C. trav., art. L. 3253-22. Même si ces textes ne parlent pas expressément de privilège, cette qualification n'est pas contestée, Pau 30 janv. 1981, *RJ com.* 1982. 316, note de Fontbressin. La compétence reste, en l'occurrence, judiciaire, T. confl. 15 nov. 1999, *Bull.* n° 37.

l'existence du privilège, que le fournisseur ait été agréé par l'administration, nonobstant l'obligation de se faire agréer prévue par l'article 110 du Code des marchés publics [1]. Mais le privilège concerne exclusivement les marchés publics et n'existe que si la personne débitrice est liée à l'administration par un contrat d'entreprise [2]. Au-delà des ouvriers, des entrepreneurs de travaux publics et de leurs fournisseurs, on doit compter parmi les bénéficiaires du privilège les sous-traitants [3], mais ni les loueurs d'engins [4] ni les fournisseurs de prestations individuelles [5] ni les fournisseurs des fournisseurs privilégiés [6]. Le privilège porte sur les sommes restant dues par l'administration aux entrepreneurs. Il porte donc sur une créance et s'évanouit dès lors que cette créance est éteinte [7]. C'est pourquoi ce privilège ne peut plus être exercé lorsque le maître de l'ouvrage a régulièrement payé le prix du marché entre les mains de l'entrepreneur lui-même ou du créancier nanti ou encore de l'administrateur en cas de cessation des paiements [8]. Aussi les fournisseurs doivent-ils, pour maintenir leur sûreté, notifier - par une opposition - au maître de l'ouvrage leur intention de se prévaloir de leur garantie [9]. Enfin, si ces conditions sont respectées, le privilège jouit d'un rang excellent puisqu'il passe certes après le superprivilège des salariés [10] et le privilège des frais de justice, mais avant tous les autres privilèges et spécialement ceux du Trésor [11]. En cas de conflit avec le cessionnaire d'une créance professionnelle, la situation est plus délicate, mais l'on peut considérer que le fournisseur est primé par le cessionnaire dès l'instant que son opposition est intervenue postérieurement à la date de la cession de créance [12].

821 ***Privilège de Posen*** ◊ Institué par un décret du 12 décembre 1806, dit décret de Posen, ce privilège garantit les créances relatives aux fournitures faites aux

---

1. Seuls peuvent se prévaloir du défaut d'agrément les créanciers nantis sur le marché (Civ. 1re, 20 mai 1963, *Bull. civ.* I, n° 262 ; Com., 11 juill. 1983, *Bull. civ.* IV, n° 212, *D.* 1984. IR 97, obs. A. Honorat ; 24 janv. 1989, *Bull. civ.* IV, n° 36 ; 4 févr. 1992, *Bull. civ.* IV, n° 62, *D.* 1993. Somm. 72, obs. A. Honorat).
2. Paris 13 mai 1935, *DH* 1935. 386, écartant le privilège dans une hypothèse où le contrat n'était qu'un simple marché de fourniture.
3. Civ., 25 févr. 1885, *DP* 1885. 1. 281 ; Rappr. Paris 15 févr. 1977, *D.* 1977. IR 299, obs. A. Honorat. Pour les sous-traitants, le privilège a perdu une partie de son intérêt depuis que la loi du 31 décembre 1975 (art. 4 s.) ayant institué, en matière de marchés publics, une procédure de paiement direct (v. Com., 12 janv. 1988, *Bull. civ.* IV, n° 16 ; Civ. 3e, 11 mars 1992, *Bull. civ.* III, n° 80 ; 15 janv. 1992, *Bull. civ.* III, n° 20).
4. Com. 19 déc. 2000, *Bull. civ.* IV, n° 206 *Defrénois* 2001, obs. Perinet-Marquet.
5. Com. 19 déc. 2000, *Bull. civ.* IV, n° 207, *JCP* 2001. I. 356, n° 20.
6. Com., 16 mai 1979, *D.* 1979. IR 409, *Bull. civ.* I, n° 145.
7. Req., 23 janv. 1888, *DP* 1888. 1. 410.
8. Les créances garanties sont soumises aux délais du plan de continuation, Com., 17 févr. 1998, *Bull. civ.* IV, n° 83, *JCP* 1998. I. 167, n° 4, obs. M.C.
9. V. Com., 20 déc. 1982, *Bull. civ.* IV, n° 423.
10. Paris, 7 mars 1983, *D.* 1983. IR 341, obs. A. Honorat.
11. Req., 16 janv. 1940, *DH* 1940. 88 ; Aix 19 mai 1938, *DH* 1938. 459. Entre eux, les fournisseurs sont payés au marc-le-franc (Civ., 25 févr. 1885, préc.).
12. Com. 5 avr. 2005, *D.* 2005. 2090, note A.S. Barthez, *JCP* 2005. I. 185, n° 23.

armées. Plus précisément, le privilège bénéficie aux préposés, agents et sous-traitants des entreprises de fourniture, à condition qu'ils aient fait des fournitures directes à l'administration et qu'ils aient été agréés par celle-ci [1]. Il porte sur les sommes dues aux entrepreneurs à un titre quelconque, même à raison d'autres marchés et à titre d'indemnités. Sa mise en œuvre est particulière, car les intéressés doivent, à peine de forclusion, agir dans les six mois suivant le trimestre pendant lequel les fournitures ont été faites.

B. Classement des privilèges spéciaux

822 ***1° Conflits entre privilèges spéciaux*** ◊ La question du rang des privilèges spéciaux mobiliers ne se pose, heureusement, que rarement et ceci à raison de leur spécialité même qui leur assigne une affectation limitée. Les conflits ne portent que sur certains biens déterminés et ne mettent en jeu qu'un petit nombre de créances. Lorsque, cependant, le problème se présente, il faut, en l'absence de précision dans les textes, en revenir à l'essence des privilèges et s'en tenir à la qualité de la créance qui les justifie [2]. Mais comme celle-ci n'est pas toujours un critère déterminant, d'autres éléments doivent être pris en considération et notamment la possession de la chose grevée ou la date de la créance. L'ensemble de ces directives permet de trancher les deux types principaux de conflits suscités par les privilèges spéciaux mobiliers : les conflits entre privilèges appartenant au même groupe et les conflits entre privilèges relevant de groupes différents [3].

823 ***a) Conflits entre privilèges appartenant au même groupe. – • Privilèges fondés sur la notion de gage*** ◊ Le conflit entre plusieurs gagistes paraît impossible, car le nantissement implique, en principe, la mise en possession effective et le maintien en possession du créancier. Le créancier, actuellement en possession et protégé par les dispositions de l'article 2276 l'emporte donc systématiquement. Ainsi, l'hôtelier chez qui les bagages d'un voyageur ont été transportés, prime nécessairement, compte tenu de sa possession actuelle, le transporteur impayé. Il se peut, néanmoins, qu'un conflit se produise entre deux créanciers gagistes, et ce, dans deux hypothèses :

1) Lorsque la chose donnée en gage a été confiée à un tiers convenu, rien n'interdit au débiteur de constituer plusieurs gages. En ce cas, le créancier qui a reçu la chose en gage le premier, par l'intermédiaire du tiers convenu, doit être préféré : *prior tempore, potior jure* [4].

---

1. V. Civ., 24 févr. 1942, *DA* 1942. 1. 81.

2. V. Dagot, p. 251.

3. Les solutions de conflit entre privilèges spéciaux peuvent être transposées pour régler les conflits entre privilèges et autres sûretés sans déplacement (v. Marty, Raynaud et Jestaz, n° 520). Mais il faut aussi tenir compte de certaines dispositions spéciales, notamment en matière de warrant, sur lesquelles, V. Roblot, « Les sûretés réelles mobilières sans déplacement », *Mélanges Ripert*. II. 563, n° 18.

4. On doit considérer comme le créancier le plus ancien, celui qui a accompli toutes les formalités nécessaires pour rendre son droit de gage opposable aux tiers, c'est-à-dire celui dont le titre a une date certaine antérieure aux autres (v. Marty, Raynaud et Jestaz, n° 495).

2) Lorsque l'efficacité du nantissement est subordonnée à une formalité de publicité, on doit préférer le créancier le plus diligent. Ainsi, quand des marchandises déposées dans un magasin général ont fait l'objet de plusieurs warrants successifs, le rang des différents porteurs est déterminé par la date de l'inscription de leurs warrants respectifs sur les registres du magasin général (Ord. 6 août 1945, art. 25). De même, en cas de mises en gage successives d'une même créance à personne dénommée, l'ordre de signification établira le classement des créanciers [1].

824 • ***Privilèges fondés sur la mise d'une valeur dans le patrimoine*** ◊ Le Code civil (art. 2332-3, al. 8) règle le classement en précisant qu'entre les vendeurs du même meuble, la préférence est donnée au plus ancien. *Prior tempore, potior jure.* Cela dit, un conflit peut se présenter entre deux créanciers qui ont, par leur fait, contribué à accroître le patrimoine de leur débiteur. Un exemple est donné par l'article 2332-1°, alinéa 4, à propos du bailleur et du marchand de semences qui ont, l'un et l'autre, un privilège sur la récolte de l'année. En ce cas, la loi accorde la préférence au marchand de semences en considérant implicitement que c'est lui qui a mis l'objet dans le patrimoine du débiteur d'une façon plus directe encore que n'a pu le faire le bailleur.

Un tel conflit peut aussi éclater en cas de ventes successives d'un même meuble lorsqu'aucun prix n'a été intégralement payé et que le privilège du premier vendeur n'est pas éteint. Alors, l'ordre de préférence est réglé par l'ordre des dates puisque le premier acheteur n'est devenu propriétaire que sous réserve du privilège que son vendeur avait lui-même. On notera que l'article 2374-1° donne la même solution en cas de ventes successives du même immeuble, ce qui autorise un raisonnement par analogie [2].

825 • ***Privilèges fondés sur la notion de conservation*** ◊ La préférence est ici donnée au dernier conservateur, c'est-à-dire à celui des créanciers qui a fait le dernier les actes de conservation (art. 2332-3, al. 7). La simple justice exige, en effet, que celui qui a profité de la conservation de la chose, soit primé par celui à qui il doit cet avantage. Les créanciers de frais de conservation doivent donc être classés dans l'ordre inverse des dates. La règle est ainsi exactement opposée à celle que l'on applique en cas de ventes successives.

826 ***b) Conflits entre privilèges appartenant à des groupes différents. • Privilèges fondés sur la notion de gage et privilèges fondés sur la mise d'une valeur dans le patrimoine*** ◊ Le créancier nanti l'emporte normalement sur le vendeur, à condition d'avoir été de bonne foi, c'est-à-dire d'avoir ignoré, au moment de la naissance du droit

1. V. encore, en cas de conflit sur le matériel garnissant un fonds de commerce, opposant le bailleur des locaux et le créancier nanti sur le fonds. Com., 14 janv. 1977, *Bull. civ.* IV, n° 43, décidant que le créancier nanti l'emporte si la date du bail est postérieure à l'inscription de nantissement.
2. Rappr. Civ., 4 août 1852, *DP* 1852. 1. 297 ; 19 févr. 1894, *DP* 1894. 1. 413.

de gage, que le prix de la chose donnée en gage était encore dû. En effet, le gagiste peut, s'il est de bonne foi, se prévaloir des dispositions de l'article 2276 à l'encontre de tous les tiers. Le vendeur a, au contraire, la préférence sur le créancier nanti qui n'est pas de bonne foi en ayant eu connaissance, au moment de la constitution de la sûreté [1], des droits du vendeur impayé [2]. Mais puisque la bonne foi se présume, il appartient au vendeur de prouver la mauvaise foi de son adversaire.

Ce principe, à défaut de texte général [3], est affirmé par la jurisprudence [4] et connaît de nouvelles applications au moment où les clauses de réserve de propriété se multiplient. Rien n'interdit, en effet, à un acquéreur de constituer un gage sur une marchandise déjà couverte par une clause de réserve de propriété. Le créancier gagiste, s'il est de bonne foi [5], peut alors opposer au bénéficiaire de la clause sa qualité de possesseur [6].

827 • ***Privilèges fondés sur la notion de gage et privilèges fondés sur la notion de conservation*** ◊ Le conflit est ici réglé au prix d'une distinction.

1° Si la créance pour frais de conservation est antérieure au nantissement, le créancier nanti a la préférence. La solution se fonde sur les dispositions de l'article 2279. Il est, par conséquent, nécessaire que le créancier nanti, s'il veut rester prioritaire, ait ignoré la créance de conservation lors de la naissance de son droit de gage [7].

2° Si la créance pour frais de conservation est postérieure à la constitution du gage, elle est préférée, parce que les dépenses avancées ont été utiles au créancier nanti lui-même ; sans elles, son gage eût péri en tout ou

1. « *Mala fides superveniens non nocet* ».
2. V. Marty, Raynaud et Jestaz, n° 504.
3. V. cependant, l'article 2332-4 qui privilégie le bailleur d'immeuble dans le conflit qui l'oppose au vendeur d'effets mobiliers, et Civ., 25 nov. 1907, *DP* 1909. 1. 57, note de Loynes.
4. V. Com., 9 mars 1977, *Bull. civ.* IV, n° 81, *JCP* 1978. II. 18822, note Flécheux ; 6 mars 1979, *Bull. civ.* IV, n° 91 ; 14 janv. 1980, *Bull. civ.* IV, n° 15, décidant que le privilège reconnu au fournisseur ou au sous-traitant d'une entreprise de travaux publics (C. trav., art. L. 3253-22) est primé par les privilèges fondés sur la notion de gage, tel celui du titulaire d'un nantissement sur un marché de travaux publics. La solution serait, cependant, différente en cas d'agrément du sous-traitant (v. C. marchés, art. 109). V. égal., Com., 8 juill. 1981, *Bull. civ.* IV, n° 311, *D.* 1982. IR 73, observant que le commissionnaire de transport en possession de la marchandise peut opposer son privilège au vendeur impayé de cette marchandise ; la condition de possession n'est plus aujourd'hui nécessaire, *supra*, n° 801.
5. La généralisation des clauses de réserve de propriété devrait inciter les éventuels créanciers à une certaine prudence, ce phénomène étant certainement de nature à faciliter la tâche des vendeurs dans la quête de leurs preuves.
6. V. en ce sens, Com., 3 oct. 1989, *Bull. civ.* IV, n° 244, *D.* 1990. Somm. 388, obs. Aynès, *D.* 1991. Somm. 43, obs. Pérochon, *JCP* 1990. II. 21454, note Béhar-Touchais, *RTD civ.* 1990. 306, obs. Zénati ; égal. *supra*, n° 613 ; Angers 26 mars 1985, *D.* 1986. 537, note Contamine-Raynaud ; Paris 2 oct. 1987, *Banque* 1987. 1208, note Rives-Lange. V. égal., Com., 1er oct. 1985, *Bull. civ.* IV, n° 224 décidant que la clause de réserve de propriété n'est pas opposable au tiers acquéreur de bonne foi (en l'occurrence porteur d'un connaissement fluvial).
7. V. Marty, Raynaud et Jestaz, n° 505.

partie, ce qui aurait rendu difficile l'exercice de son propre privilège [1]. Ainsi, le conservateur prime le commissionnaire [2], le bailleur [3], le créancier nanti sur le fonds de commerce [4] ou encore le créancier gagiste sur automobile [5].

828 • ***Privilèges fondés sur la mise d'une valeur dans le patrimoine et privilèges fondés sur la notion de conservation*** ◊ Le conservateur l'emporte ici, sans qu'il faille prendre en considération la date de naissance de l'un ou l'autre privilège. La règle se comprend : le vendeur ayant tiré profit des actes de conservation du meuble sur lequel porte son privilège, il est juste que celui qui a avancé ces frais de conservation ait toujours la priorité sur lui [6]. Elle ne fait pas de doute lorsque les frais de conservation sont postérieurs à la vente, tel étant le cas lorsque l'acheteur a fait réparer un meuble dont il n'a pas encore payé le prix ; elle doit également s'imposer si les réparations sont antérieures à la vente, pourvu que le meuble soit encore entre les mains du réparateur.

829 ***Résumé*** ◊ En définitive, on peut établir la hiérarchie suivante entre les privilèges spéciaux mobiliers du droit civil :

1° Frais de conservation postérieurs à la naissance des autres privilèges.

2° Privilèges fondés sur la notion de gage si, du moins, le créancier nanti, en conflit avec un privilège d'un autre groupe, est de bonne foi ; en cas de concours entre créanciers nantis, le classement se fait chronologiquement en donnant la priorité au plus ancien.

3° Frais de conservation antérieurs à la naissance des autres privilèges ; en cas de conflit, le classement se fait chronologiquement en donnant la priorité à celui des créanciers qui a fait le dernier les dépenses de conservation.

4° Privilèges fondés sur la notion d'augmentation du patrimoine ; en cas de conflit, le créancier le plus ancien l'emporte.

C'est ce résumé que la réforme des sûretés a repris. L'article 2332-3 C. civ. dispose en effet que les privilèges spéciaux du bailleur d'immeuble, du conservateur et du vendeur de meubles s'exercent dans l'ordre qui suit :

1° le privilège du conservateur, lorsque les frais de conservation sont postérieurs à la naissance des autres privilèges ;

2° le privilège du bailleur d'immeuble, qui ignorait l'existence des autres privilèges ;

---

1. V. Marty, Raynaud et Jestaz, *ibid.*

2. T. com. Paris 1er oct. 1990, *BTL* 1990. 743.

3. Civ., 31 juill. 1913, *DP* 1915. 1. 65, note de Loynes.

4. Civ., 29 nov. 1937, *S.* 1938. 1. 173.

5. Com., 4 févr. 1980, *Bull. civ.* IV, n° 54, *D.* 1982. 189, note Agostini. Encore faut-il que le garagiste n'ait pas perdu son droit préférentiel en négligeant de s'en prévaloir au moment de la vente, V. Paris 24 sept. 1976, *D.* 1977. IR 42, et sur pourvoi, Com., 20 juin 1978, *Bull. civ.* IV, n° 174.

6. V. Marty, Raynaud et Jestaz, n° 506.

3° le privilège du conservateur, lorsque les frais de conservation sont antérieurs à la naissance des autres privilèges ;

4° le privilège du vendeur de meuble ;

5° le privilège du bailleur d'immeuble, qui connaissait l'existence des autres privilèges.

830 ***2° Conflits entre privilèges spéciaux et privilèges généraux. Priorité des privilèges spéciaux*** ◊ « Sauf dérogations prévues par la loi, les privilèges spéciaux mobiliers l'emportent sur les privilèges généraux sur les meubles » [1]. Ce principe de solution, dégagé, en l'absence de texte, par une jurisprudence classique [2] ne manque pas de justifications : la tradition historique [3], l'adage *generi per speciem derogatur* ou encore le fondement même reconnu aux divers privilèges spéciaux. En effet, les privilèges fondés sur une idée de gage assurent à leurs titulaires le bénéfice de la protection possessoire et sont opposables aux tiers et, par conséquent, à tous les créanciers du débiteur. Quant aux privilèges fondés sur les notions de plus-value ou de conservation, l'équité commande qu'ils passent avant les privilèges généraux sous peine de créer une sorte d'enrichissement injuste. Quelles que soient les explications avancées, la solution a le mérite de la simplicité : elle conduit donc à donner la préférence à toutes les sûretés mobilières spéciales sur les privilèges généraux [4]. La réforme des sûretés l'a expressément consacrée (art. 2332-1).

831 ***Dérogations*** ◊ Dans des cas exceptionnels, prévus expressément ou non par la loi, certains privilèges généraux priment les privilèges spéciaux mobiliers. Ce sont :

1° le superprivilège des salaires, à condition, toutefois, qu'il y ait des fonds disponibles pour désintéresser les salariés [5] ;

2° le privilège des frais de justice, si, du moins, ces frais ont servi l'intérêt de tous les créanciers, ainsi que le privilège de l'article L. 622-17 ;

3° les privilèges généraux du Trésor qui sont qualifiés de « premier rang ». Cette primauté du Trésor, initialement dégagée à l'encontre du créancier gagiste [6], a été progressivement étendue à tous les privilèges fiscaux généraux qui s'exercent avant les privilèges civils généraux. Les privilèges du Trésor l'emportent ainsi sur le privilège du bailleur [7], sur celui du

---

1. Com., 25 oct. 1976, *Bull. civ.* IV, n° 267, *D.* 1977. 380, note Taisne.
2. V. Req., 20 mars 1849, *DP* 1849. 1. 250, *S.* 1850. 1. 106, *Grands arrêts*, 12e éd., T. 2, n° 304.
3. V. Pothier, *Procédure civile*, n° 481.
4. V. Civ., 19 janv. 1864, *DP* 1864. 1. 80 : le privilège du bailleur prime celui des salariés ; 29 nov. 1937, *DH* 1938, 49 : le privilège du gagiste prime celui des salariés ; Com., 25 oct. 1976, préc., le privilège du créancier nanti sur le fonds de commerce prime celui de la sécurité sociale.
5. Ainsi, l'administrateur ou le liquidateur qui a réalisé un bien grevé d'un droit de rétention dont se prévaut un créancier gagiste, n'a pas de fonds disponibles : il doit régler en priorité le gagiste (v. Orléans 9 déc. 1974, *D.* 1975. 768, note Derrida).
6. Civ., 1er mai 1901, *DP* 1901. 1. 289 ; 18 nov. 1908, *DP* 1910. 1. 265.
7. Civ., 27 juill. 1925, *DP* 1927. 1. 110.

créancier inscrit sur le fonds de commerce [1] et, sauf exceptions [2], sur toutes les sûretés mobilières sans dépossession. Cet impérialisme du Trésor explique sans aucun doute l'essor du droit de rétention qui, on s'en souvient, assure à son titulaire une priorité absolue opposable à tous les créanciers dont, précisément, le Trésor [3].

En revanche, les privilèges généraux du Trésor qui sont qualifiés de « second rang » et qui sont primés par les privilèges généraux du droit civil, le sont *a fortiori* par les privilèges mobiliers spéciaux du droit civil, car ces derniers passent avant les privilèges généraux de l'article 2331. Ainsi, le privilège du Trésor pour le débet des comptables et celui pour le recouvrement des frais de justice criminelle, s'exercent après les privilèges spéciaux de l'article 2332 et, par suite, après tous les privilèges spéciaux du droit civil.

1. Com., 26 oct. 1971, *D.* 1972. 61, note Derrida, *JCP* 1972. II. 17058, note Spitéri ; Nîmes, 18 nov. 1992, *JCP* 1993. I. 3717, n° 22.

2. V. C. com. art. L. 525-9 (nantissement sur le matériel) ; C. com. art. L. 522-32 (warrant commercial), v. Com., 8 mars 1955, *D.* 1955. 307 ; L. 30 avr. 1906, art. 12 (warrant agricole).

3. V. Com., 15 janv. 1957, 3 arrêts, *D.* 1957. 267, note Hémard.

DEUXIÈME PARTIE

LA PUBLICITÉ FONCIÈRE

INTRODUCTION
GENÈSE ET CARACTÈRES GÉNÉRAUX

832 ***Publicité*** ◊ Publier veut dire porter à la connaissance du public. Derrière l'objectif immédiat que révèle l'étymologie peuvent cependant s'en cacher d'autres, variables suivant la nature des informations livrées. On n'insistera pas sur ceux de la publicité dite commerciale. Ceux de la publication littéraire sont également sans mystère. Dans certains cas, l'autorité publique impose la publication d'informations concernant les personnes privées. L'état civil en est la parfaite illustration : tant l'intérêt général que celui des individus, qu'il s'agisse des personnes visées par la publication ou des tiers, exigent que l'état des personnes soit officiellement constaté et que toute modification soit consignée sur des registres accessibles à la consultation.

Un besoin semblable s'est manifesté, quoique plus tardivement, en ce qui concerne les biens. La sécurité du commerce juridique repose sur la fiabilité des renseignements dont disposent les contractants. Cette exigence ne peut être que très imparfaitement satisfaite lorsque les informations sont livrées par les parties elles-mêmes. Elle l'est de bien meilleure façon si les renseignements utiles sont consignés dans un registre ou fichier public et accessible, tenu par une autorité neutre et objective.

Telle est la finalité de tout système de publicité, instrument d'**information** et de **protection**. On pouvait cependant difficilement imaginer un inventaire systématique des biens de toutes sortes, assorti de l'obligation de faire publier toute modification dans leur consistance ou leur mode d'appropriation. L'activité économique et la fluidité du commerce juridique s'en trouveraient paralysées. Mais ce qui n'est pas possible pour tous les biens l'est, en revanche, pour ceux d'entre eux qui se caractérisent par leur fixité, leur durabilité ou encore leur importance. Tel est le cas au premier chef des immeubles.

833 ***Publicité foncière*** [1] ◊ Aussi indéniable que soit l'importance prise par la fortune mobilière, il reste que les immeubles constituent une composante

1. **Bibliographie particulière :** M. Dagot, *La publicité foncière*, Thémis, 1981 ; M. Dagot et P. Frémont, *J.-Cl. Civ. Annexes* ou *Notarial Répertoire, V° Publicité foncière*, fasc. 30 s. ; A. Fournier, *Rép. civ. Dalloz, V° Publicité foncière ;* « Le malaise actuel dans le droit de la publicité foncière », *Defrénois* 1980. 32401 ; « Insuffisances et incertitudes en droit de la publicité foncière », *Mélanges Goubeaux*, Dalloz-LGDJ, 2009, p. 155 ; M. Gobert, *La publicité foncière française, cette mal-aimée, Études Flour, Defrénois* 1979. 207 ; M.-N. Jobard-Bachellier, « Servitude et grandeur de la publicité foncière en droit français », *D.* 1988. Chron. 247 ; J. Lafond, avec la collaboration de A. Fournier, *Guide de la publicité foncière 2010*, LexisNexis ; J. Lafond et B. Stemmer,

essentielle et stable des patrimoines. Leur fixité en fait l'objet idéal d'un système de publicité. L'instrument de crédit qu'ils représentent a fourni le motif déterminant de sa progressive réalisation.

Si le concept et la pratique de l'hypothèque sont certes bien antérieurs aux premiers essais législatifs en matière de publicité foncière, un droit hypothécaire est aujourd'hui inconcevable sans l'indispensable support que constitue cette publicité : le créancier doit avoir une connaissance complète et précise de la situation de l'immeuble et des droits qui, le cas échéant, le grèvent déjà ; corrélativement, si de tels droits ont été constitués, mais non publiés, le créancier hypothécaire doit pouvoir les ignorer.

Au-delà de l'hypothèque, l'utilité de la publicité est tout aussi évidente pour les autres opérations juridiques immobilières, telles que les cessions ou constitutions de droits réels : le cocontractant du propriétaire a un besoin évident de connaître la réalité du droit de ce dernier et l'existence éventuelle d'autres droits grevant l'immeuble ; il doit pouvoir se fier aux informations rendues publiques par voie officielle. Les créanciers chirographaires eux-mêmes, enfin, ne peuvent que trouver avantage à pouvoir accéder à ces informations, même s'ils ne sont pas de ceux qui sont spécialement protégés par la publicité foncière (*infra* n°s 868 s.).

La fonction première de la publicité foncière est donc d'assurer la sécurité du commerce juridique en matière immobilière. La règle de base est simple : **les droits non publiés sont censés ne pas exister à l'égard de ceux qui sont titulaires de droits concurrents et qui les ont publiés.** Le cas échéant, l'apparence créée par la publicité régulièrement faite l'emportera sur la réalité des droits constitués ou cédés. Du même coup, la publicité joue un rôle préventif des conflits susceptibles de naître d'opérations juridiques non publiées.

L'évolution est allée dans le sens d'un élargissement du champ des informations publiées. Dans certains cas, il ne pouvait être question de subordonner l'efficacité des droits à l'égard des tiers à leur publicité. Le seul exemple des mutations à cause de mort suffit à illustrer ce propos. Leur publication s'impose également, afin que les tiers disposent d'une information complète et toujours actualisée. L'extension du périmètre de la publicité s'est traduite par une **diversification des fonctions et des sanctions.** À la fonction d'information, inhérente au concept même de publicité, s'ajoute, dans certaines limites, une fonction de protection.

Dictionnaire de la publicité foncière, 4 vol., Litec, 1983 ; H. Lemaire, « Formalité foncière (publicité ou inscription) : Étude des systèmes déclaratifs et constitutifs dans la CEE, quant à leurs effets », *JCP* N 1991. I. 447 ; F. Magnin, *J.-Cl.* préc., fasc. 7 s. ; S. Piedelièvre, *Traité de droit civil*, dir. J. Ghestin, *La publicité foncière*, LGDJ, 2000 ; I. Takizawa, « Notion d'inopposabilité dans la publicité foncière. Réflexions sur le système français », *RRJ* 1993. 933 ; « La publicité foncière française : le pourquoi de sa difficulté », *in Ruptures, mouvements et continuité du droit*, Autour de Michelle Gobert, Economica 2004, p. 377 ; « Les problèmes jurisprudentiels de la publicité foncière française », *Mélanges Simler*, Litec-Dalloz, 2006, p. 829 ; R. Tendler, « La publicité foncière française face à l'harmonisation européenne », *JCP* 1991. I. 3544.

L'intérêt d'un instrument de publicité en matière immobilière est confirmé par sa transposition à **certains biens meubles**. L'impossibilité pratique d'un système généralisé de publicité pour les biens meubles, suppléé, dans une certaine mesure, par le principe selon lequel « *en fait de meubles, la possession vaut titre* » (C. civ., art. 2276 ; anc. art. 2279), n'exclut pas que certains biens de cette nature, en raison de leur importance, de leur faible mobilité ou de l'existence d'un point d'attache géographique, puissent faire l'objet d'un recensement sur un registre public. Tel est le cas pour les navires, bateaux et aéronefs, immatriculés dans un port d'attache et susceptibles d'hypothèque (*supra* n°s 725 s.), pour les fonds de commerce, dont la vente et le nantissement sont inscrits sur un registre spécial (*supra* n°s 716 s.), pour les véhicules automobiles (*supra* n°s 707 s.), pour les films cinématographiques (*supra* n° 722) et, plus généralement, depuis l'ordonnance du 23 mars 2006 portant réforme des sûretés, pour le gage des biens meubles corporels (C. civ., art. 2337) et le nantissement des meubles incorporels (art. 2355, al. 5) [1].

834 ***Plan*** ◊ La publicité foncière a été mise en place en droit français en plusieurs étapes. Les séquelles de cette formation par strates n'ont pas été totalement effacées par la réforme d'ensemble opérée par les décrets du 4 janvier 1955 et du 14 octobre 1955 (A). Les origines des solutions françaises expliquent également les différences qui les opposent à celles retenues, dans d'autres contextes, par d'autres systèmes juridiques (B). Le régime français de la publicité foncière se caractérise en effet par un certain nombre de traits distinctifs qu'il importe de souligner (C), avant d'aborder l'étude, successivement, du **domaine** et des **fonctions** de la publicité foncière (Chapitre 1), puis de l'**organisation** et du **fonctionnement** du système (Chapitre 2).

A. Formation historique du droit de la publicité foncière

835 ***Origines*** ◊ L'histoire de la publicité foncière, qui a d'abord été celle de l'hypothèque, est relativement peu ancienne [2]. Ses véritables origines remontent au droit révolutionnaire.

Certes, le **droit romain** connaissait l'hypothèque, mais celle-ci, simple convention, restait occulte et n'offrait donc qu'une sécurité toute relative. Quant à la reproduction des donations sur un registre public, instituée sous le Bas-Empire sous le nom d'**insinuation**, elle était étrangère à l'idée de publicité. Elle était érigée en condition de validité de l'acte, même entre les parties, et s'appliquait aussi bien aux donations mobilières qu'immobilières. Elle méritait cependant d'être signalée, en ce qu'elle explique certaines spécificités de la publication des donations qui ont

1. Il est significatif que la publicité du gage tienne en échec la règle de l'article 2276 (art. 2337, al. 3).
2. V. S. Piedelièvre, *op. cit.*, n°s 7 s.

survécu jusqu'à l'époque actuelle. Pour les autres opérations, on peut relever que, d'une certaine manière, le formalisme du transfert de propriété (*mancipatio, in jure cessio, traditio*) tenait lieu de publicité. La progressive dématérialisation de la *traditio* [1] finit par poser un problème réel de sécurité du commerce juridique.

L'**Ancien droit** n'a pas été marqué par de notables progrès dans ce domaine. Les hypothèques et mutations immobilières sont restées occultes, sous réserve de formalités symboliques de tradition (clause de dessaisine-saisine). Dans une certaine mesure, l'investiture féodale de l'acquéreur et l'institution du notariat tinrent lieu de substituts de publicité, à une époque où les aliénations immobilières restaient rares. Il convient de relever cependant, d'une part, l'instauration de registres destinés à l'inscription des mutations immobilières et des hypothèques dans certaines coutumes du nord (pays dits de nantissement) et de Bretagne [2], d'autre part, les vaines tentatives, notamment de Colbert, d'instituer un système généralisé de publicité foncière. Son édit de 1673 se heurta à la vive opposition conjuguée de la noblesse, préférant la clandestinité à la sécurité, afin de ne pas révéler au grand jour son endettement hypothécaire, et du notariat, craignant une remise en cause de ses prérogatives. Il fut rapporté dès l'année suivante. La protection des familles et la défaveur corrélative pour les donations entre vifs expliquent le maintien de l'insinuation romaine, qui remplissait subsidiairement une fonction de publicité [3].

836 ***Droit intermédiaire*** ◊ La période intermédiaire a été ponctuée par deux interventions législatives importantes en la matière. Si la première a été un échec, la seconde, bien qu'en retrait par rapport à la précédente sur certains points, a posé les fondations du système actuel. Les rédacteurs du Code civil n'en retiendront eux-mêmes qu'une partie, mais elle ouvrira la voie aux réformes ultérieures.

La **loi du 9 messidor an III** (27 juin 1895), appelée « code hypothécaire », avait exclusivement pour objet le régime hypothécaire. Elle voulait instituer une publicité systématique de toutes les hypothèques, tant conventionnelles que légales ou judiciaires. Une originalité remarquable résidait dans la mise en place d'une technique de mobilisation du crédit hypothécaire par la création de titres hypothécaires sur soi-même, non accessoires à une créance déterminée et transmissibles par simple endossement, appelés « cédules hypothécaires » (*supra* n° 378) [4].

La **loi du 11 brumaire an VII** (1er nov. 1798) est véritablement à l'origine du système français de publicité foncière, même si celui-ci connaîtra encore, par la suite, une longue éclipse partielle. C'est elle, en effet, qui a mis en place les structures de base qui ont perduré. Elle a institué dans chaque arrondissement une **conservation des hypothèques**, chargée de la tenue de deux registres distincts : le **registre des inscriptions**, pour les hypothèques et privilèges, dont la publicité était déjà organisée

---

1. V. Mazeaud, Chabas et Picod, n° 646.

2. Le système d'« appropriance par bannies » (proclamation publique de « bans » à la sortie de la messe dominicale, à l'instar de ce qui se faisait pour les mariages) y a été complété, au XVIIe siècle, par une inscription sur un registre, appelé « insinuation ». Un dispositif semblable était en usage à Metz.

3. Ordonnance de Villers-Cotterets de 1539.

4. Contrairement à ce qui est souvent dit, la réforme de messidor an III, et spécialement le système cédulaire, auraient connu, selon un auteur, des applications significatives (8 000 cédules inscrites au 1er bureau des hypothèques de la Seine) : F.-X. Grignon-Derenne, *Contribution à l'étude des accessoires de la créance*, thèse Paris II, 1999, p. 46. Sur la cédule hypothécaire suisse, récemment modernisée, v. *JCP* 2011. 1061, et *JCP* N 2011. Act. 786, obs. Jehl.

par la loi de l'an III (la technique des cédules étant cependant abolie), et le **registre des transcriptions**, dans lequel devaient être littéralement transcrits – telle était la grande innovation – les actes translatifs d'immeubles entre vifs et ceux constitutifs de droits réels susceptibles d'hypothèque.

837 ***Code civil*** ◊ Ses rédacteurs se sont largement inspirés des dispositions de la loi de brumaire an VII, tout en édulcorant fortement le dispositif [1]. Ainsi ont-ils maintenu les structures : conservation des hypothèques, dualité des registres, mais en rétablissant les hypothèques générales et privilèges occultes. Sur un point capital : la transcription des mutations et constitutions de droits réels immobiliers entre vifs, ils ne sont pas parvenus à un accord. À cet égard, l'œuvre apparaît inachevée, non seulement quant au fond, mais même dans la forme. Le projet avait repris le dispositif de la loi de brumaire an VII. Mais, en raison de vives critiques [2], la question fut laissée en suspens. Divers textes se référaient cependant, sinon au terme, du moins à l'idée de transcription. En définitive le débat ne fut pas tranché, aucun article ne prescrivant de manière claire la transcription des mutations à titre onéreux et constitutions de droits réels immobiliers.

Un temps embarrassés, les interprètes conclurent à l'abandon par le Code civil de l'obligation de transcription de ces actes [3]. Subsistait seulement l'inscription des privilèges et hypothèques conventionnelles et la transcription traditionnelle des donations et substitutions immobilières (art. 939 s.). Quant aux autres actes, la transcription était facultative, mais non dépourvue d'intérêt. Ainsi, l'article 834 du Code de procédure civile prévoyait-il que les créanciers hypothécaires du chef du vendeur d'immeuble pouvaient inscrire leur hypothèque jusqu'à la transcription de la vente, et même encore dans les quinze jours suivants. De plus, la loi de finance du 28 avril 1816 imposa la perception d'office du droit de transcription en même temps que le droit de mutation, ce qui enlevait tout intérêt pécuniaire à l'omission de la formalité.

838 ***Loi du 23 mars 1855*** ◊ Cette loi a eu pour principal objet, sans modification des structures, de reprendre la règle de la **publication obligatoire des actes et jugements translatifs et constitutifs entre vifs de droits réels immobiliers**, déjà prévue par la loi de l'an VII, mais abandonnée par le Code civil. Elle a par ailleurs étendu le champ d'application de la publicité aux actes portant sur des droits réels immobiliers même non susceptibles d'hypothèque et, déjà, aux baux de plus de dix-huit ans et aux quittances ou cessions de plus de trois années de loyers non échus.

Le facteur déterminant de la réforme de 1855 paraît avoir été la création en 1852 du Crédit foncier, dans le but de favoriser la construction et la mise en valeur des terres. La sécurité des opérations de crédit hypothécaire effectuées par cet organisme exigeait que soient publiées non seulement les hypothèques, mais aussi les aliénations d'immeubles et les constitutions d'autres droits réels immobiliers. L'adjonction des

1. Portalis, dans son « Discours préliminaire », avait jugé très sévèrement le dispositif de la loi de l'an VII : « Si l'on part de l'idée qu'il faut parer à tout le mal et à tous les abus dont quelques personnes sont capables, tout est perdu. On multipliera les formes à l'infini, on n'accordera qu'une protection ruineuse aux citoyens ; et le remède sera pire que le mal... On paraît avoir entièrement oublié ces principes en rédigeant nos dernières lois sur les hypothèques ». Les réformes de 1855 et de 1955 reprendront pourtant la quasi totalité des dispositions du texte de l'an VII.

2. Fenet, t. XV, p. 386. Il en ressort que la crainte majeure (qui apparaît vaine, *a posteriori*) était l'incompatibilité entre les effets de la publicité foncière et la règle, nouvelle, du transfert de la propriété *solo consensu*.

3. V. avis du Conseil d'État du 11 fructidor an XIII. Cette interprétation fut confirmée par les dispositions du Code de procédure civile de 1806 (art. 834 anc.).

droits personnels que constituent les baux et les quittances et cessions de loyers s'explique parfaitement dans ce contexte : la durée de ces conventions a une incidence significative sur la valeur vénale des immeubles concernés.

839 ***Appréciation*** ◊ Le régime issu de la loi du 23 mars 1855 durera un siècle. Cette remarquable longévité est cependant due moins à la qualité du dispositif qu'à la difficulté de concevoir et de réaliser un système complet et efficace. On lui a notamment reproché d'être :

- **compliqué**, sous le double rapport des textes et des structures ; les textes figuraient, les uns dans le Code civil, les autres dans la loi spéciale de 1855 ; ils étaient différents pour les privilèges et hypothèques, les donations et les actes à titre onéreux soumis à publicité ; la juxtaposition de deux registres distincts a également fait l'objet de critiques ;
- **malcommode**, en raison de son caractère « personnel » : la seule clé d'accès aux actes, publiés dans leur ordre chronologique, était le nom des parties, par le biais d'un répertoire alphabétique tenu par le conservateur, les registres ne permettant pas, de ce fait, d'avoir une vision complète de la situation juridique d'un immeuble donné ; de plus, les nombreuses homonymies étaient source de confusions ;
- **incomplet**, puisque seules certaines opérations, limitativement énumérées par les textes, devaient être publiées ; s'en trouvaient notamment dispensées les mutations à cause de mort et les actes ou jugements déclaratifs, confirmatifs ou abdicatifs, sans évoquer les hypothèques légales et de nombreux privilèges immobiliers généraux ;
- **peu sûr**, en ce que la publicité ne donnait lieu à aucun contrôle de la validité des opérations publiées et ne purgeait pas les actes d'éventuels vices, de sorte que l'acquéreur d'un immeuble et ses ayants cause n'étaient véritablement à l'abri de contestations, en dépit de l'accomplissement de la formalité de la publicité, que si les conditions de la prescription acquisitive étaient par ailleurs réunies.

Si certaines de ces critiques ont été entendues, d'autres sont restées sans effet.

840 ***Décrets-lois du 30 octobre 1935 et du 17 juin 1938*** ◊ Sous réserve de dispositions purement techniques relatives à la tenue matérielle des registres intervenues en 1918 et 1921 (*infra* n°s 911 s.), la première retouche importante de la loi de 1855 résulte d'un décret-loi du 30 octobre 1935, qui a étendu l'obligation de la publicité foncière aux **transmissions à cause de mort** et aux **actes et jugements déclaratifs**.

Un nouvel élargissement fut réalisé par le décret-loi du 17 juin 1938, concernant la publication des **commandements de saisie immobilière**. Par ce biais, les créanciers chirographaires saisissants furent admis à bénéficier des bienfaits de la publicité foncière [1]. La transcription du commandement rendait indisponible l'immeuble et inopposable au créancier saisissant toute nouvelle inscription, même s'il s'agissait de droits nés antérieurement. Un décret du 7 janvier 1959 a encore durci le dispositif en faisant remonter les effets de la publication au jour du dépôt du commandement de saisie.

841 ***Décret du 4 janvier 1955*** [2] ◊ Sans remettre en cause les acquis du passé, le décret du 4 janvier 1955 a réalisé une réforme de plus grande envergure.

1. V. P. Hébraud, « La réalisation des droits des créanciers dans la saisie immobilière », *DH* 1939. Chron. 21.
2. Commentaires : E. Becqué, *JCP* 1955. I. 1226 et 1271 *bis*, et 1956. I. 1287 ; P. Esmein, *Gaz. Pal.* 1955. 1. Doctr. 30 ; P. Hébraud, *Rec. Acad. de législ. Toulouse*, 5e série, t. IV, p. 21 ; P. Nerson, *D.* 1955. Chron. 151.

Sont maintenus les principes de base et les structures : absence de contrôle préalable de la validité des actes publiés, dualité des registres, rôle du conservateur des hypothèques. L'objectif a principalement été de combler les lacunes de la publicité quant aux droits publiés, afin que l'institution soit une source d'information complète, fiable et plus facile d'accès.

Quant au fond, les innovations les plus notables ont été les suivantes :

- soumission à la publicité de toutes les sûretés immobilières, y compris les hypothèques légales et les privilèges, jusque-là occultes, à l'exception de quelques privilèges généraux (*supra* n°s 749 s.) ;
- élargissement du champ d'application de la publicité, dans le prolongement des extensions déjà réalisées en 1935 et 1938 ;
- adoption du principe de l'**effet relatif** de l'inscription, en vertu duquel aucune inscription ne peut être prise si le titre du disposant n'a pas été préalablement publié (*infra* n° 894).

La technique de la publicité a été très nettement améliorée par la création du **fichier immobilier**, dont l'une des composantes est un fichier parcellaire, permettant de connaître la situation juridique complète d'un bien immobilier. Un instrument de publicité « réelle » est ainsi ajouté aux supports traditionnels (*infra* n°s 907 s.).

Le décret du 4 janvier 1955, assorti d'un important décret d'application du 14 octobre 1955, est entré en vigueur le 1er janvier 1956. Le dispositif n'a fait l'objet, depuis, que de retouches de détails, dont certains, cependant, ne sont pas dénués d'importance [1]. Cela signifie, non que l'on ait atteint le stade de la perfection, mais que le système, qui constitue une sorte de compromis entre le possible et le souhaitable, remplit son office de manière à peu près satisfaisante [2].

Le seul fait que les solutions propres aux trois départements d'Alsace et de Moselle, d'abord maintenues en vigueur par la loi du 1er juin 1924, l'aient été à nouveau lors de la réforme de 1955 semble indiquer que des solutions différentes et sans doute meilleures sont concevables. Aussi n'est-il pas sans intérêt de présenter sommairement les principaux systèmes étrangers, ainsi que les spécificités du droit local alsacien-mosellan.

B. Regards sur d'autres systèmes

842 ***Théorie : à la recherche du système idéal*** ◊ Il est communément admis qu'un système idéal de publicité foncière devrait avoir les caractéristiques suivantes :

---

1. Ord. 28 sept. 1967, relative à la durée des inscriptions hypothécaires : *supra* n° 565 ; Décr. 7 janv. 1959, relatif à la publicité des actes palliant le défaut d'acte authentique : *infra* n° 864 ; L. 6 avr. 1998 et Décr. 23 juin, 3 juill. et 30 juill. 1998 : *infra n^os^* 865, 896, 906 s., 910, 921, 935 (v. comm. de la loi : P.J.C., *JCP* N 1998. 801, et comm. d'ensemble, P.J.C., *JCP* N 1998. 1328).

2. Pour une critique vigoureuse, mais isolée, de l'extension, par les décrets de 1935 et 1955, du domaine de la publicité, notamment aux transmissions à cause de mort, extension qualifiée de « luxe un peu vain » et d'« excroissance parasitaire », v. R. Savatier, « Usage et avenir de la publicité foncière réformée par les décrets du 4 janvier et 14 octobre 1955 », *D.* 1959. Chron. 221.

a) La publicité devrait avoir pour **objet**, non les actes passés et les personnes titulaires des droits publiés, mais les **parcelles foncières** et les droits afférents à ces parcelles. Elle s'appuierait sur un inventaire complet des parcelles immobilières, sous la forme d'un registre ou d'un fichier dans lequel chaque parcelle aurait son feuillet. La publicité serait donc organisée sur un mode réel et non sur un mode personnel.

b) La publication donnerait lieu à une **vérification préalable** par une autorité publique, judiciaire ou administrative, de la réalité des droits et de la validité des actes, de sorte que le titre délivré au titulaire d'un droit inscrit serait inattaquable, la publicité opérant purge de tous les vices et de tous les droits antérieurs non déclarés.

c) Corrélativement, la publicité serait érigée en **condition de validité de la constitution ou du transfert des droits**, même entre les parties, ou constituerait du moins le seul instrument de preuve de ces droits.

Cette description révèle l'évident écart entre un tel système et les solutions du droit positif et explique le compromis recherché. Sa mise en œuvre exigerait non seulement des moyens considérables, mais encore la remise en cause de principes essentiels du droit des contrats et des biens, tels que le consensualisme et le principe du transfert des droits, y compris le droit de propriété, par le seul échange des consentements. Diverses législations ont cependant institué des systèmes de publicité foncière plus ou moins proches de celui ainsi esquissé.

843 ***Livres fonciers*** ◊ Les traits distinctifs des systèmes de publicité réelle, basés sur un inventaire parcellaire, sont l'existence d'un livre foncier et le fait que la publication a pour objet les droits et non les actes ou faits juridiques.

Chronologiquement, la première expérience significative a été réalisée en **Australie**. Les bases en ont été fixées en 1858 par un texte législatif connu sous le nom de *Torrens Act*. Un pays neuf et largement inoccupé se prêtait infiniment mieux que les pays de vieille tradition à la délivrance de titres inattaquables, après vérification et immatriculation des droits sur un registre public, appelé livre foncier. L'immatriculation et la tenue de ce livre sont confiées à une autorité administrative. Toute mutation ou modification n'est efficace qu'après publication, qui est faite contre remise du titre ancien et donne lieu à la délivrance du nouveau titre.

Plus proche, géographiquement et par le contexte juridique dans lequel elle s'inscrit, est la **législation allemande**, empruntée par le Code civil de 1900 à une loi prussienne de 1872. Des solutions semblables ont été retenues par le législateur **suisse**. Le livre foncier, qui s'appuie lui-même sur un cadastre, y est tenu par un magistrat de l'ordre judiciaire, doté de pouvoirs de vérification de la réalité des droits et de la validité des actes. La publication seule est translative ou constitutive des droits réels. Cette règle se situe dans le prolongement direct de la tradition romaine, conservée dans les pays germaniques, selon laquelle la vente est seulement créatrice d'obligations et non translative de droits [1].

La **France** elle-même a introduit des solutions proches du modèle australien dans nombre de ses colonies ou protectorats, notamment d'Afrique et de Madagascar et du Proche orient, afin d'asseoir sur des bases neuves et irréfutables les propriétés coloniales. Les conflits avec les droits ancestraux des populations autochtones ont

1. Sur la publicité foncière dans les pays d'Europe occidentale, v. H. Lemaire et R. Tendler, art. préc. ; J.B. Grisoni, *Les conceptions française et suisse de la publicité foncière et leurs effets*, thèse Lausanne, Chablaz 1990. Le Code civil du Québec, entré en vigueur le 1er janvier 1994, retient un système de livre foncier proche du modèle germano-suisse : v. F. Brochu, « Le mécanisme de fonctionnement de la publicité des droits en vertu du nouveau Code civil du Québec, et le rôle des principaux intervenants », *Cah. droit* sept. 1993, vol. 34.

considérablement freiné l'application de ces réformes. Plusieurs pays ont cependant conservé et développé ce système après leur accession à l'indépendance.

844 ***Droit local alsacien-mosellan*** ◇ L'intérêt d'une présentation succincte du droit maintenu en vigueur en Alsace et en Moselle par la loi du 1er juin 1924 [1] est double : cette législation fait partie intégrante du droit positif français et elle réalise une sorte de compromis entre les solutions françaises et le système du livre foncier.

Les structures sont celles empruntées à la législation allemande. Le livre foncier est tenu par un magistrat : le juge du livre foncier, doté d'un assez large pouvoir d'investigation. Mais les feuillets du livre foncier, établi pour chaque commune, sont libellés au nom des propriétaires des parcelles [2]. Y sont mentionnés tous les immeubles dont une personne est propriétaire dans ladite commune et tous les droits ou charges qui les grèvent. Un répertoire parcellaire complète le dispositif.

Les effets de la publicité sont plus proches, en revanche, des solutions du droit commun français. La publicité n'est pas constitutive ou translative des droits, mais a pour effets, d'une part, d'en faire présumer la réalité, ce qui constitue une différence significative par rapport au droit français général, d'autre part, de les rendre opposables aux tiers. À plusieurs égards, la réforme de 1955 a emprunté des solutions au droit local. Tel a été le cas notamment de l'élargissement du champ d'application de la publicité et de la règle de l'effet relatif, qui contribuent fortement à en assurer la cohérence et la complétude.

Une loi n° 2002-306 du 4 mars 2002, complétée par un décret d'application n° 2002-1426 du 3 décembre 2002, a, sur plusieurs points, mis en harmonie les dispositions de la loi du 1er juin 1924 avec le droit commun de la publicité foncière, du point de vue de ses effets. Cette même loi a mis en place un établissement public chargé d'assurer l'exploitation et la maintenance du livre foncier informatisé.

845 ***Perspectives*** ◇ À diverses époques, et spécialement après la loi du 1er juin 1924 maintenant en vigueur le livre foncier en Alsace et en Moselle, des voies se sont élevées pour préconiser la généralisation d'un tel système. Longtemps, un obstacle technique s'y opposait : l'absence d'un cadastre complet et à jour. Si le cadastre existait certes en France depuis 1807, il était cependant périmé, faute d'actualisation permanente. Une vaste opération de rénovation du cadastre fut lancée en 1930, réactivée à plusieurs reprises et

---

1. V. F. Lotz, *Droit civil alsacien-lorrain*, Litec, 1977, nos 76 s. ; « L'influence de la réforme foncière du droit français général sur le droit local », *Annales fac. dr. Strasbourg*, 1959 ; *J.-Cl. Alsace-Moselle*, fasc. 410 s.

2. Cette modalité particulière, différente de la règle en vigueur en Allemagne, tient au fait que la plupart des communes n'avaient pas de cadastre révisé et au caractère extrêmement morcelé de la propriété foncière. Le législateur allemand avait ainsi été contraint d'introduire lui aussi un régime particulier à l'Alsace et à la Moselle (L. allemandes 24 juill. 1889 et 22 juin 1891).

finalement menée à son terme [1]. Pourtant, l'institution d'un véritable livre foncier n'a jamais été sérieusement envisagée. La réforme de 1955 s'en est résolument détournée, se contentant de parfaire le système existant.

La raison profonde réside dans la conception même de la publicité foncière et de sa fonction en droit français. Elle n'est qu'un outil auxiliaire, aujourd'hui irremplaçable, mais néanmoins subordonné au droit commun des contrats et des biens. Au contraire, un véritable livre foncier impliquerait de profonds bouleversements des principes. Une inversion des priorités reste improbable.

Une solution de compromis, mettant en œuvre un livre foncier édulcoré, du type de celui des trois départements de l'Est, serait plus aisément concevable. S'il subsiste un écart significatif, il est de degré, non de nature. La compatibilité avec le droit commun est, depuis 1924, démontrée. Les avantages, liés en particulier au contrôle judiciaire, sont généralement reconnus. L'obstacle réside dans la rigidité des structures. Un service judiciaire devrait remplacer une structure administrative deux fois séculaire : la conservation des hypothèques. L'instauration de la « formalité unique » (*infra* n° 847) a rendu une telle réforme encore plus improbable [2].

Le modèle français de la publicité foncière est original. Il se caractérise par certains traits généraux que la brève présentation des systèmes ayant adopté le livre foncier permet de mieux mettre en relief.

C. Caractères généraux du système français

846 ***Options*** ◊ La brève évocation des principaux systèmes de publicité foncière révèle que celle-ci peut être confiée soit à une autorité administrative, soit à une autorité judiciaire. Elle peut être « réelle » ou « personnelle », en ce sens qu'elle peut être rattachée aux personnes, titulaires des droits publiés, ou aux biens, objets de ces droits. Sa finalité première peut consister dans l'intérêt des parties aux actes ou plutôt dans l'intérêt des tiers. Elle peut enfin être obligatoire ou facultative.

847 ***1° Caractère administratif*** ◊ La publicité foncière est, en France (sauf en Alsace-Moselle), un service administratif dépendant du Ministère des finances. La « Conservation des hypothèques », avec à sa tête un « conservateur » doté d'un statut particulier en voie de disparition (*infra* n° 916), est un service de l'Administration fiscale. La formalité de la publicité foncière donne lieu, en effet, à la perception de certains droits (taxe de publicité foncière). Cette intégration à l'Administration fiscale a été accentuée par la loi du 26 décembre 1969, qui a opéré fusion des formalités de la publicité foncière et de l'enregistrement, confiées au même organe, pour former ce que l'on appelle couramment la « formalité unique » ou, suivant la terminologie officielle, la « formalité fusionnée » (CGI, art. 647) [3].

---

1. Le cadastre a été achevé à Paris, pour les derniers arrondissements, au 1er janvier 1984.
2. V. Dagot, *La publicité foncière*, p. 24 s.
3. V. J. Lafond et A. Fournier, *op. cit.*, V° *Formalité unique*.

848 ***2° Caractère personnel*** ◊ Les systèmes réputés les plus élaborés sont conçus suivant le principe de la publicité **réelle**, caractérisée par l'existence d'un livre foncier, dont les feuillets ou fiches se rapportant aux immeubles, identifiés avec précision, par référence à un plan parcellaire. Y sont portés tous les droits grevant le bien immobilier considéré et toutes les opérations juridiques dont il a fait l'objet. Au contraire, le système français repose sur un principe de publicité **personnelle** : c'est sous le nom des personnes, parties aux opérations et titulaires des droits inscrits, que la publication est opérée.

Ce caractère est lié au fait que la publicité porte traditionnellement, non sur les droits soumis à publicité, mais sur les actes et décisions constitutifs ou translatifs de ces droits. Ainsi, les deux registres créés pendant la période intermédiaire (*supra* n° 836) étaient-ils destinés à recevoir inscription ou transcription des actes, dans leur ordre chronologique, l'accès aux informations étant facilitée par la tenue d'un **répertoire alphabétique** des noms des personnes concernées.

Les progrès de la technique de publicité n'ont pas entraîné une remise en cause du principe. La publicité foncière se réfère toujours aux actes et aux personnes. Cependant, la modernisation du cadastre a conduit à l'instauration, en 1955, du **fichier immobilier**, qui est en réalité double : un **fichier personnel**, qui remplit les fonctions de l'ancien répertoire alphabétique, et un **fichier réel**, qui résume, immeuble par immeuble, les actes et droits publiés et qui constitue la véritable innovation. Cet instrument, qui n'est juridiquement qu'une voie d'accès à la publicité proprement dite, résultant de l'inscription au registre, constitue en pratique la principale source d'information pour les tiers intéressés. C'est ce qui permet de dire que le système français a cessé d'être purement personnel et qu'il est devenu un système mixte.

849 ***3° Publicité destinée aux tiers*** ◊ Le concept même de publicité exprime l'idée d'information apportée à des tiers. Certes, l'inscription sur un registre officiel peut être érigée en condition d'efficacité, voire de validité, des actes entre les parties. Tel est le cas dans les systèmes juridiques ayant opté pour un véritable livre foncier. On remarquera d'ailleurs que cette manière de désigner l'institution évite de se référer au concept de publicité. La formalité elle-même est généralement désignée sous le terme d'immatriculation. Il est évident que, lorsque la formalité est constitutive du droit, qui est rendu inattaquable par la purge de tout vice, et lorsque l'effet translatif des conventions est subordonné à l'accomplissement de la formalité, celle-ci concerne au premier chef les parties elles-mêmes.

Au contraire, une publicité est, en règle générale, sans incidence immédiate sur les rapports entre les parties [1]. Tel est bien le cas de la publicité foncière en droit français. Aucune atteinte directe n'est portée au principe de l'autonomie de la volonté et à l'effet constitutif ou translatif des

1. V. cependant, sur la publicité à peine de nullité de la fiducie, C. civ., art. 2019.

consentements échangés. Les sanctions du défaut de publicité, principalement l'inopposabilité, laissent intacte la force obligatoire des conventions. C'est seulement indirectement, en raison de la protection accordée aux tiers, qu'une convention valablement formée, mais non publiée, peut être privée d'efficacité (*infra* n°s 865 s.).

850 ***4° Caractère obligatoire ou facultatif ?*** ◊ Indépendamment des caractères précédents, un système de publicité foncière ou d'immatriculation peut être conçu dans le seul intérêt des personnes privées, titulaires des droits soumis à publicité ou tiers intéressés par ces droits, ou remplir en outre d'autres fonctions, fiscales ou de police civile ou administrative, qui relèvent de l'intérêt général. Dans la première hypothèse, la publicité peut être laissée à la discrétion des intéressés. Dans la seconde, elle est érigée en obligation et assortie de sanctions.

Avant 1955, la publicité foncière était exclusivement une condition d'opposabilité aux tiers des actes énumérés par la loi. Il était donc loisible aux parties, qu'il se soit agi d'hypothèques, d'actes translatifs de propriété ou constitutifs d'autres droits soumis à publicité, de se satisfaire de la force obligatoire du contrat et d'assumer le risque d'éventuels conflits avec des droits concurrents acquis par des tiers. En ce sens, la publicité était facultative.

Le décret de 1955 a renversé le principe. Le champ d'application de la publicité foncière a été largement étendu à des actes ou décisions qu'il ne pouvait être question de déclarer inopposables aux tiers à défaut de publicité. Le législateur a voulu ériger la publicité foncière en support complet et cohérent des informations essentielles concernant la situation des biens immeubles. Cet objectif révèle un changement dans la finalité de l'institution, l'intérêt général prenant le pas sur l'intérêt particulier. Ainsi le défaut de publicité, qu'il soit ou non sanctionné par l'inopposabilité, expose ceux qui y sont assujettis, c'est-à-dire surtout les officiers ministériels, à des poursuites en responsabilité civile [1]. La publicité est donc devenue obligatoire.

Ce principe comporte cependant des exceptions. D'une part, la loi elle-même prévoit la publicité facultative d'un petit nombre d'actes (*infra* n°s 864 et 899 s.), parmi lesquels on peut relever surtout la promesse de vente. D'autre part et surtout, l'inscription des hypothèques et privilèges immobiliers reste toujours une faculté pour les créanciers. L'inopposabilité est dans ce domaine la seule sanction [2].

---

1. Sur la suppression de l'amende civile par la loi du 6 avril 1998, v. *infra* n° 896.

2. Pris au pied de la lettre, un arrêt de la Chambre commerciale de la Cour de cassation, jugeant que « les hypothèques sont soumises à publicité », signifierait que leur publicité serait devenue obligatoire, le terme « soumis » s'opposant à « admis », qui caractérise les publicités facultatives (Le Bars, note sous Com., 12 avr. 2005, *JCP* 2005. II. 10147, et N 2005. 1207 ; Piedelièvre, obs. sous le même arrêt, *Defrénois* 2006. 38356). Si telle a bien été la volonté de la Cour de cassation, la solution paraît contestable. Ni les textes, ni la raison ne peuvent justifier que l'inscription de l'hypothèque soit rendue obligatoire. Comme le relèvent les auteurs précités, une telle obligation serait même absurde pour les hypothèques légales. Interprété *a minima*, l'arrêt signifie seulement que, si l'hypothèque a été publiée, la demande en annulation doit l'être aussi.

CHAPITRE 1
DOMAINE ET FONCTIONS

851 ***Hypothèques et autres droits soumis à publicité. Renvoi*** ◊ La formation par strates législatives successives du droit de la publicité foncière explique la relative diversité des régimes et des solutions, suivant la nature des droits soumis à publicité.

Les deux branches principales sont constituées, d'une part, par les privilèges et hypothèques, d'autre part, par l'ensemble des autres droits qui doivent ou peuvent être publiés. À ces deux branches correspondent des registres différents (*infra* n°s 905 s.).

a) L'inscription des **privilèges et hypothèques** détermine directement certains aspects de leur régime : assiette, portée, exercice des droits de préférence et de suite. C'est pourquoi il a paru préférable de ne pas en dissocier l'étude de celle du régime de l'hypothèque (*supra* n°s 495 s. et 563 s.). Sa caractéristique remarquable est que la publicité est à la fois facultative et néanmoins sanctionnée par l'inopposabilité aux tiers, solution que l'on ne retrouve que très exceptionnellement à propos de la publicité de droits autres que les privilèges et hypothèques, à laquelle le présent chapitre sera exclusivement consacré.

b) Ces **autres droits** ont été soumis à la publicité foncière en plusieurs étapes :

- dès 1804 (et même dès avant), pour les donations entre vifs ;
- en 1855, si l'on excepte la parenthèse constituée par le droit intermédiaire (*supra* n° 836), pour les actes constitutifs et translatifs entre vifs de droits réels immobiliers et, à titre d'exception, pour quelques droits personnels ;
- en 1935, pour les mutations à cause de mort ;
- en 1955, enfin, pour une série disparate d'autres actes relatifs aux droits réels immobiliers.

Depuis 1955, la liste a été ponctuellement complétée. Si l'on peut admettre qu'il n'y a plus, aujourd'hui, de lacune majeure quant au domaine de la publicité [1], celle-ci n'obéit pas à un régime uniforme. Les sanctions et, partant, les fonctions de la publicité varient suivant la nature des actes.

Deux catégories principales peuvent être distinguées, suivant que le défaut de publicité est ou non sanctionné par l'inopposabilité des actes aux tiers, étant observé que ces catégories ne sont pas elles-mêmes parfaitement homogènes et que l'inopposabilité peut parfois resurgir dans le domaine dont elle est en principe bannie.

1. V. cependant, à propos de la prescription acquisitive, *infra* n° 857, et, à propos des restrictions au droit de disposer, *infra* n° 862.

SECTION 1. PUBLICITÉ SOUS PEINE D'INOPPOSABILITÉ AUX TIERS

852 ***Inopposabilité, sanction naturelle des règles de publicité*** ◊ En cette matière comme dans d'autres, l'inopposabilité apparaît comme la sanction naturelle des règles de publicité. Par définition, celle-ci a pour but d'informer toute personne intéressée ou, du moins, de rendre accessible l'information utile. Si les formalités de publicité ont été accomplies, les tiers sont censés en connaître le contenu, qui leur est opposable. Dans le cas contraire - sous réserve qu'ils n'en aient pas eu connaissance par une autre voie - les actes passés et les droits constitués ou transmis leur sont inopposables.

Cette rubrique forme ainsi le droit commun de la publicité foncière. Il faut en préciser le contenu, quant aux actes soumis à ce régime (§ 1) et quant à la portée de l'inopposabilité (§ 2), qui n'est pas exclusive d'autres sanctions.

§ 1. Les actes

853 ***Énumération*** ◊ Aux termes de l'article 30, 1°, du décret du 4 janvier 1955, sont soumis à publicité foncière sous peine d'inopposabilité aux tiers les actes et décisions mentionnés à l'article 28, 1°. Ce dernier texte dispose :

« Sont obligatoirement publiés au bureau des hypothèques de la situation des immeubles :

1° *Tous actes, même assortis d'une condition suspensive, et toutes décisions judiciaires, portant ou constatant entre vifs :*

a) Mutation ou constitution de droits réels immobiliers autres que les privilèges et hypothèques, qui sont conservés suivant les modalités prévues au Code civil ;

b) Bail pour une durée de plus de douze années, et même pour un bail de moindre durée, quittance ou cession d'une somme équivalente à trois années de loyers ou fermages non échus ;

c) (Décr. n° 95-595, 6 mai 1995, art. 3-1) Titre d'occupation du domaine public de l'État ou d'un de ses établissements publics constitutif d'un droit réel immobilier délivré en application des articles L. 34-1 à L. 34-9 du Code du domaine de l'État et de l'article 3 de la loi n° 94-631 du 25 juillet 1994 (aujourd'hui articles L. 2122-5 s. du Code général de la propriété des personnes publiques : CGPPP), *ainsi que cession, transmission ou retrait de ce titre ».*

À cette énumération il faut ajouter, même si l'article 30 n'y renvoie pas expressément, le 2° du même article 28, qui vise :

*« **2°** Les actes entre vifs dressés distinctement pour constater des clauses d'inaliénabilité temporaire et toutes autres restrictions au droit de disposer, ainsi que des clauses susceptibles d'entraîner la résolution ou la révocation*

d'actes soumis à publicité en vertu du 1° ; de même, les décisions judiciaires constatant l'existence de telles clauses » [1].

On constate que l'article 28 laisse lui-même hors de son champ d'application les privilèges et hypothèques, en renvoyant aux règles du Code civil (*supra* n°s 495 s.).

On observe également que le 1°, a), qui vise les mutations entre vifs de droits réels immobiliers sans distinguer entre titre gratuit et titre onéreux, recouvre les dispositions plus anciennes du Code civil relatives aux donations de biens susceptibles d'hypothèque et qui demeurent en vigueur (art. 939 s.) [2]. Si les formalités de publicité et le principe de l'inopposabilité ne sont pas différents, il n'en est pas de même de certains effets du défaut de publicité (*infra* n°s 879 s.).

Par ailleurs, la liste résultant de l'article 28, 1° et 2°, n'est pas exhaustive. Divers textes postérieurs ont soumis au même régime quelques autres actes.

Sous ces réserves, l'article 28 invite à distinguer trois catégories d'actes ou de jugements obligatoirement soumis à publicité sous peine d'inopposabilité :

- ceux portant **mutation ou constitution entre vifs de droits réels immobiliers** (A) ;
- ceux constitutifs ou translatifs de **droits personnels exceptionnellement soumis à publicité** (B) ;
- ceux, enfin, emportant **inaliénabilité, restriction au droit de disposer ou clause résolutoire** (C).

Il faut y ajouter une rubrique « **actes divers** », soumis au même régime par des dispositions particulières (D), et une autre, se rapportant à une catégorie d'actes soumis à publicité sous peine d'inopposabilité, mais **à titre facultatif** (E).

A. Actes ou décisions portant mutation ou constitution de droits réels immobiliers entre vifs

854 ***1° Principe : actes entre vifs*** ◊ Les droits visés, objets desdits actes, ne sont autres que les droits réels principaux, en ce qu'ils portent sur des immeubles : propriété, usufruit et nue-propriété, droit d'usage ou

1. L'article 28, 2° (mod. par D. n° 85-1388, 27 déc. 1985, et D. n° 94-910, 21 oct. 1994) soumet au même régime les décisions judiciaires qui prononcent l'inaliénabilité temporaire d'un bien immobilier compris dans un plan de redressement d'entreprise (v. *infra* n° 860).

2. V. Breton, « Les articles 941, 1070 et 1072 du Code civil sont-ils toujours en vigueur ? », D. 1937. Chron. 33. Si les articles 939 s. n'ont pas été modifiés par la loi du 23 juin 2006 portant réforme des libéralités, les articles 1069 s., relatifs aux substitutions ayant pour objet des immeubles sont abrogés à compter du 1er janvier 2007. Les libéralités graduelles ou résiduelles régies par les dispositions nouvelles des articles 1048 à 1061 du Code civil se trouvent donc soumises, à défaut de dispositions propres, aux règles relatives respectivement aux donations et aux testaments. L'article 1049 nouveau, pour les premières, et par renvoi, l'article 1061, pour les secondes, disposent simplement que *« lorsqu'elle concerne un immeuble, la charge grevant la libéralité est soumise à publicité »*.

d'habitation [1], droit de superficie, servitudes conventionnelles, emphytéose et bail à construction. Il importe peu qu'ils soient susceptibles d'hypothèque ou non [2].

Mais ces droits ne sont soumis à publicité que s'ils sont l'objet d'actes juridiques. En outre, la sanction de l'inopposabilité ne frappe que les actes entre vifs. Si la mutation ou constitution des mêmes droits à cause de mort doit également, aujourd'hui, être publiée (art. 28, 3°), c'est à un autre titre et sous peine de sanctions différentes (*infra* n° 885).

Doivent ainsi être publiés sous peine d'inopposabilité :

a) les **donations entre vifs** de biens ou droits immobiliers [3], même si elles portent sur des droits non susceptibles d'hypothèque et n'obéissent pas, pour cette raison, aux dispositions spéciales des articles 939 et suivants du Code civil ; ces dispositions se rapportent, en effet, non au principe de l'obligation de publier les actes visés, ni aux modalités de cette publication, mais seulement aux personnes autorisées à se prévaloir du défaut de publicité ; même à cet égard, d'ailleurs, l'écart par rapport au régime général s'est singulièrement rétréci (*infra* n° 880) ;

b) les **actes à titre onéreux translatifs** de propriété ou d'autres droits réels immobiliers cessibles : vente [4], échange, apport en société, dation en paiement ; l'exigence de la publicité foncière vaut également pour la mise en communauté de biens immobiliers, par contrat de mariage ou à l'occasion d'un changement de régime matrimonial [5], ou, inversement, pour

---

1. V. Civ. 3e, 23 juin 1981, *JCP* 1983. II. 19928, note Pillebout.

2. L'acte peut porter aussi sur des immeubles par destination, qui suivent le sort de l'immeuble par nature auquel ils sont affectés (v., pour une hypothèque, Civ. 3e, 6 janv. 1972, *Bull. civ.* n° 11, *D.* 1972. 398). Il n'est guère concevable, en revanche, qu'un acte porte mutation ou constitution de droits réels immobiliers sur les seuls immeubles par destination. Un tel acte opérerait, selon toute probabilité, rupture du rapport de destination et constituerait une opération mobilière.

3. V. Civ. 2e, 8 janv. 1992, *Bull. civ.* II, n° 12, *JCP* 1993. II. 22155, note Salvat, *RDI* 1993. 531. L'arrêt déclare inopposable à un adjudicataire et à la SAFER préemptrice la donation non publiée dont se prévalait la fille du saisi.

4. V., pour une vente d'arbres à abattre, qualifiée de vente immobilière, Reims, 10 mai 1982, *JCP* 1984. II. 20225, note Dagot, *RTD civ.* 1984. 334, obs. Giverdon. L'arrêt s'appuie, en outre, sur la qualification contestable de restriction au droit de disposer.

5. V. Com., 10 févr. 1998, *Bull. civ.* IV, n° 66, *Defrénois* 1998. 36828, obs. Champenois, et 36902. 1450, obs. Chapper, *RTD civ.* 2000. 155, obs. Vareille. V. aussi J. Lafond, « Changement de régime matrimonial et publicité foncière », *JCP* N 1998. 1532. Une instruction ministérielle du 17 mai 2002 (*BOI* 10 G-1-02 ; *JCP* N 2002. 175) précise logiquement que l'apport en communauté d'un immeuble personnel doit être taxé comme une mutation de propriété, mais seulement à hauteur de la moitié de sa valeur, et qu'aucune taxation n'est due si le bien était déjà, antérieurement, indivis entre les deux époux, à parts égales. Sur les modalités concrètes de la publicité, notamment quant aux délais, suivant que le changement de régime requiert ou non une homologation judiciaire, depuis la la loi du 23 décembre 2006, v. Instr. 6 sept. 2007, *BOI* 10 D-3-07, *JCP* N 2007. Act. 590.

l'exclusion de tels biens de la communauté ou pour la suppression pure et simple de celle-ci si elle comporte de tels biens [1] ;

c) les **actes constitutifs** d'usufruit [2], de droit d'usage et d'habitation [3], de servitude [4], de droit de superficie, notamment par bail emphytéotique ou à construction, de constitution de volumes de propriété [5]... ;

d) les **décisions de justice** constatant les mêmes opérations, par exemple à la suite d'une promesse de vente ou d'une vente sous seing privé que l'une des parties aura refusé de réaliser ou de réitérer ; entrent dans la même catégorie les jugements d'adjudication à la suite de ventes immobilières sur saisie ou sur licitation au profit d'une personne non-indivisaire ; l'adjudication sur licitation à un indivisaire est au contraire une opération de partage, non immédiatement translative de propriété et caractérisée par l'effet déclaratif du partage ; elle est également soumise à la publicité foncière, mais au titre des actes déclaratifs et avec des effets différents (*infra* n° 887) ;

e) les **actes de renonciation** aux mêmes droits [6], que la renonciation soit purement abdicative (renonciation à une servitude [7], abandon de

---

1. V., à la suite de plusieurs réponses ministérielles, J. Maury, « Communauté conjugale et publicité foncière », *Defrénois* 1978. 31704 ; J. Lafond, « Changement de régime matrimonial et publicité foncière » *JCP* N 1982. I. 187. V. aussi F. Terré et Ph. Simler, *Les régimes matrimoniaux*, 6ᵉ éd., Dalloz, 2011, nᵒˢ 210 et 257. Si l'exigence de la publicité foncière s'impose en cas de mise en communauté de biens personnels, elle se justifie moins, la communauté n'étant pas dotée de la personnalité morale, lorsqu'à une communauté est substituée une indivision, ou réciproquement (v. Lafond, art. préc. ; Dagot, *RDI* 1984. 443 ; Rép. min. n° 9719, *JO Sénat* 30 mars 1995, *JCP* 1995. IR 65. V. cependant Paris, 13 sept. 2001, *JurisData* n° 152549, *JCP* N 2001. Act. 1648. L'arrêt déclare inopposable aux tiers la convention portant changement du régime de communauté en régime de participation aux acquêt, assorti de présomptions d'indivision, l'acte étant qualifié, à tort, sans doute, de convention d'indivision immobilière). Jugé, au contraire, que la renonciation à la communauté (aujourd'hui impossible) avait un effet déclaratif et non translatif, et n'était pas, par conséquent, soumise à publicité à peine d'inopposabilité (Civ. 1ʳᵉ, 9 janv. 1996, *Bull. civ.* I, n° 18, *D.* 1996. 245, rapp. Thierry, et Somm. 257, obs. Piedelèvre, *RDI* 1997. 115, obs. Simler).

2. Jugé que, la constitution d'un usufruit réversible ayant été régulièrement publiée, la réversion n'était pas soumise à une nouvelle publicité, la clause de réversion s'analysant en une donation à terme, définitivement acquise dès le jour de l'acte, l'exercice seul en étant différé au décès du premier bénéficiaire : Civ. 3ᵉ, 6 nov. 2002, *D.* 2002. IR 3308, *JCP* N 2003. 1448, note Dagot, *AJ fam.* 2003. 32. V., consécutivement à cet arrêt, l'instruction du 17 novembre 2005 relative à la publicité de la clause de réversion d'usufruit, *JCP* N 2005. 1900.

3. V. Civ. 3ᵉ, 23 juin 1981, préc.

4. V., pour une servitude *non aedificandi*, Civ. 3ᵉ, 4 févr. 1971, *Bull. civ.* III, n° 81 ; pour une servitude de lotissement, Civ. 3ᵉ, 23 mai 1991, *Bull. civ.* III, n° 151, *Defrénois* 1991. 35151, obs. Aynès ; pour une servitude de passage, Civ. 3ᵉ, 27 oct. 1993, *Bull. civ.* III, n° 132, *D.* 1994. Somm. 165, obs. A. Robert, *RDI* 1994. 218, obs. Bergel, et 1995. 143, obs. Simler ; pour une servitude d'évacuation des eaux usées, Civ. 3ᵉ, 4 nov. 2004, *Bull. civ* III, n° 194, *JCP* 2004. IV. 3414, *Defrénois* 2004. 38133, obs. Piedelièvre. V. dans le même sens, pour une servitude de passage et de puisage constituée en 1907, sous l'empire de la loi du 23 mars 1855, Civ. 3ᵉ, 14 déc. 2005, *Bull. civ.* III, n° 249, *D.* 2006. IR 181, *JCP* 2006. IV. 1093.

5. V. A. Fournier, « Division en volumes et publicité », *JCP* N 2006. 1330.

6. V. P. Raynaud, « La renonciation à un droit. Sa nature et son domaine en droit civil », *RTD civ.* 1936. 763 ; Y Seillan, « L'acte abdicatif », *RTD civ.* 1966. 686 ; J. Lafond et A. Fournier, *Guide de la publicité foncière*, LexisNaxis, 2010, *V° Renonciation*.

7. V., pour une servitude de passage, Civ. 3ᵉ, 5 févr. 1970, *Bull. civ.* III, n° 92, *D.* 1970. 262, note Frank, *JCP* 1970. II. 16404, note G.G., *RTD civ.* 1970. 593, obs. Bredin ; pour une servitude

mitoyenneté...) ou *in favorem* ; cette dernière variété de renonciation, faite au profit d'une personne déterminée, n'est pas autre chose qu'un acte translatif ; mais la renonciation purement abdicative est elle-même assimilée à un acte translatif lorsqu'elle se traduit nécessairement, comme dans les hypothèses citées, par la dévolution à un tiers du droit abdiqué [1].

f) les **titres d'occupation du domaine public**, constitutifs de droits réels immobiliers, délivrés en application des articles L. 2122-5 s. du Code général de la propriété des personnes publiques (CGPPP), ainsi que la cession, la transmission ou le retrait d'un tel titre (Décr. 4 oct. 1955, art. 28, 1°, c) [2].

855 ***Cas particulier : actes conditionnels*** ◊ Si un acte constitutif ou translatif d'un droit réel immobilier a été assorti d'une condition résolutoire ou suspensive, il doit néanmoins être publié.

L'article 28, 1°, le dit expressément pour la **condition suspensive**, pour laquelle l'hésitation était possible : le transfert ou la constitution du droit étant retardé, on aurait pu penser que la publicité devrait l'être aussi. Telle était la solution admise avant la réforme de 1955. Cependant, en raison du caractère rétroactif de la réalisation de la condition, la sécurité des tiers traitant avec le cédant ou constituant avant cette réalisation n'était pas assurée. C'est pourquoi le décret de 1955 a apporté cette utile précision.

Il était admis dès avant 1955 que l'acte soumis à une **condition résolutoire**, immédiatement translatif ou constitutif de droit, devait être obligatoirement publié.

Dans les deux hypothèses, l'existence de la condition doit être mentionnée parmi les informations publiées. Quant à la réalisation de la condition, si elle est constatée dans un acte ou dans un jugement, elle doit elle-même être publiée (art. 28, 4°), mais à titre d'information seulement [3] (*infra* n° 889).

856 ***2° Exceptions. a) Legs à titre particulier*** ◊ Par exception au principe applicable aux mutations à cause de mort (*infra* n° 885), le legs à titre particulier d'un bien immobilier ou d'un droit soumis à publicité doit lui-

---

non aedificandi, Civ. 3e, 6 mai 1980, *Bull. civ.* III, n° 90, *Defrénois* 1981. 32608, obs. Aubert ; pour une renonciation à l'accession immobilière, Civ. 3e, 29 mars 2006, *Bull. civ.* III, n° 90, *Defrénois* 2007. 38530, obs. Piedelièvre, *RTD civ.* 2006. 351, obs. Revet. V. aussi J. Lafond et A. Fournier, *op. cit.*, *V° Acte abdicatif.*

1. D'autres renonciations n'ont pas d'effet translatif, mais s'apparentent au contraire, par leur caractère rétroactif, aux actes déclaratifs. Tel est le cas de la renonciation à une prescription acquise. Sa publicité est obligatoire, mais non sous peine d'inopposabilité (art. 28, 8°, et *infra* n° 889).

2. V. J. Lafond et A. Fournier, *op. cit.*, *V° Domaine public*. Un décret n° 2008-1329 du 15 déc. 2008 (*JO* 17 déc. ; *JCP* N 2008. Act. 819) dresse la liste de ces actes, soumis à un salaire fixe du conservateur.

3. V. Civ. 3e, 13 juill. 2011, *JurisData* n° 014319, *JCP* N 2011. Act. 633, qui censure une cour d'appel pour avoir déclaré inopposable aux sous-acquéreurs d'une parcelle la réalisation non publiée d'une condition suspensive stipulée dans un acte de partage, alors que « le défaut de publicité des actes constatant l'accomplissement d'une condition suspensive n'a pas pour sanction leur inopposabilité aux tiers »

même être publié sous peine d'inopposabilité [1]. Mode de transmission mis à part, le bénéficiaire d'un tel legs se trouve, en effet, dans une situation très proche de celle de l'ayant cause à titre particulier, plus spécialement du donataire. Ainsi, si le légataire à titre particulier se trouve en conflit avec un créancier hypothécaire du défunt ou avec un autre ayant cause qui n'a pas fait inscrire son droit, il peut lui opposer, si l'attestation notariée constatant son legs a été publiée, le défaut de publication (Décr. 4 janv. 1955, art. 30, 4°, al. 2) [2].

857 ***b) Droits trouvant directement leur source dans la loi*** ◊ Faute d'acte juridique translatif ou constitutif, la publicité foncière n'est pas requise lorsque l'acquisition d'un droit immobilier trouve sa source directement dans la loi. Tel est le cas des **servitudes légales**, de la reconstitution de la pleine propriété par **extinction de l'usufruit**, suite au décès de l'usufruitier, de l'**accession** immobilière, du **droit de rétention** [3] et, surtout, de la **prescription acquisitive**. Le législateur n'a pas voulu contrarier le rôle régulateur de l'usucapion [4]. Le titulaire d'un droit non inscrit peut ainsi l'emporter sur celui qui a fait inscrire régulièrement un droit concurrent, s'il remplit par ailleurs les conditions de la prescription acquisitive, trentenaire ou, s'il y a, à juste titre, abrégée [5].

---

1. V., pour le legs non publié d'un droit d'usage et d'habitation, jugé inopposable à l'acquéreur de l'immeuble, Civ. 3e, 13 mai 1998, *Bull. civ.* III, n° 253, *D.* 1998. IR 97. Sur les modalités de la publicité, qui requiert l'établissement d'une attestation notariée, comme pour les autres mutations à cause de mort, v. *infra* n° 886.

2. Il en va différemment, cependant, si le défunt a aliéné la chose léguée postérieurement à l'établissement du testament, non parce que cette aliénation serait, quoique non publiée, opposable au légataire, mais parce qu'elle aura opéré révocation tacite du legs. Toutefois, si le légataire a fait publier son legs dans l'ignorance de cette aliénation et si son éviction par l'acquéreur lui cause un préjudice, il peut réclamer des dommages et intérêts à ce dernier, qui aura procédé tardivement à la publication (art. 30, 4°, al. 3). Le légataire n'est donc pas pleinement traité comme un acquéreur entre vifs. Cette solution dérogatoire s'explique par la primauté reconnue par le législateur au principe de la libre révocabilité du testament, que rappelle spécialement l'article 1038 du Code civil : « *toute aliénation… que fera le testateur de tout ou partie de la chose léguée, emportera la révocation du legs pour tout ce qui a été aliéné* ». V. en ce sens, Marty, Raynaud et Jestaz, n° 761 ; Mazeaud, Chabas et Picod, n° 738 ; Dagot, p. 148-149.

3. V. Civ. 3e, 16 déc. 1998, *Bull. civ.* III, n° 253, *JCP* 1999. I. 158, n° 8, obs. Delebecque, *RTD civ.* 1999. 439, obs. Crocq, cassant Poitiers, 10 déc. 1996, *JCP* 1997. I. 4033, n° 18. La solution est nouvelle.

4. V. Civ., 1er août 1939, *DC* 1941. 91, note Radouant ; Civ. 3e, 6 nov. 1975, *Bull. civ.* III, n° 323, *Defrénois* 1976. 31198, obs. Aubert, *JCP* 1977. II. 18609, note Dagot ; Civ. 3e, 31 janv. 1984, *D.* 1984. 396, note Aubert, *RDI* 1984. 444, obs. Dagot ; Civ. 3e, 13 nov. 1984, *Bull. civ.* III, n° 188, *D.* 1985. 345, note Aubert, *RDI* 1985. 278, obs. Dagot ; Civ. 3e, 13 nov. 1997, *Bull. civ.* III, n° 200, *JCP* 1997. IV. 2514 (jugeant, à propos de l'inscription au livre foncier alsacien-mosellan, que l'usucapion l'emporte sur la présomption de propriété attachée à l'inscription) ; Lyon, 27 févr. 1947, *JCP* 1948. II. 4118, note Becqué ; Paris, 18 nov. 1968, *JCP* 1969. II. 15742, concl. Barnicaud ; Rouen, 19 déc. 1972, *D.* 1973. IR 31. Inversement, le possesseur ne remplissant pas les conditions de la prescription acquisitive, aussi longue qu'ait été sa possession, ne peut opposer au revendiquant le défaut de publication de son titre : Civ. 1re, 8 mars 1954, *D.* 1954. 362.

5. Sur la notion de juste titre, v. F. Terré et Ph. Simler, *Les biens*, 8e éd., Dalloz, 2010, n° 467. Pour une application, dans l'hypothèse d'un conflit entre un acquéreur et un adjudicataire, v. Civ. 3e, 13 déc. 2000, *D.* 2001. 2154, note Lipinski.

La règle de l'effet relatif est expressément écartée lorsque le droit non publié a été acquis de cette manière (Décr. 4 janv. 1955, art. 3, al. 2 : *infra* n° 895).

La pratique a certes imaginé une forme de constatation notariée, aux fins de publicité, de l'usucapion, appelée « notoriété acquisitive ». Mais cette publicité, assurément utile, est sans incidence sur l'effet acquisitif et sur son opposabilité aux tiers [1].

B. Actes constitutifs de certains droits personnels

858 ***1° Baux de plus de douze ans et cessions ou quittances de loyers non échus de plus de trois ans*** ◇ Si les doits réels immobiliers forment le domaine naturel de la publicité foncière, certains droits personnels sont soumis au même régime, par décision expresse de la loi. Dans cette mesure, il est dérogé à l'opposabilité aux tiers des conventions, mais sans qu'il soit porté atteinte à leur effet relatif [2].

L'article 28, 1°, b, du décret du 4 janvier 1955 soumet ainsi à la publicité foncière obligatoire deux sortes d'actes constitutifs de doits personnels.

a) Baux immobiliers de plus de douze ans. Dès 1855, les baux de longue durée ont été soumis à publicité (*supra* n° 838). Le décret du 4 janvier 1955, en ramenant de dix-huit à douze ans la durée au-delà de laquelle la publicité est requise, a franchi un pas de plus. Le législateur a estimé que de tels baux étaient davantage que de simples actes d'administration et qu'à tout le moins leur incidence sur la valeur des locaux loués justifiait que les tiers, acquéreurs ou créanciers prenant hypothèque, en fussent avertis. L'obligation de publier ces baux a une portée générale [3]. Elle est indépendante du principe qui soumet à la même obligation les baux constitutifs de droits réels, mentionnés à la rubrique précédente.

b) Quittances ou cessions portant sur plus de trois années de loyers non échus. Le paiement anticipé ou la cession de loyers non échus est pareillement de nature, si elle porte sur une période aussi longue, à diminuer sensiblement la valeur vénale de l'immeuble loué [4].

---

1. V. Dagot, *RDI* 1982. 275 ; N. Prod'homme, « Notoriété et usucapion », *JCP* N 2003. 1098 ; J. Lafond et A. Fournier, *op. cit., V° Acte de notoriété*. Purement informatif, cet acte n'est ni un titre de propriété, ni même une preuve de l'usucapion (v. Civ. 3e, 27 avr. 1983, *Bull. civ.* III, n° 98 ; Civ. 3e, 30 juin 1999, *Bull. civ.* III, n° 159, *JCP* 2000. I. 211, n° 2, obs. Périnet-Marquet, et II. 10399, note Célérien ; Civ. 3e, 4 oct. 2000, *Bull. civ.* III, n° 158, *JCP* 2000. IV. 2726, *JCP* 2001. I. 305, n° 4, obs. Périnet-Marquet ; Civ. 3e, 9 juin 2004, *RJDA* 2004. 1404). Le recensement par le notaire des éléments de preuve de l'usucapion peut néanmoins faciliter, sous la réserve du pouvoir d'appréciation souverain du juge, la preuve de l'usucapion, et sa publicité peut prévenir d'inutiles contentieux.

2. V. F. Terré, Ph. Simler et Y. Lequette, *Les obligations*, 10e éd., Dalloz, 2009, nos 485 s.

3. V., pour une sous-location, Civ. 3e, 12 oct. 1971, *Bull. civ.* III, n° 486. En l'espèce, l'inopposabilité a été écartée en raison de la fraude commise par celui qui l'invoquait (sur la fraude, v. *infra* n° 875).

4. La même solution a été étendue, par analogie, à la délégation à titre de garantie de plus de trois années de loyers non échus : Civ., 29 déc. 1947, *D.* 1948. 166, *JCP* 1948. II. 4131, note Cavarroc.

859 ***2° Autres contrats générateurs de droits personnels*** ◊ Des dispositions particulières ont soumis à publicité obligatoire, sous peine d'inopposabilité aux tiers, deux autres contrats générateurs de droits personnels :

a) Contrat de concession immobilière (L. orient. fonc. 30 déc. 1967, art. 48 s.). Consenti pour une durée de 20 ans au moins, un tel contrat a d'évidentes analogies avec un bail. Il est expressément soumis à publicité foncière sous peine d'inopposabilité. On rappellera que sa qualification de droit réel reste discutée [1].

b) Contrat de crédit-bail immobilier (Décr. 4 juill. 1972, art. 10 et 11). La nature hybride du crédit-bail, qui est juridiquement une location, mais économiquement un mode de financement d'une acquisition moyennant rétention de la propriété (*supra* n° 370), constitue une justification suffisante de sa soumission à publicité foncière à peine d'inopposabilité [2]. La constitution de droits concurrents - qui ne pourrait être le fait que du crédit-bailleur, propriétaire - est cependant très improbable.

C. Restrictions au droit de disposer

860 ***Clauses d'inaliénabilité, clauses résolutoires ou de révocation*** ◊ Que les tiers aient un intérêt à connaître les restrictions au droit de disposer affectant un immeuble ou les clauses de résolution ou de révocation apparaît comme une évidence [3]. C'est le décret du 4 janvier 1955 (art. 28, 2°, préc.) qui a soumis les actes et décisions de justice constatant de telles conventions à l'obligation de la publicité foncière, à l'instar des dispositions en vigueur en droit local alsacien et mosellan (L. 1er juin 1924, art. 38). Il faut en mesurer la portée.

Le plus souvent, de telles clauses ou stipulations résultent de conventions translatives ou constitutives de droits qui sont elles-mêmes obligatoirement publiées, en vertu de l'article 28, 1° (*supra* nos 854 s.). Leur publicité résulte alors de celle de ces actes, étant précisé qu'une mention spéciale de ces clauses est nécessaire pour qu'elles soient opposables aux tiers.

---

1. V. Précis *Les biens*, préc., n° 943. Le bail emphytéotique et le bail à construction, parce qu'ils sont constitutifs de droits réels par disposition expresse de la loi, ne figurent pas à la présente rubrique, mais à la précédente (*supra* n° 854).

2. V. Com., 23 avr. 2003, *Bull. civ.* IV, n° 60, *D.* 2003. IR 1266, *JCP* N 2003. 1343. L'article 10 du décret du 4 juillet 1972 renvoyant aux dispositions des articles 28 et 37 du décret du 4 janvier 1955, il semble que le crédit-bail immobilier ne soit soumis à publicité obligatoire que si durée excède 12 années (v. en ce sens, E. Pornin, « Crédit-bail immobilier de plus de douze ans : quelles sanctions attachées au défaut de publicité ? », *JCP* N 2002. 1330, et les réf. citées ; S. Piedelièvre, *op. cit.*, n° 206. *Contra*, M. Dagot, « La publicité au bureau des hypothèques des contrats de crédit-bail immobilier », *JCP* N 1985. Prat. 9418, qui estime que l'obligation est indépendante de la durée du contrat).

3. Il est proposé de soumettre au même principe la charge de restitution dans une donation, la clause de rapport en nature, la clause de retour conventionnel, la clause de réméré (Fournier, *Rép. civ. Dalloz, V° Publicité foncière*, n° 90).

L'exigence particulière de l'article 28, 2°, concerne donc seulement les restrictions au droit de disposer et clauses d'inaliénabilité, de résolution ou de révocation, stipulées dans des **actes distincts et autonomes**, ce qui est plus rarement le cas [1]. Toutefois, l'acte notarié par lequel « *une personne physique immatriculée à un registre de publicité légale à caractère professionnel ou exerçant une activité agricole ou indépendante peut déclarer insaisissable ses droits sur l'immeuble où est fixée sa résidence principale ainsi que sur tout bien bâti ou non bâti qu'elle n'a pas affecté à son usage professionnel* » (C. com., art. L. 526-1, réd. L. 4 août 2008), en constitue un remarquable exemple [2].

Il se peut qu'un **jugement** soit nécessaire pour constater l'existence ou la validité d'une inaliénabilité, qui doit être temporaire et justifiée par un intérêt sérieux et légitime (C. civ., art. 900-1) ou d'une clause résolutoire, contestée en raison de l'obscurité ou de l'ambiguïté des termes de l'acte. Le même texte soumet expressément de telles décisions à la même publicité.

La loi peut aussi conférer au juge, dans certaines circonstances, le pouvoir de déclarer temporairement inaliénables certains biens. Tel est le cas, aux termes de l'article 28, 2°, du décret du 4 janvier 1955, du plan de redressement d'une entreprise, qui peut être assorti d'une inaliénabilité temporaire d'un bien immobilier compris dans le plan [3].

861 ***Contrat de promotion immobilière. Contrat de location-accession*** ◊ Non sans artifice, la loi qualifie expressément de restriction au droit de disposer le contrat de promotion immobilière (CCH, art. L. 221-6) et le contrat de location-accession à la propriété (L. 12 juill. 1984, art. 4) [4]. En découle nécessairement l'obligation de publication.

862 ***La querelle des pactes de préférence et promesses unilatérales*** ◊ Lorsque le titulaire d'un droit soumis à publicité promet de le

1. V. Reims, 10 mai 1982, préc., dans la mesure où la qualification de restriction au droit de disposer était justifiée.

2. L'acte par lequel cette même personne peut renoncer à cette inaliénabilité est pareillement soumis à publicité. Sur les incidences de ce dispositif en matière de publicité foncière, v. Instr. 11 mars 2004, *BOI* 10 D-1-04, *JCP* N 2004. 1205.

3. L'article 28, 2°, se réfère encore aux dispositions de la loi du 25 janvier 1985, depuis intégrées au Code de commerce (anc. art. L. 621-72 et L. 621-92), puis modifiées par la loi de sauvegarde du 26 juillet 2005 et par l'ordonnance du 18 décembre 2008 (art. L. 626-14, aux termes duquel « *Dans le jugement arrêtant le plan ou le modifiant, le tribunal peut décider que les biens qu'il estime indispensables à la continuation de l'entreprise ne peuvent être aliénés, pour une durée qu'il fixe, sans son autorisation... La publicité de l'inaliénabilité temporaire est assurée dans les conditions fixées par décret en Conseil d'État* »). Une disposition semblable figure, à propos du plan de cession, à l'article L. 642-10 du même code. Sur la qualification de restriction au droit de disposer du jugement d'ouverture de la procédure de redressement judiciaire, v. Dagot, « Publicité foncière et redressement judiciaire », *JCP* 1986. I. 3262, n°s 45 s.

4. V. Ph. Bihr, « La publicité du contrat de promotion immobilière », *D.* 1973. Chron. 214 ; Dagot et Lepelletier, *La location-accession*, Litec, 1985, n°s 223 s. La qualification de restriction au droit de disposer est critiquée dans l'une et dans l'autre hypothèse (v. par ex. Marty, Raynaud et Jestaz, n° 752). L'apparentement eût été plus logique avec les droits personnels exceptionnellement soumis à publicité.

céder ou de le concéder en jouissance à un bénéficiaire, il s'interdit par là même de le céder ou concéder à toute autre personne. S'il souscrit un pacte de préférence relatif à un droit de même nature, il s'oblige, dans le cas où il déciderait de le céder ou concéder, à donner la préférence au bénéficiaire [1]. Ces deux sortes d'engagements paraissent donc répondre à la définition de la restriction au droit de disposer et devraient à ce titre être soumis à publicité obligatoire, sous peine d'inopposabilité, en vertu de l'article 28, 2°, précité. Un arrêt très remarqué de la Cour de cassation du 4 mars 1971 s'était prononcé en ce sens pour un pacte de préférence [2].

Une autre disposition du décret du 4 janvier 1955, l'article 37-1, 1°, ne prévoit pourtant qu'une publicité facultative, « *pour l'information des usagers* », des « *promesses unilatérales de vente et... promesses unilatérales de bail de plus de douze ans* » (*infra* n° 900). En présence de telles promesses, la jurisprudence a toujours appliqué à la lettre cette disposition [3]. Non sans incohérence, une solution différente s'appliquait ainsi au pacte de préférence et à la promesse unilatérale. La promesse unilatérale engage davantage, pourtant, le promettant que le pacte de préférence. Alors qu'un tel pacte laisse entière la liberté d'aliéner ou non, au prix qui sera déterminé au jour de l'aliénation, sous la seule réserve du droit de priorité conféré au bénéficiaire du pacte, la promesse de contrat lie définitivement celui qui l'a souscrite, pour un prix convenu, la levée de l'option emportant réalisation de l'opération sans qu'un nouvel accord du promettant soit nécessaire. Il était particulièrement incompréhensible que la publicité foncière fût facultative, à titre de simple information et sans rendre l'acte opposable aux tiers, pour l'engagement définitif résultant de la promesse de contrat, pendant que la promesse d'une simple préférence, sans engagement de passer l'acte, était astreinte à publicité obligatoire, sous peine d'inopposabilité. La restriction au droit de disposer, inhérente à l'un et à l'autre engagement, est à l'évidence plus forte dans le premier que dans le second. Le pacte de préférence, de l'avis unanime, n'est qu'une forme édulcorée de promesse de contrat [4].

La seule issue cohérente, en l'état du droit positif, était de voir dans la disposition de l'article 37-1 relative à la promesse de vente ou de bail une dérogation à l'article 28, 2°, traitant des restrictions au droit de disposer, ce qui permettait, par application du principe « *specialia generalibus derogant* »,

---

1. V. Dagot, *Le pacte de préférence*, Litec, 1988.
2. Civ. 3e, 4 mars 1971, *D.* 1971. 358, note Frank, *JCP* 1972. II. 16983, note Dagot, *Defrénois* 1971. 29914, note Aubert ; sur renvoi, Poitiers, 22 mai 1974, *D.* 1976. 299, note Aubert, *JCP* 1977. II. 18591, note Dagot, *RTD civ.* 1976. 579, obs. Giverdon. Dans le même sens, Civ. 3e, 5 déc. 1978, *D.* 1979. IR 200, *Gaz. Pal.* 1979. Pan. jur. 124.
3. V. Civ. 3e, 22 févr. 1977, *Bull. civ.* III, n° 91, *D.* 1978. 165, note Malaurie, *JCP* 1979. II. 19223, note Dagot, *Defrénois* 1977. 31522, obs. Aubert, *RTD civ.* 1977. 794, obs. Giverdon ; Civ. 3e, 20 févr. 1979, *D.* 1980. 613, note de la Marnierre, *JCP* 1980. II. 19376, note Dagot, *Defrénois* 1981. 32650, note Fournier.
4. V. notamment Gobert, *La publicité foncière, cette mal-aimée*, *Études Flour*, p. 207, spéc. p. 235.

de soustraire à la publicité obligatoire la variété de restrictions au droit de disposer constituée par les promesses de contrat, incluant le pacte de préférence. Telle est la solution retenue par la Cour de cassation le 16 mars 1994, renversant sa jurisprudence de 1971 et 1978 : « le pacte de préférence, qui s'analyse en une promesse unilatérale conditionnelle, ne constitue pas une restriction au droit de disposer » soumise à publicité obligatoire en application de l'article 28-2 modifié du décret du 4 janvier 1955 [1].

L'unité de régime et la cohérence sont ainsi rétablies. Que la logique le soit aussi est une autre question. Les avis restent en effet partagés sur la solution la plus opportune *de lege ferenda*. On peut juger satisfaisante celle finalement retenue par la jurisprudence réunifiée, s'agissant d'actes créateurs de droits purement personnels : une publicité facultative, à titre de simple information et sans qu'il en résulte une opposabilité aux tiers [2]. On peut aussi estimer non conforme à la raison et à la réalité la négation de la qualification de restriction au droit de disposer [3]. Certaines promesses ou pactes ayant une existence trop éphémère pour justifier une publicité obligatoire, qui suppose la formalisation d'un acte authentique, un bon compromis pourrait consister en une publicité facultative, sous forme de prénotation, mais assortie de l'opposabilité aux tiers [4], solution qui connaît au moins une autre application (*infra* n° 864).

---

1. Civ. 3e, 16 mars 1994, *Bull. civ.* III, n° 58, *D.* 1994. 486, note Fournier, *RDI* 1995. 144, obs. Simler. V. J. Maury, « La protection du bénéficiaire d'une promesse unilatérale de vente ou d'un pacte de préférence publié (à propos de Civ. 3e, 16 mars 1994) », *JCP* N 1994. I. 341. Un arrêt antérieur (Civ. 3e, 13 mars 1979, *Bull. civ.* III, n° 63, *D.* 1979. 746, note Frank, *JCP* N 1979. II. 253, note Stemmer, *RDI* 1979. 380, obs. Atias, et 487, obs. Dagot, *Defrénois* 1979. 32162, obs. Aubert) avait déjà statué dans le même sens et avait été perçu comme l'amorce du revirement (v. Aubert, « Brèves remarques sur l'éventualité d'un revirement de jurisprudence en matière de publicité des pactes de préférence », *D.* 1980. Chron. 41). Mais le refus de la qualification de restriction au droit de disposer pouvait s'expliquer, en l'espèce, par le fait que l'objet du pacte de préférence était un bail et non la vente du bien (V. égal. Civ. 3e, 7 oct. 1980, *JCP* N 1982. II. 114, note Stemmer).

2. En ce sens, Dagot, p. 134-135 ; *Le pacte de préférence*, nos 193 s. ; « Nouvelles réflexions sur la publicité des pactes de préférence et des promesses unilatérales de vente », *JCP* 1980. I. 2986.

3. Il n'est pas sans intérêt de relever que la loi du 1er juin 1924 relative au droit local alsacien et mosellan qualifie expressément la promesse de vente de restriction au droit de disposer (art. 38). À ce titre, elle est soumise à publicité obligatoire. Le pacte de préférence obéit logiquement au même régime.

4. En ce sens, A. Fournier, « Le malaise actuel dans le droit de la publicité foncière », *Defrénois* 1980. 32401, n° 23 ; « Publicité foncière et pactes de préférence d'immeubles : une idylle rompue », *Dr. et patr.* avr. 2000, p. 45 ; A. Piedelièvre, « Promesse unilatérale de vente immobilière et prénotation », *Defrénois* 1975. 30960 ; J. Maury, Chron. préc. V. aussi, en faveur d'un alignement du droit français général sur le droit local alsacien-mosellan, c'est-à-dire une publicité obligatoire sous peine d'inopposabilité, J.-L. Aubert, « Le droit de disposer de l'immeuble », *Mélanges Flour*, éd. Defrénois, 1979, p. 1, n° 24 ; Lusseau, « Des problèmes actuels posés par la promesse unilatérale de vente immobilière », *RTD civ.* 1977. 483, n° 47 ; S. Piedelièvre, *op. cit.*, nos 400 s.

D. Actes divers expressément soumis à publicité sous peine d'inopposabilité

863 ***Variae causarum figurae*** ◊ Outre les actes rattachés par la loi elle-même à l'une des catégories précédentes (contrats de concession immobilière, de crédit-bail immobilier, de promotion immobilière, de location-accession), d'autres sont soumis par des dispositions particulières à publicité obligatoire sous peine d'inopposabilité, sans répondre à l'une de ces catégories. Il y a lieu de mentionner principalement :

- les **commandements valant saisie immobilière** (art. 35, 1°), qui font l'objet, au demeurant, d'une publicité dans un registre spécial (*infra* n° 914) ; leur publicité rend la saisie opposable aux tiers (C. civ., art. 2000, réd. Ord. n° 2006-461, 21 avr. 2006) et est assortie d'effets particuliers, puisque le commandement de payer valant saisie sera frappé de péremption si le jugement d'adjudication n'est pas lui-même publié dans un délai de deux ans à compter de la publication du commandement (Décr. n° 2006-936, 27 juill. 2006, art. 32 à 34) ;
- les **conventions d'indivision**, si elles s'appliquent à des immeubles (C. civ., art. 1873-2) ;
- les **actes constitutifs de biens de famille insaisissables** (art. 35, 2°, et L. 12 juill. 1909, art. 9) ;
- les **règlements de copropriété** des immeubles et ensembles immobiliers (art. 35, 6°, et L. 10 juill. 1965, art. 13) [1] et **états descriptifs de division**, s'ils sont distincts du règlement [2] ; la même solution doit assurément être appliquée, en dépit du silence de la loi, aux **états descriptifs de division en volumes**, constitutifs de droits réels autonomes [3] ;
- la **déclaration notariée d'insaisissabilité** de certains biens que peut faire tout entrepreneur individuel (C. com., art. L. 526-1 ; v. *supra* n° 860).
- l'**affectation de biens immobiliers à une EIRL** [4] (C. com., art. L. 526-9, qui dispose expressément que « *le non-respect des règles prévues au présent article entraîne l'inopposabilité de l'affectation* »), alors même qu'une telle affectation n'est nullement translative de droits réels [5].

---

1. V. F. Terré et Ph. Simler, *Les biens*, préc., n° 621. Sur l'inopposabilité aux acquéreurs de lots des clauses du règlement non publiées, v. Civ. 3e, 8 avr. 1970, *Bull. civ.* III, n° 229, *JCP* 1970. II. 16390, note Guillot, *Gaz. Pal.* 1970. 2. 207, note Morand ; Civ. 3e, 30 juin 1971, *Bull. civ.* III, n° 435, *JCP* 1971. IV. 216 ; Civ. 3e, 7 juin 1983, *JCP* 1983. IV. 257 ; Paris, 25 mars 1988, *D.* 1988. IR 139, *RDI* 1988. 334, obs. Simler.
2. V. *Les biens*, préc., n° 629 ; Dagot, « L'état descriptif de division », *JCP* N 2004. 1595. Sur le refus légitime d'un acquéreur de signer l'acte d'acquisition, au motif qu'une modification de l'état descriptif relative au lot acquis n'avait pas été publiée, v. Civ. 3e, 29 avr. 1980, *Bull. civ.* III, n° 86, *RTD civ.* 1981. 176, obs. Giverdon, *RDI* 1981. 454, obs. Dagot.
3. V. A. Fournier, « Division en volumes, solutions particulières relatives aux modalités d'établissement des états descriptifs de division », *JCP* N 2002. 1538.
4. V. E. Dubuisson, « Déclaration de patrimoine affecté, » *JCP* N 2011. 1218. Si l'affectation porte sur une partie d'un immeuble, un état descriptif de division doit être préalablement dressé aux fins de publication. La singularité de cette division est qu'elle ne porte que sur l'affectation et non sur la propriété.
5. L'inopposabilité visée à l'article L. 526-9 C. com. paraît devoir être celle du droit commun et non celle, particulière (*infra* n° 868 s.) à la publicité foncière (arg. : art. L. 526-12, qui énumère les créanciers auxquels l'affectation est ou n'est pas opposable).

E. Actes palliant le défaut d'acte authentique

864 ***Publicité facultative à fin d'opposabilité*** ◊ Dans diverses circonstances, le titulaire d'un droit dont le transfert ou la constitution est obligatoirement soumis à publicité sous peine d'inopposabilité peut se trouver dans l'impossibilité d'y procéder en raison du refus de son cocontractant de passer l'acte authentique indispensable à l'accomplissement de la formalité, alors pourtant qu'un accord définitif, consigné dans un acte sous seing privé, est intervenu entre les parties. Il est possible, dans un tel cas, de faire constater en justice son droit et de publier le jugement obtenu. Mais la procédure peut être longue et l'intéressé court le risque de se voir opposer des droits concurrents publiés dans l'intervalle par d'autres ayants cause du même auteur [1].

Une solution judicieuse a été imaginée par le décret du 7 janvier 1959, qui a complété l'article 37 du décret du 4 janvier 1955 en autorisant la publication à titre facultatif :

- soit de la **demande en justice** tendant à obtenir la réitération ou la réalisation en la forme authentique d'un acte sous seing privé, tel qu'une vente ou une promesse de vente dont l'option a été levée ;
- soit le **procès-verbal notarié de carence**, constatant le défaut ou le refus du cocontractant ou promettant de passer l'acte authentique ;
- soit la **déclaration notariée du demandeur** exprimant sa volonté de passer ledit acte.

À ces documents doivent être annexés, à moins qu'ils y soient littéralement reproduits, les actes, même sous seing privé, qui fondent le droit du demandeur [2].

La finalité de cette publicité facultative est de faire prendre rang, en attendant la publication, conformément aux dispositions de l'article 28, 4°, précité (*supra* n° 854, d), du jugement constatant le droit du demandeur [3]. Il s'agit donc d'une inscription provisoire, comparable à celle de l'hypothèque judiciaire conservatoire (*supra* n° 477) ou encore à la prénotation du droit local alsacien-mosellan [4]. Le rang est conservé pendant

---

1. La pratique avait imaginé la publication du procès-verbal de carence dressé par le notaire. Faute de texte, l'efficacité du palliatif était douteuse : v. Civ. 1re, 20 juill. 1965, *D.* 1965. 757, note J. Mazeaud, *Gaz. Pal.* 1966. 1. 41.

2. C'est pourquoi une convention verbale ne se prête pas à une telle publication provisoire (Civ. 3e, 1er mars 1983, *Bull. civ.* III, n° 61, *JCP* 1984. II. 20192, note Stemmer, *RTD civ.* 1983. 761, obs. Giverdon, *RDI* 1983. 490, obs. Dagot). Pour des refus de donner effet à la publicité, faute d'annexion de l'acte sous seing privé ou de reproduction littérale, v. Civ. 3e, 21 nov. 1978, *Bull. civ.* III, n° 352, *Defrénois* 1979. 32093, obs. Aubert, *RTD civ.* 1979. 627, obs. Giverdon ; Civ. 3e, 16 mai 1990, *Bull. civ.* III, n° 122, *JCP* N 1990. II. 309, note Stemmer, *RTD civ.* 1990. 531, obs. Bandrac, *RDI* 1992. 105, obs. Simler. Le dernier arrêt cité pousse le formalisme de reproduction littérale à l'extrême.

3. Le fait que le jugement soit intervenu, mais ne puisse pas encore être publié pour une raison quelconque, n'empêche pas l'inscription provisoire de la demande (Civ. 3e, 5 mars 1970, *Bull. civ.* III, n° 177, *D.* 1970. 477, note Frank).

4. V. F. Lotz, *Droit civil alsacien-lorrain*, préf. A. Weill, nos 164 s. Sur son application dans les hypothèses étudiées, v. P. Roche, « La prénotation, ou inscription provisoire, est-elle compatible avec le système français de la publicité foncière ? », *RTD civ.* 1965. 22 ; A. Piedelièvre, art. préc., *Defrénois* 1975. 30960.

trois ans, sauf prorogation judiciaire (art. 37, 2, dernier al.). L'inscription provisoire est opposable aux tiers. Plus précisément, elle confère une opposabilité rétroactive à l'inscription définitive intervenue dans le délai [1]. À défaut de cette inscription définitive, l'inscription provisoire est caduque [2].

§ 2. Les sanctions

865 ***Inopposabilité et sanctions complémentaires*** ◊ Pour les actes ci-dessus énumérés, l'inopposabilité constitue la sanction par excellence, de très loin la plus importante, du défaut de publicité. Les actes passés sont valables entre les parties, mais ne peuvent être opposés « *aux tiers qui, sur le même immeuble, ont acquis, du même auteur, des droits concurrents en vertu d'actes ou de décisions soumis à la même obligation de publicité et publiés, ou ont fait inscrire des privilèges ou des hypothèques* » (Décr. 4 janv. 1955, art. 30, 1°).

Le même texte ajoute, assimilant formellement la publication tardive au défaut de publication : « *Ils sont également inopposables, s'ils ont été publiés, lorsque les actes, décisions, privilèges et hypothèques invoqués par ces tiers, ont été antérieurement publiés* ».

Les conséquences de cette sanction de principe, qui frappe d'une réelle inefficacité de fait les droits non inscrits, sont telles que l'on pourrait imaginer de s'en contenter. Il faut cependant en mentionner d'autres, qui sont surtout importantes dans les cas où le défaut de publicité n'est pas, précisément, assorti de la sanction de l'inopposabilité :

- d'une part, la règle dite de l'**effet relatif de l'inscription**, qui emporte impossibilité d'inscrire une opération postérieure - mutation ou constitution de droit réel ou de droit personnel soumis à publicité - prenant appui sur un droit dont l'inscription fait défaut (*infra* n° 894) ;
- d'autre part, la **responsabilité civile** de ceux auxquels la publicité incombait, c'est-à-dire, au premier chef, de l'officier public ayant dressé l'acte authentique requis (*infra* n° 898) [3].

866 ***Portée variable de l'inopposabilité*** ◊ L'inopposabilité suppose un conflit avec un tiers, titulaire d'un droit concurrent de celui dont la publication a été omise. Ainsi, la convention translative de propriété, même

1. V. TGI Nantes, 6 oct. 1983, *JCP* 1984. II. 20308, note Dagot. Si la solution donnée par le jugement est correcte, sa motivation est inexacte : il justifie en effet par l'absence d'effet translatif du compromis de vente sous seing privé l'inopposabilité aux tiers de sa publication, si elle n'est pas suivie dans le délai de la publication du jugement.

2. V. Civ. 3e, 22 nov. 1968, *Bull. civ.* III, n° 494 ; Civ. 3e, 13 oct. 1981, *Bull. civ.* III, n° 153, *D.* 1981. IR 550, *RDI* 1982. 277, obs. Dagot ; Limoges, 27 nov. 1972, *JCP* 1973. II. 17538, note Dagot.

3. S'y ajoutait, depuis 1855, pour les mêmes personnes, une peine d'amende civile, fixée à 50 F depuis 1955. La disposition qui la prévoyait (Décr. 4 janv. 1955, art. 33, dernier al.) a été abrogée par la loi du 6 avril 1998 (*infra* n° 896).

sous seing privé, produit-elle son plein effet entre les parties [1]. De même, l'hypothèque est efficace, pourvu, cependant, qu'elle ait été passée par acte notarié, tant qu'aucun conflit ne surgit avec d'autres créanciers inscrits du même débiteur ou avec des tiers titulaires d'autres droits inscrits.

L'inopposabilité, de plus, n'est pas d'ordre public : elle doit être invoquée et ne peut être soulevée d'office par le juge [2].

Ainsi, si A vend son immeuble à B, celui-ci en devient instantanément et pleinement propriétaire. Si A cède une seconde fois le même bien à C, il vend la chose d'autrui et cette vente est nulle (C. civ., art. 1599). Mais si C publie régulièrement cette vente, alors que B ne l'a pas fait, la première vente lui est inopposable. Les règles de publicité conduisent ainsi à donner effet à une vente nulle et à priver d'efficacité, au contraire, la vente qui était valable.

Si cet exemple simple illustre bien le principe de l'inopposabilité sanctionnant le défaut de publicité foncière et en révèle la finalité protectrice des tiers, il ne rend qu'imparfaitement compte de la portée de la sanction et de la diversité des solutions, suivant la nature des actes soumis à publicité et suivant les personnes en présence. Il faut, à cet égard, distinguer un régime général et des régimes particuliers à telle ou telle catégorie d'actes.

A. Régime général

867 ***Conditions de l'inopposabilité aux tiers*** ◊ Les actes dont le défaut de publicité est sanctionné par l'inopposabilité ne produisent pas d'effet contre les tiers. L'inefficacité à leur égard est totale : pour eux, l'acte est censé ne pas exister. Toute la difficulté tient à la notion de tiers, car cette notion est différente dans cette matière par rapport à d'autres, par exemple celle de l'effet relatif des contrats. Bien plus, elle peut être différente suivant la nature des actes et des droits soumis à publicité.

La catégorie des tiers admis à opposer, le cas échéant, le défaut de publicité foncière est définie de manière étroite. Plusieurs conditions doivent être cumulativement réunies (1°). En outre, même s'il en est ainsi, ces tiers peuvent, dans certaines circonstances, être privés du droit de se prévaloir de l'inopposabilité (2°).

868 ***1° Tiers admis à opposer le défaut de publicité*** ◊ Toutes personnes autres que les parties à l'acte ou que les titulaires des droits publiés ne sont pas habilitées à se prévaloir de l'inopposabilité, même si elles peuvent y trouver un intérêt. La loi n'a entendu protéger que ceux qui, s'étant fiés aux mentions publiées, ont acquis du chef du propriétaire, par convention ou par l'effet d'une disposition légale ou d'une décision de justice, des droits soumis à publicité, les ont eux-mêmes publiés et se voient opposer des droits concurrents non publiés ou publiés postérieurement. Tel est le sens

1. V. Civ. 1re, 18 juin 1962, *JCP* 1962. II. 12827, note Bulté ; Civ. 1re, 15 déc. 1970, *Bull. civ.* I, n° 233.

2. Civ. 1re, 7 déc. 1965, *D.* 1966. 98, note Frank.

de l'article 30, 1, du décret du 4 janvier 1955, qui dispose, dans son alinéa premier : « *Les actes et décisions judiciaires soumis à publicité par application du 1° de l'article 28 sont, s'ils n'ont pas été publiés, inopposables aux tiers, qui, sur le* ***même immeuble****, ont acquis, du* ***même auteur****, des droits concurrents en vertu d'actes ou de décisions soumis à la* ***même obligation de publicité et publiés****, ou ont fait inscrire des privilèges ou des hypothèques. Ils sont également inopposables, s'ils ont été publiés, lorsque les actes, décisions, privilèges ou hypothèques, invoqués par ces tiers, ont été antérieurement publiés* ».

Concrètement, trois conditions doivent être réunies : le conflit doit opposer des ayants cause à titre particulier d'un même auteur, titulaires de droits soumis à publicité sous peine d'inopposabilité, dont l'un au moins a effectivement procédé à la publicité.

869 ***a) Ayants cause à titre particulier du même auteur*** ◊ L'hypothèse type est celle, précitée, des ventes successives par un même propriétaire du même immeuble à deux acquéreurs. Il peut s'agir aussi, par exemple, de la constitution d'une hypothèque au profit de l'un et de la concession d'un bail emphytéotique à un autre.

A contrario, s'il ne s'agit pas d'ayants cause à titre particulier ou si leurs droits ne procèdent pas du même auteur, la publicité ou l'absence de publicité est sans incidence. Il en est ainsi en cas de conflit :

- entre les **parties elles-mêmes**, c'est-à-dire entre l'auteur et son ayant cause : un tel conflit ne peut porter que sur la validité, le contenu ou la force obligatoire de la convention, toutes questions qui sont sans rapport avec la publicité foncière [1], qui ne purge en aucune façon les actes d'éventuelles imperfections ;
- entre les **ayants cause universels ou à titre universel et les ayants cause à titre particulier du même auteur** : les premiers ne sont pas des tiers, mais les continuateurs de leur auteur, de sorte que le conflit doit être tranché comme dans le cas précédent [2] ;

1. V. Civ. 1re, 18 juin 1962, préc. ; Civ. 2e, 17 déc. 1984, *JCP* 1986. II. 20529, note Dagot, *RTD civ.* 1986. 381, obs. Giverdon et Salvage-Gerest ; Civ. 3e, 20 nov. 1984, *D.* 1985. IR 397, obs. Robert, *JCP* 1985. IV. 43 ; Civ. 3e, 25 mars 1992, *Bull. civ.* III, n° 106, *D.* 1992. IR 142, *JCP* 1992. IV. 1581 ; Civ. 3e, 10 juill. 1996, *Bull. civ.* III, n° 181 (qui interdit à un vendeur d'opposer à son premier acquéreur la publicité de la seconde vente). La solution est la même en Alsace-Moselle : Civ. 3e, 3 nov. 1983, *D.* 1984. 371, note Najjar.

2. V. Civ., 1er juin 1897, *DP* 1898. 1. 58 ; Civ. 3e, 16 mai 1974, *Bull. civ.* III, n° 209, *Defrénois* 1975. 30965, obs. Aubert ; Civ. 3e, 6 juill. 1976, *Bull. civ.* III, n° 300, *JCP* 1978. II. 18779, note Dagot, *Defrénois* 1977. 31350, obs. Aubert, et 31497, obs. Frank, *RTD civ.* 1977. 159, obs. Giverdon ; Civ. 1re, 5 mai 1987, *Bull. civ.* I, n° 142, *RDI* 1988. 333, obs. Simler (dans les deux dernières espèces, l'auteur avait successivement vendu le même immeuble à un tiers, puis à son héritier, qui avait publié ; en tant que successeur, celui-ci n'a pas été admis à opposer au tiers le défaut de publicité de son acquisition) ; Civ. 2e, 20 mars 1991, *Bull. civ.* III, n° 98, *D.* 1992. 151, note Fournier, *Defrénois* 1991. 35151, obs. Aynès, *RTD civ.* 1992. 155, obs. Bandrac, *RDI* 1992. 103, obs. Simler (ventes successives de la même parcelle à deux héritiers) ; Civ. 1re, 14 janv. 2009, *Bull. civ.* I, n° 6, *D.* 2009. Act. 371, *JCP* N 2009. 154, *Defrénois* 2009. 38941, note. Piedelièvre (est censuré l'arrêt qui a déclaré inopposable à des héritiers une vente non publiée consentie à un cohéritier). Au contraire, les ayants cause à titre particulier, respectivement, de

– entre **ayants cause à titre particulier d'auteurs différents** ; l'ordre des publications ne permet pas, dans ce cas, de résoudre le conflit, dont la solution dépend de la réalité des droits de l'un ou l'autre de ces auteurs ; c'est donc le conflit entre ces derniers qu'il faut résoudre d'abord, suivant les règles relatives à l'une des situations évoquées [1] ;

– entre **ayant cause à titre particulier et titulaire d'un droit propre**, qui ne procède pas du même auteur : tel est le cas de la prescription acquisitive ou du droit de rétention, qui peuvent être opposés, si les conditions en sont remplies, à toute personne, même titulaire d'un droit concurrent inscrit (*supra* n° 857).

870 ***b) Titulaires de droits concurrents soumis à publicité*** ◊ Seuls peuvent invoquer l'inopposabilité d'un acte les titulaires de droits concurrents qui sont eux-mêmes soumis à publicité sous peine d'inopposabilité et portant sur le même immeuble [2]. L'absence de publicité ne peut être opposée, ni par un tiers titulaire d'un droit non soumis à publicité (par exemple, le titulaire d'un bail de moins de douze ans), ni par celui qui tient son droit d'un acte ou d'un fait soumis à publicité à titre d'information [3].

---

l'auteur et de son successeur sont logiquement traités comme des ayants cause du même auteur (Civ. 1re, 14 juin 1961, *JCP* 1962. II. 12472, note Bulté, *Gaz. Pal.* 1961. 2. 266, *Defrénois* 1961. 28086, *RTD civ.* 1962. 164, obs. Solus).

1. V. Civ. 1re, 29 déc. 1954, *Bull. civ.* I, n° 394, *JCP* 1955. II. 8562, note Becqué ; Civ. 1re, 10 juill. 1957, *Bull. civ.* I, n° 324 ; Civ. 3e, 4 févr. 1987, *Bull. civ.* III, n° 20, *RDI* 1988. 333, obs. Simler (conflit opposant les ayants cause respectifs des propriétaires du fonds servant et du fonds dominant, à propos d'une servitude conventionnelle *non altius tollendi*. V. aussi, sur cet arrêt, Jobard-Bachellier, Servitude et grandeur de la publicité foncière en droit français, *D.* 1988. Chron. 247) ; Civ. 3e, 19 mai 1999, *Bull. civ.* III, n° 119 ; Civ. 3e, 13 déc. 2000, *D.* 2001. 2154, note Lipinski (conflit entre l'acquéreur du chef d'un propriétaire décédé et l'adjudicataire du même bien, mis en vente par l'État, attributaire de la succession en déshérence).

2. V. Civ. 3e, 31 mars 1971, *Bull. civ.* III, n° 231, *JCP* 1971. IV. 128 ; Civ. 3e, 20 nov. 1984, *D.* 1985. IR 397, obs. Robert, *RDI* 1985. 279, obs. Dagot. Le conflit avait pour objet, dans ces espèces, la délimitation de deux immeubles et non des droits portant sur le même bien.

3. V. Civ. 3e, 23 oct. 1970, *Bull. civ.* III, n° 546 ; Civ. 3e, 17 juin 1980, *Bull. civ.* III, n° 118, *JCP* 1981. II. 19584, note Dagot, *Defrénois* 1982. 32826, obs. Aubert (pour un fermier, qui ne peut se prévaloir du défaut de publicité de la donation de la ferme) ; Civ. 3e, 4 mai 2000, *Bull. civ.* III, n° 98, *JCP* 2000. IV. 2095, et N 2001. 737, note Gravillou (censurant une décision ayant rejeté une demande en nullité d'un commandement de quitter les lieux et d'une demande d'expulsion contre un locataire qui se prévalait d'un acte de vente de l'immeuble, au motif que le défaut de publicité de la vente lui était opposable, alors que le locataire ne tenait pas du bailleur un droit concurrent soumis à publicité) ; TGI Nancy, 18 déc. 1975, *JCP* 1976. II. 18370, note Goubeaux (bénéficiaire d'une promesse de vente). Rappr., pour l'autorité expropriante, qui ne peut se prévaloir du défaut de publicité d'une vente, son droit n'étant pas concurrent de celui de l'exproprié ou de son ayant cause, Civ. 3e, 10 mai 1977, *Bull. civ.* III, n° 201, *JCP* 1979. II. 19135, note Dagot, *RTD civ.* 1979. 629, obs. Giverdon. La Cour de cassation a pareillement jugé « que le défaut de publication d'un acte portant ou constatant la mutation ou la constitution de droits réels immobiliers est sans effet sur la validité du congé », alors pourtant qu'il s'agissait du bail à long terme soumis également à publicité : Civ. 3e, 23 mars 2011, à paraître au *Bull. civ.*, *D.* 2011. Act. 1077, *JCP* N 2011. 305, *Loyers et copr.* 2011. 133, obs. Vial-Pedroletti. Seule l'absence de concurrence entre les droits du propriétaire et du preneur paraît pouvoir expliquer la solution.

Telle est la raison pour laquelle les **créanciers chirographaires** ne peuvent prétendre que les actes ou droits soumis à publicité leur sont inopposables. Ils ne sont pas des tiers au sens du droit de la publicité foncière [1]. La vente, l'hypothèque, le bail de plus de douze ans,... leur sont opposables, même en l'absence de publicité [2]. Il n'en est autrement que si un tel créancier a diligenté une **saisie immobilière**, celle-ci étant *« opposable aux tiers à partir de sa publication au fichier immobilier »* (C. civ., art. 2200, réd. Ord. 21 avr. 2006) [3].

Plus généralement, les créanciers chirographaires bénéficient de l'arrêt du cours des inscriptions hypothécaires, dans les diverses circonstances où un tel arrêt est prescrit (*supra* n°s 498 s.). Les créanciers non inscrits sont en effet eux-mêmes traités, dans ces hypothèses, comme créanciers chirographaires dans leurs rapports, non seulement avec les créanciers inscrits, mais aussi avec les autres créanciers, démunis de droit de préférence. C'est donc bien que, dans ce cas, le défaut d'inscription peut être opposé par ces derniers [4].

871 ***c) Publicité effective du droit de celui qui invoque l'inopposabilité*** ◊ Celui qui a régulièrement accompli les formalités de publicité est seul en droit de reprocher à d'autres de n'en pas avoir fait autant. Tant qu'aucun des ayants cause à titre particulier en concurrence n'a publié son droit, les règles de la publicité sont sans incidence et le conflit ne peut se résoudre que sur le terrain de l'efficacité des conventions passées ou des droits acquis [5]. Au contraire, celui qui a le premier publié son droit l'emporte, par application de l'adage *prior tempore, potior jure*, quel que soit l'ordre dans lequel les droits ont été constitués [6]. Si deux publications

1. Logiquement, le liquidateur judiciaire d'un débiteur, représentant des créanciers, se voit refuser la qualité de tiers au sens de l'article 30 du décret du 4 janvier 1955 et donc le droit de se prévaloir du défaut de publicité d'une renonciation à l'accession : Civ. 3e, 29 mars 2006, *Bull. civ.* III, n° 90, *D.* 2006. Act. 1166, obs. Lienhard, *JCP* 2006. IV. 1949.

2. V. en ce sens, pour un crédit-bail immobilier non publié, jugé opposable aux créanciers du crédit-preneur soumis à une procédure collective, Com., 15 mai 2001, *Bull. civ.* IV, n° 89, *D.* 2001. Act. 1873, obs. Lienhard.

3. L'article 2200 du Code civil, issu de l'ordonnance du 21 avril 2006 réformant la saisie immobilière, reprend en substance les dispositions de l'article 686 de l'ancien code de procédure civile, corrélativement abrogé, qui avait lui-même été modifié en ce sens en 1938.

4. V. Req., 11 juin 1817, *S.* 1818. 1. 328 ; Civ., 17 avr. 1868, *DP* 1868. 1. 398 ; Marty, Raynaud et Jestaz, n° 726 ; Dagot, « Publicité foncière et redressement judiciaire », *JCP* 1986. I. 3262, n° 7 s. ; Frémont, « Les nouvelles procédures de règlement collectif au regard de la publicité foncière », *JCP* N 1987. I. 1.

5. V. Civ. 1re, 21 mai 1968, *JCP* 1968. II. 15614, note R.L. ; Civ. 1re, 12 nov. 1975, *JCP* 1976. II. 18359, note Dagot.

6. V. pour un échange de parcelles non publié, suivi de la vente par les héritiers de l'un des échangistes de la parcelle dévolue à l'autre, cette vente ayant été publiée par l'acquéreur, Civ. 3e, 11 juin 1997, *Bull. civ.* III, n° 140, *D.* 1998. Somm. 108, obs. Piedelièvre, *JCP* 1998. II. 10055, note Casey, *Defrénois* 1997. 36703, obs. Aynès ; pour un compromis subordonné au non exercice du droit de préemption du locataire, non réitéré, mais suivi de la vente par acte authentique au locataire d'une partie des biens qui en étaient l'objet, publiée et déclarée opposable au bénéficiaire du compromis non publié, en dépit de la mauvaise foi dudit locataire, Civ. 3e, 10 févr. 2010,

successives sont intervenues, deux hypothèses peuvent concrètement se présenter :

– soit les deux droits en concours sont incompatibles (par exemple, deux ventes du même bien, ou une vente et une hypothèque, si la vente a été publiée la première) : la première publication prive de toute **efficacité** la seconde [1] ;

– soit les deux droits concurrents sont compatibles (par exemple, deux hypothèques portant sur le même bien, ou une vente et une hypothèque, si l'hypothèque a été publiée la première) ; la publication détermine le **rang** des droits inscrits.

De telles publications successives d'actes émanant du même auteur et générateurs de conflits entre les ayants cause devraient toutefois se raréfier, le conservateur s'étant vu reconnaître le droit de contrôler le respect de la règle de l'effet relatif et de refuser le dépôt ou de rejeter la formalité dans cette hypothèse (v. *infra* n° 918).

Ces développements mettent en lumière l'importance capitale de l'antériorité d'une publication par rapport à une autre. Elle résulte des mentions du registre des dépôts, qui indique la date de dépôt des pièces dans l'ordre où il est effectué (*infra* n° 906). Le caractère déterminant de l'antériorité soulève inévitablement la question du sort des formalités accomplies simultanément.

872 ***Actes publiés le même jour*** [2] ◊ Envisageant l'hypothèse de l'accomplissement le même jour des formalités de publicité de droits concurrents, le législateur a prévu des solutions diverses, suivant la nature des droits et

---

Bull. civ. III, n° 41, *JCP* N 2010. 237, *Defrénois* 2010. 39116, obs. Gravillou, *RDC* 2010. 895, 1re esp., obs. Pimont. Dans le même sens, dans des circonstances semblables, Civ. 3e, 12 janv. 2011, *Bull. civ.* III, n° 5, *D.* 2011. Act. 303, *JCP* N 2011. 169, *Defrénois* 2011. 39211, obs. C. Grimaldi. V. aussi, sur ces deux arrêts, qui semblent marquer un revirement au sujet de la condition de bonne foi, *infra* n° 875.

1. V., pour des aliénations successives, Civ. 3e, 4 janv. 1983, *Bull. civ.* III, n° 3, *Defrénois* 1983. 33144, obs. Aubert ; pour une vente inscrite entre le jour de la radiation d'une hypothèque périmée et celui de sa réinscription après annulation de la décision de radiation, Civ. 3e, 4 févr. 1998, *Bull. civ.* III, n° 24, *D.* 1998. IR 66 ; pour un droit d'usage et d'habitation constitué par testament, mais non publié, déclaré inopposable à celui qui a acquis le bien grevé de l'héritier et qui a publié son droit, Civ. 3e, 13 mai 1998, *Bull. civ.* III, n° 253, *D.* 1998. IR 97. Il n'en est ainsi, cependant, que si la première publication est régulière. La Cour de cassation a ainsi jugé que, si cette publication comporte des indications erronées, notamment quant à la désignation cadastrale, elle n'est pas opposable à un titulaire d'un droit concurrent : Civ. 3e, 13 févr. 1991, *Bull. civ.* III, n° 59, *Defrénois* 1991. 35151, obs. Aynès, *RDI* 1992. 104, obs. Simler. La solution peut paraître rigoureuse, mais, entre deux acquéreurs par hypothèse de bonne foi, il est raisonnable de préférer celui dont le titre ne comporte aucune irrégularité.

2. Il n'est pas tenu compte de l'heure de l'accomplissement, le même jour, de plusieurs formalités de publicité. L'ordre dans lequel ces formalités sont mentionnées au registre des dépôts est donc sans incidence (v. *infra* n° 906). Une solution différente, plus satisfaisante, a été retenue pour la publicité des sûretés mobilières par le décret n° 2006-1804 du 23 décembre 2006 : le greffier attribue à l'acte de gage un numéro d'ordre (art. 1er, al. 3), qui est porté sur les bordereaux, dont l'un est restitué au requérant et qui est attributif de rang.

des actes en concours, solutions qui comportent une part inévitable d'arbitraire :

- la formalité requise en vertu du **titre dont la date est la plus ancienne**, pourvu que cette date soit certaine au sens de l'article 1328 du Code civil [1], est réputée d'un rang antérieur, quel que soit l'ordre du registre (Décr. 4 janv. 1955, art. 31, 1, et, pour les hypothèques, C. civ., art. 2425, al. 2) ;
- si les formalités requises le même jour se rapportent à des actes portant, en outre, la **même date**, les formalités sont réputées de **même rang** (art. 31, 3, et, pour les hypothèques, C. civ., art. 2425, al. 4) [2] ;
- cependant, s'il y a conflit entre l'inscription d'une hypothèque et la publication d'un autre acte obligatoirement publié en vertu de l'article 28, 1° à 3°, requises le **même jour**, et si les actes portent la même date, la **préférence** est donnée **à l'hypothèque** (art. 31, 2) [3] ;
- de même, si la publicité d'un commandement de saisie est requise le même jour que l'inscription d'une hypothèque ou la publicité d'un autre droit et si les actes ou titres portent la même date, le **commandement de saisie** l'emporte (art. 31, 4) ;
- enfin, l'inscription de la séparation des patrimoines prévue à l'article 2383 du Code civil ou de l'une des hypothèques légales prévues à l'article 2400, 1°, 2° et 3° (hypothèque légale des époux, des incapables et de l'État ou des collectivités publiques sur les biens de leurs comptables) est réputée d'un rang antérieur à celui de toute autre formalité requise le même jour (art. 31, 5, et C. civ., art. 2425, al. 3).

873 ***2° Tiers privés du droit d'invoquer le défaut de publicité*** ◊ Même si toutes les conditions objectives ci-dessus décrites sont réunies, un tiers répondant à la définition étroite de cette notion en la matière peut se trouver à titre personnel privé du bénéfice de l'inopposabilité. On peut donc dire que des **conditions subjectives** s'ajoutent à celles, objectives, énoncées plus haut. Ces conditions sont négatives : le tiers ne doit pas avoir lui-même été chargé de procéder à la publication ; il doit surtout avoir agi sans fraude.

874 ***a) Tiers responsable du défaut de publicité*** ◊ Cette hypothèse suppose qu'une même personne soit intervenue dans les opérations concurrentes sujettes à publicité en deux qualités différentes : pour son propre compte et en qualité de représentant d'un autre ayant cause à titre particulier du même auteur. Ainsi, le représentant légal d'un mineur ou le tuteur d'un majeur a pu acquérir un bien ou obtenir une hypothèque, d'abord pour le compte du représenté et ensuite pour son propre compte,

1. V. Paris, 29 juin 1964, *D.* 1965. Somm. 26, *JCP* 1965. II. 13977, note Bulté, *RTD civ.* 1965. 376, obs. Bredin.
2. Si cette solution paraît raisonnable en matière d'hypothèques, elle n'a guère de sens pour les actes translatifs ou constitutifs de droits réels principaux.
3. V. en ce sens, Versailles, 10 oct. 1996, *D.* 1996. Somm. 258, obs. Piedelièvre, *RDI* 1997. 453, obs. C. Saint-Alary-Houin.

ou inversement. L'organe d'une personne morale, privée ou publique [1], a pu, de même, traiter successivement en ses deux qualités. Plus généralement, un mandataire conventionnel a pu être tenté de procéder de la même manière.

Ces tiers *« qui étaient eux-mêmes chargés de faire publier les droits concurrents, ou leurs ayants cause universels »* [2] ne peuvent se prévaloir de l'inopposabilité (Décr. 4 janv. 1955, art. 30, 1, al. 2. V. aussi, pour les donations, C. civ., art. 941). En d'autres termes, ils ne peuvent publier leur propre droit et opposer ensuite à la personne qu'ils avaient mission de représenter le défaut de publication du droit qu'ils étaient chargés d'acquérir ou de constituer en son nom.

875 ***b) Tiers coupable de fraude dans la publication de son droit*** ◊ En cette matière comme dans d'autres, la fraude ne pouvait pas ne pas être sanctionnée : *Fraus omnia corrumpit*. Dans la mesure où le défaut de publicité a pour conséquence l'inopposabilité aux tiers, la fonction de la publicité foncière est d'assurer la sécurité du commerce juridique. Cette finalité protectrice ne se justifie que si celui qui l'invoque est de bonne foi.

Ainsi, lorsqu'un immeuble est vendu à un acquéreur informé de l'existence d'une vente antérieure du même bien, cet acquéreur ne peut impunément mettre à profit le retard de la publication de la première vente en procédant sans tarder à la formalité du dépôt et opposer ensuite au premier acquéreur le défaut ou le retard de la publicité de son droit.

Cette entorse à l'application stricte du mécanisme de l'inopposabilité des droits non publiés a toujours été admise [3]. Mais les notions de fraude ou de mauvaise foi ont été diversement interprétées par la jurisprudence, d'abord dans un sens restrictif, puis de manière plus large, avant un retour, en dernier lieu, à une définition stricte.

Les tribunaux n'ont d'abord admis l'exception à la règle de l'inopposabilité des droits non publiés qu'en cas de **concert frauduleux** entre les parties à la seconde opération, dans le but de dépouiller de son droit le titulaire d'un droit précédemment acquis, mais non publié [4]. Ils ont

---

1. V., pour le maire d'une commune qui a acquis successivement le même bien pour le compte d'un hospice dont il était le représentant légal et pour son compte personnel, et qui n'a publié que le second acte, Civ. 3e, 3 oct. 1973, *Bull. civ.* III, n° 505, *Defrénois* 1974. 30553, obs. Aubert, *Gaz. Pal.* 1974. 1. 31.

2. Sur l'obligation de garantie qui pèse sur les ayants cause universels et qui a pour effet de les placer dans la même situation que les parties elles-mêmes, sauf renonciation à la succession, v. *supra* n° 869 et les réf. citées.

3. V. A. Rouast, « La fraude en matière de mesures de publicité dans le droit civil français », *Mélanges Simonius*, 1957, p. 133 ; J. Mazeaud, « L'adage "*fraus omnia corrumpit*" et son application dans le domaine de la publicité foncière », *Defrénois* 1962. 28265 ; E. du Pontavice, « Fraude dans les transferts immobiliers et sécurité des tiers », *RTD civ.* 1963. 649.

4. V., parmi d'autres arrêts, Req., 27 nov. 1893, *S.* 1894. 1. 385, note Lyon-Caen ; Req., 15 juin 1922, *DP* 1922. 1. 180 ; Civ., 7 déc. 1925, *DP* 1926. 1. 186, note Savatier ; Civ., 24 avr. 1950, *Bull. civ.* I, n° 101, *D.* 1950. 449, *RTD civ.* 1953. 129, obs. Solus ; Civ. 1re, 14 févr. 1962, *Bull. civ.* I, n° 98 ; Civ. 1re, 8 juin 1963, *D.* 1964. Somm. 2, *RTD civ.* 1964. 141, obs. Bredin.

corrélativement estimé que la simple connaissance par le second acquéreur de l'existence d'une aliénation antérieure de l'immeuble, donc sa simple mauvaise foi, ne l'empêchait pas de se prévaloir de l'inopposabilité de la première vente non publiée [1].

Abandonnant cette position stricte, mais bien tracée, un arrêt s'est contenté d'une fraude particulièrement caractérisée du seul second acquéreur [2]. Cet assouplissement au contour incertain n'a cependant été qu'un premier pas vers l'assimilation à la fraude de la simple **mauvaise foi**, c'est-à-dire de la **connaissance** de l'existence de droits concurrents non publiés [3]. Telle a été la position, plus compréhensive, mais à nouveau assise sur un critère précis, tenue par la jurisprudence pendant un demi-siècle et fondée, généralement, sur l'article 1382 du Code civil [4].

Cet élargissement significatif de l'exception de fraude a été diversement apprécié. Critiqué par les uns, qui ont vu dans cette évolution une brèche ouverte dans le dispositif de la publicité foncière et une atteinte grave à la sécurité qu'il est censé assurer [5], il a été approuvé par d'autres qui ont considéré qu'il participait de la tendance à la moralisation des relations juridiques par le canal de l'exigence de bonne foi [6]. Deux justifications complémentaires peuvent être invoquées à l'appui de cette seconde position. Le système français de la publicité foncière, comme sa dénomination

---

1. Civ. 7 déc. 1925, préc. ; Req. 24 juin 1929, *S.* 1930. 1. 22 ; Req. 13 déc. 1937, *S.* 1938. 1. 103.
2. Civ. 1re, 17 oct. 1961, *Bull. civ.* I, n° 370, *JCP* 1962. II. 12758, note Bulté.
3. Cette solution n'avait cependant pas été étendue aux sûretés réelles soumises à publication : v. Civ. 3e, 17 juill. 1986, *Bull. civ.* III, n° 118, *Defrénois* 1987. 34056, obs. Aynès, *RTD civ.* 1987. 368, obs. Giverdon et Salvage-Gerest (s'agissant de privilèges du vendeur et du prêteur périmés et réinscrits tardivement, l'arrêt précise que la connaissance des prêts par le tiers acquéreur « ne pouvait suppléer à l'inscription, seul mode légal de publicité ») ; Civ. 1re, 3 juill. 1996, *Bull. civ.* I, n° 298, *D. aff.* 1996. 1126, *JCP* 1997. I. 3991, obs. Delebecque, *Defrénois* 1997. 36526, obs. Aynès (à propos d'un gage automobile) ; Civ. 2e, 11 juill. 2002, *Bull. civ.* II, n° 170, *Defrénois* 2003. 37752, obs. Piedelièvre, *RD banc. fin.* 2002, n° 232, obs. Legeais ; Civ. 3e, 19 juill. 1995, *Bull. civ.* III, n° 205, *D.* 1996. Somm. 209, obs. Piedelièvre, *Defrénois* 1995. 36214, obs. Aynès, *RDI* 1997. 116, obs. Simler (qui refuse de prendre en compte la connaissance par le bénéficiaire d'un bail emphytéotique de l'existence d'un bail antérieur non publié de plus de douze ans). La différence de traitement paraissait difficilement justifiable.
4. Civ. 3e, 22 mars 1968, *D.* 1968. 412, note J. Mazeaud, *JCP* 1968. II. 15587, note Plancqueel, *RTD civ.* 1968. 564, obs. Bredin ; Civ. 3e, 10 mai 1972, *Bull. civ.* III, n° 300 ; Civ. 3e, 30 janv. 1974, *D.* 1975. 427, note Penneau, *JCP* 1975. II. 18001, note Dagot, *Defrénois* 1974. 30631, obs. Goubeaux, *Grands arrêts*, 12e éd., t. 2, n° 178 ; Civ. 3e, 3 oct. 1974, *JCP* 1975. II. 18001, *RTD civ.* 1975. 569, obs. Giverdon ; Civ. 3e, 15 févr. 1978, *Gaz. Pal.* 1978. 1. Somm. 175, *RTD civ.* 1979. 160, obs. Giverdon ; Civ. 3e, 20 mars 1979, *Bull. civ.* III, n° 71, *D.* 1979. IR 396, *RDI* 1980. 88, obs. Dagot ; Civ. 3e, 28 mai 1979, *Bull. civ.* III, n° 116, *D.* 1979. IR 409 ; Nancy, 8 juin 1977, *JCP* 1978. II. 18847 ; Dijon, 30 mai 2006, *JCP* 2006. IV. 2886. La même solution a été appliquée dans l'hypothèse d'une servitude non publiée, mais dont l'acquéreur du bien avait connaissance : Civ. 3e, 16 sept. 2009, *Bull. civ.* III, n° 195, *JCP* 2010. Chron. 336, n° 17, obs. Périnet-Marquet.
5. V. Bredin, obs. préc. ; M. Gobert, art. préc., *Mélanges Flour*, p. 223 s. ; A. Fournier, art. préc., *Defrénois* 1980. 32401 ; Dagot, p. 154 ; Marty, Raynaud et Jestaz, n° 767 ; Théry, n° 387.
6. S. Piedelièvre, *op. cit.*, nos 442 s. ; P.-Y. Gautier, « "Bien aimée" responsabilité civile : exercice de controverse doctrinale sur le thème de la publicité foncière », *in Ruptures, mouvements et continuité du droit, Autour de Michelle Gobert*, Economica, 2004, p. 361.

même l'indique et dont les règles n'interfèrent pas, en principe, avec le fond du droit, a pour seule finalité l'information des tiers et la sécurité de ceux qui se sont fiés à cette information [1]. Cet objectif protecteur n'a de raison d'être que si ceux qui l'invoquent n'ont pas eu par d'autres voies connaissance des droits qui leur sont opposés et qui, par conséquent, sont de mauvaise foi s'ils s'abritent derrière l'absence de publicité. Plus pragmatiquement, il convient de souligner que rien n'est plus difficile à prouver que l'intention de nuire ou le concert frauduleux. La distance est courte, au surplus, entre la simple conscience du préjudice causé à autrui et l'intention de nuire. Le critère de la mauvaise foi est seul de nature à permettre de sanctionner effectivement la fraude. Il comporte en outre l'avantage d'aligner les solutions relatives à la sanction de la fraude retenues en cette matière sur celles admises dans d'autres, en particulier dans le cadre de l'action paulienne, qui en constitue en quelque sorte le berceau [2].

La Cour de cassation semble pourtant vouloir, en dernier lieu, revenir à la position initiale, la plus restrictive. Dans des espèces où il était établi qu'un second acquéreur avait une parfaite connaissance d'une précédente vente non passée par acte authentique et donc non publiée et où le demandeur soutenait que cet acquéreur ne pouvait se prévaloir de l'inopposabilité de la première vente, la Cour de cassation, censurant les juges du fond, a jugé qu'il résultait de l'absence de publicité de cet acte qu'il était inopposable au second acquéreur et que la simple connaissance qu'en avait celui-ci ne lui interdisait pas de se prévaloir de l'absence de publicité des actes correspondants [3].

---

1. *Contra*, Aynès, note sous Civ. 3e, 12 janv. 2011, cité ci-après, qui assigne à la publicité foncière une fonction « analogue à l'entrée en possession ». Le droit positif ne paraît pas offrir de fondement à cette vision de la publicité.

2. V. F. Terré, Ph. Simler et Y. Lequette, *Les obligations*, préc., n°s 1178 s. V. par ex. Civ. 1re, 13 mars 1973, *JCP* 1974. II. 17782, note Ghestin, *RTD civ.* 1974. 805, obs. Loussouarn ; Civ. 1re, 29 mai 1985, *Bull. civ.* I, n° 163, *Defrénois* 1986. 33694, obs. Aubert, *RTD civ.* 1986. 601, obs. Mestre. Si le second acte est une donation, le premier acquéreur peut avoir intérêt à se placer sur le terrain de l'action paulienne plutôt que sur celui de la publicité foncière, la fraude ou la connaissance du premier acte n'étant pas, dans ce cas, une condition de l'inopposabilité (v. sur ce point A.-G. Robert, « Action paulienne et conflits de propriété », *JCP* 2005. I. 191, n° 13 s.).

3. Civ. 3e, 10 févr. 2010, *Bull. civ.* III, n° 41, *JCP* N 2010. 237, *Defrénois* 2010. 39116, obs. Gravillou, et 39123, obs. Piedelièvre, *RDC* 2010. 895, 1re esp., obs. Pimont, *RTD civ.* 2011. 369, obs. Revet (censurant l'arrêt attaqué par un moyen de pur droit relevé d'office. V. aussi, à propos de cet arrêt, S. Lamiaux, « Conflit entre acquéreurs successifs. Retour au purisme de la publicité foncière ? », *JCP* N 2010. 1146). Dans le même sens, Civ. 3e, 15 déc. 2010, n° 09-15.891, inédit ; Civ. 3e, 12 janv. 2011, à paraître au *Bull. civ.*, *D.* 2011. 851, note Aynes, *JCP* N 2011.169, *Defrénois* 2011. 39211, obs. C. Grimaldi. Les commentateurs de ces arrêts n'excluent pas, pour autant, que l'acquéreur évincé puisse agir contre le second sur le terrain de la responsabilité civile. Plusieurs arrêts postérieurs maintiennent, s'agissant de servitudes non publiées, la solution antérieure fondée sur la seule connaissance de leur existence, sans qu'on comprenne les raisons d'être de cette différence de traitement : Civ. 3e, 26 janv. 2011, *Bull. civ.* III, n° 12, *JCP* 2011. Chron. 323, n° 15, obs. Périnet-Marquet ; Civ. 3e, 16 mars 2011, à paraître au *Bull. civ.*, *JurisData* n° 003772, *Droit et patr.* juin 2011. 88, obs. Seube. Sur ces arrêts et deux autres, inédits, dans le même sens, v. Th. Revet, *RTD civ.* 2011. 373.

Pour que l'inopposabilité puisse être utilement invoquée, il suffit que le tiers ait ignoré l'opération antérieure au moment où il lui-même souscrit à l'acte dont il se prévaut. S'il n'a été informé de l'existence d'un acte antérieur non publié que postérieurement, mais avant d'avoir lui-même procédé à la publicité, le premier acte lui est inopposable [1]. Il faut cependant aussi qu'il ait publié son propre titre (v. *supra* n° 871) [2].

876 ***Situation du sous-acquéreur de bonne foi*** ◊ La mise en œuvre du correctif fondé sur la fraude a soulevé un problème particulièrement épineux en cas de conflit, non plus entre un ayant cause n'ayant pas publié son droit et un autre qui l'a publié frauduleusement, mais entre le premier à un ayant cause du second. L'hypothèse type est celle du sous-acquéreur qui a fait publier son acquisition et qui se trouve en conflit avec le premier acquéreur du vendeur originaire.

Si ce sous-acquéreur savait que son auteur avait, en connaissance de cause, acquis le bien d'un vendeur qui l'avait déjà vendu une première fois et avait procédé frauduleusement à la publicité de l'acte, il se rend coupable de la même fraude en publiant l'acte de sous-acquisition. Il ne peut donc pas davantage se prévaloir du défaut de publicité du droit du premier acquéreur que son auteur n'eût pu le faire. Mais il se peut que ce sous-acquéreur ait été de bonne foi et ait traité au vu de la publicité en apparence régulière du droit de son propre auteur. Le droit commun des contrats et des biens entre cette fois ouvertement en conflit avec les règles de la publicité foncière, sans que la notion de fraude permette de les concilier.

La Cour de cassation a d'abord fait prévaloir le droit commun, par application de l'adage *Nemo plus juris ad alium transferre potest quam ipse habet :* nul ne peut transmettre plus de droit qu'il n'a lui-même. La fraude de son auteur privant d'effet la publication de son droit, la sous-aliénation aura été une vente de la chose d'autrui nulle. Privé, par là-même, de tout droit sur le bien, l'auteur du sous-acquéreur n'aura pas pu valablement en transférer la propriété et la publicité du dernier acte n'aura pas pu le purger de ce vice fondamental [3]. De manière plus pragmatique, la Cour de cassation semble avoir voulu empêcher que l'acquéreur coupable

---

1. V. Civ. 3e, 30 janv. 1974, préc. ; Civ. 3e, 13 oct. 1981, *Bull. civ.* III, n° 153, *D.* 1981. IR 550, *RDI* 1982. 125, obs. Dagot ; Civ. 3e, 4 janv. 1983, préc. ; Civ. 3e, 22 mai 1990, *Bull. civ.* III, n° 128, *D.* 1991. 321, note Fournier, *RTD civ.* 1990. 530, obs. Bandrac, *RDI* 1992. 104, obs. Simler. Ce dernier arrêt précise fort justement que le moment où la bonne foi doit avoir existé est celui de l'acte sous seing privé, s'il est constitutif d'une vente parfaite entre les parties, et non celui de la formalisation authentique.

2. V. Civ. 3e, 13 mai 1998, *Bull. civ.* III, n° 253, *D.* 1998. IR 97. En l'espèce, l'acquéreur d'un appartement avait certes été informé de l'existence d'un droit d'usage et d'habitation. L'arrêt qui lui avait déclaré ce droit opposable est cassé au motif que l'acte dont se prévalait le bénéficiaire dudit droit n'avait pas été publié.

3. Civ. 10 mai 1949, *D.* 1949. 277, note Lenoan, *S.* 1949. 1. 189, note Bulté, *JCP* 1949. II. 4972, note Becqué, *RTD civ.* 1950. 76, obs. Solus. Dans le même sens, Civ. 1re, 17 oct. 1961, *Bull. civ.* I, n° 467, *JCP* 1962. II. 12758, note Bulté ; Orléans, 26 févr. 1970, *JCP* 1970. IV. 278.

de la publication frauduleuse ne puisse, moyennant une revente rapide à un sous-acquéreur de bonne foi, mettre sa propre acquisition définitivement à l'abri de toute contestation.

Cette solution entamait réellement, cette fois, la sécurité du commerce juridique et la fiabilité de la publicité foncière. Il peut lui être reproché, en outre, d'être fondée sur un principe, exprimé par l'adage précité, qui est précisément tenu en échec par les règles de la publicité : lorsqu'un même auteur a vendu deux fois le même immeuble et que le second acquéreur a publié le premier, celui-ci aura pareillement acquis - efficacement - la chose d'autrui d'un vendeur qui lui aura cédé un bien dont il n'était plus propriétaire. Il y aurait anomalie, enfin, dans le fait qu'une fraude puisse être opposée à une personne qui n'y a pris aucune part, ayant acquis en toute bonne foi un droit en se fiant aux informations livrées par la publicité foncière. Aussi, cette solution, abondamment critiquée en doctrine [1], a-t-elle été remise en cause par la Cour de cassation, qui a clairement censuré, le 11 juin 1992, une décision ayant retenu la solution ancienne pour n'avoir pas recherché si le sous-acquéreur, qui avait fait publier son droit, avait eu connaissance de la première vente [2].

Cette position mérite approbation. Les bases mêmes du système de publicité foncière seraient sapées si les droits régulièrement publiés pouvaient être remis en cause sous prétexte que le cessionnaire ou constituant de ces droits, voire l'auteur de celui-ci ou l'auteur de son auteur, aurait frauduleusement publié son propre droit.

B. Régimes particuliers

877 ***Inopposabilité à géométrie variable*** ◇ Pour plusieurs catégories d'actes soumis à publicité foncière sous peine d'inopposabilité, cette sanction déroge dans une mesure variable aux solutions ci-dessus décrites, soit dans un sens plus restrictif (ainsi pour les baux et quittances ou cessions de loyers), soit au contraire dans un sens plus extensif du point de vue des personnes pouvant se prévaloir du défaut de publication (ainsi pour les donations et pour les restrictions au droit de disposer) [3].

---

1. V., outre les annotateurs précités, Marty, Raynaud et Jestaz, n° 768 ; M. Gobert, art. préc., p. 231. *Contra*, du Pontavice, art. préc.

2. Civ. 3e, 11 juin 1992, *Bull. civ.* III, n° 200, *D.* 1993. 528, note Fournier, *Defrénois* 1992. 35408, *RDI* 1993. 532, obs. Simler. L'arrêt précité du 22 mars 1968 était interprété comme constituant l'amorce du revirement : il refuse à celui qui avait publié son droit alors qu'il avait connaissance d'une précédente aliénation du même bien le droit d'invoquer le défaut de publicité de celle-ci, en relevant que le bien se trouvait encore entre ses mains. De cette observation il est déduit que la Cour de cassation a voulu indiquer que, si le bien avait été cédé à un sous-acquéreur, ce dernier aurait pu s'abriter derrière l'inopposabilité du droit du premier acquéreur non inscrit (v. J. Mazeaud, note préc).

3. V. aussi, à propos de l'inopposabilité de l'affectation de biens immobiliers à une EIRL, *supra* n° 863 et la note.

878 ***1° Inopposabilité en matière de baux et de quittances ou cessions de loyers*** ◊ La caractéristique propre à ces actes est de n'être soumis à publicité que si la durée excède une certaine limite : douze ans pour les baux, trois ans pour les quittances ou cessions de loyers non échus. Cette particularité permet de conférer à l'inopposabilité, en cas de défaut de publicité, une portée limitée. Alors qu'en règle générale l'acte non publié est totalement inopposable au tiers titulaire d'un droit concurrent inscrit, les baux et quittances ou cessions de loyers ne le sont que pour ce qui excède la durée au-delà de laquelle la publicité est obligatoire [1].

Cette inopposabilité limitée résulte de la rédaction donnée à l'article 30, 3, du décret du 4 janvier 1955, qui déclare les actes visés **inopposables**, faute de publication, **pour une durée supérieure**, respectivement, à douze ans ou à trois ans. En d'autres termes, dans les limites en deçà desquelles aucune publicité n'aurait été requise, ces actes produisent leur plein effet et sont opposables même aux tiers titulaires de droits inscrits.

La portée pratique de cette inopposabilité partielle est tributaire du point de départ de la durée de douze ou de trois ans pendant laquelle l'acte produit son plein effet. Deux solutions sont concevables : on peut retenir la date de l'acte qui aurait dû être publié ou celle de la publication du droit concurrent du tiers qui se prévaut du défaut de publication. Le législateur n'ayant pas apporté cette précision, la jurisprudence a curieusement retenu la première solution pour les baux et la seconde pour les quittances ou cessions de loyers, s'exposant au reproche de l'incohérence : le bail de plus de douze ans est jugé opposable au tiers ayant publié son droit dans la limite des douze premières années à compter de l'entrée en jouissance [2], tandis que la cession ou quittance anticipée de loyers ou fermages est jugée opposable pour une durée maximum de trois ans à compter de la publication par le tiers de son droit sur l'immeuble loué [3].

La seconde solution est jugée la seule orthodoxe par la doctrine dominante [4]. Pour le titulaire du droit inscrit, l'inopposabilité ne peut concerner

1. Il en est autrement, a jugé la Cour de cassation, si l'acquéreur avait connaissance du bail non publié, qui lui est, dans ce cas, pleinement opposable : Civ. 3e, 7 mars 2007, *Bull. civ.* III, n° 33, *D.* 2007. 942, obs. Ronquet ; *RDC* 2007. 800, obs. Lardeux et 815, obs. Seube. Dans ce cas, la simple connaissance a donc été assimilée à la mauvaise foi.

2. V. Req., 20 août 1940, *DC* 1942. 49, note Rodière, *JCP* 1942. II. 1542, note Becqué, *Gaz. Pal.* 1942. 2. 82 ; Toulouse, 7 nov. 1950, *D.* 1952. 234, note Weill. Ces arrêts s'appuient sur les dispositions de la loi du 23 mars 1855 (art. 3), reprises par l'article 30, 3, du décret du 4 janvier 1955, sous réserve du raccourcissement de la limite de dix-huit ans à douze ans. V. aussi Civ., 3e, 3 févr. 2010, *Bull. civ.* III, n° 32, *Defrénois* 2010. 39123, obs. Piedelièvre, aux termes duquel « l'absence de publication d'un bail à long terme le rend inopposable aux tiers pour la période excédent douze ans », ce qui laisse entière la question dans l'hypothèse où l'inopposabilité est invoquée au-delà de la première « période de douze ans ». Dans le même sens, Civ. 3e, 7 mars 2007, préc.

3. V. Civ., 12 févr. 1902, *DP* 1902. 1. 337, note Colin ; Req., 14 mai 1907, *DP* 1907. 1. 341, *S.* 1909. 1. 321, note Wahl ; Civ., 29 déc. 1947, *D.* 1948. 166, *JCP* 1948. II. 4131, note Cavarroc.

4. En ce sens, Rodière, note préc. ; Weill, note préc. et, du même auteur, « La sanction du défaut de transcription pour les baux de plus de dix-huit ans », *D.* 1949. Chron. 73 ; Marty, Raynaud et Jestaz, n° 770 et 771 ; Théry, n° 386. *Contra*, Aubry et Rau, 6e éd., t. 2, § 174, texte et

que la période postérieure à l'inscription qui a donné naissance au conflit. Rien ne justifierait qu'un bail, fût-il de plus de douze ans, lui fut déclaré inopposable pour la période antérieure, faute de contradiction à ses droits. Si donc la loi déclare que les baux en question ne lui sont pas opposables « *pour une durée supérieure à douze ans* », cette durée ne doit commencer à courir que du jour où le conflit est né.

879 ***2° Inopposabilité des donations*** ◊ La dérogation au droit commun de l'inopposabilité concerne, cette fois, non sa portée, mais les personnes pouvant l'invoquer. Il faut rappeler que, pour les donations immobilières, soumises à publicité depuis l'Ancien droit (*supra* n° 835), les dispositions du Code civil ont été maintenues en vigueur : « *Le défaut de publicité des actes de donation visés à l'article 939 du Code civil demeure opposable dans les conditions fixées par l'article 941 du même code* » (Décr. 4 janv. 1955, art. 30, 2). Or, la catégorie des tiers en droit d'invoquer le défaut de publicité est définie plus largement par le Code civil que par le décret du 4 janvier 1955. Elle était au surplus différente pour les substitutions, avant que la loi du 23 juin 2006 ne supprime ce concept et n'autorise les libéralités graduelles et résiduelles, en abrogeant les articles 1070 à 1072 qui réglementaient spécialement leur publicité. Leur applicabilité aux actes antérieurs au 1er janvier 2007 justifie un exposé sommaire de ce régime particulier. Quant aux libéralités graduelles ou résiduelles régies par les dispositions issues de la loi du 23 juin 2006, elles sont soumises, pour leur publicité, aux dispositions régissant les donations ou testaments. Les nouveaux articles 1049 et 1061 précisent simplement que la charge de conserver et de transmettre, pour les premières, ou de transmettre seulement, pour les secondes, est soumise, lorsqu'elle concerne un immeuble, à publicité.

880 ***Donations de biens susceptibles d'hypothèque*** [1] ◊ L'article 941 du Code civil, auquel renvoie l'article 30 précité du décret du 4 janvier 1955, ouvre le droit de se prévaloir de l'inopposabilité des donations de biens susceptibles d'hypothèque à « ***toutes personnes ayant intérêt****, excepté toutefois celles qui sont chargées de faire la publication, ou leurs ayants cause, et le donateur* ».

Les exceptions énoncées ne dérogent pas au régime général : le donateur n'est pas un tiers à l'acte ; les personnes chargées de procéder à la publicité

notes 17 et 18 ; Mazeaud, Chabas et Picod, n° 719, qui s'appuient sur la solution retenue pour les baux passés par l'usufruitier, opposables au nu-propriétaire pour la période de neuf ans en cours (C. civ., art. 595). Poussant plus loin l'analogie, on a pu proposer de découper la convention soumise à publicité en tranches de douze (ou trois) ans et de la considérer comme opposable au tiers pour la période en cours, afin d'éviter de priver de tout effet un bail qui aurait déjà duré douze ans avant la publication du droit concurrent du tiers, comme l'a jugé la Cour de Toulouse dans son arrêt précité du 7 novembre 1950, solution qui est certainement contraire à la lettre et à l'esprit du texte de l'article 30, 3, du décret du 4 janvier 1955, qui ne suggère en rien la possibilité d'un découpage en tranches de la durée du contrat.

1. Les donations de droits immobiliers non susceptibles d'hypothèque (droit d'usage, servitude) restent soumises au droit commun de la publicité foncière (*supra* n° 854).

sont pareillement exclues du bénéfice de l'inopposabilité par le décret de 1955 (*supra* n° 874).

Restent toutes les autres personnes pouvant avoir intérêt à invoquer l'inopposabilité. La jurisprudence a toujours exigé qu'il s'agisse d'**ayants cause** du donateur. Un tiers quelconque, aurait-il un intérêt, ne peut être concerné par les règles de la publicité foncière. Un conflit ne peut naître sur ce terrain qu'entre ayants cause du même auteur [1]. En outre, les ayants cause universels ou à titre universel du donateur, continuateurs de sa personne, sont traités comme le donateur lui-même [2]. Restaient du moins, d'après la doctrine, les **légataires à titre particulier** et les **créanciers chirographaires ou autres titulaires de droits personnels**, tels les locataires.

Cependant, depuis le décret-loi de 1935, le légataire à titre particulier doit lui aussi publier le legs dont il bénéficie, s'il a pour objet des droits immobiliers. Il a donc la qualité d'ayant cause à titre particulier, habile à opposer le défaut de publicité au sens de l'article 30, 1, du décret de 1955, du moins si la donation litigieuse a été antérieure à la date du testament (*supra* n° 856).

Quant aux créanciers chirographaires, il faut rappeler qu'ils sont traités comme des tiers inscrits après publication de la saisie immobilière. Il n'est pas certain qu'en dehors de cette circonstance la jurisprudence les autoriserait à se prévaloir du défaut de publication d'une donation. Elle paraît, en effet, vouloir refuser ce droit au locataire, titulaire comme eux d'un simple droit personnel [3].

L'évolution paraît donc aller vers un heureux alignement des solutions, malgré la différence de rédaction des textes. Le régime propre aux donations était traditionnellement justifié par l'hostilité du législateur à l'égard

---

1. V. Soc., 10 nov. 1965, *Bull. civ.* IV, n° 778 ; Civ. 3e, 5 mars 1971, *Bull. civ.* III, n° 165 ; Civ. 2e, 8 janv. 1992, *Bull. civ.* II, n° 12, *JCP* 1993. II. 22155, note Salvat, *RDI* 1993. 531, obs. Simler.

2. V. Req., 1er août 1878, *DP* 1879. 1. 167, *S.* 1879. 1. 383 ; Civ., 1er juin 1897, *DP* 1898. 1. 58, *S.* 1897. 1. 399 ; Civ. 1re, 21 juill. 1958, *Bull. civ.* I, n° 398, *JCP* 1958. IV. 135. Cette solution, qui rapproche le régime des donations du droit commun de la publicité foncière, s'accorde mal, en revanche, avec l'esprit originel de l'insinuation, censée protéger la famille plus que les tiers.

3. La Chambre sociale de la Cour de cassation a d'abord statué en ce sens à plusieurs reprises, au motif que seuls les titulaires de droits réels peuvent se prévaloir du défaut de publicité d'une donation sur le fondement de l'article 941 (Soc., 22 mai 1950, *Bull. civ.* III, n° 454 ; Soc., 17 oct. 1958, *D.* 1959. 465, note Savatier, *RTD civ.* 1959. 125, obs. Solus, et 571, obs. Savatier. V. aussi Soc., 10 nov. 1965, *Bull. civ.* IV, n° 778, *JCP* 1965. IV. 159). Cette jurisprudence fut abondamment critiquée en doctrine. La Première chambre civile a au contraire jugé que le locataire, titulaire d'un bail consenti par le donateur après la donation, était un tiers intéressé au sens de l'article 941 (Civ. 1re, 19 oct. 1966, *Bull. civ.* I, n° 477, *D.* 1967. 77, note J. Mazeaud, *RTD civ.* 1967. 424, obs. Savatier. V. aussi Amiens, 17 janv. 1974, *Gaz. Pal.* 1974. 326). La Troisième chambre civile a retenu la même solution que la Chambre sociale (Civ. 3e, 17 juin 1980, *Bull. civ.* III, n° 118, *JCP* 1981. II. 19584, note Dagot, *Defrénois* 1982. 32826, obs. Aubert). La qualité de tiers intéressé a aussi été refusée à l'acquéreur d'une coupe de bois invoquant le défaut de publication de la donation du terrain supportant les arbres vendus (Paris, 15 oct. 1957, *Gaz. Pal.* 1958. 1. 12. Comp. Reims, 10 mai 1982, *JCP* 1984. II. 20225, note Dagot, *RTD civ.* 1984. 334, obs. Giverdon, qui a qualifié une vente d'arbres de vente immobilière et de restriction au droit de disposer).

de tels actes de disposition et par la protection de la famille et des créanciers. Les premières raisons sont obsolètes. Quant à la protection des créanciers, elle est assurée, en cas de fraude, par l'action paulienne, largement entendue. La spécificité du régime des donations n'a donc plus guère de raisons d'être [1].

881 ***Substitutions antérieures au 1er janvier 2007*** ◊ Aux termes de l'article 1070 du Code civil, abrogé par la loi précitée du 23 juin 2006, « *Le défaut de publication de l'acte contenant la disposition* [2], *pourra être opposé par les créanciers et tiers acquéreurs* ». L'objectif est bien, cette fois, de protéger les tiers qui, traitant avec le gratifié auquel incombe la charge de conserver et de rendre les biens reçus, peuvent en ignorer l'existence. Les tiers acquéreurs, ayants cause à titre particulier du même auteur, protégés également dans le régime général, paraissent cependant pouvoir invoquer la disposition spéciale de l'article 1070 même s'ils n'ont pas eux-mêmes publié leur droit. Quant aux créanciers, le texte n'autorise aucune interprétation restrictive. La doctrine estime qu'il vise les créanciers tant chirographaires que privilégiés, y compris ceux qui auraient omis de publier leur hypothèque ou privilège.

Les articles 1071 et 1072, également abrogés, précisaient, le premier, que « *le défaut de publication ne pourra être suppléé ni regardé comme couvert par la connaissance que les créanciers ou les tiers acquéreurs pourraient avoir eue de la disposition par d'autres voies que celle de la publication* », le second, que « *les donataires, les légataires, ni même les héritiers légitimes de celui qui aura fait la donation, ni pareillement leurs donataires, légataires ou héritiers, ne pourront, en aucun cas, opposer aux appelés le défaut de publication ou inscription* ».

882 ***3° Inopposabilité des restrictions au droit de disposer et des clauses résolutoires*** ◊ La particularité réside en ce que le conflit n'oppose pas, en cas de défaut de publication d'une restriction au droit de disposer, d'une clause d'inaliénabilité, d'une clause de résolution ou de révocation, des ayants cause du même auteur, mais un ayant cause et son propre auteur ou l'auteur de celui-ci.

Ainsi, si un propriétaire aliène un bien frappé d'inaliénabilité ou affecté d'une clause résolutoire, le défaut de publication sera opposé, le cas échéant, par l'ayant cause à son auteur ou, plus plausiblement, à celui qui avait stipulé l'inaliénabilité ou la clause résolutoire. Dans l'une et l'autre hypothèse, il ne s'agit pas de tiers. Les conditions strictes exigées de celui qui se prévaut de l'inopposabilité (*supra* nos 868 s.) ne peuvent donc l'être dans cette hypothèse. Sous cette réserve relative aux personnes en présence, le mécanisme et la portée de l'inopposabilité ne s'écartent pas du droit commun.

Cette solution vaut pareillement pour les divers droits ou actes que la loi assimile à des restrictions au droit de disposer.

---

1. *Contra*, Dagot, p. 159.
2. La substitution, charge de conserver les biens donnés ou légués et de les rendre aux enfants nés et à naître du gratifié, ne pouvait être valablement stipulée que dans des cas limitativement déterminés par les articles 1048 et 1049 (anciens) du Code civil : par les père et mère au profit de leurs enfants ou par le défunt décédé sans postérité au profit de ses frères et sœurs.

SECTION 2. PUBLICITÉ NON SANCTIONNÉE PAR L'INOPPOSABILITÉ

883 ***Hétérogénéité des hypothèses*** ◊ Cette catégorie résiduelle, dont le trait commun, purement négatif, est l'éviction de l'inopposabilité, sanction habituelle du défaut de publicité, procède d'une double constatation : les réformes successives, spécialement celle de 1955, ont entendu ériger la publicité foncière en instrument centralisant tous les renseignements utiles relatifs à la situation des immeubles, à la manière d'un état civil ; mais il ne pouvait être question d'appliquer uniformément aux actes ou faits nouvellement soumis à publicité la sanction de l'inopposabilité.

Le seul exemple des mutations à cause de mort permet de s'en convaincre. Il est apparu nécessaire que soient publiés non seulement les transferts ou constitutions de droits réels immobiliers entre vifs, mais aussi les mutations à cause de mort. Il était cependant inconcevable de déclarer inopposable une transmission à cause de mort non publiée. Le principe de la transmission successorale est une donnée fondamentale de notre système juridique. Elle est, de plus, un effet de la loi. L'inopposabilité aurait signifié, ce qui eût été absurde, la négation du décès du *de cujus* et de ses conséquences.

Il était pourtant utile que les mutations à cause de mort fussent également publiées, afin qu'il n'y eût pas de lacunes dans les mentions permettant de connaître les événements ayant pu affecter le sort d'un immeuble. De même, les actes ou jugements déclaratifs et d'autres renseignements encore devaient figurer, si l'on voulait que la publicité révélât la situation réelle et complète de l'immeuble. Faute de pouvoir appliquer uniformément la sanction très efficace de l'inopposabilité et afin d'assurer néanmoins l'effectivité de la publicité, il a été nécessaire de diversifier les régimes et les sanctions.

Les fonctions mêmes de la publicité foncière sont différentes en ce qui concerne ces extensions de son champ d'application. Il s'agit moins d'assurer la sécurité des titulaires de droits soumis à publicité que de constituer un instrument d'information aussi complet que possible, à l'usage des personnes privées, mais aussi des autorités publiques. L'intérêt général a ainsi, insensiblement, pris le pas sur l'intérêt privé. Du même coup, la publicité foncière a changé de visage et même de nature : elle est devenue **institution de police civile**, voire de police administrative [1]. Il en résulte que la publicité, s'agissant de ces extensions, revêt en règle générale un caractère obligatoire. Dans quelques hypothèses, elle est cependant facultative. Il faut distinguer ces deux situations, la finalité et les sanctions étant nécessairement différentes.

1. V. A. Fournier, « Les méandres de la publicité foncière pour l'information des usagers », *Defrénois* 1981. 32761.

§ 1. Publicité obligatoire

A. Les actes

884 ***Inventaire*** ◊ L'énumération des actes qui doivent obligatoirement être publiés est longue et hétérogène. Si l'on peut procéder à quelques regroupements caractéristiques, il reste nombre d'hypothèses diverses, issues de textes épars.

Il convient d'observer préalablement que, même lorsque l'information qui doit être publiée procède d'un fait juridique, tel que le décès, la publicité ne peut avoir pour objet, conformément à la tradition en la matière, qu'un acte juridique constatant ce fait.

885 ***1° Mutations et constitutions de droits réels immobiliers à cause de mort*** ◊ L'absence de publicité des mutations immobilières à cause de mort constituait la lacune la plus importante du système français de publicité foncière. La publication des seules mutations ou constitutions de droits réels entre vifs ne permettait pas de reconstituer l'enchaînement des transferts de propriété et d'avoir une vision complète des droits pesant sur l'immeuble. La lacune a été comblée par le décret-loi du 30 octobre 1935 (*supra* n° 840), dont les dispositions ont été reprises par le décret du 4 janvier 1955 (art. 28, 3°, et 29). Ainsi est-il possible, depuis l'entrée en vigueur de ces dispositions, d'avoir une vue complète – une sorte de *curriculum vitae* – des mutations et constitutions de droits réels relatives à un immeuble.

Les droits dont la mutation ou la constitution à cause de mort sont soumises à publicité sont les mêmes que ceux pouvant faire l'objet d'actes entre vifs sujets à publicité : mutation de la pleine propriété ou de la nue-propriété ou de tout autre droit réel immobilier, constitution d'usufruit, de droit d'usage et d'habitation, de servitude... Il importe peu que la mutation ou constitution procède de la dévolution légale ou résulte de dispositions testamentaires, qu'il y ait un successeur unique ou que plusieurs se trouvent en situation d'indivision [1].

Il faut rappeler, cependant, que les legs à titre particulier de droits de cette nature doivent être publiés sous peine d'inopposabilité et sont ainsi soumis, du point de vue de la publicité foncière, à un régime proche, à quelques particularités près, de celui des actes translatifs entre vifs (*supra* n° 856).

---

1. À cet égard, le décret du 4 janvier 1955 s'est écarté de la solution retenue par le texte de 1935. Celui-ci ne soumettait à la publicité que la mutation au profit d'un héritier ou légataire unique, considérant que, dans le cas contraire, l'indivision se résoudrait par un partage et que la publicité serait opérée à ce moment-là. Mais il peut, dans certaines circonstances, ne pas y avoir de partage (par exemple, en cas de renonciation des cohéritiers à la succession) et celui-ci n'intervient souvent que longtemps après l'ouverture de la succession. Une bonne information sur la situation des immeubles justifiait que la situation d'indivision fût également soumise à publicité.

886 ***Modalités de la publicité : attestations notariées*** [1] ◊ Seul un acte authentique pouvant être publié (*infra* n° 928), la mutation par décès doit être constatée par un tel acte. Aux termes de l'article 29 du décret du 4 janvier 1955, « *toute transmission ou constitution par décès de droits réels immobiliers doit être constatée par une attestation notariée indiquant obligatoirement si les successibles ou légataires ont accepté et précisant, éventuellement, les modalités de cette acceptation* » (al. 1er). En cas de modification de la dévolution (par exemple, en raison de la découverte ou de l'annulation d'un testament) ou de l'option, une attestation rectificative doit être établie (al. 2). « *Les clauses de restitution contenues dans les testaments et les restrictions au droit de disposer dont peuvent être affectées les transmissions par décès, ainsi que toutes les clauses susceptibles d'entraîner la révocation de ces dernières, doivent être reproduites littéralement dans l'attestation notariée relative aux immeubles grevés* » (al. 3). « *Il n'est pas établi d'attestation notariée si un acte de partage sur la totalité des immeubles héréditaires est dressé et publié dans les dix mois du décès* » (al. 4).

Hormis cette dernière hypothèse, l'attestation notariée, évidemment nécessaire en cas de succession *ab intestat*, doit être établie même s'il existe un testament, une institution contractuelle ou un contrat de mariage comportant des libéralités à cause de mort. Le testament peut ne pas revêtir la forme authentique. Même si tel est le cas, il ne comporte pas toujours tous les renseignements nécessaires à l'accomplissement de la formalité de publicité, de sorte que sa présentation directe pourrait être source d'erreurs. Par ailleurs, le testament peut comporter des dispositions que les tiers n'ont pas à connaître.

Les successeurs doivent requérir l'établissement de l'attestation notariée dans les six mois du décès (ou de la modification de la dévolution ou de l'option) et le notaire doit l'établir dans les quatre mois du jour où il a été requis (art. 33, A). Ce double délai explique celui, précité, de dix mois, qui est laissé aux héritiers souhaitant publier directement le partage et faire l'économie de la publication préalable de l'attestation notariée [2].

887 ***2° Actes ou décisions déclaratifs*** ◊ L'extension de la publicité obligatoire aux actes et décisions de justice ayant un effet déclaratif est également l'œuvre du décret-loi de 1935 (Décr. 4 janv. 1955, art. 28, 4°, e). Entrent dans cette catégorie :

a) au premier chef, les **partages**, dont l'effet déclaratif signifie que « *chaque cohéritier est censé avoir succédé seul et immédiatement à tous les effets compris dans son lot, ou à lui échus sur licitation, et n'avoir jamais eu la propriété des autres effets de la succession* » (C. civ., art. 883) ; au-delà de la lettre du texte, qui n'évoque que le partage successoral, le principe de l'effet déclaratif

1. V. J. Lafond et A. Fournier, *op. cit.*, *V° Attestation notariée.*
2. L'ensemble de ce dispositif s'applique pareillement en cas de jugement déclaratif d'absence, qui produit les mêmes effets que le décès (C. civ., art. 128).

vaut pour tout partage d'une indivision, quelle qu'en soit l'origine [1] ; cette fiction légale ne peut occulter le fait que c'est le partage qui fixe les droits individuels de chaque copartageant sur les immeubles jusqu'alors indivis ; cette clarification, autant et plus que la dévolution elle-même, doit être portée à la connaissance des tiers, sans être cependant sanctionnée par l'inopposabilité [2] ;

b) tous **autres actes déclaratifs**, tels que cessions de droits successifs à des cohéritiers ou transactions [3] ;

c) les **décisions de justice déclaratives** relatives à la propriété ou à d'autres droits réels immobiliers, qui, sans constituer des droits nouveaux, constatent ou délimitent seulement les droits existants, qu'ils confortent ou précisent, par exemple suite à une action en revendication [4] ou en bornage [5] ou à une licitation de biens indivis à un indivisaire ; la jurisprudence a eu l'occasion de préciser que les demandes en justice tendant à l'obtention de telles décisions, contrairement à celles tendant à la remise en cause d'un droit déjà publié (*infra* n° 890), n'ont pas à être publiées sous peine d'irrecevabilité [6].

888 ***3° Autres actes, demandes en justices et décisions affectant les droits publiés*** ◇ Cette rubrique résiduelle regroupe un ensemble hétérogène d'actes ou d'opérations soumis à publicité foncière par le décret de 1955 ou par des textes particuliers, en raison de ce qu'ils se rapportent à des droits publiés et que leur connaissance par les tiers est utile. Quelques types d'hypothèses méritent d'être spécialement relevés.

889 ***a) Actes confirmant ou consolidant des droits publiés*** ◇ Entrent notamment dans cette catégorie :

– les **actes confirmatifs** d'actes entachés de causes de nullité relative ou de rescision (art. 28, 4°, a) ;

---

1. V. *Les biens, préc.*, n° 586.
2. V. Civ. 3e, 23 avr. 1981, *Bull. civ.* III, n° 80, *RTD civ.* 1982. 168, obs. Giverdon, *RDI* 1982. 275, obs. Dagot ; Versailles, 21 févr. 1997, *D.* 1997. Somm. 259.
3. V., pour une cession de quote-part indivise à un indivisaire, Civ. 1re, 12 déc. 2006, *Bull. civ.* I, n° 547, *D.* 2007. Act. 154. V. aussi, pour la reprise par une société d'un acte d'acquisition souscrit pour son compte par ses fondateurs, Civ. 3e, 9 juill. 2003, *Bull. civ.* III, n° 159, *JCP* N 2004. 1088, note Garcon, *Bull. Joly* 2003. 1191, note Saintourens, *Defrénois* 2004. 37882, obs. Piedelièvre, *Dr. et patr.* déc. 2003. 102, obs. Porachia. Est censuré l'arrêt ayant refusé la radiation d'une hypothèque judiciaire provisoire inscrite par un créancier de l'un des fondateurs avant la publication de la reprise. V. aussi, au sujet de cet arrêt, A. Fournier, « L'acte portant reprise par une société de l'engagement souscrit en son nom lors de l'acquisition de droits réels immobiliers doit être obligatoirement publié pour l'information des usagers », *JCP* N 2004. 1395.
4. V. Civ. 3e, 17 avr. 1970, *Bull. civ.* III, n° 264. Sur le pouvoir du JEX de condamner un propriétaire à signer un document d'arpentage ordonné par le juge du fond et modifiant la division parcellaire, v. Civ. 3e, 26 sept. 2007, *Bull. civ.* III, n° 156, *Defrénois* 2008. 38755, obs. Atias.
5. V. Lyon, 8 févr. 1968, *D.* 1968. 483.
6. V. Civ. 1re, 10 oct. 1966, *D.* 1967. 1, note J. M., *RTD civ.* 1967. 193, obs. Bredin, et 201, obs. Hébraud ; Civ. 3e, 17 avr. 1970, préc. ; Civ. 3e, 24 oct. 1972, *Bull. civ.* III, n° 536.

- les **actes constatant l'accomplissement d'une condition suspensive** (art. 28, 4°, b) [1] ; en revanche, rien n'est prévu pour la constatation de la défaillance d'une condition suspensive ;

- les **conventions de maintien de l'indivision immobilière** (art. 28, 6°, et C. civ., art. 1873-2, al. 2), à moins que de telles conventions soient considérées, comme le proposent certains, comme des restrictions au droit de disposer, soumises à publicité sous peine d'inopposabilité (*supra* n° 860) [2] ;

- les **actes interruptifs d'une prescription acquisitive ou portant renonciation à la prescription acquise** (*art. 28, 8°*).

Tous ces actes ont pour trait commun de lever une incertitude [3]. La publicité serait incomplète si elle révélait le fait générateur de l'incertitude, mais non sa levée. L'exemple de la condition suspensive est particulièrement probant.

890 ***b) Demandes en justice tendant à la remise en cause d'actes publiés et décisions consécutives. Actes constatant une telle remise en cause*** ◊ L'article 28 du décret du 4 janvier 1955 soumet à publicité obligatoire « *les demandes en justice tendant à obtenir, et les actes et décisions constatant, la résolution, la révocation, l'annulation ou la rescision d'une convention ou d'une disposition à cause de mort* » (4°, c), ainsi que « *les décisions rejetant les demandes visées à l'alinéa précédent et les désistements d'action et d'instance* » (4°, d). Les demandes en justice visées risquent, en effet, de remettre en cause rétroactivement des droits publiés. Elles doivent être publiées pour les mêmes raisons que doivent l'être les clauses de résolution ou de révocation (*supra* n° 860). Corrélativement, doivent logiquement être publiées également les décisions rendues et, en l'absence de contentieux, les actes constatant l'anéantissement d'un acte antérieur publié, notamment par le jeu d'une condition résolutoire.

La délimitation entre les actions en justices soumises ou non à publicité soulève cependant de nombreuses difficultés et donne lieu à un abondant contentieux [4].

La demande dirigée contre un acte ne doit être publiée que si cet acte a lui-même été publié, ce qui exclut celles dirigées contre des actes sous

1. V. Civ. 3ᵉ, 13 juill. 2011, cité *supra* n° 855.

2. V. Paris, 13 sept. 2001, *JurisData* n° 152549, *JCP* N 2001. Act. 1648, qui déclare inopposable aux tiers la convention portant substitution à un régime de communauté de celui de la participation aux acquêt, assorti de présomptions d'indivision, qualifiées, à tort, sans doute, de convention d'indivision immobilière.

3. V., à titre d'illustration de la généralité de la formule, Civ. 3ᵉ, 14 déc. 2005, *Bull. civ.* III, n° 249, *D.* 2006. IR 181, *JCP* 2006. IV. 1093, qui censure un arrêt pour ne pas avoir déclaré irrecevable une demande en justice tendant à la reconnaissance d'une servitude constituée par un acte de donation-partage en 1908, alors qu'à l'époque une publicité spéciale n'était pas, dans ce cas, requise.

4. V. J. Lafond et A. Fournier, *op. cit.*, *V° Demande en justice.*

seing privé [1]. L'article 28, 4°, ne visant que les « droits soumis à publicité », ne sont pas soumises à publicité les demandes en justices afférentes à des actes publiés facultativement [2]. Ne le sont pas davantage celles qui ne tendent pas à obtenir une résolution, révocation, annulation ou rescision [3]. Doit en revanche être publiée une demande incidente en nullité ou en résolution, alors que l'assignation introductive d'instance avait un autre objet, et cela même si cette assignation avait elle-même été publiée [4].

891 ***c) Actes administratifs*** ◊ Certains actes administratifs affectant les immeubles privés ou les droits soumis à publicité doivent eux-mêmes être publiés à la conservation des hypothèques *« pour l'information des usagers » (art. 36)*, à l'initiative des autorités administratives. Il en est ainsi pour :

– les ordonnances et cessions amiables en matière d'**expropriation** (art. 35, 3°) ;

– les procès-verbaux de **remembrement**, de **classement et déclassement** de sites ou de monuments historiques privés (art. 35, 4°, 5° et 7°) [5] ;

– les procès-verbaux de changement de **dénomination de rues** ou de **numérotation des immeubles** (art. 36, 1°) ;

– les **limitations administratives au droit de propriété** et les **dérogations** à ces limitations (art. 36, 2°), telles que alignements, servitudes de visibilité, interdictions de construire, arrêtés d'insalubrité, arrêtés prescrivant la réparation ou la démolition

---

1. Civ. 1re, 14 nov. 1967, *D.* 1968. 77, note J. Mazeaud, *JCP* 1968. II. 15624, note Dagot, *RTD civ.* 1968. 409, obs. Hébraud ; Civ. 3e, 10 juin 1970, *JCP* 1971. II. 16673 ; Civ. 3e, 6 févr. 1974, *Bull. civ.* III, n° 67. Dans le même sens, pour l'action en révision d'un arrêt ayant prononcé la nullité d'une vente, alors que cet arrêt n'avait pas été publié, Civ. 3e, 10 févr. 1999, *Bull. civ.* III, n° 36.

2. Civ. 3e, 3 juill. 1973, *Bull. civ.* III, n° 460 ; Civ. 3e, 28 mai 1979, *Bull. civ.* III, n° 115, *D.* 1979. IR 504, *JCP* N 1980. II. 1, note Stemmer.

3. V. ainsi, pour des actions en revendication (Civ. 3e, 7 nov. 2006, *RJDA* 2007. 301), en bornage (Lyon, 8 févr. 1968, préc.) ou en démolition partielle d'un immeuble (Civ. 3e, 26 nov. 1970, *Bull. civ.* III, n° 642, *JCP* 1971. IV. 5). Pour la même raison, n'a pas à être publiée l'action paulienne, dont la sanction est l'inopposabilité (Civ. 3e, 1er mars 2006, *Bull. civ.* III, n° 56, *D.* 2006. IR 811, *JCP* 2006. IV. 1685. *Contra*, antérieurement, Civ. 3e, 25 janv. 1983, *Bull. civ.* III, n° 25, *Defrénois* 1983. 33144,. Aubert, *Gaz. Pal.* 1983. 2. 405, note Piedelièvre), ni l'action en révision de la répartition des charges de copropriété (Civ. 3e, 18 déc. 1996, *Bull. civ.* III, n° 243, *JCP* N 1998. 516, note Frémont, *Loyers et copr.* 1997. 85, *Administrer* juin 1997. 46, obs. Capoulade ; Civ. 3e, 21 nov. 2000, *Loyers et copr.* 2001. 48), ni l'action en résiliation d'un bail de plus de douze ans, qui ne tend pas à remettre en cause rétroactivement l'acte (Civ. 1re, 1er juin 1964, *D.* 1964. 590, *JCP* 1964. II. 13802, note J. Mazeaud, *RTD civ.* 1968. 150, obs. Bredin. Dans le même sens, pour le crédit-bail immobilier, Civ. 3e, 21 févr. 1996, *Bull. civ.* III, n° 55, *D.* 1996. Somm. 391, obs. Piedelièvre, *JCP* N 1997. 861, note critique Frémont ; Civ. 3e, 27 mai 1998, *Bull. civ.* III, n° 114, *D.* 1998. Somm. 383, obs. Piedelièvre). Au contraire, parce qu'elle est une action en nullité, et non plus, comme avant la loi du 25 janvier 1985, une action en inopposabilité, doit être publiée l'action en nullité des actes accomplis pendant la période suspecte (en ce sens, Com., 12 avr. 2005, *Bull. civ.* IV, n° 89, *D.* 2005. Act. 1151, obs. Lienhard, *JCP* 2005. II. 10147, et N 2005. 1207, note Le Bars, *Defrénois* 2006. 38356, obs. Piedelièvre. V. aussi Giverdon et Salvage-Gerest, obs. sous Com., 13 avr. 1985, *RTD civ.* 1986. 153 ; Dagot, « Publicité foncière et redressement judiciaire », *JCP* 1986. I. 3262, nos 69 s.).

4. Civ. 1re, 7 janv. 1992, *Bull. civ.* I, n° 9, *D.* 1992. IR 53, *RDI* 1993. 533, obs. Simler ; Civ. 3e, 19 mars 1997, *Bull. civ.* III, n° 67, *D.* 1997. Somm. 259, obs. Piedelièvre, *JCP* 1997. IV. 1032 ; Civ. 3e, 18 mars 1998, *Bull. civ.* III, n° 70, *D.* 1998. Somm. 382, obs. Piedelièvre, *JCP* 1998. IV. 2100.

5. Sur l'inapplicabilité de la sanction de l'inopposabilité à une décision de classement de site, v. CE, 22 nov. 1978, *RDI* 1979. 369, obs. Dagot.

d'un bâtiment menaçant ruine et les arrêtés portant interdiction d'habiter et d'utiliser les lieux, ainsi que leur mainlevée...

892 ***d) Divers*** ◊ L'énumération par le décret du 4 janvier 1955 des actes ou décisions soumis à publicité foncière n'est pas un modèle de clarté. Les listes sont hétérogènes, les mêmes articles mentionnant des actes soumis à publicité sous peine de sanctions différentes et dont la publicité répond, par conséquent, à des finalités différentes. En outre, de nombreux textes particuliers, dont certains ont été évoqués dans les développements précédents, prescrivent de publier certains actes ou décisions.

Ainsi l'article 35, 8°, prévoit-il, à toutes fins utiles, la publicité des *« actes ou décisions judiciaires dont la publication est prescrite par les dispositions législatives particulières »*. Cette rubrique résiduelle est précédée de sept autres, où apparaissent des actes soumis à publicité, tantôt à peine d'inopposabilité, tantôt non, dont la plupart ont déjà été cités :

- 1° le **commandement valant saisie immobilière** (*supra* n° 863) ;
- 2° les **actes constitutifs de biens de famille insaisissables** (*supra ibid.*), qui doivent être publiés, sous peine de nullité de l'acte constitutif, dans le mois de leur homologation judiciaire ;
- 3° les ordonnances et cessions amiables en matière d'**expropriation** (*supra* n° 891) ;
- 4° les procès-verbaux de **réorganisation foncière ou de remembrement** et les autres actes tendant aux mêmes fins (*supra ibid.*) ;
- 5° les arrêtés pris en vue du **remembrement** préalable à la reconstruction et les projets de remembrement amiable approuvés ;
- 6° les **règlements de copropriété** (*supra* n° 863) ;
- 7° les décisions de **classement et de déclassement** des monuments historiques et des sites (*supra* n° 891).

Parmi d'autres actes ou décisions soumis à publicité, on mentionnera, sans prétendre à l'exhaustivité :

- les **jugements donnant acte du délaissement hypothécaire** par le tiers détenteur (art. 28, 7°, et C. civ., art 2469) ;
- les **changements de nom, prénom ou dénomination des personnes**, physiques ou morales [1], au nom desquelles une formalité de publicité a été faite, ainsi que, pour les personnes morales, les changements de forme juridique ou de siège (art. 28, 9°) ; la raison évidente est ici la mise à jour des mentions du fichier immobilier.

B. Les sanctions

893 ***Diversité*** ◊ Le trait commun de tous les actes ci-dessus énumérés tient en ce que le défaut de publicité n'est pas sanctionné par l'inopposabilité, soit parce que cela n'est pas concevable (mutations à cause de mort, actes déclaratifs et confortatifs) [2], soit parce que cette sanction aurait été inopportune ou excessive, soit encore, plus simplement, parce que la loi ne l'a pas prévue [3].

---

1. V. Civ. 3e, 2 juill. 1974, *Bull. civ.* III, n° 280, *JCP* 1974. IV. 308.
2. V., à propos du partage, Civ. 1re, 21 nov. 1967, *D.* 1968. 349, *JCP* 1967. IV. 187, *Gaz. Pal.* 1968. 1. 120 ; Civ. 3e, 23 avr. 1981, *Bull. civ.* III, n° 80, *RTD civ.* 1982. 168, obs. Giverdon.
3. V., à propos de l'action paulienne, Civ. 3e, 25 janv. 1983, préc., jugée non opposable, quoique publiée, à un créancier ayant obtenu postérieurement l'inscription d'une hypothèque judiciaire.

Afin d'assurer néanmoins le respect du caractère obligatoire de la publicité, il a fallu imaginer d'autres sanctions appropriées. Certaines sont communes à toutes les hypothèses ou à un grand nombre d'entre elles, d'autres sont particulières à telle catégorie d'actes. Parmi elles on retrouve celles qui, dans le domaine de la publicité régi par le principe d'inopposabilité, n'apparaissent que de manière accessoire ou complémentaire (v. *supra* n° 865).

894 ***1° Règle de l'effet relatif*** ◊ Ce dispositif, emprunté en 1955 aux législations connaissant le livre foncier et plus immédiatement au droit en vigueur dans les trois départements d'Alsace et de Moselle, est ainsi formulé par l'article 3 du décret du 4 janvier 1955 : « *Aucun acte ou décision judiciaire sujet à publicité dans un bureau des hypothèques ne peut être publié au fichier immobilier si le titre du disposant ou dernier titulaire n'a pas été préalablement publié, conformément aux dispositions du présent décret* » [1].

Le « *disposant ou dernier titulaire* » désigne « *la personne dont le droit se trouve transféré, modifié, confirmé, grevé ou éteint - ou est susceptible de l'être - avec ou sans son consentement, par la formalité dont la publicité est requise* » (Décr. 14 oct. 1955, art. 32) [2]. Il s'agit le plus souvent de l'auteur du bénéficiaire du droit transmis ou constitué par l'acte présenté à la publication.

Sous une apparence anodine et en l'absence de toute contrainte, le principe de l'effet relatif a une importance majeure. De manière générale, il évite les lacunes dans l'enchaînement des mentions publiées et permet ainsi aux tiers d'avoir une information complète. Plus spécialement pour les actes qui doivent être publiés sans que le défaut de publicité soit sanctionné par l'inopposabilité, il constitue une puissante incitation au respect des prescriptions, sinon pour ceux qui ont passé ces actes, du moins pour ceux qui voudraient ensuite publier un droit dont l'opposabilité est subordonnée à l'accomplissement préalable de la formalité. Ainsi, par un paradoxe qui n'est qu'apparent, est-ce l'inopposabilité de certains actes qui poussera à publier - à retardement, le cas échéant - les autres actes ou faits, dont la publicité n'est pas une condition d'opposabilité.

Si, par exemple, une mutation à cause de mort ou un partage n'a pas été publié, l'ayant cause de l'héritier - créancier hypothécaire ou acquéreur - ne pourra pas publier son droit tant que la mutation ou le partage n'aura pas été publié. Au besoin, il sera en droit d'exiger cette publicité, comme condition de l'octroi du crédit ou du paiement du prix. Concrètement, le conservateur des hypothèques refusera de procéder à la publication chaque fois qu'il constatera que l'acte qui lui est présenté n'est pas en concordance

---

1. V. S. Piedelièvre, *op. cit.*, n°s 87 s. ; V. J. Lafond et A. Fournier, *op. cit.*, *V° Effet relatif.* La dénomination « *effet relatif* », consacrée par le décret du 14 octobre 1955 (art. 32 s.), exprime imparfaitement la signification de la règle et crée, de plus, un risque de confusion avec l'effet relatif du contrat (C. civ., art. 1165). Elle répond à l'idée de relation entre les actes présentés à la publication et les droits déjà inscrits.
2. V. Paris, 22 nov. 1968, *D.* 1969. 401.

avec les mentions antérieurement publiées [1]. Cette discordance révélera l'existence d'une lacune dans l'enchaînement des publications [2].

La règle de l'effet relatif est, comme la publicité elle-même, sans incidence sur le fond du droit. Elle ne porte aucune atteinte à la force obligatoire du contrat et, inversement, si le titre du disposant ou dernier titulaire a été publié, elle ne le purge pas d'éventuels vices [3]. Elle ne faisait même pas obstacle, naguère, à la publicité de droits concurrents, le conservateur n'ayant à exercer aucun contrôle au fond. La Cour de cassation a toutefois reconnu au conservateur le pouvoir, dans ce cas, de refuser le dépôt ou rejeter l'inscription (*infra* n° 918). En outre, s'agissant des actions en justice, à l'obstacle tenant à l'impossibilité de la publicité s'ajoute l'irrecevabilité de la demande si l'acte attaqué n'a pas été publié (*infra* n° 897).

895 ***Exceptions*** ◊ La règle de l'effet relatif comporte des exceptions en petit nombre, qui répondent toutes à l'évidence ou à la nécessité. L'article 3 du décret du 4 janvier 1955 (v. aussi Décr. 14 oct. 1955, art. 35) en mentionne deux. Il en existe cependant d'autres.

La première est importante : elle concerne les **droits acquis sans titre**, notamment par prescription acquisitive, accession, consolidation de la pleine propriété par extinction de l'usufruit (Décr. 4 janv. 1955, art. 3 préc., al. 2). Par nature même, ces droits sont inconciliables avec la règle de l'effet relatif [4].

La seconde relève du droit transitoire : la règle de l'effet relatif ne peut être appliquée à des **situations antérieures au 1er janvier 1956**, date de son entrée en vigueur (*ibid.*) [5].

Une troisième exception résulte des dispositions du décret d'application du 14 octobre 1955 (*art. 36, 1*) : la règle de l'effet relatif ne peut être appliquée

---

1. Si l'article 3 du décret du 4 janvier 1955 semble exiger une publicité « *préalable* » du titre du disposant ou dernier titulaire, l'article 32-1 du décret du 14 octobre 1955 se satisfait plus pragmatiquement d'une publicité « *préalable ou simultanée* » dudit titre (v. aussi, *art. 33*). La Cour de cassation franchit un pas supplémentaire en admettant une régularisation dans le mois du dépôt de l'acte (Civ. 3e, 4 oct. 1989, *Bull. civ.* III, n° 181, *JCP* 1989. IV. 386, *RDI* 1990. 237, obs. Simler).

2. Les documents présentés au conservateur doivent faire référence à la publication du titre du « *disposant ou dernier titulaire du droit* », à moins que la publication de ce titre ne soit simultanément requise (Décr. 14 oct. 1955, art. 32, 2). Le requérant peut éprouver des difficultés à obtenir les renseignements nécessaires, notamment lorsque l'acte présenté n'a pas été fait avec le concours du dernier titulaire du droit ou est dirigé contre lui (saisie, action en justice). Le conservateur doit alors effectuer lui-même les recherches et vérifications (*ibid.*, art. 36, 1. Sur la portée, à certains égards incertaine, de cette règle, v. Civ. 3e, 10 nov. 1982, *Bull. civ.* III, n° 221, *RDI* 1983. 371, obs. Dagot ; Riom, 14 mars 1985, *JCP* N 1985. II. 237, note Frémont, *RTD civ.* 1986. 151, obs. Giverdon et Salvage-Gerest, cassé par Civ. 3e, 13 mai 1987, *Bull. civ.* III, n° 103, *JCP* N 1987. II. 277, note Frémont, *Gaz. Pal.* 1988. 1. 100, note Piedelièvre).

3. V. Patarin, « Les incidences civiles de l'effet relatif de la publicité foncière », *Defrénois* 1958. 27645 et 27648.

4. V. Civ. 2e, 13 nov. 1984, *D.* 1985. 345, note Aubert. Sur la pratique consistant dans la publication d'une constatation notariée de l'usucapion par un acte de notoriété, v. *supra* n° 857.

5. V., à propos de parcelles communales détenues depuis des temps immémoriaux, en particulier en Alsace-Moselle, Rép. min. n° 16.602, *JO Sénat* 14 avr. 2011, p. 939.

aux actes opérant **transfert ou constitution de droits sans intervention et même contre la volonté du dernier titulaire**, par exemple en cas de vente sur saisie, d'expropriation, de remembrement ou encore d'action en résolution, révocation, annulation ou rescision d'un acte [1]. À la raison tenant à l'impossible collaboration du dernier titulaire du droit s'en ajoute une autre, pour les actions tendant à remettre en cause un acte. Si cet acte n'a pas été publié, il est par hypothèse inopposable aux tiers. Il est donc sans intérêt de publier la demande correspondante ou le jugement consécutif, les tiers ne pouvant pas être lésés par cette absence de publicité [2]. Ces raisons ne permettent pas, en revanche, d'inscrire une hypothèque judiciaire provisoire en l'absence de publicité du droit du débiteur [3].

896 ***2° Amende civile (abrogée par L. 6 avr. 1998)*** ◊ Dans son dernier alinéa, l'article 33 du décret du 4 janvier 1955 disposait : « *Sans préjudice des effets de droit pouvant résulter du défaut de publicité, l'inobservation des délais prescrits par le présent article est sanctionnée par une amende civile de (50 F) à la charge des officiers publics ou ministériels visés à l'article 32, ou des successibles qui, n'ayant pas recouru au ministère d'un notaire, se sont abstenus de requérir un de ces officiers publics pour établir l'attestation après décès* ». Plutôt que d'augmenter le montant, dérisoire, de cette amende, rarement infligée, le législateur a pris le parti, à l'occasion de la loi du 6 avril 1998, de l'abroger purement et simplement.

897 ***3° Irrecevabilité des actions en justice*** ◊ Cette sanction propre au défaut de publication des demandes en résolution, révocation, annulation ou rescision d'actes relatifs à des droits publiés (Décr. 4 janv. 1955, art. 30, 5°) est à première vue particulièrement énergique. Elle neutralise en effet d'une manière simple et radicale l'initiative de celui qui devait procéder à la formalité. La jurisprudence a pourtant sensiblement édulcoré la règle.

Compte tenu de l'évolution des finalités de la publicité foncière, dans le sens de l'intérêt général et d'une institution de police, on aurait compris que cette irrecevabilité pût être soulevée d'office par le juge ou relevée par le ministère public. La Cour de cassation a au contraire jugé que seul le défendeur pouvait opposer l'exception d'irrecevabilité, l'ordre public

1. V. Civ. 1re, 14 nov. 1967, préc. En l'espèce, une action en rescision était dirigée contre une vente sous seing privé que l'acquéreur refusait de réitérer par acte authentique, ce qui empêchait sa publication. Il eût été concevable que l'on exigeât du vendeur de faire constater la vente par un jugement, dont la publicité eût permis de respecter la règle de l'effet relatif. Le retard en résultant risquait de rendre irrecevable l'action, enfermée dans un délai préfix.

2. V. J. Mazeaud, note préc. : « Pourquoi exiger la publicité des demandes tendant à la nullité ou des décisions prononçant la nullité d'un acte qui n'a pas été publié, puisque les tiers sont en droit de se comporter comme si cet acte n'existait pas ; peu leur importe la nullité ou la validité d'un acte qui, en toute hypothèse, ne leur est pas opposable ». Tel est aussi l'un des motifs de l'arrêt précité du 14 novembre 1967.

3. Civ. 3e, 13 mai 1987, préc., cassant Riom, 14 mars 1985, préc. V. égal., sur l'arrêt de la Cour de cassation, Jobard-Bachellier, Chron. préc., *D.* 1988. 247, II. Sur renvoi, Limoges, 14 mars 1990, *JCP* N 1990. II. 169, note Frémont, *RDI* 1990. 237, obs. Simler. L'arrêt retient une solution intermédiaire difficilement justifiable.

n'étant pas en cause [1]. Cependant, si l'irrecevabilité est soulevée, elle s'impose au juge, qui ne peut octroyer un délai pour l'accomplissement de la formalité [2].

La recevabilité de l'action ne pouvait, par ailleurs, être subordonnée à une publicité antérieure à l'assignation, celle-ci constituant précisément l'objet de la publicité. Il a donc été admis que la publicité pouvait intervenir postérieurement à l'introduction de l'instance [3]. Ce premier pas a conduit à en franchir un autre : la publication peut intervenir au cours des débats, jusqu'à leur clôture, et même en cause d'appel [4]. Corrélativement, l'exception d'irrecevabilité peut être opposée en tout état de cause [5]. Si une demande sujette à publicité est formulée en cours d'instance, par voie de conclusions, c'est cet acte qui doit être publié à peine d'irrecevabilité, même si l'assignation initiale, qui tendait à une autre fin, l'avait elle-même été [6]. La Cour de cassation écarte même totalement, en cause d'appel, l'irrecevabilité de la demande non publiée si le jugement de première instance portant mention de l'acte introductif d'instance a été publié. [7]

Il appartient à celui auquel l'irrecevabilité de l'action est objectée de justifier de la publicité de la demande en produisant un certificat du

1. V. Civ. 1re, 7 déc. 1965, *Bull. civ.* I, n° 678, *D.* 1966. 98, note Frank, *JCP* N 1966. II. 14600, *Gaz. Pal.* 1966. 1. 166, *RTD civ.* 1966. 321, obs. Bredin, et 344, obs. Hébraud ; Civ. 3e, 3 nov. 1981, *Bull. civ.* III, n° 176, *Gaz. Pal.* 1982. 1. Pan. jur. 158, obs. A.P. ; Civ. 3e, 27 juin 1990, *Bull. civ.* III, n° 159, *D.* 1990. IR 208, *RDI* 1992. 106 ; Civ. 3e, 18 janv. 1995, *Bull. civ.* III, n° 22, *JCP* 1995. IV. 691 ; Civ. 3e, 7 nov. 2001, *Bull. civ.* III, n° 127, *RJDA* 2002. 211. Les juridictions du fond étaient, antérieurement, divisées (dans le même sens que les arrêts précités, Toulouse, 24 mai 1960, *JCP* 1960. II. 11817, note Becqué ; Paris, 17 juin 1963, *Gaz. Pal.* 1964. 1. p. 54. *Contra*, T. civ. Seine, 5 juin 1958, *JCP* 1958. II. 10668, note Becqué, *RTD civ.* 1958. 440, obs. Hébraud ; Douai, 24 avr. 1961, *D.* 1962. Somm. 118 ; Paris, 16 oct. 1962, *Gaz. Pal.* 1963. 1. 347, *RTD civ.* 1963. 578, obs. Bredin, et 600, obs. Hébraud).

2. Civ. 3e, 22 juill. 1992, *Bull. civ.* III, n° 262, *RDI* 1993. 533, obs. Simler.

3. V. Civ. 1re, 5 déc. 1961, *JCP* 1962. II. 12625, note Bulté, *RTD civ.* 1962. 364, obs. Solus, et 380, obs. Hébraud.

4. V. Civ. 1re, 18 déc. 1962, *Bull. civ.* I, n° 553, *D.* 1963. 146, *JCP* 1963. II. 13143, note Bulté ; Civ. 1re, 5 févr. 1964, *Gaz. Pal.* 1964. 2. 93, *Defrénois* 1964. 28633 ; Civ. 1re, 7 déc. 1965, préc. ; Civ. 1re, 16 janv. 1967, *D.* 1967. 186, *JCP* 1968. II. 15682, note Rouille ; Civ. 3e, 15 nov. 1989, *Bull. civ.* III, n° 215, *D.* 1989. IR 307 ; Civ. 3e, 26 nov. 2003, *Bull. civ.* III, n° 212, *JCP* 2004. IV. 1149 ; Civ. 3e, 5 nov. 2008, *JurisData* n° 045736, *RJDA* 2009. 394 (qui ne déclare l'appel irrecevable que pour justification insuffisante de la publicité) ; Civ. 3e, 20 oct. 2010, *Bull. civ.* III, n° 190, *RJDA* 2011. 192, qui déclare recevable la demande en l'absence de publicité de l'assignation, refusée par le conservateur, qui avait cependant accepté de publier les conclusions récapitulatives. V. aussi C. pr. civ., art. 126. Sur les risques que fait encourir aux tiers, notamment à un éventuel acquéreur, une publication tardive, V. Marty, Raynaud et Jestaz, n° 813 ; Gobert, art. préc., *Mélanges Flour*, p. 219 s.

5. V. Civ. 2e, 6 juin 1962, *JCP* 1963. II. 13191, note Motulsky, *RTD civ.* 1962. 690, obs. Hébraud ; Civ. 1re, 20 oct. 1981, *Bull. civ.* I, n° 301, *D.* 1983. 73, note Larroumet ; Civ. 3e, 12 févr. 1985, *Bull. civ.* III, n° 32, *Defrénois* 1986. 33694, obs. Aubert, *RTD civ.* 1986. 153, obs. Giverdon et Salvage-Gerest.

6. Civ. 3e, 18 mars 1998, *Bull. civ.* III, n° 70, *D.* 1998. Somm. 383, obs. Piedelièvre, *JCP* 1998. IV. 2100.

7. Civ. 3e, 18 nov. 2009, *Bull. civ.* III, n° 256, *RJDA* 2010. 444.

conservateur des hypothèques ou une copie de la demande revêtue de la mention de publicité [1].

Cette sanction, à première vue rigoureuse, est en définitive peu efficace [2]. Le dispositif pourrait être judicieusement remplacé par une prénotation, conférant rang à la publication ultérieure de la décision et donnant ainsi un intérêt réel à la publication rapide de la demande [3].

898 ***4° Responsabilité civile*** ◇ Conformément au droit commun, le non-respect de l'obligation de procéder à la publicité foncière engage la responsabilité de celui ou ceux à qui elle incombait. Spécialement dans le domaine de la publicité non sanctionnée par l'inopposabilité, les droits et actes non publiés sont non seulement valables, mais pleinement efficaces et opposables aux tiers. S'il en résulte un préjudice pour eux - par exemple, s'ils se trouvent évincés d'un bien ou d'un droit - ils peuvent agir en dommages et intérêts contre ceux qui devaient procéder à la publicité, officiers publics ou titulaires des droits non publiés (Décr. 4 janv. 1955, art. 30, 4°). Pour certains manquements à l'obligation de publier, un préjudice est difficilement concevable (par exemple, pour les actes confirmatifs ou constatant la réalisation d'une condition suspensive, par hypothèse déjà publiée).

La détermination des personnes susceptibles d'être actionnées en dommages et intérêts est discutée. Sont certainement visés les officiers publics auxquels il est spécialement fait obligation de procéder aux formalités de publicité (Décr. 4 janv. 1955, art. 32, qui vise « les notaires, avoués, huissiers, greffiers, commissaires à l'exécution du plan et autorités administratives »), ainsi que les successibles tenus de requérir un notaire dans les six mois du décès (art. 33, A, qui évoque expressément leur responsabilité). Restent les parties aux actes. Certains excluent leur responsabilité au motif que les textes ne les mentionnent pas [4]. L'argument ne paraît pas suffisant pour écarter le droit commun de la responsabilité pour faute. Cependant, si faute il y a, elle est avant tout celle de l'officier public ou de l'avocat. Il paraît difficile de reprocher aux parties de n'avoir pas veillé au

---

1. Civ. 3ᵉ, 5 nov. 2008, préc. Est censuré l'arrêt qui, pour dire la demande de résolution d'une vente recevable, retient que le demandeur justifie avoir publié son assignation par la production de l'accusé de réception émanant de la conservation des hypothèques et de la facture adressée par ce service. V. aussi Civ. 3ᵉ, 10 févr. 2010, *Bull.* civ. III, n° 40, *Defrénois* 2010. 39123, obs. Piedelièvre, *RJDA* 2010. 790.

2. V. Dagot, note sous Civ. 1ʳᵉ, 14 nov. 1967, *JCP* 1968. II. 15624.

3. La loi du 29 décembre 1990 qui a étendu à l'Alsace-Moselle l'obligation de publier les décisions de justice tendant à faire prononcer la résolution, la révocation, l'annulation ou la rescision d'un acte soumis à publicité (L. 1ᵉʳ juin 1924, art. 38 J) avait omis de transposer aussi la sanction de l'irrecevabilité prévue à l'article 30-5° du décret du 4 janvier 1955, qui était, en conséquence, jugée inapplicable : Civ. 1ʳᵉ, 21 févr. 2006, *Bull. civ.* I, n° 81, *JCP* 2006. IV. 1573 ; *Defrénois* 2007. 38530, obs. Piedelièvre ; Metz, 1ᵉʳ déc. 1998, *JCP* 2000. IV. 1142 ; Colmar, 19 oct. 2000, *JCP* N 2001. 1738, note Sander. L'oubli a été réparé par une loi du 4 mars 2002 (v. Sander, *JCP* N 2003. 1448).

4. V. Marty, Raynaud et Jestaz, n° 806 ; Mazeaud, Chabas et Picod, n° 715. *Contra*, Dagot, n° 187.

parfait accomplissement de leurs obligations professionnelles par ces derniers, contre lesquels elles pourraient en toute hypothèse se retourner [1]. Mais une responsabilité à l'égard du tiers lésé ne paraît pas pouvoir être d'emblée exclue. Des circonstances particulières peuvent justifier une condamnation [2].

L'action en dommages et intérêts est ouverte à toute personne intéressée *« ayant publié son propre droit »*, ce qui restreint de manière significative le cercle des personnes pouvant, le cas échéant, agir, en excluant notamment les créanciers chirographaires et autres titulaires de droits personnels, tels les locataires.

La rareté de la jurisprudence atteste que les conditions de la responsabilité, spécialement celles tenant au préjudice et au lien de causalité, sont rarement réunies [3].

§ 2. **Publicité facultative**

899 ***Publicité à titre de simple information*** ◊ Dans un nombre limité d'hypothèses, l'article 37 du décret du 4 janvier 1955 prévoit que certains actes *« **peuvent être publiés** au bureau des hypothèques... pour l'information des usagers »*. L'initiative en revient aux parties.

Dans sa rédaction de 1955, l'article 37 ne mentionnait que les promesses unilatérales de vente et les conventions relatives à l'exercice

---

1. V., à propos d'un nantissement de parts sociales non publié, primé par un autre nantissement inscrit postérieurement, Civ. 1re, 16 oct. 2008, *Bull. civ.* I, n° 226,*JCP* N 2009. 1051, note Piedelièvre, qui décide que « le notaire, tenu de s'assurer de l'efficacité de l'acte auquel il prête son concours, doit, sauf s'il en est dispensé expressément par les parties, veiller à l'ccomplissement des formalités nécessaires à la mise en place des sûretés qui en garantissent l'exécution, dont, quelles que soient ses compétences personnelles, le client se trouve alors déchargé ». Est censuré l'arrêt qui avait retenu pour moitié la responsabilité du client, en l'espèce une banque, qualifiée de « professionnelle des crédits et des sûretés ». La solution est assurément transposable en matière de publicité foncière, y compris pour l'hypothèque, en dépit du caractère facultatif de sa publicité.

2. V. Civ. 1re, 9 déc. 1975, *Bull. civ.* I, n° 364, *JCP* 1977. II. 18560, note Dagot. L'arrêt condamne le vendeur d'un immeuble solidairement avec le notaire auquel il avait transmis avec retard un document fiscal. V. égal., à propos du changement des éléments d'identification d'une personne morale, Civ. 3e, 2 juill. 1974, *Bull. civ.* III, n° 280, *JCP* 1974. IV. 308, et, à propos de l'éviction du légataire particulier en raison d'une vente postérieure au legs, mais non publiée en temps utile, Décr. 4 janv. 1955, art. 30, 4, al. 3.

3. V. Dagot, p. 187. À titre d'exemple, V. Civ. 1re, 16 juill. 1987, *JCP* 1988. II. 21021, note Simler. Il était reproché à un notaire, qui avait publié tardivement un partage de communauté, d'être responsable du préjudice causé par l'inscription, dans l'intervalle, d'une hypothèque judiciaire provisoire et par le paiement consécutif de la dette. Or, pour une moitié, la dette avait été indûment payée, ce qui ne pouvait rejaillir sur le notaire. Quant à l'autre moitié, elle incombait réellement, comme dette de la communauté, à l'époux qui l'avait payée, la publicité ou non publicité du partage étant sans incidence. Il n'y avait donc, dans cette mesure, ni préjudice, ni lien de causalité (v. Marty, Raynaud et Jestaz, n° 801. Dans le même sens, Civ. 1re, 7 nov. 1984, *Bull. civ.* I, n° 295 ; TGI Paris, 1er févr. 1989, *JCP* 1989. II. 21374, note Dagot, *RDI* 1990. 239, obs. Simler. V. cependant Paris, 8 oct. 1990, *D.* 1990. IR 252, *RDI* 1992. 105, obs. Simler) des servitudes légales [1]. Un décret du 7 janvier 1959 y a ajouté une série d'actes destinés à pallier l'impossibilité de passer l'acte authentique nécessaire à la publicité. Les effets conférés à leur publication sont cependant tels que la finalité informative est très largement dépassée. L'accomplissement de la formalité, quoique facultatif, permet en effet de donner rang à la décision confirmant ultérieurement le droit du requérant. C'est pourquoi cette hypothèse a été placée sous la rubrique des actes auxquels la publicité confère l'opposabilité aux tiers (*supra* n° 864).

900 ***1° Promesses unilatérales de vente ou de bail de plus de douze ans*** ◊ Ces actes, à l'évidence, ne transfèrent ni ne constituent de droits sujets à publicité. Ils ne sont générateurs que de droits personnels. Mais leur bénéficiaire a un intérêt évident à les porter à la connaissance des tiers afin de les détourner de la conclusion avec le promettant d'actes incompatibles avec la promesse et de démontrer plus aisément leur mauvaise foi s'ils passaient outre [2]. Ainsi pourra-t-il mettre en jeu plus aisément leur responsabilité [3] ou même obtenir l'annulation des actes passés.

La jurisprudence a en effet admis dès avant 1955 et continue d'admettre que, si le tiers acquéreur a traité avec le promettant en connaissance de la promesse de vente consentie au bénéficiaire, que cette connaissance soit résultée ou non de la publicité qui a pu en être faite, sa mauvaise foi ne lui permet pas de se prévaloir de la publicité de sa propre acquisition, dont l'inefficacité tient lieu, en quelque sorte, de réparation en nature du préjudice causé au bénéficiaire de la promesse [4]. Si, au contraire, le tiers acquéreur ou titulaire de droits publiés a été de bonne foi, la promesse lui est inopposable, même si elle a été publiée, une publicité obligatoire l'emportant sur une publicité purement facultative, autorisée à titre de simple information [5].

---

1. V. A. Fournier, art. préc., *Defrénois* 1981. 32761.
2. V. Lusseau, « Des problèmes actuels posés par la promesse unilatérale de vente immobilière », *RTD civ.* 1977. 483, n° 33. V. aussi Nancy, 8 juin 1977, *JCP* 1978. II. 18847, *Defrénois* 1978. 31764, obs. Aubert, qui déduit de la publicité d'une telle promesse une présomption de fait d'information chez l'acquéreur.
3. V. Fournier, art. préc., *Defrénois* 1980. 32401.
4. V. Civ. 10 avr. 1948, *D.* 1948. 421, note Lenoan, *JCP* 1948. II. 4403, obs. Becqué ; Civ. 1re, 17 juill. 1956, *Bull. civ.* I, n° 318 ; Civ. 1re, 7 janv. 1960, *Bull. civ.* I, n° 15 ; Civ. 3e, 15 févr. 1978, *Gaz. Pal.* 1978. 1. Somm. 175 ; TGI Nancy, 18 déc. 1975, *JCP* N 1976. II. 18370, note Goubeaux. V. aussi Atias, « La promesse unilatérale de vente et la vente ultérieure à un tiers de mauvaise foi », *JCP* N 1978. I. 291 ; Lusseau, art. préc., n° 33. Le bénéficiaire de la promesse peut aussi se contenter de réclamer des dommages et intérêts (v. Civ. 3e, 8 juill. 1975, *Bull. civ.* III, n° 249, *Gaz. Pal.* 1975. 2. 781, note Plancqueel).
5. V. Civ. 3e, 22 févr. 1977, *Bull. civ.* III, n° 91, *D.* 1978. 165, note Malaurie, *JCP* 1979. II. 19223, note Dagot, *Defrénois* 1977. 31522, obs. Aubert, *RTD civ.* 1978. 794, obs. Giverdon ; Civ. 3e, 20 févr. 1979, *D.* 1980. 613, note de la Marnierre, *JCP* 1980. II. 19376, note Dagot, *Defrénois* 1981. 32650, obs. Fournier (sur pourvoi contre Nancy, 8 juin 1977, préc.)

Le caractère purement facultatif de la publicité de la promesse unilatérale de vente a donné lieu à de vives discussions à l'occasion de la jurisprudence qui avait, au contraire, qualifié de restriction au droit de disposer et donc soumis à publicité obligatoire le pacte de préférence. L'incohérence était certaine. Si le pacte de préférence est constitutif d'une restriction au droit de disposer, la promesse de vente mérite *a fortiori* la même qualification. C'est, au contraire, par la négation de cette qualification du pacte de préférence que la Cour de cassation a dissipé l'incohérence (*supra* n° 862). Si cette solution était sans doute la seule compatible avec le texte du décret du 4 janvier 1955, elle n'est pas en soi pleinement satisfaisante (*supra ibid.*).

901 ***2° Conventions relatives à l'exercice des servitudes légales*** ◇ Les servitudes légales, par nature, n'ont pas à être publiées, contrairement aux servitudes conventionnelles. Mais il est fréquent que les propriétaires de fonds frappés d'une servitude légale, spécialement de la servitude de passage en cas d'enclave (C. civ., art. 682 s.), aménagent conventionnellement les modalités de son exercice, telles que tracé, dimensions, conditions d'utilisation. Un tel acte, qui n'est pas créateur du droit de servitude, n'entre dans aucune des catégories d'actes soumis à publicité. Mais sa connaissance par les tiers, notamment les éventuels acquéreurs du fonds servant ou du fonds dominant, est d'une évidente utilité, ce qui justifie une publicité au moins facultative.

902 ***Caractère limitatif de l'énumération légale ?*** ◇ À quelques exceptions près, remarquables, mais voulues, telles que l'acquisition de la propriété par prescription acquisitive (*supra* n° 857), le droit de la publicité foncière prétend, depuis la réforme de 1955, être complet, au moins en ce qui concerne les droits réels immobiliers. Il reste que, pour les actes qui ne sont ni translatifs, ni constitutifs de tels droits, les frontières de son champ d'application sont imprécises. De même que l'on peut avoir des doutes sur les justifications du caractère obligatoire ou facultatif de la publicité dans tel ou tel cas, de même peut-on quelquefois légitimement se demander si tel acte doit ou peut être publié.

Il va de soi que seul le législateur peut allonger la liste des actes obligatoirement soumis à publicité. On peut du moins s'interroger sur la possibilité de requérir la publication à titre facultatif d'actes ou de droits non mentionnés par les textes en vigueur et, corrélativement, sur l'obligation du conservateur des hypothèques de déférer à de telles requêtes.

Les rares décisions de jurisprudence paraissent divisées. Avant le décret de 1959 élargissant le domaine de la publicité facultative, un jugement avait admis la publication de l'un des actes aujourd'hui visés par l'article 37-2 [1]. Mais un autre avait statué en sens contraire, à la même époque, à propos

1. T. civ. Seine, réf., 26 nov. 1958, *JCP* N 1959. II. 11060, note Masounabe-Puyanne, *Gaz. Pal.* 1959. 1. 187, *RTD civ.* 1959. 562, obs. Solus.

d'une demande d'interdiction judiciaire [1]. Rien ne s'oppose, semble-t-il, à l'inscription par le conservateur, sous couvert des textes en vigueur, qui peuvent être interprétés de manière plus ou moins souple, d'actes qui n'entrent pas directement dans le cadre défini [2]. Mais nul ne peut l'obliger, sinon une décision de justice, à donner suite à une réquisition relative à un acte qui n'est pas de ceux que visent les textes [3].

1. T. civ. Nice, réf., 4 oct. et 1er déc. 1958, *JCP* N 1959. II. 11060, préc. V. Marty, Raynaud et Jestaz, n° 818 ; Savatier, Usage et avenir de la publication foncière réformée par les décrets des 4 janvier et 14 octobre 1955, *D.* 1955. Chron. 221.

2. En ce sens, Fournier, *Rép. civ Dalloz, V° Publicité foncière*, nos 185 s. V., à propos de l'acte constatant la réalisation de la prescription acquisitive, appelé « notoriété acquisitive », *supra*, n° 857. V., très nettement dans le sens du caractère non limitatif, à propos d'un prêt à usage viager d'un immeuble, non constitutif d'un droit réel, Paris, 1er juin 1988, *D.* 1988. IR 198, *Defrénois* 1989. 34482, obs. Aynès, *RDI* 1990. 239, obs. Simler. En sens contraire, S. Piedelièvre, *op. cit.*, n° 407.

3. V. Rép. min. just., *JOAN* 26 févr. 1972, p. 441, *JCP* N 1972. Prat. 5187, qui estime qu'en raison de l'intérêt que la publication d'un prêt à usage d'un immeuble peut présenter pour les tiers et pour la sécurité des conventions, il appartient au conservateur des hypothèques d'apprécier s'il peut accepter de procéder à la formalité demandée. Rappr., à propos d'une créance immobilière, qui « ne peut être assimilée à la propriété immobilière, laquelle peut seule être inscrite », Civ. 3e, 6 janv. 1982, *Bull. civ.* III, n° 4, *RDI* 1982. 546, obs. Dagot.

CHAPITRE 2

ORGANISATION ET FONCTIONNEMENT

903 ***Permanence et évolution*** ◊ Si le domaine de la publicité foncière a été sensiblement étendu, spécialement par le décret du 4 janvier 1955, et si sa finalité s'est trouvée, de ce fait, modifiée, l'organisation générale et les structures ont au contraire été conservées. Il résulte de la présentation des caractères généraux du système français (*supra nos* 846 s.) que la publicité foncière relève, à l'exception des trois départements d'Alsace et de Moselle, d'un service administratif : la conservation des hypothèques, et qu'elle reste, dans son principe, liée à la personne titulaire des droits publiés plutôt qu'au bien, objet de ces droits.

Des perfectionnements ont cependant été apportés au dispositif : rationalisation et modernisation des supports de la publicité, accroissement de la sécurité des tiers intéressés par une plus grande fiabilité des mentions publiées.

L'étude du fonctionnement de la publicité foncière, c'est-à-dire de sa réalisation, mais aussi de l'accès des intéressés aux informations publiées, qui en est la véritable finalité (Section 2), requiert une description préalable des structures (Section 1).

SECTION 1. LES STRUCTURES

904 ***Présentation*** ◊ Tout système de publicité suppose des structures, constituées, d'une part, des supports de la publicité, d'autre part, des organes chargés de sa mise en œuvre.

Les **supports** habituels d'un système légal de publicité sont des **registres** (registres d'état civil, du commerce et des sociétés...). Tel est le cas aussi en la matière. Mais si la qualification de registre demeure, la réalité, en raison de la modernisation des procédés et de l'adjonction de supports complémentaires nouveaux, ne correspond plus que de manière approximative à cette dénomination.

Quant aux **organes**, il s'agit du bureau des hypothèques, service dépendant du ministère des finances. On l'appelle aussi « conservation des hypothèques », désignation quelque peu archaïque et doublement incomplète, puisque son rôle n'est pas seulement de conservation et a pour objet, outre les hypothèques, l'intégralité du domaine de la publicité foncière. Au surplus, le statut particulier des conservateurs des hypothèques est en voie de disparition (v. *infra* n° 916).

§ 1. Les supports de la publicité

905 ***Évolution des procédés*** ◊ La loi de brumaire an VII avait créé dans chaque arrondissement deux registres, l'un, appelé **registre des inscriptions**, pour les privilèges et hypothèques, l'autre, appelé **registre des transcriptions**, dans lequel étaient intégralement transcrits les actes soumis à publicité (mutations et constitutions entre vifs de droits réels immobiliers susceptibles d'hypothèque).

Un **répertoire alphabétique** des personnes parties aux actes ou titulaires de droits inscrits, leur nom étant supposé connu, permettait d'accéder aux informations portées dans les registres dans l'ordre chronologique de la présentation des documents à publier.

Un **registre des dépôts** constituait un élément complémentaire essentiel : y étaient mentionnés dans l'ordre de leur présentation, attributive de rang, les documents déposés en vue de leur publication.

Ces structures ont été intégralement conservées par les rédacteurs du Code civil, bien que l'obligation de transcrire les actes translatifs ou constitutifs de droits réels immobiliers ait été abandonnée, seules restant soumises à cette formalité les donations entre vifs de tels droits. La publicité obligatoire des actes entre vifs et des jugements translatifs ou constitutifs de droits réels immobiliers ne sera rétablie qu'en 1855, sans modification des supports de la publicité (*supra* n°s 837 s.).

Ce système présentait d'importants inconvénients. Le moindre résidait dans les difficultés de la recherche dans les cas nombreux d'homonymie. Il ne permettait, surtout, d'accéder à l'information concernant un immeuble que si l'on connaissait le ou les noms des parties aux actes dont cet immeuble avait fait l'objet. Ainsi était-il très difficile de reconstituer l'enchaînement des opérations relatives à un même immeuble ou de connaître l'ensemble des biens ou droits immobiliers d'une même personne dans un ressort donné.

À ces inconvénients, les décrets du 4 janvier et du 14 octobre 1955 ont porté remède, sans remettre en cause les bases du dispositif. Il a suffi d'ajouter aux registres existants un **fichier immobilier**, lui-même formé de deux éléments : le **fichier personnel**, remplissant les fonctions de l'ancien répertoire alphabétique, mais mentionnant, en outre, l'ensemble des inscriptions prises au nom de la même personne, et le **fichier réel**, retraçant l'ensemble des actes relatifs à un même immeuble et introduisant ainsi un élément de publicité réelle dans le système français.

Aujourd'hui, le fichier immobilier, bien que dépourvu de valeur probante, constitue en pratique une pièce maîtresse du dispositif. Les registres proprement dits, qui ne sont autre chose, depuis le début du XXe siècle, que l'enliassement des documents présentés à la publication, sont principalement des instruments de contrôle, puisqu'eux seuls sont probants, et d'archivage.

Le registre des dépôts, qui est chronologiquement le premier instrument concerné par le processus de publicité, conserve cependant une importance capitale.

A. Registre des dépôts

906 ***Attribution du rang*** ◇ « *Les conservateurs seront tenus d'avoir un registre sur lequel ils inscriront, jour par jour, et par ordre numérique, les remises qui leur seront faites d'actes, décisions judiciaires, bordereaux et, généralement, de documents déposés en vue de l'exécution d'une formalité de publicité. Ils ne pourront exécuter les formalités qu'à la date et dans l'ordre des remises qui leur auront été faites* » (C. civ., art. 2453, al. 1 et 2).

La technique du registre, sur lequel les mentions doivent être portées par le conservateur « *de suite, sans aucun blanc ni interligne* » (art. 2456) [1], et qui doit être « *coté et paraphé* » à chaque page par le juge d'instance du ressort (art. 2454), reste appropriée, en raison de la brièveté des indications et de l'importance de la chronologie. La loi du 6 avril 1998 a cependant autorisé le traitement informatique des dépôts : « *un document informatique écrit peut tenir lieu de registre ; dans ce cas, il doit être identifié, numéroté et daté dès son établissement par des moyens offrant toute garantie en matière de preuve* » (*ibid*., al. 2).

La mention du dépôt n'est attributive de rang que jour par jour et non en fonction de l'ordre numérique du registre. Il n'est pas tenu compte de l'heure de dépôt, les textes réglant de manière particulière et diverse, suivant la nature des actes inscrits, les conflits suscités par des inscriptions prises le même jour (pour les hypothèques, *supra* n° 509, et pour les autres actes publiés, *supra* n° 872) [2].

Afin de parer à tout risque de perte ou de destruction, une reproduction du ou des registres des dépôts clôturés pendant l'année précédente doit être déposée au greffe d'un tribunal de grande instance ou d'instance d'un autre arrondissement [3].

B. Fichier immobilier

907 ***Dualité*** ◇ Le remplacement du répertoire alphabétique, insuffisant, par un fichier immobilier a opéré, dans une certaine mesure, un rapprochement entre le système français de publicité foncière et ceux connaissant le livre foncier. L'article 1er du décret du 4 janvier 1955 – la place même de la règle en tête de la réforme en souligne l'importance – dispose : « *Il est tenu, pour chaque commune, par les conservateurs des hypothèques* (à compter du 1er janv. 2013 : « *par les services chargés de la publicité foncière* »), *un fichier*

1. La règle est assortie d'une peine d'amende de 60 à 600 €, sans préjudice des dommages et intérêts pouvant être dus aux parties.

2. Sur la solution différente retenue pour la publicité des sûretés réelles mobilières, v. *supra* n° 872 et la note.

3. Ce lieu de dépôt est fixé par arrêté du ministre de la justice (C. civ., art. 2453, al. 4). La reproduction a été substituée en 1960 à la technique traditionnelle de la copie, qui obligeait à tenir en double le registre des dépôts. Le mode de reproduction, fixé par décret (*ibid*., al. 5), est soit le microfilm, soit un support magnétique ou informatique (D. n° 98-553, 3 juill. 1998).

immobilier sur lequel, au fur et à mesure des dépôts, sont répertoriés, ***sous le nom de chaque propriétaire et par immeuble****, des extraits des documents publiés avec référence à leur classement dans les archives* » (al. 1er). « *Le fichier immobilier présente, telle qu'elle résulte des documents publiés, la situation juridique actuelle des immeubles* » (al. 2).

De ces dispositions il ressort que le fichier immobilier est en réalité double, puisqu'il comporte un **fichier personnel** et un **fichier réel**.

Comme le registre des dépôts (*supra* n° 906) et les registres proprement dits (*infra* n° 911), le fichier immobilier est progressivement informatisé. À cette fin a été créé en 1984 (*Arr. 16 août 1984*) [1] le « Fichier informatisé de la documentation juridique sur les immeubles » (FIDJI). Une nouvelle étape a été franchie dans cette voie par la loi précitée du 6 avril 1998 et par le décret n° 98-553 du 3 juillet 1998, qui ont complété le décret du 14 octobre 1955 par un chapitre nouveau (art. 53-1 à 53-8). Cependant, même informatisés, les fichiers conservent pour l'essentiel la même structure, le même contenu et la même portée que les fichiers manuels, sous réserve de la suppression de la double distinction entre immeubles urbains et ruraux, d'une part, et entre fiches parcellaires et fiches d'immeuble, d'autre part : « *le fichier immobilier informatisé répertorie au fur et à mesure des dépôts,* ***sous le nom de chaque propriétaire ou titulaire de droits et par immeuble****, des extraits des documents publiés, avec référence de leur classement dans les archives* » (Décr. 14 oct. 1955, art. 53-1) [2].

Dans le prolongement de l'informatisation des supports de la publicité, le notariat a mis en œuvre la dématérialisation progressive des actes notariés à publier, appelés « télé@ctes ». Une très large majorité des études ont franchi ce pas, qui se traduit par un gain de productivité et de sécurité, grâce à un réseau internet sécurisé. La standardisation des actes est de nature à réduire très sensiblement le nombre des refus de dépôt et de rejet de la formalité.

908 ***1° Fichier personnel*** ◊ Le fichier immobilier étant tenu par commune, et non par ressort de conservation des hypothèques, il est établi **pour chaque commune**, à l'occasion de la publication des actes, autant de fiches personnelles que de propriétaires d'immeubles et de titulaires d'autres droits publiés (usufruit, emphytéose, droit de superficie, servitude conventionnelle, bail de plus de douze ans...). En cas d'indivision ou de copropriété, une fiche est établie pour chaque indivisaire ou copropriétaire [3]. En

---

1. V. Dagot, *RDI* 1985. 179. V. aussi Ruc, « L'informatisation de la publicité foncière », *RRJ* 1985. 903 ; Dagot, « L'informatisation des bureaux des hypothèques », *JCP* N 1998. 1116.

2. V. S. Piedelièvre, *op. cit.*, nos 76 s.

3. Suivant l'article 5, 2, alinéa 1er, du décret du 14 octobre 1955, « *les annotations concernant les immeubles ruraux énoncés... comme acquis par les deux époux sont portées aux tableaux II et III de la fiche personnelle du mari, la fiche personnelle de la femme étant annotée d'un simple renvoi à celle du mari* ». La même solution est indiquée par l'alinéa 4 du même article 5, 2, pour les immeubles urbains. Cette disposition, qui pouvait se justifier (mais seulement en régime de communauté) à une époque où le mari était encore le chef de la communauté, est aujourd'hui certainement

revanche, les hypothèques et privilèges, portés sur la fiche du titulaire du bien ou droit hypothéqué, ne donnent pas lieu à l'établissement d'une fiche au nom du créancier. Il en est de même pour les quittances ou cessions de loyers non échus.

La fiche personnelle non informatisée, portant la mention du nom de la commune et de l'identité de la personne concernée, est divisée en trois tableaux :

- **tableau I** : liste des **immeubles urbains** dont la personne est propriétaire ou sur lesquels elle est titulaire d'un autre droit soumis à publicité ;
- **tableau II :** liste des **immeubles ruraux** sur lesquels la même personne est titulaire de droits de même nature ;
- **tableau II** : indication dans deux cadres distincts, pour les seuls immeubles ruraux [1], d'une part, des « ***mutations, servitudes actives*** » (cadre A), en fait, des actes de toute nature conférant à l'intéressé des droits sur l'immeuble en question (mutations entre vifs ou à cause de mort, actes ou décisions constitutifs ou déclaratifs de droits soumis à publicité...), d'autre part, des « ***charges, privilèges et hypothèques*** » (cadre B) pesant sur lesdits immeubles au bénéfice de tiers (outre les sûretés, restrictions au droit de disposer, bail emphytéotique ou de plus de douze ans, droit de superficie appartenant à un tiers, servitudes passives, commandement de saisie immobilière...).

Cette division en trois tableaux n'apparaît plus formellement dans le fichier informatisé, qui fournit cependant les mêmes informations.

909 ***2° Fichier réel*** ◊ Telle a été la grande innovation de la réforme de 1955. Sa réalisation systématique restait subordonnée à l'achèvement des opérations de rénovation du cadastre, ce qui est aujourd'hui le cas.

Le fichier réel comporte lui-même deux sortes de fiches, sur la base de la même distinction entre **immeubles ruraux** et **immeubles urbains**. Ces derniers étant définis suivant des critères précis, les premiers forment la règle. Sont qualifiés d'urbains tous les immeubles situés dans les communes qui appartenaient à l'ancien département de la Seine, tous les immeubles situés dans les parties agglomérées des communes de plus de 10 000 habitants, enfin tous les immeubles, quelle que soit leur situation, qui font partie d'ensembles immobiliers dotés d'un cahier des charges ou d'un règlement collectif, tels que les lotissements ou copropriétés (Décr. 14 oct. 1955, art. 2).

Tous les immeubles font l'objet d'une fiche parcellaire. Les immeubles urbains, tels qu'ils sont définis ci-dessus, donnent lieu, en outre, à l'établissement d'une fiche d'immeuble.

---

contraire au principe d'égalité. La correction n'est cependant pas intervenue. Il y aurait lieu d'appliquer la même solution qu'en cas d'indivision : « *une fiche personnelle est établie au nom de chacun des copropriétaires indivis* » (art. 4. 1. al. 2).

1. Pour les immeubles urbains, les renseignements correspondants figurent sur les fiches d'immeubles v. n° suivant.

a) La **fiche parcellaire** fait apparaître pour chaque parcelle foncière ou pour chaque îlot de propriété [1] la liste des mutations dont elle a fait l'objet, par référence aux actes et documents publiés. Elle permet d'identifier le propriétaire et de retrouver, sur la fiche personnelle, les renseignements plus complets relatifs aux charges pesant sur ledit immeuble. Pour les immeubles urbains, la fiche parcellaire, nécessaire pour le maintien de la concordance avec le cadastre (*infra* n° 910), contient seulement la référence cadastrale et renvoie, pour le reste, aux fiches d'immeuble.

b) Une **fiche d'immeuble** est établie pour chaque immeuble ou fraction d'immeuble urbain appartenant à un propriétaire distinct (lot de lotissement, appartement ou lot de copropriété, volume de propriété) [2]. Elle porte, en tête, le nom de la commune et l'identification de l'immeuble par ses références cadastrales (section et numéro du plan cadastral). Pour les fractions d'immeuble, le numéro du lot doit être précisé [3]. Elle est divisée, comme la fiche personnelle, en trois tableaux :

– **tableau I** *:* nature de l'immeuble et, le cas échéant, numéro du lot ou de la fraction d'immeuble, objet de la fiche ;

– **tableau II** *:* en cas de lotissement, copropriété ou division de l'immeuble, identification du lot ou de la fraction par sa situation et ses caractéristiques (bâtiment, escalier, étage, nombre de pièces, tantièmes de copropriété...) ;

– **tableau III**, où l'on retrouve, comme sur la fiche personnelle, les deux cadres A et B, où sont inscrits, respectivement, les mutations et servitudes actives et les charges, privilèges et hypothèques grevant l'immeuble ou la fraction d'immeuble.

Comme pour le fichier personnel, ces distinctions et subdivisions n'apparaissent plus dans le fichier informatisé.

---

1. La notion d'îlot correspond à un ensemble de parcelles contiguës, appartenant à un même propriétaire et formant une unité foncière.

2. S'il y a lotissement ou copropriété, il est établi, d'une part, une fiche générale, où sont portés les renseignements relatifs à l'ensemble, tels que le règlement de copropriété, l'état descriptif, le cahier des charges, d'autre part, une fiche par lot ou fraction, portant les renseignements habituels relatifs à un immeuble particulier. Afin de simplifier les opérations de publicité foncière en matière de copropriété et de ne pas faire obstacle aux modifications de la consistance des parties communes ou de la répartition des quotes-parts (tantièmes) entre les parties privatives, une loi du 2 janvier 1979, tout en réaffirmant que la quote-part des parties communes afférente à chaque lot est *« grevée des mêmes sûretés que les parties privatives »*, a dispensé de l'inscription de ces sûretés sur les parties communes (C. civ., art. 2429). De même, pour les autres droits soumis à publicité, ceux-ci, en cas de modification dans les quotes-parts des parties communes, *« s'éteignent sur les quotes-parts qui en sont détachées et s'étendent à celles qui y sont rattachées »* (L. 10 juill. 1965, art. 6-1). Sur ces innovations, V. F. Terré et Ph. Simler, *Les biens*, préc., n° 721 ; M. Dagot, « Les modifications de la copropriété et le droit de la publicité foncière », *JCP* N 1979. I. 125 ; Cl. Giverdon, « La loi n° 79-2 du 2 janvier 1979 relative aux droits grevant les lots d'un immeuble soumis au statut de la copropriété », *RDI* 1969. 161.

3. Un décret du 18 juillet 1985 (n° 85-760, *JO* 23 juill. 1985, *JCP* 1985. III. 57498) a supprimé l'obligation d'indiquer le nom de la rue et le numéro. Selon toute vraisemblance, cette indication, utile pour les usagers, continuera de figurer (Dagot, *RDI* 1985. 411).

910 ***3° Concordance entre le fichier immobilier et le cadastre*** ◊ Si le cadastre rénové a été un préalable pour la création du fichier immobilier, réciproquement, la tenue du fichier immobilier constitue une source d'informations précieuse permettant la tenue à jour régulière du cadastre. C'est pourquoi les textes de 1955 ont établi un lien organique entre le cadastre et le fichier immobilier, ce qui a été d'autant plus aisé que les deux instruments relèvent de l'Administration des impôts.

Les officiers publics, avocats ou autorités administratives chargés d'accomplir les formalités de publicité foncière sont tenus de se conformer, pour la désignation des immeubles, à un **extrait cadastral** ayant moins de six mois de date (Décr. 4 janv. 1955, art. 7, dernier al.) ; ils doivent compléter cet extrait, « *pour valoir* ***extrait d'acte*** », en y portant les renseignements essentiels relatifs à l'acte passé (Décr. 14 oct. 1955, art. 22) [1], et le remettre au conservateur à l'appui de la réquisition de la formalité ; le conservateur vérifie la conformité de l'extrait avec l'acte lui-même, y mentionne l'accomplissement de la formalité de publicité et retourne l'extrait au service du cadastre (*ibid.*, art. 23 s.), qui n'aura plus qu'à reporter les modifications sur la matrice cadastrale. Un circuit complet, partant du cadastre pour y revenir, est ainsi créé, qui assure la concordance permanente du cadastre et de la publicité foncière.

Réciproquement, « *aucune modification de la situation juridique d'un immeuble ne peut faire l'objet d'une mutation cadastrale, si l'acte ou la décision judiciaire constatant cette modification n'a pas été préalablement publié au fichier immobilier* » (Décr. 4 janv. 1955, art. 2).

C. Registres proprement dits

911 ***Fonctions : publicité proprement dite*** ◊ Ni l'inscription sur le registre des dépôts, ni les mentions au fichier immobilier ne sont constitutives de la formalité de la publicité foncière et ne font preuve de leur contenu [2]. La publicité, dont les instruments précités ne sont que des auxiliaires destinés à faciliter les recherches, ne résulte, du moins au plan des principes juridiques, que de l'insertion des documents à publier dans les registres correspondants.

---

1. Le décret du 22 juin 1970, pris pour l'application d'une loi du 26 décembre 1969, a fusionné l'extrait cadastral et l'extrait d'acte, qui constituaient précédemment deux documents distincts (Décr. 14 oct. 1955, art. 20). Suite à une convention passée le 27 novembre 1990 entre l'Administration fiscale et le Notariat relativement au « *document hypothécaire normalisé* », l'extrait d'acte peut être remplacé par un « *extrait de document hypothécaire normalisé* » (*JCP* N 1991. Prat. 1692).

2. V. Civ. 3e, 2 févr. 2000, *JurisData* n° 000241, *Bull. civ.* III, n° 17, *JCP* N 2000. 1151. Relatif à une publication au livre foncier d'Alsace-Moselle, l'arrêt censure une décision qui avait fait droit à une procédure de purge entreprise par une commune ayant exercé son droit de préemption après dépôt d'une requête aux fins de transcription des immeubles, alors que, si le rang de l'inscription est assuré par l'enregistrement de la requête au registre des dépôts, l'inscription n'est réalisée que par son exécution matérielle par le juge du livre foncier.

Ces registres sont depuis les origines au nombre de deux : celui des **inscriptions**, pour les privilèges et hypothèques, et celui des **publications**, nouvelle appellation du registre des transcriptions, pour les autres actes soumis à publicité.

Initialement, l'appellation de registre exprimait la réalité. Le conservateur des hypothèques « *inscrivait* » dans le registre correspondant, dans l'ordre de leur mention au registre des dépôts, les privilèges et hypothèques dont la publication était requise. Il « *transcrivait* », par reproduction intégrale dans le second registre, dans le même ordre, les actes présentés aux fins de publication. Cette technique ancestrale était devenue de plus en plus difficilement praticable, en raison de la multiplication des actes à publier et de leur complexité croissante. Deux lois du 1er mars 1918 (pour les inscriptions) et du 24 juillet 1921 (pour les transcriptions) ont consacré la technique de l'**enliassement**. Les documents à publier, établis conformément à des modèles type et selon des formats déterminés, sont remis au conservateur, revêtus du numéro d'ordre du registre des dépôts et reliés dans cet ordre en volumes constitutifs des registres.

Les commandements de saisie immobilière font l'objet, depuis qu'ils sont soumis à publicité, d'un registre particulier qui est tenu de la même manière.

912 ***1° Registre des inscriptions*** ◊ Le titulaire de l'hypothèque ou du privilège à publier ou son mandataire remet au conservateur, outre une expédition de l'acte constitutif de l'hypothèque ou qui donne naissance au privilège (sauf dispense légale de titre), deux **bordereaux**, établis suivant un modèle officiel et comportant un ensemble de mentions précises (*supra* n° 496). L'acte est destiné à être archivé et l'un des bordereaux est restitué au requérant, revêtu du visa du conservateur, pour tenir lieu de preuve de l'accomplissement de la formalité. L'autre exemplaire du bordereau est conservé pour être relié dans ce qui constituera le registre des inscriptions.

913 ***2° Registre des publications*** ◊ Cette appellation, à l'évidence par trop générique, puisque tout registre de publicité répond à cette définition, a été substituée, à l'occasion de la réforme de 1955, à l'ancienne appellation, qui était elle-même devenue inexacte en 1921, de registre des transcriptions.

Le requérant doit déposer auprès du conservateur deux expéditions, copies ou extraits littéraux des actes, décisions de justice ou attestations, suivant la nature des actes à publier [1]. Comme pour les bordereaux d'hypothèque ou de privilège, l'un des deux exemplaires est restitué au déposant, revêtu par le conservateur d'une mention attestant

1. Lorsque l'acte est soumis à la « formalité unique » (*infra* n° 916), deux expéditions intégrales doivent nécessairement être déposées.

l'accomplissement de la formalité. L'autre est conservé aux fins d'enliassement dans le registre des publications [1].

914 *3° Registre des saisies immobilières* ◊ Suivant des modalités semblables, les commandements de saisie immobilière sont reliés en volumes constituant un registre particulier.

915 *4° Archives* ◊ Les documents remis au conservateur et non reliés pour former les registres (expéditions des actes constitutifs d'hypothèques ou générateurs de privilèges, pièces annexes...) sont archivés suivant des modalités différentes en fonction de leur ancienneté.

Le conservateur doit lui-même conserver en archives les documents déposés depuis cinquante ans au plus. Ceux qui ont été déposés depuis plus de cinquante ans, mais moins de cent ans, sont versés à des centres d'archives spéciaux, habilités à en délivrer des copies ou extraits (Décr. 4 janv. 1955, art. 10, al. 1er). Ceux qui ont été déposés depuis plus de cent ans sont versés aux archives nationales (pour Paris) ou départementales (*ibid.*, al. 2).

§ 2. Du « Conservateur des hypothèques » au « Service de la publicité foncière »

916 *1° Suppression du statut des conservateurs des hypothèques* ◊ Depuis les origines de la publicité foncière, le service public qui en est chargé porte le nom de **bureau des hypothèques**, appelé aussi communément conservation des hypothèques, confié à un agent de l'État portant le titre de **« Conservateur des hypothèques »**. Le fait que la publicité des hypothèques a été le premier objectif et le poids des habitudes peuvent seuls expliquer la survie des appellations de « Conservateur » et de « Conservation » des hypothèques, qui répondent imparfaitement à la réalité, surtout depuis la réforme de 1955, et qui sont appelées à être remplacées, à compter du 1er janvier 2013, par celle de « Service public de la publicité foncière » (L. n° 2009-1674, 30 déc. 2009, art. 30).

Institués initialement dans chaque arrondissement, les bureaux des hypothèques ont été, depuis, tantôt regroupés, dans les régions à faible densité, tantôt subdivisés, au contraire, dans les zones fortement urbanisées. Ils sont au nombre d'environ 350.

Le conservateur des hypothèques est un fonctionnaire relevant du ministère des finances. Il a la qualité d'**officier public**, de sorte que les registres qu'il tient et les états qu'il délivre ont valeur d'actes authentiques.

---

1. Le nombre et le volume des actes déposés posent un problème réel d'encombrement. Il suffit de songer aux actes relatifs à des lotissements ou à des lots de copropriété, répétitifs, mais incluant néanmoins cahier des charges, règlement de copropriété et état descriptif. On a suggéré d'étendre au registre des publications le procédé du bordereau résumant les renseignements essentiels (M. Dagot, « Plaidoyer pour une modification du mode de publication des droits sur les immeubles autres que les privilèges et hypothèques », *JCP* 1980. I. 2968).

Quoiqu'agent de l'État, le conservateur ne perçoit pas de traitement, mais est rémunéré par les émoluments versés, suivant un tarif officiel, par les requérants à l'occasion de la publication ou de la délivrance d'états ou d'attestations. Corrélativement, il engage sa **responsabilité personnelle,** et non celle de l'État, même par les fautes commises dans le cadre de l'exercice de ses fonctions (*infra* n° 922). Le surplus du personnel des bureaux des hypothèques, jadis recruté et rémunéré par le conservateur, est constitué aujourd'hui par des agents de l'Administration des finances, soumis au droit commun de la fonction publique.

La spécificité des bureaux des hypothèques a encore été réduite et son intégration au sein de l'Administration des finances accentuée par la fusion, pour des raisons de simplification, des formalités de l'enregistrement et de la publicité foncière (L. 26 déc. 1969). La « formalité unique » s'impose pour les actes obligatoirement soumis à l'enregistrement et à la publicité foncière (sous réserve de certaines exceptions, relatives notamment aux décisions de justice, aux mutations à titre gratuit...). Elle peut être mise en œuvre dans le domaine de la publicité facultative. Elle a été étendue par la loi de finances pour 1999 (L. n° 98-1266, art. 110) aux « actes mixtes », comportant à la fois des dispositions soumises à publicité foncière et d'autres qui ne le sont pas [1].

La loi de finances rectificative n° 2009-1674 du 30 décembre 2009 (art. 30) a donné mission au gouvernement d'instituer, à compter du 1er janvier 2013, des services de la publicité foncière remplaçant les conservations des hypothèques et de substituer la responsabilité de l'État à celle, personnelle, des conservateurs. Une taxe perçue par l'État remplacera le salaire dû au conservateur, aux mêmes conditions d'assiette, de tarif et de recouvrement. Par conséquent, si le statut particulier du conservateur est ainsi supprimé, rien n'est changé pour les usagers [2].

917 ***2° Fonctions*** ◇ La mission du conservateur des hypothèques, comme celle de tout agent chargé de la tenue de registres publics, est triple :

- il procède, sur réquisition, aux **inscriptions des actes** que la loi soumet à la publicité et aux **radiations** correspondantes [3] ;
- il assure la **conservation** - d'où son titre - des registres, fichiers et archives ;
- il délivre au public, tel étant l'objectif fondamental de tout système de publicité, les **renseignements** figurant sur les registres et fichiers ou, le cas échéant, dans les actes (*infra* nos 933 s.).

---

1. V. J. Lafond et A. Fournier, *op. cit.*, V° Formalité unique.
2. V. A. Massoc-Mandre, « Suppression des conservateurs des hypothèques », *JCP* N 2010. 173.
3. Sur les effets de l'annulation d'une radiation, v. Civ. 3e, 4 févr. 1998, *Bull. civ.* III, n° 24. V. aussi A. Massoc-Mandre, « Le contrôle juridictionnel de la validité des décisions des conservateurs des hypothèques affecte-t-il la sécurité des transactions immobilières et du crédit hypothécaire ? », *JCP* N 2001. 1103. La réinscription du droit est opposable aux créanciers inscrits avant la radiation, mais non à ceux qui auraient publié un droit dans l'intervalle entre celle-ci et la réinscription.

Le conservateur des hypothèques est aussi, accessoirement, un agent du fisc. Il perçoit, outre sa propre rémunération, certaines taxes, en particulier la **taxe de publicité foncière**. Cette dualité des fonctions est particulièrement évidente dans le cadre de la « formalité unique » de publicité foncière et d'enregistrement.

918 ***3° Pouvoirs*** ◊ La détermination des pouvoirs du conservateur des hypothèques est révélatrice de la différence entre le système français de publicité foncière et les systèmes connaissant le livre foncier. Celui-ci est habituellement placé sous la responsabilité d'un juge qui exerce un contrôle préalable, plus ou moins approfondi, de la validité des actes et/ou de la réalité des droits publiés.

À titre de comparaison, mais aussi parce qu'il fait partie du droit positif, l'exemple du livre foncier alsacien-mosellan mérite d'être rapidement évoqué. Le contrôle du juge du livre foncier, qui reste relativement superficiel par rapport à ce qu'il est ou pourrait être dans d'autres systèmes, porte sur cinq points :

- admissibilité du droit à l'inscription ;
- forme des actes ;
- respect du principe de l'effet relatif de la publicité ;
- capacité des parties ;
- réalité des pouvoirs d'éventuels représentants.

La jurisprudence lui a reconnu en outre le pouvoir de vérifier la conformité des actes à l'ordre public et de refuser leur publication s'ils sont atteints de nullité absolue [1]. Ses décisions ont valeur juridictionnelle : ordonnance d'inscription en l'absence d'obstacle, ordonnance de rejet si l'acte ou le droit ne peut être inscrit. Il dispose d'une troisième voie, très utile si l'obstacle à la publication n'est pas insurmontable : par une ordonnance dite « intermédiaire », qui a l'avantage de conserver à la requête le rang conféré par son dépôt, il peut impartir au requérant un délai pour compléter sa requête ou lever l'obstacle [2].

Le conservateur des hypothèques est, au contraire, dépourvu de tout pouvoir juridictionnel. Les réformes successives, notamment celle de 1955, n'ont pas modifié pour l'essentiel sa mission, qui est de service public. Il est tenu de déférer aux réquisitions qui lui sont présentées. Il n'est juge ni de la validité des actes, ni de la réalité des droits du requérant (v. cependant, sur le rôle particulier, plus étendu, en matière de radiation d'hypothèque, *supra* n° 571). De ce principe, la doctrine déduisait que le conservateur ne pouvait refuser la publication d'opérations successives incompatibles, telles que des ventes passées par le même auteur ou des inscriptions d'hypothèques judiciaires du chef du précédent propriétaire, la règle de l'effet

1. V. Colmar, 18 nov. 1931, *RJAL* 1932. 24.
2. Pour plus de précisions, V. F. Lotz, *Droit civil alsacien-lorrain*, préf. A. Weill, n°s 214 s.

relatif ne s'opposant pas à une telle publication, dès lors que le titre du disposant ou dernier titulaire du droit était effectivement inscrit [1].

Cette solution a été remise en cause par la Cour de cassation, qui a condamné l'inscription d'une hypothèque du chef d'un précédent propriétaire [2]. Le conservateur n'a pas, en effet, un rôle purement passif d'enregistrement des requêtes. S'il n'est pas juge de la validité au fond des actes qui lui sont présentés, il a du moins le contrôle de leur régularité formelle. Son pouvoir est, à cet égard, minutieusement réglé par les deux décrets du 4 janvier et du 14 octobre 1955. Ainsi a-t-il, dans diverses circonstances limitativement énumérées par les textes [3], le pouvoir de **refuser le dépôt** ou, si le dépôt a été accepté, celui de **rejeter la formalité** de la publicité proprement dite. La portée de sa décision est très différente dans l'un et l'autre cas.

919 ***a) Refus du dépôt*** [4] ◊ En cas d'irrégularité grave ou flagrante, le conservateur peut refuser le dépôt de la requête. Il en est ainsi notamment [5] :

– si les actes présentés n'ont pas été dressés en la forme authentique (Décr. 14 oct. 1955, art. 68 : *infra* n° 928) ;

– si la requête se rapporte, même seulement pour partie, à des immeubles situés hors du ressort du bureau des hypothèques (*ibid.*, art. 68-1) ;

– si les expéditions, copies ou bordereaux présentés ne mentionnent pas les références de la publicité du titre du disposant ou du dernier titulaire du droit ou si cette publicité n'est pas requise simultanément (règle de l'effet relatif : *ibid.*, art. 33) [6] ;

---

1. V. J. Patarin, art. préc., *Defrénois* 1958. 27648 : « Le conservateur... doit rechercher non pas si le disposant apparaît comme le dernier titulaire, mais uniquement si le disposant a publié son titre » (188). « Il en résulte... que le conservateur ne saurait refuser au nom de l'effet relatif la publication d'un acte consenti par l'un quelconque des précédents titulaires » (189). V. aussi S. Piedelièvre, *op. cit.*, n°s 123 s.

2. V. Civ. 3e, 12 juin 1996, *Bull. civ.* III, n° 145, *D.* 1997. Somm. 257, obs. Piedelièvre, *JCP* N 1997. I. 53, note Frémont, *RDI* 1997. 114, obs. Simler. V. dans le même sens, justifiant un refus de dépôt dans une telle hypothèse, Civ. 3e, 18 juill. 2001, *Bull. civ.* III, n° 100, *D.* 2002. Act. 2671, obs. Avena-Robardet, *JCP* 2002. I. 120, n° 6, obs. Delebecque, *Defrénois* 2001. 37424, obs. Piedelièvre, *RJDA* 2001. 1280. V. aussi P. Frémont, « Vers la fin de la publicité foncière des actes et inscriptions concernant un ancien propriétaire », *JCP* N 1997. I. 53 ; Th. Groud, « L'inscription hypothécaire par un créancier sur un bien aliéné par le débiteur », *LPA* 9 oct. 2000, p. 4 ; V. J. Lafond et A. Fournier, *op. cit.*, V° *Effet relatif*, spéc. n°s 3054 s.

3. Sur le principe du caractère limitatif de l'énumération des cas où le conservateur peut refuser le dépôt ou rejeter la formalité, v. Civ. 3e, 14 mars 1968, *D.* 1968. 425, note J. Mazeaud, *JCP* 1968. II. 15536, note Bulté, *RTD civ.* 1968. 563, obs. Bredin. Il paraît cependant admis que d'autres cas puissent résulter implicitement, mais nécessairement, de certaines dispositions législatives (v. CE, 9 nov. 1979, *JCP* N 1981. II. 69).

4. V. J. Lafond et A. Fournier, *op. cit., V° Refus de dépôt.*

5. Lorsque l'acte est soumis à la « formalité unique », des cas de refus de dépôt spécifiques au droit de l'enregistrement s'ajoutent à ceux propres au droit de la publicité foncière (Décr. 20 juin 1970, art. 6).

6. Est ainsi justifié le refus du dépôt d'une demande d'inscription d'hypothèque légale du Trésor sur un bien immeuble dont le débiteur avait disposé par donation, objet par ailleurs d'une action paulienne : Civ. 3e, 18 juill. 2001, préc. Est censuré l'arrêt qui avait, au contraire, jugé que le conservateur devait inscrire l'hypothèque.

– si les mêmes documents ne sont pas conformes aux prescriptions, notamment quant à la certification de l'identité des parties (*infra* n° 930), quant à la désignation des biens, quant à la remise simultanée de l'extrait cadastral (*supra* n° 832 : Décr. 4 janv. 1955, art. 34, 2, et Décr. 14 oct. 1955, art. 64) ;

– si la demande de renouvellement d'une inscription hypothécaire est présentée après péremption ou radiation (art. 64 préc., complété par Décr. 3 juill. 1998, préc.) [1].

En cas de refus du dépôt, qui doit être notifié dans un délai de quinze jours (Décr. 14 oct. 1955, art. 74, 1, mod. par Décr. 3 juill. 1998), le conservateur restitue au requérant les documents présentés en portant sur l'un d'eux une mention signée indiquant succinctement la cause du refus. Le requérant peut présenter une nouvelle requête, complétée ou rectifiée, qui ne prendra rang, si elle est acceptée, que du jour du nouveau dépôt. Le dépôt refusé n'aura donc produit aucun effet.

Dans le domaine de la « formalité fusionnée », le défaut de prise de date certaine s'ajoute aux inconvénients du défaut de rang du droit, objet de l'acte déposé.

920 ***b) Rejet de la formalité*** [2] ◊ Si le dépôt a été accepté, le conservateur peut encore refuser de procéder à la publication effective, c'est-à-dire rejeter la formalité, notamment s'il constate l'une des irrégularités qui auraient justifié un refus du dépôt (Décr. 14 oct. 1955, art. 74, 3) ou d'autres, moins graves, telles que des discordances entre le contenu des actes et les mentions du bordereau ou entre le contenu des actes à publier et celui d'actes précédemment publiés (Décr. 4 janv. 1955, art. 34, 3) [3].

Un rejet provisoire est notifié au requérant dans le délai d'un mois à compter du dépôt. La formalité est mise « en attente ». Une annotation sommaire et provisoire, qui n'est pas sans analogie avec le procédé de la prénotation, est en même temps portée au fichier immobilier. Un nouveau délai d'un mois s'ouvre au requérant pour compléter ou rectifier sa

---

1. Le même texte ajoute, cependant, que « *Dans ce cas, le créancier peut requérir une nouvelle inscription prenant rang à sa date* ». Seule l'inscription se périme. Le droit hypothécaire demeure et peut être réinscrit.

2. V. J. Lafond et A. Fournier, *op. cit.*, V° *Rejet*.

3. V. Civ. 3e, 13 juill. 1994, *JCP* N 1995. II. 897, note Frémont. Le critère de la gravité, mis en avant par une réponse ministérielle (*JOAN* 1er nov. 1956, p. 4469, *JCP* N 1956. IV. 2267. 200), ne rend qu'imparfaitement compte de la réalité et des textes. Suivant la vigilance ou les habitudes du conservateur, les mêmes irrégularités peuvent donner lieu à l'une ou à l'autre sanction. Les distinctions légales elles-mêmes ne répondent pas toujours à des critères précis et cohérents. Ainsi les mêmes irrégularités sont parfois sanctionnées différemment selon qu'il s'agit d'inscriptions (d'hypothèques ou privilèges ou de publications). Pourtant, les effets sont profondément différents (v. Marty, Raynaud et Jestaz, n° 695 ; Mazeaud, Chabas et Picod, n° 698 ; Dagot, p. 59). Le défaut d'immatriculation d'une société civile au Registre du commerce et des sociétés, donc de personnalité morale, n'est pas une cause de rejet de l'inscription d'une hypothèque dès lors que l'immeuble est inscrit au fichier immobilier à son nom : Civ. 3e, 1er juill. 2009, *JurisData* n° 049931, *JCP* N 2009. 537. Une instruction du 6 juillet 2010 prend acte de cette jurisprudence et en tire les conséquences : *JCP* N 2010. 617.

demande ou justifier son contenu. Si la régularisation de la requête ou la justification de sa régularité initiale intervient dans le délai, la formalité est accomplie par le conservateur et elle prend **rang au jour du dépôt** [1]. Dans le cas contraire, le conservateur notifie au requérant un rejet définitif dans un délai de huit jours à compter de l'expiration du délai de régularisation [2].

921 ***Recours*** ◊ L'article 26 du décret du 4 janvier 1955 ne prévoyait un recours que contre la décision de rejet définitif de la formalité, dans les huit jours de la notification, devant le président du tribunal de grande instance du ressort [3]. Rien n'était prévu en cas de refus du dépôt, pourtant plus grave de conséquences pour le requérant, qui n'avait d'autre ressource que de réparer les irrégularités reprochées, sauf à engager la responsabilité du conservateur [4]. Répondant à un vœu depuis longtemps exprimé par la doctrine [5], la loi du 6 avril 1998 a ouvert le même recours dans les deux hypothèses.

Le président du tribunal de grande instance statue comme en matière de référé. Son ordonnance est elle-même susceptible de voies de recours et il devra être statué, dans ce cas, « *par priorité et d'extrême urgence* ».

Les effets du recours, à supposer qu'il soit couronné de succès, restent cependant très différents dans les deux hypothèses. En cas d'annulation du rejet de la formalité, le conservateur doit accomplir celle-ci, qui prend **rang au jour du dépôt** initial. Si c'est le refus du dépôt qui est annulé, seul un nouveau dépôt est possible, qui ne peut prendre **rang qu'à sa date**, donc sans effet rétroactif [6]. Seule une forme de prénotation du refus du dépôt, non prévue actuellement, serait de nature à remédier à cette différence majeure.

1. V. Civ. 1re, 28 nov. 1961, *Bull. civ.* I, n° 560, *Gaz. Pal.* 1962. 1. 177. L'article 34, 3, du décret du 14 octobre 1955 introduit cependant une distinction, qui ne paraît guère avoir d'incidences pratiques, entre les énonciations non entachées d'erreur ou d'irrégularités des documents initialement déposés, qui prendraient seules rang au jour du dépôt, et celles rectifiées, qui ne prendraient rang qu'au jour du dépôt du document ou bordereau rectificatif.

2. V. Civ. 3e, 13 juill. 1994, préc. Sur la responsabilité du conservateur ayant donné suite à une régularisation intervenue le lendemain de l'expiration du délai d'un mois, v. Civ. 3e, 29 nov. 2000, *Bull. civ.* III, n° 181, *JCP* 2001. IV. 1160, *RJDA* 2001. 247. V. aussi, sur cet arrêt, A. Fournier, « Procédure de rejet de la formalité et responsabilité du conservateur des hypothèques », *JCP* N 2001. 654 (arrêt en annexe).

3. V., pour un recours tardif, v. Orléans, aud. sol., 8 janv. 1970, *JCP* 1970. IV. 278. Sur la qualité du notaire pour exercer lui-même ce recours, v. Aix-en-Provence, 14 mars 1983, *RDI* 1984. 340, obs. Dagot.

4. En ce sens, Rép. min. préc. ; T. civ. Lyon, réf., 15 févr. 1957, *JCP* N 1957. II. 10071, note Masounabe-Puyanne ; T. civ. Nice, réf., 4 oct. 1958, *JCP* N 1959. II. 11060.

5. En ce sens, Marty, Raynaud et Jestaz, n° 698. V. aussi T. civ. Segré, réf., 12 mars 1958, *JCP* N 1958. II. 10558, note Masounabe-Puyanne. Dans le sens du refus d'un tel recours, avant la récente réforme, Civ. 3e, 30 mai 1978, *Bull. civ.* III, n° 235, *Defrénois* 1978. 31859, obs. Frank, *JCP* 1978. IV. 237 ; Versailles, 30 juin 1989, *D.* 1990. 52, note Frank, *RDI* 1990. 236, obs. Simler.

6. V. Civ. 3e, 4 nov. 2004, *Bull. civ.* III, n° 192, *JCP* 2004. IV. 3413, *Defrénois* 2004. 38133, obs. Piedelièvre ; Civ. 3e, 1er mars 2006, *Bull. civ.* III, n° 53, *D.* 2006. IR 812, *JCP* 2006. IV. 1686, *Defrénois* 2007. 38530, obs. Piedelièvre. Ces arrêts censurent pour excès de pouvoir des cours d'appel qui avaient cru pouvoir juger qu'une décision de rejet sera notifiée au requérant en lieu et place de la décision de refus du dépôt.

922 **4° *Responsabilité*** ◊ Le principe d'une responsabilité du conservateur pour fautes commises dans l'exercice de ses fonctions et ayant causé un préjudice ne pouvait faire de doute. L'article 2450 du Code civil dispose ainsi que les conservateurs *« sont responsables du préjudice résultant :*

1° *Du défaut de publication des actes et décisions judiciaires déposés à leurs bureaux, et des inscriptions requises, toutes les fois que ce défaut de publication ne résulte pas d'une décision de refus ou de rejet ;*

2° *De l'omission, dans les certificats qu'ils délivrent, d'une ou de plusieurs des inscriptions existantes, à moins, dans ce dernier cas, que l'erreur ne provînt de désignations insuffisantes ou inexactes qui ne pourraient lui être imputées »* (v. aussi Décr. 4 janv. 1955, art. 9 et 41, et Décr. 14 oct. 1955, art. 85-2).

Ils engagent également leur responsabilité en cas de refus ou rejet injustifié du dépôt ou de la formalité (C. civ., art. 2452) [1] et, plus généralement, dans l'ensemble de l'accomplissement de leur mission [2].

Le particularisme de la responsabilité du conservateur réside dans son régime. Bien qu'il soit agent de l'État, sa responsabilité est personnelle. Aucune substitution de l'État n'est prévue. On peut y voir un corollaire de son mode de rémunération (*supra* n° 916). L'action relève de la compétence de la juridiction de droit commun du ressort du siège du bureau des hypothèques, où le conservateur est censé résider, et non de la juridiction administrative [3]. Elle est prescrite selon les règles du droit commun, donc par cinq ans, depuis la loi du 17 juin 2008 (C. civ., art. 2224).

Cette responsabilité est traditionnellement garantie par un « cautionnement », en immeubles ou rentes nominatives, c'est-à-dire, en réalité, d'une sûreté réelle, immobilière ou mobilière. Une sûreté semblable doit être fournie à l'Administration fiscale. Un décret du 3 janvier 1997, complété par un arrêté du même jour et une instruction du 17 mars 1997 [4], a mis en place un système de garantie collective, par le truchement d'une Association des conservateurs des hypothèques (AMC) agréée à cet effet et souscrivant une assurance collective.

Les manquements les plus graves (irrégularités dans la tenue des registres et fichiers, non délivrance des copies ou extraits...) sont en outre sanctionnés de peines d'amende et, en cas de récidive, de destitution (C. civ., art. 2455).

Cette très originale responsabilité personnelle des conservateurs est appelée à disparaître avec leur statut particulier (L. n° 2009-1674, 30 déc. 2009 préc.). S'y substituera le droit commun de la responsabilité de l'État du fait de ses agents.

---

1. L'un des rares arrêts de la Cour de cassation relatifs à la responsabilité du conservateur retient celle-ci, pour non rejet de la formalité, envers une ex-épouse devenue seule propriétaire d'un appartement, s'agissant d'hypothèques judiciaires inscrites à la demande d'un créancier de l'ex-époux (Civ. 3e, 12 juin 1996, *Bull. civ.* III, n° 145, *D.* 1997. Somm. 257, obs. Piedelièvre, *RDI* 1997. 114, obs. Simler. V. aussi, à propos de cet arrêt, P. Frémont, « Vers la fin de la publicité foncière des actes et inscriptions hypothécaires concernant un ancien propriétaire », *JCP* N 1997. I. 53). V. aussi, sur le défaut de rejet d'une régularisation présentée hors délai, Civ. 3e, 29 nov. 2000, préc.

2. V. Orléans, 21 juill. 1952, *S.* 1954. 277 ; Paris, 29 nov. 1968, *D.* 1969. 401 ; Paris, 15 oct. 1976, *Gaz. Pal.* 1977. 1. 159. V. aussi, à propos de la responsabilité à l'occasion de la délivrance de copies ou d'extraits, *infra* n° 935, et les réf. citées.

3. V. TA Montpellier, 3 févr. 1989, *RDI* 1990. 235, obs. Simler.

4. Décr. n° 97-1, 3 janv. 1997, *JCP* 1997. III. 68288 ; Arr. 3 janv. 1997, *JCP* 1997. III. 68289 ; Instr. 17 mars 1997, *JCP* N 1997. Prat. 681. Ce dispositif était destiné principalement aux nouveaux conservateurs, mais était ouvert aussi à ceux parmi les anciens qui souhaitent substituer cette forme de garantie collective à celle constituée par le traditionnel « cautionnement ».

SECTION 2. LA PUBLICITÉ

923 ***Les deux moments*** ◊ Tout système de publicité au moyen de registres ou par procédé assimilé a pour finalité la possibilité pour les intéressés d'accéder aux informations qui y sont consignées. Les deux moments essentiels sont donc la **publication** elle-même, c'est-à-dire l'inscription sur les supports appropriés des informations devant être publiées, puis la **consultation** de ces informations par ceux auxquels elles sont destinées.

L'étude de la publication proprement dite n'est autre que celle des supports destinés à la recevoir (*supra* n°s 905 s.). Il reste seulement à préciser les conditions requises pour sa réalisation (§ 1). L'accès à la publicité constituera le dernier point à étudier (§ 2).

§ 1. Conditions requises

924 ***Présentation*** ◊ L'accomplissement de la formalité de publicité suppose réunies plusieurs conditions, tenant à la **personne** du requérant, au **lieu**, au principe de l'**effet relatif**, à la **forme des actes** à publier, à l'**identification des personnes et des biens** concernés. Si les textes prescrivent également le respect de certains **délais**, ceux-ci ne constituent cependant jamais une condition de recevabilité de la formalité.

925 ***1° Qui peut ou doit requérir la publicité ?*** ◊ La réponse à cette première question peut être donnée par un bref rappel de règles déjà énoncées sous un autre angle.

a) S'agissant de l'**inscription hypothécaire**, qui n'est nullement obligatoire, il appartient au créancier, bénéficiaire de l'hypothèque ou du privilège, d'y veiller. En matière d'hypothèque conventionnelle, il revient au notaire, rédacteur de l'acte, de s'en assurer [1] ; mais tout autre mandataire, et même un gérant d'affaires, peut s'en charger. Son caractère conservatoire permet d'ouvrir largement le droit de requérir cette inscription.

b) Les règles sont moins simples pour la **publication des autres actes, décisions ou attestations**. La publicité peut être demandée par toute personne intéressée (parties à l'acte, successeurs...) ou un mandataire. Mais, lorsqu'elle est obligatoire, certaines personnes doivent y procéder – officiers publics, pour les actes reçus par eux, avocats, pour les jugements, commissaires à l'exécution du plan, pour les plans de redressement, autorités administratives – et ceci « *indépendamment de la volonté des parties* » (Décr. 4 janv. 1955, art. 32).

S'agissant de l'attestation notariée de dévolution successorale, le notaire ne doit accomplir la formalité que s'il en a été requis par les intéressés. Mais, si le règlement de la succession lui est confié ou s'il lui est demandé d'établir un acte dans ce cadre,

1. Si le notaire qui a reçu la constitution d'hypothèque n'est pas juridiquement tenu de procéder à la publicité, il engage sa responsabilité si le défaut de publication est à l'origine d'un dommage, sur le fondement, soit de l'inexécution d'un mandat tacite (v. Req., 28 mai 1888, *S.* 1889. 1. 78), soit d'un manquement à son obligation de conseil (Nancy, 9 févr. 1894, *DP* 1895. 2. 393). En pratique, les notaires s'assurent des intentions des parties et, lorsque celles-ci ne souhaitent pas que la publicité soit faite, requièrent une dispense écrite.

il doit informer les intéressés de l'obligation qui leur incombe quant à la publicité de la transmission. Il lui est en outre interdit d'établir un acte relatif à ce règlement si l'attestation notariée n'a pas été publiée ou si le requérant ne le charge pas de le faire.

En aucun cas, le conservateur n'a un pouvoir d'initiative. Le décret du 4 janvier 1955 a supprimé les cas exceptionnels d'inscription d'office que connaissait la législation antérieure [1].

926 ***2° Lieu de la publication*** ◊ En raison de son objet, la publicité foncière ne peut être faite qu'au bureau des hypothèques du ressort dans lequel est situé l'immeuble concerné (C. civ., art. 2426 ; Décr. 4 janv. 1955, art. 28 et 35 s.) [2].

Si un acte soumis à publicité se rapporte à des immeubles situés dans des ressorts différents, la publication doit être faite séparément dans les ressorts respectifs des bureaux des hypothèques de leur situation [3]. Toute requête non conforme à cette règle entraîne refus du dépôt (*supra* n° 919).

927 ***3° Règle de l'effet relatif. Renvoi*** ◊ « *Aucun acte ou décision judiciaire... ne peut être publié... si le titre du disposant ou du dernier titulaire n'a pas été préalablement publié* » (Décr. 4 janv. 1955, art. 3). Ce principe majeur, destiné à éviter les lacunes dans la chaîne des publications et à réparer toute omission, qui a été emprunté aux systèmes connaissant le livre foncier, a été étudié sous la rubrique des sanctions du défaut de publicité (*supra* n° 894).

L'efficacité de cette forme originale de sanction tient précisément au fait que la réparation de l'omission est érigée en condition de toute nouvelle publication. À défaut, le conservateur est en droit de refuser le dépôt, à moins que le requérant ne dépose simultanément le titre dont la publicité manquait.

928 ***4° Forme des actes à publier. Principe de l'authenticité*** ◊ L'article 4 du décret du 4 janvier 1955 dispose : « *Tout acte sujet à publicité dans un bureau des hypothèques doit être dressé en la forme authentique* » [4].

L'exigence ainsi formulée n'ajoute rien, en réalité, pour la publicité des hypothèques conventionnelles. Celles-ci doivent en effet être passées *ad validitatem* en la forme authentique (*supra* n° 393). Il en va de même pour les donations (C. civ., art. 931), pour la concession immobilière (L. 30 déc. 1967, art. 48), pour les ventes en l'état futur d'achèvement ou à terme (C. civ., art. 1601-1 à 1601-4). La publicité de ces actes ne requiert donc aucun formalisme supplémentaire.

1. Notamment pour le privilège du vendeur, que le conservateur devait inscrire d'office dès lors que la vente était publiée.

2. Dans le champ d'application de la formalité unique, la compétence *ratione loci* en matière de publicité foncière (lieu de situation de l'immeuble) l'emporte sur celle en matière d'enregistrement (lieu de résidence du notaire) : V. CGI, art. 657.

3. V., pour une action en rescision de la vente de plusieurs immeubles, Civ. 1re, 11 avr. 1995, *Bull. civ.* I, n° 176, *D.* 1996. Somm. 209, obs. Piedelièvre, *RDI* 1997. 117. Est censuré l'arrêt ayant déclaré l'action recevable, alors que la publicité n'avait été faite que dans l'une des communes de situation des immeubles.

4. V. Masounabe-Puyanne, « De l'authenticité des pièces déposées à l'appui des mentions hypothécaires », *JCP* 1963. 1. 1754 ; V. J. Lafond et A. Fournier, *op. cit.*, V° *Authenticité*.

Au contraire, pour les autres actes translatifs ou constitutifs de droits sujets à publicité, qui demeurent soumis au principe du consensualisme, un simple acte sous seing privé opère transfert du droit, y compris du droit de propriété immobilière, du seul fait de l'échange des consentements. Il faut donc dresser, en outre, un acte authentique pour les seuls besoins de la publicité foncière.

L'expression « *doit être dressé* » avait pu faire croire que le décret de 1955 renversait la règle du consensualisme en la matière. Mais le texte cité s'est contenté de reprendre en substance une disposition déjà inscrite dans le décret-loi du 30 octobre 1935, aux termes de laquelle seuls les actes authentiques pouvaient être publiés. La formule est unanimement interprétée comme ne posant pas une exigence de validité, mais seulement de constatation de l'acte dans un instrument authentique pour les besoins de la publicité [1]. En découle la conséquence importante que la procuration donnée pour la signature d'un tel acte peut l'être par acte sous seing privé, le principe du parallélisme des formes n'ayant cours que pour les actes solennels.

Il convient de rappeler que l'authenticité n'est pas l'apanage du seul acte notarié, mais qu'elle est attachée, plus généralement, aux actes délivrés par les officiers publics, tels que actes d'huissier (spécialement pour le commandement de saisie immobilière), décisions de justice [2], actes administratifs dans certains cas.

L'article 68 du décret du 14 octobre 1955 prévoyait que peuvent aussi être présentés aux fins de la formalité de publicité les « actes de dépôt aux minutes d'un notaire d'un acte sous seings privés par toutes les parties avec reconnaissance de dignature et d'écriture », ainsi que des « actes de dépôt en l'étude d'un notaire des actes reçus par les officiers publics ou ministériels étrangers ». Cette facilité est supprimée par le nouvel article 710-1 du Code civil, issu de la loi n° 2011-331 du 28 mars 2011 « de modernisation des professions judiciaires ou juridiques », qui forme à lui seul un nouveau Titre V du Livre II, intitulé « De la publicité foncière », aux termes duquel « *tout acte ou droit doit, pour donner lieu aux formalités de publicité foncière, résulter d'un* ***acte reçu en la forme authentique par un notaire exerçant en France****, d'une décision juridictionnelle ou d'un acte authentique émanant d'une autorité administrative* » (al. 1er). Le même texte ajoute, pour lever tout doute, que « *le dépôt au rang des minutes d'un notaire d'un acte sous seing privé, contresigné ou non, même avec reconnaissance d'écriture et de signature, ne peut donner lieu aux formalités de publicité foncière* » (al. 2) [3].

---

1. V. Civ., 18 juin 1962, *D.* 1962. 608, *JCP* 1962. II. 12827, note Bulté ; Civ. 1re, 15 déc. 1970, *Bull. civ.* I, n° 333 ; Paris, 26 mai 1964, *JCP* 1964. II. 13888, note Bulté. V. aussi Civ. 1re, 20 juill. 1965, *Bull. civ.* I, n° 493, *D.* 1965. 757, note J. Mazeaud, *JCP* N 1966. II. 14498, note J.A., cassant un arrêt qui avait jugé que la publicité du procès-verbal de carence suffisait pour rendre opposable aux tiers l'acte sous seing privé.

2. V., pour une ordonnance sur requête donnant force exécutoire à une transaction opérant transfert de droits immobiliers, Civ. 1re, 16 mai 2006, *Bull. civ.* I, n° 243, *Defrénois* 2007. 38530, obs. Piedelièvre.

3. V. S. Piedelièvre, « Remarques sur les dispositions relatives à l'authenticité, à la publicité foncière et aux mentions manuscrites », *Defrénois* 2011. 40043. Les dispositions de l'article 4 du

929 ***Exceptions et assouplissements*** ◊ L'exigence de l'authenticité connaît quelques exceptions de portée limitée, instituées dans le but de supprimer certaines rigidités et non remises en cause par le nouvel article 710-1 du Code civil.

1) « *Les procès-verbaux des délibérations des assemblées générales préalables ou consécutives à l'apport de biens ou droits immobiliers à une société ou par une société ainsi que les procès-verbaux d'abornement peuvent être publiés au bureau des hypothèques à la condition d'être annexés à un acte qui en constate le dépôt au rang des minutes d'un notaire* » (art. 710-1 préc., al. 2).

2) Le 1er alinéa de l'article 710-1 « *n'est pas applicable aux formalités de publicité des assignations en justice, des commandements valant saisie, des différents actes de procédure qui s'y rattachent et des jugements d'adjudication, des documents portant limitation administrative au droit de propriété ou portant servitude administrative, des procès-verbaux établis par le service du cadastre, des documents d'arpentage établis par un géomètre et des modifications provenant de décisions administratives ou d'événements naturels* » (*ibid.*, al. 3).

3) À défaut d'acte authentique, lorsque l'une des parties refuse de réitérer en cette forme une convention sous seing privé, notamment une promesse synallagmatique de vente, l'autre partie peut faire publier, à condition qu'y soit littéralement reproduit l'acte soumis à publicité et auquel manque la forme authentique, soit la **demande en justice tendant à obtenir la réitération ou la réalisation en forme authentique** de cet acte, soit le **procès-verbal notarié constatant le défaut ou le refus du contractant ou promettant** de procéder à cette réitération ou réalisation, soit encore la **déclaration par acte notarié de la volonté du bénéficiaire d'obtenir la réitération ou la réalisation** (sur les effets de cette publicité, v. *supra* n° 864) [1].

930 **5° *Identification des personnes et des immeubles*** ◊ La finalité même de la publicité foncière exige que les personnes et les biens immobiliers visés par les actes à publier soient identifiés avec la plus grande précision.

a) S'agissant des **personnes**, il est prescrit, non seulement que les actes ou décisions sujets à publicité mentionnent « *les noms, prénoms dans l'ordre de l'état civil, domicile, date et lieu de naissance et profession des parties, ainsi que le nom de leur conjoint* » (Décr. 4 janv. 1955, art. 5, al. 1er), mais encore que ces renseignements (sauf le domicile et la profession) soient « *certifiés par un notaire, huissier de justice, avoué (avocat), syndic de faillite, administrateur aux règlements judiciaires (administrateurs judiciaires) ou une autorité administrative, au pied de tout bordereau, extrait, expédition ou copie, déposé pour l'exécution de la formalité* » (*ibid.*, al. 2). Des

---

décret du 4 octobre 1955 et de l'article 68 du décret du 14 octobre 1955 doivent donc être considérées comme implicitement modifiées ou abrogées dans la mesure où elles sont contraires à celles de l'article 710-1 du Code civil, immédiatement applicables à défaut de dispositif transitoire. Aucun décret d'application de cet article ne paraît prévu.

1. Cette troisième série d'exceptions n'est pas remise en cause par l'article 710-1, la première parce que l'assignation en justice y est mentionnée, les deux autres parce que l'acte dressé par le notaire répond à l'exigence du texte.

prescriptions semblables sont formulées pour les personnes morales, avec les adaptations nécessaires aux diverses variétés de groupements (*ibid.*, art. 6).

b) La désignation des **immeubles**, faute de répertoires publics et à jour, relevait naguère de la diligence des rédacteurs d'actes ou de bordereaux, qui se bornaient habituellement à reproduire la désignation de l'immeuble figurant dans le titre antérieur. Ce système, lorsqu'il ne conduisait pas à perpétuer les erreurs, fournissait des informations insuffisantes et souvent périmées. Le décret du 4 janvier 1955 s'est efforcé de remédier à ces imperfections. Tout acte ou décision judiciaire sujet à publicité, tout bordereau, extrait, expédition ou copie déposé en vue de l'exécution de la formalité doit indiquer, pour chacun des immeubles concernés, la nature, la situation, la contenance et la désignation cadastrale (section, numéro du plan et lieudit : art. 7, al. 1er). En pratique, la désignation de l'immeuble est faite d'après l'extrait cadastral qui doit obligatoirement être joint à toute réquisition de la formalité (*supra* n° 910).

L'inobservation de ces prescriptions est sanctionnée par le refus du dépôt, s'il manque un élément essentiel (certification de l'identité des parties, extrait cadastral) ou le rejet de la formalité, si le conservateur relève le caractère incomplet des énonciations obligatoires ou une discordance entre celles-ci et celles figurant dans des titres déjà publiés [1].

931 ***6° Délais*** ◊ L'article 33 du décret du 4 janvier 1955 impartit à ceux qui sont tenus de procéder à la publicité foncière des délais, variables suivant la nature des actes :

– pour les **attestations notariées** de transmission à cause de mort, **quatre mois** à compter du jour où le notaire a été requis (*supra* n° 886) ;

– pour les **décisions judiciaires, trois mois** du jour où elles sont devenues définitives, ce délai étant réduit à **un mois** pour les décisions prononçant la résolution, la révocation, la nullité ou la rescision d'un acte de nature à être publié ;

– pour les **autres actes, trois mois** à compter de leur date.

Dans le domaine important où la loi du 26 décembre 1969 a institué la ***« formalité fusionnée »***, celle-ci doit être requise dans les **deux mois** de la date de l'acte.

Si la publicité doit être opérée dans plusieurs bureaux des hypothèques, les délais sont prorogés d'un mois pour chaque bureau en sus du premier.

En aucun cas, l'expiration du délai ne fait obstacle à la **publication tardive**. Une telle sanction eût été en contradiction avec le souci d'organiser une publicité aussi complète que possible et avec la règle de l'effet relatif [2]. La peine d'amende civile ayant été supprimée (*supra* n° 896), il reste seulement la possibilité de mettre en jeu la responsabilité de ceux qui devaient procéder à la publication, si le retard a été générateur d'un préjudice.

Il faut rappeler enfin qu'aucun délai n'est imparti pour l'inscription des hypothèques et privilèges, puisqu'elle reste facultative, sous la seule réserve, pour les privilèges immobiliers, de la perte de leur rang préférentiel et de leur dégénérescence en simples hypothèques, prenant rang au jour de l'inscription, s'ils ne sont pas publiés dans les délais particuliers prévus par la loi (*supra* nos 415 s. V. aussi, sur le régime propre à l'hypothèque judiciaire conservatoire, *supra* nos 477 s.).

---

1. Sur l'ensemble de ces prescriptions, V. Mazeaud, Chabas et Picod, nos 693 et 694 ; S. Piedelièvre, nos 104 s.

2. V. Civ. 1re, 15 oct. 1975, *Bull. civ.* I, n° 274, *JCP* 1975. IV. 355, qui a jugé que la non publication d'une vente dans le délai « ne pouvait avoir pour conséquence nécessaire l'inopposabilité dudit acte au bénéficiaire d'une inscription hypothécaire prise postérieurement à sa publication tardive ». Dans le même sens, Civ. 3e, 22 févr. 1972, *Bull. civ.* III, n° 118 ; Civ. 1re, 9 déc. 1975, *Bull. civ.* I, n° 360, *JCP* 1976. IV. 43.

Le renouvellement éventuel de l'inscription doit être effectué, sous peine de perte de rang, avant l'expiration du délai de péremption (*supra* n° 566) [1].

932 ***Arrêt du cours des publications*** ◊ Si la notion d'arrêt du cours des inscriptions des privilèges et hypothèques est ancienne, la loi du 25 janvier 1985 relative au redressement et à la liquidation judiciaires des entreprises avait étendu la mesure à la publication de tous les « *actes et décisions judiciaires translatifs ou constitutifs de droits réels* » (art. 57), formule qui avait été source de grandes difficultés d'interprétation [2]. La loi du 10 juin 1994 avait modifié le texte en limitant l'interdiction aux hypothèques, nantissements et privilèges (C. com., anc. art. L. 621-50). *A contrario*, les actes et décisions translatifs ou constitutifs de droits réels, dès lors qu'ils étaient antérieurs à l'ouverture de la procédure pouvaient donc l'être à nouveau [3]. La loi de sauvegarde du 26 juillet 2005 a retenu une solution plus nuancée : « *les hypothèques, nantissements et privilèges ne peuvent plus être inscrits postérieurement au jugement d'ouverture du redressement judiciaire. Il en va de même des actes et des décisions judiciaires translatifs ou constitutifs de droits réels, à moins que ces actes n'aient acquis date certaine ou que ces décisions ne soient devenues exécutoires avant le jugement d'ouverture* » (C. com. art. L. 622-30, al. 1er : *supra*, n° 499). En outre, le Trésor public, sous certaines conditions, et le vendeur du fonds de commerce conservent le droit d'inscrire leur privilège (*ibid.* al. 2 et 3) [4].

§ 2. **Accès à la publicité**

933 ***Principe de publicité*** ◊ Conçue pour assurer la sécurité des tiers au moyen d'une information précise et fiable, la publicité foncière doit être accessible au public, comme le sont d'autres types de registres publics. Toute personne peut ainsi avoir connaissance des informations publiées au bureau des hypothèques, sans avoir à justifier d'un intérêt particulier.

L'article 2449 du Code civil dispose : « *Les conservateurs des hypothèques sont tenus de délivrer, à tous ceux qui le requièrent, copie ou extrait des documents, autres que les bordereaux d'inscription, déposés à leur bureau, dans la limite des cinquante années précédant celle de la réquisition, et copie ou extrait des inscriptions subsistantes, ou certificat qu'il n'existe aucun document ou*

1. Sur l'incidence – plus précisément l'absence d'incidence – de la fermeture du bureau des hypothèques à une certaine heure le dernier jour du délai (*dies ad quem*), V. TGI Chambéry, 29 juin 1989, *JCP* N 1992. II. 273, note Frémont, *RDI* 1993. 530, obs. Simler.

2. V. Dagot, art. préc., *JCP* 1986. I. 3262, nos 23 s. ; P. Frémont, « Les nouvelles procédures de règlement collectif au regard de la publicité foncière », *JCP* N 1987. I. 1, nos 8 s.

3. Sur la notion d'antériorité, v. Com., 2 juin 1969, *D.* 1970. 62, note Pirovano, *Defrénois* 1970. 29505, obs. Derrida. En l'espèce, ce n'est pas la publicité qui était inefficace, mais l'acte lui-même, inopposable à la masse, parce que déposé au rang des minutes d'un notaire *après* le jugement. V. F. Derrida, « À propos des modifications de l'article 57... », *D.* 1994. Chron. 257.

4. V. C. Biguenet-Maurel, « La publication des actes translatifs postérieurement au redressement judiciaire », *JCP* E 2005. 1490.

inscription entrant dans le cadre de la réquisition » (al. 1er). « *Ils sont également tenus de délivrer sur réquisition, dans un délai de dix jours, des copies ou extraits du fichier immobilier ou certificat qu'il n'existe aucune fiche entrant dans le cadre de la réquisition* » (al. 2).

Bien que très largement ouverte, la publicité intéresse au premier chef les acquéreurs d'immeubles ou de droits immobiliers et les créanciers hypothécaires potentiels. Les requérants ne peuvent avoir directement accès aux registres fonciers ou fichiers. Leur consultation se fait par voie de réquisition écrite adressée au conservateur, qui délivre des copies, extraits ou certificats.

934 ***1° Réquisitions : forme et objet*** ◊ Les réquisitions sont établies en double exemplaire au moyen de modèles imprimés fournis par l'Administration, variables en fonction de l'objet de la réquisition. Suivant les renseignements demandés, elles doivent identifier les personnes et les immeubles concernés. Une réquisition peut en effet avoir pour objet, depuis qu'existe le fichier immobilier :

- soit **une ou plusieurs personnes**, le requérant souhaitant connaître tous les immeubles et droits immobiliers de celles-ci dans telle commune ou dans le ressort du bureau des hypothèques ;
- soit **un ou plusieurs immeubles** déterminés, sans indication du nom de personnes (pour les renseignements publiés depuis le 1er janvier 1956, date d'entrée en application du fichier parcellaire) ;
- soit, enfin, **des personnes et des immeubles déterminés**.

Elle peut tendre à obtenir copie ou extrait, soit des documents publiés, soit des mentions des registres, soit encore du fichier immobilier.

Il résulte de l'article 2449 précité que la consultation est limitée aux documents déposés pendant les cinquante dernières années. Telle est la durée pendant laquelle le conservateur doit conserver les registres. Au-delà, tout accès aux documents publiés n'est pas exclu, puisqu'ils sont versés aux archives (*supra* n° 915), où ils peuvent être consultés suivant des modalités propres. Cette limite ne s'applique cependant pas aux inscriptions hypothécaires. Les règles particulières de péremption de ces inscriptions (*supra* nos 564 s.) rendaient inutile une limitation particulière.

935 ***2° Copies ou extraits*** ◊ Le conservateur ne délivre qu'exceptionnellement, sur réquisition expresse, des **copies intégrales** des actes ou documents publiés. En règle générale, un extrait fournit au requérant toutes les informations dont il a besoin. Le contenu des extraits délivrés, établis selon des modèles officiels, est réglementé par le décret du 14 octobre 1955 (art. 42 s.). En matière hypothécaire, le requérant peut se contenter de demander des renseignements sommaires, le conservateur délivrant dans ce cas, soit un **état sommaire**, soit un **certificat négatif** attestant l'absence d'inscription.

Aucun délai n'est imposé au conservateur pour la délivrance des copies ou extraits. La rapidité de l'obtention des renseignements est certes un élément important de l'efficacité pratique d'un système de publicité foncière, mais la difficulté des recherches peut-être très inégale.

Le fichier immobilier constitue cependant un instrument plus aisé à consulter. C'est pourquoi, le décret du 4 janvier 1955 qui l'a institué a corrélativement imparti au conservateur un délai de **dix jours** pour la délivrance des **copies ou extraits du seul fichier** ou des **certificats d'absence de fiche** (C. civ., art. 2449, al. 2 ; Décr. 14 oct. 1955, art. 43, mod. par Décr. 3 juill. 1998) [1]. Le non-respect de ce délai ou une inertie excessive dans les cas où aucun délai précis n'est imposé est de nature à engager la responsabilité du conservateur (C. civ., art. 2452).

En cas d'erreurs ou d'omissions, les copies, extraits ou certificats ne font pas foi contre les actes ou documents effectivement publiés. Ainsi, un droit publié, mais non mentionné dans un extrait, est néanmoins opposable aux tiers. Cette règle reçoit cependant exception en matière hypothécaire : l'hypothèque non mentionnée dans l'extrait délivré est inopposable à l'acquéreur (art. 2451 : *supra* n° 563). Dans l'un et l'autre cas, la responsabilité du conservateur peut être recherchée si l'erreur ou l'omission lui est imputable [2].

---

1. Dans un souci de simplification, l'article 9-1 du décret du 4 janvier 1955 (L. 6 avr. 1998) précise que, « *Dans les bureaux des hypothèques dont le fichier est informatisé, seul un état complémentaire est délivré lorsqu'une réquisition déposée à l'appui d'un document soumis à publicité a été précédée dans un délai fixé par décret d'une demande émanant du même requérant et portant sur les mêmes immeubles* ». Ce délai a été fixé à 12 mois par le décret du 3 juillet 1998 (Décr. 14 oct. 1955, art. 53-7).

2. V. Civ. 3e, 27 juin 1978, *Bull. civ.* III, n° 269, *RDI* 1979. 239, obs. Dagot ; TGI Pontoise, 28 juin 1975, *Gaz. Pal.* 1975. 2. 670 ; Paris, 15 oct. 1976, *Gaz. Pal.* 1977. 1. 159.

INDEX ALPHABÉTIQUE

(Les chiffres renvoient aux numéros de paragraphe)

G

H

L

T

TABLE DES MATIÈRES